유니크
쏙쏙
영문법

인터넷강의 http://blog.naver.com/unique200023

저자블로그를 통해 YouTube에 개설한 《유니크 쏙쏙 영문법》 강의를 시청하실 수 있습니다.

'UNIQUE 쏙쏙 영문법'을 펴내면서

흔히 '영어에는 왕도가 없다(There is no royal road to learning English.)'라고 말하지만, 그것은 영어를 제대로 알지 못하는 사람들의 이야기입니다. 필자는 영어에는 분명한 왕도가 있다는 사실을 말씀드리고 그 왕도를 여러분에게 전달하고자 이 책을 출간하게 되었습니다.

필자는 대학입시 영어 전문 강사로서 일선에서 20년이 넘도록 중·고교생들을 위한 영어책을 셀수 없이 많이 읽고 가르쳐왔습니다. 그런데 영어에는 각종 공식적인 시험과 문서 및 논문 작성 때 사용하는 격식을 갖춘 문어체(formal written English)와 일상생활 속에서 격식을 갖추지 않고 편안하게 사용하는 구어체(informal spoken English)가 있음에도 불구하고 현재 중·고등학교에서 가르치는 거의 모든 교과서와 문제집들이 문어체와 구어체를 구별 없이 가르치고 있으며 또한 구어체에서만 사용되고 문법적으로는 틀린 것임에도 불구하고 마치 문법적으로 알맞은 것으로 가르치는 사례들을 많이 보아 왔습니다. 동시에 기존에 나온 수많은 영문법 책들이 문법적으로 틀려있음에도 불구하고 여전히 널리 가르쳐지고 있는 현실을 보았습니다.

또한 필자는 네이버 지식인에서 수많은 학생들이 영문법을 제대로 정복할 수 있는 방법이 무엇인지 묻는 질문을 무수히 받았고, 동시에 문법 부분 답변에서 영문법을 정확히 알지도 못하면서 아는 체하는 수많은 사람들의 엉터리 답변을 보고, 동시에 문법적 지식이 없는 질문자는 엉터리 답변을 채택하는 해프닝을 보고 한국의 영문법이 심각하다는 결론에 도달하게 되어 배우는 학생들에게 가장 쉽고도 편리하고 빠르게 영문법을 정복하고 동시에 흐트러진 한국의 영문법을 바로 잡고자 이 책을 쓰게 되었습니다.

소설가이자 학자인 Johnny B. Truant는 "여러분이 모든 문법적 문제로 고민하면 여러분은 경직된 인상을 줄 수 있다. 그러나 여러분이 제대로 교육을 받지 못해서 수많은 문법적 오류를 범한다면 여러분은 멍청하다는 인상을 줄 수 있다." 라고 말했습니다.

또한 Henry Watson Fowler라는 영문법 학자는 영어를 말하는 사람들에 관해서 "알지도 못하고 관심도 없는 사람, 모르면서 아는 체 하는 사람, 알면서 비난하는 사람, 알고 인정하고 구별하는 사람"으로 분류했습니다. 여러분은 과연 어느 부류에 속하고 싶습니까?

필자는 오직 순수 영미문법학자들의 문법과 널리 알려진 유명 영영사전을 참조하여 가장 보편적이고 널리 인정받는 순수 영문법을 엄선하여 수록하였습니다.

한국 영문법 사상 최초로 각 지면에 문법 설명과 문장, 문제와 정답과 설명과 어휘를 함께 수록하였으며, 각종 편리한 암기 방법을 도입하여 그저 읽기만 해도 머릿속에 쏙쏙 들어오도록 집필하였습니다.

이 한 권의 책은 여러분의 영어는 물론이고 여러분의 인생을 송두리째 바꾸는 교재가 될 것임을 확신합니다. - 지은이 -

이 책의 구성과 학습방법

1 단원마다 중1 과정에서 고3 과정 그리고 Toefl 과정에 이르기까지 기초부터 최상급 수준까지 각종 시험과 독해에 필수적으로 등장하는 것들을 엄선해서 수록했습니다.

2 중학교 1학년 과정에서부터 고3 EBS 영어교재는 말할 것도 없이, Toeic, Toefl, Teps에 이르기까지, 또한 공무원 시험에 출제되는 어떤 문법 문제도 풀 수 있도록, 그 어떤 지문도 독해할 수 있도록 오랜 세월에 걸쳐서 심혈을 기울여 집필하였습니다.

3 각 단원마다 그저 편안하게 읽기만 해도 자연스럽게 머릿속에 스며들어 가도록 독특한 암기법을 도입하였습니다.

4 학습자들이 답안지나 풀이집을 살펴보거나 지니고 다니는 번거로움을 없애기 위해서 한국 영문법 사상 최초로 매 페이지에 나오는 문장과 문제에 대한 해석과 설명과 정답과 어휘를 동일한 페이지에 수록하여 학습자의 편의를 최대한 고려했습니다.

5 각 단원마다 학습자들의 암기를 돕기 위하여 고유의 암기방법을 도입했으므로 학습자들은 그 고유의 암기방법을 따라 자연스럽게 읽으면 저절로 머릿속에 입력이 될 것입니다.

6 각 페이지마다 맨 아래에 금옥같은 어휘를 정리해 놓았으니 학습자는 먼저 어휘를 가볍게 읽어본 다음에 문장 공부를 하시기 바랍니다.

7 고교생이나 Toefl, Toeic, Teps 및 공무원 시험을 대비하는 수험생들은 매 단원을 빠짐없이 철저히 암기하십시오.

8 중학생들이나 기초가 부족한 학생들은 처음부터 매 단원을 한꺼번에 다 공부하지 마시고, 매 단원을 기본까지만 공부를 하여 끝까지 마친 후, 두 번째 공부할 때는 매 단원을 처음부터 중급까지 공부하시고, 세 번째 공부할 때는 비로소 100%를 암기하는 방식으로 공부하십시오. 누구나 자신의 수준에 맞게 공부하되 반드시 이 책을 암기하세요.

9 영어에는 '뿌리는 대로 거둔다(As you sow, so shall you reap.)'라는 표현이 있습니다.
다시 말해서 뿌리지 않고 거둘 수는 없습니다. 여러분 모두 유니크 쏙쏙 영문법을 열심히 공부하여 당당히 영어에 관한 한 둘째가라면 서러워하는 사람이 되시기 바랍니다.

10 구어체도 함께 수록해 놓았으나 수험생들은 언제나 문어체를 특히 기억해 두어야 합니다.

Contents

PART 01 | 발음기호와 로마표기법

1 발음기호 읽는 법

1	ə	우리말 (어)	another [ənʌðə(r)]	다른	attack [ətæk]	공격하다
2	ʌ	우리말 (아와 어의 중간)	mother [mʌ ə ə(r)]	엄마	uncle [ʌŋkl]	삼촌
3	ɑ	우리말 (아)	father [fɑ:ə ə(r)]	아빠	octopus [ɑ(:)ktəpəs]	문어
4	e	우리말 (에)	egg [eg]	달걀	entrance [entrəns]	입구
5	æ	우리말 (애)	apple [æpl]	사과	aunt [ænt]	고모/이모
6	ɛə	우리말 (에어)	air [ɛə(r)]	공기	scare [skɛə(r)]	겁주다
7	ɔ	우리말 (오)	orange [ɔ:rɪnd3]	오렌지	order [ɔ:rdə(r)]	주문하다
8	u	우리말 (우)	student [stu:dnt]	학생	crew [kru:]	선원
9	i	우리말 (이)	into [íntu]	안으로	enable [inéibəl]	가능케 하다
10	z	우리말 (ㅅ과 ㅈ의 사이)	zoo [zu:]	동물원	zebra [zi:brə]	얼룩말
11	3	우리말 (ʃ와 z사이)	usually [ju:3uəli]	보통	casually [kǽ3uəli]	우연히
12	ʤ	우리말 (ㅈ)	gentle [d3entl]	점잖은	June [d3u:n]	6월
13	ʧ	우리말 (ㅊ)	catch [kæʧ]	붙잡다	teach [ti:ʧ]	가르치다
14	ʃ	우리말 (쉬/슈)	ship [ʃɪp]	배	machine [məʃi:n]	기계
15	ð	우리말 혀를 내고 (드)	weather [weə ə(r)]	날씨	together [təgeə ə(r)]	함께
16	θ	우리말 혀를 내고 (쓰)	thank [θæ ŋk]	감사하다	think [θiŋk]	생각하다
17	ŋ	우리말 (ㅇ)	ankle [æ ŋkl]	발목	singer [sí ŋər]	가수
18	:	모음을 길게 발음	school [sku:l]	학교	feel [fi:l]	느끼다
19	j	복모음으로 발음	year [jiər]	연/해	young [jʌ ŋ]	젊은/어린
20	주의해야 할 발음 mention(언급하다), attention(주목), potential(잠재력), pretentious(허세를 부리는), conscious(의식적인), conscience(양심), sensual(관능적인), combustion(연소) 등은 [ʧən:천]으로 발음					

② 맥쿤 라이샤우어 표기법에 따른 한국어 로마 표기법

"The Romanization of Korean According to the McCune−Reischauer System"

McCune−Reischauer romanization /m⬚⬚ku：n ⬚ra⬚.⬚a⬚.⬚r/ is one of the two most widely used Korean language romanization systems, along with the Revised Romanization of Korean, which replaced (a modified) McCune−Reischauer as the official romanization system in South Korea in 2000. A variant of McCune−Reischauer is used as the official system in North Korea.

(맥쿤 라이샤우어는 개정된 한국어 로마표기법과 더불어 가장 널리 사용되는 두 개의 한국의 로마표기법 가운데 하나이며, 이 개정된 로마표기법은 2000년 한국의 공식적인 로마표기법으로서 맥쿤 라이샤우어 표기법을 대체했다. 북한에서는 맥쿤 랴이샤우어 변형이 공식 표기법으로 사용되고 있다.)

The system was created in 1937 by two Americans, George M. McCune and Edwin O. Reischauer. With a few exceptions, it does not attempt to transliterate Korean text but rather to represent the phonetic pronunciation. McCune−Reischauer is widely used outside of Korea. A variant of it was used as the official romanization system in South Korea from 1984 to 2000.

(이 표기법은 1937년 두 미국인 George M. McCune 과 Edwin O. Reischauer에 의해서 만들어졌다. 몇 개의 예외와 더불어, 이 표기법은 한국어 글을 그대로 옮기려하지 않고 발음을 나타내려고 시도했다. 맥쿤 라이샤우어 표기법은 한국 밖에서 널리 사용되고 있다. 그 변종이 1984년부터 2000년까지 한국에서 공식 로마표기법으로 사용되었다.)

The Library of Congress will continue to follow the McCune−Reischauer system : Romanization of the Korean Language Based upon its Phonetic Structure. Full text of the original document is available online from the National Library of Australia Web site: http://www.nla.gov.au/librariesaustralia/cjk/download/ras_1939.pdf

(미국 의회 도서관은 발음 구조에 기초한 한국어 로마표기법인 맥쿤 라이샤우어 표기법을 계속 따를 것이다. 원서 전문을 호주 국립도서관 웹사이트를 통해서 온라인으로 이용할 수 있다.)

☙ Vowel Table of the McCune–Reischauer System [모음표]

1	2	3	4	5	6	7	8	9	10	11	12	13	14	15	16	17	18	19	20	21
ㅏ	ㅑ	ㅓ	ㅕ	ㅗ	ㅛ	ㅜ	ㅠ	ㅡ	ㅣ	ㅘ	ㅝ	ㅐ	ㅔ	ㅚ	ㅟ	ㅢ	ㅙ	ㅞ	ㅒ	ㅖ
a	ya	ŏ	yŏ	o	yo	u	yu	ŭ	i	wa	wŏ	ae	e	oe	wi	ŭi	wae	we	yae	ye

종성 ↓ / 초성 →	초성 →	1 ㄱ	2 ㄴ	3 ㄷ	4 ㄹ	5 ㅁ	6 ㅂ	7 ㅅ	8 ㅇ	9 ㅈ	10 ㅊ	11 ㅋ	12 ㅌ	13 ㅍ	14 ㅎ
		k	n	t	r	m	p	s	o	ch	ch'	k'	t'	p'	h
ㄱ	k	kk	ngn	kt	ngn	ngm	kp	ks	g	kch	kch'	kk'	kt'	kp'	kh
ㄴ	n	n'g	nn	nd	ll	nm	nb	ns	n	nj	nch'	nk'	nt'	np'	nh
ㄹ	l	lg	ll	lt	ll	lm	lb	ls	r	lch	lch'	lk'	lt'	lp'	rh
ㅁ	m	mg	mn	md	mn	mm	mb	ms	m	mj	mch'	mk'	mt'	mp'	mh
ㅂ	p	pk	mn	pt	mn	mm	pp	ps	b	pch	pch'	pk'	pt'	pp'	ph
ㅇ	ng	ngg	ngn	ngd	mgn	ngm	ngb	ngs	ng	ngj	ngch'	ngk'	ngt'	ngp'	ngh

국어	1 ㄲ	2 ㄸ	3 ㅃ	4 ㅆ	5 ㅉ	6 ㅅ+ㅣ
영어	kk	tt	pp	ss	tch	shi

① 두 개의 모음 사이의 초성: ㄱ is G, ㄷ is D, ㅂ is B, and ㅈ is J

② 쉬 is romanized SHWI. 시–shi

③ 자음은 소리 나는 대로 표기합니다.

④ 이름은 하이픈을 넣고 첫 자만 대문자로 씁니다.

> **ex** Kim Gyŏng–gyu, Yi Se–dol, Yi Bang–wŏn, Yi Ji–wŏn, Shilla, Paekche

성	바른 표기	틀린 표기	한글명	영어명	한글명	영어명
김	Kim	Gim	김유신	Kim Yu–shin	김춘추	Kim Ch'un–ch'u
			김연아	Kim Yŏn–ah	김좌진	Kim Jwa–jin
이	Yi	Lee	이광수	Yi Gwang–su	이순신	Yi Sun–shin
			이태백	Yi T'ae–baek	이천수	Yi Ch'ŏn–su
박	Pak	Park/Bak	박지원	Pak Chi–wŏn	박팽년	Pak P'aeng–nyŏn
최	Ch'oe	Choi	최무선	Ch'oe Mu–sŏn	최충헌	Ch'oe Ch'ung–hŏn
조	Cho	Jo	조승우	Cho Sŭng–uh	조 권	Cho Gwŏn
권	Kwŏn	Gwon	권상우	Kwŏn Sang–uh	권 율	Kwŏn Yul
강	Kang	Gang	강도식	Kang Do–shik	강감찬	Kang Gam–ch'an
정	Chŏng	Jung	정도전	Chŏng Do–jŏn	정인지	Chŏng In–ji

많은 이들이 Kim은 [킴], Pak은 [팍], Cho는 [초], Kang은 [캉]으로 발음되니까 잘못된 것이 아닌가 생각합니다. 하지만 그들은 높은음 K'im과 낮은음 Kim, 높은음 P'ak과 낮은음 Pak의 차이를 모르기 때문입니다. 다시 말해서 Kim을 높은 음에 두고 발음하면 [킴]으로 발음되지만, 낮은 음으로 발음하면 정확히 파열음 우리말 [김]으로 발음됩니다. Pak, Cho, Kang도 마찬가지로 낮은 음에 놓고 발음하면 각각 [박, 조, 강]으로 발음됩니다. 그렇기 때문에 맥쿤라이샤우어 로마표기법이 우리말 발음에 더 가깝게 나오도록 생성된 것입니다. 자신의 성이 [초이] 라면 Choi로, 자신의 성이 '공원'이라면 Park, 자신의 성이 [리]라면 Lee로 쓰는 것을 누가 비난하겠습니까? 하지만 세계 속의 한국인으로 살아가려면 자신의 이름을 정확한 발음이 나는 철자를 따서 사용하는 것이 바람직합니다.

석상	sŏkssang	고구려	Koguryŏ	천마총	Ch'ŏnmach'ong
적용	chŏgyong	조선	Chosŏn	현대 국제법	Hyŏndae kukchepŏp
독립	tongnip	경주	Kyŏngju	불국사	Pulguksa temple
신라	Shilla	석빙고	Sŏkpinggo	좋은	choŭn(o)/ chohŭn(x)
백제	Paekche	첨성대	Ch'ŏmsŏngdae	평가	p'yŏngka(o)/ p'yŏngga(x)

① Each word, including particles, should be separated from other words.

[조사는 다른 단어와 떼어서 써야 합니다]

ex 초원의 꿈을 그대에게-ch'owŏn ŭi kkum ŭl kŭdae ege

② 복합어는 두 개의 단어의 조합으로 생각합니다.

ex 토지개량조합 – t'oji gaeryang chohap

③ Each separately-written word of a corporate name (각각 분리하여 쓴 회사 이름)

ex 노동 기준 조사국 – Nodong Gijun Chosaguk

④ –do, –si, –gun, –gu, –dong, –gun,– myŏn.–ri –ga 등 행정구역은 앞 단어의 영향을 받지 않고 하이픈으로 연결한다. 영문주소 표기어순은 국어와 반대 어순을 따릅니다.

ex 서울특별시-Sŏul T'ŭkpyŏl-si 종로구 Chongno-gu 청담동 Ch'ŏngdam-dong

ⓐ 홍길동
　•서울특별시 강남구 청남동 885-7번지 무지개 아파트 000동 00호
☞ Gil-dong Hong
　000-00 Mujigae Apt. 885-7, Cheongnam-dong, Gangnam-gu, Seoul 0000(우편번호)

ⓑ 홍길동
　•서울시 서초구 반포대로 267번 길 27 반포자이아파트 000동 00호
☞ Hong Gil-dong
　000-00 Banpo Jai Apt. 267 beon-gil 27, Banpo-daero, Seocho-gu, Seoul 0000(우편번호)

③ 한국어 로마자 표기법 (문화 관광부)

1	파열음	허파에서 나오는 공기를 일단 막았다가 그 막은 자리를 터뜨리면서 내는 소리 ex ㅂ, ㄷ, ㄱ
2	마찰음	입 안이나 목청 사이의 통로를 좁히고, 공기를 그 좁은 사이로 내보내어 마찰을 일으키면서 내는 소리 ex ㅅ, ㅆ, ㅎ
3	파찰음	막았다가 서서히 터뜨리면서 마찰을 일으키면서 내는 소리, 즉 처음에는 파열음, 나중에는 마찰음의 순서로 두 가지 성질을 다 가지는 소리 ex ㅈ, ㅉ, ㅊ
4	비음	연구개와 목젖을 내려 입 안의 통로를 막고 코로 공기를 내보내면서 내는 소리(콧소리) ex ㄴ, ㅁ, ㅇ
5	유음	혀끝을 잇몸에 가볍게 대었다가 떼거나, 혀끝을 잇몸에 댄 채 공기를 그 양 옆으로 흘려보내면서 내는 소리 ex ㄹ
6	유성음	조음할 때 성대(목)의 울림을 수반하는 음으로 울림소리라고도 하며, 대부분의 모음과 [b] [d] [v] [z] [g] 등의 자음이 이에 속합니다.
7	무성음	조음할 때 성대의 울림을 수반하지 않는, 혹은 유성음보다 덜 울리는 소리이며, 안울림소리라고도 함 ex [p] [t] [f] [s] [k]

단모음	ㅏ	ㅓ	ㅗ	ㅜ	ㅡ	ㅣ	ㅐ	ㅔ	ㅚ	ㅟ	
	a	eo	o	u	eu	i	ae	e	oe	wi	
이중 모음	ㅑ	ㅕ	ㅛ	ㅠ	ㅒ	ㅖ	ㅘ	ㅙ	ㅝ	ㅞ	ㅢ
	ya	yeo	yo	yu	yae	ye	wa	wae	wo	we	ui
파열음	ㄱ	ㄲ	ㅋ	ㄷ	ㄸ	ㅌ	ㅂ	ㅃ	ㅍ		
	g/k	kk	k	d/t	tt	t	b/p	pp	p		
파찰음	ㅈ	ㅉ	ㅊ								
	j	jj	ch								
마찰음	ㅅ	ㅆ	ㅎ								
	s	ss	h								
비음	ㄴ	ㅁ	ㅇ								
	n	m	ng								
유음	ㄹ										
	r/l										

> 'ㅢ'는 'ㅣ'로 소리 나더라도 'ui'로 적습니다.
> ex 광희문[광히문](Gwanghuimun); 문화재명이나 자연 지물명, 인공 축조물명은 하이픈(–) 없이 적으며 고유 명사이므로 첫 글자를 대문자로 적습니다.

- 대관령 Daegwallyeong
- 안녕하세요 Annyeonghaseyo
- 대한민국 Daehanminguk
- 서울특별시 Seoul Teukbyeolsi
- 속리산 Songnisan
- 여의도 Yeouido
- 고구려 Goguryeo
- 백제 Baekje
- 조선 Joseon
- 신라 Silla

주소를 써야할 경우 지명과 행정 구역 단위(도, 시, 군, 구, 읍, 면, 동, 리)와 '가'를 붙임표(-)로 분리해야합니다. 이때 하이픈 앞뒤에서 일어나는 음운 변화와 이름에서 일어나는 음운 변화는 표기에 반영하지 않고, '시, 군, 읍'의 행정 구역은 생략이 가능하며 고유명사이므로 첫 글자를 대문자로 적습니다. 영문주소 표기어순은 국어와 반대 어순을 따릅니다.

(1) 행정 구역 단위 로마자 : 도(do), 시(si), 군(gun), 구(gu), 읍(eup), 면(myeon), 동(dong), 리(ri), 가(ga)

① 동리: Dong-ri

② 종로구: Jongno-gu

③ 잠실동: Jamsil-dong

④ 진주시: Jinju-si/Jinju

⑤ 용문면: Yongmun-myeon

⑥ 평창군: Pyeongchang-gun

⑦ 기장읍: Gijang-eup/Gijang

⑧ 종로3가: Jongno 3(sam)-ga

⑨ 충청북도: Chungcheongbuk-do

도로명 주소를 로마자로 표기할 때에도 도로 구분 단위(대로, 로, 길)와 지명을 하이픈(-)으로 구분하며, 고유 명사이므로 첫 글자를 대문자로 적습니다.

(2) 도로 구분 단위 로마자: 대로(daero), 로(ro), 길(gil), 세종대로(Sejong-daero), 종로(Jong-ro)
　　　　　　　　　　　단, 법정동(법률로 지정된 행정구역)으로 쓰인 "로"는 "-"로 구분하지 않습니다.

① 흥천사길: Heungcheonsa-gil

② 종로1가: Jongno 1(il)-ga 'Jongno(지명)'와 'Jong-ro(도로명)'

③ 영문주소 표기 어순은 국어와 반대 어순을 따릅니다.

　ⓐ 홍길동
　　•서울특별시 강남구 청남동 885-7번지 무지개 아파트 000동 00호
　☞ Gil-dong Hong
　　000-00 Mujigae Apt. 885-7, Cheongnam-dong, Gangnam-gu, Seoul 0000(우편번호)

　ⓑ ☞ Hong Gil-dong
　　•서울시 서초구 반포대로 267번 길 27 반포자이아파트 000동 00호
　　000-00 Banpo Jai Apt. 267 beon-gil 27, Banpo-daero, Seocho-gu, Seoul 0000(우편번호)

(3) 현행 로마표기법의 모순과 대안

A. Dongdaemun이라고 쓰면 외국인은 그것이 문인지 산인지 강인지 알 수가 없습니다. 그러므로 Dongdaemun Gate라고 써야 합니다. 대표적인 것들을 열거해서 외국인과 한국인들이 의사소통을 더 원활하게 하는 방안을 모색해보기로 하겠습니다.

① Haeinsa → Haeinsa Temple (해인사)

② Namsan → Namsan Mountain (남산)

③ Haeundae → Haeundae Beach (해운대)

④ The Han River → The Han-gang River (한강)

⑤ Kyŏngbokkung → Kyŏngbokkung Palace (경복궁)

⑥ Sŏngsudaegyo → Sŏngsudaegyo Bridge (성수대교)

B. "신은경"이라는 이름을 예를 들어보겠습니다. 대한민국 로마표기법에 따라 이름을 쓰자면 Sin Eun-gyeong이라고 써야하는데 이는 성씨가 영어의 [죄]를 뜻하는 단어(Sin)와 같아 죄에서 태어났다는 뜻이 되고 이름은 [에운계옹]으로 발음됩니다. 어찌 우습지 아니한가? 그래서 신은 Shin으로 써야하고 은경은 Ŭn-gyŏng이 되어야 합니다.

"서영덕"의 대한민국 로마표기법은 Seo Yeong-deok입니다. 이는 [세오 예옹데옥]이라는 정말 재미있는 이름으로 변하게 됩니다. 이 또한 어찌 우습지 아니한가? 그래서 반드시 이중모음이 아닌 단모음을 이용하여 "서영덕"은 Sŏh Yŏng-dŏk으로 표기해야 합니다.

C. 왜 이름을 하이픈으로 연결하는 것이 더 타당한지 다음의 예를 통해서 알아보겠습니다.

① Kim Yeongil 이 이름은 (김영일)일까요? (김연길)일까요?

② Kim Yeon 이 이름은 (김예온)일까요? (김연)일까요?

③ Kim Seong 이 이름은 (김세옹)일까요? (김성)일까요?

④ Kim Seongil 이 이름은 (김선길)일까요? (김성일)일까요?

D. 또한 많은 한국의 박 씨 성을 가진 사람들이 성을 Park으로 쓰고 있는데 이는 공원에서 태어 났다는 뜻이 되고, 많은 최 씨 성의 사람들이 Choi를 사용하여 "초이"씨로 변해버렸습니다.

또한 많은 이 씨 성을 가진 자들이 Lee(리)라고 쓰고 있는데 이는 토종 미국인 성[대표적인 인물이 남북전쟁 당시 남부군을 이끌었던 장군이름 [Robert Lee]으로, 이는 조상이 미국인이라는 오해를 받을 수 있습니다. 이는 대한민국 국민을 위한 올바른 영어표기법 교육이 없었기 때문입니다.

E. 김, 강, 박, 조, 정, 최 등은 유성음 Gim, Bak, Jo, Jeong 이 아니라, 초성으로 조음할 때 소리가 터지는 파열음. 즉, 낮은음 Kim, Pak, Cho, Chŏng이 되어야 하고 최씨는 높은음 Ch'oe가 되어야 합니다. Busan이 아니라 낮은음 Pusan, Daejeon이 아니라 낮은음 Taejŏn, Daegu가 아니라 낮은음 Taegu, Incheon이 아니라 Inch'ŏn, Gwangju가 아니라 낮은음 Kwangju가 되어야만 제대로 우리말 발음이 나오고 세계 속의 한국이 될 수 있습니다.

F. 외국인이 대한민국 로마법 표기법을 보고 어떤 외국인도 [eo]을 [어]로, [eu]를 [으]로 [jj]를 [쯔]로 발음하는 사람은 아무도 없을 것입니다. 그리고 다음 예시들의 좌측처럼 알아들을 수 없는 발음을 할 것입니다. 그러므로 두 개의 모음으로 한 음절을 만들어 놓은 표기법 [eo]나 [eu]를 빨리 수정하여 하나의 모음이 하나의 음절을 형성하도록 해야 합니다. 그래서 필자는 맥쿤 라이샤우어의 발음 [ŏ] 나 [ŭ] [tch]를 세계인들이 배우고 있고 컴퓨터에서도 쉽게 찾을 수 있는 철자이므로 세계 속의 한국이 되려면 세계인들이 사용하고 있는 맥쿤 라이샤우어로 마법표기법을 따라야 한다고 생각합니다. 그러나 그것이 일반 사람들에게 어렵게 여겨진다면 우리말 발음[어]를 [eo: 에오] 대신 영어의 발음기호[ə:어]를 추천하는 바입니다. [으]발음이나 [쯔]발음은 아무래도 맥쿤라이샤워의 표기법이 더 타당합니다. 영어권 사람들은 "뽀뽀"를 tchup tchup[쭙쭙]이라고 말합니다. 따라서 우리나라의 [쯔]을 맥쿤 라이샤워의 표기법대로 [tch]라고 해야만 우리나라 발음이 제대로 나오게 될 것입니다. 그래서 덕수궁을 낮은음 [Təksugung] 으로, 전주를 낮은음 [Chənju]로 하고, 짬뽕을 [tchamppong] 이라고 해야 그들이 우리말을 정확히 발음할 것입니다.

	국어	대한민국 로마표기법	외국인들의 발음	맥쿤 라이샤우어 로마표기법	필자의 대안	외국인들의 발음
1	안녕	Annyeong	안녜옹	Annyŏng	Annyəng	안녕
2	짬뽕	Jjamppong	잠뽕	Tchamppong	Tchamgppong	짬뽕
3	전라도	Jeolla-do	제올라도	Chŏlla-do	Chəlla-do	전라도
4	평창	Pyeongchang	폐옹창	Py'ŏngch'ang	Py'əngch'ang	평창
5	충청	Chungcheong	충체옹	Ch'ungch'ŏng	Ch'ungch'əng	충청
6	석빙고	Seokbinggo	세옥빙고	Sŏkppinggo	Səkppinggo	석빙고
7	기장읍	Gijang-eup	기장에웁	Kijang-ŭp	Kijang-ŭp	기장읍
8	덕수궁	Deoksugung	데옥수궁	Tŏksugung	Təksugung	덕수궁
9	이성계	Yi Seong-gye	이세옹계	Yi Sŏng-gye	Yi Səng-gye	이성계
10	천마총	Cheonmachong	체온마총	Chŏnmach'ong	Ch'ənmach'ong	천마총
11	흥천사	Heungcheonsa	헤웅체온사	Hŭngch'ŏnsa	Hŭngch'ənsa	흥천사
12	청계천	Cheongyecheon	체옹계체온	Ch'ŏngyech'ŏn	Ch'əngyech'ən	청계천
13	경복궁	Gyeongbokkung	계옹복궁	Kyŏngbokkung	Kyəngbokkung	경복궁
14	첨성대	Cheomseongdae	체옴세옹대	Ch'ŏmsŏngdae	Ch'əmsəngdae	첨성대
15	전주	Jeonju	제온주	Chŏnju	Chənju	전주
16	대전	Daejeon	대제온	Taejŏn	Taejən	대전
17	조선	Joseon	조세온	Chosŏn	Chosən	조선
18	인천	Incheon	인체온	Inch'ŏn	Inch'ən	인천
19	청주	Cheongju	체옹주	Ch'ŏngju	Ch'əngju	청주
20	순천	Suncheon	순체온	Sunch'ŏn	Sunch'ən	순천
21	무등	Mudeung	무데웅	Mudŭng	Mudŭng	무등
22	천안	Cheonan	체온안	Ch'ŏnan	Ch'ənan	천안
23	경주	Gyeongju	계옹주	Kyŏngju	Kyəngju	경주
24	경기	Gyeonggi	계옹기	Kyŏnggi	Kyənggi	경기
25	경상	Gyeongsang	계옹상	Kyŏngsang	Kyəngsang	경상

(4) 영문법 용어의 정의 (모든 학습자들의 필수과정)

① 품사: 단어를 일정한 기준으로 나누어 묶은 것으로서 영어에서는 8품사 즉, 명사, 대명사, 동사, 형용사, 부사, 전치사, 접속사, 감탄사가 포함되어 있습니다.

② 명사: 이름을 나타내는 말로서, 문장 속에서 주어, 목적어, 보어로 사용되는 단어.

③ 대명사: 명사를 대신하는 말 (그것, 그것들, 우리, 그들)

④ 형용사: 형태나 모양, 성질이나 상태를 나타내는 말로서, 명사를 꾸며주거나 보충 설명해주는 단어.

⑤ 부사: 부수적인 말로서, 문장 속에서 형용사, 동사, 다른 부사, 또는 문장 전체를 꾸며주는 단어.

⑥ 빈도부사: always(항상), usually(대개), sometimes(가끔), often(종종), rarely(좀처럼 ~하지 않다), never(전혀 ~하지 않다)처럼 횟수를 나타내는 부사

⑦ 전치사: 명사나 대명사 앞에 놓여 뒤에 오는 명사나 대명사와의 관계를 나타내는 말 (in, at, on, with, for)

⑧ 접속사: 단어와 단어, 구절과 구절, 문장과 문장을 이어 주는 말(When, As, If, Though, and)

⑨ 감탄사: 기쁨, 놀람, 슬픔, 노여움 등의 느낌, 감정을 나타내는 단어 oh (아!, 오!), alas (아아!)

⑩ 관사: 셀 수 있는 불특정 다수의 명사중 하나 앞에 붙는 부정관사(a/an)와 말하는 사람과 듣는 사람이 서로 알고 있는 특정한 명사 앞에 붙는 정관사(the)가 있습니다.

⑪ 성분: 문장을 구성하고 있는 부분으로 그 역할에 따라, 주어, 동사, 목적어, 보어, 수식어로 구분됩니다.

⑫ 주어: 문장의 맨 처음에 와서 (은, 는, 이, 가)로 해석되는 명사나 그에 상응하는 구나 절

⑬ 동사: 문장 속의 주어 다음에서 주어의 동작이나 상태를 나타내는 말(come, go, eat, sing, walk)

⑭ 목적어: 동작을 받는 대상으로 동사 다음에 와서 주로 (을, 를, 에게)로 해석 되는 것

⑮ 보어: 문장 속 불완전한 동사 뒤에서 주어나 목적어를 보충 설명해 주는 것

⑯ 수식어: 말이나 글을 보다 뚜렷하고 효과적으로 표현하기 위해 꾸미는 말.

⑰ 숙어: 두 개 이상의 낱말이 합하여 하나의 뜻을 나타내어, 마치 하나의 낱말처럼 쓰이는 말.
　　　ex give up(포기하다)

⑱ 관용어: 습관처럼 사용하는 말 ex) sick as a dog=very sick, kick the bucket=die

⑲ 구: 둘 이상의 단어들이 모여서 문장 속에서 명사, 형용사, 부사 등 하나의 품사 역할을 하는 것
　　　－a red car(명사구), on Sunday morning(부사구), a man of ability(능력 있는 사람: 형용사구)

⑳ 전치사구(전명구): 형용사구나 부사구로 사용되는 전치사+명사로 이뤄진 구

㉑ 명사구: 둘 이상의 단어들이 모여서 문장 속에서 명사의 역할, 즉 주어, 목적어, 보어의 구실을 하는 것

㉒ 형용사구: 전치사+명사, to 부정사, 분사가 형용사처럼 뒤에서 앞 명사를 수식하거나 보어의 구실을 하는 것

㉓ 부사구: 전치사+명사, to 부정사, 분사구문이 동사, 형용사, 부사 또는 문장 전체를 수식하는 것

㉔ 절: 주어+동사의 관계가 있는 것으로 문장의 일부를 구성하는 것

㉕ 주절: 종속절이 없어도 자체적으로 문장을 형성하는 독립된 절

㉖ 종속절: 접속사가 이끄는 절로서 명사절, 형용사절, 부사절

㉗ 대등절/등위절: boysfan(but, or, yet, so, for, and, nor)으로 연결되어 문법상 대등한 관계로 결합되어 있는 절

㉘ 명사절: 명사의 역할, 즉 주어, 목적어, 보어 및 동격의 구실을 하는 절로서 that, whether, if, 의문사, what, 관계대명사 등이 이끄는 절

㉙ 형용사절: 관계대명사와 관계부사가 이끄는 절이 뒤에서 앞 명사를 수식하여 (~할/~한/~하고 있는)등으로 해석 되는 절

㉚ 부사절: 접속사가 이끄는 절이 또 다른 절을 수식하는 경우로서, 시간(~할 때), 이유나 원인(~때문에), 조건(~한다면), 양보(~이지만), 결과(~해서~하다), 목적(~하도록), 양태(~처럼) 등의 뜻을 나타내는 절.

㉛ 문장: 주어+동사가 있으면서 주어의 생각이나 감정을 완성된 내용으로 표현한 최소 단위

㉜ 단문: 주어+동사가 하나인 문장

㉝ 복문: 주어+동사가 두 개이면서 종속 접속사로 연결되어 있는 문장

㉞ 중문: 주어+동사가 두 개이면서 등위접속사로 연결되어 있는 문장
㉟ 인칭대명사: 사람을 가리키는 대명사(그, 그녀, 그들, 너희들)
㊱ 지시대명사: 이것/이사람(this), 저것/저사람(that)처럼 사물이나 사람을 지시할 때 사용하는 대명사
㊲ 관계대명사: 앞 문장에 나온 명사나 내용을 가리키는 대명사이면서, 동시에 두 문장을 연결하므로 관계시켜주는 대명사, 이를 줄여서 관계대명사라 부르고, 뒤 문장에서는 명사의 역할, 즉 주어, 목적어, 보어의 구실을 하므로 관계대명사가 이끄는 절에는 주어나, 목적어나 보어중 하나가 없습니다.
㊳ 선행사: 앞에 나온 말이라는 뜻으로 관계대명사가 가리키는 앞 문장속의 명사나 내용
㊴ 의문사: 6하 원칙, 즉 누가(who), 언제(when), 어디서(where), 무엇(what), 어떻게(how), 왜(why), 어느 것(which)과 how often? how much? how many? how tall? how deep?처럼 물어볼 때 사용되는 말
㊵ 완전 자동사: 완전히 혼자 하는 동사라는 뜻으로 보어가 없이 동사 혼자서 문장을 형성할 수 있는 동사
㊶ 불완전 자동사: 주어 혼자서 동작을 하되 보어가 필요한 동사
㊷ 완전 타동사: 다른 사람이나 사물에게 동작을 가하는 동사로서 보어가 없어도 문장을 형성할 수 있는 동사
㊸ 수여 동사: 두 개의 목적어를 취하여 간접목적어에게 직접목적어를 해주는 동사
㊹ 불완전 타동사: 목적어 다음에 목적어를 보충 설명해주는 보어를 필요로 하는 동사
㊺ 사역 동사: 5형식동사 가운데 make, have, let처럼 주어가 목적어에게 다른 동작을 하게 하는 동사
㊻ 능동: 주어가 자발적으로 움직이는 동사의 성질
㊼ 수동: 주어가 남에 의해서 또는 다른 것의 힘에 의하여 움직이는 동사의 성질
㊽ 현재 분사: 동사의 원형에 (ing)가 붙은 형태로서 명사를 꾸며주는 형용사역할을 하거나 주어나 목적어를 보충 설명해주는 보어의 구실을 하는 것
㊾ 과거 분사: past participle의 약자 p.p 라고 부르며 완료시제와 수동태에 사용되는 동사의 과거 다음의 변화형
㊿ 분사구문: 분사가 들어 있는 문장 형태
(51) 분사구(분사가 이끄는 구): 분사구가 명사를 꾸며주는 형용사의 역할을 하는 경우
(52) 분사절(분사가 이끄는 절): 분사절이 주절을 꾸며주는 부사절의 역할을 하는 경우
(53) 독립 분사절: 분사의 주어와 주절의 주어가 다른 형태
(54) 완료 분사절: having+pp로 이뤄진 분사절
(55) 부대상황: 주어가 주된 동작을 할 때 부수적으로 곁들여진 상황으로 영어에서는 주로 동시동작과 연속동작이 있습니다.
(56) 동명사: 동사에 ing가 붙어서 명사의 역할 즉, 주어(은, 는, 이, 가), 목적어(을, 를), 보어(A=B)의 구실을 합니다.
(57) 부정어: not이나 no, never, rarely, barely, hardly scarcely, seldom, little, few 등 부정문을 만드는 단어.
(58) 부정사: 주어나 시제 등에 의해서 정해지기 전 원래의 형태.
(59) to 부정사: to+동사원형=to+원형동사 형태
(60) 가정법: 상상하여 표현하는 방법
(61) 조동사: 동사 앞에서 본동사를 도와주는 동사
(62) 음절: 소리마디라는 뜻으로 영어에서는 발음이 나는 모음(아, 에, 이, 오, 우, 어)

ex hotel (2음절) comfortable (3음절)

(63) 용법: 국어에서는 사용방법을 가리키지만 영어에서는 해석하는 방법
(64) 문법: 문장을 구성하는 규칙으로서 글로 쓸 때의 법
(65) 어법: 말을 할 때의 일정한 법칙으로 문법에 맞아야 하고, 중복 표현이 없어야 하며, 논리적으로 맞아야 하며, 중의적인 표현도 없어야 한다는 법
(66) 한정사: 명사를 한정하는 소유격, 관사, 수사, 수량사, 지시 형용사 등

1 문장의 5형식 직독직해 하는 방법(필수과정)

·1형식: 주+동(완전 자동사) → 주어는 (자발적으로/스스로/혼자) 동사하다
·2형식: 주+동(불완전 자동사)+보 → 주어는 보어이다/되다
·3형식: 주+동(완전 타동사)+목 → 주어는 동사하다/목적어를
·4형식: 주+동(수여 동사/주는 동사)+간·목+직·목 → 주어는 동사해 주다/간목에게/직목을
·5형식: 주+동(불완전 타동사)+목+보 → 주어는 동사하다/목적어가/보어 하는 것을
　　　　　　　　　　　　　　　　　　 → 주어는 동사하다/목적어를/보어하게

◆ 문장의 5형식 번역식 해석 방법(필수과정)

·1형식: 주+동(완전 자동사) → 주어는 (자발적으로/스스로/혼자) 동사하다
·2형식: 주+동(불완전 자동사)+보 → 주어는 보어이다/되다
·3형식: 주+동(완전 타동사)+목 → 주어는 목적어를 동사하다
·4형식: 주+동(수여 동사/주는 동사)+간·목+직·목 → 주어는 간목에게 직목을 동사해 주다
·5형식: 주+동(불완전 타동사)+목+보 → 주어는 목적어가 보어 하는 것을 동사하다
　　　　　　　　　　　　　　　　　 → 주어는 목적어를 보어하게 동사하다

① The earth/ moves/ round the sun. (주어+완전 자동사+부사구: 1형식)
　(지구는/ 돈다/ 태양 주위를) ⇒ (지구는 태양 주위를 돈다.)

② He is a doctor. (그는 의사이다.) (주어+불완전 자동사+보어: 2형식)
　He became a doctor/ last year. (그는 의사가 되었다/ 작년에.)

③ I/ wrote/ an email/ on the computer. (주어+완전 타동사+목적어+부사구: 3형식)
　(나는/ 썼다/ 이메일을/ 컴퓨터에서) ⇒ (나는 컴퓨터에서 이메일을 썼다.)

④ Mom/ bought/ me/ a bicycle. (주어+주는 동사+간접목적어+직접목적어: 4형식)
　(엄마는/ 사주셨다/ 나에게/ 자전거를) ⇒ (엄마는 나에게 자전거를 사주셨다.)

⑤ I/ helped/ my mom/ cook/ in the kitchen. (주어+불완전 타동사+목적어+보어+부사구: 5형식)
　(나는/ 도왔다/ 엄마가/ 요리하시는 것을/ 부엌에서)
⇒ (나는 엄마가 부엌에서 요리하시는 것을 도왔다.)

⑥ I/ will make/ my parents/ happy. (주어+불완전 타동사+목적어+보어: 5형식)
　(나는/ 만들 거야/ 부모님을/ 행복하게) ⇒ (나는 부모님을 행복하게 해드릴 거야.)

어휘 earth 지구 move 움직이다 round 둘레에/돌아서 sun 태양 doctor 의사 become–became 되다 last year 작년에 buy–bought 사다/사주다 help 돕다 cook 요리하다 in the kitchen 부엌에서 will ~할 것이다 make 만들다 parents 부모

2 인칭대명사(기초과정) (토익 필수과정)

재귀대명사를 빼고 '뻐꾸기 왈츠'에 맞춰 노래불러보세요. 그럼 자연스럽게 암기가 될 거예요!

	주 격 은/는/이/가	소유격 ~의	목적격 ~을 ~를 ~에게	소유 대명사 ~의 것	재귀 대명사 자신/자체
1인칭 단수 (나)	I	my	me	mine	myself
2인칭 단수 (너)	You	your	you	yours	yourself
3인칭 남성 단수 (그)	He	his	him	his	himself
3인칭 여성 단수 (그녀)	She	her	her	hers	herself
3인칭사물/동물 단수 (그것)	It	its	it	—	itself
1인칭 복수 (우리)	We	our	us	ours	ourselves
2인칭 복수 (너희들)	You	your	you	yours	yourselves
3인칭 복수 (그들/그것들)	They	their	them	theirs	themselves
기타 3인칭 단수	Tom	Tom's	Tom	Tom's	himself
	Jane	Jane's	Jane	Jane's	herself
	A cat	A cat's	a cat	a cat's	itself

3 인칭대명사와 be 동사(기초과정) (토익 필수과정)

긍정 평서문(긍정의 뜻을 설명하는 문장) ↔ 부정 평서문(부정의 뜻을 설명하는 문장)
부정문은 be 동사 뒤에 not을 붙이고, 의문문은 be동사를 주어 앞으로 옮깁니다.

	현재형 (이다/있다)	줄임말	부정문 (아니다)	줄임말	과거형 (이었다)	부정문 (아니었다)	줄임말
I	am	I'm	am not	amn't (x)	was	was not	wasn't
You	are	You're	are not	aren't	were	were not	weren't
He		He's					
She	is	She's	is not	isn't	was	was not	wasn't
It		It's					
We		We're					
You	are	You're	are not	aren't	were	were not	weren't
They		They're					

주의 ☞ This is는 This's로 축약해서 쓰지 않고, amn't는 스코틀랜드와 아일랜드에서만 사용하는 방언입니다.

문제 1. Choose the correct answer. (올바른 것을 고르세요.)

① You (am, are, is) late.

② I (am, are, is) a Korean.

③ It (am, are, is) my book.

④ They (am, are, is) singers.

⑤ He (am, are, is) my friend.

⑥ She (am, are, is) my sister.

⑦ The cat (am, are, is) my pet.

⑧ You (am, are, is) college students.

⑨ The girl (am, are, is) my classmate.

⑩ We (am, are, is) middle school students.

> **해석과 정답** ① 너는 지각했어. (are) ② 나는 한국인이야. (am) ③ 그것은 내 책이야. (is) ④ 그들은 가수야. (are)
> ⑤ 그는 내 친구야. (is) ⑥ 그녀는 내 누이야. (is) ⑦ 그 고양이는 내 애완동물이야. (is)
> ⑧ 너희들은 대학생들이잖아. (are) ⑨ 그 소녀는 내 반 친구야. (is) ⑩ 우리는 중학생들입니다. (are)

문제 2. Change the following into negative sentences. (부정문으로 바꿔보세요.)

① I am tired.

② It is cloudy.

③ He is a doctor.

④ You are clever.

⑤ They are diligent.

> **해석과 정답** ① 나는 피곤해. (I am not tired.) ② 날씨가 흐려. (It is not cloudy.) ③ 그는 의사야. (He is not a doctor.)
> ④ 넌 영리하구나. (You are not clever.) ⑤ 그들은 근면하다. (They are not diligent.)

문제 3. What is the contracted form of the underlined part? (줄임말이 무엇일까요?)

① She is not a nurse.

② They were not kind.

③ I am not a Japanese.

④ I was not in the library.

⑤ You are not a college student.

> **해석과 정답** ① 그녀는 간호사가 아니야. (She's not/She isn't) ② 그들은 친절하지 않았어. (They weren't)
> ③ 나는 일본사람 아니에요. (I'm not) ④ 나는 도서관에 없었어. (I wasn't)
> ⑤ 너는 대학생 아니잖아. (You're not/You aren't)

문제 4. Choose the correct answer. (올바른 것을 고르세요.)

① I (am/was) sick now.

② You (are/were) late for school yesterday.

③ We (are/were) in the same class this year.

④ My mother (is/was) beautiful in her youth.

⑤ They (are/were) elementary school students last year.

> **해석과 정답 · 설명** ① 나는 지금 아파. (am) – 지금은 현재시제이므로
> ② 너는 어제 학교에 지각했잖아. (were) – 어제는 과거이므로
> ③ 우리는 올해 같은 반이야. (are) – 올해는 현재를 포함하므로
> ④ 내 엄마는 한창 때 아름다우셨어. (was) – 한창 때는 과거이므로
> ⑤ 그들은 작년에 초등학생이었어. (were) – 작년은 과거이므로

> **어휘** late 늦은 Korean 한국인 book 책 singer 가수 friend 친구 sister 누이 pet 애완동물 tired 피곤한
> doctor 의사 college student 대학생 cloudy 흐린 clever 영리한 diligent 부지런한 Japanese 일본인 nurse 간호사
> kind 친절한 library 도서관 sick 아픈 yesterday 어제 this year 올해 last year 작년에 be late for ~에 지각하다
> the same class 같은 반 beautiful 아름다운 in one's youth 젊었을 때 elementary(primary) school 초등학교

문제 5. Change the following into interrogative sentences. (의문문으로 바꾸세요.)

① I am handsome.

② You are hungry.

③ Mark is your friend.

④ They are movie stars.

⑤ You were sick yesterday.

⑥ Your father was strong when young.

⑦ You were in the same class last year.

> **해석** ① 나는 잘생겼잖아. ② 너는 배고프잖아. ③ Mark는 네 친구잖아. ④ 그들은 영화배우야.
> ⑤ 너는 어제 아팠잖아. ⑥ 네 아빠는 젊었을 때 힘이 셌단다. ⑦ 너희들은 작년에 같은 반이었잖아.

> **정답** ① Am I handsome? (나 잘생겼니?) ② Are you hungry? (너 배고프니?)
> ③ Is Mark your friend? (Mark는 네 친구니?) ④ Are they movie stars? (그들은 영화배우니?)
> ⑤ Were you sick yesterday? (너 어제 아팠니?)
> ⑥ Was your father strong when young? (네 아빠 젊으셨을 때 힘이 세셨니?)
> ⑦ Were you in the same class last year? (너희들 작년에 같은 반이었니?)

④ be 동사로 시작하는 부정 질문에 대한 답변 방식(기초과정)

> **주의** ☞ 국어는 질문에 동의하면 '네', 질문에 동의하지 않으면 '아니요' 라고 답변하지만, 영어는 질문과 상관없이
> 자신의 답변이 긍정문이면 yes, 자신의 답변이 부정문이면 no라고 대답한다는 점 명심하세요.

① 너 배고프니? - 응, 배고파. / 아니, 배 안고파.

  ▷ Are you hungry? - Yes, I am. / No, I am not.

② 너 배 안 고프니? - 아니, 나 배고파. / 응, 나 배 안 고파.

  ▷ Aren't you hungry? - Yes, I am. / No, I am not.

> **설명** ①번에서 「너 배고프니?」라는 질문에 대해 배가 고플 때는 긍정문이므로 「Yes」, 배가 안 고플 때는 부정문이므로
> 「No」라고 합니다. 마찬가지로 영어 ②번에서 「너 배 안 고프니?」라는 질문에 대해서 「아니, 배고파」라고 답변할 때
> 「배가 고프다」라는 말이 긍정문이므로 「Yes」, 배가 안 고플 경우에 「응, 배가 안고파」라고 답변할 때 「배 안고프다」가
> 부정문이므로 「No」라고 답변합니다.

문제 6. Choose the correct answer.

① Am I not tall? - (Yes/No), you are.

② Isn't it your bag? - (Yes/No), it isn't.

③ Weren't you sick yesterday? - (Yes/No), I wasn't.

④ Wasn't I born in a hospital? - (Yes/No), you were.

⑤ Aren't you in the same class? - (Yes/No), we aren't.

⑥ Wasn't she beautiful in her youth? - (Yes/No), she was.

> **해석과 정답** ① 나 키 크지 않니? - 아니, 너는 키가 커.(Yes) ② 그것 네 가방 아니니? - 응, 내 가방 아니야. (No)
> ③ 너는 어제 아프지 않았니? - 응, 나 아프지 않았어.(No)
> ④ 저는 병원에서 태어나지 않았나요? - 아니, 너 병원에서 태어났어.(Yes)
> ⑤ 너희들 같은 반 아니니? - 응, 우리 같은 반 아니야.(No)
> ⑥ 그녀는 젊었을 때 아름답지 않았나요? - 아니, 아름다웠어.(Yes)

> **어휘** handsome 잘생긴 hungry 배고픈 movie star 영화배우 sick 아픈 yesterday 어제
> strong 힘센 young 젊은 the same class 같은 반 last year 작년 tall 키 큰 bag 가방
> be born 태어나다 hospital 병원 beautiful=gorgeous 아름다운 ↔ ugly 못 생긴 in one's youth 젊었을 때

PART 03 | 동사의 활용(Conjugation of Verbs)

주어가 1인칭(나/우리), 2인칭(너/너희들), 3인칭 복수(그들/그것들)는 동사의 원형을 그대로 쓰지만, 주어가 3인칭 단수(He, She, It, Tom, Jane)일 때는 동사원형에 −s나 −es를 붙입니다.

① 3인칭 단수 현재형 만드는 방법(기초과정)

주어	일반 동사 대부분의 동사	만드는 방법 동사원형 +s	예 come – comes (오다)
3인칭 단수 (He/She/It)	−s, −sh, −ch, −x, −o 로 끝나는 동사	동사원형+es	do – does (하다) go – goes (가다) mix – mixes (섞다) miss – misses (놓치다) wash – washes (씻다) teach – teaches (가르치다)
	자음+y	y를 i로 고치고+es	study – studies (공부하다)
	모음+y	동사원형+s	buy – buys (사다) say – says (말하다) play – plays (경기하다)
	불규칙 동사		have – has (가지고 있다)

② 일반 동사의 부정문 만드는 방법(기초과정)

인칭	부정문	대답하기
I/You/We/They (1, 2인칭이나 복수)	don't(do not)+동사원형	Yes, 주어 do. (긍정 대답) No, 주어 don't. (부정 대답)
He/She/It/Tom/Jane (3인칭 단수)	doesn't(does not)+동사원형	Yes, 주어 does. (긍정 대답) No, 주어 doesn't. (부정 대답)
과거시제(모든 인칭)	didn't(did not)+동사원형	Yes, 주어 did. (긍정 대답) No, 주어 didn't. (부정 대답)

③ 일반 동사의 의문문 만드는 방법(기초과정)

인칭	의문문	대답하기
I/You/We/They	Do(Don't)+주어+동사원형~ ?	Yes, 주어 do. (긍정 대답) No, 주어 don't. (부정 대답)
He/She/It/Tom/Jane	Does(Doesn't)+주어+동사원형~ ?	Yes, 주어 does. (긍정 대답) No, 주어 doesn't. (부정 대답)
과거시제(모든 인칭)	Did(Didn't)+주어+동사원형~ ?	Yes, 주어 did. (긍정 대답) No, 주어 didn't. (부정 대답)

문제 1. Choose the correct answer.(기초과정)

① She (have/has) a car.
② She (like/likes) puppies.
③ He (study/studys/studies) hard.
④ She (enjoy/enjoys/enjoies) dancing.
⑤ He (go/gos/goes) to church on Sundays.
⑥ Mr Kim (teach/teachs/teaches) us English.
⑦ I (don't/doesn't) like cats.
⑧ She (don't/doesn't) look happy today.
⑨ Tom (don't/doesn't) want to attend the meeting.
⑩ Jane (don't/doesn't/didn't) attend the party yesterday.
⑪ (Do/Does) you keep a diary?
⑫ (Do/Does) Chris like singing?
⑬ (Do/Does) Mark (play/plays/playes) go well?
⑭ (Do/Does/Did) he attend the meeting yesterday?

> **해석과 정답** ① 그녀는 자동차를 가지고 있다.(has) ② 그녀는 강아지를 좋아한다.(likes) ③ 그는 열심히 공부한다.(studies)
> ④ 그녀는 춤추기를 즐긴다.(enjoys) ⑤ 그는 일요일마다 교회에 다닌다.(goes)
> ⑥ 김 선생님이 우리에게 영어를 가르치신다.(teaches) ⑦ 나는 고양이를 좋아하지 않는다.(don't)
> ⑧ 그녀는 오늘 행복해보이지 않는다.(doesn't) ⑨ Tom은 모임에 참석하고 싶어 하지 않는다.(doesn't)
> ⑩ Jane은 어제 파티에 참석하지 않았다.(didn't) ⑪ 너는 일기를 쓰니?(Do)
> ⑫ Chris는 노래 부르기를 좋아하니?(Does) ⑬ Mark는 바둑을 잘 두니?(Does/play)
> ⑭ 그는 어제 모임에 참석했니?(Did)

④ Do 동사로 시작하는 부정 질문에 대한 답변 방식(중1 필수과정)

> **ex** Don't you like fish? (너 생선 안 좋아하니?)
>
> – Yes, I do. (아니, 난 좋아해) / No, I don't. (응, 난 안 좋아해)

위의 답변에서처럼 「아니, 난 좋아해」에서 「나는 좋아해」가 긍정문이므로 국어로 「아니」를 Yes라고 답변해야 하고, 「응, 난 안 좋아해」에서 「안 좋아해」가 부정문이므로 국어로 「응」을 No라고 답변해야 합니다. 이와 같이 영어는 자신의 답변이 긍정문이면 yes, 자신의 답변이 부정문이면 no라고 대답한다는 점 잊지 마세요.

문제 2. Change the following into English. (국어를 영어로 옮겨보세요.)

A. Doesn't she like meat? (그녀는 고기를 안 좋아하니?)
① 아니, 좋아해. _____ ↔ ② 응, 안 좋아해. _____
B. Don't you enjoy swimming? (너 수영 즐기지 않니?)
③ 아니, 나는 즐겨. _____ ↔ ④ 응, 나 즐기지 않아. _____
C. Didn't he attend your birthday party? (그가 네 생일파티에 오지 않았니?)
⑤ 아니, 왔어. _____ ↔ ⑥ 응, 안 왔어. _____

> **정답** ① Yes, she does. ② No, she doesn't. ③ Yes, I do. ④ No, I don't. ⑤ Yes, he did. ⑥ No, he didn't.

> **어휘** car 자동차 puppy 강아지 study 공부하다 hard 열심히 enjoy 즐기다 dancing 춤추기 church 교회
> on Sundays 일요일마다 teach 가르치다 like 좋아하다, 기호 cat 고양이 look happy 행복해보이다
> attend 참석(출석)하다, 시중들다 keep a diary 일기를 쓰다 play go 바둑을 두다 meeting 모임/회의
> meat 고기, 알맹이 enjoy swimming 수영을 즐기다 attend one's birthday party ~의 생일파티에 참석하다

동사에는 원형, 과거형, 과거분사 및 현재분사가 있으며, 규칙적으로 변화하는 규칙동사와 불규칙적으로 변화하는 불규칙 동사가 있습니다.

5 규칙 변화 동사(기초과정)

		과거형/현재 분사형	원형	과거형	과거분사	현재분사
①	대부분의 동사	–ed	help(돕다)	helped	helped	helping
		–ing	walk(걷다)	walked	walked	walking
②	–e로 끝나는 동사	–d	like(좋아하다)	liked	liked	liking
		–e를 빼고 –ing	save(구하다)	saved	saved	saving
③	자음+모음+자음 으로 이뤄진 동사	마지막 자음+ed	beg(부탁하다)	begged	begged	begging
		마지막 자음+ing	stop(멈추다)	stopped	stopped	stopping
④	자음+y로 끝나는 동사	y를 i로 바꾸고 ed	cry(울다)	cried	cried	crying
		–ing	study(공부하다)	studied	studied	studying
⑤	모음+y로 끝나는 동사	–ed	enjoy(즐기다)	enjoyed	enjoyed	enjoying
		–ing	play(놀다)	played	played	playing
⑥	–ay로 끝나는 동사	–aid로 바뀌는 동사	say(말하다)	said	said	saying
		–ing	pay(지불하다)	paid	paid	paying
⑦	강세가 뒤에 있는 2음절 동사	마지막 자음+ed	occur(발생하다)	occurred	occurred	occurring
		마지막 자음+ing	omit(생략하다)	omitted	omitted	omitting
⑧	–ie로 끝나는 동사	–d	lie(거짓말하다)	lied	lied	lying
		ie 삭제 후 –ying	die(죽다)	died	died	dying
⑨	–c로 끝나는 동사	–ked	picnic(소풍가다)	picnicked	picnicked	picnicking
		–king	mimic(흉내 내다)	mimicked	mimicked	mimicking

6 과거동사 –ed의 발음(기초과정)

	발음	경 우
①	[d]	원형이 유성음(목청이 떨리는 소리) 즉, [b], [g], [i], [l], [m], [n], [o], [v], [dʒ], 및 모음으로 끝나는 동사 다음의 –d/–ed
		begged[begd](부탁했다) called[kɔːld](전화했다) combed[koumd](빗질했다) loved[lʌvd](사랑했다) judged[dʒʌdʒd](판단했다) robbed[rɑːbd](강탈했다)
②	[t]	원형이 무성음(목청이 떨리지 않는 소리) 즉, [f], [p], [k], [s], [ʃ], [tʃ] 등으로 끝나는 동사 다음의 –ed
		laughed[læft](웃었다) dropped[drɑːpt](떨어뜨렸다) worked[wɔːrkt](일했다) mixed[mikst](혼합했다) washed[wɔːʃt](씻었다) reached[riːtʃt](도착했다)
③	[id]	원형이 [d], [t]로 끝나는 동사 다음의 –ed decided[disaidid](결심했다) mended[mendid](고쳤다) wanted[wɔ(ː)ntid](원했다) painted[péintid](칠했다)

7 불규칙 동사의 3료형 변화표(기초과정)

과거분사는 완료시제에 쓰이고, 현재분사는 진행형시제에서 사용합니다.

(1) 원형과 과거형과 과거분사가 동일한 동사(A–A–A형)

	원형	과거형	과거분사(p.p)	현재분사	뜻
①	bet	bet	bet	betting	내기하다
②	burst	burst	burst	bursting	터뜨리다
③	cast	cast	cast	casting	배역을 뽑다
④	cost	cost	cost	costing	돈 들다
⑤	cut	cut	cut	cutting	자르다
⑥	fit	fit/fitted	fit/fitted	fitting	적합하다
⑦	hit	hit	hit	hitting	때리다
⑧	hurt	hurt	hurt	hurting	상처를 주다
⑨	let	let	let	letting	허락하다
⑩	put	put	put	putting	놓다
⑪	quit	quit	quit	quitting	포기하다
⑫	read[riːd]	read[red]	read[red]	reading	읽다
⑬	set	set	set	setting	놓다
⑭	shut	shut	shut	shutting	닫다
⑮	spread	spread	spread	spreading	퍼지다/퍼뜨리다
⑯	upset	upset	upset	upsetting	뒤엎다

(2) 과거와 과거분사가 동일한 동사(A–B–B형)(중급과정)

①	bend	bent	bent	bending	구부리다
②	bind	bound	bound	binding	묶다
③	bleed	bled	bled	bleeding	피를 흘리다
④	bring	brought	brought	bringing	가져오다
⑤	build	built	built	building	짓다
⑥	burn	burned/burnt(미/영)	burned/burnt(미/영)	burning	타다/태우다
⑦	buy	bought	bought	buying	사다
⑧	catch	caught	caught	catching	잡다
⑨	cling	clung	clung	clinging	꼭 붙들다
⑩	deal	dealt	dealt	dealing	거래하다
⑪	dig	dug	dug	digging	파다
⑫	dream	dreamed/dreamt	dreamed/dreamt	dreaming	꿈꾸다
⑬	feed	fed	fed	feeding	먹이다
⑭	feel	felt	felt	feeling	느끼다
⑮	find	found	found	finding	발견하다
⑯	fight	fought	fought	fighting	싸우다
⑰	flee	fled	fled	fleeing	도망가다
⑱	get	got	got/gotten(미)	getting	얻다
⑲	grind	ground	ground	grinding	갈다
⑳	have	had	had	having	가지다
㉑	hold	held	held	holding	잡다
㉒	keep	kept	kept	keeping	유지하다
㉓	kneel	knelt	knelt	kneeling	무릎 꿇다

㉔	lead	led	led	leading	이끌다
㉕	leave	left	left	leaving	떠나다
㉖	lend	lent	lent	lending	빌려주다
㉗	light	lit/lighted	lit/lighted	lighting	밝히다
㉘	lose	lost	lost	losing	잃어버리다
㉙	make	made	made	making	만들다
㉚	mean[miːn]	meant[ment]	meant[ment]	meaning	의미하다
㉛	meet	met	met	meeting	만나다
㉜	melt	melted	melted/molten	melting	녹다/녹이다
㉝	prove	proved	proved/proven	proving	입증하다
㉞	seek	sought	sought	seeking	찾다
㉟	sell	sold	sold	selling	팔다
㊱	send	sent	sent	sending	보내다
㊲	shave	shaved	shaved/shaven	shaving	면도하다
㊳	shoot	shot	shot	shooting	쏘다
㊴	sit	sat	sat	sitting	앉다/앉히다
㊵	sleep	slept	slept	sleeping	자다
㊶	slide	slid	slid/slidden	sliding	미끄러지다
㊷	smell	smelled/smelt	smelled/smelt	smelling	냄새 맡다
㊸	spend	spent	spent	spending	소비하다
㊹	stand	stood	stood	standing	서다
㊺	stick	stuck	stuck	sticking	들러붙다
㊻	sting	stung	stung	stinging	벌이 쏘다
㊼	strike	struck	struck/stricken	striking	치다
㊽	sweep	swept	swept	sweeping	쓸다
㊾	teach	taught	taught	teaching	가르치다
㊿	tell	told	told	telling	말하다
(51)	think	thought	thought	thinking	생각하다
(52)	understand	understood	understood	understanding	이해하다
(53)	win	won	won	winning	이기다

(3) 원형과 과거와 과거분사가 모두 다른 동사(A-B-C형)(고급과정)

①	backbite	backbit	backbitten	backbiting	험담하다
②	be	was/were	been	being	이다/있다
③	bear	bore	born/borne	bearing	낳다/견디다
④	beat	beat	beaten	beating	이기다
⑤	begin	began	begun	beginning	시작하다
⑥	bestride	bestrode	bestridden	bestriding	걸터타다
⑦	bid	bid/bade	bidden	bidding	입찰하다
⑧	bite	bit	bitten	biting	물다
⑨	blow	blew	blown	blowing	불다
⑩	break	broke	broken	breaking	깨뜨리다
⑪	choose	chose	chosen	choosing	선택하다
⑫	chide	chid/chided	chidden	chiding	꾸짖다
⑬	dive	dived/dove	dived	diving	다이빙 하다
⑭	do	did	done	doing	하다

⑮	draw	drew	drawn	drawing	그리다
⑯	drink	drank	drunk(en)	drinking	마시다
⑰	drive	drove	driven	driving	운전하다
⑱	eat	ate	eaten	eating	먹다
⑲	fall	fell	fallen	falling	떨어지다
⑳	fly	flew	flown	flying	날다
㉑	forbear	forbore	forborne	forbearing	참다
㉒	forbid	forbade	forbidden	forbidding	금하다
㉓	forget	forgot	forgotten	forgetting	잊다
㉔	forgive	forgave	forgiven	forgiving	용서하다
㉕	forsake	forsook	forsaken	forsaking	포기하다
㉖	freeze	froze	frozen	freezing	얼다
㉗	get	got	got/gotten(영/미)	getting	얻다
㉘	give	gave	given	giving	주다
㉙	go	went	gone	going	가다
㉚	grow	grew	grown	growing	자라다/재배하다
㉛	hide	hid	hidden	hiding	숨다/숨기다
㉜	know	knew	known	knowing	알다
㉝	ride	rode	ridden	riding	타다
㉞	ring	rang	rung	ringing	울리다
㉟	shake	shook	shaken	shaking	흔들다
㊱	show	showed	shown	showing	보여주다
㊲	shrink	shrank	shrunk(en)	shrinking	움츠리다
㊳	sing	sang	sung	singing	노래하다
㊴	sink	sank	sunk/sunken	sinking	가라앉다
㊵	slay	slew	slain	slaying	살해하다
㊶	smite	smote	smitten	smiting	때리다
㊷	speak	spoke	spoken	speaking	말하다
㊸	spring	sprang	sprung	springing	튀다
㊹	steal	stole	stolen	stealing	훔치다
㊺	stink	stank	stunk	stinking	냄새나다
㊻	strew	strewed	strewn	strewing	흩뿌리다
㊼	stride	strode	stridden	striding	성큼성큼 걷다
㊽	strive	strove	striven	striving	노력하다
㊾	swear	swore	sworn	swearing	맹세하다
㊿	swell	swelled	swelled/swollen	swelling	부풀리다
51	swim	swam	swum	swimming	수영하다
52	take	took	taken	taking	가져가다
53	tear[tɛər]	tore	torn	tearing	찢다
54	throw	threw	thrown	throwing	던지다
55	tread	trod	trodden	treading	밟다
56	undertake	undertook	undertaken	undertaking	떠맡다
57	weave	wove	woven	weaving	짜다
58	wear	wore	worn	wearing	입다
59	withdraw	withdrew	withdrawn	withdrawing	철수(인출)하다
60	write	wrote	written	writing	쓰다

(4) A-B-A 형

①	come	came	come	coming	오다
②	become	became	become	becoming	~이 되다
③	run	ran	run	running	뛰다

(5) 각종 시험 출제 고빈도 과정

①	find[faind]	found[faund]	found	finding	발견하다
②	found[faund]	founded	founded	founding	창설하다/설립하다
③	fall [fɔ:l]	fell[fel]	fallen[fɔ:lən]	falling	떨어/쓰러지다
④	fell[fel]	felled[feld]	felled	felling	떨어/쓰러뜨리다
⑤	lie[lai]	lay[lei]	lain[lein]	lying	눕다/놓여있다
⑥	lay[lei]	laid[leid]	laid	laying	눕히다/놓다/낳다
⑦	lie[lai]	lied[laid]	lied	lying	거짓말하다
⑧	sew[sou]	sewed [soud]	sewn[soun]	sewing	바느질하다
⑨	sow[sou]	sowed[soud]	sown[soun]	sowing	씨를 뿌리다
⑩	saw[sɔ:]	sawed[sɔ:d]	sawn[sɔ:n]	sawing	톱질하다
⑪	see[si:]	saw[sɔ:]	seen[si:n]	seeing	보다
⑫	wind[wind]	winded	winded	winding	바람에 노출시키다
⑬	wind[waind]	wound[waund]	wound	winding	감다
⑭	wound[wu:nd]	wounded	wounded	wounding	부상을 입히다
⑮	rise[raiz]	rose[rouz]	risen[rízn]	rising	오르다/일어나다
⑯	raise[reiz]	raised[reizd]	raised	raising	올리다/일으키다
⑰	hang[hæŋ]	hung[hʌŋ]	hung	hanging	걸다
		hanged	hanged		교수형에 처하다
⑱	arouse[əráuz]	aroused	aroused	arousing	불러일으키다
⑲	arise[əraɪz]	arose[ərouz]	arisen[ərízn]	arising	발생하다
⑳	sit[sit]	sat[sæt]	sat	sitting	앉다/앉히다
㉑	seat[si:t]	seated	seated	seating	앉히다
㉒	shine[ʃain]	shone[ʃoun]	shone	shining	빛나다
		shined[ʃaind]	shined		빛내다
㉓	die[dai]	died[daid]	died	dying	죽다
㉔	dye[dai]	dyed[daid]	dyed	dyeing	염색하다
㉕	flee[fli:]	fled[fled]	fled	fleeing	도망가다
㉖	fly[flai]	flew[flu:]	flown[floun]	flying	날아가다/조종하다
㉗	bleed[bli:d]	bled[bled]	bled	bleeding	피를 흘리다
㉘	breed[bri:d]	bred[bred]	bred	breeding	기르다/양육하다
㉙	wake	woke	woken	waking	깨다/깨우다
		waked	waked		
㉚	awake	awoke	awoken	awaking	깨다/깨우다
		awaked	awaked		
㉛	waken	wakened	wakened	wakening	깨다/깨우다
㉜	awaken	awakened	awakened	awakening	깨다/깨우다

① He seated himself at the desk. = He was seated at the desk.
② She sat her child on her lap and read him a story.

해석 ① 그는 책상 옆에 앉았다.(주로 재귀대명사나 수동태와 함께 사용됨) ② 그녀는 자기 아이를 무릎위에 앉히고 그에게 이야기를 읽어주었다.(주로 목적어 다음에 전치사나 부사가 오는 경우에 사용되며 seat와 동의어가 됨)

◀ 뉘앙스 맛보기 ▶

① I have got a good education at this school. (영국식 현재완료시제)

② I have gotten a good education at this school. (미국식 현재완료시제)

③ I have got a lot of friends.(informal) = I have a lot of friends. (formal) (미/영)

④ I have got to save money for college. (미/영 have to= must의 구어체)

⑤ He has gotten a new car. (= has obtained) (미국식 현재완료시제)

⑥ People have gotten confused by the new rules. (= have become) (미) 현재완료 동작 수동태)

⑦ I awoke(woke up/wakened/awakened) at dawn to find my pet beside me. (깨다)

⑧ She woke(awoke/wakened/awakened) her husband as usual. (깨우다)

해석 ①/② 나는 이 학교에서 좋은 교육을 받았다. ③ 나는 많은 친구들을 가지고 있다. ④ 나는 대학에 진학하기 위해 돈을 저축해야 한다. ⑤ 그는 새로운 자동차를 구입했다. ⑥ 사람들은 새로운 규칙으로 인해 어리둥절했다. ⑦ 나는 새벽에 잠에서 깨어나 내 강아지가 내 옆에 있음을 발견했다. ⑧ 그녀는 평소처럼 자기 남편을 깨웠다.

문제 3. Fill in the blanks with the past tense form of each verb.(중학과정)

① I _____ at 6 this morning. (rise)

② He _____ the tree with an axe. (fell)

③ She _____ in class yesterday. (sleep)

④ I _____ my backpack on the sofa. (lay)

⑤ I was very tired, so I _____ down. (lie)

⑥ I _____ my missing wallet in the car. (find)

⑦ Wow, you _____ some flowers for me! (buy)

⑧ I'm so sorry, I _____ your birthday. (forget)

⑨ My pet dog _____ my hand last night. (bite)

⑩ I _____ a book about South America. (read)

⑪ My daughter _____ a nurse last year. (become)

⑫ A thief _____ my lap top during the night. (steal)

⑬ I _____ a cold when I went skiing last winter. (catch)

⑭ I _____ in the river with my friends yesterday. (swim)

⑮ A foreigner _____ to me on the street yesterday. (speak)

해석과 정답 ① 나는 오늘 아침 6시에 일어났다. (rose) ② 그가 도끼로 그 나무를 쓰러뜨렸다. (felled) ③ 그녀는 어제 수업 시간에 잠을 잤다. (slept) ④ 나는 책가방을 소파위에 놓았다. (laid) ⑤ 나는 아주 피곤했어, 그래서 나는 누웠다. (lay) ⑥ 나는 내 사라졌던 지갑을 차 속에서 찾았다. (found) ⑦ 야! 당신이 나를 위해 꽃을 사셨군요! (bought) ⑧ 난 정말 미안해, 네 생일을 잊어버려서. (forgot) ⑨ 내 강아지가 어젯밤에 내 손을 물었다. (bit) ⑩ 나는 남미에 관한 책을 읽었다. (read) ⑪ 내 딸은 작년에 간호사가 되었다. (became) ⑫ 도둑이 밤사이에 내 노트북 컴퓨터를 훔쳐갔다. (stole) ⑬ 나는 지난겨울 스키 타러 갔을 때 감기에 걸렸다. (caught) ⑭ 나는 어제 강에서 내 친구들과 함께 수영을 했다. (swam) ⑮ 어떤 외국인이 어제 거리에서 나에게 말을 걸었다. (spoke)

어휘 this morning 오늘 아침 several times 여러 번 during the night 밤사이에 as usual 평소처럼 tree 나무 axe 도끼 in class 수업 중에 yesterday 어제 backpack 책가방, 배낭 tired 피곤한 birthday 생일 missing 사라진 wallet 지갑

문제 4. Choose the correct answer.(고급과정)

① I was (born/borne) in 2001.

② He was (born/borne) by Eve.

③ She has (born/borne) all her difficulties.

④ He was (hung/hanged) for murder.

⑤ She (hung/hanged) a new picture on the wall.

⑥ (Sow/Sew) the seeds in late March.

⑦ Where did you learn to (sew/sow) so well?

⑧ I have (found/founded) a reason to stay alive.

⑨ They (found/founded) this school ten years ago.

⑩ The sun has (melted/molten) the ice.

⑪ The (melted/molten) metal is poured into a mold.

⑫ I have (drunk/drunken) the beer.

⑬ The driver is (drunk/drunken) now.

⑭ The (drunk/drunken) driver was arrested by the police.

⑮ She (fell/felled) in love with him at first sight.

⑯ He (fell/felled) an ox with his hands.

⑰ He (lay/laid) sick in bed all day long yesterday.

⑱ She unfolded the map and (lay/laid) it on the table.

⑲ Turtles (lie/lay) their eggs on the beach at night.

⑳ I could tell from her eyes that she was (lying/laying).

㉑ He has already (shaved/shaven) this morning.

㉒ Do you know the clean-(shaved/shaven) young man?

㉓ There are a few (sunk/sunken) ships under the sea.

㉔ The ship has (sunk/sunken) to the bottom of the sea.

㉕ Admiral Yi Sun-shin (sank/sunk) the Japanese battleships.

해석과 정답 ① 나는 2001년에 태어났다. (born) ② 그는 Eve에게서 태어났다. (borne) ③ 그녀는 모든 어려움을 견뎌냈다. (borne) ④ 그는 살인혐의로 인해 교수형에 처해졌다. (hanged) ⑤ 그녀는 새 그림을 벽에 걸었다. (hung) ⑥ 3월 하순에 씨앗을 뿌려라. (Sow) ⑦ 너는 그렇게 바느질 잘하는 법을 어디서 배웠니? (sew) ⑧ 나는 살아있어야 할 이유를 발견했다. (found) ⑨ 그들은 10년 전에 이 학교를 지었다. (founded) ⑩ 태양이 얼음을 녹였다. (melted) ⑪ 녹은 금속이 거푸집에 부어진다. (molten) ⑫ 내가 그 맥주를 마셨어. (drunk) ⑬ 그 운전자는 음주 상태이다. (drunk) ⑭ 그 음주 운전자는 경찰에 붙잡혔다. (drunken) ⑮ 그녀는 첫눈에 그에게 반해버렸다. (fell) ⑯ 그는 손으로 황소를 쓰러뜨렸다. (felled) ⑰ 그는 어제 온종일 아파서 침대에 누워있었다. (lay) ⑱ 그녀는 지도를 펼쳐서 그것을 탁자 위에 놓았다. (laid) ⑲ 거북이는 밤에 해변에 알을 낳는다. (lay) ⑳ 나는 그녀의 눈을 통해서 그녀가 거짓말하고 있음을 알 수 있었다. (lying) ㉑ 그는 오늘 아침에 이미 면도를 했다. (shaved) ㉒ 너는 저 말끔하게 면도한 젊은 사람 아니? (shaven) ㉓ 바닷속에 가라앉은 배가 몇 척 있다. (sunken) ㉔ 그 배는 바다 밑으로 가라앉았다. (sunk) ㉕ 이순신 장군은 일본 전함들을 침몰시켰다. (sank)

주의 ☞ ① 행위자(by)가 없는 수동태는 born ② 행위자(by)가 있는 수동태나 '낳다' 이외의 뜻일 때는 borne을 사용합니다. −en으로 끝나는 과거분사는 형용사로서 명사를 꾸며주는 한정적용법으로 사용됩니다.

어휘 difficulty 어려움 murder 살인 wall 벽 seed 씨앗 late 늦은, 늦게 learn 배우다 reason 이유
stay alive 살아있다 pour 붓다 mold 거푸집/주형 beer 맥주 arrest 체포하다 all day long 하루 종일
beach 해변, 강변 ship 배 under 밑에 bottom 바닥, 근본 admiral 해군제독 Japanese 일본의 battleship 전함

문제 5. Choose the correct answer.(고급과정)

① She has (died/dyed) her hair red.

② He has (proved/proven) his theory.

③ It is a (proved/proven) fact that Tylenol has no side effects.

④ His shoes were (shone/shined) to perfection.

⑤ The moon (shone/shined) brightly in the sky last night.

⑥ He rested to (wind/wound) his horse.

⑦ I gently led her to the chair and (sat/seated) her on it.

⑧ He (sat/seated) himself at one end, and Jane (sat/seated) beside him.

⑨ He was (sat/seated) with his back to the door.

⑩ The population has (swelled/swollen) in recent years.

⑪ My eyes were so (swelled/swollen) that I could hardly see.

⑫ She (wound/wounded) a scarf around her neck.

⑬ Many people were seriously (wound/wounded) in the attack.

⑭ Golf has always (struck/stricken) me as a waste of time.

⑮ Some beggars are neither poverty-(struck/stricken) nor homeless.

⑯ James (rose/raised) his hat and greeted her.

⑰ Everyone (rose/raised) and followed him.

⑱ His strange behavior (arose/aroused) my suspicions.

⑲ The accident has (arisen/aroused) from the driver's carelessness.

⑳ Tom (flew/flowed) helicopters in Vietnam.

㉑ Medical equipment and food were (flowed/flown) into the disaster area.

해석과 정답 ① 그녀는 자기 머리카락을 빨간색으로 염색했다. (dyed) ② 그는 자신의 이론을 증명했다. (proved/proven) ③ 타이레놀이 부작용이 없다는 것은 입증된 사실이다. (proven) ④ 그의 구두는 완벽하게 닦아졌다. (shined) ⑤ 어젯밤 달이 하늘에서 밝게 빛났다. (shone) ⑥ 그는 말을 바람에 쐬게 하기 위해서 쉬었다. (wind) ⑦ 나는 친절히 그녀를 의자로 데려가 그 위에 앉혔다. (sat/seated(둘 다 됨)) ⑧ 그는 한 쪽 끝에 앉았고 Jane은 그의 옆에 앉았다. (seated/sat) ⑨ 그는 문 쪽으로 등을 향한 채 앉아있었다. (seated) ⑩ 인구는 최근 몇 년 동안 급증했다. (swelled) ⑪ 내 눈은 너무 부어서 거의 볼 수가 없었다. (swollen) ⑫ 그녀는 목에 목도리를 둘렀다. (wound) ⑬ 많은 사람들이 공격에서 중상을 입었다. (wounded) ⑭ 골프는 항상 나에게 시간 낭비라는 인상을 주었다. (struck) ⑮ 일부 거지들은 가난에 찌들지도 않고 집이 없지도 않다. (stricken) ⑯ James는 모자를 들어 올리고 그녀에게 인사를 했다. (raised) ⑰ 모든 사람들이 일어서서 그를 따라갔다. (rose) ⑱ 그의 이상한 행동은 나의 의심을 불러일으켰다. (aroused) ⑲ 그 사고는 운전자의 부주의로부터 발생했다. (arisen) ⑳ Tom은 베트남에서 헬리콥터를 조종했다. (flew) ㉑ 의료장비와 식량이 재난지역으로 공수되었다. (flown)

어휘 theory 이론 side effects 부작용 to perfection 완벽하게 brightly 밝게 rest 쉬다 horse 말 gently 친절하게 beside 옆에 population 인구 in recent years 최근 몇 년 동안 hardly=seldom 거의 ~하지 않다 scarf 목도리 neck 목 seriously 심각하게 attack 공격 strike-struck-struck 인상을 주다 beggar 거지 neither A nor B A도 B도 아니다 poverty-stricken 가난에 찌든 homeless 집 없는 greet 인사하다/맞이하다 behavior 행동 suspicion 의심/혐의/김새 accident 사고, 재해, 우연 carelessness 부주의/경솔함 medical equipment 의료장비 disaster area 재난지역, 재해지역

PART 04 | 단어. 구. 절. 문장
(The Hierarchy of Word Units)

1 단어(word)

하나의 낱말로서 의미를 가진 가장 작은 단위

ex apple(사과), book(책), flower(꽃), river(강), school(학교)

2 구(phrase)(기초과정)

주어+동사를 포함하지 않고, 두 개 이상의 단어가 모여서 하나의 품사의 역할을 하는 것

(1) 명사구: 명사의 역할(주어, 목적어, 보어)을 하는 구

① 주어의 역할(은, 는, 이, 가): All the kids were sleeping.

② 목적어 역할(을, 를): Mom baked tasty chocolate cookies.

③ 주격 보어의 역할(A=B): My pet dog is my best friend.

④ 목적격 보어의 역할(~라고): I consider English a very useful subject.

> **해석** ① <u>모든 아이들이</u> 잠을 자고 있었다. ② 엄마는 <u>맛있는 초콜릿 쿠키를</u> 구우셨다.
> ③ 내 애완견이 <u>나의 가장 좋은 친구이다.</u> ④ 나는 영어를 <u>매우 유익한 과목이라고</u> 생각해.

(2) 형용사구: 뒤에서 앞 명사를 꾸며주는 형용사 역할을 하는 구 (~의/있는)

① The book on the desk/ is mine. ② This is a book of great interest.

③ The man by the car/ is my father. ④ The price of the car/ was too high.

⑤ They are a couple with no children.

> **해석** ① <u>책상 위에 있는</u> 그 책은 내 것이다. ② 이것은 <u>대단히 재미있는</u> 책이다. ③ <u>차 옆에 계신</u> 저분이 내 아빠야.
> ④ <u>그 자동차의</u> 값은 너무 비쌌다. ⑤ 그들은 <u>자녀가 없는</u> 커플이야.

(3) 부사구: 문장의 앞뒤에서 동사나 형용사를 꾸며주는 부사의 역할을 하는 구

① He lives in comfort. ② Put the book on the desk.

③ I sold my car two months ago. ④ She dropped her bag on the street.

⑤ Once in a while, we meet and chat together.

> **해석** ① 그는 <u>편안하게</u> 산다. ② <u>책상 위에</u> 그 책을 놓아라. ③ 나는 내 차를 <u>두 달 전에</u> 팔았어.
> ④ 그녀는 <u>길에서</u> 자기 가방을 떨어뜨렸어. ⑤ <u>가끔</u> 우리는 만나서 함께 잡담한다.

> **어휘** kid 아이 sleep 잠자다 bake 굽다 tasty 맛있는 pet dog 애완견 friend 친구 consider 간주하다 useful 유익한
> subject 과목 on the desk 책상위에 있는 mine 나의 것 price 가격 of great interest 대단히 재미있는 too high 너무
> 비싼 in comfort 편안하게 put 놓다 sell–sold–sold 팔다 two months ago 두 달 전에 drop 떨어뜨리다 bag 가방 on
> the street 도로에 once in a while=sometimes=at times=from time to time 가끔, 때때로 chat 잡담하다 together 함께

문제 1. 다음 밑줄 친 부분을 우리말로 옮기고 어떤 구인지 맞춰보세요!

① He is a man <u>of ability</u>.

② Let's meet <u>at the mall</u>.

③ He sold <u>his house</u> last year.

④ She runs five miles <u>every day</u>.

⑤ You must return <u>before sunset</u>.

⑥ Tom is a man <u>with a kind heart</u>.

⑦ Exercise is good <u>for your health</u>.

⑧ She is a woman <u>with a red nose</u>.

⑨ He solved the problem <u>with ease</u>.

⑩ He has taken my bag <u>by mistake</u>.

⑪ She brought a cake <u>made of fruit</u>.

⑫ He spoke softly <u>to calm her down</u>.

⑬ The name <u>of the city</u> is California.

⑭ She was born <u>on the 22nd of July</u>.

⑮ Annalyn went <u>to the grocery store</u>.

⑯ The apple <u>on the table</u> tastes sour.

⑰ <u>For now</u>, I don't want to meet you.

⑱ She lost her necklace <u>on the street</u>.

⑲ The price <u>of the boots</u> was too high.

⑳ This product is available <u>in all places</u>.

㉑ She responded <u>in a very rude manner</u>.

㉒ My mom is a woman <u>of great wisdom</u>.

㉓ His friends are sailors <u>living on the sea</u>.

해석과 정답 ① 그는 능력 있는 사람이야. – 형 ② 우리 쇼핑몰에서 만나자. – 부 ③ 그는 자기 집을 작년에 팔았어. – 명 ④ 그녀는 매일 5마일을 달린다. – 부 ⑤ 너는 해지기 전에 돌아와야 해. – 부 ⑥ 탐은 친절한 마음을 가진 사람이다. – 형 ⑦ 운동은 여러분의 건강에 좋습니다. – 부 ⑧ 그녀는 딸기코를 가진 여자다. – 형 ⑨ 그는 그 문제를 쉽게 풀었다. – 부 ⑩ 그가 실수로 내 가방을 가져갔다. – 부 ⑪ 그녀는 과일로 만들어진 케이크를 가져왔다. – 형 ⑫ 그는 그녀를 진정시키려고 부드럽게 말했다. – 부 ⑬ 그 도시의 이름은 캘리포니아이다. – 형 ⑭ 그녀는 7월 22일에 태어났다. – 부 ⑮ 에널린은 식료품가게로 갔다. – 부 ⑯ 식탁 위에 있는 그 사과는 맛이 시다. – 형 ⑰ 현재로서 나는 널 만나고 싶지 않아. – 부 ⑱ 그녀는 길에서 목걸이를 잃었다. – 부 ⑲ 그 장화의 값은 너무 비쌌다. – 형 ⑳ 이 제품은 어디서나 구할 수 있다. – 부 ㉑ 그녀는 매우 무례하게 응대했다. – 부 ㉒ 내 엄마는 대단히 현명하신 분이야. – 형 ㉓ 그의 친구들은 바닷가에 사는 선원이다. – 형

어휘 a man of ability 능력 있는 사람 sell–sold–sold 팔다 last year 작년 run–ran–run 달리다 every day=daily 매일 must=have to ~해야 한다 return 돌아오다 sunset 일몰 exercise 운동 for health 건강을 위하여 with ease=easily 쉽게 take–took–taken 가져가다 by mistake=mistakenly 실수로 a red nose 딸기코 softly 부드럽게 calm down 진정시키다 be born 태어나다 grocery store 식료품점 taste sour 신맛이 나다 For now 현재로서는 lose–lost–lost 잃다 necklace 목걸이 on the street 길에서 price 가격 boots 장화 product 제품 available 구할 수(이용할 수) 있는 respond 반응하다 in a very rude manner 매우 무례하게 of great wisdom=very wise 매우 현명한 sailor 선원

③ 절이란?(필수과정)

(주어+) 동사를 포함한 한 무리의 단어들로, 문장의 일부로 사용될 수도 있고, 그 자체가 하나의 완전한 생각을 전달하는 문장이 될 수도 있습니다. 모든 문장은 절이지만, 모든 절이 문장이 될 수는 없어요. 다음의 절들을 잘 살펴보세요.

✾ 절이면서 동시에 문장(단문)인 경우

① We played on the beach.

② My mom cooked the dinner.

③ I am eating a bacon sandwich.

④ A man is swimming in the river.

⑤ He is the principal of our school.

> **해석** ① 우리는 해변에서 놀았어. ② 엄마가 저녁을 요리하셨어. ③ 나는 베이컨 샌드위치 먹고 있어.
> ④ 한 남자가 강에서 수영하고 있네. ⑤ 그는 우리 학교의 교장선생님이야.

(1) 주절과 종속절(기본과정)

*주절(독립된 절: independent clause): 접속사가 이끄는 절이 없어도 독립적으로 문장을 형성하는 절.

*종속절(의존절: dependent/subordinate clause):

종속접속사가 이끄는 절로서 혼자서는 문장을 형성할 수가 없고 문장의 일부로서 다른 절에 종속(의존)하는 절.

① Before I go to bed, (종속절) I brush my teeth. (주절)

② He put on his jacket (주절) lest he catch a cold. (종속절)

③ I couldn't go to school, (주절) because I was sick. (종속절)

④ Unless you hurry, (종속절) you will be late for school. (주절)

⑤ Though my sister is short, (종속절) she is very attractive. (주절)

⑥ Wherever there is music, (종속절) people will often dance. (주절)

⑦ Once they saw the car coming, (종속절) the birds flew away. (주절)

⑧ So that he would not ruin the carpet, (종속절) he took off his shoes. (주절)

> **해석** ① 잠자리에 들기 전에/ 나는 이빨을 닦는다. ② 그는 잠바를 입었다./ 감기에 걸릴까 두려워서. ③ 나는 학교에 갈 수 없었다./ 아팠기 때문에. ④ 네가 서두르지 않으면,/ 너는 학교에 지각할 거야. ⑤ 비록 내 누나는 키는 작지만,/ 그녀는 매우 매력적이다. ⑥ 음악이 있는 곳은 어디에서나,/ 사람들은 종종 춤을 추곤 한다. ⑦ 자동차가 오는 것을 보자마자/ 새들은 멀리 날아갔다. ⑧ 그는 카펫을 망치지 않기 위해서/ 신발을 벗었다.

> **어휘** on the beach 해변에서 cook 요리하다 dinner 저녁식사 eat 먹다 swim 수영하다 river 강 principal 교장 school 학교 go to bed 잠자리에 들다 brush 닦다 teeth 이빨(tooth)의 복수형 put on 입다 jacket 잠바/윗도리 lest ∼할까 두려워 catch a cold 감기에 걸리다 sick 아픈 unless ∼하지 않으면 hurry 서두르다 be late for 지각하다 Though ∼이지만 sister 누나/언니 short 키가 작은 attractive 매력적인 Wherever ∼한 곳은 어디에서나 there is ∼이 있다 once=as soon as ∼하자마자 fly away 날아가다 So that 주어+will ∼하기 위해서 take off 벗다↔put on 입다 ruin=blemish=botch=spoil=despoil=damage=devalue=devastate=disfigure=disrupt=impair=mar=vitiate=wreck 망치다

(2) 종속절의 종류(kinds of dependent clauses)(중급과정)

A. 명사절(noun clauses)

> 문장 속에서 명사의 역할, 즉 주어(은, 는, 이, 가), 목적어(을, 를), 보어(A=B), 동격(~라는)의 구실을 하는 절

a) 주어절: 문장의 맨 앞에서 주어의 역할을 하며, (은, 는, 이, 가)로 해석되는 절

① Where she lives/ is not known.　　② What you said/ is not understandable.

③ That she won the prize/ surprised me.

> **해석** ① 그녀가 어디에 사느냐는/ 알려지지 않았다. ② 네가 말한 것은/ 이해할 수가 없다.
> 　　　③ 그녀가 상을 탄 것은/ 나를 놀라게 했다.

b) 목적절: 타동사의 뒤에서 목적어로 쓰여, (을, 를, ~라고)로 해석되는 절

① I think/ that he is honest.　　② I believe/ what he told me.

③ He asked me/ if I was married.

> **해석** ① 나는 생각한다/그가 정직하다고. ② 나는 믿는다/그가 말한 것을. ③ 그는 나에게 물었다/내가 결혼했는지(를).

c) 전치사의 목적절: 전치사의 뒤에 오는 절

① I cannot rely on what he says.　　② Please think about what I said.

③ Are you listening to what I am telling you?

> **해석** ① 나는 그가 말하는 것을 믿을 수 없어. ② 내가 말한 것에 대해 생각 좀 해봐. ③ 내가 말하고 있는 것을 듣고 있니?

d) 보어절: be동사나 연결동사 뒤에서 보어의 역할을 하여, (A=B)라고 해석되는 절

① It is what I wanted.　　② My asset is that I am diligent.

③ The problem is that he is sick in bed.

> **해석** ① 그것이 내가 원했던 것이다. ② 나의 자산은 내가 부지런하다는 것이다. ③ 문제는 그가 아파 누워있다는 것이다.

e) 동격절: 접속사가 이끄는 절이 앞에 있는 명사의 내용을 담고 있으면서, (~라는)으로 해석되는 절

① I know the fact that he is rich.　　② The news that he is alive/ is not true.

③ The claim that the earth was flat/ was false.

> **해석** ① 나는 그가 부자라는 사실을 알고 있다. ② 그가 살아있다는 소식은 사실이 아니다.
> 　　　③ 지구가 납작하다는 주장은 거짓이었다.

> **어휘** where 어디에 live 살다 known 알려진 what ~한 것 said say(말하다)의 과거형 prize 상 understandable 이해할 수 있는 won 타다(win)의 과거형 surprise 놀라게 하다 think 생각하다 honest 정직한 believe 믿다 told tell(말하다)의 과거형 ask 묻다 if ~인지 아닌지 be married 결혼하다 cannot ~할 수 없다 rely on 믿다, 의지하다 about ~에 대해 listen to 듣다 tell 말하다 asset 자산, 재산 diligent 근면한 problem 문제 be sick in bed 아파 누워있다 know 알다 fact 사실 alive 살아있는 true 사실인 claim 주장/주장하다 earth 지구 flat 납작한/평평한 false 거짓인/그릇된/잘못된

B. 형용사절(adjective clauses)
관계대명사나 관계부사가 이끄는 절이 앞에 오는 명사를 꾸며서, (ㄴ) 으로 해석되는 절

① This is the park where I walk my dog.

② The grade which I received/ made me happy.

③ Man is the only animal that can speak and write.

④ The lady who lives across the street/ is my aunt.

⑤ I still remember the day when I met you for the first time.

⑥ The reason why I was absent yesterday/ was that I was sick.

> **해석** ① 이곳이 내가 내 개를 산책시키는 공원이야. ② 내가 받은 학점은/ 나를 행복하게 만들었어.
> ③ 인간은 말하고 쓸 수 있는 유일한 동물이다. ④ 길 건너편에 사는 아주머니가/ 내 고모야.
> ⑤ 나는 내가 너를 처음 만났던 날을 아직도 기억하고 있어. ⑥ 내가 어제 결석한 이유는/ 아팠기 때문이었어요.

C. 부사절(adverbial clauses)
문장 속에서 종속 접속사가 이끄는 절로서 그 첫 자를 따서 「시이조 양결목양」, 즉 시간(~할 때/~하는 동안에), 이유(~때문에), 조건(~한다면), 양보(~하더라도/~이지만), 결과(너무 ~해서), 목적(~하기 위하여/~하도록), 양태(~하는 대로/~하는 것처럼) 등 문장 속에서 부사의 역할을 하는 절

① Just give me a call/ when you arrive in Korea. (시간부사절)

② I can't call the guy/ because I am a shy girl. (이유 부사절)

③ If it rains tomorrow,/ I will not go on a picnic. (조건 부사절)

④ Even if it rains tomorrow, I will go on a picnic. (양보부사절)

⑤ He was so tired/ that he could not work any more. (결과 부사절)

⑥ He put on his jacket/ so that he would not catch a cold. (목적 부사절)

⑦ John ran the race/ as though his life depended on it. (양태부사절)

> **해석** ① 나에게 전화주세요/당신이 한국에 도착하면. ② 나는 그 사람에게 전화할 수 없어/내가 수줍음 타는 소녀여서.
> ③ 만일 내일 비가 온다면,/ 나는 소풍가지 않을 거야. ④ 내일 비가 온다 하더라도,/ 나는 소풍을 갈 거야.
> ⑤ 그는 너무 피곤해서/ 더 이상 일을 할 수 없었다. ⑥ 그는 잠바를 입었다/감기에 걸리지 않기 위해서.
> ⑦ John은 경주를 했다/마치 목숨이 달려 있는 것처럼.

> **어휘** this 이것 park 공원 walk 산책시키다 dog 개 grade 학점, 학년 receive 받다 live 살다 make ~ happy ~을 행복하게 만들다 lady 부인, 여인 across 건너편 aunt 고모, 이모 still 아직도 remember 기억하다 day 날 meet-met 만나다 for the first time 처음 be absent 결석하다 reason 이유 yesterday 어제 sick 아픈 just 그저, 그냥 give a call 전화하다 shy 수줍어하는 will ~할거야 go on a picnic 소풍가다 Even if ~하더라도 put on 입다 ↔ take off 벗다 tired 피곤한 no more=not~any more=no longer=not~any longer 더 이상 ~하지 않다 so~that+주어+cannot 너무 ~해서~할 수 없다 as if 마치 ~처럼 depend(rely, count, trust, rest, reckon, hinge, hang, figure) on~에 달려 있다 so that+주어+will/can/may=in order that+will/can/may ~하기 위해서 catch a cold 감기에 걸리다 again and again=over and again=over and over=over and over again=once and again=time and again =time and time again=time after time=repeatedly=reiteratively 반복해서/되풀이해서 mess(foul, louse, gum) up= play the devil(deuce) with=make a mess(muddle) of=make(play) havoc with=work(wreak) havoc on 망가뜨리다

④ 문장(sentences)(기본과정)

주어+동사가 있는 독립된 절로서 하나의 완전한 생각을 전달하는 단어집단

(1) 문장의 종류(kinds of sentences)

A. 단문(simple sentences):

주어+동사 하나로 완전한 생각을 전달하는 문장

① I am hungry now.   ② I love simple sentences.

③ The soup tastes very delicious.

해석 ① 나는 지금 배고파. ② 나는 단문을 아주 좋아해. ③ 그 수프는 맛이 아주 좋은데.

B. 복문(Complex Sentence):

주절(independent clause)과 종속절(dependent clause)로 이뤄진 문장

① I will stay here/ until you return.

② I don't like her/ because she sometimes lies.

③ If you want to speak to me,/ learn English first.

해석 ① 난 여기에 있을게/ 네가 돌아올 때까지. ② 나는 그녀가 싫어/ 왜냐하면 거짓말을 가끔 하니까.
③ 네가 나와 얘기하고 싶으면,/ 먼저 영어를 배워라.

C. 중문(compound sentences):

두 개의 문장이 등위접속사(boysfan), 즉 but(그러나), or(또는), yet(그러나), so(그래서), for(왜냐하면), and(그리고), nor(~도 아니다)로 연결된 문장

① He was very hungry, so he ate all the cake.

② I want to go to work, but I am too sick to drive.

③ I will buy the red car, or I will rent the blue one.

④ I got to the stadium early, and I got a really good seat.

⑤ Cats are good pets, for they are clean and are not noisy.

⑥ He is 70 years old, yet he still plays football on weekends.

⑦ Shane does not like the mountains, nor does she like the ocean.

해석 ① 그는 몹시 배가 고팠다. 그래서 케이크를 모두 먹었다. ② 나는 일하러 가고 싶다. 그러나 너무 아파서 운전할 수가 없어. ③ 나는 빨간색 자동차를 사거나, 아니면 푸른색 자동차를 빌릴 거야. ④ 나는 경기장에 일찍 도착했다. 그리고 (그래서) 정말 좋은 자리를 잡았다. ⑤ 고양이는 좋은 애완동물이다. 왜냐하면 그들은 깨끗하고 시끄럽지 않기 때문에.
⑥ 그는 70세이지만 여전히 주말마다 축구를 한다. ⑦ Shane는 산도 좋아하지 않고 바다도 좋아하지 않는다.
주의 ☞ 「nor+조동사+주어」 어순을 따른다는 것을 명심해야 합니다.

어휘 hungry 배고픈 now 지금 simple 간단한/단순한 sentence 문장 will ~할게 until ~할 때까지 here 여기에 don't like 싫어하다 because 왜냐하면 sometimes 가끔 lie 거짓말하다 If ~한다면 speak-spoke-spoken 말하다 want to ~하고 싶다 learn 배우다 first 먼저 go to work 일하러 가다 sick 아픈 drive-drove-driven 운전하다 too~to 너무~해서 ~할 수 없다 get to 도착하다 early 일찍/이른 really 정말 seat 자리 buy-bought-bought 사다 rent 빌리다/세놓다 blue 푸른색 pet 애완동물 clean 깨끗한 noisy 시끄러운 on weekends=every weekend 주말마다

문제 2. 다음 밑줄 친 절이 무슨 절인지 정확히 맞춰보세요.

① He asked me/ <u>if I knew his name.</u>

② I don't know/ <u>where he has gone.</u>

③ You talk to me/ <u>just as you talk to a child.</u>

④ <u>Unless you hurry,/</u> you will miss the flight.

⑤ I do not like people/ <u>who are mean to animals.</u>

⑥ Eco-friendly cars <u>that run on electricity/</u> save gas.

⑦ We can get some food/ <u>provided the store is open this late.</u>

> **해석과 정답** ① 그는 나에게 물었다/ 내가 자기 이름을 아는지.(목적절로 쓰이는 명사절)
> ② 나는 모른다/ 그가 어디에 갔는지를.(목적절로 쓰이는 명사절)
> ③ 너는 나에게 말한다/ 마치 어린애에게 말하는 것처럼.(양태 부사절)
> ④ 네가 서두르지 않으면/ 너는 비행기를 놓칠 거야.(조건 부사절)
> ⑤ 나는 사람들을 좋아하지 않아/ 동물들에게 못되게 구는 사람들을.(형용사절)
> ⑥ 전기로 달리는 친환경 자동차는/ 가스를 절약해준다.(형용사절)
> ⑦ 우리는 먹을 것을 좀 구할 수 있어/ 그 가게가 이렇게 늦게까지 열려 있다면.(조건 부사절)

문제 3. 다음 문장의 종류를 알아 맞춰보세요.

① Mom baked cookies for dessert.

② Claire came slowly down the stairs.

③ I am a student,/ and she is a teacher.

④ I think/ that money can't buy happiness.

⑤ When I returned home,/ I cleaned my room.

⑥ Annalyn was hungry,/ so she made a sandwich.

⑦ While others see the glass half empty,/ I see it half full.

⑧ I have never been to America,/ nor have I visited Africa.

⑨ Although she was hungry,/ she gave him some of her food.

> **해석과 정답** ① 엄마는 디저트를 위해 쿠키를 구우셨다.(단문) ② Claire는 계단 아래로 천천히 내려왔다.(단문)
> ③ 나는 학생이고,/ 그녀는 선생님이십니다.(중문) ④ 나는 생각한다/ 돈이 행복을 살 수 없다고.(복문)
> ⑤ 내가 집에 돌아왔을 때,/ 제 방 청소했는데요.(복문)
> ⑥ 에널린은 배가 고팠다./ 그래서 그녀는 샌드위치를 만들었다.(중문)
> ⑦ 다른 사람들은 그 잔이 반이 비어있다고 보지만, 나는 그것이 반이 차 있다고 본다.(복문)
> ⑧ 나는 미국에 가본 적도 없고/ 아프리카에 가본 적도 없다.(중문)
> ⑨ 그녀는 배가 고팠지만,/ 그에게 자신의 음식 일부를 주었다.(복문)

> **어휘** ask 묻다 if ~인지 아닌지 name 이름 know-knew-known 알다 where 어디에 have gone 가버렸다 just as 마치
> ~처럼 talk 말하다 child 어린애 unless ~하지 않으면 hurry 서두르다 miss 놓치다 flight 비행기 people 사람들 mean
> 비열한, 못된 animal 동물 eco-friendly 친환경적인 run 달리다 electricity 전기 save 절약하다 provided ~한다면 bake
> 굽다 dessert 디저트 slowly 천천히 down 아래로 stair 계단 student 학생 teacher 교사 think 생각하다 money 돈 buy
> 사다 happiness 행복 When ~할 때 return 돌아오다 clean 청소하다 while ~하지만/~하는 동안에 empty 비어있는
> by means(dint, virtue, way) of=in dint(virtue, terms) of=through=through(by) the agency of=via~을 수단으로 해서
> abruptly=bluntly=brusquely=curtly=shortly=surlily=unaffably=short-temperedly=ill-humoredly 무뚝뚝하게

D. 명령문 만들기(Imperative sentences)(기초과정)

상대방에게 명령할 때 사용하는 표현이므로 주어는 언제나 You이지만, 그 주어를 생략하고 동사의 원형을 사용하여 명령합니다. (～해라/～하시오)라고 해석합니다.

---

a) 긍정명령문: 동사원형 ～./ Be+a/an+형용사+명사 (～해라)

① Be quiet.　　　② Take your time.　　　③ Clean your room.

④ Be kind to old people.　　　⑤ Be a good boy.

해석 ① 조용히 해라. ② 천천히 해라. ③ 네 방을 청소해라. ④ 노인들에게 친절해라. ⑤ 착한 소년이 되어라.

---

b) 부정명령문: Don't+동사원형 ～./ Don't be+형용사～. (～하지 마라)
　　　　　　 Never+동사원형 ～./ Never be ～. (절대 ～하지 마라)

① Don't waste your time.　　　② Don't walk on the grass.

③ Don't be afraid of the dog.　　　④ Don't make a noise in the classroom.

해석 ① 시간 낭비하지 마라. ② 잔디밭에 들어가지 마라. ③ 개를 무서워하지 마라. ④ 교실에서 떠들지 마라.

---

c) 상대를 명확히 지적할 때: You를 넣어서 (너～해라)라고 표현합니다.

① Annalyn, you stay here.　　　② Changho, you move the chair.

해석 ① 에널린, 넌 여기 남아. ② 창호야, 네가 의자 옮겨라.

---

d) 권유나 제안을 할 때 명령법: Let's+동사원형: (우리～ 하자, ～ 합시다)
　Let's=Let us의 축약형　　　Let's not+동사원형: (우리 ～하지 말자, ～하지 맙시다)

① Let's go fishing.　　　② Let's not go fishing.

③ Let's play baseball.　　　④ Let's not play baseball.

해석 ① 우리 낚시 가자. ② 우리 낚시 가지 말자. ③ 우리 야구하자. ④ 우리 야구하지 말자.

---

e) Let me+동사원형: 도움을 주려할 때 (제가 ～해 드릴게요)
　　　　　　　　　허락을 구할 때 (제가 ～하도록 허락해주세요)

① Please let me help you.　　　② Let me carry your baggage.

③ Please let me go home now.　　　④ Please let me go to see a movie alone.

해석 ① 제가 도와드릴게요. ② 내가 네 짐 들어줄게. ③ 지금 집에 보내주세요. ④ 혼자 영화 보러 가도록 허락해주세요.

어휘 quiet 조용한 take one's time 천천히 하다 clean 청소하다 kind 친절한 waste 낭비하다
　　　grass 잔디 be afraid of ～을 두려워하다 make a noise 떠들다 stay 머무르다 here 여기에
　　　move 옮기다 chair 의자 go fishing 낚시가다 baseball 야구 baggage 짐 movie 영화 alone 혼자
　　　be owing(due) to=be caused by=result(ensue, arise, originate, spring, stem, derive) from～에 기인하다
　　　ex The accident resulted from the driver's carelessness. 그 사고는 운전자의 부주의 때문에 발생했습니다.

f) 간접명령문: Let 목적격+동사원형: (〜를 〜하도록 허락해라/내버려 둬라)

① Please let us go home!　　　　② Let her ride a bicycle.

③ Don't let your son drive your car.　　④ Please don't let the child swim alone.

해석 ① 우리를 집에 보내주세요. ② 그녀가 자전거 타도록 내버려 둬.
③ 당신 아들이 차 운전하는 것을 허락하지 마세요. ④ 아이를 혼자 수영하게 내버려두지 마세요.

g) 공손하게 표현할 때는 문장의 앞이나 뒤에 please를 붙이는데, 이 때 문장 앞에 please를 붙일 경우에는 please뒤에 comma를 붙이지 않지만, 문장의 뒤에 붙일 때는 comma를 붙여야 해요.

① Please sit down.　　　　② Be quiet, please.

③ Please don't interfere in my affairs.　　④ Calm down, please.

해석 ① 앉아 주십시오. ② 제발 조용히 해주십시오. ③ 제발 제 일에 참견하지 마세요.

문제 4. 우리말과 같은 뜻이 되도록 괄호 속에 주어진 단어를 이용하여 빈칸을 채워보세요.

① 잠시 쉽시다. → _____ a break. (have)

② 날 귀찮게 하지 마. → _____ me. (bother)

③ 창문을 닫아라. → _____ the window. (close)

④ 우리 소풍가지 말자. → _____ on a picnic. (go)

⑤ 다시는 지각하지 마라. → _____ late again. (be)

⑥ 우리 거짓말 하지 말자. → _____ a lie. (make up)

⑦ 내가 네 가방 들어줄게. → _____ your bag. (carry)

⑧ 네 부모를 공경하라. → _____ your parents. (respect)

⑨ 에어컨 꺼라. → _____ the air conditioner. (turn off)

⑩ 동물을 학대하지 마라. → _____ animals cruelly. (treat)

⑪ 부모님을 절대 속이지 마라. → _____ your parents. (cheat)

⑫ 우리 정치 이야기 하지 말자. → _____ about politics. (talk)

⑬ 나를 위해 노래 한 곡 불러주세요. → _____ a song for me. (sing)

⑭ 당신 아이가 밤에 나가게 내버려두지 마세요. → _____ at night. (go out)

⑮ 너의 미래에 대해서 걱정하지 마라. → _____ about your future. (worry)

⑯ 이번 주 토요일에 우리 낚시 가자. → _____ fishing this coming Saturday. (go)

⑰ 아빠, 혼자 영화 보러 가도록 허락해주세요. → _____ Daddy, to the movies alone. (go)

정답 ① Let's have ② Don't bother ③ Close ④ Let's not go ⑤ Don't be ⑥ Let's not make up ⑦ Let me carry
⑧ Respect ⑨ Turn off ⑩ Don't treat ⑪ Never cheat ⑫ Let's not talk ⑬ Please sing
⑭ Don't let your child go out ⑮ Don't worry ⑯ Let's go ⑰ Please let me go

어휘 quiet 조용한 interfere in 참견하다 affairs 일 have(take) a break 쉬다 bother=annoy=afflict 귀찮게 하다
close 닫다 go on a picnic 소풍가다 late 늦은/늦게 make up a lie 거짓말하다 carry 들어주다/운반하다
respect 공경하다 turn off 끄다 treat 대하다 cruelly 잔인하게 politics 정치 at night 밤에 worry about 걱정하다

E. 부가의문문(Tag questions)(기초과정)

자신이 말한 내용에 대해 동의를 구하거나 확인하고자 할 때 평서문 끝에 덧붙이는 의문문을 부가의문문이라고 하는데, 주어는 대명사로 써야 하며 부정 부가의문문의 경우에는 축약형을 사용해야 합니다. Yes나 No, 또는 상황에 따라 I don't know라고 대답합니다. 다음의 주의사항을 명심하셔서 고급스런 부가의문문을 사용해보세요.

a) 긍정문의 부가의문문은 부정문으로, 부정문의 부가의문문은 긍정문으로 만듭니다.

① You can swim, can't you?
② You're American, aren't you?
③ You've got a car, haven't you?
④ You're not American, are you?
⑤ He was watching TV, wasn't he?
⑥ She looks so happy, doesn't she?
⑦ She will be here soon, won't she?
⑧ You've never liked me, have you?
⑨ Sarah hasn't arrived yet, has she?
⑩ You want to come with me, don't you?
⑪ He's been there a long time, hasn't he?
⑫ She studied in New Zealand, didn't she?
⑬ He'd like to have some rest, wouldn't he?

해석 ① 너 수영할 줄 알잖아, 안 그래? ② 당신은 미국인이죠, 안 그래요? ③ 너는 차가 있잖아, 안 그래?
④ 당신은 미국인 아니잖아요, 그렇죠? ⑤ 그는 TV를 보고 있었잖아, 안 그래?
⑥ 그녀는 매우 행복하게 보인다, 그렇지 않니? ⑦ 그녀가 곧 여기 올 거야, 안 그래?
⑧ 넌 나를 좋아한 적이 없잖아, 그렇지? ⑨ 사라가 아직 도착하지 않았잖아, 그렇지?
⑩ 너는 나와 함께 가기를 원하잖아, 안 그래? ⑪ 그는 오랫동안 거기에 있었잖아, 안 그래?
⑫ 그녀는 뉴질랜드에서 공부했잖아, 안 그래? ⑬ 그는 휴식을 좀 취하고 싶어 하잖아, 안 그래?

b) 상대의 의도를 알고 물어볼 경우에는 하강조(내리는 말투)로, 잘 몰라서 확인하고자 할 경우에는 상승조(올리는 말투)로 말합니다.

① That film was fantastic, wasn't it? ↘ – Yes, it really was.
② It's been a lovely day today, hasn't it? ↘ – Yes, it has. Gorgeous.
③ I thought Sue looked stunning in her wedding dress, didn't she? ↘
– Yes, she did. Absolutely stunning.
④ You don't know where Mr Kim is, do you? ↗ – No, I don't.
⑤ You haven't seen my tennis shoes, have you? ↗ – No, I haven't.

해석 ① 그 영화 환상적이었잖아? – 정말 환상적이었지. ② 오늘 멋진 날이었지? – 그랬지. 아주 멋진 날이었지.
③ Sue가 웨딩드레스 입고 있을 때 대단히 아름답다고 생각했어, 안 그랬어? – 응, 그랬지. 정말 근사했지.
④ 너 김 선생님 어디 계신지 모르지, 그렇지? – 응, 나 모르는데.
⑤ 너 내 테니스 신발 못 보았니? – 응, 못 보았는데

어휘 arrive 도착하다 would like to=would love to ~하고 싶다 have(take) a rest 휴식을 취하다
fantastic 환상적인 lovely 멋진 사랑스러운 gorgeous 멋진/눈부신 look+형용사 ~하게 보이다
wedding dress 결혼식 드레스 absolutely 완전히 stunning 대단한/근사한 haven't seen 본 적이 없다
bring(put)~to an end=bring(put)~to a close=bring(put) an end to=bring(put) a close to=wind up
=blow the whistle on=get through with=go through with=have done with=break up=abrogate 끝내다

c) 소유(가지다)의 의미를 가진 have 동사의 경우 미국식은 do 동사로, 영국식은 have 동사를 이용하고 소유의미가 아닐 때는 do 동사로 부가의문문을 만듭니다.

① He has a lot of friends, hasn't he? (영국식)

② He has a lot of friends, doesn't he? (미국식)

③ He had a bad headache, hadn't he? (영국식)

④ He had a bad headache, didn't he? (미국식)

⑤ You had a good time, didn't you? (hadn't you? (x))

> **해석** ①/② 그는 친구가 많잖아, 안 그래? ③/④ 그는 심한 두통이 있었잖아, 안 그래?
> ⑤ 너는 즐거운 시간을 보냈잖아, 안 그래?

---

d) 주어가 This나 That 또는 3인칭 단수 사물이 주어일 때 부가의문문의 주어는 it입니다.

① This is your car, isn't it?　　　　② That is your book, isn't it?

③ That doesn't matter, does it?　　　④ This food tastes yummy, doesn't it?

> **해석** ① 이거 네 차잖아. ② 저거 네 책이잖아. ③ 그건 중요치 않잖아? ④ 이 음식 맛있지 않니?

---

e) 긍정 명령문에서는 will(won't, would) you?/can(can't, could) you?를 사용하고, 부정명령문은 will you?만 사용합니다. 이 때 부가의문문은 please의 뜻이며 wouldn't you? 나 couldn't you?는 사용할 수 없습니다.

> **주의** ☞ can은 친한 사이/can't는 친한 사이에 짜증낼 때/will은 덜 정중한 평범한 표현/won't, would, could 정중한 표현으로 각각 세분화되지만 현행 한국의 중학교에서는 will you를 주로 가르치고 있는 상황입니다. 또한 No가 나와서는 안 되는 단호한 요청에서는 won't you?를 사용하지 않습니다.

① Open the window, will(won't/would) you?　② Open the window, can(can't/could) you?

③ Don't open the window, will you?　　　④ Don't smoke in this room, will you?

⑤ Hand me the scalpel, will(would/could) you? (won't you (x))

> **해석** ①/② 창문 좀 열어줄래, 응? 창문 좀 열어줄래, 응? ③ 창문 좀 안 열면 안 될까?
> ④ 이 방에서는 담배를 피우지 마라, 응? ⑤ 수술용 칼 좀 건네주세요.

---

f) There is/are로 시작되는 문장은 부가의문문에서 there를 넣어야 합니다.

① There's nothing wrong, is there?　　② There's a test tomorrow, isn't there?

③ There were many problems, weren't there?

④ There weren't any spiders in the bedroom, were there?

> **해석** ① 문제될 게 없잖아, 안 그래? ② 내일 시험 있잖아, 안 그래? ③ 많은 문제들이 있었잖아, 안 그랬어?
> ④ 침실에는 거미가 없었잖아, 안 그랬어?

> **어휘** a lot of=lots of=plenty of 많은 bad headache 심한 두통 food 음식
> yummy=delicious 맛있는 matter 문제가 되다/중요하다 window 유리창 open 열다 scalpel 수술용 칼
> smoke 담배를 피우다 room 방 wrong 잘못된 test 시험 tomorrow 내일 problem 문제 spider 거미 bedroom 침실

9) Let's (~하자)로 시작되는 명령문의 부가의문문은, shall we?입니다.

① Let's go to the beach, shall we?　　② Let's have dinner together, shall we?

③ Let's not go to the cinema, shall we?　　④ Let us go home early, will(won't/would) you?

> **해석** ① 우리 해변에 가는 게 어때? ② 우리 함께 저녁 식사하는 게 어때? ③ 우리 영화 보러 가지 않는 게 어때?
> ④ 저희들 빨리 집에 보내주세요, 네?(일반 명령문)

h) had better 부가의문문은 hadn't를 사용하고 used to는 didn't를 사용합니다.

① You had better go to school, hadn't you?　　② You had better not go to school, had you?

③ He used to be a doctor, didn't he?　　④ There used to be a hotel here, didn't there?

⑤ She used not to live as poorly as she does now, did she?

> **해석** ① 넌 학교에 다니는 편이 낫잖아. ② 넌 학교에 다니지 않는 편이 낫잖아. ③ 그는 의사였었잖아.
> ④ 이곳에는 호텔이 있었잖아. ⑤ 그녀는 지금처럼 가난하게 살지 않았었잖아

i) ought 부가의문문은 문어체에서는 ought를, 구어체에서는 should을 사용합니다.

① I ought to pay now, oughtn't(shouldn't) I?

② We ought not to make a noise in class, ought(should) we?

③ There ought to be a speed limit here, oughtn't(shouldn't) there?

> **해석** ① 난 지금 지불해야 하잖아, 안 그래? ② 우리는 수업 중에 떠들어서는 안 되잖아, 그렇지?
> ③ 이곳은 제한속도가 있어야 하잖아, 안 그래?

j) am의 부가의문문에서 문어체는 am I not? 구어체는 aren't I?입니다.

① I am not late, am I?

② I am attractive, am I not? (quite formal)

③ I am correct, aren't I? (colloquial and informal)

④ I am clever, aren't I? (잉글랜드, 미국, 호주)

⑤ I am clever, amn't I? (스코틀랜드, 북아일랜드, 웨일즈)

⑥ I am clever, ain't I? (비표준 사투리)

> **해석** ① 난 늦지 않았지, 그렇지? ② 난 매력 있잖아, 안 그래? ③/④/⑤/⑥ 내가 옳잖아, 안 그래?

> **주의** ☞ I are not이 존재하지 않고, You is not이 존재하지 않듯이 Aren't I?는 문법적으로 틀렸음에도 불구하고
> 대화체에서 am I not? 대신에 Aren't I?를 더 많이 사용하고 있습니다. 그래서 진보적인 학자들은 이러한
> 구어체를 문법적으로 옳다고까지 주장하고 있으나 보수적인 학자들은 대화체에서는 사용하더라도
> 문법적으로는 틀렸다고 주장합니다. 필자는 일상에서는 사용할 수 있으나 공식적인 편지나 학술논문을 쓸
> 경우에는 am I not?를 쓰거나 문장구조를 바꾸어 아예 사용하지 않는 편이 낫다는 말씀을 드립니다.

> **어휘** beach 해변 dinner 저녁식사 together 함께 go to the cinema=go to the movies 영화 보러 가다
> early 일찍 had better ~하는 편이 낫다 used to ~했었다 poorly 가난하게 pay-paid-paid 지불하다
> ought to ~해야 한다 make a noise 떠들다 speed limit 속도제한 late 지각한 correct 옳은
> attractive=absorbing=alluring=bewitching=charming=captivating=enamoring=enchanting=fascinating 매력적인

문제 5. 다음 문장의 빈칸에 알맞은 말을 넣어 부가의문문을 만들어보세요.(기초+기본과정)

① Be quiet, _____?

② I am not lazy, _____?

③ We aren't late, _____?

④ I am smart, _____?

⑤ Pass me the salt, _____?

⑥ Let's go swimming, _____?

⑦ Penguins can't fly, _____?

⑧ We should go now, _____?

⑨ He must stay here, _____?

⑩ Don't do that again, _____?

⑪ She is dancing now, _____?

⑫ You have got a bike, _____?

⑬ It was cold yesterday, _____?

⑭ You have been to Paris, _____?

⑮ Mary can speak Korean, _____?

⑯ He lives in Washington, _____?

⑰ You were absent yesterday, _____?

⑱ You won't forget the event, _____?

⑲ She can play the piano well, _____?

⑳ He bought her some flowers, _____?

㉑ He wasn't at home yesterday, _____?

㉒ You didn't break the window, _____?

㉓ She hasn't eaten all the cake, _____?

㉔ She doesn't have any children, _____?

㉕ He went to the party last night, _____?

㉖ She plays badminton on Sundays, _____?

㉗ We will go camping next weekend, _____?

㉘ We had a hearty dinner last night, _____?

㉙ Your father doesn't work in a bank, _____?

㉚ He will be studying with us tonight, _____?

해석과 정답 ① 조용히 좀 해 줄래? (will you/can't you) ② 난 게으르지 않아, 그렇지? (am I) ③ 우리는 늦지 않았어, 안 그래? (are we) ④ 난 총명하잖아, 안 그래? (am I not(문어체)/Aren't I(구어체)) ⑤ 소금 좀 건네줄래? (will you/won't you) ⑥ 우리 수영하러 가지 않을래? (shall we) ⑦ 펭귄을 날 수 없잖아, 안 그래? (can they) ⑧ 우리는 지금 가야지, 안 그래? (shouldn't we) ⑨ 그는 여기에 있어야 하잖아, 안 그래? (mustn't he) ⑩ 다시는 그런 일 하지 마, 알았지? (will you) ⑪ 그녀는 지금 춤추고 있잖아, 안 그래? (isn't she) ⑫ 너는 자전거를 갖고 있잖아, 안 그래? (haven't you) ⑬ 어제는 날씨가 추웠잖아, 안 그래? (wasn't it) ⑭ 너는 파리를 가본 적 있잖아, 안 그래? (haven't you) ⑮ Mary는 한국어를 할 줄 알지 않니? (can't she) ⑯ 그는 워싱턴에 살지 않니? (doesn't he) ⑰ 너 어제 결석하지 않았니? (weren't you) ⑱ 너는 그 사건을 못 잊을 거야, 안 그래? (will you) ⑲ 그녀는 피아노를 잘 칠 줄 알지 않니? (can't she) ⑳ 그가 그녀에게 약간의 꽃을 사줬잖니? (didn't he) ㉑ 그는 어제 집에 없었잖아, 안 그랬어? (was he) ㉒ 네가 유리창을 깨지 않았잖아, 안 그래? (did you) ㉓ 그녀가 케이크를 다 먹은 것은 아니잖아, 안 그래? (has she) ㉔ 그녀는 아이가 없잖아, 안 그래? (does she) ㉕ 그는 어젯밤에 파티에 갔잖아, 안 그랬어? (didn't he) ㉖ 그녀는 일요일마다 배드민턴을 치잖아. (doesn't she) ㉗ 우리는 다음주말에 캠핑 갈 거잖아? (won't we) ㉘ 우리는 어젯밤에 푸짐한 저녁식사 했잖아. (didn't we) ㉙ 네 아빠는 은행에 근무 안하시잖아. (does he) ㉚ 그는 오늘밤에 우리와 함께 공부할 거잖아. (won't he)

어휘 quiet 조용한 lazy 게으른 intelligent 총명한 late 늦은 pass 건네주다 salt 소금 stay 머무르다 bike 자전거 absent 결석한 forget-forgot-forgotten 잊다 event 사건 break-broke-broken 깨다 bank 은행 on Sundays 일요일마다 go camping 캠핑가다 weekend 주말 hearty dinner 푸짐한 저녁식사 last night 어젯밤

☞ 여기서부터는 최고급 과정입니다!!!

k) 주어가 anyone, anybody, everyone, everybody, someone, somebody, no one, nobody, none, neither, few, many, each일 경우 부가의문문의 주어는 they.

① No one helped him, did they?

② Nobody lives in this house, do they?

③ Somebody wanted a drink, didn't they?

④ Neither of them attended the party, did they?

⑤ Everyone has a right to be happy, don't they?

⑥ Anyone can solve such a problem, can't they?

해석 ① 아무도 그를 돕지 않았잖아, 안 그래? ② 아무도 이 집에서는 살지 않잖아. 그렇지?
③ 누군가가 한잔하기를 원하지 않니? ④ 그들 둘 다 파티에 참석하지 않았잖아. 그렇지?
⑤ 모든 사람이 행복해질 권리가 있잖아, 안 그래? ⑥ 누구나 그런 문제는 풀 수 있잖아, 안 그래?

l) something, nothing, anything, everything, little, scarcely any(hardly any, barely any, none of)+셀 수 없는 단수명사가 주어일 경우 부가의문문의 주어는 it.

① Everything is ok, isn't it?

② Nothing bad happened, did it?

③ Anything can happen, can't it?

④ Nothing can change my love for you, can it?

⑤ Something was wrong with Tom's car, wasn't it?

해석 ① 모든 게 괜찮잖아. ② 안 좋은 일은 아무것도 일어나지 않았잖아. ③ 어떤 일이든 일어날 수 있잖아.
④ 그 어느 것도 너에 대한 나의 사랑을 바꿀 수 없어, 그렇잖아? ⑤ 탐의 차에 무슨 문제가 생겼잖아, 안 그랬어?

m) neither, no, none, no one, nobody, nothing, rarely, barely, hardly, hardly ever, scarcely, seldom 등의 단어를 가진 진술은 부정문으로 취급되므로 뒤에 긍정 부가의문문이 옵니다.

① Nobody visited you, did they?

② He hardly ever speaks, does he?

③ Chris seldom visits us, does she?

④ Neither of them smokes, do they?

⑤ We rarely eat in restaurants, do we?

⑥ Mark scarcely listens in class, does he?

⑦ I don't suppose anyone will help us, will they?

해석 ① 아무도 너를 방문하지 않았잖아, 그렇지? ② 그는 좀처럼 말을 하지 않잖아, 안 그래? ③ 크리스는 우리를 좀처럼 방문하지 않아, 안 그래? ④ 그들 둘 다 담배를 안 피우잖아, 안 그래? ⑤ 우리는 좀처럼 식당에서 식사 안 해, 그렇지? ⑥ Mark는 수업 중에 좀처럼 잘 안 들어, 그렇지? ⑦ 난 누구도 우리를 도와줄 거라고 생각 안 해, 안 그래?

어휘 want a drink 한잔하기를 원하다 right 권리 solve 해결하다 happen 발생하다 visit=call on 방문하다
rarely=barely=hardly=scarcely=seldom 좀처럼 ~하지 않다 smoke 담배를 피우다/연기 suppose 생각하다

n) *may가 허락을 의미할 때 부가의문문으로 mayn't/can't – 잘 사용되지 않는 표현

  *가능을 나타낼 때 부가의문문으로 대개 mightn't/won't

① You may go out alone at night, mayn't you? (허락)

② I may go after I finish this exercise, can't I? (허락)

③ You may not go out alone at night, may you? (허락)

④ He may be at home, won't he? (가능성)

⑤ It may rain tomorrow, mightn't it? (가능성)

⑥ He might come today, mightn't he? (가능성)

⑦ I may not be sick even if I drink apple juice at night, might I? (가능성)

⑧ I might not be sick even if I drink apple juice at night, might I? (가능성)

해석 ① 너는 밤에 혼자 나가도 되잖아, 안 그래? ② 나는 이 운동을 마친 후 가도 돼, 안 그래?
③ 너는 밤에 혼자 나가서는 안 돼, 알았지? ④ 그는 집에 있을지도 몰라, 안 그래?
⑤ 내일 비가 올지 몰라, 안 그래? ⑥ 그는 오늘 올지도 몰라, 안 그래?
⑦/⑧ 내가 밤에 사과주스를 마시더라도 안 아플 수도 있어, 안 그래?

o) I will/We will 을 이용하여 도움을 주고자 할 때, shall I?/shall we?

① I will help you with your work, shall I?

② I will tell her what you said, shall I?

③ We will help you to move, shall we?

④ We will give you a hand, shall we?

해석 ① 내가 너의 일 도와줄게, 그럴까? ② 내가 그녀에게 네가 말한 얘기 전할게, 그럴까?
③ 우리는 네가 이사하는 것 도와줄게, 그럴까? ④ 우리가 너에게 도움을 줄게, 그럴까?

p) 질문하는 것이 아니고, 빈정거림, 놀람, 관심 같은 반응을 나타내기 위해서 긍정진술로 추측성 진술을 한 다음, 그 추측이 맞는지 물어보기 위해서 긍정 부가의문문을 사용하는 경우도 있는데 이때 부가의문의 뜻은 really나 indeed와 같은 의미로 해석합니다.

① He used to be your boss, did he?

② You are going to marry her, are you?

③ You can run a mile in four minutes, can you?

④ She has been training to be an anaesthetist, has she?

해석 ① 그가 너의 사장이었다고? 그랬어? ② 네가 그녀와 결혼할 거라고, 정말?
③ 네가 4분 만에 1마일을 달릴 수 있단 말이야? ④ 그녀가 마취과 의사가 되기 위해서 연수를 해 왔단 말이야?

어휘 go out 외출하다 alone 혼자 at night 밤에 sick 아픈 even if ~하더라도 give~a hand 도움을 주다
move 이사하다 used to ~였었다 boss 사장 run-ran-run 달리다 in +시간 ~만에 anaesthetist 마취과 의사
abstain(refrain, forbear, keep) from=prevent oneself from=deny oneself=keep(stay, steer) clear of
=keep(stave, swear, ward) off=be discreet(moderate, temperate) in=eschew=forgo=shun 삼가다, 절제하다
ex Keep off alcohol.=Be moderate(temperate) in drinking. 술을 삼가시오.

문제 6. 다음 문장의 빈칸에 알맞은 말을 넣어 부가의문문을 만들어보세요.(고급과정)

① No one came, _____?

② Nothing works, _____?

③ She rarely lies, _____?

④ He hardly worked, _____?

⑤ It makes no sense, _____?

⑥ Everybody has left, _____?

⑦ Nobody visited you, _____?

⑧ Neither of you explained, _____?

⑨ He never comes on time, _____?

⑩ You used to be fat before, _____?

⑪ The flight may be delayed, _____?

⑫ None of them can help us, _____?

⑬ You ought to see a doctor, _____?

⑭ You had better stop smoking, _____?

⑮ You used not to smoke before, _____?

⑯ Someone came when I was out, _____?

⑰ There isn't anybody who can do it, _____?

⑱ Anyone can come to the exhibition, _____?

⑲ None of us wants to make a mistake, _____?

⑳ Everybody should be ready to go now, _____?

㉑ None of you wants to make a mistake, _____?

㉒ There must be a way out of this maze, _____?

㉓ We daren't go to the headmaster's office, _____?

㉔ Each of the boys has to bring a dollar, _____?

㉕ No one could find out what was wrong, _____?

㉖ I might be sick if I eat an apple at night, _____?

해석과 정답 ① 아무도 안 왔잖아, 그렇지? (did they) ② 아무것도 효과가 없잖아, 안 그래? (does it) ③ 그녀는 좀처럼 거짓말하지 않잖아, 안 그래? (does she) ④ 그는 좀처럼 일하지 않았잖아, 그렇지? (did he) ⑤ 그것은 전혀 의미가 없잖아, 안 그래? (does it) ⑥ 모두가 떠나버렸잖아, 안 그래? (haven't they) ⑦ 아무도 너를 방문하지 않았구나, 그렇지? (did they) ⑧ 너희 둘 다 설명을 안 했잖아, 안 그래? (did you) ⑨ 그는 절대로 시간 맞춰 오지 않아, 그렇지? (does he) ⑩ 너는 전에는 뚱뚱했었잖아, 안 그래? (didn't you) ⑪ 비행기는 지연될지도 몰라, 안 그래? (mightn't it) ⑫ 그들 중 누구도 우리를 도울 수 없잖아, 안 그래? (can they) ⑬ 너는 의사에게 가봐야 하잖아, 안 그래? (oughtn't you) ⑭ 너는 담배를 끊는 편이 낫지 않니? (hadn't you) ⑮ 너는 전에 담배를 안 피웠었잖아, 안 그래? (did you) ⑯ 내가 외출했을 때, 누군가 왔지, 그렇지? (didn't they) ⑰ 그것을 할 수 있는 사람은 아무도 없잖아, 안 그래? (is there) ⑱ 아무나 전시회에 올 수 있어, 안 그래? (can't they) ⑲ 우리 중 누구도 실수하기를 원하지 않는다, 안 그래? (do we) ⑳ 모두 이제 갈 준비를 해야 한다, 안 그래? (shouldn't they) ㉑ 너희들 중 아무도 실수하기를 원하지 않잖아, 안 그래? (do you) ㉒ 이 미로에서 나갈 수 있는 길이 있음에 틀림없어, 안 그래? (mustn't there) ㉓ 우리는 감히 교장실에 감히 갈 수 없어, 안 그래? (dare we) ㉔ 그 소년들 각자는 1달러씩 가져와야 한다, 안 그래? (don't they) ㉕ 아무도 무엇이 잘못되었는지 알 수가 없었어, 안 그래? (could they) ㉖ 내가 밤에 사과를 먹으면 아플지도 몰라, 안 그래? (mightn't I)

어휘 work 효과가 있다/일하다 rarely=hardly=scarcely=seldom 좀처럼 ~하지 않다 lie-lied-lied 거짓말 하다 make sense 이치에 맞다 explain=account for 설명하다 on time=punctual 정각에 used to ~했었다 fat 뚱뚱한 delay=defer=put off 지연시키다 exhibition 전시회 be ready to ~할 준비를 하다 maze 미로 headmaster 교장

의문의 초점이 되는 말로서 '누가', '언제', '어디서', '무엇', '어떻게', '왜', '얼마' 따위가 있으며, 의문 대명사, 의문 부사, 의문 형용사 모두가 여기에 포함됩니다.

	의문사	뜻		의문사	뜻
①	Who	누가	⑰	How many	(수가) 얼마나 많은
②	Whose	누구의(것)	⑱	How much	(양이) 얼마나 많은
③	Whom	누구를/누구에게	⑲	How large	얼마나 큰
④	When	언제	⑳	How soon	언제쯤/얼마나 빨리
⑤	Where	어디서	㉑	How late	언제까지/얼마나 늦게까지
⑥	What	무엇/무슨	㉒	How fast	얼마나 빨리
⑦	How	어떻게	㉓	How quickly	얼마나 빨리
⑧	Why	왜	㉔	How deep	얼마나 깊은
⑨	Which	어느(것)	㉕	How wide	얼마나 넓은
⑩	How old	얼마나 오래, 몇 살	㉖	How great	얼마나 위대한/대단한
⑪	How tall	얼마나 큰	㉗	How terrible	얼마나 끔찍한
⑫	How far	얼마나 먼	㉘	How popular	얼마나 인기 있는
⑬	How long	얼마나 긴	㉙	How happy	얼마나 만족한
⑭	How often	얼마나 자주	㉚	How nice	얼마나 좋은
⑮	How high	얼마나 높은	㉛	who: 인간관계와 이름을 물을 때 what: 직업을 물을 때	
⑯	What time	몇 시에			

① Who is that girl? – She is my younger sister.

② Whose bag is this? – It is my bag.

③ Whose is this bag? – It is mine.

④ Whom do you respect the most in the world? – I respect my mom the most. (formal)

= Who do you respect most in the world? – I respect my mom most. (informal)

> **해석** ① 저 소녀는 누구니? – 그녀는 내 여동생이야. ② 이것은 누구의 가방이니? – 그것은 내 가방이야. ③ 이 가방은 누구의 것이니? – 그것은 내 것이야. ④ 너는 세상에서 누구를 가장 존경하니? – 나는 내 엄마를 가장 존경해.

① When is your birthday? – It is November, 23.

② When will you go to Seoul? – I will go to Seoul on Sunday.

③ When did you buy your cell phone? – I bought it last Tuesday.

> **해석** ① 너의 생일이 언제니? – 11월 23일이야. ② 너는 언제 서울에 갈거니? – 나는 일요일에 서울에 갈 거야.
> ③ 너는 언제 네 휴대전화기 샀니? – 나는 그것을 지난 화요일에 샀어.

① Where do you live? – I live in Seoul.

② Where are you from? – I'm from Korea.

③ Where have you been? – I have been to the library.

> **해석** ① 너 어디 사니? – 나는 서울에 살아. ② 너 어디 출신이니? – 나는 한국 출신이야.
> ③ 너 어디 갔다 왔니? – 나는 도서관에 다녀왔어.

① What's your favorite subject? – It's English.

② What fruit do you like best? – I like apples best.

③ What size shoes do you wear? – I wear size 250mm.

④ What do you do for a living? – I am a businessman.

> **해석** ① 네가 가장 좋아하는 과목이 뭐니? – 영어야. ② 너는 어떤 과일을 가장 좋아하니? – 나는 사과를 가장 좋아해.
> ③ 너는 어떤 사이즈의 신발을 신니? – 나는 250㎜ 신어. ④ 당신의 직업이 무엇인가요? – 저는 사업가입니다.

① How does it taste? – It tastes delicious.

② How do you go to school? – I go to school by bus.

③ How are you? = How are you doing? – I am fine.

④ How does he look? = What does he look like? – He looks handsome.

⑤ How is the weather? = What is the weather like? – It is hot and humid.

> **해석** ① 맛이 어때? – 맛이 좋아. ② 너는 어떻게 학교에 다니니? – 나는 버스로 학교에 다녀.
> ③ 어떻게 지내니? – 잘 지내고 있어. ④ 그는 어떻게 생겼니? – 그는 잘생겼어. ⑤ 날씨 어때? – 후덥지근해.

> **어휘** younger sister 여동생 bag 가방 mine 나의 것 respect 존경하다 most 가장 birthday 생일
> have been to 다녀오다 library 도서관 favorite 가장 좋아하는 subject 과목 fruit 과일 best 가장
> apple 사과 shoes 신발 wear 신다/착용하다 a living 생계 businessman 사업가 taste 맛이 나다
> delicious 맛있는 look like ~처럼 보이다 handsome 잘생긴 weather 날씨 hot and humid 후덥지근한

① Why are you upset? – Because my phone doesn't work.

② Why were you absent yesterday? – Because I was sick.

③ Which is your bag? – This is my bag.

④ Which bag is yours? – This bag is mine.

⑤ Which season do you like best? – I like spring best.

> **해석** ① 너 왜 화났어? – 내 전화가 고장 나서 그래. ② 어제 너 왜 결석했어? – 아팠기 때문이야.
> ③ 어느 것이 네 가방이야? – 이것이 내 가방이야. ④ 어느 가방이 네 것이야? – 이 가방이 내 것이야.
> ⑤ 너는 어느 계절을 가장 좋아해? – 나는 봄을 가장 좋아해.

① How tall are you? – I am 170㎝ tall.

② How old are you? – I am 17 years old.

③ How much do you weigh? – I weigh 60㎏.

④ How late is the bank open? – It is open until 4 pm.

⑤ How many subjects do you learn? – I learn ten subjects.

⑥ How soon does the flight take off? – It takes off in 20 minutes.

⑦ How popular is the singer in your country? – She is very popular.

⑧ How many are there in your family? – There are four in my family.

⑨ How often do you go to see a movie? – I go to see a movie once a month.

⑩ How fast can a cheetah run? – It can run about 200 meters in 7 seconds.

> **해석** ① 너는 키가 몇이야? – 나는 170㎝야. ② 너는 나이가 몇이야? – 17살이야. ③ 너는 체중이 어떻게 돼? – 나는
> 60㎏이야. ④ 은행은 몇 시까지 영업하나요? – 오후 4시까지 영업합니다. ⑤ 너는 몇 과목 배우니? – 나는 10과목 배
> 워. ⑥ 비행기는 얼마 후에 이륙하나요? – 20분 후에 이륙합니다. ⑦ 그 가수는 네 나라에서 얼마나 인기 있어? – 그
> 녀는 무척 인기 있어. ⑧ 네 가족은 몇 명이야? – 4명이야. ⑨ 너는 얼마나 자주 영화 보러 가니? – 한 달에 한 번 영화
> 보러 가. ⑩ 치타는 얼마나 빨리 달릴 수 있지? – 7초 만에 200m를 달릴 수 있어.

> **주의** ☞ 문법을 무시하는 사람들이 목적격으로 Whom(누구를/누구에게)대신 Who(누가)를 사용하는 빈도수가
> 늘어나면서, 마치 Whom은 구식이고 Who가 문법적으로 맞는 것으로 가르치는 경향이 있는데, 이는 지극히
> 잘못 된 것입니다. 영어는 구어체와 문어체가 있는데 Who는 말할 때 사용하는 구어체로서 생활 속의
> 대화에서는 Who를 사용하더라도 공식적인 문법 시험에서는 Whom을 써야한다는 것을 명심하시기 바랍니다.

① Whom did you text? – I texted my mom. (Who 구어체)

② Whom did you give the ticket to? (Who 구어체)

= To whom did you give the ticket? – I gave it to Mary.

③ Whom did you go to the movies with? (Who 구어체)

= With whom did you go to the movies? – I went to the movies with John.

> **해석** ① 너는 누구에게 문자를 보냈니? – 나는 엄마에게 보냈어. ② 너는 그 표를 누구에게 주었니? – 나는 그것을
> Mary에게 주었어. ③ 너는 누구와 함께 영화 보러 갔니? – 나는 John과 함께 영화 보러 갔다.

> **어휘** upset=annoyed 화난/짜증난 don't work 작동하지 않다/고장 나다 absent 결석한 sick=ill 아픈
> season 계절 tall 키 큰 weigh 무게가 나가다 bank 은행 open 열려 있는 subject 과목 flight 비행기
> take off 이륙하다/벗다 singer 가수 see a movie 영화를 보다 once a month 한 달에 한 번 run 달리다
> about 대략 in+시간 ~후에/만에/지나서 text 문자메시지를 보내다 ticket 표 go to the movies 영화 보러 가다

문제 7. Fill in the blanks with grammatically correct words.(기초과정)

① 그 영화 어땠니?: _____ was the movie?

② 관계자에게: To _____ it may concern.

③ 누가 유리창 깼니?: _____ broke the window?

④ 그 강은 얼마나 깊니?: How _____ is the river?

⑤ 일행이 몇 명인가요?: How _____ is your party?

⑥ 어느 것이 네 우산이니?: _____ is your umbrella?

⑦ 언제 세부를 방문했니?: _____ did you visit cebu?

⑧ 너의 부모님은 어떠시니?: _____ are your parents?

⑨ 그녀는 어떻게 생겼니?: _____ does she look like?

⑩ 언제쯤 우리 도착하죠?: How _____ will we arrive?

⑪ 에베레스트 산의 높이는?: How _____ is Mt, Everest?

⑫ 어디서 그 책을 구했니?: _____ did you get the book?

⑬ 너 지금 무엇을 먹고 있니?: _____ are you eating now?

⑭ 네 남자친구 키가 몇이야?: How _____ is your boyfriend?

⑮ 형제자매가 몇 명이니?: How _____ siblings do you have?

⑯ 왜 그렇게 슬픈 표정하고 있어?: _____ do you look so sad?

⑰ 너의 개 체중이 몇이야?: How _____ does your dog weigh?

⑱ 네 할머니 연세가 몇이야?: How _____ is your grandmother?

⑲ 어떻게 그 문제를 풀었니?: _____ did you solve the problem?

⑳ 그 가게는 몇 시까지 영업하지?: How _____ is the store open?

㉑ 버스가 얼마나 자주 운행되나요?: How _____ do the buses run?

㉒ 한강의 넓이는 어떻게 되니?: How _____ is the Han-gang river?

㉓ 네가 가장 좋아하는 가수는 누구야?: _____ is your favorite singer?

㉔ 너는 보통 몇 시에 잠자리에 드니?: _____ do you usually go to bed?

㉕ 네 아빠의 직업은 무엇이니?: _____ does your father do for a living?

㉖ 언제 네 조부모님을 방문했니?: _____ did you visit your grandparents?

㉗ 너는 누구를 위해서 그 시를 썼니?: For _____ did you write the poem?

㉘ 세종대왕은 한국에서 얼마나 위대하니?: How _____ is King Sejong in Korea?

㉙ K팝이 세계적으로 얼마나 인기 있니?: How _____ is K-pop around the world?

㉚ "누구를 위해 종이 울리나"는 누가 썼지?: Who wrote "For _____ the Bell Tolls"?

㉛ 여기서 네 학교까지 거리가 얼마니?: How _____ is it from here to your school?

㉜ 여기서 역까지 시간이 얼마나 걸리니?: How _____ does it take from here to the station?

정답 ① How ② whom ③ Who ④ deep ⑤ large ⑥ Which ⑦ When ⑧ How ⑨ What ⑩ soon ⑪ high ⑫ Where
⑬ What ⑭ tall ⑮ many ⑯ Why ⑰ much ⑱ old ⑲ How ⑳ late ㉑ often ㉒ wide ㉓ Who ㉔ What time
㉕ What ㉖ When ㉗ whom ㉘ great ㉙ popular ㉚ whom ㉛ far ㉜ long

어휘 movie 영화 concern 관련시키다/~에 관계되다 break-broke-broken 깨다 window 유리창 river 강 party 일행
look like ~처럼 생기다/닮다 get 구하다 eat 먹다 siblings 형제자매 weigh 무게가 나가다 solve 풀다 problem 문제
store 가게 run 운행하다 usually 보통 favorite 가장 좋아하는 go to bed 잠자리에 들다 for a living 생계를 위해서
poem 시 great 위대한 popular 인기 있는 around the world 세계적으로 toll 종이 울리다 far 먼 take 시간이 걸리다

G. 간접의문문(출제고빈도 기초+기본과정)
의문문이 문장 속에 들어가서 주어, 목적어, 보어로 사용되는 경우

a) 의문사가 없는 의문문의 간접의문문 어순: if(whether)+주어+동사
뜻: if(~인지)/whether(~인지 아닌지)로 해석하세요.

① I wonder+Did you receive my email?

→ I wonder/ if(whether) you received my email.

② I don't remember+Did I lock the door?

→ I don't remember/ if(whether) I locked the door.

③ I want to know+Does she work part time here?

→ I want to know/ if(whether) she works part time here.

> **해석** ① 나는 궁금해/네가 내 이메일을 받았는지 → 나는 네가 내 이메일을 받았는지 궁금해.
> ② 나는 기억이 안 나/내가 문을 잠갔는지 → 나는 내가 문을 잠갔는지 기억이 안 나.
> ③ 나는 알고 싶어/그녀가 이곳에서 아르바이트 하는지 → 나는 그녀가 이곳에서 아르바이트 하는지 알고 싶어.

b) 의문사가 있는 의문문의 간접의문문 어순: 의문사+주어+동사

① I have no idea+What's his name?

→ I have no idea/ what his name is.

② I want to know+What did she buy yesterday?

→ I want to know/ what she bought yesterday.

③ Do you know?+How many cars does he have?

→ Do you know/ how many cars he has?

> **해석** ① 나는 몰라/그의 이름이 무엇이지 → 나는 그의 이름이 무엇인지 몰라.
> ② 나는 알고 싶어/그녀가 어제 무엇을 샀는지 → 나는 그녀가 어제 무엇을 샀는지 알고 싶어.
> ③ 너는 아니/그가 몇 대의 차를 갖고 있는지를? → 너는 그가 몇 대의 차를 갖고 있는지 아니?

c) 의문사 자체가 주어인 경우 간접의문문 어순: 의문사+동사

① I don't know+Who broke the window?

→ I don't know/ who broke the window.

② Do you remember+Who attended her birthday party?

→ Do you remember/ who attended her birthday party?

> **해석** ① 나는 몰라/누가 유리창을 깼는지 → 나는 누가 유리창을 깼는지 몰라.
> ② 너는 기억나니?/누가 그녀의 생일파티에 참석했는지? → 너는 누가 그녀의 생일파티에 참석했는지 기억나니?

> **어휘** wonder 궁금하다 receive 받다 remember 기억하다 lock 잠그다 door 문 have no idea 모르다
> name 이름 want to ~하고 싶다 buy-bought-bought 사다 yesterday 어제 how many 얼마나 많은
> know 알다 have 갖고 있다 car 자동차 break-broke-broken 깨다 birthday party 생일파티 attend 참석하다

d) who/what/which+be+보어로 되어 있는 의문문을 전달할 때, be 동사는 보어의 앞이나 뒤에 놓을 수 있습니다.

① She asked me+"What is the matter?"

→ She asked me/ what was the matter.

→ She asked me/ what the matter was.

② She asked+"Who is the tallest boy in the class?"

→ She asked/ who was the tallest boy in the class.

→ She asked/ who the tallest boy in the class was.

해석 ① 그녀는 나에게 물었다/무엇이 문제냐고 → 그녀는 나에게 무엇이 문제냐고 물었다.
② 그녀는 물었다/누가 학급에서 가장 키가 큰 소년이냐고 → 그녀는 누가 학급에서 가장 큰 소년이냐고 물었다.

e) 간접의문문에서 의문사를 문장의 맨 앞으로 보내는 동사: 첫 자를 따서 bigstep 동사, 즉 believe, imagine, guess, suppose, say, think, expect, predict가 do와 함께 쓰이면 간접의문문에서 의문사를 문장의 맨 앞으로 보내야 합니다. 단, can을 이용한 의문문에서는 의문사가 문장의 맨 앞으로 올 수 없습니다.(중급과정)

① Do you guess?+How old is she? → How old do you guess she is?

② Did you say?+What was your name? → What did you say your name was?

③ Do you think?+Why do we need sleep? → Why do you think we need sleep?

④ Do you imagine?+Where might you be in ten years?

→ Where do you imagine you might be in ten years?

⑤ Do you suppose?+Why didn't Tom come to the party?

→ Why do you suppose Tom didn't come to the party?

⑥ Do you predict?+What will the weather be like tomorrow?

→ What do you predict the weather will be like tomorrow?

⑦ Do you believe?+Who will win the next presidential election?

→ Who do you believe will win the next presidential election?

⑧ Can you guess how old she is? (O)/ How old can you guess she is? (X)

⑨ Can you say what his name is? (O)/ What can you say his name is? (X)

해석 ① 너는 그녀가 몇 살이라고 생각해? ② 네 이름이 뭐라고 말했지? ③ 너는 왜 우리가 잠이 필요하다고 생각해?
④ 당신은 10년 후에 어디쯤 있을 거라고 생각하세요? ⑤ 너는 왜 탐이 파티에 안 왔다고 생각해?
⑥ 너는 내일 날씨가 어떻게 될 거라고 예상해? ⑦ 다음 대통령 선거에서 누가 승리할 것으로 믿습니까?
⑧ 너는 그녀가 몇 살인지 알아맞힐 수 있어? ⑨ 그의 이름이 무엇인지 말해줄 수 있겠니?

어휘 matter 문제 tallest 가장 큰 guess 추측하다/알아맞히다 need 필요로 하다 imagine 상상하다
in ten years 10년 후에 suppose 생각하다 predict=foresee 예상하다 weather 날씨 tomorrow 내일
the next presidential election 다음 대통령 선거 win—won—won 이기다/승리하다/얻다 believe 믿다
attend(heed, look, see) to=pay(give) attention(heed) to=turn(direct) one's attention to=look towards
=take notice(note, account, thought) of=keep an eye on=see about=be attentive to 주목하다, 주의를 기울이다

f) If와 whether의 쓰임의 차이(고급과정)

주어절(은, 는, 이, 가)이나 보어절(A=B)로 사용될 경우에는 whether만 가능하고, 목적어절 (을, 를)로 사용될 경우에는 if나 whether 둘 다 사용이 가능하지만, If보다 whether가 더 formal English(격식을 갖춘 영어)입니다. 그러므로 GMAT나 TOEFL 등 공식적인 시험에서 둘 중에 고르라는 시험이 나온다면 whether를 쓰셔야 안전합니다.

A. 주어 절(은, 는, 이, 가)로 사용되는 경우 – whether만 사용가능

① Whether you sink or swim/ is not my concern. (If (X))

= It is not my concern whether you sink or swim.

② Whether we can continue like this/ is another matter. (If (X))

③ Whether or not he leaves/ is of no importance to me. (If (X))

= Whether he leaves or not/ is of no importance to me. (If (X))

> 해석 ① 네가 가라앉느냐 수영하느냐는/ 내 관심사가 아니야. ② 우리가 이처럼 계속할 수 있느냐는/ 또 다른 문제야.
> ③ 그가 떠나느냐 안 떠나느냐는/ 나에게 중요하지 않다.

B. 목적어 절(을, 를)로 사용되는 경우 – 둘 다 가능하지만 whether가 더 공식적(formal)임

① I don't know/ if(whether) he will come.　　② I am not sure/ if(whether) I will have time.

③ I asked/ if(whether) she was interested in the project.

> 해석 ① 나는 모른다/ 그가 올지 (안 올지를). ② 나는 모르겠어/ 내가 시간이 있을지.
> ③ 나는 물었다/ 그녀가 그 프로젝트에 관심이 있는지.

C. 보어 절로 사용되는 경우(A=B) – whether만 사용가능

① The question is whether the man can be trusted. (if (X))

② The question is whether she can meet the deadline. (if (X))

③ My biggest concern is whether the battery is charged (or not). (if (X))

> 해석 ① 문제는 그 사람을 신뢰할 수 있느냐 하는 거지. ② 문제는 그녀가 마감일에 맞출 수 있느냐 하는 거지.
> ③ 나의 최대 관심사는 그 배터리가 충전되어 있느냐 안 되어 있느냐이다.

D. 목적어 절이 문장의 맨 앞에 올 경우 – whether만 사용가능

① Whether I can come/ I am not sure at the moment. (If (X))

② Whether this is a risk worth taking/ the CEO will decide soon. (If (X))

> 해석 ① 내가 갈 수 있느냐 하는 것을 현재로서는 모르겠어.
> ② 이것이 감수할만한 모험인지를 최고경영자가 곧 결정할 거야.

> 어휘 sink 가라앉다 concern 관심사 continue 계속하다 matter 문제 leave 떠나다 question 문제/질문
> of no importance=unimportant 중요치 않은 be interested in ~에 관심이 있다 trust 믿다/신뢰하다
> meet the deadline 마감일에 맞추다 charge 충전시키다 be sure 확신하다 at the moment 현재로서는
> risk 위험/모험 worth~ing ~할 가치가 있는 take 받아들이다 CEO 최고경영자 decide=resolve 결정(결심)하다

E. discuss/consider동사 뒤에서는 whether만 사용가능

① We discussed/ whether he should be hired. (if (X))

② I will consider/ whether I should accept your offer. (if (X))

> **해석** ① 우리는 토론했다/ 그를 채용해야 할 것인가에 말 것인가에 대해.
> ② 나는 생각해볼게/ 너의 제안을 받아들여야 할 것인가 말 것인가를.

F. 전치사 뒤에 오는 목적어 절로서는 whether만 사용가능

① I looked into/ whether he should stay.

② There was a big argument/ about whether we should buy a new car.

③ The decision depends/ on whether (or not) Jane wants to make such investment.

= The decision depends/ on whether Jane wants to make such investment (or not).

> **해석** ① 나는 조사했다/ 그가 머물러있어야 할 것인지를. ② 큰 논란이 있었다/우리가 새 차를 사야할 것인지에 대해서.
> ③ 그 결정은 달려있다/ Jane이 그런 투자하기를 원하느냐 원치 않느냐에.

G. to 부정사 앞에서는 whether만 사용가능

① We can't decide/ whether to buy the house or wait.

② I don't know/ whether to buy the blue one or the red one.

③ I have been thinking/ about whether to grow my own tomatoes this year.

> **해석** ① 우리는 결정할 수가 없다/ 그 집을 사야 할지 아니면 기다려야 할지.
> ② 나는 모르겠어/ 파란색을 사야 할지 빨간색을 사야 할지.
> ③ 나는 생각해 오던 중이야/ 올해 내 자신의 토마토를 재배해야 할지에 대해.

H. 주의해야할 용법 – if or not는 틀린 표현이며 if A or B는 informal English(격식을 차리지 않은 영어)이므로 시험에서는 사용하지 않는 것이 안전합니다.

① I don't know/ if it will rain tomorrow. (O) (명사절)

= I don't know/ whether it will rain tomorrow. (O)

= I don't know/ whether (or not) it will rain tomorrow. (O)

= I don't know/ whether it will rain (or not) tomorrow. (O)

= I don't know/ if it will rain or not tomorrow. ((O) informal)

≠ I don't know if or not it will rain tomorrow. (X)

② Whether it rains or not tomorrow, I will go on a picnic. (O) (양보부사절)

≠ Whether it will rain or not tomorrow, I will go on a picnic. (X)

③ I would like to know/ whether it is a true story or fabricated. (formal) (명사절)

= I would like to know/ if it is a true story or fabricated. (informal)

> **해석** ① 나는 몰라/ 내일 비가 올지 (안 올지). ② 내일 비가 오든 안 오든/ 나는 소풍을 갈 거야.
> ③ 나는 알고 싶어/ 그것이 진짜 이야기인지 조작된 이야기인지.

> **어휘** discuss=debate 토론하다 should ~해야 한다 hire 고용하다 consider=contemplate=weigh=allow for 고려하다
> accept 받아들이다 offer 제안(하다) look into=investigate 조사하다 stay 머무르다 argument 논란 decision 결정
> depend(rely, count) on ~에 달려있다/~에 좌우되다 make an investment 투자하다 decide=determine 결정하다
> think about ~에 대해 생각하다 settle 해결(설치, 정착)하다 would like to ~하고 싶다 fabricate 조작(위조)하다

① Please let me know if you need a chair.
② Please let me know whether you need a chair.
③ Let me know if you can come to my birthday party.
④ Let me know whether you can come to my birthday party.

> **해석** ① 네가 의자가 필요하면 알려줘. ② 네가 의자가 필요한지 안한지 알려줘. ③ 내 생일파티에 올 수 있으면 알려줘.
> ④ 내 생일파티에 올 수 있는지 없는지 알려줘.

문제 8. 여러분! 다음을 간접의문문을 넣어서 한 문장으로 만든 후 해석해보세요.(기초+기본과정)

① Do you think+Who is he?

② I am not sure+Can he help you?

③ I wonder+Was she at home yesterday?

④ Can you tell me?+Should we get there?

⑤ I doubt+Did he solve the problem alone?

⑥ Did you say?+Where did you come from?

⑦ Do you guess?+Who stole my cell phone?

⑧ "Who is the best player here?" she said to me.

⑨ Do you think?+What time will he arrive here?

⑩ Do you remember+Where did you buy the dress?

> **해석과 정답** ① 너는 그가 누구라고 생각해? (Who do you think he is?)
> ② 나는 그가 너를 도울 수 있을지 모르겠어. (I am not sure if(whether) he can help you.)
> ③ 나는 그녀가 어제 집에 있었는지 궁금해. (I wonder if(whether) she was at home yesterday.)
> ④ 우리가 그곳에 가야 하는지 말해줄 수 있어? (Can you tell me if(whether) we should get there?)
> ⑤ 그가 그 문제를 혼자 풀었는지 의심스러워. (I doubt if(whether) he solved the problem alone.)
> ⑥ 네가 어디 출신이라고 말했지? (Where did you say you came from?)
> ⑦ 누가 내 휴대전화를 훔쳐갔다고 생각해? (Who do you guess stole my cell phone?)
> ⑧ 그녀는 나에게 그곳에서 누가 가장 훌륭한 선수인지 물었다.
>   (She asked me who was the best player there. = She asked me who the best player there was.)
> ⑨ 너는 그가 여기에 몇 시에 도착할 것이라고 생각해? (What time do you think he will arrive here?)
> ⑩ 어디서 그 드레스 샀는지 기억나니? (Do you remember where you bought the dress?)

> **어휘** need 필요로 하다 chair 의자 birthday party 생일파티 think 생각하다 I am not sure 나는 모른다
> help 돕다 wonder 궁금하다/경탄하다 at home 집에 yesterday 어제 tell 말하다 should ~해야 한다
> get 도착하다 doubt 의심하다 solve 풀다/해결하다 problem 문제 alone=by oneself 혼자서 say 말하다
> come from ~출신이다 guess 추측하다 steal-stole-stolen 훔치다 cell phone=mobile phone 휴대전화
> here 여기에서 will ~할 것이다 arrive=reach 도착하다 remember 기억하다 buy-bought-bought 사다
> at first hand=firsthand=directly=in person=personally=immediately 직접적으로↔at second hand
> =secondhand=indirectly 간접적으로 to and fro=up and down=back and forth=here and there
> =hither and thither(yon, yond)=to and again=forward and back again=from one place to another
> =from place to place=sporadically 이리저리 **ex** The teacher walked to and fro in front of the class.

문제 9. Complete the following sentences using if or whether.(고급과정)

① I am going, _____ she likes it or not. ② They asked us _____ we were married.

③ She was uncertain _____ to stay or leave.

④ I didn't know _____ to believe him or not.

⑤ Mariz asked me _____ I needed any help.

⑥ _____ he will recognize her I am not sure.

⑦ I am wondering _____ to have fish or beef.

⑧ She asked me _____ I was listening to music.

⑨ She can't decide _____ to go on a diet or not.

⑩ Someone has to tell her, _____ it's you or me.

⑪ Anyway, it is a good story, _____ or not it is true.

⑫ I am not sure _____ I will have free time tomorrow.

⑬ I still don't know _____ or not he's planning to come.

⑭ It all depends on _____ or not you have a strong will.

⑮ The authorities debated _____ to build a new car park.

⑯ We discussed _____ we should go fishing this weekend.

⑰ She asked me _____ I had ever been to the Philippines.

⑱ There is some doubt as to _____ the illness is infectious.

⑲ _____ he can get along with my brother is another matter.

⑳ She doesn't even know _____ her daughter is dead or alive.

㉑ There was a big argument about _____ we should buy a new house.

㉒ We need to consider _____ the disadvantages of the plan outweigh the advantages.

해석과 정답 ① 그녀가 좋아하든 싫어하든 나는 갈 거야.(or not이 있으므로) – whether ② 그들은 우리에게 결혼했는지 물었다. – if/whether ③ 그녀는 머물러 있어야 할지 떠나야 할지 몰랐다.(to 부정사 앞에서는) – whether ④ 나는 그를 믿어야 할지 말아야 할지 몰랐다.(or not이 있으므로) – whether ⑤ Mariz는 나에게 어떤 도움이 필요한지 물었다. – if/whether ⑥ 그가 그녀를 알아볼지 나는 몰라.(목적어가 문두에 왔을 때) – whether ⑦ 나는 생선을 먹을 것이냐 쇠고기를 먹을 것이냐 생각중이야.(to 부정사 앞에서는) – whether ⑧ 그녀는 나에게 음악을 듣고 있느냐고 물었다. – if/whether ⑨ 그녀는 다이어트를 해야 할지 말아야 할지 결정 못 하고 있다.(or not이 있으므로) – whether ⑩ 너든 나든 누군가가 그녀에게 말해야 한다.(뒤에 or가 있을 때) – whether ⑪ 아무튼 그것이 사실이든 아니든, 그것은 좋은 이야기이다.(or not이 있으므로) – whether ⑫ 나는 내일 시간이 있을지 모르겠어. – if/whether ⑬ 나는 아직도 그가 올 계획인지 아닌지 몰라.(or not이 있으므로) – whether ⑭ 그것은 전적으로 네가 강한 의지를 가지고 있느냐 없느냐에 달려있다.(or not이 있으므로) – whether ⑮ 당국자들은 새로운 주차장을 지을 것인지 말 것인지 논의했다.(to 부정사 앞에서는) – whether ⑯ 우리는 이번 주말에 낚시를 갈 것인지에 대해 논의했다.(discuss 뒤에서) – whether ⑰ 그녀는 나에게 필리핀에 가본 적이 있는지 물었다. – if/whether ⑱ 그 질병이 전염성이 있느냐에 대해 약간의 의구심이 있다.(전치사 뒤에서) – whether ⑲ 그가 내 동생과 잘 지낼 수 있을지는 또 다른 문제이다.(주어절을 이끌 때) – whether ⑳ 그녀는 자신의 딸이 죽었는지 살았는지조차도 모르고 있다.(뒤에 or가 있을 때) – whether ㉑ 우리가 새로운 집을 살 것인지에 대한 커다란 논쟁이 있었다.(전치사 뒤에서) – whether ㉒ 우리는 그 계획의 단점이 장점보다 더 크지 않을까 생각해봐야 한다.(consider 뒤에서) – whether

---

어휘 be uncertain 모르다 recognize 알아보다 decide 결정하다 go on a diet 다이어트하다 anyway 아무튼 I am not sure 나는 모른다 be planning to ~할 계획이다 depend on ~에 달려있다 strong will 강한 의지 authorities 당국자들 debate 논의하다 doubt 의구심 as to ~에 관하여 illness 질병 infectious 전염성 있는 question 문제 arise=accrue=take place 발생하다 behavior 행동 unlawful 불법적인 get along with 잘 지내다 argument 논쟁/언쟁 consider=take account of 고려하다 advantage 장점 disadvantage 단점 outweigh 초과하다

PART 05 | 동사의 종류와 문장의 형태 (Kinds of Verbs)

1 용어의 정의(필수과정)

① 주어	주어 문장의 맨 앞에 나온 명사나 대명사로서 (은, 는, 이, 가)로 해석하는 말
② 동사	주어 다음에서 주어의 동작이나 상태를 나타내는 말
③ 목적어	동사 뒤에서 동작의 표적이 되는 대상으로 (을/를/에게)로 해석하는 말
④ 간접 목적어	두 개의 목적어가 올 경우 첫 번째 목적어로 (~에게)로 해석하는 말
⑤ 직접 목적어	두 개의 목적어가 올 경우 두 번째 목적어로 (~을/를)로 해석하는 말
⑥ 보어	주어나 목적어를 보충 설명해 주는 말 (beautiful, easy, difficult, happy)
⑦ 자동사	혼자 동작하면서 목적어를 필요로 하지 않는 동사 (go, come, sit, become)
⑧ 타동사	동작을 다른 대상에게 가하는 동사 (love, want, like, enjoy, make)
⑨ 완전동사	보어(보충해주는 말)가 필요 없는 동사 (come, go, like, enjoy)
⑩ 불완전 동사	동사 혼자만으로는 불완전하여 보어(보충해주는 말)가 필요한 동사 (be, make)
⑪ 완전 자동사	보어나 목적어가 없이 완전한 문장을 형성할 수 있는 동사 (go, come, start)
⑫ 불완전 자동사	보어가 필요한 자동사 (be, become, appear, get, grow, seem)
⑬ 완전 타동사	다른 대상에게 동작을 가하면서 보어가 필요 없는 동사 (love, want, like)
⑭ 수여 동사	두 개의 목적어를 취하여 간접목적어에게 직접목적어를 동작해주는 동사 (give)
⑮ 불완전 타동사	목적어 다음에 목적어를 보충 설명해주는 보어를 필요로 하는 동사 (make)

2 문장의 5형식 해석하는 법(기초과정)

- 1형식: 주+동(완전 자동사) → 주어는 〈자발적으로/스스로/혼자〉 동사하다
- 2형식: 주+동(불완전 자동사)+보 → 주어는 보어이다/되다
- 3형식: 주+동(완전 타동사)+목 → 주어는/ 동사하다/ 목적어를 → 주어는 목적어를 동사하다
- 4형식: 주+동(수여 동사/주는 동사)+간·목+직·목 → 주어는/ 동사해 주다/ 간목에게/ 직목을 (직독직해)
  → 주어는 간목에게 직목을 동사해 주다 (번역식 해석)
- 5형식: 주+동(불완전 타동사)+목+보 → 주어는/ 동사하다/ 목적어가 보어 하는 것을 (직독직해)
  → 주어는 목적어가 보어 하는 것을 동사하다 (번역식 해석)
  → 주어는/ 동사하다/ 목적어를/ 보어하게 (직독직해)
  → 주어는 목적어를 보어하게 동사하다 (번역식 해석)

① Birds fly.(1형식)
② He is my cousin.(2형식)
③ He became a singer.(2형식)
④ She will make a good wife.(2형식)
⑤ I/ love/ my pet dog.(3형식)
⑥ I/ bought/ my mom/ a scarf.(4형식)
⑦ The movie/ made/ me/ sad.(5형식)
⑧ I/ helped/ my father/ wash our car/ in the yard.(5형식)

해석 ① 새들은 난다. ② 그는 나의 사촌이다. ③ 그는 가수가 되었다. ④ 그녀는 훌륭한 아내가 될 것이다.
⑤ 나는/ 사랑한다/ 내 강아지를 → 나는 내 강아지를 사랑한다.
⑥ 나는/ 사드렸다/ 엄마에게/ 스카프를 → 나는 엄마에게 스카프를 사드렸다.
⑦ 그 영화는/ 만들었다/ 나를/ 슬프게 → 그 영화는 나를 슬프게 만들었다.
⑧ 나는/ 도왔다/ 아빠가/ 세차하시는 것을/ 마당에서 → 나는 아빠가 마당에서 세차하시는 것을 도와드렸다.

어휘 bird 새 fly-flew-flown 날다 cousin 사촌 become-became-become 되다 singer 가수 pet dog 강아지
buy-bought 사다 scarf 목도리 wash 씻다 yard 마당 movie 영화 make-made-made 만들다, 되다 sad 슬픈

③ 주어+완전 자동사(1형식 문장): 〈주어는 동사하다〉 (기초과정)

동사를 보충 설명해주는 보어나 목적어 없이, 주어와 동사만으로도 완전한 문장을 형성할 수 있는 동사를 완전 자동사라고 합니다.

① Dogs/ bark/ loudly. (개들이/ 짖는다/ 시끄럽게 → 개들이 시끄럽게 짖는다.)

② My phone does not work. (내 전화가 작동이 안 돼.)

③ The bird/ sings/ sweetly. (그 새는/ 노래한다/ 감미롭게 → 그 새는 감미롭게 노래한다.)

④ Stars/ twinkle/ in the dark sky.

  (별들이/ 반짝인다/ 어두운 하늘에서 → 어두운 하늘에서 별들이 반짝인다.)

⑤ I/ sometimes/ go out/ for a walk/ to the seashore.

  (나는/ 가끔/ 나간다/ 산책하러/ 해변으로 → 나는 가끔 해변으로 산책하러 나간다.)

∴ 〈타동사로 착각하기 쉬운 완전 자동사〉(고급과정)

① I was waiting for her.	② He pointed to the door.
③ The waitress waited on me.	④ I will not reply to her email.
⑤ Don't interfere in my affairs.	⑥ I graduated from this school.
⑦ I feel(ache) for the poor boy.	⑧ Dr. Kim operated on the patient.
⑨ She attended on her sick mother.	⑩ Let's not experiment with animals.
⑪ He apologized to me for being late.	⑫ His illness accounts for his absence.
⑬ A drowning man will catch at a straw.	⑭ The child complained of(about) hunger.
⑮ I objected to being treated like a child.	⑯ This admits(allows/permits) of no doubt.
⑰ I still have a number of matters to attend to.	⑱ Happiness consists in contentment.
⑲ The story does not consist with the evidence.	⑳ Water consists of oxygen and hydrogen.

㉑ She suffers from a rare bone disease. ≠ She is suffered from a rare bone disease. (×)

해석 ① 나는 그녀를 기다리고 있었다. ② 그는 문 쪽을 가리켰다. ③ 그 여종업원이 나의 시중을 들었다.
　④ 나는 그녀의 이메일에 답장 안 할 거야. ⑤ 내 일에 참견하지 마. ⑥ 나는 이 학교를 졸업했다.
　⑦ 나는 그 불쌍한 소년을 동정한다. ⑧ 김 박사가 그 환자를 수술했다. ⑨ 그녀는 자신의 병든 엄마의 시중을 들었다.
　⑩ 동물실험을 하지 맙시다. ⑪ 그는 늦어서 나에게 사과했다. ⑫ 그의 질병이 그의 결석의 원인이다.
　⑬ 물에 빠진 사람은 지푸라기라도 잡는다. ⑭ 그 아이는 배고프다고 불평했다. ⑮ 나는 어린애 취급받는 것을 반대했다.
　⑯ 이것은 의심할 여지가 없다. ⑰ 나는 아직도 처리해야 할 많은 문제들이 있다. ⑱ 행복은 만족에 놓여있다.
　⑲ 그 이야기는 증거와 일치하지 않는다. ⑳ 물은 수소와 산소로 구성되어 있다. ㉑ 그녀는 희귀한 뼈질환으로 고생하고 있다.

어휘 bark 짖다 loudly 큰소리로 work 작동하다 sweetly 감미롭게 twinkle 반짝이다 sometimes 가끔 a walk 산책 seashore 해변 wait for 기다리다 wait(attend) on 시중들다 point to 가리키다 reply to 답장하다 interfere in 참견하다 affair 일 graduate from 졸업하다 feel(ache) for 동정하다 poor 불쌍한 operate on 수술하다 patient 환자 attend on 시중들다 attend to 주의를 기울이다/처리하다 experiment with 실험하다 apologize to ～에게 사과하다 account for=explain 설명하다/～의 원인이 되다 illness 질병 absence 결석 drown 익사하다 catch at 붙잡다 straw 지푸라기 complain of(about) 불평하다 object to～ing=be opposed to～ing 반대하다 treat 취급하다 like a child 어린애처럼 matters 문제 admit(permit, allow) of 허용하다 admit of no doubt 의심할 여지가 없다 a number of=many 많은 consist in ～에 놓여 있다 consist with ～과 일치(양립)하다 consist of=be composed(constituted) of ～로 구성되다 contentment 만족 evidence 증거 oxygen 산소 hydrogen 수소 rare 희귀한 bone 뼈, 골자, 핵심 disease 질병/질환

④ 주어+불완전 자동사+보어(2형식 문장): 〈주어는 보어이다/되다〉(토익 고빈도 과정)

동사 혼자만으로는 완전한 문장을 형성할 수 없어서, 보어(주어를 보충 설명하는 명사나 형용사)를 필요로 하는 동사를 「불완전 자동사」라고 하며, be동사와 5감각동사(feel, look, taste, smell, sound) 및 appear, become, fall, get, go, grow, keep, run, seem, turn 등이 이에 속합니다. 영문법에서는 이들을 linking verbs(연결동사)라고도 합니다.

(1) be 동사(기초과정)

① I am hungry.
② She is my sister.
③ The earth is round.
④ Tom is a cardiologist.
⑤ This machine is of no use.
⑥ My mom is good at cooking.

> 해석 ① 나는 배가 고프다. ② 그녀는 나의 누이이다. ③ 지구는 둥글다. ④ Tom은 심장전문의이다.
> ⑤ 이 기계는 쓸모가 없다. ⑥ 내 엄마는 요리를 잘하신다.

(2) 감각동사(기본과정)

① Honey tastes sweet.
② You look so happy.
③ This cloth feels soft.
④ She looks like a doll.
⑤ The rose smells fragrant.
⑥ It smells like red roses.
⑦ His voice sounds strange.
⑧ Good medicine tastes bitter.

> 해석 ① 꿀은 단맛이 나. ② 너 아주 행복해보여. ③ 이 천은 촉감이 부드러워. ④ 그녀는 인형처럼 생겼다.
> ⑤ 그 장미는 향긋한 향기가 나. ⑥ 그것은 빨간 장미 같은 향기가 난다. ⑦ 그의 목소리가 이상하게 들려.
> ⑧ 좋은 약은 쓴 맛이 난다.

(3) 기타 연결동사 고등과정(고급과정)

① I feel tired.
② He stays single.
③ They kept silent.
④ She seems upset.
⑤ He appears pleased.
⑥ The night grew dark.
⑦ The dog went insane.
⑧ He fell asleep in class.
⑨ He became miserable.
⑩ The rumor proved true.
⑪ The weather turned cold.
⑫ My promise still remains valid.

> 해석 ① 나 피곤해. ② 그는 독신으로 살고 있다. ③ 그들은 침묵을 지켰다. ④ 그녀는 화난 것 같아.
> ⑤ 그는 만족해하는 것 같아. ⑥ 밤이 어두워졌어. ⑦ 그 개는 미쳤어. ⑧ 그는 수업 중에 잠들어 버렸다.
> ⑨ 그는 비참하게 되었다. ⑩ 그 소문은 사실로 판명되었다. ⑪ 날씨가 추워졌어. ⑫ 내 약속은 아직도 유효하다.

> 어휘 hungry 배고픈 sister 누이, 언니 earth 지구 round 둥근, 토실토실한 cardiologist 심장전문의 machine 기계
> of no use 쓸모없는 mom 엄마 be good at ~ing ~을 잘하다 cook 요리하다 honey 꿀 taste sweet 단 맛이 나다
> look so happy 아주 행복해 보이다 feel soft 촉감이 부드럽다 fragrant 향긋한 voice 목소리 strange 이상한
> good medicine 좋은 약 taste bitter 쓴 맛이 나다 feel tired 피곤함을 느끼다 stay single 독신으로 남아있다
> keep silent 침묵을 지키다 seem upset 화나 보이다 appear pleased 만족한 것 같다 grow dark 어두워지다
> go insane 미치다 fall asleep 잠들다 in class 수업 중 become 되다 miserable 비참한 rumor 소문 prove 판명되다
> weather 날씨 turn cold 추워지다 promise 약속 still 아직도 remain valid=hold good(true, effective) 유효하다

(4) 유사보어(quasi-complement)(고급과정)

She died young.(그녀는 젊어서 죽었다)이라는 문장에서 She died.(그녀는 죽었다)는 보어가 필요 없는 완전한 문장이죠. 그럼에도 불구하고 여기에 young이라는 보어를 넣었어요. 이와 같이 보어가 필요 없는 완전동사를 보충해 주는 말(명사, 형용사, 분사)을 유사보어라고 합니다. 'When she died, she was young.'이나 'She died when she was young.'처럼 「when+ 주어+동사」로 문장 전환(paraphrase)을 하면 그 의미를 쉽게 이해할 수 있어요.

① He/ died/ happy. = He was happy when he died.

　(그는/ 죽었다/ 행복한 상태로 → 그는 행복한 마음으로 죽었다.)

② He/ died/ a beggar. = He was a beggar when he died.

　(그는/ 죽었다/ 거지로 → 그는 거지로 죽었다.)

③ He/ returned/ a hero. = He was a hero when he returned.

　(그는/ 돌아왔다/ 영웅으로 → 그는 영웅으로 돌아왔다.)

④ Men/ are created/ equal. = Men are equal when they are created.

　(인간은/ 창조된다/ 평등하게 → 인간은 평등하게 창조된다.)

⑤ His son/ returned/ home/ penniless/ and in poor health.

　= His son was penniless and in poor health when he returned home.

　(그의 아들은/ 돌아왔다/ 집으로/ 빈털터리가 되어/ 그리고 건강이 안 좋은 상태로)

→(그의 아들은 빈털터리가 되어 건강이 나빠진 상태로 집으로 돌아왔다.)

⑥ The tiger/ was caught/ alive. = The tiger was alive when it was caught.

　(그 호랑이는/ 붙잡혔다/ 살아있는 채로 → 그 호랑이는 생포되었다.)

⑦ The prisoner/ escaped/ quite unobserved.

　= The prisoner was quite unobserved when he escaped.

　(그 죄수는/ 탈출했다/ 전혀 눈에 띄지 않게 → 그 죄수는 아무도 몰래 탈출했다.)

⑧ The child/ was born/ healthy. = The child was healthy when it was born.

　(그 아이는/ 태어났다/ 건강한 상태로 → 그 아이는 건강하게 태어났다.)

⑨ He/ returned/ home/ satisfied with the result.

　= He was satisfied with the result when he returned home.

　(그는/ 돌아왔다/ 집으로/ 결과에 만족하여 → 그는 결과에 만족하여 집으로 돌아왔다.)

⑩ The ground/ was frozen/ hard. = The ground was hard when it was frozen.

　(그 땅은/ 얼어있었다/ 딱딱하게 → 그 땅은 꽁꽁 얼어있었다.)

어휘 die 죽다 beggar 거지 return 돌아오다 hero 영웅 create 창조하다 equal 평등한 son 아들 return home 집에 돌아오다 penniless 무일푼인 in poor health 건강이 나쁜 tiger 호랑이 catch 붙잡다 alive 살아있는 prisoner 죄수 escape 탈출하다 quite 아주, 꽤, 전혀 unobserved 눈에 띄지 않는 child 아이 be born 태어나다 healthy 건강한 young 젊은, 어린 satisfied(pleased) with ~에 만족한 result 결과 ground 땅 frozen 얼어붙은 hard 딱딱한, 단단한 assemble=frame=put(fit, piece) together=put(set) up 조립하다↔disassemble=disintegrate=disjoin=dismantle =decompose=break down=break up=take(pull)~to pieces=take~up to pieces=take apart 분해하다

문제 1. Choose the logically and grammatically correct word.

① She dances (good/well).

② She returned (safe/safely).

③ Drive the car (safe/safely).

④ The cake tastes (good/well).

⑤ This cloth feels (soft/softly).

⑥ She looks so (happy/happily).

⑦ The tulip smells (sweet/sweetly).

⑧ Your voice sounds (angry/angrily).

⑨ I hammered the metal (flat/flatly).

⑩ She sang "Edelweiss" (sweet/sweetly).

⑪ My grandfather died (happy/happily).

⑫ My puppy is playing (happy/happily).

⑬ He swam in the river (naked/nakedly).

⑭ He died (a millionaire/as a millionaire).

⑮ They parted (good friends/as good friends).

⑯ He remained (silent/silently) at the meeting.

⑰ That sounds (dangerous/dangerously) to us.

⑱ She feels (comfortable/comfortably) with me.

⑲ The rumor has proved (true/truly) in the end.

⑳ This genetic change may cause a child to be born (defective/defectively).

해석 ① 그녀는 춤을 잘 춘다. ② 그녀는 안전한 상태로 돌아왔다. ③ 자동차를 안전하게 운전해라. ④ 그 케이크는 맛이 좋다. ⑤ 이 천은 촉감이 부드럽다. ⑥ 그녀는 아주 행복하게 보인다. ⑦ 그 튤립은 달콤한 향기가 난다. ⑧ 너의 목소리는 화난 것처럼 들려. ⑨ 나는 그 금속을 망치로 쳐서 납작하게 만들었다. ⑩ 그녀는 에델바이스를 감미롭게 불렀다. ⑪ 내 할아버지는 행복한 마음으로 돌아가셨다. ⑫ 내 강아지는 즐겁게 놀고 있다. ⑬ 그는 발가벗은 채로 강에서 수영했다. ⑭ 그는 백만장자로 죽었다. ⑮ 그들은 좋은 친구로 헤어졌다. ⑯ 그는 회의에서 조용히 있었다. ⑰ 그것은 우리에게 위험하게 들린다. ⑱ 그녀는 나와 함께 있으면 편안함을 느낀다. ⑲ 그 소문은 결국 사실로 판명되었다. ⑳ 이 유전자 변화는 아이를 기형으로 태어나게 할 수도 있다.

설명과 정답 ① dance가 완전 자동사이므로 동사를 꾸며주는 부사가 필요하므로 well ② When she returned, she was safe. 즉 "그녀가 돌아왔을 때 다친 곳 없이 안전했다"의 뜻이라면 유사보어 safe가 맞지만, 돌아오는 방식이 안전한 방식과 위험한 방식이 있었는데 "안전한 방식을 택해서 돌아왔다"의 뜻이라면 safely가 맞습니다. ③ 운전을 난폭하게 하지 않고 안전하게, 즉 안전한 방식으로 하라는 뜻이므로 safely ④ 보어를 필요로 하는 불완전 자동사이므로 good ⑤ 보어를 필요로 하는 불완전 자동사이므로 soft ⑥ 보어를 필요로 하는 불완전 자동사이므로 happy ⑦ 보어를 필요로 하는 불완전 자동사이므로 sweet ⑧ 보어를 필요로 하는 불완전 자동사이므로 angry ⑨ When I hammered the metal, it became flat.로 전환할 수 있으므로, 즉 금속이 납작해졌으므로 유사보어 flat ⑩ 타동사 sang을 수식하므로 양태부사 sweetly ⑪ My grandfather was happy when he died. 즉 "내 할아버지는 돌아가실 때 행복했다"의 뜻이므로 유사보어 happy. He died happily. – happily는 '어떻게'에 해당하는 양태부사로서 "그는 불행한 방식이 아니라 행복한 방식으로 죽었다." 또는 "그는 죽어서 행복해 했다."의 뜻으로 일반성에 위배되는 문장이므로 일반 문법문제에서는 틀린 답으로 처리됩니다. ⑫ 완전자동사를 꾸며주는 양태부사로서 happily – 강아지의 노는 방식이 보는 이의 눈에 행복하게/즐겁게 보이는 상황 ⑬ When he swam in the river, he was naked. 로 전환할 수 있으므로 유사보어 naked ⑭ He was a millionaire when he died.로 전환할 수 있으므로 유사보어 a millionaire – 유사보어가 명사일 경우 앞에 as를 붙여서는 안 됩니다. ⑮ When they parted, they were friends.로 전환할 수 있으므로 유사보어 good friends ⑯ remain은 형용사를 취하는 불완전 자동사이므로 silent ⑰ sound가 불완전 자동사이므로 보어로서 dangerous ⑱ feel은 보어를 취하는 불완전한 자동사이므로 정답은 comfortable ⑲ prove는 보어를 취하는 불완전 자동사이므로 true ⑳ When a child is born, it is defective.로 전환하면 이해할 수 있듯이 아이가 태어날 때 기형이므로 유사보어인 defective 휴!!! 설명하다보니 숨이 차는군요.

어휘 dance 춤추다 good 좋은 well 잘 return 돌아오다 safe 안전한 safely 안전하게/안전한 방식으로 taste 맛이 나다 cloth 천 soft 부드러운 sweet 향기로운 voice 목소리 angry=mad 화난 hammer 망치질 하다 metal 금속 flat 납작한 swim-swam-swum 수영하다 naked 발가벗은 millionaire 백만장자 part 헤어지다 remain silent(quiet) 조용히 있다 comfortable 편안한 rumor 소문 prove true 사실로 판명되다 genetic change 유전자 변화 defective 기형의/결함 있는 succeed to=accede to=inherit=become an heir to=come into=take over 계승하다, 인수하다

5 주어+완전 타동사+목적어(3형식 문장)(기초과정)

직접 목적어를 취하는 동사로서 「주어는/동사하다/목적어를 → 주어는 목적어를 동사하다」

① I/ love/ animals. (나는/ 사랑해/ 동물을. → 나는 동물을 사랑해.)

② Father/ left/ the keys/ on the table.

(아빠는/ 남겨두셨다/ 열쇠를/ 탁자위에 → 아빠는 열쇠를 탁자 위에 남겨두셨다.)

③ She/ wrote/ a love poem/ on a piece of paper.

(그녀는 썼다/ 사랑의 시를/ 종이 위에 → 그녀는 종이 위에 사랑의 시를 썼다.)

④ She/ carries/ her mobile phone/ in her hand.

(그녀는/ 들고 다닌다/ 그녀의 휴대폰을/ 손에 → 그녀는 손에 자기 휴대폰을 들고 다닌다.)

⑤ She/ walks/ her dog/ every morning.

(그녀는/ 산책시킨다 /그녀의 개를/ 매일 아침 → 그녀는 매일 아침 그녀의 개를 산책시킨다.)

(1) 자동사로 착각하기 쉬운 완전 타동사(egob-marisdafcj 동사)(출제 고빈도 고급과정)

enter, excel, exceed, greet, obey, become, marry, mention, match, await, resemble, reach, inhabit, interview, surpass, survive, suit, discuss, approach, accompany, address, attend, fit, contact, join은 전치사가 들어있는 자동사처럼 해석이 되지만, 다음의 경우에는 전치사를 취할 수 없는 완전 타동사이며 각종 시험에서 아주 자주 출제되므로 반드시 암기해두시기 바랍니다.

① He married a pianist.　② We reached our destination in the evening.

③ She entered her room.　④ She survived her husband by 5 years.

⑤ We must obey our parents.　⑥ He excels others in speaking English.

⑦ She greeted me on the street.　⑧ He was interviewing job candidates.

⑨ Various kinds of fish inhabit the sea.　⑩ I have decided to join the army.

⑪ His wife accompanied him on the trip.　⑫ I will contact you by e-mail.

⑬ He mentioned all the flowers in the garden.　⑭ The new shirt becomes you.

⑮ Let's discuss the matter over a cup of coffee.　⑯ We approached the city.

⑰ He is scheduled to address a large audience tomorrow.　⑱ Death awaits all men.

해석 ① 그는 피아니스트와 결혼했다. ② 우리는 저녁에 목적지에 도착했다. ③ 그녀는 자신의 방으로 들어갔다. ④ 그녀는 남편보다 5년 더 오래 살았다. ⑤ 우리는 부모님께 순종해야 한다. ⑥ 그는 영어회화에 있어서 남보다 더 뛰어나다. ⑦ 그녀는 길에서 나에게 인사를 했다. ⑧ 그는 구직자들과 인터뷰하고 있었다. ⑨ 다양한 종류의 물고기가 바다에 산다. ⑩ 나는 군에 입대하기로 결심했어. ⑪ 그의 아내가 여행에서 그와 동행했다. ⑫ 저는 당신께 이메일로 연락드리겠습니다. ⑬ 그는 정원에 있는 모든 꽃들을 언급했다. ⑭ 그 새 셔츠는 너에게 어울린다. ⑮ 커피 한 잔 하면서 그 문제를 토론하자. ⑯ 우리는 그 도시에 다가갔다. ⑰ 그는 많은 청중들 앞에서 내일 연설할 예정이다. ⑱ 죽음은 모든 사람을 기다린다.

어휘 leave 남겨두다 poem 시 carry 가지고 다니다 walk 산책시키다 excel=exceed=surpass 능가하다 join 합류하다 enter 들어가다 greet 인사하다 obey 순종하다 become=suit=fit=match 어울리다 mention=speak of 언급하다 marry 결혼하다 await=wait for 기다리다 resemble=take after=look like 닮다 reach=get to=arrive in(at) 도착하다 inhabit=live in 살다 survive=live longer than ~보다 오래 살다 discuss=debate=talk about=talk over 토론하다 interview ~와 인터뷰하다 approach 접근하다 accompany 동행하다/따라가다 address 연설하다 contact ~에게 연락하다 attend 참석(출석/수반)하다 job candidate 구직자 various kinds of 다양한 종류의 destination 목적지 over ~하면서

(2) 동족목적어(cognate objects)(고급과정)

A. 자동사가 타동사가 되어 같은 족속의 명사를 목적어로 취하는 경우 이를 동족목적어(cognate object)라고 하며, 주로 형용사와 더불어 사용되는데, 이때 동작이 어떻게 일어났느냐를 나타내는 형용사일 때는 그 형용사를 부사(구)로 전환할 수 있으나, 범주를 규정하기 위해 동족목적어의 속성을 확인하는 형용사의 경우는 부사로 전환할 수 없음을 알아두세요.

① He died a painful death. = He died painfully. (그는 고통스러운 죽음을 죽었다)

② He dreamed a strange dream. (그는 이상한 꿈을 꾸었다)

= He dreamed, and his dream was strange. ≠ He dreamed strangely. (x)

> **설명** ①번 문장에서 「그가 고통스러운 죽음을 죽었다」는 뜻은 「그가 고통스럽게 죽었다」는 뜻이므로 He died painfully. 처럼 형용사를 양태부사로 바꾸어 문장전환이 가능하지만 ②번 문장에서 「그는 이상한 꿈을 꾸었다」는 것은 「그가 이상하게 꿈을 꾸었다」는 뜻이 아니고, 「그는 꿈을 꾸었는데, 그 꿈이 이상했다」 라는 뜻이므로, He dreamed strangely.로 문장전환 할 수 없으며, He dreamed, and his dream was strange. 또는 He dreamed, and it was a strange dream. 으로 전환하셔야 합니다.

B. 최상급 다음에서는 동족목적어는 생략할 수도 있습니다.

① He laughed his last laugh.　　② He breathed his last (breath).

③ She smiled her brightest (smile).　　④ He shouted his loudest (shout).

⑤ The stock market dropped its largest drop in three years today.

> **해석** ① 그는 최후의 웃음을 웃었다. ② 그는 마지막 숨을 거두었다. ③ 그녀는 환한 미소를 띠었다.
> ④ 그가 가장 큰 소리를 질렀다. ⑤ 주식시장이 오늘 3년 만에 최대로 폭락했다.

문제 2. 위의 설명을 기초로 하여 다음 문장을 같은 의미로 전환해보세요.

① He lived a poor life.　　② She sang a new song.

③ She lived a happy life.　　④ She lived an honest life.

⑤ She slept a sound sleep.　　⑥ He died a sudden death.

⑦ He slept a troubled sleep.　　⑧ He died a miserable death.

⑨ Bill laughed a hearty laugh.　　⑩ She danced a classical dance.

> **해석과 정답** ① 그는 가난한 삶을 살았다.(= 그는 가난하게 살았다.(He lived in poverty.)
> ② 그녀는 신곡을 노래했다. ≠ She sang newly. (She sang, and it was a new song.)
> ③ 그녀는 행복한 삶을 살았다.(She lived happily.) ④ 그녀는 정직한 삶을 살았다.(She lived honestly.)
> ⑤ 그녀는 깊은 잠을 잤다.(She slept soundly.) ⑥ 그는 갑자기 죽었다.(He died suddenly.)
> ⑦ 그는 싱숭생숭한 잠을 잤다. ≠ He slept troubledly. = (He slept, and his sleep was troubled.)
> ⑧ 그는 비참하게 죽었다.(He died miserably.) ⑨ Bill은 실컷 웃었다.(Bill laughed heartily.)
> ⑩ 그녀는 고전 무용을 추었다. ≠ She danced classically. = (She danced, and it was a classical dance.)

> **어휘** painful 고통스러운 strange 이상한 dream 꿈(꾸다) laugh 웃다/웃음 last 마지막 brightest 가장 밝은 shout 소리치다 loudest 가장 시끄러운 stock market 주식시장 drop–dropped 떨어지다 in three years 3년 만에 a poor life 가난한 삶 in poverty=poorly 가난하게 honest 정직한 a sound sleep 깊은 잠 sudden 갑작스런 troubled 불안해하는/싱숭생숭한 miserable 비참한 die–died–died 죽다 death 죽음 hearty 푸짐한, 애정 어린 dance 춤추다 classical dance 고전무용

(3) **구동사(phrasal verbs: 2개 이상의 단어로 이뤄진 동사)와 이어동사(two-word verbs)**(필수과정)

Ⓐ { I called on my parents yesterday. (o) (나는 어제 내 부모님을 방문했다.)
I called on them yesterday. (o) (분리 불가능합니다) ≠ I called them on yesterday. (x)

Ⓑ { We called off the game. = We called the game off. (o) (우리는 경기를 취소했다.)
We called it off. (o) (대명사가 목적어일 경우에는 반드시 분리해야 합니다.) ≠ We called off it. (x)

	분리 불가능한 구동사	뜻	분리 가능한 이어동사	뜻
①	end up~ing	결국~하게 되다	look up	찾아보다
②	look(seek/search) for	찾다	push up	밀어 올리다
③	talk about=discuss=debate	토론하다	throw away	버리다
④	go(run) over(through)=look through	살펴(훑어)보다	leave behind	뒤에 남기다
⑤	take after=look like=resemble	닮다	call up=ring up	전화하다
⑥	call on+사람/call at+장소=visit	방문하다	turn(switch) on	켜다
⑦	cut back on=reduce=decrease	줄이다	turn(switch) off	끄다
⑧	take care of=care(fend) for=tend	돌보다	put on↔take off	입다↔벗다
⑨	come up with=bring(put) forward	제안하다	hold(keep/press) down	억누르다
⑩	catch up with=overtake=overhaul	따라잡다	pick up↔put down	줍다↔내려놓다
⑪	come down with=be afflicted with	질병에 걸리다	turn up↔turn down	소리를 키우다
⑫	come upon(across)=run into(across)	우연히 마주치다	bring up=breed=rear	양육하다
⑬	look forward to~ing=expect to	고대하다	bring on(about/forth)	초래하다
⑭	call(ask) for=call upon=require=claim	요구하다	carry out=implement	수행하다
⑮	look up to=respect=revere=venerate	존경하다	put off=postpone=defer	연기하다
⑯	look into=examine=investigate=probe	조사하다	give(chuck) up=abandon	포기하다
⑰	look down on=despise=disdain=spurn	경멸하다	call off=take back=cancel	취소하다
⑱	put up with=bear=forbear=endure	참다/견디다	write(put/take/jot) down	기록하다

문제 3. Choose the correct answer of the two.

① Please don't (leave me behind/leave behind me).

② After you use the computer, (turn it off/turn off it).

③ I (came across him/came him across) on the street.

④ After Ella read the letter, she (tore it up/tore up it).

⑤ I gave her a gift, but she (gave it back/gave back it) to me.

⑥ He gave me a doll, and I (put it down/put down it) on the table.

⑦ He applied for a loan, but they (turned him down/turned down him).

⑧ I have a headache. The loud music has (brought it on//brought on it).

⑨ She gave me something to drink, but I (knocked it over/knocked over it).

⑩ When I handed my project in to my boss, he (looked through it/looked it through)

⑪ I didn't know the meaning of the word, so I (looked it up/looked up it) in a dictionary.

해석 ① 나를 남겨두고 떠나지 마. ② 컴퓨터를 사용한 후에는 꺼라. ③ 나는 거리에서 그를 우연히 만났다. ④ Ella는 편지를 읽은 후, 그것을 갈기갈기 찢어버렸다. ⑤ 내가 그녀에게 선물을 주었지만, 그녀는 그것을 나에게 다시 주었다. ⑥ 그가 나에게 인형을 주어서 나는 그것을 탁자 위에 놓았다. ⑦ 그는 대출을 신청했으나, 그들은 그를 거부했다. ⑧ 나는 머리가 아파. 그 시끄러운 음악이 두통을 초래했어. ⑨ 그녀가 나에게 마실 것을 주었으나, 나는 그것을 엎어버렸어. ⑩ 내가 내 상사에게 내 프로젝트를 제출하자, 그는 그것을 훑어보았다. ⑪ 나는 그 단어의 의미를 몰랐다. 그래서 사전에서 그것을 찾아보았다. (정답은 모두 괄호 속에서 왼쪽입니다)

어휘 leave behind 남기고 떠나다 tear up 갈기갈기 찢다 gift 선물 give back 돌려주다 headache 두통 knock over 엎어버리다 give(turn/send/hand) in 제출하다 boss 상사 meaning 의미 word 단어 dictionary 사전

(4) 4형식 동사(수여동사)로 착각하기 쉬운 3형식 동사(완전타동사)로서 to를 취하는 동사(고급과정)

첫 자를 따서 AIDS-PREC 동사(announce, admit, introduce, declare, deliver, describe, donate, say, suggest, submit, prove, refer, repeat, report, return, explain, confess, confide, contribute, convey)는 우리말 간접 목적어(~에게)가 앞에 오든 뒤로 가든 언제나 to를 붙여야 하는 3형식 동사임을 명심하세요.

① He reported his plan to us.

② He confided his secret to me.

③ She described the scene to us.

④ She introduced her sister to me.

⑤ He declared his intentions to her.

⑥ He confessed the fact to his teacher.

⑦ I will explain to you what this means.

⑧ He proved to us that he was innocent.

⑨ He returned the book to his professor.

⑩ He contributed his article to a magazine

⑪ How can you say such bad words to me?

⑫ He referred a new patient to Dr. Johnson.

⑬ I conveyed the expression of grief to him.

⑭ He suggested a new plan to the committee.

⑮ I have delivered leaflets to every household.

⑯ He donated thousands of pounds to charity.

⑰ She announced her marriage to her friends.

⑱ I repeat to you that I can't accept your offer.

⑲ She admitted to me that she had made a mistake.

⑳ She admitted me that she had made a mistake. (×)

해석 ① 그는 그의 계획을 우리에게 보고했다. ② 그는 나에게 그의 비밀을 털어놓았다. ③ 그녀는 그 장면을 우리에게 묘사했다. ④ 그녀는 자기 언니를 나에게 소개해 주었다. ⑤ 그는 자기 의도를 그녀에게 밝혔다. ⑥ 그는 그 사실을 자기 선생님께 고백했다. ⑦ 나는 너에게 이것이 무슨 의미인지 설명해 주겠다. ⑧ 그는 우리에게 자신이 무죄임을 입증했다. ⑨ 그는 그 책을 자기 교수에게 반환했다. ⑩ 그는 자신의 논문을 잡지에 기고했다. ⑪ 어떻게 그렇게 나쁜 말을 나에게 할 수 있어? ⑫ 그는 새 환자를 Johnson박사에게 의뢰했다. ⑬ 나는 그에게 애도의 표현을 했다. ⑭ 그는 새로운 계획을 위원회에 제안했다. ⑮ 나는 전단지를 집집마다 배달했다. ⑯ 그는 수천 파운드를 자선단체에 기부했다. ⑰ 그녀는 자신의 결혼을 친구들에게 발표했다. ⑱ 다시 한 번 말하지만 너의 제안을 받아들일 수 없어. ⑲ 그녀는 나에게 자신이 실수했음을 인정했다.

어휘 report 보고하다 plan 계획 confide=confess 고백하다 secret 비밀 describe 묘사하다 scene 장면 introduce 소개하다 declare 밝히다/선언하다 intention 의도 fact 사실 explain=account for 설명하다 mean 의미하다 prove 입증하다 innocent 무죄의 return 돌려주다 professor 교수 contribute 기고하다 magazine 잡지 refer 의뢰하다 patient 환자 convey 전달하다 expression 표현 grief 슬픔, 애도 suggest 제안하다 committee 위원회 deliver 배달하다 leaflet 전단 household 세대/가정 donate 기부하다 thousands of 수천의 charity 자선단체 announce 발표하다 marriage 결혼 repeat 반복하다 accept 받아들이다 offer 제안, 제안(제공)하다 admit 인정하다 make a mistake 실수하다

(5) 4형식 동사(수여동사)로 착각하기 쉬운 3형식 동사(완전타동사)로서 of를 취하는 동사(중급과정)
첫 자를 따서 BIRED 동사: beg, inquire, require, request, expect, demand

① May I beg you a favor? (×) → May I beg you for a favor? = May I beg a favor of you?

② I did not expect you too much. (×) → I did not expect too much of(from) you.

③ I inquired him when he would come. (×) → I inquired of him when he would come.

④ I requested him that he (should) leave. (×) → I requested of him that he (should) leave.

⑤ He demanded her too high a price. (×) → He demanded too high a price of(from) her.

⑥ My wife requires me too much money. (×)

→ My wife requires too much money of(from) me.

> **해석** ① 부탁 하나 해도 되나요? ② 나는 너에게 그다지(별로) 많은 것을 기대하지 않았어.
> ③ 나는 그에게 그가 언제 올지 물었다. ④ 나는 그에게 떠날 것을 요청했다.
> ⑤ 그는 그녀에게 너무 높은 가격을 요구했다. ⑥ 내 아내는 나에게 너무 많은 돈을 요구한다.

(6) 4형식 동사(수여동사)로 착각하기 쉬운 3형식 동사(완전타동사)로서 on를 취하는 동사(고급과정)
첫 자를 따서 PIEBCF 동사: play, impose, inflict, inculcate, enjoin, bestow, confer, force

① He imposed me a duty. (×) → He imposed a duty on me.

② He forced me his opinion. (×) → He forced his opinion on me.

③ He inflicted her no injury. (×) → He inflicted no injury on her.

④ God bestowed her many talents. (×) → God bestowed many talents on her.

⑤ He played me a joke(trick, prank). (×) → He played a joke(trick, prank) on me.

⑥ The teacher enjoined the class silence. (×)

→ The teacher enjoined silence on the class.

⑦ Nature conferred this land rich resources. (×)

→ Nature conferred rich resources on this land.

⑧ My teacher inculcated us good manners. (×)

→ My teacher inculcated good manners upon us.

> **해석** ① 그는 나에게 의무를 부과했다. ② 그는 나에게 그의 의견을 강요했다.
> ③ 그는 그녀에게 아무런 해를 끼치지 않았다. ④ 신은 그녀에게 많은 재능을 부여했다.
> ⑤ 그는 나에게 장난을 했다. ⑥ 선생님은 학급 학생들에게 침묵을 명하셨다.
> ⑦ 자연은 이 땅에 풍부한 자원을 부여했다. ⑧ 선생님은 우리들에게 좋은 예절을 심어주셨다.

> **어휘** beg-begged-begged 부탁하다 favor 부탁 expect 기대하다 too much 너무 많이 inquire of 질문하다
> duty 의무 request of 요청하다 impose 부과하다 force 강요하다 opinion 의견 inflict 가하다 injury 해로움
> bestow 부여하다 talent 재능 play a joke(trick, prank) on 장난치다 enjoin 명하다/금지하다 silence 침묵
> confer 수여하다/주다 land 땅/육지 resources 자원 inculcate 심어주다/고취시키다 good manners 좋은 예절
> abhor=abominate=detest=disgust=hate=loathe=have(take) an antipathy to(toward, towards, against)
> =feel(entertain) antipathy against=feel an aversion to(toward, against)=bear (hold, nurse) a hatred for(against)
> =be averse to=be abhorrent of=be disgusted with 혐오하다 **ex** He has an antipathy to snakes.

6 주어+수여동사+간접목적어+직접목적어(4형식 문장)(중급과정)

〈주어는 간접 목적어에게 직접 목적어를 동사해 주다〉

(1) 간접 목적어를 직접 목적어 뒤로 보낼 때 to를 취하는 동사

기초 과정	bring(가져오다)	give(주다)	hand(건네주다)	lend(빌려주다)
	offer(제공하다)	pass(건네주다)	read(읽어주다)	sell(팔다)
	send(보내다)	show(보여주다)	tell(말해주다)	teach(가르치다)
	throw(던지다)	write(쓰다)		
고급 과정	accord(부여하다)	afford(주다)	award(수여하다)	do(행하다)
	grant(주다)	leave(남기다)	mail(부치다)	owe(빚지다)
	pay(지불하다)	post(부치다)	preach(설교하다)	promise(약속하다)
	wish(빌어주다)	recommend(추천하다)		

① Pass me the salt, please. = Pass the salt to me, please.

② She handed me the paper. = She handed the paper to me.

③ She read her child a book. = She read a book to her child.

④ He sent me a beautiful gift. = He sent a beautiful gift to me.

⑤ Reading affords me great pleasure. = Reading affords great pleasure to me.

해석 ① 소금 좀 건네주세요. ② 그녀가 나에게 그 서류를 건네주었다. ③ 그녀는 자기 아이에게 책을 읽어주었다.
④ 그가 나에게 아름다운 선물을 보냈어. ⑤ 독서는 나에게 커다란 기쁨을 준다.

(2) 간접 목적어를 직접 목적어 뒤로 보낼 때 for를 취하는 동사(기초+고급과정)

buy(사주다)	make(만들다)	book(예약하다)	call(부르다)	get(구하다)
choose(고르다)	cook(요리하다)	do(해주다)	order(주문하다)	find(찾다)
throw(파티를 열다)	build(짓다)	fix(고쳐주다)	peel(벗기다)	save(남겨두다)
spare(할애하다)	leave(남겨두다)	rent(임차하다)	hire(고용하다)	prepare(준비하다)

① Mom made me a pretty doll. = Mom made a pretty doll for me.

② I often cook my family food. = I often cook food for my family.

③ He found me my lost phone. = He found my lost phone for me.

④ Would you order me chicken? = Would you order chicken for me?

⑤ Can you spare me a few minutes? = Can you spare a few minutes for me?

⑥ Can you do me a favor? = Can you do a favor for me? = Can I ask you a favor?

해석 ① 엄마는 나에게 예쁜 인형을 만들어 주셨다. ② 나는 가끔 내 가족들에게 음식을 요리해 준다.
③ 그는 나에게 내 잃어버린 전화를 찾아주었다. ④ 나에게 치킨 좀 주문해 줄래?
⑤ 시간 좀 내주실래요? ⑥ 나에게 부탁 좀 들어줄래?

어휘 salt 소금 paper 서류 child 아이 beautiful gift 아름다운 선물 great pleasure 커다란 기쁨 doll 인형
family 가족 food 음식 lost phone 잃어버린 전화기 a few 약간의 do a favor 부탁을 들어주다
absurd=droll=egregious=exorbitant=fabulous=fantastical=flagrant=incoherent=ludicrous=nonsensical
=outlandish=preposterous=ridiculous=screwy=slow-witted=unreasonable=zany 황당무계한/어이없는

(3) 간접 목적어를 직접 목적어 뒤로 보낼 때 to와 for 둘 다 취하는 동사(중급과정)

A. 의미 변화가 없는 동사: sing, play, prescribe

① The doctor prescribed me some medicine.

 = The doctor prescribed some medicine to(for) me.

② He played me Mozart. = He played Mozart to(for) me.

③ Will you sing us a song? = Will you sing a song to(for) us?

> **해석** ① 그 의사는 나에게/나를 위해 약을 처방해 주었다. ② 그는 나에게/나를 위해 모차르트를 연주해 주었다.
> ③ 우리에게/우리를 위해 노래 한 곡 불러 주겠니?

B. 미묘한 의미차이가 있는 동사: do, throw, leave, bring

① Smoking does harm to your health. (이로움이나 해를 끼칠 때)

② She did the math assignment for me. (위해서 할 때)

③ He threw a stone at a frog. (맞히려고 던질 때)

④ He threw a piece of meat to the dog. (주려고 던질 때)

⑤ He threw a surprise party for his wife. (위해서 행할 때)

⑥ He left his fortune to his wife by will. (유산 등을 직접적으로 남길 때)

⑦ She left a note for her husband. (간접적으로 남길 때)

⑧ Bring some water to me, please. (직접적으로 가져다 줄 때)

⑨ He brought some flowers for his girlfriend's birthday. (간접적으로 줄 때)

> **해석** ① 흡연은 너의 건강에 해를 끼친다. ② 그녀는 나를 위해 수학 숙제를 해주었다. ③ 그는 개구리에게 돌을 던졌다.
> ④ 그는 개에게 고기 한 점 던져주었다. ⑤ 그는 아내를 위해 깜짝 파티를 열어주었다.
> ⑥ 그는 자신의 재산을 자신의 아내에게 유언으로 남겼다. ⑦ 그녀는 남편을 위해 메모를 남겼다.
> ⑧ 나에게 물 좀 가져다 줘. ⑨ 그는 자기 여자 친구의 생일을 위해 꽃을 좀 가져왔다.

(4) 간접 목적어를 직접 목적어 뒤로 보낼 때 of를 취하는 동사: ask

① May I ask you a favor? = May I ask a favor of you?

② He asked her a private question. = He asked a private question of her.

> **해석** ① 제가 당신에게 부탁 하나 해도 될까요? ② 그는 그녀에게 사적인 질문을 했다.

> **어휘** prescribe 처방하다 medicine 약 play 연주하다 smoking 흡연 a piece of meat 고기 한 점
> do harm to=do~harm(wrong, mischief, damage, injury) ~에 해를 끼치다↔do~good 이로움을 주다
> math assignment 수학 과제 bring-brought-brought 가져(데려)오다↔take-took-taken 가져(데려)가다
> birthday 생일 note 쪽지, 메모 husband 남편 fortune 재산 will 유언, 의지, 결의 stone 돌 frog 개구리
> surprise party 깜짝 파티 ask 요청하다/질문하다 favor 부탁, 호의 private 사적인, 은밀한 question 질문
> sometimes=at times(whiles, intervals)=between times(whiles)=from time to time=once in a while
> =(every) now and then=every so often=now and again=by and again=ever and again=ever and anon
> =by catches=by(in)snatches=at odd times(moments)=on and off=off and on=on occasion=occasionally
> =irregularly=intermittently 때때로, 가끔, 간헐적으로 **ex** He comes here <u>once in a while</u>, but not often.

(5) 다양한 형식에 쓰이면서 전치사에 유의해야 할 동사(Seckfpag 동사)(고급과정)

save, spare, envy, cost, kiss, forgive, pardon, permit, allow, guarantee, grudge begrudge등이 다양한 형식에 사용되는데, 특히 두 개의 목적어를 취하는 4형식으로 사용될 경우 to나 for를 붙여서 간접 목적어를 문장의 뒤로 보낼 수가 없습니다.

① { Please spare her the trouble. (4형식)
Please spare her from the trouble. (3형식)
Please spare the trouble to/for her. (x)

② { I envy your good fortune. (3형식)
I envy you your good fortune. (4형식)
I envy you for your good fortune. (3형식)
I envy your good fortune to/for you. (x)

③ { Pardon my interrupting you. (3형식)
Pardon me for interrupting you. (3형식)

④ { I will pardon you your life for this once. (4형식)
I will pardon your life to/for you for this once. (x)

⑤ { I can't forgive his lies. (3형식)
I can't forgive his lying to me. (3형식 문어체)
I can't forgive him lying to me. (3형식 구어체)
I can't forgive him for lying to me. (3형식)

⑥ { She forgave him his careless remark. (4형식)
She forgave him for his careless remark. (3형식)
She forgave his careless remark to/for him. (x)

⑦ She kissed me good night.

⑧ He grudged me my happiness.

⑨ This book cost me 10,000 won.

⑩ He wouldn't permit me any excuse.

⑪ He begrudges me my good fortune.

⑫ The ticket will guarantee you free entry.

해석 ① 그녀에게 폐를 끼치지 마세요. ② 나는 너의 행운이 부러워. ③ 말을 가로채서 죄송합니다. ④ 이번 한 번만 네 목숨 살려줄게. ⑤ 나는 그의 거짓말을 용서할 수가 없다. ⑥ 그녀는 그의 경솔한 말을 용서해 주었다. ⑦ 그녀는 나에게 잘 자라고 뽀뽀해 주었다. ⑧ 그는 나의 행복을 시샘한다. ⑨ 이 책은 나에게 만원 들었다. ⑩ 그는 나에게 어떤 변명도 허락하려 하지 않았다. ⑪ 그는 나의 행운을 시샘한다. ⑫ 그 표는 너에게 무료입장을 보장해 줄 거야.

어휘 save ～를 덜어주다/구하다 spare 폐 등을 끼치지 않다/당하지 않게 하다 trouble 폐/수고/어려움 envy ～을 부러워하다 good fortune 행운 pardon ～를 용서해주다/용서 interrupt=cut in 끼어들다 for this once 이번 한번 만 forgive ～를 용서해주다 lie 거짓말(하다) careless 경솔한 remark 말, 논평 happiness 행복 grudge=begrudge 시샘하다, 아까워하다 cost ～돈이 들다 wouldn't ～하려 하지 않았다 permit 허락하다 any excuse 어떤 변명도 ticket 입장권 guarantee 보증하다/보증서 free entry 무료입장

⑦ 주어+불완전타동사+목적어+목적격보어(5형식 문장)(기초+기본과정)

〈주어는 목적어가 보어 하는 것을 동사하다/주어는 목적어를 보어하게 동사하다〉

① I named my dog "honey."

② I prefer my coffee black.

③ The movie made me sad.

④ He painted the wall green.

⑤ The noise drove him mad.

⑥ The failure rendered me helpless.

> 해석 ① 나는 내 개를 "하니"라고 이름 지었다. ② 나는 내 커피를 블랙으로 마시기를 선호한다.
> ③ 그 영화는 나를 슬프게 만들었다. ④ 그는 그 벽을 녹색으로 칠했다.
> ⑤ 그 소음은 그를 미치게(화나게) 했다. ⑥ 그 실패는 나를 무기력하게 만들었다.

(1) 목적격 보어에 (to be)가 오는 동사(생각하다 동사)

① I believe him (to be) honest.

② He proved them (to be) wrong.

③ I knew him to be conscientious. (생략 불가)

④ We found him (to be) dishonest.

⑤ I understand him to be satisfied. (생략 불가)

⑥ We all supposed him (to be) dead.

⑦ They elected him (to be) president.

⑧ She thought him (to be) handsome.

⑨ She fancies herself (to be) beautiful.

⑩ I always imagine myself (to be) young.

⑪ The judge declared him (to be) guilty.

⑫ We considered him (to be) very smart.

⑬ He announced my statement to be a lie. (생략 불가)

⑭ I appointed Annalyn (as/to be) secretary.

⑮ He has shown himself (to be) a competent manager.

> 해석 ① 나는 그를 정직하다고 믿는다. ② 그는 그들이 틀렸음을 입증했다. ③ 나는 그가 양심적이라는 것을 알았다.
> ④ 우리는 그가 부정직하다는 것을 알았다. ⑤ 나는 그가 만족하고 있는 것으로 알고 있다.
> ⑥ 우리 모두 그가 죽었다고 생각했다. ⑦ 그들은 그를 대통령으로 선출했다. ⑧ 그녀는 그가 잘생겼다고 생각했다.
> ⑨ 그녀는 자신이 아름답다고 자부한다. ⑩ 나는 항상 내 자신이 젊다고 생각한다.
> ⑪ 판사는 그를 유죄라고 판결했다. ⑫ 우리는 그를 매우 영리하다고 생각했다.
> ⑬ 그는 내 진술을 거짓이라고 알렸다. ⑭ 나는 에널린을 비서로 임명했다.
> ⑮ 그는 자신이 유능한 매니저임을 보여주었다.

(2) 위 예문에서 to be구를 that 절로 바꿀 수 있어요. (elect와 appoint제외: 해석은 위를 참조)

① I believe him (to be) honest. = I believe that he is honest.

② He proved them (to be) wrong. = He proved that they were wrong.

③ We found him (to be) dishonest. = We found that he was dishonest.

④ I knew him to be conscientious. = I knew that he was conscientious.

⑤ We all supposed him (to be) dead. = We all supposed that he was dead.

> 어휘 name 이름 짓다 prefer 선호하다 movie 영화 sad 슬픈 paint 칠하다 green 녹색 noise 소음 drive~mad 미치게
> 만들다 failure 실패 render 만들다 helpless 무기력한 believe 믿다 honest 정직한 prove 입증하다 conscientious
> 양심적인 dishonest 부정직한 understand 이해하다 satisfied 만족한 suppose 생각하다 dead 죽은 elect 선출하다
> president 대통령 think 생각하다 handsome 잘생긴 fancy=imagine 생각하다 judge 판사 declare 선언/판결하다
> consider 간주하다 announce 알리다 statement 진술 lie 거짓말 appoint 임명하다 secretary 비서 competent 유능한

(3) to 부정사를 목적격 보어로 취하는 동사(출제 고빈도 과정)

기초 과정	advise(충고하다)	allow(허락하다)	ask(부탁하다)	cause(시키다)
	enable(가능케 하다)	encourage(격려하다)	expect(기대하다)	get(부탁하다)
	order(명령하다)	tell(말하다)	want(원하다)	wish(바라다)
고급 과정	beg(간청하다)	challenge(요구하다)	command(명령하다)	convince(설득하다)
	forbid(금지하다)	guide(안내하다)	invite(요청하다)	induce(설득하다)
	instruct(지시하다)	inspire(영감을 주다)	lead(이끌다)	mobilize(동원하다)
	motivate(동기부여하다)	persuade(설득하다)	permit(허락하다)	press(압박하다)
	pressurize(압박하다)	recommend(권고하다)	remind(상기시키다)	require(요구하다)
	request(요청하다)	tempt(유혹하다)	urge(촉구하다)	warn(알리다)
	force(oblige, compel, impel, bind, drive, coerce)+목적어+to 동사원형 (강요하다)			

① I invited her to sing a song.   ② She urged me to go with her.

③ I want you to be quiet in class.   ④ He encouraged me to cheer up.

⑤ She asked me to carry her bag.   ⑥ She advised me not to go there.

⑦ Poverty tempted the boy to steal.   ⑧ Will you permit me to swim here?

⑨ The doctor forbade him to smoke.   ⑩ He required me to pay the money.

⑪ Mother told me to clean the room.   ⑫ My father allowed me to go abroad.

⑬ He ordered his son to stop smoking.   ⑭ I expect you to succeed in the exam.

⑮ She persuaded her son to study hard.   ⑯ The rain caused the river to overflow.

⑰ I instructed him to prepare a handout.

⑱ I got him to help me with my homework.

⑲ She pressed me to make a quick decision.

⑳ The telescope enables us to observe the stars.

㉑ The officer commanded his men not to move. (to를 부정할 때는 not to의 형태를 취함)

해석 ① 나는 그녀에게 노래를 불러달라고 요청했다. ② 그녀는 나에게 함께 가달라고 재촉했다. ③ 나는 네가 수업 중에 조용히 하기를 원해. ④ 그는 나에게 힘내라고 격려했다. ⑤ 그녀는 나에게 자신의 가방을 들어달라고 부탁했다. ⑥ 그녀는 나에게 그곳에 가지 말라고 충고했다. ⑦ 가난은 그 소년이 훔치도록 유혹했다. ⑧ 여기서 수영하는 것 허용해 주실래요? (여기서 수영해도 되나요?) ⑨ 의사는 그가 흡연하는 것을 금지했다. ⑩ 그는 나에게 돈을 지불할 것을 요구했다. ⑪ 엄마는 나에게 방청소하라고 말씀하셨다. ⑫ 아빠는 내가 해외 가는 것을 허락하셨다. ⑬ 그는 아들에게 담배를 끊으라고 명령했다. ⑭ 나는 네가 시험에서 성공할 것으로 예상한다. ⑮ 그녀는 아들에게 열심히 공부하라고 설득했다. ⑯ 비는 그 강이 넘쳐흐르도록 했다. ⑰ 나는 그에게 유인물을 준비하도록 지시했다. ⑱ 나는 그에게 내 숙제를 도와달라고 부탁했다. ⑲ 그녀는 나에게 신속한 결정을 하라고 다그쳤다. ⑳ 망원경은 우리가 별을 관찰하는 것을 가능케 한다. ㉑ 장교는 부하들에게 움직이지 말라고 명령했다.

어휘 sing a song 노래를 부르다 go with ~와 함께 가다 be quiet 조용히 하다 in class 수업 중에 cheer up 힘내다 carry 운반하다 poverty 가난 steal-stole-stolen 훔치다 doctor 의사 smoke 담배를 피우다 pay-paid-paid 지불하다 clean 청소하다/깨끗한 go abroad 해외에 가다 succeed in the exam 시험에 성공하다 river 강 overflow 넘쳐흐르다 prepare 준비하다 handout 유인물/인쇄물 observe 관찰(준수, 주의, 축하)하다 make a quick decision 신속한 결정을 하다 telescope 망원경 star 별 men 부하 move 움직이다, 감동시키다

8 기타 반드시 암기해야 할 필수 동사(출제 고빈도 최고급과정)

(1) 부여하다 동사: endow (entrust/trust, present) A with B

= endow(entrust/trust, present) B to A (A에게 B를 부여하다, 맡기다, 선사하다)

① I trusted him with my car. = I trusted my car to him.

② She presented me with this watch. = She presented this watch to me.

③ Nature endowed her with good talents. = Nature endowed good talents to her.

④ He entrusted me with a large sum of money. = He entrusted a large sum of money to me.

> **해석** ① 나는 그에게 내 차를 맡겼다. ② 그녀는 나에게 이 시계를 선사했다.
> ③ 자연은 그녀에게 좋은 재능을 부여하였다. ④ 그는 나에게 거액의 돈을 맡겼다.

(2) 제공하다 동사: provide(supply, furnish, present) A with B

= provide B for A = supply(furnish, present) B to A (A에게 B를 제공하다)

① He furnished the hungry with food.

= He furnished food to the hungry. (for (×))

② They supplied us with various fuels.

= They supplied various fuels to us. (for (×))

③ The work presents me with no difficulty.

= The work presents no difficulty to me. (for (×))

④ The sun provides us with heat and light.

= The sun provides heat and light for us. (to (×))

⑤ The sight filled his heart with anger.

⑥ They were loading the ship with coal.

⑦ He provided us food. (미국식)

⑧ I furnished him drink. (미국식)

> **해석** ① 그는 굶주린 사람들에게 먹을 것을 제공해 주었다. ② 그들은 우리에게 다양한 연료를 제공했다.
> ③ 그 일은 나에게 아무런 어려움을 제공하지 않는다. ④ 태양은 우리에게 열과 빛을 제공한다.
> ⑤ 그 광경은 그의 마음을 화로 가득 채웠다. ⑥ 그들은 배에 석탄을 싣고 있었다.
> ⑦ 그는 우리에게 먹을 것을 제공했다. ⑧ 나는 그에게 마실 것을 제공했다.

> **주의** ☞ ⑦번과 ⑧번에서처럼 미국영어에서 4형식처럼 사용하는 경우, 또는 주어진 전치사 이외에 다른 전치사를 사용
> 하는 것은 문법에서는 인정하지 않으니 유의하시기 바랍니다.

> **어휘** car 자동차 watch 시계 nature 자연 talent 재능 a large sum of 거액의 the hungry 굶주린 사람들
> various=a variety of 다양한 fuel 연료 difficulty 어려움 heat 열 light 빛 fill A with B A를 B로 가득 채우다
> load A with B A에 B를 가득 싣다 heart 가슴, 심장, 마음씨 anger 노여움, 화 coal 석탄 drink 음료, 마실 것
> account for=set forth=shed(throw) light on=give an account of=make clear=make explicit=spell out
> =clarify=clear up=elucidate=explain=expound=explicate=illustrate=illuminate=represent=describe=depict
> =portray=delineate=outline=unravel 설명하다 an array of=a series(train/succession/run/sequence) of 일련의

(3) 통보/확신 동사 : accuse A of B=charge A with B (B에 대해 A를 고소/고발/비난하다)

assure/convince/persuade/satisfy A of B (A에게 B를 확신시키다)

advise/apprise/notify/inform/warn A of B (A에게 B를 알리다)

remind A of B=put A in mind of B (A에게 B를 상기시키다)

① I assured her of his honesty.

② She reminds me of her mother.

③ We apprised him of our arrival.

④ I persuaded her of his sincerity.

⑤ She satisfied herself of his honesty.

⑥ They notified his family of his death.

⑦ He warned me of the danger of smoking.

⑧ He tried to convince me of his innocence.

⑨ She accused him of having stolen her car.

⑩ Please advise us of any change of address.

⑪ They charged him with neglecting his duty.

⑫ She informed her parents of her safe arrival.

> **해석** ① 나는 그녀에게 그의 정직함을 확신시켰다. ② 그녀는 나에게 그녀의 엄마를 생각나게 한다.
> ③ 우리는 그에게 우리의 도착을 알렸다. ④ 나는 그녀에게 그의 진실함을 확신시켰다.
> ⑤ 그녀는 스스로 그의 정직함을 확신했다. ⑥ 그들은 그의 가족에게 그의 죽음을 알렸다.
> ⑦ 그는 나에게 흡연의 위험을 알렸다. ⑧ 그는 나에게 자신의 결백을 확신시키려 했다.
> ⑨ 그녀는 자신의 자동차를 훔쳤다고 그를 고소했다. ⑩ 주소 변동이 있으면 우리에게 알려 주세요.
> ⑪ 그들은 그를 직무 태만하다고 비난했다. ⑫ 그녀는 자기 부모에게 자신의 안전한 도착을 알렸다.

(4) 의존하다 동사

depend(rely, count, trust, rest, reckon, hinge, hang, figure, lean, lie, bank, build, bargain, turn, draw, recline, calculate, fall back) on A for B = turn(look, trust, resort, recur) to A for B=be dependent(incumbent, reliant, contingent) on A for B (A에게 B를 의존하다/의지하다)

① We look to him for support.

② You can count on me for English.

③ They rely on the river for their water.

④ I depend on my parents for my school tuition.

> **해석** ① 우리는 그에게 지원을 기대하고 있다. ② 너는 나에게 영어를 의지해도 된다.(내 영어를 믿어)
> ③ 그들은 그 강에 물을 의존한다. ④ 나는 부모님께 학비를 의존한다.

> **어휘** honesty 정직함 arrival 도착 sincerity 진실함 family 가족 death 죽음
> danger 위험 smoking 흡연 innocence 결백, 무죄 neglect 태만하다, 게을리 하다 duty 의무
> parents 부모 safe 안전한 arrival 도착 support 지원, 응원, 부양 river 강 water 물 school tuition 학비
> absent oneself from=be absent from=play truant from 결석하다↔present oneself at=be present at 출석하다

(5) 간주하다 동사(고급과정)

look upon(think of, regard, count, treat, see, take, reckon, esteem, view, repute, rate, imagine) A as B = take(reckon, esteem, account, hold, deem, consider, conceive, repute, rate, think, imagine) A (to be) B (A를 B로 간주하다/생각하다)

① I deemed him (to be) honest.

② They counted her as(for) lost.

③ He was reputed (to be) stingy.

④ We hold him (to be) competent.

⑤ He took her remark as an insult.

⑥ He is reckoned (to be) a great actor.

⑦ He was accounted (to be) a wise man.

⑧ I esteem it (as) an honor to address you.

⑨ I view his political opinions as dangerous.

⑩ We consider Shakespeare (to be) a great poet.

≠ We consider Shakespeare as a great poet. (×) (영문법에서는 인정하지 않음)

해석 ① 나는 그를 정직하다고 생각했다. ② 그들은 그녀를 실종된 것으로 간주했다. ③ 그는 인색한 사람으로 여겨졌다.
④ 우리는 그를 유능하다고 생각한다. ⑤ 그는 그녀의 말을 모욕으로 간주했다. ⑥ 그는 훌륭한 배우로 간주된다.
⑦ 그는 현명한 사람으로 간주되었다. ⑧ 나는 여러분 앞에서 연설하는 것을 영광으로 생각합니다.
⑨ 나는 그의 정치적 의견을 위험하다고 생각한다. ⑩ 우리는 셰익스피어를 위대한 시인이라고 생각한다.

(6) 박탈·제거·분리 동사(최고급과정)

rob (deprive, clear, cure, rid, relieve, strip, cheat, ease, break, eviscerate, evacuate, denude, curtail, bereave, empty, disburden, skin, free, defraud, divest, blackmail, purge) A of B (A에게서 B를 박탈/제거/분리하다)

① She rid her house of dust.   ② He eased me of the burden.

③ Time cured him of his grief.   ④ He cheated her of her money.

⑤ He curtailed her of her privilege.   ⑥ I cannot divest myself of the idea.

⑦ They cleared the pavement of snow.   ⑧ He eviscerated the book of its satire.

⑨ The accident bereaved her of her son.   ⑩ A pickpocket relieved him of his wallet.

⑪ The highwayman robbed him of his money.   ⑫ The tree deprived his house of sunlight.

해석 ① 그녀는 자기 집에서 먼지를 제거했다. ② 그는 나에게서 짐을 덜어주었다.
③ 시간은 그에게서 그의 슬픔을 치유해주었다. ④ 그는 그녀에게서 그녀의 돈을 사취했다.
⑤ 그는 그녀에게서 그녀의 특권을 박탈했다. ⑥ 나는 내 자신에게서 그 생각을 떨쳐버릴 수가 없다.
⑦ 그들은 보도에서 눈을 치웠다. ⑧ 그는 책에서 풍자부분을 삭제했다.
⑨ 그 사고는 그녀에게서 그녀의 아들을 빼앗아 갔다. ⑩ 소매치기가 그에게서 그의 지갑을 훔쳐갔다.
⑪ 노상강도는 그에게서 돈을 강탈했다. ⑫ 그 나무는 그의 집에서 햇빛을 앗아갔다.

어휘 honest 정직한 lost 실종된 stingy 인색한 competent 유능한 remark 말/논평 insult 모욕 wise 현명한 honor
영광/명예 address 연설하다 political 정치적인 opinion 의견 dangerous 위험한 poet 시인 dust 먼지 ease 덜어주다
cure 치유하다/치료하다 grief 슬픔 cheat 사취하다 privilege 특권 clear 치우다 pavement 보도 eviscerate 제거하다
satire 풍자 accident 사고 bereave 빼앗아가다 son 아들 pickpocket 소매치기 wallet 지갑 highwayman 노상강도

(7) 귀속동사(최고급과정)

attribute (ascribe, assign, account, arrogate, accredit, credit, charge, refer, impute, owe, set down, put down) A to B = blame A on B = blame B for A

= be indebted to B for A (A를 B의 탓으로/덕으로 돌리다)

① He set down his success to luck.　② He ascribed his failure to bad luck.

③ He referred his wealth to his diligence.　④ They credited his queerness to his solitude.

⑤ He attributed his promotion to hard work.　⑥ He assigned his absence to his bad health.

⑦ We put the disaster down to the careless driver.

⑧ They blamed the accident on me. = They charged the accident to me.

> **해석** ① 그는 성공을 행운 탓으로 돌렸다.　② 그는 실패를 불운 탓으로 돌렸다.
> ③ 그는 자신의 부를 근면 덕택으로 돌렸다.　④ 그들은 그의 괴벽을 그의 고독 탓으로 돌렸다.
> ⑤ 그는 자신의 승진을 열심히 일한 탓으로 돌렸다.　⑥ 그는 자신의 결석을 안 좋은 건강 탓으로 돌렸다.
> ⑦ 우리는 그 참사를 부주의한 운전자 탓으로 돌렸다.　⑧ 그들은 그 사고를 내 탓으로 돌렸다.

◀ 뉴앙스 맛보기 ▶

A. want+목적어+to 부정사: 목적어가 to 이하를 일회성으로 하기를 바라는 경우

　want+목적어+ing: 목적어가 지속적으로 ing 하고 있기를 바라는 경우

① I don't want you to talk about her.

② I don't want you talking about her.

> **해석** ① 나는 네가 그녀에 대해 얘기하는 것을 원치 않아. ② 나는 네가 그녀에 대해서 계속 얘기하는 것을 원치 않아.

B. see → 의도하지 않았는데도 자연스럽게 눈에 들어오다

　look at → 정지되어있는 대상을 의도적으로 잠시 보다

　watch → 움직이고 있는 대상을 의도적으로 주의를 기울여 오래 지켜보다

　hear → 의도하지 않았는데도 귀에 들려오다

　listen to → 의도를 가지고 귀를 기울여 듣다

① Look at him.　② Watch him.

③ Can you see him?　④ I hear the radio.

⑤ I am listening to the radio.

> **해석** ① 그를 보아라. ② 그를 주시하라. ③ 그 사람 보이냐? ④ 내가 의도하지 않았는데 라디오 소리가 들린다.
> ⑤ 나는 귀 기울여 라디오를 듣고 있다.

> **어휘** success 성공 luck 행운/운수 accident 사고/우연 failure 실패 bad luck 불운 wealth 부/재산
> diligence 근면 queerness 괴벽 solitude 고독 promotion 승진/홍보 hard work 노력 absence 부재/결석
> health 건강 disaster=calamity=catastrophe=mishap 재앙 careless 부주의한 talk about ~에 대해서 얘기하다
> agree(accord, assort, blend, coexist, coincide, comport, concur, consist, consort, correspond, go, go well,
> fall in, harmonize, square, tally) with=be consistent(compatible, congruous, harmonious) with 일치하다

C. 시각예술을 볼 때는 see를 사용하지만, 특정한 프로그램이나 경기를 시청할 때는 see/watch 둘 다 사용 합니다.

① I'm going to see a play tonight. ② I'm going to see her recital tonight.

③ I'm going to see their performance tonight. ④ I saw/watched his speech on the news.

⑤ Millions of people saw/watched the World Cup Final.

> 해석 ① 나는 오늘밤 연극을 볼 거야. ② 나는 오늘밤 그녀의 연주회를 볼 거야.
> ③ 나는 오늘밤 그들의 공연을 볼 거야. ④ 나는 뉴스에서 그의 연설을 보았다.
> ⑤ 수많은 사람들이 월드컵 결승전을 보았다.

D. if나 whether 앞에서는 see만 사용하고, 영화관이나 극장, 경기장, 공연장에서 볼 때는 see, 집에서 TV를 통해서 볼 때는 watch를 사용합니다.

① Let's see whether she is in. ② See if there is any food left.

③ I am going to watch a movie at home tonight. (see (x))

④ I am going to see a movie at the cinema tonight. (watch (x))

> 해석 ① 안에 그녀가 있는지 알아보자. ② 남은 음식 있는지 알아봐.
> ③ 나는 오늘밤 집에서 영화를 볼 거야. ④ 나는 오늘밤 영화관에서 영화를 볼 거야.

E. observe → (to watch carefully) 관찰하다

notice → (시각, 청각, 촉각을 통해서) 눈치채다, 알아채다, 목격하다

stare at → (놀라서/화나서/지루해서) 눈 움직임 없이 빤히 쳐다보다

gaze at → (놀라서/감탄해서/다른 생각하면서) 오랫동안 응시하다

① I noticed her hands shaking. ② She just stared at me blankly.

③ He gazed at her, his eyes full of longing.

④ Security guards observe cars park using CCTV.

> 해석 ① 나는 그녀의 손이 떨리고 있는 것을 목격했다. ② 그녀는 그저 멍하니 나를 쳐다보았다.
> ③ 그는 열망으로 가득 찬 눈으로 그녀를 응시했다.
> ④ 경비원들은 CCTV를 통해서 차들이 주차하는 것을 관찰한다.

F. glance → 의도적으로 힐끗 보다(= to look quickly and deliberately)

glimpse → 눈에 살짝 띄다(= to see ~by chance for a very short time)

① He glanced nervously at his watch. ② I glimpsed her through the window.

> 해석 ① 그는 초조하게 자기 시계를 힐끗 보았다. ② 유리창으로 그녀가 살짝 눈에 보였다.

어휘 play 연극 recital 연주회 performance 공연 speech 연설 millions of 수많은
food 음식 at the cinema 영화관에서 shake 떨다 blankly 멍하니 full of longing 열망으로 가득 찬
security guard 경비원 park 주차하다, 공원 nervously 초조하게 watch 시계, 주시하다 through ~을 통해

문제 4. Fill in the blanks with proper words.(고급과정)

① I owe ten dollars _____ Tom.

② May I ask a favor _____ you?

③ His story allows _____ no doubt.

④ Don't look _____ others for help.

⑤ He presented me _____ a bicycle.

⑥ She made a pretty doll _____ me.

⑦ Don't trust him _____ your phone.

⑧ We look upon him _____ a genius.

⑨ Judy decided _____ the brown dress.

⑩ He imputed his failure _____ ill health.

⑪ Smoking does harm _____ your health.

⑫ I satisfied myself _____ his competence.

⑬ He graduated _____ Harvard University.

⑭ He warned me _____ pickpockets in a bus.

⑮ She demanded too high a price _____ him.

⑯ He entered _____ business with his brother.

⑰ An able doctor cured him _____ his disease.

⑱ He warned me _____ the danger of drinking.

⑲ This school supplies books _____ the pupils.

⑳ She apologized _____ her teacher for being late.

㉑ The surgeon operated _____ the wounded soldier.

㉒ Our teacher usually imposes heavy tasks _____ us.

㉓ Most trees are denuded _____ their leaves in winter.

㉔ He endowed the hospital _____ a large sum of money.

㉕ He suggested _____ me that we go fishing in the river.

해석 ① 나는 Tom에게 10달러 빚졌다. ② 부탁 하나 드려도 될까요? ③ 그의 이야기는 의심할 여지가 없다. ④ 남에게 도움을 의지하지 말라. ⑤ 그는 나에게 자전거를 선사해 주었다. ⑥ 그녀는 나에게 인형을 만들어 주었다. ⑦ 그에게 너의 휴대 전화를 맡기지 마라. ⑧ 우리는 그를 천재로 간주한다. ⑨ Judy는 그 갈색 드레스로 결정했어. ⑩ 그는 자신의 실패를 나쁜 건강 탓으로 돌렸다. ⑪ 흡연은 너의 건강에 해롭다. ⑫ 나는 그의 능력을 확신했다. ⑬ 그는 하버드 대학교를 졸업했다. ⑭ 그는 나에게 버스에서 소매치기를 조심하라고 말했다. ⑮ 그녀는 그에게 너무 높은 가격을 요구했다. ⑯ 그는 자기 형과 사업을 시작했다. ⑰ 유능한 의사가 그의 질병을 치료해주었다. ⑱ 그는 나에게 음주의 위험을 알렸다. ⑲ 이 학교는 학생들에게 책을 제공한다. ⑳ 그녀는 지각한 데 대해서 선생님께 사과했다. ㉑ 그 외과의사는 부상당한 군인을 수술했다. ㉒ 우리 선생님은 보통 우리에게 과중한 숙제를 부과하신다. ㉓ 대부분의 나무는 겨울에 그들의 잎이 떨어진다. ㉔ 그는 병원에 거액의 돈을 제공했다. ㉕ 그는 나에게 강으로 낚시가자고 제안했다.

정답과 뜻 ① owe A to B B에게 A를 빚지다 ② ask a favor of ~에게 부탁하다 ③ allow of ~을 허용하다 ④ look to 의존하다 ⑤ present A with B A에게 B를 선사하다 ⑥ make는 3형식에서 for를 취함 ⑦ trust A with B A에게 B를 맡기다 ⑧ look upon A as B A를 B로 간주하다 ⑨ decide on 명사 결정하다 ⑩ impute A to B A를 B의 탓으로 돌리다 ⑪ do harm to ~에 해를 끼치다 ⑫ satisfy A of B A에게 B를 확신시키다 ⑬ graduate from 졸업하다 ⑭ warn A against B A에게 B를 조심시키다 ⑮ demand A of B B에게 A를 요구하다 ⑯ enter into 시작하다 ⑰ cure A of B A에게서 B를 치유하다 ⑱ warn A of B A에게 B를 알리다 ⑲ supply B to A A에게 B를 제공하다 ⑳ apologize to ~에게 사과하다 ㉑ operate on 수술하다 ㉒ impose A on B A를 B에게 부과하다 ㉓ denude A of B A에게서 B를 제거하다 ㉔ endow A with B A에게 B를 제공하다 ㉕ suggest to ~에게 제안하다

어휘 doubt 의심 genius 천재, 재능, 소질 competence 능력 pickpocket 소매치기 price 가격 disease 질병 pupil 학생 surgeon 외과의사 wound-wounded-wounded 부상 입히다 task 과제 a large sum of 거액의

시제(Twelve Tenses)와 해석방법 | **PART 06**

⁂ 12시제의 형태와 해석방법(필수과정)

1	현재: ～하다
2	과거: ～했다
3	미래(will+원형동사): ～할 것이다
4	현재 완료(have+p.p): 현재 다 했다 *p.p=past participle(과거분사의 약자)
5	과거 완료(had+p.p): 과거에 다 했다 *대과거(had+p.p): 과거 이전에 했다
6	미래 완료(will+have+p.p): 미래에 다 할 것이다
7	현재 진행형(be+ing): 현재～하고 있다
8	과거 진행형(was/were+～ing): 과거에～하고 있었다
9	미래 진행형(will+be+～ing): 미래에～하고 있을 것이다
10	현재 완료 진행형(have+been+～ing): 과거부터 현재까지 하고 있다
11	과거 완료 진행형(had+been+～ing): 대과거부터 과거까지 하고 있었다
12	미래 완료 진행형(will+have+been+～ing): 미래까지 하고 있을 것이다

① I do homework every day. (나는 매일 숙제를 한다.)

② I did homework last night. (나는 어젯밤 숙제를 했다.)

③ I will do homework tomorrow. (나는 내일 숙제를 할 것이다.)

④ I have done homework now. (나는 이제 숙제를 다 했어.)

⑤ I had already done homework then. (나는 그때 이미 숙제를 다 했다.)

⑥ I will have done homework by then. (나는 그때까지는 숙제를 다 할 것이다.)

⑦ I am doing homework now. (나는 지금 숙제를 하고 있다.)

⑧ I was doing homework then. (나는 그때 숙제를 하고 있었어.)

⑨ I will be doing homework then. (나는 그때 숙제를 하고 있을 거야.)

⑩ I have been doing homework until now. (나는 지금까지 숙제를 하고 있어.)

⑪ I had been doing homework until then. (나는 그때까지 숙제를 하고 있었지.)

⑫ I will have been doing homework until then. (나는 그때까지 숙제를 하고 있을 것이다.)

⑬ I lost the watch yesterday that I had bought the day before yesterday.

　(나는 그제 산 시계를 어제 잃어버렸다. − 과거 이전에 일어난 일을 나타내는 대과거)

어휘 do homework 숙제를 하다 every day 매일 last night 어젯밤 tomorrow 내일 now 지금 already 이미
then 그때 by then 그때까지 until now 지금까지 lose−lost−lost 잃다/분실하다 the day before yesterday 그저께

1 현재시제(기초과정)

불변의 진리, 속담, 습관적 동작이나 경향, 현재의 사실, 일반적 사실이나 진술, 무조건 일어나게 되어있는 미래, 미래의 고정된 시간표나 공식 회의, 영화나 이야기속의 현재는 항상 현재시제를 사용합니다.

(1) 불변의 진리

① Two and two/ make/ four. (2 더하기 2는/ 4이다. → 2 더하기 2는 4이다.)

② The sun/ rises/ in the east. (태양은/ 뜬다/ 동쪽에서. → 태양은 동쪽에서 뜬다.)

③ The earth/ goes/ around the sun.

　(지구는/ 돈다/ 태양의 주위를. → 지구는 태양의 주위를 돈다.)

(2) 속담

① Knowledge/ is power. (아는 것이/ 힘이다. → 아는 것이 힘이다.)

② Failure/ is the mother of success.

　(실패는/ 성공의 어머니이다. → 실패는 성공의 어머니이다.)

③ The early bird/ catches/ the worm.

　(일찍 일어나는 새가/ 잡는다/ 벌레를. → 일찍 일어나는 새가 벌레를 잡는다.)

(3) 습관적 동작이나 경향

① We/ play football/ every day.

　(우리는/ 축구를 한다/ 날마다. → 우리는 매일 축구를 한다.)

② I/ get up/ at 6/ every morning.

　(나는/ 일어난다/ 6시에/ 매일 아침. → 나는 매일 6시에 일어난다.)

③ I/ take a walk/ for 30 minutes/ every day.

　(나는/ 산책한다/ 30분씩/ 매일. → 나는 매일 30분씩 산책한다.)

(4) 현재의 사실

① I/ am married. (나는/ 결혼한 상태야. → 나는 결혼한 상태야.)

② I/ like/ chocolate. (나는/ 좋아한다/ 초콜릿을. → 나는 초콜릿을 좋아한다.)

③ My grandparents/ live/ in Australia.

　(내 조부모님은/ 사신다/ 호주에. → 내 조부모님은 호주에 사신다.)

어휘 and 더하기 make 만들다/되다 sun 태양 rise-rose-risen 뜨다/일어나다 in the east 동쪽에서 the earth 지구 power 힘 go around 돌다 knowledge 지식 failure 실패 mother 엄마 success 성공 early 일찍/이른/옛날의 bird 새 catch-caught-caught 잡다 worm 벌레 play foot ball 축구하다 every day 매일 get up 일어나다 every morning 매일 아침 take(have) a walk 산책하다 be married 결혼한 상태이다 grandparents 조부모

(5) 일반적 사실 진술

① It snows/ in winter. (눈이 내린다/ 겨울에는. → 겨울에는 눈이 내린다.)

② People/ need/ food. (사람들은/ 필요로 한다/ 음식을. → 사람들은 음식을 필요로 한다.)

③ Plants/ die/ without water. (식물은/ 죽는다/ 물이 없으면. → 식물은 물이 없으면 죽는다.)

(6) 무조건 일어나게 되어있는 미래

① Winter/ starts/ on December 21.

  (겨울은/ 시작한다/ 12월 21일에. → 겨울은 12월 21일에 시작한다.)

② Summer/ follows/ spring/ in Korea.

  (여름은/ 뒤따른다/ 봄을/ 한국에서. → 한국에서 여름은 봄을 뒤따른다.)

③ My grandfather/ turns 80/ next month.

  (내 할아버지는/ 80세가 되신다/ 다음 달에 → 내 할아버지는 다음 달에 80세가 되신다.)

(7) 미래의 고정된 시간표(timetable future)

① The class/ starts/ at 9 a.m. (수업은/ 시작한다/ 오전 9시에. → 수업은 오전 9시에 시작한다.)

② Our train/ leaves/ at eleven. (우리 기차는/ 출발한다/ 11시에. → 우리 기차는 11시에 출발한다.)

③ The plane/ arrives/ at noon/ tomorrow.

  (비행기는/ 도착한다/ 정오에/ 내일. → 비행기는 내일 정오에 도착한다.)

(8) 영화나 이야기 속의 현재

① In this play,/the hero/ kills himself.

  (이 희곡에서/ 주인공은/ 자살한다. → 이 희곡에서 주인공은 자살한다.)

② The hero/ dies/ at the end of the film.

  (주인공은/ 죽는다/ 영화 끝에서. → 주인공은 영화의 끝에서 죽는다.)

③ The couple/ get married/ happily/ at last.

  (그 커플은/ 결혼한다/ 행복하게/ 결국. → 그 커플은 결국 행복하게 결혼한다.)

어휘 it snows 눈이 내리다 in winter 겨울에 people 사람들 need 필요로 하다 food 음식 plant 식물
die-died-died 죽다 without 없으면 water 물 December 12월 summer 여름 follow 따르다
spring 봄, 샘, 용수철 grandfather 할아버지 turn 되다 class 수업 next month 다음 달 start 시작하다
train 기차 leave-left-left 떠나다 plane 비행기 arrive 도착하다 at noon 정오에 tomorrow 내일 play 희곡
hero 주인공 at the end 끝에서 film 영화 get married 결혼하다 at last=finally=ultimately=eventually 결국
kill(destroy, bump off) oneself=commit suicide=suicide=do(make) away with oneself=lay hands on oneself
=put oneself to death=take one's own life=fall upon one's sword=die by one's own hand 자살하다
come(stumble) upon(across)=run(bump) into(across)=drop across=drop(fall) in with=happen to meet(find)
=chance to meet(find)=hit(chance, happen, light, alight, blunder) upon=bang(barge, knock) into
=run(rub, brush, knock) up against=meet with=meet up with=meet~by chance(accident, hazard, haphazard)
=find~by chance(accident, hazard, haphazard)=encounter=pick up 우연히 만나다/우연히 마주치다

2 과거시제(기초과정)

(1) 과거의 역사적 사건

① The Civil War/ broke out/ in 1861.

(남북전쟁은/ 발생했다/ 1861년에. → 남북전쟁은 1861년에 발생했다.)

② James Watt/ invented/ the steam engine.

(제임스 와트는/ 발명했다/ 증기기관을. → 제임스 와트가 증기기관을 발명했다.)

(2) 과거부사와 함께

① I/ slept well/ last night. (나는/ 잘 잤다 /어젯밤에. → 나는 어젯밤에 잠을 잘 잤다.)

② I/ saw/ a movie/ yesterday. (나는 보았다/ 영화를/ 어제. → 나는 어제 영화를 보았다.)

(3) 과거의 일정 기간을 나타낼 때

① I/ lived/ in Canada/ for two years.

(나는/ 살았다/ 캐나다에서/ 2년 동안. → 나는 2년 동안 캐나다에서 살았다.)

② He/ studied/ Chinese/ for five years.

(그는/ 공부했다/ 중국어를/ 5년 동안. → 그는 중국어를 5년 동안 공부했다.)

(4) 과거의 중단된 습관

① I/ didn't like/ tomatoes/ before.

(나는/ 좋아하지 않았다/ 토마토를/ 전에. → 전에 나는 토마토를 좋아하지 않았어.)

② I/ lived/ in Texas/ when I was a kid.

(나는/ 살았다/ 텍사스에서/ 어렸을 때. → 나는 어렸을 때 텍사스에서 살았어.)

(5) 과거의 일련의 사건을 순서대로 나열할 때

① I/ studied/ hard,/ so/ I /passed/ the test.

(나는/ 공부했다/ 열심히/ 그래서/ 나는/ 합격했다/ 시험에.)

→(나는 열심히 공부했다. 그래서 나는 시험에 합격했다.)

② I went to a café,/ sat down/ and ordered/ a cup of coffee.

(나는 카페에 가서,/ 자리에 앉아/ 주문했다/ 커피 한 잔을.)

→(나는 카페에 가서, 자리에 앉아 커피 한 잔을 주문했다.)

(6) when절의 동작이 먼저 일어났을 경우

① When he saw a police officer,/ the thief ran away. (경찰을 보았을 때,/ 그 도둑은 도망쳤다.)

② When she saw me,/ she turned around. (그녀는 나를 보자,/ 돌아섰다.)

어휘 break out 발생하다 invent 발명하다 well 잘 last night 어젯밤 movie 영화 yesterday 어제 live 살다 for 동안 study 공부하다 Chinese 중국어 like 좋아하다 before 전에 when ～할 때 kid 어린이 hard 열심히 so 그래서 pass 합격하다 order 주문하다/명령하다 a cup of 한 잔 turn around 돌아서다 police officer 경찰관 thief 도둑 run(go, get, make, break, bolt) away=run(fly, make) off=break(get) loose=break out(free)=take to flight =take to one's heels(legs)=show a clean pair of heels=escape=flee=elope=abscond=decamp 도망치다

③ 미래시제(기초과정)

(1) I will = I'll, We will = We'll

A. 의지미래(즉흥적 결심이나 약속): 나는 ~하겠다/~할 거야(미국영어/영국영어) / shall(영국영어)

① I will have fried chicken. = I'll have fried chicken. ↔ I won't(will not) have fried chicken.

② I'll help you with your homework.

③ I'll attend your birthday party for sure.

④ I shall never forget you. (영국영어 나의 의지)

⑤ I shall never give up the fight for freedom.

> **해석** ① 나는 프라이드치킨을 먹을 거야. ↔ 나는 프라이드치킨을 안 먹을 거야. ② 내가 네 숙제 도와줄게.
> ③ 나는 꼭 너의 생일파티에 갈게. ④ 난 절대 너를 잊지 않을 거야. ⑤ 나는 자유를 위한 싸움을 절대 포기하지 않을 거야.

B. 단순미래: 나는 ~할 것이다(미국영어) / shall(영국영어)

① I will be in America next year. (미국식) = I shall be in America next year. (영국식)

② I won't(will not) be in America next year. (미) = I shan't(shall not) be in America next year. (영)

③ I will be 15 years old next year. (미국식) = I shall be 15 years old next year. (영국식)

> **해석** ① 나는 내년에 미국에 있을 거야. ② 나는 내년에 미국에 없을 거야. ③ 나는 내년에 15살이 될 거야.

(2) You will~

A. 단순미래: 너는 ~할 것이다/~일 것이다

① You will pass the test for sure.

② You will meet her at the party.

③ You will lose weight before long.

> **해석** ① 너는 확실히 시험에 합격할 거야. ② 너는 파티에서 그녀를 만나게 될 거야. ③ 너는 머지않아 체중이 빠질 거야.

B. 명령할 때: 너는 ~해라 (미국식)

① You will do exactly as I say.

② You will wear it whether you like it or not.

③ You are a good boy, so you will behave yourself.

> **해석** ① 정확히 내가 말한 대로 해라. ② 좋든 싫든 그것을 입어라. ③ 너는 착한 소년이잖아, 그러므로 처신 잘 해라.

> **어휘** help 돕다 homework 숙제 attend 참석하다 birthday party 생일파티 for sure=for certain 꼭, 반드시
> give(chuck, pass) up=lay aside(down)=leave(cast) off=abandon 포기하다 fight 싸움 freedom 자유
> forget-forgot-forgotten 잊다 next year 내년에 pass 합격하다/통과하다 lose weight 체중이 빠지다
> before long=soon=presently=shortly=in time=by and by=sooner or later=some time or other 곧/조만간
> as ~대로 exactly 꼭/정확히 wear 입다 whether you like it or not 좋든 싫든 behave oneself 처신을 잘하다
> be in agreement(accord, accordance, concord, concordance, concurrence, congruity) with ~와 일치하다

(3) He/She/It/They will~

A. 단순미래: ~할 것이다/~일 것이다

① It will rain tomorrow.　　　　② She will return on Sunday.
③ He will carry your bag for you.　　④ They will not have enough food.

> **해석** ① 내일은 비가 올 거예요. ② 그녀는 일요일에 돌아올 거예요. ③ 그가 당신 가방을 운반해 줄 거예요.
> ④ 그들은 충분한 음식이 없을 거예요.

B. 예측(~할 것이다) / 예정(~할 예정이다 = be going to)

① The headmaster will close the old gym. (문어체)
= The headmaster is going to close the old gym. (구어체)
② They will win their match today! = They are going to win their match today!

> **해석** ① 교장선생님은 낡은 체육관을 폐쇄할 예정이에요. ② 그들이 오늘 경기에서 이길 거예요.

(4) You/He/She/It/They shall~: 명의법협약, 즉 명령, 의무, 법령, 협박, 약속을 나타낼 때

A. 명령할 때: ~해라/~하라

① You shall obey me.　　　　② You shall respect your parents.
③ You shall love your neighbors as yourself.

> **해석** ① 내 말을 따르라. ② 네 부모를 공경하라. ③ 네 이웃을 네 몸과 같이 사랑하라.

B. 의무나 법령을 말할 때: ~해야 한다(= must)

① You shall go to the ball.　　② Citizens shall provide proof of identity.
③ The president shall hold office for five years.

> **해석** ① 너는 무도회에 가야 한다. ② 시민들은 신분증을 제시해야 한다. ③ 대통령은 5년 동안 재직한다.

C. 협박할 때: 내가 어떻게 하겠다

① You shall die.　　　　② He shall have his fare.
③ He shall regret it before long.

> **해석** ① 넌 죽어. - 내가 너를 혼내겠다. ② 그는 대가를 치르게 될 거야. - 그에게 대가를 치르도록 할 거야.
> ③ 그는 곧 후회하게 될 거야. → 내가 후회하게 해줄 거야.

D. 약속할 때: 내가 ~해 줄게

① You shall have a wrist watch on your birthday.
② You shall receive a refund if something is wrong with it.

> **해석** ① 넌 네 생일 날 손목시계 갖게 될 거야. - 내가 네 생일 날 손목시계 하나 사줄게.
> ② 그것에 어떤 문제가 있으면 환불 받을 거예요. - 그것에 어떤 문제가 있으면 환불해 드릴게요.

> **어휘** return 돌아오다/반환하다 carry 운반하다 headmaster 교장 win-won-won 이기다 match 경기
> obey=abide by 복종(순종)하다 respect=regard=revere=honor 공경하다 neighbor 이웃 ball 무도회
> provide 제시하다/제공하다 proof of identity 신분증 hold office 재직하다 have one's fare 대가를 치르다
> before long 곧/머지않아 regret 후회하다 wrist watch 손목시계 birthday 생일 receive a refund 환불을 받다

(5) Will I(we)~?: 단순히 미래를 물어보는 것으로서 (내가/우리가 ~일까?/~하게 될까?)/shall(영국영어)

① Will I win a prize? (미국식) = Shall I win a prize? (영국식)

② Will I be able to pass the test?

③ Will we pass the preliminaries?

해석 ① 내가 상을 타게 될까? ② 제가 시험에 통과할 수 있을까요? ③ 우리가 예선전을 통과하게 될까?

(6) Shall I(we)~?: 상대에게 제안을 할 때나 의사를 물어볼 때 (~할까?/~할까요?)

① Shall I open the window?

② Shall we go for a drink?

③ Where shall we go today?

④ Shall we go to the cinema tonight?

해석 ① 창문을 열까요? ② 우리 한 잔 하러 갈까? ③ 우리 오늘 어디 갈까? ④ 오늘 저녁에 우리 영화 보러 갈까?

(7) Will you~?: 상대의 의사를 묻거나 부탁할 때 (~할래?/~할거니?/~해 줄래?)

① Will you marry me?   ② When will you go to New York?

③ Will you go swimming with me?   ④ Will you buy some bread on the way?

해석 ① 나와 결혼할래요? ② 언제 너 뉴욕에 갈거니? ③ 나와 함께 수영하러 갈래? ④ 오는 길에 빵 좀 사올래?

(8) Will he/she/it/they~?: 단순 미래를 나타내어 (주어는 ~일까?/~할까?)

① Will he join us?   ② Will it stop raining tomorrow?

③ Will John come here tomorrow?   ④ Will they attend my birthday party?

해석 ① 그가 우리와 합류할까? ② 내일 비가 그칠까? ③ John이 내일 이곳에 올까? ④ 그들이 내 생일파티에 참석할까?

문제 1. 다음 문장들의 의미를 정확히 구별해보세요.

① I'll go on holiday next week.

② I'm going to go on holiday next week.

③ One day you will know my full story.

④ One day you shall know my full story.

해석과 정답 ① 나는 다음 주에 휴가 갈 거야. - 방금 결정 ② 나는 다음 주에 휴가 갈 예정이야. - 이미 결정
③ 언젠가는 내 모든 이야기를 듣게 될 거야. - 단순 미래 ④ 언젠가 내 모든 이야기 들려줄게. - 약속

어휘 win a prize 상을 타다 be able to=can ~할 수 있다 pass the test 시험에 합격하다 preliminary 예선
for a drink 한 잔 하러 open the window 유리창을 열다 cinema 영화관 tonight 오늘 저녁
go swimming 수영하러 가다 marry=get married to 결혼하다 bread 빵 on the way 도중에 join 합류하다
stop 멈추다 tomorrow 내일 attend 참석하다 go on holiday 휴가가다 one day 언젠가 full story 모든 이야기
be in consensus(consistency, harmony, keeping, line, tune, unison) with=be at one with ~와 일치하다

(9) will과 be going to의 차이(중급과정)

A. 미래에 대한 일반적인 예상이나 추측을 나타내는 단순미래에서 둘 다 사용 가능합니다.
   (~할 것이다)

① John Smith will be the next President. = John Smith is going to be the next President.

② The year 2222 will be a very interesting year.

 = The year 2222 is going to be a very interesting year.

> **해석** ① John Smith가 차기 대통령이 될 것이다. ② 2222년은 매우 흥미로운 해가 될 것이다.

B. 사전 계획, 강한 의도, 이미 정해진 계획에 대해서 말할 때, 평상시에 be going to를 사용하지만,
   글로 쓰는 공식적인 문어체에서는 will을 사용합니다. (~할 예정이다)

① He will come here soon. (문어체)

 = He is going to come here soon. = He is coming here soon. (구어체)

② We will help Tom tomorrow. (문어체)

 = We are going to help Tom tomorrow. (구어체)

③ I am going to visit my grandparents next week. (구어체)

> **해석** ① 그는 곧 이곳으로 올 것이다. ② 우리는 내일 Tom을 도울 예정이다.
> ③ 나는 다음 주에 내 조부모님을 방문할 예정이다.

C. 현재의 증거를 기초로 하여 미래를 예측할 때는 be going to만 가능 (~할 것 같다)

① Be careful! You are going to fall.

② He looks so tired! He isn't going to get up now.

③ Jane is going too fast on her bicycle! She is going to fall!

④ Look! It is going to rain! (o) ≠ Look! It will rain! (x)

> **해석** ① 조심해라! 떨어질 것 같다. ② 그는 아주 피곤해 보여. 그는 지금 일어나지 못할 것 같아.
> ③ 제인은 자전거를 타고 너무 빨리 가고 있어! 넘어질 것 같아. ④ 저기 봐! 비가 올 것 같아.

D. was/were going to: but 앞에서 과거의 이루지 못한 의도를 나타내어(~할 예정이었다)

① I was going to study for my grammar test, but I had no time.

② I was going to call you, but I couldn't find my mobile phone.

③ I was going to visit my grandparents, but I fell and broke my arm.

> **해석** ① 나는 문법 시험공부를 할 예정이었지만, 시간이 없었어.
> ② 나는 너에게 전화하려고 했지만 내 휴대전화를 찾을 수가 없었어.
> ③ 나는 나의 조부모님을 방문하려 했지만, 넘어져서 팔이 부러졌어.

> **어휘** year 연도 very interesting 매우 흥미로운 soon=before long 곧 help 돕다 tomorrow 내일 be careful 조심해라!
> fall 넘어지다, 떨어지다 look tired 피곤해 보이다 so 매우 get up 일어나다 now 지금 too fast 너무 빨리 bicycle 자전거
> look 보다 study 공부하다 grammar 문법 test 시험 have no time 시간이 없다 call 전화하다 but 그러나 couldn't 할 수
> 없었다 find 찾다 mobile phone 휴대전화 visit 방문하다 break–broke–broken 부러뜨리다 arm 팔
> blasphemous=abusive=contemptuous=disparaging=impious=insolent=irreverent=profane=sacrilegious 모욕적인

4 현재완료시제(have+p.p)의 4가지 용법(출제 고빈도 기본과정)

(1) 완료: just(막), yet(아직), already(이미, 벌써), now(지금), lately/recently(최근에) today(오늘) 등과
함께 쓰여서 어떤 「동작이나 상태가 완전히 끝나버린 경우」

① I have just finished my homework.   ② I have finished my homework now.

③ Have you finished your homework yet?   ④ Have you finished your homework already?

⑤ I have drunk three cups of coffee today.

⑥ Scientists have recently discovered a new breed of monkey.

> **해석** ① 나는 숙제를 막 끝냈다. ② 나는 지금 숙제를 마쳤어. ③ 너 숙제 다 했니? – 단순 질문
> ④ 너 숙제 벌써 다 했다고? – 놀람 ⑤ 나는 오늘 커피를 세 잔을 마셨어.
> ⑥ 과학자들은 최근에 새로운 품종의 원숭이를 발견했다.

(2) 결과: 어떤 동작의 결과 「상태가 변화한 경우」

① She has gone shopping. = She went shopping, and she is not here now.

② I have given up smoking. = I gave up smoking, and I don't smoke any more.

③ I have lost my cell phone. = I lost my cell phone, and I don't have it now.

> **해석** ① 그녀는 쇼핑하러 가버렸어(그래서 여기에 없어). ② 난 담배를 끊었어(그래서 이제는 안 피워).
> ③ 나는 휴대전화를 잃어버렸어(그래서 이제는 없어).

(3) 경험: ever, never, once(한 번), twice(두 번), several times(여러 번), before(전에), often(종종),
seldom(좀처럼~하지 않다)등과 함께 쓰여 「~한 적이 있다/없다」로 해석하는 경우

① Have you ever seen a whale?   ② I have never been to America.

③ I have visited Paris three times.   ④ I have visited Lotte World twice.

> **해석** ① 너는 고래를 본 적이 있니? ② 나는 미국에 가 본 적이 없어.
> ③ 나는 파리를 세 번 가 본 적 있어. ④ 나는 롯데월드를 두 번 방문한 적 있어.

(4) 계속: 시간부사구 for(동안에)나 since(~이래로, ~부터), How long(얼마나 오랫동안) 등을 동반
하여 「어떤 동작이나 상태가 현재까지 계속되는 경우」

① How long have you been in Korea?   ② I have known him since I was a child.

③ We have been married for five years.   ④ She has lived in Washington all her life.

> **해석** ① 한국에 오신 지 얼마나 되었나요? ② 어렸을 때부터 나는 그를 알고 지냈어.
> ③ 우리는 결혼한 지 5년 되었어요. ④ 평생 그녀는 워싱턴에서 살았어.

> **어휘** finish 끝내다 breed 품종 homework 숙제 go shopping 쇼핑하러 가다 give up smoking 담배를 끊다
> no longer=not~any longer(more) 더 이상 ~하지 않다 lose−lost−lost 잃다 cell phone 휴대전화 whale 고래
> visit=pay a visit to 방문하다 How long ~얼마나 오랫동안 be married 결혼 상태이다 all one's life 평생 동안
> abstruse=arcane=cabalistic=cryptic=deep=enigmatic=esoteric=knotty=mandarin=metaphysical=obscure
> =occult=profound=refined=recondite=subtle 난해한, 심오한 **ex** an abstruse philosophical essay

【주의】 (중급과정)

(1) when은 의문문에서 현재 완료 시제와 함께 사용할 수 없고, 확실한 과거를 나타내는 부사와 현재완료를 함께 사용할 수 없습니다.

① When did you come to Korea? (○) ≠ When have you come to Korea? (×)

② I saw a movie last night. (have seen (×))   ③ I went skating yesterday. (have gone (×))

④ I met him three days ago. (have met (×))

> **해석** ① 당신은 언제 한국에 왔나요? ② 나는 어젯밤에 영화를 보았다.
> ③ 나는 어제 스케이트를 타러 갔다. ④ 나는 3일 전에 그를 만났다.

(2) just나 now는 현재 완료 시제와 함께, just now(방금 전에)는 과거시제와 함께 사용 됩니다.

① He has returned home now.   ② He has just returned home.

③ He went out just now.(= a few minutes ago)

> **해석** ① 그는 지금 집에 돌아왔어. ② 그는 방금 집에 돌아왔어. ③ 그는 방금 전에 나갔어.

(3) 긍정의 답변에서는 already를 사용하지만 부정의 답변을 할 경우, 첫 질문에 대한 답변에서는 yet(아직)를 사용하지만, 그 다음 질문에 대한 답변부터는 still(아직도)을 사용합니다.

① I have already finished my homework.

② I haven't finished my homework yet. (구어체) = I haven't yet finished my homework. (문어체)

③ I still haven't finished my homework.

> **해석** ① 나는 이미 숙제를 끝냈어. ② 나는 아직 숙제를 다 마치지 못했어. ③ 나는 아직도 숙제를 다 마치지 못했어.

◀ 뉘앙스 맛보기 ▶

① He has gone to America. = He went to America, and he is not here now.

② He has gone to America for three weeks.

③ He has been to America.   ④ He has been in America.

⑤ He has been in Korea for a year.   ⑥ She has been to school today.

> **해석** ① 그는 미국에 가버렸다(가고 없다). – 결과 ② 그는 미국에 간 지 3주 됐어. – 결과
> ③ 그는 미국에 가본 적 있다. – 경험 ④ 그는 미국에서 살아본 적(체류한 적) 있다. – 경험
> ⑤ 그는 지금까지 1년 동안 한국에 있다. – 계속 ⑥ 그녀는 오늘 학교에 다녀왔어요. – 완료

> **어휘** come to ~에 오다 meet-met-met 만나다 ago 전에 see a movie 영화를 보다
> last night 어젯밤 go skating 스케이트 타러 가다 return home 집에 돌아오다 now 지금 just 막
> just now 방금 전에 already 이미/벌써 finish 끝마치다 homework 숙제 yet 아직 still 아직도, 여전히
> accelerate=animate=activate=drive=encourage=enkindle=expedite=facilitate=foment=further
> =give a boost to=give(lend) an impetus to=give(set, put) the spurs to=incite=instigate=motivate
> =precipitate=promote=press for=rush=set forward=speed(step, gear) up=spur=stimulate=urge 촉진(재촉)하다

⑤ 과거완료시제(had+p.p)의 4가지 용법(출제 고빈도 중급과정)

(1) 완료: just(막), yet(아직), already(이미, 벌써) 등과 함께 쓰여서 어떤 「동작이나 상태가 과거의 어느 시점에서 완전히 끝나버린 경우」

① The film had just started/ when we arrived.

② When I arrived at the station,/ the train had already started.

해석 ① 영화가 막 시작했을 때/ 우리는 도착했다. ② 내가 역에 도착했을 때,/ 기차는 이미 출발해 버렸다.

(2) 결과: 어떤 동작의 결과 「상태가 변화한 경우」

① My father had gone on a business trip/ when I was born.

② When I came home,/ I found/ that I had left my bag in the bus.

해석 ① 아빠가 출장 가셨을 때/ 내가 태어났다. ② 내가 집에 왔을 때,/ 나는 알았다/ 내가 가방을 버스에 놓아둔 것을.

(3) 경험: ever, never, once, twice, three times, several times, before, often, seldom등과 함께 「~한 적이 있다/없다」로 해석하는 경우

① I had once been to Canada/ before I visited America.

② I recognized her at once,/ for I had seen her several times before.

해석 ① 나는 캐나다에 한 번 가 본 적이 있다/ 미국을 방문하기 전에.
　　② 나는 그녀를 즉시 알아보았다/ 왜냐하면 전에 그녀를 몇 번 본 적이 있어서.

(4) 계속: 시간부사구 for(동안에)나 since(~이래로, ~부터), how long(얼마나 오랫동안)을 동반하여 「어떤 동작이나 상태가 과거까지 계속된 경우」

① The river was swollen,/ for it had rained three days.

② He had been in Paris for two years/ when the war broke out.

해석 ① 강물이 부풀어 올랐다/ 그 이유는 3일 동안 비가 내렸기 때문이었다.
　　② 그가 파리에 2년 동안 있었다/ 그 때 그 전쟁이 발생했다.

(5) 대과거: 과거를 기준으로 그 이전에 일어난 동작을 영문법에서는 과거완료라고 하지만 한국 학생들의 이해를 돕기 위해서 한국 영문법에서는 대과거라고 합니다.

① I sent her/ the ring that I had bought online.

② I gave my son/ the expensive watch that my father had bought for me.

해석 ① 나는 그녀에게 보냈다/ 온라인에서 산 반지를.
　　② 나는 내 아들에게 주었다/ 내 아버지가 나에게 사주셨던 그 비싼 시계를.

어휘 film 영화 start 시작하다 arrive 도착하다 station 역 already 이미 find-found-found 발견하다
leave-left-left 남겨두다 once 한 번 visit 방문하다 recognize 알아보다 at once=off hand 즉시
several times 여러 번 before 전에 break out 발생하다 swell-swelled-swollen 부풀리다 war 전쟁
buy-bought-bought 사다 ring 반지 give-gave-given 주다 son 아들 expensive 값비싼 watch 시계

⑥ 미래완료시제(will+have+p.p)의 5가지 용법(출제 고빈도 고급과정)

(1) 완료: by this time(이맘때까지/이 무렵)등과 함께 쓰여서 어떤 동작이나 상태가 미래의 어느 시점까지 완전히 끝나버릴 것을 예상할 때

① I will have completed my assignment/ by 3 o'clock.

② I will have finished this work/ by this time tomorrow.

> **해석** ① 저는 제 임무를 완수할 것입니다/ 3시까지는. ② 나는 이 일을 끝마칠 것이다/ 내일 이맘때까지는.

(2) 결과: 어떤 동작의 결과 미래에 「상태가 변하게 되는 경우」

① I will have bought a car in a year.

② She will have been married in ten years.

> **해석** ① 나는 1년 후에 차 한 대 사서 갖고 있을 거야. ② 그녀는 10년 후에는 결혼해 있을 것이다.

(3) 경험: ever, never, once, twice, three times, several times 등과 함께 「몇 차례 ~하게 될 것이다」로 해석하는 경우

① If I read this book again, I will have read it three times.

② If I visit Shanghai again, I will have visited it ten times.

> **해석** ① 내가 이 책을 다시 한 번 읽으면, 나는 그것을 세 번 읽게 되는 거야.
> ② 내가 상해를 다시 한 번 방문한다면, 나는 그곳에 10번 방문하는 게 되는 거야.

(4) 계속: 시간부사구 for(동안에)를 동반하여 「어떤 동작이나 상태가 미래까지 계속되는 경우」

① We will have been married for one year in October.

② He will have lived here for ten years by next month.

> **해석** ① 우리는 10월이면 결혼한 지 1년이 될 거예요. ② 그는 다음 달이 되면 이곳에서 10년 동안 사는 셈이 될 거야.

(5) 확신: 가까운 과거에 대한 확신을 나타내어 「틀림없이 ~했을 것이다」

① The guests will have arrived at the hotel by now.

= I am sure the guests have arrived at the hotel by now.

② The train will have left by now. = I'm sure the train has left by now.

> **해석** ① 그 손님들은 지금쯤 호텔에 도착했을 거야. ② 그 기차는 지금쯤 떠나 버렸을 거야.

> **어휘** complete 완수하다 assignment 임무/과제 by ~까지 in+시간~후에/만에/지나서 in a year 1년 후에
> in+공간 ~안에 within+시간 ~안에 visit=pay a visit to 방문하다 again 다시 be married 결혼한 상태이다
> for one year 1년 동안 guest 손님 arrive at=get to=reach 도착하다 by now 지금쯤 leave-left-left 떠나다
> abundant=abounding=adequate=affluent=ample=bountiful=bounteous=copious=exuberant=galore=lavish
> =lush=luxuriant=opulent=overflowing=plentiful=plenteous=profuse=replete=rich=self-supplied=sufficient
> =superabundant=surplus=swarming=teeming 풍부한↔devoid=destitute=deficient=exiguous=inadequate 부족한

7 동사의 진행시제

(1) 현재진행형: be+∼ing(∼하고 있다)(기초과정)

A. 말하고 있는 순간 진행 중일 때

① I am sitting.
② I am taking a shower.
③ She is talking on the phone.

> **해석** ① 나는 앉아 있어. ② 나는 샤워하고 있어. ③ 그녀는 전화에서 말하고 있어.

B. 일시적으로 현재 진행 중인 것보다 긴 행동

① I am cleaning the house today.
② I am working in Seoul this month.
③ I am living in London for a few months.

> **해석** ① 나는 오늘 집 청소하고 있어. ② 나는 이번 달에 서울에서 일하고 있어. ③ 나는 몇 달 동안 런던에서 살고 있어.

C. 이전 상태와 대조되는 습관을 나타낼 때

① He is not being good to me nowadays.
② You are smoking too much nowadays.
③ More and more people are using smart phones nowadays.

> **해석** ① 그는 요즈음 나에게 좋게 대하지 않아. ② 너는 요즘 담배를 너무 많이 피운다.
> ③ 요즈음 점점 더 많은 사람들이 스마트폰을 사용하고 있다.

D. 성장 발전 변화하고 있는 모습을 나타낼 때

① I am feeling better now.
② Your English is improving.
③ The climate is changing rapidly.

> **해석** ① 나는 지금 좋아지고 있어. ② 너의 영어는 좋아지고 있어. ③ 기후가 급변하고 있다.

E. 예정된 가까운 미래를 나타낼 때(diary future: ∼할 예정이다)

① We are catching the 9:00 flight.
② I am studying with Mary tonight.
③ I am meeting my professor tomorrow.

> **해석** ① 우리는 9시 비행기를 탈거야. ② 나는 오늘 밤 메리와 공부할 거야. ③ 나는 내일 교수님 만나기로 했어.

F. always나 constantly와 함께 현재의 좋지 못한 반복적인 행동을 나타낼 때(항상 ∼하다)

① You are always being late.
② They are constantly quarreling.
③ You are always thinking negatively.

> **해석** ① 너는 항상 지각하는구나. ② 그들은 만날 다툰다. ③ 너는 항상 부정적으로 생각해.

> **어휘** this month 이번 달에 for a few months 몇 달 동안 smoke 담배를 피우다 nowadays=these days 요즈음
> too much 너무 많이 be good to ∼에게 좋게 대하다 more and more 점점 더 많은 climate 기후, 풍토, 지대
> feel better 기분이 좋아지다 improve 좋아지다 rapidly=by leaps and bounds 급속도로 this weekend 이번 주말
> professor 교수 late 늦은/늦게 constantly=incessantly 만날 quarrel 다투다 think 생각하다 negatively 부정적으로

(2) 과거진행형: was/were+∼ing(기본과정)

A. 과거에 어떤 동작을 하고 있는 경우 (∼하고 있었다)

① I was sleeping/ when you called.　② While I was sleeping, you called.

> **해석** ① 내가 자고 있을 때/ 네가 전화했어. ② 내가 자고 있을 때/ 네가 전화했어.

B. always나 constantly와 함께 과거의 좋지 못한 반복적인 행동을 나타낼 때(항상 ∼했다)

① They were always making fun of him.　② My grandfather was always snoring.

> **해석** ① 그들은 항상 그를 놀려댔다. ② 내 할아버지는 항상 코를 고셨다.

(3) 미래진행형: will be+∼ing(기본과정)

A. 미래에 동작을 하고 있는 경우 (∼하고 있을 것이다)

① I will be cooking dinner at 6 pm.　② I will be studying at 11 pm tonight.
③ I will be writing a book at 3 am tomorrow.

> **해석** ① 나는 저녁 6시에 요리를 하고 있을 것이다. ② 나는 오늘밤 11시에 공부 하고 있을 거야.
> ③ 나는 내일 새벽 3시에 책을 쓰고 있을 거야.

B. 지금 시작한 행동이 미래까지 계속되는 경우 (지금부터 계속 ∼할 것이다)

① It will be raining the entire week.　② They will be studying until 11 o'clock.

> **해석** ① 일주일 내내 비가 계속 내릴 거야. ② 그들은 11시까지 계속 공부할 거야.

C. 이미 예정된 계획을 나타낼 때 (∼할 예정이다)

① I will be singing at the Hall next month.　② We will be leaving next Monday.

> **해석** ① 나는 다음 달에 그 홀에서 노래할 예정이야. ② 우리는 다음 월요일에 떠날 예정이야.

D. 현재의 추측 (지금 ∼하고 있을 것이다)

① He will be flying a kite.　② She will be enjoying her vacations.

> **해석** ① 그는 연을 날리고 있을 거야. ② 그녀는 자신의 휴가를 즐기고 있을 거야.

E. 미래에 대한 예상이나 추측 (미래에 ∼할 것이다)

① You will be feeling well tomorrow.　② Susan will be getting married very soon.
③ He will be coming to the meeting, I expect.

> **해석** ① 내일이면 좋아질 거야. ② Susan 곧 결혼할 거야. ③ 내 예상컨대 그는 모임에 올 거야.

어휘 sleep 자다 call 전화하다 always 항상 make fun of 놀리다 snore 코골다 cook 요리하다 dinner 저녁식사 study 공부하다 tonight 오늘밤 write 쓰다 every day 매일 rain 비오다 the entire week 일주일 내내 until∼까지 sing 노래하다 next month 다음 달 leave 떠나다 next Monday 다음 월요일에 fly a kite 연을 날리다 enjoy 즐기다 feel well 건강상태가 좋다 tomorrow 내일 get married 결혼하다 soon=by and by 곧 meeting 모임, 회의 expect 예상(기대)하다

8 동사의 완료진행시제(기본+중급과정)

(1) 현재완료진행형: (have been ∼ing: 지금까지 ∼하고 있다)

　　　　　　과거에 시작한 행동을 현재까지도 계속하고 있는 경우

① It has been raining for three days.

= It began to rain three days ago, and it is still raining.

② I have been living here since 2010.

= I began to live here in 2010, and I am still living here.

③ I have been doing my homework for two hours.

= I began to do my homework two hours ago, and I am still doing it.

> **해석** ① 지금까지 3일 동안 비가 내리고 있다. ② 나는 2010년부터 이곳에서 살고 있다.
> 　　　③ 나는 두 시간 동안 숙제를 하고 있다.

(2) 과거완료진행형: (had been ∼ing: 과거까지 ∼하고 있었다)

　　　　　　과거에 시작한 동작을 그 후 다른 과거까지 계속하는 경우

① He was tired because he had been jogging.

② I had been playing the piano for 2 hours/ when you came to my house.

③ He got a job last Monday. He had been looking for a job since last year.

④ I had been watching that program every week since it started, but I missed the last episode.

> **해석** ① 그는 피곤했다/조깅을 쭉 해왔기 때문에. ② 내가 피아노를 2시간 동안 치고 있을 때/ 네가 우리 집에 온 거야.
> 　　　③ 그는 지난 월요일에 직장을 구했다. 그는 작년부터 직장을 구해오고 있었다.
> 　　　④ 나는 그 프로그램을 시작했을 때부터 매주 보아왔으나 마지막 회를 못 보았다.

(3) 미래완료진행형: (will have been ∼ing: 미래까지 ∼하고 있을 것이다)

　　　　　　어떤 동작이나 행동이 미래의 어느 시점까지 계속되는 경우

① The party will have been going for ages/ by the time we arrive.

② As of tomorrow, I will have been living in Chicago for 2 years.

③ By March, we will have been using the new system for a full year.

> **해석** ① 파티는 오랫동안 계속되고 있을 거야/우리가 도착할 무렵에는.
> 　　　② 내일이면, 나는 시카고에서 2년 동안 살게 되는 거야.
> 　　　③ 3월이 되면, 우리는 그 새로운 시스템을 만 1년 사용하게 되는 거야.

> **어휘** rain 비가 내리다 still 아직도, 여전히 homework 숙제 tired 피곤한 jog 조깅하다 play the piano 피아노를 치다 get a job 직장을 구하다 last Monday 지난 월요일에 look for 찾다 since ∼이후로/∼부터 last year 작년 watch 시청하다 every week 매주 start 시작하다 miss 놓치다/못보다 episode 이야기/연속극 1회분 for ages=for a long time 오랫동안 by the time ∼할 무렵 as of tomorrow 내일이면 by march 3월이 되면 for a full year 만 일 년
> adroit=acute=adept=agile=alert=all-around=competent=deft=dexterous=expert=facile=gifted=glib=handy=ingenious =inventive=many-sided=multi-faceted=nimble=proficient=resourceful=skilled=skillful=talented 다재다능한, 기민한

⑨ for와 since 사용방법(토익 필수 과정)

(1) for(동안) 다음에는 기간이 오고 since(~부터) 다음에는 과거의 시작시점이 옵니다.

① She has been writing for two hours.

= She has been writing since two hours ago.

= She began to write two hours ago, and she is still writing.

② My parents have been married for ten years.

= My parents have been married since ten years ago.

= My parents got married ten years ago, and they are still married.

③ He died ten years ago.

= He has been dead for ten years. = He has been dead these ten years.

= He has been dead for the past ten years. = It is ten years since he died. (영국식)

= It has been ten years since he died. (미국식) = Ten years have passed since he died.

> **해석** ① 그녀는 2시간 동안 글을 쓰고 있다. = 그녀는 2시간 전부터 글을 쓰고 있다. = 그녀는 2시간 전에 글을 쓰기 시작하여, 아직도 글을 쓰고 있다. ② 내 부모님은 결혼한 지 10년이 되었다. = 내 부모님은 10년 전부터 결혼한 상태이다. = 내 부모님은 10년 전에 결혼해서 여전히 혼인 상태에 있다. ③ 그는 10년 전에 죽었다. = 그는 10년 동안 죽은 상태이다. = 그는 지난 10년 동안 죽은 상태이다. = 그는 지난 10년 동안 죽은 상태이다. = 그가 죽은 지 10년이다. = 그가 죽은 지 10년이 되었다. = 그가 죽은 지 10년이 지났다.

(2) ⓐ 과거에 시작하여 현재에 끝나면 「현재완료+since+과거시제」
　　 ⓑ 과거에 시작하여 현재까지 계속되면 「현재완료진행+since+과거시제」
　　 ⓒ 과거에 시작하여 그 후 다른 과거에 끝나면 「과거완료+since+과거시제」
　　 ⓓ 과거에 시작하여 그 후 다른 과거까지 계속되면 「과거완료진행+since+과거시제」

① I have eaten nothing since this morning.

② I have been working since 9 am and I am getting tired now.

③ I had been working since 9 am and I was getting tired around noon.

④ I felt very hungry at noon because I had eaten nothing since this morning.

⑤ When I married her, I had seen her for 5 years since I was 25 years old.

⑥ It was the first time I had won since I had learnt to play chess. (oxford)

> **해석** ① 나는 아침부터 아무 것도 안 먹었어. ② 나는 오전 9시부터 지금까지 일하고 있는데 이제 피곤해지기 시작하네.
> ③ 나는 오전 9시부터 일해오던 중 정오 무렵에 피곤해지기 시작했다.
> ④ 나는 정오에 무척 배가 고팠어, 왜냐하면 오늘 아침부터 아무 것도 안 먹었거든.
> ⑤ 내가 그녀와 결혼했을 때, 나는 25살 때부터 5년 동안 그녀와 교제했다.
> ⑥ 내가 체스를 두는 법을 배운 이후로 그 때 나는 처음 이겨봤다.

> **어휘** write–wrote–written 쓰다 for two hours 2시간 동안 since two hours ago 2시간 전부터
> still 아직도 die–died 죽다 dead 죽은 pass 지나다 eat–ate–eaten 먹다 eat nothing 아무것도 안 먹다
> this morning 오늘 아침 get(grow) tired 피곤해지다 feel–felt–felt 느끼다 hungry 배고픈 at noon 정오에

문제 2. Fill in the blanks to make the sentences mean the same.

① She has been working here since 2010. (그녀는 2010년부터 이곳에서 일하고 있다)

= She began_____

② We have been playing table tennis for two hours. (우리는 2시간 동안 탁구를 치고 있는 중이야)

= We have_____

= We began_____

③ She has been married for ten years. (그녀는 결혼한 지 10년이 되었다)

= She got_____

= It is_____

= It has_____

= Ten years_____

④ He has been in Korea for five years. (그는 한국에 온 지 5년이 되었다)

= He came_____

= It is_____

= It has_____

= Five years_____

⑤ We have been living here for a month. (우리는 이곳에서 산 지 한 달 되었다)

= We have_____

= We began_____

정답 ① = She began to work here in 2010, and she is still working here.
　　② = We have been playing table tennis since two hours ago.
　　　　 = We began to play table tennis two hours ago, and we are still playing it.
　　③ = She got married ten years ago. (and she is still married.)
　　　　 = It is ten years since she got married. (영국식)
　　　　 = It has been ten years since she got married. (미국식)
　　　　 = Ten years have passed since she got married.
　　④ = He came to Korea five years ago. (and he is still in Korea.)
　　　　 = It is five years since he came to Korea. (영국식)
　　　　 = It has been five years since he came to Korea. (미국식)
　　　　 = Five years have passed since he came to Korea.
　　⑤ = We have been living here since a month ago.
　　　　 = We began to live here a month ago, and we are still living here.

10 기타 주의해야 할 시제 I (출제 최고빈도 기본+고급 과정)

(1) 시간/조건 부사절이 미래의 뜻을 나타낼 때는 현재시제를 사용합니다.(기본과정)

① I will leave/ before he comes. (will come (x)) (~하기 전에)

② Let's wait/ until he comes back. (will come back (x)) (~할 때까지)

③ Please call me/ as soon as you arrive. (will arrive (x)) (~하자마자)

④ If it rains tomorrow,/ I will stay at home. (will rain (x)) (~한다면)

⑤ I will tell you the truth/ when he returns. (will return (x)) (~할 때/~하면)

> **해석** ① 나는 떠날 거야/ 그가 오기 전에. ② 우리 기다리자/ 그가 돌아올 때까지. ③ 나에게 전화해/ 도착하자마자.
> ④ 내일 비가 내리면,/ 난 집에 있을 거야. ⑤ 나는 너에게 진실을 말할게/ 그가 돌아오면.

(2) 시간/조건 부사절이 미래완료의 뜻을 나타낼 때는 현재완료시제를 사용합니다.

① When I have finished this work,/ I will go with you.

② I will buy a bike/ when I have saved enough money.

③ If you have read the book through,/ please lend it to me.

④ If you have completed the course,/ you will receive a certificate.

> **해석** ① 내가 이 일을 다 끝마치면,/ 너와 함께 갈게. ② 나는 자전거를 살 거야/ 내가 충분한 돈을 모으고 나면.
> ③ 네가 그 책을 다 읽고 나면,/ 나에게 빌려줘. ④ 네가 그 과정을 다 마치면,/ 너는 수료증을 받을 거야.

(3) when이나 If가 미래의 뜻을 가진 명사절(주어, 목적어, 보어)을 이끌면 그대로 미래시제를 씁니다. 이 때 If 절은 목적절로만 사용되고, 주어절이나 보어절로 사용할 수 없습니다.

① When we will have a meeting/ has not been decided yet. (주어절)

② Do you happen to know/ when he will return? (목적절)

③ The problem is when we will have a meeting. (보어절)

④ I don't know/ if(whether) he will attend the party. (목적절)

> **해석** ① 우리가 언제 모임을 가질 것인지는/ 아직 결정되지 않았다. ② 너 혹시 아니/ 그가 언제 돌아올지를?
> ③ 문제는 우리가 언제 모임을 가질 것이냐이다. ④ 나는 모른다/ 그가 파티에 참석할지 안 할지를.

(4) when이 관계부사로서 미래의 뜻을 가진 형용사절을 이끌면 그대로 미래시제를 쓰고 뒤에서부터 해석하여 「~할」이라고 해석 합니다.

① Do you know the exact time when(= at which) he will arrive?

② The day will come soon when(= on which) you will have free time.

③ Please tell me the exact date when(= on which) he will come back.

> **해석** ① 그가 도착할 정확한 시각을 너는 아니? ② 네가 자유 시간을 가질 날이 곧 올 것이다.
> ③ 그가 돌아올 정확한 날짜를 말씀해 주세요.

> **어휘** leave 떠나다 before ~하기 전에 until=till ~할 때까지 wait 기다리다 come back 돌아오다 as soon as
> ~하자마자 arrive 도착하다 truth 진실 return 돌아오다 work 일 buy 사다 bike 자전거 save 모으다 enough 충분한
> read~through 다 읽다 lend 빌려주다 course 과정 complete 완수하다/마치다 receive 받다 certificate 수료증 decide
> 결정하다 yet 아직 happen(chance) to 혹시 ~하다 soon 곧 exact=precise 정확한 free time 자유 시간 date 날짜

⑪ If 절에 will/would를 사용하는 경우 (고급과정)

(1) If 절이 미래의 결과를 나타낼 때, If 절에서 will/would을 사용합니다.

① If you get up late tomorrow morning, you will be late for school. (단순미래)

② If aspirins will cure my headache, I will take one right away. (미래의 결과)

③ If it really would save the planet, I would stop using my car right now.

> **해석과 설명** ① 네가 내일 아침 늦게 일어나면, 너는 학교에 지각할 것이다. (「늦게 일어난다는 조건하에서 지각한다는 결과가 나오는 것」처럼 인과관계가 성립할 때 if절이 미래의 의미라 하더라도 현재 시제를 사용해야 한다는 것이 문법입니다.)
> ② 만일 아스피린이 내 두통을 치료하게 된다면, 나는 당장 한 알을 복용하겠다. (이 문장에서 「아스피린이 두통을 치료한다면, 그 결과 나는 복용하겠다.」라는 인과관계가 성립하지 않고, 오히려 「아스피린 복용이 두통치료라는 결과를 가져오는 경우이므로」는 즉 if 절이 결과를 나타내므로 if 절에서 will을 사용해야 한다는 것이 문법입니다.)
> ③ 만일 정말 지구를 구하게 된다면, 난 지금 당장 자동차 사용을 멈추겠다. (자동차 사용중지가 지구를 구하는 결과를 가져오므로)

(2) 주어의 의지나 고집을 나타낼 때 If 절에서 will을 사용합니다.

① If you will smoke ten a day, it's natural that you have a hacking cough.

= If you insist on smoking so much, it's natural you have a hacking cough

② If you will play computer games without stopping, it is natural that your eyesight gets poor.

③ If he won't come there with us, there is nothing we can do to make him.

= If he refuses to come there with us, there is nothing we can do to make him.

> **해석** ① 네가 하루에 10개의 담배를 피우기를 고집한다면, 마른기침하는 것은 당연하지.
> ② 네가 쉬지 않고 컴퓨터 게임 하는 것을 고집한다면, 네 시력이 나빠지는 것은 당연하지.
> ③ 그가 우리와 함께 가려하지 않는다면, 그를 가게 만들기 위해 우리가 할 수 있는 일이 전혀 없다.

(3) 주어의 자발성(volition or willingness)을 나타낼 때 if 절에서 will이나 would를 사용하며 이 때 will은 be willing to(기꺼이~하다/~해주다)의 뜻입니다.

① If she will(would) work harder, she will(would) succeed.

= If she is(were) willing to work harder, she will(would) succeed.

② If you will(would) come to my party, I will(would) be very happy.

= If you are(were) willing to come to my party, I will(would) be very happy.

③ If you will only help me in the kitchen, I would cook your favorite meal tomorrow.

> **해석** ① 만일 그녀가 기꺼이 더 열심히 일한다면, 그녀는 성공할 거야.
> ② 만일 당신이 내 파티에 와주신다면, 저는 행복할 거예요.
> ③ 네가 오직 부엌에서 나를 기꺼이 도와주면, 내가 내일 네가 가장 좋아하는 식사를 요리해 줄 거야.

> **어휘** get up 일어나다 cure 치료하다 headache 두통 take 약을 복용하다 save the planet 지구를 구하다
> right now 당장 natural 당연한 hacking cough 마른기침 without stopping 쉬지 않고 eyesight 시력
> get poor 나빠지다 harder 더 열심히 succeed 성공하다 kitchen 부엌 favorite meal 좋아하는 식사

문제 3. Choose the correct answer.(고급과정)

① Clean the room before he (comes/will come).

② I won't go out until it (stops/will stop) raining.

③ I am unsure if I (attend/will be attending) the party.

④ I don't know if my cell phone (work/will work) there.

⑤ I will call you when I (have/will have) time tomorrow.

⑥ I don't know when she (returns/will return) to Korea.

⑦ The day will come soon when you (repent, will repent).

⑧ If he (help/would help) me with my work, I would pay him.

⑨ If Barcelona (win/will win) tomorrow, they will be champions.

⑩ If it (makes/will make) you happy, I will stay at home tonight.

⑪ If it (save/will save) our marriage, I will try to give up smoking.

⑫ I will be very happy if you (come/will come) to my birthday party.

⑬ If you (grant/will grant) my request, I will be much obliged to you.

⑭ As soon as you (meet/will meet) Jane, you will fall in love with her.

⑮ When I (have finished/will have finished) writing this email, I will go with you.

⑯ Do you remember the time when she (arrive/will arrive) at the airport?

⑰ If you (keep/will keep) all the windows shut, of course you will get headaches.

⑱ I'm going to see a movie when I (have finished/will have finished) my work.

해석과 정답 ① 그가 오기 전에 방청소 해라. (before가 이끄는 절이 시간 부사절이므로 comes) ② 비가 멈출 때까지는 나가지 않을 거야. (until이 이끄는 절이 시간 부사절이므로 stops) ③ 나는 잘 몰라/그 파티에 참석하게 될지. (if 절이 목적어로 쓰이는 명사절이므로 will be attending) ④ 나는 몰라/ 휴대전화가 그곳에서 작동할지. (if가 이끄는 절이 know의 목적어로 쓰이는 명사절이므로 will work) ⑤ 내가 너에게 전화할게/내일 시간이 있으면. (when이 이끄는 절이 시간 부사절이므로 have) ⑥ 나는 몰라/그녀가 한국에 언제 돌아올지. (when이 이끄는 절이 know의 목적어로 쓰이는 명사절이므로 will return) ⑦ 네가 후회할 날이 곧 올거야. (when 절이 앞에 있는 명사 the day을 꾸며주는 형용사절이므로 will repent) ⑧ 그가 기꺼이 내 일을 도와준다면, 나는 그에게 돈을 지불할 거야. (주어의 자발성을 나타내므로 would help) ⑨ 만일 바르셀로나가 내일 이긴다면, 그들은 챔피언이 될 거야. (If 절이 미래를 나타내는 부사절이므로 win) ⑩ 그것이 당신을 행복하게 한다면, 나는 오늘 밤에 집에 있을게. (If 절이 결과를 나타내므로 will make) ⑪ 그것이 우리 결혼을 지켜준다면, 나는 담배를 끊을게. (If 절이 결과를 나타내므로 will save) ⑫ 나는 무척 행복할 거야/네가 내 생일파티에 와준다면. (if 절이 주어의 자발성을 나타내므로 will come) ⑬ 당신이 내 요청을 들어준다면, 대단히 감사하겠습니다. (If 절이 주어의 자발성을 나타내므로 will grant) ⑭ 너는 Jane을 만나자 마자 그녀에게 반할 거야. (As soon as가 이끄는 절이 부사절이므로 meet) ⑮ 내가 이 이메일을 다 쓰고 나면, 너와 함께 갈게. (When 절이 미래 완료를 나타내는 부사절이므로 have finished) ⑯ 너는 그녀가 공항에 도착할 시각을 기억하니? (when 절이 the time을 수식하는 형용사절이므로 will arrive) ⑰ 네가 모든 유리창을 (고집스럽게) 닫아둔다면, 물론 너는 두통이 생길거야. (If 절이 주어의 고집을 나타내므로 will keep) ⑱ 나는 영화 보러 갈 거야/내 일을 다 마치고 나면. (when 절이 미래완료를 나타내는 부사절이므로 have finished)

어휘 cell phone 휴대전화 repent 후회하다 be unsure=have no idea 모르다 attend=take part in 참석하다
pay-paid-paid 지불하다 tonight 오늘밤 marriage 결혼 give up=abandon 포기하다 grant 들어주다 request 요청
be obliged to 감사하다 arrive at the airport 공항에 도착하다 shut-shut 닫다 headache 두통 as soon as ～하자마자

12 기타 주의해야 할 시제 II(기본과정)

(1) 이동동사(왕래발착 동사)(go, come, return, begin, start, depart, leave, arrive, reach)와 close, open, turn, meet, sail, visit, ride, do, fly 등이 미래를 뜻하는 부사(구)와 함께 쓰여 미래를 나타낼 때는 현재형, 미래형, 현재진행형을, 미래진행형시제를 사용할 수 있습니다.

① She returns home next Tuesday.

= She will return home next Tuesday.

= She is returning home next Tuesday.

= She will be returning home next Tuesday.

= She is going to return home next Tuesday.

② I am leaving at three.

③ Are you doing anything on Sunday?

④ I am visiting my grandparents next weekend.

⑤ A new restaurant will be opening soon near here.

> **해석** ① 그녀는 다음 화요일에 돌아와. ② 나는 3시에 떠날 거야. ③ 너는 일요일에 뭐 하기로 되어있니?
> ④ 나는 다음 주말에 내 조부모님을 방문할 예정이야. ⑤ 새로운 식당이 이 근처에 곧 오픈할 예정이다.

(2) 상태 동사(인식, 지각, 소유, 감정, 감각동사)는 진행형을 쓸 수 없어요.(출제 고빈도 기본과정)

① I have a watch. (am having (×)) (소유동사)

② He owns a fine car. (is owning (×)) (소유동사)

③ I hear birds singing. (am hearing (×)) (지각동사)

④ This cloth feels soft. (is feeling (×)) (감각동사)

⑤ I feel you are wrong. (am feeling (×)) (상태동사)

⑥ I know him very well. (am knowing (×)) (인식동사)

⑦ I love you very much. (am loving (×)) (감정동사)

⑧ He works as an engineer. (is working (×)) (상태동사)

⑨ You owe me some money, don't you? (are owning (×)) (상태동사)

⑩ He belongs to the baseball club of our school. (is belonging (×)) (상태동사)

> **해석** ① 나는 시계를 갖고 있어. ② 그는 멋진 차를 소유하고 있다. ③ 새 소리가 들린다. ④ 이 천은 촉감이 부드럽다.
> ⑤ 난 네가 틀렸다는 생각이 들어. ⑥ 나는 그를 잘 안다. ⑦ 나는 너를 무척 사랑해. ⑧ 그는 기술자로서 일한다.
> ⑨ 너 나에게 돈 좀 빚졌잖아, 안 그래? ⑩ 그는 우리 학교 야구부에 소속해 있어.

> **어휘** return 돌아오다 next Tuesday 다음 화요일 leave 떠나다 on Sunday 일요일에 visit 방문하다
> next weekend 다음 주말에 grandparents 조부모 restaurant 식당 soon 곧 near here 이 근처에
> watch 시계 own=possess 소유하다 a fine car 멋진 차 bird 새 cloth 천 feel soft 촉감이 부드럽다
> feel 생각하다/생각이 들다 engineer 기술자/공학자 owe 빚지다 belong to 속하다 baseball club 야구부
> advance(proceed, rise, come up, get up, get on, get ahead, make out, make a hit, make one's way, push one's
> way) in the world=attain distinction=rise to eminence=attain a higher social position=have a rise in life 출세하다

(3) 특정 순간 진행 중인 동작이나 동작 동사로 쓰일 때는 진행형을 사용할 수 있습니다.

① I am having lunch now.

② You are being stupid now.

③ I am seeing Mary for lunch.

④ The cook is tasting the soup.

⑤ He is weighing a water melon.

⑥ I am having a good time now.

⑦ I am feeling much better now.

⑧ He is having a cold bath now.

⑨ He is working hard outside now.

⑩ Why are you smelling the broth?

⑪ He's looking at the computer screen.

⑫ I am thinking of going on a vacation.

⑬ She is expecting a baby in September.

⑭ She is feeling the texture of the fabric.

⑮ He is appearing in Hamlet this evening.

⑯ The judge will be hearing the evidence today.

> **해석** ① 나는 지금 점심 먹고 있어. ② 너는 지금 멍청한 짓을 하고 있는 거야. ③ 나는 점심을 위해 메리를 만나기로 했어. ④ 요리사가 수프를 맛보고 있다. ⑤ 그는 수박의 무게를 재고 있다. ⑥ 나는 지금 즐거운 시간을 보내고 있어.
> ⑦ 나는 기분이(신체 건강이) 지금 훨씬 좋아지고 있어. ⑧ 그는 지금 찬물로 목욕하고 있어. ⑨ 그는 지금 밖에서 열심히 일하고 있다. ⑩ 너는 왜 그 국 냄새를 맡아보는 거야? ⑪ 그는 컴퓨터 화면을 보고 있다. ⑫ 나는 휴가를 갈 생각이야.
> ⑬ 그녀는 9월에 출산 예정이다. ⑭ 그녀는 천의 촉감을 느껴보고 있다. ⑮ 그는 오늘 저녁 햄릿에 등장할 거야.
> ⑯ 판사는 오늘 증언 심리를 할 예정이다.

(4) stand, lie, sit가 지리적 위치와 관련한 상태를 나타낼 때는 진행형을 쓸 수 없습니다.

① He is standing over there.

② His house stands on a hill. (is standing (×))

③ He was lying under the table in a drunken stupor.

④ The pass lies between two high mountains. (is lying (×))

⑤ She was sitting reading when the doorbell rang.

⑥ The village sits in a valley at the foot of the mountains. (is sitting (×))

> **해석** ① 그가 저기에 서 있다. ② 그의 집은 언덕 위에 서 있다(위치해 있다).
> ③ 그는 인사불성이 되어 탁자 아래 누워 있었다. ④ 그 고갯길은 두 개의 높은 산 사이에 놓여 있다.
> ⑤ 그녀는 앉아서 독서를 하고 있었다/ 초인종이 울렸을 때. ⑥ 그 마을은 산발치의 골짜기에 있다.

> **어휘** have lunch 점심 먹다 stupid=foolish 어리석은 see 만나다 lunch 점심식사 taste 맛보다 weigh 무게를 재다 water melon 수박 have a good time 즐거운 시간을 보내다 much 훨씬 feel better 건강이 더 좋다 have a cold bath 찬물로 목욕하다 hard 열심히 outside 밖에서 smell 냄새 맡다 broth 국 look at 보다 screen 화면 expect 기다리다 texture 촉감/질감 feel 만져보다 fabric 천/직물 appear 출현하다 judge 판사 hear 심리하다 evidence 증언, 증거

(5) 접속사(before, after, when, than, till, until) 등의 절의 앞이나 뒤에서 과거완료 대신 과거시제를 사용할 수 있습니다.(출제 고빈도 토익과정)

① He stood here motionless/ after she (had) disappeared.

② The problem was more difficult/ than we (had) expected.

③ I (had) finished my homework/ before I went to see a movie.

④ He purchased a new car/ after he (had) researched all his options.

> **해석** ① 그는 이곳에 꼼짝하지 않고 서 있었다/그녀가 사라진 후. ② 그 문제는 더 어려웠다/우리가 예상했던 것 보다.
> ③ 나는 숙제를 끝마쳤다/영화 보러 가기 전에. ④ 그는 새 자동차를 구입했다/모든 선택사항을 살펴본 후.

(6) 일시적 상태를 나타내는 동사(ache, feel, hurt, look = appear)는 단순시제와 진행형 시제를 사용할 수 있습니다.

① My arm really aches. = My arm is really aching.

② How do you feel today? = How are you feeling today?

③ You look really good today. = You are looking really good today.

> **해석** ① 내 팔이 정말 아파. ② 너 오늘 기분 어때? ③ 너 오늘 참 좋아 보인다.

《 뉘앙스 맛보기 》

① I feel good. = I feel happy.

② I feel well. = I feel healthy.

③ He wears glasses.

④ He is wearing glasses today.

⑤ I live in this house.

⑥ I am living in this house now.

⑦ I will phone you when I get home.

⑧ I will phone you when I have got home.

⑨ If I go to the shop, I will buy some milk.

⑩ When I go to the shop, I will buy some milk.

> **해석** ① 기분이 좋다. ② 몸 상태가 좋다. ③ 그는 평소에 안경을 쓴다. ④ 그는 오늘 안경을 쓰고 있다.(특정한 순간)
> ⑤ 나는 원래 이 집에서 산다. ⑥ 나는 현재 이 집에 살고 있어.(일시적 거주)
> ⑦ 집에 도착하면 전화할게.(동시에) ⑧ 집에 돌아온 후 아무 때나 전화할게.
> ⑨ 혹시 가게에 가게 되면, 우유 사올게.(가게에 갈 수도 있고 안 갈 수도 있는 경우)
> ⑩ 가게에 갈 때, 우유 사올게.(가게에 이미 가기로 되어있는 경우)

어휘 stand-stood 서있다 disappear=evanesce=evaporate=vanish=die(fade) out=fade away 사라지다
motionless 꼼짝하지 않고 more difficult 더 어려운 problem 문제 than~보다 expect 예상하다 finish 끝마치다
see a movie 영화를 보다 research 연구하다/살펴보다 purchase 구입하다/손에 넣다 option 선택 사항 arm 팔
ache 아프다 well 건강한 wear 착용하다 glasses 안경 get home 집에 도착하다 shop 가게 buy 사다 milk 우유
understand=appreciate=apprehend=comprehend=dig=discern=embrace=follow=fathom=perceive=penetrate
=interpret=make(figure, spell) out=take in=catch on to=see through=get (at)=make head or tail of
=make sense of=get(see) the hang of=pick up on=get(catch, grasp) the meaning(idea, point) of 이해하다
disagree(disharmonize, conflict) with=be in disagreement(disharmony, discord, dissent, dissension,
dissidence, heterodoxy, inconsistency, incongruity, antagonism) with=dissent from=be discrepant from
=be inconsistent(incompatible, incongruous, discordant, inharmonious) with ~와 일치하지 않다

PART 07 | 접속사(Conjunctions)(토익 출제 최고빈도 과정)

1 When의 해석 방법(기본과정)

Ⓐ ~하면/직후에(= as soon as/immediately after)

Ⓑ ~할 때/동시에(= at the same time as)   Ⓒ 동안에(= during the time that)

① I'll phone you again/ when I get home.
② When it stops raining,/ I'll show you around the garden.
③ When you called,/ I was watching TV.
④ She was waiting for a bus/ when the accident occurred.
⑤ I always wear a hat/ when I work(=when working) in the garden.
⑥ When he was in the air force,/ he flew Tornado jets.

해석 ① 내가 너에게 다시 전화할게/ 내가 집에 도착하면. ② 비가 그치면/ 내가 너에게 정원을 구경시켜줄게.
③ 네가 전화했을 때,/ 나는 TV를 시청하고 있었어. ④ 그녀가 버스를 기다리고 있을 때,/ 그 사고가 발생했다.
⑤ 나는 항상 모자를 쓴다/ 정원에서 일할 때(일하는 동안에). ⑥ 그는 공군에 있을 때,/ 토네이도 제트기를 조종했다.

2 While/Whilst(영국)의 해석 방법(중급+고급과정)

Ⓐ ~하는 동안에/~하고 있을 때(= during the time that) Ⓑ ~하면서

Ⓒ ~하다가/~하던 중에 Ⓓ ~이지만(= Though) Ⓔ ~인 반면(= whereas)

① While I was driving to work,/ he called me.
② While he was watching television,/ she was reading.
③ I usually study/ while listening to music.
④ I sometimes spend my time/ while watching movies at night.
⑤ I sprained my ankle/ while playing soccer yesterday.
⑥ I hurt my back/ while I was lifting that heavy box.
⑦ While(Though) I know he is not perfect,/ I do like him.
⑧ While(Though) I agree with you,/ I don't think that your way is the best.
⑨ Whereas(While) she likes jazz,/ I prefer opera.
⑩ Tom is very outgoing,/ while(whereas) Cathy is shy and quiet.

해석 ① 내가 차를 몰고 직장에 가고 있을 때,/ 그가 나에게 전화를 했다. ② 그가 TV를 보고 있을 때,/ 그녀는 독서를 하고 있었다. ③ 나는 대개 공부한다/ 음악을 들으면서. ④ 나는 가끔 내 시간을 보낸다/ 밤에 영화를 보면서. ⑤ 나는 발목을 삐었다/ 어제 축구를 하다가. ⑥ 나는 허리를 다쳤다/ 저 무거운 상자를 들다가. ⑦ 나는 그가 완벽하지 않다는 것을 알지만,/ 나는 정말 그를 좋아한다. ⑧ 나는 너에게 동의하지만,/ 너의 방법이 최선이라고 생각하지는 않는다. ⑨ 그녀는 재즈를 좋아하는 반면,/ 나는 오페라를 선호한다. ⑩ Tom은 매우 사교적인 반면,/ Cathy는 부끄럼타고 조용하다.

어휘 again 다시 get home 집에 도착하다 show around 구경시켜주다 garden 정원, 뜰 accident 사고, 우연 occur=happen 발생하다 wear 착용하다 air force 공군 fly 조종하다 call 전화하다 usually=as a rule 대개 sometimes=now and then 가끔 at night 밤에 sprain 삐다 ankle 발목 hurt 다치다 back 허리 lift 들어 올리다 perfect 완벽한 agree 동의하다 prefer 선호하다 outgoing 사교적인 shy=coy=bashful 부끄럼타는 quiet 조용한

⑦ during+기간 명사 (~동안에) / for+숫자 (~동안에) / since+시작점 (~부터)(출제 고빈도)

① He has been sleeping for 3 hours.　② He has been sleeping since 3 hours ago.

③ He fell asleep during the class yesterday.

④ I am going to visit Cebu during the summer vacation.

⑤ He moved to Washington three years ago and has lived there (ever) since. (부사)

> **해석** ① 그는 지금까지 3시간 동안 자고 있다. ② 그는 3시간 전부터 지금까지 잠을 자고 있다.
> ③ 그는 어제 수업 중에 잠이 들어버렸다. ④ 나는 여름방학 때 세부를 방문할 예정이다.
> ⑤ 그는 3년 전에 워싱턴으로 이사하여 그 후로 (죽 지금까지) 그곳에 살고 있다.

③ since 해석방법(토익 출제 고빈도 고급과정)

Ⓐ ~때문에: 주로 좌우시제가 동일한 경우(= because)

Ⓑ ~이래로: 과거부터 현재까지는 현재완료

Ⓒ ~이후로: 과거부터 그 이후 다른 과거까지는 과거완료(현재를 포함하지 않는 경우)

Ⓓ ~부터: since 다음에 시점이 아니고 기간이 올 경우에는 since 다음에 완료시제

ⓐ
① Since he was poor, he could not buy a car.
② Everyone was at home(,) since it was raining.
③ Since you have finished your work, you may go.

ⓑ
④ I have loved you since I first met you.
⑤ I have been feeling sick (ever) since I ate that cake.
⑥ It is over 5 years since I last visited Europe. (영국영어)
= It has been over 5 years since I last visited Europe. (미국영어)

ⓒ
⑦ He had been in a grumpy mood since he got up.
⑧ He had been composing music since he was ten years old.
⑨ Cathy had slept most of the way since leaving Washington.

ⓓ
⑩ I have felt much better since I opened the window. (시점)
⑪ I have felt much better since the window has been open. (기간)
⑫ I haven't seen him since we were in high school. (현재 고교생이 아님)
⑬ I haven't seen him since we have been in high school. (지금도 고교생)

> **해석** ① 그는 가난했기 때문에 차를 살 수 없었다. ② 모든 사람들이 집에 있었다, 왜냐하면 비가 오고 있었기 때문에.
> ③ 너는 일을 다 마쳤으니까, 가도 된다. ④ 나는 너를 처음 만난 순간부터 사랑해 왔다.
> ⑤ 나는 그 떡을 먹은 이후로 지금까지 아프다. ⑥ 내가 마지막으로 유럽을 방문한 지가 5년이 지났다.
> ⑦ 그는 일어난 이후로 계속 기분이 언짢은 상태였다. ⑧ 그는 10살 때부터 음악을 작곡해오고 있었다.
> ⑨ Cathy는 워싱턴을 떠난 이후로 내내 잠을 잤다. ⑩ 나는 창문을 연 이후로 기분이 훨씬 좋아졌다.
> ⑪ 나는 창문이 열려있는 이후로 기분이 훨씬 좋아졌다. ⑫/⑬ 나는 우리가 고교생 된 이후로 그를 본적이 없다.

> **어휘** move 이사하다 fall asleep 잠들다 be going(due) to ~할 예정이다 summer vacation 여름방학 sick 아픈
> grumpy 언짢은 mood 기분 compose 작곡하다, 구성하다 most of the way 내내 much better 훨씬 더 좋은
> bargain(barter, dicker, exchange, switch, swop, swap, truck, trade) A for B A와 B를 (물물) 교환하다

④ As의 용법(중급+고급과정)

(1) 할 때(When): 암기요령 : 그 첫 글자를 따서 「할하하하 할때이지로」

① As he was a child,/ he lived in Seoul.

② She was often ill/ as(when) a child.(= when she was a child.)

③ We got to the check-in desk/ just as they were about to close.

④ As she was leaving the court,/ many photographers gathered around her.

> **해석** ① 어렸을 때,/ 그는 서울에서 살았다. ② 그녀는 자주 아팠다/ 어렸을 때.
> ③ 우리가 탑승 수속 창구에 도착했을 때,/ 그들은 막 마감하려 하고 있었다.
> ④ 그녀가 법정을 떠날 때,/ 많은 사진기자들이 그녀 주변에 모였다.

(2) 하면서/하다가/동안에/도중에(while: 동시동작)

① I slipped on the ice/ as I ran home. (하다가)

② As we walked,/ we talked about the future. (하면서)

③ He tripped/ as he was coming out of the bank. (하다가)

④ A good idea occurred to me/ as I was coming home. (동안에/도중에)

> **해석** ① 나는 얼음위에서 미끄러졌다/ 집으로 달려가다가. ② 우리는 걸어가면서/ 미래에 대해 얘기했다.
> ③ 그는 발을 헛디뎌 넘어졌다/ 은행에서 나오다가. ④ 어떤 좋은 생각이 나에게 떠올랐다/ 집에 오는 도중에.

(3) 하듯이(알려진 것이나 거론 된 것을 언급할 때)

① The sun is hot,/ as everyone knows.　② As you can see,/ I didn't go after all.

③ As you know,/ I'll be leaving tomorrow.　④ To become wise,/ as we all know,/ is not easy.

> **해석** ① 태양은 뜨겁다/ 모두가 알고 있듯이.　② 네가 알다시피/ 나는 결국 가지 않았어.
> ③ 네가 알다시피/ 나는 내일 떠날 거야.　④ 현명해지는 것은,/ 우리 모두가 알고 있듯이,/ 쉽지 않다.

(4) 하는 대로(= in the same way that)

① In Rome, do as the Romans do.　② As you sow, so shall you reap.

③ As you treat me, so I will treat you.　④ As rust eats iron, so care eats the heart.

⑤ As I would not be a slave, so I would not be a master.

⑥ As food nourishes our body, so books nourish our mind.

⑦ Just as we see the sun set, so too others see the sun rise.

⑧ Just as some people are fake in person, so too are many people online.

> **해석** ① 로마에서는 로마인들이 하는 대로 하라. ② 뿌리는 대로 거두리라. ③ 네가 나를 대하는 대로 나도 너를 대할
> 거야. ④ 녹이 철을 좀먹듯이 근심은 마음을 좀먹는다. ⑤ 내가 노예가 되고 싶지 않듯이 나는 주인도 되고 싶지 않다.
> ⑥ 음식이 신체에 영양을 공급하듯이, 책은 마음에 영양분을 준다. ⑦ 우리가 태양이 지는 것을 보듯이, 다른 사람들은
> 태양이 뜨는 것을 본다. ⑧ 일부 사람들이 실제로 가짜이듯이, 많은 사람들이 온라인에서 가짜다.

> **어휘** ill 아픈 check-in desk 탑승 수속 창구 be about to 막 ~하려 하다 close 마감하다 leave-left-left 떠나다
> court 법정 gather 모이다 around 주변에 slip 미끄러지다 trip 걸려 넘어지다 occur to=strike ~에게 떠오르다
> after all=in the end=finally 결국 sow 씨 뿌리다 reap 거두다 treat 대하다 rust 녹 iron 철 care 근심 slave 노예
> master 주인 nourish 영양을 공급하다 set 지다 rise-rose-risen 오르다 fake 가짜 in person 직접/실생활에서

(5) 할수록/함에 따라(= according as = in proportion as): 비교급과 함께 비례를 나타낼 때

① As we work harder, we can earn more. = The harder we work, the more we can earn.

② As she grows older, she will grow wiser. = The older she grows, the wiser she will grow.

③ As we go up a mountain higher, we feel colder.

④ As one gets older, life gets more and more difficult.

> **해석** ① 우리는 더 열심히 일할수록 더 많이 벌 수 있다. ② 그녀는 나이가 들수록 더 현명해질 것이다.
> ③ 우리는 산을 높이 오를수록 더욱 추위를 느낀다. ④ 사람은 나이가 들수록 삶이 점점 더 어려워진다.

(6) 때문에/이니까(since = because)

① Old as he is, he cannot do such a hard work.

② He could not come as he had an appointment.

③ As it was getting late, we decided to return home.

④ Knowing him as I did, I was not surprised by his decision.

= As I knew him well, I was not surprised by his decision.

> **해석** ① 그는 늙었기 때문에 그렇게 힘든 일을 할 수 없다. ② 그는 약속이 있었기 때문에 올 수 없었어.
> ③ 날이 어두워지고 있어서, 우리는 집에 돌아가기로 결정했다.
> ④ 나는 그를 잘 알고 있었기 때문에 그의 결정에 놀라지 않았다.

(7) 이지만/하지만/하더라도(= though)

「명·동·형·부」즉, 명사, 동사, 형용사, 부사 뒤에서 「~하지만/~하더라도」로 해석하며 though로 대체할 수는 있으나 although/even though등은 사용할 수 없습니다. 또한 명사 앞에 부정관사 a/an을 사용할 수 없으나 명사가 Though 뒤로 가면 다시 a/an을 붙여야 하고 Although도 사용가능합니다.

① Child as/though he was, he could understand it. (Although (x))

= Though/Although he was a child, he could understand it. (As (x))

② (As) much as I like you, I will not marry you.

③ Try as he might, he just couldn't lift the weights.

④ (As) poor as he is, he is respected by his neighbors.

⑤ Laugh as they would, he maintained the story was true.

⑥ Fail though he did this time, he didn't give up the hope of passing finally.

> **해석** ① 그는 어린애였지만 그것을 이해할 수 있었다. ② 나는 너를 무척 좋아하지만 너와 결혼하지는 않을 거야.
> ③ 열심히 노력해보았지만, 그 역기를 들 수가 없었다. ④ 그는 가난하지만 그의 이웃들에게 존경받는다.
> ⑤ 그들이 비웃곤 했지만, 그는 그 이야기가 사실이라고 주장했다.
> ⑥ 그는 이번에 실패했지만, 결국 합격하리라는 희망을 포기하지 않았다.

> **어휘** earn 벌다 wise 현명한 more and more difficult 점점 더 어려운 appointment 약속 decide 결정하다
> such a hard work 그토록 힘든 일 get late 날이 어두워지다 return 돌아가다, 반환하다 decision 결정
> understand=make(figure/spell) out=make sense of=make head or tail of 이해하다 try 노력하다
> lift 들어 올리다 weights 역기 respect 존경하다 neighbor 이웃 laugh 웃다 maintain 주장하다 fail 실패하다
> this time 이번에 give up=abandon=desert=discard=yield=surrender=forsake=quit 포기하다 pass 합격하다

(8) ~로서(자격이나 역할을 나타내는 전치사)

① We looked up to him as a leader. ② As a pacifist, I am against all wars.

③ The news came as quite a shock to us. ④ He worked as a teacher for many years.

해석 ① 우리는 그를 지도자로서 존경했다. ② 평화주의자로서 나는 모든 전쟁을 반대한다.
③ 그 뉴스는 우리에게 대단한 충격으로 다가왔다. ④ 그는 수년 동안 교사로서 일했다.

(9) It is with A as it is with B = A is like B (A는 B와 같다)

① It is with true love as it is with ghosts.

② It is with our passions as it is with fire and water.

③ It is with learning as it is with pushing a car uphill.

해석 ① 진실한 사랑은 유령과 같다. ② 우리의 열정은 불과 물과 같다. ③ 학문은 자동차를 언덕위로 미는 것과 같다.

5 By the time (that) 주어 A(동사), 주어 B(동사)(토익 출제 고빈도 고급과정)

「~의 이전이나 ~까지/~할 무렵/~할 즈음/when」의 뜻을 가진 시간 접속사로서 「주어가 A할 무렵에 B가 이뤄지거나 이뤄지고 있거나 이미 이뤄져 버린 상황」에서 사용합니다.

① By the time I arrived, they had eaten dinner.

② By the time I arrived, they were eating dinner.

③ By the time I arrive, they will be eating dinner.

④ They will have eaten dinner by the time I arrive.

⑤ We will have better traffic conditions by the time we leave.

⑥ The other guests were already there by the time we arrived.

해석 ① 내가 도착할 무렵 그들은 저녁식사를 마친 상태였다. ② 내가 도착할 무렵 그들은 저녁식사를 하고 있었다.
③ 내가 도착할 무렵 그들은 저녁식사를 하고 있을 거야. ④ 내가 도착할 무렵 그들은 이미 저녁식사를 마친 상태가 될
거야. ⑤ 우리가 떠날 무렵 교통상황은 더 좋아질 거야. ⑥ 우리가 도착했을 때 다른 손님들이 이미 도착해 있었다.

6 Like vs As(고급과정)

명사나 명사구를 취하는 전치사 like를 특히 미국영어에서 as if/as though(마치~인 것처럼)의 뜻으로 접속사처럼 자주 사용되고 있으나 이는 철저히 informal spoken English(격식 없는 대화체)이며 문법적으로 틀린 것이므로 글에서는 like를 접속사로 사용하지 마세요.

① It looks as if he won't arrive in time. (like x)

② She looked at me as if I were stupid. (like x)

③ It looks like rain soon. = It is likely to rain soon. = It looks as if it's going to rain soon. (like x)

④ He runs like a gazelle. = He runs as a gazelle does. (like x)

해석 ① 그는 제 시간에 도착하지 못할 것 같다. ② 그녀는 나를 멍청하다는 듯이 쳐다보았다.
③ 곧 비가 올 것 같다. ④ 그는 가젤처럼 달린다.

어휘 look up to=respect=regard=revere=esteem=honor 존경하다 pacifist 평화주의자 against 반대하는
quite a shock 대단한 충격 ghost 유령, 귀신 learning 학문, 학습 push 밀다 traffic condition 교통상황
uphill 오르막길로 as if=as though 마치 ~인 것처럼 in time 제시간에 stupid 멍청한 gazelle 아프리카 영양

문제 1. 다음 괄호 안에 while, during, for, since 중에서 알맞은 단어를 넣으세요.(기초+기본과정)

① Bats sleep _____ the day.

② He fell asleep _____ the meeting.

③ Please be quiet _____ I'm reading.

④ We all stayed inside _____ the storm.

⑤ It has been raining _____ three days.

⑥ Turkey has been a republic _____ 1923.

⑦ I have been reading _____ two hours ago.

⑧ It has been raining _____ three days ago.

⑨ I have been meaning to call you _____ some time.

⑩ I first met my future wife _____ my stay in New York.

⑪ Someone stole my bag _____ I was riding on the train.

⑫ My mom was knitting _____ I was doing my homework.

> **해석과 정답** ① 박쥐는 낮에 잠잔다. (during) ② 그는 회의 중에 잠이 들어버렸다. (during) ③ 내가 책 읽는 동안 조용히 좀 해주렴. (while) ④ 우리는 폭풍이 부는 동안에 모두 안에 있었다. (during) ⑤ 3일 동안 지금까지 비가 내리고 있다. (for) ⑥ 터키는 1923년부터 공화국이다. (since) ⑦ 나는 2시간 전부터 책을 읽고 있다. (since) ⑧ 3일 전부터 비가 내리고 있다. (since) ⑨ 나는 아까부터 너에게 전화를 하려던 참이었어. (for) ⑩ 내가 뉴욕에 머물고 있을 때 나는 내 미래의 아내를 처음 만났다. (during) ⑪ 내가 기차를 타고 있는 동안에 누군가가 내 가방을 훔쳐갔다. (while) ⑫ 내가 숙제를 하고 있는 동안 엄마는 뜨개질을 하고 계셨다. (while)

문제 2. 다음 밑줄 친 부분 둘 중에서 올바른 표현을 고르세요.(고급과정)

① Peter looks/look like very smart for his age.

② It looks like/as if rain, so let's not go on a picnic.

③ Cathy's eyes are red. She looks like/as if she has cried.

④ The noise coming from outside sounded like/as if a thunder.

⑤ You look like/as if something is bothering you. What's wrong?

⑥ Your perfume makes me feel hungry because it smells like/as if vanilla.

⑦ It seems/seems like strange that there is no one to serve us in the shop.

⑧ The soup tasted/tasted like horrible, but she was too polite to refuse to eat it.

> **해석과 정답** ① Peter는 나이에 비해 매우 영리해 보인다. (looks) ② 비가 올 것 같으니 소풍가지 말자. (like) ③ Cathy의 눈은 빨갛다. 그녀는 운 것 같다. (as if) ④ 밖에서 들려오는 소음은 마치 천둥소리처럼 들렸다. (like) ⑤ 뭔가가 너를 괴롭히는 것 같은데. 무슨 안 좋은 일 있니? (as if) ⑥ 너의 향수는 나에게 배고픔을 느끼게 만들어, 왜냐하면 바닐라 향기가 나거든. (like) ⑦ 그 가게에 우리를 응대해줄 사람이 아무도 없다는 것은 이상한 것 같아. (seems) ⑧ 그 수프는 맛이 끔찍했다, 하지만 그녀는 너무 정중해서 그것을 먹기를 거절할 수 없었다. (tasted)

> **어휘** bat 박쥐 during the day 낮에 fall asleep 잠들다 quiet 조용한 stay inside 안에 머무르다 storm 폭풍 republic 공화국 mean to ~할 의도이다 for some time 아까부터, 잠시 동안 steal-stole 훔쳐가다 ride-rode 타다 knit 뜨개질하다 homework 숙제 for one's age 나이에 비해 smart 영리한 go on a picnic 소풍가다 cry 울다 noise 소음 from outside 밖으로부터 thunder 천둥 bother 괴롭히다 perfume 향수 feel hungry 배고픔을 느끼다 strange 이상한 serve 응대하다, 시중들다 taste horrible 맛이 끔찍하다 polite 정중한 refuse=reject=rebuff=decline=turn down 거절하다

7 As long as/So long as(고급과정)

> as long as는 주로 구어체에서 많이 사용되고, so long as와 on condition that은 문어체에 더 많이 쓰입니다. 그 첫 자를 따서 「한동때만」으로 암기 하세요.

(1) ~한다면 ~하기만 하면(= provided (that)/providing (that) = on condition that)

① Any book will do/ so long as it is instructive.

② You may go out/ as long as you come back soon.

③ The drug is harmless/ as long as it is used properly.

④ So long as a tiger stands still,/ it is invisible in the jungle.

> **해석** ① 아무 책이나 좋다/ 그것이 교훈적이기만 하면. ② 너는 나가도 좋다/ 곧 돌아온다면.
> ③ 그 약은 해가 없다/ 적절히 사용된다면. ④ 호랑이가 가만히 서 있으면/ 밀림에서 눈에 보이지 않는다.

(2) ~동안에, ~하는 한(= while = during the time that)

① So long as you are here,/ I'm fine. ② I will never play golf/ as long as I live.

③ As long as there is life,/ there is hope.

④ She will never return/ so long as she breathes.

> **해석** ① 당신이 이곳에 있는 한/ 저는 괜찮아요. ② 나는 절대 골프를 치지 않겠다/ 살아있는 동안에는.
> ③ 생명이 있는 한/ 희망이 있다. ④ 그녀는 절대 돌아오지 않을 것이다/ 숨을 쉬는 동안에는(살아있는 동안에는).

(3) ~때문에/~이니까(= since = inasmuch as)

① As long as you have offered,/ I accept it.

② We were all right/ as long as we kept quiet.

③ So long as you're driving into town,/ why not give me a ride?

④ As long as you're going to the grocery,/ buy me some ice cream.

> **해석** ① 네가 제안했기 때문에/ 내가 받아들이는 거야. ② 우리는 괜찮았어/ 가만히 있었기 때문에.
> ③ 네가 차를 몰고 시내로 가니까/ 나 좀 태워주지 않을래? ④ 네가 식료품점 가니까/ 나에게 아이스크림 좀 사다줘.

(4) ~만큼 오랫동안: as ~ as 구문이므로 so long as로 대신할 수 없습니다.

① You can stay here/ as long as you want to.

② The meeting will last/ as long as three hours.

③ I want to keep playing soccer/ as long as I can.

④ He made a speech/ for as long as two hours/ without stopping.

> **해석** ① 너는 이곳에 머물러 있어도 돼/ 네가 원하는 만큼 오랫동안. ② 그 모임은 계속될 것이다/ 자그마치 3시간 동안.
> ③ 나는 계속 축구를 하고 싶어/ 가능한 한 오랫동안. ④ 그는 연설을 했다/ 자그마치 2시간 동안/ 쉬지 않고.

> **어휘** will do=be good enough=be suitable 좋다 instructive 교훈적인 drug 약품 harmless 해가 없는
> properly 적당히 soon=presently=shortly=in time=by and by 곧 tiger 호랑이 stand still 가만히 서있다
> invisible 보이지 않는 jungle 밀림 life 생명, 인생 return 돌아오다 breathe 숨 쉬다 offer 권하다/제안하다
> accept 받아들이다 keep quiet(silent) 조용히 있다 why not ~하는 게 어때? give~a ride(lift) 태워주다
> grocery store 식료품 가게 last 계속되다 soccer 축구 make a speech 연설하다 without stopping 멈추지 않고

8 insofar as(고급과정)

Ⓐ in so far as = so far as = as far as (~하는 한)   Ⓑ inasmuch as (~때문에)

① He is innocent insofar as I know.

② We agree only insofar as the budget is concerned.

③ Insofar as the message is illegible, I have to guess its true meaning.

④ Inasmuch as you have expressed your desire to marry, I'll respect your decision.

> **해석** ① 내가 아는 한 그는 죄가 없다. ② 우리는 예산안에 관해서만 동의한다.
> ③ 메시지가 읽기 어려워서 나는 그것의 진정한 의미를 추측해야 한다.
> ④ 네가 결혼하고자 하는 소망을 표현했으므로 나는 네 결정을 존중하겠다.

9 As far as/So far as(최고급과정)

(1) As(So) far as I know = for all I know = for aught I know = to the best of my knowledge
= To my knowledge (내가 아는 한/내가 아는 바로는) – 간접적 경험을 통해 알고 있을 때

① To my knowledge, he never worked here.   ② As far as I know, she is a very truthful girl.

③ To the best of my knowledge, she is hard to please.

④ For all(aught) I know, the mayor has already resigned.

> **해석** ① 내가 아는 바로는, 그는 결코 이곳에서 일하지 않았다. ② 내가 아는 한, 그녀는 매우 진실한 소녀이다.
> ③ 내가 아는 한, 그녀는 식성이 까다롭다. ④ 내가 아는 바로는, 시장은 이미 사임했어.

(2) Ⓐ As(So) far as I can tell (내가 말할 수 있는 것은/내가 아는 한)
– 직접적인 경험을 통해서 알고 있을 때
Ⓑ As(So) far as I can see = to the best of my judgment
(내가 보기에는, 내가 판단하기에는)

① As far as I can tell, he is clean.   ② As far as I can tell, he has not lied to us.

③ As far as I can see, nobody likes his work.

④ As far as I can see, you have done nothing wrong.

> **해석** ① 내가 말할 수 있는 것은, 그는 깨끗한 사람이다. ② 내가 말할 수 있는 건, 그는 우리에게 거짓말하지 않았어.
> ③ 내가 판단하기에는 아무도 그의 작품을 좋아하지 않아. ④ 내가 보기에, 너는 아무것도 잘못하지 않았어.

◀ 뉘앙스 맛보기 ▶

① As far as I know, War & Peace is a great book.

② As far as I can tell, War & Peace is a great book.

> **해석** ① 내가 여기저기서 들어서 아는 바로는, 전쟁과 평화는 훌륭한 책이다.
> ② 내가 직접 책을 읽어서 말할 수 있는 것은, 전쟁과 평화는 훌륭한 책이다.

> **어휘** innocent 죄가 없는, 순수한 agree 동의하다 budget 예산안 illegible 읽기 어려운 guess 추측하다
> meaning 의미 express 표현하다 desire 소망 respect=venerate 존중하다 decision 결정 truthful 진실한
> hard to please 식성이 까다로운 mayor 시장 resign 사임(단념)하다 lie-lied-lied 거짓말하다 work 작품, 일

(3) as(so) far as I can = as far as in me lies = as far as lies in me
= as far as lies in my power = so far as in me lies
= to the best of my ability(abilities) (최선을 다해, 내가 할 수 있는 한, 내 능력껏)

① I will exert myself as far as I can.　　② I will look for him as far as in me lies.

③ I will teach you to the best of my ability.

④ As far as in me lies, I will support my family on my salary.

> **해석** ① 나는 최선을 다해 노력할 거야. ② 나는 최선을 다해 그를 찾을 거야. ③ 나는 최선을 다해 너를 가르칠 거야.
> ④ 최선을 다해, 나는 내 봉급으로 내 가족을 부양하겠다.

(4) as(so) far back as I can remember = as far as I recall
= to my recollection = to the best of my remembrance(recollection)
= if my memory serves me well(right/correctly) (내가 기억할 수 있는 한)

① As far as I can remember, he was very sincere.

② He is not, to my recollection, a very good musician.

③ As far as I recall, Ted has never said he walked on water.

④ To the best of my remembrance(recollection), I never met her.

⑤ He was mayor from 2010 to 2014, if my memory serves me correctly.

> **해석** ① 내가 기억하는 한 그는 대단히 진실했다. ② 내가 기억하는 한 그는 그다지 훌륭한 음악가가 아니다.
> ③ 내가 기억하는 한 Ted는 물위를 걸었다고 말한 적이 없다. ④ 내 기억으로는 나는 그녀를 만난 적이 없다.
> ⑤ 내가 기억하는 한 그는 2010년부터 2014년까지 시장이었다.

(5) as(so) far as+주어+go(be concerned) = Concerning = 명사–wise (~에 관한 한)

① We were very lucky weather–wise yesterday.

② What do we need to take with us clothes–wise?

③ She is pretty demanding, as far as boyfriends go.

④ As far as places to live go, New Jersey is a nice place.

⑤ Price–wise the shop is more expensive than some rivals.

⑥ As far as gun control goes, we need to take some steps.

> **해석** ① 날씨에 관한 한 우리는 어제 아주 운이 좋았다. ② 의복에 관한 한 무엇을 가지고 가야할까?
> ③ 남자친구에 관한 한 그녀는 꽤 까다롭다. ④ 살 장소에 관한 한 뉴저지가 좋은 장소이다.
> ⑤ 가격에 관한 한 그 가게가 일부 경쟁가게보다 더 비싸다. ⑥ 총기규제에 관한 한 우리는 조치를 좀 취해야 한다.

> **어휘** exert(bestir) oneself=endeavor=strive=make(exert) an effort=make efforts=put forth efforts 노력하다
> look(seek, search, ask, inquire) for=be in search(pursuit, quest) of 찾다 support=provide for 지원하다
> salary 봉급 remember 기억하다 sincere 진실한, 성실한 musician 음악가 mayor 시장 lucky 운이 좋은
> weather–wise 날씨에 관한 한 clothes–wise 의복에 관한 한 pretty 꽤 demanding=exacting 까다로운
> price–wise 가격에 관한 한 expensive 비싼 rival 경쟁상대 gun control 총기규제 take steps 조치를 취하다
> at one's disposal(disposition, service, command, mercy)=in one's disposal(disposition) 마음대로 쓸 수 있는
> be assured(convinced, persuaded, satisfied, positive, secure) that=It is borne in on me that ~을 확신하다

(6) *as(so) far as it goes = to some degree(extent) = in a degree(measure, manner) (어느 정도는)

   *as far as+장소 (자그마치 ～까지)

① It is true as far as it goes.　　　　② Your plan is fine as far as it goes.

③ It is a good essay as far as it goes.　④ I went as far as Boston to meet her.

⑤ I had to drive as far as Inch'ŏn for the last hockey match that I played.

> **해석** ① 그것은 어느 정도 사실이다. ② 너의 계획은 어느 정도 괜찮다. ③ 그것은 어느 정도는 괜찮은 수필이다.
> ④ 나는 그녀를 만나기 위해 보스턴까지 갔다. ⑤ 나는 내가 뛰었던 마지막 하키경기를 위해 인천까지 운전해 가야했다.

(7) *as 주어+go (～치고는): 어떤 종류의 평균이나 전형적인 것에 비할 때 사용

   *as it stands = in its present condition (현 상태로/현 상황에서는)

① As castles go, it is small and old.

② She is not beautiful as actresses go.

③ This plan as it stands is not practicable.

④ As it stands, we are unable to finish the project.

> **해석** ① 성 치고는 조그맣고 오래되었다. ② 그녀는 배우치고는 아름답지 않다.
> ③ 이 계획은 현 상태로서는 실천 불가능하다. ④ 현 상황에서 우리는 그 사업을 마칠 수가 없다.

(8) As it turns out (알고 봤더니/나중에 알고 보니/이제 와 보니/밝혀진 바에 따르면)

   － 새로운 정보 입수로 인한 상황 변화를 표현할 때

① As it turns out, the customer loved this new dish.

② Well, as it turns out, there is an algorithm for love.

③ As it turns out, urban ants especially love our junk food.

④ My neighbor dislikes dogs. As it turns out, he was bitten when he was a child.

> **해석** ① 알고 봤더니 그 고객은 이 새 요리를 무척 좋아했다. ② 글쎄, 이제 와 보니 사랑에도 공식이 있다.
> ③ 밝혀진 바에 따르면 도시 개미는 정크 푸드를 특히 좋아한다.
> ④ 내 이웃은 개를 싫어한다. 알고 봤더니 그는 어렸을 때 개에게 물렸다.

(9) as it is ⓐ 그대로(as is)/결함 있는 원 상태대로 ⓑ 사실은/기대와는 달리

① We bought the table as is.

② The first direction is to describe something exactly as it is.

③ I would pay you if I could. But as it is I cannot.

④ He might have been killed; as it is he was severely injured.

> **해석** ① 우리는 탁자를 원 상태 그대로 샀다. ② 첫 번째 지시는 뭔가를 정확히 있는 그대로 묘사하는 것이다.
> ③ 내가 할 수 있다면 너에게 지불할 거야. 하지만 사실 할 수가 없어.
> ④ 그는 죽었을지도 몰라, 사실 그는 중상을 입었거든.

> **어휘** plan 계획 essay 수필 match 경기 castle 성 actress 여배우 practicable 실천 가능한 project 사업
> customer 고객 dish 요리, 접시 algorithm 공식 urban 도시의 ant 개미 especially 특히 neighbor 이웃
> junk food 건강에 안 좋은 인스턴트식품 bite-bit-bitten 물다 direction 지시 describe 묘사하다 severely 심하게

(10) as is/does/has etc someone (그러하듯이): 다른 사람이나 사물이 똑같다는 것을 가리킬 때

① We age, as does every living creature.　② Tom is American, as are John and Harry.

③ He died of cancer, as his father had done.

④ She is unusually tall, as are both of her parents.

> **해석** ① 우리는 나이 들어간다. 모든 생물이 그러하듯이. ② Tom은 미국인이다. John과 Harry가 그러하듯이.
> ③ 그는 암으로 죽었다. 그의 아버지가 그러했듯이. ④ 그녀는 유난히 크다. 그녀의 두 부모가 그러하듯이.

(11) as of/as from = beginning(starting) on = effective (〜부터/〜현재)

① The new law takes effect as of July the first.

② As from next Monday, you can use my office.

③ As of next month, all the airlines' fares will be going up.

④ As from today, the bank will be open for business from 9.30 am.

> **해석** ① 그 새로운 법은 7월 1일부터 시행된다. ② 다음 월요일부터 너는 내 사무실을 사용해도 된다.
> ③ 다음 달부터 모든 항공사의 요금이 인상될 것이다. ④ 오늘부터 은행은 오전 9시 30분부터 영업을 시작한다.

(12) as follows: (다음과 같이): 여러 목록을 나열할 때 colon(:)과 함께 사용되며 항상 단수 현재형

① Treatment of your injury is as follows − wash the cut and change the bandage daily.

② Mary planned her day as follows: returning all phone calls; a department meeting; lunch
with her colleagues; library research.

> **해석** ① 당신 상처의 치료는 다음과 같습니다. − 상처 부위를 씻고 매일 붕대를 갈아주세요.
> ② 메리는 다음과 같이 그녀의 하루를 계획했다. 즉 걸려온 모든 전화 답해주기, 부서 모임, 동료들과 점심, 도서관
> 에서 탐구하기.

(13) *as against (〜에 비해서/〜과 대조적으로): Compared or contrasted with
　　*just as (앞에 언급한 내용만큼): as 〜 as 구문에서 뒤의 as이하가 생략된 경우

① It tasted like grape juice but not as sweet (as grape juice).

② Nylon is cheaper than leather, but it is just as strong (as leather).

③ They got 35% of the vote as against 42% at the last election.

④ The illiteracy rate for women is 10 percent, as against 5 percent for men.

> **해석** ① 그것은 포도 주스 맛이 났으나 그만큼 달지는 않았다. ② 나일론은 가죽보다 싸다. 그러나 그만큼 강하다.
> ③ 그들은 지난 선거의 42% 비해서 35% 득표율을 보였다. ④ 여성의 문맹률은 10%이다. 남성의 5% 비해.

> **어휘** age 나이 들다 creature 피조물 cancer 암 unusually 유난히 law 법 take effect 시행되다
> airlines 항공사 fare 요금 go up 인상되다 treatment 치료 injury 상해, 상처 cut 베인 부분
> bandage 붕대 daily 매일 plan 계획하다 return 돌려주다 department 부서 colleague 동료
> research 탐구 taste like 명사: 명사 맛이 나다 leather 가죽 vote 투표수 election 선거 illiteracy 문맹
> ardent=avid=enthusiastic=fervent=fervid=fiery=insatiable=perfervid=impassioned=passionate
> =vehement=voracious=zealous=whole-hearted=warm-blooded=hot-blooded 열렬한/열광적인/정열적인

⑩ 이유나 원인을 나타내는 접속사(출제 고빈도 과정)

기본과정: since, as, because
고급과정: seeing that, now that, in that, inasmuch as, on the grounds that
최고급과정: seeing as, seeing as how, insomuch as, insomuch that, granted (that)
　　　　　 insofar as, in so far as, as long as, so long as (~때문에, ~이니까)
ⓕ because of+명사(구)=owing(due) to=on account of=on the grounds(score) of
　= as a result(consequence) of=in consequence(consideration, view) of
　= by(in) virtue of=by reason of=in the wake of=along of (~ 때문에)

① Since you are busy, I will cook dinner.
② He was fired on the grounds that he was lazy.
③ Now that the exams are over, I can relax a little.
④ Seeing that it is raining, we will not go to the beach.
⑤ Men differ from animals in that they can think and speak.
⑥ They were lucky inasmuch as no one was hurt in the fire.
⑦ Seeing as how I have a headache, I won't be going to work today.
⑧ We might as well go, seeing as we have already paid for the tickets.
⑨ Insomuch that it is humanely possible, I try not to lie about anything.
⑩ Granted (that) the story is true, there is not a lot you can do about it.

해석 ① 당신이 바쁘니까 내가 저녁식사를 요리할게. ② 그는 게을렀기 때문에 해고당했다. ③ 시험이 끝나서 나는 좀 쉴 수 있다. ④ 비가 오고 있으니까 우리는 해변에 안 갈 거야. ⑤ 인간은 생각하고 말을 할 수 있기 때문에 동물들과 다르다. ⑥ 그들은 운이 좋았다, 왜냐하면 화재에서 아무도 다치지 않았기 때문에. ⑦ 나는 머리가 아파서 오늘 출근하지 않을 거야. ⑧ 우리는 이미 풋값을 지불했으니까 가는 편이 낫다. ⑨ 인간적으로 가능하기 때문에 나는 어떤 것에 대해서도 거짓말을 하지 않으려고 노력한다. ⑩ 그 이야기는 사실이니까 네가 그것에 대해서 할 수 있는 일이 많지 않아.

⑪ Because('cause, cos)와 for의 차이(고급과정)

because는 처음부터 의도하고 있는 직접적인 이유나 원인을 나타내는 반면, for는 후에 생각난 이유를 부연 설명할 때 사용되므로 why? 질문에 대해서 for로 대답할 수 없습니다.
because 앞에 comma가 붙지 않으나 for 앞에는 반드시 comma를 붙여야 합니다. 또한 의문문에서는 since나 as를 사용하지 않고 because만 사용합니다.('cause와 cos는 구어체)

① He must have been ill, for he was absent.
② He was absent from school because he was ill.
③ Why was the game cancelled? – Because it was raining. (For (x))
④ Are you angry with me because I read the text message? (since/as (x))

해석 ① 그는 아팠음에 틀림없다, 왜냐하면 결석했잖아. ② 그는 아팠기 때문에 학교에 결석했다.
　　　③ 왜 그 경기 취소되었지? – 비가 오고 있었기 때문이야. ④ 너 내가 문자메시지 읽어서 나에게 화났니?

어휘 cook 요리하다 dinner 저녁식사 fire=dismiss=discharge=lay off 해고시키다 lazy 게으른 be over 끝나다
　　 relax 쉬다 beach 해변 differ from ~과 다르다 lucky 운 좋은 headache 두통 might as well ~하는 편이 낫다
　　 pay for the tickets 풋값을 지불하다 exceedingly=extremely 너무, 지나치게 express 표현하다 ill=sick 아픈
　　 must have been ~했음에 틀림없다 absent 결석한 cancel=annul=call off 취소하다 text message 문자메시지

12 Just because/Simply because (〜라고 해서)(고급과정)

(1) Just/Simply because A(주어+동사), it/that does not mean B (A라고 해서 B하다는 뜻은 아니다): 구어체에서는 주절의 it/that를 생략할 수도 있습니다.

① Just because I have stopped eating, that does not mean I am full.

② Just because I am inexperienced, it does not mean that I lack perception.

③ Just because a drug is sold at the chemist's, that doesn't mean it is risk-free.

④ Just because you are a millionaire, it doesn't mean you can win the election.

> **해석** ① 내가 그만 먹는다고 해서, 내가 배부르다는 뜻은 아니야. ② 내가 경험이 부족하다고 해서, 인식이 부족하다는 뜻은 아니야. ③ 약품이 약국에서 판매된다고 해서, 그것이 위험이 없다는 뜻은 아니야.
> ④ 네가 백만장자라고 해서 네가 선거에서 이길 수 있다는 뜻은 아니야.

(2) 주절이 부정문일 경우 because 앞에 comma가 있으면 「왜냐하면」, comma가 없으면 「〜라고 해서」로 해석합니다. 다음 쌍들의 그 차이를 주의 깊게 살펴보시기 바랍니다.

{
① He did not go, because he was sick.
② He did not go because he was sick.
}

{
③ He didn't run, because he was afraid.
④ He didn't run because he was afraid.
}

> **해석** ① 그는 가지 않았다. 왜냐하면 아팠기 때문에. ② 그는 아팠기 때문에 간 것은 아니었다.(다른 이유가 있었다)
> ③ 그는 달리지 못했다. 왜냐하면 무서웠기 때문에. ④ 그는 무서워서 달린 것은 아니었다.(다른 이유로 달렸다)

문제 3. Translate the following into Korean.(고급과정)

① She must be happy, for she is dancing.

② She danced because she was very happy.

③ I don't like her because she likes pet dogs.

④ I don't like her, because she likes pet dogs.

⑤ We cannot call off the game because it is raining.

⑥ You should not despise a man because he is poor.

⑦ You should not give up a plan because it is a little difficult.

⑧ Just because you're the boss, it doesn't mean you can be rude to everyone.

> **정답** ① 그녀는 행복함에 틀림없다. 춤추고 있거든. ② 그녀는 매우 행복해서 춤을 추었다. ③ 나는 그녀가 애완견을 좋아해서 그녀를 좋아하는 것은 아니다. ④ 나는 그녀를 좋아하지 않는다. 그녀가 애완견을 좋아하니까. ⑤ 우리는 비가 오고 있다고 해서 경기를 취소할 수는 없다. ⑥ 가난하다고 해서 사람을 무시해서는 안 된다. ⑦ 조금 어렵다고 해서 계획을 포기해서는 안 된다. ⑧ 당신이 사장이라고 해서 모든 사람에게 무례해도 된다는 뜻은 아니다.

> **어휘** full 배부른 inexperienced 경험이 부족한 lack 부족하다, 없다 perception 인식 drug 약품
> sell-sold-sold 팔다 at the chemist's 약국에서 risk-free 위험이 없는 millionaire 백만장자
> win 이기다 election 선거 sick 아픈 afraid 무서운 pet dogs 애완견 call off=cancel=retract 취소하다
> despise=disdain=look down on 무시/멸시하다 give up=abandon=desert 포기하다 boss 사장 rude 무례한

13 조건 접속사(출제 고빈도 고급과정)

(1) If = providing (that) = provided (that) = supposing (that) = suppose (that) = assuming (that) = in case = as long as = so long as = on condition (that) = in the event that (~한다면)

① Assuming (that) it rains tomorrow, what shall we do?

② I will sell you the car on condition (that) you pay in cash.

③ In the event (that) our team wins, there will be a celebration.

④ Suppose/Supposing (that) it should rain, we will put off our departure.

⑤ Providing/Provided (that) he had had the money, he would have bought it.

> **해석** ① 내일 비가 온다면 우리는 어떻게 할까? ② 당신이 현금으로 지불한다면 그 자동차를 팔겠소. ③ 우리 팀이 이기면 축하연이 있을 거야. ④ 비가 오면 우리는 출발을 연기할 거야. ⑤ 그가 돈이 있었더라면 그는 그것을 샀을 텐데.

(2) *suppose/supposing/what if+현재시제: 제안을 나타내는 경우 (~하면 어떨까?)
　　*suppose/supposing/what if+과거시제: 미래의 가능성이 더 적을 때 (~하면 어떨까?)
　　*suppose/supposing/what if+과거완료: 과거 사실을 반대로 상상 (~했더라면 어땠을까?)

① What if we find the candles and put them around the room?

② Suppose(Supposing) we meet in the office downstairs at four o'clock.

③ What if we painted the room yellow?

④ Suppose(Supposing) an elephant and a mouse fell in love.

⑤ What if the elephant had stepped on my phone?

⑥ Suppose(Supposing) we hadn't brought our umbrellas.

> **해석** ① 우리가 양초를 찾아서 방 여기저기에 놓으면 어떨까? ② 4시에 아래층 사무실에서 만나면 어떨까?
> ③ 우리가 그 방을 노란색으로 칠하면 어떻게 될까? ④ 코끼리와 생쥐가 사랑에 빠진다면 어떻게 될까?
> ⑤ 그 코끼리가 내 전화기를 밟아버렸다면 어떻게 됐을까? ⑥ 우리가 우산을 가져오지 않았더라면 어떻게 됐을까?

(3) given that+주어+동사/given+명사 = considering = when you consider (~를 고려해볼 때)

① Given how hard the test was, I am not surprised she failed.

② Even given that the house is not in perfect condition, it is still a great buy!

> **해석** ① 그 시험이 얼마나 어려웠는지를 고려해볼 때, 그녀가 실패한 것은 놀라운 일이 아니야.
> ② 그 집이 완전한 상태가 아니라는 것을 고려하더라도, 그것은 여전히 아주 잘 산 거야.

(4) Only if(오직 ~할 때만): 어떤 일이 일어날 수 있는 유일한 상황이나 조건을 진술할 때 사용되며, Only if가 문장의 첫머리로 나오면 주절의 어순은 「조동사+주어+본동사」가 됩니다.

① You will lose weight only if you stick to your diet.

② You will only lose weight if you stick to your diet.

③ Only if you stick to your diet will you lose weight.

> **해석** 네가 오직 다이어트를 충실히 할 때만 살이 빠질 것이다.

> **어휘** sell 팔다 pay 지불하다 in cash 현금으로 win 이기다 put off=postpone=procrastinate=delay 연기하다
> celebration 축하연 departure 출발 candle 양초 around 여기저기에 downstairs 아래층에 elephant 코끼리
> mouse 생쥐 step on 밟다 umbrella 우산/양산 surprised 놀란 fail=get nowhere 실패하다 perfect 완벽한
> condition 상태 a great buy 대단히 잘 산 물건 lose weight 살이 빠지다 stick(adhere, cling) to ~에 충실하다

14 양보를 나타내는 접속사와 구(출제 고빈도 고급과정)

(1) A. 실제상황: though, although, even though, even if, while, notwithstanding, as much as, granting(granted) that (~이지만, ~에도 불구하고) = albeit+명사구/형용사(구)/부사(구)

　　B. 가설적/가정법 상황: (even) if, granting(granted) that (~한다 하더라도)

① He loves the beach/ even though he cannot swim.

② As much as I am afraid of spiders, I love nature.

③ Notwithstanding he is rich, he never takes a holiday.

④ Though(Although) (he is) poor, he is always neatly dressed.

⑤ While English is easy to speak, it is not easy to write well.

⑥ Your father loves you a lot/ even if he doesn't say it. (실제상황)

⑦ (Even) if you apologize, she still may not forgive you. (가설상황)

⑧ Even if I had time and money, I still would not go on a cruise. (가정법)

⑨ The movie was entertaining, albeit long.=The movie was entertaining, although it was long.

해석 ① 그는 해변을 무척 좋아한다/ 비록 수영을 할 줄 모르지만. ② 나는 거미를 무척 무서워하지만 자연을 사랑한다. ③ 그는 부자이지만 결코 휴가를 가지 않는다. ④ 그는 가난하지만 항상 깔끔하게 옷을 입는다. ⑤ 영어는 말하기는 쉽지만 잘 쓰기는 쉽지 않다. ⑥ 너의 아빠는 너를 무척 사랑하신다/ 비록 말씀은 안 하시지만. ⑦ 설사 네가 사과를 한다 하더라도 그녀는 여전히 너를 용서하지 않을 수도 있어. ⑧ 나는 시간과 돈이 있다 하더라도 유람선 여행을 가지 않을 것이다. ⑨ 그 영화는 즐거웠다/ 비록 시간이 오래 걸렸지만.

(2) in spite(despite, defiance) of = despite = with all = for all = after = notwithstanding
= in the face(teeth) of = regardless(irrespective) of (~이지만, ~에도 불구하고)

① Despite(in spite of) the rain, I enjoyed the holiday.
　= Although(Even though) it rained, I enjoyed the holiday.

② The bad weather notwithstanding, the event was a great success.
　= Notwithstanding the bad weather, the event was a great success.

③ After all we had done, he was still ungrateful.

④ She persevered/ in the face(teeth) of many obstacles.

⑤ He continued working/ regardless(irrespective) of his illness.

⑥ With(For) all its faults, democracy is still the best system we have.

⑦ The demonstration was held/ in despite(defiance) of official warnings.

해석 ① 비가 왔지만 나는 휴가를 즐겼다. ② 나쁜 날씨에도 불구하고 그 행사는 대성공이었다. ③ 우리가 한 모든 일에도 불구하고, 그는 여전히 감사할 줄 몰랐다. ④ 그녀는 참고 견뎠다/ 많은 장애에도 불구하고. ⑤ 그는 계속 일을 했다/ 아팠음에도 불구하고. ⑥ 결점에도 불구하고, 민주주의가 여전히 우리가 갖고 있는 가장 좋은 제도이다. ⑦ 그 시위는 개최되었다/ 공식적인 경고에도 불구하고.

어휘 beach 해변 be afraid of ~을 무서워하다 spider 거미 take a holiday 휴가를 가다 neat 깔끔한 be dressed 옷을 입다 apologize 사과하다 forgive 용서하다 go on a cruise 유람선 여행을 하다 weather 날씨 event 행사 entertaining 즐거운 ungrateful 배은망덕한, 감사할 줄 모르는 persevere 참고 견디다 obstacle 장애물 continue 계속하다 illness 질병 democracy 민주주의 fault 결점 demonstration 시위, 데모 be held 개최되다, 열리다 official 공식적인 warning 경고

⓯ 종속 접속사(subordinating conjunction) that(출제빈도 높은 중급과정)

명사절을 이끌어 전체 문장 속에서 주어절(은, 는, 이, 가), 목적절(을, 를), 보어절 (A = B), 동격절(~라는)역할을 합니다. informal spoken English(격식을 차리지 않은 대화체 영어)에서 문장의 첫머리에서 주어로 쓰이는 that을 제외하고 모두 생략 가능합니다.

(1) 주어절(은, 는, 이, 가): that을 생략할 수 없으나, 가주어 It를 문장의 첫머리에 쓰고 that을 진주어로 사용할 경우, informal English에서는 that을 생략할 수 있습니다.

① That he is diligent/ is true. = It is true (that) he is diligent.

② That he was still sick in bed/ surprised me. = It surprised me (that) he was still sick in bed.

> 해석 ① 그가 부지런하다는 것은/ 사실이다. ② 그가 아직도 아파서 누워있다는 것은/ 나를 놀라게 했다.

(2) 목적절(을, 를, 라고): 타동사의 목적어로 informal English에서는 생략할 수 있으나 수동태의 목적어로 쓰이는 that은 생략하지 않습니다.

① I believe/ (that) he is innocent.

② My mother suggested/ (that) I see a doctor.

③ He told us/ (that) it would take a long time.

④ We are informed/ that the midterm exam has been postponed.

> 해석 ① 나는 믿는다/ 그가 무죄라고. ② 내 엄마는 제안하셨다/ 내가 의사에게 가볼 것을.
> ③ 그는 우리에게 말했다/ 그것은 오랜 시간이 걸릴 것이라고. ④ 우리는 통보를 받았다/ 중간고사가 연기되었다고.

(3) 보어절(A = B): that을 생략할 때는 생략한 그 자리에 comma를 붙입니다.

① The reason is, (that) he is ill-tempered.

② The problem is that we are short of money.

③ The trouble is that she is too ill-natured though beautiful.

> 해석 ① 이유는 그가 성질이 못됐기 때문이다. ② 문제는 우리에게 돈이 부족하다는 거야.
> ③ 문제는 그녀가 아름답지만 천성이 너무 나쁘다는 거야.

(4) 동격절(~라는): informal English 에서는 that을 생략할 수 있다/없다 두 가지 주장이 동시에 존재하고 있으니 다투지 마세요. 다만, 문어체에서는 생략하지 말아야 합니다.

① There is a chance (that) we will succeed.

② He ridiculed the idea that men are created equal.

③ I made her a promise that I would marry her in two years.

④ The claim that the earth was flat/ was once considered true.

> 해석 ① 우리가 성공할 가능성이 있다. ② 그는 인간이 평등하게 창조된다는 생각을 비웃었다.
> ③ 나는 그녀에게 2년 후에 그녀와 결혼하겠다는 약속을 했다. ④ 지구가 평평하다는 주장이 한때 사실로 간주되었다.

> 어휘 diligent 근면한 sick in bed 아파 누워있는 surprise 놀라게 하다 innocent 무죄의 suggest 제안하다
> take a long time 오랜 시간이 걸리다 inform=notify=advise=apprise 알리다 midterm exam 중간고사
> postpone=delay=put off 연기하다 reason 이유 ill-tempered 괴팍한, 성질이 못된 be short of 부족하다
> ill-natured 천성이 나쁜 chance 가능성 ridicule=deride 비웃다 create 창조하다 claim 주장 consider 간주하다

(5) 감정의 원인(~해서): 감정형용사 다음에 오는 that절은 부사절로서 영문법에서는 형용사적 보어 (adjective complement), 즉 형용사를 보충 설명해주는 말이라고 합니다.

① I am sorry/ (that) I have missed the train.　② I am happy/ (that) I have passed the exam.

③ We are all afraid/ (that) the final exam will be difficult.

> **해석** ① 나는 유감이다/ 기차를 놓쳐서. ② 나는 행복하다/ 시험에 합격해서.
> 　　　③ 우리는 모두 걱정하고 있다/ 기말고사가 어려울까 봐.

(6) 판단의 근거/기준(하다니, ~이라니, ~을 보니): that절에 should가 오는 경우

① Who are you, that you should follow me?

② He must be hurt that he should react like that.

③ Are you insane that you should love such a man?

> **해석** ① 나를 따라오다니 당신 누구세요? ② 그가 그렇게 반응하다니 그는 상처를 입었음이 틀림없어.
> 　　　③ 네가 그런 사람을 사랑하다니 너 미쳤니?

16 접속사 that을 생략할 수 없는 경우(고급과정)

(1) 동사와 that 사이에 시간부사(구), 또는 that 다음에 시간부사(구)가 들어간 경우

① Tom told us last week/ that he was going on vacation this month.

② They knew/ that in those days people had been very poor in that area.

> **해석** ① Tom은 우리에게 지난주에 말했다/ 이번 달에 휴가를 갈 것이라고.
> 　　　② 그들은 알고 있었다/ 그 당시 그 지역 사람들이 무척 가난했었다는 것을.

(2) and나 but 다음에 오는 that을 주절의 주어가 말했다는 것을 분명히 밝힐 때

① She said (that) she lives in Seoul, and that her sister lives in Australia.

② He said (that) he wanted to go fishing, but that his wife wanted to go swimming.

③ ≠ He said that he wanted to go fishing, but his wife wanted to go swimming.

> **해석** ① 그녀는 자신은 서울에 살고 자신의 언니는 호주에 산다고 말했다. ② 그는 자신은 낚시하러 가기를 원하지만 자기 아내는 수영하러 가기를 원한다고 말했다. ③ 그는 낚시를 가고 싶다고 말했으나, 그의 아내는 수영하러 가기를 원했다.

(3) that절의 동사가 주어와 멀리 떨어져 있을 때

① The newspaper stated/ that some of the new houses built over the last few months/ were already in disrepair.

② The report revealed/ that some losses sustained by this department in the third quarter of last year/ were worse than previously thought.

> **해석** ① 그 신문은 밝혔다/ 지난 몇 달 동안 지어진 새로운 주택 중 일부가 벌써 파손되어있다고. (밝혔다)
> 　　　② 그 보고서는 밝혔다/ 작년 3/4분기에 이 부서가 입은 일부 손실은 전에 생각했던 것보다 더 나빴음을.

> **어휘** final exam 기말고사 difficult 어려운 follow 따라오다 react 반응하다 insane 미친
> last week 지난주 go on (a) vacation 휴가를 가다 in those days 그 당시 area 지역 go fishing 낚시가다
> newspaper 신문 state 공식적으로 밝히다 in disrepair 파손상태인, 수리를 요하는 reveal 밝히다 loss 손실
> sustain 손해를 입다 department 부서 the third quarter 3/4분기 worse 더 나쁜 previously 이전에, 사전에

17 but의 특별 용법(고급과정)

(1) $\begin{bmatrix} \text{not} \\ \text{no} \end{bmatrix}$ $\begin{bmatrix} \text{so} \\ \text{such} \end{bmatrix}$ but $=$ $\begin{bmatrix} \text{not} \\ \text{no} \end{bmatrix}$ $\begin{bmatrix} \text{so} \\ \text{such} \end{bmatrix}$ $\begin{bmatrix} \text{but that}\sim \\ \text{that}\sim\text{not} \end{bmatrix}$ $=$ 뒤에서부터 해석하여
$\sim$하지 못할 만큼
$\sim$하지 못할 정도로

① He is not so weak but/but that he can work.

= He is not so weak that he cannot work. = He is not too weak to work.

② He is not so busy but/but that he can sleep enough.

③ No man is so old but/but that he thinks he may live another day.

> **해석** ① 그는 일을 할 수 없을 만큼 약하지 않다. ② 그는 충분히 잠을 잘 수 없을 만큼 바쁘지는 않다.
> ③ 아무도 하루 더 살 수 있을 것이라고 생각하지 못할 만큼 늙은 사람은 없다.

(2) 의문사 who나 how와 더불어 believe/expect/fear/know/say/tell/think/be sure 따위의 부정문/
의문문 뒤에 수사적으로 쓰여 but/but that/but what이 (~아니라는 것)

① Who knows but that he may be right?

= Who knows that there is not some chance that he may be right?

② I cannot say but that I agree with you.

③ How can I tell but that you will do the same thing?

> **해석** ① 그가 맞지 않을 수도 있다는 것을 누가 알겠어? – 어쩌면 그의 말이 맞을지도 몰라. = 어쩌면 그의 말이 맞을 수도 있어.
> ② 당신에게 동의하지 않는다고 말할 수는 없지. ③ 당신이 같은 짓을 하지 않으리라는 것을 내가 어떻게 알겠어?

(3) 부정어를 동반한 doubt/deny/hinder/question/wonder/impossible/unlikely 뒤에서 but/but
that/but what는 모두 that의 뜻으로서 (~라는 것을) 이라고 해석합니다.

① I don't doubt but that he will succeed.

② There is no question but he is innocent.

③ I never denied but that you were telling the truth.

④ I should not wonder but that he wants to be a singer.

⑤ Nothing will hinder but that I will accomplish my purpose.

⑥ There was no question of her cancelling the trip so near the departure date.

> **해석** ① 나는 그가 성공하리라는 것을 의심하지 않는다. ② 그가 무죄라는 것은 의심할 여지가 없다.
> ③ 나는 네가 진실을 말하고 있음을 결코 부정하지 않았다. ④ 그가 가수가 되고 싶어 하는 것은 놀라운 일이 아니다.
> ⑤ 내가 내 목적을 달성하는 것을 아무것도 막지 못할 거야.
> ⑥ 출발 날짜가 다 되어서 그녀가 여행을 취소하는 것을 불가능했다.

> **어휘** weak 약한 live another day 하루 더 살다 agree with ~와 동의하다 the same thing 같은 일 doubt 의심하다
> there is no question but that 의심할 여지가 없다 truth 진실 innocent 무죄의 deny 부정하다/부인하다
> wonder 놀라다/의아해 하다 hinder 방해하다/막다 accomplish=achieve=attain=implement=carry out 성취(수행)하다
> purpose 목적 trip 여행 There is no question of ~ing ~은 불가능하다 departure date 출발 날짜 cancel=call off
> =invalidate=nullify=override=overrule=recall=repeal=repudiate=rescind=retract=reverse=revoke=vacate 취소하다
> succeed=make good=make it=make out=make one's way=push one's way=make a hit=come off=go far
> =get somewhere=get ahead=get on in life 성공하다 **ex** I hope your affairs are making out.

18 before(전에)와 after(후에) (기본과정)

(1) before와 after라는 접속사 속에 이미 전후 관계를 나타내는 의미를 포함하고 있으므로 완료
시제를 쓰지 않고 같은 시제를 사용해도 의미 변화는 없습니다.

① I left the stadium before the match ended. = I had left the stadium before the match ended.

② After she read the letter, she tore it into pieces.

= After she had read the letter, she tore it into pieces.

> 해석 ① 나는 경기가 끝나기 전에 경기장을 떠났다. ② 그녀는 편지를 읽은 후 그것을 갈기갈기 찢어버렸다.

(2) before가 이끄는 절이 미래를 나타낼 경우에는 현재시제를 사용하고, 미래완료를 나타낼 경우에는
현재완료시제를 사용하고, 과거완료를 나타낼 경우에는 과거완료시제를 그대로 사용합니다.

① I will call you before I leave Korea. (will leave (x))

② Let's clean the room before Father returns. (will return (x))

③ Before he had finished his training, he was sacked.

④ You can't watch TV before you have finished your homework.

> 해석 ① 한국을 떠나기 전에 너에게 전화할게. ② 아빠가 돌아오시기 전에 방을 청소하자.
> ③ 그는 연수를 다 마치기도 전에 해고당했다. ④ 너는 숙제를 다 마치기 전에는 TV를 시청할 수 없다.

19 before의 특수용법(고급과정)

(1) 앞에 기간, 시간, 거리가 오면 다음과 같이 (머지않아)라고 앞에서부터 해석합니다.

① It will not be long before you get well. = You will get well soon(before long).

② I had not gone a mile before(when) it began to rain.

③ I had not run five minutes when I got out of breath.

④ They had not been married a month before they began to quarrel.

> 해석 ① 머지않아 너는 회복될 거야. ② 내가 1마일도 못 갔는데 비가 내리기 시작했다.
> ③ 나는 5분도 달리지 않았는데 숨이 찼다. ④ 그들은 결혼한 지 한 달도 안 되서 다투기 시작했다.

문제 4. 다음 문장들을 우리말로 자연스럽게 옮겨 보세요.

① It will not be long before you come of age.

② I had not known you a month before I felt that you were my destiny.

③ He had been employed by the company ten years before he became a director.

> 정답 ① 머지않아 너는 성인이 될 거야. ② 난 너를 알고 지낸 지 한 달도 안 되어서 네가 내 운명이라는 것을 느꼈다.
> ③ 그는 그 회사에 채용된 지 10년 후에 이사가 되었다.

> 어휘 stadium 경기장 match 시합, 경기 end 끝나다 tear ~into pieces 갈기갈기 찢다
> call=give~a call(ring) 전화하다 training 연수 get well 회복하다 get out of breath 숨이 차다
> quarrel 다투다 come of age 성인이 되다 destiny 운명 employ 고용하다 company 회사 director 이사
> sack=fire=dismiss=discharge=eject=boot=cut loose=give~a shake=give~the air(bag, sack, kick)=give~notice
> =lay(pay, send, stand, turn) off=let go=kick(drum, put) out=send(turn, pack) away=turn~adrift 해고하다

20 Until의 특수 구문(출제빈도 높은 고급과정)

Not~until = only 긍정문 when(after) (until 뒤 해서야 비로소 until 앞 하다)

= Not until(Only when/Only after)~ 조동사+주어+동사 (부정어 강조 구문)

= It is not until~ that 주어+동사 (It is ~that 강조 구문)

ex He did not come until the meeting was over.

= He only came when(after) the meeting was over.

= Not until(Only when/Only after) the meeting was over did he come.

= It was not until the meeting was over that he came.

해석 그는 회의가 끝나고 나서야 비로소 왔다.

문제 5. Translate the following sentences into Korean.

① He only called me when he needed some help.

② He called me only when he needed some help.

③ It was not until midnight that I finally decided to go home.

④ Only when I filled my glass did I notice that it was broken.

⑤ Only after you have finished your homework can you play.

⑥ Not until the president resigned did the demonstration stop.

⑦ She did not realize the importance of health until she lost it.

정답 ① 그는 도움이 좀 필요하자 비로소 나에게 전화했다. ② 그는 도움이 좀 필요할 때만 나에게 전화했다.
③ 자정이 되어서야 비로소 나는 마침내 집에 가기로 결심했다. ④ 유리잔을 채웠을 때야 비로소 나는 그것이 깨져있음을 알아챘다. ⑤ 네가 숙제를 다한 후에야 비로소 너는 놀 수 있다. ⑥ 대통령이 사임을 하고서야 비로소 시위가 멈추었다.
⑦ 그녀는 건강을 잃고 나서야 비로소 건강의 중요성을 깨달았다.

21 접속사로서 Once(기본과정)

ⓐ as soon as (~하자마자) ⓑ after/when (일단 ~하면)

① Once he saw me, he recognized me.

② Once she heard the sad news, she fainted.

③ Once the light came on, we all shouted with joy.

④ Once I pass all my exams, I will be fully qualified.

⑤ Once you have made a promise, you must keep it.

⑥ Once you lose someone's trust, it is really hard to get it back.

해석 ① 그는 나를 보자마자 나를 알아보았다. ② 그녀는 그 슬픈 소식을 듣자마자 기절했다.
③ 불이 들어오자마자 우리는 모두 기뻐 소리쳤다. ④ 내가 모든 시험을 통과하면 나는 자격을 충분히 갖추게 될 거야.
⑤ 일단 약속을 하면 너는 지켜야 한다. ⑥ 네가 누군가의 신용을 잃으면 그것을 되찾기는 정말 어렵다.

어휘 be over 끝나다 call 전화하다 midnight 자정 finally 마침내 decide 결심하다 fill 채우다 notice 알아채다 broken
깨진 finish 끝마치다 homework 숙제 play 놀다 president 대통령 resign 사임하다 demonstration 시위 realize 깨닫다
importance 중요성 health 건강 lose 잃다 recognize 알아보다 faint 기절하다 light 불, 전기 come on 전기가 들어오다
shout 소리치다 with joy 기뻐서 be qualified 자격을 갖추다 fully 충분히 make a promise 약속하다 trust 신뢰, 위탁

22 상관접속사(Correlative Conjunction)(출제 고빈도 토익과정)

A. 두 개의 동일한 문법적 항목을 연결시켜주는 접속사입니다

B. 동사와 대명사는 B에 일치시켜야 합니다.

C. A와 B는 병렬구조(접속사를 중심으로 좌우가 동일한 문법단위)를 취해야 합니다.

(1) (Either) A or B (A 아니면 B/둘 중 하나)

① Cathy is in (either) the library or the cafeteria.

= Cathy is (either) in the library or in the cafeteria.

=(Either) Cathy is in the library, or she is in the cafeteria.

② Either you or he has to do this job.

③ I will either go for a hike or stay at home and watch TV.

④ They are planning either to go biking or to go inline skating.

⑤ You can contact me either by phone or by email.

⑥ We can drink milk either hot in the winter or cold in the summer.

> **해석** ① Cathy는 도서관 아니면 구내식당에 있다. ② 너 아니면 그가 이 일을 해야 한다. ③ 나는 도보 여행을 하든지
> 아니면 집에 머물러 TV를 볼 거야. ④ 그들은 자전거 타러 가거나 아니면 인라인스케이트를 타러 갈 계획이다.
> ⑤ 너는 나에게 전화 아니면 이메일로 연락하면 돼.
> ⑥ 우리는 우유를 겨울에 따뜻하게 마시거나 아니면 여름에 차갑게 마실 수가 있다.

(2) { neither A nor B / not either A or B } (A도 B도 아니다/둘 다 부정)

이때 neither가 문장의 첫 머리에 오고 뒤에 절이 오면 「조동사+주어+본동사」의 어순이 되고,
nor 다음에 주어가 있을 경우에도 「조동사+주어+본동사」의 어순으로 바뀝니다.

① Neither you nor he is right.

② I have neither money nor time. = I don't have either money or time.

③ I can speak neither French nor German. = I cannot speak either French or German.

④ Neither my parents nor my sister is here.

⑤ Neither my sister nor my parents are here.

⑥ I neither liked nor would recommend the movie.

= Neither did I like nor would I recommend the movie.

⑦ I will neither call you nor text you after midnight.

⑧ Neither did I take vacation, nor did I ask for sick leave.

> **해석** ① 너도 그도 옳지 않다. ② 나는 돈도 시간도 없다. ③ 나는 프랑스어도 독일어도 말할 줄 모른다.
> ④ 내 부모님도 내 언니/누나도 여기에 없다. ⑤ 내 누나/언니도 내 부모님도 여기에 없다.
> ⑥ 나는 그 영화를 좋아하지도 않았고 추천하려하지도 않았다. ⑦ 나는 자정 이후에는 너에게 전화도 문자도 하지 않겠다.
> ⑧ 나는 휴가도 가지 않았고 또한 병가도 요청하지 않았다.

> **어휘** library 도서관 cafeteria 구내식당 be planning to ~할 계획이다 go for a hike 도보여행하다
> go biking 자전거 타러가다 contact=get in contact with 연락하다 right 옳은 recommend 추천하다
> text 문자를 보내다 midnight 자정 take vacation 휴가를 가다 ask for sick leave 병가를 요청하다

(3) $\begin{Bmatrix} \text{not A(,) but B = Instead of A}\sim\text{ing} \\ \text{B, and not A = B, not A} \end{Bmatrix}$ (A가 아니라 B)

① He is not a novelist(,) but a poet. = He is a poet, and not a novelist.

 = He is a poet, not a novelist. = Instead of being a novelist, he is a poet.

② Instead of attending the party, he stayed at home.

 = He did not attend the party but stayed at home.

③ Instead of scolding him, she encouraged him to do better.

 = She did not scold him but encouraged him to do better.

④ The greatness of a man is not in how much wealth he acquires, but in his integrity and his ability to affect those around him positively.

해석 ① 그는 소설가가 아니라 시인이다. ② 파티에 참석하는 대신에 그는 집에 있었다. ③ 그를 꾸짖는 대신에 그녀는 그에게 더 잘하라고 격려해주었다. ④ 인간의 위대함은 얼마나 많은 재산을 얻느냐에 있는 게 아니라 그의 성실함과 자기 주변 사람들에게 긍정적으로 영향을 끼칠 수 있는 그의 능력에 놓여 있다.

(4) $\begin{Bmatrix} \text{not that A but that B} \\ \text{not because A but because B} \end{Bmatrix}$ (A때문이 아니라 B 때문이다)

① Not that I loved Caesar less, but that I loved Rome more.

② Not because I dislike the task, but because I am unequal to it.

③ I respect him not because he is learned, but because he is sincere.

④ He wished to resign. It was not because he was dissatisfied, but because he was worn and weary.

해석 ① 내가 시저를 덜 사랑했기 때문이 아니라 내가 로마를 더 사랑했기 때문이다. ② 나는 그 일이 싫어서가 아니라 내가 그 일을 감당할 수 없기 때문이다. ③ 내가 그를 존경하는 이유는 그가 학식이 있기 때문이 아니라 그가 진실하기 때문이다. ④ 그는 사직하기를 원했다. 그것은 그가 불만족했기 때문이 아니라 지치고 피곤했기 때문이다.

(5) Though…yet: (비록 ～이지만)의 뜻으로 다음과 같은 세 가지 주장이 있습니다.
    Ⓐ Shakespeare 시대에 많이 사용한 고어로서 yet를 사용해도 생략해도 상관없다.
    Ⓑ 양보나 가정 상황에서는 yet을 사용하지만 사실을 진술할 때는 yet을 생략한다.
    Ⓒ 현대에 와서 특히 GMAT시험에서는 둘 중 하나만 사용해야 정답으로 처리된다.

① Though he is poor, yet he is happy.   ② Though he is unwell, yet he wants to play.

③ Though he worked hard, yet he couldn't pass.

④ Though he is my relation, I shall not spare him.

해석 ① 그는 가난함에도 불구하고 행복하다. ② 그는 몸이 좋지 않음에도 불구하고 놀고 싶어 한다.
    ③ 그는 열심히 했음에도 불구하고 합격하지 못했다. ④ 그는 나의 친척이지만 나는 그를 용서하지 않겠다.

어휘 novelist 소설가 poet 시인 instead of～ing ～대신에 attend 참석하다 encourage=enliven=invigorate 격려하다 scold 꾸짖다 greatness 위대함 lie(consist, subsist) in ～에 놓여있다 wealth 부 acquire 얻다 integrity 청렴/성실 ability 능력 affect=act(tell) on 영향을 끼치다 positively 긍정적으로 dislike 싫어하다 be equal to 감당하다 respect=revere=venerate 존경하다 learned 학식 있는 sincere 진실한 resign 사임하다 dissatisfied 불만족한 worn and weary=worn(tired) out 지치고 피곤한 unwell 몸이 안 좋은 relation=relative 친척 spare 용서하다

(6) not only(merely, simply, solely, alone, just) A(,) but also B

= B as well as A = both(at once) A and B = A and B alike

= In addition to A ～ing = Besides A ～ing = As well as A～ing (A뿐만 아니라 B도)

주의 ☞ Ⓐ A와 B는 병렬구조(동일한 형태)가 오며, but 앞에 comma를 붙여도/안 붙여도 됩니다.
　　　Ⓑ also를 생략할 수 있으며, also를 생략하고 문장 끝에 too나 as well을 붙여도 됩니다.
　　　Ⓒ but 다음에 주어+동사가 오면, but 앞에 반드시 comma를 붙여야 합니다.
　　　Ⓓ but을 생략하고 그 자리에 semi-colon(;)을 넣을 수 있습니다.
　　　Ⓔ Not only 가 문장의 맨 앞에 오고 뒤에 절이 오면 「Not only+조동사+주어+본동사」의 어순이 됩니다.
　　　Ⓕ but 다음에 절이 올 경우 also는 조동사/be동사의 뒤, 일반 동사의 앞에 위치하며 부정문에서는 주어 바로
　　　　 뒤에 위치합니다.

A. ① She is not only beautiful(,) but (also) intelligent.

　② She is not only beautiful but intelligent too(as well).

　③ She is both beautiful and intelligent.

　④ She is intelligent as well as beautiful.

　⑤ She is intelligent as well as being beautiful.

　⑥ As well as being beautiful, she is intelligent.

　⑦ In addition to being beautiful, she is intelligent.

　⑧ Besides being beautiful, she is intelligent.

　⑨ Not only is she beautiful, but she is also intelligent.

　⑩ Not only is she beautiful; she is also intelligent.

B. ① He not only teaches English(,) but (also) writes many novels.

　② He not only teaches English but writes many novels too(as well).

　③ He both teaches English and writes many novels.

　④ He writes many novels as well as teaching English.

　⑤ As well as teaching English, he writes many novels.

　⑥ In addition to teaching English, he writes many novels.

　⑦ Besides teaching English, he writes many novels.

　⑧ Not only does he teach English, but he also writes many novels.

　⑨ Not only does he teach English; he also writes many novels.

　⑪ Not only is she going to England, but she is also going to France.

　⑫ Not only did he step on my feet, but he also didn't apologize for it.

해석 A. 그녀는 아름다울 뿐만 아니라 총명하기도 하다. B. 그는 영어를 가르칠 뿐만 아니라 많은 소설도 쓴다.
　　　⑪ 그녀는 영국에 갈 뿐만 아니라 프랑스에도 갈 예정이다.
　　　⑫ 그는 내 발을 밟았을 뿐만 아니라 그것에 대해 사과도 하지 않았다.

어휘 beautiful 아름다운 intelligent 총명한 teach-taught-taught 가르치다 write-wrote-written 쓰다 novel 소설
　　as well as ～ing=in addition to ～ing=besides ～ing=aside(apart) from ～ing=over and above ～한 것 이외에도
　　get nowhere=be dashed to the ground=go to ruin=go to the dogs=go to the devil=fall through 실패하다
　　appease=allay=alleviate=assuage=coax=conciliate=ease=humor=lull=mitigate=moderate=mollify=pacify=placate
　　=propitiate=tranquilize=reconcile=relieve=relax=soften=soothe=calm(quiet, simmer, stroke) down 진정시키다

① Both he and she were diligent.

② He and she alike were diligent. ≠ Alike he and she were diligent. (x)

③ The rules apply to men and women alike.

④ The medicine was at once harmful and effective.

⑤ He hurt his arm(,) as well as breaking his leg.

⑥ Mary, as well as Chris, was delighted to hear the news. (동사와 comma 주의)

⑦ Mary was delighted to hear the news as well as Chris.

⑧ Not only you but also he is in danger. = He is in danger as well as you.

⑨ We sell books to individuals as well as to schools.

⑩ Emily likes to sing songs as well as to play the guitar. (목적어)

⑪ It is important to make good grades as well as to have fun. (주어)

⑫ I have to clean the floors as well as cook the food.

⑬ You will be able to attend our courses as well as use our materials.

⑭ The dog will sit and give you her paw as well as obey basic commands.

⑮ We offer electronic toys as well as rent out video games. (Webster)

⑯ He plays soccer as well as he plays basketball. (동등비교를 나타내는 접속사)

(7) rather than(〜보다는/〜대신에)(고급과정)

A. 상관접속사로서 rather than – 좌우 병렬구조를 유지해야 합니다.

① He walks rather than drives to work.　② He walked rather than drove to work.

③ He enjoys driving rather than walking.　④ He will walk rather than drive to work.

> **해석** ① 그는 직장에 차를 몰고 다니기보다는 걸어 다닌다. ② 그는 직장에 차를 몰고 다니기보다는 걸어 다녔다.
> ③ 그는 걷기보다는 운전하는 것을 즐긴다. ④ 그는 직장에 차를 몰고 다니기보다는 걸어 다닐 것이다.

B. 전치사로서 rather than

> a) 현재나 과거시제이거나 rather than이 문장의 첫머리에서 시작되면 rather than 다음에 원형
> (formal)이나 ing형(informal)을 사용합니다.

① I ask for what I want rather than get/getting upset.

② He walked home rather than pay/paying the taxi fare.

③ Rather than buy/buying lunch, she cooks food at home.

④ Rather than try/trying to do everything yourself, ask for help.

> **해석** ① 나는 짜증을 내기보다는 원하는 것을 요청한다. ② 그는 택시비를 지불하기보다는 집으로 걸어갔다.
> ③ 점심을 사 먹는 대신에 그녀는 집에서 음식을 요리해 먹는다. ④ 모든 것을 직접 하려 하기보다는 도움을 요청하라.

> b) 본동사가 진행형이나 완료시제일 때는 rather than 다음에 동명사(ing형)을 사용합니다.

① Rather than taking the bus, she was walking to work.

② Rather than buying a new car, I have kept my old one.

③ We have reasoned with him rather than quarreling with him.

④ He has been playing computer games rather than doing his homework.

> **해석** ① 버스를 타기보다 그녀는 직장에 걸어가고 있었다. ② 새로운 차를 사느니 나는 헌 차를 유지해왔다.
> ③ 우리는 그와 다투기보다는 그를 설득했다. ④ 그는 숙제를 하기보다는 계속 컴퓨터 게임을 하고 있다.

> c) 본동사에 to 부정사나 서법조동사가 오면 rather than 다음에는 원형을 사용합니다.

① He chose to sing rather than play the violin.

② I want him to be bold rather than be cautious.

③ He decided to quit rather than accept the new rules.

④ He preferred to go to jail rather than pay an unfair parking fine.

⑤ Rather than take the bus, she will/could walk to work. (서법조동사)

> **해석** ① 그는 바이올린을 켜기보다는 노래하기를 선택했다. ② 나는 그가 신중하기보다는 과감하기를 바란다.
> ③ 그는 새로운 규칙을 받아들이기보다는 포기하기로 결심했다.
> ④ 그는 부당한 주차위반 벌금을 지불하기보다는 차라리 교도소에 가기를 선택했다.
> ⑤ 버스를 타기보다는 그녀는 직장에 걸어 다니곤 한다/다닐 수 있을 것이다.

> **어휘** ask(call) for=require=request=claim=solicit 요청하다 get upset 짜증내다 fare 요금, 통행료, 음식
> quarrel 다투다 reason with=persuade=prevail on=talk around(over)=convince=induce 설득하다 bold 과감한
> cautious=careful=discreet=meticulous 신중한 quit 포기하다 accept 수락하다 jail 감옥 unfair 부당한 fine 벌금

23 등위접속사(coordinating conjunctions)(중급과정)

(1) 종류: 등위접속사에는 그 첫 자를 따서 boysfan, 즉 but(그러나), or(또는), yet(그러나), so(그래서), for(왜냐하면), and(그리고), nor(~도 역시 아니다)가 있습니다.

(2) 특징: ⓐ and나 but 다음에 주어가 없으면 접속사 앞에 comma를 붙이지 않습니다.

ⓑ 두 개의 독립된 절, 즉 문장을 연결할 때는 등위 접속사 앞에 comma를 붙입니다.

ⓒ and나 but으로 연결된 두 개의 절이 짧게 균형을 이룰 때는 comma를 생략해도 됩니다.

ⓓ nor 다음에 이어지는 문장은 도치(조동사+주어+본동사/be동사+주어)됩니다.

ⓔ and를 이용하여 3개 이상을 나열할 때 미국영어에서는 마지막 and앞에 comma를 붙이지만, 영국영어에서는 마지막 and 앞에 comma를 붙이지 않습니다.

¶ 병렬관계 시험에 아주 자주 출제 되므로 각별히 유의하셔야 합니다.

① I am tired, but I have to work.

② Would you prefer coffee or tea?

③ She is not rich, yet she looks happy.

④ He was very hungry, so he ate all the cake.

⑤ He must be sick today, for he looks pale now.

⑥ John walked all the way home, and he shut the door.

⑦ Sally does not like the mountains, nor does she like the sea.

해석 ① 나는 피곤하지만 일을 해야 한다. ② 커피 드실래요? 아니면 차를 드실래요? ③ 그녀는 부자는 아니지만 행복해 보인다. ④ 그는 매우 배고팠다. 그래서 그 케이크를 모두 먹었다. ⑤ 그는 오늘 아픔에 틀림없어, 왜냐하면 지금 얼굴이 창백하잖아. ⑥ John은 내내 집에 걸어가서 문을 닫았다. ⑦ Sally는 산도 좋아하지 않고, 또한 바다도 좋아하지 않는다.

(3) 등위접속사와 comma: ⓐ and나 but 다음에 주어가 있으면 접속사 앞에 comma를 붙입니다.

ⓑ 이들 접속사 다음에 주어를 생략하면 comma도 생략합니다.

ⓒ 좌우에 동일한 형태의 짧은 문장이 오면 생략이 가능합니다.

① I am hungry and thirsty. (comma가 없음)

② Grammar is boring but necessary. (comma가 없음)

= Grammar is boring, but it is necessary.

③ Mark isn't tall, nor is he handsome. (도치)

④ I visited London, Paris and New York last year. (영국식)

= I visited London, Paris, and New York last year. (미국식)

⑤ I enjoy studying English but hate studying math. (comma가 없음)

⑥ John works as a doctor and Beth works as a nurse. (comma가 없음)

해석 ① 나는 배가 고프고 목이 마르다. ② 문법은 지루하지만 필수적이다.
③ Mark는 키가 크지도 않고 잘생기지도 않았다. ④ 나는 작년에 런던과 파리와 뉴욕을 방문했다.
⑤ 나는 영어공부는 즐기지만 수학공부는 싫어한다. ⑥ John은 의사로서 일하고 Beth는 간호사로서 일한다.

어휘 tired=exhausted 피곤한 prefer 선호하다 hungry 배고픈 must be ~임에 틀림없다 pale 창백한 shut 닫다
all the way 내내, 줄곧 sea 바다 thirsty 목마른 boring=tedious 지루한 necessary 필수적인 last year 작년에

24 기타 접속사 상당 어구(고급과정)

(1) *few, if any, 복수 명사 (설사 ~있다 하더라도)

　　*little, if any, 단수 명사 (설사 ~있다 하더라도)

　　*rarely/seldom, if ever, 동사 (설사 ~한다 하더라도)

① He has few friends, if any, in his school.

② The new leader has little if any control.

③ I have seldom if ever been so embarrassed.

④ She rarely, if ever, goes to the movies alone.

> **해석** ① 그는 설사 있다 하더라도 학교에 친구가 별로 없다. ② 그 새 지도자는 설사 있다 하더라도 통제권이 거의 없다.
> ③ 설사 있었다 하더라도 나는 그토록 당황해본 적이 없다. ④ 설사 간다 하더라도 그녀는 좀처럼 혼자 영화관에 가지 않는다.

(2) *If nothing else (다른 것은 몰라도/적어도 = at the very least)

　　*if anything = if at all = if in any degree (오히려)

① Andy's work has been neat and tidy, if nothing else.

② I would not do that, for my own good, if nothing else.

③ His condition was, if anything, worse than in the morning.

④ True greatness has little, if anything, to do with rank and power.

> **해석** ① Andy의 업무는 적어도 말끔하고 정연했다. ② 나는 적어도 나 자신을 위해서 그렇게 하지 않을 거야.
> ③ 그의 상태는 오전보다 오히려 악화되었다. ④ 진정한 위대함은 오히려 지위와 권력과는 별로 관계가 없다.

(3) fine(good, nice, rare) and+형용사 = very 형용사(대단히, 무척, 아주, 매우)

① He is rare and honest.　　　　　　② I am good and hungry.

③ I work in a nice and quiet office.　　④ My hobby is collecting fine and rare objects.

> **해석** ① 그는 대단히 정직하다. ② 나는 아주 배고파. ③ 나는 아주 조용한 사무실에서 일해.
> ④ 나의 취미는 아주 희귀한 물건을 모으는 것이다.

문제 6. Translate the following into Korean.

① It seldom, if ever, snows in these parts.

② There is little, if any, hope of his recovery.

③ There are few, if any, misprints in his book.

④ If nothing else, you will really enjoy eating food.

⑤ The anxiety has not gone away; if anything, it has been heightened.

> **정답** ① 이 지역은 설사 온다 하더라도 눈이 좀처럼 오지 않는다. ② 그가 회복할 가망은 설사 있다 하더라도 거의 없다.
> ③ 그의 책 속에는 설사 있다 하더라도 오타가 거의 없다. ④ 적어도 너는 정말 음식을 즐겨 먹을 거야.
> ⑤ 불안은 사라지지 않았다. 오히려 고조되었다.

> **어휘** leader 지도자 control 통제권 embarrassed=bemused=at a loss 당황한 alone 혼자 neat 깔끔한
> tidy 정연한, 단정한 for one's own good ~를 위해서 condition 상태 greatness 위대함 rank 지위
> power 권력 have little to do with 거의 관련이 없다 honest 정직한 collect 수집하다 rare=scarce 희귀한
> recovery 회복 submarine 잠수함 misprint 오타 anxiety 불안 go away 사라지다 heighten 고조시키다

문제 7. Fill in the blanks with proper words.(고급과정)

① As _____ as I know, she is a nice girl.

② _____ he grew older, he became wiser.

③ I had not walked a mile _____ I got tired.

④ He is not so poor _____ he can buy a car.

⑤ He will leave neither today _____ tomorrow.

⑥ You should work hard _____ you fail again.

⑦ She is not good at dancing as singers _____.

⑧ You may stay here so _____ as you keep quiet.

⑨ Rich _____ he is, he works hard day and night.

⑩ She does not care _____ he is in trouble or not.

⑪ Do to others _____ you would have them do to you.

⑫ As food is to the body, _____ is reading to the mind.

⑬ We don't necessarily grow wiser _____ we grow older.

⑭ To the _____ of my remembrance, he was very clever.

⑮ It will not be long _____ we graduate from highschool.

⑯ I haven't seen him _____ he came to dinner last week.

⑰ This flower is not found in Korea, _____ is it in China.

⑱ I cannot see this picture _____ I think of my hometown.

⑲ No sooner had she seen him _____ she turned her head.

⑳ People do not know the value of health _____ they have lost it.

㉑ Not a week passes by _____ I call my parents in my hometown.

㉒ Physical training is good not only for body _____ also for mind.

㉓ Judy wanted to conceal the fact _____ she used to be a salesgirl.

㉔ It is not until we destroy nature _____ we realize the blessing of it.

㉕ Only _____ a novelist writes well, it does not mean he will be popular.

해석과 정답 ① 내가 아는 한 그녀는 좋은 여성이다. (far) ② 그는 나이가 들수록 더욱더 현명해졌다. (As) ③ 나는 1마일도 못 가서 피곤해졌다. (before) ④ 그는 차를 살 수 없을 만큼 가난하지 않다. (but) ⑤ 그는 오늘도 내일도 떠나지 않을 것이다. (nor) ⑥ 너는 또 실패하지 않기 위해서는 열심히 노력해야 한다. (lest) ⑦ 그녀는 가수치고는 춤을 못 춘다. (go) ⑧ 네가 조용히 한다면 이곳에 있어도 좋다. (long) ⑨ 그는 부자이지만 밤낮으로 열심히 일한다. (as) ⑩ 그녀는 그가 어려움에 처해있든 말든 상관하지 않는다. (whether) ⑪ 남들이 너에게 해주기를 바라듯이 너도 남에게 하라. (as) ⑫ 음식이 신체에 영양을 공급하듯이 독서는 마음에 영양을 공급한다. (so) ⑬ 우리는 나이가 들어갈수록 반드시 현명해지는 것은 아니다. (as) ⑭ 내가 기억하는 한, 그는 매우 영리했다. (best) ⑮ 머지않아 우리는 고등학교를 졸업하게 될 것이다. (before) ⑯ 지난주에 그가 저녁식사를 하러 온 이후로 나는 그를 본 적이 없다. (since) ⑰ 이 꽃은 한국에서도 중국에서도 발견되지 않는다. (nor) ⑱ 나는 이 사진을 볼 때마다 내 고향이 생각난다. (but) ⑲ 그녀는 그를 보자마자 고개를 돌렸다. (than) ⑳ 사람들은 건강을 잃고 나서야 건강을 축복을 안다. (until) ㉑ 매주 나는 고향에 계신 부모님께 전화한다. (but) ㉒ 신체훈련은 몸뿐만 아니라 정신에도 좋다. (but) ㉓ Judy는 자신이 여점원이었다는 사실을 숨기고 싶어 했다. (that) ㉔ 우리는 자연을 파괴하고 나서야 비로소 자연의 축복을 깨닫는다. (that) ㉕ 소설가가 글을 잘 쓴다고 해서 그가 유명해질 것이라는 것을 의미하지는 않는다. (because)

어휘 wise 현명한 get tired 피곤해지다 necessarily 반드시 clever 영리한 graduate from 졸업하다
hometown 고향 value 가치 physical training 신체훈련 mind 정신 conceal 숨기다 fact 사실
used to ~이었다 destroy 파괴하다 realize 깨닫다 blessing 축복 novelist 소설가 popular 인기 있는

PART 08 | 분사(토익 필수 기본과정)

A. 현재분사(~ing)는 진행을, 과거분사(P.P)는 수동과 완료를 나타냅니다. (동사의 활용 참조)

① She is dancing now.　　　　　② The window was broken by Tom.

③ My car was repaired by a mechanic.　④ He hasn't finished his homework yet.

> **해석** ① 그녀는 지금 춤을 추고 있다. ② 그 유리창은 Tom에 의해 깨졌다.
> ③ 내 차는 정비공에 의해 수리되었다. ④ 그는 아직 숙제를 끝마치지 못했다.

B. 분사형 형용사로서 be, appear, become, get, grow, look, seem, turn 등과 같은 연결동사(불완전 자동사) 뒤에서 주어를 보충 설명하는 보어의 역할을 하는 경우

① The game is exciting.– I'm so excited!

② The movie was very boring.– I am very bored now.

③ The long journey was tiring.– You look very tired.

> **해석** ① 그 경기는 흥미진진하다. – 나는 너무 신난다. ② 그 영화는 매우 지루했어. – 나는 지금 무척 심심해.
> ③ 그 긴 여행은 피곤했어. – 너는 참 피곤해 보인다.

C. 타동사의 목적어를 보충 설명하는 목적격보어의 역할을 하는 경우

① She kept me waiting.　　　　② I kept the windows closed.

③ I heard her playing the piano.　④ I heard her praised by others.

⑤ We watched Father washing the car.　⑥ I can make myself understood in English.

> **해석** ① 그녀는 나를 계속 기다리게 했어. ② 나는 유리창들을 닫아 놓았다. ③ 나는 그녀가 피아노 치는 소리를 들었어.
> ④ 나는 그녀가 남들에게 칭찬받는 소리를 들었어. ⑤ 우리는 아빠가 세차 하시는 것을 지켜봤다.
> ⑥ 나는 영어로 의사 전달할 수 있다.

D. 형용사로서 혼자서 뒷명사를 꾸며주는 경우와, 다른 구와 함께 뒤에서 앞 명사를 꾸며주는 경우

① It was an amazing film.　　　② The newly married couple look happy.

③ The girl singing on the stage/ is my sister.　④ Look at the picture painted by my son.

> **해석** ① 그것은 놀라운 영화였어. ② 그 신혼부부는 행복해 보인다.
> ③ 무대 위에서 노래하고 있는 저 소녀가 내 여동생이야. ④ 내 아들이 그린 저 그림 좀 보게나.

> **어휘** dance 춤추다 now 지금 window 유리창 break-broke-broken 깨다 repair=mend=do(fix) up 수리하다
> mechanic 정비공 exciting 흥미진진한 excited 흥분된 surprising 놀라운 surprised 놀란 seem ~인 것 같다
> boring 지루한 bored 심심한 keep 목적어 ~ing/pp ~한 상태로 유지하다/놓아두다 wait 기다리다 close 닫다
> play 연주하다 watch 지켜보다 wash 씻다 make oneself understood 의사전달하다 amazing film 놀라운 영화
> on the stage 무대 위에서 newly married 신혼의 look happy 행복해 보이다 picture 그림/사진 paint 그리다

문제 1. Choose the correct answer.(토익 필수과정)

① I am (bored/boring) now.

② He is a (loving/loved) father.

③ His story was (boring/bored).

④ The child seemed (crying/cried).

⑤ This is a (using/used) computer.

⑥ The news is (shocking/shocked).

⑦ He had his car (washing/washed).

⑧ The story was (surprising/surprised).

⑨ The door remained (locking/locked).

⑩ This drama is (interesting/interested).

⑪ I found the child (sitting/sat) outside.

⑫ A (burning/burnt) child dreads the fire.

⑬ I can smell something (burning/burned).

⑭ She grew (tiring/tired) of his long story.

⑮ I got my lap top (fixing/fixed) yesterday.

⑯ I found a rat (killing/killed) in the wood.

⑰ I found her (weeping/wept) in her room.

⑱ This is a car (using/used) by my mother.

⑲ You had better have your hair (cutting/cut).

⑳ She found the story quite (exciting/excited).

㉑ This is a toy (making/made) by my brother.

㉒ The result was (disappointing/disappointed)

㉓ I heard him (scolding/scolded) by his father.

㉔ I swept the (falling/fallen) leaves on the yard.

㉕ She remained (standing/stood) for some time.

㉖ He is an (interesting/interested) teacher to us.

해석 ① 나는 지금 심심해. ② 그는 사랑이 많은 아빠야. ③ 그의 이야기는 지루했다. ④ 그 아이는 울고 있는 것 같았다. ⑤ 이것은 중고(사용된) 컴퓨터야. ⑥ 그 소식은 충격적이었어. ⑦ 그는 (남에게) 부탁해서 세차했다. ⑧ 그 이야기는 놀라웠다. ⑨ 문은 잠겨 있었다. ⑩ 이 드라마는 재미있다. ⑪ 나는 밖에 아이가 앉아있는 것을 발견했다. ⑫ 불에 덴 아이는 불을 무서워한다. ⑬ 나는 뭔가 타는 냄새를 맡을 수 있어. ⑭ 그녀는 그의 긴 이야기에 싫증 났어. ⑮ 나는 내 노트북 컴퓨터를 어제 (부탁해서) 고쳤다. ⑯ 나는 숲에서 죽임당한 쥐 한 마리를 발견했다. ⑰ 나는 그녀가 방에서 흐느끼고 있는 것을 발견했어. ⑱ 이것은 내 엄마가 사용하시는 차야. ⑲ 너는 이발하는 게 낫겠다. ⑳ 그녀는 그 이야기가 매우 재미있다고 생각했다. ㉑ 이것은 내 동생이 만든 장난감이야. ㉒ 그 결과는 실망스러웠어. ㉓ 나는 그가 그의 아빠에게 꾸중 듣는 소리를 들었어. ㉔ 나는 마당에서 낙엽을 쓸었다. ㉕ 그녀는 잠시 동안 서 있었다. ㉖ 그는 우리에게 재미있는 선생님이야.

설명과 정답 ① 내가 따분함 받으므로 수동 bored ② 사랑을 주는 아빠이므로 능동 loving ③ 이야기가 지루함을 주므로 boring ④ 아이가 우는 동작하므로 crying ⑤ 사용된 컴퓨터이므로 수동 used ⑥ 그 소식이 충격을 주므로 능동 shocking ⑦ 차가 씻어지므로 수동 washed ⑧ 이야기가 놀라움을 주므로 능동 surprising ⑨ 문이 잠가지므로 수동 locked ⑩ 드라마는 재미있으므로 능동 interesting ⑪ 아이가 앉아 있으므로 능동 sitting ⑫ 아이가 불에 데므로 수동 burnt ⑬ 뭔가 타므로 진행 burning ⑭ 그녀가 지루해지므로 수동 tired ⑮ 컴퓨터가 수리되므로 수동 fixed ⑯ 쥐가 죽임 당하므로 수동 killed ⑰ 그녀가 흐느끼는 동작을 하므로 weeping ⑱ 차가 사용되므로 수동 used ⑲ 머리카락이 잘리므로 수동 cut ⑳ 이야기가 흥미를 주므로 능동 exciting ㉑ 장난감이 만들어지므로 수동 made ㉒ 결과가 실망을 주므로 능동 disappointing ㉓ 그가 꾸중 들으므로 수동 scolded ㉔ 이미 떨어져 있는 잎이므로 완료 fallen ㉕ 서 있는 동작을 하므로 standing ㉖ 흥미를 주는 선생님이므로 능동 interesting

---

어휘 bore 지루하게 만들다 shock 충격을 주다 interest 흥미를 주다 wash 씻다 surprise 놀라게 하다 outside 밖에 burn 태우다 tire 피곤하게 하다 lap top 노트북 컴퓨터 fix 고치다 rat 쥐 wood 숲 weep 흐느끼다 result 결과 disappoint 실망시키다 excite 흥분시키다 find-found 발견하다 had better ~하는 편이 낫다 toy 장난감 scold 꾸짖다 sweep-swept-swept 쓸다 fall 떨어지다 leaf 잎 remain 남아있다 yard 마당 stand 서있다 for some time 잠시 동안

1 분사구문(Participial Construction)과 용어의 정의(중급과정)

① 분사구문: 분사구나 분사절이 주절과 함께 어우러져 만들어진 문장 형태

② 분사구: 분사가 들어있는 구라는 뜻으로 명사를 꾸며주는 형용사 역할을 함

③ 분사절: 접속사+주어를 생략하고 동사를 분사로 축약한 부사절

④ 현재분사절: 동사의 ~ing형태로 이뤄진 분사절

⑤ 과거분사절: 동사의 과거분사형으로 시작되는 수동의 의미를 가진 분사절

⑥ 완료분사절: having+pp 형태로 이뤄진 분사절

⑦ 독립분사절: 명사+분사가 독립된 절을 형성하여 주절을 수식하는 경우로서 독립분사구라고도 함

> **주의** ☞ 「분사구는 명사를 수식하는 형용사 역할을 하고, 분사절은 주절을 꾸며주는 부사절의 축약형」이라고 영문법
> 학자들은 공통적으로 설명하고 있습니다. 분사구가 뒤에서 앞 명사를 명확하게 꾸며줄 때는 확실한 형용사구이
> 므로 분사구이지만, 문장의 맨 앞에서 주절의 주어를 꾸며주는 경우에는 형용사절과 부사절의 구분이 아주 모
> 호하여 분사구로 간주하는 이론과 분사절로 간주하는 이론 두 가지 이론이 있습니다. 또한 한국 영문법에서 분
> 사구문으로 다루고 있는 것은 부사절을 분사절로 전환하는 것을 의미하므로 엄격한 의미에서 「분사절의 용법」
> 이라고 해야 한다는 점도 유념하시기 바랍니다.

2 분사구(participial phrases)와 분사절(participial clauses) 구별하기

① He waved at a girl smiling brightly. (분사구)

② He waved at a girl, smiling brightly. (분사절)

③ Singing loudly, John walked home. (분사구/분사절)

④ Driving on the highway, one must be careful. (분사구/분사절)

⑤ Sweeping across the night sky, the bats hunted their prey. (분사구/분사절)

⑥ Injured during the soccer match, Tom had to leave the field. (분사구/분사절)

> **해석과 설명** ① 그는 밝게 미소 짓는 소녀에게 손을 흔들었다. – smiling brightly가 명사 girl을 수식하는 형용사구이므
> 로 분사구 ② 그는 밝게 웃으면서 한 소녀에게 손을 흔들었다. – 이와 같이 주어가 동작을 할 경우에는 comma를 붙이
> 며, 동시동작을 나타내고 while he was smiling을 축약한 절이므로 분사절이라고 합니다. ③ 큰소리로 노래를 부르는
> John은 집으로 걸어갔다. – 로 해석하면 Singing loudly가 John을 수식하는 형용사구이므로 분사구이지만, 큰소리로
> 노래 부르면서 John은 집으로 걸어갔다 – 로 해석하면 동시동작을 나타내는 부사절 While he was singing loudly를
> 축약한 절이므로 분사절이라고 합니다. ④ 고속도로를 운전하는 사람은 주의해야 한다. – 로 해석하면 분사구, 고속도
> 로를 운전할 때 우리는 주의해야 한다 – 로 해석하면 When one drives on the highway, 라는 부사절을 축약한 형태
> 이므로 분사절이 됩니다. ⑤ 밤하늘을 가로질러 지나가는 박쥐들이 그들의 먹이를 사냥했다. – 로 해석하면 Sweeping
> across the night sky가 the bats를 수식하는 형용사구이므로 분사구, 밤하늘을 가로질러 지나가면서, 그 박쥐들은 그
> 들의 먹이를 사냥했다. – 로 해석하면 동시동작을 나타내는 부사절 While they were sweeping across the night sky,
> 를 축약한 형태이므로 분사절이라고 합니다. ⑥ 축구 경기에서 부상당한 Tom은 운동장을 떠나야 했다. – 로 해석하면
> Tom를 꾸며주는 형용사구이므로 분사구, 축구 경기에서 부상을 당하자 Tom은 운동장을 떠나야 했다 – 로 해석하면
> When he was injured, 라는 부사절을 분사로 축약했으므로 분사절이라고 합니다.
> ¶ 이와 같이 동일한 구문을 학자에 따라서 분사구라 부르기도 하고 분사절이라 부르기도 하므로 다투지 마세요!

> **어휘** wave at 손을 흔들다/손짓하다 brightly 밝게 loudly 큰 소리로 drive-drove-driven 운전하다
> highway 고속도로 sweep-swept-swept 휩쓸다/지나가다 across 가로질러 bat 박쥐/방망이(로 치다)
> hunt 사냥하다 injure 부상을 입히다 during 동안에 soccer match 축구 경기 leave-left-left 떠나다
> field 운동장 careful=cautious=chary=circumspect=circumspective=discreet=fastidious=finical=finicky=judicious
> =meticulous=mindful=punctilious=prudent=scrupulous=shrewd=solicitous=vigilant=wary 신중한/꼼꼼한/주의 깊은

③ 분사절(Participle Clauses)의 용법(중급과정) (중3 필수과정)

「접속사+주어를 생략하고 동사를 ～ing로 한 형태」로서, 다시 접속사절로 고칠 때는 「접속사+주어를 넣고 동사를 시제에 맞춥니다」. 문장의 흐름에 따라 「시이조 양연동」, 즉 시간(～할 때), 이유(～때문에), 조건(～한다면), 양보(～이지만), 연속동작(A하고 B하다), 동시동작(～ing하면서)중 하나로 해석합니다. 특히 연속동작과 동시동작을 묶어서 「부대상황/부수적 동작」이라고 하며, 이들은 주로 문장 중간에 분사가 오는 경우로서 접속사가 생각나지 않으면 무조건 「and+주+동」으로 바꾸어 해석하면 됩니다.

ex ① Living next door, I often met her.

② Living next door, I often see her.

③ Living next door, I would often be able to see her.

④ Living next door, I seldom see her.

해석 ① 옆집에 살 때, 나는 자주 그녀를 만났다. ② 옆집에 살기 때문에, 나는 자주 그녀를 본다.
③ 옆집에 산다면, 나는 그녀를 자주 볼 수 있을 텐데. ④ 옆집에 살지만, 난 좀처럼 그녀를 보지 못한다.

(1) 시간(～할 때/하다가): when(while, as, as soon as)+주+동

① Seeing a police officer, he ran away.

= When he saw a police officer, he ran away.

② Walking along the street, I met a friend of mine.

= While I was walking along the street, I met a friend of mine.

③ Left alone, I began to read a book.

= When I was left alone, I began to read a book.

해석 ① 경찰을 보았을 때, 그는 도망쳤다. ② 거리를 따라 걸어가다가, 나는 나의 한 친구를 만났다.
③ 혼자 남겨졌을 때, 나는 책을 읽기 시작했다.

(2) 이유(～때문에): since, as, because, seeing that, now that, in that, inasmuch as,
on the grounds that, granted (that)+주+동

① (Being) hungry, I went into the kitchen.

= As I was hungry, I went into the kitchen.

② (Being) poor, he could not afford to buy a car.

= As he was poor, he could not afford to buy a car.

③ Having much work to do, I could not attend the meeting.

= As I had much work to do, I could not attend the meeting.

해석 ① 나는 배가 고팠기 때문에 부엌으로 들어갔다. ② 그는 가난했기 때문에, 차를 살 여유가 없었다.
③ 나는 할 일이 많아서, 그 모임에 참석할 수 없었다.

어휘 run(bolt) away 도망치다 along 따라서 leave～alone 혼자 남겨두다 next door 옆집 hungry 배고픈
into 안으로 kitchen 부엌 afford ～할 시간적/경제적/정신적 여유가 있다 attend 참석하다 poor 가난한

(3) 조건(~한다면): 주절에 조건 조동사가 있을 때

> If = providing (that) = provided (that) = supposing (that)
>
> = suppose (that) = assuming (that) = in case = on condition that
>
> = in the event that = so long as = as long as = so that

① Working hard, you will succeed. = If you work hard, you will succeed.

② Walking a little faster, you will overtake him.

= If you walk a little faster, you will overtake him.

③ Read carelessly, some books will do more harm than good.

= If they are read carelessly, some books will do more harm than good.

> **해석** ① 열심히 일하면, 너는 성공할 거야. ② 좀 더 빨리 걸어가면, 너는 그를 따라잡을 것이다.
> ③ 함부로 읽으면, 일부 책들은 이로움보다 해로움을 더 끼칠 것이다.

(4) 양보(~이지만/~하더라도):

> though, although, even though, even if, while, notwithstanding, granting(granted) that

① Admitting what you say, I still don't believe it.

= Though I admit what you say, I still don't believe it.

② Granting that he was drunk, I cannot forgive him.

= Though I grant that he was drunk, I cannot forgive him.

③ Born of the same parents, they don't resemble each other.

= Though they were born of the same parents, they don't resemble each other.

> **해석** ① 네가 말한 것을 인정하지만, 나는 아직도 그것을 믿지 않아.
> ② 그가 술 취한 것은 인정하지만(그가 술에 취했다 하더라도), 나는 그를 용서할 수 없어.
> ③ 같은 부모에게서 태어났지만, 그들은 서로 닮지 않았다.

(5) 연속동작 (A하고 B하다): 서술의 계속으로 and+주어+동사

① He opened a drawer, taking out a ball point pen.

= Opening a drawer, he took out a ball point pen.

= He opened a drawer, and he took out a ball point pen.

= He opened a drawer and took out a ball point pen. (comma가 사라짐)

② Taking off his hat, Tom entered the room.

= Tom took off his hat, entering the room.

= Tom took off his hat, and he entered the room.

= Tom took off his hat and entered the room. (comma가 사라짐)

> **해석** ① 그는 서랍을 열고 볼펜을 꺼냈다. ② Tom은 모자를 벗고 방으로 들어갔다. – 주어는 Tom

> **주의** ☞ 등위접속사에서는 반드시 명사를 먼저 사용한 후, 뒤에서 대명사를 사용해야 하며 and 다음의 주어를 생략할
> 경우에는 and 앞에 오는 comma도 생략해야 합니다.

> **어휘** overtake 따라잡다 carelessly 함부로 do good 이로움을 주다↔do harm 해를 끼치다 admit 인정하다
> drunk 술 취한 forgive 용서하다 drawer 서랍 take out 꺼내다 ball point pen 볼펜 take off 벗다/이륙하다

(6) 동시동작(~ing 하면서): as(while, and)+주어+동사

① He left their house, saying goodbye to them.

= He left their house as he said goodbye to them.

② (While) smiling brightly, she shook hands with me.

= While she was smiling brightly, she shook hands with me.

③ He lay awake for a long time, thinking of his future.

= He lay awake for a long time while he was thinking of his future.

> **해석** ① 그는 그들의 집을 떠났다 / 그들에게 작별인사를 하면서. ② 그녀는 밝게 미소를 지으면서, 나와 악수를 했다.
> ③ 그는 오랫동안 잠을 안 자고 깨어 누워있었다 / 그의 미래를 생각하면서.

◀ 뉘앙스 맛보기 ▶

① He looked at the girl singing beautifully. (분사구)

② He looked at the girl, singing beautifully. (분사절)

③ She extended her hand, smiling brightly. (o)

④ She extended her hand smiling brightly. (x)

> **해석** ① 그는 아름답게 노래하고 있는 그 소녀를 보았다. − singing이 the girl를 꾸며주는 형용사 역할
> ② 그는 아름답게 노래를 부르면서, 그 소녀를 보았다. − 주어진 he가 노래를 부르는 경우(동시동작)
> ③ 그녀는 밝게 웃으면서 그녀의 손을 내밀었다.(동시동작) ④ 그녀는 밝게 웃고 있는 자신의 손을 내밀었다. (x)

(7) 이동동사(come, go), 동작동사(cling, cower, crouch, hang, lean, walk), 위치동사(sit, lie, stand) 뒤에서 현재분사는 동시동작을 나타내어 「~하면서」라고 해석합니다.

① The child came crying.　　② He sat reading a book.

③ He lay looking up at the stars.　　④ She cooks listening to the radio.

⑤ He clung to the cliff looking down.　　⑥ He was walking reading his newspaper.

⑦ He stood at the corner waiting for Cathy.

⑧ A monkey hung in the tree chewing on a ripe fruit.

⑨ A lion crouched behind a bush watching deer walk by in front.

⑩ We cowered in our basement hoping the tornado would change directions.

> **해석** ① 그 아이는 울며 왔다. ② 그는 앉아서 책을 읽고 있었다. ③ 그는 누워서 별을 쳐다보고 있었다. ④ 그녀는 라디오를 들으며 요리한다. ⑤ 그는 절벽에 붙어서 아래를 내려다보고 있었다. ⑥ 그는 신문을 읽으면서 걷고 있었다.
> ⑦ 그는 모퉁이에 서서 Cathy를 기다리고 있었다. ⑧ 원숭이가 잘 익은 과일을 씹으면서 나무에 걸려있었다.
> ⑨ 사자 한 마리가 수풀 뒤에 웅크리고 앉아 사슴이 앞을 지나가는 것을 보고 있었다. ⑩ 우리는 회오리가 방향을 바꾸기를 바라면서 지하실에 웅크리고 앉아 있었다.

> **어휘** leave−left−left 떠나다 say goodbye to=bid farewell to ~에게 작별인사하다 brightly 밝게
> lie awake 깨어 누워있다 lie−lay−lain 눕다 shake−shook−shaken 흔들다 shake hands with ~와 악수하다
> extend 내밀다 look up at 쳐다보다 cling(adhere) to 달라붙다 cliff 절벽 look down 내려다 보다 wait for 기다리다
> hang−hung−hung 걸려있다 chew 씹다/숙고하다 ripe 잘 익은/원숙한 crouch=cower 웅크리고 앉다 bush 수풀/덤불
> deer 사슴 walk by=go by=pass by 지나가다 basement 지하실 tornado 회오리 change directions 방향을 바꾸다

④ 부정분사 절(분사절의 부정)(negative participle clause)(중급과정)

분사절을 부정할 때는 분사 앞에 not이나 never를 붙입니다.

① As I didn't know what to say, I was at a loss. = Not knowing what to say, I was at a loss.

② Not hearing from her, I texted her again. = As I did not hear from her, I texted her again.

③ Not knowing what to do, I asked for his advice.

 = As I did not know what to do, I asked for his advice.

> **해석** ① 나는 무슨 말을 해야 할지 몰라서 어리둥절했다.
> ② 나는 그녀로부터 소식을 듣지 못해서 다시 그녀에게 문자를 보냈다.
> ③ 나는 어찌할 바를 몰라서 그의 충고를 요청했다.

⑤ 과거분사 절(Past participle clauses)(중급과정)

수동태 절에서 being이나 having been을 생략하고 과거분사만 남겨두는 구문

① (Being) left alone, I began to listen to music.

 = When (I was) left alone, I began to listen to music.

② (Being) written in easy English, UNIQUE is fit for beginners.

 = As it is written in easy English, UNIQUE is fit for beginners.

③ (Having been) injured in the legs yesterday, she cannot walk well today.

 = As she was injured in the legs yesterday, she cannot walk well today.

> **해석** ① 혼자 남겨졌을 때/ 나는 음악을 듣기 시작했다. ② 쉬운 영어로 쓰여 있어서/ 유니크는 초보자들에게 적합하다.
> ③ 어제 다리를 다쳐서/ 그녀는 오늘 잘 걸을 수가 없다.

⑥ 완료분사 절(Perfect Participle Clauses)(중급과정)

종속절(접속사가 이끄는 절)의 시제가 주절의 시제보다 한 시제 앞설 경우 접속사 주어를 생략하고 동사를 「having+p.p」로 만든 문장 형태

① As he had overworked himself, he fell ill.

 = Having overworked himself, he fell ill.

② Having finished my work, I went to bed.

 = After I had finished my work, I went to bed.

③ Having been rescued, the injured man was taken to hospital.

 = After he had been rescued, the injured man was taken to hospital.

> **해석** ① 그는 과로했기 때문에 아팠다. ② 일을 마친 후 나는 잠자리에 들었다.
> ③ 구조된 후 그 부상자는 병원으로 옮겨졌다.

> **어휘** what to say 무슨 말을 해야 할지 at a loss=embarrassed 어리둥절한 text 문자메시지를 보내다
> ask(call) for=require=request 요청하다 be left alone 혼자 남겨지다 begin-began-begun 시작하다
> listen to 듣다 injure 상처를 입히다 leg 다리 walk 걷다 well 잘 write-wrote-written 쓰다 fit 적합한
> beginner 초보자 overwork oneself 과로하다 fall ill 병에 걸리다 rescue 구조하다 be taken to ~으로 옮겨지다

7 독립분사 절(absolute clauses)과 독립분사 구(absolute phrases)(고급과정)

(1) 독립분사 절: 주절의 주어와 다른 주어를 갖고 있으면서 분사를 동사로 갖고 있는 구문

① When night came on, we started for home. = Night coming on, we started for home.

② If the weather permits, I will go fishing this weekend.

= Weather permitting, I will go fishing this weekend. (the가 생략되는 것에 유의)

③ The last bus having gone, I had to take a taxi.

= As the last bus had gone, I had to take a taxi.

④ The deal (having been) closed, we threw a party to celebrate it.

> **해석** ① 밤이 다가오자 우리는 집으로 출발했다. ② 날씨가 허락한다면, 나는 이번 주말에 낚시하러 갈 거야.
> ③ 마지막 버스가 가버려서 나는 택시를 타야 했다. ④ 거래가 체결된 후, 우리는 축하하기 위해 파티를 열었다.

(2) 독립분사 구: 주절의 주어와 다른 주어를 갖고 있으나 동사가 없는 구문

① Picnic basket in hand, she set off for her date.

② His tail between his legs, the dog walked out the door.

③ They emerged from their hiding places, their hands high above their heads.

> **해석** ① 피크닉 바구니를 들고 그녀는 데이트 하러 나갔다. ② 꼬리를 다리 사이에 넣은 채, 그 개는 문 밖으로 나갔다.
> ③ 그들은 은신처에서 나왔다, 손을 머리 위에 올린 채.

8 with+목적어+{현재분사, 과거분사, 형용사, 부사구(전치사구)}(고빈도 고급과정)

부대상황(accompanying circumstances)을 나타내는 독립분사구문으로서 현재분사는 능동, 과거분사는 수동의 의미를 가지며 「접속사+주어+동사」로 전환 및 해석할 수 있습니다.

① He sat silently, (with) his cat dozing at his feet.

= He sat silently, and his cat was dozing at his feet.

② (With) an eye (being) bandaged, he could not write properly.

= As an eye was bandaged, he could not write properly.

③ (With) the cigarette prices having gone up, I will stop smoking.

= The cigarette prices have gone up, so I will stop smoking.

④ (With) Brazil playing quite badly, France won the World Cup.

= Brazil played quite badly. Therefore, France won the World Cup.

> **해석** ① 그는 가만히 앉아있었고, 그의 고양이는 그의 발 옆에서 꾸벅꾸벅 졸고 있었다.
> ② 한 눈이 붕대로 감겨 있어서, 그는 똑바로 글을 쓸 수 없었다. ③ 담뱃값이 인상되어서, 나는 담배를 끊을 거야.
> ④ 브라질이 아주 엉터리로 경기를 해서 프랑스가 월드컵 우승을 했다.

> **어휘** night 밤 come on 다가오다 start(leave, set off) for ~를 향해 출발하다 weather 날씨 permit=allow 허락하다
> go fishing 낚시가다 this weekend 이번 주말에 last 마지막 take a taxi 택시를 타다 basket 바구니 tail 꼬리
> close a deal 거래를 체결하다 throw(hold, give, have) a party 파티를 열다 celebrate 축하(찬양, 기념)하다
> leg 다리 between 둘 사이에 emerge=appear=show(turn) up 나타나다 hiding place 은신처 above ~위에
> silently 조용히 doze 졸다 bandage 붕대로 감다 properly 똑바로/적절하게 prices 가격 go up=rise 오르다

문제 2. Change the following into complex sentences. (복문으로 전환을 해보세요.)

① Not wanting to tell the truth, he made up an excuse.

② Not having been invited to the wedding, he didn't come.

③ Shocked by the explosion, the people ran for shelter.

④ The weather being nice, we decided to go for a picnic.

⑤ The entire team, their uniforms muddy and stained, shouted for joy.

> **해석과 정답** ① 진실을 말하고 싶지 않아서 그는 변명을 했다. (As he did not want to tell the truth, he made up an excuse.) ② 결혼식에 초대받지 않아서 그는 오지 않았다. (As he had not been invited to the wedding, he didn't come.) ③ 폭발에 충격을 받고 그 사람들은 피할 곳을 향해 달렸다. (As they were shocked by the explosion, the people ran for shelter.) ④ 날씨가 좋아서 우리는 소풍을 가기로 결정했다. (As the weather was nice, we decided to go for a picnic.) ⑤ 팀 전체가 유니폼이 흙탕이 되고 얼룩진 채 기뻐서 소리쳤다. (The entire team shouted for joy while their uniforms were muddy and stained.)

문제 3. Choose the correct one.(출제 고빈도 과정)

① Don't speak with your mouth (full, filled).

② Mom was cooking with water (running, run).

③ He was sleeping with the door (open, opened).

④ He sat under the tree with his arms (folding, folded).

⑤ He was waiting for me with his eyes (shining, shined).

⑥ John sat with his elbows (resting, rested) on the table.

⑦ He stood with his back (leaning, leaned) against a tree.

⑧ She was eating with her eyes (fixing, fixed) on the table.

⑨ He was listening to music with his eyes (closing, closed).

⑩ It was a misty morning, with little wind (blowing, blown).

⑪ He left the room with tears (running, run) down his face.

⑫ She went out for a walk with her dog (following, followed) her.

⑬ He sat reading a book with his wife (sewing, sewn) beside him.

⑭ He was walking with his jacket (hanging, hung) on his shoulder.

> **해석과 정답** ① 입을 가득 채운 채 말하지 마라. – 가득 채워진 상태를 나타낼 때는 형용사 full을 사용합니다. ② 엄마는 물을 틀어놓은 채 요리하고 계셨다. – 물이 흐르므로 자동사 running ③ 그는 문을 열어둔 채 잠을 자고 있었다. – 문이 열려있는 상태를 나타내므로 형용사 open ④ 그는 팔짱을 낀 채 나무 아래 앉아 있었다. – 팔이 끼어지므로 수동 folded ⑤ 그는 눈을 반짝이며 나를 기다리고 있었다. – 눈이 빛나므로 자동사 shining ⑥ John은 팔꿈치를 탁자에 대고 앉아 있었다. – 팔꿈치가 탁자에 놓여있다는 의미의 자동사 resting ⑦ 그는 등을 나무에 기댄 채 서 있었다. – 등이 기대어 있다는 자동사를 쓰므로 leaning ⑧ 그녀는 눈을 식탁에 고정시킨 채 먹고 있었다. – fix는 타동사이며 눈이 고정되므로 수동 fixed ⑨ 그는 눈을 감은 채 음악을 듣고 있었다.–눈이 감겨지므로 수동 closed ⑩ 안개 낀 아침이었고, 바람은 거의 불지 않았다. – 바람이 자동으로 불기 때문에 자동사 blowing ⑪ 그는 얼굴에 눈물을 흘린 채 방을 떠났다. – 눈물이 자동으로 흘러나오므로 자동사 running ⑫ 그녀는 개를 데리고 산책 나갔다. – 개가 그녀의 뒤를 따라가고 있으므로 능동 following ⑬ 그는 앉아서 책을 읽고 있었고, 그의 아내는 옆에서 바느질하고 있었다. – 아내가 바느질하므로 능동 sewing ⑭ 그는 재킷을 어깨에 걸친 채 걷고 있었다. – 이와 같은 상황에서 영어는 자동사 hanging을 사용합니다.

> **어휘** make up an excuse 변명하다 explosion 폭발 shelter 피신처 entire 전체적인 muddy 흙투성이의 stained 얼룩진 run 흐르다 arm 팔 fold 접다 wait for=await 기다리다 shine 빛나다 elbow 팔꿈치 rest 놓여있다/쉬다 fix 고정시키다 misty 안개 낀 blow 불다 tears 눈물 lean 기대어 있다 follow 따르다 sew-sewed-sewn 바느질하다 hang 매달리다

⑨ 비인칭 독립 분사구문(impersonal absolute participles)(고급과정)

의미상의 주어가 일반인(We, One, They, You, People)이거나 불분명할 때, 「주어가 다르더라도 주어를 생략하고 동사를 (~ing)형태」로 만드는데 이것을 비인칭 독립분사구문이라고 하며, 전치사, 부사구나 부사절, 접속사의 역할을 하며, 문맥에 따라 「If+we/one+동사」로 바꿀 수도 있습니다.

① Given(Considering) his age, the child is very bright.

 = If we consider his age, he is very smart.

② Talking of plays, you shall hear the story of Hamlet.

 = If we talk of plays, you shall hear the story of Hamlet.

③ Judging from what people say, he must be a great scholar.

 = If we judge from what people say, he must be a great scholar.

④ I have read an article concerning the air pollution of our city today.

⑤ Assuming(Supposing) (that) you won the lottery, what would you do?

 = If you won the lottery, what would you do?

⑥ Granting that he was drunk, he is to blame for his conduct.

 = Though (we grant that) he was drunk, he is to blame for his conduct.

해석 ① 그의 나이를 고려해볼 때, 그 아이는 참 총명하다. ② 희곡에 관해 말하자면, 너희들에게 햄릿 이야기 들려줄게.
　　　③ 사람들이 말하는 것으로 판단해 볼 때, 그는 훌륭한 학자임에 틀림없다.
　　　④ 나는 우리 도시의 대기오염에 관한 기사를 오늘 읽었다. ⑤ 네가 복권에 당첨된다면, 너는 무엇을 할 거니?
　　　⑥ 그가 술에 취한 것은 인정하지만(그가 술에 취했다 하더라도), 그는 자신의 행동에 대해 책임을 져야 한다.

---

① strictly speaking (엄격히 말해서)	② logically speaking (논리적으로 말해서)
③ generally speaking (일반적으로 말해서)	④ abstractly speaking (추상적으로 말해서)
⑤ concretely speaking (구체적으로 말해서)	⑥ objectively speaking (객관적으로 말해서)
⑦ historically speaking (역사적으로 말해서)	⑧ confidentially speaking (은밀히 말하자면)
⑨ subjectively speaking (주관적으로 말해서)	⑩ scientifically speaking (과학적으로 말해서)
⑪ biologically speaking (생물학적으로 말해서)	⑫ comparatively speaking (비교해서 말하자면)
⑬ philosophically speaking (철학적으로 말해서)	⑭ physiologically speaking (생리학적으로 말해서)
⑮ roughly speaking = broadly speaking (대충 말해서)	
⑯ briefly(shortly) speaking = simply put (간단히 말해서)	
⑰ frankly(candidly, honestly) speaking (솔직히 말해서)	
⑱ figuratively(metaphorically) speaking (비유해서 말하자면)	
⑲ comprehensively speaking (종합적으로/포괄적으로 말해서)	

어휘 consider=contemplate=weigh=allow(bargain) for=make allowances for=take account of
=take~into account(consideration)=brood(ponder) over 고려하다 age 나이 bright 총명한 talk of=speak of ~에
대해 말하다 you shall hear 너희들에게 들려주겠다(약속) what ~한 것 judge from ~로 판단하다 must be ~임에
틀림없다 great 훌륭한 scholar 학자 article 기사 concerning=regarding=respecting=as to=as concerns(regards)
~에 관하여 air pollution 대기오염 assume=suppose 가정하다 win-won-won 얻다/이기다/당첨되다 win the lottery
복권에 당첨되다 granting that ~을 인정하지만/~하더라도 drunk 술에 취한 conduct 행동 be to blame for 책임지다

⑩ 강조 분사구문(고급과정)

분사를 강조하기 위해서 ing～ 뒤에 「as+주어+do동사」, 과거분사 뒤에 「as+주어+be동사」를 넣는 경우가 있는데, 현재 시제는 「이와 같이」, 과거시제는 「그와 같이」 라고 해석합니다.

① As I live in a remote village, I rarely have visitors.

= Living (as I do) in a remote village, I rarely have visitors.

② As it is situated on a hill, my villa has a fine prospect.

= Situated (as it is) on a hill, my villa has a fine prospect.

③ As it was hidden among the trees, the tomb was not easily found.

= Hidden (as it was) among the trees, the tomb was not easily found

④ Living (as he does) among American soldiers, he is at home in English.

해석	① "이와 같이" 나는 외딴 마을에 살고 있어서, 좀처럼 방문객이 없다.
	② "이와 같이" 언덕 위에 위치하고 있어서, 나의 별장은 전망이 좋다.
	③ "그와 같이" 나무들 사이에 숨겨져 있어서, 그 무덤은 쉽게 발견되지 않았다.
	④ "이와 같이" 미군들 사이에서 생활하기 때문에, 그는 영어에 정통하다.

⑪ Being 생략구문(고급과정)

보어, 즉 과거분사, 명사, 형용사 앞에 오는 being이나 having been 은 생략할 수 있는데, 이 생략된 구문을 접속사가 들어 있는 절로 고칠 때는 「접속사+주어를 넣고 be동사를 주절의 시제에 맞춰」 넣어주면 됩니다. 그리고 주로 이유(～때문에)로 해석합니다.

① Tired from a long walk, he soon fell asleep. (수동분사)

= As he was tired from a long walk, he soon fell asleep.

② A kind and honest girl, she is liked by everyone. (동격)

= As she is a kind and honest girl, she is liked by everyone.

③ Impatient of the heat, he left town for the country.

= As he was impatient of the heat, he left town for the country.

④ Born in better times, he would have been a great statesman.

= If he had been born in better times, he would have been a great statesman.

해석	① 오랫동안 걸어서 피곤했기 때문에, 그는 곧 잠이 들었다.
	② 친절하고 정직한 소녀여서, 그녀는 모두에게 호감을 받는다.
	③ 더위를 참지 못해서, 그는 도시를 떠나 시골로 갔다.
	④ 더 나은 시대에 태어났더라면, 그는 훌륭한 정치가가 되었을 것이다.

어휘 remote 외딴, 아득한 village 마을 rarely=barely=hardly=scarcely=seldom 좀처럼～하지 않다
be situated(located) on ～에 위치하다 hill 언덕 villa 별장 hide-hid-hidden 숨기다 among ～사이에 have a fine
prospect=command a fine view 전망이 좋다 tomb 무덤 be at home in 정통하다 find-found-found 발견하다 easily
쉽게 be tired from ～로 피곤하다 soon=before long 곧 fall asleep 잠들다 honest 정직한 leave town for the country
도시를 떠나 시골로 가다 be impatient of ～을 참지 못하다 heat 더위 be born 태어나다 in better times 더 나은
시대에 would have pp ～했을 텐데 great 훌륭한, 능숙한, 위대한, 중대한, 대단한, 고도의 statesman 정치가, 정세가

12 관계사절과 분사구/분사절(Participle clauses)(고급과정)

(1) 단순시제(현재, 과거, 미래시제)

자동사나 능동은 관계대명사를 없앤 후 동사를 ing형태로 만들고, 미래시제는 will을 생략하고 동사를 ing형태로 바꿉니다. 진행시제나 수동태는 관계대명사+be동사를 생략하고 분사만 남겨 둡니다.

① Who is the girl <u>that sits</u>(sitting) next to him in class?

② The house <u>which overlooked</u>(overlooking) the brook/ was very beautiful.

③ People <u>who will go</u>(going) to the concert next month/ must buy tickets in advance.

④ The man (who is) driving the car over there/ is my uncle.

⑤ The cars (which are) produced in Korea/ have very good performance.

⑥ The saplings (which are) being planted now/ will grow into huge trees someday.

> 해석 ① 수업시간에 그의 옆에 앉는 여학생이 누구지? ② 개울이 내려다보이는 그 집은 아주 아름다웠다.
> ③ 다음 달에 음악회에 갈 사람들은 표를 미리 사야 한다. ④ 저기에 자동차를 운전하고 있는 사람이 내 삼촌이야.
> ⑤ 한국에서 생산되는 자동차는 성능이 아주 좋다. ⑥ 지금 심어지고 있는 묘목들은 언젠가 큰 나무로 자랄 것이다.

(2) 완료시제: 현재완료는 완료분사(having+pp)나 현재분사(ing)로 바꾸지만 자주 사용되지 않으며,
과거완료는 having+pp로 바꾸되 수동은 having been을 생략할 수 있습니다.

① The student who has asked the question/ is very clever.

= The student having asked the question/ is very clever.

② The teams which have won the first round/ go into the quarter-finals.

= The teams winning the first round/ go into the quarter-finals.

③ We were reading the email that had been sent by the manager.

= We were reading the email (having been) sent by the manager.

> 해석 ① 그 질문을 한 학생은 매우 똑똑하다. ② 1회전을 승리한 팀들이 준준결승에 진출한다.
> ③ 우리는 경영자가 보낸 이메일을 읽고 있었다.

(3) 관계대명사 앞에 the only(최상급, 서수, next)가 오면 관계사절을 to 부정사로 바꿀 수 있습니다.

① Tom is the tallest boy that attends this school. = Tom is the tallest boy to attend this school.

② Peter is the only person who understands me.

= Peter is the only person to understand me.

③ Eugene Cernan was the last man that walked on the moon.

= Eugene Cernan was the last man to walk on the moon.

> 해석 ① Tom이 이 학교에 다니는 가장 키가 큰 소년이다. ② Peter가 나를 이해하는 유일한 사람이야.
> ③ Eugene Cernan이 달 위를 걸은 마지막 사람이었다.

> 어휘 next to ~의 옆에 in class 수업 중 overlook 내려다보이다 brook 개울 produce 생산하다
> have good performance 성능이 좋다 sapling 묘목 plant 심다 huge 거대한 some day 언젠가
> concert 음악회 in advance 미리 clever 영리한/똑똑한 win-won-won 이기다 the first round 1회전
> the quarter-final 준준결승 manager 운영자, 관리자, 경영자 attend 다니다 understand=make out 이해하다

문제 4. Replace the following relative clauses by a participle construction.

(다음의 관계사절을 분사구문으로 전환해 보세요.)(고급과정)

① The man who wants coffee is over here.

② People who have arrived late cannot enter.

③ The man who is wearing a red jumper is my uncle.

④ I broke the computer which belonged to my brother.

⑤ Foreigners who live in Korea must keep the Korean law.

⑥ A friend who helps you in need is a good friend indeed.

⑦ A portrait is a picture that shows the image of a person.

⑧ An herbivore is an organism that mostly feeds on plants.

⑨ Don't wake the baby which is sleeping in the living room.

⑩ The girl who was picked up by her father looked very cute.

⑪ A carnivore is an animal that eats the flesh of other animals.

⑫ We all praised the food which had been cooked by my mother.

⑬ Everyone who will take the TOEFL next month must preregister.

⑭ He was the first person who swam across the Straights of Korea.

⑮ The house that stands at the end of the road will soon be dismantled.

⑯ An omnivore is a kind of animal that eats both other animals and plants.

⑰ The problems that are being discussed now are essential for your exam.

해석과 정답 ① 커피를 원하는 사람은 이곳에 있어요. (The man wanting coffee is over here.) ② 늦게 도착한 사람들은 들어갈 수 없다. (People arriving late cannot enter.) ③ 빨간 잠바를 입고 있는 사람이 내 삼촌이야. (The man wearing a red jumper is my uncle.) ④ 나는 내 형 소유의 컴퓨터를 고장내버렸어. (I broke the computer belonging to my brother.) ⑤ 한국에 살고 있는 외국인은 한국법을 지켜야 한다. (Foreigners living in Korea must keep the Korean law.) ⑥ 어려움을 처했을 때 너를 돕는 친구가 진짜 좋은 친구이다. (A friend helping you in need is a good friend indeed.) ⑦ 초상화는 어떤 사람의 모습을 보여주는 그림이다. (A portrait is a picture showing the image of a person.) ⑧ 초식동물은 주로 식물을 주식으로 하는 유기체다. (An herbivore is an organism mostly feeding on plants.) ⑨ 거실에서 자고 있는 아이를 깨우지 마라. (Don't wake the baby sleeping in the living room.)
⑩ 자기 아빠가 태우고 간 그 소녀는 정말 귀여웠다. (The girl picked up by her father looked very cute.) ⑪ 육식동물은 다른 동물의 살을 먹는 동물이다. (A carnivore is an animal eating the flesh of other animals.) ⑫ 우리 모두 엄마가 요리하신 음식을 칭찬했다. (We all praised the food cooked by my mother.) ⑬ 다음 달에 토플을 치를 사람들은 미리 등록해야 한다. (Everyone taking the TOEFL next month must preregister.) ⑭ 그가 대한해협을 수영해서 건넌 최초의 사람이었다. (He was the first person to swim across the Straight of Korea.) ⑮ 도로 끝에 서 있는 집은 곧 철거될 것이다. (The house standing at the end of the road will soon be dismantled.) ⑯ 잡식동물은 다른 동물과 식물을 먹는 동물종이다. (An omnivore is a kind of animal eating both other animals and plants.) ⑰지금 토론되고 있는 문제들은 너의 시험에 필수적이다. (The problems being discussed now are essential for your exam.)

어휘 over here 이곳에/이쪽에 wear 입고 있다 jumper 잠바/스웨터 break 고장 내다 belong to ~의 소유이다
foreigner 외국인 keep the law 법을 지키다 in need 어려울 때 indeed 진정 portrait 초상화 image 모습
herbivore 초식동물 organism 유기체 mostly 주로 feed on 먹고 살다/주식으로 하다 wake 깨우다
living room 거실 pick up 태우다 cute 귀여운 carnivore 육식동물 flesh 살/고기 preregister 미리 등록하다
praise 칭찬하다 the Straights of Korea 대한해협 stand 서 있다 at the end of the road 도로 끝에
dismantle 철거하다 omnivore 잡식동물 a kind of 일종의 both A and B A와 B 둘 다 essential 필수적인

13 주의해야 할 분사구문(중급과정) (토익 출제 고빈도 과정)

(1) 부사절을 분사절로 바꿀 때 접속사를 생략 할 수 없는 경우

A. *before나 after를 중심으로 좌우시제가 동일한 경우
   *since가 (〜이후로, 〜이래로)의 뜻으로 사용되는 경우

① We made popcorn before we went out.

= We made popcorn going out. (×)

= We made popcorn before going out. (○)

② We made popcorn after we returned home.

= We made popcorn returning home. (×)

= We made popcorn after returning home. (○)

③ They have made a lot of money since they launched their new product.

= They have made a lot of money since launching their new product.

> **해석** ① 우리는 외출하기 전에 팝콘을 만들었다. ② 우리는 집에 돌아온 후에 팝콘을 만들었다.
> ③ 그들은 많은 돈을 벌었다/새로운 제품을 출시한 이후로.
> **주의** ☞ 이때 before, after, since는 품사가 접속사에서 전치사로 바뀌며, 이들 뒤에 오는 ing형은 분사가 아니라 동명사
> 가 된다는 것 잊지 마세요.

B. 단순분사절을 접속사절로 바꿀 경우 when이나 and를 이용하여 절로 바꿔야 하며, 임의로
   before나 after를 사용해서는 안 됩니다.

ex Finishing the work, I went home in a hurry.

= When I finished the work, I went home in a hurry.

= I finished the work and went home in a hurry.

≠ Before I finished the work, I went home in a hurry. (×)

≠ After I finished the work, I went home in a hurry. (×)

> **해석** 나는 일을 끝마치고, 서둘러 집으로 갔다.

C. after를 생략할 수 있는 경우 – 주절의 시제보다 한 시제 빠를 경우

① After I had finished the work, I went home in a hurry.

= (After) having finished the work, I went home in a hurry.

② After all the guests had arrived, the host started the party.

= All the guests having arrived, the host started the party.

> **해석** ① 나는 그 일을 마친 후, 서둘러 집으로 갔다. ② 모든 손님이 도착한 후, 주인은 파티를 시작했다.

> **어휘** make-made 만들다 return home 집에 돌아오다 go out 외출하다 a lot of=lots of 많은 product 제품
> launch 출시하다, 시작하다 new 새로운 in a hurry=hurriedly=in haste=hastily 서둘러 guest 손님 host 주인

(2) 분사의 주어가 될 수 없는 인칭대명사(고급과정)

– 종속절의 주어가 사람을 가리키는 인칭대명사일 경우, 독립분사구문으로 만들지 않고 수동태로 바꾸어 주어를 일치시킨 다음 분사구문으로 만들어야 합니다.

① As I had no ticket, they didn't allow me to enter.
= I having no ticket, they didn't allow me to enter. (x)
= As I had no ticket, I was not allowed to enter (by them). (수동태 전환)
= Having no ticket, I was not allowed to enter. (o)
② As he has often deceived me, I don't believe him.
= He having often deceived me, I don't believe him. (x)
= As I have often been deceived by him, I don't believe him. (수동태 전환)
= Having often been deceived by him, I don't believe him. (o)

> **해석** ① 내가 표가 없어서, 그들은 내가 들어가는 것을 허용하지 않았다. = 나에게 표가 없어서 나는 들어갈 수가 없었다.
> ② 그가 나를 자주 속여서, 나는 그를 믿지 않는다. = 그에게 자주 속았기 때문에, 나는 그를 믿지 않는다.

⑭ 현수분사구문(dangling participle)(고급과정)

> 분사구문은 주절의 주어를 수식해야 원칙인데, 그 수식받는 주절의 명사가 문장 속에 명시되어있지 않은 경우로서 문법적으로 틀린 문장입니다. 이 경우 분사가 수식할 것이 없이 현수막처럼 덩그러니 매달려있다고 해서 현수분사구문(dangling participle/hanging participle)이라고 합니다. 문장의 흐름상 그 의미를 알 수 있는 경우로 종종 사용되고 있으나 문법적으로는 틀린 문장임을 명심하셔야 합니다. 예문을 들어 설명해 보죠.
> Sitting on the school bench, the sun disappeared behind the clouds.
> (학교벤치에 앉아있을 때, 태양이 구름 뒤로 사라졌다) 에서 Sitting on the school bench 라는 분사가 수식하는 명사가 어디 있죠? the sun 이라는 주어를 수식하지 않잖아요. 그래서 문법적으로는 틀린 것입니다. 이 분사구문을 알맞은 문장으로 바꾸려면 Sitting on the school bench, I watched the sun disappear behind the clouds. (학교벤치에 앉아서 나는 태양이 구름 뒤로 사라지는 것을 보았다)로 바꾸어야만, Sitting on the school bench가 주절의 주어 "I" 를 수식하게 되면서 문법적으로 옳은 문장이 됩니다. 다음 두 예문을 답을 보지 말고 문법적으로 옳은 문장으로 바꿔보세요.

Ⓐ
① Eating a pineapple, the boy's chin dripped juice. (x)
② Eating a pineapple, the boy dripped juice down his chin. (o)
③ While the boy was eating a pineapple, juice dripped down his chin. (o)

Ⓑ
① Not prepared for it, the exam proved tough. (x)
② Not prepared for the test, Tom had a hard time with it. (o)

> **해석** Ⓐ ① 파인애플을 먹으면서, 소년의 턱은 즙은 뚝뚝 흘렸다.
> ② 파인애플을 먹으면서, 그 소년은 과즙을 턱으로 흘렸다.
> ③ 그 소년이 파인애플을 먹을 때, 과즙이 그의 턱으로 흘러내렸다.
> Ⓑ ① 대비를 하지 않아서 시험이 힘들었다. ② 시험에 대비를 하지 않아서 Tom은 시험에서 애를 먹었다.

> **어휘** allow 허락하다 enter 들어가다 often 종종, 자주 deceive 속이다 believe 믿다 chin 턱
> drip 과즙을 뚝뚝 떨어뜨리다 be prepared for ~에 대비하다 prove 판명되다 tough 까다로운

⑮ 관계사절을 분사형 형용사로 전환하기(고급과정)

① A rose which smells sweet = A sweet-smelling rose

② A dinosaur which eats meat = A meat-eating dinosaur

③ A dinosaur which eats plants = A plant-eating dinosaur

④ An animal which eats insects = An insect-eating animal

⑤ A man who looks handsome = A handsome-looking man

⑥ A couple who are newly married = A newly-married couple

⑦ A horse which draws a carriage = A carriage-drawing horse

⑧ A stranger who speaks French = A French-speaking stranger

⑨ A carriage which is drawn by a horse = A horse-drawn carriage

> 해석 ① 달콤한 향기가 나는 장미 ② 육식공룡 ③ 초식공룡 ④ 곤충을 먹는 동물 ⑤ 잘생긴 남자
> ⑥ 신혼부부 ⑦ 수레를 끄는 말 ⑧ 불어를 말하는 이방인 ⑨ 말에 끌려가는 수레

⑯ 유사분사 - 명사에 ed가 붙어서 만들어진 분사(고급과정)

① A man who has an eye = A one-eyed man

② A man who has one leg = A one-legged man

③ A girl who has bare feet = A bare-footed girl

④ A man who has blue eyes = A blue-eyed man

⑤ A man who has one arm = A one-armed man

⑥ A knife which has two edges = A two-edged knife

⑦ A tree which has deep roots = A deep-rooted tree

⑧ A girl who has good nature = A good-natured girl

> 해석 ① 애꾸눈 ② 외다리 ③ 맨발의 소녀 ④ 푸른 눈을 가진 사람 ⑤ 외팔이
> ⑥ 양날을 가진 칼 ⑦ 뿌리 깊은 나무 ⑧ 천성이 착한 소녀

⑰ 형용사를 수식하는 부사로서 분사(As an adverb modifying an adjective)(고급과정)

① He is raving mad.　② This coffee is piping(steaming) hot.

③ The chicken is finger-licking good.　④ She was dripping(soaking, wringing) wet.

⑤ It is freezing(cutting, piercing, biting) cold.

⑥ He is blind drunk. = He is as drunk as a fish.

⑦ It is baking(boiling, burning, scorching, scalding) hot.

> 해석 ① 그는 완전히 미쳤다. ② 이 커피는 완전 뜨거워. ③ 그 치킨은 손가락 빨 정도로 맛있다. ④ 그녀는 흠뻑 젖었다.
> ⑤ 날씨가 얼어붙을 정도로 춥다. ⑥ 그는 곤드레만드레 취했다. ⑦ 날씨가 찌는 듯이 덥다.

> 어휘 smell 냄새가 나다 sweet 향기로운 dinosaur 공룡 meat 고기 plant 식물 newly-married 새로 결혼한
> insect 곤충 draw-drew-drawn 끌다 carriage 수레 look handsome 잘생겼다 stranger 낯선 사람
> French 프랑스어 leg 다리 bare foot 맨발 arm 팔 edge 칼날 deep 깊은 root 뿌리 nature 천성/성품
> rave 고래고래 소리 지르다 mad 미친, 화난 pipe 피리 불다 steam 찌다 drip 액체를 뚝뚝 떨어뜨리다
> lick 핥다 soak 흠뻑 적시다 wring 빨래를 쥐어짜다 freeze 얼다 pierce 살을 뚫다 bite-bit-bitten 깨물다
> blind 눈먼 drunk 술에 취한 bake 굽다 boil 삶다/끓다 burn 태우다 scorch 태우다 scald 뜨거운 물에 데다

18 5형식 사역동사(causative verbs – 일을 시키는 동사)(최고빈도 고급과정)

(1) have+목적어	원형	: 목적어가 보어를 하는 경우	「부탁하다/당하다/시키다」
	ing	: 목적어가 보어를 계속 하는 경우	「내버려두다/당하다/시키다」
	p.p	: 목적어가 보어를 당하는 경우	「당하다/시키다」
* will(would)+have+목적어+원형: 목적어가 원형/보어하기를 바라다			
* won't have+목적어+ing: 목적어가 보어 하는 것을 허용하지 않다			

① I cut my hair. (내가 내 머리를 직접 자른 경우)

② I had a hairdresser cut my hair. = I had my hair cut by a hairdresser.

= I asked a hairdresser to cut my hair.

🗡 I want my hair cut. (이발을 하고 싶어요. – 머리카락이 잘려지므로 수동)

③ He had his wife die last year. ≠ He asked his wife to die last year. (x)

④ He had his son killed in the war.

⑤ I had my dogs playing around in the field.

⑥ The audience had the singer singing songs.

⑦ Will(would) you have me go home alone? = Do you want me to go home alone?

⑧ I won't have you smoking in the bedroom. = I won't allow you to smoke in the bedroom.

> **해석** ① 나는 내 머리카락을 잘랐다. ② 나는 미용사에게 부탁하여 이발했다. – 미용사가 내 머리카락을 잘랐다. ③ 그는 작년에 아내가 죽었다. – 아내가 죽는 일을 그가 당했다. ④ 그는 자기 아들이 전쟁에서 죽었다. – 아들이 전쟁에서 죽는 일을 그가 당했다. ⑤ 나는 개들을 들판에 뛰어놀게 했다. – 개들이 뛰어놀게 내버려 두었다. ⑥ 관객들은 그 가수를 계속 노래하게 했다. ⑦ 너는 내가 집에 혼자 가길 바라니? ⑧ 나는 네가 침실에서 담배피우는 것을 허용하지 않겠다.

(2) let+목적어+원형/be+pp: 목적어가 보어 하는 것을/보어 당하는 것을 허락하다.

① My father let me go to see a movie. = My father allowed me to go to see a movie.

② Let the flower not be touched by him. (문어체)

= Let not the flower be touched by him. (문어체)

= Don't let the flower be touched by him. (구어체)

> **해석** ① 아빠는 내가 영화 보러가는 것을 허락하셨다.
> ② 꽃이 그에 의해 만져지는 것을 허용하지 마라. = 그가 그 꽃을 만지도록 내버려두지 마라.

(3) make+목적어	원형	: 목적어가 보어를 할 경우	목적어를 보어하게 만들다
	p.p	: 목적어가 보어를 당할 경우	목적어를 보어되게 만들다
	형용사	: 목적격 보어	목적어를 보어하게 만들다

① The teacher made him clean the rest room.   ② I shouted to make myself heard.

③ I can make myself understood in English.   ④ She made me happy.

> **해석** ① 그 선생님은 그에게 화장실을 청소하게 했다. ② 나는 내 소리가 들리도록 소리를 질렀다.
> ③ 나는 내 자신을 영어로 의사 표현할 수 있다. ④ 그녀는 나를 행복하게 했다.

> **어휘** hairdresser 미용사 barber 이발사 die 죽다 last year 작년에 kill 죽이다 war 전쟁 play around 뛰놀다 field 들판 smoke 담배 피우다 bedroom 침실 let=allow=permit 허락하다 go to see a movie 영화를 보러가다 touch 만지다 stay 머무르다 after school 방과 후에 make oneself understood 의사 표현하다

(4) get+목적어	to 원형 : 목적어(사람)가 보어를 할 경우	목적어가 보어 하도록 요청하다
	to 원형 : 목적어(사람/사물)가 보어를 할 경우	목적어를 보어하게 하다
	p.p : 목적어가 보어를 당할 경우	목적어가 보어 되도록 요청하다
	형용사 : 형용사가 목적격 보어인 경우	목적어를 보어하게 만들다

① I got a mechanic to repair my car. = I got my car repaired by a mechanic.

② I couldn't get him to sign the paper. = I couldn't persuade him to sign the paper

③ I couldn't get the car to start this morning.　④ Don't get your new trousers dirty.

해석 ① 나는 정비공에게 내 차를 고쳐달라고 했다. ② 나는 그에게 그 서류에 서명하도록 할 수가 없었어.
　　③ 나는 오늘 아침 차를 출발시킬 수가 없었다. ④ 네 새 바지를 더럽히지 마라.

(5) get(set, start)+목적어+ing: ～을 시작하게 하다(make ～start doing something)

① The news started me thinking.　② The wind set the trees rustling.

③ I couldn't get that old car going.　④ He set the machine going with a push.

해석 ① 그 소식은 나를 생각하게 만들었다. ② 바람은 나무를 바스락거리게 했다.
　　③ 나는 그 오래된 차를 가게 할 수가 없었다. ④ 그는 밀어서 그 기계를 작동하게 했다.

(6) ⚠ 주어가 의도하지 않은 일을 당할 경우에는 have동사만 사용하여 「당하다」로 해석하지만,
　　우연한 사고의 경우에는 get를 사용하기도 합니다.

① I had someone steal my wallet. = I had my wallet stolen. (o)

≠ I got someone to steal my wallet. = I got my wallet stolen. (x)

② I got(had) my arm broken. = I broke my arm by accident.

해석 ① 나는 누군가에게 내 지갑을 도난당했다. ② 나는 팔이 부러졌어.

(7) help+목적어+(to)원형 = assist+목적어+in ～ing: 목적어가 보어 하는 것을 돕다.

① Could you help me (to) move this table? = Could you assist me in moving this table?

② He helped me (to) do my homework. = He helped me with my homework.

　= He assisted me in doing my homework.

해석 ① 너 내가 이 탁자 옮기는 것 좀 도와줄래? ② 그는 내가 숙제하는 것을 도와주었다.

(8) keep/leave+목적어+ing/pp/형용사: ～한 상태로 내버려 두다.

① Don't leave(keep) the water running.　② I am sorry to have kept you waiting.

③ I'll keep my fingers crossed for you.　④ Always leave(keep) your room locked.

⑤ Don't leave(keep) the window open.　⑥ Never leave children unattended.

해석 ① 물을 틀어놓지 마라. ② 너를 기다리게 해서 미안해. ③ 너를 위해 행운을 빌게.
　　④ 항상 네 방을 잠가두어라. ⑤ 유리창을 열어두지 마라. ⑥ 절대 아이들을 방치해 두지 말라

어휘 mechanic 정비공 repair=mend=do(fix) up 고치다 couldn't 할 수 없었다 sign 서명하다 paper 서류/종이
car 자동차 trousers 바지 dirty 더러운/불쾌한 tree 나무 rustle 바스락거리다 steal-stole-stolen 훔치다
wallet 남성용 지갑 arm 팔 break-broke-broken 부러뜨리다 help=assist 돕다 homework 숙제 water 물
run-ran-run 흐르다 cross 교차시키다 always 항상 lock 잠그다 window 유리창 leave～unattended 방치하다

⑲ 5형식 지각동사(verbs of perception – 알아서 깨닫는 동사)(출제 빈도 높은 기본+중급과정)

catch, feel, find, hear, listen to, notice, observe, see, smell, watch 등 이들 뒤에 문맥과 상황에 따라 「목적어가 동작을 할 경우–원형/ing, 목적어가 동작을 받을 경우–p.p/being p.p」가 오며, 목적격 보어로 원형이나 p.p가 오는 경우에는 주어가 처음부터 지각을 한 경우이고, ing나 being p.p가 오는 경우에는 목적어가 동작을 하거나 당하고 있는 중간에 주어가 지각을 한 경우입니다. 그리고 이 때 ing를 현재분사로 간주하지만 동명사로 간주하는 학자들도 있습니다.

① Watch him dance.　② Watch him dancing.

③ I noticed her go(ing) out.　④ I heard her sing(ing) a song.

⑤ I heard my name called behind me.　⑥ I listened to him talk(ing) on the phone.

⑦ I saw him swim(ming) across the river.　⑧ I saw her (being) photographed on a beach.

⑨ We watched them play(ing) basketball.　⑩ I watched him carried off on a stretcher.

⑪ I felt the ground shake(shaking).　⑫ I felt my bag touched by someone.

⑬ I felt myself being watched by someone.　⑭ Didn't you smell the pie burning?

⑮ I sensed a big lion approaching.　⑯ She sensed a flush rise to her cheeks.

⑰ I observed her climb(ing) over the wall.

⑱ The teacher caught him cheating on the exam.

⑲ The police found her unconscious and bleeding.

⑳ I found my purse stolen when I returned home.

㉑ I found her sitting on a park bench reading a book.

✪ ㉒ Imagine(Picture) yourself speaking in English. ㉓ Imagine yourself to be in my place.

해석 ① 그가 춤추는 거 봐라. ② 그가 춤추고 있는 거 봐라. ③ 나는 그녀가 나가는 것(나가고 있는 것)을 목격했다. ④ 나는 그녀가 노래하는 것을(노래하고 있는 것을) 들었다. ⑤ 나는 뒤에서 내 이름을 부르는 소리를 들었다. ⑥ 나는 그가 전화로 얘기하는 것(얘기하고 있는 것)을 귀 기울여 들었다. ⑦ 나는 그가 수영하여 강을 건너는 것(건너고 있는 것)을 보았다. ⑧ 나는 그녀가 해변에서 촬영되는 것(촬영되고 있는 것)을 보았다. ⑨ 우리는 그들이 농구하는 것(농구하고 있는 것)을 보았다. ⑩ 나는 그가 들것에 실려 가는 것을 보았다. ⑪ 나는 땅이 흔들리는 것(흔들리고 있는 것)을 느꼈다. ⑫ 나는 누군가가 내 가방을 만지는 것을 느꼈다. ⑬ 나는 누군가에게 감시당하고 있다는 것을 느꼈다. ⑭ 너는 그 파이가 타고 있는 냄새 못 맡았니? ⑮ 나는 덩치 큰 사자가 다가오고 있음을 감지했다. ⑯ 그녀는 (부끄러워서) 홍조가 양 볼에 달아오르는 것을 감지했다.(얼굴이 달아오름을 느꼈다.) ⑰ 나는 그녀가 담을 넘어가는 것(넘어가고 있는 것)을 목격했다. ⑱ 선생님은 그가 시험에서 부정행위하는 것을 목격하셨다. ⑲ 경찰은 그녀가 의식을 잃고 피를 흘리고 있는 것을 발견했다. ⑳ 나는 집에 돌아와서 내 지갑을 도난당했음을 발견했다. ㉑ 나는 그녀가 공원 벤치에 앉아서 책을 읽고 있는 것을 발견했다. ㉒ 네가 영어로 연설하고 있는 상상을 해보라. ㉓ 네가 내 입장에 있다고 생각해 보라.

어휘 watch 지켜보다 dance 춤추다 notice 눈치 채다/알아채다/목격하다 go out 나가다 hear–heard–heard 듣다 call 부르다 behind ~의 뒤에서 listen to 귀 기울여 듣다 talk 말하다 see–saw–seen 보다 swim–swam–swum 수영하다 across 건너서 photograph 사진촬영하다 beach 해변, 강변 watch 지켜보다/시계 play basketball 농구하다 carry off 옮기다 stretcher 들것 ground 땅 feel–felt 느끼다 shake–shook–shaken 흔들리다 bag 가방 touch 만지다 smell 냄새 맡다 burn 타다/태우다 sense 느끼다/감지하다 approach 다가오다 flush 얼굴을 붉힘, 홍조 rise–rose–risen 오르다 cheek 볼/뺨 observe 목격(관찰)하다 catch–caught 목격(발견)하다 cheat 부정행위하다 find–found–found 발견하다 unconscious 의식이 없는 bleed–bled–bled 피를 흘리다 purse 지갑 steal–stole–stolen 훔치다 return=come back 돌아오다 imagine=envision=envisage=fancy=picture(figure) to oneself 상상하다/마음속에 그리다

20 지각동사의 주의해야 할 용법(고급과정)

(1) 5형식으로 쓰이는 지각동사 다음에는 소유격이 올 수는 없습니다.

① { I heard John singing in the shower. (○)
   { I heard John's singing in the shower. (×)

② { She watched her kids playing in the yard. (○)
   { She watched her kids' playing in the yard. (×)

③ { I noticed him standing in the alley last night. (○)
   { I noticed his standing in the alley last night. (×)

④ { I saw Tom get(ting) out of the train last Saturday. (○)
   { I saw Tom's getting out of the train last Saturday. (×)

> **해석** ① 나는 John이 샤워하면서 노래하는 소리를 들었다. ② 그녀는 자기 아이들이 마당에서 노는 것을 지켜보았다.
> ③ 나는 어젯밤 그가 골목길에 서 있는 것을 목격했다. ④ 나는 Tom이 지난주 토요일에 기차에서 내리는 것을 보았다.

(2) 5형식에 쓰이는 지각동사가 can과 함께 사용될 때 보이는 ing형만 사용합니다.

① I could hear birds singing. (○) ≠ I could hear birds sing. (×)

② I could feel the wind blowing. (○) ≠ I could feel the wind blow. (×)

③ I can smell something burning! (○) ≠ I can smell something burn! (×)

④ I could see him climbing up the tree. (○) ≠ I could see him climb up the tree. (×)

> **해석** ① 나는 새들이 노래하는 소리를 들을 수 있었다. ② 나는 바람이 불고 있음을 느낄 수 있었다.
> ③ 나는 뭔가 타고 있는 냄새를 맡을 수 있다. ④ 나는 그가 나무에 기어오르고 있는 것을 볼 수 있었다.

문제 5. Choose the correct answer.

① I could hear people (talk/talking).

② I heard (him/his) whispering my name.

③ I watched (the birds/the birds') flying away.

④ I found (the cat/the cat's) sleeping in my bed.

⑤ I heard (someone/someone's) playing the piano.

> **해석·정답과 설명** ① 나는 사람들이 얘기하는 소리를 들을 수 있었다. – can과 함께 쓰일 때는 보이는 ing형만 가능하
> 므로(talking) ② 나는 그가 내 이름을 속삭이는 소리를 들었다. – 지각동사 다음에는 소유격이 올 수 없으므로(him)
> ③ 나는 새들이 날아가는 것을 지켜보았다. – 지각동사 다음에는 소유격이 올 수 없으므로(the birds) ④ 나는 고양이가
> 내 침대에서 자고 있는 것을 발견했다. – 지각동사 다음에는 소유격이 올 수 없으므로(the cat) ⑤ 나는 누군가가 피아노
> 를 치고 있는 소리를 들었다. – 지각동사 다음에는 소유격이 올 수 없으므로(someone)

> **어휘** in the shower 샤워하면서 watch 구경하다/지켜보다 kid 아이 yard 마당 notice 목격하다/알아채다
> alley 골목 last night 어젯밤 get out of 내리다 last Saturday 지난 토요일에 could=was able to 할 수 있었다
> feel-felt-felt 느끼다 something 어떤 것 burn 타다 climb up 기어오르다 whisper 속삭이다 fly away 날아가다
> affable=animated=blithe=buoyant=carefree=cheerful=cheery=debonair=gay=high-spirited=jaunty=jolly=jovial
> =joyous=light-hearted=lively=nimble=racy=sanguine=spirited=sprightly=vigorous=vivacious 경쾌한/명랑한/상냥한

문제 6. Choose the grammatically and logically correct word.(고급과정)

① I had my bike (steal/stolen).

② Keep yourself (warm/warmly).

③ Keep the fire (burning/burned).

④ Who left the door (open/opened)?

⑤ Keep the windows (clean/cleaned).

⑥ He had his left leg (break/broken).

⑦ I'll have a new dress (make/made).

⑧ I have my car (wait/waiting) for you.

⑨ I heard her (play/to play) the piano.

⑩ I saw a dog (chasing/to chase) a cat.

⑪ I'll get my hair (cut/to cut) next week.

⑫ I had someone (pick/picked) my pocket.

⑬ Father (let/made) me drive his new car.

⑭ I had the wind (blow/blown) off my hat.

⑮ She heard her name (call/called) by him.

⑯ He noticed a woman (stare/staring) at him.

⑰ He had a goldfish (die/died) three days ago.

⑱ A liar cannot make himself (believe/believed).

⑲ I won't have boys (hang/hanging) around you.

⑳ I got a pair of shoes (to make/made) to order.

해석 ① 나는 자전거를 도난당했다. ② 네 자신을 따뜻이 해라. ③ 불을 계속 타게(꺼지지 않도록) 유지해라. ④ 누가 문을 열어두었니? ⑤ 창문을 깨끗하게 유지해라. ⑥ 그는 왼쪽 다리가 부러졌다. ⑦ 나는 새 드레스를 맞출 거야. ⑧ 당신을 위해 내 차를 대기시켜 놓았소. ⑨ 나는 그녀가 피아노 치는 소리를 들었다. ⑩ 나는 개가 고양이를 뒤쫓고 있는 것을 보았다. ⑪ 나는 다음 주에 이발할 거야. ⑫ 나는 누군가에게 소매치기 당했어. ⑬ 아빠는 나에게 새 차를 운전하도록 허락하셨다. ⑭ 내 모자가 바람에 날아가 버렸어. ⑮ 그녀는 그가 자신의 이름을 부르는 소리를 들었다. ⑯ 그는 어떤 여성이 자신을 빤히 쳐다보고 있는 것을 알아차렸다. ⑰ 그는 3일 전에 금붕어가 죽어버렸다. ⑱ 거짓말쟁이는 자신을 믿게 만들 수 없다. ⑲ 나는 남자애들이 네 주변에 얼쩡거리지 못하게 할 거야. ⑳ 나는 구두 한 켤레를 주문에 따라 맞췄다.

정답과 설명 ① stolen – 자전거가 도난당하므로 수동 ② warm – 목적격 보어는 형용사 ③ burning – 불이 계속타고 있으므로 진행 ④ open – 문이 열려있는 상태이므로 보어는 형용사 ⑤ clean – 창문이 깨끗한 상태이므로 보어는 형용사 ⑥ broken – 다리가 부러지므로 수동 ⑦ made – 드레스가 만들어지므로 수동 ⑧ waiting – 차가 기다리고 있으므로 진행 ⑨ play – 지각동사 목적격 보어는 원형 ⑩ chasing – 쫓고 있는 도중에 보았으므로 진행 ⑪ cut – 머리카락이 잘려지므로 수동 ⑫ pick – 누군가가 호주머니를 털어가므로 능동 ⑬ let – 허락의 의미를 가진 단어는? ⑭ blow – 바람이 모자를 불어가므로 능동 ⑮ called – 이름이 불러지므로 수동 ⑯ staring – 쳐다보고 있는 도중이므로 진행 ⑰ die – 금붕어가 자연적으로 죽음으로 자동사 ⑱ believed – 남이 자신을 믿으므로 수동 ⑲ hanging – won't have 목적어+ing ⑳ made – 구두가 만들어지므로 수동

어휘 bike=bicycle 자전거 steal-stole-stolen 훔쳐가다 yourself 네 자신 warm 따뜻한, 발끈하는 fire 불, 화재 burn 타다/태우다 open 열려있는/열다 window 유리창 clean 깨끗한 leg 다리 break-broke-broken 부러뜨리다 play the piano 피아노를 치다 chase 뒤쫓다 make-made-made 만들다 wait for 기다리다 cut 자르다 hair 머리카락 pick 따다 someone 어떤 사람 drive 운전하다 wind 바람 blow 불다 call 부르다 stare 응시하다 goldfish 금붕어 die 죽다 liar 거짓말쟁이 believe 믿다 shoes 구두 hang around 얼쩡거리다 a pair of 한 켤레 order 주문, 명령

동명사(기본과정)

동사에 ing가 붙어서 명사의 역할, 즉 주어, 목적어, 보어의 구실을 하는 것(~하는 것)

(1) 주어: 문장의 맨 앞에서 (은, 는, 이, 가)로 해석하는 경우

① Swimming is a good sport.　　② Reading is my favorite activity.
③ His being so slow is very annoying.

해석 ① 수영은 좋은 운동이다. ② 독서는 내가 좋아하는 활동이다. ③ 그가 그토록 더딘 것은 대단히 짜증나게 한다.

(2) 가주어 It가 가리키는 진주어로 사용되어 (은, 는, 이, 가)로 해석하는 경우

① It is dangerous driving too fast.　　② It is no use asking him for help.
③ It is great fun skating on the lake.　　④ He is skating on the lake now. (분사)

해석 ① 너무 빨리 운전하는 것은 위험하다. ② 그에게 도움을 요청하는 것은 소용없는 일이야.
　　　③ 호수 위에서 스케이트 타는 것은 매우 재미있다. ④ 그는 지금 호수에서 스케이트를 타고 있다.

(3) 목적어: 타동사의 뒤에서 (을, 를)로 해석하는 경우

① She enjoys reading and writing.　　② She began working after a rest.
③ She suggested going to a movie.　　④ She is going to a movie now. (분사)

해석 ① 그녀는 독서와 글쓰기를 즐긴다. ② 그녀는 휴식을 취한 후에 일하기 시작했다.
　　　③ 그녀는 영화관에 가자고 제안했다. ④ 그녀는 지금 영화 보러 가는 중이야.

(4) 5형식에서 가목적어 it에 이어 진목적어로 쓰여 (을, 를)로 해석하는 경우

① I find it exciting working here.　　② I found it pleasant talking with her.
③ I think it dangerous swimming alone.　　④ The boy swimming alone/ is my brother. (분사)

해석 ① 나는 이곳에서 일하는 것이 재미있다는 것 알았어. ② 나는 그녀와 대화하는 것이 즐겁다는 것을 알았다.
　　　③ 나는 혼자 수영하는 것은 위험하다고 생각해. ④ 혼자 수영하고 있는 저 소년은 내 동생이야.

(5) 전치사의 목적어: 전치사 뒤에 ing가 오는 경우

① She is good at painting.　　② I am interested in cooking.
③ She insisted on going there alone.　　④ The lady cooking in the kitchen/ is my mom. (분사)

해석 ① 그녀는 그리기를 잘 한다/그림을 잘 그린다. ② 나는 요리하는 데 흥미가 있다.
　　　③ 그녀는 혼자 그곳에 가겠다고 주장했다. ④ 부엌에서 요리하고 있는 여성분이 내 엄마야.

(6) 주격보어와 목적격 보어로서 (A=B)로 해석하는 경우

① His job is repairing cars.　　② Commerce is buying and selling goods.
③ My dream is traveling all over the world.　　④ He calls this nonsense writing creatively.

해석 ① 그의 직업은 차를 수리하는 것이다. ② 상업이란 물건을 사고파는 것이다.
　　　③ 나의 꿈은 세계여행을 하는 것이다. ④ 그는 이 엉터리를 창의적으로 쓴 것이라 부른다.

어휘 favorite 가장 좋아하는 activity 활동 annoying 짜증나게 하는, 지겨운 dangerous 위험한 ask 요청하다 fun 재미있는 lake 호수 rest 휴식 suggest 제안하다 exciting 신나는 alone 혼자 pleasant 즐거운 be good at ~을 잘 하다 be interested in ~에 흥미를 갖다 repair 고치다 commerce 상업 buy 사다 sell 팔다 goods 물건 dream 꿈 call 부르다 travel all over the world 전 세계를 여행하다 nonsense 엉터리/헛소리/무의미/ creatively 창의적으로

① 분사와 동명사의 차이(기본과정)

분사는 형용사의 역할을 하여 「~하고 있는」으로 해석하고, 동명사는 명사의 역할을 하는 경우 이외에 목적이나 용도를 나타내어 「하기 위한」으로 해석합니다.

| 분사 → | a dancing girl (춤추고 있는 소녀) | 동명사 → | a dancing room (무용실) |
| | a sleeping baby (자고 있는 아이) | | a sleeping car (침대칸) |

(다음은 동명사)

a fishing boat (어선)	a waiting room (대기실)	a swimming pool (수영장)
a fishing rod (낚싯대)	a reading light (독서등)	a sewing machine (재봉틀)
a walking stick (지팡이)	a swimming suit (수영복)	a vending machine (자판기)
a lightning rod (피뢰침)	a smoking room (흡연실)	a washing machine (세탁기)

① I saw Jim swimming.

② I admired Jim's swimming.

③ I don't like Jim drinking wine.

④ I don't like Jim's drinking wine.

⑤ I like the tenor singing on the stage.

⑥ I like the tenor's singing.

⑦ I don't like the girl standing in front of me.

⑧ I don't like the girl's standing in front of me.

해석 ① 나는 수영하고 있는 짐을 보았다. (분사) ② 짐의 수영에 감탄했다. (동명사)
③ 나는 술을 마시는 짐이 싫다(사람이 싫다). (분사) ④ 나는 짐이 술을 마시는 행위가 싫다. (동명사)
⑤ 나는 무대 위에서 노래하는 그 테너 가수를 좋아한다. (분사) ⑥ 나는 그 테너 가수의 노래를 좋아한다. (동명사)
⑦ 나는 내 앞에 서 있는 그 소녀를 좋아하지 않는다. (분사) ⑧ 나는 내 앞에 그 소녀가 서 있는 것이 싫다. (동명사)

문제 1. Choose the grammatically correct sentence.

① I know the woman wearing a hat.

② I know the woman's wearing a hat.

③ I can't stand his singing in the shower.

④ I can't stand him singing in the shower.

해석 ① 나는 모자를 쓰고 있는 그 여성을 안다. (ㅇ) ② 나는 그 여성이 모자를 쓰고 있는 행위를 안다. (x)
③ 나는 샤워 중에 그가 노래하는 것을 견딜 수가 없다. (ㅇ) ④ 나는 샤워 중 노래하는 그를 견딜 수 없다. (x)

어휘 see-saw-seen 보다 swim-swam-swum 수영하다 like 좋아하다 drink 마시다 wine 술, 포도주 tenor 테너가수
stage 무대 girl 소녀 stand-stood-stood 서 있다 in front of ~의 앞에 wear-wore-worn 쓰다, 착용하다
hat 모자 stand=bear=forbear=endure=tolerate=do with=put up with 참다, 견디다 sing-sang-sung 노래하다
affiliate(associate, coact, coauthor, collaborate, conjoin, cooperate, coordinate, join hands, team up) with
~와 합작하다/공동으로 일하다 be out of accord(accordance, harmony, keeping) with=be at daggers drawn with
=be at odds(feud, defiance, enmity, strife, variance) with=be contradictory to=contravene ~와 일치하지 않다

② 동명사의 의미상 주어(중급과정)

정의: 동명사는 동사의 기능과 명사의 기능을 동시에 합니다. 이때 동명사의 행위를 하는 주체를
동명사의 의미상(해석상) 주어라고 합니다.

A. 동명사의 의미상의 주어를 사용하지 않는 경우

(1) 동명사의 의미상의 주어가 "아무나"를 가리키는 일반인(We, One, They, You, People) 일 때

① Swimming/ is a good sport.　　　② Being able to speak English/ is useful.
③ Studying online/ is very convenient.　　④ Crying can make our whole face red.

> **해석** ① (아무나) 수영하는 것은/ 좋은 운동이다. ② (아무나) 영어를 말할 수 있다는 것은/ 유익하다.
> ③ 온라인으로 공부하는 것은/ 매우 편리하다. ④ 우는 것은/ 우리 얼굴 전체를 빨갛게 만들 수 있다.

(2) 동명사의 의미상의 주어가 문장의 주어와 일치할 때

① She apologized/ for (her) being late.　　② He repents/ of (his) having been idle.
③ He complained/ about (his) being treated so unfairly.

> **해석** ① 그녀는 사과했다/ (자신이) 지각한 데 대해서. ② 그는 후회한다/ (자신이) 게을렀던 것을.
> ③ 그는 불평했다/ (자신이) 그토록 부당하게 대우받는 것에 대해 .

(3) 동명사의 의미상의 주어가 문장의 목적어와 일치할 때

① I punished my son/ for being dishonest.
② Having studied French/ helped me on my trip to Paris.
③ Having taken lots of biology classes/ helped me a lot/ in medical school.

> **해석** ① 나는 내 아들을 벌줬다/ (그가) 부정직하다는 이유로 .
> ② (내가) 프랑스어를 공부했던 것이/ 내가 파리 여행을 하는데 도움이 되었다.
> ③ (내가) 생물학 수업을 많이 받았던 것이/ 나에게 많은 도움을 주었다/ 의과대학에서.

B. 의미상의 주어가 사람이나 생물, 인칭대명사일 때는 소유격으로 나타내며 [은, 는, 이, 가]로 해석합니다. 격식 없는 구어체에서는 목적격으로 사용하고 있으나 문법에서는 인정하지 않으므로 각별히 주의하셔야 합니다.

① Do you mind my smoking?　　　② I appreciate your inviting me to the party.
③ Tom's driving is rather reckless.　　④ He insisted on my paying for the food.
⑤ I remember Tom saying so. (구어체)　　⑥ He doesn't mind you staying here. (구어체)
⑦ I don't like them coming here. (구어체)　⑧ I'm not sure of him passing the test. (구어체)

> **해석** ① 내가 담배를 피워도 될까? ② 네가 나를 파티에 초대해줘서 고마워. ③ Tom의 운전은 꽤 난폭하다.
> ④ 그는 내가 음식 값을 내야한다고 주장했다. ⑤ 나는 탐이 그렇게 말한 것을 기억한다.
> ⑥ 그는 네가 여기에 머물러 있는 것을 개의치 않는다. ⑦ 나는 그들이 여기에 오는 것이 싫다.
> ⑧ 나는 그가 시험에 합격하리라고 확신하지 않는다.

> **어휘** swim-swam-swum 수영하다 be able to 할 수 있다 useful 유익한 convenient 편리한 apologize 사과하다
> repent of 후회하다 idle=lazy 게으른 treat 대하다 complain(grumble, gripe) about=murmur against 불평하다
> unfairly 부당하게/불공평하게 punish 벌하다 dishonest 부정직한 French 프랑스어 trip 여행 Paris 파리 biology
> 생물학 take-took-taken 이수하다, 수강하다 a lot=much 많이 medical school 의과대학 mind 싫어하다, 꺼리다,
> 신경 쓰다 appreciate 감사(감상/이해/식별/인정/음미)하다 invite 초대하다 rather 꽤, 다소 insist on ~할 것을 주장하다
> reckless=careless=indiscreet=rash 난폭한 remember=keep(bear, have) in mind=lay(take) ~to heart 기억하다
> pay for ~값을 지불하다 say so 그렇게 말하다 be sure(confident, positive) of ~을 확신하다 pass 합격(통과)하다

C. 불규칙한 복수명사의 경우에는 ('s)를 붙여서 소유격을 만들고, 단.복수가 동일한 경우에는 (-s, -es)를 붙인 다음 (')를 붙여서 소유격을 만들어야 합니다.

① Children's playing/ is not a bad thing.

② She plans on opening a women's clothing boutique.

③ The seaweed was destroyed/ by the fishes' overfeeding.

> **해석** ① 아이들이 노는 것은/ 나쁜 것이 아니다. ② 그녀는 여성 의류매장을 열 계획이다.
> ③ 해초가 파괴되었다/ 물고기들의 사료 과잉공급으로 인해.

D. 동명사의 의미상의 주어로 소유격을 사용하지 않고 일반명사형 그대로를 사용하는 경우

(1) 동명사의 의미상의 주어가 복수형이나 명사의 나열, 집합명사, 추상명사, 물질명사, 무생물

① There is no chance of the snow falling. (물질명사)

② There is little chance of the plane being late. (무생물)

③ I was very amazed/ by my parents working so hard. (복수명사)

④ It was a case of old age getting the better of youth. (추상명사)

⑤ The class working collaboratively/ was a terrific idea. (집합명사)

> **해석** ① 눈이 내릴 가능성은 없다. ② 비행기가 늦을 가능성은 거의 없다.
> ③ 나는 무척 놀랐다/ 내 부모님이 그토록 열심히 일하는 것에. ④ 그것은 노령이 젊음을 이기는 사례였다.
> ⑤ 그 반 학생들이 협력하여 작업한다는 것은/ 멋진 생각이었다.

(2) 동명사의 의미상 주어가 다른 단어들의 수식을 받을 때

① I disapprove/ of politicians still in their prime writing memoirs.

② The teacher insisted/ on whoever broke the window apologizing.

③ I was thankful/ for the lady next door shoveling snow from my driveway.

> **해석** ① 나는 반대한다/ 아직 전성기에 있는 정치가들이 회고록을 쓰는 것을. ② 선생님은 주장하셨다/유리창을 깬 사람은 누구나 사과해야 한다고. ③ 나는 감사했다/ 옆집에 사는 부인이 내 차도에서 눈을 삽으로 치워준 데 대해서.

(3) 의미상의 주어가 all, each, some, few, this, that, several과 부정대명사일 때

① The likelihood of that happening/ is zero.

② There is a possibility of several coming later.

③ He frequently felt a chance of this happening.

④ He would not give it up in spite of everything going against him.

> **해석** ① 그런 일이 일어날 가능성은/ 없다. ② 나중에 몇 명이 올 가능성이 있다. ③ 그는 이런 일이 일어날 가능성을 자주 느꼈다. ④ 그는 모든 것이 그에게 불리함에도 불구하고 그것을 포기하려 하지 않았다.

> **어휘** play 놀다 bad 나쁜 plan 계획하다 boutique 매장 seaweed 해초 destroy 파괴하다 overfeed 과식 시키다 chance 가능성 plane 비행기 be late 지각하다 amazed 놀란 get the better(best) of 이기다 case 사례, 경우 collaboratively 협력하여 disapprove of 반대하다 politician 정치가 prime 전성기 memoir 회고록 insist on 주장하다 apologize 사과하다 be thankful for ~에 대해 감사하다 shovel 삽으로 퍼내다 driveway 자동차 길 frequently 자주 terrific 멋진 likelihood 가능성 happen 발생하다 give up 포기하다 in spite of ~에도 불구하고 go against 불리하다

③ 부정 동명사와 수동 동명사(중급과정)

(1) 부정 주어: 주어로 쓰인 동명사 앞에 not/never를 붙인 형태

① Not fastening your seat belt/ is dangerous.

② Not being greedy in life/ can make you very happy.

③ Not drinking much alcohol/ is good for your health.

④ Not doing the homework/ will result in a lower grade.

> **해석** ① 좌석벨트를 착용하지 않는 것은/ 위험하다. ② 인생에서 욕심을 부리지 않는 것이/ 너를 행복하게 만들 수 있다.
> ③ 과음하지 않는 것이/ 너의 건강에 좋다. ④ 숙제를 하지 않는 것은/ 더 낮은 성적을 초래할 것이다.

(2) 부정 목적어: 목적어로 쓰인 동명사 앞에 not/never를 붙인 형태

① I considered not going to the meeting.

② He's tired from not getting enough sleep.

③ I'm worried about not having passed the test.

④ I look forward to not working during my vacation.

> **해석** ① 나는 모임에 가지 않을 생각이었다. ② 그는 충분한 잠을 자지 못해서 피곤하다.
> ③ 나는 시험에 통과하지 못해서 걱정돼. ④ 나는 휴가 기간에 일하지 않기를 기대한다.

(3) 부정 보어: 보어로 쓰인 동명사 앞에 not/never를 붙인 형태

① His problem/ is not being on time.

② The best thing for your health/ is not smoking.

③ The problem with my watch/ is not keeping good time.

④ Her greatest wish in life/ is not marrying a wrong person.

> **해석** ① 그의 문제점은/ 시간을 지키지 않는다는 것이다. ② 너의 건강에 가장 좋은 것은/ 담배를 피우지 않는 것이다.
> ③ 내 시계에서 문제점은/ 시간이 잘 맞지 않는다는 것이다.
> ④ 인생에서 그녀의 최대 희망은/ 엉뚱한 사람과 결혼하지 않는 것이다.

(4) 수동 동명사: being+pp가 동명사로 쓰인 형태

① Her baby loves being held.　　② Poodles like being pampered.

③ She enjoys being photographed.　　④ The movie star hates being interviewed.

⑤ Everybody is desirous of being praised.　　⑥ Everyone hates being lied to.

> **해석** ① 그녀의 아이는 안기는 것을 좋아한다. ② 푸들은 실컷 먹여주는 것을 좋아한다.
> ③ 그녀는 사진 촬영되는 것을 즐긴다. ④ 그 영화배우는 인터뷰 받는 것을 싫어한다.
> ⑤ 모든 사람들은 칭찬받기를 갈망한다. ⑥ 누구나 거짓말 당하는 것(남이 거짓말 하는 것)을 싫어한다.

> **어휘** fasten 매다 dangerous 위험한 greedy 욕심 많은 drink 마시다 health 건강 result in 초래하다 lower 더 낮은
> grade 학점, 점수, 등급 consider 고려하다 be tired from ~육체적으로 피곤하다 be worried about ~에 대해
> 걱정하다 look forward to ~ing ~을 고대하다 wish 희망, 소망 be on time 시간을 잘 지키다 problem 문제 keep
> good time 시간이 잘 맞다 wrong 엉뚱한 greatest 가장 커다란 hold-held 안아주다 pamper 실컷 먹이다 enjoy
> 즐기다 praise=laud 칭찬하다 photograph 사진 찍다 movie star 영화배우 hate 싫어하다 be desirous of 갈망하다

4 동명사의 시제(고급과정)

(1) 단순 동명사: 동사의 ~ing형으로서 해석할 때나 복문으로 고칠 때 앞 시제와 일치하는 경우와
한 시제 미래가 되는 경우가 있습니다.

A. 앞 시제와 일치하는 경우

① She is proud/ of her daughter's being pretty.
= She is proud/ that her daughter is pretty.
② She was proud/ of her daughter's being pretty.
= She was proud/ that her daughter was pretty.

해석 ① 그녀는 현재 자랑한다/ 자기 딸이 현재 예쁜 것을. ② 그녀는 과거에 자랑했다/ 자기 딸이 과거에 예쁜 것을.

B. 앞 시제보다 한 시제 미래가 되는 경우

① I am sure/ of his passing the examination.
= I am sure/ that he will pass the examination.
② I was sure/ of his passing the examination.
= I was sure/ that he would pass the examination.

해석 ① 나는 현재 확신한다/ 그가 미래에 시험에 합격할 것이라고. ② 나는 과거에 확신했다/ 그가 시험에 통과할 것이라고.

(2) 완료 동명사: 동사의 having+p.p 형으로 해석할 때나 복문으로 고칠 때는 앞 시제보다 한 시제
앞선다는 점을 명심하세요.

① She is proud/ of her daughter's having been pretty.
= She is proud/ that her daughter was pretty.
② She was proud/ of her daughter's having been pretty.
= She was proud/ that her daughter had been pretty.

해석 ① 그녀는 현재 자랑한다/ 자기 딸이 과거에 예뻤던 것을.
② 그녀는 과거에 자랑했다/ 자기 딸이 대과거에 예뻤던 것을.

(3) 단순 동명사와 완료 동명사가 같은 의미를 가진 경우

① He denied stealing/having stolen the bike.
② He admitted cheating/having cheated on the test.
③ He was accused of stealing/having stolen the car.
④ He regrets not studying/having studied harder in his school days.
⑤ Going/Having gone to the university is the best thing I have ever done.

해석 ① 그는 그 자전거를 훔친 것을 부인했다. ② 그는 시험에서 부정행위 한 것을 시인했다.
③ 그는 자동차를 훔쳤다고 고소당했다. ④ 그는 학창시절에 더 열심히 공부하지 않은 것을 후회한다.
⑤ 대학에 다닌 것이 내가 지금까지 한 가장 잘한 일이다.

어휘 be proud of 자랑하다 daughter 딸 be sure of 확신하다 pass the exam 시험에 합격하다
deny 부인하다 admit 시인하다 steal-stole-stolen 훔치다 accuse A of B A를 B에 대해 고소하다
bike 자전거 repent of 후회하다 harder 더 열심히 in one's school days 학창 시절에 university 대학

문제 2. Change the following into complex sentences. (복문으로 전환해 보세요)(고급과정)

① He denied being married.　　② She regrets having been lazy.

③ I am sure of the news being true.　　④ I am sure of his winning the prize.

⑤ He denied having seen the suspect.　　⑥ We heard of his having won a prize.

⑦ There is little hope of his getting well.　　⑧ I was sure of his being a man of ability.

⑨ I regret saying that I would not join you.　　⑩ I was sure of his passing the examination.

⑪ I regret not having met him earlier in my life.

⑫ He was afraid of being scolded by his father.

⑬ There is no possibility of his winning the game.

⑭ He complained of his son's having been underpaid.

⑮ Having taken a physics class helped me in calculus.

⑯ I was afraid of being caught in a shower on the way.

⑰ He repents of having wasted time when he was young.

⑱ We heard of the smugglers having crossed the border.

⑲ He was ashamed of not having saved the drowning child.

⑳ I regret not having been at his side during his illness last winter.

설명과 정답 ① 그는 기혼자임을 부인했다.(= He denied that he was married.) ② 그녀는 과거에(지금까지) 게을렀던 것을 후회한다.(= She regrets that she was(has been) lazy.) ③ 나는 그 뉴스가 사실이라고 확신한다.(= I am sure that the news is true.) ④ 나는 그가 그 상을 탈 것이라고 확신한다.(= I am sure that he will win the prize.) ⑤ 그는 용의자를 본 것을 부인했다.(= He denied that he had seen the suspect.) ⑥ 우리는 그가 상을 탔다는 소식을 들었다.(= We heard that he had won a prize.) ⑦ 그가 회복할 희망이 거의 없다.(= There is little hope that he will get well.) ⑧ 나는 그가 능력 있는 사람이라고 확신했다.(= I was sure that he was a man of ability.) ⑨ 나는 너희들과 합류하지 않겠다고 말한 것을 후회한다.(= I regret that I said that I would not join you.) ⑩ 나는 그가 시험에 통과할 것이라고 확신했다.(= I was sure that he would pass the examination.) ⑪ 나는 내 인생에서 더 일찍 그를 만나지 못했던 것이 유감이다.(= I regret that I did not meet him earlier in my life.) ⑫ 그는 자기 아빠에게 꾸중을 들을까 두려웠다.(= He was afraid that he would be scolded by his father.) ⑬ 그가 그 경기에서 이길 가능성은 없다.(= There is no possibility that he will win the game.) ⑭ 그는 자기 아들이 저임금 받은 것을 불평했다.(= He complained that his son had been underpaid.) ⑮ 물리학 수업을 들었던 것이 미적분에서 나에게 도움이 되었다.(= That I had taken a physics class helped me in calculus.) ⑯ 나는 도중에 소나기를 만날까 두려웠다.(= I was afraid that I would be caught in a shower on the way.) ⑰ 그는 젊었을 때 시간을 낭비한 것을 후회한다.(= He repents that he wasted time when he was young.) ⑱ 우리는 밀수업자들이 국경을 넘었다는 소식을 들었다.(= We heard that the smugglers had crossed the border.) ⑲ 그는 물에 빠진 아이를 구하지 못했던 것을 부끄러워했다.(= He was ashamed that he had not saved the drowning child.) ⑳ 나는 지난겨울 그가 아팠을 때, 그의 곁에 없었던 것이 후회된다.(= I regret that I was not at his side during his illness last winter.)

어휘 deny 부인하다 regret 후회하다 lazy 게으른 be sure of 확신하다 suspect 용의자 win a prize 상을 타다 hope 희망 little 거의 없다 get well 좋아지다 a man of ability 능력 있는 사람 join 합류하다, 결합하다 examination 시험 pass 통과하다 early 일찍 possibility=probability=feasibility=plausibility=likelihood=chance 가능성 complain 불평하다 underpay 저임금을 지불하다 physics 물리학 calculus 미적분, 결석 waste 낭비하다 smuggler 밀수업자/몰래 반입하는 사람 be ashamed of 부끄러워하다 save 구조(절약)하다 drown 익사하다 repent of 후회하다 side 옆 illness 질병 scold=find fault with=tell off=let(lay, pitch) into=reflect(drop, jump) on=point a finger at=get after=go on at =lecture=rail=rate at=rebuke=reprove=reproach=reprimand=reprehend=reprobate=give∼what for 꾸짖다

⑤ 동명사만 목적어로 취하는 동사(megafepdaskrict)(최고빈도 과정: 홍색은 기본과정)

mind/miss/mention/enjoy/entail/experience/give up/avoid/advise/allow/appreciate/finish/
fancy/favor/escape/evade/practice/put off/postpone/delay/defer/detest/deny/discontinue/
acknowledge/admit(to)/stop=quit/suggest/keep (on)=go(carry) on/recommend/require/resist/
risk/include/involve/imagine/consider/contemplate/confess (to)/tolerate

① He suggested going fishing.　　　② I consider buying a new car.
③ I miss living near the beach.　　　④ I really appreciate your coming.
⑤ He quit smoking three years ago.　⑥ He gave up persuading his parents.
⑦ Don't put off calling him any longer.　⑧ He practices playing the guitar daily.
⑨ The man denied stealing the camera.　⑩ He kept working despite his sickness.
⑪ I don't mind working on the weekend.　⑫ Don't avoid sitting for the examination.
⑬ He admitted (to) having made up the story.

> **해석** ① 그는 낚시 가자고 제안했다. ② 나는 새 차를 살 생각이야. ③ 나는 해변에 살던 시절이 그리워.
> ④ 나는 네가 와줘서 정말 고마워. ⑤ 그는 3년 전에 담배를 끊었다. ⑥ 그는 부모님 설득하기를 포기했다.
> ⑦ 그에게 전화하는 것을 더 이상 미루지 말라. ⑧ 그는 기타치기를 매일 연습한다.
> ⑨ 그 사람은 카메라 훔친 것을 부인했다. ⑩ 그는 아팠음에도 불구하고 계속 일했다.
> ⑪ 나는 주말에 일하는 것을 꺼리지 않아. ⑫ 시험 치르기를 피하지 마라. ⑬ 그는 그 이야기를 꾸며냈다고 시인했다.

⑥ to부정사를 목적어로 취하는 동사(dom-hwalprectvf)(최고빈도 과정: 홍색은 기본과정)

decide · determine · demand · dare · offer · mean · manage · hope · hesitate · want · wish · wait
agree · afford · arrange · learn · long · plan · promise · pretend · prepare · refuse · resolve · expect
endeavor · choose · care · claim · consent · threaten · volunteer · fail

① He offered to help us.　　　② I can't wait to see you.
③ I failed to convince him.　　④ I didn't mean to hurt you.
⑤ He chose to stay at home.　　⑥ He promised not to be late.
⑦ We agreed to leave at once.　⑧ She consented to marry him.
⑨ They expected to arrive early.　⑩ He arranged to stay at a hotel.
⑪ He refused to answer my calls.　⑫ They prepared to take the test.
⑬ I can't afford to buy a new car.

> **해석** ① 그는 우리를 도와주겠다고 제안했다. ② 나는 너를 빨리 보고 싶어. ③ 나는 그를 설득하지 못했다. ④ 나는 너
> 의 마음을 아프게 할 의도가 없었어. ⑤ 그는 집에 있기로 결정했어. ⑥ 그는 늦지 않겠다고 약속했어. ⑦ 우리는 즉시
> 떠나기로 동의했다. ⑧ 그녀는 그와 결혼하기로 동의했다. ⑨ 그들은 일찍 도착할 것으로 예상했다. ⑩ 그는 호텔에 머물
> 기로 결정했다. ⑪ 그는 내 전화 받기를 거절했다. ⑫ 그들은 시험치를 준비를 했다. ⑬ 나는 새 차를 살 여유가 없다.

> **어휘** suggest 제안하다 consider 고려하다 miss 그리워하다 appreciate 감사하다 quit=give up=abandon 포기하다
> persuade=prevail on 설득하다 put off=postpone=delay 미루다 not ~any longer 더 이상 ~하지 않다 practice
> 연습하다 daily=every day 매일 deny 부인하다 steal 훔치다 keep 계속하다 despite ~에도 불구하고 sickness 질병
> mind 꺼리다 on the weekend 주말에 admit 시인하다 make up=invent 지어내다 avoid 피하다 sit for the exam 시험을
> 치르다 offer ~해 주겠다고 제안하다 wait 기다리다 fail 실패하다 convince 설득하다/확신시키다 mean ~할 의도이다
> hurt 상처를 주다 choose-chose-chosen 결정하다 stay 머무르다 promise 약속하다 late 늦은/늦게 agree=consent
> 동의하다 at once 즉시 expect 기대/예상하다 arrive 도착하다 early 일찍 arrange 결정하다 refuse=reject 거절하다
> call 전화 prepare 준비하다/준비시키다 take the test 시험을 치르다 afford ~할 경제적/시간적/정신적 여유가 있다

7 의미 변화 없이 동명사와 to 부정사 둘 다 취하는 동사(중급과정)

attempt, begin, bother, cease, continue, deserve, intend, neglect, propose, start

① He deserves being/to be in jail.　　② I proposed starting/to start early.

③ Don't bother waiting/to wait for me.　　④ Mary started talking/to talk really fast.

⑤ I propose taking/to take a week's holiday. (= intend)

⑥ He attempted climbing/to climb an unconquered peak.

⑦ He began learning/to learn English when he was eight.

⑧ He intends going/to go to America so as to study English.

⑨ The government ceased providing/to provide free healthcare.

⑩ She neglected telling/to tell me the date of the meeting. (= forget to)

⑪ Will you continue working/to work after you give birth? (= keep ~ing)

> **해석** ① 그는 감옥에 갈 만하다. ② 나는 일찍 출발하자고 제안했다. ③ 일부러 나를 기다리지는 마. ④ Mary는 말을 정말 빨리하기 시작했다. ⑤ 나는 한 주간 휴가를 갈 작정이다. ⑥ 그는 아직 정복되지 않은 봉우리를 등반하려고 시도했다. ⑦ 그는 8살 때 영어를 배우기 시작했다. ⑧ 그는 영어를 공부하기 위해 미국에 갈 생각이다. ⑨ 정부는 무료 진료서비스 제공하기를 중단하였다. ⑩ 그녀는 나에게 모임 날짜 말해주는 것을 깜박했다. ⑪ 너는 출산 후에도 일을 계속 할 거니?

(1) start와 begin이 진행형으로 쓰일 때는 to 부정사를 사용합니다.

① I'm starting to feel tired now. (feeling (×))

② I'm beginning to learn Spanish. (learning (×))

③ I'm beginning to worry about you. (worrying (×))

④ I'm beginning to plan a 2 week solo trip in mid May. (planning (×))

> **해석** ① 나는 이제 피곤함이 느껴지기 시작해. ② 나는 스페인어를 배우기 시작했어.
> ③ 나는 너에 대해 걱정되기 시작해. ④ 나는 5월 중순 2주간 혼자 여행을 계획하기 시작했어.

(2) deserve+타동사의 ing = deserve to be p.p: 수동의 의미로서 (~할 만한 가치가 있다)

① He deserves punishing/to be punished.

② The problem deserves solving/to be solved.

③ These ideas deserve discussing/to be discussed.

④ Your proposals deserve considering/to be considered in detail.

> **해석** ① 그는 벌 받을 만하다. ② 그 문제는 풀어볼 만한 가치가 있어.
> ③ 이 생각들은 논의해볼 가치가 있다. ④ 너의 제안은 상세하게 고려해볼 가치가 있다.

> **어휘** deserve ~할 가치가 있다 jail=prison 감옥 propose 제안(의도)하다 early 일찍 bother 일부러 하다, 괴롭히다 really fast 정말 빨리 holiday 휴가/휴일 attempt 시도하다, 꾀하다 climb 등반하다 conquer 정복하다/극복하다 peak 봉우리 intend 의도하다 so as to=in order to ~하기 위하여 government 정부 provide 제공하다/공급하다 free 공짜의 healthcare 진료서비스 continue 계속하다 give birth 출산하다 neglect 깜박(무시)하다 date 날짜 feel tired 피곤을 느끼다 worry about ~에 대해 걱정하다 plan 계획하다 solo trip 혼자 여행 mid 중간/가운데 punish 벌주다 proposal 제안 consider 고려하다 in detail=at large(length)=at full length=minutely 상세하게

⑧ 동명사와 to 부정사 사이에 미묘한 차이가 있는 동사(hate, like, love, prefer)(중급과정)

(1) 주어가 행동하지 않고 일반적인 행동에 대해서는 ing만 사용합니다.

① I don't like boxing very much.　　② I hate wrestling because it is so violent.

> **해석** ① 나는 복싱을 별로 좋아하지 않는다. ② 나는 레슬링을 싫어한다. 왜냐하면 그것이 너무 폭력적이니까.

(2) 주어가 행동할 때는 둘 다 가능합니다.

① I like swimming(to swim).　　② He hates cleaning(to clean) dishes.

③ I prefer studying(to study) at home.　　④ She loves playing(to play) the piano.

> **해석** ① 나는 수영하는 것을 좋아한다. ② 그는 설거지 하는 것을 싫어한다.
> ③ 나는 집에서 공부하는 것을 선호한다. ④ 그녀는 피아노 치기를 무척 좋아한다.

(3) 미국영어에서는 to 부정사 형태가 ing형태보다 더 흔히 사용됩니다.

① I love reading long novels. (미국/영국영어)　　② I love to read long novels. (미국영어)

③ I like driving(to drive) fast cars.　　④ My mom likes cooking(to cook).

> **해석** ① 나는 장편소설 읽는 것을 무척 좋아한다. ② 나는 장편소설 읽는 것을 무척 좋아한다.
> ③ 나는 고속 자동차 운전하기를 것을 좋아한다. ④ 내 엄마는 요리하기를 좋아하신다.

(4) 상호간에 교환하여 사용할 수 있지만, 엄격하게 말해서 ing는 평소의 습관적 행동을 강조하고, to 부정사는 행동의 일시적 선호도를 강조합니다.

① I like doing my homework. = I enjoy doing my homework.

② I like to do my homework at night. = I choose to do my homework at night.

③ She didn't like being photographed though she didn't say a word.

④ She didn't like to be photographed, so she turned her back to the camera.

⑤ I prefer walking to taking the bus. = I like walking better than taking the bus.

⑥ If you prefer to walk, it will take you 30 minutes to school.

= If you want to walk, it will take you 30 minutes to school.

⑦ I hate doing my homework. = I never enjoy doing my homework.

⑧ I hate to do my homework on Sundays.

= I don't mind doing my homework, but not on Sundays.

> **해석** ① 나는 숙제하는 것을 좋아한다(숙제 하는 것 자체를 즐긴다). ② (숙제하는 것을 즐기지는 않지만 굳이 한다면)나는 밤에 숙제하고 싶다(낮에 보다는). ③ 그녀는 말 한마디 하지 않았지만 사진 찍히는 것을 좋아하지 않았다.
> ④ 그녀는 사진 찍히고 싶지 않았다, 그래서 카메라를 향해 등을 돌렸다. ⑤ 나는 버스 타는 것 보다 걷는 것이 더 좋아. ⑥ 네가 걸어가기를 원한다면, 학교까지 30분 걸릴 것이다. ⑦ 나는 숙제하는 것을 (원래) 싫어한다.
> ⑧ 나는 (숙제하는 것을 싫어하지는 않지만) 일요일마다 숙제하는 것은 싫다.

> **어휘** violent 폭력적인 long novel 장편소설 homework 숙제 housework 집안일 photograph 사진 찍다 back 등 prefer 선호하다, 더 좋아하다 take 시간이 걸리다 hate 싫어하다 on Sundays=every Sunday 일요일 마다

(5) like/love/hate/prefer가 would와 함께 사용될 때는 to부정사만 가능합니다.

would like to, would love to, would hate to, would prefer to

① I'd prefer to go somewhere quiet.

② I'd like(love) to have dinner with you on Friday.

③ I'd hate to(don't want to) disappoint my parents.

④ I'd prefer to sit in the garden rather than watch TV.

⑤ I'd prefer to stay at home tonight rather than go to the cinema.

⑥ I would have liked to see her before I left for America, but I couldn't.

해석 ① 나는 차라리 어딘가 조용한 곳으로 가고 싶어. ② 나는 금요일에 너와 함께 저녁식사 하고 싶은데.
③ 나는 내 부모님을 실망시켜 드리고 싶지 않아. ④ 나는 TV를 보느니 차라리 정원에 앉아있고 싶어.
⑤ 나는 영화관에 가느니 오늘 밤에는 차라리 집에 있고 싶어.
⑥ 나는 미국으로 떠나기 전에 그녀를 보고 싶었지만, 그럴 수 없었다.

(6) 이들이 5형식에 쓰일 경우 영국영어에서는 목적어+to 부정사만 사용하지만, 미국영어에서는
for~to사이에 의미상의 주어를 넣기도 합니다.

① I'd hate you to go.

② I'd prefer you to drive.

③ I'd love(like) you to give up smoking.

④ He would like us all to be at the meeting.

⑤ I'd hate for you to think I don't love you. (미국식)

⑥ I'd love you to come to dinner next week. (미국식/영국식)

⑦ I'd love for you to come to dinner next week. (미국식)

⑧ I'd like for you to help me get my car running. (미국식)

⑨ Would you like me to help you with your homework?

⑩ My mother would prefer us to email each other once a week rather than spend half an

hour on the phone every night.

해석 ① 나는 네가 가는 거 싫어. ② 나는 차라리 네가 운전하면 좋겠어. ③ 나는 네가 담배를 끊으면 좋겠어.
④ 그는 우리 모두가 모임에 참석하기를 바란다. ⑤ 나는 네가 '내가 너를 사랑하지 않는다고' 생각하는 것이 싫어.
⑥/⑦ 나는 네가 다음 주에 저녁식사 하러 오면 좋겠어. ⑧ 나는 네가 내 자동차 출발시키는데 도와주면 좋겠어.
⑨ 너는 내가 네 숙제를 도와주면 좋겠니? ⑩ 엄마는 우리가 매일 밤 전화로 30분을 보내느니 차라리 일주일에 한
번씩 서로에게 이메일을 보내는 것을 선호하신다.

어휘 somewhere 어딘가 quiet 고요한 have dinner 저녁식사 하다 on Friday 금요일에 disappoint 실망시키다, 기대에
어긋나다 would prefer to A rather than B B하느니 차라리 A하겠다 garden 정원 stay at home 집에 머무르다 tonight
오늘 밤 cinema 영화관 leave-left-left 떠나다 leave for ~로 떠나다 couldn't 할 수 없었다 go 가다 drive 운전하다
give up=abandon=desert=discard=yield=surrender=forsake=quit 포기하다 smoke 담배를 피우다 next week 다음
주 help 돕다 get~running 출발시키다 homework 숙제 email 이메일을 보내다 each other 서로 once a week 일주일
에 한 번 half an hour 30분 every night 매일 밤 every day=day in and day out=from day to day=day by day 매일

(7) ┌ can't bear(stand)~ing: 평소에 (~하는 것을 견딜 수 없다/견디지 못한다)
　　 └ can't bear(stand) to: 현재 일어나고 있는 일에 대해서 (~하고 싶지 않다)

① She can't bear(stand) cleaning the bathroom.

＝ She doesn't like it when she cleans the bathroom.

② I can't bear(stand) people smoking around me. ＝ I don't like it when people smoke around me.

③ I cannot bear(stand) to see you suffer like this. ＝ I don't want to see you suffer like this.

> **해석** ① 그녀는 화장실 청소하는 것을 견디지 못한다. ② 나는 사람들이 내 주변에서 담배피우는 것을 견딜 수가 없다.
> ③ 나는 네가 (지금) 이처럼 고통당하는 모습을 보고 싶지 않아.

(8) ┌ dread ~ing ┌ ⓐ be afraid of : (의도치 않게) ~할까 두렵다/~할까 걱정하다
　　 │　　　　　　└ ⓑ be afraid(scared/terrified/frightened) of : ~하는 것을 무서워하다
　　 │ dread to 　　＝ hate to ＝ shudder to ＝ don't want to : ~하고 싶지 않다/~하기 싫다
　　 └ be afraid to 　＝ (의도적으로) ~하기가 두렵다/두려워서 ~하지 못하다

① I dread being sick. ＝ I am afraid of being sick.

② I dread his losing his way. ＝ I am afraid of his losing his way.

③ She dreads going out at night. ＝ She is afraid(scared/frightened) of going out at night.

④ I dread to think(imagine) what will happen if he gets elected.

＝ I don't want to think what will happen if he gets elected.

⑤ Don't be afraid to tell me the truth.

> **해석** ① 나는 아플까 두려워. ② 나는 그가 길을 잃을까봐 걱정돼. ③ 그녀는 밤에 외출하는 것을 무서워한다.
> ④ 나는 그가 선출되면 무슨 일이 일어날까 생각하기도 싫다. ⑤ 두려워하지 말고 나에게 진실을 말해라.

(9) ┌ I am sorry for ~ ing 　　– 이전의 행동에 대해 사과할 때 (~에 대해 미안해)
　　 │ I am sorry to+동사원형 ┌ ⓐ 미래의 일에 대해 미리 사과할 때 (~하게 되어 미안해)
　　 └　　　　　　　　　　　 └ ⓑ 유감을 나타낼 때 (~해서 유감이야/~해서 슬프다)

① I'm sorry for being late. ≠ I am sorry to be late. (x)

② I'm sorry to hear that. ＝ That's too bad.

③ I'm sorry to have kept you waiting (for) so long.

④ I'm sorry for having kept you waiting (for) so long.

⑤ I am sorry to say [tell(inform) you] that your flight will be delayed.

> **해석** ① 늦어서 죄송합니다. ② 그 말을 들으니 유감이야. ③/④ 너를 오래 기다리게 해서 미안해.
> ⑤ 말씀드리기 죄송합니다만 여러분의 항공편은 지연될 것입니다.

> **어휘** bathroom 화장실 smoke 담배를 피우다 around 주위에서 suffer 고통을 당하다 like this 이처럼
> sick 아픈 lose one's way=get lost 길을 잃다 at night 밤에 happen 발생하다 get elected 선출되다
> late 늦은 for so long 그렇게 오랫동안 keep~waiting ~를 기다리게 하다 flight 항공편 put off=put over=hold off
> =hold up=hold over=leave over=carry over=hang up=postpone=procrastinate=prolong=protract=adjourn
> =delay=defer=suspend=shelve=waive 연기하다 **ex** Never put off until tomorrow what you can do today

9 동명사와 to 부정사 사이에 의미가 완전히 다른 동사(출제 최고빈도 기본과정)

(1) { remember(forget)+~ing: 과거에 ~했던 것을 기억하다/잊어버리다
remember(forget)+to 원형: 미래에 ~할 것을 기억하다/잊어버리다

① I remember visiting his farm. = I remember that I visited his farm.

② I remember to visit his farm. = I remember that I am supposed to visit his farm.

③ She forgot feeding her dog. = She fed her dog, but then forgot having done so.

④ She forgot to feed her dog. = She did not feed her dog, though she should have.

> **해석** ① 나는 그의 농장을 방문했던 기억이 있다. ② 나는 그의 농장을 방문할 것을 기억하고 있다.
> ③ 그녀는 자기 개에게 먹이 주었던 것을 잊었다. ④ 그녀는 자기 개에게 먹이를 줄 것을 잊었다.

(2) { stop+~ing: ~하기를 멈추다
stop+to 원형: ~하기 위해서 다른 일을 멈추다
try+~ing: 시험 삼아 ~해보다/~하기를 시도하다
try(seek, strive)+to 원형: ~하기 위해 노력하다/ ~하려고 애를 쓰다

① He stopped smoking one year ago.　② He stopped working to smoke.

③ He tried asking her for a date.　④ He tried to contact her.

> **해석** ① 그는 1년 전에 담배를 끊었다. ② 그는 담배를 피우기 위해서 일을 멈추었다.
> ③ 그는 그녀에게 시험 삼아 데이트를 신청해보았다. ④ 그는 그녀에게 연락하려고 애를 썼다.

(3) { regret+~ing/having+p.p: ~한 것/~했던 것을 후회하다
regret+to 원형 = be sorry to: ~하게 되어 유감이다/~하게 되어 죄송하다
mean+~ing = involve ~ing: ~한다는 뜻이다/하는 것을 의미하다/수반하다
mean+to 원형 = intend+to 원형: ~할 의도이다

① I regret revealing(= having revealed) the secret.

② I regret to let you know that we can't hire you.

= I regret to say[tell(inform) you] that we can't hire you.

③ The new agreement means accepting lower wages.

④ I didn't mean to hurt you. = I didn't intend to hurt you.

> **해석** ① 나는 비밀을 누설한 것을 후회한다. ② 말씀드리기 죄송합니다만 우리는 당신을 채용할 수 없습니다.
> ③ 그 새로운 합의는 더 낮은 임금을 수락한다는 뜻이다. ④ 나는 너에게 상처를 줄 의도는 없었다.

(4) { go on+~ing = continue ~ing/to+원형: 한 가지 행동을 계속 하다
go on+to 원형: 이어서~하다: 다른 행동으로 넘어갈 때

① He went on singing after everyone else had finished.

② She recited a poem, then went on to sing a lovely folk song.

> **해석** ① 그는 계속 (쉬지 않고) 노래를 불렀다/다른 모든 사람들이 끝마친 후에도.
> ② 그녀는 시를 암송했다. 그다음 이어서 아름다운 민요를 불렀다.

> **어휘** visit=call at 방문하다 farm 농장 be supposed(expected) to ~하기로 되어있다 feed-fed-fed 먹이다
> though=although=while ~이지만 work 일하다, 효과가 있다 ask someone for a date ~에게 데이트신청을 하다
> contact 연락하다 reveal=disclose=divulge=betray=lay bare 누설(폭로)하다 secret 비밀 hire=employ 고용하다
> agreement 합의/승낙 accept 수락하다 lower wage 더 낮은 임금 recite 암송하다 lovely folk song 아름다운 민요

10 동명사의 관용적 용법(최고급과정)

(1) above ~ing = the last person to = the least likely person to
= the most unlikely person to = least likely to = most unlikely to
= not so proud as to = so proud as not to = too proud to = ashamed of ~ing
(~할 사람이 아니다, ~하는 것을 부끄러워하다)

① He is above telling a lie.

② He is above revealing the secret.

③ You should not be above asking questions.

④ She is not above asking for advice from her staff.

> **해석** ① 그는 거짓말할 사람이 아니다. ② 그는 비밀을 폭로할 사람이 아니다.
> ③ 너는 질문하는 것을 부끄러워해서는 안 된다. ④ 그녀는 직원들에게 조언을 요청하는 것을 부끄러워하지 않는다.

(2) apply(abandon, addict, address, betake, devote, dedicate, give, surrender) oneself to~ing
= be absorbed(engrossed, immersed, immured, indulged, lost, steeped, bound up) in ~ing
= be preoccupied(infatuated) with=be keen(intent, bent, nuts) on=concentrate on
= be committed to ~ing=commit oneself to~ing (~에 전념하다, ~에 몰두하다)

① She is addicted to watching soap operas on TV.

② Martin devoted himself to fighting against racism.

③ The Green Party is dedicated to protecting the environment.

> **해석** ① 그녀는 TV에서 연속극 보는데 푹 빠져있다. ② Martin은 인종차별에 대항하여 싸우는데 헌신했다.
> ③ 녹색당은 환경을 보호하는데 전념하고 있다.

(3) be good(skillful, skilled, apt, clever, deft, dexterous) at~ing = be adept(adroit, dextrous, versed, expert, proficient, well read, widely read, well up, at home) in~ing = be a good hand at~ing (~을 잘하다, ~에 능통하다)→be poor(bad) at~ing (~에 서투르다)

① She is good at painting.

② He is clever at skateboarding.

③ He is widely read in the classics.

④ He seemed well read in English literature

⑤ She is a good hand at making a cheap bargain.

> **해석** ① 그녀는 그림을 잘 그린다. ② 그는 스케이트보드를 잘 탄다. ③ 그는 고전에 정통하다.
> ④ 그는 영문학에 정통한 것 같았다. ⑤ 그녀는 값싼 거래를 하는 데(물건 값 깎는 데) 능통하다.

> **어휘** tell a lie 거짓말 하다 reveal=give away 폭로하다 secret 비밀 ask questions 질문하다 ask(call) for 요청하다
> advice 충고/조언 staff 직원, 지팡이/지휘봉 soap opera 연속극 fight against ~에 맞서 싸우다 racism 인종차별
> protect 보호하다 environment 환경 law 법 classics 고전 English literature 영문학 bargain 거래/떨이/싸구려의

(4)
*be interested in ~ing = have(take) an interest in ~ing (~에 관심이 있다/흥미가 있다)
*be busy ~ing = be busy with+명사 (~하느라 바쁘다)

① Are you interested in writing poems?

② I have an interest in learning about computers.

③ I am busy doing my homework. = I am busy with my homework.

> **해석** ① 너는 시를 쓰는 데 관심 있니? ② 나는 컴퓨터에 대해 배우는 데 관심 있어. ③ 나는 숙제하느라 바빠.

(5) be on the point(verge, edge, brink, eve, border, threshold) of ~ing(명사)
= be just going(ready) to = be about(abreast, set) to (막 ~하려고 하다)

① I am on the verge of peeing myself.

② She was on the point of bursting into tears.

③ I was about to call my mother when she called me.

④ She was so tired that she was on the point of collapse.

> **해석** ① 나는 오줌이 막 나오려고 해. ② 그녀는 막 울음을 터뜨리려 했다.
> ③ 내가 엄마에게 막 전화하려 했을 때 엄마가 나에게 전화하셨다. ④ 그녀는 너무 피곤해서 막 쓰러질 직전이었다.

(6) be worth ~ing = be worthy of (동)명사 = be worthy to be p.p = deserve (동)명사
= deserve to be p.p = It is worth while ~ing(to원형) (~할 만한 가치가 있다)

① This novel is worth reading. ≠ This novel is worth being read. (x)

= This novel is worthy of reading.

= This novel is worthy to be read.

= This novel deserves reading.

= This novel deserves to be read.

= It is worth reading this novel.

= It is worthwhile reading this novel.

= It is worth (your) while to read this novel.

② His courage is worthy of high praise.

③ Is it worthwhile to try to fix my computer?

④ What was the film like? Was it worth seeing?

⑤ The Museum of Fine Arts is well worth a visit.

> **해석** ① 이 소설은 읽을 만한 가치가 있다. ② 그의 용기는 대단히 칭찬할 만하다.
> ③ 이 컴퓨터 고치기 위해 애쓸 가치가 있는 거야? ④ 그 영화 어땠어? 볼만 했어?
> ⑤ 미술박물관은 한 번 쯤 방문할 만한 충분한 가치가 있어.

> **어휘** write 쓰다 poem 시 learn 배우다 about ~에 관하여, ~에 대해서 homework 숙제 pee oneself 오줌을 지리다,
> 오줌이 찔끔 나오다 burst into tears 눈물을 터뜨리다 call 전화하다 collapse 붕괴(하다)/쓰러지다 novel 소설 courage
> 용기 praise 칭찬 fix 고치다 film 영화 museum 박물관 fine arts 미술 a visit 방문 believe 믿다 freedom 자유 fight 싸우다

(7) besides~ing = in addition to~ing = as well as~ing = over and above
= above and beyond = aside(apart) from~ing = including (~이외에/~뿐만 아니라)

① Besides being a singer, he is a composer.

= As well as being a singer, he is a composer.

= In addition to being a singer, he is a composer.

= He is a composer as well as (being) a singer.

= He is not only a singer, but also a composer.

= Not only is he a singer, but he is also a composer.

② Apart from his salary, he also has a private income.

③ She has a kind heart over and above her beautiful face.

④ Aside from playing badminton, what else do you like doing?

⑤ Above and beyond all of us, my mother loved our puppy very much.

> **해석** ① 가수 이외에도(가수일 뿐만 아니라) 그는 작곡가이다. ② 봉급 이외에도 그는 비공식적인 수입이 있다.
> ③ 그녀는 아름다운 얼굴뿐만 아니라 착한 마음씨도 가지고 있다.
> ④ 배드민턴 하는 것 이외에 다른 것으로 무엇을 하기를 좋아하니?
> ⑤ 우리 모두 뿐만 아니라, 내 어머니는 우리 강아지도 무척 사랑하셨다.

(8) by ~ing (~함으로써)

① He earns a living by writing novels.   ② He escaped the danger by telling a lie.

③ What will you gain by refusing to speak to me?

④ The doctor examined me by listening to my heart with a stethoscope.

> **해석** ① 그는 소설을 씀으로써 생계를 유지한다. ② 그는 거짓말을 함으로써 위험을 모면하였다.
> ③ 나에게 말하기를 거부함으로써 네가 무엇을 얻겠니?
> ④ 의사는 청진기로 내 심장소리를 들음으로써 나를 진찰했다.

(9) in ~ing = When+주어+동사 (~할 때, ~함에 있어서)

① Be polite in speaking to others. = Be polite when you speak to others.

② We cannot be too careful in choosing friends.

③ You should be very careful in crossing the road.

④ What's the procedure in purchasing this automobile?

> **해석** ① 남에게 말할 때는 공손해라. ② 우리는 친구를 선택함에 있어서 아무리 신중해도 지나치지 않다.
> ③ 너는 도로를 건널 때 아주 조심해야 한다. ④ 이 자동차를 구매할 때 절차가 어떻게 되죠?

> **어휘** singer 가수 composer 작곡가 salary 봉급 private 비공식적인, 은밀한 income 수입 kind 친절한 heart 마음씨,
> 심장 face 얼굴 else 다른 puppy 강아지 earn(make) a living 생계를 유지하다 novel 소설 escape 모면하다, 피하다
> danger 위험 tell a lie 거짓말하다 gain=obtain 얻다 refuse to ~하기를 거부하다 examine 진찰하다 stethoscope
> 청진기 polite=courteous 공손한 cannot ~too 아무리 ~해도 지나치지 않다 careful 조심하는 choose 선택하다
> should ~해야 한다 cross 건너다 road길 procedure 절차 purchase 구입하다, 구매하다 automobile 자동차

(10) cannot help(avoid, escape, evade, resist, forbear) ~ing

= cannot keep(abstain, refrain) from ~ing = cannot but

= cannot choose(help) but = can do nothing but(except) = cannot do otherwise than

= have no choice(alternative, option, other way) but to

= There is nothing for it but to = Nothing remains but to (~하지 않을 수 없다)

① I had no other way but to do the same. ② I could not but laugh at the funny sight.

③ I could not help laughing at his silly acts. ④ I had no choice but to sympathize with him.

⑤ We could do nothing except vote against him.

> **해석** ① 나도 똑같이 하는 수밖에 없었다. ② 나는 그 우스운 광경을 보고 웃지 않을 수가 없었다.
> ③ 나는 그의 어리석은 행동을 보고 웃지 않을 수가 없었다. ④ 나는 그를 동정하지 않을 수가 없었다.
> ⑤ 우리는 그에게 반대투표하는 것 외에 달리 아무것도 할 수 없었다.

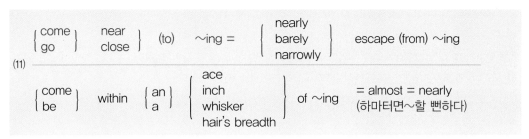

① I came(went) near to revealing the secret.

② They came within a whisker of falling off the cliff.

③ I came within an ace(inch) of getting into an accident.

④ She was within a hair's breadth of beating the all-time record.

> **해석** ① 나는 하마터면 비밀을 누설할 뻔했다. ② 그들은 하마터면 벼랑에서 떨어질 뻔했다.
> ③ 나는 하마터면 사고를 당할 뻔했다. ④ 그녀는 역대 최고의 기록을 깰 뻔했다.

(12) fall to~ing = set about~ing(to) = go about~ing = embark(launch) on(upon) = start (시작하다)

① He fell to snoring as soon as he fell asleep.

② He embarked on a new career as a teacher.

③ We set about planning the trip this morning.

④ I bought a computer and set about to learn how to use it.

> **해석** ① 그는 잠이 들자마자 코를 골기 시작했다. ② 그는 교사로서 새로운 인생을 시작했다.
> ③ 우리는 오늘 아침에 여행계획을 짜기 시작했다. ④ 나는 컴퓨터를 사서 그것의 사용법을 배우기 시작했다.

> **어휘** laugh 웃다 funny 우스운 sympathize with 동정하다 vote against 반대투표를 하다 secret 비밀
> reveal=disclose=divulge=betray=expose=lay bare=let on=give away 폭로하다 fall off ~에서 떨어지다
> cliff 절벽, 벼랑 get into an accident 사고를 당하다 beat the all-time record 역대 최고기록을 깨다
> snore 코를 골다 as soon as=upon ~ing ~하자마자 fall asleep 잠들다 career 인생, 생애, 직업 trip 여행

(13) far from~ing = by no means(device) = by no manner of means
  = in no way(case, sense, manner) = on no account(terms, consideration)
  = at no time = under no circumstances = not~at all = not~a bit(snap, jot, scrap)
  = not~in the least(slightest) = not~for (all) the world = not~for anything in the world
  = not~for a minute(second) = anything but = never = nowhere near = less than
  = assuredly(definitely, positively, absolutely, certainly) not (결코~이 아니다/~하지 않다)

① She is anything but polite.

② He's not at all friendly towards his ex-wife.

③ This remark by no means should be taken lightly.

④ In no way am I going to adopt any of his methods.

⑤ At no time did I feel they were being unreasonable.

⑥ The movie was nowhere near as bad as she said it was.

⑦ I wouldn't do it for the world or for anything in the world.

⑧ A doctor should not, on any account, let out a patient's secret.

⑨ Under no circumstances must anyone involved speak to the press.

⑩ My parents were far from being satisfied with the result of my exam.

⑪ Employees must on no account make personal phone calls from the office.

> **해석** ① 그녀는 전혀 공손하지 않다. ② 그는 자기 전처에게 전혀 친절하지 않다. ③ 이 말은 결코 가볍게 여겨서는 안
> 된다. ④ 그의 방법 중 어떤 것도 나는 채택하지 않을 것이다. ⑤ 그들이 이치에 맞지 않는 짓을 하고 있다고 전혀 생각하
> 지 않았다. ⑥ 그 영화는 결코 그녀가 말한 것처럼 나쁘지 않았어. ⑦ 나는 세상의 그 어느 것을 준다 해도 그 일을 하
> 지 않을 거야. ⑧ 의사는 절대로 환자의 비밀을 누설해서는 안 된다. ⑨ 어떤 상황에서도 관련된 자는 아무도 언론에 말
> 을 해서는 안 된다. ⑩ 내 부모님은 결코 내 시험결과에 만족하시지 않았다. ⑪ 직원들은 절대 사무실에서 사적인 전화
> 를 해서는 안 된다.

(14) feel like 명사/~ing = feel inclined to = have a mind(wish, desire) to
  = be tempted(disposed, inclined) to = would like (to) (~하고 싶다)

① I don't feel like dancing now.

② Karen didn't feel inclined to help us.

③ I was really tempted to take the money.

④ I'm inclined to leave early if that's OK with you.

 = I would like to leave early if that's OK with you.

⑤ I feel like a cup of coffee. = I'd like a cup of coffee.

 = I feel like drinking a cup of coffee. = I'd like to drink a cup of coffee.

> **해석** ① 나는 지금 춤출 기분이 아니야. ② Karen은 우리를 도와주고 싶어 하지 않았어.
>   ③ 나는 정말 그 돈을 받고 싶었다. ④ 네가 괜찮다면 난 일찍 떠나고 싶어. ⑤ 나는 커피 한 잔 하고 싶다.

> **어휘** polite=well-bred 공손한 ex-wife 전처 remark 말 take lightly 가볍게 여기다 adopt 채택(입양)하다
>   unreasonable 불합리한 let out(on, drive, drop, fall, slip)=give away 누설하다 patient's secret 환자의 비밀
>   involve 관련시키다 press 언론 employee 직원 personal calls 사적인 전화 take 받다 leave 떠나다 early 일찍

(15)
*have difficulty(trouble, a problem, a hard time, a difficult time) (in) ~ing
(~하느라 애를 먹다)
*have an easy time ~ing (~하면서 느긋한/편안한 시간을 보내다)
*have fun(a good time, a ball) ~ing (~하면서 즐거운 시간을 보내다)

① We had a good time snorkeling.　　② I had no trouble finding a good job.
③ We had a lot of fun picking berries.　　④ He had a hard time explaining the situation.
⑤ He's been having a bit of trouble with his eyes.
⑥ They had great difficulty in finding a replacement.
⑦ She had an easy time selling the delicious cookies.

> **해석** ① 우리는 바닷속 잠수를 하면서 즐거운 시간을 보냈다. ② 나는 좋은 직장을 찾는데 어려움이 전혀 없었다.
> ③ 우리는 산딸기를 따면서 아주 즐거운 시간을 보냈다. ④ 그는 그 상황을 설명하느라 무척 애를 먹었다.
> ⑤ 그는 눈 때문에 지금까지 약간 애를 먹고 있다. ⑥ 그들은 대체인력을 찾느라 애를 많이 먹었다.
> ⑦ 그녀는 맛있는 과자를 팔면서 느긋한 시간을 보냈다.

(16) It goes without saying that~ = It is obvious(self-evident) that~
= It is needless(of no need) to say that~ = It is not too much to say that~
= It is a matter of course that~ (~은 말할 필요도 없다)

① It goes without saying that health is above wealth.
② It is needless to say that honesty is the best policy.
③ It is not too much to say that our team will win the game.
④ It is a matter of course that diligence is the key to success.

> **해석** ① 건강이 재산보다 중요하다는 것은 말할 필요도 없다. ② 정직이 최선의 방책이라는 것은 말할 필요도 없다.
> ③ 우리 팀이 경기에서 이길 것이라는 것은 말할 필요도 없다. ④ 근면이 성공의 열쇠라는 것은 말할 필요도 없다.

(17) It is no use(good, point, sense) ~ing = There is no use(good, point, sense) (in) ~ing
= What is the use(good, point, sense) of ~ing? = It is useless(of no use) to
(~해봤자 소용이 없다)

① It's no use arguing with her.　　② There is no use in excusing yourself.
③ There is no point crying over spilt milk. = It is no use crying over spilt milk.
④ What's the point of having a car if you never use it?
⑤ There's no sense in asking him; he doesn't know anything.

> **해석** ① 그녀와 논쟁해봤자 소용없다. ② 변명해봤자 소용없어. ③ 엎질러진 우유를 보고 울어봤자 소용없다.
> ④ 자동차를 사용하지 않는다면 갖고 있어봤자 무슨 소용 있겠어? ⑤ 그에게 물어봤자 소용없어. 그는 아무것도 모르거든.

> **어휘** snorkel 바닷속을 잠수하다 a good job 좋은 직업 pick 따다 berry 산딸기 situation 상황 hike up 오르다
> explain=expound=account for=set forth=give an account of 설명하다　replacement 대체인력 sell 팔다
> delicious cookies 맛있는 과자 health 건강 wealth 부/재산 honesty 정직 policy 방책, 정책 diligence 근면
> argue 논쟁하다 excuse oneself 변명하다 cry 울다 spill-spilt-spilt 엎지르다 over spilt milk 엎질러진 우유

⒅ keep(stop, prohibit, inhibit, prevent, preclude, hinder, ban, bar, debar, deter, block, obstruct, restrain, restrict, impede, constrain, disable, discourage, dissuade, enjoin, forbid, interdict) A from B ~ing = forbid A to B (A가 B하는 것을 막다)

① We tried to dissuade him from leaving.

② My doctor has forbidden me to eat sugar.

③ The heavy traffic kept me from coming in time.

④ He forbade them from mentioning the subject again.

⑤ The car accident prevented him from attending the party.

⑥ He took part in a campaign to discourage people from smoking.

⑦ High prices are deterring many young people from buying houses.

해석 ① 우리는 그가 떠나는 것을 막으려 했다. ② 내 의사는 내가 설탕 먹는 것을 금지했다. ③ 복잡한 교통은 내가 제 시간에 오는 것을 막았다. ④ 그는 그들이 그 문제를 다시 언급하는 것을 금지했다. ⑤ 그 자동차 사고는 그가 파티에 참석하는 것을 막았다. ⑥ 그는 사람들이 담배 피우는 것을 막는 운동(금연운동)에 참가했다. ⑦ 높은 가격은 많은 젊은이들이 집을 구입하는 것을 막고 있다.

⒆ know better than to = be not so foolish(stupid) as to = be not such a fool as to
= be too wise(clever) to = be wise(moral, polite, well trained) enough not to
(~할 바보가 아니다, ~할 정도로 어리석지는 않다, ~하지 않을 정도로 현명하다)

① She knows better than to buy such a garbage.

② She knows better than to marry such a dull man.

③ You ought to know better than to expect help from her.

④ You know better than to interrupt when someone else is talking.

⑤ Mary should know better than to leave her child alone in the house.

해석 ① 그녀는 그런 폐품을 살 바보가 아니다. ② 그녀는 그런 멍청한 사람과 결혼할 바보가 아니다.
③ 너는 그녀로부터 도움을 기대할 만큼 어리석어서는 안 돼. ④ 너는 다른 사람이 말하고 있을 때 끼어들 정도로 어리석지는 않잖아. ⑤ Mary는 자기 아이를 집에 혼자 남겨둘 정도로 어리석어서는 안 되는데.

⒇ look forward to~ing = anticipate~ing = expect to
= hope(wish, bargain, reckon) for = bargain(reckon) on (~을 고대하다, ~을 기대하다)

① I used to hope for the best.   ② I look forward to hearing from you soon.

③ It is mean of you to wish for recompense.   ④ She got more than she had bargained for.

⑤ I was reckoning on getting at least 60% of the votes.

해석 ① 나는 최선의 결과를 기대했었는데. ② 나는 곧 너로부터 소식 듣기를 기대한다.
③ 보상을 기대하다니 너 치사하다. ④ 그녀는 자신이 기대했던 것보다 더 많은 것을 얻었다.
⑤ 나는 최소 60%의 표를 얻을 것으로 예상하고 있었는데.

어휘 leave-left-left 떠나다 heavy traffic 복잡한 교통 in time 제 시간에 mention 언급하다 accident 사고
take part in=participate in 참가하다 subject 문제 garbage 폐품 dull 멍청한 interrupt 끼어들다, 중단하다
leave alone 혼자 남겨두다 mean=unpleasant 비열한 recompense 보상 at least 최소한 vote 투표수, 투표하다

(21) make a point of ～ing = make it a point(rule) to = be wont to+원형
= be given to ～ing = be in the habit of ～ing = have a habit of ～ing
(～하는 것을 규칙으로 삼다, ～하는 습관/경향이 있다, 습관적으로 ～하다)

① My mom is wont to rise at dawn.

② She was given to eating crackers in bed.

③ He makes a point of jogging every morning.

④ I make it a point to take a walk after supper.

⑤ I make it a rule to donate blood at least twice a year.

해석 ① 내 엄마는 새벽에 일어나는 습관이 있다. ② 그녀는 잠자리에서 크래커를 먹는 습관이 있었다.
③ 그는 매일 아침 조깅하는 것을 규칙으로 삼는다. ④ 나는 저녁식사 후에 산책하는 것을 규칙으로 삼는다.
⑤ 나는 적어도 1년에 두 번 헌혈하는 것을 규칙으로 삼고 있다.

(22) need(want, require) ～ing = should be p.p = need to be p.p (～ing 해야 한다)

① My house needs(wants, requires) painting.
= My house should(need to) be painted.
= I require my house to be painted.
= My house is required to be painted.

② The garden needs(wants, requires) weeding.
= The garden should(need to) be weeded.

③ This porcelain needs(wants, requires) careful handling.
= This porcelain should(need to) be carefully handled.

④ Most houseplants need(want, require) regular watering.
= Most houseplants should(need to) be watered regularly.

해석 ① 나의 집은 페인트칠을 해야 한다. ② 그 정원은 풀을 제거해야 한다.
③ 이 도자기는 신중히 다뤄야 한다. ④ 대부분의 화초는 규칙적으로 물을 주어야 한다.

(23) object to～ing = have an objection to～ing = be opposed to～ing = be against～ing
=dissent from～ing=disapprove of～ing=demur to～ing (～하는 것을 반대하다)

① She objects to working on Sundays.

② Are you for or against my proposal?

③ I object to people poisoning others by smoking.

④ I have no objection to your going to America to study.

⑤ We are opposed to naming the high school after Martin Luther King.

해석 ① 그녀는 일요일마다 일하는 것을 반대한다. ② 너는 내 제안에 찬성하니 반대하니? ③ 나는 사람들이 담배를 피움
으로써 남을 해롭게 하는 것을 반대한다. ④ 나는 네가 공부하기 위해 미국으로 가는 것을 반대하지 않는다.
⑤ 우리는 마르틴 루터 킹을 본떠서 그 고등학교 이름을 짓는 것을 반대한다.

어휘 rise=get up 일어나다 at dawn 새벽에 jog 조깅하다 take a walk 산책하다 supper 저녁식사 donate 주다
blood 피 at least=not less than 최소한 twice 두 번 garden 정원 weed 잡초를 제거하다 porcelain 도자기
careful 신중한 handle=treat=deal(do, cope) with 다루다 houseplant 화초 regular 규칙적인 water 물주다
proposal 제안 poison 해를 끼치다, 독살하다 to study 공부하기 위해서 name 이름 짓다 high school 고등학교

(24) never(cannot/no/hardly) A without B ~ing = never(cannot/no/hardly) A but 주어+동사

　= Whenever(Each time/Any time/Every time/As often as)+주어+동사,

　= When+주어+동사~, 주어+always ~ (A할 때마다 B하다)

① I cannot see you without thinking of your merciful mother.

= I cannot see you but I think of your merciful mother.

= Whenever I see you, I think of your merciful mother.

= When I see you, I always think of your merciful mother.

② Not a single day goes by but I miss you.

= Not a single day goes by that I don't miss you.

= Not a single day goes by when I don't miss you.

= Not a single day goes by without my missing you.

③ It never rains but it pours.

④ They cannot meet without quarreling with each other.

⑤ Hardly a day goes by without my thinking of her.

⑥ Scarcely a day goes by when I don't use my bike.

⑦ As often as I gave him a ring, the line was engaged.

⑧ I never see this picture without being reminded of my childhood.

⑨ Not a day passes over the earth, but people of no note do great deeds.

> **해석** ① 나는 너를 볼 때마다 너의 자상하신 엄마가 생각난다. ② 매일 나는 네가 그립다.
> ③ 비가 내릴 때마다 세차게 퍼붓는다. ④ 그들은 만날 때마다 서로 다툰다. ⑤ 매일 나는 그녀를 생각한다.
> ⑥ 매일같이 나는 자전거를 이용한다. ⑦ 내가 그에게 전화할 때마다 통화 중이었다.
> ⑧ 나는 이 사진을 볼 때마다 내 어린 시절이 생각난다. ⑨ 지구상에서 매일같이 무명인들이 훌륭한 일을 하고 있다.

(25) of one's own ~ing = p.p by oneself = 관계대명사+주어+재귀대명사+한 시제 앞선 동사
　(~가 직접 ~한, ~가 손수 ~한)

① This is a tree of my own planting.

= This is a tree planted by myself.

= This is a tree that I myself (have) planted.

② This is a book of Mr Kim's own writing.

③ This is a toy of my brother's own making.

④ She gave me a picture of her own painting.

⑤ I always enjoy the dishes of my mom's own cooking.

> **해석** ① 이것이 내가 직접 심은 나무야. ② 이것은 Mr Kim이 직접 쓴 책이야. ③ 이것은 내 동생이 직접 만든 장난감이야.
> ④ 그녀는 나에게 자기가 직접 그린 그림을 주었다. ⑤ 나는 항상 내 엄마가 직접 만드신 요리를 즐겨먹는다.

> **어휘** merciful 자상한 a single day 단 하루 miss 그리워하다 pour 세차게 퍼붓다 quarrel 다투다
> think of ~에 대해 생각하다 bike 자전거 give~a ring 전화하다 the line is engaged 통화중
> remind 생각나게 하다 of no note 무명의 deed 행동 tree 나무 plant 심다 toy 장난감 dish 요리

(26) On(Upon) ~ing = As soon as+주어+동사 = The moment(minute/instant)+주어+동사

= Immediately(Directly/Instantly)+주어+동사 = Once+주어+동사

= Scarcely(Hardly/Barely) ~ when(before) = No sooner ~ than (~하자마자)

주의 ☞ oxford와 webster에 when/before 대신에 than을 사용하는 예문이 들어 있으나 다른 사전과 수많은 문법학자, 그리고 각종 시험에서 than은 비교급에 사용하므로 no sooner와 함께 사용해야 하고 when/before대신에 than 을 사용하는 것은 틀린 것으로 간주하고 있으니 특히 유의하시기 바랍니다.

---

ex On seeing me, he ran away. (그는 나를 보자마자 도망쳤다.)

= As soon as he saw me, he ran away.

= The moment(The minute, The instant) he saw me, he ran away.

= Immediately(Directly, Instantly) he saw me, he ran away.

= He had $\begin{Bmatrix} \text{scarcely} \\ \text{hardly} \\ \text{barely} \end{Bmatrix}$ seen me $\begin{Bmatrix} \text{when} \\ \text{before} \end{Bmatrix}$ he ran away.

= $\begin{Bmatrix} \text{Scarcely} \\ \text{Hardly} \\ \text{Barely} \end{Bmatrix}$ had he seen me $\begin{Bmatrix} \text{when} \\ \text{before} \end{Bmatrix}$ he ran away.

= $\begin{Bmatrix} \text{He had no sooner seen me} \\ \text{No sooner had he seen me} \end{Bmatrix}$ than he ran away.

① I had barely stepped out when it began to rain.

② No sooner does Max arrive than the class starts.

③ I had hardly arrived home before my phone rang.

④ Upon my entering the room, the girls stopped gossiping.

⑤ No sooner will the bell ring than the feast will start tomorrow.

⑥ Scarcely had she put down the receiver when the phone rang again.

⑦ No sooner did I arrive at the station than the train came.

= I arrived at the station, and the train came at once.

⑧ No sooner had I arrived at the station than the train came.

= I arrived at the station, and the train came right after me.

⑨ Hardly had the sun come up than dark clouds began to roll in. (webster)

⑩ They had no sooner arrived but they turned around and left. (informal)

해석 ① 내가 밖에 나가자마자 비가 내리기 시작했다. ② Max가 도착하자마자 수업이 시작된다.
③ 내가 집에 도착하자마자 전화가 울렸다. ④ 내가 방에 들어가자마자 그 소녀들은 수다를 멈추었다.
⑤ 내일 종이 울리자마자 축제가 시작될 것이다. ⑥ 그녀가 수화기를 내려놓자마자 전화가 다시 울렸다.
⑦ 내가 역에 도착하자마자 동시에 기차가 왔다. ⑧ 내가 역에 도착하자마자 내 뒤에 곧바로 기차가 왔다.
⑨ 해가 뜨자마자 먹구름이 밀려오기 시작했다. ⑩ 그들은 도착하자마자 곧바로 돌아서서 떠났다.

어휘 run(go, get, make, break, bolt) away=run(fly, make) off=break(get) loose=break out(free)=take to flight
=take to one's heels(legs)=show a clean pair of heels=abscond 도망치다 step out 나가다 arrive 도착하다
class 수업 enter 들어가다 gossip 수다를 떨다, 잡담하다 ring 울리다/반지 feast 축제 put down 내려놓다
receiver 수화기 come up 뜨다/발생하다/싹트다 dark clouds 먹구름 roll in 밀려오다 turn around 돌아서다

(27) *spend/waste time/money/energy ~ing (능동태)/in~ing (수동태) (~에 소비/낭비하다)

　　 *spend/waste time/money/energy on+소비 대상 (~에 소비/낭비하다)

　　 *spend/waste time/money/energy in/at+소비 장소 (~에서 소비/낭비하다)

　　 *waste/lose no time (in) ~ing (즉시/지체하지 않고 ~하다)

① She doesn't spend much on clothes.

② She spends all her free time painting.

③ Don't waste your money on such junk.

④ Most of her life was spent in caring for others.

⑤ I spent about $200 just rebuilding the front porch.

⑥ I wasted 30 minutes waiting for a bus this morning.

⑦ We spent a lot of energy looking for a nice apartment.

⑧ We must lose(waste) no time (in) getting him to the hospital.

> **해석** ① 그녀는 옷에 별로 돈을 소비하지 않는다. ② 그녀는 자신의 모든 여가 시간을 그림 그리는 데 보낸다.
> ③ 그런 잡동사니에 네 돈을 낭비하지 마라. ④ 그녀 삶의 대부분은 남을 돌보는 데 쓰였다.
> ⑤ 나는 앞 현관을 고치는 데 약 200달러를 썼다. ⑥ 나는 오늘 아침 버스를 기다리는 데 30분을 낭비했다.
> ⑦ 우리는 좋은 아파트를 찾는 데 많은 에너지를 소비했다. ⑧ 우리는 즉시 그를 병원으로 데려가야 한다.

(28) There is no ~ing = It is impossible to = We cannot = No one can = Nobody can
　　 (~하는 것은 불가능하다. ~할 수 없다)

① There is no accounting for tastes. = So many men, so many minds.

② There is no mistaking a painting by Picasso.

③ There is no telling what may happen in the future.

④ There is no denying the fact that he is a faithful husband.

⑤ There's no escaping the conclusion that he lied about his involvement.

> **해석** ① 취향을 설명하는 것은 불가능하다.(각인각색/천차만별) ② 피카소가 그린 그림을 못 알아볼 수는 없다.
> ③ 장차 무슨 일이 일어날지 알 수 없다. ④ 그가 충실한 남편이라는 사실을 부인할 수는 없다.
> ⑤ 그가 그의 관련성에 대해 거짓말 했다는 결론을 피할 수가 없다.

(29) What do you say to ~ing? = How about(What about) ~ing?
　　 = What do you think of(about) ~ing = How do you like ~ing? = Why don't you~?
　　 = Why don't we~? = Why not ~? = Let's ~, shall we? (~하는 게 어때?)

① What about going to the zoo?

② Why don't we play tennis after school?

③ What do you say to playing baseball after lunch?

④ How about walking home instead of taking the car?

⑤ What do you think about having a cup of tea with me?

> **해석** ① 우리 동물원에 가는 게 어때? ② 우리 방과 후에 테니스 치는 게 어때? ③ 점심식사 후에 우리 야구하는 게 어때?
> ④ 차를 타는 대신에 집으로 걸어가는 게 어때? ⑤ 나와 차 한 잔 하는 게 어때?

> **어휘** free time 여가시간 junk 잡동사니, 폐품 care for=take care of 돌보다 about 대략 account for 설명하다
> front 앞면 porch 현관 taste 취향 mistake 오인하다 happen=take place 발생하다 deny 부인하다 fact 사실
> faithful 충실한 escape 피하다 conclusion 결론 lie-lied 거짓말 하다 involvement 관련성 instead of ~대신에

(30) When it comes to ~ing = If(When) it comes down to~ing = Speaking(Talking) of
= As far as 주어+go = While(As far as) 주어+be concerned = As to = As for = About
= Concerning = Regarding = Respecting = As concerns(regards, respects)
= With regard(respect, reference) to = In terms(point) of (~에 관한 한/~에 대해 말하자면)

ex Concerning music, I am the first in my class.
= As concerns music, I am the best in my class.
= As for music, I am second to none in my class.
= When it comes to music, I yield to none in my class.
= As far as music goes, I am next to none in my class.
= While(As far as) music is concerned, I am inferior to none in my class.

① I'm all thumbs when it comes to painting.
② When it comes to playing go, AlphaGo is the best.
③ We felt pretty safe as far as the fire was concerned.
④ As for these chairs, we had better throw them away.
⑤ Concerning foreign languages, in my view it is appropriate to teach them at primary school level.

> **해석** **ex** 음악에 관한 한 내가 우리 학급에서 둘째가라면 서러워할 정도이다/즉, 내가 최고다.
> ① 그림 그리기에 관한 한 나는 아주 서투르다. ② 바둑경기에 관한 한 알파고가 최고다.
> ③ 그 화재에 관한 한 우리는 꽤 안전하다는 느낌이 들었다. ④ 이 의자들로 말하자면 버리는 게 낫겠어.
> ⑤ 외국어에 관한 한, 내 생각에는 초등학교부터 가르치는 것이 적합하다.

(31) As for me = For my part = As far as I am concerned = In my opinion(view)=to my mind
(내 입장에서는/내 의견으로는)

ex As for me, I object to your going backpacking.
= For my part, I have an objection to your going backpacking.
= As far as I am concerned, I am opposed to your going backpacking.
= In my opinion(view), I am against your going backpacking.

① In my view, he needs no help from us.
② For his part, he knew what the problem was.
③ So far as I am concerned, the project is over.
④ As far as I'm concerned, you can forget about it.
⑤ For my part, I would like to continue with the plan.

> **해석** **ex** 나로서는 네가 배낭여행 가는 것을 반대한다. ① 내 생각에 그는 우리로부터 아무 도움을 필요로 하지 않는다.
> ② 그로서는 문제가 무엇인지 알고 있었다. ③ 나에 관한 한 그 프로젝트는 끝났다.
> ④ 내 입장에서 너는 그것에 관해 잊어버려도 돼. ⑤ 나로서는 그 계획을 계속하고 싶어요.

> **어휘** all thumbs 손재주가 없다, 아주 서투르다 play go 바둑을 두다 pretty safe 꽤 안전한 had better ~하는 편이
> 낫다 throw away 버리다 foreign language 외국어 appropriate 적절한 object to~ing=have an objection to ~ing=be
> opposed to~ing ~을 반대하다 at primary school level 초등학교부터 go backpacking 배낭여행가다 project 과제
> be over=end 끝나다 forget-forgot-forgotten 잊다 would like to ~하고 싶다 continue with 계속하다 plan 계획

[11] 기타 to 다음에 동명사(∼ing)가 오는 중요한 어구들(출제 고빈도 고급편)

(32) *admit (to) ∼ing = confess (to) ∼ing (∼을 시인하다, 자백하다)

    *contribute to ∼ing (∼에 공헌하다, ∼에 기여하다)

    *get around to ∼ing (드디어 시간을 내다)

① He admitted (to) stealing(having stolen) the bike.

② I finally got around to visiting my grandparents.

③ Technology has contributed to improving our lives.

④ He confessed (to) sleeping(having slept) through most of the movie.

> **해석** ① 그는 자전거를 훔친 것을 시인했다. ② 나는 마침내 내 조부모님을 방문할 시간을 냈다.
> ③ 기술은 우리 삶을 향상시키는 데 기여를 했다. ④ 그는 영화 상영 대부분 잠을 잤다고 고백했다.

(33) *for the asking = on(upon, by) request (요청하기만 하면)

    *lead to ∼ing (초래하다, 이끌다)

    *lead+목적어+to 동사원형 (목적어가 동사하도록 이끌다)

① This process might lead to increasing the costs.

② This problem will lead us to spend more money.

③ My brother is a lawyer, so for us his advice is free for the asking.

> **해석** ① 이 과정은 비용을 인상시키는 결과를 초래할 것이다. ② 이 문제는 우리가 더 많은 돈을 소비하도록 이끌 것이다.
> ③ 내 형이 변호사야, 그래서 우리에게 그의 충고는 요청하기만 하면 공짜야.

(34) go ∼ing (∼하러 가다) – 여가활동이나 스포츠 활동에 사용하는 표현

① Did you ever go skydiving?   ② I go skiing whenever it snows.

③ Did you go bowling last night?   ④ They went jogging this morning.

⑤ When did you last go shopping?   ⑥ How often do you go swimming?

⑦ I will go fishing this coming Saturday.   *ⓘ* I will go working. (X) − I will go to work. (O)

> **해석** ① 너는 스카이다이빙 하러 가본 적 있니? ② 나는 눈이 올 때는 언제나 스키 타러 간다.
> ③ 너는 어젯밤에 볼링 하러 갔니? ④ 그들은 오늘 아침 조깅하러 갔다. ⑤ 너는 언제 마지막으로 쇼핑 갔니?
> ⑥ 얼마나 자주 너는 수영하러 다니니? ⑦ 나는 다가오는 토요일에 낚시 갈 거야.

> **어휘** steal–stole–stolen 훔치다 finally=ultimately=eventually=after all=at last(length)=in the end 마침내
> bike 자전거 technology 기술/공업 improve 향상시키다, 개선하다 lives life의 복수형으로 삶, 생활, 인생
> most of 대부분 movie 영화 process 과정 increase 인상하다↔decrease 인하하다 cost 비용 problem 문제
> spend–spent–spent 소비하다 lawyer 변호사 advice 충고/조언 free 무료/공짜인 whenever ∼할 때는 언제나
> go bowling 볼링 하러 가다 last night 어젯밤 tonight 오늘밤 this morning 오늘 아침 how often 얼마나 자주
> by degrees(inches, steps)=inch by inch=step by step=one by one=bit by bit=little by little =drop by drop
> =piece by piece=piece after piece=gradually=increasingly=incrementally=progressively=piecemeal=stepwise
> 점차/차츰차츰] **ex** Jones painted the mural piecemeal. (존스는 조금씩 조금씩 벽화를 그려나갔다.)

㉟ *resort to ~ing (의지하다, 호소하다, 도움을 청하다, 쓰다)

　*see to ~ing = deal with (처리하다, 맡아 하다)

　*take to ~ing (습관적으로 ~하기 시작하다, 좋아하기 시작하다)

① Recently he has taken to wearing a cap.

② She has taken to walking along the beach after work.

③ I hear the doorbell. Will someone please see to answering the door?

④ When the electricity went out, we resorted to heating water in the fireplace.

> **해석** ① 최근에 그는 모자를 쓰기 시작했다. ② 그녀는 퇴근 후에 해변을 따라 산책하는 습관이 생겼다.
> ③ 초인종 소리가 들린다. 누가 문에 나가보지 않을래?
> ④ 전기가 나갔을 때, 우리는 벽난로에서 물을 데우는 것에 의존했다.(벽난로에서 물을 데웠다)

㊱ *an advantage to ~ing (~에 대한 장점)　　*a barrier to ~ing (~에 대한 장애물)

　*an approach to ~ing (~에 대한 접근법)　　*a benefit to ~ing (~에 대한 장점)

① What are the barriers to setting up a company?

② There are a lot of advantages to traveling by river.

③ Shyness is one of the biggest barriers to making friends.

④ There are many financial benefits to owning your own home.

⑤ His seminar provides a practical approach to starting a business using resources that are widely available.

> **해석** ① 회사를 설립하는 데 있어서 장애물들이 무엇인가? ② 강을 통해 여행하는 데는 많은 장점이 있다.
> ③ 부끄럼타는 것은 친구를 사귀는 데 있어서 가장 큰 장애물 중 하나이다.
> ④ 자신의 집을 소유하는 데는 많은 재정적 이익이 있다.
> ⑤ 이 세미나는 널리 구할 수 있는 자원을 이용하여 사업을 시작하는 실질적인 접근법을 제공한다.

㊲ *a secret to ~ing (~에 대한 비법)　　*the key to ~ing (~을 푸는 열쇠)

　*a clue to 동사원형 (~에 대한 단서)　　*the way to 동사원형 (~할 수 있는 방법)

① What is the secret to reaching fluency in a language?

② The best way to resolve a dilemma is simply to start writing.

③ The book gives readers plenty of clues to solve the mystery.

④ This can be the key to solving more challenges facing today's world.

> **해석** ① 언어의 유창성에 도달할 수 있는 비법이 무엇인가? ② 딜레마를 해결할 수 있는 가장 좋은 방법은 그저 글을 쓰기 시작하는 것이다. ③ 그 책은 독자들에게 미스터리를 풀 수 있는 많은 단서를 제공해준다. ④ 이것이 오늘날의 세상이 직면하고 있는 더 많은 난제들을 풀 수 있는 열쇠가 될 수 있다.

> **어휘** recently=of late 최근에 wear-wore-worn 착용하다 along ~을 따라서 door bell 초인종 electricity 전기 heat 데우다 fireplace 벽난로 set up=establish 설립하다 shyness 수줍음 by river 강으로 financial 재정적인 own 소유하다 provide 제공하다 practical 실질(실용)적인 resources 자원 widely 널리 available 구할 수 있는 reach 도달하다 fluency 유창성 plenty of=lots of 많은 solve 풀다 challenge 난제/도전 face=confront 직면하다

PART 09 동명사 **181**

문제 1. Translate the following sentences into Korean.(고급과정)

① This is the tree of my own planting.

② I object to being treated like a child.

③ I know better than to lend him money.

④ I have really taken to studying English.

⑤ He came near being run over by a car.

⑥ He is above asking such a silly question.

⑦ We had no choice but to cross the river.

⑧ There was no point in silencing the boys.

⑨ I am not used to being talked to like that.

⑩ There is no crossing such a crowded street.

⑪ He was on the brink of telling all the secrets.

⑫ He could not help but be satisfied with his lot.

⑬ What do you say to seeing the sights of Seoul?

⑭ I never go downtown without running into him.

⑮ When will you get around to mowing the grass?

⑯ This glass is brittle; it wants handling with care.

⑰ When it comes to cooking chicken, I am all thumbs.

⑱ It goes without saying that salt is indispensable to us.

⑲ She tried to keep her husband from overworking himself.

⑳ By some miracle, John escaped being hurt in the accident.

㉑ Scarcely had I stood up before she caught me by the arm.

㉒ My mom makes a point of getting up early in the morning.

㉓ I cannot see this photo without being reminded of my hometown.

㉔ He has gone to England with a view to studying English literature.

㉕ No sooner had the ship left the port than she was overtaken by a storm.

정답 ① 이것이 내가 직접 심은 나무이다. ② 나는 어린애 취급받는 것을 반대한다. ③ 나는 그에게 돈을 빌려줄 바보가 아니야. ④ 나는 정말 영어공부를 좋아하게 되었다. ⑤ 그는 하마터면 차에 치일 뻔했다. ⑥ 그는 그런 어리석은 질문할 사람이 아니야. ⑦ 우리는 강을 건너는 것 이외에 선택의 여지가 없었다. ⑧ 그 소년들을 침묵시켜봤자 소용없었다. ⑨ 나는 그와 같이 말을 걸어오는데 익숙하지 않다. ⑩ 그런 붐비는 거리를 가로지르는 것은 불가능하다. ⑪ 그는 모든 비밀을 막 말하려는 참이었다. ⑫ 그는 자기 몫에 만족하지 않을 수 없었다. ⑬ 서울을 관광하는 게 어때? ⑭ 나는 시내에 나갈 때마다 그와 우연히 마주친다. ⑮ 언제 네가 잔디 깎을 시간이 나겠니? ⑯ 이 유리잔은 깨지기 쉬워. 그러므로 조심히 다루어야 한다. ⑰ 닭고기 요리로 말하자면 나는 아주 서투르다. ⑱ 소금이 우리에게 필수적이라는 것은 말할 필요도 없다. ⑲ 그녀는 자기 남편이 과로하는 것을 막으려 했다. ⑳ 어떤 기적에 의해서 John은 사고에서 다치는 것을 모면했다. ㉑ 내가 일어서자마자 그녀는 내 팔을 잡았다. ㉒ 내 엄마는 아침에 일찍 일어나는 것을 규칙으로 삼는다. ㉓ 나는 이 사진을 볼 때마다 내 고향이 생각난다. ㉔ 그는 영문학을 공부하기 위해서 영국에 갔다. ㉕ 배가 항구를 떠나자마자 그 배는 폭풍우에 휘말렸다.

어휘 plant 심다 treat 취급하다 take to~ing 좋아하게 되다 run over 치다 silly 어리석은 cross 건너다 silence 침묵시키다 be used to~ing ~하는 데 익숙하다 crowded 붐비는 secret 비밀 be satisfied with ~에 만족하다 lot 몫 downtown 시내 see the sights of 관광하다 run into 우연히 마주치다 mow 잔디를 깎다 brittle 깨지기 쉬운 handle 다루다 with care 조심스럽게 indispensable 필수적인 overwork oneself 과로하다 miracle 기적 accident 사고 catch ~by the arm 팔을 잡다 get up 일어나다 be reminded of 생각나다 literature 문학 port 항구 overtake 덮치다 storm 폭풍

문제 2. Choose the correct answer.(고급과정)

① My car needs (to wash/washing).

② I have just finished (to type/typing) my paper.

③ I am looking forward to (see/seeing) you soon.

④ Grammar is the key to (be/being) good at English.

⑤ On my way home I stopped (to buy/buying) bread.

⑥ We consider (to go/going) on a picnic this weekend.

⑦ I repent (having not/not having) followed his advice.

⑧ My computer keeps (to shut/shutting) down by itself.

⑨ We had fun (to raft/rafting) down the Colorado river.

⑩ It is little use (to punish/punishing) a dog for barking.

⑪ I dread (to think/thinking) of what might happen next.

⑫ Remember (to lock/locking) the door when you go out.

⑬ He had no difficulty (to make/making) out this problem.

⑭ Please don't forget (to call/calling) me when you arrive.

⑮ He went abroad with a view to (study/studying) science.

⑯ I will never forget (to see/seeing) BigBang in the concert.

⑰ We must all contribute to (create/creating) a better world.

⑱ We stopped (to play/playing) tennis when it started raining.

⑲ I regret (to inform/informing) you that Mr. Smith has passed away.

⑳ He was proud of his team's (winning/having won) the game before.

㉑ I am beginning (to understand/understanding) this English grammar.

㉒ She tried (to quit/quitting) chocolate, but it didn't help her lose weight at all.

㉓ Mother Theresa was devoted to (help/helping) the poor throughout her life.

㉔ I remember (to see/seeing) her once, but I don't remember where I met her.

해석과 정답 ① 내 차는 세차해야 한다. (washing) ② 나는 내 서류 타이프 치는 것을 방금 마쳤다. (typing) ③ 나는 너를 조만간 만나기를 고대하고 있다. (seeing) ④ 문법은 영어를 잘하는 열쇠이다. (being) ⑤ 집에 가는 길에 빵을 사려고 멈추었다. (to buy) ⑥ 우리는 이번 주말에 소풍을 갈 생각을 하고 있다. (going) ⑦ 나는 그의 충고를 따르지 않았던 것을 후회한다. (not having) ⑧ 나의 컴퓨터는 계속 저절로 꺼져버린다. (shutting) ⑨ 우리는 콜로라도 강을 뗏목을 타고 내려가면서 즐거운 시간을 가졌다. (rafting) ⑩ 짖는다고 해서 개를 벌줘봤자 별 소용이 없다. (punishing) ⑪ 나는 다음에 무슨 일이 일어날지 생각하고 싶지 않다. (to think) ⑫ 외출할 때 문을 잠그는 것을 잊지 마라. (to lock) ⑬ 그는 이 문제를 이해하는 데 어려움을 겪지 않았다. (making) ⑭ 도착하면 저에게 전화하는 것 잊지 마세요. (to call) ⑮ 그는 과학을 공부하기 위해서 외국으로 갔다. (studying) ⑯ 나는 음악회에서 빅뱅을 본 것을 절대 잊지 못할 거야. (seeing) ⑰ 우리 모두는 더 나은 세상을 만드는 데 기여해야 한다. (creating) ⑱ 우리는 비가 내리자 테니스 치는 것을 멈추었다. (playing) ⑲ 유감스럽게도 Smith씨가 돌아가셨습니다. (to inform) ⑳ 그는 자기 팀이 전에 경기에서 이긴 것을 자랑했다. (having won) ㉑ 나는 영문법을 이해하기 시작했어. (to understand) ㉒ 그녀는 시험 삼아 초콜릿을 중단해 보았다, 하지만 그것은 그녀가 살을 빼는 데 전혀 도움이 되지 않았다. (quitting) ㉓ 테레사 수녀는 평생 동안 가난한 사람들을 돕는 데 헌신했다. (helping) ㉔ 나는 전에 그녀를 한 번 본 기억이 난다, 하지만 어디서 그녀를 만났는지는 기억이 나지 않는다. (seeing)

어휘 be good at ~을 잘하다 follow 따르다 shut down 꺼지다 by oneself=alone 저절로/혼자서 raft 뗏목을 타다 punish 벌주다 bark 짖다/껍질 lock 잠그다 make out=make sense of 이해하다 with a view to ~ing ~하기 위하여 science 과학 contribute to ~ing ~에 공헌하다 inform 알리다 pass away 죽다 be proud(vain, boastful) of 자랑하다 quit=give up 그만두다/포기하다 lose weight 체중을 빼다 be devoted(dedicated) to ~ing ~에 헌신하다 poor 가난한

PART 10 | 부정사(Infinitives): to+동사원형

① 명사적 용법(to+동사원형을 명사처럼 해석하는 방법)(고빈도 기초+기본과정)

(1) 주어(은, 는, 이 가)

① To tell a lie/ is wrong. (진주어) = It is wrong to tell a lie. (가주어 – 진주어)
② To swim in the sea./ is dangerous. = It is dangerous to swim in the sea.
③ To master English in a year/ is not difficult. = It is not difficult to master English in a year.

> **해석** ① 거짓말하는 것은/ 나쁘다. ② 바다에서 수영하는 것은/ 위험하다.
> ③ 1년 만에 영어를 마스터 하는 것은/ 어렵지 않다.

(2) 목적어(을, 를)

① I like to swim in the sea. (동사의 목적어)　　② She promised to phone me. (동사의 목적어)
③ He had no choice but to run away. (전치사의 목적어)
④ Nothing remained except to fold our tents and go home. (전치사의 목적어)

> **해석** ① 나는 바다에서 수영하는 것을 좋아해. ② 그녀는 나에게 전화하겠다고 약속했다.
> ③ 그는 도망치는 것 외에 선택의 여지가 없었다. ④ 텐트를 접고 집에 가는 수밖에 없었다.

(3) 보어(A=B): 구어체에서는 to를 생략하기도 합니다.

① My hobby is (to) swim in the sea.
② Her wish is to be a singer in the future.
③ All you have to do/ is (to) do your best. = You have only(but) to do your best.

> **해석** ① 나의 취미는 바다에서 수영하는 것이다. ② 그녀의 희망은 장차 가수가 되는 것이다.
> ③ 네가 해야 할 모든 일은/ 최선을 다하는 것이다. = 너는 최선을 다하기만 하면 돼.

(4) 가목적어: 5형식 문장에서 to 부정사를 직접목적어로 사용할 수가 없고, 목적어 자리에 가목적어(it)를 쓰고 to 부정사를 문장의 끝으로 보내야 합니다.

believe/consider/find/make/think+it+보어 [+ for 목적격 +] to 동사원형

① I found it difficult to persuade her. (○) ≠ I found to persuade her difficult. (×)
② I consider it wrong to deceive others.
③ I think it easy for you to solve the problem.
④ I make it a rule to get up at six in the morning.

> **해석** ① 나는 그녀를 설득하기가 어렵다는 것을 알았다. ② 나는 남을 속이는 것은 나쁜 짓이라고 생각해.
> ③ 나는 네가 그 문제 푸는 것은 쉽다고 생각해. ④ 나는 아침 6시에 일어나는 것을 규칙으로 삼고 있다.

> **어휘** in the sea 바다에서 dangerous=jeopardous 위험한 promise 약속하다 choice 선택 except=but 제외하고
> have no choice but to=nothing remains but to ~하지 않을 수 없다 run(break) away 도망치다 fold 접다
> do one's best 최선을 다하다 find 발견하다, 생각하다 wish 희망 persuade=induce 설득하다 consider 생각하다
> deceive=impose upon 속이다 others 다른 사람들 make it a rule to ~하는 것을 규칙으로 삼다 get up 일어나다

(5) 의문사+to 부정사 = 의문사+주어+should/can(고빈도 중급과정):

의문사+to부정사는 명사구로서 명사의 역할을 하여 문장 속에서 주어(은, 는, 이, 가), 목적어(을, 를), 보어(A=B)로 사용됩니다. 문맥에 따라서 의무나 당위성을 나타내면 「의문사+주어+should+동사원형: ~해야 할지」으로 전환하고, 능력이나 가능을 나타내면 「의문사+주어+can 동사원형: ~할 수 있을지」으로 전환합니다. 그러나 why는 사용되지 않습니다.

① 주어(은, 는, 이, 가) : When to meet her is the question.

② 목적어(을,를) : I haven't yet decided when to meet her.

③ 보어(A=B) : The problem is when to meet her.

해석 ① 언제 그녀를 만날 것인가가 문제다. ② 언제 그녀를 만날 것인지를 나는 아직 결정하지 않았어.
③ 문제는 언제 그녀를 만나느냐이다.

① I don't know what to do. = I don't know what I should do.

② I don't know when to start. = I don't know when I should start.

③ I will show you how to solve it. = I will show you how you can solve it.

④ I haven't decided whom to invite. = I haven't decided whom I should invite.

⑤ I don't know why I should go there. (O) ≠ I don't know why to go there. (X)

해석 ① 나는 무엇을 해야 할지 모르겠다. ② 나는 언제 출발해야 할지 모른다. ③ 나는 너에게 그것을 푸는 법을 가르쳐 줄게. ④ 나는 누구를 초대해야 할지 결정하지 못했다. ⑤ 나는 왜 그곳에 가야 할지 모르겠어.

문제 1. 다음 문장들을 우리말로 옮기고 밑줄 친 부분을 절로 고쳐보세요.

① I don't know/ <u>which hotel to stay at</u>.

② Please tell me/ <u>which chair to sit on</u>.

③ I don't know/ <u>whether to laugh or cry</u>.

④ I am thinking of/ <u>when to start the project</u>.

⑤ I haven't decided/ <u>whom to give this flower to</u>.

⑥ I asked her/ <u>how to operate the microwave oven</u>.

⑦ I didn't know/ <u>which receiver to throw the ball to</u>.

⑧ <u>Where to go on a picnic</u>/ has not been decided yet.

⑨ I don't know/ <u>whom to go with to her birthday party</u>.

⑩ Children need to be taught/ <u>how to interact with animals</u>.

해석과 정답 ① 나는 모르겠어/ 어느 호텔에서 묵어야 할지. (which hotel I should stay at.) ② 말씀해 주세요/ 제가 어느 의자에 앉아야 할지. (which chair I should sit on.) ③ 나는 모르겠어/ 웃어야할지 울어야 할지. (whether I should laugh or cry.) ④ 나는 생각 중이야/ 언제 그 프로젝트를 시작해야 할지. (when I should start the project.) ⑤ 나는 결정하지 않았어/ 누구에게 이 꽃을 주어야 할지. (whom I should give this flower to.) ⑥ 나는 그녀에게 물었다/ 전자레인지 작동법을. (how I could operate the microwave oven.) ⑦ 나는 몰랐어/ 그 공을 어느 리시버에게 던져야 할지. (which receiver I should throw the ball to.) ⑧ 어디로 소풍을 갈 것이냐는/ 아직 결정되지 않았다. (Where we should go on a picnic.) ⑨ 나는 모르겠어/ 그녀의 생일파티에 누구와 함께 가야 할지. (whom I should go with to her birthday party.) ⑩ 애들은 가르쳐 줘야 한다/ 동물들과 상호작용하는 법을. (how they should interact with animals.)

어휘 question=problem 문제 invite 초대하다 start 시작하다 solve 풀다 decide 결정하다 stay at=put up at 묵다
operate 작동하다 microwave oven 전자레인지 receiver 받는 사람 teach-taught 가르치다 interact 상호작용하다

2 형용사적 용법(고빈도 기본과정)

(1) to+동사원형이 뒤에서 앞 명사를 수식하여 (~할, ~할 수 있는) 으로 해석하는 경우

① I have no books to read.　　　　② You have no time to lose.

③ Give me something to drink.　　④ He made a promise to love me forever. (동격)

> **해석** ① 나는 읽을 책이 없다. ② 너는 지체할 시간이 없어.
> ③ 나에게 마실 것 좀 달라. ④ 그는 나를 영원히 사랑하겠다는(하겠다고) 약속을 했다. (동격)

(2) ~thing으로 끝나는 단어는 형용사가 뒤에 오며, to 부정사는 그 형용사 뒤에 옵니다.

① Give me something hot to drink.

② I have nothing important to do now.

③ Do you have anything cold to drink?

> **해석** ① 나에게 따뜻한 마실 것을 달라. ② 나는 지금 해야 할 중요한 일은 없어. ③ 너는 시원한 마실 것 좀 있니?

(3) to 부정사 앞에서 수식을 받는 명사가 전치사의 목적어가 되는 경우: 전치사가 to 앞으로 올
경우에는 「전치사+관계대명사+to부정사」의 형태를 따라야 합니다.

> **ex** He has no house to live in. (O) (그는 살 집이 없다)
> = He has no house in which to live. (O)
> = He has no house in which he can live. (O)
> = He has no house which he can live in. (O)
> ≠ He has no house which to live in. (X)

문제 2. Fill in the blanks with proper prepositions.

① I need a chair to sit _____.　　② I need a friend to turn _____.

③ I need ski gloves to put _____.　④ He has no friends to play _____.

⑤ I have some puppies to care _____.　⑥ I have elderly parents to look _____.

⑦ I have a project to concentrate _____.　⑧ Give me an essay topic to write _____.

⑨ Give me a ball point pen to write _____.

⑩ Give me a piece of paper to write _____.

⑪ Children need a garden to play _____.

> **해석과 정답** ① 나는 앉을 의자가 필요해. (on) ② 나는 의지할 친구가 필요해. (to) ③ 나는 착용할 스키 장갑이 필요해. (on) ④ 그는 함께 놀 친구가 없다. (with) ⑤ 나는 돌봐야 할 강아지가 몇 마리 있어. (for) ⑥ 나는 보살펴드릴 노부모가 계셔. (after) ⑦ 나는 집중해야 할 과제가 있어. (on) ⑧ 나에게 써야 할 에세이 소재를 달라. (about) ⑨ 나에게 (가지고) 쓸 볼펜을 달라. (with) ⑩ 나에게 (위에) 쓸 종이 한 장 달라. (on) ⑪ 아이들은 놀 수 있는 정원이 필요하다. (in)

> **어휘** lose-lost-lost 잃다, 지체하다 promise 약속 forever=for good 영원히 hot 따뜻한 important=momentous 중요한
> house 집 turn(look, trust, resort, recur) to=depend(rely, count, trust, rest, reckon, fall back) on 의존하다
> put on 착용하다 puppy 강아지 care(fend) for=take care of=look(see) after 돌보다 concentrate on 집중하다
> a piece of 한 장 topic 소재, 제재, 화제 ball point pen 볼펜 children 아이들 need 필요로 하다 garden 정원, 뜰

③ be+to 형용사적 용법(중급과정)

be+to 해석방법에는 그 첫 글자를 따서 「예의가 운명의」 즉, 「예정, 의무, 가능, 운명, 의도」가 있으며, 현재와 과거시제에서만 사용됩니다.

(1) 예정: 뒤에 시간부사구가 올 때 「~할 예정이다」

be going(due, scheduled, slated, supposed, planning, looking, set) to

① The plane is to take off at 9 pm.　② They are to get married next spring.

③ He is to make a speech next Monday.

해석 ① 비행기는 밤 9시에 이륙할 예정이다. ② 그들은 내년 봄에 결혼할 예정이다. ③ 그는 다음 월요일에 연설할 예정이다.

(2) 의무: 인간의 도리나 명령을 나타낼 때 「~ 해야 한다」

① We are to obey our parents.　② You are to apologize to her for it.

③ You are to come back by 5 o'clock.

해석 ① 우리는 부모님께 순종해야 한다. ② 너는 그것에 대하여 그녀에게 사과해야 한다. ③ 너는 5시까지 돌아와야 한다.

(3) 가능: 부정어와 수동태가 있을 때 can 「~할 수 있다」

① Not a cloud was to be seen in the sky.　② Not a sound was to be heard in the house.

③ Nothing is ever to be attained without labor.　④ Not a soul was to be seen on the street

해석 ① 하늘에서 구름 한 점 볼 수 없었다. ② 그 집에서 아무 소리도 들을 수 없었다.
③ 노동 없이는 아무것도 성취할 수 없다. ④ 거리에서 사람 한 명 볼 수 없었다.

(4) 운명: 주로 주어에게 좋지 못한 내용으로 긍정문에서는 「~할 운명에 처하다」,
부정문에서는 「~하지 못할 운명에 처하다」

be bound(condemned, destined, doomed, foredoomed, fated) to

① She was to die young.　② He was never to see his wife again.

③ He was never to return to his home.　④ She was never to marry the prince.

해석 ① 그녀는 젊어서 죽을 운명에 처했다. ② 그는 다시는 자기 아내를 보지 못할 운명에 처했다.
③ 그는 자기 집으로 돌아가지 못할 운명에 처했다. ④ 그녀는 결코 왕자와 결혼하지 못할 운명에 처했다.

(5) 의도: 주로 if 절에 사용되어 「~하려면 (intend to)」

① If you are to succeed, you must work hard.

② If you are to catch the train, you had better hurry.

③ If you are to get married to such a girl, you should advance in the world.

해석 ① 네가 성공하려면, 열심히 노력해야 한다. ② 네가 기차를 잡으려면 서두르는 게 좋을 거야.
③ 네가 그런 여성과 결혼하려면, 너는 출세해야 한다.

어휘 plane 비행기 take off 이륙하다/벗다 get married 결혼하다 make a speech 연설하다 obey 순종(복종)하다
apologize 사과하다 by 5 o'clock 5시 까지 cloud 구름 sky 하늘 sound 소리 labor 노동/노력/근로 soul 영혼/사람
achieve=accomplish=attain=complete=fulfill=perform=implement=carry out(through)=make good 성취/수행하다
return 돌아가다 succeed=make good 성공하다 had better ~하는 편이 좋다 advance in the world 출세하다

(6) 이뤄지지 않은 예정: was/were to have p.p「~하려고 했는데/~할 예정이었는데」

① He was to return last month.　　　　　② He was to have returned last month.

> **해석** ① 그는 지난달에 돌아올 예정이었다. (돌아왔는지 안 왔는지 그 다음 설명을 들어야 알 수 있는 경우)
> ② 그는 지난달에 돌아올 예정이었는데. (어떤 이유로 인해서 돌아오지 않았다는 뜻)

(7) be yet to=have yet to=haven't yet p.p (아직까지~하지 않았다. 곧 ~하게 될 것이다): 진작 이뤄졌어야 한다고 생각하는데 아직까지 이뤄지지 않았음을 말할 때 사용하는 표현 (토익 고빈도)

① I am yet to eat dinner. = I have yet to eat dinner.

= I haven't yet eaten dinner. = I haven't eaten dinner yet.

② We are yet to receive your transcript. = We have yet to receive your transcript.

= We haven't yet received your transcript. = We haven't received your transcript yet.

③ I have yet to meet a man I can depend on. = I haven't yet met a man I can depend on.

> **해석** ① 나는 아직 저녁식사를 하지 않았다. = 나는 곧 저녁 식사를 할 거야.
> ② 우리는 아직 당신의 성적증명서를 받지 못했습니다.
> ③ 나는 아직 내가 의지할 수 있는 남성을 만나지 못했다.

문제 3. Translate the following sentences into Korean.(고급과정)

① The President is yet to arrive.

② I have yet to see the new movie.

③ The President is to visit Africa next month.

④ The missing sailors were nowhere to be found.

⑤ The little princess was never to return to the palace.

⑥ First, I flew to New York, and then I was to go on to LA.

⑦ No food of any kind is to be taken into the examination room.

⑧ She was to return yesterday, and finally she returned yesterday.

⑨ He was to start last Monday, but he changed his mind at the last minute.

⑩ He was to have spoken at the meeting, but he had to cancel because of his illness.

> **정답** ① 대통령은 곧 도착할 것이다. ② 나는 그 새 영화를 아직 보지 못했다. ③ 대통령은 다음 달 아프리카를 방문할 예정이다. ④ 실종된 선원들은 그 어느 곳에서도 찾을 수 없었다. ⑤ 그 어린 공주는 결코 궁궐에 돌아가지 못할 운명에 처했다. ⑥ 먼저 나는 뉴욕으로 날아간 다음 LA로 갈 예정이었다. ⑦ 어떤 종류의 음식물도 고사장에 들여와서는 안 됩니다. ⑧ 그녀는 어제 돌아올 예정이었다. 그래서 마침내 어제 돌아왔다. ⑨ 그는 지난 월요일에 출발할 예정이었으나 마지막 순간에 마음을 바꾸었다. ⑩ 그는 그 모임에서 연설할 예정이었으나, 질병으로 인해 취소해야 했다.

> **어휘** last month 지난달 dinner 저녁식사 receive 받다 transcript 성적증명서 President 대통령 arrive 도착하다 finally 마침내 movie 영화 missing sailors 실종된 선원들 princess 공주 return 돌아오다 palace 궁궐 food 음식물 examination room 고사장 last Monday 지난 월요일 change 바꾸다 mind 마음 at the last minute 마지막 순간에 speak‒spoke‒spoken 연설하다 cancel=annul=call off 취소하다 because of=owing(due) to ~때문에 illness 질병 adhere(attach, cling, cleave, keep, stick, hold, hold on, hold fast) to=hold(stand, stick) by 고수하다, 지키다

④ 부사적 용법<small>(고빈도 기본과정)</small>

to 부정사가 부사의 역할을 하는 경우로서, 그 첫 자를 따서 「목/원/판/결/조/양」, 즉 「목적, 원인, 판단의 근거, 결과, 조건, 양보」 용법이 있습니다.

(1) 목적: 뒤에서부터 해석하여 「～하기 위하여/～하도록: so as to = in order to」

① We eat to live,/ not live to eat.　　② I stepped aside/ to avoid the car.

③ I went to the park/ to meet my friend.

④ He hurried/ not to be late for the meeting

⑤ To buy a bunch of flowers,/ he had to spend his last dollar.

⑥ To avoid getting diseases,/ people in many parts of Africa/ had to walk long distances
every day/ to get clean water.

> **해석** ① 우리는 살기 위해서 먹지,/ 먹기 위해서 사는 게 아니다. ② 나는 옆으로 비켜섰다/ 그 차를 피하기 위해서.
> ③ 나는 공원에 갔다/ 내 친구를 만나기 위해서. ④ 그는 서둘렀다/ 모임(회의)에 늦지 않기 위해서.
> ⑤ 꽃 한 다발을 사기 위해/ 그는 자신의 마지막 남은 돈을 써야 했다. ⑥ 질병에 걸리는 것을 피하기 위해./ 아프
> 리카의 많은 지역민들은/ 매일 먼 거리를 걸어야 했다/ 깨끗한 물을 구하기 위해.

(2) 원인: 감정 형용사 뒤에서 「～해서」

① We were surprised to hear the news.

② I am sorry to have kept you waiting so long.

③ I was surprised to find that he was seriously injured.

④ I was very disappointed to hear that he had failed in the exam.

> **해석** ① 우리는 그 소식을 듣고 놀랐다. ② 나는 너를 그토록 오랫동안 기다리게 해서 미안해.
> ③ 나는 그가 중상을 입었다는 것을 알고 놀랐다. ④ 나는 그가 시험에 실패했다는 소식을 듣고 무척 실망했다.

(3) 판단의 근거: must be(～임에 틀림없다) 나 cannot be(～일 리가 없다) 뒤에서 「～하다니」

① He must be rich to buy such a car.

② He cannot be a fool to solve the problem.

③ What a fool he is to believe such a thing!

④ What a lucky fellow you are to have such a beautiful girlfriend!

> **해석** ① 그런 차를 사다니 그는 부자임에 틀림없다. ② 그 문제를 풀다니 그는 바보일 리가 없다.
> ③ 그런 것을 믿다니 그는 참 바보야! ④ 그토록 아름다운 여자 친구를 갖고 있다니 너는 참 행운아야!

> **어휘** eat-ate-eaten 먹다 step aside 비켜서다 avoid 피하다 go-went-gone 가다 park 공원 a bunch of 한 다발
> flower 꽃 disease 질병 distance 거리 every day=from day to day=day in and day out=day by day 매일
> have to=must ～해야 한다 spend-spent-spent 소비하다 last dollar 마지막 남은 돈 surprised=amazed 놀란
> keep ～waiting ～를 기다리게 하다 so long 그토록 오랫동안 be seriously injured 중상을 입다
> disappointed=discouraged 실망한 fail in the exam 시험에 실패하다 such a car 그런 자동차 fool 바보, 멍청이
> believe 믿다 such a thing 그런 것, 그런 일 lucky fellow 행운아 beautiful 아름다운 girl 소녀 friend 친구

(4) 결과: 「grow up to be, live to be, awake to find, only to+fail」와 함께 사용되는 경우 앞에서부터 해석하여 「~해서~하다/되다」

① He lived to be ninety years old.

= He lived until he was ninety years old.

② The boy grew up to be a great musician.

= The boy grew up and became a great musician.

③ I awoke one morning to find myself famous.

= I awoke one morning and found myself famous.

④ He worked hard only to fail in the examination.

= He worked hard, but he failed in the examination.

> **해석** ① 그는 살아생전에 90세가 되었다.(90세 까지 살았다) ② 그 소년은 자라서 훌륭한 음악가가 되었다.
> ③ 나는 어느 날 아침 잠에서 깨어나 보니 내 자신이 유명해져 있었다. ④ 그는 열심히 공부했으나 시험에 실패했다.

(5) 조건: 주절에 조건 조동사가 있을 때 「~한다면」

① To hear him talk, we cannot but laugh.

= If we hear him talk, we cannot but laugh.

② To hear him speak English, you would take him for an American.

= If you heard him speak English, you would take him for an American.

> **해석** ① 그가 말하는 소리를 들으면 우리는 웃지 않을 수가 없다.
> ② 그가 영어로 말하는 소리를 들으면 너는 그를 미국인으로 착각할 것이다.

(6) 양보: 「~했지만, 아무리 ~한다 하더라도」

① To do my best, I could not solve the problem.

= Though I did my best, I could not solve the problem.

② To say the least of it, he has one million dollars.

= Even if we say the least of it, he has one million dollars.

> **해석** ① 최선을 다했지만, 나는 그 문제를 풀 수 없었다. ② 최소한으로 말한다 해도, 그는 100만 달러는 갖고 있다.

(7) 형용사 수식: 뒤에서 앞에 오는 형용사를 꾸며서 「~하기에」

① English is easy to learn.　　　② This milk is hot to drink.

③ This water is dirty to drink.　　④ That river is dangerous to swim in.

> **해석** ① 영어는 배우기에 쉽다. ② 이 우유는 마시기에 뜨겁다. ③ 이 물은 마시기에 더럽다. ④ 그 강은 수영하기에 위험하다.

> **어휘** grow up 자라다 cannot but ~하지 않을 수 없다 take(mistake) A for B A를 B로 착각하다
> do one's best 최선을 다하다 solve 풀다 To say the least=at least 최소한/어림잡아서 말한다 해도
> easy 쉬운 learn 배우다 hot 뜨거운 drink 마시다 dirty 더러운 river 강 dangerous=perilous=hazardous 위험한

문제 4. 다음 문장들을 우리말로 옮기고 밑줄 친 to 부정사의 용법을 맞혀보세요. (뉘앙스)

① He worked hard only <u>to</u> succeed. − He worked hard only <u>to</u> fail.

② I am happy <u>to</u> meet you in person. − I would be happy <u>to</u> meet you in person.

③ He did not live <u>to</u> eat. − He did not live <u>to</u> see his task completed.

④ He left his hometown <u>to</u> do business in Seoul. − He left his hometown, never <u>to</u> return.

⑤ He married her only <u>to</u> make her happy.

− She married him happily only <u>to</u> divorce him in a year.

> **해석과 정답** ① 그는 오직 성공하기 위해서 열심히 일했다.(목적)/그는 열심해 일했으나 결국 실패했다.(결과) ② 나는 당신을 직접 만나서 행복합니다.(원인)/나는 당신을 직접 만난다면 행복할 거예요.(조건) ③ 그는 먹기 위해서 살지 않았다.(목적)/그는 살아생전에 자신의 과업이 완성되는 것을 보지 못했다.(결과) ④ 그는 서울에서 장사를 하려고 고향을 떠났다.(목적)/그는 고향을 떠났으나 결코 돌아오지 못했다.(결과) ⑤ 그는 오직 그녀를 행복하게 하기 위해서 그녀와 결혼했다.(목적)/그녀는 그와 행복하게 결혼했으나 1년 만에 이혼했다.(결과)

5 문장 전체를 꾸며주는 독립부정사(고급과정)

① It is warm, not to say, hot.   (~라고까지는 말할 수 없지만)

② To be frank with you, he is a liar.   (솔직히 말해서)

③ He is, so to speak, a grown-up baby.   (소위/말하자면)

④ To be plain with you, I don't like him.   (솔직히 말해서)

⑤ Needless to say, health is above wealth.   (말할 필요도 없이)

⑥ Strange to say, the door opened of itself.   (이상하게도)

⑦ To crown his misery, he has lost his pet dog.   (설상가상으로)

⑧ Jane made a good impression, to say the least.   (적어도/최소한)

⑨ Lucky to say, I could get out without any hurt.   (다행히도)

⑩ To do her justice, she is a good-natured woman.   (~을 공평히 평하자면)

⑪ To begin with, I'd like to ask you a few questions.   (우선/무엇보다도)

⑫ To make a long story short, you want to make money.   (간단히 말해서)

⑬ He is not a genius, to be sure, but he does work hard. (확실히/분명히)

⑭ To add to his difficulty, he has come down with consumption. (설상가상으로)

⑮ To judge by his outward appearance, he must be a gentleman. (외모로 판단해 볼 때)

> **해석** ① 덥다고 까지는 말할 수는 없지만 따뜻하다. ② 솔직히 말해서 그는 거짓말쟁이야. ③ 그는 소위(말하자면) 어른 아이야. ④ 솔직히 말해서 나는 그를 좋아하지 않아. ⑤ 말할 필요도 없이 건강이 재산보다 중요하다. ⑥ 이상하게도 문이 저절로 열렸다. ⑦ 설상가상으로 그는 자기 애완견을 잃었다. ⑧ Jane은 적어도(최소한) 좋은 인상을 주었다.
> ⑨ 다행히도 나는 다치지 않고 빠져나올 수가 있었다. ⑩ 공평히 평하자면 그녀는 천성이 착한 여자다. ⑪ 우선(무엇보다도) 나는 너에게 몇 가지 질문을 하고 싶어. ⑫ 간단히 말해서 너는 돈을 벌기를 원하는구나. ⑬ 그는 확실히 천재는 아니지만, 열심히 노력한다. ⑭ 설상가상으로 그는 폐병에 걸렸다. ⑮ 그의 외모로 판단해 볼 때, 그는 신사임에 틀림없다.

> **어휘** hard 열심히 only 단지 succeed=make good 성공하다 fail 실패하다 in person 직접 task 일, 과업 complete 완성하다/완전한 hometown 고향 do business 사업을 하다 return=come back 돌아오다 marry 결혼하다 divorce 이혼하다 in a year 1년 후에 warm 따뜻한/다정한 hot 더운 liar 거짓말쟁이 grown-up 성숙한 health 건강 wealth 부유함, 재산 of itself 저절로 pet dog 애완견 impression 인상 hurt 상처(를 주다) good-natured 천성이 착한 would like to=wish to ~하고 싶다 a few 몇 가지 genius 천재, 재능 come down with 병에 걸리다 consumption 폐병

6 대부정사(pro-infinitives)(고급과정)

앞에 나온 동사의 반복을 피하기 위해서 to 다음에 오는 동사(구)를 생략하는데 이를 대부정사 (pro-infinitive)라고 합니다.

① She didn't pass the test, but she still hopes to (pass the test).

② She considered marrying him, but she decided not to (marry him).

③ If you allow me to, I will devote my whole life to making you happy.

해석	① 그녀는 시험에 통과하지 못했으나 여전히 (통과하기를) 희망한다.
	② 그녀는 그와 결혼할 생각을 했으나, (그와 결혼하지) 않기로 결심했다.
	③ 당신이 허락한다면 나는 당신을 행복하게 하는 데 내 평생을 바치겠소.

(1) 앞 문장 속에 be동사가 있을 때는 「to be」 형태 를 사용합니다.

① He was not rich, but he just pretended to be (rich).

② He was frightened – or maybe he just pretended to be (frightened).

해석	① 그는 부자가 아니었지만 그냥 부자인 척 했다. ② 그는 겁을 먹었다 – 아니면 그저 겁먹은 척 했을 것이다.

(2) to 부정사가 명사나 형용사 뒤에서 반복될 경우 생략할 수 있습니다.

① He will never leave home, and he hasn't got the courage (to).

② I am not going to write another book–at least I don't have any plans (to).

③ I think he should get a job, but you can't force him to if he is not ready (to).

해석	① 그는 결코 집을 떠나지 않을 거야, 그리고 떠날 용기도 없어.
	② 나는 또 책을 쓰지는 않을 거야–적어도 또 책을 쓸 계획은 전혀 없어.
	③ 나는 그가 직업을 구해야 한다고 생각하지만, 그가 준비되어 있지 않으면 그에게 (직장을 구하라고) 강요할 수는 없어.

(3) agree, ask, begin, forget, promise, refuse, start, try 뒤에 오는 대부정사 to는 생략할 수 있습니다.

① He will collect us by 11 o'clock. He promised (to).

② Will you come to my birthday party? – I will try (to).

③ You were supposed to buy some salt. – Sorry, I forgot (to).

해석	① 그는 11시까지 우리를 데리러 올 거야. (데리러 오겠다고) 약속했거든.
	② 너는 내 생일파티에 올래? – 가도록 노력해볼게. ③ 너는 소금 좀 사오기로 했잖아 – 미안해, 깜빡했어.

(4) as, if, wh-절 등이 유도하는 절속에서 to는 생략할 수 있습니다.

① Come when you want (to). ② Come and see us if you want (to).

③ I have decided to do what I like (to). ④ You may stay as long as you like (to).

⑤ You can do whatever you would like (to).

해석	① 네가 오고 싶을 때 와. ② 네가 원하면 우릴 만나러 와. ③ 나는 내가 하고 싶은 것을 하기로 결심했다.
	④ 네가 원하는 만큼 오랫동안 머물러도 돼. ⑤ 네가 하고 싶은 것은 무엇이나 해도 돼.

어휘	pass 통과하다, 합격하다 hope 희망하다 consider 고려하다, 생각하다 marry 결혼하다 decide 결심하다 frightened=scared 겁먹은, 무서워하는 pretend=make believe ~인 체하다 plan 계획 get a job 취업하다 force 강요하다 be ready(prepared) to ~할 준비가 되어 있다 collect=fetch=pick up 데리러 가다/오다 promise 약속하다 be supposed(expected) to ~하기로 되어 있다 forget 잊다, 깜빡하다 as ~as ~만큼

(5) If 나 wh-절이라도 부정문일 때는 want, like, would like 다음의 to를 생략할 수 없습니다.

① You need not meet him unless you'd like to.

② You don't have to come with us if you wouldn't like to.

③ My parents encouraged me to study art, but I didn't want to.

④ You don't have to attend his birthday party if you don't want to.

> **해석** ① 너는 그를 만날 필요 없어/네가 원치 않으면. ② 너는 우리와 함께 갈 필요 없어/네가 원치 않으면.
> ③ 나의 부모님은 나에게 미술을 공부하라고 권하셨으나 나는 원치 않았다.
> ④ 너는 그의 생일파티에 참석할 필요 없어/네가 원치 않는다면.

(6) 동사의 의미를 완성하는 구(afford, be able, choose, deserve, expect, fail, hate, hope, intend, love, mean, need, prefer) 뒤에서는 to를 생략할 수 없습니다.

① I admit that I stepped on your feet, but I didn't mean to.

② Could you buy me a car, daddy?– I am sorry I can't afford to.

③ My mother arranged me to meet with a woman. I really hate to.

> **해석** ① 내가 네 발을 밟은 것은 인정하지만, 나는 그럴 의도가 없었어.
> ② 아빠, 저에게 차 한 대 사 주실래요? – 미안하지만 그럴 여유가 없구나.
> ③ 엄마가 나를 어떤 여자와 선을 보도록 주선했는데, 난 정말 만나기 싫다.

⑦ 분리부정사(split-infinitives)(고급과정)

> to와 동사원형 사이에 부사가 들어가서 「to+부사+동사원형」의 어순으로 되어 있는 부정사를 분리부정사라고 하는데, 문법을 모르는 사람들의 informal English(비공식적인 영어)에서 사용되며 엄격한 문법에서 틀린 문장으로 간주되므로 부사를 옮기거나 문장전환을 함으로써 가능한 한 피하는 것이 좋습니다.

①
- He agreed to quickly and quietly leave the room. (X)
- He agreed to leave the room quickly and quietly. (O)

②
- I would like to quickly conclude the proceedings. (X)
- I would like to conclude the proceedings quickly. (O)

③
- Mother told me to carefully deal with the problem. (X)
- Mother told me to deal with the problem carefully. (O)

> **해석** ① 그는 신속하고도 조용하게 방을 떠나기로 동의했다. ② 나는 그 소송절차를 신속하게 결론짓고 싶다.
> ③ 엄마는 나에게 그 문제를 신중하게 처리하라고 말씀하셨다.

> **어휘** don't have to=need not ~할 필요 없다 encourage 권장하다 would like to=wish to ~하고 싶다
> attend 참석하다 step on 밟다 feet 발 mean(intend) to ~할 의도이다 afford to ~할 여유가 있다
> arrange 마련하다 hate 싫어하다 quickly 신속히 quietly 조용히 leave 떠나다 conclude 결론짓다
> proceedings 소송절차 carefully 신중히 deal(do, cope) with=handle=manage 다루다 problem 문제
> agree(assent, consent, consign, accede, acquiesce, subscribe) to+의견=acquiesce in
> =give one's assent(consent) to=approve of=fall in with=hold with=hold by~의 의견에 동의하다

⑧ To 부정사의 의미상(해석상)의 주어(sense subjects)(기본과정)

(1) 문장의 주어가 to 부정사의 의미상(해석상) 주어(은, 는, 이, 가)가 되는 경우

① I hope to see you again.   ② I want to tell you the truth.

③ I have nothing to do now.   ④ I didn't mean to hurt your feelings.

⑤ *He* promised me not to smoke again.

> **해석** ① 또 뵙기를 바랍니다.(헤어질 때 인사말) ② 나는 너에게 진실을 말하고 싶어. ③ 나는 지금 할 일이 전혀 없어.
> ④ 나는 너의 감정을 상하게 할 의도는 없었어. ⑤ 그는 나에게 다시는 담배 피우지 않기로 약속했어.

(2) 문장의 목적어가 to 부정사의 의미상(해석상) 주어(은, 는, 이, 가)가 되는 경우(5형식 문장)

① I think/ *him* to be honest.   ② I want/ *you* to tell me the truth.

③ We found/ *the rumor* to be false.   ④ I expect/ *him* to pass the examination.

⑤ The doctor advised/ *me* to stop smoking.

> **해석** ① 나는 생각한다/ 그가 정직하다고. ② 나는 원한다/ 네가 나에게 진실을 말하기를. ③ 우리는 알았다/ 그 소문이 거짓임을.
> ④ 나는 예상한다/ 그가 시험에 합격할 것이라고. ⑤ 의사는 충고했다/ 나에게 담배를 끊으라고.

(3) for ~ to 사이의 명사나 대명사가 의미상(해석상) 주어(은, 는, 이, 가)가 되는 경우

① *For us* to travel/ is exciting.   ② It is time *for you* to go to bed now.

③ There is no chair *for you* to sit on.   ④ The time *for us* to start our work/ has come.

⑤ He works hard/ *for his* family to live in comfort.

⑥ *For us* to study English hard/ is important. = It is important *for us* to study English hard.

= It is important that we study English hard.

⑦ Numerous factors/ make it nearly impossible/ for scientists to determine the actual number

of species on Earth.

> **해석** ① 우리가 여행하는 것은/ 신나는 일이다. ② 이제 너 잠 잘 시간이다. ③ 네가 앉을 의자가 없구나.
> ④ 우리가 일을 시작할 때가/ 왔다. ⑤ 그는 열심히 일한다/ 자기 가족들이 편안하게 살도록.
> ⑥ 우리가 영어를 열심히 공부하는 것은/ 중요하다.
> ⑦ 수많은 요인들은/ 거의 불가능하게 만든다/ 과학자들이 지구상에 있는 종들의 실제 숫자를 결정하는 것을.
> (=수많은 요인들 때문에 과학자들이 지구상에 있는 종들의 실제 숫자를 결정하는 것은 거의 불가능하다.)

> **어휘** hope 희망하다 see 만나다, 보다 again 다시 want 원하다 tell 말하다 truth 진실 have nothing 아무
> 것도 없다 promise 약속하다 smoke 담배피우다 think 생각하다 honest 정직한 find-found-found 발견하다 false
> 거짓인 expect 기대하다, 예상하다 pass 통과하다, 합격하다 examination 시험 doctor 의사 advise 충고하다 stop
> smoking 금연하다 travel 여행하다 exciting 신나는 time 시간 go to bed 잠자리에 들다 now 지금 start 시작하다 come
> 오다 work hard 열심히 일하다 family 가족 live in comfort 편히 살다 study 공부하다 important=consequential 중요한
> numerous=innumerable 수많은, 무수한 factor 요인 almost=nearly=practically=virtually=all but=next to=well-nigh
> 거의 impossible 불가능한 scientist 과학자 determine 결정하다 actual 실제의 species 종 Earth=the earth 지구

(4) It ～ for ～ to형식에서 목적어가 문장의 맨 앞으로 나올 수 있는 형용사:
(easy, hard, difficult, impossible, interesting, dangerous, pleasant, safe)

① It is difficult for me to persuade her.
   I am difficult to persuade her. (X)
   She is difficult for me to persuade.

② It is pleasant for us to talk with Mr. Kim.
   We are pleasant to talk with Mr. Kim. (X)
   Mr. Kim is pleasant for us to talk with.

③ It is dangerous for you to swim in this river.
   You are dangerous to swim in this river. (X)
   This river is dangerous for you to swim in.

> **해석** ① 내가 그녀를 설득하기는 어렵다. – 그녀는 내가 설득하기 어렵다.
> ② 우리가 Mr. Kim과 얘기하는 것은 즐겁다. – Mr. Kim은 우리가 대화하기 즐거운 상대다.
> ③ 너희들이 이 강에서 수영하는 것은 위험해. – 이 강은 너희들이 수영하기에는 위험해.

(5) It ～ for ～ to를 「that 주어+동사/(should) 원형」으로 전환하는 형용사:
이성적 판단을 나타내는 형용사(natural, necessary, rational, right, good, wrong, absurd, well, important)(해석하지 않음)와 감정적 판단을 나타내는 형용사 (surprising, sorry, a pity, odd, strange, curious, regrettable)('～하다니'로 해석함)

① It is natural for him to get angry.
   It is natural that he gets angry. (사실 진술)
   It is natural that he should get angry. (이성적 판단)

② It is important for you to be there on time.
   It is important that you be there on time. (미국식)
   It is important that you should be there on time. (영국식)

③ It is strange for you to be waiting for her.
   It is strange that you are waiting for her. (사실 진술)
   It is strange that you should be waiting for her. (감정적 판단)

> **해석** ① 그가 화를 내는 것은 당연하다. ② 네가 정각에 오는 것이 중요하다.
> ③ 네가 그녀를 기다리고 있는 것은 이상한 일이다. – 네가 그녀를 기다리고 있다니 이상하다.
> ¶ 가정법 현재와 조동사 should용법 참조하세요

> **어휘** difficult 어려운 pleasant 즐거운/상냥한 talk with ～와 대화하다 swim−swam−swum 수영하다 river 강
> natural 당연한, 자연스러운 necessary 필요한 rational 합리(이성)적인 right 당연한, 마땅한 absurd 불합리한
> well 적당한, 바람직한 regrettable 유감스러운 a pity 유감 odd=strange=curious 이상한 on time 정각에
> wait for=await 기다리다 persuade=prevail on=talk around(over)=induce=convince=reason 설득하다
> get(grow) angry(mad)=get into a rage=fly into a fury=hit the ceiling=show temper=get out of temper
> =lose one's temper=blow one's top=blow up=flare up 화를 내다 dangerous=perilous=jeopardous 위험한

(6) It ~ of ~ to – 「칭비형용사」, 즉 칭찬이나 비난을 나타내는 형용사는 It ~ of ~ to의 형식을 취하는데, 이때 to를 「~하다니」로 해석하며 of ~ to 사이에 있는 의미상의 주어를 문장의 맨 앞으로 보낼 수 있습니다.(출제 고빈도 기본 과정)

careless/thoughtless, civil/polite, clever, cruel, considerate/thoughtful, cowardly, decent, foolish/silly/stupid, generous, honest, nice, prudent, kind/sweet, rude/impudent, mean/naughty/spiteful, selfish, wicked, wise

① It is very kind of you to help us. = You are very kind to help us.
② It was foolish of me to lend him money. = I was foolish to lend him money.
③ It was clever of you to solve this puzzle. = You were clever to solve this puzzle.
④ It was unwise of him to drink too much. = He was unwise to drink too much.
⑤ It's very sweet of you to show me the way. = You are very sweet to show me the way.

해석 ① 우리를 도와주다니 당신은 참 친절하시군요. ② 그에게 돈을 빌려주다니 난 참 멍청했어.
③ 이 수수께끼를 풀다니 넌 참 똑똑했어. ④ 너무 많이 술을 마시다니 그는 현명치 못했어.
⑤ 나에게 길을 가르쳐 주시다니 당신은 참 친절하시군요.

◀ 뉘앙스 맛보기 1 ▶ (출제 고빈도 기본과정)

① { He is sure of succeeding.
    He is sure that he will succeed.

② { He is sure to succeed.
    It is certain that he will succeed.

③ { I want you to succeed.
    I want that you will succeed. (X)

④ { I hope for you to succeed.
    I hope that you will succeed.
    I hope you to succeed. (X)

⑤ { I expect you to succeed.
    I expect that you will succeed.

⑥ { I wish you to succeed.
    I wish that you would succeed.
    I wish that you will succeed. (X)

⑦ { I like her to wear a long dress.
    I like that she wears a long dress. (X)

해석과 설명 ① 그는 성공할 것을 확신한다. (주어의 확신) ② 그는 성공할 것이 확실하다. = 그는 틀림없이 성공할 것이다. (객관적 확신) ③ 나는 네가 성공하기를 바란다. ④ 나는 네가 성공하기를 바란다. ⑤ 나는 네가 성공할 것으로 예상한다. ⑥ 나는 네가 성공하기를 바란다. ⑦ 나는 그녀가 긴 드레스를 입는 것을 좋아한다.

주의 ☞ ③ want는 목적어 다음에 to부정사가 올 수는 있으나 that 절로 전환할 수 없습니다. ④ hope는 목적어 다음에 to부정사가 올 수 없으며 for~to 사이에 목적어를 넣든지 that절로 전환해야 합니다. ⑤ expect는 목적어+to부정사도 올 수 있고 that절로 전환할 수 있으며 이 때 that절에서 미래시제(will)를 사용합니다. ⑥ wish는 목적어+to부정사도 가능하고 that절도 가능하지만 that절에 조동사의 과거(would)가 오며 가능성이 없다고 판단되는 소망이나 짜증낼 때 사용합니다. ⑦ like는 목적어+to는 가능하지만 want처럼 that절을 사용할 수가 없습니다.

어휘 careless/thoughtless 경솔한 civil/polite 공손한, 예의바른 clever 영리한 considerate/thoughtful 사려 깊은 cruel 잔인한 cowardly 비겁한 decent 점잖은 foolish/silly/stupid 어리석은 generous 관대한 honest 정직한 prudent 신중한 kind/nice/sweet 친절한 rude/impudent/insolent/uncivil 무례한 mean/naughty/spiteful 짓궂은 selfish 이기적인 wicked 악한/사악한 wise 현명한 help 돕다 lend-lent-lent 빌려주다 money 돈 solve 풀다 puzzle 수수께끼 drink 마시다 too much 너무 많이 be sure of ~을 확신하다 be sure to 틀림없이 ~할 것이다 succeed 성공하다 want 원하다 hope 희망하다 expect 예상하다 wish 바라다 wear 입다 long dress 긴 드레스

① It is good of you to help the poor.

= You are good to help the poor.

② It is good for you to help the poor.

= It is good that you should help the poor.

③ It is quite right of you to say so.

= You are quite right to say so.

④ It is right for him to think so.

= It is right that he should think so.

⑤ It is wrong of you to argue with your parents.

= You are wrong to argue with your parents.

⑥ It is wrong for you to argue with your parents.

= It is wrong that you should argue with your parents.

⑦ He was careless to do so.

= It was careless of him to do so.

⑧ He was careful to do so.

≠ It was careful of him to do so. (X)

⑨ He was careful enough to accept my advice.

≠ It was careful of him to accept my advice. (X)

⑩ It is impossible for us to master English in a month.

= English is impossible for us to master in a month.

≠ We are impossible to master English in a month. (X)

= We are unable to master English in a month.

⑪ It is possible for you to solve the problem.

≠ The problem is possible for you to solve. (X)

≠ You are possible to solve the problem. (X)

= You are able to solve the problem.

해석과 설명 ① 가난한 사람들을 돕다니 넌 참 착하구나. (사람이 착한 경우)
② 네가 가난한 사람들을 돕는 것은 좋은 일이야. (행위가 좋은 경우) ③ 그렇게 말하다니 네가 옳다.
④ 그가 그렇게 생각하는 것은 당연하다. ⑤ 부모님과 언쟁하다니 넌 나쁜 애야. (사람이 나쁜 경우)
⑥ 네가 부모님과 언쟁하는 것은 나쁜 짓이야. (행위가 나쁜 경우) ⑦ 그렇게 하다니 그는 참 경솔했다.
⑧ 그는 조심스럽게 그렇게 했다. ⑨ 그는 신중하게도 내 충고를 받아들였다.
주의 ☞ careless는 of를 취하는 비난형용사이지만 careful은 of를 취할 수 없는 형용사입니다.
⑩ 우리가 한 달 만에 영어를 완성한다는 것은 불가능하다. ⑪ 너는 그 문제를 풀 수 있다.

어휘 help 돕다 quite 전적으로 right 옳은 the poor=poor people 가난한 사람들 argue with ~와 언쟁하다
parents 부모 careless=reckless=indiscreet 경솔한 careful 신중한 accept 받아들이다 advice 충고/조언
impossible 불가능한 master 완성하다 in a month 한 달 만에 possible 가능한 solve 풀다 problem 문제

⑨ 부정사의 시제(중급과정)

(1) 단순 부정사:

to+동사원형으로 해석할 때나 복문으로 고칠 때 앞 시제와 일치하는 경우와 한 시제 미래가 되는 경우가 있습니다.

A. 앞 시제와 일치시켜서 해석하고 문장전환 하는 경우

① He seems to be rich. = It seems that he is rich.

② He seemed to be rich. = It seemed that he was rich.

③ I think/ him to be honest. = I think that he is honest.

④ I thought/ him to be honest. = I thought that he was honest.

⑤ I believe/ him (to be) sincere. = I believe that he is sincere.

⑥ I believed/ him (to be) sincere. = I believed that he was sincere.

⑦ He happened(chanced) to be out then. = It happened(chanced) that he was out then.

> **해석** ① 그는 부자인 것 같다. ② 그는 부자인 것 같았다. ③ 나는 생각한다/ 그가 정직하다고.
> ④ 나는 생각했다/ 그가 정직하다고. ⑤ 나는 믿는다/ 그가 진실하다고. ⑥ 나는 믿었다/ 그가 진실하다고.
> ⑦ 그는 마침 그 때 외출 중이었다.

B. 앞 시제보다 한 시제 미래로 해석하고 문장전환 하는 경우

– 소망, 의도, 기대, 약속을 나타내는 동사(hope, intend, expect, promise)는 복문으로 고칠 때나 해석할 때 앞 시제보다 한 시제 미래가 됩니다.

① I hope to pass my test. = I hope that I will pass my test.

② I hoped to pass my test. = I hoped that I would pass my test.

③ I intend you to go as well. = I intend that you will go as well.

④ I intended you to go as well. = I intended that you would go as well.

⑤ I expect him to attend our meeting.

 = I expect that he will attend our meeting.

⑥ He promised to call me every week.

 = He promised that he would call me every week.

⑦ He promised me not to do anything stupid again.

 = He promised me that he wouldn't do anything stupid again.

> **해석** ① 나는 시험에 합격하기를 희망한다. ② 나는 시험에 합격하기를 희망했다. ③ 나는 너도 가게 할 작정이야.
> ④ 나는 너도 가게 할 작정이었어. ⑤ 나는 그가 우리 모임에 참석할 것으로 예상한다.
> ⑥ 그는 나에게 매주 전화하겠다고 약속했다. ⑦ 그는 나에게 다시는 어리석은 짓을 하지 않겠다고 약속했어.

> **어휘** seem=appear=look ～인 것 같다, ～처럼 보이다 rich 부유한 think 생각하다 honest 정직한 believe 믿다
> sincere 진실한 happen(chance) to 우연히/공교롭게도 ～하다 hope 희망하다 pass the test 시험에 합격하다
> intend ～할 생각이다/의도하다 as well=too ～도 역시 expect 기대하다, 예상하다 promise 약속하다
> call=telephone=give～a call(ring) 전화하다 every week 매주 stupid 멍청한 anything 어떤 일도 again 다시
> adjacent=abutting=adjoining=bordering=close=contiguous=juxtaposed=neighboring=next to=tangent 인접한

(2) 완료 부정사:

to+have+p.p으로 해석할 때나 복문으로 고칠 때 앞 시제보다 한 시제 빠르게 하셔야 합니다.

A. 앞 시제보다 한 시제 빠르게 해석하고 문장전환 하는 경우

① He seems to have been rich. = It seems that he was rich.

② He seemed to have been rich. = It seemed that he had been rich.

③ She is said to have been beautiful in her day. = It is said that she was beautiful in her day.

④ She claims to have met a number of famous people.

  = She claims that she (has) met a number of famous people.

> **해석** ① 그는 과거에 부자였던 것 같다. ② 그는 과거 이전(대과거)에 부자였던 것 같았다.
> ③ 그녀는 한창 때 아름다웠다고들 말한다. ④ 그녀는 많은 유명한 사람들을 만났다고 주장한다.

B. 미래완료로 해석하고 문장전환 하는 경우: hope(expect)+to+have+p.p

① We hope to have reached there before sunset.

  = We hope that we will have reached there before sunset.

② He expects to have finished the project by July.

  = He expects that he will have finished the project by July.

> **해석** ① 우리는 해지기 전에 그곳에 도착했으면 좋겠다. ② 그는 7월까지 그 프로젝트를 마칠 것으로 예상한다.

(3) 소망, 의도, 기대, 약속 동사의 과거형+to+have+p.p=had+p.p+to 원형
 = 단순과거, but+주어+couldn't/didn't (과거에 이루지 못한 일에 대한 후회를 나타내는 표현)
  (hoped, wanted, intended, meant, expected, promised, would like to)

① I intended to have called on him.

 = I had intended to call on him.

 = I intended to call on him, but I couldn't.

② He (had) expected to win, but he didn't.

③ I meant to have posted the letter, but I forgot.

④ Father promised to have bought a nice car for me.

⑤ She was to have returned last Sunday, but she fell ill.

⑥ I had hoped to talk to him, but he was too busy with his work.

> **해석** ① 나는 그를 방문할 의도였는데(방문하지 못했다). ② 그는 이길 것으로 예상했지만 이기지 못했다.
> ③ 나는 그 편지를 부치려고 했지만 깜빡했다. ④ 아빠는 나에게 멋진 차를 사주시겠다고 약속했었는데 못 사주셨다.
> ⑤ 그녀는 지난 일요일에 돌아올 예정이었으나 아파버렸다. ⑥ 나는 그와 얘기하고 싶었으나 그는 일로 너무 바빴다.

> **어휘** seem=appear ~인 것 같다 in one's day 한창 때 claim 주장하다, 인명을 빼앗다 a number of=many 많은
> famous=noted=renowned=celebrated 유명한 reach 도착하다 sunset 일몰 expect 예상하다 finish 끝마치다
> by July 7월 까지 intend(mean) to ~할 의도하다 call on=visit 방문하다 win-won-won 이기다 post 부치다
> forget 잊다 promise 약속하다 buy-bought-bought 사다 return 돌아오다 fall ill 아프게 되다 too busy 너무 바쁜

◀ 뉘앙스 맛보기 1 ▶ (고급과정)

(1) hope와 wish의 정확한 용법

A. hope (that) 다음에 미래의 의미가 올 경우, 가능성이 있다고 판단될 때는 will/can를 사용하고, 가능성 여부가 불확실할 때는 현재시제를 사용합니다. 그러나 가능성이 전혀 없을 경우에는 wish that+주어+조동사의 과거(would/could)를 사용합니다.

① I hope that she comes to the party.　　② I hope that she will come to the party.

③ I hope that she can come to the party.　　④ I wish that she could come to the party.

> **해석** 나는 그녀가 파티에 왔으면 좋겠어.
> ① 그녀가 파티에 올지 안 올지 모를 때. ② 그녀가 파티에 올 것이라고 생각할 때.
> ③ 그녀가 파티에 올 것이라고 생각할 때. ④ 그녀가 파티에 올 수 없다는 것을 알았을 때.

B. 이미 행동은 이뤄졌지만, 그 결과를 모를 때는 「hope that+주어+과거시제」를 사용하며 「~했기를 바랍니다」라고 해석하고, 행동도 이뤄졌고 결과도 밝혀졌을 때는 「hoped(was hoping/had hoped) that+주어+조동사의 과거(would)」를 사용하여 「~했기를 바랐는데」라고 해석합니다.

① I hope you enjoyed your trip.

② I hope she passed the exam.

③ I hoped you would pass the exam. (But you didn't.)

④ I was hoping you would pass the exam. (But you didn't.)

⑤ I had hoped you would pass the exam. (But you didn't.)

> **해석** ① 당신의 여행이 즐거웠기를 바랍니다. ② 그녀가 시험에 합격했기를 바랍니다.
> ③/④/⑤ 시험에 떨어졌다고 말하는 상대편에게 – 나는 네가 시험에 합격하기를 바랐는데(떨어져서 유감이구나)

(2) wish와 would like to 의 용법의 차이

① I wished to have attended your birthday party. (X)

② I wish that I had attended your birthday party. (O)

③ I would like to have attended your birthday party. (O)

④ I would have liked to attend your birthday party. (O)

⑤ I wanted to attend your birthday party, but I didn't. (O)

> **해석** 나는 네 생일파티에 참석하고 싶었는데/참석하지 못했다.
> **주의** ☞ 과거에 이루지 못한 소망을 나타낼 때 wish+to+have+pp나 wished+to+have+pp로 나타낼 수 없으며,
> 「I wish that+주어+가정법 과거완료(had+pp)」나, 「would like to+have+pp」(현재 후회) 나 「would have liked to+동사원형」(과거에 후회)으로 나타내야 합니다.

> **어휘** hope 희망하다 wish to=would like to 원하다, ~하고 싶다 come to the party 파티에 오다
> enjoy 즐기다 trip 여행 pass the exam 시험에 통과하다 attend 참석하다 birthday party 생일 파티

◀ 뉴앙스 맛보기 2 ▶ (고급과정)

(1) hope, expect, think가 that 절을 유도할 때 부정문 만들기

① I think that he is honest.

② I don't think that he is honest. ≠ I think that he is not honest. (X)

③ I expect she will pass the exam.

④ I don't expect she will pass the exam. ≠ I expect she won't pass the exam. (X)

⑤ I hope it stops raining soon. ≠ I hope it will stop raining soon. (X)

⑥ I hope it does not rain tomorrow. ≠ I don't hope it rains tomorrow. (X)

> **해석** ① 나는 그가 정직하다고 생각해. ② 나는 그가 정직하지 않다고 생각해.
> ③ 나는 그녀가 시험에 통화할 것으로 예상해. ④ 나는 그녀가 시험에 통과하지 못할 것으로 예상해.
> ⑤ 나는 곧 비가 그치면 좋겠다. ⑥ 나는 내일 비가 내리지 않으면 좋겠어.

(2) seem not to와 don't seem to의 의미 차이

① He seems not to love her. = It seems that he doesn't love her.

② He doesn't seem to love her. = It doesn't seem that he loves her.

> **해석** ① (그의 행동으로 보아), 그는 그녀를 사랑 안하는 것 같다. (사랑 안한다고 생각하는 경우)
> ② (그의 행동으로 보아), 그는 그녀를 사랑하는 것 같지 않다. (사랑하는지 확신이 안가는 경우)

(3) intend+that+주어+단순 미래시제/가정법 현재(원형동사) 둘 다 올 수 있습니다.

① I intended you to go as well. − I intended that you would go as well.

② We intended her to come with us. − We intended that she come with us.

> **해석** ① 나는 너도 가게 할 생각이었어. ② 우리는 그녀를 우리와 함께 가게 할 생각이었어.

문제 5. 지금까지 배운 것을 기초로 해서 다음을 정확히 해석해보세요.

① I hope you are happy.   ② I hope you will be happy.

③ I wish you would be happy.   ④ I hope you were happy.

⑤ I had hoped you would be happy.   ⑥ He would like to have seen it.

> **해석** ① 나는 네가 행복하기를 바라. (막연한 희망) ② 나는 네가 행복하기를 바라. (행복할 가능성이 보일 때)
> ③ 나는 네가 행복하기를 바라지만. (불행해질 것이 뻔한 경우) ④ 나는 네가 행복했기를 바라. (행복했는지 모를 때)
> ⑤ 나는 네가 행복하기를 바랐는데. (행복하지 않았을 경우) ⑥ 그는 그것을 보고 싶었는데 (못 보았다).

어휘 think 생각하다 honest 정직한 hope 희망하다 it stops raining 비가 그치다 soon=before long 곧
tomorrow 내일 expect 예상하다, 기대하다 pass 통과하다 exam 시험 seem=appear ~인 것 같다
intend 의도하다, 계획하다 as well=also 또한, 역시 wish=would like to 원하다 happy 행복한, 만족한
in honor(memory, remembrance, reminiscence, commemoration, observance, celebration) of
=in respect for=in compliment(deference, obeisance, homage) to=as a mark of respect for
=as a souvenir(token, keepsake) of=to commemorate ~을 기념하여/~을 축하하여/~에 경의를 표하여

문제 6. Choose the proper one.(고급과정)

① I (hope/wish) I could fly.

② I (hope/wish) I were rich.

③ I hope he (does/will) not wake up.

④ I hope you (like/will like) the flowers.

⑤ I expect that I (win/will win) the game.

⑥ I do (hope/expect) everything goes well.

⑦ I hope she (does/will) not miss the train.

⑧ I (hoped/wished) to have seen the show.

⑨ I (hope/wish) we can see each other soon.

⑩ I hope the train (comes/would come) soon.

⑪ I hope you (enjoy/will enjoy) your holidays.

⑫ I (hope/expect) they find the lost child soon.

⑬ I would have liked to (go/have gone) to Paris.

⑭ I hope (seeing/to see) Susie while I am in Italy.

⑮ She wishes she (were/had been) born beautiful.

⑯ The company (hopes/expects) her to be on time.

⑰ I was hoping you (can/could) lend me some money.

⑱ He promised me that he (will/would) never tell a lie.

⑲ We (hope/wish) that you can come and stay with us.

⑳ I had hoped to (see/have seen) her at the conference.

해석·설명과 정답 ① 내가 날 수 있으면 좋으련만. − 실현 불가능한 가정법이므로 wish ② 내가 부자라면 좋으련만. − 종속절의 시제가 were이므로 가정법 wish ③ 나는 그가 잠에서 깨지 않으면 좋겠어. − 깰지 안 깰지 불확실하므로 현재시제 does ④ 나는 네가 그 꽃들을 마음에 들어 하기를 바라. − 마음에 들어 할 지 불확실하므로 현재시제 like ⑤ 나는 경기에서 이길 것으로 예상해. − expect that 절에서는 미래시제 오므로 will win ⑥ 나는 모든 일이 잘 되기를 바라. − 종속절이 현재시제이므로 주절은 hope ⑦ 나는 그녀가 기차를 놓치지 않기를 바라. − 불확실한 미래이므로 현재 시제 does ⑧ 나는 그 쇼를 보고 싶었는데(못 보았다). − 과거 이루지 못한 소망을 나타낼 때는 hoped ⑨ 나는 우리가 곧 서로 만날 수 있기를 바라. − 종속절이 can이므로 hope ⑩ 나는 기차가 곧 왔으면 좋겠어. − 불확실한 미래를 나타낼 때는 hope that 주어+현재이므로 comes ⑪ 나는 네가 휴가를 즐겁게 보내기를 바라. − 불확실한 미래를 나타낼 때는 hope that 주어+현재이므로 enjoy ⑫ 나는 그들이 잃어버린 아이를 곧 찾기를 바라. − 불확실한 미래를 나타낼 때는 hope that 주어+현재이므로 hope ⑬ 나는 파리를 가고 싶었는데(못 갔어). −과거에 이루지 못한 소망 − would have liked to+동사원형이므로 go ⑭ 나는 이탈리아에 있는 동안 Susie를 보고 싶어. − hope는 to 부정사를 목적어로 취하므로 to see ⑮ 그녀는 자신이 아름답게 태어났더라면 좋았을 거라고 바란다. − 과거사실(아름답지 않게 태어난 사실)을 반대로 상상한 가정법 과거완료이므로 had been ⑯ 회사는 그녀가 시간을 엄수할 것으로 기대한다. − expect+목적어+to ⑰ 나는 네가 나에게 돈 좀 빌려주기를 바라고 있었는데. − 앞 시제가 was hoping(과거진행시제)이므로 뒤에도 could ⑱ 그는 나에게 거짓말 하지 않겠다고 약속했다. − promised가 과거시제이므로 that절에서도 과거시제 would ⑲ 우리는 네가 와서 우리와 함께 머물러 있으면 좋겠어. − 종속절의 시제가 can이므로 hope ⑳ 나는 회의에서 그녀를 보고 싶었는데. (못 보았다). − 이루지 못한 소망은 had hoped+to 원형이므로 see

어휘 fly−flew−flown 날다 rich 부유한 wake up 잠에서 깨어나다 flower 꽃 win the game 경기에서 이기다 everything 모든 것/가장 중요한 것 go well 잘 되다 miss the train 기차를 놓치다 each other 둘 중에서 서로 one another 셋 이상 서로 find 찾다 lost child 잃어버린 아이 would like to ∼하고 싶다 Paris 프랑스 수도 파리 Italy 이탈리아 be born 태어나다 beautiful 아름다운 company 회사 be on time=be punctual 시간을 엄수하다 lend 빌려주다 some money 약간의 돈 promise 약속하다 tell a lie 거짓말 하다 stay 머무르다 conference 회의

⑩ 부정사의 관용적인 용법(출제 고빈도 중학과정)

(1) too ~ (for) ~ to=so ~ that 주어 cannot = very, so 주어 cannot

　*앞에서부터 해석할 때 : 너무 ~해서 ~할 수 없다

　*뒤에서부터 해석할 때 : ~하기에는 너무 ~하다

① You are too young to go to school. = You are so young that you cannot go to school.

② This stone is too heavy for me to lift. = This stone is so heavy that I cannot lift it.

③ This coffee is too hot for me to drink. = This coffee is so hot that I cannot drink it.

> **해석** ① 너는 너무 어려서 학교에 갈 수 없다. = 너는 학교에 가기에는 너무 어리다.
> 　② 이 돌은 너무 무거워서 내가 들 수가 없다. = 이 돌은 내가 들기에 너무 무겁다.
> 　③ 이 커피는 너무 뜨거워서 내가 마실 수가 없다. = 이 커피는 내가 마시기에 너무 뜨겁다.

(2) enough (for) ~ to = enough that 주어 (can) = so ~ as to

= so ~ that 주어 (can) = very~, so 주어 (can)

　*앞에서부터 해석할 때: 대단히 ~해서 ~할 수 있다(~하다)

　*뒤에서부터 해석할 때: ~할 (수 있을) 정도로 ~하다

　주의 ☞ 주어의 능력이나 가능을 나타낼 때만 can을 붙일 수 있습니다.

① He is tall enough to touch the roof.

 = He is tall enough that he can touch the roof.

 = He is so tall as to touch the roof.

 = He is so tall that he can touch the roof.

 = He is very tall, so he can touch the roof.

② He was careless enough to break the window.

 = He was careless enough that he broke the window.

 = He was so careless as to break the window.

 = He was so careless that he broke the window.

 = He was very careless, so he broke the window.

③ This book is easy enough for a child to read.

 = This book is easy enough that a child can read it.

 = This book is so easy that a child can read it.

 = This book is very easy, so a child can read it.

> **해석** ① 그는 아주 키가 커서 지붕을 닿을 수 있다. = 그는 지붕을 닿을 수 있을 정도로 키가 크다.
> 　② 그는 대단히 경솔해서 유리창을 깨버렸다. = 그는 유리창을 깨뜨릴 정도로 경솔했다.
> 　③ 이 책은 아주 쉬워서 어린이도 읽을 수 있다. = 이 책은 어린이가 읽을 수 있을 정도로 쉽다.

> **어휘** young 어린, 젊은 go to school 학교에 다니다 stone 돌 heavy 무거운 tall 키가 큰 touch 닿다 roof 지붕
> 　lift 들어 올리다 careless=reckless 경솔한 break-broke-broken 깨다 window 유리창 easy 쉬운 read 읽다

(3) not too ~ to = not so ~ that 주어 cannot = not so ~ but 주어 can

= however+형+주+동(may be): 뒤에서부터 해석하여

  (~하기에 너무 ~한 것은 아니다/~할 수 없을 만큼~하지는 않다)

ex He is not too old to work.

 = He is not so old that he cannot work.

 = He is not so old but he can work.

 = However old he may be, he can work.

 = He is young enough to work.

> **해석 ex** 그는 일하기에 너무 늙은 것은 아니다. = 그는 일할 수 없을 만큼 늙은 것은 아니다.
> = 그는 비록 늙었다 하더라도 일 할 수 있다. = 그는 일 할 수 있을 만큼 젊다.

(4) too ~ not to = so ~ that 주어 [can (not but)] = enough to

– 앞에서부터 해석하여 (대단히 ~해서 ~하다/할 수 있다/~못할 리가 없다)

① He was too clever not to solve the problem.

 = He was so clever that he solved the problem.

 = He was clever enough to solve the problem.

② She was too angry not to tear the letter up.

 = She was so angry that she tore the letter up.

 = She was angry enough to tear the letter up.

③ You are too careless not to make mistakes.

 = You are so careless that you cannot but make mistakes.

 = You are careless enough to make mistakes.

> **해석** ① 그는 아주 영리해서 그 문제를 풀었다. ② 그녀는 아주 화가 나서 그 편지를 찢어버렸다.
> ③ 너는 아주 경솔해서 실수를 하지 않을 수가 없다.

(5) have the+추상명사+to = be 형용사+enough to (~하게도~하다)

ex He had the kindness to help me.

 = He was kind enough to help me.

 = He was too kind not to help me.

 = He was kind enough that he helped me.

 = He was so kind as to help me.

 = He was so kind that he helped me.

 = He kindly helped me.

 = It was very kind of him to help me.

> **해석 ex** 그는 나를 도와줄 친절성을 갖고 있었다. = 그는 나를 도와줄 정도로 친절했다. = 그는 대단히 친절하게도
> 나를 도와주었다. = 그는 친절하게도 나를 도와주었다. = 나를 도와주다니 그는 참 친절하더라.

> **어휘** old 늙은 work 일하다 clever 영리한, 솜씨 있는 solve 풀다, 해결하다 problem 문제
> angry 화가 난 tear up 완전히 찢어버리다 letter 편지 careless=reckless=indiscreet 경솔한
> make mistakes 실수를 하다 kindness 친절성, 친절함 help 돕다 kind 친절한 kindly 친절하게도

⚠️ 여기서부터는 고급과정입니다.

(6) such as to/such a 명사 as to=so 형용사 as to=so 형용사 that
　　① 앞에서부터 해석하여(대단히~해서) ② 뒤에서부터 해석하여(~할 정도로/만큼)

① I am not such a fool as to believe him.

= I am not so foolish as to believe him.

② His attitude was such as to disgust me.

= His attitude was so terrible that it disgusted me.

③ His speech was such as to make people moved to tears.

= His speech was so great as to make people moved to tears.

= His speech was so great that it made people moved to tears.

> **해석** ① 나는 그를 믿을 만큼 바보는 아니야.
> 　　② 그의 태도는 끔찍해서 나를 역겹게 했다. = 그의 태도는 나를 역겹게 할 정도였다.
> 　　③ 그의 연설은 아주 훌륭해서 사람들을 감동시켜 눈물을 흘리게 만들었다
> 　　= 그의 연설은 사람들을 감동시켜 눈물을 흘리게 할 정도였다

(7) 「형용사/부사+enough」, 「enough+명사」의 어순을 따르세요.

① She is tall enough to reach the ceiling.

② He runs quickly enough to win the race.

③ He has enough money to buy his own car.

④ He didn't have enough time to finish the test.

> **해석** ① 그녀는 천장을 닿을 정도로 키가 크다. ② 그는 경주에서 이길 정도로 빨리 달린다.
> 　　③ 그는 자신의 차를 살 정도로 충분한 돈이 있다. ④ 그는 시험을 끝마칠 정도의 충분한 시간이 없었다.

(8) too~to 구문으로 착각하기 쉬운 too~to
- 숙어 속에 들어있는 too, 또는 only too는 「너무, 무척, 아주, 대단히, 걸핏하면」 등으로 해석합니다.

① He is too liable to tell a lie.

② We are too apt to waste time.

③ I will be only too glad to help you.

④ She is too anxious to know the result.

⑤ We were only too glad to go back home.

> **해석** ① 그는 걸핏하면 거짓말 한다. ② 우리는 시간을 너무 낭비하는 경향이 있다. ③ 내가 너를 아주 기꺼이 도와줄게.
> 　　④ 그녀는 그 결과를 무척 알고 싶어 한다. ⑤ 우리는 집에 돌아가게 되어 너무 기뻤다.

> **어휘** fool 바보 believe 믿다 attitude 태도 disgust 역겹게 하다 be moved to tears 감동받아 눈물을 흘리다
> speech 연설, 언어 tall 키 큰 reach the ceiling 천장을 닿다 run-ran-run 달리다 quickly 빨리, 빠르게
> win the race 경주에서 이기다 money 돈 buy-bought 사다 one's own car 자신의 자동차 finish 끝마치다
> test 시험 be apt(likely, liable, prone, inclined, ready, subject) to ~하는 경향이 있다 tell a lie 거짓말을 하다
> waste time 시간을 낭비하다 be glad(pleased) to 기꺼이 ~하다 be anxious(eager/zealous) to ~을 갈망하다

(9) so as to = in order to = with intent to = with a view to ~ing = with an eye to ~ing

= by way of ~ing = with the view(intention, intent, object) of ~ing

= for the purpose(sake, benefit, advantage, profit, good) of ~ing

= so that 주어 will(can, may) = in order that 주어 will(can, may)

　「~하기 위해서, ~하도록」

① He works hard/ so as to support his family.

= He works hard/ so (that) he may support his family.

② He went to England/ so as to learn English.

= He went to England/ (so) that he would learn English.

해석 ① 그는 열심히 일한다/자기 가족을 부양하기 위해서. ② 그는 영국에 갔다/영어를 배우기 위해서.

---

(10) so as not to = in order not to = so that 주어 will(can, may) not

= in order that 주어 will(can, may) not (~하지 않도록, ~하지 않기 위하여)

= for fear that 주어 should(would, may, will) = lest 주어 (should) (~할까 두려워)

ex He studies very hard/ so as not to fail in the exam.

= He studies very hard/ so that he will not fail in the exam.

= He studies very hard/ for fear of failing in the exam.

= He studies very hard/ for fear (that) he should fail in the exam.

= He studies very hard/ lest he should fail in the exam. (영국식)

= He studies very hard/ lest he fail in the exam. (미국식)

해석 ① 그는 열심히 공부한다/ 시험에 실패하지 않기 위해서(실패할까 두려워).

---

(11) so that/in order that 다음에 미래의 뜻이 올 경우에는 현재시제나 미래시제 둘 다 사용할 수 있습니다.

① I am starting now/ so that I don't/won't get stuck in the traffic.

　I am starting now/ in order that I don't/won't get stuck in the traffic.

② I'll post the CD today/ so that you get/will get it by the weekend.

　I'll post the CD today/ in order that you get/will get it by the weekend.

해석 ① 나는 지금 출발할 거야/교통체증에 걸리지 않도록. ② 나는 그 CD를 오늘 보내겠다/네가 주말 까지는 받도록.

어휘 work hard 열심히 일하다 support=provide for 부양하다 family 가족 go-went-gone 가다
learn 배우다 study 공부하다 fail in the exam 시험에 실패하다 get stuck in the traffic 교통체증에 걸리다
start 출발하다 post 부치다 today 오늘 get 받다, 얻다, 구하다 by the weekend 주말 까지는, 주말 무렵에는
in atonement(compensation, exchange, indemnity, indemnification, return, reward, requital,
recoupment, remuneration, recompense, repayment, payment) for=as repayment for
=as a recompense(reward, substitute) for=in consideration(acknowledgement) of
~대한 보답으로/~대한 답례로 ex I gave him a camera in return for his present.

❰ so that의 다양한 뉘앙스 맛보기 ❱

① (so) that/so (that)	목적 – 뒤에서부터 해석하여	(~하기 위하여/~하도록)
② , so (that)	결과 – 앞에서부터 해석하여	(그래서/그러므로)
③ so 형용사/부사 that	결과 – 앞에서부터 해석하여	(대단히~해서/아주~해서)
④ so 동사 that	목적 – 뒤에서부터 해석하여	(~하도록)
⑤ (,) so that	조건 – 뒤에서부터 해석하여	(~한다면/하기만 하면) – 고어

① He got up early so he could catch the first train. (구어체)

② He got up early (so) that he could catch the first train. (문어체)

③ He got up early, so he could catch the first train. (구어체)

④ He got up early, so that he could catch the first train. (문어체)

⑤ He got up so early that he could catch the first train.

⑥ She is so beautiful that a lot of guys try to approach her.

⑦ We should so act that we shall have nothing to regret.

⑧ You must so instruct them that they will not repeat the same mistake.

⑨ Any game will do, so that it is exciting.

⑩ You may go out so that you are back by dinner time.

> **해석** ①/② 그는 첫 기차를 잡기 위해서 일찍 일어났다. ③/④ 그는 일찍 일어났다/ 그래서 첫 기차를 잡을 수 있었다. ⑤ 그는 아주 일찍 일어나서 첫 기차를 잡을 수 있었다. ⑥ 그녀는 대단히 아름다워서 많은 남자들이 그녀에게 접근하려고 한다. ⑦ 우리는 후회할 일이 없도록 행동해야한다. ⑧ 너는 같은 실수를 되풀이하지 않도록 그들에게 지시해야 한다. ⑨ 재미있기만 하면 어떤 게임이라도 좋다. ⑩ 너는 저녁식사 시간까지 돌아온다면 나가도 좋다.

문제 7. Translate the following sentences into Korean.(고급과정)

① She turned her head lest he see her tears.

② I was excited, so that I couldn't get to sleep.

③ Switch the light off so that we can sleep well.

④ He walked carefully so that milk might not be spilt.

⑤ He spoke so clearly that we could hear every word.

⑥ I took an umbrella with me for fear that it would rain.

⑦ It is possible so to build a bridge that vessels can pass under.

> **정답** ① 그녀는 그가 자신의 눈물을 볼까 두려워 고개를 돌렸다. ② 나는 신이 났다. 그래서 잠들 수가 없었다.
> ③ 우리가 잠을 잘 잘 수 있도록 불을 꺼라. ④ 그는 우유가 엎질러지지 않도록 조심스럽게 걸었다.
> ⑤ 그가 아주 또렷하게 말을 해서 우리는 모든 말을 들을 수 있었다. ⑥ 나는 비가 올까 두려워 우산을 가지고 갔다.
> ⑦ 배들이 아래로 지나갈 수 있도록 다리를 건설하는 것은 가능하다.

> **어휘** get up 일어나다 early 일찍 catch the first train 첫 기차를 잡다 beautiful 아름다운 a lot of 많은 try to ~하려고 애쓰다 approach 접근하다 act 행동하다 regret 후회하다 instruct 지시하다 repeat 반복하다 the same mistake 같은 실수 any game 어떤 게임이라도 will do 좋다 exciting 신나는 may ~해도 좋다 go out 외출하다 be back 돌아오다 by dinner time 저녁시간까지 turn one's head 고개를 돌리다 tears 눈물 get to sleep 잠들다 carefully 신중하게 spill 엎지르다 speak–spoke–spoken 말하다 clearly 또렷하게 every word 모든 말 take–took–taken 가져가다 umbrella 우산 possible 가능한 build–built–built 건설하다 bridge 다리 vessel 배/항공기 pass under 아래로 지나가다

문제 8. Translate the following sentences into Korean.(고급과정)

① I will be only too pleased to come.

② She is too ready to find fault with others.

③ The river is too polluted for fish to live in.

④ Her actions were such as to offend everyone.

⑤ I was so stupid as to forget you were coming.

⑥ You're not old enough to have grandchildren!

⑦ I need enough time to finish writing my essay.

⑧ He spoke in such a rude way as to offend me.

⑨ He couldn't run fast enough to catch the thief.

⑩ He was such a rich man as to buy two houses.

⑪ His stupidity was such as to fill us with despair.

⑫ She is not too foolish to understand your words.

⑬ Did you think I was such a fool as to risk my life?

⑭ She danced so beautifully as to enchant everybody.

⑮ Claire owns enough books to start her own library!

⑯ The statesman is too great not to be respected by us.

⑰ The fog was dense enough for them to lose their way.

⑱ I am tired enough that I need to take a nap right now.

⑲ I feel only too happy to have a chance to talk with you.

⑳ John was smart enough to enter college at the age of 15.

정답 ① 제가 가면 너무 기쁠 거예요 - 기꺼이 가겠습니다. ② 그녀는 걸핏하면 남들을 흉본다. ③ 그 강은 너무 오염이 되어서 물고기가 살 수 없다. ④ 그녀의 행동은 모든 사람들을 기분 나쁘게 할 정도였다. ⑤ 나는 멍청하게도 네가 온다는 것을 깜빡했어. ⑥ 당신은 손주들을 가질 만큼 늙지 않았습니다. ⑦ 나는 나의 에세이를 다 쓰기 위해서 충분한 시간이 필요해. ⑧ 그는 내 기분을 상하게 할 정도로 무례하게 말을 했다. ⑨ 그는 도둑을 잡을 수 있을 정도로 빨리 달릴 수가 없었다. ⑩ 그는 두 채의 집을 살 정도로 부자였다. ⑪ 그의 어리석음은 우리를 절망으로 가득 차게 할 정도였다. ⑫ 그녀는 네 말을 이해할 수 없을 만큼 어리석지 않아. ⑬ 넌 내가 내 목숨을 걸 정도로 바보라고 생각했어? ⑭ 그녀는 모두를 매혹시킬 정도로 아름답게 춤을 추었다. ⑮ Claire는 자신의 장서를 시작할 정도로 충분한 책을 가지고 있다. ⑯ 그 정치가는 대단히 훌륭해서 우리에게 존경받지 않을 수가 없다. ⑰ 안개가 아주 자욱해서 그들은 길을 잃었다. ⑱ 나는 아주 피곤해서 당장 낮잠을 자야 해. ⑲ 나는 너와 대화할 수 있는 기회를 갖게 되어 너무 행복해. ⑳ John은 아주 영리해서 15살에 대학에 입학했다.

어휘 ① be only too pleased to 아주 기꺼이~하다 ② be too ready to 걸핏하면 ~하다 find fault with 흉보다, 흠잡다 ③ river 강 pollute 오염시키다 fish 물고기 live 살다 ④ action 행동 offend 기분 나쁘게 하다 ⑤ stupid 멍청한 forget 잊다 come 오다 ⑥ old 늙은 grandchildren 손주들 ⑦ need 필요로 하다 time 시간 finish 끝마치다 ⑧ rude 무례한 offend 기분 나쁘게 하다 ⑨ couldn't 할 수 없었다 run 달리다 catch 잡다 thief 도둑 ⑩ rich 부유한 house 집 ⑪ stupidity 어리석음/멍청함 fill 채우다 despair 절망 ⑫ foolish 어리석은 understand 이해하다 ⑬ risk 위태롭게 하다 life 생명, 인생 ⑭ beautifully 아름답게 enchant 매혹시키다 ⑮ own=have 소유하다 own 자신의 library 서재, 장서 ⑯ statesman 정치가 respect 존경하다 ⑰ fog 안개 lose one's way 길을 잃다 ⑱ tired 피곤한 take a nap 낮잠 자다 right now 지금 당장 ⑲ happy 행복한 chance 기회 talk with 대화하다 ⑳ smart 영리한 enter college 대학에 입학하다 at the age of ~의 나이에

문제 9. Fill in the blanks to make the two sentences mean the same.(중급과정)

① It was so cold that I could not go out.

= It was _____ cold _____ me _____ go out.

② He had the misfortune to fail in the exam.

= He was _____ enough to fail in the exam.

③ She is too young to get married.

= She is _____ young _____ she cannot get married.

④ He was careless enough to break the vase.

= He was _____ careless _____ he broke the vase.

⑤ The driving test is not too difficult for her to pass

= The driving test is _____ enough for her to pass.

⑥ She did not work hard enough to pass the test.

= She did not work _____ hard _____ pass the test.

⑦ You are never too old to set another goal.

= You are never so old _____ you can set another goal.

= You are young _____ to set another goal.

⑧ This baggage is too heavy for me to carry.

= This baggage is _____ heavy _____ I cannot carry _____.

⑨ His kindness was so great that it made us all love him.

= His kindness was _____ make us all love him.

⑩ He was too dishonest for me not to punish.

= He was so dishonest that I _____ punish him.

해석과 정답 ① 날씨가 너무 추워서 나는 외출할 수가 없었다. ― It was (too) cold (for) me (to) go out. ② 그는 불행하게도 시험에 실패하였다. ― He was (unfortunate) enough to fail in the exam. ③ 그녀는 너무 어려서 결혼할 수 없다. ― She's (so) young (that) she cannot get married. ④ 그는 아주 경솔해서 꽃병을 깨버렸다. ― He was (so) careless (that) he broke the vase. ⑤ 그 운전시험은 그녀가 통과할 수 없을 정도로 어렵지 않았다. ― The driving test is (easy) enough for her to pass. ⑥ 그녀는 시험에 통과할 정도로 열심히 공부하지 않았다. ― She didn't work (so) hard (as) (to) pass the test. ⑦ 당신은 또 다른 목표를 세울 수 없을 정도로 늙지는 않았어요. ― You are never so old (but you can set another goal. = You are young (enough) to set another goal. ⑧ 이 짐은 내가 운반하기에는 너무 무겁다. ― This baggage is (so) heavy (that) I cannot carry (it). ⑨ 그의 친절함은 우리 모두가 그들 사랑하게 만들 정도로 대단했다. ― His kindness was (such) (as) (to) make us all love him. ⑩ 그는 너무 부정직해서 나는 그를 벌하지 않을 수가 없었다. ― He was so dishonest that I (could) (not) (but) punish him.

어휘 cold 추운 misfortune 불행 fail in the exam 시험에 실패하다 young 어린 get married 결혼하다
careless=indiscreet 경솔한 break-broke-broken 깨다 vase 꽃병 driving test 운전시험 difficult 어려운
work 공부하다 hard 열심히, 단단한 pass the test 시험에 통과하다 set another goal 또 다른 목표를 세우다
baggage 짐, 화물 heavy 무거운 carry 운반하다 make-made-made 만들다 dishonest 부정직한 punish 벌주다
calm(simmer) down=allay=alleviate=ameliorate=assuage=compose=ease=extenuate=lighten=mitigate
=moderate=mollify=placate=quiet=relax=relieve=soften=soothe=temper 경감하다/달래다/진정시키다
ex She calmed her child down by giving it some milk. (=make calm)

PART 11 | 조동사(Auxiliary Verbs)

① 기본 조동사(Basic Auxiliary Verbs)

본동사와 더불어 시제를 결정하거나 의문문이나 부정문을 만드는데 사용되는 조동사

(1) Be 동사 용법(기초과정)

– 본동사로서 be동사는 뒤에 다른 동사가 오지 않으며 부정문이나 의문문에서 조동사가 필요 없고, 조동사로서 be동사는 진행형이나 수동태에 쓰여서 다른 동사를 도와줍니다.

① She is 16 years old. (본)　　　② She is not 16 years old. (본)

③ Is she 16 years old? (본)　　　④ He is playing soccer. (조)

⑤ He was playing soccer. (조)　　　⑥ He has been playing soccer. (조)

⑦ The building was built last year. (조)　　⑧ The building has been built lately. (조)

⑨ A building will be built next year. (조)

> **해석** ① 그녀는 16살이다. ② 그녀는 16살이 아니야. ③ 그녀는 16살이냐? ④ 그는 축구를 하고 있다.
> ⑤ 그는 축구를 하고 있었다. ⑥ 그는 지금까지 축구를 하고 있었다. ⑦ 그 건물은 작년에 지어졌다.
> ⑧ 그 건물은 최근에 지어졌다. ⑨ 건물 한 채가 내년에 지어질 것이다.

(2) Have 동사의 용법(기초과정)

– 본동사로서 have는 「소유하다」의 뜻으로, 부정문이나 의문문에서는 다른 조동사를 필요로 하지만, 조동사로서 have는 본동사의 과거분사와 함께 복합시제(완료시제)를 형성합니다.

① She has a car. (formal: 본동사) = She has got a car. (informal: 조동사)

② She does not have a car. (formal: 본동사) = She hasn't got a car. (informal: 조동사)

③ Does she have a car? (formal: 본동사) = Has she got a car? (informal: 조동사)

④ I have done my homework. (조)

⑤ I have been doing my homework. (조)

⑥ The building has been demolished lately. (조)

> **해석** ① 그녀는 차를 가지고 있다. ② 그녀는 차를 가지고 있지 않다. ③ 그녀는 차를 가지고 있니?
> ④ 나는 숙제를 다 했다. ⑤ 나는 지금까지 숙제를 하고 있다. ⑥ 그 건물은 최근에 철거되었다.

(3) Will의 용법: 미래의 뜻(~할 것이다)을 나타낼 때 사용되는 경우(기초과정)

① She will come here.　　　② She will not come here.

③ You will meet her at the party.　　④ I will have done my homework by tomorrow.

> **해석** ① 그녀는 이곳에 올 거야. ② 그녀는 이곳에 오지 않을 거야.
> ③ 너는 파티에서 그녀를 만나게 될 거야. ④ 나는 내일까지는 숙제를 다 끝낼 거야.

> **어휘** soccer 축구 build 짓다 lately 최근에 next year 내년에 homework 숙제 demolish=dismantle 철거하다

(4) Do의 용법(기초과정)

– 본동사로서의 do는 「~을 하다」의 뜻으로, 부정문이나 의문문에 사용될 때 다른 조동사를
필요로 하고, 조동사로서의 do는 일반 동사와 함께 부정문이나 의문문을 만드는데 사용됩니다.

① I did my homework yesterday.　　② I did not do my homework.

③ Did you do your homework?　　④ Do you like apples?

⑤ I do not like apples.　　⑥ Yes, I do(like apples). (대동사)

> **해석** ① 나는 어제 숙제를 했다. ② 나는 숙제를 하지 않았다. ③ 너는 숙제를 했니?
> ④ 너는 사과를 좋아하니? ⑤ 나는 사과를 좋아하지 않아. ⑥ 그래, 나는 사과를 좋아해.

A. 명령문이나 긍정문에서 동사의 의미를 강조할 때: 정말로, 반드시, 제발

① Do be quiet.　　② Do stop smoking.

③ Do call when you arrive.　　④ I do like spinach and cabbage.

⑤ I did enjoy the party last night.　　⑥ She does look good in that dress.

> **해석** ① 제발 조용히 좀 해라. ② 반드시 담배를 끊어라.
> ③ 네가 도착하면 반드시 전화해라. ④ 나는 시금치와 배추를 정말 좋아해.
> ⑤ 나는 어젯밤에 정말 그 파티를 즐겼다. ⑥ 그녀는 그 옷을 입으니 정말 잘 어울린다.

B. never, rarely, barely, hardly, scarcely, seldom, little, nor, neither, not only 등 부정어나
well이 문장의 맨 앞에 오면 do(조동사)+주어+본동사의 어순이 됩니다.(출제 고빈도 과정)
  ¶ 고급과정으로서 각종 시험에 아주 잘 등장하므로 반드시 암기해 두세요.

① I am not rich, and I don't wish to be, either.

= I am not rich, and neither do I wish to be.

= I am not rich, nor do I wish to be.

② Well do I remember the event.

③ Never have I seen such a beautiful sight.

④ Not a single word did he say at the meeting.

⑤ Little did I dream that I would never see her again.

⑥ Hardly had he taken a seat before the chair collapsed.

⑦ No sooner had she seen him than she burst into tears.

⑧ Not only is she beautiful, but she is also good at heart.

> **해석** ① 나는 부자가 아니고 또한 되고 싶지도 않다. ② 나는 그 사건을 잘 기억하고 있다.
> ③ 나는 그렇게 아름다운 광경을 본 적이 없다. ④ 그는 모임에서 단 한마디의 말도 하지 않았다.
> ⑤ 내가 그녀를 다시는 보지 못하리라고는 꿈에도 생각지 못했다. ⑥ 그가 자리에 앉자마자 의자가 무너졌다.
> ⑦ 그녀는 그를 보자마자 눈물을 터뜨렸다. ⑧ 그녀는 아름다울 뿐만 아니라 마음씨도 착하다.

> **어휘** yesterday 어제 arrive 도착하다 last night 어젯밤 look good 좋아 보이다, 어울리다 spinach 시금치
> event 대사건 sight 광경 a single word 한 마디의 말 take a seat 자리에 앉다, 착석하다 cabbage 배추
> collapse 붕괴하다, 무너지다 scarcely/hardly/barely ~when/before=no sooner ~than ~하자마자
> burst into tears 눈물을 흘리다 not only A but also B: A뿐만 아니라 B도 good at heart 마음씨 착한

② 서법 조동사(Modal Auxiliary Verbs)

문장의 내용에 대한 말하는 사람의 심적 태도(능력, 가능성, 확신, 필요성, 자발성, 의무 등)를 나타내는 조동사

(1) Can의 용법(기본+중급과정)

A. ~할 수 있다(=be able to): 주어의 능력이나 가능을 나타낼 때 사용하며 부정은 can not이 아니라 cannot 이며, 과거형은 could=was(were) able to(할 수 있었다)입니다.

① I can swim. = I am able to swim.

② I cannot swim.(문어체) = I can't swim.(구어체) = I am not able to swim.

③ Can you swim in the sea? = Are you able to swim in the sea?

④ Can you paint this fence by yourself? = Are you able to paint this fence by yourself?

⑤ When I was young, I could(was able to) run fast.

> **해석** ① 나는 수영할 줄 안다. ② 나는 수영할 줄 모른다. ③ 너는 바다에서 수영할 수 있니?
> ④ 너는 혼자서 이 담을 페인트칠 할 수 있겠니? ⑤ 나는 젊었을 때 빨리 달릴 수 있었다.

B. 현재는 없지만 미래에 갖게 될지도 모르는 능력이나 기술을 나타낼 때 「~할 수 있을 것이다」의 의미로 can을 사용할 수 없으며 will be able to만 가능합니다.

① I will be able to see better when I get new glasses.

② When I finish training, I will be able to run a 5 minute mile.

③ When you get a driver's license, you will be able to drive a car.

> **해석** ① 나는 새 안경을 구하면 더 잘 볼 수 있을 거야. ② 내가 훈련이 끝나면, 나는 5분에 1마일을 달릴 수 있을 거야.
> ③ 네가 운전면허증을 획득하면, 너는 차를 운전할 수 있을 거야.

C. 일회성 성취를 나타내는 동작동사는 could와 함께 사용할 수 없고, was(were) able to나 managed to 「용케~하다」와 함께 사용하며, 부정문에서는 둘 다 사용합니다.

① I was able to get a ticket for the concert.(= managed to ≠ could (x))

② I couldn't get a ticket for the concert.(= wasn't able to)

③ Yesterday he couldn't finish his homework.(= wasn't able to)

④ We were able to go sailing yesterday because the weather was so nice.

⑤ The fog came down, and I didn't manage to get to the top of the mountain.

> **해석** ① 나는 연주회 입장권을 구할 수 있었다. ② 나는 연주회 입장권을 구할 수 없었다.
> ③ 어제 그는 숙제를 끝마칠 수가 없었다. ④ 우리는 어제 항해할 수 있었다/날씨가 아주 좋았기 때문에.
> ⑤ 안개가 내려서 나는 산꼭대기에 도달할 수 없었다.

> **어휘** fence 담 by oneself=alone 혼자서 glasses=spectacles 안경 run a 5 minute mile 1마일을 5분에 달리다
> run-ran-run 달리다 fast 빨리 go sailing 요트/보트 타러가다 fog 안개 get to=reach=arrive at 도달하다
> benefactor=advocate=backer=booster=contributor=donor=exponent=financer=godmother=patron
> =philanthropist=promoter=protagonist=sponsor=subscriber=subsidizer=supporter 후원자/은인

D. 허락이나 금지(may/be allowed to/be permitted to): (~해도 좋다/~해도 되다), could/might가 더 정중한 표현입니다.

① Can(May) I come in now?

② You could(might) borrow my umbrella.

③ Could(Might) I ask you a personal question?

④ You cannot(may not) park your car in front of the gate.

⑤ You can(may) use my phone. = You are allowed to use my phone.

⑥ You cannot(may not) smoke in here. = You are not allowed to smoke in here.

> **해석** ① 저 지금 들어가도 되나요? ② 넌 내 우산을 빌려가도 돼. ③ 제가 사적인 질문 하나 해도 되나요?
> ④ 당신은 문 앞에 차를 주차하시면 안 되죠. ⑤ 너는 내 전화 사용해도 돼. ⑥ 이곳 안에서는 담배를 피울 수 없어요.

E. 부탁이나 요청: (~할 수 있겠어요?): could가 더 정중한 표현입니다.

① Can(Could) you give me a hand?   ② Can(Could) I have more napkins?

③ Could you speak up a bit, please?   ④ Can(May) I see your ticket, please?

⑤ Can(Could) you help me with my homework?

> **해석** ① 좀 도와주실래요? ② 냅킨 좀 더 주실래요? ③ 말씀 좀 더 크게 해 주실래요?
> ④ 당신 표를 좀 보여주실래요? ⑤ 내 숙제 좀 도와줄래?

F. 제안할 때(may): (~할까? ~할까요?): could가 더 정중한 표현입니다.

① Can(May) I help you?

② Can(May) I suggest a better idea?

③ Can(May) I offer you a glass of wine?

④ Can(Could) we visit Grandma on(at) the weekend?

> **해석** ① 제가 도와드릴까요? ② 제가 더 좋은 생각을 제시할까요?
> ③ 와인 한 잔 제공해 드릴까요? ④ 우리 주말에 할머니 방문할까?

G. 현재나 미래에 대한 가능성 (could/may/might): (~할 수도 있어/~할지도 몰라)

① I could(may/might) be wrong.

② It could(may/might) rain tomorrow!

③ He could(may/might) be in his bedroom.

④ This plan could(may/might) really work out.

⑤ All of them could(may/might) ride in the van.

⑥ I saw a strange light in the sky last night. It could have been a UFO!

> **해석** ① 내가 틀릴 수도 있어. ② 내일 비가 올 수도 있어. ③ 그는 침실에 있을 수도 있어. ④ 이 계획이 정말 잘 될 수도 있어.
> ⑤ 그들 모두 그 밴에 탈 수 있을 거야. ⑥ 어젯밤에 하늘에서 이상한 불빛을 보았어. UFO였을 수도 있어.

> **어휘** borrow 빌리다 umbrella 우산 personal 사적인 in front of=before ~앞에 gate 대문 give~a hand 돕다
> speak up 큰소리로 말하다 a bit 약간 suggest 제안하다 wrong 틀린 work out 잘 되다 ride-rode-ridden 타다

H. 가능성에 대한 의심을 나타낼 때

Can 주어 be~? (~일까?)
Can 주어 have p.p~? (~였을까?) } = Is it possible(likely) that 주어 + { 현재 / 과거 } ?

① Can it be true? = Is it possible that it is true?

② Can it have been true? = Is it possible that it was true?

③ Where can she have put it?

④ Can the old man still be alive?

⑤ Can he have done such a thing?

> **해석** ① 그것이 사실일까? ② 그것이 사실이었을까? ③ 그녀가 그것을 어디에 두었을까?
> ④ 그 노인은 아직도 살아있을까? ⑤ 그가 그런 짓을 했을까?

I.

cannot be (~일 리가 없다)
cannot have p.p (~였을 리가 없다) } { = It is impossible that 주어 + 현재
= I am sure that 주어 + 과거

① The news cannot be true. = It is impossible that the news is true.
= I am sure that the news is not true.

② The news cannot have been true. = It is impossible that the news was true.

③ He cannot be a wicked boy.

④ He cannot have done the work all by himself.

> **해석** ① 그 소식은 사실일 리가 없어. ② 그 소식은 사실이었을 리가 없어.
> ③ 그는 나쁜 소년일 리가 없어. ④ 그가 온통 혼자서 그 일을 했을 리가 없어.

J. cannot ~ too(enough, over) = It is impossible to ~ too(enough, over)
(아무리 ~해도 지나치지 않다)

① I cannot thank you too much. = It is impossible to thank you too much.

= I cannot thank you enough. = It is impossible to thank you enough.

② We cannot overpraise him. = It is impossible to praise him enough.

③ We can scarcely pay too high a price of liberty.

④ We cannot overemphasize the importance of grammar.

> **해석** ① 나는 너에게 아무리 감사해도 지나치지 않다. ② 우리는 그를 아무리 칭찬해도 지나치지 않아. ③ 우리는 자유의
> 대가를 아무리 높이 지불해도 지나치지 않다. ④ 우리는 문법의 중요성을 아무리 강조해도 지나치지 않다.

K. cannot A and B (A와 B를 동시에 할 수는 없다/꿩 먹고 알 먹을 수 없다)

① You cannot have a cake and eat it, too.

② One cannot make the bed and save the sheet.

③ You cannot commit a crime and go unpunished.

④ You cannot touch pitch and not be defiled(mucked).

> **해석** ① 너는 케이크를 갖고 있으면서 동시에 먹을 수는 없다. ② 잠자리를 펴고 동시에 요를 아낄 수는 없다.
> ③ 죄짓고 동시에 벌을 안 받을 수는 없다. ④ 먹물을 만지고 동시에 더러워지지 않을 수는 없다(근묵자흑).

> **어휘** still 아직도 alive 살아있는 after all these years 이렇게 많은 세월이 지났는데 wicked 나쁜, 사악한
> all by oneself 온통 혼자서 overpraise 과찬하다 liberty 자유 overemphasize 지나치게 강조하다
> make the bed 잠자리를 펴다 commit a crime 죄를 짓다 punish 벌주다 pitch 먹물 defile=muck 더럽히다

(2) May의 용법(기본+중급+고급과정)

A. 요청, 허락, 금지, 제안을 나타낼 때(might, can, could)

① May(Can) I see your passport? (요청)

② You may(can) take a short break now. (허락)

③ You may(can) not park your bicycle here. (금지)

④ May(Can) I help you to carry your baggage? (제안)

> **해석** ① 당신의 여권을 좀 봐도 될까요? ② 너는 이제 잠시 쉬어도 돼.
> ③ 당신은 이곳에 자전거를 주차하실 수 없어요. ④ 당신 짐을 옮기는 데 도와드릴까요?

B. 기원문(May+주어+동사원형)에서(부디 ~하기를 바란다)

① May all your wishes come true.

② May the odds be ever in your favor.

③ May the New Year bring you love and happiness.

④ May you both live a long and happy life together.

> **해석** ① 너의 모든 소망이 이뤄지기를 바란다. ② 형세(가능성)가 너에게 항상 유리했으면 좋겠다.
> ③ 새해가 너에게 사랑과 행복을 가져다주기를 바란다. ④ 너희 둘 다 함께 오랫동안 행복한 삶을 살기를 바란다.

C. 가능을 나타내어 can의 뜻으로(~할 수 있다)

① Some fir trees may grow up to 60 feet high.

② The bill may be paid by check or by credit card.

③ Each nurse may be responsible for up to twenty patients.

④ Drivers may feel tired if they do not take a break every 2 hours.

> **해석** ① 일부 전나무들은 60피트 높이까지 자랄 수 있다. ② 그 계산서는 수표나 신용카드로 지불할 수 있습니다.
> ③ 각 간호사는 환자를 20명까지 담당할 수 있다. ④ 운전자들은 2시간 마다 휴식을 취하지 않으면 피곤을 느낄 수 있다.

D.
may	(가능성 50%)
might	(가능성 30%)

(~할지 모른다/~할 가능성이 있다/아마 ~할 것이다)
It is possible(probable, likely, odds) that+주어+현재/미래
[The] chances(odds) are that 주어+현재/미래

① It may(might) rain tomorrow. = It is possible that it will rain tomorrow.

② The story may(might) not be true. = It is possible that the story is not true.

③ I may(might) go to the movies tonight. = It is possible that I will go to the movies tonight.

④ She may(might) be late because of the public transport strike.

> **해석** ① 내일 비가 올지도 몰라. ② 그 이야기는 사실이 아닐 거야.
> ③ 나는 오늘 밤 영화 보러 갈 수도 있어. ④ 그녀는 대중교통 파업 때문에 늦을지도 몰라.

> **어휘** passport 여권 take a short break 잠시 쉬다 park 주차하다 carry 옮기다 baggage 짐 wishes 희망 come true
> 실현되다 odds 가능성, 확률 in one's favor ~에게 유리하도록 bring 가져오다 fir tree 전나무 up to ~까지 bill 계산서
> by check 수표로 credit card 신용카드 be responsible for ~을 책임지다/담당하다 patient 환자 every 2 hours 두 시간
> 마다 story 이야기 late 늦은 because of=owing(due) to=on account of ~때문에 public transport strike 대중교통 파업

E. may have p.p
        might have p.p
{ (〜했을지 모른다/〜했을 가능성이 있다/아마 〜했을 것이다)
It is possible(probable, likely, odds) that 주어+과거
[The] chances(odds) are that 주어+과거 }

① He may have been drowned.   ② She may have missed the plane.

③ I might have dropped it on the street.   ④ The injury may have caused brain damage.

> **해석** ① 그는 익사했을지 모른다. ② 그녀는 비행기를 놓쳤을지 모른다.
> ③ 나는 그것을 거리에 떨어뜨렸을지도 모른다. ④ 그 부상이 뇌손상을 초래했을지도 모른다.

F. may(might/could) well+동사 원형 = have every(good) reason to〜
= It is natural(no wonder) that+주어+should = 평서문 and well+주어+may
= 평서문 and with good reason〜: (〜하는 것은 당연하다/당연히 〜할 수 있다)

① He may(might/could) well hate me.   ② He may well have got angry.

③ He may well be proud of his son.   ④ We may well have won the football match.

> **해석** ① 그가 나를 미워하는 것은 당연하다. ② 그가 화를 낸 것은 당연하지.
> ③ 그가 자기 아들을 자랑하는 것은 당연하지. ④ 우리가 축구경기에서 이긴 것은 당연하지.

G. may as well = might as well = had better = had best = would(will) do well to
= would be wise to = It would be better for〜 to (〜하는 편이 낫다)

① He had best quit smoking.   ② You may as well take an umbrella.

③ You would do well to take his advice.   ④ You had better not stay here any longer.

⑤ You will do well to expand your horizons. ⑥ You would be wise to pay more attention to it.

⑦ You might just as well make a clean breast of it.

⑧ Had I better speak to John first before I send this form off?

⑨ Hadn't we better ring the school and tell them Chris is sick?

> **해석** ① 그는 담배를 끊는 편이 낫지. ② 너는 우산을 가지고 가는 편이 나을 거야. ③ 너는 그의 충고를 받아들이는 편
> 이 나을 거야. ④ 너는 더 이상 여기에 머무르지 않는 편이 나아. ⑤ 너는 너의 시야를 넓히는 편이 나을 거야.
> ⑥ 너는 그것에 더 주의를 기울이는 편이 나을 거야. ⑦ 너는 그것을 다 털어놓는 편이 나을 거야. ⑧ 내가 이 서식을 보
> 내기 전에 John에게 먼저 말하는 게 나을까? ⑨ 학교에 전화해서 Chris가 아프다고 말하는 게 낫지 않을까?

H. may(might) as well A as B (B하느니 차라리 A하는 편이 낫다)

① You might as well reason with the wolf as try to persuade him.

② You may as well donate your money to charity as waste it in gambling.

③ You might as well expect the river to flow backward as expect me to agree.

> **해석** ① 그를 설득하려 애쓰느니 차라리 늑대와 이치를 따지는 편이 낫다. ② 도박에 돈을 낭비하느니 차라리 자선단체에
> 기부 하는 편이 낫다 ③ 내가 동의하기를 기대하느니 차라리 강물이 거꾸로 흐르기를 기대하는 편이 낫다.

> **어휘** be drowned 익사하다 drop 떨어뜨리다 cause 초래하다 injury 부상 brain damage 뇌손상 hate 미워하다
> be proud(vain, boastful) of=take pride in 자랑하다 be surprised at 〜에 놀라다 reason with 설득하다
> quit=abandon=give up 포기하다 donate 기부하다 expand 넓히다 horizon 시야, 수평선 pay attention 주의하다
> make a clean breast of=confess=confide=avow 고백하다 send off 보내다 form 서식 charity 자선단체

(3) Must의 용법(기본+중급+고급과정)

A. 의무: (~해야 한다) (= have to = need to = be obliged to) ↔ ① must not = be forbidden to
(~해서는 안 된다) ② don't have to = don't need to = need not (~할 필요가 없다)
③ 과거시제(had to: ~해야 했다) ④ 미래시제(will have to: ~해야 할 것이다)

① I really must get some exercise.

② You must not smoke in the hospital.

③ You don't have to come if you don't want to.

④ I've got to take this book back to the library. (영국영어)

⑤ If you own a car, you have to pay an annual road tax.

> **해석** ① 나는 정말 운동을 좀 해야 돼. ② 너는 병원에서 담배 피워서는 안 돼. ③ 원치 않으면 올 필요 없어.
> ④ 나는 이 책을 도서관에 돌려줘야 해. ⑤ 네가 차를 소유하고 있다면, 매년 도로세(자동차세)를 납부해야 돼.

B. 필연(= be fated to/be certain to): (반드시 ~하다)

① All men must die.

② You must lose whatever happens.

③ Don't bet on horse races; You must lose in the long run.

④ If you invest money in stocks, you must lose it in the long run.

> **해석** ① 모든 인간은 반드시 죽는다. ② 너는 반드시(무슨 일이 있어도) 진다(잃는다).
> ③ 경마에 돈을 걸지 마라, 결국 너는 반드시 잃게 되니까. ④ 주식에 돈을 투자하면 결국은 반드시 돈을 잃게 된다.

C. must+상태 동사 (~임에 틀림없다)
must have p.p (~했음에 틀림없다) } = { I am sure
I am certain
It is certain } that 주어 { 현재
과거

① He must be rich. = I am sure that he is rich.

② He must have been rich. = I am sure that he was rich.

③ She must have lots of friends. ④ He must have forgotten the promise.

> **해석** ① 그는 부자임에 틀림없다. ② 그는 부자였음에 틀림없다.
> ③ 그녀는 많은 친구를 갖고 있음에 틀림없다. ④ 그는 약속을 잊었음에 틀림없다.

D. must have p.p (~을 마친 상태가 되어야 한다)

① In order to take that job, you must have left another job.

② Students must have completed Physics I before they can take Physics II.

> **해석** ① 그 직업을 얻기 위해서, 너는 다른 직업을 이미 그만둔 상태가 되어야 한다.
> ② 학생들은 물리 II를 수강하기 전에 물리 I을 마친 상태가 되어야 한다.

> **어휘** get some exercise 운동을 좀 하다 smoke 담배를 피우다 hospital 병원 take back=return 반환하다
> library 도서관 own=possess=be possessed of 소유하다 annual 해마다 road tax 도로세, 자동차세
> whatever happens 반드시 bet on 돈을 걸다 horse races 경마 in the long run 결국 invest 투자하다
> stocks 주식 lots of=a lot of 많은 promise 약속 in order to ~하기 위하여 complete 마치다 physics 물리학

문제 1. Translate the following sentences into Korean.(기본+중급+고급과정)

① He must be tired.

② Can he be serious?

③ Do listen to your father.

④ What can they be doing?

⑤ Could he be any happier?

⑥ I cannot overrate this trip.

⑦ A student cannot be too diligent.

⑧ You don't have to read the book.

⑨ He can have been delayed by fog.

⑩ You may well be surprised at the news.

⑪ It is impossible to praise him too much.

⑫ The store might have been closed today.

⑬ He cannot have failed in the examination.

⑭ Can it be true that he committed suicide?

⑮ She must have been a beauty in her days.

⑯ I might go on holiday to Australia next year.

⑰ Can he have written this English composition?

⑱ Some people think you cannot overpraise a child.

⑲ I cannot thank you enough for all your hard work

⑳ I cannot overemphasize the importance of this book.

㉑ We cannot be too careful in the choice of our friends.

㉒ She would do well to ask permission before she leaves.

㉓ Little did I expect that he would return safe and sound.

㉔ We might as well abolish our immigration laws altogether.

㉕ You might just as well ask for the moon as for a motorcycle.

㉖ We could go to Stratford tomorrow, but the forecast is not brilliant.

㉗ He would be wise to follow the examples of this kind of leadership.

정답 ① 그는 피곤함에 틀림없다. ② 그가 진심일까? ③ 반드시 네 아빠 말씀 들어라. ④ 그들은 무엇을 하고 있을까? ⑤ 그가 이보다 더 행복할 수 있을까? ⑥ 나는 이번 여행을 아무리 높이 평가해도 지나치지 않다. ⑦ 학생은 아무리 부지런해도 지나치지 않다. ⑧ 너는 그 책을 읽을 필요 없어. ⑨ 그는 안개 때문에 연착되었을 가능성이 있어. ⑩ 네가 그 소식을 듣고 놀라는 것은 당연하다. ⑪ 그를 아무리 칭찬해도 지나치지 않다. ⑫ 그 가게는 오늘 문을 닫았을지 몰라. ⑬ 그는 시험에 실패했을 리가 없어. ⑭ 그가 자살했다는 것이 사실일까? ⑮ 그녀는 한창 때 미인이었음에 틀림없다. ⑯ 나는 내년에 호주로 휴가를 떠날지도 몰라. ⑰ 그가 이 영작문을 썼을까? ⑱ 일부 사람들은 아이는 아무리 칭찬해도 지나치지 않는다고 생각한다. ⑲ 나는 너의 모든 노고에 대해 아무리 감사해도 지나치지 않다. ⑳ 나는 이 책의 중요성을 아무리 강조해도 지나치지 않다. ㉑ 우리는 친구를 선택함에 있어서 아무리 신중해도 지나치지 않다. ㉒ 그녀는 떠나기 전에 허가를 청하는 게 더 좋을 거야. ㉓ 나는 그가 무탈하게 돌아오리라고는 전혀 예상치 못했다. ㉔ 우리는 이민법을 완전히 철폐하는 편이 나을 겁니다. ㉕ 너는 오토바이를 사달라고 조르느니 달을 따달라고 조르는 게 낫다. ㉖ 우리는 내일 Stratford(Shakespeare 출생지)에 갈 수도 있지만, 그 전망은 밝지 않아. ㉗ 그는 이런 종류의 지도력 사례를 따르는 게 더 나을 거야.

어휘 tired 피곤한 serious 진심의 overrate=overestimate 과대평가하다 diligent 부지런한 delay 연착(지연)시키다 fog 안개 exam 시험 praise=applaud=laud=exalt=extol 칭찬하다 commit suicide 자살하다 in one's days 한창 때 go on holiday 휴가를 가다 composition 작문/작곡/구성/기질 overpraise 과찬하다 overemphasize 지나치게 강조하다 careful=circumspective 신중한 choice 선택 ask permission 허락을 구하다 safe and sound 무사히 return 돌아오다 abolish=do(make) away with 철폐하다 immigration law 이민법 altogether 완전히 ask for 요청하다, 조르다 moon 달 motorcycle 오토바이 forecast 전망/예상(하다) brilliant 밝은, 찬란한, 총명한 example 사례, 본보기 leadership 지도력

(4) Need의 용법

A. 일반 동사로서 need(기초과정)

a) (~를 필요로 하다)의 뜻으로 본동사이므로 3인칭 단수에서는 -s를 붙여야 하며, 동사가 올 경우에는 need to+동사원형을 사용하며, 부정문과 의문문에서는 do와 함께 사용합니다.

① I need a bike.　　　　　　　② I don't need a bike.

③ Do you need a bike?　　　　④ He needs my help.

⑤ Does he need my help?

> **해석** ① 나는 자전거가 필요하다. ② 나는 자전거가 필요 없다.
> ③ 너는 자전거가 필요하니? ④ 그는 내 도움이 필요하다. ⑤ 그는 내 도움이 필요하니?

b) need to = have to (~해야 한다/~할 필요가 있다): 의무나 필요성을 나타냅니다.

↔ don't need to = don't have to = need not (~할 필요가 없다)

① I need to go now. = I have to go now.

② One needs to be punctual. = One has to be punctual.

③ Do you need to go now? = Do you have to go now?

④ I don't need to go now. = I don't have to go now. = I need not go now.

> **해석** ① 나는 지금 가야한다. ② 우리는 시간을 엄수해야 한다. ③ 너는 지금 가야 하니? ④ 나는 지금 갈 필요가 없다.

B. 조동사로서의 need(기초+중급+고급과정)

a) 의문문과 부정문

－ 조동사이므로 3인칭 단수에서도 -s를 붙여서는 안 되며,
긍정대답은 must, 부정대답은 need not으로 하셔야 합니다.

① Need I go there? － Yes, you must./ No, you needn't.

= Do I need to go there? － Yes, you do./ No, you don't.

② He need not wait any longer. (needs (x))

③ He need not come here. = He needn't come here.

= He doesn't need to come here. = He doesn't have to come here.

> **해석** ① 내가 그곳에 갈 필요 있니(가야 하니)? – 그럼, 넌 가야 돼./아니 넌 갈 필요 없어.
> ② 그는 더 이상 기다릴 필요 없어. ③ 그는 이곳에 올 필요 없어.

b) 조동사로서 need의 과거형은 없으며 didn't need to/didn't have to로 표현합니다.

① He needed not come here. (x)

② He did not need to come here.

③ He did not have to come here.

> **해석** ① 그는 이곳에 올 필요 없었어. ② 그는 이곳에 올 필요 없었어.

> **어휘** now 지금 punctual 시간을 엄수하는 no longer = not ~any longer=not ~any more 더 이상 ~하지 않다

c) 긍정문: 부정어 no one, nobody, nothing 등이나, 부정 부사(negative adverbs) rarely, barely, hardly, scarcely, seldom, only, but, solely가 들어있을 때, 그리고 ask(doubt, wonder) 다음에 오는 if/whether절에서는 긍정문에서도 뒤에 원형동사를 사용합니다.

① No one need read this.
② He need make no protest.
③ She wonders if she need go.
④ You need pay only 20 dollars.
⑤ I doubt whether I need help you.
⑥ It need seldom be required of them.
⑦ Not a thing need change on this page.
⑧ He need scarcely expect more than that.

해석 ① 아무도 이것을 읽을 필요 없다. ② 그는 항의할 필요가 없어. ③ 그녀는 가야 할 것인지 생각 중이다.
④ 너는 20달러만 지불하면 된다. ⑤ 내가 너를 도와줘야 할지 의문스럽다. ⑥ 그들에게 그것을 요구할 필요 없어.
⑦ 이 페이지에서 단 하나도 바뀔 필요 없다. ⑧ 그는 그 이상 기대할 필요가 없다.

d) need only+동사 = only need to+동사 = only have to = have only to = have but to
= all you have to do is (to) = what you have to do is (to) (∼하기만 하면 된다)

① You need only read the book. (조동사)
② I have but to check the grammar.
③ You only need to review the rules. (본동사)
④ You only have to do as you are told.
⑤ All you have to do is to push the button.
⑥ You have only to stand there doing nothing.

해석 ① 너는 그 책을 읽기만 하면 돼. ② 나는 문법을 점검하기만 하면 돼.
③ 너는 규칙을 재검토하기만 하면 돼. ④ 너는 시킨 대로 하기만 하면 돼.
⑤ 너는 단추를 누르기만 하면 돼. ⑥ 너는 아무것도 하지 않고 거기에 서있기만 하면 돼.

e) need not have p.p = did not need to… but 주어+did.
= 과거시제, but it was not necessary. (∼할 필요가 없었는데 해 버렸다)

① You need not have attended his birthday party.
= You did not need to attend his birthday party, but you did.
= You attended his birthday party, but it was not necessary.
② He need not have hurried.
③ He need not have lost his temper.
④ We need not have waited for his approval.
⑤ I need not have finished my homework by then.

해석 ① 너는 그의 생일파티에 참석할 필요가 없었는데(참석했구나). ② 그는 서두를 필요가 없었는데(서둘렀다).
③ 그는 화낼 필요가 없었는데(화를 냈다). ④ 우리는 그의 승인을 기다릴 필요가 없었는데(기다렸다).
⑤ 나는 그때까지 내 숙제를 끝마칠 필요가 없었는데(괜히 서둘러 끝마쳤네).

어휘 rarely=barely=hardly=scarcely=seldom 좀처럼 ∼하지 않다 only=but=solely=nothing but 단지
make a protest 항의(항변)하다 wonder if ∼인지 생각중이다 require A of B A를 B에게 요구하다
expect 기대하다 review 검토하다 push the button 단추를 누르다 stand-stood 서있다 attend 참석하다
birthday party 생일파티 hurry 서두르다 lose one's temper=hit the ceiling 화를 내다 approval 승인, 허가
bellicose=aggressive=argumentative=belligerent=combative=contentious=disputatious=hostile
=jingoistic=litigious=polemical=pugnacious=quarrelsome=warlike=warring=inclined to fight 호전적인

(5) Dare의 용법(중급과정)

A. a) 일반 동사: (감히/과감히 ∼하다)의 뜻으로, 3인칭 단수에서는 −s를 붙여야 하고, 동사가 올
　　　경우에는 dare to가 되며 부정문과 의문문에서는 do와 함께 사용합니다.
　　　이때 부정문과 의문문에서 to를 생략할 수 있습니다.
　b) 조동사: 부정문과 의문문에 사용되며 조동사이므로 다음에 동사의 원형이 오고
　　　3인칭 단수에서도 −s를 붙여서는 안 됩니다.

① She dares to say what she thinks. (일반 동사)

② She dare not say what she thinks. (dares (x)) (조동사)

= She doesn't dare (to) say what she thinks. (본동사)

③ He dared to swim across the river. (일반 동사)

④ He dared not swim across the river. (조동사)

= He didn't dare (to) swim across the river. (일반 동사)

⑤ Dare she say what she thinks? (Dares (x)) (조동사)

= Does she dare (to) say what she thinks? (일반 동사)

⑥ He wanted to ask her, but he didn't dare. (일반 동사)

⑦ No one would have dared (to) think about it. (일반 동사)

> **해석** ① 그녀는 자신이 생각하는 바를 과감히 말한다. ② 그녀는 자신이 생각하는 바를 감히 말하지 못한다.
> ③ 그는 과감하게 강을 수영하여 건넜다. ④ 그는 감히 강을 수영하여 건너지 못했다.
> ⑤ 그녀는 자신이 생각하는 바를 과감히 말하니? ⑥ 그는 그녀에게 부탁하고 싶었으나 감히 그러지 못했다.
> ⑦ 아무도 그것에 대해 감히 생각하지 못했을 것이다.

B. 5형식 문장에서 용감함을 입증하도록 (위험하거나 난처한 일을 하라고 권하다)

① I dare you to hit me!

② I dare you to compete with him.

③ I dare you to jump across the stream.

> **해석** ① 용기 있으면 칠 테면 쳐봐! ② 용기 있으면 그와 겨뤄봐. ③ 용기 있으면 개울을 건너뛰어봐라.

C. You dare! = Don't you dare! (네가 감히!/감히 ∼하지 마라/너 죽고 싶냐?)의 뜻으로 원치 않는
　일을 하는 것을 막고자 할 때 사용하는 표현입니다.

① Don't you dare come near me!

② I'll tell her about it. − Don't you dare!

③ Don't you dare say anything to anybody.

④ Mummy, can I wear that short skirt to school? − You dare!

> **해석** ① 감히 나에게 가까이 오지 마라. ② 내가 그것에 대해서 그녀에게 말해버릴 거야 – 너 죽고 싶냐?
> ③ 아무에게도 아무 말 하지 마라 ④ 엄마, 짧은 치마 입고 학교 가도 돼요? – 감히 네가!(너 죽고 싶냐?)

> **어휘** think–thought 생각하다 swim across 수영하여 건너다 river 강 hit 치다, 때리다 compete 겨루다, 경쟁하다
> jump across 건너뛰다 stream 개울, 시내 come near 다가오다 wear–wore–worn 입다 short skirt 짧은 치마

(6) Ought to/should ↔ ought not to = should not = shouldn't (중급과정)

A. ～해야 한다: 충고할 때 사용되는 문어체 영어로서 구어체에서는 should를 사용합니다.
Ought만 주어의 앞으로 보내서 의문문을 만들고, 부정문은 ought not to 가 됩니다.

① Ought we to call the police?　　② We ought to do more exercise.

③ You ought not to drink so much.　　④ We ought to obey traffic regulations.

⑤ There ought to be more street lights here.

> **해석** ① 우리가 경찰에 전화해야 하나요? ② 우리는 운동을 더 해야 한다. ③ 너는 술을 그렇게 많이 마셔서는 안 된다.
> ④ 우리는 교통법규를 지켜야 한다. ⑤ 이곳에는 가로등이 더 많이 있어야 한다.

B. 틀림없이 ～할 것이다/당연히 ～할 것이다: 논리적 결과나 가능성을 나타낼 때

① Such an able man ought to succeed.

② You ought to get good grades on tests.

③ Jane ought to win because she has practiced hard.

④ He ought to speak French well, for he has been educated in France.

> **해석** ① 그렇게 유능한 사람은 틀림없이 성공할 것이다. ② 너는 시험에서 틀림없이 좋은 점수를 얻을 것이다.
> ③ Jane이 틀림없이 이길 거야. 열심히 연습했기 때문에
> ④ 그가 프랑스어를 잘 말하는 것은 당연하다. 왜냐하면 그는 프랑스에서 교육을 받았거든.

C. should(ought to) have pp (～했어야 했는데 안했다): 후회나 유감을 나타낼 때

① We ought to have locked the gate.

② I ought to have gone to bed early last night.

③ We ought not to have ordered so much food.

④ You ought not to have told her about your past.

> **해석** ① 우리는 대문을 잠갔어야 했는데.(안 잠갔다) ② 나는 어젯밤에 일찍 잠자리에 들었어야 했는데.
> ③ 우리는 그토록 많은 음식을 주문하지 말았어야 했는데.
> ④ 너는 너의 과거에 대해서 그녀에게 말하지 말았어야 했는데.

D. 부가의문문은 문어체는 oughtn't, 구어체는 shouldn't로 표현합니다.

① I ought to walk my dog more, oughtn't I?

= I ought to walk my dog more, shouldn't I?

② We ought not to make a noise in class, ought we?

= We ought not to make a noise in class, should we?

> **해석** ① 제가 우리 개를 더 많이 산책시켜야 되지 않나요? ② 우리는 수업 중에 떠들지 말아야 하지 않나요?

> **어휘** call the police 경찰에 전화하다 do exercise 운동하다 drink-drank-drunk 술을 마시다 obey 지키다
> traffic regulations 교통법규 street light 가로등 able 유능한 succeed=make good 성공하다 grade 점수, 등급
> win-won-won 이기다 practice 연습하다 French 프랑스어 educate 교육시키다 lock the gate 대문을 잠그다
> last night 어젯밤 order 주문(하다)/(명령)하다 past 과거 walk 산책시키다 make a noise 떠들다 in class 수업 중

(7) Used to(시험 출제 빈도가 가장 높은 중급과정)

A. a) used to/would+동작동사: (~하곤 했다/~했었는데 더 이상 하지 않다)

　　b) used to+상태동사(be, know, live, like, love 등) (~했었는데 지금은 아니다)

　　c) 의문문 : Used+주어+to~?(formal) /Did+주어+use to~? (informal) (~했었니?)

　　d) 부정문 : used not to(formal)/didn't use to(informal): (~하지 않았었는데)

① I used to believe in magic when I was a child. (≠ would)

② There used to be a pond here when I was young. (≠ would)

③ My father used to walk 2 miles to school. (= would)

④ Chris used to eat meat, but now she is a vegetarian. (= would)

⑤ Used he to answer your question? (formal)

　= Did he use to answer your question? (informal)

⑥ No, he usedn't to answer my question (formal)

　= No, he didn't use to answer my question. (informal)

⑦ Used he to take a walk in the park? (formal)

　= Did he use to take a walk in the park? (informal)

⑧ No, he used not to take a walk in the park. (formal)

　= No, he didn't use to take a walk in the park. (informal)

> **해석** ① 나는 어렸을 때 마법을 믿었었다.(이제는 안 믿는다) ② 내가 어렸을 때 이곳에는 연못이 있었는데.(지금은 없다)
> ③ 내 아빠는 학교까지 2마일을 걸어 다니셨다. ④ Chris는 고기를 먹었었는데 이제는 채식가이다.
> ⑤ 그가 네 질문에 대답하곤 했니? ⑥ 아니 그는 내 질문에 대답을 하지 않았었지.(지금은 대답을 한다)
> ⑦ 그는 공원을 산책하곤 했니? ⑧ 아니 그는 공원을 산책하지 않았었지.(그런데 지금은 산책을 한다)

B.
a) { be used to+~ing(명사) = be accustomed (acclimated, domesticated, habituated,
　inured) to+~ing(명사) = be conditioned to 동사원형 (~하는데 익숙하다)
　get(grow, become) used to ~ing(명사) (~에 익숙해지다)

　b) be used to+원형 (~하는데 사용되다)

① I am used to living alone.

② I got(grew, became) used to the noise.

③ We were accustomed to working together.

④ I got used to living in Canada in spite of the cold weather.

⑤ A flint was used to make a fire.

⑥ This tool is used to mix all the ingredients together.

> **해석** ① 나는 혼자 사는 데 익숙하다. ② 나는 소음에 익숙해졌어. ③ 우리는 함께 일하는 데 익숙해져 있었다.
> ④ 나는 추운 날씨에도 불구하고 캐나다에 사는 데 익숙해졌다. ⑤ 부싯돌은 불을 피우는 데 사용되었다.
> ⑥ 이 도구는 모든 재료를 함께 섞는 데 사용된다.

> **어휘** believe in 존재를 믿다 magic 마법 vegetarian 채식가 answer 대답하다 question 질문 park 공원 alone 혼자
> noise 소음 together 함께 in spite(defiance) of=despite=with all=for all=notwithstanding ~에도 불구하고
> weather 날씨, 극복하다 flint 부싯돌 make a fire 불을 피우다 tool 도구 mix 섞다 ingredient 재료, 원료

(8) Will의 해석방법 – 해석을 먼저 읽고, will이 문장 속에서 어떤 뜻으로 사용되는지 습득해보세요.

A. a) 나의 의지나 약속 또는 순간적 결정을 나타낼 때 (내가 ～할게/～하겠다)
   b) 주어의 의지나 고집을 나타낼 때 (～하려하다)

① I will stop smoking.   ② I won't ever speak to him again.
③ He won't consent to our proposal.   ④ My son will not listen to my words.

해석 ① 나는 담배를 끊겠다. ② 나는 다시는 그와 절대로 말하지 않을 거야.
    ③ 그는 우리 제안에 동의하려 하지 않는다. ④ 내 아들은 내 말을 들으려 하지 않는다.

B. a) 상대의 의사나 의지를 물어볼 때 (～할래?/～거니? /～하시겠습니까?)
   b) 상대에게 부탁하거나 요청할 때 (～해 주겠니?/～해 주시겠습니까?)

① Will you have some tea?   ② Will you go there tomorrow?
③ Will you please shut the door?   ④ Will you help me to carry my baggage?

해석 ① 차 좀 마실래? ② 너 내일 거기 갈거니? ③ 문 좀 닫아줄래? ④ 내 짐 옮기는 데 좀 도와주실래요?

C. a) 빈도부사를 동반하여 불규칙적인 습관을 나타낼 때 (～하곤 하다)
   b) 주어의 습성이나 경향을 나타낼 때 (～하는 경향/습성이 있다/으레 ～하다)

① He will often sit up all night.   ② He will often stand on his head.
③ Babies will cry when they are hungry.   ④ A drowning man will catch at a straw.

해석 ① 그는 종종 밤새 깨어 있곤 한다. ② 그는 종종 물구나무를 서곤 한다.
    ③ 아이들은 배고플 때 우는 경향이 있다. ④ 물에 빠진 사람은 지푸라기라도 잡는 경향이 있다.

D. a) 추측이나 확신을 나타낼 때 (틀림없이 ～일 것이다)
   b) 확신이 부족할 때는 probably, possibly, I think, I hope 등과 함께 사용됩니다.

① I am sure you will like her.   ② The meeting will be over soon.
③ I am certain he will do a good job.   ④ She will probably be a great success.

해석 ① 분명 너는 그녀를 좋아할 거야. ② 그 모임은 곧 끝날 거야.
    ③ 그가 잘할 것이라고 나는 확신해. ④ 그녀는 아마 크게 성공할 거야.

E. a) 명령이나 지시를 할 때 (～하라/～하시오: be required to)
   b) 가능이나 능력을 나타낼 때 (～할 수 있다: can)

① You will do it at once.   ② You will remain here with us.
③ This hall will hold 300 people at a time. ④ The flower will live without water for a week.

해석 ① 그것을 즉시 해라. ② 너는 우리와 함께 여기에 남아라.
    ③ 이 홀은 한꺼번에 300명을 수용할 수 있다. ④ 그 꽃은 물 없이도 1주일 동안 살 수 있다.

F. a) will have p.p (이미 ～했을 거야): 과거에 대한 확신을 나타낼 때
   b) will have p.p (미래에 다 끝낼 것이다): 미래완료를 나타낼 때

① You will have heard of it.   ② You will have heard the rumor.
③ I will have finished this project by Friday.

해석 ① 너는 그것에 대해서 이미 들었을 것이다. ② 너는 이미 그 소문을 들었을 것이다.
    ③ 나는 금요일까지는 이 과제를 끝마칠 것이다.

어휘 consent to=agree(assent) to=acquiesce in=approve of 동의하다 carry 옮기다 baggage 짐 sit up 깨어있다
    all night 밤새 stand on one's head 물구나무서다 drown 익사하다 straw 지푸라기, 빨대 be over=end 끝나다
    soon=presently=in time 곧 probably 아마 at once 즉시 remain 남다 hold 수용하다 rumor 소문 project 과제

(9) Would의 해석방법(중급+고급+최고급과정)

– 해석을 먼저 읽고, would가 문장 속에서 어떤 뜻으로 사용되는지 습득해보세요.

A. a) 주어의 의지나 고집을 나타낼 때 (~하려고 했다)

   b) 빈도부사를 동반하여 과거의 습관을 나타낼 때 (~하곤 했다: used to)

① He would not listen to my advice.

② The suspect would not confess the truth.

③ He would have his own way in everything.

④ He would(=used to) go to school by bicycle when young.

> **해석** ① 그는 내 충고를 들으려 하지 않았다. ② 그 혐의자는 진실을 자백하려 하지 않았다.
> ③ 그는 매사에 자기 마음대로 하려 했다. ④ 그는 어렸을 때 자전거를 타고 학교에 다니곤 했다.

B. a) 정중한 의사표현을 나타낼 때 (~인 것 같아요)

   b) 현재의 소망을 나타낼 때 (~하고 싶다)

① I would have to say that you're acting a bit immature.

② I would think we need to speak to the headmaster about this first.

③ I would like to visit the old castle. ④ Do to others as you would be done by.

> **해석** ① 나는 네가 조금 미숙한 행동을 하고 있다고 말해야 할 것 같아.
> ② 제 생각에는 우리가 이에 대해 교장 선생님께 먼저 말씀드려야 할 것 같아요.
> ③ 나는 그 오래된 성을 방문하고 싶다. ④ 대접받고 싶은 대로 남을 대접하라.

C. a) 과거 속에서 본 미래(will의 과거형) (~할 것이다/~하겠다)

   b) 가정이나 추정을 나타낼 때 (~할 텐데/~할 것이다/ ~였을 것이다)

① I told you he would help us. ② He said he would love her forever.

③ It would be fun to have a beach party. ④ Such a policy would not be constitutional.

⑤ I suppose he would be about 40 when he died.

> **해석** ① 내가 너에게 말했잖아/ 그가 우리를 도와줄 것이라고. ② 그는 말했다/ 그녀를 영원히 사랑하겠다고.
> ③ 해변파티를 열면 재미있을 거야. ④ 그런 정책은 헌법에 위배될 거야. ⑤ 내 생각에 그가 죽었을 때 약 40세였을 거야.

D. 정중하게 요청하거나 의사를 물을 때 (~하시겠습니까?)

① Would you sit down, please? ② Would you mind passing me the salt?

③ Would you like another cup of tea? ④ Would you care for some ice cream?

> **해석** ① 앉아주시겠습니까? ② 소금 좀 건네주시겠습니까?
> ③ 차 한 잔 더 드시겠습니까? ④ 아이스크림 좀 드시겠습니까?

> **어휘** listen to 듣다 suspect 용의자 confess=confide=avow 고백/자백하다 have one's own way 자기 마음대로 하다
> by bicycle 자전거로 a bit=kind of 약간 immature 미숙한 would like to ~하고 싶다 castle 성 beach 해변
> forever=for good=for keeps=permanently 영원히 policy 정책, 방책 constitutional 합헌의 care for 먹고 싶다
> adjure=appeal=beseech=crave=entreat=implore=invoke=petition=plead=solicit=supplicate 애원하다, 탄원하다

E. a) 비판하거나 불만을 나타낼 때 (～하겠지)

　　b) 수사의문문: why와 함께 사용하여 (왜 ～하겠어?)

① You would go and spoil it, wouldn't you!

② Well, you would say that: you're a man.

③ He came to see you. Why else would he come?

④ They must have split up. Why else would he be moving out?

> **해석** ① 네가 가서 망쳐놓겠지, 안 그래? ② 글쎄, 당신은 그렇게 말하겠지: 당신은 남자이니까. ③ 그는 널 보러 왔어. 그렇지 않으면 왜 오겠니? ④ 그들은 갈라졌음에 틀림없어. 그렇지 않으면 왜 그가 이사 나가겠어?

F. Would(had) rather(sooner, liefer)+동사원형 = would (just) as soon(lief)+동사원형

= had as soon(lief, good, well)+동사원형 = would prefer(like)+to 동사원형

　(차라리～하겠다, 차라리 ～하고 싶다, ～하는 편이 낫다): 선호도를 나타내는 표현으로

　부정문은 would rather not/would prefer not to, 의문문은 would나 had를 주어 앞으로 보냅니다.

① I'd rather not see her.	② I'd prefer to go to the cinema.
③ I would prefer not to play a game.	④ He said he had liefer not go.

⑤ I had as soon(good/lief/well) be loved by a lion.

⑥ I would as soon recover before I go and baby-sit.

⑦ Would you rather walk or take the bus? = Would you prefer to walk or take the bus?

> **해석** ① 나는 그녀를 차라리 보고 싶지 않다. ② 나는 차라리 영화 보러 가는 편이 낫겠다.
> 　　③ 나는 차라리 경기를 하고 싶지 않다. ④ 그는 차라리 가지 않겠다고 말했다.
> **토플과정** ⑤ 나는 차라리 사자에게 사랑을 받는 편이 낫겠다.
> 　　⑥ 내가 가서 아이를 돌보기 전에 차라리 몸을 회복하는 편이 더 낫겠어.
> 　　⑦ 너는 걸어가고 싶니? 아니면 버스를 타고 가고 싶니?

G. Would rather(sooner)+(주어+가정법 과거시제) = would prefer 목적어+to 동사원형

= would prefer it if 주어+가정법 과거시제: 현재나 미래에 (～하면 더 좋겠다)의 뜻으로 부정문으로

　만들 때는 would rather 다음의 절을 부정문으로 만듭니다.

① I would rather you came tomorrow. = I would prefer you to come tomorrow.

　= I would prefer it if you came tomorrow.

② I'd rather you did not smoke in here. = I'd prefer you not to smoke in here.

　= I would prefer it if you did not smoke in here.

③ I would rather he were not here.

④ I'd just as soon you took care of it.

⑤ I would rather the weather were fine today.

> **해석** ① 나는 네가 내일 오면 좋겠어. ② 나는 당신이 이 안에서 담배를 피우지 않으면 좋겠어요.
> 　　③ 나는 차라리 그가 여기에 없으면 좋겠어. ④ 나는 네가 그것을 처리하면 좋겠어. ⑤ 나는 오늘 날씨가 좋으면 좋겠다.

> **어휘** spoil=ruin=destroy 망치다 else 그렇지 않으면 split up=be separated 갈라지다, 헤어지다
> 　　go to the cinema 영화 보러 가다 lion 사자 recover 건강을 회복하다 baby-sit 아이를 돌보다
> 　　tomorrow 내일　smoke 담배를 피우다 take care of 돌보다, 처리하다 weather 날씨 fine 맑은, 좋은

H. Would rather+have+p.p = would prefer to have+p.p = would have liked to+동사원형
(~했더라면 더 좋았을 텐데): 과거에 이뤄지지 못한 것을 아쉬워할 때

① I'd rather have seen it at the cinema than on DVD.

 = I'd prefer to have seen it at the cinema than on DVD.

② I'd rather have walked, but I went by bus because it was raining.

 = I would have liked to walk, but I went by bus because it was raining.

> **해석** ① 나는 DVD보다 영화관에서 그것을 보았더라면 더 좋았을 텐데.
> ② 나는 걸어가고 싶었으나 비가 와서 버스로 갔다.

I. Would rather/sooner+주어+had+p.p = would prefer+목적어+to+have+p.p

= I wish+주어 had+p.p (~했더라면 더 좋았을 텐데): 과거에 이뤄지지 못한 것을 아쉬워할 때

① I'd rather this whole thing had never happened.

 = I'd prefer this whole thing never to have happened.

 = I'd prefer it if this whole thing had never happened.

 = I wish this whole thing had never happened.

② I had rather (that) you hadn't rung me at work.

③ I would as lief he had not conversed with any but me.

> **해석** ① 이 모든 일이 결코 일어나지 않았더라면 좋았을 텐데. ② 직장에 있을 때 나에게 전화하지 않았더라면 좋았을 텐데.
> ③ 그가 나 이외에 누구와도 대화를 하지 않았더라면 더 좋았을 텐데.

J. Would(had) rather(sooner, liefer) A than B = would(had) as soon(lief) A as B

= would prefer(like) to A rather than B = (would) prefer A(ing) to B(ing)

= prefer A(~ing) rather than B(~ing) = would prefer A(명사) to B(명사)

= would choose A(명사) before B(명사) = had as well A as B (B하느니 차라리 A 하겠다)

① I would as lief die as live in dishonor.

 = I would liefer die than live in dishonor.

 = I would as soon die as live in dishonor.

 = I would rather die than live in dishonor.

 = I would prefer dying to living in dishonor.

 = I would choose death before life in dishonor.

 = I would prefer to die rather than live in dishonor.

② I would liefer live alone than live with her.

③ I had liefer stay at home than go to the dance.

④ I'd prefer to sit in the garden rather than watch TV.

⑤ You had as well throw your money into the ditch as give it to him.

> **해석** ① 나는 불명예스럽게 사느니 차라리 죽겠다. ② 나는 그녀와 함께 사느니 차라리 혼자 살겠다.
> ③ 나는 춤추러 가느니 차라리 집에 있겠다. ④ 나는 TV를 시청하느니 차라리 정원에 앉아있겠다.
> ⑤ 너는 그에게 돈을 주느니 차라리 시궁창에 버려버리는 게 낫겠다.

> **어휘** this whole thing 이 모든 일 dishonor 불명예 alone 혼자 garden 정원 throw 던지다 ditch 시궁창

⑽ Should 해석방법(조수완 논리 후회) (토익 고빈도 과정)

A. 조언, 충고, 추천이나 의견 제시, 약한 형태의 의무를 말할 때 (~해야 한다)

① You should rest at home today.　　② You should eat more fresh fruit.

③ I should take a bus this time.　　④ He should be ashamed of himself.

⑤ I should be at work before 9:00.　　⑥ Should I submit my assignment now?

> 해석 ① 너는 오늘 집에서 쉬어야지. ② 너는 신선한 과일을 더 먹어야 돼. ③ 나는 이번에 버스를 타야 돼.
> ④ 그는 부끄러운 줄 알아야지. ⑤ 나는 9시 이전에 출근해야 돼. ⑥ 제가 숙제를 지금 제출해야 하나요?

B. 수사의문문: 의문사와 함께 놀람, 불만, 의아함을 나타낼 때

① How should I know?

② Why should I obey his orders?

③ Who should solve the problem but him?

④ How should you understand what is so difficult?

⑤ What has he done that you should resort to violence?

> 해석 ① 내가 어떻게 알아? ② 내가 왜 그의 명령을 따라야 하는데? ③ 그 사람 말고 누가 그 문제를 풀겠어?
> ④ 그렇게 어려운 것을 네가 어떻게 이해하니? ⑤ 그가 무엇을 했기에 너는 폭력을 휘두르니?

C. 문장의 끝에 쓰여서 완곡하게 개인의 의견을 표현할 때 (~인 것 같은데요)

① She is a beauty, I should say.　　② He is a genius, I should think.

③ It is not very hard, I should say.　　④ She is not so beautiful, I should say.

⑤ He will have a headache, I should imagine.

> 해석 ① 그녀는 미인인 것 같은데요. ② 그는 천재인 것 같아. ③ 그것은 별로 어렵지 않은 것 같아.
> ④ 그녀는 별로(그다지) 아름답지 않은 것 같은데. ⑤ 그는 머리가 아플 것 같아.

D. 예상, 추측, 논리적 결과를 나타낼 때 (틀림없이 ~할 것이다: ought to)

① We should be there this evening.

② Susan should be in New York by now.

③ There should be a knife in the drawer.

④ You should find this guidebook helpful.

⑤ If you take the highway, you should be there in two hours.

> 해석 ① 우리는 오늘 저녁에 그곳에 도착하게 될 거야. ② Susan은 지금쯤 뉴욕에 있을 거야.
> ③ 서랍 속에 칼이 있을 거야. ④ 너는 이 안내 책자가 유익하다는 것을 알게 될 거야.
> ⑤ 네가 고속도로를 타면, 두 시간 후에 그곳에 도착할 거야.

> 어휘 rest=have(take) a rest 쉬다 fresh fruit 신선한 과일 this time 이번에 be ashamed of ~을 부끄러워하다
> be at work 출근하다 submit=turn in 제출하다 assignment 과제, 숙제 obey 복종하다 order 명령 solve 풀다
> problem 문제 understand=make out 이해하다 difficult 어려운 resort to 호소하다, 휘두르다 violence 폭력
> genius 천재/재능 imagine 상상하다 this evening 오늘저녁 drawer 서랍 guidebook 안내서 highway 고속도로

E. 과거의 예상이나 논리적 결과: should have+pp (~했을 것이다/~했을 가능성이 있다)

① She should have arrived by now.

= It is possible that she has arrived by now.

② The meeting should have finished by now.

= It is likely that the meeting has ended by now.

③ She should not have left work yet. I will call her office.

= It is likely that she has not left work yet. I will call her office.

> **해석** ① 그녀는 지금쯤 도착했을 거야. ② 그 모임은 지금쯤 끝났을 거야.
> ③ 그녀는 아직 퇴근하지 않았을 거야. 내가 그녀의 사무실에 전화할게.

F. 후회나 유감: should(ought to) have p.p = had to…, but 주어 didn't… = I wish 주어+가정법 과거 완료(had p.p) = I am sorry 주어+직설법 과거 (~했어야 했는데 안했다)(출제빈도최고)

① You should have helped her. = You ought to have helped her.

= You had to help her, but you did not. = I wish you had helped her.

= I am sorry you did not help her. = It is a pity that you did not help her.

= It is wrong that you did not help her.

② I should not have said anything.

③ He should have listened to my advice.

④ I should have studied more for my test.

> **해석** ① 너는 그녀를 도와줬어야 했는데. ② 나는 아무 말도 하지 말았어야 했는데.
> ③ 그는 나의 충고를 들었어야 했는데. ④ 나는 시험공부를 더 했어야 했는데.

G. should have had to+동사원형 (내외적인 압박에 의해서 억지로 해야 했지만 안했다)
이 부분은 아주 드물게 독해에 나오지만 시험에 출제되지 않으니 참고만 하세요.

① He should have had to do the work.

= He should have been obliged to do the work.

= He ought to have been obliged to do the work.

② They should not have had to abandon the event for lack of police protection.

③ You should not have had to wait for 30 minutes because you had made a reservation.

> **해석** ① 그는 그 일을 억지로 했어야 했지만(하지 않았다.)
> ② 그들은 경찰의 보호가 없다는 이유로 그 행사를 억지로 포기하지 말았어야 했는데(포기해 버렸다.)
> ③ 당신은 예약을 했으므로 억지로 30분을 기다릴 필요가 없었지만(기다렸군요.)

> **어휘** by now 지금쯤 possible=likely 가능성 있는 arrive 도착하다 end=be over 끝나다 leave work 퇴근하다
> call 전화하다 listen to 듣다 advice 충고 abandon=give up=desert=discard=yield=surrender 포기하다
> event 행사 for(from, through, by) lack(want, need) of=in the absence of=in default of ~이 없어서
> police protection 경찰의 보호 make a reservation=reserve=book 예약하다 aimlessly=carelessly
> =recklessly=rashly=indiscriminately=casually=randomly=desultorily=haphazardly 임의로/닥치는 대로

H. It is 다음에 이성적 판단을 나타내는 말(absurd, natural, rational, reasonable, right, good, wrong, fitting, proper, well, logical, impossible) 다음 that 절에서 should를 사용하며 해석하지 않습니다. essential, necessary, important의 경우 that 절에서 미국에서는 원형을, 영국에서는 should+원형을 사용합니다. (시험 출제 빈도가 가장 높은 고급과정)

① It is necessary that you (should) exercise regularly.

② It is essential that we (should) protect the environment.

③ It is important that you (should) keep the doors locked.

④ It is natural that he should hate me.

⑤ It is absurd that a man should rule others.

⑥ It is proper that children should serve their parents.

> **해석** ① 너는 규칙적으로 운동하는 게 필요해. ② 우리가 환경을 보호하는 것은 필수야.
> ③ 네가 문을 잠가두는 것은 중요하다. ④ 그가 나를 미워하는 것은 당연하다.
> ⑤ 사람이 다른 사람들을 지배하는 것은 불합리한 일이다. ⑥ 자녀가 부모를 섬기는 것은 마땅하다.

I. It is 다음에 감정적 판단을 나타내는 말(surprising, surprised, funny, interesting, sorry, a pity, regrettable, odd, strange, curious 등) 다음 that절에서 should를 사용하며 「~하다니」로 해석합니다.

① It is surprising that he should say so.

② It is odd that she should worry about him.

③ It is regrettable that he should have lost his job.

④ It is interesting that they should offer him the job.

⑤ It is strange that they should have canceled the concert.

⑥ It is a pity that we should be able to do nothing for her.

> **해석** ① 그가 그런 말 하다니 놀랍다. ② 그녀가 그에 대해서 걱정하다니 이상한데.
> ③ 그가 실직했다니 유감이다. ④ 그들이 그에게 그 직업을 제안하다니 재미있다.
> ⑤ 그들이 연주회를 취소해버렸다니 이상하다. ⑥ 우리가 그녀를 위해서 아무것도 할 수 없다니 유감이다.

J. 미국의 would 대신 영국영어에서 should를 사용하는 경우

① I should not worry about it/ if I were you.

② I should like a cup of tea/ before I go to bed.

③ He took his umbrella/ so that he should not get wet.

④ I realized/ that we should have to pay a large sum to the lawyer.

> **해석** ① 나는 그것에 대해 걱정하지 않을 거야/ 내가 너라면. ② 나는 차 한 잔 마시고 싶어/ 잠들기 전에.
> ③ 그는 우산을 가져갔다/ 젖지 않기 위해서. ④ 나는 깨달았다/ 우리가 그 변호사에게 거액을 지불해야 할 것임.

> **어휘** absurd 불합리한 fitting=proper=pertinent=well 적절한 right 옳은 wrong 잘못된 logical 논리적인
> natural 당연한 rational=reasonable 합리적인 impossible 불가능한 essential=integral=vital 필수적인
> important 중요한 necessary 필요한 surprising=amazing 놀라운 sorry=a pity=regrettable 유감스러운
> odd=strange=curious 이상한 funny 우스운 exercise 운동하다 regularly 규칙적으로 protect 보호하다
> environment 환경 keep~ locked 잠가두다 rule 지배하다 serve 섬기다 worry about=care about 걱정하다
> offer 제안하다 cancel=annul=call off 취소하다 get wet 젖다 realize 깨닫다 a large sum 거액 lawyer 변호사

문제 2. Translate the following into Korean.(기본+중급+고급+최고급과정) (각종 시험 뉘앙스 문제)

① She might come soon.

② She can't be at home.

③ She must like chocolate.

④ She may be in the wrong place.

⑤ He might have got stuck in traffic.

⑥ She could have taken the wrong bus.

⑦ You ought not to have told him a lie.

⑧ His plane should have arrived by now.

⑨ You can't have forgotten my birthday!

⑩ You need not have bought me a present.

⑪ I will have finished this project by Friday.

⑫ The game should be over by eight o'clock.

⑬ Don't touch that wire. It could be dangerous.

⑭ I may have left my mobile phone on the bus.

⑮ She must have been listening behind the door.

⑯ I would rather she came tomorrow than today.

⑰ I could have won the race if I had trained harder.

⑱ I would have visited you, but I forgot your address.

⑲ I should have told her the truth from the beginning.

⑳ If I had had enough money, I would have bought the car.

㉑ I would rather have stayed at home than gone to the movies.

㉒ She will have boarded her plane. It is too late to contact her.

㉓ You might not have broken it if you had been a bit more careful.

㉔ I'd prefer to go skiing this year rather than go on a beach holiday.

㉕ She might not have been concentrating when she made the mistake.

정답 ① 그녀는 곧 올지 몰라. ② 그녀는 집에 있을 리가 없어. ③ 그녀는 초콜릿을 좋아함에 틀림없어. ④ 그녀는 엉뚱한 곳에 있을지 몰라. ⑤ 그는 교통체증에 빠졌을지도 몰라. ⑥ 그녀는 엉뚱한 버스를 탔을 수도 있어. ⑦ 너는 그에게 거짓말을 하지 말았어야 했는데. ⑧ 그의 비행기는 지금쯤 도착했을 거야. ⑨ 너는 내 생일을 잊어버렸을 리가 없어.
⑩ 너는 나에게 선물을 사줄 필요가 없었는데. ⑪ 나는 금요일까지는 이 과제를 다 끝마칠 거야. ⑫ 경기는 8시쯤에는 끝날 거야. ⑬ 그 전선 만지지 마라. 위험할 수도 있어. ⑭ 나는 휴대전화기를 버스에 남겨뒀을지도 몰라. ⑮ 그녀는 문 뒤에서 듣고 있었음에 틀림없어. ⑯ 나는 그녀가 오늘보다는 차라리 내일 오면 좋겠어. ⑰ 내가 더 열심히 훈련했더라면 경주에서 이길 수 있었을 텐데. ⑱ 나는 너를 방문했을 거야. 하지만 네 주소를 잊어버렸어. ⑲ 나는 처음부터 그녀에게 진실을 말했어야 했는데. ⑳ 내게 충분한 돈이 있었더라면, 그 차를 살 수 있었을 텐데. ㉑ 나는 영화 보러 갔던 것보다 차라리 집에 있었더라면 더 좋았을걸. ㉒ 그녀는 비행기에 탑승했을 거야. 그녀에게 연락하기에는 너무 늦었어.
㉓ 네가 좀 더 신중했더라면, 그것을 깨뜨리지 않았을지도 몰라. ㉔ 나는 해변으로 휴가를 가느니 올해는 차라리 스키를 타러 가고 싶어. ㉕ 그녀는 그 실수를 저질렀을 때 집중을 하지 않고 있었을지 몰라.

어휘 the wrong place 엉뚱한 곳 get stuck 오도 가도 못하다 traffic 교통 by now 지금쯤 buy-bought-bought 사다 present 선물 project 과제, 계획 by Friday 금요일까지 be over 끝나다 dangerous 위험한 mobile phone 휴대전화기 behind 뒤에서 win-won 이기다 race 경주 training 훈련 forget-forgot 잊어버리다 from the beginning 처음부터 go to the movies 영화 보러 가다 break-broke-broken 깨다 contact 연락하다 a bit 약간 careful=cautious 신중한 this year 올해 go on a holiday 휴가를 가다 beach 해변, 강변 concentrate 집중하다 make a mistake 실수를 하다

PART 12 | 가정법과 조건문(출제 최고빈도 과정)
(subjunctive and conditional)

1 영의 조건문/무조건문/직설법/Zero Conditional(기초과정)

If(when)+주어+현재형/과거형, 주어+현재형/과거형: 과학적 사실이나 일반적 사실, 또는 습관을 나타낼 때 사용되며 「A하면 무조건 B하다」로 해석합니다.

① If(When) you heat water, it boils.　　② People die if(when) they don't eat.

③ If(When) I have money, I spend it.　　④ If(When) I had money, I spent it.

⑤ If(When) he was angry, he would always slam doors.

> **해석** ① 물에 열을 가하면, 물은 끓는다. ② 사람들은 먹지 않으면 죽는다. ③ 나는 돈이 있으면 쓴다.
> ④ 나는 돈이 있으면, 썼다. ⑤ 그는 화가 나면 항상 문을 쾅 닫곤 했다.

2 제 1 조건문(Conditional Sentence Type 1)(기본과정)

If+주어+현재형 동사, 주어+현재나 미래의 뜻을 가진 조동사(will, can, may, might, could, should, be going to, must, had better)+동사원형: 불확실하지만 현재나 미래에 실현 가능성이 높은 조건을 나타낼 때 사용하며 「A하면 B 할 거야」로 해석합니다. If를 생략하면 「Should+주어+동사의 원형」의 어순을 따릅니다.

① If I meet him, I will tell him to contact you.

  = Should I meet him, I will tell him to contact you. (formal)

  ≠ Do I meet him, I will tell him to contact you. (x)

② If she comes late again, she may lose her job.

  = Should she come late again, she may lose her job.

  ≠ Does she come late again, she may lose her job. (x)

③ If you start now, you can finish your homework by tomorrow.

  = Should you start now, you can finish your homework by tomorrow.

  ≠ Do you start now, you can finish your homework by tomorrow. (x)

④ If he hands in his paper early tomorrow, he may/might/could/should get an A.

  = Should he hand in his paper early tomorrow, he may/might/could/should get an A.

> **해석** ① 내가 그를 만나면 너에게 연락하라고 말할게. ② 그녀가 또 지각하면, 그녀는 실직할지도 몰라.
> ③ 네가 지금 시작하면, 너는 네 숙제를 내일까지 끝마칠 수 있어.
> ④ 그가 내일 일찍 논문을 제출한다면, A학점 받을 수도 있어. *give(turn, send, hand) in=submit 제출하다

> **어휘** heat 가열하다 boil 끓다 have 가지다 spend-spent-spent 소비하다 angry=indignant=enraged 화난
> would ~하곤 했다 always 항상 slam 쾅 닫다 door 문/입구 have a day off 하루 쉬다 eat out 외식하다
> meet-met-met 만나다 tell 말하다 contact 연락하다 start 시작하다 finish 마치다 by tomorrow 내일까지

③ If 주어+should+동사원형, 주어+조동사의 현재형/과거형(will/would)(중급과정)

주로 현재나 미래의 가능성이 많지 않은 조건을 나타낼 때 사용되며, 「혹시 ～한다면」으로 해석하고 should대신 「(should) happen to」를 사용할 수 있습니다. 이때 if를 생략하면 should가 문장의 첫머리로 나오고, 부정문을 도치할 경우 축약형을 사용할 수 없습니다. 또한 제 1 조건문과 상호교체할 수 있습니다.

① If I should miss the train, I will take a taxi.

= If I happen to miss the train, I will take a taxi.

= If I should happen to miss the train, I will take a taxi.

= If I miss the train, I will take a taxi.

= Should I miss the train, I will take a taxi.

② If he should be a swindler, what would my destiny be?

= Should he be a swindler, what would my destiny be?

③ If you should not wish to join them, you must let them know right now.

= If you don't wish to join them, you must let them know right now.

= Should you not wish to join them, you must let them know right now. (o)

= Shouldn't you wish to join them, you must let them know right now. (x)

> **해석** ① 혹시 기차를 놓치면, 나는 택시를 탈거야. ② 혹시 그가 사기꾼이라면, 내 운명은 어떻게 될까?
> ③ 혹시 네가 그들과 합류하고 싶지 않으면, 지금 당장 그들에게 알려야 한다.

문제 3. Fill in the blanks with proper words.

If you should need help, do not hesitate to call me.

= If you _____ help, do not hesitate to call me.

= _____ you need help, do not hesitate to call me.

= If you _____ need help, do not hesitate to call me.

= If you _____ need help, do not hesitate to call me.

> **해석과 정답** 혹시 네가 내 도움이 필요하면, 주저하지 말고 전화 해.
> = If you (need) help, do not hesitate to call me.
> = (Should) you need help, do not hesitate to call me.
> = If you (happen) (to) need help, do not hesitate to call me.
> = If you (should) (happen) (to) need help, do not hesitate to call me.

> **어휘** miss the train 기차를 놓치다 swindler=cheater 사기꾼 destiny=fate=lot 운명 wish to ～하고 싶다
> join 합류하다 let~know ～에게 알리다 hesitate 주저하다 call=telephone=give~a call(ring) 전화하다
> at once=immediately=directly=instantly=instantaneously=promptly=outright=right off=right away
> =right now=without delay=off hand =out of hand=in no time=in an instant=in a moment
> =in a flash=in a snap=like a shot=on the spot=then and there=without any notice
> =at a moment's notice=in less than no time=at a word=at the drop of a hat=forthwith [즉시]

4 제 2 조건문(가정법 과거: Conditional Sentence Type 2)(고빈도 기본+중급과정)

If+주어+과거형 동사, 주어+조동사의 과거형(would/could/should/might)+원형동사

(1) 상태 동사의 과거형

현재의 사실을 반대로 상상할 때 사용되므로 「~라면~할 텐데」라고 해석하고, be동사의 경우 인칭에 상관없이 were를 쓰지만, 비공식적인 영어에서 was를 사용하는 경우가 있으나, 이는 문법적으로 인정되지 않으므로 피하는 게 좋습니다. 또한 If를 생략할 경우, Were를 문장의 맨 앞으로 옮기고, 일반 동사의 경우 「Were+주어+to+동사원형」의 어순을 따르지만, 「소유」의 의미로 쓰인 have동사는 「Had+주어」 어순으로 도치시킬 수도 있습니다. 가정법 과거를 사실(직설법)로 바꿀 때는 「접속사는 As, 시제는 현재로 내용은 반대로」 고치십시오.

① If I were a bird, I could fly to you. (가정법)

= Were I a bird, I could fly to you. (If 생략 구문)

= As I am not a bird, I cannot fly to you. (직설법)

② If I had a bike, I'd lend it to you. (가정법)

= Did I have a bike, I'd lend it to you. (×)

= Had I a bike, I'd lend it to you. (If 생략 구문)

= Were I to have a bike, I'd lend it to you. (If 생략 구문)

= As I don't have a bike, I can't lend it to you. (직설법)

③ If I knew her phone number, I would text her. (가정법)

= Did I know her phone number, I would text her. (×)

= Were I to know her phone number, I would text her. (If 생략 구문)

= As I don't know her phone number, I don't text her. (직설법)

④ If we were staying at the other hotel, we wouldn't have such a nice view of the river.

= Were we staying at the other hotel, we wouldn't have such a nice view of the river.

= As we are staying at this hotel, we have such a nice view of the river.

⑤ If(When) I was sick, my mom would give me medicine that tasted bitter.(무조건문)

해석 ① 내가 새라면 너에게 날아갈 수 있을 텐데. – 새가 아니어서 너에게 날아갈 수가 없구나.
② 내게 자전거가 있다면, 너에게 빌려줄 수 있을 텐데. – 자전거가 없어서 빌려줄 수가 없구나.
③ 내가 그녀의 전화번호를 알면 문자를 보낼 텐데. – 전화번호를 모르니까 문자를 못 보내는 거야.
④ 우리가 다른 호텔에 머물고 있다면, 저렇게 멋진 강의 모습을 보지 못할 텐데.
– 우리가 이 호텔에 묵고 있어서 저렇게 멋진 강의 모습을 볼 수 있다.
⑤ 내가 아프면, 나의 엄마는 쓴맛이 나는 약을 주시곤 했다. – 직설법 문장 – 무조건문

어휘 bird 새 fly 날다 bike 자전거 lend 빌려주다 know 알다 text 문자를 보내다 stay at ~에 머무르다 have a nice view of ~에 대한 멋진 모습을 갖다 river 강 sick 아픈 would ~하곤 했다 medicine 약 taste bitter 쓴 맛이 나다
at random(large)=at(by) hazard=at(by) haphazard=at will=at one's own sweet will=at a venture
=at one's will(option, pleasure, discretion)=at one's command(service, disposal, disposition)
=in one's disposition(disposal)=of one's own accord(choice, free will)=without aim(purpose)
=with no aim(purpose)=on one's own account(authority, initiative)=in a desultory way 임의로/닥치는 대로

(2) 동작동사의 과거형(중급과정)

동작동사와 함께 쓰여 「현재나 미래에 일어날 가능성이 없다고 생각되는 일을 상상할 때」 사용되며 「(그럴 리야 없겠지만) 혹시~하게 된다면, ~할 거야/~할 것이다」라고 해석하며 「were to」로 바꿔 쓸 수 있습니다. If를 생략할 경우, 「Were+주어+to+동사원형」의 어순을 따릅니다.

① If it stopped raining, we could play soccer.

= If it were to stop raining, we could play soccer.

= Were it to stop raining, we could play soccer.

= I don't think it will stop raining.

② If I won the lottery, I would buy a house in Hawaii.

= If I were to win the lottery, I would buy a house in Hawaii.

= Were I to win the lottery, I would buy a house in Hawaii.

= I don't expect that I will win the lottery.

③ If you took regular exercise, you wouldn't get so fat.

= If you were to take regular exercise, you wouldn't get so fat.

= Were you to take regular exercise, you wouldn't get so fat.

= I don't think that you will take regular exercise.

④ If we had lunch a little earlier, we could start the meeting at 1:00.

= If we were to have lunch a little earlier, we could start the meeting at 1:00.

= Were we to have lunch a little earlier, we could start the meeting at 1:00.

= Had we lunch a little earlier, we could start the meeting at 1:00. (×)

= It is not very probable that we will have lunch a little earlier.

> **해석** ① 비가 그치면 우리는 축구를 할 수 있을 텐데. – 도저히 멈출 것 같지 않다.
> ② 내가 복권에 당첨된다면, 나는 하와이에 집을 한 채 살 거야. – 나는 복권에 당첨되리라고는 기대하지 않는다.
> ③ 네가 규칙적으로 운동을 하면, 그렇게 살찌지는 않을 거야. – 네가 규칙적으로 운동을 하리라 생각하지 않는다.
> ④ 우리가 조금 더 일찍 점심을 먹으면, 1시에 회의를 시작할 수 있을 텐데. – 일찍 식사할 가능성이 없다.

(3) 충고할 때 (내가 너라면 ~하겠다)

① If I were you, I would study harder. = You had better study harder.

② If I were you, I would give up smoking. = You had better give up smoking.

③ If I were you, I would go to the doctor. = You had better go to the doctor.

> **해석** ① 내가 너라면, 공부를 더 열심히 하겠다. ② 내가 너라면, 나는 담배를 끊겠다.
> ③ 내가 너라면, 의사의 진찰을 받겠다.

> **어휘** play soccer 축구하다 win the lottery 복권에 당첨되다 take exercise 운동하다
> regular 규칙적인 get so fat 그렇게 살찌다 have lunch 점심 먹다 start 시작하다
> probable 가능성 있는 hard 열심히 give up smoking 담배를 끊다 go to the doctor 의사의 진찰을 받다

⑤ If 주어+were to+원형동사, 주어+조동사의 과거형(would/could/might)(중급과정)

현재나 미래에 일어날 가능성이 없다고 생각되는 일을 상상할 때(= 가정법 과거)나, 생각할 수 없을 정도로 끔찍한 미래의 상황을 상상할 때 사용되며, 「(그럴 리야 없겠지만) 혹시~하게 된다면, ~할 거야/~할 것이다」라고 해석하며, If를 생략하면 「Were+주어+to+동사원형」의 어순을 따릅니다.

① If he were to propose to you now, what would you say?

= If he proposed to you now, what would you say?

= Were he to propose to you now, what would you say?

= I don't think that he will propose to you.

② If he were to die before his parents, who would take care of them?

③ If I were to lose my job next year, I'd probably not find a new one quickly.

④ If the sun were to rise in the west, I would not change my love for you.

⑤ If I were to become President in 30 years, I would change the social security system.

(= It is not very probable that I will become President)

> **해석** ① 그가 지금 너에게 결혼신청 한다면, 넌 뭐라고 말할 거야? – 물론 그가 결혼 신청할 거라고 생각하지는 않지만.
> ② 혹시 그가 그의 부모님보다 먼저 죽으면, 누가 그들을 보살필까? – 그가 먼저 죽는다는 것은 끔찍한 일이다.
> ③ 혹시 내가 내년에 실직하게 된다면, 나는 신속히 새 직장을 찾지 못할 거야. – 내가 실직하는 것을 끔찍한 일이다.
> ④ 태양이 서쪽에서 뜬다 해도, 나는 당신에 대한 사랑 변치 않겠소. – 태양이 서쪽에서 뜰 일은 없겠지만.
> ⑤ 내가 30년 후에 대통령이 된다면, 나는 사회보장제도를 바꿀 거야. – 내가 대통령이 된다는 것이 불가능하겠지.

⑥ If 주어+were to+have+p.p, 주어+조동사의 과거형+have+p.p(고급과정)

지극히 불가능하거나 끔찍한 과거의 상황을 상상할 때 (~했더라면, ~했을 텐데)

① If the dam were to have burst, the entire town would have been destroyed.

= Such destruction is too horrible to consider.

② If the bus were to have gone over the railings, all the passengers would have drowned.

= Such an accident is too horrible to consider.

③ If he were to have failed his test, he would have been devastated.

= He is an excellent student, and it is very unlikely that he would have failed the test.

> **해석** ① 만일 그 댐이 터졌더라면, 읍 전체가 파괴되었을 것이다. – 그런 파괴는 생각만 해도 끔찍하다.
> ② 만일 버스가 난간을 넘어갔더라면, 모든 승객들이 익사했을 것이다. – 그런 사고는 상상만 해도 끔찍하다.
> ③ 만일 그가 시험에 실패했더라면, 그는 망연자실했을 것이다.
> – 그는 뛰어난 학생이어서 그가 시험에 실패했을 가능성이 없다.

> **어휘** take care of=care(fend) for=look(see) after=see(take) to=watch over=attend=tend 돌보다 quickly 신속히
> propose 결혼 신청하다 lose one's job 실직하다 probably 아마도 rise-rose-risen 뜨다, 오르다 president 대통령
> probable 가능성 있는 social security system 사회보장제도 burst 터지다 entire town 읍 전체 destroy 파괴하다
> destruction 파괴 horrible 끔찍한 consider 생각하다 go over 넘어가다 railing 다리 난간 drown 익사하다
> accident 사고 devastate 망연자실하게 하다, 황폐시키다 excellent 뛰어난 unlikely 가능성이 없는 boisterous=
> clamorous=obstreperous=noisy=raucous=rowdy=tumultuous=turbulent=uproarious=vociferous 소란스러운

7 제 3 조건문(가정법 과거완료: Conditional Sentence Type 3)(고빈도 중급과정)

> If 주어+had+p.p, 주어+조동사의 과거형(would/could/might) have+p.p
> 과거의 사실을 반대로 상상 가정할 때 사용되므로 반드시 「~했더라면, ~했을 텐데/~했을 것이다」라고 해석하며, If를 생략할 경우에는 「Had+주어+p.p」 어순이 되고, 부정문은 「Hadn't+주어+p.p (x)」로 써서는 안 되고 「Had+주어+not+p.p (o)」로 써야합니다. 또한 조건절을 「If 주어+were to+have+p.p」로 전환할 수 있으며, 가정법 과거 완료를 사실(직설법)로 바꿀 때 「접속사는 As, 시제는 과거로 내용은 반대로」 고치면 됩니다.

① If you had called me, I would have come.

  = Had you called me, I would have come.

  = If you were to have called me, I would have come.

  = Were you to have called me, I would have come.

  = As you did not call me, I did not come.

② If it had been fine yesterday, we would have made an excursion.

  = Had it been fine yesterday, we would have made an excursion.

  = As it was not fine yesterday, we did not make an excursion.

③ If the train had not stopped, they would not have escaped death.

  = Had the train not stopped, they would not have escaped death. (o)

  = Hadn't the train stopped, they would not have escaped death. (x)

  = As the train stopped, they escaped death.

④ If I had been wearing a seat belt, I wouldn't have been seriously injured.

  = Had I been wearing a seat belt, I wouldn't have been seriously injured.

  = As I was not wearing a seat belt, I was seriously injured.

⑤ If you had told me that you weren't coming, I wouldn't have been waiting for you there.

  = Had you told me that you weren't coming, I wouldn't have been waiting for you there.

  = As you did not tell me that you weren't coming, I was waiting for you there.

해석 ① 네가 나에게 전화했더라면, 내가 왔을 텐데. – 네가 전화하지 않아서 나는 오지 않았어.
② 어제 날씨가 좋았더라면, 우리는 소풍을 갔을 텐데. – 사실은 날씨가 좋지 않아서 우리는 소풍을 가지 않았다.
③ 만일 기차가 멈추지 않았더라면, 그들은 죽음을 모면하지 못했을 텐데. – 기차가 멈추어서 죽음을 모면했다.
④ 내가 안전띠를 착용하고 있었더라면, 나는 중상을 입지 않았을 텐데.
  – 사실 나는 안전띠를 착용하고 있지 않아서 중상을 입었다.
⑤ 만일 네가 오지 않을 거라고 나에게 말해 주었더라면, 나는 그곳에서 너를 기다리고 있지 않았을 텐데.
  – 사실 네가 오지 않을 거라고 말해주지 않아서, 나는 그곳에서 너를 기다리고 있었잖아.

어휘 fine 날씨가 좋은 yesterday 어제 make an excursion 소풍을 가다 train 기차 stop 멈추다 escape 피하다
death 죽음 wear—wore—worn 착용하다 be seriously injured 중상을 입다 seat belt=safety belt 안전띠
wait for=await 기다리다 bizarre=curious=cranky=eccentric=extraordinary=erratic=fantastic=fanciful
=freaky=freakish=grotesque=idiosyncratic=odd=outlandish=peculiar=queer=rare=singular=strange=unusual
=uncanny=unnatural=weird 이상한/기이한 stay(stick) with=stand pat on=be tenacious to~에 집착(고수)하다

⑧ 혼합 조건문(mixed conditionals)/혼합 가정법의 여러 가지(고빈도 고급과정)

(1) ⓐ 과거와 현재가 혼합되어있는 경우(과거에 ~했더라면, 지금 ~할 텐데)
　　ⓑ 현재와 과거가 혼합되어있는 경우(현재 ~라면, 과거에 ~했을 텐데)

① If you had not saved me then, I would not be alive now.

　= Had you not saved me then, I would not be alive now.

　= As you saved me then, I am alive now.

② If I were rich, I would have bought that Ferrari we saw yesterday.

　= But I am not currently rich, so I didn't buy the Ferrari yesterday.

> **해석** ① 네가 그때 나를 구해주지 않았더라면, 나는 지금 살아있지 않을 텐데. – 그때 나를 구해주어서 지금 살아있다.
> ② 내가 지금 부자라면, 어제 우리가 본 그 페라리를 샀을 텐데. – 현재 부자가 아니라서 어제 그 페라리 못 샀다.

(2) ⓐ 과거와 미래가 혼합되어있는 경우(과거에 ~했더라면, 미래에 ~할 텐데)
　　ⓑ 미래와 과거가 혼합되어있는 경우(미래에 ~할 예정이라면, 과거에 ~했을 텐데)

① If I had won the lottery yesterday, I would buy a new car tomorrow.

　= As I didn't win the lottery yesterday, I'm not going to buy a new car tomorrow.

② If I weren't going on my business trip next week, I would have already traveled abroad.

　= But I am going to go on a business trip next week, and that is why I didn't travel abroad.

> **해석** ① 내가 어제 복권에 당첨되었더라면, 내일 새 차를 사려 했는데. – 어제 당첨되지 않아서 내일 새 차 살 예정이 없어.
> ② 내가 다음 주에 출장을 가지 않는다면, 나는 진작 해외여행을 갔을 텐데. – 다음 주에 출장이 있어서 해외여행 안 갔다.

(3) ⓐ 현재와 미래가 혼합되어있는 경우(현재~하면, 미래에 ~할 텐데)
　　ⓑ 미래와 현재가 혼합되어있는 경우(미래에 ~할 예정이라면, 현재 ~할 텐데)

① If I didn't have savings, I wouldn't be going on holiday tomorrow.

　– As I have savings, I am going on holiday tomorrow.

② If I were going to that concert tonight, I would be very excited.

　= But I am not going to go to that concert tonight and that is why I am not excited.

> **해석** ① 내가 저축해 놓은 돈이 없다면, 내일 휴가를 떠나지 못할 텐데. – 저축해 놓은 돈이 있어서 내일 휴가 갈 거다.
> ② 내가 오늘 밤에 연주회에 가기로 되어있다면, 지금 신이 날 텐데. – 연주회에 갈 예정이 없어서 나는 신이 안 난다.

> **어휘** save 구하다 then 그 때 alive 살아있는 currently 현재 win the lottery 복권에 당첨되다
> go on a business trip 출장하다 travel abroad 해외여행 가다 already 이미 savings 저축금
> go on (a) holiday 휴가를 가다 concert 연주회, 협력, 제휴 tonight 오늘 밤 be excited 신나다
> at a loss=at one's wit's end=mixed up=in confusion(panic)=addled=baffled=bewildered=bemused
> =bedeviled=confused=confounded=consternated=dazed=dismayed=disconcerted=discomfited=disoriented
> =disquieted=dumfounded=embarrassed=entangled=flurried=flustered=fluttered=muddled=mystified
> =nonplused=puzzled=perplexed=perturbed=rattled=ruffled=stumped=stunned=stupefied=unnerved
> =upset=up a stump=in a flutter=in a tight(bad, hot) box=like a cat on a hot tin roof 어리둥절한/당황한

9 If 절에 will이나 would가 오는 경우(고급과정)

(1) 주어의 의지나 고집을 나타낼 때 If 절에서 will을 사용합니다.

① If she won't join us, there is nothing we can do to make her.

= If she refuses to join us, there's nothing we can do to make her.

② If she will eat so many chocolates, it's natural that she has a spotty face.

> **해석** ① 그녀가 우리와 합류하려하지 않는다면, 우리가 그녀를 합류시키기 위해 할 수 있는 일은 아무것도 없다.
> ② 그녀가 그토록 많은 초콜릿을 계속 먹으면, 그녀가 여드름 난 얼굴을 갖는 것은 당연하다.

(2) If 절이 미래의 결과나 예측을 나타낼 때, If 절에서 will/would을 사용합니다.

① If it will set you at ease, I'll stay at home tonight. (결과)

② If you won't arrive before seven, I can't meet you. (예측)

= If you won't be arriving before seven, I can't meet you.

> **해석** ① 그것이 당신을 안심시킨다면, 나는 오늘 밤 집에 있겠소.
> ② 네가 7시 전에 도착하지 못하게 된다면, 나는 너를 만날 수 없어.

(3) 주어의 자발성(volition or willingness)을 나타낼 때 if 절에서 will이나 would를 사용하며, 이 때 will은 be willing to(기꺼이~하다/~해주다)의 뜻입니다.

① If Claire will meet us at the airport, it will save us a lot of time.

= If Claire is willing to meet us at the airport, it will save us a lot of time.

② If you would listen to me once in a while, you might learn something.

> **해석** ① Claire가 공항으로 우리를 마중하러 나와 준다면, 우리는 많은 시간을 절약할 수 있을 거야.
> ② 당신이 가끔 제 말씀에 기꺼이 귀를 기울이신다면, 당신은 뭔가를 배울 수도 있어요.

(4) 정중한 요청(polite requests)을 나타낼 때 if 절에서 will이나 would를 사용하며, If you will/would… = If you wouldn't mind…(~해 주신다면)의 뜻입니다.

① I would be grateful if you would give me a little help.

② If you would take a seat, the doctor will see you in five minutes.

= If you wouldn't mind taking a seat, the doctor will see you in five minutes.

> **해석** ① 좀 도와주시면 감사하겠습니다. ② 자리에 앉아 계시면, 의사가 5분 후에 당신을 만나실 것입니다.

> **어휘** join 합류하다 natural 당연한 spotty 여드름이 난 set~at ease 안심시키다 tonight 오늘밤
> arrive 도착하다 meet 마중하다 save 절약하다, 덜어주다 a lot of=lots of 많은 in+시간 ~후에/만에/지나서
> listen to 귀를 기울이다 once in a while=sometimes=at whiles=now and then=from time to time 가끔
> might ~할 수도 있다 grateful=thankful=appreciative 감사하는 give a help 도와주다 take a seat 자리를 잡다
> at all costs(hazards, rates)=at any cost(price)=cost what it may=whatever it may cost=by all means
> =by any means=in any way possible=by fair means or foul=by heaven and earth=by hook or (by) crook
> =as sure as death(fate, a gun, nails, I live)=I bet you=You bet=whatever may happen 기필코/어떤 희생을
> 치르더라도 **ex** We must avoid war, at all costs. (우리는 기필코 전쟁을 피해야 한다)

⑩ If 주어+could…, 주어+조동사의 과거(would/could/might)(중급과정)

현재나 미래의 상황에서 주어의 능력이나 가능 및 허락을 상상할 때 사용되며, 「~할 수 있다면」으로 해석하고 「were able to」나 「were permitted to」로 바꿀 수 있습니다.

① If he could speak English, I would employ him. (능력)

= If he were able to speak English, I would employ him.

② If I could meet her, I would attend his birthday party. (가능)

= If I were able to meet her, I would attend his birthday party.

③ I wouldn't go to the restaurant if people could smoke inside. (허락)

= I wouldn't go to the restaurant if people were permitted to smoke inside.

> **해석** ① 그가 영어를 할 수 있다면, 나는 그를 고용할 텐데. ② 내가 그녀를 만날 수 있다면, 나는 그의 생일파티에 갈 거야.
> ③ 사람들이 안에서 담배를 피울 수 있다면, 나는 그 식당에 가지 않을 거야.

⑪ If 주어+could have p.p, 주어+조동사의 과거(would/could/might)+have+p.p(고급과정)

과거의 사실을 반대로 상상 가정할 때 사용되며 「~할 수 있었더라면」으로 해석하고 「had been able to」나 「had been permitted to」로 바꿀 수 있습니다

① If he could have helped me, he would have done so.

= If he had been able to help me, he would have done so.

= As he could not help me, he did not do so.

② If I could have picked a star for her, I would have done it.

= If I had been able to pick a star for her, I would have done it.

= As I could not pick a star for her, I did not do it.

③ If I could have left work early, I would've been very grateful.

= If I had been permitted to leave work early, I would've been very grateful.

= As I could not leave work early, I was not very grateful.

> **해석** ① 그가 나를 도울 수 있었더라면, 그는 그렇게 했을 거야.
> – 그가 나를 도울 수 없어서, 그렇게 하지 못했던 거지.
> ② 내가 그녀를 위해서 별을 따줄 수 있었더라면, 나는 그렇게 했을 거야.
> – 내가 그녀를 위해서 별을 딸 수가 없어서, 그렇게 못했던 거야.
> ③ 내가 일찍 퇴근할 수 있었더라면, 나는 무척 감사했을 거야.
> – 내가 일찍 퇴근할 수 없어서 별로 감사하지 않았던 거야.

> **어휘** employ=hire 고용하다↔unemploy=fire=boot=eject=dismiss=discharge=lay off=let go=kick out 해고하다
> attend 참석하다 smoke 담배를 피우다 inside 안에서 be permitted(allowed) to ~하도록 허락되다 help 돕다
> pick a star 별을 따다 leave work 퇴근하다 early 일찍/이른 grateful=thankful=appreciative=obliged 감사하는
> betray=act contrary to=apostatize=backslide=blow(rat, run out) on(upon)=break faith with=change sides
> =deceive=defect=desert one's cause(principles)=give away=go back on=jilt=let down=run counter to
> =sell~out=go(turn, rebel, revolt, rise) against=tergiversate=turn(change) one's coat or color=turn round
> =turn traitor to=work(play) a double-cross on 변절(배신/거역)하다 **ex** She went against her mother.

◀ 뉘앙스 맛보기 ▶

지금까지 공부한 것을 바탕으로 다음 문장들의 의미차이를 구별해 보세요.

① If I see him, I will tell him.

② If I saw him, I would tell him.

> **해석** ① 내가 그를 만나기로 되어 있는 상황에서 – 내가 그를 만나면 그에게 말할게.
> ② 내가 그를 만날 가능성이 없지만 – 내가 그를 만나게 되면 내가 그에게 말할 텐데.

① If I get promoted, I will throw a big party.

② If I got promoted, I would throw a big party.

> **해석** ① 내가 승진을 앞두고 있는 사람으로서 곧 승진하게 되면 내가 큰 파티를 열게.
> ② 내가 승진할 가능성이 없지만 혹시라도 승진하게 되면 내가 큰 파티를 열 텐데.

① If I become president, I'll change the social security system.

② If I became president, I'd change the social security system.

= If I were to become President, I'd change the social security system.

③ If I were President, I'd change the social security system.

④ If I had been President, I'd have changed the social security system.

> **해석** ① 대통령이 될 가능성이 많은 대통령 후보자가 – 제가 대통령이 된다면 사회보장제도를 바꾸겠습니다.–의 뜻
> ② 대통령이 될 가능성이 없는 일반인이 하는 말로서 – 내가 대통령이 된다면 사회보장제도를 바꿔버릴 텐데.–의 뜻
> ③ 내가 현재 대통령이라면 사회보장제도를 바꿔버릴 텐데. – 대통령이 아니어서 사회보장제도를 바꿀 수가 없다.
> ④ 내가 과거에 대통령이었더라면, 사회보장제도를 바꿔버렸을 텐데.
> – 과거에 대통령이 아니어서 과거에 못 바꾸었다.

① If it had not rained last night, I would have gone fishing.

② If it had not rained last night, I would go fishing now.

> **해석** ① 어젯밤에 비가 내리지 않았더라면, 낚시를 갔을 텐데. – 어젯밤에 비가 내려서 낚시를 가지 못했다.
> ② 어젯밤에 비가 내리지 않았더라면, 지금 낚시를 갈 텐데. – 어젯밤에 비가 내려서 지금 낚시를 못 간다.

① Should you wish to cancel your order, please contact our customer service.

② If we wanted someone to fix something, we would ask our neighbour. He was always ready to help.

> **해석** ① 혹시 당신의 주문을 취소하고 싶으시면, 저희 고객서비스로 연락 주세요.(취소할 가능성이 적을 경우)
> ② 우리는 뭔가를 고쳐줄 사람이 필요하면, 우리 이웃에게 부탁하곤 했다. 그는 항상 기꺼이 도와주었다.(무조건문)

어휘 get promoted 승진하다 throw(hold) a party 파티를 열다 become-became-become 되다
president 대통령 change 바꾸다/바뀌다 social security system 사회보장제도 help=assist 돕다
last night 어젯밤 go fishing 낚시가다 order 주문 contact=reach=keep(get) in touch with 연락하다
fix=mend=repair=do up 고치다 would ~하곤 했다 neighbor 이웃 always 항상 be ready to 기꺼이 ~하다
cancel=call(strike, scratch) off=strike(scratch, scrub) out=scrub round=take(call) back=back down on
=back out of=set aside=go back on=abrogate=annul=countermand=elide=forgo 취소하다/철회하다

12 조건문에서 If를 생략할 때 주의해야 할 사항(고급과정)

(1) 현재, 현재진행, 현재완료, 현재완료진행시제에서도 should를 이용하여 도치시킵니다.

① If the weather is rainy, I will stay at home.
= Should the weather be rainy, I will stay at home.
② If he's working today, he'll be in his office.
= Should he be working, he'll be in his office.
③ If I've finished the report, I'll send you a copy.
= Should I have finished the report, I'll send you a copy.
④ If she has been travelling all day, she'll be feeling pretty tired.
= Should she have been traveling all day, she'll be feeling pretty tired.

> 해석 ① 만일 날씨가 비가 오면, 나는 집에 있을 거야. ② 만일 그가 오늘 일하고 있다면, 그는 자기 사무실에 있을 거야.
> ③ 만일 내가 보고서를 마치면, 너에게 사본 하나를 보내줄게.
> ④ 만일 그녀가 온종일 여행을 하고 있다면, 그녀는 꽤 피곤할 거야.

(2) 부정문의 도치구문에서 축약형을 사용할 수 없습니다.

① If he were not ill today, he could join us.
= If he weren't ill today, he could join us.
= Weren't he ill today, he could join us. (x)
= Were he not ill today, he could join us. (o)
② If he didn't(weren't to) study harder, he wouldn't pass the exam.
= Didn't he study harder, he wouldn't pass the exam. (x)
= Weren't he to study harder, he wouldn't pass the exam. (x)
= Were he not to study harder, he wouldn't pass the exam. (o)
③ If it had not rained yesterday, we'd have finished painting the walls.
= If it hadn't rained yesterday, we'd have finished painting the walls.
= Hadn't it rained yesterday, we'd have finished painting the walls. (x)
= Had it not rained yesterday, we'd have finished painting the walls. (o)

> 해석 ① 그가 오늘 아프지 않다면, 우리와 합류할 수 있을 텐데.
> ② 그가 더 열심히 공부하지 않으면, 그는 시험에 합격하지 못할 거야.
> ③ 어제 비가 내리지 않았더라면, 우리는 벽에 페인트칠하는 것을 마쳤을 텐데

(3) If를 생략하고 도치할 경우 조건절은 결과절 뒤로 갈 수 없다는 주장과 뒤에 있어도
    상관없다는 두 가지 주장이 존재하고 있으나 한국에서는 상관없다는 주장을 따르고 있습니다.

① The tornado could cause a lot of damage/ were it to hit Hawaii.
② She'd never have believed it/ had she not seen it with her own eyes.

> 해석 ① 그 회오리는 많은 피해를 입힐 수 있을 거야/ 그것이 하와이를 강타한다면.
> ② 그녀는 그것을 믿지 않았을 것이다/ 자신의 눈으로 그것을 보지 않았더라면.

> 어휘 weather 날씨, 극복하다 rainy 비가 오는 stay 머무르다 office 사무실 finish 끝마치다
> send 보내다 copy 사본 travel 여행하다 pretty tired 꽤 피곤한 ill 아픈 join 합류하다 harder 더 열심히
> pass 합격하다 paint 페인트칠하다 wall 벽 call=give a call(ring) 전화하다 cause damage 피해를 입히다

문제 4. Rewrite the conditional clauses in inverted forms.(고급과정)

① If I were you, I wouldn't do it.

② If we go by taxi, we won't be late.

③ If I don't work, I can't buy the car.

④ If I weren't sick, I would be playing soccer now.

⑤ If my boss calls, please let me know right away.

⑥ If they are interested, we'll send them a price list.

⑦ If it stopped raining, we could go out and go home.

⑧ If she hadn't been so ill, she would have come with us.

⑨ If he did not study harder, he wouldn't get good grades.

⑩ If you have read the book through, please lend it to me.

⑪ If I had a lot of money, I would travel around the world.

⑫ We would have won the game if Tom had not dropped the ball.

⑬ If he had not worked so hard, he wouldn't be where he is now.

⑭ If it hadn't been for your foolishness, we wouldn't have got lost.

⑮ If I had dinner earlier, I could have enough time to finish my homework.

해석과 정답 ① 내가 너라면 나는 그것을 하지 않을 거야. – Were I you, I wouldn't do it. ② 우리가 택시로 가면 늦지 않을 거야. – Should we go by taxi, we won't be late. ③ 내가 일하지 않으면, 나는 그 차를 살 수 없어. – Should I not work, I can't buy the car. ④ 내가 아프지 않다면 지금 축구를 하고 있을 텐데. – Were I not sick, I would be playing soccer now. ⑤ 나의 사장님이 전화하면 즉시 알려줘. – Should my boss call, please let me know right away. ⑥ 그들이 관심이 있으면 우리가 그들에게 가격 목록을 보내 드릴게요.– Should they be interested, we'll send them a price list. ⑦ 비가 그치면 우리는 나가서 집에 갈 수 있으련만. – Were it to stop raining, we could go out and go home. ⑧ 그녀가 그토록 아프지 않았더라면, 그녀는 우리와 함께 갔을 텐데. – Had she not been so ill, she would have come with us. ⑨ 그가 더 열심히 공부하지 않으면, 그는 좋은 성적을 얻지 못할 거야. – Were he not to study harder, he wouldn't get good grades. ⑩ 네가 그 책을 다 읽고 나면, 나에게 그것을 빌려줘. – Should you have read the book through, please lend it to me. ⑪ 내게 돈이 많이 있다면, 나는 세계여행을 할 텐데. – Had I a lot of money, I would travel around the world. = Were I to have a lot of money, I would travel around the world. ⑫ Tom이 공을 떨어뜨리지 않았더라면, 우리는 경기를 이겼을 텐데. – Had Tom not dropped the ball, would have won the game. ⑬ 그가 그토록 열심히 일하지 않았더라면, 그는 현재의 위치에 없을 텐데. – Had he not worked so hard, he wouldn't be where he is now. ⑭ 너의 어리석음이 없었더라면, 우리는 길을 잃지 않았을 텐데. – Had it not been for your foolishness, we wouldn't have got lost. ⑮ 내가 저녁식사를 더 일찍 먹으면, 숙제를 마칠 수 있는 충분한 시간을 가질 수 있을 텐데. – Were I to have dinner earlier, I could have enough time to finish my homework.

어휘 by taxi 택시로 late 늦은 work 일하다 buy 사다 sick 아픈 play soccer 축구를 하다 now 지금 boss 주인, 사장 right away 즉시 interested 관심 있는 send 보내다 price list 가격표 ill 아픈 come with ~함께 가다 harder 더 열심히 grade 성적, 평점 read through 끝까지 읽다 lend 빌려주다 a lot of 많은 travel around the world 세계여행을 하다 drop 떨어뜨리다 win 이기다 If it hadn't been for ~이 없었더라면 get lost 길을 잃다 dinner 저녁식사 earlier 더 일찍 bring on(about, forth)=bring(call)~into being=bring~to pass=result(end, issue, eventuate, terminate) in =conduce(lead) to=give rise(birth) to=stir up=touch off=produce=provoke=procure=yield=raise=arouse=beget =court=cause=generate=evoke=effect=effectuate=incur=induce=engender=initiate=instigate=kindle=occasion= =spawn=trigger=agitate=contract 초래하다/생산하다/일으키다/발생시키다/야기하다

13 가정법 현재(시험 출제 빈도수가 가장 높은 최고급과정)

「명·제·요·주·소·충·결·추」, 즉 명령, 제안, 요구, 주장, 소망, 충고, 결정, 추천 동사, 명사, 형용사 다음 that절에서 미래의 뜻을 포함하거나 당위성을 포함할 경우에는 가정법 현재(동사의 원형)를 쓰는데 영국영어에서는 가정법을 피하고 should 원형을 사용합니다. 그러므로 미국 시험에서는 반드시 원형을 쓰고 영국 시험에서는 should를 써야 합니다. 또한 미국 GMAT에서는 that을 생략한 것은 오답으로 처리하므로 that을 생략하지 않는 것이 좋습니다.

advise(agree, ask, command, decide, decree, demand, desire, determine, insist, mandate, move, order, pray, prefer, propose, recommend, request, require, suggest, urge) that+주어 +원형동사/It is best(crucial, desirable, essential, imperative, important, necessary, urgent, vital, a good idea, a bad idea) that+주어+원형동사

① I demanded that he leave at once.

② It was essential that he listen to me.

③ Jane preferred that I go to her party.

④ He suggested that we forgive the boy.

⑤ The doctor advised that I get some rest.

⑥ It is vital that I be at my best at all times.

⑦ It is important that she attend the meeting.

⑧ It is urgent that he sign the permission slip.

⑨ It is imperative that the game begin at once.

⑩ The doctor ordered that the patient not go out.

⑪ It's necessary that she be in the room with you.

⑫ It is crucial that you be there before Tom arrives.

⑬ It is desirable that Mr. Johnson hand in his resignation.

⑭ We insisted that a meeting be held as soon as possible.

⑮ The oriental doctor recommended that I go to the sauna.

⑯ The manager was eager that his visitor see the new building.

해석 ① 나는 그에게 즉시 떠날 것을 요구했다. ② 그가 내 말에 귀를 기울일 필요가 있었어. ③ Jane은 내가 자기 파티에 오기를 원했어. ④ 그는 우리에게 그 소년을 용서해 주자고 제안했다. ⑤ 의사는 나에게 휴식을 좀 취하라고 충고했다. ⑥ 나는 항상 최상을 유지할 필요가 있어. ⑦ 그녀가 회의에 참석하는 것이 중요해. ⑧ 그가 허가서에 서명하는 것이 시급하다. ⑨ 경기가 즉시 시작될 필요가 있다. ⑩ 의사는 환자에게 나가지 말 것을 명령했다. ⑪ 그녀가 너와 함께 그 방에 있을 필요가 있어. ⑫ Tom이 도착하기 전에 네가 그곳에 가는 것이 중요해. ⑬ Johnson씨가 사직서를 제출하는 것이 바람직하다. ⑭ 우리는 가능한 한 빨리 회의를 개최하자고 주장했다. ⑮ 그 한의사는 나에게 사우나에 가라고 추천했다. ⑯ 그 관리자는 자신의 방문객이 그 새 건물을 보기를 원했다.

어휘 advise 충고하다 agree 동의하다 ask=demand=request=require 요구하다 command=decree 명령하다 desire 갈망하다 decide=determine 결심하다 insist 주장하다 move=propose=suggest 제안하다 mandate 명령하다 order 명령하다 pray 기원하다 prefer 더 바라다 recommend 추천하다 urge 촉구하다 wish 바라다 crucial 결정적인 desirable 바람직한 essential=imperative 필수적인 important 중요한 urgent 절박한 vital 필수적인 leave 떠나다 at once 즉시 listen to 귀를 기울이다 be at one's best 최상의 상태를 유지하다 forgive 용서하다 attend 참석하다 get rest 휴식을 취하다 at all times 항상 permission slip 허가서 patient 환자 hand in 제출하다 resignation 사직서/사표 manager 관리자 as soon as possible 가능한 한 빨리 oriental doctor 한의사 be eager that 갈망하다

◀ 뉘앙스 맛보기 ▶

① He suggests that his father is rich.

② She insists that she is good at heart.

③ She insists that he be invited to the party.

④ She insists that he was invited to the party.

⑤ The witness insisted that the accident had happened on the crosswalk.

> **해석** ① 그는 자신의 아버지가 부자라고 은근히 시사한다. – 이때 suggest는 시사하다, 암시하다, 넌지시 말하다
> ② 그녀는 자신이 마음씨가 착하다고 주장한다. – 현재의 사실이나 내용을 주장하는 경우 ③ 그녀는 그를 파티에 초대해야 한다고 주장한다. – 가정법 현재로서 미래나 당위성을 나타내는 경우 ④ 그녀는 그를 파티에 초대했다고 주장한다. – 과거의 사실이나 내용을 주장하는 경우 ⑤ 그 목격자는 그 사고가 횡단보도에서 발생했다고 주장했다. – 과거 이전에 일어난 사건을 주장하는 경우

(1) 미국의 경영대학원 입학시험 (GMAT: Graduate Management Admission Test)에서 오답으로 처리되는 사례(Here are a few incorrect subjunctive constructions often used by the GMAT to trick you)

ex My boss requires that you be at work by 7 a.m. (o)

① My boss requires you be at work by 7 a.m. (x)

② My boss requires that you are at work by 7 a.m. (x)

③ My boss requires that you will be at work by 7 a.m. (x)

④ My boss requires that you are to be at work by 7 a.m. (x)

⑤ My boss requires that you should be at work by 7 a.m. (x)

> **해석과 오답 이유** **ex** 우리 사장님은 네가 아침 7시까지 출근할 것을 요구 하신다. ① 번은 that이 빠져있어서 오답
> ② 번은 직설법 are를 사용할 수 없으므로 오답 ③ 번은 will be가 오답
> ④ 번은 are to를 사용할 수 없어서 오답 ⑤ 번은 should를 사용할 수 없으므로 오답

(2) 반면에, 영국에서는 가정법 현재를 사용하지 않고 should+원형을 사용합니다.

① She insisted that she should pay for the meal.

② He demanded that we should pay for the repair.

③ We agreed that we should meet the following week.

④ He asked that we should be ready to leave at nine.

⑤ It is essential that we should protect the environment.

⑥ She requested that we should not make too much noise.

> **해석** ① 그녀는 자신이 식사비를 내야 한다고 주장했다. ② 그는 우리에게 수리비를 지불할 것을 요구했다.
> ③ 우리는 그 다음 주에 만나기로 합의했다. ④ 그는 우리에게 9시에 떠날 준비할 것을 요구했다.
> ⑤ 우리는 환경을 보호할 필요가 있다. ⑥ 그녀는 우리에게 너무 많이 떠들지 말 것을 요구했다.

> **어휘** be good at heart 마음씨가 착하다 invite 초대하다 accident 사고 happen 발생하다
> crosswalk 횡단보도 be at work 출근하다 by ~까지 pay for 비용을 지불하다 meal 식사
> repair 수리 be ready to ~할 준비를 하다 protect 보호하다 environment 환경 make noise 떠들다

⑭ It's time (that)+주어+과거시제(고급과정)

It's (high, about) time (that)+주어+과거 = It is (high/about) time+(for ∼) to 부정사:
「긴·당·필·재」, 즉 긴급, 당연, 필요, 재촉을 나타내어 「∼할 시간/시기이다」로 해석합니다.
부정문에서는 사용할 수 없으며, be동사의 경우 단수일 때는 was를 사용해야 합니다.

① It is time (that) I was in bed now. = I should(ought to) go to bed now.

② It's time (that) we went home. = It's time for us to go home.

= It's time (that) we (should) go home. (×) (중복된 표현)

③ It's high time (that) we were leaving.

④ It's about time (that) I was settling down.

⑤ It's high(about) time (that) we bought a new car.

⑥ It was about time (that) you had confessed the truth last night.

= You should have confessed the truth last night.

> **해석** ① 난 잠자리에 들 시간이야. ② 우리는 집에 가야 할 시간이다. ③ 우리가 떠날 시간이 되었다.
> ④ 나는 정착할 때가 되었다. ⑤ 우리는 새 차 살 때가 되었다. ⑥ 어젯밤이 네가 진실을 고백할 시기였어.

문제 5. Complete the exercises below by placing the grammatically correct verb from the list in
each gap. Remember: You will need to change verb tense.

> start / finish / stop / pay / speak / go / be / buy

① It's time you _____ your project.

② It's about time you _____ on a diet.

③ It's high time you _____ a new car.

④ It's about time you _____ to exercise.

⑤ It's time you _____ a visit to the dentist.

⑥ It's high time we _____ back to our house.

⑦ It's about time you _____ staying out so late.

⑧ It's time something _____ done about the problem.

⑨ It's time you _____ to your teacher about the problem.

⑩ It's high time you _____ more respectful to your parents.

> **해석과 정답** ① 너는 네 프로젝트를 끝마칠 때가 되었다. (finished) ② 너는 다이어트 할 때가 되었다. (went)
> ③ 너는 새 차를 살 때가 되었다. (bought) ④ 너는 운동을 시작할 때가 되었다. (started) ⑤ 너는 치과를 방문할 때가 되
> 었다. (paid) ⑥ 우리는 집에 돌아갈 시간이 되었다. (went) ⑦ 너는 그토록 늦게 밖에 그만 있을 때가 되었다. (stopped)
> ⑧ 그 문제에 대해서 뭔가 조치를 취할 때가 되었다. (was) ⑨ 너는 그 문제에 대해서 선생님께 말씀드릴 때가 되었다.
> (spoke) ⑩ 너는 네 부모님께 더욱 공손할 때가 되었다. (were)

> **어휘** be in bed 잠자리에 들다 go home 집에 가다 leave-left-left 떠나다 settle down 정착하다
> confess=confide=concede=admit=avow=acknowledge=profess=own=make a clean breast of 고백하다
> project 과제 go on a diet 다이어트 하다 exercise 운동(훈련)하다 pay a visit to=visit=call at 방문하다
> dentist 치과 의사 stay out 밖에 머무르다 so late 그토록 늦게 problem 문제 more respectful 보다 공손한

15 I wish/If only/Oh, that/Would that/Would to God/Would to heaven(기본+중급과정)

ⓐ I wish+주어+가정법 과거(현재 ~라면 현재 좋을 텐데)

= I am sorry+주어+현재의 사실(현재~이 아니어서 현재 유감이다)

ⓑ I wish+주어+가정법 과거완료(과거에 ~했다면 현재 좋을 텐데)

= I am sorry+주어+과거의 사실(과거에 ~아니었던 것이 현재 유감이다)

ⓒ I wished+주어+가정법 과거(과거에 ~했다면 과거에 좋았을 텐데)

= I was sorry+주어+과거의 사실(과거에 ~아니어서 과거에 유감이었다)

ⓓ I wished+주어+가정법 과거완료(대과거에 ~했더라면 과거에 좋았을 텐데)

= I was sorry+주어+대과거의 사실(대과거에 ~아니었던 것이 과거에 유감이었다)

① I wish I were rich. = I am sorry I am not rich.

② I wish I had been rich. = I am sorry I was not rich.

③ I wished I were rich. = I was sorry I was not rich.

④ I wished I had been rich. = I was sorry I had not been rich.

해석 ① 현재 부자라면 현재 좋을 텐데. = 현재 부자가 아니어서 현재 유감이다. ② 과거에 부자였다면 현재 좋을 텐데. = 과거에 부자가 아니었던 것이 현재 유감이다. ③ 과거에 부자였다면 과거에 좋았을 텐데. = 과거에 부자가 아니어서 과거에 유감이었다. ④ 대과거에 부자였더라면 과거에 좋았을 텐데. = 대과거에 부자가 아니었던 것이 과거에 유감이었다.

(1) I wish+(that)+주어+were: 현재나 미래에 (~라면 좋겠다)

① I wish it were Saturday today.　　　　② I wish you weren't leaving tomorrow.

해석 ① 오늘이 토요일이면 좋겠다. ② 내일 네가 떠나지 않으면 좋겠다.

(2) I wish+(that)+주어+could: 현재나 미래에 (~할 수 있다면 좋겠다)

① I wish I could play the guitar like you. = I'm sorry that I can't play the guitar like you.

② I wish that I could go to your party tonight. = I am afraid I can't go to your party tonight.

해석 ① 나도 너처럼 기타를 칠 수 있다면 좋겠지만. – 너처럼 기타를 칠 수 없어 유감이다.

　　② 나는 오늘 밤 네 파티에 갈 수 있으면 좋겠지만. – 오늘 밤에 네 파티에 갈 수 없을 것 같아.

(3) I wish+(that)+주어+would: 주어의 현재 행동이나 상태에 대해 짜증이나 불만을 나타낼 때나 미래에 대한 소망을 나타낼 때 사용하며 (~하면 좋겠다)라고 해석합니다.

① I wish it would stop raining. = I am annoyed because it is raining now. (짜증)

② I wish you would stop smoking. = I am annoyed because you are smoking now. (짜증)

③ If only someone would buy the house. (소망)

해석 ① 난 비가 그치면 좋겠다. – 지금 비가 내리고 있어서 짜증 나. ② 난 네가 담배 그만 피우면 좋겠어. – 지금 네가 담배 피우니까 짜증 나. ③ 누가 그 집을 사가면 좋겠다.

어휘 rich 부유한 today 오늘 tomorrow 내일 leave 떠나다 play the guitar 기타를 치다 like ~처럼 tonight 오늘 밤 because 왜냐하면 annoyed 짜증난 now 지금 stop 멈추다 smoke 담배를 피우다

16 현재/과거시제 as if/as though+가정법 과거/과거완료(~인 것처럼)(출제 고빈도 중급)

| 현재시제 | { as if
as though | + 가정법 과거 = In fact 직설법 현재/현재의 사실
+ 가정법 과거완료 = In fact 직설법 과거/과거의 사실 |
| 과거시제 | { as if
as though | + 가정법 과거 = In fact 직설법 과거/과거의 사실
+ 가정법 과거완료 = In fact 직설법 대과거/대과거의 사실 |

① He talks as if(as though) he were sick. = In fact he is not sick.

② He talks as if(as though) he had been sick. = In fact he was not sick.

③ He talked as if(as though) he were sick.= In fact he was not sick.

④ He talked as if(as though) he had been sick. = In fact he had not been sick.

해석 ① 그는 현재 아픈 것처럼 얘기하고 있다. = 사실 현재 아프지 않다. ② 그는 과거에 아팠던 것처럼 현재 말한다. = 사실 과거에 아프지 않았다. ③ 그는 과거에 아픈 것처럼 말했다. = 사실 과거에 아프지 않았다. ④ 그는 대과거에 아팠던 것처럼 과거에 말했다. = 사실 대과거에 아프지 않았다.

◀ 뉘앙스 맛보기 ▶

① She talks as if she knew everything. = She doesn't know everything.

② She talks as if she knows everything. = Perhaps she knows everything.

③ He looks as if he were rich. (문어체) = He looks as if he was rich. (구어체)

④ She cried as though she were dying. (문어체) = She cried as though she was dying. (구어체)

주의 ☞ 문어체는 공식어로서 모든 시험에서 정답 처리되지만 구어체는 비공식어로서 말할 때는 사용되지만 시험에서는 틀린 것으로 간주되므로 특별히 주의해야 합니다.

해석 ① 그녀는 모든 것을 알고 있는 것처럼 말한다. = 사실은 모든 것을 알고 있는 것은 아니다.
② 그녀는 모든 것을 알고 있는 것처럼 말한다. = 아마 실제로 모든 것을 알고 있는 것 같다.
③ 그는 부자처럼 보이지만 실제는 아니다. ④ 그녀는 실제 죽어가는 것은 아니지만 죽어가고 있는 것처럼 울었다.

단순한 희망을 나타낼 때는 hope를 사용하고, 가능성이 전혀 없다고 판단될 때는 wish를 사용합니다.

① I hope it stops raining.

② I wish it would stop raining.

③ I hope that you pass your exam. ≠ I wish that you passed the exam. (x)

④ I hope that it's sunny tomorrow. ≠ I wish that it was sunny tomorrow. (x)

⑤ I wish that tomorrow were a holiday. ≠ I wish that tomorrow would be a holiday. (x)

해석과 설명 ① 나는 비가 그치면 좋겠다.(그칠지 안 그칠지 모르는 상황에서 희망을 표현하는 경우) ② 나는 제발 비가 그치면 좋겠다.(비가 도저히 그칠 것 같지 않아 짜증이 나는 상황에서) ③ 네가 시험에 합격하기 바란다.(합격할지 여부를 예측할 수 없는 상황에서 희망을 표현함) ④ 내일 햇빛이 쨍쨍 비치면 좋겠다.(해가 비칠지 모르는 상황에서 소망을 나타내는 경우) ⑤ 내일이 공휴일이라면 좋으련만.(공휴일이 아님)

어휘 sick 아픈 talk 말하다 know 알다 cry 울다 die 죽다 pass 합격하다 exam 시험 holiday 공휴일
advocate=adherent=backer=benefactor=booster=curator=custodian=defender=exponent=financer 지지자/후견인

17 But for = Without = Except for = Save for(출제 고빈도 고급과정)

주절의 시제가 조동사의 과거(would, could, might)이면 (~이 없다면),
조동사의 과거완료, 즉 would/could/might+have+pp이면 (~이 없었더라면)

ⓐ 가정법 과거 　　(~이 없다면)　　: If it were not for = Were it not for
　　　　　　　　　　　　　　　　　　　　 = If there were no = Were there no

ⓑ 가정법 과거완료 (~이 없었더라면)　: If it had not been for = Had it not been for
　　　　　　　　　　　　　　　　　　　　 = If there had been no = Had there been no

문제 6. Translate the following sentences into Korean.

① But for the sun, we could not live.

② What would happen if there were no gravity?

③ Without his timely rescue, she might have died.

④ Except for his good advice, I would have failed.

⑤ But for your help, I would have been in a big trouble.

⑥ If it were not for his family, he would not work so hard.

⑦ Were it not for music, our life would be as dry as a desert.

⑧ But for oxygen, all animals would have disappeared long ago.

⑨ He would have been included in the team, but for his recent injury.

⑩ Had it not been for your assistance, I could not have finished the task.

⑪ Save for his quick actions, we would certainly have been severely injured.

⑫ Had it not been for his foresight, everyone in the boat would have drowned.

⑬ If there had been no white hunters in the West, what would have happened to the buffalo

　population?

정답 ① 태양이 없다면 우리는 살 수 없을 텐데. ② 만일 중력이 없다면 무슨 일이 일어날까? ③ 그의 시기적절한 구조가 없었더라면, 그녀는 죽었을지도 몰라. ④ 그의 좋은 충고가 없었더라면, 나는 실패했을 거야. ⑤ 너의 도움이 없었더라면, 나는 커다란 어려움에 처했을 거야. ⑥ 그의 가족이 없다면, 그는 그토록 열심히 일하지 않을 텐데. ⑦ 음악이 없다면, 우리 삶은 사막처럼 건조할 거야. ⑧ 산소가 없었더라면, 모든 동물들이 오래전에 사라졌을 거야. ⑨ 그의 최근 부상이 없었더라면, 그는 그 팀에 포함되었을 텐데. ⑩ 너의 도움이 없었더라면, 나는 그 일을 끝마칠 수 없었을 거야. ⑪ 그의 신속한 조치가 없었더라면, 우리는 분명 중상을 입었을 거야. ⑫ 그의 선견지명이 없었더라면, 보트를 타고 있던 모든 사람들이 익사했을 텐데. ⑬ 만일 서부지역에 백인 사냥꾼들이 없었더라면, 미국 들소 개체수에 어떤 일이 일어났을까?

어휘 sun 태양 happen=occur=accrue=arise=originate=eventuate=issue=take place=break out=go on=turn up =crop up=come up=come about=come to pass=betide=befall=transpire 발생하다 gravity 중력 timely 시기적절한 rescue 구조 trouble 어려움 might have pp ~했을지도 모른다 hard 열심히 dry 건조한 desert 사막 oxygen 산소 include=involve=incorporate=encompass=embody=embrace=contain=cover=comprise=comprehend =subsume=take in=count in 포함시키다 animal 동물 long ago 오래 전에 recent 최근의 injury 부상 disappear=evanesce=evaporate=vanish=die(fade) out=fade away=become extinct 사라지다 severely 심하게 ↔show(turn) up 나타나다 assistance 도움 finish 끝마치다 task 일 quick action 신속한 조치 certainly 분명 foresight 선견지명, 예측, 예지 drown 익사하다 hunter 사냥꾼 buffalo 미국들소 population 개체 수, 인구

18 명령문, and 주+동/명령문, or 주+동(고빈도 기초과정)

ⓐ 명령문, and 주+동 = If you+동사 (~해라, 그러면 ~할 것이다)

ⓑ 명령문, or (or else, otherwise) 주+동 = If you+don't/aren't

= Unless you+동사 (~해라, 그렇지 않으면 ~할 것이다)

① Work hard, and you will succeed. = If you work hard, you will succeed.

② Work hard, or you will fail. = If you don't work hard, you will fail.

= Unless you work hard, you will fail.

해석 ① 열심히 일해라, 그러면 넌 성공할 것이다. ② 열심히 일해라, 그렇지 않으면 너는 실패할 것이다.

문제 7. Change the following sentences into conditional clauses.(조건문으로 전환하기)

① Do your best, and you will get a good result.

→ If _____

② Do your best, or you will not get a good result.

→ If _____

→ Unless _____

③ Study hard, and you will pass the examination.

→ If _____

④ Study hard, or you will fail in the examination.

→ If _____

→ Unless _____

해석과 정답 ① 최선을 다해라, 그러면 너는 좋은 결과를 얻을 것이다. → If you do your best, you will get a good result. ② 최선을 다해라, 그렇지 않으면 너는 좋은 결과를 얻지 못할 것이다. → If you don't do your best, you will not get a good result. → Unless you do your best, you will not get a good result. ③ 열심히 공부해라, 그러면 너는 시험에 합격할 것이다. → If you study hard, you will pass the examination. ④ 열심히 공부해라 그렇지 않으면 너는 시험에 실패할 것이다. → If you don't study hard, you will fail in the examination. → Unless you study hard, you will fail in the examination.

문제 8. Translate the following sentences into Korean.(국어로 옮기기)

① Hurry up, or else we will miss the train.

② Love others, and you will be loved by them.

③ Tell him the truth, or else you will be scolded.

④ Get up at once, otherwise you will be late for school.

⑤ Button up your overcoat, otherwise you'll catch cold.

⑥ One more effort, and you will be able to do the task.

⑦ A step farther, and he might have fallen off the cliff.

정답 ① 서둘러라, 그렇지 않으면 우리는 기차를 놓칠 것이다. ② 남을 사랑하라, 그러면 너도 그들에게 사랑 받을 것이다. ③ 그에게 진실을 말해라, 그렇지 않으면, 너는 꾸중 들을 것이다. ④ 즉시 일어나라, 그렇지 않으면 너는 학교에 지각할 거야. ⑤ 네 외투 단추를 잠가라, 그렇지 않으면 너는 감기에 걸릴 거야. ⑥ 한 번 더 노력해봐, 그러면 너는 그 일을 할 수 있을 거야. ⑦ 한 발자국만 더 멀리 디뎠더라면, 그는 절벽에서 떨어졌을 거야.

어휘 scold=rebuke 꾸짖다 button up 단추를 잠그다 catch cold 감기에 걸리다 get up 일어나다 at once 즉시 late 지각한 effort 노력 task 일, 과업 be able to 할 수 있다 farther 더 멀리 cliff 벼랑 fall off ~에서 떨어지다

19 Unless+주어+현재시제(기본과정) (토익 고빈도 과정)

Unless+주어+현재시제, 주어+will/would/shall/should/may/might+동사원형
(A가 일어나지 않으면, 그 결과 B가 일어날 것이다)를 말할 때 사용되는 표현

(1) unless = If~not = except if = except under the circumstances that의 뜻

  (~하지 않으면/~하지 않는 한/~한 상황을 제외하고)

① You won't get the job unless you prepare for the interview.

 = You won't get the job if you don't prepare for the interview.

 = You won't get the job except if you prepare for the interview.

 = You will get the job only if you prepare for the interview.

② Unless you have reserved seats, you won't get in to see the show.

 = If you don't have reserved seats, you won't get in to see the show.

 = Only if you have reserved seats will you get in to see the show.

해석 ① 너는 면접 준비하지 않으면 그 직업을 구하지 못할 것이다./오직 면접 준비를 했을 때만 얻게 될 것이다.
 ② 네가 예약된 좌석이 없으면 그 쇼를 보러 들어가지 못 할 거야./오직 예약석이 있을 때만 들어갈 수 있어.
주의 ☞ Only if가 문장의 첫 머리에 사용될 때, 주절의 주어와 동사가 도치된다는 점 유의하세요.

(2) Unless절속에 미래시제가 올 수 없으며, 주절이 먼저 올 때 unless 앞에 comma를 찍지 않는 것이
 문법적으로 맞습니다.

① Unless I hear from you, I'll see you at two o'clock. (o)

② I'll see you at two o'clock unless I hear from you. (o)

③ I'll see you at two o'clock, unless I hear from you. (x)

④ Unless I will hear from you, I'll see you at two o'clock. (x)

해석 내가 너로부터 아무런 소식을 듣지 않는 한, 두 시에 너를 만날 거야.

(3) 무조건문(영의 조건문)과 제 1 조건문에 사용됩니다.

① She wouldn't go with him unless I came too.

② I sleep with the window open unless it's really cold.

③ Unless I'm mistaken, she was back at work yesterday.

④ Unless something unexpected happens, I'll see you tomorrow.

⑤ We never used the front room unless we had important visitors.

⑥ He hasn't got any hobbies unless you call watching TV a hobby.

해석 ① 나도 함께 가지 않는 한, 그녀는 그와 함께 가려 하지 않았다. ② 날씨가 정말 춥지 않은 한 나는 유리창을 열어
놓고 잠을 잔다. ③ 내가 잘못 알고 있지 않는 한, 그녀는 어제 직장으로 돌아왔다. ④ 뭔가 예상치 못한 일이 일어나지
않는 한, 내일 널 만날 거야. ⑤ 우리는 중요한 방문객이 없는 한 앞쪽 방을 사용하지 않았다. ⑥ 네가 TV시청을 취미라고
부르지 않는 한, 그는 취미가 전혀 없다.

어휘 get 얻다, 구하다 job 직업 prepare for 준비하다, 대비하다 interview 면접(시험) too 역시, 또한 hear from ~로부터
소식을 듣다 with the window open 유리창을 열어 둔 채 really cold 정말 추운 mistaken 잘못 알고 있는, 오해하고
있는 be back at work 직장에 돌아오다 yesterday 어제 unexpected 예상치 못한 happen 발생하다 tomorrow 내일
use 사용하다 important=significant 중요한 front room 앞쪽 방, 응접실 visitor 방문객 hobby 취미 call 부르다

(4) 제 2 조건문(가정법 과거)과 제 3 조건문(가정법 과거완료)처럼 사실이 존재하는 문장에서는 unless를 사용할 수 없고 If ~not을 사용하므로 주의하시기 바랍니다.

① If he were not so silly, he would understand it. (= but he doesn't)

　Unless he were so silly, he would understand it. (×)

② I would go to the party if I didn't have a cold. (= but I have a cold.)

　I would go to the party unless I had a cold. (×)

③ If he had not tripped, he would have won the race. (= but he didn't win).

　Unless he had tripped, he would have won the race. (×)

> **해석** ① 그가 그토록 어리석지 않으면, 그것을 이해할 텐데(어리석어서 이해를 못한다).
> ② 내가 감기에 걸려있지 않다면 그 파티에 갈 텐데(감기에 걸려서 못 간다).
> ③ 그가 넘어지지 않았더라면, 그는 경주에서 이겼을 텐데(넘어져서 이기지 못했다).

◀ 뉘앙스 맛보기 ▶

if~not은 (~하지 않으면), unless는 (~하지 않는 한/~한 상황을 제외하고)

① I'll be at your place at noon if the bus is not late.

② I'll be at your place at noon unless [= except if] the bus is late.

= I won't be at your place at noon only if the bus is late.

③ I'll be angry if the bus isn't on time.

④ I'll be angry unless [= except if] the bus is on time. (×)

≠ I won't be angry only if the bus is on time. (×)

⑤ If it doesn't rain in August, the tourists will be happy.

⑥ ≠ Unless it rains in August, the tourists will be happy. (×)

> **해석** ① 버스가 늦지 않는다면, 나는 정오에 네 집에 도착할 거야. (논리적)
> ② 버스가 늦지 않는 한/ 버스가 늦는 상황을 제외하고, 나는 정오에 네 집에 도착할 거야
> – 오직 버스가 늦을 때만 네 집에 정오에 도착 못할 것이다. (둘 다 논리적)
> ③ 버스가 정각에 오지 않으면 나는 화가 날 거야. (논리적)
> ④ 버스가 정각에 오지 않는 한/ 버스가 정각에 오는 상황을 제외하고는 나는 화가 날 거야
> – 즉, 버스가 정각에 올 때만 화내지 않을 거야. (비논리적)
> ⑤ 8월에 비가 오지 않으면, 관광객들은 행복할 거야. (논리적)
> ⑥ 8월에 비가 오지 않는 한/비가 오는 상황을 제외하고는 행복할 것이다
> – 비가 올 때만 불행할 것이다. (비논리적)

> **어휘** silly 어리석은 understand 이해하다 cold 감기 win the race 경주에서 이기다 at noon 정오에
> late=behind time 늦은 on time=punctual 정각에 rain 비가 내리다 August 8월 tourist 관광객
> get angry(mad, enraged, indignant)=get(fly, fall) into a rage(fury)=hit the ceiling=show temper
> =get out of temper=get(fly, go) into a temper=get(fly, go) into one's tantrums=go up in the air
> =lose one's temper(head, reason)=blow(flare) up=bite(snap) one's head off=give vent to one's anger
> =have(get) one's hackles up=be fired up=explode into angry words=take a huff=go into a huff 화내다

20 주어 속에 If 절이 들어있는 경우(고급과정)

주절의 시제가 조동사의 과거형이면 「~라면」, 조동사의 과거형+have+pp이면 「~했더라면」으로 해석하고, 주절의 시제에 맞춰 주어를 「If 주어+were/had been」으로 전환할 수 있습니다.

① A Korean would not do such a thing.

= If he/she were a Korean, he/she would not do such a thing.

② An honest clerk would not have done such a mean thing.

= If he/she had been an honest clerk, he/she would not have done such a mean thing.

해석 ① 한국인이라면 그런 일을 하지 않을 텐데. ② 정직한 점원이었더라면, 그런 비열한 짓을 하지 않았을 텐데.

21 or, or else, otherwise가 If 절을 포함하고 있는 경우(출제 고빈도 고급과정)

① You must work hard, or you will fail.

= You must work hard. If you don't work hard, you will fail.

② I went at once, or else I would have missed the train.

= I went at once. If I had not gone at once, I would have missed the train.

③ We must water the plants; otherwise, they will wither.

= We must water the plants. If we don't water the plants, they will wither.

④ He should start exercising. Otherwise, he will get fat.

= He should start exercising. If he doesn't start exercising, he will get fat.

해석 ① 너는 열심히 일해야 한다. 그렇지 않으면 실패할 것이다. ② 나는 즉시 갔다. 그렇지 않았더라면 나는 기차를 놓쳤을 거야. ③ 우리는 그 식물들에게 물을 줘야 해. 그렇지 않으면 그들은 말라 죽을 거야. ④ 그는 운동을 시작해야 해. 그렇지 않으면 그는 살찌게 될 거야.

문제 9. Translate the following into Korean.(국어로 옮기기)

① A man of sense would not do such a thing.

② A true friend would not have betrayed you.

③ A man of wealth would have bought it on the spot.

④ He can't be in his right mind, or else he would know it.

⑤ He must have been ill; otherwise, he would have come here.

⑥ I must reach home before 8 o'clock, or my mother will get angry.

⑦ The program has saved thousands of children/ who would otherwise have died.

정답 ① 현명한 사람이라면 그런 일을 하지 않을 거야. ② 진정한 친구였더라면 너를 배신하지 않았을 텐데. ③ 부자였더라면 현장에서 그것을 샀을 텐데. ④ 그는 제정신일 리가 없다. 그렇지 않으면 그것을 알 텐데. ⑤ 그는 아팠음에 틀림없다. 그렇지 않았더라면 이곳에 왔을 텐데. ⑥ 나는 8시까지 집에 도착해야 해. 그렇지 않으면 내 엄마가 화내실 거야.
⑦ 그 프로그램은 수많은 아이들을 구했다/ 그렇지 않았더라면(그 프로그램이 없었더라면) 그들(그 아이들)은 죽었을 것이다.

어휘 such a thing 그런 일 mean 비열한, 치사한 hard 열심히 fail 실패하다 at once 즉시 die 죽다
miss 놓치다 water 물을 주다 wither 말라 죽다, 시들다 start exercising 운동을 시작하다
get fat 살찌다 a man of wealth 부자 on the spot 즉석에서, 현장에서 can't be ~일 리가 없다
in one's right mind 제정신인 reach 도착하다 get angry 화내다 save 구하다 thousands of 수많은

22 기타 otherwise의 다양한 의미(고급과정)

(1) 다른 방식으로(in a different way or manner)

① All of the books had been burned or otherwise destroyed.

② The protestors were executed, jailed or otherwise persecuted.

③ The new computer program allows us to do in seconds what would otherwise take us days to accomplish. (=without the computer program)

> **해석** ① 모든 책들은 불태워지거나 아니면 다른 방법으로 파괴되었다.
> ② 그 시위자들은 처형되거나, 투옥되거나, 아니면 다른 방식으로 박해를 받았다.
> ③ 그 새로운 컴퓨터 시스템은 다른 방식으로(그 시스템이 없다면) 수행하는데 며칠이 걸릴 일을 몇 초 만에 할 수 있게 해준다.

(2) 그 밖의 모든 면에서(in all ways except the one mentioned)

① The driver suffered shock but was otherwise unhurt.

② It rained in the morning, but it was a beautiful day otherwise.

③ I didn't like the ending, but otherwise it was a very good movie.

> **해석** ① 그 운전자는 충격을 받았지만 다른 모든 면에서는 다친 데가 없었다.
> ② 아침에 비가 내렸지만, 다른 모든 면에서는 아름다운 하루였다.
> ③ 나는 결말이 마음에 들지 않았다. 하지만 다른 모든 면에서 그것은 훌륭한 영화였다.

(3) 앞에 언급한 내용과 다른 또는 반대되는 취지나 내용(something different from the thing mentioned)

① She claims to be innocent, but the evidence suggests otherwise.

[= the evidence suggests that she is not innocent]

② While some people think it is true, our research proves otherwise.

[= our research proves it is false]

> **해석** ① 그녀는 무죄라고 주장하지만 그 증거는 반대의 내용을 시사한다.(그 증거는 그녀가 무죄가 아님을 시사한다)
> ② 일부 사람들은 그것이 진실이라고 생각하지만, 우리의 조사는 그 반대(그것이 거짓임)를 입증해 준다.

(4) and/or otherwise (다른 종류의: different from something already mentioned)

① We can't afford a house, small or otherwise.

[= We can't afford a house, small or any other kind of house]

② We have been having problems, financial and otherwise, for a year.

[= We have been having financial problems and other kinds of problems for a year]

> **해석** ① 우리는 작거나 또는 다른 종류의 집을 살 여유가 없다.
> ② 우리는 지금까지 1년 동안 재정적인 문제와 다른 종류의 문제가 있었다.

> **어휘** burn 태우다 destroy 파괴하다 protestor 시위자/항의자 execute 처형하다 jail 투옥하다 persecute박해(학대)하다 allow 허락하다 in seconds 몇 초 만에 accomplish 수행하다 suffer shock 충격을 받다 unhurt 다친 데가 없는 ending 결말 claim 주장하다 innocent 무죄인↔guilty 유죄인 evidence 증거 suggest 시사하다 prove 입증하다 false 거짓인 research 조사, 연구 afford ~할 시간적/경제적/정신적 여유가 있다 financial 재정적인 for 동안에 look down on(upon)=have a contempt for=have(hold)~in contempt=show contempt to=hold~cheap =give(turn, show) the coldshoulder to=coldshoulder=despise=disdain=flout=spurn=slight=make light of =thumb one's nose at=snap one's fingers at=put an insult on=snort(sniff, scorn) at 경멸(멸시)하다

23 but(except/save, only) [that](출제 고빈도 최고급과정)

> but for the fact that의 뜻으로 뒤에 현재/과거/과거완료 시제를 수반하고, 「그러나+직설법」, 또는 주절의 조동사에 따라 가정법 「~하지 않다면/~하지 않았더라면」으로 해석합니다.

① I would buy the car,/ but I have no enough money.

= I would buy the car/ if I had enough money.

② I would have carried out my plan/ but that I was poor in health.

= I would have carried out my plan/ if I had not been poor in health.

③ I would buy this watch,/ except it is too expensive.

= I would buy this watch/ if it were not too expensive.

④ He might have been promoted,/ except that he was so lazy.

= He might have been promoted/ if he had not been so lazy.

⑤ I would help you with pleasure,/ only I am too busy now.

= I would help you with pleasure/ if I were not too busy now.

⑥ I would have attended the meeting,/ only that I had a previous appointment.

= I would have attended the meeting/ if I had not had a previous appointment.

⑦ He would have asked her for a date,/ save he was not courageous.

= He would have asked her for a date/ if he had been courageous.

⑧ We would be going on a vacation right now,/ save that we had spent all of the money too early.

= We would be going on a vacation right now/ if we had not spent all of the money too early.

해석
① 나는 그 차를 살 텐데,/ 하지만 충분한 돈이 없어. - 나는 그 차를 살 텐데/ 돈이 충분히 있다면.
② 나는 그 계획을 실행했을 텐데,/ 하지만 건강이 나빴어. - 나는 계획을 실행했을 텐데 /건강이 나쁘지 않았더라면.
③ 나는 이 시계를 살 텐데,/ 하지만 너무 비싸. - 나는 이 시계를 살 텐데/ 너무 비싸지 않다면.
④ 그는 승진했을지도 몰라,/ 하지만 그는 대단히 게을렀어. - 그는 승진했을 텐데/ 그가 그토록 게으르지 않았더라면.
⑤ 나는 너를 기꺼이 도울 텐데,/ 하지만 지금 너무 바빠. - 나는 너를 기꺼이 도와줄 텐데/ 지금 너무 바쁘지 않다면.
⑥ 나는 그 모임에 참석했을 텐데,/ 하지만 나는 선약이 있었어. - 나는 그 모임에 참석했을 텐데/ 내가 선약이 없었더라면.
⑦ 그는 그녀에게 데이트 신청을 했을 텐데,/ 하지만 용기가 없었다. -그는 그녀에게 데이트 신청했을 텐데/ 용기가 있었더라면.
⑧ 우리는 지금 당장 휴가를 떠날 텐데,/ 하지만 그 모든 돈을 너무 일찍 써버렸어.
  - 우리는 지금 당장 휴가를 떠날 텐데/ 우리가 그 모든 돈을 그렇게 일찍 써버리지 않았더라면 . - 혼합 가정법

어휘 buy-bought-bought 사다 car 자동차 enough money 충분한 돈 carry out 실행하다 plan 계획 watch 시계 poor in health 건강이 나쁜 too expensive 너무 비싼 might have p.p ~했을지도 모른다 be promoted 승진하다 lazy 게으른 help 돕다 with pleasure=willingly 기꺼이 too busy 너무 바쁜 attend the meeting 모임에 참석하다 previous appointment 선약 ask~for a date 데이트 신청하다 go on a vacation 휴가를 떠나다 right now 지금 당장 courageous 용기 있는 harmful=damaging=detrimental=deleterious=injurious=mischievous=malefic=maleficent =noxious=prejudicial=baneful=calamitous=disastrous=pernicious=ruinous=pestilential=virulent 해로운 look up to=have a respect(regard) for=pay(give) respect to=have(hold)~in respect(esteem)=have great estimation for=respect=regard=revere=esteem=admire=honor=venerate 존경하다↔look down on=despise=disdain 멸시하다
ex I look up to him because he is passionate in everything. (나는 그가 매사에 열정적이라서 존경해)

24 직설법과 함께 쓰이는 except that과 save that: (~한 것을 제외하고)(중급과정)

① They found out nothing/ save that she had borne a son.

② We know nothing/ except that she did not return home that night.

③ We know little about her childhood,/ save that her family was poor.

④ I did not tell him anything,/ except that I could not attend his party.

> **해석** ① 그들은 아무것도 알아내지 못했다/ 그녀가 아들을 낳았다는 것 이외에.
> ② 우리는 아무것도 모른다/ 그녀가 그날 밤 집에 돌아오지 않았다는 것 이외에.
> ③ 우리는 그녀의 어린 시절에 대해서 거의 모른다/ 그녀의 가족이 가난했다는 것 이외에.
> ④ 나는 그에게 아무 말도 하지 않았다/ 그의 파티에 갈 수 없다는 것 이외에.

문제 10. Translate the following into Korean.(국어로 옮기기)

① I would have walked on/ but that I was tired.

② She would have fallen down,/ but he caught her.

③ I would like to marry her,/ but she is ill-tempered.

④ I would buy the suit,/ except that it costs too much.

⑤ He would certainly have come,/ except that he was ill.

⑥ We have no news/ save that the ship reached port safely.

⑦ He would have gone,/ save that he had no money for travel.

⑧ I would have attended the meeting/ but that it rained heavily.

⑨ But that you had seen me in the water,/ I would have drowned.

⑩ She knows nothing/ except that you're unusually busy just now.

⑪ The exam went pretty well,/ except that I misread the final question.

⑫ Little is known about his early years/ save that he left home when young.

> **정답** ① 나는 계속 걸어갔을 텐데/ 그러나 피곤했어. - 피곤해서 계속 걸어가지 않았다. ② 그녀는 넘어졌을 것이다./ 그러나 그가 그녀를 잡았다. - 그가 그녀를 잡지 않았더라면 그녀는 넘어졌을 것이다. ③ 나는 그녀와 결혼하고 싶은데./ 하지만 그녀의 성격이 괴팍해. - 그녀가 성격이 괴팍하지 않다면 그녀와 결혼하고 싶은데. ④ 나는 그 양복을 살 텐데./ 하지만 너무 비싸. - 너무 비싸지 않으면 살 텐데 너무 비싸서 못 사겠어. ⑤ 그는 분명히 왔을 텐데./ 하지만 그는 아파있었어. - 아프지 않았더라면 분명히 왔을 텐데. ⑥ 우리는 아무 소식도 갖고 있지 않아/ 배가 안전하게 기항했다는 것 이외에. ⑦ 그는 갔을 텐데/ 하지만 여행할 돈이 없었어. - 그가 여행할 돈이 있었더라면 그는 갔을 것이다. ⑧ 나는 그 모임에 참석했을 텐데/ 하지만 비가 심하게 와버렸어. - 비가 심하게 오는 바람에 참석하지 못했다. ⑨ 네가 물속에 있는 나를 보지 못했더라면/, 나는 익사했을 거야. ⑩ 그녀는 아무것도 모른다/ 네가 지금 유난히 바쁘다는 것 이외에. ⑪ 시험은 꽤 순조로웠다/ 마지막 문제를 잘 못 읽은 것 이외에. ⑫ 그의 어린 시절에 대해서 알려진 것은 거의 없다/ 그가 어렸을 때 집을 떠났다는 것 이외에.

> **어휘** find out 알아내다 bear a son 아들을 낳다 return home 집에 돌아오다 little 거의 ~하지 않다 childhood 어린 시절 poor=in poverty 가난한 attend 참석하다 walk on 계속 걸어가다 tired 피곤한 fall down 넘어지다 catch-caught 잡다 would like to ~하고 싶다 ill-tempered 괴팍한 suit 양복 cost too much 너무 비싸다 certainly=for sure 분명히, 확실히 ill 아픈 reach port 기항하다 safely=in safety 안전하게 travel 여행 rain heavily 폭우가 내리다 drown 익사하다 unusually 유난히 just now 바로 지금 go well 순조롭다 pretty 꽤 misread 잘못 읽다 the final question 마지막 문제 about=as to=concerning 관하여 early years 어린 시절 leave-left-left 떠나다 home 집, 가정 when young 어렸을 때 ancestor=ascendant=antecedent=forefather=forerunner=forebear=predecessor=progenitor=primogenitor=sire 조상 ↔descendant=offspring=posterity=progeny=offshoot=spawn=scion 후손 add(count, sum) up=total=tote 합계하다

25 If와 In case의 비교(고급과정)

*If+주어+현재/should 원형 : 조건을 나타내어 「∼하면/∼한다면」

*In case = in the event (that)+주어+현재/should 원형:

　　　　「① ∼한다면(미국영어) ② ∼할 경우를 대비해서(미국/영국영어)」

*in case of+명사:「∼할 경우(= in the event of)」

*in the case of:「∼의 경우」(= regarding = in relation to = in the matter of)

① I'll buy a sandwich if I get hungry. (will get (×))

= I'll buy a sandwich when I get hungry. (will get (×))

② In case I am late, don't wait to start dinner. (will be (×)) (미국영어)

= If I should be late, don't wait to start dinner. (will be (×))

③ I'll buy a sandwich in case I get/should get hungry. (will get (×))

= I'll buy a sandwich in the event (that) I get/should get hungry. (will get (×))

= I'll buy a sandwich because I may get hungry later.

④ In case of fire, leave the building as quickly as possible.

= If there is a fire, leave the building as quickly as possible.

≠ In the case of fire, leave the building as quickly as possible. (×)

⑤ In the case of Johnson, I think we had better allow his request.

= Regarding Johnson, I think we had better allow his request.

> **해석** ① 난 배가 고파지면 샌드위치를 살 거야/배고파지기 전에는 사지 않겠다는 뜻 ② 혹시 내가 늦을 경우/늦으면, 기다리지 말고 저녁 식사해라.(미국영어: 영국에서는 if의 뜻으로 사용하지 않음) ③ 배고파질 경우를 대비해서 나는 샌드위치를 살 거야./나중에 배고파질 것을 대비해서 미리 사려고 하는 경우 ④ 불이 날 경우에는/불이 나면, 가능한 한 빨리 건물을 떠나라. ⑤ Johnson의 경우, 나는 그의 요청을 허락하는 편이 낫다고 생각한다.

문제 11. Translate the following into Korean.

① Take an umbrella in case it should rain.

② In case of rain, the picnic will be put off.

③ I used to carry an umbrella in my car trunk in case it rained.

④ In case you can't come, give me a call before I leave for work.

⑤ Buy a fire extinguisher in the event (that) there is a kitchen fire.

⑥ In the case of James, they decided to promote him to the next grade.

> **정답** ① 비가 올 경우를 대비해서 우산을 가지고 가거라. ② 비가 올 경우에는 소풍이 연기될 것이다. ③ 나는 비가 올 경우를 대비해서 자동차 트렁크에 우산을 갖고 다니곤 했다. ④ 네가 올 수 없을 경우에는, 내가 출근하기 전에 전화 해줘. ⑤ 부엌에 화재가 발생할 경우를 대비해서 소화기를 하나 사둬라. ⑥ 제임스의 경우, 그들은 그를 다음 학년으로 진급시키기로 결정했다.

> **어휘** get hungry 배고파지다 late 늦은/늦게 dinner 저녁식사 later 나중에 as∼as possible 가능한 한 quickly 빨리 had better ∼하는 편이 낫다 allow 허락하다 request 요구/요망/신청 umbrella 우산/양산 rain 비가내리다 picnic 소풍 put off=postpone 연기하다 carry 가지고 다니다 give∼a call(ring) 전화하다 fire extinguisher 소화기 kitchen 부엌 decide 결정(결심)하다 promote 진급/승진시키다 grade 학년, 등급, 학점

26 조건절 대용어구로서 부사구(고급과정)

문장 속에 들어있는 조동사의 시제를 먼저 보고 그 시제에 맞춰 여러분이 If 절을 만들어 해석할 수 있어야 합니다.

① What would you do in my place?

= What would you do if you were in my place?

② Turning to the right, you will find a supermarket.

= If you turn to the right, you will find a supermarket.

③ To hear her sweet voice, you would fall in love with her.

= If you heard her sweet voice, you would fall in love with her.

④ With a little more capital, they would be sure to succeed.

= If they had a little more capital, they would be sure to succeed.

⑤ With a little more money, he could have bought the car.

= If he had had a little more money, he could have bought the car.

⑥ The poison, properly used, would be effective to his disease.

= The poison, if it were properly used, would be effective to his disease.

> **해석** ① 네가 내 입장이라면 어떻게 하겠어? ② 오른쪽으로 돌면, 슈퍼마켓을 발견하게 될 거예요. ③ 그녀의 달콤한 목소리를 들으면, 넌 그녀에게 반할 거야. ④ 좀 더 많은 자본이 있다면, 그들은 분명히 성공할 텐데. ⑤ 좀 더 많은 돈이 있었더라면, 그는 그 차를 살 수 있었을 텐데. ⑥ 그 독이 적당히 사용되면, 그의 질병에는 효과가 있을 거야.

문제 12. 다음 문장들의 숨어있는 조건절을 만들고 우리말로 정확히 옮겨보세요.

① He would have failed in this field.

② I would not do such a thing in your place.

③ With guns, we could have defeated the boars.

④ To hear him talk, you would think him crazy.

⑤ Without your assistance, I would not have succeeded.

⑥ With a little more diligence, he would have passed the exam.

> **정답** ① He would have failed if he had been engaged in this field.(그가 이 분야에 종사했더라면 실패했을 거야.)
> ② I would not do such a thing if I were in your place.(내가 네 입장에 있다면 그런 일을 하지 않을 거야.)
> ③ If we had had guns, we could have defeated the boars.(총이 있었더라면 멧돼지들을 물리칠 수 있었을 텐데.)
> ④ If you should hear him talk, you would think him crazy.
>   (그가 말하는 소리를 들으면, 너는 그를 미쳤다고 생각할 거야.)
> ⑤ If you had not assisted me, I would not have succeeded.(너의 도움이 없었더라면, 나는 성공하지 못했을 거야.)
> ⑥ If he had been a little more diligent, he would have passed the exam.
>   (좀 더 근면성이 있었더라면, 그는 시험에 통과했을 텐데.)

> **어휘** in one's place ～의 입장에 있다면 turn to the right 오른 쪽으로 돌다 hear 듣다
> voice 목소리 fall in love with 반하다, 사랑에 빠지다 capital 자본 be sure to 틀림없이 ～할 것이다
> poison 독, 독약 properly 적당히 effective 효과적인 disease 질병 fail 실패하다 succeed 성공하다
> such a thing 그런 일 gun 총 defeat 물리치다 boar 멧돼지 assistance 도움 diligence 근면성
> antagonist=adversary=assailant=competitor=disputant=enemy=foe=opponent=rival 적/경쟁자

27 양보의 의미를 가진 명령형(동사의 원형)(출제 고빈도 최고급과정)

(1) Go where you will, you must be honest.

  = Wherever you (may) go, you must be honest.

  = No matter where you (may) go, you must be honest.

(2) Try as you may, you can never do it in a week.

  = Try as hard as you will, you can never do it in a week.

  = However hard you may try, you can never do it in a week.

  = No matter how hard you may try, you can never do it in a week.

(3) Be it ever so humble, there is no place like home.

  = Let it be ever so humble, there is no place like home.

  = If it be ever so humble, there is no place like home.

  = However humble it may be, there is no place like home.

  = No matter how humble it may be, there is no place like home.

  = As humble as it may be, home is the best place of all

(4) Be he prince or beggar, he must obey the national law.

  = (No matter) whether he be prince or beggar, he must obey the national law.

> **해석** (1) 너는 어디를 가든지 정직해야 한다. (2) 아무리 열심히 노력해도 너는 그것을 일주일 만에 할 수는 없어.
>   (3) 아무리 초라하더라도, 집같이 좋은 곳은 없다/내 집이 최고다. (4) 왕자이든 거지이든, 국법을 지켜야 한다.

(5) Come rain or come shine = come rain or shine = rain or shine = rain or fine

  = regardless(irrespective) of the weather, situation, or circumstances

  = Whether it rains or shines = No matter whether it rains or the sun shines.

  = No matter what the weather, situation, or circumstances = in any event

    (비가 오든 날씨가 화창하든/날씨에 상관없이/어떤 일이 있어도/어떤 상황에서도)

① Rain or shine, I walk to school every day.   ② Come rain or shine, I'll see you on Friday.

> **해석** ① 비가 오든 날씨가 화창하든 나는 매일 학교에 걸어 다닌다. ② 어떤 일이 있어도 금요일에 너를 만나겠다.

(6) Come what may = whatever happens(may happen/might happen)

  = no matter what happens(may happen/might happen)

  = regardless(irrespective) of what happens(may happen/might happen)

  = come hell or high water = in spite of all obstacles

    (무슨 일이 있어도/어떤 어려움이 있어도)

① I'll go to Tibet come hell or high water.   ② He promised to support her come what may.

> **해석** ① 무슨 일이 있어도 나는 티베트에 갈 거야. ② 그는 무슨 일이 있어도 그녀를 먹여 살리겠다고 약속했다.

> **어휘** must=have to ~해야 한다 honest 정직한 try 노력하다 in a week 일주일 만에
>   humble 초라한 like ~같은 prince 왕자 beggar 거지 obey 지키다 the national law 국법
>   walk to school 학교에 걸어가다 every day 매일 Friday 금요일 promise 약속하다 support 부양하다, 먹여 살리다

28 기타 언제나 동사 원형을 사용하는 가정법 현재(최고급과정)

(1) Be that as it may = nonetheless = nevertheless = still = even so = and yet
= in spite of that = for all that = just the same = all the same = at the same time
= that being said = having said that (그럼에도 불구하고/비록 그럴지라도)

ex I see what you mean. Be that as it may, I can't agree with you.

해석 **ex** 나는 네가 무엇을 의도하는지 알겠어, 하지만 너에게 동의할 수 없어.

(2) Suffice it to say (that) = It suffice to say that = All I need to say is
= let us say no more than that: 신중함과 간략함을 위해 더 이상 말하고 싶지 않을 때 사용하는
표현으로 (그 정도만 말하지/그 정도만 말씀드리죠/그 정도만 알고 있어/더 이상 알면 다쳐)

① Suffice it to say, we finally got a full refund.

② Suffice it to say that afterwards we never met again.

해석 ① 우리는 결국 전액 환불 받았어, 더 이상 알려하지 마. ② 그 후 우리는 다시는 안 만났다는 것 정도만 알고 있어.

(3) So be it = it's okay with me
별로 달갑지 않지만 어쩔 수 없이 받아들이는 상황에서 사용하는 표현으로서
(그렇게 해/난 괜찮아/내버려 둬)의 뜻

① I really don't think it's appropriate, but so be it.

② If she wants to spend all her money on clothes, so be it!

해석 ① 나는 사실 그것이 적절하다고 생각지 않아, 하지만 그렇게 해.(어쩔 수 없지)
② 그녀가 자신의 모든 돈을 옷에 소비하고자 한다면, 내버려 둬.(난 괜찮아)

(4) far be it from me to do something (but⋯): (할 입장은 아니지만)

ex Far be it from me to interfere in your affairs, but I would like to give you just one piece of
advice.

해석 **ex** 내가 네 일에 참견할 입장은 아니지만, 너에게 딱 충고 한 마디만 하고 싶구나.

(5) God/Heaven forbid (that⋯) = I hope it does not happen:
일어나지 않기를 간절히 바라는 상황에서 사용되며
(설마~하지는 않겠지/그럴 리야 없겠지만/설마 없겠지만)

① God forbid that they actually encounter a bear.

② Heaven forbid that the tornado pulls off the roof.

해석 ① 설마 그들이 실제로 곰을 마주치지는 않겠지. ② 설마 토네이도(회오리)가 지붕을 뜯어 가버리지는 않겠지.

(6) if need be = if (it is) necessary = if it is required: (필요하다면)

① If need be, I'll rent a car.　　　　② I'll work all night if need be.

해석 ① 필요하다면, 내가 차를 빌릴게. ② 필요하다면 밤새 일할게.

어휘 mean 의미/의도하다 agree 동의하다 finally 결국 get a full refund 전액 환불받다 afterwards 그 후 appropriate
적절한 interfere in 참견하다 affairs 일 would like to ~하고 싶다 advice 충고 one piece of 한 마디 actually 실제로
encounter 마주치다 bear 곰 pull off 뜯어가다 roof 지붕 act as ~의 역할을 하다 legal adviser 법적인 고문

문제 13. Translate the following sentences into Korean.(최고급과정)

① Start when you will, I don't care.

② Do what you will, you will succeed in it.

③ Come when you may, you are welcomed.

④ Be that as it may, I still cannot help you.

⑤ Hurry as you will, you are sure to be late.

⑥ He will act as your legal adviser if need be.

⑦ Say what you will, you cannot convince me.

⑧ Go where you will, you will not be employed.

⑨ Be a man ever so rich, he should not be idle.

⑩ He runs six miles every morning, rain or shine.

⑪ Come what may, I'll spend the holidays with you.

⑫ Wherever he may go, he is sure to make friends.

⑬ Be a man ever so wise, he cannot know everything.

⑭ God forbid that we have another snowstorm tonight.

⑮ Let others say what they will, I will complete the work.

⑯ Come hell or high water, I intend to own my own home.

⑰ If you've really decided to give up English, then so be it.

⑱ Be they friend or foe, they will have to talk to each other.

⑲ Suffice (it) to say, Mike won't be going to Tina's birthday party.

⑳ Far be it from me to tell you what to do, but don't you think you should apologize?

정답 ① 네가 언제 출발하든 나는 상관없어. ② 네가 무슨 일을 하든지 너는 성공할 거야. ③ 네가 언제 오든 환영한다.
④ 그럼에도 불구하고 나는 여전히 너를 도울 수가 없어. ⑤ 아무리 서둘러도 너는 분명 늦을 거야.
⑥ 필요하다면 그가 너의 법적인 고문역할을 할 거야. ⑦ 네가 무슨 말을 하든지 너는 나를 설득할 수 없어.
⑧ 네가 어디를 가든 너는 고용되지 않을 거야. ⑨ 사람이 아무리 부자라 하더라도 게을러서는 안 된다.
⑩ 그는 비가 오든 날씨가 화창하든 매일 6마일을 달린다. ⑪ 무슨 일이 있어도 나는 너와 함께 휴가를 보낼게.
⑫ 그는 어디를 가든지 꼭 친구를 사귄다. ⑬ 사람이 아무리 총명하다 하더라도 모든 것을 알 수는 없다.
⑭ 설마 오늘 밤에 또 폭설이 내리지는 않겠지. ⑮ 남들이 뭐라 해도 나는 그 일을 완성할 거야.
⑯ 어떤 일이 있어도 나는 내 자신의 집을 가질 생각이야.
⑰ 네가 영어를 정말 포기하기로 결심했다면, 그렇게 해라. ⑱ 친구이든 적이든 그들은 서로 말을 해야 할 거야.
⑲ Mike가 Tina의 생일 파티에 가지 않을 것이라는 것만 알고 있어.
⑳ 내가 뭘 하라고 너에게 말할 입장은 아니지만, 네가 사과해야 된다고 생각지 않니?

어휘 start 출발하다 care 상관하다 succeed 성공하다 welcome 환영하다 be sure to 반드시 ~하다 hurry 서두르다
late 늦은 act as ~로서 역할을 하다 convince 설득하다 employ 고용하다 rich 부유한 idle 게으른 run 달리다 every
morning 매일 아침 holiday 공휴일, 휴가 make friends 친구를 사귀다 wise 총명한, 현명한 snowstorm 눈보라, 폭설
tonight 오늘밤 others=other people 다른 사람들 complete 완성하다 intend to ~할 생각/의도이다 own 소유하다
really 정말 decide 결심하다 give up=desert=discard 포기하다 foe=enemy 적 each other 서로 apologize 사과하다
suitable=suited=fit=fitted=fitting=befitting=just=proper=pertinent=adequate=applicable=appropriate=relevant
=opportune=meet=eligible=in place(point)=cut out=to the purpose(point)=lend oneself to 적절한, 적합한
ex He is cut out for the work. (그는 그 일에 적합하다)

PART 13 | 형용사(Adjectives)

① 형용사의 용법(기초과정) (토익 필수과정)

(1) 한정적(제한적) 용법(attributive): 명사의 앞이나 뒤에서 명사를 꾸며 「ㄴ」으로 해석하는 방법

A. 앞에서 뒤 명사를 꾸며주는 경우

① That is a good idea.　　　　　② She is an intelligent girl.
③ He lives in a beautiful house.　④ I found some hilarious pictures.
⑤ I saw a very exciting film last night.

> **해석** ① 그것은 좋은 생각이야. ② 그녀는 총명한 소녀이다. ③ 그는 아름다운 집에 산다.
> ④ 나는 몇 장의 우스운 사진을 발견했다. ⑤ 나는 어젯밤에 매우 흥미진진한 영화를 보았다.

B. 뒤에서 앞 명사를 꾸며주는 경우(형용사의 후치 참조)

① I heard something interesting today.
② Give me all the hamburgers available.
③ He needs a house big enough for his family.
④ We are travelling somewhere warm this winter.
⑤ I used to live in a house next to the Royal Opera House.　⑥ Go and play somewhere else.

> **해석** ① 나는 오늘 뭔가 재미있는 이야기를 들었어. ② 저에게 구할 수 있는 햄버거를 모두 주세요.
> ③ 그는 그의 가족을 위한 충분히 큰 집을 필요로 한다. ④ 우리는 이번 겨울에 어딘가 따뜻한 지역으로 여행갈 거야.
> ⑤ 나는 Royal Opera House(런던에 있는 오페라 극장) 옆에 있는 집에 살았었지. ⑥ 가서 다른 곳에서 놀아라.

(2) 서술적 용법(predicative): 주어나 목적어를 보충 설명하는 보어로 쓰이는 용법

A. 주어를 보충 설명해주는 주격보어로 쓰이는 경우(2형식 문장)

① The boy is intelligent.　　　② It was hot and sultry.
③ My girlfriend is beautiful.　　④ The trees looked fresh and charming.

> **해석** ① 그 소년은 총명하다. ② 날씨가 후덥지근했다. ③ 내 여자 친구는 아름답다. ④ 나무들은 싱그럽고 아름다워 보였다.

B. 목적어를 보충설명해주는 목적격 보어로 쓰이는 경우(5형식 문장)

① You make me happy.　　　　② The blanket kept the pig warm.
③ My reply made my father angry.　④ I found it difficult to solve the problem.

> **해석** ① 너는 나를 행복하게 만드는구나. ② 그 담요는 그 돼지를 따뜻하게 유지해 주었다.
> ③ 내 대답은 내 아버지를 화나게 만들었다. ④ 나는 그 문제를 풀기가 어렵다는 것을 알았다.

> **어휘** idea 생각 intelligent 총명한 hilarious=funny=comic 우스꽝스러운 exciting 흥미진진한 film 영화
> last night 어젯밤 available 구할 수 있는, 이용 가능한, 쓸모 있는 enough 충분히 somewhere 어딘가
> this summer 이번 여름 next to ~옆에 있는 hot and sultry=hot and sticky 후덥지근한 fresh 싱싱한, 싱그러운
> charming=attractive=fascinating 매력적인, 아름다운 blanket 담요 pig 돼지 warm 따뜻한 reply 대답 solve 풀다

② 형용사의 종류

(1) 한정적/제한적 용법에만 쓰이는 형용사(attributive-only adjectives)(고급과정)

absolute, chief, complete, drunken, elder, eldest, indoor, inner, little, live, maiden, main, mere, outer, sheer, sole, total, utter, wooden, woolen.

① I have absolute faith in her judgment.

② He is an absolute(complete, utter) idiot!

③ Her job is their chief(main) source of income.

④ Coffee and rice are the country's chief(main) exports.

⑤ We eat our chief(main) meal of the day in the evening.

⑥ He is a complete rogue. (= utter)

⑦ It is a complete and utter waste.

⑧ It'll be two years before the process is complete. (서술적으로 쓰이면 = finished의 뜻)

⑨ He was lying under the table in a drunken stupor.

⑩ I saw a drunken guy lying on the sidewalk. (drunk (x))

⑪ The old man was drunk. (drunken (x))

⑫ My elder(older) brother is two years older(elder (x)) than I am.

⑬ He is an old friend of mine.

⑭ He is a friend of mine who is old.

⑮ It was an indoor pool. (indoors (x)) ↔ outdoor

⑯ The pool was indoors. (indoor (x)) ↔ outdoors

⑰ They live on the outer edge of the city.

⑱ The outer layer of the jacket is waterproof.

⑲ He reached into the inner pocket of his jacket.

해석 ① 나는 그녀의 판단을 전적으로 믿는다. ② 그는 완전 바보야. ③ 그녀의 직업이 그들의 주 수입원이야.
④ 커피와 쌀이 그 나라의 주요 수출품이야. ⑤ 우리는 하루 중 주식을 저녁에 먹는다. ⑥ 그는 완전 깡패야.
⑦ 그것은 완전 낭비야. ⑧ 그 과정이 완성되기까지는 2년이 걸릴 거야. ⑨ 그는 만취 상태로 탁자 아래 누워있었다.
⑩ 나는 술 취한 사람이 보도에 누워있는 것을 보았다. ⑪ 그 노인은 취해 있었다.
⑫ 내 형은 나보다 두 살 더 먹었다. ⑬ 그는 나의 오래된 친구이다. ⑭ 그는 늙은 나의 친구이다.
⑮ 그것은 실내 수영장이었어. ⑯ 그 수영장은 실내에 있었어. ⑰ 그들은 도시의 바깥쪽 변두리에 산다.
⑱ 그 잠바의 바깥쪽 면은 방수야. ⑲ 그는 자기 잠바의 안쪽 호주머니로 손을 넣었다.

주의 ☞ ⑩/⑪번에서처럼 drunken은 한정적 용법으로만 사용되고 drunk는 서술적으로만 사용됩니다.
⑫번에서처럼 형제나 자녀 순서에서는 elder(older)를 사용하고 나이를 나타낼 때는 older만 사용합니다.
⑬/⑭번에서처럼 오래된 인간관계를 나타낼 때는 한정적 용법만, [늙은]의 뜻으로 표현하고자 할 때는 서술적
용법만 가능합니다.

어휘 absolute(complete, utter) 전적인 faith 믿음 judgment 판단 idiot 바보 chief=main 주요한
job 직업 source 원천, 근원 income 수입 export 수출품 meal 식사 rogue 깡패 waste 낭비
process 과정 complete 완성된 lie-lay-lain 누워 있다 under 아래에 in a drunken stupor 만취한
drunk(en) 술 취한 guy 남자 sidewalk 보도 indoor 실내의(형용사) indoors 실내에(부사) pool 수영장
outer 바깥쪽의 ↔ inner 안쪽의 edge 변두리/가장자리 layer 층/면 waterproof 방수의 reach into 손을 뻗어 넣다

⑳ She has a nice little house in the city. (= small in size)

㉑ Her house is small. (little (×))

㉒ Her little boy (= her young son) isn't well.

㉓ When you were little, your hair was really curly. (= young)

㉔ There is a tank of live lobsters in the restaurant. (= living)

㉕ The lobsters in the tank of the restaurant are alive. (= not dead)

㉖ This evening there will be a live broadcast of the debate. (형용사)

㉗ The concert was broadcast live from New York. (부사 – 생방송 형태로)

㉘ His approach in any business dealing is live and fresh. (활력에 넘치는)

㉙ Her maiden name was Cathy.

㉚ The Titanic sank on her maiden voyage.

㉛ She is a mere child. (ㅇ) The child is mere. (×)

㉜ She lost the election by a mere 10 votes.

㉝ It was sheer coincidence that we met.

㉞ His success was due to sheer willpower.

㉟ The event was a total success.

㊱ The total number of votes was one million.

㊲ He was the sole survivor of the plane crash.

㊳ I need wooden chopsticks.

㊴ These chopsticks are wooden. (×)

㊵ These chopsticks are made of wood. (ㅇ)

㊶ This is a woolen sweater. (ㅇ)

㊷ This sweater is woolen. (×)

㊸ This sweater is made of wool. (ㅇ)

해석 ⑳ 그녀는 도시에 멋지고 아담한 집을 가지고 있다. ㉑ 그녀의 집은 아담하다. ㉒ 그녀의 어린 아들은 건강이 좋지 않다. ㉓ 네가 어렸을 때, 너의 머리카락은 아주 곱슬곱슬했다. (little이 [아담한] 뜻으로 쓰일 때는 한정적 용법으로만 쓰이고, [어린]의 뜻일 때는 두 용법에 다 사용됩니다.) ㉔ 그 식당에는 살아있는 가재들이 들어있는 수족관이 있다. ㉕ 그 식당 수족관 안에 있는 가재들은 살아있다. ㉖ 오늘 저녁에 그 토론에 대한 생방송이 있을 것입니다. ㉗ 그 공연은 뉴욕으로부터 생방송으로 방송되었다. ㉘ 어떤 사업상의 거래에서든 그의 접근법은 생동감 넘치고 신선하다. ㉙ 그녀의 처녀 때 이름은 Cathy였다. ㉚ 타이태닉호는 첫 항해에서 침몰했다. ㉛ 그녀는 어린이에 불과하다. ㉜ 그녀는 단지 10표 차이로 선거에서 졌다. ㉝ 우리가 만난 것은 순전히 우연이었다. ㉞ 그의 성공은 순전히 의지력 때문이었다. ㉟ 그 행사는 완전 성공작이었다. ㊱ 총 투표수는 백만이었다. ㊲ 그는 비행기 추락의 유일한 생존자였다. ㊳ 나는 나무젓가락이 필요해. ㊴ (×) ㊵ 이 젓가락은 나무로 만들어진 거야. ㊶ 이것은 털로 만들어진 스웨터야. ㊷ (×) ㊸ 이 스웨터는 털로 만들어진 거야.

어휘 well 건강한 really 정말 curly 곱슬곱슬한 tank 수족관 live=living 살아있는 lobster 가재 alive 살아있는 live broadcast 생방송 debate 토론회 concert 공연, 연주회 approach 접근법 live 생방송으로 business dealing 사업상의 거래 live 생동감 넘치는 fresh 신선한 maiden 처녀의 sink-sank 가라앉다 maiden voyage 첫 항해 mere 단순한 lose 지다 election 선거 vote 투표수 sheer 순전한 coincidence 우연 be due to ~때문이다 willpower 의지력 total 완전한/전체적인 sole 유일한 survivor 생존자 crash 추락 wooden 나무로 된 chopstick 젓가락 woolen 털로 만들어진

(2) 서술적/설명적 용법에만 쓰이는 형용사(predicative-only adjectives)(고급과정)

- 일반 형용사는 명사 앞이나 뒤에서 그 명사를 꾸며주지만, 다음의 형용사는 연결동사 뒤에서 주격보어로 쓰이거나 5형식 동사 뒤에서 목적격 보어로만 사용됩니다.

ablaze, abreast, afire, afloat, afraid, aghast, aglow, alike, alive, alone, aloof, ashamed, asleep, awake, aware, content, drunk, fond, ill, unaware, unwell

① The field was ablaze with wild flowers.

② His eyes were blazing with fury.

③ We quickly grew tired in the blazing sunshine. (ablaze (x))

④ He was afire with enthusiasm for the new plan.

⑤ It is said that some kids set the house afire. (= set~on fire)

⑥ We need to keep abreast of new skills.

⑦ I always keep my boss abreast of problems.

⑧ The vessel is still afloat on the river.

⑨ We managed to get the boat afloat.

⑩ Do you see the floating leaf? (afloat (x))

⑪ Look at the leaf floating on the water.

⑫ She is afraid of spiders.

⑬ John is a frightened man. (afraid (x))

⑭ They were aghast to hear the story.

⑮ His face was all aglow with excitement.

⑯ His face was glowing with a smile.

⑰ The notes were full of glowing comments about me. (aglow (x))

⑱ They look alike.

⑲ The dog looks like a lion. (alike (x))

⑳ I've got three identical blue suits.

㉑ Each time the results were identical.

해석 ① 들판은 야생화들로 활활 타고 있었다. ② 그의 눈은 분노로 이글거리고 있었다. ③ 우리는 타오르는 햇살 속에서(햇살 때문에) 때문에 빨리 지쳤다. ④ 그는 새로운 계획에 대한 열정으로 불타오르고 있었다. ⑤ 몇몇 아이들이 그 집에 불을 질렀다고들 말한다. ⑥ 우리는 새로운 기술에 보조를 맞춰야 한다. ⑦ 나는 항상 나의 상관에게 여러 문제에 대해 보고한다. ⑧ 그 배는 여전히 강 위에 떠 있다. ⑨ 우리는 가까스로 그 배를 띄웠다. ⑩ 저 떠 있는 나뭇잎 보이니? ⑪ 물 위에 떠 있는 저 나뭇잎 좀 봐. ⑫ 그녀는 거미를 무서워한다. ⑬ John은 겁을 먹은 사람이다. ⑭ 그들은 그 이야기를 듣고 경악을 금치 못했다. ⑮ 그의 얼굴은 온통 흥분으로 달아 올라있었다. ⑯ 그의 얼굴은 미소로 빛나고 있었다. ⑰ 그 쪽지들은 나에 대한 찬사로 가득 차 있었다. ⑱ 그들은 닮았다. ⑲ 그 개는 사자를 닮았다. ⑳ 나는 세 개의 똑같은 청색 정장을 갖고 있다. ㉑ 매번 결과는 동일했다.

어휘 field 들판 ablaze 활활 타고 있는 wild flowers 야생화 quickly 빨리 grow tired 지치다 kid 어린이 blazing 타오르는 sunshine 햇빛 afire 불타고 있는 enthusiasm 열정 set~afire 불지르다 keep abreast of 나란히 가다/뒤처지지 않다 new skills 신기술 boss 상관/상사 vessel 배/항공기 afloat 떠 있는 river 강 manage to 가까스로 ~하다 get ~afloat 띄우다 floating 떠 있는 leaf 잎 be afraid of ~을 무서워하다 spider 거미 frightened 겁먹은 aghast 경악을 금치 못하는/아연실색한 aglow 달아 올라있는 excitement 흥분 be full of ~로 가득 차 있다 glowing comments 찬사, 논평 alike 똑같은/닮은 identical 똑같은/동일한 suit 정장 each time 매번 result=outcome 결과

㉒ He is lucky to be alive after his fall.

㉓ She carries a live snake round her neck. (alive (×))

㉔ He likes being alone in the house.

㉕ Her singing was backed by a lone piano. (alone (×))

㉖ I was amazed at the size of his garden.

㉗ He was ashamed to admit to his mistake.

㉘ I am shy.

㉙ She is a shy girl. (ashamed (×))

㉚ Initially, the President remained aloof from the campaign.

㉛ She always kept herself aloof from the boys in her class.

㉜ The baby is asleep(sleeping).

㉝ Don't disturb the sleeping baby. (asleep (×))

㉞ I kissed the baby (who was) asleep in the bed.

㉟ "Where are we?"she said in a sleepy voice.

㊱ I feel very sleepy after lunch.

㊲ Cathy was awake at the time.

㊳ The dog is keeping the baby awake.

㊴ The baby (who was) awake was crying.

㊵ The awake baby was crying. (×)

㊶ The mayor was aware of the situation.

㊷ He made the mayor aware of the situation.

㊸ I was unaware of any changes.

㊹ She was on a plane bound for France.

㊺ His training is complete. (= finished)

해석 ㉒ 그는 운이 좋게도 추락 후에도 살아있다. ㉓ 그녀는 목에 살아있는 뱀을 두르고 다닌다. ㉔ 그는 집에 혼자 있는 것을 좋아한다. ㉕ 그녀의 노래는 한 대의 피아노가 반주를 했다. ㉖ 나는 그의 정원의 크기에 놀랐다. ㉗ 그는 자신의 잘못을 고백하기가 부끄러웠다. ㉘ 난 부끄러워요. ㉙ 그녀는 수줍음을 타는 소녀이다. ㉚ 처음에 대통령은 그 캠페인으로부터 거리를 유지했다. ㉛ 그녀는 항상 자기 반 남학생으로부터 거리를 유지했다. ㉜ 그 아이는 잠들어(잠자고) 있다. ㉝ 잠자고 있는 아이를 건드리지(깨우지) 마라. ㉞ 나는 침대에 잠들어 있는 아이에게 뽀뽀를 해주었다. ㉟ 그녀는 졸리는 목소리로 "여기가 어디야?"라고 말했다. ㊱ 나는 점심식사 후에는 무척 졸린다. ㊲ Cathy는 그 당시에 깨어있었다. ㊳ 그 개가 그 아이를 깨어있게 만들고 있다. ㊴ 깨어있는 아이가 울고 있었다. ㊵ (×) ㊶ 시장은 그 상황을 알고 있었다. ㊷ 그는 시장에게 상황을 알렸다. ㊸ 나는 어떤 변화도 알아차리지 못했다. ㊹ 그녀는 프랑스행 비행기를 타고 있었다. ㊺ 그의 훈련은 마무리되었다.

어휘 lucky 운이 좋은 alive 살아있는 fall 추락 carry 지니고 다니다 live 살아있는 snake 뱀 neck 목 round 둘레에 alone 혼자 있는, 혼자서 back 반주하다, 지지하다 lone 혼자의, 외로운 amazed 놀란 garden 정원 ashamed 부끄러워하는, 창피한 admit(confess) to 고백하다, 인정하다 mistake 잘못, 실수 shy=coy 부끄러워하는, 수줍어하는 initially 처음에는 president 대통령 remain aloof of 거리를 유지하다 keep oneself aloof of 거리감을 두다 asleep 잠든 disturb 방해하다/건들다 sleepy voice 졸리는 목소리 awake 깨어있는 baby 아이 mayor 시장 be aware of 깨닫다/인식하다 situation 상황 change 변화, 잔돈 be unaware of 깨닫지 못하다, 알아차리지 못하다 bound for ~행의 complete=finished 완성된, 마무리된

㊽ He is fairly content(contented) with his life.

㊼ She leads a contented life. (content (×))

㊽ I am fond of frozen yogurt.

㊾ I have fond memories of my childhood. (=happy)

㊿ I have a fond father. (= loving)

> **해석** ㊻ 그는 자신의 삶에 꽤 만족한다. ㊼ 그녀는 만족스런 삶을 살고 있다. ㊽ 나는 냉동 요구르트를 좋아한다.
> ㊾ 나는 어린 시절에 대한 행복한 추억을 갖고 있다. ㊿ 나는 다정한 아빠를 갖고 있다.

(3) ill과 sick과 well(기본과정)

① She missed a lot of school when she was ill. (영국식)

② She missed a lot of school when she was sick. (미국식)

③ She stayed at home while caring for her sick husband. (ill (×))

④ He was unable to join the army because of ill(= bad) health.

⑤ The fish didn't taste fresh, but we suffered no ill(= bad) effects.

⑥ He is very well. (= healthy)   ⑦ He is a healthy(fit) child. (well (×))

> **주의** ☞ 일부 서술적 형용사는 다른 형용사나 부사의 수식을 받을 때 명사를 꾸며주는 한정적 용법으로 사용되기도 합니다.

⑧ He is a politically aware student.

⑨ The wide-awake baby refused to take a nap.

⑩ I found a very alive spider in my box of cereal.

⑪ The hospital is in charge of mentally ill patients.

⑫ She was still half asleep when she arrived at work.

⑬ The half-asleep dog barked when the doorbell rang.

⑭ The very ashamed student admitted cheating on the test.

⑮ I could not relax and was still wide awake after midnight.

⑯ The immensely ashamed politician admitted to the scandal.

> **해석** ① 그녀는 아파서 학교를 많이 빠졌다. ② 그녀는 아파서 학교를 많이 빠졌다. ③ 그녀는 자기 아픈 남편을 돌보며
> 집에 머물러 있었다. ④ 그는 나쁜 건강 때문에 군대에 입대할 수 없었다. ⑤ 그 물고기는 싱싱한 맛이 나지 않았지만,
> 우리는 아무런 나쁜 영향을 겪지 않았다. ⑥ 그는 매우 건강하다. ⑦ 그는 건강한 아이이다. ⑧ 그는 정치적 의식이 강한
> 학생이다. ⑨ 잠에서 완전히 깬 그 아이는 낮잠 자기를 거부했다. ⑩ 나는 아주 활기찬 거미 한 마리를 곡물 상자에서 발
> 견했다. ⑪ 그 병원은 정신질환자들을 담당한다. ⑫ 그녀는 여전히 비몽사몽간에 직장에 도착했다. ⑬ 잠에서 덜 깬 그
> 개는 초인종이 울리자 짖어댔다. ⑭ 대단히 수치스러워하는 그 학생은 시험에서 부정행위 한 것을 시인했다.
> ⑮ 나는 긴장을 풀 수가 없었고 자정 후에도 여전히 정신이 말똥말똥했다. ⑯ 굉장히 수치스러워하는 그 정치가는 그
> 부정한 사건을 인정했다.

> **어휘** fairly 꽤 be content(contented) with ~에 만족하다 lead a contented life 만족스런 삶을 살다 frozen 냉동한
> be fond of ~을 좋아하다 fond memories 행복한 추억 fond father 다정한 아빠 miss 결석하다 childhood 어린 시절
> ill=sick 아픈 care for 돌보다 be unable to ~할 수 없다 join the army 군대에 가다 because of ~때문에 ill health
> 나쁜 건강 taste 맛이 나다 fresh 싱싱한 suffer 겪다 ill effect 나쁜 효과 well=healthy=fit 건강한 politically aware
> 정치적 의식이 강한 spider 거미 wide-awake 잠에서 완전히 깬 refuse 거부하다 take a nap 낮잠 자다 cereal 곡물
> very alive 매우 활기찬 hospital 병원 be in charge of 담당하다 mentally ill patients 정신질환자 half-asleep 잠이 덜
> 깬, 비몽사몽 bark 짖다 doorbell 초인종 ashamed 수치스런 cheat 속이다 admit (to) 시인/인정하다 relax 긴장을 풀다
> immense=enormous=huge=gigantic=stupendous=tremendous=vast 엄청난 politician 정치가 scandal 부정한 사건

(4) 분사형 형용사(시험 빈도가 가장 높은 기초과정)

동사에서 유래한 현재분사(ing형)나 과거분사(-ed)가 형용사의 역할을 하여 명사를 꾸며주거나 설명하는 경우로서 능동의 의미는 현재분사, 수동의 의미는 과거분사를 사용합니다.

① The news was surprising.

② We were surprised at the news.

③ She gave me a surprised look.

④ That pie looks very tempting.

⑤ He was tempted to walk out.

⑥ My brother is so annoying.

⑦ I am much annoyed by my brother.

⑧ It was a boiling hot day.

⑨ I enjoy eating half-boiled eggs.

⑩ It was a very exciting game.

⑪ I feel excited about my new job.

⑫ The meeting was very boring.

⑬ Mr. Ch'oe is such a boring teacher.

⑭ I was really bored during the flight.

⑮ I'm interested in Ancient Egypt.

⑯ I think Ancient Egypt is interesting.

⑰ She's a really interesting teacher.

⑱ The road signs are pretty confusing.

⑲ I'm still a little confused about it.

⑳ Girls find spiders frightening.

㉑ Girls are frightened of spiders.

㉒ It's frustrating to have to wait long.

㉓ I sometimes feel frustrated in my job.

해석 ① 그 소식은 놀라웠다. ② 우리는 그 소식을 듣고 놀랐다. ③ 그녀는 나에게 놀란 표정을 지었다. ④ 그 파이는 매우 맛있어 보인다. ⑤ 그는 걸어나가고 싶었다. ⑥ 내 동생은 정말 짜증나게 한다. ⑦ 나는 내 동생 때문에 무척 짜증난다. ⑧ 끓는 듯이 더운 하루였다. ⑨ 나는 반쯤 삶은 달걀을 즐겨 먹는다. ⑩ 그것은 정말 신나는 경기였다. ⑪ 나는 내 새로운 직업으로 인해 마음이 들떠있다. ⑫ 그 모임은 매우 지루했다. ⑬ 최 선생님은 정말 지루한 선생님이야. ⑭ 나는 비행 동안에 정말 지루했다. ⑮ 나는 고대 이집트에 관심 있다. ⑯ 나는 고대 이집트가 흥미롭다고 생각한다. ⑰ 그녀는 정말 재미있는 선생님이다. ⑱ 그 도로표지판은 꽤 혼란스럽다. ⑲ 나는 그것으로 인해 아직도 약간 혼란스럽다. ⑳ 소녀들은 거미가 무섭다고 생각한다. ㉑ 소녀들은 거미를 무서워한다. ㉒ 오랫동안 기다려야 하는 것은 좌절감을 준다. ㉓ 나는 내 직업에서 종종 좌절감을 느낀다.

어휘 surprise 놀라게 하다 a surprised look 놀란 표정 look ~처럼 보이다 tempting 맛있는/입맛을 당기는 be tempted(inclined) to ~하고 싶다 annoy=afflict=aggravate 짜증나게 하다 boil 끓이다 half-boiled 반쯤 삶은 egg 달걀 excite=agitate 흥분시키다 bore 지루하게 만들다 during the flight 비행 중에 interest 흥미/관심을 일으키다 ancient 고대의 road sign 도로표지판 pretty 꽤 confuse=baffle=bewilder 혼란스럽게 하다, 당황케 하다 a little 약간 find-found-found 발견하다, 깨닫다, 생각하다 spider 거미 frighten=terrify 놀라게/무섭게 하다 frustrate 좌절시키다

문제 1. Choose the correct answer and translate the following into Korean.

① I have had a very (tiring/tired) day.

② I was (alarming/alarmed) at the news.

③ She gave me a (shocking/shocked) look.

④ The man felt a (paralyzing/paralyzed) fear.

⑤ My little son is (terrifying/terrified) of the dark.

⑥ I find writing poetry deeply (satisfying/satisfied).

⑦ The book is a (thrilling/thrilled) adventure story.

⑧ He was absolutely (paralyzing/paralyzed) with shock.

⑨ Her math test score was (disappointing/disappointed).

⑩ A good massage will relax your (tiring/tired) muscles.

⑪ Rain forests are filled with (amazing/amazed) creatures.

⑫ Are you (satisfying/satisfied) with the new arrangement?

⑬ A nice hot bath is so (relaxing/relaxed) after a long day.

⑭ He was (overwhelming/overwhelmed) by her intense love.

⑮ Violent crime is increasing at an (alarming/alarmed) rate.

⑯ You have no idea how (embarrassing/embarrassed) I was.

⑰ Yesterday I read an (amusing/amused) story in a magazine.

⑱ I was (thrilling/thrilled) to win first prize in the competition.

⑲ I am (tiring/tired) today, and my work is really (tiring/tired).

⑳ She was deeply (disappointing/disappointed) about the result.

해석·정답과 설명 ① 나는 매우 피곤한 하루를 보냈다. (tiring) – 피곤하게 만드는 하루이므로 능동 ② 나는 그 소식을 듣고 놀랐다. (alarmed) – 내가 놀람을 당하므로 수동 ③ 그녀는 나에게 충격 받은 표정을 지었다. (shocked) – 충격을 받으므로 수동 ④ 그 사람은 마비시키는 공포를 느꼈다. (paralyzing) – 공포가 마비시키므로 능동 ⑤ 내 어린 아들은 어둠을 무서워 한다. (terrified) – 아들이 무서움 당하므로 수동 ⑥ 나는 시를 쓰는 것이 깊은 만족감을 준다는 것을 깨달았다. (satisfying) – 만족감을 주므로 능동 ⑦ 그 책은 오싹하게 하는 모험 이야기이다. (thrilling) – 모험이야기가 오싹하게 하므로 능동 ⑧ 그는 충격에 완전히 마비되었다. (paralyzed) – 그가 마비되므로 수동 ⑨ 그녀의 수학시험 점수는 실망스러웠다. (disappointing) – 점수가 실망을 주므로 능동 ⑩ 좋은 마사지는 너의 피곤한 근육을 풀어줄 거야. (tired) – 근육이 피곤해 졌으므로 수동 ⑪ 열대 우림은 놀라운 생물들로 가득 차 있다. (amazing) – 생물들이 놀라움을 주므로 능동 ⑫ 너는 그 새로운 조정에 만족하니? (satisfied) – 주어가 만족되므로 수동 ⑬ 쾌적하고 따뜻한 목욕은 긴 하루를 보낸 후 대단히 긴장을 풀어준다. (relaxing) – 목욕이 긴장을 풀어주므로 능동 ⑭ 그는 그녀의 강렬한 사랑에 완전히 감격했다. (overwhelmed) – 주어가 감격에 휩싸이므로 수동 ⑮ 폭력범죄가 놀라운 속도로 증가하고 있다. (alarming) – 놀라움을 주는 속도이므로 능동 ⑯ 너는 내가 얼마나 당황했는지 몰라. (embarrassed) – 주어가 난처해지므로 수동 ⑰ 어제 나는 잡지에서 재미있는 이야기를 읽었다. (amusing) – 재미를 주는 이야기이므로 능동 ⑱ 나는 경기에서 일등상을 타서 전율을 느꼈다. (thrilled) – 주어가 전율을 당하므로 수동 ⑲ 나는 오늘 피곤해, 그리고 내 일은 정말 피곤해. (tired/tiring) – 내가 피곤하게 되므로 수동/내 일이 피곤하게 하므로 능동 ⑳ 그녀는 그 결과에 무척 실망했다. (disappointed) – 그녀가 실망하게 되므로 수동

어휘 tire 피곤하게 만들다 alarm 놀라게 만들다 shock 충격을 주다 look 표정 paralyze 마비시키다 terrify 겁을 주다, 협박하다 the dark 어두움 write 쓰다 poetry 시 satisfy 만족시키다 deeply 깊이 thrill 짜릿하게 하다, 전율을 느끼게 하다 adventure 모험 absolutely 완전히 shock 충격 math 수학 score 점수/20 disappoint 실망시키다 relax 풀어주다 muscle 근육 rain forest 우림 be filled with ~로 가득 차다 amaze 놀라게 하다 creature 생물 arrangement 조정, 합의 nice 쾌적한 bath 목욕 overwhelm 압도하다, 감격시키다 intense 강렬한 violent crime 폭력범죄 increase 증가하다 rate 속도 have no idea 모르다 embarrass=bemuse=bewilder=confuse=mystify=puzzle=perplex=perturb 당황케 하다 amuse=entertain 즐겁게 하다 magazine 잡지 win first prize 일등상을 타다 competition 경기 result=outcome 결과

(5) 지시 형용사(Demonstrative Adjectives)(기초과정)

this, that, these, those가 명사를 꾸며주는 경우로서, this와 that 다음에는 단수명사가 오고 these와 those 다음에는 복수명사가 옵니다. this와 these는 가까이 있는 명사나 가까운 미래를 지시할 때 사용하고, that과 those는 주로 멀리 있는 명사나 이미 지나버린 동작이나 시간을 가리킬 때 사용합니다. 그러나 명사를 꾸며주지 않고 혼자 사용되면 이를 지시대명사라고 합니다.

A. 지시 형용사로 쓰인 경우(기초과정)

① This camera belongs to Jane. → ② These cameras belong to Jane.

③ That puppy looks so adorable. → ④ Those puppies look so adorable.

⑤ What are you going to do this afternoon?

⑥ What are you planning to do this coming Saturday?

⑦ Ozone is used in many ways these days.

⑧ It's rather chilly in the morning these days.

⑨ Let's get together one of these days(=sooner or later).

⑩ It was bitterly cold on that day.

⑪ I'm afraid we have no vacancies on that day.

⑫ Most people got married young in those days.

⑬ In those days, I saturated myself in English literature.

> **해석** ① 이 카메라는 Jane의 것이야. ② 이 카메라들은 Jane의 것이다. ③ 저 강아지는 참 사랑스럽게 생겼다.
> ④ 저 강아지들은 참 사랑스럽게 생겼다. ⑤ 너는 오늘 오후에 뭐 할 거니? ⑥ 이번 주 토요일에 뭐 할 계획이야?
> ⑦ 요즘 오존이 여러 가지 방법으로 사용된다. ⑧ 요즘 아침은 꽤 쌀쌀하다. ⑨ 조만간 우리 한 번 만나자.
> ⑩ 그 날은 몹시도 추웠지. ⑪ 죄송하지만 그 날에는 빈방이 없습니다.
> ⑫ 대부분의 사람들은 그 당시에 어린 나이에 결혼했다. ⑬ 그 당시 나는 영문학에 흠뻑 빠져있었다.

B. 지시 대명사로 쓰인 경우(기초과정)

① This is my car.

② This is my brother.

③ These are my shoes.

④ These are my siblings.

⑤ That is my house over there.

⑥ Those are my books over there.

> **해석** ① 이것이 내 차야. ② 이 애가 내 동생이야. ③ 이것들이 내 신발이야.
> ④ 이들이 내 형제자매야. ⑤ 저기에 있는 저것이 내 집이야. ⑥ 저기에 있는 저것들이 내 책이야.

> **어휘** belong to ~에 속하다 shoes 신발, 구두 fit=suit 맞다 puppy 강아지 adorable 귀여운, 사랑스러운
> be going(planning) to ~할 계획이다 this afternoon 오늘 오후 this coming Saturday 이번 주 토요일
> these days 요즈음 rather 꽤 chilly 쌀쌀한 get together 만나다, 모이다 one of these days=soon 조만간
> bitterly 몹시/통렬히 vacancy 빈방 get married 결혼하다 in those days 그 당시 English literature 영문학
> saturate(absorb, soak) oneself in 흠뻑 빠지다, 심취하다, 몰두하다 siblings 형제자매 over there 저기에

(6) 의문 형용사(interrogative adjectives)(기초과정)

> whose, what, which가 혼자 쓰이면 「의문 대명사」라고 하며, 이들이 명사를 수식하는 형용사의
> 역할을 하면 「의문 형용사」라고 합니다.

① Which is your bag?　　　　　　② Which bag is yours?

③ Whose is that umbrella?　　　　④ Whose umbrella is that?

⑤ What are you doing now?　　　　⑥ What book are you reading?

> **해석** ① 어느 것이 네 가방이야? (의문대명사) ② 어느 가방이 네 것이야? (의문형용사)
> ③ 저 우산은 누구 거야? (의문대명사) ④ 저것은 누구의 우산이야? (의문형용사)
> ⑤ 너 지금 뭐하고 있니? (의문대명사) ⑥ 너는 무슨 책 읽고 있니? (의문형용사)

문제 2. Complete the sentences with interrogative or demonstrative adjectives.

① _____ car is yours?

② _____ time is it now?

③ _____ seat do you prefer?

④ _____ kind of sport do you like?

⑤ _____ car is blocking the driveway?

⑥ _____ bike are you going to borrow?

⑦ _____ house are you going to stay at?

⑧ _____ actor or actress do you like best?

⑨ _____ television program do you like best?

⑩ I found _____ ring in the bedroom. Is it yours?

⑪ _____ pancakes are delicious. May I have another?

⑫ _____ phone here is mine, but _____ one over there is his.

⑬ _____ books here are mine, but _____ over there are hers.

⑭ I can't finish _____ contracts today. I'll work on them tomorrow.

> **해석과 정답** ① 어느 차가 네 것이야? (Which) ② 지금 몇 시야? (What) ③ 너는 어느 좌석이 더 좋니? (Which)
> ④ 너는 어떤 종류의 운동을 좋아해? (What) ⑤ 누구의 자동차가 차도를 막고 있는 거야? (Whose) ⑥ 너는 누구의
> 자전거를 빌릴 거니? (Whose) ⑦ 너는 누구의 집에 머무를 예정이야? (Whose) ⑧ 너는 어느 배우를 가장 좋아해?
> (Which) ⑨ 너는 어떤 TV프로그램을 가장 좋아해? (What) ⑩ 나는 침실에서 이 반지를 발견했어. 그것 네 거니? (this)
> ⑪ 이 팬케이크 맛있는데 하나 더 먹어도 될까? (These) ⑫ 여기 있는 이 전화가 내 것이고, 저기에 있는 저것이 그의
> 것이야. (This/that) ⑬ 이곳에 있는 이 책들은 내 것이고, 저기에 있는 것들이 그녀의 것이야. (These/those)
> ⑭ 나는 이 계약한 일들을 오늘 마칠 수가 없다. 내일 그 일에 매진하겠다. (these)

> **어휘** do-did-done 하다 read-read-read 읽다 bag 가방, 부대, 자루 umbrella 우산, 양산 actor 남자 배우
> actress 여자 배우 stay at 머무르다 seat 자리, 좌석 kind 종류 block 막다 driveway 차도 bike 자전거
> borrow 빌리다 find 발견하다 ring 반지 bedroom 침실 delicious 맛있는 may ~해도 좋다 another 하나 더
> over there 저기에 finish 끝마치다 contract 계약, 계약한 일 work on 매진하다, 공을 들이다 tomorrow 내일
> consist with=coexist with=be consistent(compatible) with=agree with=exist in harmony with
> ~과 양립하다/일치하다 ↔ be inconsistent(incompatible) with ~과 양립하지 않다/일치하지 않다

(7) 부정 형용사(indefinite adjectives)와 수량사(quantifiers)(출제 고빈도 토익과정)

all, some/any, much/many/most, little/few, a lot of/lots of/plenty of, a little bit of, enough, several, no처럼 불특정한 의미로 명사를 꾸며주는 형용사를 가리키며, 수량사(수와 양을 나타내는 말) 또는 한정사(명사를 한정하는 말: determiner)라고 부르기도 합니다.

A. All(모든/모두/모든 것/모든 사람)

a) 한정사(determiner)로 쓰이는 경우: 셀 수 없는 단수명사나 셀 수 있는 복수 명사를 꾸며주는 경우로서, 부정명사로 전체를 나타낼 때는 「All+명사」로 표현합니다.

① All cats love milk.   ② All children need affection.

③ All cheese contains protein.   ④ They have given up all hope.

> **해석** ① 모든 고양이는 우유를 좋아한다. ② 모든 애들은 애정이 필요하다.
> ③ 모든 치즈는 단백질을 함유하고 있다. ④ 그들은 모든 희망을 포기해 버렸다.

b) 전치 한정사(predeterminer)로 쓰이는 경우: 다른 한정사, 즉 정관사(the), 지시형용사(this, that), 소유격(my, our, your, his, their 등)과 함께 사용할 때는 이들 앞에 「all이나 all of」를 붙이셔야 합니다.

① I have drunk all (of) the milk.   ② Why are all these children crying?

③ Someone has taken all (of) my books.   ④ All the eggs got broken. (The all eggs (x))

⑤ Where did all (of) these confetti come from?

> **해석** ① 내가 모든 우유를 마셨어. ② 이 모든 아이들이 왜 울고 있지?
> ③ 누군가가 내 모든 책을 가져가버렸어. ④ 모든 달걀이 깨져버렸다. ⑤ 이 모든 색종이들이 어디서 왔지?

c) 대명사로서 쓰이는 경우: 사람을 나타내면 복수, 사물을 나타내면 단수

① All were silent at the meeting.   ② All were happy with the outcome.

③ All was quiet in the street outside.   ④ All that I need is a pencil and paper.

> **해석** ① 모임에 있던 모든 사람들이 침묵을 지켰다. ② 모든 사람들이 그 결과에 만족했다.
> ③ 밖의 거리는 모든 것이 고요했다. ④ 내가 필요로 모든 것은 연필과 종이이다.

d) all day, all morning, all night, all week, all year, all summer처럼 시간 표현에는 the를 사용하지 않습니다.

① The party went on all night.

② The boys played video games all day.

③ I spent all morning looking for my car.

> **해석** ① 그 파티는 밤새 계속되었다. ② 그 소년들은 하루 종일 비디오 게임을 했다.
> ③ 나는 내 차를 찾는데 오전을 통째로 보냈다.

> **어휘** cat 고양이 milk 우유 mortal 반드시 죽는 need 필요로 하다 affection 애정 contain=include 포함하다
> protein 단백질 give up=forsake 포기하다 hope 희망 drink-drank-drunk 마시다 cry 울다 break 깨다
> confetto-confetti 색종이 silent=quiet 침묵하는, 고요한 outcome 결과 spend-spent-spent 보내다
> look(seek, search, ask, inquire) for=look out for=be in search(pursuit, quest) of=persue=chase 찾다

e) 목적격 대명사와 함께 주어로 쓰일 때는 「All of+목적격 대명사」의 어순을 따르고, 목적어로 쓰일 때는 「all of+목적격 대명사」나 「목적격 대명사+all」의 어순을 따릅니다.

① All of them are smart. = They are all smart.

② Did you find all of them? = Did you find them all?

> **해석** ① 그들 모두 머리가 영리하다. ② 너는 그것들 모두를 찾았니?

B. some과 any(출제 고빈도 기본과정)

둘 다 단수 명사 복수 명사를 수식할 수 있으며 some은 긍정문, 조건문, 권유문, 요청문에 사용되고, any는 부정문, 조건문, 의문문에 사용됩니다.

① There is some water on the floor.　② There isn't any water on the floor.

③ There are some apples in the box.　④ There aren't any apples in the box.

⑤ If you need some/any assistance, give me a ring.

> **해석** ① 바닥에 물이 조금 있다. ② 바닥에 물이 전혀 없는데. ③ 상자 속에 사과가 좀 들어 있다.
> ④ 상자 속에 사과가 전혀 없는데. ⑤ 네가 내 도움이 필요하면 전화해.

a) 음식물을 권유할 때나, 요청을 할 때에는 의문문에서도 some를 사용합니다.

① Do you want some biscuits?　② Would you like some more tea?

③ Can you give me some idea of the cost?

> **해석** ① 비스킷 좀 먹을래? ② 차 좀 더 드실래요? ③ 비용에 대해서 좀 설명해 주실래요?

b) some+셀 수 있는 단수명사 = 어떤(= a certain)

① Some idiot has locked the door!　② Some guy called for you in your absence.

> **해석** ① 어떤 멍청이가 문을 잠가버렸네. ② 네가 없을 때 어떤 남자가 찾던데.

c) 긍정문에서 any+단수: 양보의 의미를 나타내어 「~든지, ~라도」

① You can ask for my help any time.　② Any student can solve the problem.

> **해석** ① 너는 아무 때나 내 도움을 청해도 돼. ② 어떤 학생이라도 그 문제를 풀 수 있다.

d) any는 셀 수 없는 단수명사와 셀 수 있는 복수 명사와 함께 사용하며, 셀 수 있는 단수명사와 함께 사용할 수 없습니다. 대신 부정관사 「a, an」을 사용하셔야 합니다.

① I don't have any work to do. (works (x))　② Do you have any questions? (question (x))

③ Do you have a question?　④ I don't have any questions. (question (x))

> **해석** ① 나는 할 일이 없다. ② 너 질문 있니? ③ 너 질문 있니? ④ 나는 질문이 전혀 없다.

> **어휘** smart 영리한, 똑똑한 floor 바닥 assistance 도움 give a ring(call)=ring(call) up 전화하다
> give some idea of 설명하다 cost 비용 idiot 멍청이, 얼간이 lock 잠그다 door 문 call for 찾다
> in one's absence 부재중에 ask(call) for 요청하다 any time 아무 때나 solve 풀다 problem 문제

C.	셀 수 있는 복수 명사	few	(거의 없는)	(= hardly any = not many)
		a few	(약간 있는)	(= some = a small number of)
	셀 수 없는 단수 명사	little	(거의 없는)	(= hardly any = not much)
		a little	(약간 있는)	(= some = a small amount of)
	(출제 고빈도 과정)			(= a bit of = a little bit of)

① He has few friends. (quite formal)

② He has (very) few friends. (quite formal)

③ He has hardly any friends.

④ He has only a few friends. (less formal)

⑤ He does not have many friends. (less formal)

⑥ (Very) few of his friends are unwise.

⑦ He has a few(some) friends.

⑧ I met a few(some) of his friends.

⑨ He has quite a few/not a few/a good few friends.

⑩ He has little money. (quite formal)

⑪ He has (very) little money. (quite formal)

⑫ He has hardly any money.

⑬ He has only a little money. (less formal)

⑭ He doesn't have much money. (less formal)

⑮ He has a little(some) money.

⑯ He spent a little(some) of the money.

⑰ He has quite a little/no little/not a little money.

해석 ① 그는 친구가 거의 없다. ② 그는 친구가 거의 없다. ③ 그는 친구가 거의 없다. ④ 그는 친구가 몇 명밖에 없다. ⑤ 그는 친구가 별로 없다. ⑥ 그 친구들 중 현명치 못한 친구는 거의 없다.(대명사로 쓰인 경우) ⑦ 그는 친구가 몇 명 있다. ⑧ 나는 그의 친구 몇 명을 만났다. ⑨ 그는 친구가 꽤 많다. ⑩ 그는 돈이 거의 없다. ⑪ 그는 돈이 거의 없다. ⑫ 그는 돈이 거의 없다. ⑬ 그는 돈이 조금밖에 없다. ⑭ 그는 돈이 별로 없다. ⑮ 그는 돈이 약간 있다. ⑯ 그는 돈 일부를 썼다.(대명사) ⑰ 그는 돈을 꽤 많이 가지고 있다.

⚠ a bit of = a little bit of = a small piece or amount of (소량의)

① Would you like a bit of chocolate?

② There is a little bit of snow on the ground.

③ He wedged the door open with a bit of wood.

④ He had bits of food stuck in between his teeth.

해석 ① 초콜릿 좀 드실래요? ② 땅 위에 약간의 눈이 있다.
③ 그는 나무 조각으로 문을 닫히지 않게 받쳐 놓았다. ④ 그는 약간의 음식물이 이빨 사이에 끼어있었다.

어휘 leave-left-left 남기다 ground 땅 wedge 쐐기를 박다, 끼어 넣다, 고정하다 wood 나무
food 음식물 stick-stuck-stuck 붙이다, 찔러 넣다 teeth 이빨 paper 종이 all over the floor 바닥 전체에

D. $\begin{cases} \text{many+복수(formal) = a lot of = lots of = plenty of(informal)} & \text{수가 많은} \\ \text{much+단수(formal) = a lot of = lots of = plenty of(informal)} & \text{양이 많은} \end{cases}$ (출제 고빈도 과정)

① He has many friends. (formal) = He has a lot of friends. (informal)

② He has much money. (formal) = He has a lot of money. (informal)

③ There is plenty of water in the dam. (informal)

④ Plenty of computers are needed at schools. (informal)

해석 ① 그는 많은 친구를 가지고 있다. ② 그는 많은 돈을 가지고 있다.
③ 그 댐에는 많은 물이 있다. ④ 학교에서는 많은 컴퓨터가 필요하다.

a) 의문문과 부정문에서는 주로 much와 many를 사용합니다.

① I don't have many relatives.　　② There is not much rice left.

③ How many siblings do you have?　　④ Was there much traffic on the road?

해석 ① 나는 친척이 별로 없다. ② 남은 쌀이 별로 없다.
③ 너는 형제자매가 몇 명 있니? ④ 도로에 차량들이 많이 있었니?

b) many와 much와 a lot of를 수식하는 어구들 (very가 more formal)

① He has such a lot of friends.

② He has so(very) many friends.

③ He has so(very) much money.

④ He bought too much food for us.

⑤ There are too many people in here.

⑥ I have as many friends as she does. (~만큼)

⑦ I don't have as(so) many friends as she does. (~만큼)

⑧ Try to find out as much information as you can. (~만큼)

⑨ As many as 500 people died in the earthquake. (자그마치)

⑩ He ate as much as 50% of the ice cream in the cup. (자그마치)

⑪ Very many people have complained about the situation. (cambridge)

⑫ There was so much noise that I couldn't hear very well.

⑬ Why are so many people lazy to use correct English grammar?

해석 ① 그는 아주 많은 친구를 갖고 있다. ② 그는 아주 많은 친구를 갖고 있다. ③ 그는 아주 많은 돈을 갖고 있다.
④ 그는 우리를 위해 너무 많은 음식을 샀다. ⑤ 이 안에는 사람들이 너무 많다. ⑥ 나도 그녀만큼 친구를 가지고 있다.
⑦ 나는 그녀만큼 친구가 많지 않다 ⑧ 가능한 한 많은 정보를 알아내도록 애를 써라. ⑨ 자그마치 5백 명이 지진으로
죽었다. ⑩ 그는 컵 속에 들어있는 아이스크림을 자그마치 50%를 먹었다. ⑪ 아주 많은 사람들이 그 상황에 대해 불평
했다. ⑫ 소음이 너무 많아서 나는 잘 들을 수가 없었다. ⑬ 왜 그토록 많은 사람들이 정확한 영문법을 사용하기를 게을
리하는가?

어휘 need 필요로 하다 relative 친척 leave–left–left 남기다 sibling 형제자매 traffic 차량, 교통량
road 도로 food 음식 information 정보 die 죽다 earthquake 지진 complain=grumble=gripe 불평하다
about=as to=concerning ~에 대해 situation 상황 lazy 게으른 use 사용하다 correct 정확한 grammar 문법

c) 정관사(the), 지시형용사(this/that), 소유격, 대명사(them/it) 앞에서는 many of/much of를 사용하셔야 합니다.

① Mark spent much of his life in Paris.

② How many of them can dance, sing and act?

③ He didn't drink much of that beer I gave him.

④ Many of the houses were destroyed by the earthquake.

⑤ How much of this book is fact and how much is fiction?

⑥ Unfortunately, not many of the photographers were there.

⑦ I couldn't see many of my friends at his party last Saturday.

> **해석** ① Mark는 파리에서 그의 삶의 많은 부분을 보냈다. ② 그들 중 몇 명이 춤추고, 노래하고 연기할 수 있니?
> ③ 그는 내가 그에게 준 맥주를 별로 마시지 않았다. ④ (가옥들 중) 많은 집들이 지진으로 파괴되었다.
> ⑤ 이 책의 얼마나 많은 부분이 사실이고 얼마나 많은 부분이 허구이지? ⑥ 불행히도 그곳에는 촬영자가 별로 없었다.
> ⑦ 나는 지난주 토요일 그의 파티에서 나의 친구들을 별로 볼 수가 없었다.

⚠ 여기서부터는 최고급과정입니다!

◀ 뉴앙스 맛보기 ▶

> ⓐ not~many = (very) few/not~much = (very) little (별로~하지 않다)
> ⓑ not~a lot of = not~ lots of (많이 ~한 것은 아니다)

① She didn't gain much experience. = She gained very little experience.

② She didn't gain a lot of experience. = She learned something from it.

③ Haven't you sold many tickets? − No, I haven't.

  (The speaker expects that they have sold a small quantity of tickets.)

④ Haven't you sold a lot of tickets? − Yes, I have.

  (The speaker expects that they have sold a large quantity of tickets.)

⑤ Isn't there much food left? − No, there isn't.

  (The speaker expects that there is a small quantity of food left.)

⑥ Isn't there a lot of food left? − Yes, there is.

  (The speaker expects that there is a large quantity of food left.)

> **해석** ① 그녀는 경험을 별로 습득하지 못했다. ② 그녀는 경험을 많이 습득하지는 못했다.(그래도 뭔가를 배웠다)
> ③ 너 표 별로 못 팔았니?(소량 팔았다고 예상할 때) − 응, 많이 못 팔았어. ④ 너 표 많이 팔지 않았니?(많이 팔았다고 예상할 때) − 응, 나 많이 팔았어. ⑤ 음식이 별로 남지 않았니? (소량 남았다고 예상할 때) − 응, 별로 남지 않았어. ⑥ 음식이 많이 남지 않았니? (많이 남았다고 예상할 때) − 응, 많이 남았어.

> **어휘** life 인생, 삶 sing-sang-sung 노래하다 dance 춤추다 act 연기하다 destroy 파괴하다 earthquake 지진
> fact 사실 fiction 허구 unfortunately 불행히도 photographer 촬영자 last Saturday 지난 토요일
> gain=acquire=come by 얻다 experience 경험 learn 배우다 sell-sold-sold 팔다 leave-left-left 남기다

d) quite a little = no little = not a little = a great(good) deal of = a wealth(quantity) of

  = a large(great) measure of = a large(great, big, huge, vast) amount(chunk) of

  = quite a bit of = a fairly large amount of+셀 수 없는 단수명사 (꽤 많은/상당한)

① Not a little anxiety was caused.　　　　② There's quite a bit of snow on the ground.

③ I undertook an inordinate amount of work.

④ She spent a good deal of time on the project.

⑤ Our dog eats a vast amount of food each day.

⑥ There is a large measure of agreement between us.

⑦ The colony has gained a great measure of freedom.

⑧ There was no little sadness in his voice. (considerable)

⑨ It turned out to be quite a little bonanza. (a considerable)

⑩ Large amounts(quantities) of water are consumed around the globe every day.

해석 ① 상당한 불안감이 생겼다. ② 땅에 꽤 많은 눈이 쌓여있다. ③ 나는 엄청난 양의 일을 떠맡았다. ④ 그녀는 그 프로젝트에 꽤 많은 시간을 소비했다. ⑤ 우리 개는 매일 엄청난 양의 음식을 먹는다. ⑥ 우리 사이에는 많은 합의가 있다. ⑦ 그 식민지는 많은 자유를 얻었다. ⑧ 그의 목소리에는 많은 슬픔이 들어 있었다. ⑨ 그것은 상당한 노다지(횡재)로 판명되었다. ⑩ 많은 양의 물이 전 세계적으로 매일 소모된다. *small(large) amounts of 단수=복수 동사

e) quite a few = not a few = a good few = a good many = a great many

  = a large(great, good, considerable, huge, vast, immense) number of = a wealth(quantity) of

  = a large(whole) host of = a whole army(raft) of = a great multitude of = a myriad of

  = numerous = innumerable =uncountable = countless = numberless (꽤 많은/무수한)

  = quite a large number of = a fairly large number of+셀 수 있는 복수 명사

① She has a good many friends.

② We have had a whole host of problems.

③ A good few people came to watch the movie.

④ Quite a few people have had the same problem.

⑤ They sent in a whole army of trained technicians.

⑥ Last night not a few of the members were present.

⑦ Not a few employees have chosen early retirement.

⑧ A great multitude of students assembled in the auditorium.

⑨ Myriads of insects danced around the light above my head.

⑩ The disease affected a large number of camels in the town.

해석 ① 그녀는 꽤 많은 친구를 가지고 있다. ② 우리는 지금까지 꽤 많은 문제가 있었다. ③ 꽤 많은 사람들이 그 영화를 보러 왔다. ④ 꽤 많은 사람들이 동일한 문제를 갖고 있었다. ⑤ 그들은 꽤 많은 훈련된 기술자를 파견했다. ⑥ 어젯밤 꽤 많은 회원들이 참석했다. ⑦ 적지 않은 직원들이 조기 퇴직을 선택했다. ⑧ 꽤 많은 학생들이 강당에 모였다. ⑨ 수많은 벌레들이 내 머리 위 등불 주변에서 춤을 추었다. ⑩ 그 질병은 그 마을에 있는 꽤 많은 낙타를 감염시켰다.

어휘 anxiety 불안 cause 일으키다 snow 눈 ground 땅 undertake 떠맡다 each day 매일 food 음식
　　　agreement 약속, 협정 colony 식민지 freedom 자유 sadness 슬픔 voice 목소리 bonanza 횡재, 노다지
　　　send in 파견하다 trained technician 훈련된 기술자 present 참석한, 현재의 early retirement 조기 은퇴
　　　employee 직원 assemble 모이다 auditorium 강당 insect 곤충 disease 질병 affect 감염시키다 camel 낙타

f) a barrage of = quite a lot of = a large(big, huge, vast) quantity of+단/복수명사
  (꽤 많은/다량의/다수의)

① He's got quite a lot of friends.　　　② He unleashed a barrage of insults.
③ We bought quite a lot of new furniture.　　　④ He consumed a large quantity of alcohol.
⑤ Huge quantities of oil were spilling into the sea.
⑥ The police found a large quantity of drugs at his home.
⑦ The two fighters were driven off by a barrage of anti-aircraft fire.

> **해석** ① 그는 꽤 많은 친구들을 갖고 있다. ② 그는 모욕적인 말들을 연거푸 내뱉었다. ③ 우리는 꽤 많은 새 가구를 구입했다. ④ 그는 다량의 알코올을 소비하였다. ⑤ 다량의 기름이 바다로 유출되고 있었다. ⑥ 경찰은 그의 집에서 다량의 마약을 발견했다. ⑦ 그 두 대의 전투기는 연속적인 대공포 사격으로 격퇴되었다.

E. each와 every(기본과정)

　　두 명 이상의 집단 속의 개인을 가리킬 때는 each, 세 명 이상의 집단 속에서 모두를 가리킬 때는 every를 사용하며, 동사는 언제나 단수입니다.

a) 명사를 꾸며주는 한정사(determiner): each는 「각」, every는 「모든」

① Each man hunted alone.　　　② Each girl was awaiting her turn.
③ Every child needs love and care.　　　④ Every house on the street looks the same.

> **해석** ① 각 사람은 혼자 사냥했다. ② 각 소녀는 자신의 차례를 기다렸다.
> 　　　③ 모든 아이는 사랑과 보살핌이 필요하다. ④ 길가에 있는 모든 집이 똑같이 보인다.

b) 일상 대화체에서는 동사는 단수, 소유격은 their로 나타내는 경우가 있으나, 문법에서는 동사는 단수 취급하고 소유격으로는 his or her로 나타내야만 정답입니다.

① Each/Every student has their own place in the classroom. (x) (구어체)
② Each/Every student has his or her own place in the classroom. (문어체)

> **해석** 각 학생은/모든 학생은 교실에서 자신의 자리를 가지고 있다.

c) 복수 목적격 대명사(us, you, them)나 다른 한정사, 즉 정관사(the), 소유격(my, our, your, his, her, their), 지시형용사(these, those) 앞에서는 each of를 붙입니다.

① Each of us has a bicycle.　　　② She kissed each of her children.
③ Each of the guides was kind to us.　　　④ Each of those dresses looks so beautiful.

> **해석** ① 우리는 각자 자전거를 가지고 있다. ② 그녀는 아이들 각자에게 뽀뽀를 해줬다.
> 　　　③ 가이드들 각자는 우리에게 친절했다. ④ 저 드레스들은 각각 참 아름답구나.

> **어휘** unleash 폭발하다, 내 뱉다 insult 모욕 buy-bought-bought 사다 furniture 가구 consume 소비하다
> spill 엎지르다, 유출되다 the police 경찰 find-found-found 발견하다 drug=narcotic 마약 fighter 전투기
> drive off 격퇴하다 anti-aircraft fire 대공포 사격 hunt 사냥하다 alone 혼자서 await=wait for 기다리다
> need 필요로 하다 care 보살핌, 걱정, 근심 street 거리 place 자리 bicycle=bike 자전거 guide 가이드, 안내자
> arrange=array=put(set, place) in order=exhibit=display=marshall=put on show=set out 배열(진열)하다

d) 명사를 대신 받는 대명사(pronoun)로서 each는 「각각」으로 해석합니다.

① They each played their part.

② The two players each won two games.

③ I gave them each a copy of the script.

> **해석** ① 그들 각자 자신의 역할을 했다. ② 그 두 선수는 각각 두 게임을 이겼다.
> ③ 나는 그들 각자에게 대본을 한 부씩 주었다.

e) every+복수명사: 「~마다」로 해석합니다.

① The conference takes place every two years.

= The conference takes place every other/second year.

③ The Olympics(Olympic Games) are held every four years.

= The Olympics(Olympic Games) are held every fourth year.

> **해석** ① 그 회의는 2년마다 개최된다. ② 올림픽 경기는 4년마다 열린다.

F. most의 용법(기본과정)

  a) 형용사 many/much의 최상급으로서 명사를 꾸며주는 경우: the most 「가장 많은」

  b) 한정사(determiner)로서 명사를 꾸며주는 경우: most+명사 「대부분의」

  c) 목적격 대명사나 다른 한정사, 즉 정관사(the), 소유격(my, our, your, his, her, their),
    지시 형용사 (this, these, that, those)등 앞에서는 most of를 붙이며 「대부분」

① Which athlete won the most medals?　② He won the most votes in the election.

③ Most fish have fins.　④ Most children love toys.

⑤ Most of it is finished.　⑥ Most of us enjoy shopping.

⑦ Most of the audience were women.　⑧ John spent most of his life in Seoul.

⑨ Most of these students speak English.

> **해석** ① 어느 선수가 가장 많은 메달을 땄지? ② 그는 선거에서 가장 많은 표를 얻었다. ③ 대부분의 물고기는 지느러미를 가지고 있다. ④ 대부분의 아이들은 장난감을 좋아한다. ⑤ 그것의 대부분은 끝났다. ⑥ 우리 대부분은 쇼핑을 즐긴다.
> ⑦ 청중 대부분은 여성이었다. ⑧ John은 그의 인생 대부분을 서울에서 보냈다. ⑨ 이 학생들 대부분은 영어를 말한다.

G. No/Enough+셀 수 없는 단수명사/셀 수 있는 복수명사

① I have no desire to have children.　② There are no squirrels in the park.

③ I have enough money to buy a car.　④ I have enough books to read in my bag.

> **해석** ① 나는 애를 갖고 싶은 욕망이 없다. ② 그 공원에는 다람쥐가 없다.
> ③ 나는 차를 사기에 충분한 돈을 가지고 있다. ④ 나는 가방 속에 읽어야 할 충분한 책이 있다.

> **어휘** play one's part(role) 역할을 하다 player 선수 win-won-won 이기다. 얻다 game 테니스에서 게임세트
> give-gave-given 주다 copy 한 부, 사본 script 대본, 원고 conference 회의 olympics 올림픽 경기
> take place=be held 개최되다, 열리다 athlete 운동선수 vote 투표수, 투표하다 election 선거, 표결
> fish 물고기 fin 지느러미 toy 장난감 finish=complete 끝마치다 enjoy 즐기다 audience 청중, 관객
> spend-spent 보내다 life 인생 desire 욕망 squirrel 다람쥐 enough 충분한 buy-bought 사다 read-read 읽다

(8) 고유 형용사(Proper adjectives)(기본과정)

〈고유명사에서 유래한 형용사로서 언제나 대문자로 시작합니다.〉

A. 나라 이름에서 유래한 고유 형용사

고유명사	뜻	고유형용사	고유명사	뜻	고유형용사
America	미국	American	Germany	독일	German
Arab	아랍	Arabian	Hawaii	하와이	Hawaiian
Australia	호주	Australian	Ireland	아일랜드	Irish
Asia	아시아	Asian	Italy	이탈리아	Italian
Austria	오스트리아	Austrian	Japan	일본	Japanese
Belgium	벨기에	Belgian	Jew	유대인	Jewish
Bolivia	볼리비아	Bolivian	Korea	한국	Korean
Brazil	브라질	Brazilian	Mars	화성	Martian
Canada	캐나다	Canadian	Mexico	멕시코	Mexican
China	중국	Chinese	Netherlands	네덜란드	Dutch
Congo	콩고	Congolese	Poland	폴란드	Polish
Cuba	쿠바	Cuban	Portugal	포르투갈	Portuguese
Christ	기독교	Christian	Scotland	스코틀랜드	Scottish
Denmark	덴마크	Danish	Spain	스페인	Spanish
England	잉글랜드	English	Switzerland	스위스	Swiss
Europe	유럽	European	Thailand	태국	Thai
France	프랑스	French	Wales	웨일즈	Welsh

B. 사람 이름에서 유래한 고유 형용사

고유명사	뜻	고유형용사	고유명사	뜻	고유형용사
Aristotle	아리스토텔레스	Aristotelian	Jung	융	Jungian
Beethoven	베토벤	Beethovenian	Machiavelli	마키아빌리	Machiavellian
Bismarck	비스마르크	Bismarckian	Mozart	모차르트	Mozartian
Caesar	시저	Caesarian	Napoleon	나폴레옹	Napoleonic
Confucius	공자	Confucian	Orwell	오웰	Orwellian
Darwin	다윈	Darwinian	Newton	뉴턴	Newtonian
Einstein	아인슈타인	Einsteinian	Plato	플라톤	Platonic
Freud	프로이드	Freudian	Roosevelt	루스벨트	Rooseveltian
Gauss	가우스	Gaussian	Lincoln	링컨	Lincolnian
George	조지	Georgian	Shakespeare	셰익스피어	Shakespearean
Hitler	히틀러	Hitlerian	Socrates	소크라테스	Socratic

① I am a Korean.　　　　　　　　　② I am Korean though I am a Chinese.

③ Some of my friends are American.　④ Some of my friends are Americans.

해석 ① 나는 한국 사람이다 ② 나는 중국인이지만 한국 국적이다.
　　　③ 내 친구 중 일부는 미국 국적이다. ④ 내 친구 중 일부는 미국인이다.
설명 이와 같이 관사 없이 고유형용사를 쓰면 국적을 나타내고, 관사를 쓰거나 복수형이 되면 그 나라 사람을 나타냅니다.

---

(9) 복합 형용사(Compound Adjectives)(출제 고빈도 토익과정)

두 개 이상의 단어가 모여 하나의 개념으로 명사를 꾸며주는 형용사로, 구형용사(phrasal adjective), 또는 복합수식어(compound modifier)라고도 합니다. 복합형용사가 한정적 용법으로 명사를 꾸며줄 경우에는 하이픈(–)를 붙이고, 명사 뒤에서 설명하는 서술적용법으로 사용될 경우에는 하이픈을 붙이지 않는 것이 법입니다. 단, –ly로 끝나는 부사나 very는 절대로 하이픈으로 연결하지 않는 것이 문법이니 주의하시기 바랍니다.

A. 숫자를 동반한 복합형용사(Compound Adjectives with Numbers): 하이픈을 이용하여 명사를 수식할 때 단수형을 사용해야 하며 복수형을 사용해서는 안 됩니다.(출제 고빈도 기초편)

① I'm going on vacation for three weeks.

② I have a three–week vacation. (weeks (x))

③ My brother is ten years old.

④ I have a ten–year–old brother. (years (x))

⑤ The building has sixty–three floors.

⑥ The sixty–three–floor building was completed in 1985. (floors (x))

> **해석** ① 나는 3주 동안 휴가를 갈 예정이다. ② 나는 3주간 휴가를 간다. ③ 내 동생은 10살이야.
> ④ 나는 10살 된 동생이 있어. ⑤ 그 건물은 63층이야. ⑥ 그 63층짜리 건물은 1985년에 완공되었어.

B. 부사+(–)+과거분사/현재분사(Adverb+Participle): 한정적 용법만 하이픈을 붙이고, –ly로 끝나는 부사는 절대로 하이픈으로 연결하지 않습니다.

① He is a well–known actor. ② The actor is well known.

③ He is a hard–working cop. ④ He is an extremely hardworking cop.

⑤ He is a highly respected statesman. ⑥ He is highly respected for his novels.

⑦ She has a deep–rooted fear of spiders.

⑧ It is hard to do away with deeply rooted traditions.

⑨ Racism is still deeply rooted in our society.

⑩ I was stuck in slow–moving traffic for over two hours.

⑪ The new law will have far–reaching effects on the US economy.

> **해석** ① 그는 유명한 배우이다. ② 그 배우는 잘 알려져 있다. ③ 그는 열심히 일하는 경찰이다.
> ④ 그는 정말 열심히 일하는 경찰이야. ⑤ 그는 대단히 존경받는 정치인이다. ⑥ 그는 그의 소설 때문에 대단히 존경받는다.
> ⑦ 그녀는 거미에 대한 뿌리 깊은 두려움을 갖고 있다. ⑧ 뿌리 깊은 전통을 없애기는 어렵다.
> ⑨ 인종차별이 우리 사회에 아직도 뿌리깊이 박혀있다. ⑩ 나는 두 시간이 넘도록 천천히 이동하는 차량들 속에 갇혀 있었다.
> ⑪ 그 새로운 법은 미국 경제에 광범위한 영향을 미칠 것이다.

> **어휘** go on (a) vacation 휴가를 가다 a three–week vacation 3주간의 휴가 brother 남동생, 오빠, 형
> floor 층 complete 완공하다 well–known=noted 잘 알려진 actor 남자 배우 hard–working 열심히 일하는
> cop 경찰 extremely 무척 highly 대단히 respect 존경하다 novel 소설 deep–rooted 뿌리 깊은 fear 두려움
> spider 거미 tradition 전통 do away with=get rid of 제거하다 racism 인종차별 be stuck in 옴짝달싹 못하다
> over=more than 이상 slow–moving 느리게 이동하는 law 법 effect 영향 far–reaching 광범위한 economy 경제

C. 명사+(-)+과거분사/현재분사(Noun+Participle): 명사를 꾸며주는 한정적용법 뿐만 아니라, 명사의 뒤에서 서술적(설명적) 용법으로 사용하더라도 하이픈을 붙여야 합니다.

① I hate this smoke-filled air.

② The room is smoke-filled. = The room is filled with smoke.

③ The process was very time-consuming.

④ Writing a book is a very time-consuming job.

⑤ Do you know the freckle-faced girl?

⑥ She was tongue-tied for the first few minutes.

⑦ He is really pig-headed(pigheaded).

⑧ An ear-splitting(earsplitting) shriek came from somewhere.

> **해석** ① 나는 매연으로 가득 찬 이런 대기가 싫어. ② 그 방은 담배 연기로 가득 차 있어.
> ③ 그 과정은 시간이 대단히 많이 소모되었다. ④ 책을 쓰는 것은 대단히 시간을 많이 요구하는 일이다.
> ⑤ 너는 얼굴에 주근깨가 많은 그 소녀를 아니? ⑥ 그녀는 처음 몇 분 동안 말문이 막혔다.
> ⑦ 그는 정말 고집불통이다. ⑧ 귀청이 떨어질 듯한 비명소리가 어딘가에서 들려왔다.

D. 형용사+(-)+과거분사/현재분사(Adjective+Participle): 서술적 용법에서도 하이픈을 붙입니다. (고급과정)

① He is a strong-willed person.

② She's very determined and strong-willed.

③ She's very old-fashioned in her outlook.

④ She is wearing an old-fashioned dress now.

⑤ She's a good, warm-hearted woman.

⑥ Birds and mammals are warm-blooded.

⑦ He is hot-blooded and gets mad at little things.

⑧ I was absent-minded and rode past my stop.

⑨ She was cheated by a smooth-talking stranger.

⑩ Her easy-going(easygoing) nature made her popular.

> **해석** ① 그는 의지가 강한 사람이다. ② 그녀는 대단히 결단력이 있고 의지가 강하다. ③ 그녀는 사고방식이 매우 구식이다. ④ 그녀는 지금 유행이 지난 드레스를 입고 있다. ⑤ 그녀는 착하고 마음씨 따뜻한 여성이다. ⑥ 새와 포유류는 온혈동물이다. ⑦ 그는 다혈질이어서 사소한 일에도 화를 낸다. ⑧ 나는 정신이 나가서 내려야 할 곳을 지나쳐버렸다.
> ⑨ 그녀는 부드럽게 말하는 낯선 사람에게 사기를 당했다. ⑩ 그녀의 태평한 성품이 그녀를 인기 있게 만들었다.

> **어휘** hate 싫어하다 smoke-filled 매연으로 가득 찬 air 공기, 대기 time-consuming 시간을 요구하는 process 과정 write 쓰다 job 일, 직업 freckle-faced 얼굴에 주근깨가 난 tongue-tied 말문이 막힌 pig-headed 고집불통인 earsplitting 귀청이 떨어질 듯한 shriek 비명 somewhere 어딘가에서 strong-willed 의지가 강한 determined 결단력 있는 old-fashioned 구식의, 유행이 지난 warm-hearted 마음씨가 따뜻한 hot-blooded 다혈질의 get mad at ~에 화를 내다 stranger 낯선 사람 little things 사소한 일 absent-minded 정신이 멍한 ride past 타고 지나치다 stop 종착지 cheat=swindle=dupe 속이다, 사기 치다 smooth-talking 말을 번지르르하게 하는 easy-going nature 태평한 성품

E. 명사+(-)+형용사(Noun+Adjective): 한정적 용법에서는 하이픈을 붙이고, 서술적 용법의 경우 영국영어에서는 하이픈을 붙이지만 미국영어에서는 하이픈을 붙이지 않습니다.(고급과정)

① This is a smoke-free restaurant.

② Messi is a world-famous soccer player.

③ This will lead to the most cost-effective solutions.

④ College education is no longer cost-effective. (영국식)

⑤ The procedure is easy to use and cost effective. (미국식)

> **해석** ① 이곳은 금연 식당이야. ② 메시는 세계적으로 유명한 축구 선수이다. ③ 이것이 가장 비용 효과적인 해결로 이끌어 줄 것이다. ④ 대학 교육은 더 이상 비용 효과적이지 않다. ⑤ 그 방법은 이용하기 쉽고 비용 효과적이다.

F. 형용사+(-)+명사(Adjective+Noun)(고급과정)

① It was a last-minute decision.

② He is a part-time/full-time employee. (형용사)

③ The employee works full-time(full time). (부사)

④ She works part-time(part time) at the nursery. (부사)

⑤ This floor is made of high-quality wood.

⑥ We watched the full-length version of the movie.

⑦ He was lying full-length on the grass. (미국식/영국식)

⑧ Mary flung herself full length on the floor. (영국식)

⑨ The police have begun a full-scale investigation.

> **해석** ① 그것이 최종 결정이었다. ② 그는 시간제/전임제 직원이다. ③ 그 직원은 전임제로 일한다. ④ 그녀는 보육원에서 시간제로 일한다. ⑤ 이 마루는 고품질의 나무로 만들어져 있다. ⑥ 우리는 그 영화의 원작 버전을 보았다. ⑦ 그는 잔디밭에 몸을 쭉 펴고 누워있었다. ⑧ Mary는 바닥에 쭉 펴고 몸을 던졌다. ⑨ 경찰은 대대적인 조사를 시작했다.

G. 인용부호, 이탤릭체, 대문자(제목의 경우)로 하이픈을 대신할 수 있다.

① Is that your "go away" look?

② Michael Phelps is a *bona fide* superstar.

③ Did you watch the Harry Potter documentary?

> **해석** ① "저리가"라는 표정이니? ② 마이클 펠프스는 진정한 슈퍼스타이다. ③ 너 해리포터 기록영화 보았니?

> **어휘** smoke-free 금연의 restaurant 식당 world-famous 세계적으로 유명한 soccer player 축구 선수 lead to 이끌다, 낳다 cost-effective 비용효과적인 solution 해결책 college education 대학교육 no longer=not~any longer=no more=not~any more 더 이상 ~이 아니다 procedure 절차, 방법 easy to use 사용하기 쉬운 last-minute 최종/최후의, 마지막 순간의 decision 결정 employee 직원 part-time 시간제의, 시간제로 full-time 전임제의, 전임제로 nursery 보육원 floor 마루 wood 나무 be made of ~로 만들어져 있다 high-quality 양질의 watch 시청하다 version 판, 각색 full-length 원작 그대로의, 전신의, 쭉 뻗고(=full length) movie 영화 lie-lay-lain-lying 눕다 grass 잔디밭 fling-flung 던지다 floor 바닥 police 경찰 full-scale 대대적인 investigation 조사, 수사 "go away" look "저리가"라는 표정 bona fide 진정한, 선의의 documentary 기록영화

H. 기타 주의해야 할 복합 형용사(고급과정)

① I like one-of-a-kind shoes.

② My father is one of a kind.

③ It is a man-eating shark.

④ The man eating shark is my uncle.

⑤ It was a never-to-be-forgotten experience.

⑥ The experience is never to be forgotten.

⑦ That is an all-too-common mistake.

⑧ Corruption is all too common these days.

⑨ The army's policy was shoot to kill.

⑩ Armies often operate a shoot-to-kill policy.

⑪ The news we enjoy most is up to the minute.

⑫ We enjoy having access to up-to-the-minute news.

⑬ The child was playing with a broken-down toy.

⑭ The fence around the house was old and broken down.

⑮ Aspirin and cold medicine are available over the counter.

⑯ There are many over-the-counter medications available for headaches.

⑰ A lot of new internet companies are here today and gone tomorrow.

⑱ A lot of new internet companies have a here-today-gone-tomorrow attitude.

⑲ It is a very beautiful spot but it's a little out of the way.

⑳ Out-of-the-way places are difficult to reach and are therefore not often visited.

해석 ① 나는 독특한 신발을 좋아해. ② 내 아빠는 유별나신 분이야. ③ 그것은 식인 상어야. ④ 상어고기를 먹고 있는 사람은 나의 삼촌이야. ⑤ 그것은 절대 잊을 수 없는 경험이었다. ⑥ 그 경험은 절대 잊을 수 없다. ⑦ 그것은 너무나도 흔한 실수야. ⑧ 요즘 부패는 너무나도 흔하다. ⑨ 군대의 정책은 쏘아 죽이는 것이었다. ⑩ 군대는 종종 사살 정책을 운영한다. ⑪ 우리가 가장 즐기는 소식은 최근의 것이다. ⑫ 우리는 최근 소식을 접하기를 즐긴다. ⑬ 그 아이는 고장 난 장난감을 가지고 놀고 있었다. ⑭ 그 집 주변의 울타리는 오래되었고 파손되어 있었다. ⑮ 아스피린과 감기약은 처방전 없이 구할 수 있다. ⑯ 두통을 위해 처방전 없이 구할 수 있는 약은 많다. ⑰ 많은 새로운 인터넷 회사들은 오늘 있다가 내일 사라져 버린다. ⑱ 많은 인터넷 회사들이 오늘 있다가 내일 사라져 버리는 태도를 갖고 있다. ⑲ 그곳은 아주 아름다운 곳이다, 하지만 약간 외진 곳에 있다. ⑳ 외딴 곳은 도달하기가 어렵다, 따라서 종종 방문되지도 않는다.

어휘 one-of-a-kind 독특한, 유별난 man-eating shark 식인 상어 never-to-be-forgotten 절대 잊을 수 없는 all-too-common 너무나 흔한 mistake 실수, 잘못 corruption 부패 these days 요즈음 army 군대 policy 정책 often 종종 operate 운영하다 shoot-to-kill policy 쏘아 죽이는 정책, 사살정책 most 가장 up to the minute 최근의 have access to 접속하다, 입수하다 broken-down toy 고장 난 장난감 cold medicine 감기약 available 구할 수 있는 over the counter 처방전 없이 medications 의약품 headache 두통 a lot of=lots of 많은 company 회사 spot 장소, 지점 out of the way 외딴, 외진 a little 약간 difficult 어려운 reach 도달하다 therefore=thereupon=thus=hence 그러므로 visit 방문하다 appalling=awesome=awful=bloodcurdling=calamitous=chilling=creepy=dire=direful=disastrous=dreadful=eerie =eldritch=fearful=formidable=frightful=frightening=ghastly=ghostly=grim=gruesome=haggard=hair-raising =hideous=horrendous=horrible=horrid=horrifying=mind-boggling=spooky=terrible=terrifying=scary=uncanny =weird=woeful 등골을 오싹케 하는, 끔직한, 처참한, 무시무시한

⑽ 누적형용사의 어순(Correct Order of Cumulative Adjectives)(최고급과정)

여러 개의 형용사가 합동으로 명사를 수식할 때 이를 누적 형용사(cumulative adjectives)라고 하며, 다음과 같이 comma 없이 10개의 순서대로 배열해야 합니다. 그 첫 글자를 따서 「한의 크모상나 색무기재(DOSSCACPOM)+명사」

Ⓐ Determiner(한정사):

관사(a, the), 수량형용사(two, some, several, many, much), 소유격(my, your, his, our), 지시형용사(this, that, these, those)

Ⓑ Opinion(의견)/Observation(관찰)/Evaluation(평가):

beautiful, boring, cheap, cold, comfortable, delicious, expensive, friendly, gorgeous, heroic, interesting, lovely, smart, soft, stupid, tasty, ugly

Ⓒ Size(크기): huge, tiny, minuscule, petite, big, fat, thin, tall, large, small

Ⓓ Shape(모양)/Weight(무게)/Length(길이):

square, circular, oblong, tall, round, fat, skinny, heavy, straight, long, short

Ⓔ Condition(상태): broken, cold, hot, wet, hungry, rich, easy, difficult, dirty

Ⓕ Age(나이): 10-year-old, new, antique, ancient, old, young,

Ⓖ Color(색깔): black, red, gray, yellow, green, purple, pink, pale, reddish

Ⓗ Pattern(무늬): striped, spotted, checked, flowery

Ⓘ Origin(기원)/Religion(종교):

African, American, Asian, British, Canadian, Chinese, Chilean, Catholic, Christian

Ⓙ Material(재료): cloth, cotton, glass, gold, silk, silver, wooden, woolen

① Let's order a delicious huge circular pepperoni pizza.

② She owns a stunning little young brown puppy named Ippy.

③ My grandparents live in a lovely gigantic ancient brick house.

④ An interesting small rectangular blue car is parked in my space.

⑤ She was a beautiful tall thin young black-haired Scottish woman.

⑥ She stood dazed before the stunning antique ivory empire wedding dress.

⑦ My beautiful big circular antique brown Italian wooden coffee table was broken in the move.

해석 ① 맛있고 크고 동그란 페페로니 피자를 주문하자. ② 그녀는 이쁘라고 부르는 굉장히 예쁘면서도 조그마한 어린 갈색 강아지를 가지고 있다. ③ 내 조부모님은 아름답고 거대한 오래된 벽돌집에 사신다. ④ 어떤 재미있고 아담한 직사각형의 청색차가 내 자리에 주차되어 있네. ⑤ 그녀는 아름답고 키가 크며 날씬하고 젊은 검은 머리의 스코틀랜드 여성이었다. ⑥ 그녀는 멍하니 서 있었다/아주 예쁘고 고풍스런 상아빛 고급 웨딩드레스 앞에서.
⑦ 나의 아름답고 큰 원형의 고풍스런 갈색으로 된 이탈리아산 나무로 된 커피 탁자가 이사하던 중에 깨져버렸다.

어휘 oblong=rectangular 직사각형의 ancient 고대의 order 주문하다 delicious 맛있는 huge 거대한 circular 동그란 own 소유하다 stunning 아주 예쁜 brown 갈색 puppy 강아지 name 이름 짓다 lovely 아름다운 gigantic 거대한 brick 벽돌 park 주차하다 thin 날씬한 Scottish 스코틀랜드의 woman 여성 daze 멍하게 하다 antique 고풍스런 wooden 나무로 된 break-broke-broken 깨다 in the move 이사하던 중에 empire 제국/절대 지배권 empire wedding dress 멋지고 전통적이면서 황제부인이나 여왕인 된 것처럼 느끼게 만드는 웨딩드레스

(11) 등위형용사(Coordinate Adjectives)(고급과정)

A. 비슷한 성질을 가진 두 개의 형용사가 명사를 꾸며주는 경우: 어순을 바꿔도 의미변화가 없어야 하며, 반드시 comma를 붙여서 분리하거나 comma를 없애고 and로 연결할 수 있어야 합니다. comma와 and를 동시에 이용하여 연결해서는 안 됩니다.

ex I keep a happy, lively poodle. = I keep a lively, happy poodle.

= I keep a happy and lively poodle. = I keep a lively and happy poodle.

≠ I keep a happy, and lively poodle. = I keep a lively, and happy poodle. (x)

해석 나는 행복하고 활기 넘치는 푸들 강아지를 키우고 있다.

B. 비슷한 성질을 가진 세 개 이상의 형용사가 명사를 꾸며주는 경우:
ⓐ comma를 붙여서 분리하는 경우 ⓑ 모든 comma를 and로 연결하는 경우 ⓒ 마지막 comma만 없애고 and를 넣어 연결하는 경우 ⓓ 마지막 comma를 넣고 and로 연결하는 경우, 이 4가지가 있습니다. 물론 이때 형용사의 어순을 바꿔도 의미변화가 없습니다.

① A short, fair, pretty girl = A short and fair and pretty girl

= A short, fair and pretty girl = A short, fair, and pretty girl

② A tall, dark, handsome man = A tall and dark and handsome man

= A tall, dark and handsome man = A tall, dark, and handsome man

해석 ① 키가 작은 흰 피부의 예쁜 소녀 ② 키가 크고 검은 피부의 잘생긴 남자

C. 같은 성질의 두 개의 형용사 사이에는 and를 넣습니다.

① The house is green and red.

② The library has old and new books.

③ She is wearing red and blue clothes.

해석 ① 그 집은 녹색과 빨간색으로 되어 있다. ② 그 도서관은 오래된 책과 새 책을 갖고 있다.
③ 그녀는 적색과 청색이 섞인 옷을 입고 있다.

D. 같은 성질의 세 개 이상의 형용사는 마지막 comma를 없애고 and로 분리시킵니다.

① My friend lost a red, black and white watch.

② The table was covered by a large red, white and blue tablecloth.

③ We live in the big green, yellow and red house at the end of the street.

해석 ① 내 친구는 빨간색과 검정색과 흰색으로 된 시계를 분실했다.
② 그 식탁은 크고 빨간색과 흰색과 청색으로 이뤄진 상보로 덮여 있었다.
③ 우리는 도로의 끝에 있는 저 큰 녹색과 노란색과 빨간색으로 이뤄진 집에 산다.

어휘 keep 동물을 기르다 lively 활기찬, 기운찬 short 키가 작은 fair 흰 피부의, 금발의, 박람회
pretty 예쁜 tall 키 큰 dark 검은 피부의 handsome=nice-looking 잘생긴 green 녹색 red 빨강색
library 도서관 old 오래된 new 새로운 book 책 wear 입다 blue 청색 clothes 옷 lose-lost-lost 잃다
watch 시계 table 식탁 cover 덮다 large 큰 tablecloth 상보 house 집 at the end of the street 도로 끝에 있는

E. 쌍을 이루는 두 개의 형용사가 명사를 설명하는 서술적 용법으로 쓰일 경우에는 두 형용사 사이에 comma를 붙일 수 없고 and로 연결해야 합니다.

① It is hot and sultry today.　　　　② The blanket feels soft and warm.

③ The ballerina is lithe and graceful.　　④ The hero was handsome and brave.

⑤ The flowers were beautiful and fragrant.

> **해석** ① 오늘 날씨가 후덥지근하다. ② 그 담요는 촉감이 부드럽고 따스하다. ③ 그 발레리나는 유연하고 우아하다.
> ④ 그 주인공은 잘생기고 용감했다. ⑤ 그 꽃들은 아름답고 향기로웠다.

F. 세 개 이상의 형용사가 명사를 설명하는 서술적 용법으로 쓰일 경우에는 마지막 comma를 없애고 and로 연결해야 합니다.

① Antarctica is cold, barren and frozen.　　② Annabel was young, tall and beautiful.

③ The boy was handsome, smart and polite.　④ Our sun is fiery, explosive and life-giving.

⑤ The dancers were agile, energetic and beautiful.

> **해석** ① 남극은 춥고 메마르고 얼어있다. ② Annabel는 젊고 키 크고 아름다웠다.
> ③ 그 소년은 잘생기고 똑똑하고 정중했다. ④ 우리 태양은 활활 타고 폭발적이며 생명을 준다.
> ⑤ 그 무용수들은 민첩하고 힘에 넘치고 아름다웠다.

문제 3. Which sentence uses the correct order of adjectives?

1. She lives in a _____ house.

① large and white　　　② white and large　　　③ large white

2. The house is _____.

① large and white　　　② white and large　　　③ large white

3. My grandmother lives in the _____ house on the corner.

① little blue and green and white　　　② little blue, green and white

③ little blue, green, and white

> **해석·정답과 설명** 1) ③ 그녀는 큰 흰색 집에 산다.(성질이 다른 크기와 색깔을 나타내는 누적 형용사가 명사를 수식하므로)
> 2) ① 그 집은 크고 흰색이다.(서술적 용법은 and로 연결하며 어순은 크기+색깔 순서이므로)
> 3) ② 내 할머니는 모퉁이에 있는 아담한 청색과 녹색과 흰색으로 이뤄진 집에 사신다.
> (세 개의 색깔 형용사의 경우 마지막 comma를 없애고 and로 연결하는 것이 문법이므로)

> **어휘** hot and sultry=hot and damp 후텁지근한 blanket 담요 soft 부드러운 warm 따스한 lithe 유연한
> graceful 우아한/품위 있는 hero 주인공 brave 용감한 fragrant 향기로운 Antarctica 남극 frozen 얼어붙은
> barren 메마른, 황량한 handsome 잘생긴 smart 똑똑한 polite=proper=pertinent=civil=courteous=decorous
> =respectful=well-bred 공손한 fiery 활활 타는 explosive 폭발적인 life-giving 생명을 공급하는 corner 모퉁이
> agile=nimble 민첩한 energetic 힘이 넘치는 grandmother 할머니 ambiguous=ambivalent=abstruse=circuitous
> =dim=devious=dubious=equivocal=hazy=indefinite=indistinct=inevident=inexplicit=impalpable=misty=nebulous
> =noncommittal=oblique=obscure=recondite=roundabout=unclear=vague=weasel 불분명한/애매모호한

③ 형용사의 후치(postpositive adjectives)(출제 고빈도 기본과정)

(1) 형용사가 명사의 뒤로 가는 것을 후치라고 하며, -thing, -one, -body, -where로 끝나는 부정 대명사는 반드시 형용사가 이들 뒤에 위치합니다.

① We need someone strong. (strong someone (x))

② Nothing serious happened. (Serious nothing (x))

③ I didn't do anything wrong! (wrong anything (x))

④ Are you going anywhere nice? (nice anywhere (x))

⑤ I would like to go somewhere quiet. (quiet somewhere (x))

⑥ I heard something interesting today. (interesting something (x))

> **해석** ① 우리는 힘센 사람이 필요하다. ② 심각한 일은 아무것도 일어나지 않았어. ③ 나는 아무 것도 잘못하지 않았어.
> ④ 너는 어디 멋진 곳 갈거니? ⑤ 나는 어디 조용한 곳을 가고 싶어. ⑥ 나는 오늘 재미있는 말을 들었어.

(2) 형용사가 전치사구와 함께 올 경우에는 뒤에서 앞에 오는 명사를 꾸며주는데, 이 경우 형용사 앞에 「주격관계대명사+be동사가 생략된 것」으로 간주하고 해석합니다.

① We need a bigger box than that. = We need a box (which is) bigger than that.

② I need a house big enough for my family.

= I need a house (which is) big enough for my family.

③ She is a student (who is) capable of solving such a difficult problem.

> **해석** ① 우리는 그보다 더 큰 상자가 필요해. ② 나는 내 가족을 위해 아주 큰 집이 필요해.
> ③ 그녀는 그토록 어려운 문제를 풀 수 있는 학생이야.

(3) 최상급, all, every, the only 뒤에 -ible이나 -able로 끝나는 형용사는 명사 앞이나 뒤에서 그 명사를 수식할 수 있습니다.

① He tried every possible means.

= He tried every means possible.

② I took all the imaginable trouble.

= I took all the trouble imaginable.

③ Give me all the available hamburgers.

= Give me all the hamburgers available.

④ They serve ice cream in every conceivable flavor.

= They serve ice cream in every flavor conceivable.

> **해석** ① 그는 가능한 모든 수단을 다 해보았다. ② 나는 상상할 수 있는 모든 고생을 했다.
> ③ 나에게 (지금) 가져갈 수 있는 모든 햄버거를 주세요. ④ 그들은 상상 가능한 모든 맛의 아이스크림을 제공한다.

> **어휘** need 필요하다 strong 강한, 힘센 serious 심각한 happen 발생하다 nice 멋진 quiet 고요한 would like to ~하고 싶다 hear-heard 듣다 interesting 재미있는 bigger than ~보다 더 큰 capable of ing ~할 수 있다 solve 풀다 such a difficult problem 그토록 어려운 문제 try 시도하다 possible 가능한 means 수단 imaginable 상상할 수 있는 trouble 수고, 고생 available 구할 수 있는, 유효한 serve 제공하다 conceivable=imaginable 상상할 수 있는 flavor 맛, 조미료

4 위치에 따라 의미가 달라지는 형용사(중급과정)

① He is ill with a fever.

② He is critically ill in hospital.

③ Ill news runs apace.

④ He was absent because of his ill health.

⑤ Better late than never.

⑥ He was late for school today.

⑦ It belonged to my late father.

⑧ His late mother was an opera singer.

⑨ He addressed the present committee.

⑩ He addressed the committee present.

⑪ I'm allergic to certain foods.

⑫ I'm certain that he'll win first prize.

⑬ It is certain that he'll win first prize.

⑭ He came from a poor immigrant family.

⑮ He is so poor that he cannot buy a car.

⑯ The poor child has lost both his parents.

⑰ The business is in a sorry state.

⑱ He was in sorry clothes at that time.

⑲ She was sorry that she'd lost her temper.

⑳ I am sorry about the damage to your car.

㉑ Do you live in China proper?

㉒ She was very formal and proper.

㉓ Everything was in its proper place.

해석 ① 그는 열이 나고 아프다. ② 그는 심하게 아파서 병원에 있다. ③ 나쁜 소식은 빨리 퍼진다. ④ 그는 나쁜 건강 때문에 결석했다. ⑤ 늦더라도 안하는 것 보다는 낫다. ⑥ 그는 오늘 학교에 지각했다. ⑦ 그것은 작고하신 내 아버지 것이었다. ⑧ 그의 돌아가신 어머니는 오페라 가수였다. ⑨ 그는 현재의 위원들 앞에서 연설했다. ⑩ 그는 참석한 위원들 앞에서 연설했다.⑪ 나는 어떤 음식물에 알레르기가 있다. ⑫ 나는 그가 일등상을 탈 것이라고 확신한다. ⑬ 그가 일등상 탈 것은 확실하다. ⑭ 그는 가난한 이민자 가정 출신이었다. ⑮ 그는 너무 가난해서 차를 살 수 없다. ⑯ 그 불쌍한 아이는 부모를 둘 다 잃었다. ⑰ 그 사업은 비참한 상태에 빠져있다. ⑱ 그는 그 당시 초라한 옷을 입고 있었다. ⑲ 그녀는 화를 낸 것을 후회했다. ⑳ 당신 차에 피해를 입혀서 죄송합니다. ㉑ 너는 중국 본토에 사니? ㉒ 그녀는 흐트러짐이 없고 공손했다. ㉓ 모든 것이 제자리에 있었다.

어휘 ill 아픈/나쁜 fever 열 critically 심각하게 hospital 병원 run apace 빨리 퍼지다 absent 결석한 health 건강 late 늦은, 고인이 된, 작고한 today 오늘 belong to ~의 것이다, ~에게 속하다 address 연설하다 committee 위원회, 위원들 present 현재의/참석한 allergic 알레르기가 있는 certain 어떤/확실한/확신하는 win the first prize 일등상을 타다 poor 가난한/불쌍한 family 가정 immigration 이민 lose-lost-lost 잃다 parents 부모 sorry 비참한/초라한/후회하는/미안한 lose one's temper 화를 내다 damage 피해 formal 흐트러짐 없는 proper 엄격한 의미의/공손한/적절한

㉔ I am here to find the responsible people. (=reliable)

㉕ I am here to find the people responsible. (=who are responsible)

㉖ To some extent, she was responsible for the accident. (=answerable)

㉗ It was quite a shock for the parents concerned. (=involved)

㉘ Some of the chemicals concerned can cause cancer. (=involved)

㉙ Concerned parents held a meeting to discuss the issue. (= worried)

㉚ Every visible star is named after a famous astronomer.

㉛ Every star visible is named after a famous astronomer.

㉜ There has been a visible change in his attitude.

㉝ That matter needs to be given particular attention. (=special)

㉞ She is very particular about what she eats. (=picky/choosy)

㉟ Teenagers are very particular about the clothes they will wear. (=picky=choosy)

㊱ I am afraid your son has been involved in an accident. (=implicated)

㊲ More than 10 software firms were involved in the project. (=take part in)

㊳ He related an involved story about every ancestor since 1900. (=complex)

㊴ She gave a long, involved explanation that no one could follow. (=complicated)

㊵ The plot was so involved that very few people knew what was going on.

해석 ㉔ 나는 책임감 있는 사람들을 찾기 위해 이곳에 왔다.

㉕ 나는 그 사람들이 책임지고 있는 사람들을 찾기 위해 이곳에 왔다.

㉖ 어느 정도, 그녀는 그 사고에 대해 책임이 있었다. ㉗ 관련된 부모들에게 그것은 대단한 충격이었다.

㉘ 관련된 화학 물질 중 일부는 암을 유발할 수 있다. ㉙ 걱정된 부모들은 그 문제를 토의하기 위해서 회의를 열었다.

㉚ 모든 가시적인 별은 유명한 천문학자 이름을 본떠서 이름 지어진다.

  (현재의 위치에서, 또는 시야가 가려서 안보이더라도 평소에 눈에 보이는 경우)

㉛ (현재) 눈에 보이는 모든 별은 유명한 천문학자 이름을 본떠서 이름 지어진다.

㉜ 그의 태도에 눈에 띄는 변화가 있었다. ㉝ 그 문제는 특별한 주의를 기울여야 한다.

㉞ 그녀는 먹는 것에 관하여 매우 까다롭다. ㉟ 10대들은 그들이 입을 옷에 관하여 매우 까다롭다.

㊱ 당신의 아들이 그 사고에 연루된 것 같아요. ㊲ 10개가 넘는 소프트웨어 회사들이 그 프로젝트에 참여했다.

㊳ 그는 1900년 이후의 모든 조상에 관련한 복잡한 이야기를 말해주었다.

㊴ 그녀는 아무도 이해할 수 없는 길고도 복잡한 설명을 했다.

㊵ 그 줄거리는 너무 복잡해서 무슨 일이 일어나고 있는지 아는 사람은 거의 없었다.

어휘 responsible 책임감 있는/책임지고 있는 be responsible(accountable, answerable, liable) for ~을 책임지다 to some extent(degree)=in a degree(measure, manner, sort) 어느 정도 accident 사고 shock 충격 concerned 관련된/걱정하는 chemicals 화학물질 cause 유발하다 cancer 암 discuss 토의하다 hold a meeting 회의를 열다 issue 문제/쟁점 visible 눈에 보이는/가시적인/눈에 띄는 after 본떠서 name 이름 짓다 astronomer 천문학자 famous=famed=noted=renowned=celebrated=distinguished=esteemed=publicized=well-known=eminent 유명한 change 변화 attitude 태도 matter 문제 particular 특별한/까다로운 attention 주의 eat-ate-eaten 먹다 teenager 10대 clothes 의복 wear 입다 I am afraid (상대에게 좋지 못한 얘기를 꺼낼 때) ~인 것 같군요 involved 연루된/관련된/복잡한 firm 회사, 견고한 relate 이야기 하다 ancestor=ascendant=forefather=forerunner 조상 explanation 설명 plot 줄거리, 계략, 도면 go on=happen=occur=accrue=arise=originate=eventuate=issue=take place=break out =turn up=crop up=come up=come about=come to pass=betide=befall=transpire 일어나다, 발생하다, 생기다

5 -ly로 끝나는 형용사(고급과정)

① She has lovely eyes.
② He looks really ugly today.
③ He has such a manly voice.
④ He is a weak, cowardly man.
⑤ I look pretty silly in this dress.
⑥ You live in an earthly paradise.
⑦ He is lacking in worldly wisdom.
⑧ He is wearing a black woolly hat.
⑨ She gave off a womanly radiance.
⑩ The basement is damp and smelly.
⑪ He took my arm in a fatherly way.
⑫ This procedure can be very costly.
⑬ She's a likely candidate for the job.
⑭ He led a lonely life with few friends.
⑮ She took her motherly duties very seriously.
⑯ There were ugly scenes outside the stadium.
⑰ I am on friendly terms with my friend's siblings.
⑱ Don't get upset over silly things that people say.
⑲ Her costly mistake allowed the opponents to score.
⑳ That was a particularly brutal and cowardly attack.
㉑ Tom is more serious and scholarly than his brother.
㉒ Oily fish is very healthful because it contains omega 3.
㉓ It's quite likely that we'll be in Spain this time next year.
㉔ The fight ended only with the timely arrival of the police.
㉕ It is very neighbourly of you to help me carry this baggage.
㉖ The passengers were asked to leave the plane in an orderly fashion.

해석 ① 그녀는 사랑스런 눈을 가지고 있다. ② 그는 오늘 무척 못생겨 보인다. ③ 그는 아주 남자다운 목소리를 갖고 있다. ④ 그는 약하고 겁이 많은 남자다. ⑤ 나는 이 옷을 입고 있으니까 무척 멍청해 보여. ⑥ 너는 지상낙원에서 살고 있구나. ⑦ 그는 세상의 지혜가 부족하다. ⑧ 그는 검정색 털모자를 쓰고 있다. ⑨ 그녀는 여성스런 광채를 발산했다. ⑩ 지하실은 축축하고 냄새가 난다. ⑪ 그는 아버지처럼 내 팔을 잡았다. ⑫ 이 절차는 돈이 많이 들 수 있다. ⑬ 그녀는 그 일에 적합한 지원자다. ⑭ 그는 친구도 별로 없는 외로운 삶을 살았다. ⑮ 그녀는 엄마의 의무를 매우 진지하게 받아들였다. ⑯ 경기장 밖에서는 험악한 장면들이 있었다. ⑰ 나는 내 친구의 형제자매들과 친한 사이다. ⑱ 사람들이 말하는 사소한 것들로 인해 속상해 하지 마라. ⑲ 그녀의 치명적인 실수가 상대편이 득점할 수 있게 했다.(그녀의 커다란 실수로 인해 상대편이 득점하게 되었다) ⑳ 그것은 특히 잔인하고 비겁한 공격이었다. ㉑ Tom은 자기 형보다 더 진지하고 학구적이다. ㉒ 기름기 많은 생선은 오메가 3을 함유하고 있어서 매우 건강에 좋다. ㉓ 우리는 내년 이맘때 스페인에 있을 가능성이 아주 많아. ㉔ 그 싸움은 겨우 경찰의 시기적절한 도착과 더불어 끝났다. ㉕ 이 짐을 운반하는 데 도와주시다니 당신은 참 이웃 같아요. ㉖ 승객들은 질서정연하게 비행기를 떠나도록 요청받았다.

어휘 lovely 사랑스런 ugly 못생긴, 험악한 manly 남자다운 cowardly 비겁한 silly 어리석은/사소한 pretty 꽤 earthly=worldly 세상의/세속적인 paradise 낙원 be lacking in ~이 부족하다 woolly 털로 된 give off=release 발산하다 radiance 광채 womanly 여성스런 basement 지하실 damp 축축한 smelly 냄새나는 fatherly 아버지의 procedure 절차 costly 비싼/치명적인 likely 적합한(suitable)/가능성 있는(probable) candidate 지원자/후보자 lonely=solitary 외로운 few 거의 없는 duty 의무 motherly 엄마의 take~ seriously 진지하게 받아들이다 scene 장면 outside 밖에서 stadium 경기장 be on friendly terms with ~와 다정한 사이이다 siblings 형제자매 get upset 화내다 allow 허용하다 opponent 상대편 score 득점하다 particularly 특히 brutal 잔인한 attack 공격 serious 진지한 scholarly 학구적인 oily 기름기 많은 healthful 건강에 좋은 contain 함유하다 end 끝나다 timely 시기적절한 arrival 도착 police 경찰 neighborly 이웃 같은 carry 운반하다 baggage 짐 passenger 승객 leave-left-left 떠나다 in an orderly fashion 질서정연하게

6 형용사와 부사 두 가지로 쓰이는 –ly로 끝나는 단어(고급과정)

timely, hourly, daily, nightly, weekly, monthly, yearly, early, deadly, likely, stately

① He acted very stately.

② He always walked with a stately bearing.

③ She will likely need surgery.

④ This is a likely place to fish.

⑤ Do remind me because I am likely to forget.

⑥ She was deadly serious with me.

⑦ Some mushrooms contain a deadly poison.

⑧ He sipped leisurely at his drink.

⑨ I took a long leisurely walk along the beach.

⑩ He got married in his early thirties.

⑪ If you finish your work early, you can go home.

⑫ I handed in the report timely.

⑬ We could avoid a crisis thanks to his timely help.

⑭ We charge clients on an hourly basis.

⑮ The artillery-fire increased hourly in violence.

⑯ Take two vitamin tablets daily.

⑰ The information is updated on a daily basis.

⑱ The cafe is open nightly until 2.30 am.

⑲ His nightly trip home from work takes one hour.

⑳ Most of these people are paid monthly.

㉑ The company publishes a monthly digest of its activities.

해석 ① 그는 매우 위풍당당하게 행동했다. ② 그는 항상 위풍당당한 태도로 걸었다. ③ 그녀는 아마 수술이 필요할 거야. ④ 이곳은 낚시하기 적합한 장소야. ⑤ 내가 잊어버릴 가능성이 있으니까 나에게 상기시켜줘. ⑥ 그녀는 나에게 무척 진지했다. ⑦ 일부 버섯은 치명적인 독이 들어있다. ⑧ 그는 음료를 느긋하게 홀짝홀짝 마셨다. ⑨ 나는 해변을 따라 오랫동안 여유롭게 산책했다. ⑩ 그는 30대 초반에 결혼했다. ⑪ 너는 일을 일찍 끝내면, 집에 가도 돼. ⑫ 나는 보고서를 제때에 제출했어. ⑬ 그의 시기적절한 도움 덕택에 우리는 위기를 모면할 수 있었다. ⑭ 우리는 시간 단위로 고객들에게 부과합니다. ⑮ 그 포화는 맹렬함이 시시각각 심해졌다. ⑯ 매일 비타민 정제 두 알을 복용해라. ⑰ 그 정보는 매일 새롭게 올려진다. ⑱ 그 카페는 매일 밤 새벽 두 시까지 영업한다. ⑲ 그가 매일 밤 직장에서 집까지 퇴근하는 데 1시간 걸린다. ⑳ 이 사람들 대부분은 월급을 받는다. ㉑ 그 회사는 회사 활동의 간추린 내용을 매달 출판한다.

어휘 act 행동하다 stately 위풍당당한/위풍당당하게 bearing 태도 likely 아마/적합한/~할 가능성이 있는 serious 진지한 deadly 몹시/치명적인 mushroom 버섯 contain 포함하다 poison 독 leisurely 느긋한/느긋하게/여유롭게 sip at 홀짝홀짝 마시다 along the beach 해변을 따라 early 이른/일찍 in one's thirties 30대에 hand in 제출하다 report 보고서 timely 제때에/시기적절한 avoid 피하다 crisis 위기 charge 부과하다/징수하다 client 고객 hourly 시간의/시시각각 on an hourly basis 시간 단위로 artillery-fire 포화 increase 증가하다 violence 맹렬함/폭력 tablet 알약, 정제 daily 매일/하루의 on a daily basis=every day 매일 information 정보 update 새롭게 하다 nightly 밤마다/밤의 trip 여행 most of 대부분 take 시간이 걸리다 monthly 매달/매달의 company 회사 publish 출판하다 digest 간추린 내용 activity 활동

7 각종 시험에 자주 출제되는 혼동하기 쉬운 형용사(출제 고빈도 과정)

imaginative	상상력 풍부한	respectful	정중한	intelligent	총명한
imaginable	상상할 수 있는	respectable	존경할 만한	intellectual	지적인
imaginary	가상의	respective	각각의	intelligible	이해하기 쉬운
considerable	상당한	lovable	사랑스러운	pleasant	상냥한/쾌적한
considerate	사려 깊은	lovely	아름다운	pleasing	만족감을 주는
considered	잘 생각한	loving	애정이 많은	pleased	만족해하는
successful	성공적인	economic	경제에 관한	historic	유서 깊은/역사상 유명한
successive	계속적인	economical	경제적인/검소한	historical	역사에 관한
healthy	건강한/건전한/건강에 좋은	industrial	산업의	comparative	비교에 의한
healthful	건강에 좋은	industrious	근면한	comparable	필적할 만한
desirous	갈망하는	jealous	질투심 많은	objective	객관적인
desirable	바람직한	zealous	갈망하는	objectionable	불쾌감을 주는
momentary	순간의	regretful	후회하는	contemptuous	경멸하는
momentous	중요한	regrettable	유감스러운	contemptible	경멸할 만한
envious	부러워하는	luxurious	사치스런	impressive	감동적인
enviable	부러워할 만한	luxuriant	풍성한	impressionable	감수성 예민한
practical	실용적인	childish	유치한/철없는	continual	간헐적으로 계속적인
practicable	실천 가능한	childlike	천진난만한	continuous	계속적인
ingenious	독창적인	efficient	유능한/효율적인	deathless	불멸의
ingenuous	솔직한/순진한	effective	효과적인	deathlike	죽은 듯한
sensible	현명한	confident	확신하는	credible	신용할 만한
sensitive	민감한/예민한	confidential	은밀한	creditable	장한/훌륭한
sensual	관능적인	confiding	잘 속는	credulous	잘 믿는
sensuous	감각에 호소하는	confidant	믿을만한 사람	creditworthy	지불능력 있는
literal	문자 그대로의	beneficial	유익한=helpful	adaptable	적응할 수 있는
literary	문학의	beneficent	자애로운	adoptable	입양할 수 있는
literate	박식한/읽고 쓸 수 있는	beneficiary	수익자	uninterested	무관심한
legible	읽기 쉬운			disinterested	사심 없는

문제 3. Choose the correct answer and translate the following into Korean.(출제 고빈도 고급과정)

① She has (lovely/loving) eyes.

② Don't be so (childish/childlike).

③ He looks (healthy/healthful) enough.

④ I'm not a (credulous/credible) child.

⑤ He is a (respectable/respectful) teacher.

⑥ He is a (successful/successive) architect.

⑦ His grandmother is not (literate/literary).

⑧ She is (beneficent/beneficial) to the poor.

⑨ My skin is (sensitive/sensible) to the cold.

⑩ She is (desirous/desirable) of meeting you.

⑪ He's at an (impressionable/impressive) age.

⑫ She is an (imaginative/imaginary) designer.

⑬ Historians try to be (objective/objectionable).

⑭ This was a very (regrettable/regretful) error.

⑮ I'm very (envious/enviable) of your new coat.

⑯ He is an (industrious/industrial) office worker.

⑰ I like his (ingenuous/ingenious) way of talking.

⑱ It's a more (efficient/effective) use of my time.

⑲ Her explanation is (intelligible/intelligent) to me.

⑳ He is a man of (considerable/considerate) talent.

㉑ She couldn't have been more (pleasant/pleasing).

㉒ Her secretary was her only (confidant/confident).

㉓ She gave him a (contemptuous/contemptible) look.

㉔ He was totally (uninterested/disinterested) in sport.

㉕ She is an avid reader of (historical/historic) novels.

해석과 정답 ① 그녀는 사랑스런 눈을 가지고 있다. (lovely) ② 유치하게 굴지 마라. (childish) ③ 그는 대단히 건강해 보인다. (healthy) ④ 나는 쉽게 속아 넘어가는 어린애가 아니야. (credulous) ⑤ 그는 존경할만한 선생님이시다. (respectable) ⑥ 그는 성공적인 건축가이다. (successful) ⑦ 그의 할머니는 읽고 쓸 줄 모르신다. (literate) ⑧ 그녀는 가난한 사람들에게 자애롭다. (beneficent) ⑨ 나의 피부는 추위에 민감해. (sensitive) ⑩ 그녀는 너를 만나기를 갈망한다. (desirous) ⑪ 그는 감수성이 예민한 나이다. (impressionable) ⑫ 그녀는 상상력이 풍부한 디자이너이다. (imaginative) ⑬ 역사가들은 객관성을 유지하려고 애를 쓴다. (objective) ⑭ 이것은 매우 유감스러운 실수였다. (regrettable) ⑮ 나는 너의 새 코트가 무척 부러워. (envious) ⑯ 그는 근면한 회사원이다. (industrious) ⑰ 나는 그의 순진한 말투가 좋아. (ingenuous) ⑱ 그것은 내 시간을 보다 효율적으로 사용하는 것이다. (efficient) ⑲ 그녀의 설명은 이해하기 쉽다. (intelligible) ⑳ 그는 상당한 재능이 있는 사람이다. (considerable) ㉑ 그녀는 더 이상 상냥할 수는 없었다./더 할 나위 없이 상냥했다. (pleasant) ㉒ 그녀의 비서가 그녀가 믿는 유일한 사람이었다. (confidant) ㉓ 그녀는 그에게 경멸하는 눈초리를 보냈다. (contemptuous) ㉔ 그는 운동에 전혀 관심이 없다. (uninterested) ㉕ 그는 역사소설을 열심히 읽는다. (historical)

어휘 lovely 사랑스런 childish 유치한 look +형용사 ~하게 보이다 credulous 잘 속는 respectable 존경할만한 enough 대단히, 충분히 architect 건축가 literate 읽고 쓸 수 있는 beneficent 자애로운 the poor 가난한 사람들 sensitive 민감한 desirous 갈망하는 impressionable 감수성이 예민한 age 나이 imaginative 상상력이 풍부한 historian 역사가 regrettable 유감스러운 error 잘못, 실수 try to ~하려고 애를 쓰다 office worker 회사원 way of talking(speaking) 말투 explanation 설명 a man of talent 재능 있는 사람 couldn't have been +비교급 더할 나위 없이 ~했다 secretary 비서 give a look 시선을 주다 totally 전혀, 전적으로 avid=enthusiastic 열심인, 열광적인 historical novels 역사소설

8 심경·태도·어조·글의 분위기를 나타내는 필수 형용사(출제 고빈도 고급과정)

①	amusing	재미있는	frightening	무서운	quiet	고요한
②	anxious	걱정하는	funny	우스운	rational	이성적인
③	approving	찬성하는	gloomy	울적한	realistic	사실적인
④	arrogant	거만한	hopeful	희망찬	regretful	후회하는
⑤	bewildered	당황하는	hopeless	절망적인	resigned	체념하는
⑥	bored	따분한	horrible	끔찍한	relaxed	느긋한
⑦	boring	따분하게 하는	humorous	해학적인	relieved	안도하는
⑧	calm	고요한	imminent	긴박한	romantic	낭만적인
⑨	cheerful	경쾌한	impending	긴박한	rude	무례한
⑩	contented	만족하는	impressive	감동적인	sarcastic	풍자적인
⑪	critical	비판적인	indifferent	무관심한	sardonic	냉소적인
⑫	cynical	냉소적인	indignant	분개한	satirical	풍자적인
⑬	delighted	만족하는	instructive	교훈적인	satisfied	만족한
⑭	depressed	울적한	ironical	풍자적인	scared	무서워하는
⑮	dejected	울적한	lively	활기찬	sentimental	감상적인
⑯	desperate	절망적인	lonely	외로운	serene	평온한
⑰	disappointed	실망한	melancholy	우울한	suspicious	의심하는
⑱	doubtful	의심하는	melodramatic	감상적인	skeptical	회의적인
⑲	dubious	의심스러운	miserable	비참한	sympathetic	동정적인
⑳	embarrassed	당황하는	monotonous	단조로운	tedious	지루한
㉑	fantastic	환상적인	moving	감동적인	tense	긴장된
㉒	fearful	두려운	nervous	초조한	uneasy	불안한
㉓	festive	축제분위기의	peaceful	평화로운	urgent	긴급한
㉔	frightened	무서워하는	pleased	만족한	worried	걱정하는

9 출제 빈도가 높은 형용사의 반대말(고급과정)

①	high (높은) ↔ low (낮은)	paternal (아빠의) ↔ maternal (엄마의)
②	wide (넓은) ↔ narrow (좁은)	horizontal (수평의) ↔ vertical (수직의)
③	deep (깊은) ↔ shallow (얕은)	urban (도시의) ↔ rural = rustic (시골의)
④	tight (꼭 조인) ↔ loose (느슨한)	physical (육체적인) ↔ mental (정신적인)
⑤	dense (조밀한) ↔ sparse (성긴)	tame/domestic (길들인) ↔ wild (야생의)
⑥	male (남성의) ↔ female (여성의)	absolute (절대적인) ↔ relative (상대적인)
⑦	expensive (비싼) ↔ cheap (값싼)	fertile (비옥한) ↔ barren = sterile (황폐한)
⑧	thin (날씬한) ↔ fat = gross (뚱뚱한)	abstract (추상적인) ↔ concrete (구체적인)
⑨	smooth (부드러운) ↔ rough (거친)	material (물질적인) ↔ spiritual (정신적인)
⑩	static (정적인) ↔ dynamic (동적인)	subjective (주관적인) ↔ objective (객관적인)
⑪	actual (사실적인) ↔ ideal (이상적인)	masculine (남성적인) ↔ feminine (여성적인)
⑫	drunken (술 취한) ↔ sober (술 깬)	motherly (어머니다운) ↔ fatherly (아빠다운)
⑬	guilty (유죄의) ↔ innocent (무죄의)	pessimistic (비관적인) ↔ optimistic (낙관적인)
⑭	comic (희극적인) ↔ tragic (비극적인)	practical (실제적인) ↔ theoretical (이론적인)
⑮	interior (내부의) ↔ exterior (외부의)	bright = sharp (영리한) ↔ dull = stupid (미련한)
⑯	solid (고체의) ↔ fluid = liquid (액체의)	progressive (진보적인) ↔ conservative (보수적인)
⑰	internal (내적인) ↔ external (외적인)	prodigious/huge (거대한) ↔ minute/tiny (미세한)
⑱	foreign (외국의) ↔ domestic (국내의)	negative (부정적인) ↔ positive = affirmative (긍정적인)
⑲	active (능동적인) ↔ passive (수동적인)	

PART 14 | 비교(Comparative)

비교급은 두 대상을 비교하여 한 쪽이 「더 ~한」의 뜻을 나타내고자 할 때 사용하는 표현이고, 최상급은 셋 이상의 대상을 비교하여 그들 중 한 대상이 「가장 ~한」의 뜻을 나타낼 때 사용하는 표현입니다. 이때 최상급 앞에는 'the'를 붙여 사용합니다.

1 형용사와 부사의 비교급과 최상급 만드는 방법(토익 고빈도 기초과정)

	규칙변화	원급	비교급 (더 ~한)	최상급 (가장 ~한)
1,2음절 형용사	-er / -est	long (긴) kind (친절한)	longer kinder	longest kindest
-e로 끝나는 형용사	-r / -st	large (큰) safe (안전한)	larger safer	largest safest
자음+y로 끝나는 형용사	y를 i로 고치고 -er /est	pretty (예쁜) busy (바쁜)	prettier busier	prettiest busiest
자음+모음+자음으로 이뤄진 형용사	자음을 한 번 더 쓰고 -er / est	hot (더운) big (큰) fat (뚱뚱한)	hotter bigger fatter	hottest biggest fattest
-able, -ible, -ful, -ive, -ish, -less, -ous -ed로 끝나는 2음절 형용사	more / most	lovable (사랑스런) careful (신중한) active (적극적인) useless (쓸모없는) famous (유명한) ragged (남루한)	more lovable more careful more famous more ragged	most lovable most careful most ragged
분사형 형용사	more / most	boring (지루한) excited (흥분한)	more boring more excited	most boring most excited
3음절 이상의 형용사	more / most	difficult (어려운)	more difficult	most difficult
-ly로 끝나는 부사	more / most	easily (쉽게) slowly (천천히)	more easily	most easily

불규칙 변화	little	less (더 적은, 더 적게)	least (가장 적은/적게)
	many/much	more (더 많은, 더 많이)	most (가장 많은/많이)
	good/well	better (더 좋은, 더 잘)	best (가장 좋은, 가장 잘)
	bad(ly)/ill	worse (더 나쁜, 더 나쁘게)	worst (최악의)
	far	farther (거리가 더 먼, 더 멀리) further (거리가 더 먼/정도가 더 심한)	farthest (가장 먼) furthest (가장 심한)
	late	later (시간상 더 늦은, 더 늦게) latter (순서상 후자)	latest (최근) last (마지막)
	old	older (더 나이든)/elder (가족관계 순서)	oldest/eldest

② −er, −est와 more−, most− 변화 둘 다 취할 수 있는 형용사(중급과정)

bizarre, clever, common, cruel, evil, handsome, harmful, honest, likely, narrow, often, pleasant, polite, proud, quiet, reckless, remote, simple, steadfast, stupid, subtle, sure, wicked, wretched

① evil (악한) → eviler(more evil) → evilest(most evil)

② handsome (잘생긴) → handsomer → handsomest

③ handsome (잘생긴) → more handsome → most handsome

④ common (평범한) → commoner → commonest(formal)

⑤ common (평범한) → more common → most common(informal)

⑥ cruel (잔인한) → crueler(more cruel) → cruelest(most cruel)

⑦ clever (영리한) → cleverer(more clever) → cleverest(most clever)

⑧ bizarre (별난) → bizarrer(more bizarre) → bizarrest(most bizarre)

③ 복합어의 비교급과 최상급

① well−known (잘 알려진) → better−known → best−known

② good−looking (잘생긴) → better−looking → best−looking

③ up−to−date (최신식의) → more up−to−date → most up−to−date

④ hard−working (부지런한) → harder−working → hardest−working

⑤ old−fashioned (구식의) → older−fashioned → oldest−fashioned

⑥ old−fashioned (구식의) → more old−fashioned → most old−fashioned

문제 1. Choose the correct answer and translate the following sentences into Korean.

① They arrived (later/latter) than usual.

② My sister likes the (last/latest) fashion.

③ He threw the ball (farther/further) than I did.

④ She is (elder/older) than my (elder/older) sister.

⑤ It was (farther/further) to the shop than I expected.

⑥ The (later/latter) part of the movie is more thrilling.

⑦ I have nothing (farther/further) to say on the subject.

⑧ You're driving (more badly/worse) today than yesterday!

> **정답** ① 그들은 평소보다 더 늦게 도착했다.(later) ② 내 누나는 최신 패션을 좋아한다.(latest) ③ 그는 나보다 공을 더 멀리 던졌다.(farther/further) ④ 그녀는 내 언니보다 나이가 더 많다.(older−elder/older) ⑤ 가게까지의 거리는 내가 예상했던 것보다 더 멀었다.(farther/further) ⑥ 그 영화의 후반부가 더 짜릿하다.(latter) ⑦ 그 문제에 대해 나는 더 이상 할 말이 없다.(further) ⑧ 너는 어제보다 오늘 운전이 더 서투르다.(worse)

> **어휘** harmful=baneful=injurious 해로운 honest 정직한 likely 가능성 있는 narrow 좁은 often 자주 pleasant 상쾌한 polite=modest 정중한 proud 자랑스러워하는 quiet 고요한 reckless=careless 무모한 remote 먼 simple 단순한 steadfast 확고한 stupid=foolish 멍청한 subtle 섬세한 sure 확실한 wicked 사악한 wretched=miserable 비참한 arrive 도착하다 usual 평소 throw−threw−thrown 던지다 expect 기대(예상)하다 subject 문제 thrilling 짜릿한

◀ 뉘앙스 맛보기 ▶

① He likes Peter more than me. = He likes Peter more than he likes me.

② He likes Peter more than I (do). = He likes Peter more than I like Peter.

③ I am taller than her.　　　　　　④ I am taller than she.

⑤ I am taller than she is.　　　　　⑥ I am taller than she is tall.

> **해석** ① 그는 나를 좋아하는 것보다 Peter를 더 좋아한다.(목적어 Peter와 me를 비교한 경우)
> ② 내가 Peter를 좋아하는 것보다 그가 Peter를 더 좋아한다.(주어인 He와 I를 서로 비교한 경우)
> **설명** ☞ – 나는 그녀보다 더 크다 – 에서 나와 그녀를 비교하므로 내가 주격 I 이므로 than 다음에도 주격 she를 사용해야만
> 합니다. ③ 일상생활에서 많이 쓰지만 문법적으로 틀린 표현 ④ 문법적으로 옳지만 잘 사용하지 않는 표현
> ⑤ 문법적으로 옳으면서 가장 고급스럽고 잘 사용되는 표현 ⑥ 문법적으로 옳지만 잘 사용하지 않는 표현

4 비교의 필수 구문(토익 고빈도 기초과정)

(1) 동등비교: as 원급 as (~만큼)
우등비교: 비교급 ~ than (~보다 더 ~한)
열등비교: less ~ than (~보다 덜 ~한)

① He is as careful as his father.　　　② He is more careful than his father.

③ He is less careful than his father. = He is not as(so) careful as his father.

④ She is as beautiful as her mother.　　⑤ She is more beautiful than her mother.

⑥ She is less beautiful than her mother. = She is not as(so) beautiful as her mother.

> **해석** ① 그는 자기 아버지만큼 신중하다. ② 그는 자기 아버지보다 더 신중하다.
> ③ 그는 자기 아버지보다 덜 신중하다. = 그는 자기 아버지만큼 신중하지 않다. ④ 그녀는 자기 엄마만큼 아름답다.
> ⑤ 그녀는 자기 엄마보다 더 아름답다. ⑥ 그녀는 자기 엄마보다 덜 아름답다. = 그녀는 자기 엄마만큼 아름답지 않다.

(2)　the 최상급 { of+복수명사 / in/on+장소

① Mary is the prettiest girl of the three.

② Mary is the prettiest girl in her class.

③ Messi is the best player on his team.

④ Maria made the fewest mistakes in the English test.

⑤ Russia is the largest of all the countries in the world.

> **해석** ① Mary가 세 명 가운데 가장 예쁜 소녀이다. ② Mary는 자기 학급에서 가장 예쁜 소녀이다.
> ③ Messi는 그의 팀에서 가장 훌륭한 선수이다. ④ Maria가 영어 시험에서 가장 적은 실수를 했다.
> ⑤ Russia는 세계의 모든 나라 가운데서 가장 크다.

> **어휘** like 좋아하다 tall 키 큰 beautiful 아름다운 pretty 예쁜 class 학급 fewest 가장 적은 mistake=blunder 실수
> largest 가장 큰 country 나라 in the world 세계에서 careful=cautious=chary=circumspect=circumspective
> =discreet=elaborate=exact=fastidious=finical=finicky=judicious=meticulous=mindful=punctilious=prudent
> =precise=scrupulous=shrewd=solicitous=vigilant=wary=alert 신중한 immodest=impolite=improper
> =impertinent=uncivil=discourteous=disrespectful=indecorous=impudent=insolent=rude=ill-bred 무례한

문제 2. Fill in the correct form of the following adjectives.(기초과정)

① My house is (big) than yours.

② He was the (clever) thief of all.

③ He is the (popular) in his class.

④ Who is the (fat) woman on Earth?

⑤ Los Angeles is (large) than Chicago.

⑥ He was the (bad) player on the team.

⑦ She is the (old) person in her family.

⑧ She has (few) friends than her sister.

⑨ He is the (good) teacher in the school.

⑩ This flower is (beautiful) than that one.

⑪ He is the (hard) worker in his company.

⑫ He is (good) at playing tennis than I am.

⑬ Those glasses are the (nice) in the store.

⑭ What is the (heavy) animal in the world?

⑮ London is the (large) city in Great Britain.

⑯ She earns (little) money than her husband.

⑰ A coke is sometimes (expensive) than a beer.

⑱ These oranges are the (sweet) type of orange.

⑲ Non—smokers usually live (long) than smokers.

⑳ This is the (interesting) book I have ever read.

㉑ My puppy is the (young) of all my friends' dogs.

㉒ New York is the (large) city in the United States.

㉓ These books are the (expensive) ones in the store.

㉔ The eldest child drinks the (little) milk of my children.

㉕ The weather this summer is even (bad) than last summer.

해석과 정답 ① 내 집이 네 집보다 더 크다. (bigger) ② 그는 모든 도둑 가운데 가장 기발했다. (cleverest) ③ 그는 자기 반에서 가장 인기 있다. (most popular) ④ 지구상에서 가장 뚱뚱한 여자는 누구냐? (fattest) ⑤ LA가 Chicago 보다 더 크다. (larger) ⑥ 그는 팀에서 최악의 선수였다. (worst) ⑦ 그녀는 자기 가족에서 가장 나이가 많은 사람이다. (oldest) ⑧ 그녀는 자기 언니보다 더 적은 친구를 갖고 있다. (fewer) ⑨ 그는 학교에서 가장 훌륭한 교사이다. (best) ⑩ 이 꽃이 저 꽃보다 더 아름답다. (more beautiful) ⑪ 그는 그의 회사에서 가장 열심히 일하는 직원이다. (hardest) ⑫ 그는 나보다 테니스를 더 잘 친다. (better) ⑬ 저 유리잔들이 그 가게에서 가장 멋지다. (nicest) ⑭ 세상에서 가장 무거운 동물이 무엇인가요? (heaviest) ⑮ 런던이 대영제국에서 가장 큰 도시이다. (largest) ⑯ 그녀는 자기 남편보다 돈을 더 적게 번다. (less) ⑰ 콜라가 때로는 맥주보다 더 비싸다. (more expensive) ⑱ 이 오렌지가 가장 달콤한 종류의 오렌지이다. (sweetest) ⑲ 비 흡연자가 대개 흡연자들보다 더 오래 산다. (longer) ⑳ 이것이 내가 읽은 것 가운데 가장 재미있는 책이다. (most interesting) ㉑ 내 강아지가 내 모든 친구들의 개 중에서 가장 어리다. (youngest) ㉒ 뉴욕이 미국에서 가장 큰 도시이다. (largest) ㉓ 이 책들이 그 가게에서 가장 비싼 책들이다. (most expensive) ㉔ 가장 큰 아이가 내 애들 가운데 우유를 가장 적게 마신다. (least) ㉕ 올 여름 날씨는 작년 여름보다 훨씬 더 나쁘다. (worse)

어휘 clever 기발한, 영리한 thief 도둑 popular 인기 있는 fat=gross=obese 뚱뚱한 on Earth 지구상에서 person 사람 few 수가 적은↔little 양이 적은 hard 열심히 일하는 worker 일꾼, 노동자 company 회사 be good at ~을 잘하다 glass 유리잔 nice 멋진 heavy 무거운 animal 동물 earn money 돈을 벌다 coke 콜라 sometimes=at times 때때로 expensive 비싼 beer 맥주 sweet 달콤한 non—smoker 비흡연자 usually=generally 대개 interesting 재미있는 puppy 강아지 eldest child 큰애 weather 날씨 this summer 올 여름 even=far=still=yet=much=a lot 훨씬 last summer 지난여름/작년 여름

(3) 상대비교와 절대비교

상대비교에서 er를 붙여서 비교급을 만드는 형용사라 하더라도 절대비교에서는 more를 이용하여 표현해야 합니다.

① He is wiser than you are. (○) ≠ He is more wise than you are. (×)

② He is more wise than clever. (○) ≠ He is wiser than clever. (×)

> **해석** ① 그는 너보다 더 현명하다. –에서 He와 you를 상대하여 비교하므로 wiser 되어야 합니다. 반면에
> ② 그는 영리하다기보다는 현명하다. –에서처럼 상대가 없이 자신의 두 가지 면을 비교할 때는 more를 이용해야
> 합니다.

⚠ 여기서부터는 고급과정입니다.

(4) not so much as = not even (~조차 하지 않다, ~조차 못하다)

① They don't even say hello to each other.

② Not so much as a drop of alcohol has touched my lips.

③ She left the room without so much as a backward glance.

④ The man did not so much as apologize for stepping on my foot.

> **해석** ① 그들은 서로 아는 체도 하지 않는다. ② 단 한 방울의 술도 내 입술에 닿지 않았다.
> ③ 그녀는 뒤돌아보지도 않고 방을 떠나버렸다. ④ 그 사람은 내 발을 밟은 데 대해 사과조차 하지 않았다.

(5) not so much A as B = not A so much as B = less A than B
= more B than A = B rather than A = rather B than A
= B as opposed to A = not so much A, but (rather) B (A라기 보다는 B)

① They're not so much lovers as friends.

② He is not a poet so much as a novelist.

③ He is not so much a singer, but rather a comedian.

④ The ocean does not so much divide the world as unite it.

⑤ A man's happiness lies not so much in wealth as in contentment.

⑥ A man's worth consists not so much in what he has as in what he is.

⑦ It was not so much that the work was difficult, but that it was so boring.

⑧ It is not so much the smell as the noise from the dog that causes discomfort in the home.

> **해석** ① 그들은 연인이라기보다는 친구이다. ② 그는 시인이라기보다는 소설가이다. ③ 그는 가수라기보다는 코미디언이다.
> ④ 대양은 세상을 분할하기보다는 오히려 통합시킨다. ⑤ 사람의 행복은 부유함보다는 오히려 만족에 있다.
> ⑥ 사람의 가치는 그의 재산보다는 그의 인격에 있다. ⑦ 그 일이 어려웠다기보다는 그 일이 지루했기 때문이었다.
> ⑧ 그 집에서 불쾌함을 일으키는 것은 냄새라기보다는 개의 소음소리이다.

> **어휘** wise 현명한 say hello 아는 체하다 a drop of alcohol 술 한 방울 touch 닿다 lips 입술
> leave–left–left 떠나다 backward glance 뒤를 향한 시선 apologize 사과하다 step on 밟다
> foot 발 lovers 연인 poet/poetess 시인 novelist 소설가 ocean 대양 divide 나누다 unite 통합하다
> happiness 행복 lie in=consist in 놓여있다 wealth 부 contentment 만족 what+주어+be 주어의 인격
> difficult 어려운 boring=tedious 지루한 smell 냄새 noise 소음 cause 야기 시키다 discomfort 불쾌함/불편함

(6) no more than+수사= not more than = as little as(양/수)/as few as(수)
= at most = at the (very) most = at the maximum = probably less than
= only = merely (단지, 불과, 겨우, 기껏해야, 최대한으로 잡아도, 이하)
- 양이나 수가 적은 것을 강조할 때 쓰는 표현: as little as는 셀 수 없는 단수 명사와 함께 쓰이지만,
  시간, 돈, 거리, 무게 등을 포함한 양을 가리킬 때는 수사를 동반한 복수 명사와 함께 사용할 수 있습니다.

① As few as half the students passed the test.

② You can fly to Paris for as little as 20 euros.

③ The whole process will take half an hour at the most.

④ The house is no more than ten minutes from the beach.

⑤ The insurance covers not more than five days in the hospital.

해석	① 학생들 중 겨우 반만 시험에 합격했다.	② 너는 불과 20유로로 파리까지 비행할 수 있다.
	③ 그 모든 과정은 기껏해야 30분밖에 안 걸릴 것이다.	④ 그 집은 해변에서 불과 10분밖에 안 걸린다.
	⑤ 그 보험은 기껏해야 병원입원 5일 비용을 부담한다.	

(7) no more than+명사=little more than = nothing more than
= nothing but = only = merely (단지, 불과, 그저)

① Jane drinks nothing but milk.　② He is nothing more than a child.

③ We're merely good friends.　④ The ancient canal is now little more than a muddy ditch.

⑤ Mary felt/ it was no more than her duty to look after her parents.

해석	① Jane은 우유만 마신다.	② 그는 어린애에 불과하다.
	③ 우리는 그저 좋은 친구일 뿐이야.	④ 그 고대 운하는 이제 진흙투성이의 도랑에 불과하다.
	⑤ Mary는 생각했다/ 자신의 부모를 돌보는 것은 그저 자신의 의무일 뿐이라고.	

(8) no less than+수사 ① as much as(양/수) ② as many as = no fewer than(수) (자그마치)
③ not less than = at least (최하/최소한/이상)

- 양이나 수가 큰 것을 강조할 때 쓰는 표현: as much as는 셀 수 없는 단수 명사와 함께 쓰이지만,
  시간, 돈, 거리, 무게 등을 포함한 양을 가리킬 때는 수사를 동반한 복수 명사와 함께 사용할 수 있습니다.

① She has had no less than a dozen job offers.

② No fewer than 1,000 people attended her wedding.

③ She has gained as much as ten kilograms this year

④ He drinks as much/many as three bottles of milk a day.

⑤ The pizza parlor delivers over a radius of as much as ten miles.

해석	① 그녀는 자그마치 10여 개의 일자리 제의를 받았다.	② 자그마치 천 명의 사람들이 그녀의 결혼식에 참석했다.
	③ 그녀는 금년에 자그마치 10kg이나 살이 쪘다. ④ 그는 자그마치 하루에 우유를 세 병이나 마신다.	
	⑤ 그 피자가게는 자그마치 반경 10마일에 걸쳐서 배달한다.	

> **어휘** half 절반 pass the test 시험에 합격하다 fly-flew-flown 비행하다 whole process 전 과정
> take 시간이 걸리다 beach 해변 insurance 보험 cover 충당하다, 부담하다 ancient 고대의 canal 운하, 수로
> duty 의무 look after 돌보다 muddy 진흙투성이의 ditch 도랑, 수로, 배수구 dozen 12 job offer 일자리 제의
> attend 참석하다 gain 얻다/살이 찌다 pizza parlor 피자가게 deliver 배달(분만)하다 over 걸쳐서 radius 반경

(9) no less than+사람/사물 = none other than = no other than

　= nothing less than (다름 아닌)

① He was no less a person than the President.

② Bob's wife turned out to be none other than my cousin.

③ His appearance in the show was nothing less than a sensation.

④ I need no other than your hand.

⑤ He was no less than Schweitzer.

> **해석** ① 그는 다름 아닌 대통령이었다. ② Bob의 아내는 다름 아닌 내 사촌으로 밝혀졌다.
> ③ 그의 쇼 출현은 그야말로 대사건이었다. ④ 나는 다름 아닌 너의 도움이 필요해. ⑤ 그는 다름 아닌 Schweitzer였다.

(10) not less than = no less than = at least = at the (very) least = at the minimum

　= at a minimum = probably more than = if nothing else (최소한, 적어도, 이상)

① There were at least twenty people there.

② He has not less than three computers at home.

③ Not less than 30 people came to my birthday party.

④ The hamburgers should contain no less than 50% meat.

⑤ His work has always been neat and tidy, if nothing else.

⑥ You didn't get a good grade, but at the least you passed the course.

> **해석** ① 그곳에 적어도 20명의 사람들이 있었다. ② 그는 집에 최소한 3대의 컴퓨터를 가지고 있다. ③ 적어도 30명의
> 사람들이 내 생일파티에 왔다. ④ 햄버거는 최소 50%의 고기를 포함해야 한다. ⑤ 그의 작업은 항상 최소한 깔
> 끔하고 정돈되어 있었다. ⑥ 너는 좋은 학점을 얻지는 못했다, 하지만 최소한 그 과정을 통과했잖아.

(11) no better than = little better than = little more than = as bad as (나쁜 의미)

　= nothing less than = little less than (좋은 의미)

　= nothing short of = little short of=as good as (두 가지 모든 의미) (다름없는/마찬가지)

① His visit to Washington was little short of a fiasco.

② The vote as good as kills the chance of real reform.

③ Their willingness to work together is nothing less than miraculous.

④ It's little better than robbery.　　　⑤ His behavior is nothing short of criminal.

⑥ He is little less than a genius.　　　⑦ Such a person is no better than a beast.

⑧ Women can perform as well as, if not better than men. (단순한 사실 진술)

> **해석** ① 그의 워싱턴 방문은 대실수나 다름없었다. ② 그 투표는 진정한 개혁의 기회를 죽이는 것이나 다름없다.
> ③ 그들이 기꺼이 함께 일하고자하는 것은 거의 기적이나 다름없다. ④ 그것은 강도짓이나 다름없다.
> ⑤ 그의 행동은 범죄나 다름없다. ⑥ 그는 천재나 다름없다. ⑦ 그런 사람은 짐승이나 다름없다.
> ⑧ 여성들도 남성들보다 더 잘하지는 못하더라도 남성만큼 일을 잘할 수 있다. (단순 사실 진술)

> **어휘** president 대통령 turn out 밝혀지다/판명되다 cousin 사촌 appearance 출현 sensation 대 사건
> hand 도움의 손길 people 사람들 neat 깔끔한/정돈된 get 얻다 good 좋은 grade 학점, 점수, 학년
> course 과정 fiasco 대실수 vote 투표 real reform 진정한 개혁 chance 기회/가능성 willingness 자발
> miraculous 기적적인 robbery 강도짓 behavior 행동 criminal 범죄의 beast 짐승 perform=carry out 수행하다

(12) no later than(informal) = not later than(formal) = at the (very) latest

(늦어도 ∼까지는) ↔ no earlier than = at the (very) earliest (빨라야, 아무리 빨라도)

① I have to finish this work by Friday at the latest.

② We can deliver the table in two weeks at the earliest.

③ Cucumbers should be planted no later than September first.

④ You should turn in the application form not later than May 5th.

⑤ Previously, pregnancy leave could start no earlier than 17 weeks before the due date.

> **해석** ① 나는 늦어도 금요일까지는 이 일을 끝마쳐야 한다. ② 우리는 빨라야 2주 후에나 그 탁자를 배달해 드릴 수 있습니다. ③ 오이는 늦어도 9월 1일까지는 심어야 한다. ④ 당신은 늦어도 5월 5일까지는 신청서를 제출하셔야 합니다. ⑤ 예전에 임신휴가는 아무리 빨라도 출산 예정일 17주 전에 시작할 수 있었다.

(13) no more = not∼any more = no longer = not∼any longer (더 이상 ∼하지 않다)

> **주의** ☞ 현대 영어에서 no more는 수량/정도에 사용하며, not∼any more는 수량/정도/시간에, no longer와 not∼any longer는 시간에만 사용합니다. no more는 문장의 끝에 사용하고 no longer는 동사의 앞에 사용합니다.

① I love you no more.(고어) = I don't love you any more.

= I no longer love you. = I don't love you any longer.

② He smokes no more.(고어) = He does not smoke any more.

= He no longer smokes. = He does not smoke any longer.

③ I have no more money.　　　　　　④ I have no more questions.

> **해석** ① 나는 더 이상 당신을 사랑하지 않아요. ② 그는 더 이상 담배를 피우지 않는다.
> ③ 나는 더 이상 돈이 없다. ④ 나는 더 이상 질문이 없다.

(14) A is no more B than C is D = A is not B any more than C is D

= A is not B just as C is not D (A가 B아닌 것은 C가 D 아닌 것과 같다)

① A whale is no more a fish than a horse is (a fish).

= A whale is not a fish any more than a horse is (a fish).

= A whale is not a fish just as a horse is not a fish.

② A collection of facts is not science any more than a dictionary is poetry.

③ We could no more live in such a frost than we could live in boiling water.

④ A home without love is no more a home than a body without a soul is a man.

⑤ He is not more industrious than his wife. (단순 사실 진술)

> **해석** ① 고래가 물고기가 아닌 것은 말이 물고기가 아닌 것과 같다. ② 사실 수집이 과학이 아닌 것은 사전이 시가 아닌 것과 같다. ③ 우리가 그런 혹한 속에서 살 수 없는 것은 우리가 끓는 물속에서 살 수 없는 것과 같다. ④ 사랑 없는 가정이 가정이 아닌 것은 영혼 없는 육체가 사람이 아닌 것과 같다. ⑤ 그는 자기 아내보다 더 부지런하지 않다.

> **어휘** finish 끝마치다 Friday 금요일 deliver 배달하다 in+시간∼후에, 만에, 지나서 cucumber 오이 plant 심다
> September 9월 turn(give, send, hand) in=submit 제출하다 application form 신청서/지원서 previously 전에는
> pregnancy leave 임신휴가 due date 출산 예정일 smoke 담배를 피우다 whale 고래 fact 사실 science 과학
> collection 수집, 모음집 dictionary 사전 poetry 시 frost 혹한, 서리 boiling 끓는 soul 영혼 problem 문제
> industrious=assiduous=laborious=sedulous=strenuous 부지런한 difficult 어려운 expect 예상하다/기대하다

(15) A is no less B than C is D = A is B just as C is D

= Just as C is D, so too is A B (A가 B인 것은 C가 D인 것과 같다)

① A whale is no less a mammal than a horse is a mammal.

= A whale is a mammal just as a horse is a mammal.

= Just as a horse is a mammal, so too is a whale a mammal.

② Just as Americans love baseball, so Canadians love ice hocky.

③ Just as caffeine can boost arousal, so too can vigorous walking.

④ It was no less a ritual in its way than the performing of a tribal dance.

⑤ A computer without any softwares installed is no less a useless box than a car without an

engine is only a piece of scrap.

> **해석** ① 고래가 포유동물인 것은 말이 포유동물인 것과 같다. ② 미국인들이 야구를 좋아하듯이 캐나다인들은 아이스
> 하키를 좋아한다. ③ 카페인이 각성을 끌어올리듯이 활기차게 걷는 것도 각성을 끌어올린다. ④ 그것이 그 나름
> 대로 의식이었던 것은 부족의 춤 공연이 나름대로 의식이었던 것과 같다. ⑤ 아무런 소프트웨어가 설치되어있지
> 않은 컴퓨터가 쓸모없는 상자인 것은 엔진 없는 자동차가 하나의 폐품에 불과한 것과 같다.

(16) no less A than B = as ～ as, as much ～ as, as many ～ as (B만큼 A하다)

① He is no less creative than Edison. = He is as creative as Edison.

② I have no less books than you do. = I have as many books as you do.

③ She has no less charm than her sister does.

= She has as much charm as her sister does.

④ Telling the truth and making someone cry is just as bad as telling a lie and making

someone smile.

> **해석** ① 그는 에디슨만큼 창의적이다. ② 나도 너만큼 책을 가지고 있다. ③ 그녀는 자기 언니만큼 매력이 있다.
> ④ 진실을 말해서 사람을 울리는 것은 거짓을 말해서 사람을 웃게 하는 것만큼 나쁘다.

(17) not less A than B = perhaps(probably) more A than B

(B에 못지않게 A하다/B이상 A하다)

① She is not less brilliant than her sister.

② He is not less handsome than his elder brother.

③ I am not less anxious to study abroad than you are.

④ Playing is not less important for children than studying.

⑤ Enough light is not less necessary for good health than fresh air.

> **해석** ① 그녀는 자기 언니 못지않게 총명하다. ② 그는 자기 형 못지않게 잘생겼다. ③ 나도 너 못지않게 해외에서 공부
> 하고 싶어. ④ 노는 것은 공부 못지않게 애들에게 중요하다. ⑤ 충분한 빛은 신선한 공기 못지않게 좋은 건강에 필요하다.

> **어휘** whale 고래 mammal 포유동물 boost 끌어올리다 arousal 각성 vigorous 활기찬 ritual 의식
> in its (own) way 그 나름대로 perform 공연하다 tribal 부족의 install 설치하다 useless 쓸모없는
> scrap 폐품 creative 창의적인 charm 매력 tell a lie 거짓말 하다 brilliant 총명한 handsome 잘생긴
> be anxious(eager, zealous, keen, impatient) to ～하기를 갈망하다 necessary 필요한 fresh air 신선한 공기

⒅ *at best = at the (very) best = at most (잘해야/기껏해야/최상의 상황에서도)

  *at worst = at the (very) worst (최악의 경우에는)

① At the very worst, he'll have to pay a fine.

② At the very best, it is a poor piece of work.

③ His chances of victory are, at best, uncertain.

④ The campaign was at best only partially successful.

⑤ The technique is at best ineffective and at worst dangerous.

⑥ The Senator's reaction was at best ineffective and at worst irresponsible.

> **해석** ① 최악의 경우에 그는 벌금을 내야할 거야. ② 기껏해야 그것은 하나의 형편없는 작품에 불과해.
> ③ 그의 승리 가능성은 최선의 상황에서도 불확실해. ④ 그 캠페인은 기껏해야 일부만 성공적이었어.
> ⑤ 그 기술은 잘해봤자 효과도 없고 최악의 경우에는 위험하다.
> ⑥ 그 상원의원의 반응은 잘해야 효과도 없었고 최악의 경우에는 무책임했다.

⒆ more or less ⓐ to some degree=in a degree(measure, manner, sort, way) (어느 정도/다소)

  ⓑ almost=all but=next to=well-nigh (거의) ⓒ approximately=about=around (대략)

① The project was more or less a success.

② The suitcase weighs 20 kilograms, more or less.

③ She seemed more or less familiar with the matter.

④ The team is more or less the same as it was last season.

⑤ Most couples in the survey said/ that they were more or less happy in their marriage

> **해석** ① 그 프로젝트는 어느 정도 성공이었다. ② 그 여행용 가방은 무게가 약 20킬로그램 나간다.
> ③ 그녀는 그 문제를 어느 정도 알고 있는 것 같았다. ④ 그 팀은 지난 시즌과 거의 똑 같다.
> ⑤ 그 조사에서 대부분의 커플들은 말했다/ 그들의 결혼생활에서 어느 정도 행복하다고.

⒇ more often than not = as often as not = very often = frequently/usually (자주/흔히/대개)

① My girlfriend texts me more often than not.

② More often than not, my mother forgets something.

③ These flowers will live through the winter more often than not.

④ This kind of dog will grow up to be a good watchdog more often than not.

⑤ In winter the days are short, and more often than not we drive with our headlights on.

> **해석** ① 내 여자 친구는 나에게 자주 문자메시지를 보낸다. ② 내 어머니는 자주 뭔가를 망각하신다.
> ③ 이 꽃들은 대개 겨울을 딛고 살아남는 경향이 있다. ④ 이런 종류의 개는 흔히 자라서 훌륭한 감시견이 될 것이다.
> ⑤ 겨울에는 낮이 짧아서 대개 우리는 전조등을 켜고 운전한다.

> **어휘** pay a fine 벌금을 내다 poor 형편없는 a piece of work 작품 한 점 partially 부분적으로, 일부
> successful 성공적인 ineffective 쓸모없는, 효과 없는 dangerous=risky=hazardous 위험한 senator 상원의원
> reaction 반응, 반발 suitcase 여행용 가방 matter 문제 text 문자메시지를 보내다 forget 망각하다 survey 조사
> flower 꽃 live through 견디고 살아남다 grow up to be 자라서 ~이 되다 watchdog 감시견 headlight 전조등
> neglect=ignore=disregard=slight=overlook=look(pass) over=pay(give) no attention(heed) to
> =make(think) little(light, nothing) of=take no notice(note, account, thought) of=make little(no) account of
> =turn a deaf ear to=turn one's back on=set~at naught(nought, defiance)=lose sight of ~을 무시하다

문제 3. Translate the following sentences into Korean.(고급+최고급과정)

① She is no longer a child.

② He's nothing more than a liar.

③ John eats as much food as Tom.

④ He saved no more than 1,000 dollars.

⑤ I could be back in as little as five days.

⑥ He is not better at swimming than I am.

⑦ I can finish it next week at the earliest.

⑧ Creativity is no less a gift than beauty is.

⑨ She is no less fascinating than her sister.

⑩ She is not more beautiful than her sister.

⑪ Please come back no later than 8 o'clock.

⑫ If nothing else, you should send him a card.

⑬ It will cost you 1,000 dollars at the very least.

⑭ You should be back by ten o'clock at the latest.

⑮ No more dreary winters—we're moving to Florida.

⑯ I have visited the States as many times as he has.

⑰ No less than 30 people came to my birthday party.

⑱ Failure is no more fatal than success is permanent.

⑲ I have no ambitions other than to have a happy life.

⑳ The most effective treatment, more often than not, is rest.

㉑ As few as 10% of patients have benefited from the treatment.

㉒ The food was bland at best, and at worst completely inedible.

㉓ I spent more or less half an hour waiting for my flight to depart.

㉔ The refrigerator won't be delivered until next week at the earliest.

㉕ Going to library can't make you wise any more than buying books can.

㉖ The president proposed nothing less than a complete overhaul of the tax system.

정답 ① 그녀는 더 이상 어린애가 아니다. ② 그는 거짓말쟁이에 불과하다. ③ John은 Tom만큼 음식물을 많이 먹는다. ④ 그는 겨우 천 달러 저축했다. ⑤ 나는 불과 5일 후면 돌아올 수 있을 거야. ⑥ 그는 나보다 수영을 더 잘하지 못한다. ⑦ 나는 빨라야 다음 주에 그것을 마칠 수 있어. ⑧ 창의력이 선물인 것은 아름다움이 선물인 것과 같다. ⑨ 그녀는 자기 언니만큼 매력적이다. ⑩ 그녀는 자기 언니보다 더 아름답지 않다. ⑪ 늦어도 8시까지는 돌아오세요. ⑫ 최소한 너는 그에게 카드는 보내야 한다. ⑬ 그것은 너에게 최소한 천 달러는 들 거야. ⑭ 너는 늦어도 10시까지는 돌아와야 한다. ⑮ 더 이상 황량한 겨울은 없다—우리는 플로리다로 이사할 거거든. ⑯ 나도 그만큼 미국을 여러 번 방문했다. ⑰ 자그마치 30명의 사람들이 내 생일파티에 왔다. ⑱ 실패가 치명적이지 않은 것은 성공이 영원하지 않은 것과 같다. ⑲ 나는 행복한 삶을 사는 것 이외의 야망은 없다. ⑳ 대개 가장 효과적인 치료는 휴식이다. ㉑ 환자들 가운데 겨우 10%만 그 치료로부터 혜택을 받았다. ㉒ 그 음식은 잘해야 별 맛이 없었고 최악의 경우에는 먹을 수가 없었다. ㉓ 나는 내 비행기가 출발하는 것을 기다리는데 약 30분을 보냈다. ㉔ 그 냉장고는 빨라야 다음 주에나 배달될 것입니다. ㉕ 도서관에 가는 것이 너를 현명하게 만들지 않는 것은 책을 사는 것이 너를 현명하게 만들지 않는 것과 같다. ㉖ 대통령은 다름 아닌 조세제도의 철저한 조사를 발의하였다.

어휘 liar 거짓말쟁이 food 음식물 save 저축하다 be back=come back 돌아오다 in+시간 ~후에, 만에, 지나서 creativity 창의성 gift 선물 fascinating 매력적인 send 보내다 cost 돈이 들다 dreary 황량한 move 이사하다 visit 방문하다 the States 미국 failure 실패 fatal 치명적인 success 성공 permanent 영원한 ambition 야망 happy life 행복한 삶 effective 효과적인 treatment 치료 rest 휴식 patient 환자 benefit 혜택을 받다 bland 별 맛이 없는 completely 완전히 inedible 먹을 수 없는 wait for 기다리다 spend 보내다 flight 비행기, 항공편 refrigerator 냉장고 deliver 배달하다 until ~까지 library 도서관 wise 현명한 president 대통령 propose 발의하다 overhaul 조사 tax system 조세제도

(21) few and far between = very few = not many = rare = scarce (드문, 별로 없는)

① In Nevada, the towns are few and far between.

② Opportunities like this are few and far between.

③ Service stations on this highway are few and far between.

④ Some people think that good movies are few and far between.

⑤ Sunny, warm weekends have been few and far between this summer.

> 해석 ① 네바다에는 소도시가 거의 없다. ② 이와 같은 기회는 드물다. ③ 이 고속도로에는 휴게소가 거의 없다.
> ④ 일부 사람들은 좋은 영화가 별로 없다고 생각한다. ⑤ 올 여름에는 화창하고 따뜻한 주말이 거의 없었다.

(22) 비교급 and 비교급 (점점 더, 더욱더)

① English is getting easier and easier.

② The weather is getting hotter and hotter.

③ More and more applicants began to gather.

④ The situation will become worse and worse.

⑤ His adventures got more and more exciting.

> 해석 ① 영어가 점점 더 쉬워지고 있다. ② 날씨가 점점 더 더워지고 있다. ③ 점점 더 많은 지원자들이 모이기 시작했다.
> ④ 상황이 점점 더 악화될 것이다. ⑤ 그의 모험담은 점점 더 흥미로워졌다.

(23) the+비교급, the+비교급 (~하면 할수록 더욱 ~하다)(시험빈도수 가장 높은 기본과정):
이 때 앞에 있는 절을 종속절, 뒤에 있는 절을 주절이라고 하며, 주절의 주어가 일반명사일 때는
주어+동사의 어순을 바꿀 수도 있습니다. As 절로 전환할 때는 the를 생략하고 비교급을 각
절의 끝으로 보내며, 상황에 따라 동사를 생략할 수도 있습니다. 또한 as절을 문장의 끝으로
보낼 수도 있고, 뒤로 간 그 as 절을 the 비교급의 원상태로 놔두어도 됩니다.
참고 이때의 the는 by that much(그만큼)의 뜻으로 쓰이는 지시대명사라고 합니다.

① The more we have, the more we want.

= As we have more, we want more.

= We want more as we have more.

= We want more the more we have.

② The higher we go, the colder the air becomes.

= The higher we go, the colder becomes the air.

= As we go higher, the air becomes colder.

= The air becomes colder as we go higher.

= The air becomes colder the higher we go.

> 해석 ① 우리는 가지면 가질수록 더 많이 원한다. ② 우리는 높이 올라갈수록 공기는 더 차가워진다.

> 어휘 town 소도시 opportunity 기회 service station 고속도로 휴게소 highway 고속도로 sunny 화창한
> warm 따스한 weekend 주말 become=get=grow 되다 easy-easier-easiest 쉬운 weather 날씨
> hot-hotter-hottest 더운 applicant 신청자, 지원자 begin-began-begun 시작하다 gather 모이다/모으다
> situation 상황 bad-worse-worst 나쁜 adventure 모험담 exciting 흥미진진한 want 원하다 air 공기 cold 차가운
> ameliorate=amend=correct=enhance=improve=meliorate=refine=reform=revise=rectify 개선하다, 좋아지다
> abstemious=abstentious=abstinent=austere=continent=judicious=moderate=restrained=temperate 절제하는

문제 4. 다음의 문장들을 우리말로 옮기고 as 절로 바꾸어보세요.(기본+중급과정)

① The better the quality, the higher the cost.

→ _____

② The older she grew, the womanlier she became.

→ _____

③ The higher one goes, the rarer becomes the air.

→ _____

④ The older he grew, the more cautious he became.

→ _____

⑤ The sooner you return, the happier your father will be.

→ _____

⑥ The further civilization advances, the busier we become.

→ _____

⑦ The harder we study, the more ignorant we find ourselves.

→ _____

⑧ The faster an object moves, the more kinetic energy it has.

→ _____

⑨ The friendlier the atmosphere at work, the happier people are.

→ _____

⑩ The more high-tech our lives become, the more nature we need.

→ _____

⑪ The faster you drive, the higher risk there is of a traffic accident.

→ _____

해석과 정답 ① 품질이 좋을수록 가격은 더욱 더 비싸다. – As the quality is better, the cost is higher. ② 그녀는 나이가 들수록 더욱더 여성스러워졌다. – As she grew older, she became womanlier. ③ 우리가 높이 올라갈수록 공기는 더욱더 희박해진다. – As one goes higher, the air becomes rarer. ④ 그는 나이가 들수록 더욱더 신중해졌다. – As he grew older, he became more cautious. ⑤ 네가 빨리 돌아올수록 네 아빠는 더욱더 행복해 하실 거야. – As you return sooner, your father will be happier. ⑥ 문명이 발달할수록 우리는 더욱 더 바빠진다. – As civilization advances further, we become busier. ⑦ 우리는 공부를 더 열심히 할수록 우리자신이 더 무지함을 발견하게 된다. – As we study harder, we find ourselves more ignorant. ⑧ 물체가 더 빨리 움직일수록, 그것은 더욱 더 많은 운동에너지를 갖게 된다. – As an object moves faster, it has more kinetic energy. ⑨ 직장 분위기가 우호적일수록, 사람들은 더욱더 행복하다. – As the atmosphere at work is friendlier, people are happier. ⑩ 우리의 삶이 더 첨단화될수록 우리는 더욱더 많은 자연계를 필요로 한다. – As our lives become more high-tech, we need more nature. ⑪ 운전을 빨리 하면 할수록, 교통사고의 위험이 더 크다. – As you drive faster, there is higher risk of a traffic accident.

어휘 quality 품질 cost 가격, 비용 womanly 여성스러운 rare 희박한 air 공기 grow=become 되다 cautious=careful=chary=circumspect=discreet=fastidious=finical=finicky=judicious=meticulous=mindful =punctilious=prudent=scrupulous=shrewd=vigilant=wary 신중한 , 세심한 return 돌아오다 civilization 문명 advance 발달하다 further 한층 더 ignorant 무지한 object 물체 move 움직이다 kinetic energy 운동에너지 friendly 우호적인 atmosphere 분위기 at work 직장에서 high-tech 최첨단의 fast 빨리 traffic accident 교통사고

⑳ 비교급 앞에서 「훨씬」의 뜻을 가진 부사(시험빈도수 가장 높은 기본과정):

even, far, still, yet, much, a lot, a great, a great deal, by far, by odds, by all odds, by long odds./ many (복수명사 비교급 앞에서만)

① He is even heavier than I am. ② This is by all odds the easier way.

③ She is yet less beautiful than before. ④ I am taller than my brother by odds.

⑤ She has many more friends than I do. ⑥ He is by far more diligent than his wife.

> **해석** ① 그는 나보다 훨씬 더 무겁다. ② 이것이 훨씬 더 쉬운 방법이야.
> ③ 그녀는 전보다 훨씬 덜 아름답다. ④ 나는 내 형보다 훨씬 더 키가 크다.
> ⑤ 그녀는 나보다 훨씬 더 많은 친구를 갖고 있다. ⑥ 그는 자기 아내보다 훨씬 더 부지런하다.

⑳ 최상급 앞에서 「단연/의심할 여지없이」의 의미를 가진 부사: (토익 고빈도 과정)

much, by far, by long odds, by all odds/the very+최상급; yet/ever(최상급 뒤에서: 역대)

① He is the very tallest boy in his class. ② It is by far the best restaurant in town.

③ He is much the best player on the team.

④ She is by all odds the brightest child in the family.

⑤ Jane is by long odds the most beautiful girl in her class.

⑥ His latest film is his best yet(ever).=The film is the best one that he has made up to now.

> **해석** ① 그는 학급에서 단연 가장 큰 소년이다. ② 그것은 읍내에서 단연 가장 좋은 식당이다.
> ③ 그는 그 팀에서 단연 가장 훌륭한 선수이다. ④ 그녀는 그 가정에서 단연 가장 총명한 아이이다.
> ⑤ Jane은 자기 반에서 단연 가장 아름다운 소녀이다. ⑥ 그의 최근 영화가 역대 그의 최고의 작품이다.

⑳
*much more = still more (긍정문)

*much less = still less = let alone (부정문)
(~은 말할 것도 없이)

= not to mention
= not to speak of
= to say nothing of
= not to say anything of

① He can speak French, much more English.

② I don't even have a dime, let alone a dollar.

③ He cannot speak English, much less German.

④ I have no daily necessities, still less luxuries.

⑤ The yard is a mess, to say nothing of the house.

⑥ I have to pay the rent, not to speak of school fees.

⑦ Everyone has a right to enjoy his or her liberties, still more his or her life.

⑧ Pollution affects the soil, to say nothing of its impact on wildlife.

> **해석** ① 그는 프랑스어를 할 줄 안다, 영어는 말할 것도 없이. ② 나는 10 센트짜리 동전도 없다, 1달러는 말할 것도 없이.
> ③ 그는 영어를 말할 줄 모른다, 독일어는 말할 것도 없이. ④ 나는 생필품도 없다, 사치품은 말할 것도 없이.
> ⑤ 마당도 엉망진창이다, 집은 말할 것도 없이. ⑥ 나는 집세도 지불해야 한다, 학비는 말할 것도 없이.
> ⑦ 모든 사람은 자신의 자유를 즐길 권리가 있다, 자신의 인생은 말할 것도 없이.
> ⑧ 오염은 토양에도 영향을 끼친다, 야생생물에 대한 영향은 말할 것도 없이.

> **어휘** diligent=industrious=laborious=assiduous 부지런한 wisdom 지혜 restaurant 식당 town 읍, 소도시
> bright=brilliant 총명한 dime 10센트짜리 동전 German 독일어 daily necessities 생필품 luxuries 사치품
> mess 엉망진창 school fees 학비 liberty 자유 affect 영향을 끼치다 soil 토양 impact 영향 wildlife 야생동식물

(27) of the two 앞이나 뒤에 비교급이 올 경우: the+비교급

① Tom is the taller of the two.   ② Joe is the fatter of the twins.

③ Of the two boys, Bob is the stronger.   ④ Of the two girls, Susan is the more charming.

⑤ Cristiano is the more popular of the two soccer players.

> **해석** ① Tom이 그 둘 중에 더 크다. ② Joe가 그 쌍둥이 중에 더 뚱뚱하다. ③ 그 두 소년 중 Bob이 더 강하다.
> ④ 그 두 소녀 중 Susan이 더 매력적이다. ⑤ 그 두 축구 선수 가운데 Cristiano가 더 인기 있다.

(28) 이유나 원인, 양보를 나타내는 구나 절(for, because, as, when, if, despite) 앞의 (all) the 비교급은 「그만큼 더, 더욱 더」

① I like him all the more for his loyalty.   ② I love him none the less for his faults.

③ She got the better for a change of air.   ④ He worked all the harder despite his failure.

⑤ She is none the better for taking those pills.

⑥ A good tale is none the worse for being told twice.

⑦ Cleopatra loved Antony all the more because he had faults.

> **해석** ① 나는 그의 충실함 때문에 그를 더욱더 좋아한다. ② 나는 그의 결점에도 불구하고 그를 사랑한다.
> ③ 그녀는 기분전환 했기 때문에 더욱더 좋아졌다. ④ 그는 실패에도 불구하고 더욱더 열심히 일했다.
> ⑤ 그녀는 그 알약을 복용했음에도 불구하고 더 좋아지지 않는다.
> ⑥ 좋은 이야기는 두 번 말한다고 해서 더 나빠지는 것은 아니다.
> ⑦ Cleopatra는 Antony가 결점이 있어서 더욱더 그를 사랑했다.

(29) (Even) the 최상급 단수: 「아무리 ~한다 하더라도」(최고급과정)

① (Even) the wisest man cannot know everything.

= Be a man ever so wise, he cannot know everything.

= Be a man as wise as he will, he cannot know everything.

= Let a man be ever so wise, he cannot know everything.

= If a man be ever so wise, he cannot know everything.

= However wise a man may be, he cannot know everything.

= No matter how wise a man may be, he cannot know everything.

② The richest man cannot buy happiness.

③ Even the wisest man can be a fool for love.

④ The strongest man cannot break the law of nature.

⑤ Even the poorest man can afford to get an apple in autumn.

> **해석** ① 아무리 현명한 사람이라도 모든 것을 알 수는 없다. ② 아무리 부자라 하더라도 행복을 살 수는 없다.
> ③ 아무리 현명한 사람이라도 사랑에는 바보가 될 수 있다. ④ 아무리 강한 사람이라도 자연의 법을 어길 수는 없다.
> ⑤ 아무리 가난한 사람이라도 가을에 사과 하나는 구할 수가 있다.

> **어휘** fat 뚱뚱한 twin 쌍둥이 strong 강한 charming 매력적인 popular 인기 있는 soccer player 축구 선수 loyalty 충실함
> fault 결점 none the less 그럼에도 불구하고 a change of air 기분전환 pills 알약 despite ~에도 불구하고
> tale 이야기 wise 현명한 buy−bought 사다 happiness 행복 fool 바보 break 어기다 law of nature 자연의 법칙
> poor 가난한↔rich=wealthy afford ~할 시간적/경제적/물질적/정신적 여유가 있다 get 구하다 autumn=fall 가을

(30) 라틴어 비교: 라틴어 비교급 다음에서는 than대신에 반드시 to를 써야합니다.(고급과정)

Ⓐ	senior to older than	(~보다 연상의)	↔	junior to younger than	(~보다 연하의)
Ⓑ	superior to better than	(~보다 우수한)	↔	inferior to worse than	(~보다 열등한)
Ⓒ	major to larger than	(~보다 더 많은)	↔	minor to smaller than	(~보다 더 적은)
Ⓓ	anterior to before earlier than	(~보다 앞에) (~보다 이전의)	↔	posterior to after later than	(~보다 뒤에) (~보다 이 후의)
Ⓔ	prior to before	(~이전에)	↔	posterior to after	(~이후에)
Ⓕ	preferable to	better than more desirable(suitable) than			(~보다 더 나은)

① He is senior to me by five years. = He is five years senior to me.

= He is my senior by five years. = He is five years my senior.

= He is older than I am by five years. = He is five years older than I am.

② I called on him prior to my departure.

③ World War II is posterior to this event.

= This event was anterior to World War II.

④ Korean population is minor to Japanese.

⑤ The constitution is prior to all the other laws.

⑥ I prefer apples to pears. = I like apples better than pears.

⑦ I am sure that it was posterior to the war to my knowledge.

⑧ Death is preferable to dishonor. = Death is better than dishonor.

⑨ Your property is major to hers. = Her property is minor to yours.

⑩ The plane seemed to catch fire a few seconds prior to taking off.

⑪ Do you know what was happening in the ages anterior to the Flood?

⑫ In point of learning, I am inferior to him, but in experience, I am superior to him.

해석 ① 그는 나보다 다섯 살 연상이다. ② 나는 출발에 앞서 그를 방문했다. ③ 2차 세계대전이 이 사건 이후의 일이다. ④ 한국의 인구가 일본의 인구보다 더 적다. ⑤ 헌법이 다른 모든 법보다 우선한다. ⑥ 나는 배보다 사과를 더 좋아한다. ⑦ 나는 내가 알고 있는 한 그것이 전쟁 이후의 있었던 것으로 확신한다. ⑧ 죽음이 불명예보다 낫다. ⑨ 너의 재산이 그녀의 것보다 더 많다. ⑩ 그 비행기는 이륙하기 몇 초 전에 불이 붙은 것 같았다. ⑪ 너는 노아홍수 이전의 시대에 무슨 일이 일어나고 있었는지 아니? ⑫ 학식 면에서는 내가 그보다 못하지만, 경험 면에서는 내가 그보다 낫다.

어휘 call on=pay a visit to 방문하다 departure 출발 event 사건 population 인구 constitution 헌법 other 다른 prefer 선호하다/더 좋아하다 pear 배 to my knowledge 내가 아는 바로는 I am sure 나는 확신하다 war 전쟁 death 죽음 dishonor=disgrace=ignominy=infamy 불명예 property 재산 catch fire 불이 붙다 take off 이륙하다 the Flood 노아홍수 in point of=in terms of=from the viewpoint of ~측면에서 learning 학식 experience 경험

<table>
<tr><td rowspan="4">(31) 최상의 의미
8가지 표현 방법 →
(고빈도 중급과정)</td><td>ⓐ the 최상급</td><td>단수
of all (the) 복수</td></tr>
<tr><td>ⓑ 비교급 than</td><td>any other 단수
all the other 복수</td></tr>
<tr><td>ⓒ as 원급 as any 명사
as 형 a/an 명 as any</td><td></td></tr>
<tr><td>ⓓ No other 단수 is</td><td>as/so 원급 as
비교급 than</td></tr>
</table>

① Seoul is the largest city in Korea.

② Seoul is the largest of all (the) cities in Korea.

③ Seoul is larger than any other city in Korea.

④ Seoul is larger than all the other cities in Korea.

⑤ Seoul is as large as any city in Korea.

⑥ Seoul is as large a city as any in Korea.

⑦ No (other) city in Korea is as(so) large as Seoul.

⑧ No (other) city in Korea is larger than Seoul.

> **해석** ① 서울은 한국에서 가장 큰 도시이다. ② 서울은 한국에 있는 모든 도시 가운데 가장 크다.
> ③ 서울은 한국에 있는 어떤 다른 도시보다도 더 크다. ④ 서울은 한국에 있는 다른 모든 도시보다 더 크다.
> ⑤ 서울은 한국에 있는 어떤 도시 못지않게 크다. ⑥ 서울은 한국에 있는 어떤 것 못지않게 큰 도시이다.
> ⑦ 한국에 있는 어떤 도시도 서울만큼 크지 않다. ⑧ 한국에 있는 어떤 도시도 서울보다 크지 않다.

문제 5. Translate the following sentences into Korean.(중급과정)

① Nothing is more precious than time.

② He is as talented a boy as any in his class.

③ No other man in the village is as old as he is.

④ He is as diligent as any boy in his whole class.

⑤ Tom is taller than all the other boys in his class.

⑥ A whale is the largest of all the animals in the world.

⑦ No other mountain in the world is higher than Everest.

⑧ Shakespeare is greater than any other dramatist in the world.

> **정답** ① 시간보다 더 귀중한 것은 없다. ② 그는 자기 반에서 그 누구 못지않게 재능 있는 소년이다.
> ③ 그 마을에 있는 어떤 사람도 그 사람만큼 늙지는 않았다. ④ 그는 자기 반에서 어떤 소년 못지않게 부지런하다.
> ⑤ 탐은 자기 반에서 다른 모든 학생들보다 더 크다. ⑥ 고래가 세상에 있는 모든 동물 가운데서 가장 크다.
> ⑦ 세상의 어떤 다른 산도 에베레스트보다 더 높지 않다. ⑧ 셰익스피어는 세상의 어떤 다른 극작가보다 더 위대하다.

> **어휘** large 큰 city 도시 precious=valuable 귀중한, 비싼 talented 재능 있는 village 마을 whale 고래 animal 동물
> diligent=industrious=laborious=assiduous=sedulous=strenuous=hard-working=painstaking 근면한
> monotonous=boring=dull=drab=even=tedious=tiresome=boresome=wearisome=humdrum=prosaic 단조로운
> magnificent=exalted=glorious=grand=grandiose=majestic=imposing=impressive=sublime=solemn=splendid
> =superb=stately=transcendent 장엄한/웅장한 mountain 산 high 높은 great 위대한, 훌륭한 dramatist 극작가

㉜ 배수의 세 가지 표현 →　배수 { as 원급 as / 비교급 than / the 명사 of }
　　(토익 고빈도 과정)

> **주의** ☞ half나 twice는 비교급과 함께 사용할 수 없으며(The cambridge grammar of the English Language), a third, two times, three times는 원급과 비교급에 다 같이 사용할 수 있으나 비교급으로 사용할 경우 오해의 소지가 있으므로 가능하면 피하는 것이 좋습니다. 특히 two times은 비교급과 함께 사용되는 경우 문법적으로는 맞지만(Longman Dictionary) 별로 사용되지 않습니다.

① This is twice as large as that.
= This is twice larger than that. (x)
= This is two times larger than that.
= This is twice the size of that.
= This is as large again as that.

② He has twice as many books as I do.
= He has twice more books than I do. (x)
= He has two times more books than I do.
= He has twice the number of my books.
= He has as many books again as I do.

③ This bridge is one and a half times as long as that one.
= This bridge is half as long again as that one.

④ Australia is more than three times the size of Greenland.
= Australia is more than three times as big(large) as Greenland.
= Australia is more than three times bigger(larger) than Greenland

> **해석** ① 이것이 저것보다 2배 더 크다. ② 그는 나보다 2배의 책을 갖고 있다.
> ③ 이 다리는 저 다리보다 1.5배 길다. ④ 호주는 그린란드보다 3배 이상 크다.

문제 6. Translate the following sentences into Korean.(중급과정)

① My wife earns half as much again as I do.
② The state is at least twice as big as England.
③ Charges have risen at twice the rate of inflation.
④ It is about one and a half times the size of the U.S.
⑤ He could earn twice his present salary at the new job.
⑥ This old cell phone is half as expensive as that new cell phone.
⑦ Three times more people than we expected came to the concert.

> **정답** ① 내 아내는 나보다 1.5배 더 많이 번다. ② 그 주는 잉글랜드보다 최소 2배는 더 크다.
> ③ 요금이 물가상승률보다 2배로 올랐다. ④ 그것은 미국의 크기 약 1.5배이다.
> ⑤ 그는 새 직장에서 현재의 봉급보다 두 배를 벌 수 있을 거야.
> ⑥ 이 낡은 휴대전화는 가격이 저 새 휴대전화의 반이다.
> ⑦ 우리가 예상했던 것보다 세 배나 많은 사람들이 연주회에 왔다.

> **어휘** earn 벌다 state 주 at least 최소한 about=around=approximately 대략 size 크기 present salary 현재의 봉급 job 직업 cell phone 휴대전화기 old 낡은 new 새로운 expensive 비싼 expect 기대(예상)하다 concert 연주회

㉝ as (형/부) as possible = as 형/부 as 주어 can (가능한 한)

① I'd like to buy as big a house as possible. = I'd like to buy a house as big as possible.

② I will try to come back as soon as possible.

③ You have to wrap it as carefully as you can.

④ A scientific theory should be as simple as possible.

⑤ Please be as specific as possible when filling out this form.

> **해석** ① 나는 가능한 한 큰 집을 사고 싶어. ② 나는 가능한 한 빨리 돌아오도록 노력할게.
> ③ 당신은 그것을 가능한 한 신중하게 포장하셔야 합니다. ④ 과학적 이론은 가능한 한 단순해야 한다.
> ⑤ 이 용지를 작성하실 때는 가능한 한 구체적으로 기입해 주세요.

㉞ as 형 as (형) can be = as ~ as anything(영국식) = very(extremely) 형용사
   (더할 나위 없이~ 한, 대단히 ~한, 아주 ~한)

① Getting a driver's license was as easy as can be.

= Getting a driver's license was very(extremely) easy.

= Getting a driver's license was as easy as pie.

= Getting a driver's license was as easy as ABC.

= Getting a driver's license was as easy as anything.

= Getting a driver's license was as easy as falling off a log.

② He was as poor as (poor) can be. = He was as poor as anything.

= He was very(extremely) poor. = He was as poor as a church mouse.

③ The two of them sat there chatting as naturally and easily as could be.

④ Both her parents are ugly, but little Susan is as pretty as pretty can be.

> **해석** ① 운전 면허증을 따는 것은 더할 나위 없이 쉬웠다. ② 그는 더할 나위 없이 가난했다.
> ③ 그들 둘은 더할 나위 없이 자연스럽고도 편안하게 잡담을 하면서 그곳에 앉아있었다.
> ④ 그녀 부모님 두 분 다 못 생겼지만, 어린 Susan은 더할 나위 없이 예쁘다.

㉟ couldn't (be) 비교급 (더할 나위 없이 ~하다, 더 이상 ~할 수는 없을 것이다)

① I couldn't feel better.   ② I couldn't have felt better.

③ The weather couldn't be better. = The weather is as fine as (fine) can be.

④ The two brothers couldn't be more different.

⑤ I couldn't agree more. = I wholeheartedly agree.

⑥ The reality is that it couldn't be further from the truth.

> **해석** ① 나는 기분이 더할 나위 없이 좋다. ② 나는 기분이 더할 나위 없이 좋았다.
> ③ 날씨는 더할 나위 없이 좋다. ④ 그 두 형제는 더할 나위 없이 다르다.
> ⑤ 나는 더할 나위 없이 동의합니다. ⑥ 사실 그것은 진실과 더할 나위 없이 멀다.

> **어휘** try to ~하려고 노력하다, ~하려고 애를 쓰다 come back 돌아오다 wrap 포장하다 carefully 신중히 scientific theory 과학적 이론 simple 단순한 specific 구체적인 fill out 작성하다 form 용지, 서식 driver's license 운전 면허증 poor 가난한 chat 잡담하다 naturally 자연스럽게 easily 편안하게 ugly 못생긴 pretty 예쁜 better 더 좋은 weather 날씨 different 다른 agree=assent=consent 동의하다 wholeheartedly 진심으로 reality 사실, 현실 further 더 먼 truth 진실

㊱ as much as to say = as if to say (마치~라고 말하는 듯이/것처럼)

① He looked as much as to say, "Get out of here."

② That is as much as to say, "I am smarter than you are."

③ She gave me a look as much as to say, "Leave me alone."

④ Her dog waggled its tail, as much as to say, "Welcome home."

⑤ He gave me a look as much as to say, "Mind your own business!"

> **해석** ① 그는 "여기서 나가"라고 말하는 듯한 표정을 지었다. ② 그것은 마치 "내가 너보다 더 똑똑해"라고 말하는 것과 같다.
> ③ 그녀는 나에게 "날 내버려 둬"라고 말하는 듯한 표정을 지었다.
> ④ 그녀의 개는 "집에 오신 것을 환영해요"라고 말하는 듯이 꼬리를 흔들었다.
> ⑤ 그는 나에게 "네 일이나 신경 써" 라고 말하는 듯한 표정을 지었다.

㊲ (as 원급) as ever = as usual (변함없이, 여느 때와 마찬가지로, 여전히)

① He worked as hard as ever.

② She looked as beautiful as ever.

③ As usual, she was wearing jeans.

④ He was as polite and friendly as ever.

⑤ As ever, the meals were primarily fish-based.

⑥ The restaurants are as good as ever and no more expensive.

> **해석** ① 그는 여전히 열심히 일했다. ② 그녀는 여전히 아름다워 보였다.
> ③ 여느 때와 마찬가지로 그녀는 청바지를 입고 있었다. ④ 그는 여전히 공손하고 다정했다.
> ⑤ 여전히 식사는 주로 생선 위주였다. ⑥ 그 식당들은 변함없이 좋고 가격도 비싸지 않다.

㊳ 비교급 than ever (before) (그 어느 때보다도 더 ~한)

① The singer is more popular nowadays than ever before.

② I have been busier than ever at work this last month or so.

③ Today the world is changing more quickly than ever before because of technological advance.

④ All over the world, hurricanes and tornadoes strike more frequently and with greater force than ever before.

> **해석** ① 그 가수는 그 어느 때보다도 요즘 더 인기 있다.
> ② 나는 지난 한 달여 동안 직장에서 그 어느 때보다도 더 바빴다.
> ③ 오늘날 세상은 기술발달로 인해 그 어느 때보다도 더 빠르게 변화하고 있다.
> ④ 전 세계적으로 허리케인(태풍)과 토네이도가 그 어느 때보다도 더 자주 그리고 더 강력하게 강타하고 있다.

> **어휘** get out of here 여기서 나가 smart 똑똑한 give a look 표정을 짓다 leave me alone 날 내버려 둬 waggle 흔들다
> tail 꼬리 mind your own business 네 일이나 써(남의 일에 참견 마) polite 공손한 friendly 다정한, 친절한 meal
> 식사 primarily 주로 fish-based 생선 위주의 expensive 비싼 popular 인기 있는 nowadays 요즘 busier 더 바쁜
> at work 직장에서 or so=approximately 대략 quickly 빠르게 because of ~ 때문에 technological advance 기술발달
> strike 강타하다 all over the world 전 세계적으로 frequently=as often as not 빈번히, 자주 greater 더 큰 force 힘

(39) as never before = in a way that has never been possible before (전례 없이 ~한)

① Farming is in transition as never before.

② People are on the move as never before.

③ As never before, we are concerned about the air pollution.

④ Today, we're being challenged as never before in our history.

⑤ Satellite technology offers the opportunity, as never before, for continuous television coverage of major international events.

> **해석** ① 농업은 전례 없이 변천하고 있다. ② 사람들은 전례 없이 분주하게 움직이고 있다.
> ③ 전례 없이 우리는 대기 오염에 대해서 걱정하고 있다. ④ 오늘날 우리는 우리 역사상 전례 없이 도전을 받고 있다.
> ⑤ 위성기술은 전례 없이 중요한 국제 행사에 대한 지속적인 TV 중계에 대한 기회를 제공하고 있다.

(40) as+형+a+명+as+ever 동사 = 비교급 than any other 명사 that(토익 고빈도 과정)
  = the 최상급 명사 that (지금까지 ~했던 사람 중에서 가장 ~한)

① He is as integrous a statesman as ever lived.

 = He is the most integrous statesman that ever lived.

 = He is more integrous than any other statesman that ever lived.

② He is as learned a scholar as ever I saw.

 = He is the most learned scholar that I have ever seen.

 = He is more learned than any other scholar that I have ever seen.

> **해석** ① 그는 지금까지 살았던 정치가 중에서 가장 청렴한 정치가이다.
> ② 그는 내가 본 학자 중에서 가장 학식 있는 학자이다.

문제 7. Translate the following sentences into Korean.(고급과정)

① He is as vile a rogue as ever lived.

② It was as sweet an outfit as ever I saw.

③ She is as beautiful a lady as ever breathed.

④ Her voice is as sweet a voice as ever I heard.

⑤ Beethoven is as great a composer as ever lived.

⑥ Shakespeare is the greatest poet that England has ever produced.

> **정답** ① 그는 지금까지 살았던 사람 중에 가장 비열한 깡패이다. ② 그것은 내가 본 것 중에서 가장 예쁜 의상이었다.
> ③ 그녀는 지금까지 생존했던 여성 중에서 가장 아름다운 숙녀이다.
> ④ 그녀의 목소리는 내가 지금까지 들어본 것 중에서 가장 감미로운 목소리이다.
> ⑤ 베토벤은 지금까지 살았던 작곡가 중에서 가장 훌륭한 작곡가이다.
> ⑥ 셰익스피어는 영국이 지금까지 낳은 가장 위대한 시인이다.

> **어휘** farming 농사 transition 변천 on the move 분주하게 움직이고 있는 be concerned about 걱정하다 air pollution 대기오염 challenge 도전하다 history 역사 satellite 위성 technology 기술 offer 제공하다 opportunity 기회 continuous 지속적인 coverage 중계, 보도 major 중요한 international event 국제 행사 integrous 청렴한 statesman 정치가 learned 학식 있는 scholar 학자 vile=mean 비열한 rogue 악당, 깡패 sweet 예쁜, 달콤한 outfit 의상 breathe 숨 쉬다 voice 목소리 great 위대한, 중대한 composer 작곡가 poet 시인 produce 생산하다, 배출하다 ⓝ production 생산, 배출

(41) 비교를 나타내는 than이나 as 다음에서 주어+동사의 위치를 바꾸어 표현할 수도 있으나 주어가 대명사일 경우에는 도치시키지 않습니다.

① I speak English better than he does. ≠ I speak English better than does he. (x)

② It's colder today than it was yesterday. ≠ It's colder today than was it yesterday. (x)

③ Cheetahs run faster than antelopes do. = Cheetahs run faster than do antelopes.

④ Jessica is more interested in music than John is.

= Jessica is more interested in music than is John.

⑤ The cake was excellent, as the coffee was. = The cake was excellent, as was the coffee.

⑥ No other animal has as much difficulty during childbirth as we humans do.

= No other animal has as much difficulty during childbirth as do we humans.

> **해석** ① 내가 그 보다 영어를 더 잘 말한다. ② 어제보다 오늘 날씨가 더 춥다. ③ 치타가 영양보다 더 빨리 달린다.
> ④ Jessica는 John 보다 음악에 더 관심이 있다. ⑤ 그 케이크는 훌륭했다, 커피가 그러했듯이.
> ⑥ 어떤 다른 동물도 출산할 때 우리 인간만큼 많은 어려움을 겪지 않는다.

(42) the+비교급, the+비교급에서 뒤에 두 번째 절의 주어가 일반명사일 경우에는 주어+동사를 도치시킬 수 있지만 대명사일 경우에는 도치시킬 수 없습니다.

① The more you pay, the better the quality is.

= The more you pay, the better is the quality.

② The more we read, the more intelligent we become.

= The more we read, the more intelligent become we. (x)

③ The older she got, the nicer her children became to her.

= The older she got, the nicer became her children to her.

≠ The older she got, the nicer did her children become to her. (x)

> **해석** ① 네가 돈을 많이 지불할수록 품질이 더 좋다. ② 우리는 많이 읽을수록 더욱 총명해진다.
> ③ 그녀가 나이가 들수록 그녀의 자녀들은 그녀에게 더 다정해졌다.

(43) 비교급이 문장의 첫머리에 오는 경우 주어가 동사의 뒤로 갑니다.

① More popular than soccer is baseball in America.

② For me, more important than the price is the quality.

③ The starter was excellent, but better still was the main course.

④ More important than your SAT score is your application letter.

> **해석** ① 미국에서는 축구보다 야구가 더 인기 있다. ② 나에게 가격보다 더 중요한 것은 품질이다.
> ③ 처음 나오는 요리도 훌륭했지만, 주 요리는 훨씬 더 좋았다.
> ④ 너의 수능점수보다 더 중요한 것은 너의 입학지원서이다.

> **어휘** cold 추운 run 달리다 fast 빨리 antelope 영양 be interested in ~에 관심이 있다 excellent 뛰어난, 훌륭한
> leave-left 떠나다 pay 지불하다 quality 품질 intelligent 총명한, 지적인 nice 다정한, 친절한 become 되다
> popular 인기 있는 soccer 축구 baseball 야구 important 중요한 price 가격, 대가 starter 처음 나오는 요리
> main course 주 요리 SAT=scholastic aptitude test 수학능력시험 score 점수, 악보 application letter 지원서

(44) the 최상급+but one = the second 최상급 (하나를 제외하고 가장 ~한/두 번째로 ~한)

① It's the third largest city in the country.

② Mary is the tallest girl but one in her class.

③ Tom is the heaviest boy but two in his class.

④ Jack is the tallest boy next to John in his basketball club.

> 해석 ① 그것은 그 나라에서 세 번째로 큰 도시이다. ② Mary는 그녀 반에서 두 번째로 큰 소녀이다.
> ③ Tom은 자기 반에서 세 번째로 무거운 소년이다. ④ Jack은 자기 농구 동아리에서 John다음으로 큰 소년이다.

(45) *as many/like so many (앞과 동수)

*as much/like so much (앞과 동량)

① He has had three girlfriends in as many months.

② He made ten spelling mistakes in as many lines.

③ He bought two pounds of sugar and as much salt.

④ Five boys were swimming in the pool like so many frogs.

⑤ The snow on the roof looked like so much salt on the floor.

> 해석 ① 그는 세 달 동안 세 명의 여자 친구가 있었다. ② 그는 10 개의 줄에서 10개의 철자 오류를 범했다.
> ③ 그는 2파운드의 설탕과 그만큼(2파운드)의 소금을 샀다. ④ 5명의 소년들이 풀장에서 그만큼의 개구리처럼 수
> 영하고 있었다. ⑤ 지붕 위의 눈은 바닥에 있는 그만큼의 소금처럼 보였다.

(46) at so many a pound (파운드당 몇 개로)/at so much apiece(each) (개당 얼마로)

① Oranges are 20 cents apiece(each).

② Apples are sold at so many a pound.

③ Rice is now sold at so much a kilogram.

④ They sell peaches at so much apiece(each).

⑤ They engaged him at so much a month—by the month.

> 해석 ① 오렌지는 개 당 20센트이다. ② 사과는 파운드 당 몇 개로 팔린다. ③ 쌀은 이제 킬로그램 당 얼마로 팔린다.
> ④ 그들은 복숭아를 개 당 얼마로 판다. ⑤ 그들은 그를 한 달에 얼마로, 즉 한 달 단위로 고용했다.

(47) have(get) the better(best) of = have(hold, get, gain, take) the upper hand on (of, over)
= have(get) the bulge on=beat=defeat=outdo (이기다) ↔ have(get) the worst of (지다)

① No one can get the better of her in an argument.

② Our team managed to get the upper hand in the end.

③ He was determined to have the better of his competitors.

④ Government troops have the upper hand in the offensive.

⑤ When it comes to checkers, my son usually has the whip hand over me.

> 해석 ① 아무도 논쟁에서 그녀를 이길 수 없다. ② 우리 팀이 결국에 가까스로 이겼다. ③ 그는 자기 경쟁 상대들을 이기
> 기로 결심했다. ④ 정부군이 공세에 우위를 점하고 있다. ⑤ 장기에 관한 한 내 아들이 대개 나를 이긴다.

> 어휘 frog 개구리 pool 수영장 roof 지붕 look like ~처럼 보이다 floor 방바닥/마룻바닥
> rice 쌀 sell-sold-sold 팔다 peach 복숭아 engage 고용하다 by the month 한 달 단위로
> argument 논쟁 manage to 가까스로 성공하다 be determined to ~하기로 결심하다 competitor 경쟁상대
> government troop 정부군 offensive 공세/공격 when it comes to ~ing 에 관한 한 checkers 장기(단수취급)

5 최상급과 정관사(중급과정)

(1) 정관사를 붙이는 경우

A. 상대 최상급: 최상급 다음에 of/in/on이 오거나 관계 대명사 절이 오는 경우

① It was the happiest day of my life.　② Messi is the best player on his team.

③ John is the smartest boy in his class.　④ Diamond is the most expensive of all metals.

⑤ My mom is the most careful person that I know.

> **해석** ① 그 날은 내 인생에서 가장 행복한 날이었다. ② 메시는 자기 팀에서 가장 훌륭한 선수이다.
> ③ John은 자기 반에서 가장 영리한 학생이다. ④ 다이아몬드는 모든 금속 중에서 가장 비싸다.
> ⑤ 내 엄마는 내가 알고 있는 가장 신중한 분이다.

B. 서술적 형용사의 최상급: 흐름상 비교대상이 분명한 경우로서 the를 붙이지만 informal English (격식 없는 비공식적인 영어)에서는 생략할 수도 있습니다.

① Winter is the coldest.　② Annabel was the youngest.

③ This restaurant is the best.　④ This beauty salon is the cheapest.

> **해석** ① 겨울이 가장 춥지. ② Annabel이 가장 어리지. ③ 이 식당이 가장 좋아. ④ 이 미용실이 가장 싸.

C. 부사의 상대 최상급: the를 붙이지만 informal English에서는 the를 생략할 수도 있습니다.

① Naomi finished the most quickly.　② I run the fastest in my class.

③ Jill did the best in the test.　④ He studies the hardest in his class.

> **해석** ① 나오미가 가장 빨리 끝냈다. ② 내가 우리 반에서 가장 빨리 달린다.
> ③ Jill이 시험을 가장 잘 봤다. ④ 그가 자기 반에서 가장 열심히 공부한다.

(2) 정관사를 붙이지 않는 경우

A. 절대 최상급: 동일한 사람이나 사물을 다른 상황에서 비교할 때

① This river is deepest at this point.　② I am happiest when I am with Mom.

③ I study hardest at midnight.　④ Birds sing most beautifully in the morning.

> **해석** ① 이 강은 이 지점이 가장 깊다. ② 나는 엄마와 함께 있을 때 가장 행복하다.
> ③ 나는 한밤중에 가장 열심히 공부한다. ④ 새들은 아침에 가장 아름답게 노래한다.

B. 최상급 앞에 소유격이 오거나 사람을 부르는 호격으로 쓰일 때

① I will make you happy, dearest one.　② He is my best friend.

③ That is my most important goal.

> **해석** ① 여보, 내가 당신을 행복하게 해줄게. ② 그는 나의 최고의 친구야. ③ 그것이 나의 가장 중요한 목표야.

> **어휘** smart 영리한 careful 신중한 person 사람 expensive 비싼 metal 금속 beauty salon 미용실
> finish 끝내다 quickly 신속히 fast 빨리 hard 열심히 river 강 deep 깊은 this point 이 지점
> at midnight 한밤중에 beautifully 아름답게 dearest one 여보, 자기야! important goal 중요한 목표
> in danger(peril, jeopardy, hazard)=at stake(risk)=upon the die=endangered=perilous=jeopardous 위험한

6 직유표현 여러 가지

as soft as silk (비단처럼 고운)	as cool as a tree (나무처럼 시원한)
as hard as nails (못처럼 매정한)	as quiet as a mouse (쥐처럼 조용한)
as white as milk (우유처럼 하얀)	as swift as a swallow (제비처럼 빠른)
as neat as a pin (핀처럼 깔끔한)	as hungry as a hawk (매처럼 배고픈)
as sly as a fox (여우처럼 교활한)	as scary as the sea (바다처럼 무서운)
as heavy as lead (납처럼 무거운)	as smooth as velvet (벨벳처럼 매끈한)
as fast as a hare (토끼처럼 빠른)	as light as a feather (깃털처럼 가벼운)
as blind as a bat (박쥐처럼 눈먼)	as dumb as an oyster (굴처럼 말 없는)
as fresh as dew (이슬처럼 신선한)	as straight as a line (선처럼 곧은/반듯한)
as bitter as gall (쓸개처럼 쓰디쓴)	as cheerful as a lark (종달새처럼 명랑한)
as meek as a lamb (양처럼 순한)	as dark(black) as pitch (먹물처럼 새까만)
as buzzed as a bee (벌처럼 취한)	as happy as a clam (대합조개처럼 행복한)
as swift as a flash (섬광처럼 빠른)	as stubborn as a mule (노새처럼 고집 센)
as cross as a bear (곰처럼 괴팍한)	as stealthy as a tiger (호랑이처럼 몰래하는)
as slow as a snail (달팽이처럼 느린)	as merry as a cricket (귀뚜라미처럼 즐거운)
as deep as a bite (물린 것처럼 깊은)	as stinky as a polecat (족제비처럼 악취가 나는)
as mean as a wolf (늑대처럼 비열한)	as big(grand) as a whale (고래처럼 덩치가 큰)
as brave as a lion (사자처럼 용감한)	as poor as a church mouse (교회 쥐처럼 가난한)
as smooth as glass (유리처럼 매끈한)	as fresh as the morning dew (아침이슬처럼 신선한)
as ugly as a toad (두꺼비처럼 못생긴)	as straight(true) as a die (아주 똑바른/아주 정직한)
as wise as an owl (올빼미처럼 현명한)	as pure as the driven snow (갓 내린 눈처럼 순수한)
as strong as an ox (황소처럼 힘이 센)	as sharp as a tooth(needle) (이빨/바늘처럼 날카로운)
as royal as a queen (여왕처럼 고귀한)	as agile as a squirrel(weasel) (다람쥐/족제비처럼 날렵한)
as shy as a fawn (새끼사슴처럼 수줍어하는)	as cool as a cucumber (오이처럼 차가운/매우 침착한)
as miserable as a fish out of water (물에서 나온 물고기처럼 비참한)	
as pretty as a picture hanging from a fixture (붙박이에 걸려있는 그림처럼 예쁜)	
as plain as day = as plain as a pikestaff = as plain as the nose on your face (지극히 분명한)	

① She is as pure as the driven snow.

② I am (as) happy as a clam in mud at high tide.

③ It's (as) plain as the nose on your face that she's lying.

④ She walked in as cool as a cucumber as if nothing had happened.

  = She walked in very calmly as if nothing had happened.

⑤ She's (as) poor as a church mouse, so don't expect her to donate anything.

> **해석** ① 그녀는 방금 내린 눈처럼 순수하다. ② 나는 높은 만조 때 진흙속의 대합조개처럼 행복하다.
>   ③ 그녀가 거짓말 하고 있다는 것은 네 얼굴의 코처럼 명백하다.
>   ④ 그녀는 아무 일도 없었던 것처럼 아주 침착하게 걸어 들어왔다.
>   ⑤ 그녀는 (교회 쥐처럼) 너무 가난하다, 그러므로 그녀가 뭔가를 기부하기를 기대하지 마라.

> **어휘** pure 순수한 driven snow 방금내린 눈 clam 대합조개 mud 진흙 high tide 만조 plain 분명한
>   nose 코 face 얼굴 lie-lied-lied 거짓말하다 lie-lay-lain 눕다, 놓여있다 lay-laid-laid 눕히다, 놓다
>   cucumber 오이 as if=as though 마치 ~인 것처럼 happen=take place 발생하다 mouse 쥐 donate 기부하다

관계대명사(Relative Pronouns) | PART 15

① 용어의 정의(필수과정)

Ⓐ 관계대명사란?	대명사이면서 동시에 두 문장을 연결해주므로 「관계시켜주는 대명사」인데 이를 줄여 관계대명사라고 말합니다.
Ⓑ 선행사란?	「앞에 오는 말」이라는 뜻으로 관계대명사가 가리키는 앞 문장 속의 명사나 구, 절, 또는 문장 전체 내용을 선행사라고 말합니다.
Ⓒ 관계대명사의 역할	관계대명사는 대명사이므로 명사의 역할, 즉 주어, 목적어, 보어 구실을 합니다. 따라서 관계대명사가 이끄는 절속에는 주어나, 목적어나, 보어가 없습니다.
Ⓓ 관계대명사의 격	관계대명사가 이끄는 절 속에서 주어 역할을 하면 주격, 명사 앞에서 소유격 대명사를 대신 받을 경우에는 소유격, 목적어 역할을 하면 목적격, 보어 역할을 하면 보격

② 관계대명사의 변화표(출제 고빈도 기본과정)

관계사의 격 / 선행사	주격+동사	소유격+명사	목적격+주어+타동사(구)
사람	who	whose+명사	whom(문어체)/who(구어체)
동식물이나 사물	which	whose+명사	which
짬뽕/모든 것	that	×	that

(1) 주격 관계대명사: 주어로 쓰인 대명사를 관계대명사로 전환하여 두 문장을 연결한 경우

① I know the girl.+She is wearing a red cap. → I know the girl who(that) is wearing a red cap.

② A hippo is an animal. It has a big mouth. → A hippo is an animal which(that) has a big mouth.

해석 ① 나는 빨간 모자를 쓰고 있는 그 소녀를 안다. ② 하마는 큰 입을 가진 동물이다.

(2) 소유격 관계대명사: 소유격 대명사를 관계대명사로 전환하여 두 문장을 연결한 경우

① I know a girl.+Her mother is a noted cellist. → I know a girl whose mother is a noted cellist.

② Look at the house.+Its roof is painted red. → Look at the house whose roof is painted red.

해석 ① 나는 자기 엄마가 유명한 첼로 연주가인 소녀를 안다. ② 지붕이 빨간색으로 페인트칠 되어있는 저 집을 보아라

(3) 목적격 관계대명사: 목적어로 쓰인 대명사를 관계대명사로 전환하여 두 문장을 연결한 경우

① Lincoln is the president.+Everyone respects him.

→ Lincoln is the president whom(that) everyone respects.

② I remember the tree.+My grandfather planted it.

→ I remember the tree which(that) my grandfather planted.

해석 ① 링컨은 모두가 존경하는 대통령이다. ② 나는 내 할아버지가 심으셨던 나무를 기억하고 있다.

어휘 talk 말하다 wear 착용하다 cap 모자 hippo 하마 animal 동물 mouth 입 noted=famous=renowned 유명한 cellist 첼로 연주가 roof 지붕 cover 덮다 snow 눈 president 대통령 respect=revere=honor 존경하다 plant 심다

③ 소유격 whose와 of which 구별하기(출제 고빈도 기본과정)

Ⓐ whose	소유격 대명사를 whose로 바꾼 다음 관계대명사절을 선행사 뒤에 붙여 연결하세요.
Ⓑ of which	한국의 많은 영문법 책들이 whose와 같은 소유격으로 가르치고 있습니다만, 영문법에서는 of 다음에 오는 전치사의 목적격으로 가르치고 있으므로 유념하시기 바랍니다.

① Look at the mountain. Its top is covered with snow.

→ Look at the mountain whose top is covered with snow.

② Look at the mountain. The top of it is covered with snow.

→ Look at the mountain the top of which is covered with snow.

→ Look at the mountain of which the top is covered with snow.

③ He bought a car.+I can't remember its name.

→ He bought a car, whose name I can't remember.

④ He bought a car.+I can't remember the name of it.

→ He bought a car, which I can't remember the name of.

→ He bought a car, of which I can't remember the name.

→ He bought a car, the name of which I can't remember.

→ He bought a car, of which the name I can't remember.

⑤ She discovered many spiders.+She was not afraid of them.

→ She discovered many spiders, which she was not afraid of.

→ She discovered many spiders, of which she was not afraid.

해석 ①/② 저 산을 보아라+그것의 꼭대기는 눈으로 덮여있다. = 꼭대기가 눈으로 덮여있는 저 산을 보아라.
　　③/④ 그는 차를 샀다+나는 그 차의 이름이 기억나지 않는다.
　　　= 그가 차를 한 대 샀는데 나는 그 차의 이름이 기억이 안나.
　　⑤ 그녀는 많은 거미를 발견했다+그녀는 그것들을 무서워하지 않았다.
　　= 그녀는 많은 거미를 발견했으나 무서워하지 않았다.

문제 1. 다음의 두 문장을 관계대명사를 이용하여 한 문장으로 연결해 보세요.

① The building is our school.+We see its gate.

② The building is our school.+We see the gate of it.

해석과 정답 그 건물은 우리 학교이다+우리 눈에 정문이 보인다. = 우리 눈에 정문이 보이는 저 건물이 우리 학교야.
　　① The building whose gate we see is our school.
　　② The building which we see the gate of is our school.
　　　= The building of which we see the gate is our school.
　　　= The building the gate of which we see is our school.
　　　= The building of which the gate we see is our school.

어휘 look at=have(take) a look at 보다 mountain 산 top 꼭대기 snow 눈 be covered with ~로 덮여있다
　　buy-bought-bought 사다 remember 기억하다 discover 발견하다 spider 거미 be afraid of 무서워하다 gate 정문

④ 관계대명사의 두 가지 용법(중급과정)

Ⓐ 제한적 용법 (한정적 용법) (필수 관계사) (essential relative)	① 명사의 뒤에서 앞 명사를 제한하거나 한정하여 해석하는 방법 ② 어떤 명사인지 필수적으로 밝히기 위해 반드시 필요한 관계사절 ③ 관계대명사 앞에 comma가 없으며, (~한/~할/~하고 있는) 　등으로 해석하며 who, which, whose, that 모두 사용가능함.
Ⓑ 계속적 용법 (비필수 관계사) (non-essential relative)	① comma가 있는 경우로 앞에서부터 계속적으로 해석하는 방법 ② 관계대명사가 가리키는 선행사를 부연, 보충 설명하는 경우 ③ 관계대명사절을 생략해도 전체문장의 의미에 영향을 끼치지 　않으며 who, which, whose만 가능하고 that은 사용할 수 없음.

① He has a daughter who(that) has become an announcer.

② He has a daughter, who has become an announcer. (that (×))

해석	① 그는 아나운서가 된 딸이 한 명 있다(다른 직업을 가진 딸도 있을 수 있는 경우) ② 그는 딸이 한 명 있는데, 그녀는 아나운서가 되었다(딸이 오직 한 명 있는 경우)

⑤ 계속적 용법의 4가지 해석 방법(출제 고빈도 중급과정)

관계대명사 앞에 comma가 있는 경우로서 문맥에 따라 「안바빠도+대명사」로 바꾸어 해석할 수
있는데 「안바빠도」가 뭐냐고요? 그것은 「and, but, for(because), though」 랍니다.

Ⓐ and+대명사: 앞 절과 순접관계로 「그리고, 그런데」로 해석되는 경우

Ⓑ but+대명사: 앞 절과 역접관계로 「그러나」로 해석되는 경우

Ⓒ for(because)+대명사: 앞 절의 이유를 나타내서 「왜냐하면」으로 해석되는 경우

Ⓓ though+대명사: 관계사 절이 양보의 의미로 「비록~이지만」으로 해석되는 경우

① I have a brother, who lives in Paris.

= I have a brother, and he lives in Paris.

② He had two sons, both of whom were killed in the war.

= He had two sons, and both of them were killed in the war.

③ I trusted the man, who betrayed me.

= I trusted the man, but he betrayed me.

④ He sent me two books, neither of which I have read.

= He sent me two books, but I have read neither of them.

⑤ I like the girl, who is good at heart.

= I like the girl, for she is good at heart.

⑥ My sister, who is short, is very attractive.

= My sister, though she is short, is very attractive.

해석	① 나는 한 명의 형이 있는데 그는 파리에 산다. ② 그는 두 아들이 있었는데 그들 둘 다 전쟁에서 죽었다. ③ 나는 그 사람을 믿었으나 그는 나를 배신했다. ④ 그가 나에게 두 권의 책을 보냈으나 나는 둘 다 읽지 않았다. ⑤ 나는 그 소녀를 좋아한다. 왜냐하면 마음씨가 착하거든. ⑥ 내 누나는 비록 키는 작지만 매우 매력적이다.

어휘	become-became-become 되다 announcer 아나운서 trust 믿다 betray 배신하다 good at heart 마음씨 착한 attractive=alluring=bewitching=captivating=charming=enchanting=engaging=enticing=fascinating 매력적인

6 선행사(Antecedent)의 종류(기본+중급과정)(토익 출제 고빈도 과정)

Ⓐ 바로 앞 명사   Ⓑ 앞 문장 속의 to 부정사나 형용사구   Ⓒ 앞 문장 속의 절

Ⓓ 앞 문장 전체   Ⓔ 분리선행사(선행사와 관계대명사가 떨어져 있는 경우)

Ⓕ 이중 수식(두 개의 관계대명사가 하나의 선행사를 꾸미는 경우)

① He opened the box, which was empty.

② I praised my son, who was very industrious.

③ He tried to open the door, which he found impossible.

④ John is afraid of snakes, which Chris is too.

⑤ He said that he had no money, which was not true.

⑥ He said that he disliked her, which was a lie.

⑦ I said nothing, which made him angry.

⑧ He smoked too much, which did harm to his lung.

⑨ Do you know the girl with a red hat who is standing over there?

⑩ Bring me the books on the table which are written in Chinese characters.

⑪ Is there anything that you want that you don't have?

⑫ Will you recommend a man that we know who is able to do it?

> **해석** ① 그는 상자를 열었으나, 그것은 비어 있었다. ② 나는 내 아들을 칭찬했다. 왜냐하면 매우 부지런하니까. ③ 그는 문을 열려고 했으나, 그것이 불가능함을 알았다. ④ 존은 뱀을 두려워한다. 그리고 크리스도 두려워한다. ⑤ 그는 돈이 없다고 말했으나 그것은 사실이 아니었다. ⑥ 그는 그녀를 싫어한다고 말했으나 그것은 거짓이었다. ⑦ 나는 아무 말도 하지 않았다, 그런데 그것이 그를 화나게 만들었다. ⑧ 그는 담배를 너무 많이 피웠다. 그리고 그것이 그의 폐에 해를 끼쳤다. ⑨ 너는 저기에 빨간 모자를 쓰고 서있는 소녀를 아니? ⑩ 저 탁자 위에 한자로 쓰여 있는 책들을 좀 가져오너라. ⑪ 네가 원하는 것으로 갖고 있지 않은 것 있니? ⑫ 우리가 아는 사람 중에 그것을 할 수 있는 사람을 추천해 주겠어?

7 관계대명사 which의 특수 용법(고급과정)

선행사가 비록 사람을 나타내는 명사라 할지라도 그 명사가 「성신지직」, 즉 「성격, 신분, 지위, 직업」을 나타내는 경우에는 who를 쓰지 않고 which나 that를 사용하는데 이때 which는 보어로 사용됩니다.

① I thought her to be shy, which she was not.

② He is a gentleman, which his brother is not.

③ He was elected chairman, for which he was cut out.

④ He is no longer the idle guy which(that) he once was.

⑤ She is not the cheerful woman which(that) she used to be.

⑥ He is not the farmer which(that) his father wants him to be.

> **해석** ① 나는 그녀가 수줍음 타는 것으로 생각했는데, 그녀는 그렇지 않았다 ② 그는 신사인데, 그의 형은 아니다.
> ③ 그는 의장으로 선출되었는데, 그는 의장직에 적합했다. ④ 그는 더 이상 과거의 게으른 사람이 아니다.
> ⑤ 그녀는 과거의 발랄한 여성이 아니다. ⑥ 그는 자기 아버지가 바라시는 농부가 아니다.

> **어휘** empty 텅 빈 praise=commend=compliment 칭찬하다 industrious 부지런한, 근면한 impossible 불가능한
> snake 뱀 dislike 싫어하다 do harm to 해를 끼치다 Chinese characters 한자 shy=coy=bashful 수줍어하는
> idle 게으른 guy 사람 once 한 때 elect 선출하다 chairman 의장 cut out=pertinent 적합한 cheerful 발랄한

문제 2. 다음 두 문장의 의미 차이를 엄격하게 구별해 보세요.

① My sister who lives in New York is an eminent designer.

② My sister, who lives in New York, is an eminent designer.

③ The classrooms that were painted over the summer are very bright.

④ The classrooms, which were painted over the summer, are very bright.

> **해석과 정답** ① 뉴욕에 사는 내 누나는 유명한 디자이너야.(뉴욕 이 외에 다른 곳에 또 다른 누나가 있는 경우)
> ② 내 누나는 뉴욕에 사는데 유명한 디자이너야.(누나가 한 명 있는 경우)
> ③ 여름동안 페인트칠 된 교실들은 매우 밝다.(여름에 페인트칠 하지 않은 교실도 있다는 뜻)
> ④ 교실들은 여름동안 페인트칠 되었는데 아주 밝다.(모든 교실들이 페인트칠 된 경우를 나타낼 때)

문제 3. 다음을 우리말로 옮기고 관계대명사를 「접속사+대명사」로 전환해 보세요.

① He often gave her advice, which she neglected.

② The man, who is poor, is contented with his life.

③ I met a girl, who showed me the way to the post office.

④ He tried to solve the problem, which he found impossible.

⑤ This book, which is written in easy English, is widely read.

⑥ My teacher, who is old enough, is still strong and passionate.

⑦ We stopped by the museum, which we had never visited before.

⑧ I did not recognize Mr. Brown, whom I had not seen for a long time.

⑨ They mentioned a few tourist spots, none of which we have visited as yet.

⑩ His novels, which are written in a plain style, are popular among students.

⑪ The boy, whose parents both work as teachers at the school, started a fire in the classroom.

⑫ Our meeting will be on next Monday, at which time a new chairman will be elected. (관계형용사)

> **정답** ① 그는 그녀에게 종종 충고를 해 주었으나 그녀는 그것을 무시했다.(= but she neglected it.) ② 그 사람은 비록 가난하지만 자기 삶에 만족한다.(= though he) ③ 나는 어떤 소녀를 만났는데, 그녀가 나에게 우체국 가는 길을 가르쳐주었어.(= and she…) ④ 그는 그 문제를 풀려고 애를 썼지만, 그것이 불가능함을 알았다.(= but he found it impossible.) ⑤ 이 책은 쉬운 영어로 쓰여 있잖아, 그래서 널리 읽히고 있다.(= This books is widely read, for it is written in easy English) ⑥ 나의 선생님은 충분히 연세가 드셨지만 여전히 강하고 열정적이다.(= though he…)
> ⑦ 우리는 박물관에 들렀다. 왜냐하면 전에 방문해 본 적이 없었거든.(= for we had never visited it before.) ⑧ 나는 브라운 씨를 알아보지 못했다. 오랫동안 보지를 못했거든.(= for I had not seen him for a long time.) ⑨ 그들이 몇몇 관광지를 언급했지만, 우리는 아직 어떤 곳도 방문하지 않았어.(= but we have visited none of them as yet. = but we haven't visited any of them as yet.) ⑩ 그의 소설은 평이한 문체로 쓰여 있어서 학생들 사이에서 인기 있다.(= His novels are popular among students, for they are written in a plain style.) ⑪ 그 소년은 자신의 부모님 두 분 다 그 학교에 교사로 근무하고 있음에도 불구하고, 교실에서 화재를 일으켰다.(= though his parents…) ⑫ 우리 모임은 다음 주 월요일에 있을 예정인데, 그 때 새 의장이 선출될 것이다.(관계형용사=and at that time)

> **어휘** famous=famed=noted=renowned=celebrated=distinguished=esteemed=publicized=striking=outstanding =noticeable=notable=noteworthy=remarkable=conspicuous=prominent=eminent=illustrious=salient 유명한
> neglect=ignore=disregard=slight=overlook=look(pass) over=make(think) little(light, nothing) of 무시하다
> over the summer 여름 동안에 bright 밝은 advice 충고 be contented(satisfied, pleased) with ~에 만족하다 post office 우체국 solve 풀다 widely 널리 passionate 열정적인 stop by=drop by=come by=call in at 들르다 museum 박물관 recognize 알아보다 mention=speak of 언급하다 a few=some 약간의 tourist spot 관광지 as yet 아직까지 novel 소설 plain 평이한, 평야 popular 인기 있는 among ~가운데서 start a fire 화재를 일으키다 chairman 의장

8 한정사와 관계대명사(Of Which vs Of Whom)(출제 고빈도 고급과정)

> 한정사(all, both, each, few, little, many, much, most, neither, none, part, some), 수사(one, two, three…, the first(second, third…), half, a third, a fourth…, 등), 최상급(the best, the biggest 등) 다음에 오는 of which나 of whom은 주로 계속적 용법에 사용됩니다.

① He has three sons, two of whom are married.

② I have two brothers, both of whom live in New York.

③ I bought ten pencils, half of which I gave my brother.

④ She has three children, all of whom go to highschool.

⑤ He had hundreds of books, most of which he had read.

⑥ I read three books last week, one of which I really enjoyed.

⑦ I bought two books yesterday, neither of which I have read.

⑧ He was carrying his belongings, many of which were broken.

⑨ We admired Walt Disney, most of whose cartoons we enjoyed.

⑩ California has a lot of visitors, most of whom visit Disneyland.

⑪ There are 15 girls in my class, a few of whom are my friends.

⑫ There are some good programs on TV, none of which I watch.

⑬ A group of people ordered 9 pizzas, each of which had 8 slices.

⑭ I wrote many delightful books, some of which you will read in the future.

⑮ Yesterday, I caught a lot of fish, the biggest of which weighed 10 pounds.

⑯ The writer, the first of whose books had been a bestseller, was a coal miner.

⑰ There were 20 passengers on the bus, none of whom was injured in the accident.

해석 ① 그는 세 아들이 있는데 그들 중 2명은 결혼했다. ② 나는 두 명의 형이 있는데 그들 둘 다 뉴욕에 산다. ③ 나는 10개의 연필을 샀는데, 그중 반을 내 동생에게 주었다. ④ 그녀는 세 자녀가 있는데 그들 모두 고등학교에 다닌다. ⑤ 그는 수백 권의 책을 갖고 있었는데 그들 대부분을 그는 읽었다. ⑥ 나는 지난주에 세 권의 책을 읽었는데 그중 한 권을 정말 즐겁게 읽었다. ⑦ 나는 어제 두 권의 책을 샀지만 그 책 둘 다 안 읽었다. ⑧ 그는 소유물(소지품)을 운반하고 있었는데, 그것들 중 많은 것들이 망가져 있었다. ⑨ 우리는 Walt Disney를 존경했다. 그리고(그래서) 그의 만화 대부분을 우리는 즐겨 보았다. ⑩ California는 많은 방문객들이 있는데, 그들 대부분은 디즈니랜드를 방문한다. ⑪ 우리 반에는 15명의 여학생이 있는데 그중 몇몇은 내 친구이다. ⑫ TV에는 몇몇 좋은 프로그램이 있지만 나는 그 중 아무것도 보지 않는다. ⑬ 한 무리의 사람들이 9개의 피자를 주문했는데, 각 피자는 8조각을 갖고 있었다. ⑭ 나는 많은 즐거운 책들을 썼습니다. 그리고 그중 일부를 여러분은 미래에 읽게 될 것입니다. ⑮ 어제 나는 많은 물고기를 잡았는데 그중 가장 큰 놈은 무게가 10파운드 나갔다. ⑯ 그 작가는, 자신의 책 중 첫 번째 책이 베스트셀러였는데, 광부였다. ⑰ 그 버스에는 20명의 승객이 있었지만 그들 중 아무도 그 사고에서 다치지 않았다.

어휘 be married 기혼상태이다 pencil 연필 hundreds of 수백의 last week 지난주 enjoy 즐기다
belongings 소지품/재산 admire=revere 존경하다 cartoon 만화 a lot of=lots of 많은 visitor 방문객
watch 시청하다 order 주문하다 slice 조각 delightful=pleasant 즐거운, 유쾌한 weigh 무게가 나가다
fish 물고기 writer 작가 coal miner 석탄광부 passenger 승객 injure 부상을 입히다 accident 사고, 우연
look down on(upon)=have a contempt for=have(hold)~in contempt=show contempt to=hold~cheap
=give(turn, show) the coldsholder to=coldsholder=despise=disdain=flout=spurn=slight=make light of
=set light of=thumb one's nose at=turn up one's nose at=turn one's nose up at 경멸하다, 멸시하다

9 Who or whom?(출제 고빈도 고급과정)

일상생활에서 친구나 가족, 동료들과 대화에서는 whom을 거의 사용하지 않고 구어체를 사용하지만, 출판물, 학술지, 학교시험, 공식적인 연설이나 발표문에서는 엄격한 문법을 적용하여 문어체(formal written English)인 whom를 사용한다는 것을 명심하기 바랍니다.

① Chris is the girl with whom he is in love. (more formal)

= Chris is the girl whom he is in love with. (formal)

= Chris is the girl who he is in love with. (spoken)

= Chris is the girl that he is in love with. (spoken)

= Chris is the girl he is in love with. (spoken)

② She came with two friends, one of whom was carrying her bag. (formal)

= She came with two friends, one of who was carrying her bag. (spoken)

> **해석** ① Chris는 그가 사랑에 빠져있는 여성이다.
> ② 그녀는 두 명의 친구와 함께 왔는데 그중 한 명이 그녀의 가방을 들고 있었다.

10 관계대명사와 전치사(고급과정)

관계대명사가 전치사의 목적어인 경우 전치사가 관계대명사의 앞이나 문장의 끝에 올 수 있으나, that의 경우에는 앞에 전치사가 올 수 없습니다. around, beside, beyond, concerning, during, except, opposite, outside, than 등의 전치사는 반드시 관계대명사 앞에 위치해야 합니다. 그러므로 that은 이들 전치사와 함께 쓰이지 않습니다.

① The chair on which I sat down/ collapsed. (that (×))

= The chair which(that) I sat down on/ collapsed.

② He is a soccer player than whom none is better.

③ That is the girl around whom all the boys gather.

④ She is a girl than whom I can imagine no one prettier.

⑤ There is a limit of the sky beyond which we cannot reach.

⑥ We had a class today, during which students made a lot of noise.

⑦ He turned to the door, outside which his wife was waiting for him.

⑧ There was a long pause during which neither of them said anything.

⑨ The imaginary line around which the earth spins/ is called the axis of rotation.

> **해석** ① 내가 앉은 의자가 내려 앉아버렸다. ② 그는 그 누구도 더 나을 수 없는 축구 선수이다.
> ③ 저 애가 모든 남자 애들이 (주변에) 모여드는 소녀야. ④ 그녀는 내가 더 예쁜 여성은 상상할 수 없는 소녀이다.
> ⑤ 하늘에는 우리가 도달할 수 없는 한계가 있다.
> ⑥ 우리는 오늘 수업이 한 시간 있었는데, 그 시간에 학생들은 무척 떠들었다.
> ⑦ 그는 문을 향했고, 그 문 밖에서 그의 아내가 그를 기다리고 있었다.
> ⑧ 그들 둘 다 아무 말도 하지 않는 긴 중단이 있었다. ⑨ 지구가 도는 가상의 선을 자전축이라 불린다.

> **어휘** carry 들고 있다, 운반하다 collapse 내려앉다, 무너지다 around 주변에 imagine 상상하다 limit 한계
> beyond 넘어서 noise 소음 pause 중단, 중지 during 동안에 outside 밖에 imaginary 가상의, 상상속의
> imaginative 상상력이 풍부한 imaginable 상상할 수 있는 spin–spun–spun 돌다 the axis of rotation 자전축

11 that의 용법(고급과정)

(1) 선행사에 의문사나, 사람+사물, 사람+동물이 동시에 올 경우에는 반드시 that만 사용하고 사람을 나타내는 Those/All 다음에서는 who만 사용합니다.

① Who that has common sense/ should believe such a thing?

② Look at the boy and his dog that are swimming in the river.

③ All who heard her speak/ were deeply impressed by her sincerity.

④ This book is dedicated to those who teach peace and resist violence.

⑤ He spoke of the people and customs that he had experienced in Taiwan.

> **해석** ① 상식 있는 사람이라면 누가 그런 것을 믿겠어? ② 강에서 수영하고 있는 저 소년과 그의 개 좀 봐.
> ③ 그녀가 연설하는 것을 들은 모든 사람들은 그녀의 진실함에 깊이 감동을 받았다.
> ④ 이 책은 평화를 가르치고 폭력에 저항하는 사람들에게 바칩니다.
> ⑤ 그는 대만에서 겪은 사람과 풍습에 대해서 이야기 했다.

(2) 선행사에 the very (same, only, chief, main, 최상급, 서수), all, both, any, no, none, every, many, much, most, each, few, little, some, ~thing, the thing이 올 때는 주로 that을 사용합니다.

① He is the first Korean that won a gold medal.

② You are the only girl that I carry in my heart.

③ It is the very pen that I have been looking for.

④ This is the same umbrella that I lost yesterday.

⑤ He will succeed in anything that he undertakes.

⑥ Both the books that I read/ were very interesting.

⑦ Any man who does wrong/ is punished in the end.

⑧ He is the last man in the world that I want to see.

⑨ He is the most handsome guy that I have ever seen.

⑩ He saved up all the money that his father gave to him.

⑪ Unique Soksok English is the best book that Mr. Kim has ever written.

⑫ Try to figure out the main idea that the writer put into the paragraph.

> **해석** ① 그가 금메달을 딴 최초의 한국인이야. ② 너는 내가 가슴속에 지니고 다니는 유일한 여성이야. ③ 그것이 바로 내가 찾고 있었던 펜이야. ④ 이것이 내가 어제 잃어버린 바로 그 우산이야. ⑤ 그는 자신이 떠맡은 일을 무엇에서나 성공할 것이다. ⑥ 내가 읽은 그 책 두 권 다 매우 재미있었어. ⑦ 잘못한 사람은 누구나 결국 벌을 받는다. ⑧ 그는 세상에서 내가 보고 싶은 마지막 사람이야(가장 보기 싫은 사람이야). ⑨ 그는 내가 지금까지 본 가장 잘생긴 남자야.
> ⑩ 그는 자기 아빠가 주신 모든 돈을 저축했다. ⑪ 유니크 쏙쏙영어는 Mr. Kim이 지금까지 쓴 가장 훌륭한 책이다.
> ⑫ 작가가 그 단락에 표현한 요지를 알아맞혀 보세요.

> **어휘** common sense 상식 deeply 깊이 impress 감동을 주다. 도장을 찍다 sincerity 진실함 the very 바로 그 win a medal 메달을 따다 carry 지니고 다니다 look for 찾다 succeed=make it=make out 성공하다 undertake 떠맡다 punish 벌주다 in the end 결국 save up 저축하다 figure out 생각해 내다, 이해하다 main idea 요지 paragraph 단락

(3) 관계대명사가 주격보어인 경우: that 주어+be 나 that 주어+used to be가 오는 경우로서 구어체에서는 that을 생략할 수 있습니다.

① She is not the ill-tempered girl that she was.

② He is not the man that he was ten years ago.

③ I am not the pessimistic person that I used to be.

④ English is no longer the monotonous subject that it was.

⑤ He is no longer the trustworthy friend that he used to be.

> **해석** ① 그녀는 예전의 성질이 못된 소녀가 아니다. ② 그는 10년 전의 그 사람이 아니다.
> ③ 나는 예전의 비관적인 사람이 아니다. ④ 영어는 더 이상 과거의 지루한 과목이 아니다.
> ⑤ 그는 더 이상 과거의 믿을만한 친구가 아니다.

12 종속절 속의 대명사를 관계대명사로 전환하기(출제 고빈도 고급과정)

> 대명사를 관계대명사로 바꾼 다음, 그 관계대명사를 그 절의 맨 앞으로 보낸 후, 관계대명사 절을
> 그 관계대명사가 가리키는 선행사 뒤에 연결하면 끝!

① The boy deceived us.+We thought he was honest.

→ The boy who we thought was honest/ deceived us.

② The boy deceived us.+We thought him to be honest.

→ The boy whom we thought to be honest/ deceived us.

> **해석** ① 그 소년은 우리를 속였다+우리는 그가 정직하다고 생각했다. = 우리가 정직하다고 생각한 소년이 우리를 속였다.
> ② 그 소년은 우리를 속였다+우리는 그를 정직하다고 생각했다. = 우리가 정직하다고 생각한 소년이 우리를 속였다.

문제 4. 다음의 두 문장을 관계대명사를 이용하여 한 문장으로 연결하고 해석해 보세요.

① This is the child.+We believe him to be a genius.

→ _____

② This is the man.+We think he should be our leader.

→ _____

③ That guy is the man.+We believe him to be responsible for the accident.

→ _____

④ I was looking for my little brother.+People said he was among the crowd.

→ _____

> **해석과 정답** ① 이 아이는 우리가 천재라고 믿고 있는 어린이이다. (This is the child whom we believe to be a genius.) ② 이 분이 우리가 우리의 지도자가 되어야 한다고 생각하는 사람이다. (This is the man who we think should be our leader.) ③ 저 사람이 우리가 그 사고에 대한 책임이 있다고 믿는 사람이다. (That guy is the man whom we believe to be responsible for the accident.) ④ 나는 사람들이 군중 속에 있다고 말한 내 동생을 찾고 있었다. (I was looking for my little brother who people said was among the crowd.)

> **어휘** ill-tempered 성질이 못된 pessimistic 비관적인↔optimistic 낙관적인 no longer=no more 더 이상 ~이 아니다
> monotonous=boring=tedious=even 지루한 subject 과목 trustworthy 믿을만한 deceive 속이다 honest 정직한
> genius 천재 leader 지도자 be responsible for 책임지다 accident 사고 look(seek, search) for 찾다 crowd 군중

13 관계대명사의 생략(informal speech)(출제 고빈도 기본과정)

관계대명사의 생략은 비공식적인 회화체(informal spoken)에서 사용되며, 공식적인 영어나 시험에서는 언제나 formal English(격식을 갖춘 영어)가 우선이라는 점을 각별히 유의하시기 바랍니다.

(1) 목적격 관계대명사 : 관계대명사가 전치사의 목적어일 경우 전치사가 문장의 끝에 위치할 때는 that으로 대체할 수도 있고 생략할 수도 있으나, 전치사가 관계대명사의 앞에 위치할 때는 that으로 대체할 수도 없고 생략할 수도 없습니다. (출제빈도 최고)

① This is the house (which/that) my father built.

② He has a daughter (whom/that) he loves dearly.

③ This is the book (which/that) I bought yesterday.

④ This is the house (which/that) I live in.

= This is the house in which(~~that~~) I live. (생략 불가)

⑤ He has no friends (whom/that) he can depend on.

= He has no friends on whom(~~that~~) he can depend. (생략 불가)

⑥ I need a knife (which/that) I can cut this apple with.

= I need a knife with which(~~that~~) I can cut this apple. (생략 불가)

> **해석** ① 이것은 내 아빠가 지으신 집이다. ② 그는 무척 사랑하는 딸이 있다. ③ 이것은 내가 어제 산 책이다.
> ④ 이것이 내가 사는 집이야. ⑤ 그는 의지할 수 있는 친구가 없다. ⑥ 나는 이 사과를 자를 수 있는 칼이 필요해.

(2) 주격관계대명사+be 동사

① The book (which is) on the desk is mine.

② Do you know the man (who is) standing outside?

③ She was wearing a dress (which was) covered in pink flowers.

④ Peter, (who was) concentrating on his work, didn't hear the doorbell.

> **해석** ① 책상 위에 있는 그 책은 내 것이다 ② 너 밖에 서 있는 그 사람 아니?
> ③ 그녀는 분홍색 꽃으로 뒤덮인 드레스를 입고 있었다.
> ④ 피터는 자기 일에 집중하고 있어서 초인종 소리를 듣지 못했다.

(3) 보격 관계대명사(be동사나 used to be로 끝나는 경우)

① I am no longer the man (that) I used to be.

② She is no longer the shy girl (that) she was.

③ He is not the passionate man (that) he was ten years ago.

> **해석** ① 나는 더 이상 과거의 내가 아니야. ② 그녀는 더 이상 과거의 수줍음 타는 소녀가 아니다.
> ③ 그는 10년 전의 정열에 찬 사람이 아니다.

> **어휘** build-built-built 짓다 dearly 무척 buy-bought-bought 사다 depend(rely, count, fall back) on 의존하다
> outside 밖에 concentrate(focus) on=apply(dedicate, devote) oneself to~ing 전념(몰두)하다 doorbell 초인종
> arrogant=assuming=bumptious=conceited=condescending=disdainful=haughty=high-hat=overbearing 오만한

(4) 관계대명사 다음에 there is/there are가 오는 경우

① He is one of the best singers (that) there are in the world.

② This is the most beautiful dress (that) there is in this shop.

③ He taught me the difference (that) there is between right and wrong.

> **해석** ① 그는 세상에 있는 가장 훌륭한 가수 중 한 명이다. ② 이것이 이 가게에 있는 가장 아름다운 드레스이다.
> ③ 그는 나에게 옳고 그름의 차이를 가르쳐 주었다.

(5) Here is, There is, That is, It is, Who is, What is, I/We have로 시작되는 문장속의 주격 관계대명사가 회화체에서 생략하는 경우가 있으나, 문법적으로는 생략 가능과 불가능의 두 가지 이론이 있으므로 가능한 한 생략을 피하는 것이 좋습니다. (목적격은 생략할 수 있습니다.)

① Who was it that hurt your feelings?

② What was it that made you so sad?

③ It was John that solved the problem.

④ Here is the girl who is waiting for you.

⑤ It is your help (that) I need, not your sympathy.

⑥ That is the thing which might happen to anyone.

⑦ We had a French girl who spent a month in our class.

⑧ There is somebody on the phone who wants to talk with you.

> **해석** ① 너의 감정을 상하게 한 사람이 누구냐? ② 너를 그토록 슬프게 만든 것이 무엇이었니?
> ③ 그 문제를 푼 사람은 바로 John이었다. ④ 여기에 너를 기다리고 있는 소녀가 있다.
> ⑤ 내가 필요한 것은 너의 도움이지 너의 동정이 아니야. ⑥ 그것은 누구에게나 일어날 수 있는 일이야.
> ⑦ 우리 반에서 한 달을 보낸 프랑스 여학생이 있었어. ⑧ 전화에서 너와 얘기하고 싶은 사람이 있다.(전화 왔다)

(6) 주격관계대명사 다음에 주어+동사가 삽입되어있는 경우 삽입절의 동사가 say, know, believe, be sure, think, hope, claim, feel처럼 that절을 목적어로 취할 수 있는 동사의 경우 주격관계대명사를 생략하는 경우가 있으나 문법에서는 생략하지 않는 것이 우선입니다.

① I want a car (that) I am sure is safe.

② I fed children first (who) I thought were hungry.

③ I have read a book (which) John said was very good.

④ She asked them to indicate the circle (which) they felt best represented the size of a soft ball.

> **해석** ① 나는 안전하다고 확신하는 차를 원한다. ② 나는 배고프다고 생각한 애들을 먼저 먹였다.
> ③ 나는 John이 매우 좋다고 말한 책을 읽었다.
> ④ 그녀는 그들에게 소프트볼의 크기를 가장 잘 나타낸다고 느끼는 원을 가리켜 보라고 요청했다.

> **어휘** teach-taught-taught 가르치다 feelings 감정 sad 슬픈 solve=resolve=settle=figure out=work out 풀다
> happen=occur=accrue=arise=originate=eventuate=issue=take place=break out=go on=turn up=crop up
> =come up=come about=come to pass=betide=befall=transpire 발생하다 somebody 누군가 safe 안전한
> hungry 배고픈 indicate 가리키다 stand for=allegorize=emblematize=embody=exemplify=personify
> =represent=signify=symbolize=typify 상징하다, 나타내다 sympathy=empathy 동정↔antipathy 반감

⑭ 선행사가 생략된 경우 − 고어에서 (고급과정)

① Who laughs last/ laughs best. (= He who laughs last laughs best.)

② Who works not/ shall not eat. (= He who works not shall not eat.)

③ Whom the gods love/ die young. (= Those whom the gods love die young.)

④ Who steals my purse/ steals trash. (= He who steals my purse steals trash.)

> **해석** ① 최후에 웃는 자가 최고로 웃는 자이다. ② 일하지 않는 자는 먹지도 말라.
> ③ 신이 사랑하는 사람들은 젊어서 죽는다. ④ 내 지갑을 훔쳐가는 사람은 쓰레기를 훔치는 것이다.

⑮ 관계대명사를 생략할 수 없는 경우 (고급과정)

(1) 목적격이라 하더라도 ⓐ 전치사가 앞에 있을 경우 ⓑ comma가 있는 계속적 용법
  ⓒ 관계대명사 다음에 부사구가 와서 주어와 떨어져 있는 경우에는 생략할 수 없습니다.

① I have no chair on which I can sit.

② I bought a book yesterday, which I found dull. ≠ I bought a book yesterday, I found dull. (×)

③ I found I needed the file that only the day before I had sent to be shredded.

> **해석** ① 나는 앉을 수 있는 의자가 없다. ② 나는 어제 책 한 권을 샀는데, 그 책이 재미없다는 것을 알았다.
> ③ 나는 그 파일이 필요하다는 것을 알았다/불과 그 전날 분쇄하라고 보냈던 (그 파일이 필요하다는 것을 알았다).

(2) 전치사가 때나 양태를 나타내는 경우 이들 전치사를 문장의 끝으로 보낼 수가 없으며 따라서
  생략할 수 없습니다.

① He has often missed the girl since the day on which he first met her.

= He has often missed the girl since the day when he first met her.

≠ He has often missed the girl since the day he first met her on. (×)

② There was something impressive in the manner in which he lived a life.

≠ There was something impressive in the manner he lived a life in. (×)

> **해석** ① 그는 종종 그 소녀를 그리워했다/그가 그녀를 처음 만난 날부터.
> ② 그가 인생을 살아가는 방식에는 뭔가 감동적인 면이 있었다.

(3) 전치사가 간접목적어(∼에게)에 해당하는 부사구를 이끄는 to일 때

① The girl to whom I gave my ice cream/ looked embarrassed. (very formal)

② The girl whom I gave my ice cream to/ looked embarrassed. (formal)

③ The girl I gave my ice cream to/ looked embarrassed. (most informal (×))

> **해석** 내가 아이스크림을 준 그 소녀는 당황스러운 표정을 지었다.

어휘 trash 쓰레기 shred−shredded−shredded 분쇄하다 miss 그리워하다/놓치다 impressive 감동적인/인상적인
  embarrassed=at a loss=at one's wit's end=mixed up=addled=baffled=bewildered=bemused=bedeviled
  =confused=confounded=consternated=dazed=dismayed=disconcerted=discomfited=disoriented 난처한

16 분열문(cleft sentences)(중급+고급과정)

한국문법에서는 It is… that 강조용법으로 알려져 있는 구문으로, 격식을 차린 영어에서 사람 주격일 때는 that/who를 사용하고 다른 모든 경우 심지어 부사구를 가리킬 때도 that만 사용하는 것이 문법입니다. (Either who or that can be used to refer to a person, but in all other cases we use that, even when referring to adverbial phrases)

(1) 문법적으로 올바른 격식을 갖춘 문어체(formal written English)로서의 분열문

① I met Tom in the park yesterday.

② It was I that(who) met Tom in the park yesterday. (주격 관계대명사)

③ It was Tom (that) I met in the park yesterday. (목적격 관계대명사: 생략가능)

④ It was in the park that I met Tom yesterday. (관계부사)

⑤ It was yesterday that I met Tom in the park. (관계부사)

⑥ I did meet Tom in the park yesterday. (동사를 강조한 경우)

> **해석** ① 나는 어제 공원에서 Tom을 만났다. ② 어제 공원에서 Tom을 만난 사람은 바로 나였다.
> ③ 내가 어제 공원에서 만난 사람은 다름 아닌 Tom이었다. ④ 내가 어제 Tom을 만난 곳도 다름 아닌 공원이었다.
> ⑤ 내가 공원에서 Tom을 만난 것은 바로 어제였다. ⑥ 나는 어제 공원에서 Tom을 정말 만났어.

(2) 사람 목적격에서도 who(m) 대신 that을 사용하고 목적격 관계대명사는 생략 가능합니다.

① It was Mary (that) I met yesterday.

② It's Cathy (that) he is in love with.

③ It's Spain (that) we are going to visit.

④ It was Washington (that) I visited last summer.

> **해석** ① 내가 어제 만난 사람은 바로 Mary였어. ② 그가 사랑에 빠진 사람은 다름 아닌 Cathy야.
> ③ 우리가 방문하고자 하는 곳은 다름 아닌 스페인이야 ④ 내가 지난여름에 방문한 곳은 바로 워싱턴이었어.

(3) 명사(구), 동명사, to 부정사, 전치사구, 부사, 부사절을 강조할 수 있습니다.

① It was by ship that she went there.

② It was greedily and speedily that the child drank his milk.

③ It was because he was ill that he decided to go to hospital.

④ It was meeting Jane that really started me off on this new line of work.

⑤ It is to address a far-reaching problem that she is launching this campaign.

> **해석** ① 그녀가 그곳에 간 것은 바로 배를 타고였다. ② 그 아이는 자신의 우유를 탐욕스럽고도 빠르게 마셨다.
> ③ 그가 병원에 가기로 결심한 것은 다름 아닌 자신이 아팠기 때문이었다.
> ④ 나를 진정 새로운 직업노선으로 출발하게 만든 것은 바로 Jane을 만난 것이었다.
> ⑤ 그녀가 이런 캠페인을 나서고 있는 것은 다름 아닌 광범위한 문제를 다루기 위해서이다.

> **어휘** park 공원, 주차하다 yesterday 어제 be in love with ~와 사랑에 빠지다 last summer 지난여름
> by ship 배로 greedily 탐욕스럽게 speedily 빠르게 decide=resolve 결심하다 start off 출발시키다 line 노선
> address=deal(do, cope) with=handle 처리하다 far-reaching 광범위한 launch 나서다, 게시하다, 시작하다

(4) 의문사를 강조할 때는 의문사 뒤에 「의문사+is/was it that…」의 어순으로 배열합니다.

① Who broke the window? = Who was it that broke the window?

② What made you feel so sad? = What was it that made you feel so sad?

③ What do you want to have? = What is it that you want to have?

④ Whom did you meet at the school yesterday?

 = Whom was it that you met at the school yesterday?

> **해석** ① 유리창을 깬 사람이 도대체 누구니? ② 너를 그토록 슬프게 만든 것이 도대체 무엇이었니?
> ③ 네가 갖고 싶은 것이 도대체 뭐야? ④ 네가 어제 학교에서 만난 사람은 도대체 누구였어?

(5) 분열문에서 be 동사 자리에 심리상태를 나타내는 서법 조동사와 함께 쓰이는 경우

① It may be my book that he is reading.

② Could it be in the office that you left the keys?

③ It must have been the manager that spoke to you.

④ It could be your career that you have to sacrifice.

> **해석** ① 그가 읽고 있는 것이 내 책일지 몰라. ② 네가 그 열쇠를 놔둔 곳이 사무실일까?
> ③ 너에게 말을 건넨 사람이 경영자(관리자)였음에 틀림없어. ④ 네가 희생해야 할 것이 네 직업이 될 수도 있어.

(6) 소유격 관계대명사 whose를 이용한 강조

① It was Tom whose advice I wanted. = It was Tom's advice (that) I wanted.

② It's Uncle Sam whose address I lost. = It's Uncle Sam's address (that) I lost.

③ It wasn't you whose pen I borrowed. = It wasn't your pen (that) I borrowed.

> **해석** ① 내가 충고를 원하는 사람은 Tom이었어.(내가 원한 것은 Tom의 충고였어)
> ② 내가 주소를 잃어버린 사람은 삼촌 Sam이었어.(나는 삼촌 Sam의 주소를 분실했어)
> ③ 내가 펜을 빌린 사람은 네가 아니었어.(내가 빌린 것은 네 펜이 아니었어)

(7) informal spoken English(격식을 차리지 않은 구어체)에서는 주격대명사 대신 목적격을 사용하고, which, when, where, who(목적격)을 사용하며 주격을 포함한 모든 관계사도 생략할 수 있으나 이는 회화체이므로 말할 때만 사용하고, 격식을 따지는 문법에서는 목적격만 생략하고 that을 쓰는 것이 가장 안전합니다. 또한 how나 why는 강조구문에 전혀 사용되지 않습니다.

(We sometimes use which or who instead of that; where and when can be used, but usually only in informal English, and how or why can't replace that. Advanced Grammar in Use (Cambridge 1999)

> **ex** It was me (that) met Tom in the park yesterday.
>
> = It was Tom (who) I met in the park yesterday.
>
> = It was in the park (where) I met Tom yesterday. (관계부사)
>
> = It was yesterday (when) I met Tom in the park. (관계부사)

> **어휘** sad 슬픈 career 직업, 경력 sacrifice 희생하다 advice 충고 address 주소 lose-lost-lost 잃다 borrow 빌리다
> copious=gabby=garrulous=loquacious=long-winded=prolix=talkative=talky=verbose=voluble=windy 장황한

17 관계대명사 what의 용법(출제 최고빈도 기본+중급과정)

관계대명사 what은 선행사를 포함하고 있으므로 앞에 명사가 올 수 없고, 동시에 주어나 목적어나 보어 중 하나가 없는 불완전한 절을 유도합니다. that which, all that, the thing(s) that, the person that, the place that, anything that으로 바꿔 쓸 수 있으며 「~한 것/~한 곳/~한 사람」 등으로 해석합니다.

① I will give you/ what you need. (= the thing that)

② What I really need/ is a long vacation. (= All that)

③ What does not kill us/ makes us stronger. (= That which)

④ He was born in/ what is called Brisbane. (= the place that)

⑤ She is not what she was ten years ago. (= the person that)

⑥ I agree/ with most of what your father said. (= the things that)

> **해석** ① 나는 너에게 주겠다/ 네가 필요한 것(들)을. ② 내가 정말 필요한 것은/ 긴 휴가야.
> ③ 우리를 죽이지 않는 것은/ 우리를 강하게 만든다. ④ 그는 태어났다/ Brisbane이라는 곳에서.
> ⑤ 그녀는 10년 전의 그 사람이 아니다. ⑥ 나는 공감한다/ 너의 아빠가 말씀하는 것 대부분에.

18 관계대명사 what(~한 것)와 의문사 what(무엇)의 비교(출제 고빈도 기본과정)

① He gave me/ what he had in his hand. (관계대명사:~한 것)

② He asked me/ what I had in my hand. (의문대명사: 무엇)

③ Do you think/ that what he did was right? (관계대명사: ~한 것)

④ Do you know/ what he did in Washington last month? (의문대명사: 무엇)

> **해석** ① 그는 나에게 주었다/ 자기 손에 들고 있는 것을. ② 그는 나에게 물었다/ 내 손에 무엇을 갖고 있는지.
> ③ 너는 생각하니/ 그가 한 것이 옳았다고 ? ④ 너는 알고 있니/ 그가 지난달에 워싱턴에서 무엇을 했는지?

19 관계대명사 that과 접속사 that의 비교(출제 고빈도 중급과정)

관계대명사 that은 반드시 앞에 명사가 있으면서 동시에 that 절속에 주어, 목적어, 보어 중 하나가 없으며, 「ㄴ」으로 해석하여 앞 명사를 꾸며주고, 접속사 that은 완전한 절, 즉 문장을 유도하여 주어절(은, 는, 이, 가), 목적절(을, 를), 보어절(A = B), 동격절(~라는)로 사용됩니다.

① 주격관계대명사: He is the first man/ that swam across this river.

② 목적격관계대명사: This is the very boy/ that I have been looking for.

③ 보격관계대명사: He is no longer the invalid man/ that he was.

④ 주어절: (은/는/이/가) That he is rich/ is true. = It is true that he is rich.

⑤ 목적절: (을/를) I know/ that he is rich.

⑥ 보어절: (A = B) The problem is that we are short of money.

⑦ 동격절: (~라는) I know the fact/ that he is rich.

> **해석** ① 그는 최초의 사람이다/ 이 강을 수영해서 건넌. ② 이 아이가 바로 그 소년이다/ 내가 찾고 있었던.
> ③ 그는 더 이상 병약한 사람이 아니다/ 과거의. ④ 그가 부자라는 것은/ 사실이다.
> ⑤ 나는 알고 있다/ 그가 부자라는 것을. ⑥ 문제는 우리에게 돈이 부족하다는 것이다.
> ⑦ 나는 사실을 알고 있다/ 그가 부자라는 (사실을).

> **어휘** need 필요로 하다 vacation 휴가 call 부르다 be born 태어나다 agree with 공감하다/동의하다
> right 옳은 invalid 병약한 across 가로질러 look(seek, search) for 찾다 be short of 부족하다 fact 사실

20 What의 관용적 용법(고급과정)

(1) What+주어+be동사: 주어의 인격(됨됨이), 성격, 상태, 직업, 성별, 인종
  What+주어+have동사: 주어의 재산이나 가진 것
  Who+주어+be동사: 주어의 정체성, 인간관계, 지위, 직책, 내면세계

① I owe what I am to my mother.

② I want someone to love me for who I am.

③ I respect him, not for what he has, but for what he is.

④ A man's true worth lies not in what he has, but in what he is.

⑤ You should judge a man not by what he has, but by what he is.

> 해석 ① 나의 현재의 나는 내 엄마 덕택이다. ② 나는 내 모습 그대로를 사랑해 줄 사람을 원한다.
> ③ 내가 그를 존경하는 것은 그의 재산 때문이 아니라 그의 인격 때문이다.
> ④ 사람의 진정한 가치는 그가 갖고 있는 재산이 아니라 그의 됨됨이에 있다.
> ⑤ 우리는 사람을 재산이 아니라 인격으로 판단해야 한다.

(2) what we(they, you, people) call = what is called = so-called = so to speak
  = so to say = as it were = as 주어+be called = in a matter of speaking (소위, 말하자면)

① She is what we call a tomboy.

② She is a so-called modern girl.

③ He is, as it were, a young prince.

④ She is what is called a book worm.

⑤ He is what we call a self-made man.

⑥ The dog is, so to say, a member of his family.

⑦ He is living what people call a hand-to-mouth life.

⑧ He was, in a matter of speaking, asked to leave the group.

> 해석 ① 그녀는 소위 말괄량이다. ② 그녀는 소위 현대 여성이다. ③ 그는 소위 어린 왕자다. ④ 그녀는 말하자면 책벌레다.
> ⑤ 그는 말하자면 자수성가한 사람이다. ⑥ 그 개는 말하자면 그의 가족구성원이다.
> ⑦ 그는 소위 하루 벌어 하루 먹는 삶을 살고 있다. ⑧ 그는 말하자면 그 단체를 떠나라는 요청을 받았다.

(3) What is 비교급: (더욱더~한 것은)

① He lost his way, and what was worse, it began to rain.

② It is a nice car and what is more, not an expensive one.

③ She is very beautiful, and what is still better, tender-hearted.

④ The rules should be few, and what is more important, comprehensive.

> 해석 ① 그는 길을 잃었고, 설상가상으로 비가 내리기 시작했다. ② 그것은 멋진 차이고 게다가 비싼 차가 아니다.
> ③ 그녀는 매우 아름다우며, 더욱더 좋은 것은 마음씨가 부드럽다.
> ④ 규칙은 적어야 하며 더욱더 중요한 것은 포괄적이어야 한다.

> 어휘 owe A to B A는 B의 덕택이다 lie(consist, subsist) in ~에 놓여있다 respect 존경하다 self-made 자수성가한
> tomboy 말괄량이 worm 벌레 a hand-to-mouth life 하루 벌어 하루 먹고 사는 생활 lose one's way 길을 잃다
> expensive 비싼 tender-hearted 마음씨가 부드러운 should ~해야 한다 few 적은 comprehensive 포괄적인

(4) what is worse = what makes the matter worse = to make matters worse

= to add insult to injury = to crown one's misery = to complete one's misfortune

= to complete the sum of one's miseries = out of the frying pan into the fire

　(설상가상으로, 엎친 데 겹친 격으로, 갈수록 태산)

① To complete the sum of our miseries, one of us fell ill.

② He got fired and, to crown his misery, his car broke down.

③ To add insult to injury, her boyfriend dumped her for a bimbo.

④ I really got out of the frying pan into the fire when I lost my job.

⑤ To make matters worse, the prisoner was released owing to a technicality.

> **해석** ① 설상가상으로 우리 중 한 명이 아파버렸다. ② 그는 해고를 당했는데 설상가상으로 차까지 고장 났다.
> ③ 엎친 데 덮친 격으로 그녀의 남자친구는 골빈 여자에게 빠져 그녀를 떠나 버렸다.
> ④ 나는 갈수록 태산이었다/내가 실직했을 때. ⑤ 설상가상으로 그 죄수는 절차상 문제로 인해 석방되었다.

(5) What with A and (what with) B = What between A and B

= half through A and half through B − A와 B 때문에 (원인)

　What by A and (what by) B − A와 B로써 (수단)

① What between overwork and money worries, he became ill.

② What by threats and what by entreaties, he achieved his aim.

③ What by good fortune and exertions, he made a large sum of money.

④ What with fatigue and what with hunger, he could not work any more.

⑤ Half through indolence and half through pride, he cannot bend to work.

> **해석** ① 과로와 돈 걱정 때문에 그는 아파버렸다. ② 협박과 간청으로써 그는 자기의 목적을 달성했다.
> ③ 행운과 노력으로써 그는 거액의 돈을 벌었다. ④ 피로와 배고픔 때문에 그는 더 이상 일을 할 수가 없었다.
> ⑤ 태만과 자존심 때문에 그는 일에 굽힐 줄 모른다.

(6) what money = all the money that (모든 돈)

　what little money = all the little money that (적지만 모든 돈)

　what few books = all the few books that (적지만 모든 책)

① I gave him what little money I had.　② I sent them what few soccer balls I had.

③ He has lost what little faith he has built up.　④ I don't want to lose what few friends I have.

⑤ What money she gets she spends on clothes.

> **해석** ① 나는 그에게 내가 갖고 있던 적지만 모든 돈을 주었다.
> ② 나는 그들에게 내가 갖고 있던 적지만 모든 축구공을 보냈다.
> ③ 그는 그가 쌓아온 적지만 모든 신용을 잃어버렸다.
> ④ 나는 내가 갖고 있는 적지만 모든 친구들을 잃고 싶지 않다. ⑤ 그녀는 자신이 버는 모든 돈을 옷에 소비한다.

> **어휘** fall ill 아프다 get fired 해고당하다 break down=go wrong 고장 나다 dump 버리다 bimbo 골빈 여자
> prisoner 죄수 release 석방(발표)하다 owing(due) to ～때문에 technicality 절차상의 문제 overwork 과로
> threat 협박 entreaty 간청, 애원 achieve=attain 달성(성취)하다 aim 목적 good fortune 행운 exertion 노력
> a large sum of 거액의 indolence 태만 pride 자존심 bend−bent−bent 구부리다 fatigue 피로 build up 쌓다

(7) A is to B what(as) C is to D = (Just) as C is to D, so is A to B
= What C is to D, that is A to B (A의 B에 대한 관계는 C의 D에 대한 관계와 같다)
*do 동사의 경우에는 what(~한 것) 만 가능합니다.

① Reading is to the mind what(as) exercise is to the body.
= What exercise is to the body, that is reading to the mind.
= Just as exercise is to the body, so is reading to the mind.

② Peace is to the mind what rest is to the body.

③ As salt is to food, so is humor to conversation.

④ Love does to women what the sun does to flowers.

⑤ Leaves are to a plant what lungs are to an animal.

⑥ As the lion is king of beasts, so is the eagle king of birds.

> **해석** ① 독서의 마음에 대한 관계는 운동의 신체에 대한 관계와 같다.
> ② 평화의 마음에 대한 관계는 휴식의 신체에 대한 관계와 같다.
> ③ 소금이 음식 맛을 내듯이 유머는 대화의 맛을 돋운다. ④ 태양이 꽃에 하는 것을 사랑은 여성에게 한다.
> ⑤ 잎의 식물에 대한 관계는 허파의 동물에 대한 관계와 같다 ⑥ 사자가 백수의 왕이듯이 독수리는 새의 왕이다.

문제 5. Translate the following sentences into Korean.(고급과정)

① Six is to three as two is to one.

② Air is to man what water is to fish.

③ My little poodle is my baby, so to speak.

④ Fire is to forest as hurricane is to beach.

⑤ They robbed him of what little money he had.

⑥ What with rain and wind, our picnic was spoiled.

⑦ He collected what little information he could find.

⑧ To crown his misery, he lost his son in the accident.

⑨ To add insult to injury, it began to pour on my way home.

⑩ What by policy and what by force, he always accomplishes his purpose.

> **정답** ① 6:3=2:1 ② 공기의 인간에 대한 관계는 물의 물고기에 대한 관계와 같다.
> ③ 나의 작은 푸들은 말하자면 내 아이지. ④ 불의 숲에 대한 관계는 허리케인의 해변에 대한 관계와 같다.
> ⑤ 그들은 그에게서 그가 갖고 있던 얼마 안 되는 모든 돈을 강탈해갔다.
> ⑥ 비와 바람 때문에 우리 소풍을 망쳤다. ⑦ 그는 그가 찾을 수 있는 적지만 모든 정보를 수집했다.
> ⑧ 설상가상으로 그는 그 사고로 그의 아들을 잃었다.
> ⑨ 설상가상으로 내가 집에 오는 길에 폭우가 내리기 시작했다.
> ⑩ 정책과 힘으로써 그는 항상 자신의 목적을 달성한다.

> **어휘** reading 독서 mind 마음 exercise 운동 peace 평화 rest 휴식 salt 소금 food 음식 conversation 대화 leaf 잎
> plant 식물 lung 허파 beast 짐승 eagle 독수리 king 왕 air 공기 man 인간 fire 불 forest 숲 beach 해변 rob A of B
> A에게서 B를 강탈하다 spoil 망치다 collect 수집하다 information 정보 find 찾다 accident 사고 pour 폭우가 내리다
> on my way home 집에 가는 길에 policy 정책 force 힘 achieve=accomplish=attain 달성/성취하다 purpose 목적

21 유사관계대명사(Quasi-Relative Pronouns)(고급과정)

종류와 특징　　정의	주어나 목적어가 없는 불완전한 절이 앞에 나온 선행사를 꾸며주는 경우
as	앞에 such, the same, 다른 as가 오고 뒤에 주어나 목적어가 없는 경우
than	앞에 비교급이 오고 뒤에 주어나 목적어가 없는 경우 (~보다 더)
but	앞에 부정어 no나 few가 오고 뒤에 바로 동사가 오는 경우 (~하지 않는)

(1) as의 용법: 선행사 앞에 such, the same 또는 다른 as가 올 때

① Choose such friends as will benefit you. = Choose those friends who will benefit you.

② His conduct was such as deserves praise.

③ I am going to buy the same cell phone as you have.

④ As many soldiers as marched/ were killed in the long run.

= All the soldiers that marched/ were killed in the long run.

> **해석** ① 너에게 이로움을 줄 그런 친구를 골라라. ② 그의 행동은 칭찬을 받을 만한 그런 행동이었다.
> ③ 나는 네가 갖고 있는 것과 같은 휴대전화를 살 거야. ④ 전진한 모든 군인들이 결국 죽임을 당했다.

(2) 앞이나 뒤의 문장 전체를 받는 관용적 용법으로서의 as (종종 그러하듯이)

① The train is late, as is often the case.

② As was usual with sailors, he was fond of liquors.

③ He was an American, as(which) I knew from his accent.

④ As is often the case with the girls of her age, she is very coy.

> **해석** ① 종종 그러하듯이 기차가 늦는구나. ② 선원들이 종종 그러하듯이, 그는 독한 술을 좋아했다.
> ③ 그는 미국인이었다. 나는 그것을 그의 말투로 알았다.
> ④ 그녀 나이 또래 소녀들이 종종 그러하듯이, 그녀는 매우 수줍어한다.

(3) than의 용법: than 앞에 비교급이 오고 than 다음에 주어나 목적어가 없는 경우

① We are learning more subjects than are necessary.

② She has painted a better picture than we expected.

③ He returned home much sooner than was expected.

④ There is more land in this area than you could cover.

⑤ There are more vehicles serving in Seoul than we need.

> **해석** ① 우리는 필요 이상의 과목을 배우고 있다. ② 그녀는 우리가 기대했던 것보다 더 좋은 그림을 그렸다.
> ③ 그는 기대했던 것보다 훨씬 더 일찍 집에 돌아왔다. ④ 이 지역에는 네가 차지할 수 있는 이상의 땅이 있다.
> ⑤ 서울에는 우리가 필요로 한 것보다 더 많은 차량이 운행하고 있다.

> **어휘** choose-chose-chosen 고르다 benefit 이로움을 주다 conduct 행동 deserve praise 칭찬 받을 만하다
> soldier 군인 march 전진하다 as many~as ~한 모든 kill 죽이다 in the long run=finally 결국 sailor 선원
> be fond of=be nuts for=have(feel) an affinity for=take a fancy(liking) to=have a fancy(passion, love) for
> 좋아하다 liquor 독한 술 accent 말투 coy=shy=bashful 수줍어하는, 쑥스러워하는 subject 과목/주제/실험대상
> necessary 필요한 picture 그림 expect 기대하다 return 돌아오다 cover 답파(차지/포함/충당)하다 vehicle 차량

(4) but 앞에 반드시 부정어(no, few)가 와야 하며 but 다음에는 타동사(구)가 오는 경우로서 「~하지 않는」으로 해석합니다.

① There is no one but loves his/her own country.

= There is no one that does not love his/her own country.

= Who is there but loves his/her own country?

= Everyone loves his/her own country.

② There is no rule but has its exceptions.

③ There is no one but hopes for happiness.

④ There is no man but remembers his first love.

⑤ There are few people but are anxious for peace.

> **해석** ① 자기 나라를 사랑하지 않는 사람은 없다. ② 예외 없는 규칙은 없다. ③ 행복을 바라지 않는 사람은 없다.
> ④ 자기 첫 사랑을 기억 못 하는 남자는 없다. ⑤ 평화를 갈망하지 않는 사람은 거의 없다.

(5) $\begin{Bmatrix} not \\ no \end{Bmatrix} \begin{Bmatrix} so \\ such \end{Bmatrix}$ but $= \begin{Bmatrix} not \\ no \end{Bmatrix} \begin{Bmatrix} so \\ such \end{Bmatrix} \begin{Bmatrix} but\ that\sim \\ that\sim not \end{Bmatrix} =$ 뒤에서부터 해석하여 ~하지 못할 만큼 ~하지 못할 정도로

① No man is so old but/but that he may learn. = No man is so old that he may not learn.

② He is not so sick but/but that he can eat anything.

= He is not so sick that he cannot eat anything.

③ You are not such a fool but/but that you know what love means.

= You are not such a fool that you do not know what love means.

> **해석** ① 배울 수 없을 만큼 늙은 사람은 없다. ② 그는 아무것도 먹을 수 없을 만큼 아프지는 않다.
> ③ 너는 사랑이 무엇을 의미하는지 모를 만큼 바보는 아니잖아.

◀ 뉘앙스 맛보기 ▶

① He is such a good boy as everybody likes.

② He is such a good boy that everybody likes him.

③ This is the same cell phone as I lost yesterday.

④ This is the same(very) cell phone that I lost yesterday.

> **해석** ① 뒤에서부터 해석하여 「그는 모두가 좋아하는 아주 착한 소년이다.」 – 관계대명사
> ② 앞에서부터 해석하여 「그는 아주 착한 소년이어서 모두가 그를 좋아한다.」 – 결과 접속사
> ③ 이것은 내가 어제 잃어버린 것과 같은 휴대전화야. (같은 종류를 가리킬 때) – 관계대명사
> ④ 이것이 내가 어제 잃어버린 바로 그 휴대전화야. (바로 내 전화를 가리킬 때) – 관계대명사

> **어휘** country 나라, 조국, 시골 rule 규칙 exception 예외 hope(wish, bargain) for 바라다
> be anxious(eager, zealous, keen, impatient, greedy, dying, hungry) for+명사/to+동사
> =long(yearn, starve, hunger, crave, thirst, admire, aspire, hanker, pant) for+명사/to+동사 갈망하다
> peace 평화 learn 배우다 sick=ill 아픈 fool 바보 mean 의미하다 cell(cellular, mobile) phone 휴대전화기

문제 6. Fill in the blanks with the proper words respectively which are used in formal written English and translate them into Korean.(고급과정)

① I believe _____ he told me.

② He has a dog _____ barks furiously.

③ Who was it _____ hurt your feelings?

④ He is not the poor guy _____ he was.

⑤ It was his attitude _____ annoyed me.

⑥ She has a son _____ she loves dearly.

⑦ There are few students _____ like K-pop.

⑧ All _____ are thirsty come to the fountain.

⑨ He felt _____ something bad had happened.

⑩ He asked me _____ I wanted to eat for dinner.

⑪ He _____ I thought was my friend betrayed me.

⑫ This is the book for _____ I have been looking.

⑬ I have a friend _____ brother works in Moscow.

⑭ He _____ I thought to be my friend betrayed me.

⑮ He was watching his son _____ was riding a bike.

⑯ _____ is often the case with him, Tom was not at home.

⑰ The book is written in such easy English _____ I can read.

⑱ John has two brothers, both of _____ work as an engineer.

⑲ It was a meeting the purpose of _____ I did not understand.

⑳ The team won a gold medal, _____ they were very proud of.

㉑ California has a lot of visitors, most of _____ visit Disneyland.

해석과 정답 ① 나는 그가 나에게 말한 것을 믿는다. (what) ② 그는 사납게 짖어대는 개가 있다. (which) ③ 너의 감정을 상하게 한 사람이 누구였니? (that) ④ 그는 과거의 가난한 사람이 아니다. (that) ⑤ 나를 짜증나게 한 것은 그의 태도였어. (that) ⑥ 그녀는 무척 사랑하는 아들이 있다. (whom) ⑦ K-팝을 좋아하지 않는 학생은 거의 없다. (but) ⑧ 목마른 사람들은 모두 그 샘으로 온다. (who) ⑨ 그는 무언가 안 좋은 일이 일어났다는 것을 느꼈다. (that) ⑩ 그는 나에게 저녁식사로 무엇을 먹고 싶은지 물었다. (what) ⑪ 내가 친구라고 생각했던 그가 나를 배신했다. (who) ⑫ 이것이 내가 지금까지 찾고 있었던 책이다. (which) ⑬ 나는 자기 형이 모스크바에서 일하고 있는 친구가 한 명 있다. (whose) ⑭ 내가 친구라고 생각했던 그가 나를 배신했다. (whom) ⑮ 그는 자전거를 타고 있는 자기 아들을 지켜보고 있었다. (who) ⑯ 평소에 종종 그러하듯이 Tom은 집에 없었다. (As) ⑰ 그 책은 내가 읽을 수 있는 쉬운 영어로 쓰여 있다. (as) ⑱ John은 두 형이 있는데, 그들 둘 다 엔지니어로 일한다. (whom) ⑲ 그것은 내가 그 목적을 이해하지 못한 모임이었다. (which) ⑳ 그 팀은 금메달을 따고, 그것을 무척 자랑스러워했다. (which) ㉑ 캘리포니아는 방문객이 많은데, 그들 대부분은 디즈니랜드를 방문한다. (whom)

어휘 believe 믿다 bark 짖다 furiously 사납게, 격렬하게 hurt 상하게 하다 feelings 감정 guy 사람 poor 가난한 attitude 태도 annoy= afflict=aggravate=aggrieve=agitate=bully 짜증나게 하다 dearly 무척 few 거의 없는 a few 약간 있는 thirsty 목마른 fountain 샘, 분수 feel-felt-felt 느끼다 bad 나쁜 betray 배신하다 look for 찾다 Moscow 모스크바 watch 지켜보다 ride a bike 자전거를 타다 engineer 기술자 meeting=conference 모임/회의 purpose 목적 understand=comprehend=fathom=make out 이해하다 be proud of 자랑하다 visitor 방문객

PART 16 | 관계부사(Relative Adverbs)

> 관계부사는 「두 문장을 연결해주는 부사」라는 뜻으로 뒤 문장에 오는 부사를 관계부사로 바꾸어 두 문장을 연결하는 형용사절로서 선행사에 따라 「전치사+which」로 전환할 수 있습니다. 그리고 한국의 수많은 책들이 how를 관계부사로 가르치고 있으나 영문법에서는 how를 관계부사로 포함시키지 않고 의문부사나 접속사로 분류하고 있으니 유념하시기 바랍니다.

1 관계부사의 종류(기본+고급과정)

선행사	관계부사	전치사+which	예문
1. 때	when	at(on, in, during) which	the day when we met him
2. 장소	where	at(on, in, to, over) which	the place where we met him
3. 이유	why	for which	the reason why we met him
4. 수단	whereby	by which/according to which	a plan whereby I can escape
5. 때/장소	wherein	ⓐ in which ⓑ during which	a school wherein we learn

☞ 의문사로 쓰이는 경우

① Do you know when we will take the midterm exams?

② Do you know where the traffic accident happened?

③ Do you know why he was absent from school yesterday?

④ The most important thing in life is how we should live.

> **해석** ① 너는 우리가 언제 중간고사 보는지 아니? ② 너는 그 교통사고가 어디서 발생했는지 아니?
> ③ 너는 그가 어제 왜 결석했는지 아니? ④ 인생에서 가장 중요한 것은 우리가 어떻게 사느냐이다.

(1) when: 시간을 나타내는 명사 time, day, year, century 등의 뒤에서 사용되며 앞에 오는 명사에 따라서 at(on, in, during) which로 전환할 수 있습니다. 이 때 when을 관계대명사로 전환할 때 전치사는 반드시 which 앞에 위치해야 합니다.

① The winter was very cold.+I went skiing then(= in the winter).

= The winter when I went skiing/ was very cold.

= The winter in which I went skiing/ was very cold.

= The winter which I went skiing in was very cold. (×)

② Noon is the time when(at which) we eat lunch.

③ I remember the day when(on which) we first met.

④ The period when(during which) dinosaurs existed/ is called the Mesozoic Era.

> **해석** ① 내가 스키를 타러 갔던 그 겨울은 무척 추웠다. ② 정오는 우리가 점심식사를 하는 시간이다.
> ③ 나는 우리가 처음 만난 날을 기억하고 있다. ④ 공룡이 살았던 시기는 중생대라고 불린다.

> **어휘** take the exam 시험을 치르다 midterm exams 중간고사 traffic accident 교통사고 happen=occur 발생하다
> the most 가장 important=momentous 중요한 should=ought to ~해야 한다 go skiing 스키 타러 가다
> noon 정오 eat lunch 점심을 먹다 remember 기억하다 period 시기 dinosaur 공룡 Mesozoic Era 중생대

(2) where: 장소를 나타내는 어구 뒤에서 사용되며 앞에 오는 명사, 즉 선행사에 따라서 at(on, in, to) which 전환할 수 있습니다.

① This is the house.+He lives there(= in it).

= This is the house where he lives.

= This is the house which he lives in.

= This is the house in which he lives.

② The building where(at which) I work/ is nearby.

③ The floor where(on which) I work/ is the twelfth.

④ The office where(in which) I work/ is on the tenth floor.

⑤ A library is a place where(to which) students go/ to study.

해석 ① 이것이 그가 사는 집이다. ② 내가 일하는 건물은/ 바로 옆에 있다. ③ 내가 일하는 층은/ 12층이다.
④ 내가 일하는 사무실은/ 10층에 있다. ⑤ 도서관은 학생들이 공부하러 가는 곳이다.

(3) why: the reason 뒤에서 사용되며, for which나 that으로 전환할 수 있습니다. 이때 the reason과 why가 같은 의미로 중복되므로(tautology) 둘 중 하나를 생략하는 것이 더 좋은 표현입니다. 또한 선행사가 복수형일 때는 that은 사용할 수 없고 why만 사용할 수 있습니다.

① Tell me the reason.+You came home late for it.

= Tell me the reason for which you came home late.

= Tell me (the reason) why you came home late.

= Tell me the reason (why) you came home late.

= Tell me the reason (that) you came home late.

② There are several reasons why I don't like the soap opera. (that (x))

해석 ① 네가 집에 늦게 온 이유를 말해봐라. ② 내가 그 연속극을 싫어하는 데는 몇 가지 이유가 있다.

(4) *whereby+주+동: ⓐ 관계부사 by which/according to which ⓑ 의문사 (= how)
*thereby~ing: ⓐ by that ⓑ by means of that (그로 인해서/그것으로 인해서)

① Whereby(How) did he recognize me?

② He thought of a plan whereby(= by which) he might escape.

③ He went purple, whereby(= by which) I saw that he was offended.

④ He knocked over the red wine, thereby ruining the table cloth.

⑤ He became a citizen in 2010, thereby gaining the right to vote.

해석 ① 어떻게 그가 나를 알아보았지? ② 그는 도망칠 수 있는 계획을 생각했다. ③ 그는 얼굴이 새빨개졌다. 그것을
통해서 나는 그가 속상해 있음을 알았다. ④ 그는 적포도주를 넘어뜨렸다, 그리고 그것으로 인해 식탁보를 망쳤다.
⑤ 그는 2010년 시민이 되었으며, 그로 인해 투표권도 얻었다.

어휘 nearby 가까이에 있는, 바로 옆에 있는 floor 층 library 도서관 reason 이유 late 늦게
soap opera 연속극 think of ~에 대해 생각하다 escape 도망치다, 탈출하다 go purple 얼굴이 새빨개지다
offend=annoy=displease 기분을 상하게 하다 knock over 넘어뜨리다 wine 포도주 table cloth 식탁보
become 되다 citizen 시민 gain=get=obtain=acquire=secure=procure=come by 얻다 right to vote 투표권

(5) wherein: ⓐ 의문부사 in what respect(way) (어떤 점에서/어떤 면에서)/in what (무엇에)

　　　　　　ⓑ 관계부사 when = during which

　　　　　　ⓒ 관계부사 where = in which의 뜻

① Wherein(In what respect) was I wrong?

② What is the city wherein(where/in which) he lives?

③ Wherein(In what) lies the secret to the company's success?

④ Wherein(In what) lies the difference between conservatism and liberalism?

⑤ There was a period in her life wherein(during which) she took part in politics.

> **해석** ① 어떤 면에서 내가 잘못했다는 거야? ② 그가 사는 도시가 어디지? ③ 그 회사의 성공비밀이 무엇에 있지?
> ④ 보수주의와 진보주의의 차이는 어디에 있지? ⑤ 그녀의 인생에는 그녀가 정치에 참여했던 시기가 있었다.

② 관계부사로 잘못 알려져 있는 how(중급과정)

> ☞ how는 관계사 계층에 속하지 않으며 따라서 the way how는 존재하지 않습니다.
>
> ⓐ 접속사　• the way that/the way in which (~한 방식/~한 길)로 해석될 때
> 　　　　　　• the manner in which (~한 방식/~한 태도) ≠ the manner that (x)
> ⓑ 의문부사　• in what way (어떻게/어떤 방식으로)의 뜻일 때

① That is how he took me in. (접속사)

= That is the way (that) he took me in.

= That is the way (in which) he took me in.

= That is the way how he took me in. (x)

② Do you know how he solved such a difficult problem? (의문부사)

= Do you know the way (that) he solved such a difficult problem?

= Do you know the way (in which) he solved such a difficult problem?

= Do you know the way how he solved such a difficult problem? (x)

③ I didn't like the manner in which he complained. (태도)

④ He has gone back the way that(by which) he came. (길)

⑤ I objected to the manner in which the decision was made. (방법)

⑥ I admired the way that(in which) she handled the situation. (방법)

> **해석** ① 그것이 그가 나를 속인 방법이다 – 그런 식으로 그는 나를 속였다
> ② 너는 그가 어떻게 그렇게 어려운 문제를 풀었는지 아니? – 너는 그가 그렇게 어려운 문제를 푼 방법을 아니?
> ③ 나는 그가 불평한 태도가 마음에 안 들었다. ④ 그는 왔던 길로 돌아 가버렸다.
> ⑤ 나는 결정이 이뤄지는 그 방법을 반대했다. ⑥ 나는 그녀가 그 상황을 처리한 방식에 감탄했다.

> **어휘** wrong 잘못한 secret 비밀/비법 lie-lay-lain 놓여있다 difference 차이 conservatism 보수주의
> liberalism 진보주의 period 시기 politics 정치 take in=deceive=swindle=shortchange=trick 속이다
> complain 불평하다 object to 반대하다 decision 결정 admire 감탄하다 handle 다루다 situation 상황
> take part in=participate(partake, join, share, engage) in=partake of=have a share in
> =sit in on=play one's part(role) in=have(bear, give, take, lend) a hand in 참가하다

③ 관계부사로서의 that(중급과정)

(1) 시간을 가리키는 보통 명사 뒤에서 when 대신 that을 사용할 수 있으며 생략할 수 있습니다.

① You may come any time when(that) you are free.

= You may come any time you are free. (informal)

② I will never forget the day when(that) you first kissed me.

= I will never forget the day you first kissed me. (informal)

> **해석** ① 너는 네가 한가한 때는 아무 때나 와도 돼. ② 나는 네가 나를 처음 뽀뽀했던 날을 결코 잊지 못할 거야.

(2) 이유를 가리키는 명사 뒤에서 why 대신 that을 사용할 수 있으며 생략할 수 있으나 선행사가 복수형일 때는 that은 사용할 수 없고 why만 사용할 수 있습니다.

① I know the reason why(that) she is angry.

= I know the reason she is angry.

= I know why she is angry.

② There are many reasons why you have to study English. (that (×))

> **주의** ☞ because라는 접속사는 부사절을 이끌고 부사절은 be동사 다음에서 보어로 쓰일 수 없기 때문에 The reason is because, the reason why is because는 모두 문법적으로 틀린 표현이며 the reason is that으로 해야 문법적으로 맞습니다.

③ The reason why I couldn't go was because I was sick. (×)

④ The reason that I couldn't go was because I was sick. (×)

⑤ The reason that I couldn't go/ was that I was sick. (ok)

⑥ The reason I couldn't go/ was that I was sick. (better)

⑦ I could not go because I was sick. (best)

> **해석** ① 나는 그녀가 화가 나 있는 이유를 알고 있다. ② 네가 영어공부를 해야 하는 데는 많은 이유가 있다.
> ⑤/⑥ 내가 갈 수 없었던 이유는 내가 아팠기 때문이었다. ⑦ 나는 아파서 갈 수 없었다.

(3) 관계부사 where를 that으로 교체할 수 없으나 앞에 선행사로 place, somewhere, anywhere, everywhere, nowhere가 올 때는 that으로 바꿔 쓸 수 있습니다.

① I'll go anywhere that you take me.

② This is the place where(that) I was born.

③ I know somewhere nice where(that) we can eat.

④ We need a shelter where we can spend the night. (that (×))

> **해석** ① 나는 네가 데리고 가는 곳은 어디나 가겠다. ② 이곳이 내가 태어난 곳이다.
> ③ 나는 우리가 먹을 수 있는 어떤 멋진 곳을 알고 있다. ④ 우리는 밤을 보낼 수 있는 거처(숙소)가 필요해.

> **어휘** any time 아무 때나 forget-forgot-forgotten 잊다 anywhere 어디나 somewhere 어떤 곳
> shelter 숙소, 거처 be apt(likely, liable, prone, inclined, ready, subject, disposed) to=tend to
> =trend to=have a tendency to=have an inclination to=have a way of~ing ~하는 경향이 있다

4 관계부사의 계속적 용법(중급과정)

관계부사 앞에 comma가 있는 경우로서 앞에서부터 계속적으로 해석하는데, 문맥에 따라 「안바빠도+부사」로 바꾸어 해석할 수 있어요. 「안바빠도」가 뭐냐고요? 그것은 「and, but, for(because), though」랍니다. 이들은 생략할 수도 없으며, why는 적용되지 않습니다.

① I met him yesterday, when he told me the news.
② I went into the store, where I met a friend of mine.
③ The ship drifted for a week, when the crew were not rescued.
④ In the summer I'm going to visit Italy, where my brother lives.
⑤ My favorite day of the week is Friday, when the weekend is about to begin.
⑥ He gazed once more around the room, wherein were assembled his entire family.
⑦ He created a program, whereby single parents could receive great financial aid.

해석 ① 내가 그를 어제 만났는데, 그때 그가 나에게 그 소식을 말해주었어. ② 나는 그 가게에 들어갔다, 그런데 거기서 나는 나의 한 친구를 만났다. ③ 그 배는 1주일 동안 표류했다, 하지만 선원들은 그 때 구조되지 않았다. ④ 여름에 나는 이탈리아를 방문할 거야, 왜냐하면 내 형이 그곳에 살고 있거든. ⑤ 내가 일주일 중 좋아하는 날은 금요일이야, 왜냐하면 그때 주말이 막 시작되거든. ⑥ 그는 방을 한 번 더 두리번거렸다, 그리고 거기에는 그의 모든 가족이 모여 있었다. ⑦ 그는 어떤 프로그램을 만들었는데, 그것을 통해서 한 부모들이 커다란 재정적 지원을 받을 수 있었다.

5 관계부사의 생략(중급과정)

앞 명사를 꾸며주는 한정적 용법의 관계부사에서 관계부사와 같은 의미의 선행사가 오거나, 관계부사가 생략되어도 의미 변화가 없는 경우 대화체에서는 생략할 수 있습니다.

① I'll never forget the day (when/that) I first met you.
② 2000 is the year(when/that) my parents got married.
③ Let me know the time (when/that) he will come back.
④ I still remember the summer (when/that) we had the big drought.
⑤ The place (where/that) I was born is somewhere near.
⑥ The office is the place (where/that) you spend most of your life.
⑦ The internet cafe is the place (where/that) you waste most of your life.
⑧ I know the reason (why/that) he did not join us.
⑨ Do you know the reason (why/that) Susan left so suddenly?
⑩ What is the reason (why/that) she did not attend the party?

해석 ① 나는 내가 너를 처음 만난 날을 절대 잊지 않겠다. ② 2000년은 우리 부모님이 결혼하신 해이다. ③ 그가 돌아올 시각을 나에게 알려줘. ④ 나는 우리가 대가뭄을 겪었던 그 여름을 기억하고 있다. ⑤ 내가 태어난 장소는 이 근방 어디야. ⑥ 사무실은 네가 인생 대부분을 보내는 장소이다. ⑦ 피시방은 네가 네 인생 대부분을 낭비하는 곳이다. ⑧ 나는 그가 우리와 합류하지 않은 이유를 알고 있다. ⑨ 너는 Susan이 갑자기 떠난 이유를 아니? ⑩ 그녀가 파티에 참석하지 않은 이유가 뭐지?

어휘 drift 표류하다 crew 선원 rescue 구조하다 summer 여름 be going to visit 방문할 예정이다 favorite 가장 좋아하는 be about to 막 ~하려하다 gaze around 놀라서 두리번거리다 once more 한 번 더 assemble=gather 소집하다 create 만들다 single parent 한 부모 receive 받다 financial aid 재정적 지원 drought 가뭄 somewhere 어딘가에 internet cafe 피시방 waste 낭비하다 suddenly=all at once 갑자기

6 선행사의 생략(중급과정)

(1) the time when, the place where, the reason why 에서처럼 관계부사와 같은 의미의 선행사는 모두 생략할 수 있으며 또한 생략하는 게 더 좋습니다.

① Can I ask (the day) when you were born?

② Sunday is (the day) when Mr. Kim is busiest.

③ The building was built (at a time) when there were no bridges.

④ I don't know (the place) where he lives.

⑤ She could not see well from (the place) where she stood.

⑥ That is (the reason) why he skipped the class.

⑦ I can't tell you (the reason) why she left you so suddenly.

> **해석** ① 네가 태어난 날을 물어봐도 되겠니? ② 일요일은 Mr. Kim이 가장 바쁜 날이다.
> ③ 그 건물은 다리가 없던 시절에 지어졌다. ④ 나는 그가 사는 장소를 모른다.
> ⑤ 그녀는 자신이 서 있는 곳에서 잘 볼 수가 없었다. ⑥ 그것이 그가 수업을 빼먹은 이유이다.
> ⑦ 나는 너에게 그녀가 너를 그토록 갑자기 떠난 이유를 말할 수 없다.

(2) 특정한 장소나 때를 말할 때는 생략할 수 없습니다.

① This is the house where I once lived.

② This is the hill where we enjoyed ourselves.

③ There are cases where honesty does not pay.

④ We have reached a point where a change is needed.

⑤ There are times when any good man will quarrel.

⑥ They lived in an age when airplanes were not invented.

⑦ The day has come when we have to part from each other.

⑧ There are some occasions when you must not refuse a cup of tea.

> **해석** ① 이것이 내가 한 때 살았던 집이다. ② 이곳이 우리가 즐겁게 보냈던 언덕이야.
> ③ 정직이 도움이 안 되는 경우가 있다. ④ 우리는 변화가 필요한 지점에 도달했다.
> ⑤ 착한 사람도 다툴 때가 있다. ⑥ 그들은 비행기가 발명되지 않았던 시대에 살았다.
> ⑦ 우리가 서로 헤어져야 하는 날이 왔다. ⑧ 차 한 잔도 거절해서는 안 되는 경우가 있다.

(3) 접속사로서 where(in the place that; in situations that):
    종속절을 이끄는 경우로서 「~ 한 곳(상황)에서」라고 해석합니다.

① Where there is a will, there is a way.

② Where you have to pay a deposit, be sure to get a receipt.

> **해석** ① 뜻이 있는 곳에 길이 있다. ② 계약금을 지불해야하는 상황에서는 꼭 영수증을 받아라.

> **어휘** be born 태어나다 busy-busier-busiest 바쁜 be built 지어지다 bridge 다리 stand-stood-stood 서있다
> skip the class 수업을 빼먹다 leave-left-left 떠나다 suddenly=on a sudden=(all) of a sudden=all at once
> =with a run=with a rush=out of the blue=in(at) the blink of an eye=abruptly=unexpectedly 갑자기
> once 한 때 hill 언덕 enjoy oneself=have fun 즐겁게 보내다 case 경우 honesty 정직 pay 도움이 되다
> reach=get to 도달하다 point 지점 change 변화 need 필요로 하다 quarrel 다투다 age 시대 airplane 비행기
> invent 발명하다 have to=must ~해야 한다 part from 헤어지다 refuse 거절하다 deposit 계약금 receipt 영수증

문제 1. Fill in the blanks with proper words.(중급+고급과정)

① This is _____ he painted it.

② I will go anywhere _____ you like.

③ The day _____ you were born was snowy.

④ This is the shop _____ I bought my bike.

⑤ Do you know the reason _____ she is so upset?

⑥ Could you tell me _____ the accident happened?

⑦ This is the house _____ my grandmother was born.

⑧ I didn't like the way _____ he treated his employees.

⑨ This is the church _____ Sue and Peter got married.

⑩ The house _____ Mozart was born is now a museum.

⑪ Is there a place in this town _____ we can have lunch?

⑫ I objected to the manner _____ the decision was made.

⑬ This applies to any case _____ two persons are involved.

⑭ Things like that are apt to occur anywhere _____ people gather.

⑮ There are some occasions _____ a man must tell half his secret.

⑯ We stayed in Seoul for a week, _____ I heard the news from her.

⑰ The summer _____ I graduated from university was long and hot.

⑱ There are several reasons _____ we should not agree to his request.

⑲ Watching TV is an activity _____ you don't need to do much thinking.

⑳ They have introduced a new system, _____ all employees must undergo regular training.

해석과 정답 해설은 지금까지 배운 부분을 참고하세요!
① 이것이 그가 그것을 그린 방법이다(how) ② 나는 네가 좋아하는 곳은 어디나 가겠다(that) ③ 네가 태어난 날은 눈이 왔어(when) ④ 이곳이 내가 내 자전거를 산 가게야(where) ⑤ 너는 그녀가 그토록 화가 난 이유를 아니?(why) ⑥ 그 사고가 어떻게 발생했는지 말해줄 수 있겠니?(how) ⑦ 이곳이 내 할머니가 태어나신 집이야(where) ⑧ 나는 그가 직원들을 대하는 방식이 싫었다(that) ⑨ 이곳이 Sue와 Peter가 결혼한 교회이다(where) ⑩ 모차르트가 태어난 집은 지금은 박물관이다(where) ⑪ 이 읍내에 우리가 점심식사를 할 수 있는 곳 있니?(where) ⑫ 나는 그 결정이 이뤄지는 방법을 반대했다(in which) ⑬ 이것은 두 사람이 관련되어있는 모든 경우에 적용된다(where) ⑭ 그와 같은 일들은 사람들이 모이는 곳은 어디에서나 일어나기 쉽다(that) ⑮ 사람이 비밀을 반쯤 털어놓아야 할 경우가 있다(when) ⑯ 우리가 서울에서 1주일을 머물렀는데, 그 때 나는 그녀로부터 소식을 들었다(when) ⑰ 내가 대학을 졸업한 여름은 길고도 더웠다(when) ⑱ 우리가 그의 요청에 동의해서는 안 되는 몇 가지 이유가 있다(why) ⑲ TV 시청은 별로 사고할 필요가 없는 활동이다(where) ⑳ 그들은 새로운 시스템을 도입했는데, 직원들은 그것을 통해서 정기적인 연수를 받아야 한다(whereby)

어휘 paint 그리다 anywhere 어디나 snowy 눈이 내리는 reason 이유 upset 화가 난, 뒤집다, 전복하다 accident 사고 happen=occur=accrue=take place=come about 발생하다 grandmother 할머니 treat 대하다 employee 직원 church 교회 get married 결혼하다 museum 박물관 object to=demur to 반대하다 manner 방식 decision 결정, 결심 apply to=be applicable to=be true of(for)=hold for 적용되다 be involved in 관련되다 be apt(likely, liable, prone, inclined, ready, subject, disposed) to=trend to=have a tendency to ~하기 쉽다 gather 모이다 occasion 경우 secret 비밀 graduate from 졸업하다 agree(assent, consent) to 동의하다 request 요청 activity 활동 introduce 도입하다 undergo=suffer=go through 받다/겪다 regular 정기적인/규칙적인 training 연수/훈련

복합관계사
(Compound Relatives)(고급과정)

① 복합 관계대명사(whoever, whosever, whomever, whatever, whichever)

(1) 명사절: 문장 속에서 주어나 목적어 역할을 하는 경우

whoever	anyone who = any person who = the person who [～한 사람은 (누구나)]
whosever	anyone whose = any person whose = the person whose [～한 사람은 (누구나)]
whomever	anyone whom = any person whom = the person whom [～한 사람은 (누구나)]
whatever	anything that = everything that (～한 것은 무엇이나)
whichever	any one which = any one that (～한 것은 어느 것이나/～한 사람은 누구나)

① Whoever(The person who) opened the gate/ didn't close it. (부정문)

② Whosever horse comes in first/ wins the prize.　③ Whomever you elect/ will serve a four-year term.

④ Whatever you bake/ will be delicious.　　⑤ Whichever you choose/ will be yours.

⑥ Whichever of you gets here first/ will get the prize.

⑦ You may invite/ whoever wants to come.

⑧ You must return the bag/ to whosever name is on it.

⑨ You can give the present/ to whomever you like.

⑩ You can believe/ whatever she says.　　⑪ You can take/ whichever you want.

> **해석** ① 문을 연 사람이/ 그것을 닫지 않았다. ② 자기 말이 제일 먼저 들어온 사람은 누구나/ 상을 탄다. ③ 네가 선출한 사람은 누구나/ 4년간의 임기를 봉사할 것이다. ④ 네가 구운 것은 무엇이나/ 맛있을 것이다. ⑤ 네가 선택한 것은 어느 것 이나/ 네 것이 될 것이다. ⑥ 너희들 중 여기에 가장 먼저 온 사람은 누구나/ 상을 탈 것이다. ⑦ 너는 초대해도 좋다/ 오기를 원하는 사람은 누구나. ⑧ 너는 그 가방을 돌려줘야 한다/ 이름이 적혀있는 사람에게. ⑨ 너는 그 선물을 주어도 된다/ 네가 좋아하는 사람은 누구에게나. ⑩ 너는 믿어도 좋다/ 그녀가 말하는 것은 무엇이나. ⑪ 너는 가져가도 된다/ 네가 원하는 것은 아무것이나. **주의** ☞ ①번처럼 부정문은 any로 전환할 수 없습니다.

(2) 부사절: 종속절을 이끌어 양보(～하더라도/～하든지)로 해석하는 경우

whoever	no matter who = regardless of who (누가～하더라도/하든지)
whosever	no matter whose = regardless of whose (누구의 것이든/누구의～이든)
whomever	no matter whom = regardless of whom (누구를/누구에게～하더라도/하든지)
whatever	no matter what = regardless of what (무엇을/무엇이～하더라도/하든지)
whichever	no matter which = regardless of which (어느 것을/것이～하더라도/하든지)

① Whoever(No matter who) may object, I will do it.

② Whosever(No matter whose) book you use, you must take care of it.

③ Whomever(No matter whom) she spoke to, she was invariably polite.

④ Whatever(No matter what) you (may) do, remember my words.

⑤ Whichever(No matter which) you (may) take, I will not object to it.

⑥ Whichever(No matter which) of them you marry, you will land in trouble.

> **해석** ① 누가 반대하든지 나는 그것을 하겠다. ② 네가 누구의 책을 사용하든지 그 책을 주의해야한다.
> ③ 그녀가 누구와 말을 하든, 그녀는 변함없이 정중했다. ④ 네가 무엇을 하든지, 내 말을 명심해라.
> ⑤ 네가 어느 것을 가져가든, 나는 반대하지 않겠다. ⑥ 네가 그들 중 누구와 결혼하든, 너는 곤경에 빠질 거야.

> **어휘** gate 문 close 닫다 horse 말 win a prize 상을 타다 elect 선출하다 serve 봉사하다 term 임기 bake 굽다
> delicious 맛있는 choose 선택하다 return 돌려주다 present 선물 believe 믿다 take 가져가다 object 반대하다
> take care of=care(fend) for=look(see) after 보관(주의)하다 invariably 변함없이 land in trouble 곤경에 빠지다

② 복합 관계형용사(whatever/whichever+명사)(고급과정)

복합관계대명사의 형용사적 용법이라고도 하며, whatever/whichever가 명사를 수식하는 한정사로서 문장의 앞에서 주어 역할을 하는 경우와 타동사의 뒤에서 목적어의 역할을 하는 경우가 있습니다.

(1) 명사절: 문장 속에서 주어나 목적어 역할을 하는 경우

> *whatever+명사 = any+명사+that (~한 명사는 무엇이나)
> *whichever+명사 = any+명사+that (~한 명사는 어느 것이나/아무것이나)

① Whatever book(= Any book that) you read/ will tell you the same.

② Whichever restaurant(= Any restaurant that) you pick/ is fine with me.

③ The dog ate/ whatever food(= any food that) I gave to it.

④ Choose whichever earrings(= any earrings that) you like. It's your birthday!

> **해석** ① 네가 읽는 책은 무엇이나/ 너에게 같은 내용을 말할 것이다. ② 네가 고르는 식당은 아무것이나/ 나에게는 좋아.
> ③ 그 개는 먹었다/ 내가 주는 음식은 무엇이나. ④ 네가 마음에 드는 귀고리는 아무거나 골라라. 네 생일이잖아.

(2) 부사절: 종속절을 이끌어 양보(~하더라도/~하든지)로 해석하는 경우

> *whatever = no matter what = regardless of what (~하더라도/하든지)
> *whichever = no matter which = regardless of which (~하더라도/하든지)

① Whatever reason he may give, I will not trust him.

② No matter what excuses he may make, we cannot pardon him.

③ It will be a difficult operation whichever method you choose.

④ We will have a good time no matter which cruise we decide to take.

> **해석** ① 그가 무슨 이유를 대더라도, 나는 그를 믿지 않겠다. ② 그가 무슨 변명을 하더라도, 우리는 그를 용서할 수 없다.
> ③ 네가 어떤 방법을 선택하든, 그것은 어려운 작업이 될 것이다.
> ④ 우리가 어떤 크루즈를 타기로 결정하든 우리는 즐거운 시간을 갖게 될 것이다.

③ 복합 관계부사(whenever, wherever, however)(고급과정)

(1) Whenever: 종속 접속사 기능을 하며 다음과 같은 세 가지 해석방법이 있습니다.

A. ~할 때마다[every time (that) = each time = as often as]

① Whenever I am in trouble, I consult him.

② Every time we breathe, we inhale pollutants.

③ Whenever I see this picture, I am reminded of my first love.

④ As often as I am at leisure, I take care of the flowers in my garden.

> **해석** ① 나는 어려움에 처할 때마다 그에게 상담을 한다. ② 우리는 숨을 쉴 때마다 오염물질을 들이마신다.
> ③ 나는 이 사진을 볼 때마다 내 첫사랑이 생각난다. ④ 나는 여가가 있을 때마다 내 정원에 있는 꽃들을 돌본다.

> **어휘** earrings 귀고리 reason 이유 trust 믿다 make an excuse 변명하다 pardon 용서하다
> operation 작업 method 방법 decide 결정하다 in trouble 곤경에 처한 consult 상담하다
> breathe 숨 쉬다 inhale 들이마시다 pollutant 오염물질 be reminded of 생각나다 leisure 여가

B. ~할 때는 언제나/할 때는 아무 때나[(at) any time (when)]

① Call me whenever you need my help.

② Come and visit me at any time when you want.

③ You can borrow my cell phone any time you want.

> **해석** ① 네가 내 도움이 필요할 때는 아무 때나 전화 해. ② 네가 원할 때는 아무 때나 나를 방문하러 와.
> ③ 네가 원할 때는 언제나 내 휴대 전화 빌려 써도 돼.

C. 언제 ~하든지/언제 ~하더라도(= no matter when = regardless of when)

① Whenever you come, you will be welcome.

② We will welcome him no matter when he may call on us.

③ No matter when and where we go, we never feel any fear.

> **해석** ① 네가 언제 오든지, 너는 환영받을 것이다. ② 그가 우리를 언제 방문하든 우리는 그를 환영할 것이다.
> ③ 우리가 언제 어디를 가든, 전혀 두려움을 느끼지 않는다.

(2) Wherever: 종속 접속사 기능을 하며 다음과 같은 세 가지 해석방법이 있습니다.

A. ~하는 곳 마다(= everywhere)

① He gets lost wherever he goes.　　　　② I will follow you wherever you go.

③ Everywhere we went, people were friendly.

> **해석** ① 그는 가는 곳 마다 길을 잃어버린다. ② 나는 네가 가는 곳 마다 따라 다닐 거야.
> ③ 우리가 가는 곳 마다 사람들이 친절했다.

B. ~하는 곳은 어디나/아무데나(= anywhere = 전치사+any place where)

① I'll take you wherever(anywhere) you want to go.

② You may go wherever(= to any place where) you like.

③ You may sit wherever(= on any place where) you like.

④ Garlic is a plant that grows wherever there is a warm climate.

> **해석** ① 나는 네가 가고 싶은 곳은 어디나 데리고 갈게. ② 너는 네가 좋아하는 곳은 어디나 가도 좋다.
> ③ 너는 네가 좋아하는 곳은 아무데나 앉아도 돼. ④ 마늘은 따뜻한 기후가 있는 곳은 어디서나 자라는 식물이다.

C. 어디에~하든지/하더라도(= no matter where = regardless of where)

① No matter where he may go, he is respected.

② Regardless of where you (may) go, I will follow you.

③ Wherever you (may) go, you cannot succeed without perseverance.

> **해석** ① 그는 어디에 가든지 존경을 받는다. ② 네가 어디에 가든지, 나는 너를 따라 다닐 거야.
> ③ 네가 어디에 가든지 너는 인내 없이는 성공할 수가 없다.

> **어휘** call 전화하다 visit 방문하다 borrow 빌려가다 cell phone 휴대 전화 welcome 환영하다/환영받는
> call on=pay a visit to 방문하다 danger 위험 get lost 길을 잃다 follow 따라가다 friendly 다정한
> garlic 마늘 plant 식물 grow 자라다 warm climate 따뜻한 기후 respect 존경하다 perseverance 인내

(3) However: 접속사나 부사로서 다음과 같은 세 가지 해석방법이 있습니다.

A. ~하는 대로/~하는 방식대로(= in any way/manner that = the way that)

① You can do it however(in any manner) you want.

② You can explain however(any way that) you want.

③ You can arrange the flowers however(in any way) you like.

④ You can dress however(the way that) you want for the party.

> **해석** ① 네가 원하는 방식대로 그것을 해도 돼. ② 네가 원하는 방식대로 설명해도 돼.
> ③ 네가 좋아하는 대로 그 꽃들을 정리해도 돼. ④ 네가 원하는 대로 그 파티에 옷차림하고 가도 돼.

B. 어떻게 ~하든/어떤 방식으로 ~하든
　(= in whatever way(manner) = no matter how = It doesn't matter how)

① However(= In whatever way) you look at it, you can't criticize that.

② However(= In whatever way) you travel, it will take a day to get there.

③ However you talk to him, he doesn't seem to understand what you say.

> **해석** ① 어떤 방식으로 그것을 보든 너는 그것을 비판할 수는 없다.
> ② 네가 어떤 방식으로 여행을 하든, 그곳에 도착하는 데는 하루가 걸릴 것이다.
> ③ 네가 그에게 어떤 식으로 말하든, 그는 네가 하는 말을 이해하지 못하는 것 같다.

C. However+형/부+주+동: (아무리~하더라도/대단히~하더라도/무척 ~하지만)
　(= no matter how = regardless of how = It doesn't matter how = Even if ~very)

① You cannot buy true love, however rich you are.

 = You cannot buy true love, no matter how rich you are.

 = You cannot buy true love, regardless of how rich you are.

 = You cannot buy true love, even if you are very rich.

 = It doesn't matter how rich you are, you cannot buy true love.

② However rich a man may be, he ought not to be idle.

③ However humble it may be, there is no place like home.

④ It doesn't matter how much she eats, she never gets fat.

⑤ No matter how hungry you may be, you must eat slowly.

⑥ No matter how far you may be, I will meet you someday.

⑦ No matter how hard you may try, you cannot overtake me.

> **해석** ① 아무리 부자라 하더라도 진실한 사랑을 살 수는 없다. ② 사람이 아무리 부자라 하더라도 게을러서는 안 된다.
> ③ 아무리 초라하더라도 집처럼 좋은 곳은 없다. ④ 그녀는 아무리 많이 먹어도 절대 살이 찌지 않는다.
> ⑤ 네가 아무리 배가 고프더라도 천천히 먹어야 한다. ⑥ 네가 아무리 멀리 떨어져 있어도 언젠가 너를 만날 거야.
> ⑦ 네가 아무리 노력해도 너는 나를 따라잡을 수 없다.

> **어휘** explain 설명하다 arrange 정돈하다 dress 옷을 입다 criticize 비난하다 seem to ~한 것 같다
> understand 이해하다 ought to ~해야 한다 idle 게으른 humble 초라한 get fat 살찌다 hungry 배고픈
> slowly 천천히 far 멀리 떨어진 someday 언젠가 try 노력하다 overtake=catch(come, meet) up with 따라잡다

문제 1. Fill in the blanks with proper words and translate them into Korean.

① _____ this is, please claim it.　② I believe _____ my mother says.

③ Give the apple to _____ you like.　④ You may take _____ you choose.

⑤ _____ may happen, I am not afraid.　⑥ _____ book is overdue will be fined.

⑦ _____ may say so, I don't believe it.

⑧ _____ he may do, he will do his best.

⑨ Give these clothes to _____ needs them.

⑩ _____ he may choose, I will give it to him.

⑪ You can drive _____ of the cars you want.

⑫ He is shadowed by detectives _____ he goes.

⑬ Return the dictionary to _____ name is on it.

⑭ _____ hard it may rain, I will start tomorrow.

⑮ Mother Teresa was welcomed _____ she went.

⑯ _____ you marry, I will respect your decision.

⑰ _____ I go to Singapore, I stay with my sister.

⑱ Come to see me _____ it is convenient to you.

⑲ _____ wishes to succeed must try his or her best.

⑳ I cannot forgive you _____ excuses you may make.

㉑ _____ profession you may choose, you will succeed in it.

㉒ _____ erudite a man may be, he cannot know everything.

㉓ _____ there is plenty of sun and rain, the fields are green.

㉔ _____ you call on him, you will find him playing computer games.

해석과 정답 ① 이것이 누구의 것이든 제발 찾아가세요. (Whosever) ② 나는 내 엄마가 말씀하시는 것은 무엇이나 믿어. (whatever) ③ 네가 좋아하는 사람에게 그 사과를 주어라. (whomever) ④ 너는 네가 선택하는 것은 아무거나 가져가도 돼. (whichever) ⑤ 무슨 일이 일어나더라도 나는 두렵지 않다. (Whatever) ⑥ 그 책이 기한이 지난 사람은 누구나 벌금을 부과받는다. (Whosever) ⑦ 누가 그렇게 말하든 나는 믿지 않는다. (Whoever) ⑧ 그는 무엇을 하든 최선을 다할 것이다. (Whatever) ⑨ 이 옷들을 필요한 사람에게 주어라. (whoever) ⑩ 그가 어느 것을 선택하든 나는 그것을 그에게 주겠다. (Whichever) ⑪ 그 자동차들 가운데 네가 원하는 것은 아무거나 운전해도 돼. (whichever)
⑫ 그는 가는 곳마다 형사들에게 미행당한다. (wherever) ⑬ 그 사전을 이름이 적혀있는 사람에게 돌려주어라. (whosever) ⑭ 비가 아무리 세차게 오더라도 나는 내일 출발할 거야. (However) ⑮ 테레사 수녀는 가는 곳마다 환영을 받았다. (wherever) ⑯ 네가 누구와 결혼하든 나는 너의 결정을 존중할 것이다. (Whomever) ⑰ 나는 싱가포르에 갈 때마다 언니 집에 머무른다. (Whenever) ⑱ 편리할 때는 아무 때나 날 만나러 와. (whenever) ⑲ 성공하기를 원하는 사람은 누구나 최선을 다해야 한다. (Whoever) ⑳ 네가 무슨 변명을 하더라도 나는 너를 용서할 수 없어. (whatever)
㉑ 네가 무슨 직업을 선택하더라도 너는 그것에서 성공할 것이다. (Whatever) ㉒ 사람이 아무리 박식하더라도 모든 것을 알 수는 없다. (However) ㉓ 햇볕과 비가 많이 있는 곳은 어디나 들판이 푸르다. (Wherever) ㉔ 네가 그를 언제 방문하든지 너는 그가 컴퓨터 게임을 하고 있는 것을 발견하게 될 것이다. (Whenever)

어휘 claim 기탁물을 찾아가다, 주장하다 choose 선택하다 happen 발생하다 overdue 기한이 지난 fine 벌금을 부과하다 drive 운전하다 shadow 미행하다 detective 형사, 탐정 return 돌려주다 dictionary 사전 welcome 환영하다 respect 존중하다 decision 결정 convenient 편리한 wish 바라다 succeed 성공하다 forgive 용서하다 excuse 변명 profession 직업 erudite 박식한 plenty of=a lot of 많은 field 들판 green 푸른 call on 방문하다 find 발견하다 play 경기하다

PART 18 | 전치사(명사나 대명사 앞에 붙는 말)

1 시간 전치사(Prepositions of time)(기본과정)(토익 필수과정)

(1)			
at	시, 분, 새벽, 정오, 밤 등 짧은 시각	at dawn(새벽에), at dusk/twilight(석양에), at noon(정오에), at night(밤에), at midnight(자정에/밤중에)	
on	날짜, 요일, 특정한 날의 아침, 오후, 저녁	on the 25th of January, on Sunday, on Sunday night	
in	오전, 오후, 저녁, 월, 계절, 연도, 세기	in the morning/afternoon/evening, in January, in spring, in 2016, in the 19th century	

① I will call you at 7:30 p.m.

② She came to Korea in February.

③ What did you do on the weekend? (미국식)

④ What did you do at the weekend? (영국식)

⑤ School begins at nine o'clock in spring.

⑥ We are planning to throw a party on Saturday.

⑦ The Korean War broke out on the 25th of June, 1950.

⑧ Abraham Lincoln was born on the morning of February 12, 1809.

> **해석** ① 나는 오후 7시 30분에 너에게 전화할게. ② 그녀는 2월에 한국에 왔다. ③/④ 너는 주말에 무엇을 했니?
> ⑤ 봄에는 수업이 9시에 시작한다. ⑥ 우리는 토요일에 파티를 열 계획이야.
> ⑦ 한국전쟁은 1950년 6월 25일에 발생했다. ⑧ 아브라함 링컨은 1809년 2월 12일 아침에 태어났다.

(2)	in	~후에 곧바로/~만에/~지나서	before	~이전에(earlier than)
	within	~안에 : 일정한 기간 이내에	to	특정시간 전
	after	~후에 아무 때나	ago	전에: 과거시제에서

① It is ten to six now.　　　　　② I'll phone you after lunch.

③ I'll be back in ten minutes.　　④ Can you finish the job in two weeks?

⑤ We bought popcorn before the movie.

⑥ The dinosaurs died out 65 million years ago.

⑦ My brother will get married within ten years.

> **해석** ① 지금은 6시 10분 전이다. ② 점심식사 후에(아무 때나) 너에게 전화할게. ③ 10분 후에 (바로) 돌아올게.
> ④ 너는 그 일을 2주일 만에 끝마칠 수 있니? ⑤ 우리는 영화 보기 전에 팝콘을 샀다.
> ⑥ 공룡은 6,500만 년 전에 멸종했다. ⑦ 내 형은 10년 이내에 결혼할 것이다.

> **어휘** weekend 주말 school 수업 begin 시작하다 spring 봄 be planning(due, scheduled, slated) to ~할 계획이다
> throw a party 파티를 열다 war 전쟁 break out 발생하다 be born 태어나다 phone=call up=ring up 전화하다
> be back 돌아오다 finish 끝마치다 buy-bought 사다 movie 영화 dinosaur 공룡 die out=disappear 멸종하다

(3)	till(until)	~까지: 동작이나 상태의 계속
	by	~까지: 동작이나 상태의 완료(not later than)
	from	~로부터: 출발시점/~to(~까지) 도착지점; ~to/till/until 마지막 시점
	since	~이후로/~이래로: 과거부터 현재까지, 또는 과거부터 다른 과거까지

① I waited for you till(until) six.　　　② She promised to be back by five o'clock.

③ I took a train from New York to Washington. (till (×))

④ The museum is open from 9:30 a.m to(till, until) 6:00 p.m every day.

⑤ I have been working for the company since I left school.

⑥ I had worked for the company since I left school.

> **해석** ① 나는 6시까지 너를 기다렸다. ② 그녀는 5시까지 돌아오겠다고 약속했다.
> ③ 나는 뉴욕에서 워싱턴까지 기차를 탔다. ④ 그 박물관은 매일 오전 9시 30분부터 오후 6시까지 개방된다.
> ⑤ 나는 학교를 졸업한 이후로 그 회사에 (지금까지) 근무해오고 있다.
> ⑥ 나는 학교를 졸업한 이후로 그 회사에 근무 했었다(지금은 하지 않는다).

(4)	for+숫자를 동반한 기간	동안에
	during+기간명사	동안에
	through(throughout)+기간명사	내내/처음부터 끝까지

① I stayed in Hawaii for a year.　　　② He has lived in Korea for the past ten years.

③ He drowsed through(throughout) the performance.

④ I often went fishing with my father during my summer vacation.

> **해석** ① 나는 일 년 동안 하와이에 머물렀다. ② 그는 지난 10년 동안 한국에서 살았다.
> ③ 그는 공연 내내 꾸벅꾸벅 졸았다. ④ 나는 여름방학 동안에 아빠와 가끔 낚시를 갔다.

② 장소·위치 전치사(Prepositions of Place or position) I.(기본과정)(토익 필수과정)

on	표면 위에	above	저 위에/바로 위에
beneath = underneath	바로 밑에(접촉/비접촉)	below = beneath	저 아래
over = above	바로 위에 ↔ under	in = inside	안에
under = beneath	바로 아래에	outside (of 미국식)	밖에(있는)

① He lives in New York.　　　② The cat is under the chair.

③ The bird is inside the cage.　　　④ His shorts are below his knees.

⑤ I sat on a chair outside (of) his office.　　　⑥ There is a mirror above(over) the sink.

⑦ The pen was beneath(underneath) the book.

⑧ We slept outside beneath(below/under) the stars.

> **해석** ① 그는 뉴욕에서 산다. ② 고양이는 의자 밑에 있다. ③ 새가 우리 안에 있다.
> ④ 그의 반바지는 무릎 아래까지 내려와 있다. ⑤ 나는 그의 사무실 밖에 있는 의자에 앉았다.
> ⑥ 싱크대 위에 거울이 있다. ⑦ 그 펜은 책 바로 밑에 있었다. ⑧ 우리는 밖에 별 아래서 잠을 잤다.

> **어휘** promise 약속하다 be back 돌아오다 museum 박물관 company 회사 leave school 졸업하다
> drowse 졸다 stay 머무르다 for the past ten years 지난 10년 동안 summer vacation 여름방학
> performance 공연 cage 우리 shorts 반바지 knee 무릎 chair 의자 mirror 거울, 반사하다 sink 싱크대

③ 장소·위치 전치사(Prepositions of Place or position) Ⅱ.(기본과정)(토익 필수과정)

before = in front of	앞에	about	주변 도처에
behind = at the back of	뒤에	between	둘 사이에
by = beside = next to	바로 옆에	among	셋 이상 사이에
near	근처에	opposite = across from	건너편에/반대편에
around = round	주변에	throughout	도처에/전역에

① He knelt before the king.　　② He hid himself behind a tree.

③ My school is near the church.　　④ The restaurant is by the river.

⑤ He was standing by(next to) his car.　　⑥ Come and sit here beside(next to) me.

⑦ The earth moves round the sun.　　⑧ They were sitting around the bonfire.

⑨ There were footprints about the house.　　⑩ Mary sat between Tom and Jane.

⑪ Peter was among the spectators.　　⑫ Eva sat opposite Tom at the table.

⑬ The disease spread rapidly throughout Europe.

> **해석** ① 그는 왕 앞에 무릎을 꿇었다. ② 그는 나무 뒤에 숨었다. ③ 내 학교는 그 교회 근처에 있다.
> ④ 그 식당은 강가에 있다. ⑤ 그는 자기 차 옆에 서 있었다. ⑥ 와서 내 옆에 이곳에 앉아라.
> ⑦ 지구는 태양 주위를 돈다. ⑧ 그들은 모닥불 주위에 앉아있었다. ⑨ 그 집 주변 도처에 발자국이 있었다.
> ⑩ Mary는 Tom과 Jane의 사이에 앉았다. ⑪ Peter는 관중들 사이에 있었다.
> ⑫ Eva는 식탁에서 Tom의 맞은편에 앉았다. ⑬ 그 질병은 유럽 전역에 급속도로 퍼졌다.

④ 방향 전치사(Prepositions of direction)(기본과정)(토익 필수과정)

to	~로(도착지)	up	~위로(방향)
for	~을 향하여(목적지)	down	~아래로
toward(s)	~쪽으로 (방향)	through	~을 통과하여
into	~안으로	across	~을 가로질러
out of	~밖으로	along	~을 따라서
onto	~의 위로(접촉)	past	~을 지나서

① He got into a taxi.　　② He got out of a taxi.

③ She walked up the stairs.　　④ He walked down the stairs.

⑤ He walked across the street.　　⑥ He was walking along the street.

⑦ He walked past the supermarket.　　⑧ The child ran toward her father.

⑨ This flight is bound for Hongkong.　　⑩ A cat jumped onto the roof of my car.

⑪ They walked slowly through the woods.

> **해석** ① 그는 택시 안으로 탔다. ② 그는 택시에서 내렸다. ③ 그녀는 계단 위로 올라갔어. ④ 그는 계단 아래로 내려왔다.
> ⑤ 그는 거리를 가로질러 걸어갔다. ⑥ 그는 거리를 따라 걸어가고 있었다. ⑦ 그는 걸어서 슈퍼마켓을 지나갔다.
> ⑧ 그 아이는 자기 아빠를 향해 달려갔다. ⑨ 이 항공편은 홍콩행이다. ⑩ 고양이가 내 차 지붕 위로 뛰어 올라갔다.
> ⑪ 그들은 숲을 뚫고 천천히 걸어갔다.

> **어휘** kneel-knelt 무릎 꿇다 hide-hid 숨기다. church 교회 stand 서있다 sit-sat 앉다 earth 지구 move round 돌다
> bonfire 모닥불 footprint 발자국 spectator 관중 disease 질병 spread 퍼지다 rapidly 급속도로 walk 걷다 stair 계단
> street 거리 run-ran-run 달리다. 출마하다 be bound for ~로 향하다 jump 뛰다 roof 지붕 slowly 천천히 woods 숲

⑤ 교통·통신 수단 전치사(transportation or communication)(기본과정)(토익 필수과정)

ⓐ by car(bus/subway/motorcycle/bicycle/boat/ship/plane/train/phone/email): by 무관사
ⓑ in a car(taxi/truck/helicopter): ☞ 들어가자마자 앉아야 하는 차량은 in
ⓒ on a bus(subway/bicycle/ship/plane/train), on foot, on horse(horseback)
　　☞ 위에 타거나 들어가서 좌석까지 걸어가야 하는 차량은 on
ⓓ on the phone(radio, internet), on TV: 통신수단은 on

① She went to Seoul by bus.

② I went to Vancouver in my car.

③ I'm in the car; I'll be home in a minute.

④ I'm on the bus; I'll be home in a minute.

⑤ She left her home and went to town on foot.

⑥ He is on the phone right now.

⑦ I read the news on the Internet.

⑧ My favorite movie will be on TV tonight.

⑨ She has been on the computer since this morning.

> **해석** ① 그녀는 버스로 서울에 갔다. ② 나는 차를 타고 밴쿠버에 갔다. ③ 나는 차 안에 있어. 금방 집에 도착할 거야.
> ④ 나는 버스에 있어. 금방 집에 도착할 거야. ⑤ 그녀는 집을 떠나 걸어서 읍내에 갔다. ⑥ 그는 지금 전화통화중이야.
> ⑦ 나는 인터넷에서 그 소식을 읽었다. ⑧ 내가 좋아하는 영화가 오늘 밤 TV에서 방영할 거야.
> ⑨ 그녀는 오늘 아침부터 컴퓨터를 사용하고 있다.

⑥ 전치사가 필요한 경우와 불필요한 경우

① Where do you live?　　　　　② Where are you going?

③ Where is your college?　　　　④ The book fell off the desk.

⑤ Can you meet me this afternoon?　⑥ She met with an accident yesterday.

⑦ He threw something out the window.　⑧ I took my camera out of my suitcase.

⑨ If we don't hurry, we will miss the show.　⑩ She wouldn't let the cat inside the house.

⑪ They're meeting with Russian leaders to try to end the crisis. (formal meeting)

> **해석** ① 너 어디 사니? ② 너 어디 가는 중이니? ③ 너의 대학은 어디에 있니? ④ 그 책이 책상에서 떨어졌다.
> ⑤ 너는 오늘 오후에 나를 만날 수 있니? ⑥ 그녀는 어제 사고를 당했다. ⑦ 그는 뭔가를 창밖으로 던졌다.
> ⑧ 나는 여행용 가방에서 카메라를 꺼냈다. ⑨ 우리가 서두르지 않으면 우리는 쇼를 놓치게 될 거야.
> ⑩ 그녀는 고양이를 집 안에 들여놓으려 하지 않았다. ⑪ 그들은 위기를 종식시키려고 러시아 지도자들을 만날 예정이다.

> **주의** ☞ Where는 부사이므로 전치사가 필요 없습니다. out of 안에서 밖으로 throw out 밖으로 던지다. 사람을 만날 때
> 는 meet, 공식적인 만남/회의를 가질 때나 사고를 당할 때는 meet with를 사용합니다.

> **어휘** in a minute 금방 leave—left—left 떠나다 on foot 걸어서 on the phone 전화통화 중 right now 지금
> favorite 좋아하는 movie 영화 tonight 오늘밤 since this morning 오늘 아침부터 live 살다, 살아 있는
> fall off ~에서 떨어지다 suitcase 여행용 가방 throw—threw 던지다 meet with 당하다/공식적으로 만나다
> accident 사고 let—let—let 허락하다 hurry 서두르다 miss 놓치다/그리워하다 end the crisis 위기를 종식시키다

문제 1. Fill in the blanks with proper prepositions.(중급과정)

① He came _____ March.

② I was born _____ 2000.

③ I had lunch _____ noon.

④ She came _____ Monday.

⑤ The plant is _____ the table.

⑥ John is _____ the classroom.

⑦ I was born _____ March 15th.

⑧ I will help you _____ a minute.

⑨ Julie will be _____ the plane now.

⑩ I held a party _____ my birthday.

⑪ The cat is sitting _____ the chair.

⑫ John is _____ a taxi. He's coming.

⑬ I will meet you _____ the morning.

⑭ She hung a picture _____ the wall.

⑮ I usually stay at home _____ night.

⑯ Please put those apples _____ the box.

⑰ Frank is on holiday _____ three weeks.

⑱ He had his son killed _____ the Iraq war.

⑲ It snows here every year _____ December.

⑳ _____ the moment, I am doing an exercise.

㉑ When I called Lucy, she was _____ the bus.

㉒ He played a trick on me _____ April Fool's Day.

㉓ We stayed at the restaurant from 7:00 _____ 10:00.

㉔ Jane is arriving _____ the afternoon of January 5th.

㉕ We always see a movie at the cinema together _____ Christmas day.

해석과 정답 그는 3월에 왔다. – in ② 그는 2000년에 태어났다. – in ③ 나는 정오에 점심을 먹었다. – at ④ 그녀는 월요일에 왔다. – on ⑤ 그 식물은 탁자 위에 있다. – on ⑥ John은 교실에 있다. – in ⑦ 나는 3월 15일에 태어났다. – on ⑧ 내가 금방 도와줄게. – in ⑨ Julie는 지금 비행기에 있을 거야. – on ⑩ 나는 내 생일날 파티를 열었다. – on ⑪ 고양이가 의자 위에 앉아있다. – on ⑫ John은 택시 탔어. 그는 오고 있다. – in ⑬ 나는 오전에 너를 만날게. – in ⑭ 그녀는 그림을 벽에 걸었다. – on ⑮ 나는 대개 밤에는 집에 있다. – at ⑯ 그 사과들을 상자 속에 넣어주세요. – into ⑰ Frank는 3주 동안 휴가 중이다. – for ⑱ 그는 이라크 전쟁 중에 아들이 죽었다. – during ⑲ 이곳에서는 매년 12월에 눈이 온다. – in ⑳ 현재 나는 운동하고 있다. – At ㉑ 내가 Lucy에게 전화했을 때, 그녀는 버스에 있었다. – on ㉒ 그는 만우절에 나를 속였다. – on ㉓ 우리는 7시부터 10시까지 그 식당에 머물렀다. – till/until/to ㉔ Jane은 1월 5일 오후에 도착할 예정이다. – on ㉕ 우리는 크리스마스 때 항상 영화관에서 함께 영화를 본다. – on

---

어휘 come–came–come 오다 March 3월 lunch 점심식사 noon 정오 Monday 월요일 plant 식물, 공장, 발전소 classroom 교실 be born 태어나다 in a minute 금방, 곧 plane 비행기 now 지금 hold a party 파티를 열다 cat 고양이 chair 의자 is coming 오고 있다 meet 만나다 in the morning 오전에 hang–hung 걸다 on the wall 벽에 usually 대개 stay 머무르다 put 넣다 into 안으로 on holiday 휴가 중 war 전쟁 ever year 매년 December 12월 at the moment 지금 exercise 운동 call 전화하다 on the bus 버스에 play a trick on=make a dupe of 속이다 April Fool's Day 만우절 restaurant 식당 arrive 도착하다 afternoon 오후 see a movie 영화를 보다 cinema 영화관 together 함께, 협력하여

---

7 after의 용법(중급과정)

해석을 먼저 읽고, 해석(홍색)에 해당하는 전치사를 영어 문장을 보며 찾아보세요.

(1) 찾고/쫓고/추적하고 있는(= follow and try to catch/get someone or something)

① He is after a job in Australia.

② He tries to seek after happiness.

③ The police are after the murderer.

④ I am after a tie to go with this shirt.

⑤ Watch out, he's only after your money.

> **해석** ① 그는 호주에서 직업을 찾고 있다. ② 그는 행복을 추구하려고 애를 쓴다. ③ 경찰은 살인자를 추적하고 있다.
> ④ 나는 이 셔츠와 어울릴 타이를 찾고 있다. ⑤ 조심해, 그는 오직 네 돈만 노리고 있거든.

(2) ~을 모방한/~의 풍의(= typical of or similar to the style of)

① This is a picture after Rembrandt.

② It was not a concerto after Mozart.

③ This is a novel after Hemingway's style.

④ This is a fable after the manner of Aesop.

> **해석** ① 이것은 렘브란트 화풍의 그림이다. ② 그것은 모차르트풍의 협주곡이 아니었다.
> ③ 이것은 헤밍웨이 문체를 모방한 소설이다. ④ 이것은 이솝의 방법을 모방한 우화이다.

(3) ~을 본떠서(= giving ~the same name as another person or thing)

① He is called Christopher,/ after his uncle.

② She is called Diana,/ after Princess Diana.

③ He was named Mark/ after his grandfather.

④ The mountain was named Everest/ after Sir George Everest.

> **해석** ① 그는 크리스토퍼로 불린다/ 자기 삼촌(의 이름)을 본떠서. ② 그녀는 Diana라 불린다/ 다이애나 공주를 본떠서.
> ③ 그는 Mark라고 불렸다/ 자기 할아버지를 본떠서. ④ 그 산은 Everest라 명명되었다/ George Everest 경을 본떠서.

(4) ~때문에/ ~의 결과/~을 고려하여(= as a result of=because of)

① Nobody trusts her after that lie.

② You must succeed after such efforts.

③ After what you have said, I will be careful.

④ After her selfish way, who could love her?

> **해석** ① 그 거짓말 때문에 아무도 그녀를 믿지 않는다. ② 너는 그런 노력의 결과 분명히 성공할 거야.
> ③ 네가 말한 것을 고려하여 나는 조심할 거야. ④ 그녀의 이기적인 방식 때문에 누가 그녀를 사랑할 수 있겠어?

> **어휘** job 직업 seek after 추구하다 police 경찰 murderer 살인자 watch out=look out=be careful 조심하다
> only 오직, 단지 concerto 협주곡 novel 소설 style 문체 fable 우화 manner 방법, 태도, 양식 call 부르다
> name 명명하다, 이름 짓다 Sir 경 nobody 아무도 ~하지 않다 trust 믿다 lie 거짓말 such 그런 effort 노력
> what you have said 네가 말한 것 careful=cautious=circumspective 조심하는, 신중한 selfish way 이기적인 방식

(5) ～에도 불구하고(= for all = with all = in spite of = despite = notwithstanding)

① After all my care, it was broken.

② He has failed after all his labors.

③ After all my objections, why did you do it?

④ After all we had done, he was still ungrateful.

> **해석** ① 내 모든 주의에도 불구하고 그것은 깨져버렸다. ② 그의 모든 수고에도 불구하고 그는 실패했다.
> ③ 내 모든 반대에도 불구하고 왜 그 일을 했어? ④ 우리가 행한 그 모든 일에도 불구하고, 그는 여전히 은혜를 몰랐다.

(6) soon(shortly/straight/immediately/not long) after (～직후에/～한 후 곧바로)

① Soon after we set off, Sue said she felt sick.

② I am going home shortly after netball practice.

③ Joe was born not long after we moved to London.

④ You shouldn't go swimming straight after a big meal.

> **해석** ① 우리가 출발한 직후 Sue는 아프다고 말했다. ② 나는 네트볼 연습을 한 후 곧바로 집에 갈 거야.
> ③ Joe는 우리가 런던으로 이사한 지 얼마 되지 않아 태어났다. ④ 식사를 많이 한 직후 수영하러 가서는 안 된다.

(7) one after another = one after the other (계속해서/하나씩 하나씩)

① My three guitars broke one after the other.

② Caroline was trying on one outfit after another.

③ He has had one problem after another this year.

④ One after another, tropical storms battered the Pacific coastline.

> **해석** ① 나의 세 기타가 하나씩 하나씩 고장 났다. ② Caroline은 옷을 한 벌씩 한 벌씩 입어보고 있었다.
> ③ 그는 올해 계속해서 문제가 생겼다. ④ 계속해서 열대 폭풍이 태평양 해안선을 강타했다.

(8) after～ing (～한 후에) ↔ before ～ing (～하기 전에) (토익 출제 고빈도 과정)

① After having lunch, I went to the library.

② Let's drink coffee after watching the movie.

③ Please put out all lights before leaving the office.

④ Before moving to America, I spent my early life in Korea.

> **해석** ① 점심식사 후에, 나는 도서관에 갔다. ② 영화를 본 후에, 우리 커피 마시자.
> ③ 사무실을 떠나기 전에, 모든 불을 끄십시오. ④ 미국으로 이사하기 전, 나는 어린 시절을 한국에서 보냈다.

> **어휘** care 주의, 신중함 be broken 깨지다 labor 수고, 노동, 근로, 노력 objection 반대 still 여전히
> ungrateful 은혜를 모르는, 감사할 줄 모르는 set off 출발하다 feel sick 아픔을 느끼다 practice 연습
> netball 7명이 하는 농구 변종 경기 be born 태어나다 move 이사하다 go swimming 수영하러 가다
> meal 식사 break 고장 나다 try on 입어보다 outfit 의상 tropical storm 열대 폭풍 batter 강타하다
> Pacific 태평양 coastline 해안선 lunch 점심 library 도서관 put out=turn off 끄다 early life 초년 시절
> fail=get nowhere=fall to the ground=go to ruin=go to the dogs=go to the devil=fall through 실패하다
> achieve=accomplish=attain=complete=consummate=carry out(through)=carry～into effect(execution)
> =discharge=deploy=enforce=execute=fulfill=implement=make good=perform=practice=put through(over)
> =put(bring, carry)～into effect(practice, action, force, operation, execution)=give effect to 성취(수행)하다

8 against 용법(중급과정)

해석을 먼저 읽고, 해석(홍색)에 해당하는 전치사를 영어 문장을 보며 찾아보세요.

(1) ⓐ 방어/대비/예방하여(= in defense from = as protection from)

   ⓑ 충돌하여/부딪쳐서(= into collision with)

① He hit his head against a tree.

② He turned up his collar against the wind.

③ The waves were beating against the shore.

④ We should save some money against a rainy day.

⑤ My puppy got an injection against rabies yesterday.

> **해석** ① 그는 나무에 머리를 부딪쳤다. ② 그는 바람에 방어하여 옷깃을 올렸다. ③ 파도가 해변에 부딪히고 있었다.
> ④ 우리는 만일의 경우를 대비해서 돈을 좀 저축해야 한다. ⑤ 내 강아지는 어제 광견병 예방 (접종) 주사를 맞았다.

(2) ⓒ 비교/대조해서(= comparing/ = in conceptual contrast to)

   ⓓ 상대하여(= in competition with: 스포츠에서)

① Profits are up this year against last year.

② Check your receipts against the statement.

③ You must weigh the benefits against the cost.

④ The Yankees are playing against the Red Sox tonight.

⑤ Germany are playing against Brazil in the final tonight.

> **해석** ① 작년보다 올해에 이익이 늘어났다. ② 명세서와 대조해서 영수증을 살펴봐라. ③ 너는 이익을 비용과 대조해서 평
> 가해야 한다. ④ 오늘 밤에 양키스가 레드삭스를 상대로 경기한다. ⑤ 독일이 오늘 밤 결승전에서 브라질과 경기한다.

(3) ⓔ 반대/대항/저항하여(= at odds with/in resistance to = hostile to)

   ⓕ 반대방향으로/거슬러서(= in the opposite direction to)

① Are you for or against the motion?

② The girl was married against her will.

③ He was swimming against the tide in the sea.

④ We were sailing against a strong easterly wind.

⑤ The state has a law against cruelty to animals.

⑥ She has always rebelled against authoritarianism.

> **해석** ① 너는 그 제안에 찬성하니 반대하니? ② 그 소녀는 자신의 의지와 반대로 결혼했다.
> ③ 그는 바다에서 조류를 거슬러 수영하고 있었다. ④ 우리는 강한 동풍을 거슬러 항해하고 있었다.
> ⑤ 그 주는 동물에 대한 학대를 반대하는 법을 가지고 있다. ⑥ 그녀는 항상 권위주의를 반대해 왔다.

> **어휘** turn up 올리다 collar 옷깃 wind 바람 wave 파도 beat 부딪치다 shore 해변 should ~해야 한다
> against(for) a rainy day=just to be on the safe side 만일의 경우를 대비해서 puppy 강아지 injection 주사
> rabies 광견병 profit 이익 be up 오르다 receipt 영수증 statement 명세서 benefit 이익 cost 비용 tonight 오늘밤
> final 결승전 for 찬성하는 motion 제안 will 의지 tide 조류, 흥망 sail 항해하다 strong easterly wind 강한 동풍
> state 주 law 법 cruelty 잔인성 animal 동물 rebel=revolt=mutiny=rise up 반대하다 authoritarianism 권위주의

(4) ⑨ 불리한/적대적인(= unfavorable to = adverse to)

　　ⓗ 법적으로 불리한(= With reference to legal action = legally unfavorable)

① Everything was against them.

② Someone made threats against her.

③ The evidence against him is very convincing.

④ We decided not to take legal action against him.

⑤ Lack of experience counts against you in an interview.

> **해석** ① 모든 것이 그들에게 불리했다. ② 어떤 사람이 그녀에게 적대적인 협박을 했다.
> ③ 그에게 불리한 증거가 매우 설득력 있다. ④ 우리는 그에게 불리한 법적인 조치를 취하지 않기로 결정했다.
> ⑤ 경험부족은 면접에서 여러분에게 불리하게 작용한다.

(5) ⓘ 배경으로 하여(= with the background of = in visual contrast to)

　　ⓙ 역행하여(= unsympathetic to)

① A war is a crime against humanity.

② We took many pictures against the sea.

③ The white sail stands out against the dark sea.

④ The dictator is charged with crimes against humanity.

⑤ The love story unfolds against a background of the Civil War.

> **해석** ① 전쟁은 반인륜적인 범죄이다. ② 우리는 그 바다를 배경으로 하여 많은 사진을 찍었다.
> ③ 하얀 돛이 어두운 바다를 배경으로 하여 눈에 띈다. ④ 그 독재자는 반인륜 범죄로 비난받고 있다.
> ⑤ 그 사랑 이야기는 남북전쟁을 배경으로 펼쳐진다.

(6) ⓚ 위배되는/반하는(= in disagreement with: 법, 규칙, 원칙, 전통에 위배되는)

　　ⓛ 기대어/접촉하여(= in contact with)

① She was close against his bosom.

② They were acting against tradition.

③ He stood there with his back against the wall.

④ Touching the ball with your hands is against the rules.

⑤ Unauthorized racing on the road is already against the law.

> **해석** ① 그녀는 그의 품에 꼭 기대어 있었다. ② 그들은 전통에 반하는 행동을 하고 있었다.
> ③ 그는 벽에 등을 기댄 채 그곳에 서 있었다. ④ 손으로 공을 닿는 것은 규칙에 위배된다.
> ⑤ 도로에서 무허가 경주는 이미 불법이다.

> **어휘** threat 협박 evidence 증거 convincing 설득력 있는 lack of experience 경험부족 interview 면접
> count against 불리하게 작용하다 war 전쟁 crime against humanity 반인륜적 범죄 sail 돛, 항해하다
> stand out=cut a fine figure=make one's mark=come to the front(fore)=distinguish oneself 눈에 띄다
> dictator 독재자 charge 비난하다 unfold 펼쳐지다, 전개되다 background 배경 the Civil War 남북전쟁
> close 가까운 bosom=breast 품, 가슴 act against 반하는 행동을 하다 tradition 전통 back 등 rule 규칙
> unauthorized 허가받지 않은↔authorized 공인된, 허가받은 racing 경주 road 도로 already 이미 law 법

9 at의 용법(중급과정)

해석을 먼저 읽고, 해석(홍색)에 해당하는 전치사를 영어 문장을 보며 찾아보세요.

(1) 특정 장소, 주소, 이메일 주소, 전화번호, 집, 직장, 사무실, 호텔 앞

① I am at home now.

② I live at 25 Brookfield Avenue.

③ She is at the office(library) now.

④ I saw a baseball game at the stadium.

⑤ You can reach us at 777-7777. (미국식)

⑥ You can reach us on 777-7777. (영국식)

⑦ My email address is unique at cambridge.com.

> **해석** ① 나는 지금 집에 있어. ② 나는 Brookfield Avenue 25번에 살아. ③ 그녀는 지금 사무실(도서관)에 있어.
> ④ 나는 경기장에서 야구 경기를 보았어. ⑤ 너는 우리에게 777-7777로 연락하면 돼.
> ⑥ 너는 우리에게 777-7777로 연락하면 돼. ⑦ 내 이메일 주소는 unique@cambridge.com이야.

(2) 밀착된 상태/곁에(= next to/close)

① She was seated at the piano.

② The cat came and lay down at my feet.

③ She was sitting at the table in the corner.

④ She was standing at the window, staring out across the garden.

> **해석** ① 그녀는 피아노 옆에 앉아 있었다. ② 고양이가 와서 내 발 옆에 누웠다.
> ③ 그녀는 구석에 있는 탁자에 앉아 있었다. ④ 그녀는 창가에 서서 정원 건너편을 응시하고 있었다.

(3) 진학중인(= studying at an educational institution)

① Is Karen still at college? (영국식) = Is Karen still in college? (미국식)

② I study economics at university.

③ She is studying at Oregon State University.

④ Are you at middle school or at highschool?

> **해석** ① Karen은 아직도 대학에 진학 중이니? ② 나는 대학에서 경제학을 공부해.
> ③ 그녀는 Oregon 주립대학교에서 공부하고 있어. ④ 너는 중학교 다니니, 고등학교 다니니?

(4) ~하는 중/참석 중/참가 중(사람이나 사물의 동작이나 상태: engaged in)

① He felt completely at ease.

② She is at prayer in the church now.

③ We were at a party last night when you called.

④ My children saw a bear while they were at play.

> **해석** ① 그는 완전히 안심하고 있었다. ② 그녀는 지금 교회에서 기도하는 중이다.
> ③ 우리가 어젯밤에 파티하고 있을 때 네가 전화했어. ④ 내 아이들은 노는 중에 곰을 보았다.

> **어휘** Avenue 남북으로 놓여있는 큰 도로 office 사무실 library 도서관 stadium 경기장 reach 연락하다
> be seated 앉아있다 lie-lay-lain 눕다 stare out 밖을 응시하다 garden 정원 college 단과대학
> economics 경제학 university 종합대학 State University 주립대학 middle school 중학교 highschool 고등학교
> feel at ease 안심하다 completely 완전히 prayer 기도 church 교회 last night 어젯밤 bear 곰

(5) 특정한 시간/시기(= during a particular period)

① Jane went home at lunchtime.

② I went to see a movie with my girlfriend at Christmas.

③ That scene at the beginning(=start) of the film was brilliant.

④ At night, temperatures sometimes fall to 10 degrees below zero.

> **해석** ① Jane은 점심시간에 집에 갔어. ② 나는 크리스마스 때 내 여자 친구와 함께 영화 보러 갔다.
> ③ 영화 시작 때 그 장면은 훌륭했어. ④ 밤에 온도는 가끔 영하 10도까지 떨어진다.

(6) 동작이나 감정의 원인(= because of)

① She blushed at a mistake.　　　　② I was angry at his behavior.

③ I was quite alarmed at the news.　　④ My pet dog came running at my voice.

⑤ She is envying at my success and fame.

> **해석** ① 그녀는 실수 때문에 얼굴이 빨개졌다. ② 나는 그의 행동에 화가 났다. ③ 나는 그 소식을 듣고 아주 놀랐다.
> ④ 나의 애완견은 내 목소리를 듣고 달려왔다. ⑤ 그녀는 나의 성공과 명성에 질투를 하고 있다.

(7) 가격, 온도, 속도의 정도(= the level of prices, temperatures, speeds etc.)

① She was walking at a great pace.

② The car was running at full speed.

③ I don't think she bought it at a low price.

④ The plastic pipes will melt at high temperatures.

⑤ The bus was running at the rate of 100km an hour.

> **해석** ① 그녀는 빠른 발걸음으로 걸어가고 있었다. ② 자동차는 전속력으로 달리고 있었다.
> ③ 나는 그녀가 그것을 저렴한 가격으로 샀다고 생각지 않는다. ④ 플라스틱 파이프는 높은 온도에서 녹는 경향이 있다.
> ⑤ 그 버스는 시속 100 킬로미터 속도로 달리고 있었다.

(8) 겨누는 방향(= in the direction of)

① He shouted at me angrily.

② The archer is aiming at the target.

③ Why are you staring at me like that?

④ A drowning man will catch at a straw.

⑤ Don't throw a stone at the abandoned dog.

> **해석** ① 그는 화가 나서 나에게 소리쳤다. ② 그 궁사는 과녁을 겨누고 있다. ③ 왜 너는 그처럼 나를 빤히 쳐다보고 있니?
> ④ 물에 빠진 사람은 지푸라기라도 잡으려는 경향이 있다. ⑤ 그 유기견에게 돌을 던지지 마라.

> **어휘** lunchtime 점심시간 scene 장면 beginning 시작 film 영화 brilliant 훌륭한, 화려한 fall 떨어지다 temperature 온도
> degree 정도 below zero 영하 blush 얼굴이 빨개지다 mistake 실수 angry 화난 behavior 행동 quite 대단히 alarmed
> 놀란 come running 달려오다 voice 목소리 envy 질투하다 fame 명성 pace 발걸음, 속도 at full speed 전속력으로
> at a low price 낮은 가격으로 melt 녹다 rate 속도, 비율 shout 소리치다 angrily 화가 나서 archer 궁사 aim 겨누다
> target 과녁, 표적, 목표 stare at 빤히 쳐다보다/응시하다 drowning 물에 빠진 straw 지푸라기 abandoned dog 유기견

⑩ by의 용법(중급과정)

해석을 먼저 읽고, 해석(홍색)에 해당하는 전치사를 영어 문장을 보며 찾아보세요.

(1) 수단(~로써: by means of/through)

① He had no light to read by.　② He went home by moonlight.

③ Man cannot live by bread alone.　④ He sold the vegetables by auction.

⑤ She left the house by the back door.　⑥ She mostly calls me by my last name.

> **해석** ① 그는 독서할 불빛이 없었다. ② 그는 달빛을 수단으로 집에 갔다. ③ 인간은 빵만으로는 살 수 없다.
> ④ 그는 경매로 채소들을 팔았다. ⑤ 그녀는 뒷문으로 집을 떠났다. ⑥ 그녀는 주로 내 성으로 나를 부른다.

(2) 단위(~단위로: by the 시간/수량)

① I get paid by the hour.

② We sell tomatoes by the kilo.

③ They sell sugar by the pound.

④ We hired a bicycle by the day.

> **해석** ① 나는 시간 단위로 임금을 받는다. ② 우리는 킬로그램 단위로 토마토를 판매한다.
> ③ 그들은 설탕을 파운드 단위로 판매한다. ④ 우리는 자전거를 하루 단위로 빌렸다.

(3) 완료(~까지: not later than)

① I will let you know by Monday.

② I have got to be home by seven.

③ She promised to be back by 9 p.m.

④ He won't be here by this time tomorrow.

⑤ Can you finish the work by next Saturday?

> **해석** ① 나는 월요일까지 너에게 알려줄게. ② 나는 7시까지 집에 도착해야 한다. ③ 그녀는 밤 9시까지 돌아오겠다고 약속했어.
> ④ 그는 내일 이맘때까지 이곳에 못 올 거야. ⑤ 다음 토요일까지 그 일을 끝낼 수 있니?

(4) ⓐ 정도/비율 ⓑ 근접(옆에/가까이에: next to)

① Their wages increased by 12%.

② This is longer than that by 5 feet.

③ We won the game by a boat's length.

④ My house stands by the lake.

⑤ We had a happy day by the seaside.

> **해석** ① 그들의 임금은 12% 증가하였다. ② 이것은 저것보다 5피트 더 길다. ③ 우리는 경기에서 겨우 이겼다.
> ④ 내 집은 호숫가에 위치해 있다. ⑤ 우리는 바닷가에서 행복한 하루를 보냈다.

> **어휘** light 불빛 moonlight 달빛 bread 빵 alone ~만/혼자서 vegetable 채소 auction 경매 mostly 주로
> last name 성 get paid 임금을 받다 sell-sold-sold 팔다 sugar 설탕 hire 빌리다, 고용하다 bicycle 자전거
> Monday 월요일 have got to=have to=must ~해야 한다 promise 약속하다 by this time 이맘때까지는 wage 임금
> increase 증가하다 win-won-won 이기다 by a boat's length 보트 길이만큼/간신히/겨우 lake 호수 seaside 바닷가

(5) 판단의 기준(~을 기준으로~에 따라: according to)

① I knew him by his walk.　② A tree is known by its fruit.

③ What time is it by your watch?　④ I can tell who it is by the footsteps.

⑤ Don't judge a person by his appearance.

⑥ A man is known by the company he keeps.

> **해석** ① 나는 그의 걸음걸이로 그를 알아보았다. ② 나무는 열매를 보면 알 수 있다. ③ 네 시계로는 몇 시야?
> ④ 나는 발걸음 소리로 누구인지 알 수 있다. ⑤ 사람을 외모로 판단하지 말라. ⑥ 사람은 사귀는 친구를 보면 알 수 있다.

(6) ⓐ 경과(지나서) ⓑ 기간(동안에: during)

① I work by day and study by night.

② The car sped by the house.

③ He went by the stationery store.

④ A police officer drove by the house.

> **해석** ① 나는 낮에 일하고 밤에 공부한다. ② 자동차가 그 집을 홱 지나갔다.
> ③ 그는 문방구를 지나갔다. ④ 경찰관이 그 집을 차를 몰고 지나갔다.

(7) ⓐ 태생/직업/천성 ⓑ 무렵/쯤

① He is kind by nature.

② She is a Canadian by birth.

③ He is a lawyer by profession.

④ By the time we had walked four miles, he was exhausted.

⑤ By the time I got to the station, the train had already gone.

> **해석** ① 그는 천성적으로 친절하다. ② 그녀는 태생이 캐나다인이다. ③ 그는 직업이 변호사이다.
> ④ 우리가 4마일을 걸어갔을 무렵, 그는 기진맥진했다. ⑤ 내가 역에 도착했을 무렵, 기차는 이미 가버렸다.

(8) 행위자(~에 의해)

① Hamlet is a play by Shakespeare.

② The tree was cut down by his neighbour.

③ This is a poem written by Wordsworth.

④ The book was translated by a well-known author.

> **해석** ① 햄릿은 셰익스피어가 쓴 희곡이다. ② 그 나무는 그의 이웃에 의해 베어졌다.
> ③ 이것은 워즈워드가 쓴 시이다. ④ 그 책은 유명한 작가에 의해 번역되었다.

> **어휘** by his walk 걸음걸이로 tree 나무 fruit 열매 tell 알다 footsteps 발자국 소리 judge 판단하다 company 친구
> keep 사귀다 appearance 외모 speed by 홱 지나가다 stationery store 문구점 drive by 차를 몰고 지나가다
> go by 지나가다　police officer 경찰관 by nature 천성적으로 by birth 태생적으로 by profession 직업적으로
> get to 도착하다　station 역 play 희곡 cut down 베다 neighbor 이웃 translate 번역하다 author 작가, 저술가
> exhausted=worn(weary, tired, tuckered, played) out=all beat up=done in=run down=bushed=debilitated
> =devitalized=dilapidated=enfeebled=enervated=fatigued=jaded=pooped=prostrated=sapped=wearied 녹초가 된

11 for의 용법(중급과정)

해석을 먼저 읽고, 해석(홍색)에 해당하는 전치사를 영어 문장을 보며 찾아보세요.

(1) ～을 위하여/대신하여(목적, 용도, 대신, 도움)

① This is a book for children.　　② A lawyer acts for his or her client.

③ He invited me for dinner on Tuesday.　　④ This pool is for the use of hotel guests.

해석 ① 이것은 아동들을 위한 책이다. ② 변호사는 자신의 고객을 대신한다.
③ 그는 화요일에 저녁식사를 위해 나를 초대했다. ④ 이 수영장은 호텔손님들의 사용을 위한 것이다.

(2) ～을 향하여(방향= towards; in the direction of)

① He was running for the bus.　　② Just follow signs for the museum.

③ The plane for London took off just now.　　④ The airplane starts for America at three.

해석 ① 그는 버스를 향해 달려가고 있었다. ② 그냥 박물관 쪽으로 표지판을 따라가세요.
③ 런던행 비행기가 막 이륙했다. ④ 그 비행기는 3시에 미국으로 출발한다.

(3) ～을 의미/상징하여(= meaning)/～을 대표하여(= representing)

① What does CO2 stand for?

② What is the Spanish word for "vegetarian"?

③ I am speaking for everyone in this department.

④ He swam for the United States in the 2000 Olympics.

해석 ① CO2는 무엇을 의미하지? ② 채식가를 의미하는 스페인어가 뭐니?
③ 나는 이 부서의 모두를 대표하여 말하고 있습니다. ④ 그는 2000년 올림픽에서 미국을 대표하여 수영하였다.

(4) ～에 비해서/～치고는/고려/참작하여(= considering/comparing)

① It is very warm for March.　　② He is not bad for a beginner.

③ She is very mature for her age.

④ For every two people in favor of the law, there are three against it.

해석 ① 3월 치고는 매우 따뜻하다. ② 그는 초보자치고는 나쁘지 않다. ③ 그녀는 나이에 비해서 아주 성숙하다.
④ 그 법을 찬성하는 사람 각 두 명에 대해서, 반대하는 사람은 세 명이다.

(5) ～때문에(이유나 동기: motive or reason)

① She shouted for joy.　　② I am so happy for you.

③ The town is famous for its cathedral.　　④ He was highly praised for his bravery.

해석 ① 그녀는 기뻐서 소리쳤다. ② 나는 너 때문에 정말 기쁘다. ③ 그 읍은 대성당으로(대성당 때문에) 유명하다.
④ 그는 그의 용감함 때문에 대단히 칭찬을 받았다.

어휘 lawyer 변호사 client 고객 invite 초대하다 museum 박물관 take off 이륙하다 start 출발하다 vegetarian 채식가
stand for=symbolize=signify=represent 상징/의미하다 department 부서, 학과 swim-swam-swum 수영하다
warm 따뜻한 beginner 초보자 mature 성숙한, 다 익은 in favor of 찬성하는 against 반대하는 cathedral 대성당
famous 유명한 highly 대단히 praise=applaud=laud=celebrate=commend=exalt=extol 칭찬하다 bravery 용감함

(6) 동안(기간: period of time)

① I have lived here for 2 years.

② He has been dead for ten years.

③ The first world war lasted for five years.

④ He was sentenced to imprisonment for life.

해석 ① 나는 2년 동안 이곳에서 살았다. ② 그는 죽은 지 10년이 되었다.
　　　③ 제1차 세계대전은 5년 동안 계속되었다. ④ 그는 무기징역/종신형을 선고받았다.

(7) ~을 찬성/지지하는(= agree with = in support of or in agreement with)

① I voted for Clinton.

② I am all for making changes to the system.

③ Are you for or against the new proposal?

④ Are you for or against the development of nuclear weapons?

해석 ① 나는 Clinton을 지지투표 하였다. ② 나는 그 제도를 바꾸는 것을 전적으로 찬성한다.
　　　③ 너는 그 새로운 제안에 찬성하니 반대하니? ④ 너는 핵무기 개발을 찬성하니 반대하니?

(8) 근무처(= being employed by)

① She works for a charity.

② My sister works for TBC.

③ I work for the government.

④ My brother works for a steel company.

해석 ① 그녀는 자선단체에서 일한다. ② 내 언니는 TBC에 근무한다.
　　　③ 나는 정부를 위해서 일한다./나는 공무원이다. ④ 내 형은 강철회사에 근무한다.

(9) 대가/교환/보상(= in exchange for)

① I paid ten dollars for the doll.

② You shall have this for nothing.

③ I bought the book for 20 dollars.

④ How much did you pay for your glasses?

⑤ I would not leave you for the whole world.

해석 ① 나는 그 인형 값으로 10달러를 지불했다. ② 너는 공짜로 이것을 가져라.(내가 그냥 줄게)
　　　③ 나는 20달러에 그 책을 샀다. ④ 너 안경 값 얼마 지불했니? ⑤ 나는 세상을 다 준다 해도 너를 떠나지 않을 거야.

어휘 dead 죽은 last 지속되다 sentence 선고하다 imprisonment for life 종신형/무기징역 vote 투표하다
make changes 바꾸다 proposal 제안 development 개발 nuclear weapon 핵무기 charity 자선단체
government 정부, 내각, 통치, 지배 steel company 강철회사 pay-paid-paid 지불하다 whole 모든
for nothing=for free=without payment(charge, cost, fee)=free of charge(cost)=at no cost=cost-free
=free=gratis=gratuitously=on the house 공짜로, 무료로 ephemeral=evanescent=fleeting=flitting=momentary
=transitory=transient=temporal=temporary=short-lived=impermanent 단명의, 일시적인, 덧없는↔permanent

12 of 용법(중급과정)

해석을 먼저 읽고, 해석(홍색)에 해당하는 전치사를 영어 문장을 보며 찾아보세요.

(1) ⓐ 주어 관계: 뒤 명사가 앞 명사의 주어

　　ⓑ 소유 관계: 뒤 명사가 앞 명사를 소유한 경우(~의)

① It is nice of you to help me.　　　② The devotion of the leader was great.

③ The value of the antique was very high.　　④ Many people dislike the smell of garlic.

> **해석** ① 나를 도와주다니 너는 참 친절하구나. ② 그 지도자의 헌신은 대단했다.
> 　　③ 그 골동품의 가격은 매우 높았다. ④ 많은 사람들이 마늘(이 갖고 있는) 냄새를 싫어한다.

(2) ⓒ 목적어 관계: 뒤 명사가 앞 명사의 목적어(을/를)

　　ⓓ 동격 관계(~라는)

① She is an eater of vegetables.　　② This is a portrait of my father.

③ He stays in the city of New York.　　④ I know the fact of his being a student.

⑤ The two of us have to go to her party.　　⑥ ⓓ Two of us have to go to her party.

> **해석** ① 그녀는 채소를 먹는 사람(채식가)이다. ② 이것은 내 아버지를 그린 초상화이다.
> 　　③ 그는 뉴욕이라는 도시에 머물고 있다. ④ 나는 그가 학생이라는 사실을 알고 있다.
> 　　⑤ 우리 두 명은 그녀의 파티에 가야 한다. ⑥ ⓓ 우리 중 두 명이 그녀의 파티에 가야 한다.
> 　　**주의** ☞ the가 있으면 동격, 없으면 소속관계

(3) ⓔ 소속 관계: 뒤 명사에 소속되어 있는 경우(~가운데)

　　ⓕ 재료/구성(~로)

① She is one of my best friends.　　② Some of the children were sleeping.

③ This house is built of wood.　　④ She is wearing a ring made of gold.

⑤ He made a musician of his daughter.

> **해석** ① 그녀는 나의 가장 좋은 친구 중 한 명이다. ② 아이들 중 일부는 자고 있었다.
> 　　③ 이 집은 나무로 지어져 있다. ④ 그녀는 금으로 만든 반지를 끼고 있다. ⑤ 그는 딸을 음악가로 만들었다.

(4) ⓖ 기점/방향(~부터)

　　ⓗ 출신

① Her arrow was wide of the mark.　　② His house is within ten miles of Seoul.

③ It is within a stone's throw of my house.　　④ He is a man of noble birth.

⑤ She is a woman of good family.

> **해석** ① 그녀의 화살은 과녁으로부터 많이 벗어났다. ② 그의 집은 서울로부터 10마일 이내에 있다.
> 　　③ 그것은 내 집으로부터 아주 가까운 곳에 있다. ④ 그는 귀족 출신의 사람이다. ⑤ 그녀는 명문가 출신의 여성이다.

> **어휘** nice 친절한 help 돕다 devotion 헌신, 전념, 신앙심 leader 지도자 value 가치, 가격 antique 골동품
> 　　dislike 싫어하다 garlic 마늘 vegetable 채소 portrait 초상화/상세한 묘사 fact 사실 wood 나무
> 　　wear 착용하다 musician 음악가 arrow 화살 wide of the mark 과녁에서 많이 빗나간 within ~이내에
> 　　noble birth 귀족 태생 within a stone's throw of ~에서 돌 하나 던져서 닿을 곳에/아주 가까운 거리에 있는

(5) ⓙ 기원/작가/예술가

　　ⓙ 원인이나 이유(= through)

① They are the plays of Shakespeare. ② Iliad of Homer is well known to the world.

③ He died of pancreatic cancer. ④ I am sick and tired of his nagging.

⑤ His illness came of drinking too much.

> **해석** ① 그것들은 셰익스피어의 희곡이다. ② 호머의 Iliad는 세계에 잘 알려져 있다. ③ 그는 췌장암으로 죽었다.
> ④ 나는 그의 잔소리에 넌더리가 난다. ⑤ 그의 질병은 과음으로부터 왔다.

(6) ⓚ 위치

　　ⓛ 인간관계

① She sat on the edge of her chair. ② The roof of his house is damaged.

③ He is a very good friend of mine. ④ She is a daughter of my teacher's.

⑤ I have seen a colleague of yours lately.

> **해석** ① 그녀는 의자의 모서리에 앉았다. ② 그의 집의 지붕은 손상되어 있다. ③ 그는 나의 아주 좋은 친구이다.
> ④ 그녀는 내 선생님의 딸이다. ⑤ 나는 최근에 너의 동료 한 명을 본적 있다.

(7) ⓜ 관계(~에 관해서: relating to)

　　ⓝ 때(= at some time)

① I have never heard of his son. ② We have to think well of others.

③ He has a picture of her on the wall. ④ I haven't seen her of recent years.

⑤ He left his house of a Sunday morning.

> **해석** ① 나는 그의 아들에 대해서 들어본 적이 없다. ② 우리는 남들에 대해서 좋게 생각해야 한다.
> ③ 그는 벽에 그녀의 사진을 한 장 가지고 있다. ④ 나는 최근 몇 년 동안 그녀를 본적이 없다.
> ⑤ 그는 일요일 아침에 그의 집을 떠났다.

(8) ⓞ 시각/날짜

　　ⓟ 박탈(= loss)

① We got there at five of(to) ten. (미국식) ② My birthday is on the fifth of July.

③ I get paid on the last day of each month. ④ A robber robbed her of her purse.

⑤ I was deprived of my bag on the way.

> **해석** ① 우리는 10시 5분 전에 그곳에 도착했다. ② 내 생일은 7월 5일이다. ③ 나는 매달 말에 봉급을 받는다.
> ④ 강도가 그녀에게서 그녀의 지갑을 강탈해갔다. ⑤ 나는 길에서 내 가방을 강탈 당했다.

> **어휘** play 희곡 die of 질병으로 죽다 pancreatic cancer 췌장암 sick and tired of 싫증난, 진저리난
> nagging 잔소리 illness 질병 edge 모서리, 가장자리 roof 지붕 damage 손상을 입히다 lately=recently 최근에
> colleague 동료 think well of ~에 대해 좋게 생각하다 of recent years 최근 몇 년 동안 purse 지갑
> leave-left-left 떠나다 get paid 봉급을 받다 robber 강도 rob(deprive) A of B A에게서 B를 강탈하다
> asthma 천식 osteomyelitis 골수염 colitis 대장염 autism 자폐증 diarrhoea 설사 palsy=paralysis 중풍
> scurvy 괴혈병 cerebral death 뇌사 xerosis 안구 건조증 osteoporosis 골다공증 gastroenteritis 위장염
> aphasia 실어증 prostatitis 전립선 염 conjunctivitis 결막염 thyroiditis 갑상선 염 stomach ulcer 위궤양
> food poisoning 식중독 typhoid fever 장티푸스 insomnia 불면증 leukemia 백혈병 dotage=dementia 치매

13 전치사(of)+추상명사는 형용사구(고급과정)

①	of help	= helpful	유익한
②	of much use	= very useful	대단히 유익한
③	of service	= beneficial	유익한
④	of courage	= courageous	용감한
⑤	of great charm	= very charming	대단히 매력적인
⑥	of great interest	= very interesting	매우 재미있는
⑦	of value	= valuable	가치 있는
⑧	of no value	= valueless	가치 없는
⑨	of great value	colspan = of much value = of rare value = invaluable = very valuable = very precious = very expensive = priceless (대단히 귀중한)	
⑩	of use	useful	유용한
⑪	of no use(avail)	= useless = worse than useless = good for nothing = futile (쓸모없는)	
⑫	of importance(moment, account, consequence, significance) = important = momentous = consequential = significant = meaningful (중요한/의미심장한)		
⑬	↔ of no importance(moment, account, consequence, significance) = unimportant = inconsequential = insignificant = trivial = trifling = petty (중요치 않은)		
⑭	of necessity	= necessarily	반드시(부사구)
⑮	of late	= lately = recently = not long since = not long ago (최근에)	
⑯	a man of sense	= a sensible man	분별 있는 사람
⑰	a man of ability	= an able man	능력 있는 사람
⑱	a man of learning	= a learned man	학식이 많은 사람
⑲	a man of sincerity	= a sincere man	성실한 사람
⑳	a man of experience	= an experienced man	경험이 풍부한 사람
㉑	a work of great originality	= a very original work	대단히 독창적인 작품
㉒	a man of great influence	= a very influential man	대단히 영향력 있는 사람
㉓	a book of great interest	= a very interesting book	대단히 재미있는 책

문제 2. Translate the following sentences into Korean.

① He is a man of sincerity.

② This book is of much use.

③ He is a man of experience.

④ This stone is of rare value.

⑤ My father is a man of sense.

⑥ She is a girl of great charm.

⑦ My mom is a woman of wisdom.

⑧ The result is of little importance.

⑨ Shilla produced works of great originality.

⑩ The story was of particular interest to me.

정답 ① 그는 성실한 사람이다. ② 이 책은 아주 유용하다.
③ 그는 경험이 풍부한 사람이다. ④ 이 돌은 대단히 가치가 있다.
⑤ 내 아버지는 분별력 있는 분이다. ⑥ 그녀는 대단히 매력적인 소녀이다.
⑦ 내 엄마는 현명한 여성이다. ⑧ 그 결과는 별로 중요하지 않다.
⑨ 신라는 대단히 독창적인 작품을 생산했다. ⑩ 그 이야기는 특히 나에게 재미있었다.

14 on의 용법(중급과정)

해석을 먼저 읽고, 해석(홍색)에 해당하는 전치사를 영어 문장을 보며 찾아보세요.

(1) 위에(= on the surface of)

① The book is on the desk.　　　② The picture is on the wall.

③ We played football on the field.　　④ I could hear the rain falling on the roof.

> **해석** ① 그 책은 책상 위에 있어. ② 그 그림은 벽에 걸려 있다.
> ③ 우리는 운동장에서 축구를 했다. ④ 나는 지붕위로 떨어지는 빗소리를 들을 수 있었다.

(2) ～의 변에/가까이에(= close to/near)

① New York is on the Hudson River.

② Have you ever visited the farm on the road?

③ I want to live quietly in a house on a shore.

④ The department store is on the first Avenue.

> **해석** ① 뉴욕은 허드슨 강변에 있다. ② 너는 도로변에 있는 농장을 방문한 적 있니?
> ③ 나는 해변에 있는 집에서 조용히 살고 싶다. ④ 그 백화점은 제 1번가에 있어요.

(3) 향하여(= against/toward)

① She gave a bright smile on me.　　② We should have pity on the poor.

③ She turned her back on me angrily.　④ TV sometimes has a bad effect on children.

> **해석** ① 그녀는 나에게 밝은 미소를 지었다. ② 우리는 가난한 사람들에게 연민을 가져야 한다.
> ③ 그녀는 화가 나서 나에게 등을 돌렸다. ④ TV는 가끔 아이들에게 나쁜 영향을 끼친다.

(4) 의지/의거하여(= on the basis of)

① I cannot rely on him.

② I acted on her advice.

③ Most Koreans live on rice.

④ This is a story based on fact.

⑤ I cannot do it on such conditions.

⑥ You cannot work on an empty stomach.

> **해석** ① 나는 그에게 의존할 수 없다. ② 나는 그녀의 충고에 따라 행동했다.
> ③ 대부분의 한국인들은 쌀을 주식으로 산다. ④ 이것은 사실에 의거한 이야기이다.
> ⑤ 그런 조건으로는 나는 그것을 할 수 없다. ⑥ 우리는 빈속에 의지해서는 일할 수가 없다.

> **어휘** picture 그림 wall 벽 football 축구 field 운동장 fall 떨어지다 roof 지붕 visit 방문하다 farm 농장 quietly 조용히
> shore 해변 department store 백화점 Avenue 남북으로 놓여 있는 큰 도로 the poor=poor people 가난한 사람들
> feel(ache) for=feel(sympathize, commiserate) with=feel(have) sympathy(pity, compassion) for
> =pity=compassionate=commiserate ～를 동정하다/안타깝게 생각하다 bright smile 밝은 미소 angrily 화가 나서
> turn one's back on ～에게 등을 돌리다 depend(rely, count, fall back) on 의존하다 based on fact 사실에 기초한
> condition 조건 act on(upon)=act(live) up to=act(live) according to ～따라 행동하다 empty stomach 텅 빈 위

(5) 하는 중/사용 중(= in the state of)

① The moon is on the wane.

② They are on a joint research.

③ Everything in this store is on sale.

④ My favorite soap opera is on TV now.

⑤ The workers of the company are on a strike.

> **해석** ① 달이 기우는 중이다. ② 그들은 공동 연구 중이다. ③ 이 가게의 모든 것이 세일 중이다.
> ④ 내가 좋아하는 연속극이 지금 TV에 방영 중이다. ⑤ 그 회사의 노동자들은 파업 중이다.

(6) 관하여(= concerning)

① That is a book on history.　　② He is an authority on pathology.

③ He gave us a lecture on Shakespeare.　　④ This is a book on international relations.

> **해석** ① 그것은 역사에 관한 책이다. ② 그는 병리학에 관한 권위자이다.
> ③ 그는 우리에게 셰익스피어에 관한 강의를 했다. ④ 이것은 국제관계에 관한 책이다.

(7) ~하러(= for the purpose of)

① I am going to my uncle's on errand.

② We are going on a picnic next Monday.

③ I have to go to New York on urgent business.

④ I am going on a business trip to London tomorrow.

> **해석** ① 나는 심부름하러 삼촌 댁에 가는 중이다. ② 우리는 다음 월요일에 소풍을 갈 예정이다.
> ③ 나는 긴급한 용무로 뉴욕에 가야 한다. ④ 나는 내일 런던으로 출장 갈 예정이다.

(8) 수단/방법(= through/by means of)

① He cut his finger on a knife.　　② She is talking on the phone now.

③ She was playing waltz on the piano.　　④ She was wiping her hands on a towel.

> **해석** ① 그는 칼에 손가락을 베었다. ② 그녀는 지금 전화상에서 얘기하고 있다.
> ③ 그녀는 피아노로 왈츠를 연주하고 있었다. ④ 그녀는 수건에 손을 닦고 있었다.

(9) 동작을 받는 부분(= used to indicate a part of the body)

① He kissed her on the cheek.　　② He patted me on the shoulder.

③ He hit me on the head with a stick.　　④ She wears a gold ring on her finger.

> **해석** ① 그는 그녀의 볼에 뽀뽀를 했다. ② 그는 내 어깨를 다독거렸다.
> ③ 그는 막대기로 내 머리를 때렸다. ④ 그녀는 손가락에 금반지를 끼고 있다.

> **어휘** wane 쇠퇴, 기울기 joint research 공동연구 soap opera 연속극 worker 노동자 company 회사 on a strike 파업 중
> history 역사 authority 권위, 권위자 pathology 병리학 lecture 강의, 강연, 훈계 international relations 국제관계
> errand 심부름 go on a picnic 소풍을 가다 urgent=imminent 긴급한 go on a business trip 출장가다 cut 베다
> wipe 닦다 towel 수건 cheek 볼, 뺨 pat 다독이다 shoulder 어깨 stick 막대기 wear 착용하다 gold ring 금반지

15 over의 용법(중급과정)

해석을 먼저 읽고, 해석(홍색)에 해당하는 전치사를 영어 문장을 보며 찾아보세요.

(1) 바로 위에(= above)

① The sign over the door said "Exit".

② The cart rumbled over the cobbles.

③ He held the umbrella over both of us.

④ Helicopters dropped leaflets over the city.

> **해석** ① 문 바로 위 표지판에 "출구" 라고 쓰여 있었다. ② 수레가 자갈 위를 덜커덕 거리며 지나갔다.
> ③ 그는 우리 둘 위에 우산을 씌워주었다. ④ 헬리콥터가 도시위에 전단지를 떨어뜨렸다.

(2) 표면 위에(= on the surface of)

① I put a shawl over my shoulders.

② She put her hands over her ears.

③ She put a sheet over the furniture.

④ She spilled coffee all over my new dress.

> **해석** ① 나는 내 어깨 위에 숄을 걸쳤다. ② 그녀는 자기 귀에 손을 가져다 댔다.
> ③ 그녀는 가구 위에 시트를 씌웠다. ④ 그녀는 내 새 드레스 위에 온통 커피를 엎질렀다.

(3) ~보다 더(= more than/further than/older than)

① I value quality of life over money.

② The factory closed over ten years ago.

③ The film has grossed over a million dollars this year.

④ Children over the age of twelve must pay the full price.

> **해석** ① 나는 돈보다 삶의 질을 더 소중히 여긴다. ② 그 공장은 문을 닫은 지가 10년이 넘었다.
> ③ 그 영화는 올해 100만 달러 이상을 벌어들였다. ④ 12세가 넘는 아이들은 전액을 지불해야 한다.

(4) 너머에(= on the other side of)

① The story continues over the page.

② There is a postbox just over the road.

③ You could try the hardware store over the road.

④ There is an internet cafe over the road we could go to.

> **해석** ① 그 이야기는 그 페이지 너머로 계속된다. ② 바로 저기 길 너머에 우체통이 있어요.
> ③ 당신은 길 너머에 있는 철물점으로 가 보세요. ④ 길 너머에 우리가 갈 수 있는 인터넷 카페가 있어.

어휘 sign 표지판 exit 출구 cart 수레 rumble 덜커덕거리며 가다 cobble 자갈, 조약돌 umbrella 우산 drop 떨어뜨리다 leaflet 전단 shawl 숄, 어깨 걸치게 shoulder 어깨 ear 귀 sheet 시트, 커버 furniture 가구 spill 엎지르다 value 소중이 여기다 quality 질, 품질 factory 공장 close 닫다 film 영화 gross 벌어들이다 this year 금년에 pay the full price 전액을 지불하다 continue=last=keep on=go on=carry on 계속되다/계속하다 postbox 우체통 bar 술집 hardware store 철물점

(5) 하면서/동안에/걸쳐서(= during)

① They spent an hour over lunch.

② I was in Seattle over the summer.

③ Let's talk about the matter over a cup of coffee.

④ His business has improved a lot over the last decade.

> **해석** ① 그들은 점심식사를 하면서 한 시간을 보냈다. ② 나는 여름 동안에 시애틀에 있었다.
> ③ 커피 한 잔 하면서 그 문제에 대해 토론해보자. ④ 그의 사업은 지난 10년에 걸쳐서 많이 호전되었다.

(6) 통제하여(= in control of or teaching)

① He has total command over his men.

② She has got no control over her child.

③ The Mogul dynasty ruled over India for centuries.

④ A good teacher has an easy authority over a class.

> **해석** ① 그는 자기 부하들을 완전히 통제하고 있다. ② 그녀는 자신의 아이를 통제하지 못한다.
> ③ 모굴왕조는 수세기 동안 인도를 통치하였다. ④ 훌륭한 교사는 학급을 쉽게 장악(통제)한다.

(7) 사용하여(= using)/통해서(=through)

① They spoke over the phone.

② We heard the news over the radio.

③ I bought the ticket over the internet.

④ Long-distance truck drivers often talk to each other over CB radio.

> **해석** ① 그들은 전화상으로 얘기하였다. ② 우리는 라디오를 통해서 그 소식을 들었다.
> ③ 나는 인터넷을 통해서 그 표를 구했다. ④ 장거리 트럭 운전자들은 무선 통신기를 통해서 종종 서로 대화한다.

(8) 때문에/대해서(= connected with or about)

① They fell out over a trivial incident.

② I need time to think over your proposal.

③ There is no point crying over spilled milk.

④ She is trying to take the newspaper to court over the allegations.

⑤ A legal battle is taking place over who owns the rights to the song.

> **해석** ① 그들은 사소한 사건 때문에 사이가 틀어졌다. ② 나는 너의 제안에 대해 곰곰이 생각할 시간이 필요해.
> ③ 엎질러진 우유를 보고 울어봤자 소용없다. ④ 그녀는 근거 없는 주장에 대해서 그 신문사를 소송을 걸려고 있다.
> ⑤ 누가 그 노래에 대한 권리를 갖고 있느냐에 대해서 법적 싸움이 벌어지고 있다.

> **어휘** matter 문제 a cup of coffee 커피 한잔 improve 호전되다, 좋아지다 the last decade 지난 10년 a lot 많이
> have total command over ~를 완전히 통제하다 control 통제 dynasty 왕조 mogul 모굴 사람《특히 16세기의 인도에
> 침입하였던 몽골족 및 그 자손》 rule over 지배하다 have an easy authority over ~을 쉽게 장악하다 long-distance
> 장거리 citizens band radio 무선통신기 fall out 사이가 틀어지다 trivial 사소한 incident 사건 think over 곰곰이
> 생각하다 proposal 제안 there is no point~ing ~해봤자 소용없다 cry 울다 spill-spilled 엎지르다 take~to court
> 소송을 걸다 allegation 근거 없는 주장 legal battle 법적인 싸움 take place=accrue 발생하다 own 소유하다 right 권리

16 to의 용법(중급과정)

> 해석을 먼저 읽고, 해석(홍색)에 해당하는 전치사를 영어 문장을 보며 찾아보세요.

(1) ⓐ 방향(〜으로: toward = in the direction of)

　　ⓑ 방위(〜쪽에: in the position of)

① I am going to school.　　　　　② I was sitting with my feet to the fire.

③ Scotland is to the north of England.　④ My house is to the east of the park.

⑤ He is standing to my left in the photo.

> **해석** ① 나는 학교에 가는 중이야. ② 나는 불쪽으로 발을 향한 채 앉아 있었다.
> ③ 스코틀랜드는 잉글랜드의 북쪽에 있다. ④ 내 집은 공원의 동쪽에 있다. ⑤ 그는 사진 속에서 나의 왼쪽에 서있다.

(2) ⓒ 목적(〜을 위하여: for)

　　ⓓ 비교(비해서/〜보다: comparing)

① We sat down to dinner.　　　　② They came to my rescue.

③ I will drink to your health.　　　④ I prefer coffee to tea.

⑤ He is three years senior to me.

> **해석** ① 우리는 저녁식사를 위해서 앉았다. ② 그들은 나의 구조를 위해서 왔다. ③ 나는 너의 건강을 위해서 마시겠다.
> ④ 나는 차보다 커피를 더 좋아한다. ⑤ 그는 나보다 3년 더 연상이다.

(3) ⓔ 일치(〜에 따라서, 〜에 맞춰서: according to)

　　ⓕ 부속/소속(〜의, 〜에게: relationship with someone or something)

① This is a dress made to order.　　② It is a portrait drawn to the life.

③ He is an adviser to the president.　④ She got a job as secretary to a doctor.

⑤ She was singing a song to the accompaniment of a piano.

> **해석** ① 이것은 주문에 따라 만들어진 옷이다. ② 그것은 실물에 맞춰 그려진 초상화이다. ③ 그는 대통령의 고문이다.
> ④ 그녀는 의사 비서로서의 직업을 구했다. ⑤ 그녀는 피아노 반주에 맞춰 노래를 부르고 있었다.

(4) ⓖ 결과(앞에서부터 해석하여 〜해서 〜하다)

　　ⓗ 정도(〜까지: as far as a particular point or limit)

① The train slowed to a stop.　　　② The beggar starved to death.

③ The house was burnt to ashes.　　④ The apples are rotten to the core.

⑤ They rose to a man and left the room.

> **해석** ① 그 기차는 속도를 늦추어 멈췄다. ② 그 거지는 굶어 죽었다. ③ 그 집은 불에 타서 잿더미가 되었다.
> ④ 사과들이 속까지 썩었다. ⑤ 그들은 한 사람까지 일어나서 방을 떠났다.

어휘 feet 발 fire 불 north 북쪽 east 동쪽 park 공원 left 왼쪽 dinner 저녁식사 rescue 구조 health 건강 prefer 더 좋아하다 senior 연상의 order 주문 portrait 초상화 life 실물, 삶, 인생 draw-drew-drawn 그리다 adviser 고문 president 대통령 secretary 비서 accompaniment 반주 slow 속도를 늦추다 beggar 거지 starve to death 굶어죽다 be burnt to ashes 불타서 잿더미가 되다 rotten 썩은 core 속 rise-rose-risen 일어나다 to a man 한 사람까지 leave-left-left 떠나다

(5) ⓘ 시각(~전: before/of)

    ⓙ 범위(내지)

① It is five to twelve now.

② Let's meet at quarter to six.

③ There were probably 30 to 35 people there.

④ The police are expecting five to six thousand marchers tomorrow.

⑤ About 20 to 25 percent of the population voted for this government.

> **해석** ① 지금은 12시 5분 전이야. ② 6시 15분 전에 만나자. ③ 아마 그곳에는 30명 내지 35명 정도 있었을 거야.
> ④ 경찰은 내일 행진하는 사람이 5∼6천 명 정도 될 것으로 예상하고 있다.
> ⑤ 인구의 약 20−25퍼센트가 현 정부에 대해 찬성투표를 했다.

(6) ⓚ 시점(~까지: until)

    ⓛ 거리(~까지)

① I will stay here to the end of June.   ② I go to school from Monday to Friday.

③ He played the piano from ten to twelve.   ④ How far is it from here to your school?

⑤ It is about ten miles from here to my school.

> **해석** ① 나는 6월 말까지 이곳에 머무를 거야. ② 나는 월요일부터 금요일까지 학교에 다녀.
> ③ 그는 10시부터 12시까지 피아노를 쳤다. ④ 여기서 네 학교까지 얼마나 머니? ⑤ 여기서 내 학교까지 약 10마일 정도 돼.

(7) ⓜ 맞대고/접촉(= against)

    ⓝ 당(= for each)

① Stand back to back.   ② He put a finger to his lips.

③ They were dancing cheek to cheek.   ④ How many dollars are there to the euro?

⑤ There are 30 students to each teacher.   ⑥ This car does about 40 miles to the gallon.

> **해석** ① 등을 맞대고 서봐. ② 그는 입술에 손가락 하나를 갖다 댔다. ③ 그들은 볼을 맞대고 춤을 추고 있었다.
> ④ 1유로 당 몇 달러죠? ⑤ 교사 한 명당 학생 30명이 있다. ⑥ 이 차는 갤런 당 약 40마일을 달린다.

(8) ⓞ 연결 장소나 지점(~에: for saying where something is fastened)

    ⓟ 관련/대상(~의/~에게: in connection with)

① The carpet is nailed to the floor.   ② The paper was stuck to the wall with tape.

③ I have lost the key to my car.   ④ Unique is the key to learning English.

⑤ I gave him the password to my computer.

> **해석** ① 양탄자는 바닥에 못으로 고정되어 있다. ② 그 종이는 테이프로 벽에 붙여져 있었다.
> ③ 나는 내 차의 열쇠를 잃어버렸다. ④ 유니크는 영어를 배우는 열쇠이다. ⑤ 나는 그에게 내 컴퓨터의 비밀번호를 줬다.

어휘 quarter 4분의 1 probably 아마도 police 경찰 expect 예상하다 marcher 행진하는 사람 about 대략 population 인구 vote for 찬성투표를 하다 government 정부 stay 머무르다 end 끝 June 6월 Monday 월요일 Friday 금요일 How far? 얼마나 머니? back to back 등을 맞대고 stand 서다 finger 손가락 lips 입술 cheek to cheek 볼을 맞대고 do 주파하다, 달리다 nail 못으로 고정하다 floor 바닥, 마루 stick−stuck 붙이다 wall 벽 learn 배우다 password 비밀번호

17 with의 용법(중급과정)

해석을 먼저 읽고, 해석(홍색)에 해당하는 전치사를 영어 문장을 보며 찾아보세요.

(1) 수단(~로/~로써: using)

① Stir the mixture with a spoon.
② The room was littered with toys.
③ She was writing a letter with a pencil.
④ Join the two pieces together with glue.
⑤ She wiped her lipstick off with a tissue.

> **해석** ① 그 혼합물을 수저로 저어라. ② 그 방은 장난감으로 널브러져 있었다.
> ③ 그녀는 연필로 편지를 쓰고 있었다. ④ 두 조각을 풀로 붙여라. ⑤ 그녀는 립스틱을 티슈로 닦아냈다.

(2) 소유(~을 가진/~을 가지고: having/including)

① He spoke with great confidence.
② Look at the lady with blonde hair.
③ She spoke with a soft Irish accent.
④ He woke up with a terrible headache.
⑤ The book with a green cover is mine.

> **해석** ① 그는 대단한 자신감을 가지고 말을 했다. ② 금발을 한 저 여성을 보아라.
> ③ 그녀는 부드러운 아일랜드 말투로 말했다. ④ 그는 끔찍한 두통을 가지고 깨어났다.
> ⑤ 녹색 표지를 가진 그 책이 내 것이다.

(3) 부대상황(~한 채)

① He was walking with a stick in his hand.
② She stood there with her back against the wall.
③ He was reading a book with a pipe in his mouth.
④ Don't sleep with the windows open in the summer.
⑤ He was standing there with his hands in his pockets.

> **해석** ① 그는 손에 지팡이를 들고 걸어가고 있었다. ② 그녀는 벽에 등을 기댄 채 그곳에 서 있었다.
> ③ 그는 입에 파이프를 문 채 책을 읽고 있었다. ④ 여름에 창문을 열고 잠자지 말라.
> ⑤ 그는 호주머니에 손을 넣은 채 그곳에 서 있었다.

(4) 동반(~와 함께/~과 더불어: together with)

① She was having dinner with her friends.
② She was taking a walk with her mother.
③ The story ends with the death of the hero.
④ Marine mammals generally swim with the current.

> **해석** ① 그녀는 친구들과 함께 저녁식사를 하고 있었다. ② 그녀는 엄마와 함께 산책을 하고 있었다.
> ③ 그 이야기는 주인공의 죽음과 더불어 끝난다. ④ 해양 포유동물들은 대개 해류와 더불어 헤엄친다.

> **어휘** stir 젓다 mixture 혼합물 litter 널브러뜨리다, 쓰레기 toy 장난감 join 붙이다 glue 풀, 아교 wipe ~ off 닦아내다
> confidence 자신감, 신용, 비밀 soft 부드러운, 온화한 accent 어조, 말투 blonde 금발의 wake up 깨어나다
> terrible headache 끔찍한 두통 green 녹색 stick 막대기, 지팡이, 찌르다, 고정하다 wall 벽 pocket 호주머니
> end 끝나다 death 죽음 hero 주인공 marine mammal 해양 포유동물 generally 대개 current 해류, 현행의, 갈겨쓴

(5) 원인(〜 때문에: because of/caused by)

① She was shivering with fear.

② Her voice was trembling with anger.

③ His face turned red with embarrassment.

④ She has been in bed with tonsillitis for a few days.

⑤ He has been at home with influenza for the past week.

> **해석** ① 그녀는 두려움 때문에 떨고 있었다. ② 그녀의 목소리는 분노로 떨고 있었다.
> ③ 그의 얼굴은 당황함 때문에 빨개졌다. ④ 그녀는 편도선염으로 며칠 동안 침대에 누워있다.
> ⑤ 그는 지난 일주일 동안 독감으로 집에 있다.

(6) 행동/감정대상(〜에게/〜와: against)

① Why are you angry with me?　② A truck has collided with a car.

③ Are you pleased with the result?　④ Are you on friendly terms with him?

⑤ He shared the food with all the family.

> **해석** ① 왜 나에게 화를 내는 거야? ② 트럭이 자동차와 충돌했다. ③ 너는 그 결과에 만족하니?
> ④ 너는 그와 친한 사이니? ⑤ 그는 그 음식을 온 가족들과 함께 나눠먹었다.

(7) 찬성/지지(〜에 찬성/지지하는: supporting)

① Are you with us or against us?

② Is she with me or against me on this issue?

③ I will go along with whatever you think is best.

④ If you want to go for a promotion, I will be with you all the way.

> **해석** ① 너는 우리를 찬성(지지)하니 아니면 반대하니? ② 그녀는 이 문제에 대해서 나와 찬성하니 아니면 반대하니?
> ③ 나는 네가 최선이라고 생각하는 것은 무엇이나 지지할 거야.
> ④ 네가 승진하고자 한다면 내가 온 힘을 다해 너를 지지할게.

(8) 관련(〜에/〜과 관련하여/〜의 경우에: in relation to/in case of)

① What's the matter with you?

② He is very careless with his money.

③ I have nothing to do with the matter.

④ There is nothing wrong with my eyesight.

⑤ With these students, it is pronunciation that is the problem.

> **해석** ① 너에게 무슨 문제 있니? ② 그는 돈에 있어서 아주 부주의하다. ③ 나는 그 문제와 아무 상관없다.
> ④ 내 시력에는 아무런 문제가 없다. ⑤ 이 학생들의 경우에는 문제가 되는 것은 발음이다.

> **어휘** shiver=tremble 후들후들 떨다 fear 두려움 voice 목소리 anger 분노 face 얼굴 turn red 빨개지다
> embarrassment 당황 tonsillitis 편도선염 influenza 유행성 독감 be angry with 〜에게 화를 내다 collide 충돌하다 be
> pleased with 만족하다 result 결과 on friendly terms with 〜와 친한 사이 share A with B A를 B와 공유하다 food
> 음식물 issue 쟁점 go along with=be with 찬성/지지하다 go for a promotion 승진에 힘을 쏟다 all the way 온힘을
> 다해 careless 부주의한 eyesight 시력 pronunciation 발음 have nothing to do with=have(bear) no relation to
> =have no bearing on=have no connection(conjunction, association, relation, contacts) with 〜과 관련이 없다
> be filled(packed, jammed, charged, instinct, bursting, occupied) with=brim(bubble) over with 〜로 가득 차다

18 기타 전치사의 위치와 생략 및 구별(출제 고빈도 토익과정)

(1) 의문사로 시작되는 문장에서 전치사는 문장의 끝에 두는 것이 일반적입니다. 전치사를 문장의 처음에 사용하는 경우는 극단적 문어체로서 일반적인 표현이 아닙니다.

① What are you looking at?   ② Whom are you talking with?

③ Whom are you thinking of?   ④ Which office does he work in?

⑤ Whom is she complaining against?   ⑥ Which chair do you want to sit on?

> **해석** ① 너는 무엇을 보고 있니? ② 너는 누구와 얘기하고 있니? ③ 너는 누구를 생각하고 있니?
> ④ 그는 어느 사무실에서 일하니? ⑤ 그녀는 누구에 대해 불평을 하고 있니? ⑥ 너는 어느 의자에 앉고 싶니?

(2) next, last, this, that, one, each, every, some, all 다음에 시간 표현이 올 경우에는 전치사를 생략합니다.

① I have no school on Saturday.   ② I usually get up early in the morning.

③ I worked all day. (on all day (×))   ④ Let's meet one day. (on one day (×))

⑤ I met him last Friday. (on last Friday (×)) ⑥ She left this morning. (in this morning (×))

> **해석** ① 나는 토요일에 수업이 없다. ② 나는 대개 아침에 일찍 일어나. ③ 나는 하루 종일 일했어.
> ④ 언젠가 만나자. ⑤ 나는 지난 금요일에 그를 만났다. ⑥ 그녀는 오늘 아침에 떠났다.

(3) 시간 표현이 What이나 Which로 시작되는 문장의 경우, informal spoken English(격식을 차리지 않은 대화체)에서는 의문사 앞에 있는 전치사를 생략합니다.

① At what time is she arriving? (formal) = What time is she arriving? (informal)

② On what day is the conference? (formal) = What day is the conference? (informal)

③ For how long will you be visiting? (formal) = How long will you be visiting? (informal)

> **해석** ① 몇 시에 그녀는 도착할 예정이지? ② 회의는 무슨 요일에 있지? ③ 얼마나 오랫동안 방문할거니?

(4) ⓐ in (공간 안에)/ into (공간 안으로: 동작의 방향)

　　 ⓑ between (둘 사이에)/among (셋 이상 중에서)

① Tom ran in the gym.   ② Tom ran into the gym.

③ The earnings were divided between the two.

④ The earnings were divided among the three.

> **해석** ① Tom은 체육관 안에서 달렸다. ② Tom은 체육관 안으로 달려 들어갔다.
> ③ 그 소득은 둘 사이에 분배되었다. ④ 그 소득은 세명 사이에 분배되었다.

> **어휘** look at=have a look at=take a look at ~을 보다 think of=think about ~에 대해 생각하다
> complain(murmur, mutter) against=complain(grumble, grunt, gripe, grouse, beef) about=find fault with=yammer at
> ~에 대해 불평하다 usually=generally 대개 Saturday 토요일 get up 일어나다 early 일찍 all day 온종일
> one day=someday 언젠가 last 지난 leave-left-left 떠나다 this morning 오늘 아침 arrive 도착하다
> conference 회의 How long? 얼마나 오랫동안 run 달리다 gym 체육관 earnings 소득, 벌이 divide 나누다
> be concerned(connected, associated, linked, related, bound up, tied up) with=have one's hand in
> =be involved(embroiled, entangled, enmeshed, implicated, mixed up) in=have to do with=bear on
> =be related(connected, allied, in relation) to=be in connection(conjunction, association) with 관련이 있다

(5) ⓒ be angry with+사람(~에게 화를 내다)/at+원인(~에 화를 내다)

ⓓ be impatient with+사람(~에게 짜증내다)/at+원인(~에 짜증내다)/for(갈망하다)

① She was angry with me.　　　　② He was angry at the final decision.

③ She was impatient with her children.　　④ The contractor was impatient at the delays.

⑤ People are increasingly impatient for change in this country.

> **해석** ① 그녀는 나에게 화를 냈다. ② 그는 최종결정을 듣고 화를 냈다. ③ 그녀는 자기 아이들에게 짜증을 냈다.
> ④ 그 계약자는 지체되는 것에 짜증이 났다. ⑤ 사람들은 점차 이 나라에서 변화를 갈망하고 있다.

(6) ⓔ agree on(about)+의제(~에 대해 동의/합의하다)

ⓕ agree(accede) to+의견/생각/제안(~에 동의하다)

ⓖ agree with+사람(~와 동의하다/잘 지내다: have the same opinion as)

ⓗ agree with+사물(일치하다/어울리다/음식이 체질에 맞다)

① I agree to her suggestion.　　　② They agree with each other.

③ I agree with you on this issue.　　④ The copy agrees with the original.

⑤ Green peppers don't agree with me.　　⑥ He agreed to the terms of the contract.

⑦ I agree with my mother about most things.

⑧ I entirely agree with the comments you made about public transport.

⑨ I agree with doctors/ that washing our hands helps keep us healthy.

> **해석** ① 나는 그녀의 제안에 찬성한다. ② 그들은 서로 사이좋게 지내고 있다. ③ 나는 이 문제에 관하여 너에게 동의한다.
> ④ 그 사본은 원본과 일치한다. ⑤ 피망은 나에게 맞지 않는다. ⑥ 그는 계약조건에 동의했다.
> ⑦ 나는 대부분의 것들에 대해 엄마와 동의한다. ⑧ 대중교통에 대해서 당신이 진술한 의견에 나는 전적으로 동의한다.
> ⑨ 나는 의사들에게 동의한다/ 손을 씻는 것이 우리를 건강하게 유지하는 데 도움이 된다는 것을.

(7) from A to B to C to D to E (A에서 B에서 C에서 D에서 E로)

① From websites to blogs to your friends' Facebook walls, the web gives us many ways to stay informed.

② Everything goes from the mind to the drawing board, to the production facility, to the store, to our living room.

③ Everything from the food we eat to the clothes we wear to the transport we use can affect our planet's environment.

> **해석** ① 웹사이트에서 블로그에서 여러분 친구들의 Facebook wall에 이르기까지, 컴퓨터망은 우리에게 정보를 제공받을 수 있는 많은 방법을 제공한다. ② 모든 것이 마음(생각)에서 제도판으로, 그다음 제작 시설로, 그다음 가게로, 그다음 우리의 거실로 옮겨진다. ③ 우리가 먹는 음식에서 우리가 입는 의복으로 그다음 우리가 사용하는 운송수단에 이르기까지 모든 것이 우리 지구의 환경에 영향을 끼칠 수 있다.

> **어휘** final decision 최종 결정 contractor 계약자, 공사 청부인 delay 지체, 지연 increasingly=by degrees 점차
> suggestion 제안, 암시, 시사 each other 서로 issue 문제, 쟁점 copy 사본 original 원본 green pepper 피망
> terms 조건, 약정 contract 계약, 청부 most things 대부분의 것들 stay informed 정보를 제공받아 알다
> mind 마음, 생각, 지성, 견해 drawing board 제도판, 화판 production facility 제작시설 living room 거실
> clothes 의복 wear 입다 transport 운송수단 affect 영향을 끼치다 planet 지구/행성/운성 environment 환경

19 기타 전치사+추상명사 = 부사구(고급과정)

①	at liberty = free(형용사구)	자유로운	with fluency = fluently	유창하게
②	in safety = safely	무사히	in comfort = comfortably	편안히
③	in haste = hastily	서둘러	with diligence = diligently	부지런히
④	with ease = easily	쉽게	of necessity = necessarily	반드시
⑤	by force = forcibly	강제적으로	by accident = accidentally	우연히
⑥	with safety = safely	안전하게	in triumph = triumphantly	의기양양하게
⑦	with skill = skillfully	교묘하게	on occasion = occasionally	때때로
⑧	with care = carefully	신중하게	by intention = intentionally	의도적으로
⑨	in private = privately	은밀히	by haphazard = haphazardly	우연히
⑩	in earnest = earnestly	진심으로	without doubt = undoubtedly	의심할 여지없이
⑪	to excess = excessively	지나치게	with courage = courageously	용감하게
⑫	on purpose = purposely	고의로	with confidence = confidently	자신 있게
⑬	by mistake = mistakenly	실수로	in confidence = confidentially	은밀하게
⑭	to perfection = perfectly	완벽하게	at ease = at home= comfortable	편안한(형용사구)
⑮	with patience = patiently	끈기 있게	without hesitation = unhesitatingly	주저하지 않고
⑯	in all honesty = honestly	정직하게		

문제 3. Fill in the blankets with proper prepositions.(고급과정)

① He lives _____ comfort. ② Handle the box _____ care.

③ My wife cooks _____ perfection. ④ I waited for her _____ patience.

⑤ I accepted his offer _____ doubt. ⑥ He escaped the danger _____ skill.

⑦ He solved the problem _____ ease. ⑧ She finished her work _____ haste.

⑨ She played the flute _____ earnest. ⑩ She hurt his feeling _____ purpose.

⑪ His son returned home _____ safety. ⑫ He broke the window _____ intention.

⑬ I met him on the way _____ accident.

⑭ I feel _____ ease at my friend's house.

⑮ He came into the room _____ triumph.

⑯ He works for his future _____ diligence.

⑰ Man must, _____ necessity, die someday.

⑱ She sings songs at night _____ occasion.

⑲ He can speak English _____ great fluency.

⑳ The burglars entered the house _____ force.

해석과 정답 ① 그는 편안하게 산다. (in) ② 그 상자를 조심히 다뤄라. (with) ③ 내 아내는 완벽하게 요리한다. (to) ④ 나는 인내를 가지고 그녀를 기다렸다. (with) ⑤ 나는 의심 없이 그의 제안을 수락했다. (without) ⑥ 그는 교묘하게 위험을 빠져나갔다. (with) ⑦ 그는 쉽게 그 문제를 풀었다. (with) ⑧ 그녀는 서둘러 자신의 일을 끝마쳤다. (in) ⑨ 그녀는 진지하게 플루트를 연주했다. (in) ⑩ 그녀는 고의로 그의 감정을 상하게 했다. (on) ⑪ 그의 아들은 무사히 집에 돌아왔다. (in) ⑫ 그는 고의로 그 유리창을 깼다. (by) ⑬ 나는 우연히 길에서 그를 만났다. (by) ⑭ 나는 내 친구 집에서 편안함을 느낀다. (at) ⑮ 그는 의기양양하게 방으로 들어왔다. (in) ⑯ 그는 부지런히 자신의 미래를 위해 일을 한다. (with) ⑰ 인간은 반드시 언젠가 죽는다. (of) ⑱ 그녀는 가끔 밤에 노래를 부른다. (on) ⑲ 그는 유창하게 영어를 말할 수 있다. (with) ⑳ 강도들이 그 집을 강제력으로 들어갔다. (by)

어휘 handle=deal(do, cope)with 다루다 cook 요리하다 finish 끝내다 hurt one's feeling 감정을 상하게 하다 escape the danger 위험을 피하다 break–broke–broken 깨다 accept 수락하다 offer 제안, 제안(제공)하다 return 돌아오다 someday=one day 언젠가 at night 밤에 future 미래 burglar 강도 enter=go into 들어가다

문제 4. Fill in the blanks with proper prepositions.(중급과정)

① Many people die _____ cancer.　② She is very tall _____ her age.

③ The dog jumped _____ the fence.　④ I stayed _____ home all weekend.

⑤ I will meet you _____ the cinema.　⑥ He was surfing _____ the current.

⑦ We were dancing _____ the music.　⑧ The hills were covered _____ snow.

⑨ Where is Julie? She is _____ school.　⑩ We took a shortcut _____ the woods.

⑪ Picasso is famous _____ his paintings.

⑫ She has a university named _____ her.

⑬ Chris was standing _____ the bus stop.

⑭ She is staying _____ the Clarence Hotel.

⑮ That fool _____ a man did such a thing.

⑯ I have read the story _____ the internet.

⑰ She caught her daughter _____ the arm.

⑱ I saw something about it _____ television.

⑲ Unfortunately, Mr. Brown is _____ hospital.

⑳ Jennifer prefers to go shopping _____ foot.

㉑ Frankie started working _____ the law firm in 2015.

㉒ He saw a parking space _____ two cars and drove _____ it.

㉓ You'd better take a bus. The taxi drivers are _____ a strike.

㉔ Late _____ night, you can hear coyotes howling _____ the distance.

㉕ I took the old card _____ the computer and put _____ the new one.

㉖ The hills here are covered _____ wild flowers _____ the early spring.

해석과 정답 ① 많은 사람들이 암으로 죽는다. (of) ② 그녀는 나이에 비해서 아주 크다. (for) ③ 그 개는 울타리를 뛰어 넘었다. (over) ④ 나는 주말 내내 집에 있었다. (at) ⑤ 나는 영화관에서 너를 만날게. (at) ⑥ 그는 조류를 거슬러 파도타기를 하고 있었다. (against) ⑦ 우리는 음악에 맞춰 춤을 추고 있었다. (to) ⑧ 언덕은 눈으로 덮여있었다. (with) ⑨ Julie 어디 있니? – 그녀는 학교에 있어요(수업 중) (at) ⑩ 우리는 숲을 통해 지름길을 택했다. (through) ⑪ 피카소는 그의 그림으로 유명하다. (for) ⑫ 그녀는 자신을 본떠서 명명된 대학을 가지고 있다. (after) ⑬ Chris는 버스 정류장에 서 있었다. (at) ⑭ 그녀는 Clarence 호텔에 머물고 있다. (at) ⑮ 저 바보 같은 사람이 그런 일을 했다. (of) ⑯ 나는 인터넷에서 그 이야기를 읽었다. (on) ⑰ 그녀는 그녀 딸의 팔을 잡았다. (by) ⑱ 나는 텔레비전에서 그것에 관한 것을 좀 보았다. (on) ⑲ 불행히도 브라운씨는 입원중이다. (in) ⑳ Jennifer는 걸어서 쇼핑가는 것을 더 좋아한다. (on) ㉑ Frankie는 2015년에 그 법률회사에서 근무하기 시작했다. (for) ㉒ 그는 두 자동차 사이에 주차공간을 발견하고 그 속으로 차를 몰고 들어갔다. (between/into) ㉓ 너는 버스 타는 편이 낫다. 택시 기사들이 파업 중이거든. (on) ㉔ 밤늦게 너는 코요테가 저 멀리서 울부짖는 소리를 들을 수 있다. (at/in) ㉕ 나는 컴퓨터에서 낡은 카드를 꺼내고 새 것을 넣었다. (out of/in) ㉖ 이곳의 언덕은 이른 봄에 야생화로 뒤덮인다. (with/in)

어휘 die of ~로 죽다 cancer 암 for one's age 나이에 비해서 jump over 뛰어 넘다 fence 울타리 weekend 주말 at the cinema 영화관에서 surf 파도를 타다 current 조류 to the music 음악에 맞춰서 hill 언덕 shortcut 지름길 be covered with ~로 덮이다 at school 재학 중, 수업 중 woods 숲 be famous(well known) for ~로 유명하다 name 이름 짓다 after ~을 본떠서 at the bus stop 버스 정류장 stay at ~에 머물다 that fool of a man 저 바보 같은 사람 on the internet 인터넷에서 catch~by the arm ~의 팔을 잡다 on television 텔레비전에서 unfortunately 불행하게도 prefer 선호하다 on foot 걸어서 work for ~에 근무하다 firm 회사, 굳은 parking space 주차 공간 on a strike 파업 중 out of the computer 컴퓨터로부터 hill 언덕, 고갯길, 언덕을 만들다 wild flower 야생화 in the early spring 이른 봄에

PART 19 | 부사(adverbs)

문장 속에서 명사를 제외한, 동사, 형용사, 다른 부사, 문장 전체를 꾸며주는 부수적인 말

① 부사 만드는 방법(기초과정)

A.	형용사+ly	coincidentally, quickly, brilliantly, beautifully
B.	e로 끝나는 형용사: e를 생략하고+y	gently, simply, nobly, terribly, horribly, notably, incredibly
C.	y로 끝나는 형용사: y를 i로 바꾸고+ly cf coyly, shyly	lazily, crazily, livelily, hungrily, angrily, friendlily
D.	ic로 끝나는 형용사:+ally	basically, poetically, heroically, economically genetically
	많은 작가들은 어색한 부사 대신 부사구를 사용하는 경향이 더 많습니다.	

① I am terribly sorry.

② She walks lovelily. (별로 사용하지 않는 표현)

③ She walks in a lovely manner.

④ He heroically endured adversity.

⑤ His painting is poetically inspiring.

⑥ At night the town was brilliantly lit.

⑦ Bees buzzed lazily among the flowers.

⑧ Tom was incredibly supple and strong.

⑨ She smiled shyly at me and bit her lip.

⑩ He hungrily devoured two bowls of rice.

⑪ Is genetically modified food safe to eat?

⑫ Coincidentally, they both studied in Paris.

⑬ Instead she added, just a little more chillily.

⑭ Many philosophers think that human nature is basically bad.

⑮ We should talk friendlily and frankly with our partners in Turkey.

해석 ① 정말 미안해. ②/③ 그녀는 귀엽게 걷는다. ④ 그는 역경을 의연하게 견뎠다. ⑤ 그의 그림은 시적으로 영감을 준다. ⑥ 밤에 그 도시는 찬란하게 불이 켜져 있었다. ⑦ 벌들이 꽃들 사이에서 한가롭게 윙윙거렸다. ⑧ Tom은 믿을 수 없을 정도로 유연하고 강했다. ⑨ 그녀는 수줍은 듯 나에게 미소를 지으며 입술을 깨물었다. ⑩ 그는 굶주린 듯 밥 두 그릇을 먹어 치웠다. . ⑪ 유전자 조작 식품은 먹기에 안전한가? ⑫ 우연히 그들 둘 다 파리에서 공부했다. ⑬ 대신 그녀는 약간 더 쌀쌀하게 덧붙였다. ⑭ 많은 철학자들은 인간성은 본래 나쁘다고 생각한다. ⑮ 터키에서는 파트너와 다정하고도 솔직하게 대화를 해야 한다.

예시 어휘 coincidently 우연히 quickly 재빨리 brilliantly 찬란하게 gently 점잖게 simply 간단히 nobly 훌륭하게/귀족적으로 terribly=horribly 끔찍하게 lovelily 귀엽게/아름답게 notably 눈에 띄게 lazily 느긋하게 incredibly 믿을 수 없을 정도로 crazily 미친 듯이 shyly 수줍게 livelily 생생하게 angrily 화가 나서 hungrily 굶주린 듯 friendlily 다정하게 basically 기본적으로 poetically 시적으로 heroically 의연하게 economically 경제적으로 genetically 유전적으로

어휘 endure=bear=forbear 견디다 adversity 역경 inspire 영감을 주다 light–lit 불을 밝히다 bee 벌 buzz 윙윙거리다 lazily 한가롭게 supple=flexible 유연한 bite–bit–bitten 깨물다 lip 입술 devour 게걸스럽게 먹다 bowl 그릇/사발 modify 조작(수정, 변경, 개조)하다 instead 대신에 add 덧붙이다/덧셈하다 chillily 쌀쌀하게 human nature 인간성

② 단순형 부사(flat adverbs)(기본과정)

형용사와 부사의 형태가 동일한 부사

① He works hard.

② I hardly work.

③ She is a very hard worker.

④ I was the only person on the train.

⑤ Don't get upset. — I was only joking.

⑥ He replied very quickly.

⑦ Come as quick/quickly as you can!

⑧ We need to make a quick decision.

⑨ He drives his car too fast.

⑩ Given his age, he is a remarkably fast runner.

⑪ We live close to the railway line.

⑫ Political activity is closely controlled.

⑬ All her close relatives came to the wedding.

⑭ We talked late into the night.

⑮ He has been in high spirits lately.

⑯ It was built in the late 19th century.

⑰ He sat right behind me.

⑱ He is the right person for the job.

⑲ They quite rightly complained to the manager.

⑳ She sighed deeply and sat down.

㉑ Her eyes expressed deep sadness.

㉒ The submarine sailed deep under the ice cap.

㉓ He suffers from high blood pressure.

㉔ She is a highly educated young woman.

㉕ Can you see those goats grazing high in the mountains?

해석과 풀이 ① 그는 열심히 일한다. (열심히: 부사) ② 나는 좀처럼 일하지 않는다. (좀처럼~하지 않다: 부사) ③ 그녀는 매우 부지런한 일꾼이다. (근면한/부지런한: 형용사) ④ 내가 기차에 있었던 유일한 사람이었다. (유일한: 형용사) ⑤ 화내지 마. 난 농담했을 뿐이야. (단지: 부사) ⑥ 그는 아주 신속하게 대답했다. (빨리: 부사) ⑦ 가능한 한 빨리 와. (빨리: 부사) ⑧ 우리는 신속한 결정을 내려야 한다. (신속한: 형용사) ⑨ 그는 차를 너무 빨리 운전한다. (빨리: 부사) ⑩ 그의 나이를 고려해볼 때, 그는 놀라울 정도로 빠른 주자이다. (빠른: 형용사) ⑪ 우리는 철도 노선 가까이에 산다. (가까이에: 부사) ⑫ 정치활동은 면밀하게 관리된다. (면밀히: 부사) ⑬ 그녀의 모든 가까운 친척들이 결혼식에 왔다. (가까운: 형용사) ⑭ 우리는 밤늦게까지 대화를 했다. (늦게: 부사) ⑮ 그는 최근에 의기양양했다. (최근에: 부사) ⑯ 그것은 19세기 후반에 지어졌다. (늦은: 형용사) ⑰ 그는 내 바로 뒤에 앉았다. (바로: 부사) ⑱ 그는 그 일에 적합한 사람이다. (적합한: 형용사) ⑲ 그들은 관리자에게 아주 적절히(정당하게) 불평했다. (적절히/정당하게: 부사) ⑳ 그녀는 한숨을 깊이 쉬고 앉았다. (깊이: 부사) ㉑ 그녀의 눈은 깊은 슬픔을 표현했다. (깊은: 형용사) ㉒ 잠수함이 만년설 아래 깊숙이 항해했다. (깊숙이: 부사) ㉓ 그는 고혈압으로 고생하고 있다. (높은: 형용사) ㉔ 그녀는 고등교육을 받은 젊은 여성이다. (고도로: 부사) ㉕ 너는 산속 높은 곳에서 풀을 뜯고 있는 염소를 볼 수 있니? (높은 곳에서: 부사)

어휘 upset 화가 난, 뒤 엎다 decision 결정, 결심 given=considering 고려해볼 때 political activity 정치적 활동 control 관리/통제하다 relative 친척 wedding 결혼식 in high(good, great, excellent, royal) spirits 의기양양한 complain=grumble 불평하다 sigh 한숨 쉬다 express 표현하다 sadness 슬픔 submarine 잠수함 sail 항해하다 ice cap 만년설 suffer from ~로 고생하다 high blood pressure 고혈압 goat 염소 graze 풀을 뜯다, 방목하다

③ 부사의 비교급과 최상급(중급과정)

		원급 (positive)	비교급 (comparative)	최상급 (superlative)
A.	1음절 부사는 –er/–est를 붙이고 e로 끝나는 부사는 e를 생략하고 –er/–est를 붙입니다.	fast(빨리) hard(열심히) late(늦게)	faster harder later	fastest hardest latest
B.	–ly로 끝나는 부사나 2음절 이상의 부사는 more/most를 붙입니다.	quickly(빨리) slowly(천천히) cf 예외 early(일찍)	more quickly more slowly earlier	most quickly most slowly earliest
C.	불규칙 변화	well(잘) badly(서투르게) little(약간) much(많이) far(멀리/거리) far(멀리/거리/정도)	better worse less more farther further	best worst least most farthest furthest

① Can't we go any faster?　　② He arrived earlier than I did.

③ John works harder than Ram.　　④ Chris works (the) hardest of all.

⑤ He played the best of any player.　　⑥ He can't run as fast as his sister.

⑦ She arrived (the) earliest of all of us.

⑧ The goat can see better than we think.

⑨ Could you sing a little more quietly, please?

⑩ Walk faster if you want to keep up with me.

⑪ You are driving worse today than yesterday!

⑫ The little boy jumped farther than his friends.

⑬ She ate her lunch more quickly than Jim (did).

⑭ She worked less confidently after her accident.

⑮ The first stage of a divorce passes the most quickly.

⑯ The teacher spoke more slowly to help us to understand.

⑰ Everyone in the race ran fast, but John ran the fastest of all.

해석 ① 우리 좀 더 빨리 갈 수 없을까? ② 그는 나보다 더 일찍 도착했다. ③ John이 Ram보다 더 열심히 일한다. ④ 모든 이들 가운데 Chris가 가장 열심히 일한다. ⑤ 그는 모든 선수들 가운데 가장 잘했다. ⑥ 그는 자기 누나만큼 빨리 달릴 수가 없다. ⑦ 그녀가 우리 모두 가운데 가장 일찍 도착했다. ⑧ 염소는 우리가 생각하는 것보다 더 잘 볼 수 있다. ⑨ 노래를 좀 더 조용히 부를 수 있겠니? ⑩ 네가 나와 보조를 맞추고 싶으면 더 빨리 걸어라. ⑪ 너는 어제보다 오늘 더 난폭하게 운전하는구나! ⑫ 그 어린 소년은 그 친구들보다 더 멀리 뛰었다. ⑬ 그녀는 Jim보다 더 빨리 점심을 먹었다. ⑭ 그녀는 사고 이후에 덜 자신감을 가지고 일했다. ⑮ 이혼의 첫 단계는 가장 빨리 지나간다. ⑯ 선생님은 우리가 이해하는 것을 돕기 위해서 보다 천천히 말을 했다. ⑰ 경주에 참가한 모든 사람들은 빨리 달렸다, 하지만 John이 모두 가운데 가장 빨리 달렸다.

어휘 any faster 좀 더 빨리 of any player 모든 선수 가운데서 goat 염소 quietly 조용히 keep up with 보조를 맞추다 confidently 자신감 있게 accident 사고 stage 단계/무대 divorce 이혼 understand=make head or tail of 이해하다

4 부사의 종류(중급과정)

(1) 양태부사(Adverbs Of Manner)

    A. 정의: 어떻게(how) 동작이 이뤄지는지를 묘사하는 부사

    B. 위치: 자동사의 뒤, 타동사 앞이나, 직접목적어의 뒤, be동사와 조동사의 뒤에 오지만 강조할 때는 문장의 첫머리에 올 수도 있습니다.

    C. 종류: awfully, beautifully, bravely, carefully, easily, fast, happily, hard, nicely, quickly, truly, well

① He swims well.

② I carefully carried the bag.

③ I carried the bag carefully.

④ He was slowly lifting the weights.

⑤ He has carefully gathered the evidence.

⑥ Patiently, I waited for the show to begin.

⑦ As quickly as we could, we finished the work.

⑧ I wanted to consider the situation carefully. (formal)

⑨ I wanted to carefully consider the situation. (informal)

> **해석** ① 그는 수영을 잘한다. ②/③ 나는 조심스럽게 그 가방을 옮겼다. ④ 그는 천천히 역기를 들어 올리고 있었다.
> ⑤ 그는 신중하게 증거를 수집했다. ⑥ 참을성 있게 나는 그 쇼가 시작되기를 기다렸다.
> ⑦ 가능한 한 빨리 우리는 그 일을 마쳤다. ⑧/⑨ 나는 그 상황을 신중하게 검토하고 싶었다.

(2) 장소부사(Adverbs Of Place)

    A. 정의: 어디서(where) 동작이 이뤄지는지를 묘사하는 부사

    B. 위치: 자동사의 뒤, 직접목적어의 뒤에 오지만, 강조할 때는 문장의 첫 머리에 옵니다. 두 개의 장소부사를 연속해서 나열할 경우에는 「좁은 장소+넓은 장소」 어순이 됩니다.

    C. 종류: over, above, under below, behind, beside, by, up, down, here, there, near, far, high, inside, outside, upstairs, downstairs, everywhere, nowhere, in, out, away, on the top, at some place

① He will come here soon.

② I could not find them anywhere.

③ He lives somewhere in New York.

④ Here, the glacier deposited soil and rocks.

⑤ On the way to school, I saw a bird building its nest.

> **해석** ① 그는 이곳에 곧 올 거야. ② 나는 어디에서도 그들을 찾을 수가 없었다. ③ 그는 뉴욕의 어딘가에 산다.
> ④ 이곳에서 빙하가 토양과 암석들을 퇴적시켰다. ⑤ 학교 가는 길에 나는 새가 둥지를 짓고 있는 것을 보았다.

> **어휘** carefully 신중하게/조심스럽게 carry 운반하다 slowly 천천히 lift the weights 역기를 들어 올리다 gather 모으다
> evidence 증거 patiently 인내를 가지고/참을성 있게 wait for 기다리다 as quickly as 주어 can 가능한 한 빨리
> consider 검토(고려/참작)하다 situation 상황 soon 곧 find 찾다 could ~할 수 있었다 anywhere 어느 곳에서도
> glacier 빙하 deposit 침전/퇴적시키다 soil 토양 on the way to ~에 가는 길에 build-built-built 짓다 nest 둥지
> be in good(great, excellent, high, royal) spirits 의기양양하다↔be out of sorts(humor, spirits) 의기소침하다

(3) 시간부사(Adverbs Of Time)

    A. 정의: 언제(when) 동작이 이뤄지는지를 묘사하는 부사

    B. 위치: 대개 문장의 끝에 오지만 강조할 때는 문장의 첫머리에 오고, 또한 다양한 자리에 위치
       할 수 있으나 타동사의 뒤와 목적어 사이에는 올 수 없습니다.

    C. 종류: afterwards, already, always, immediately, now, soon, still, then, today, tomorrow,
       yesterday, yet, last night, last month, before, recently

① Now it is time for lunch. = It is now time for lunch. = It is time for lunch now.

② We decided finally on the policy.

③ Finally my father gave up smoking.

 = My father finally gave up smoking.

 = My father gave up smoking finally.

 = My father gave up finally smoking. (x)

④ At twelve o'clock, the train will leave.

⑤ On Sundays, I play soccer with my friends.

> **해석** ① 이제 점심시간이다. ② 우리는 마침내 정책을 결정했다. ③ 마침내 내 아빠는 담배를 끊으셨다.
>   ④ 12시에 기차는 떠날 거야. ⑤ 일요일마다 나는 친구들과 축구 해.

(4) 빈도부사(Adverbs Of Frequency)(시험에 가장 자주 출제되는 부사)

    A. 정의: 얼마나 자주(how often) 동작이 이뤄지는지를 묘사하는 부사

    B. 위치: Ⓐ be동사나 조동사의 뒤, 일반 동사 앞 Ⓑ 강조할 때는 문장의 첫머리
       Ⓒ often이 문장 끝에 올 때는 quite often/very often으로 사용합니다.

    C. 종류: always, usually, frequently, often, sometimes, occasionally, seldom, rarely,
       hardly ever, scarcely ever, never, once, twice, ever

① Often we go to the cinema. = We often go to the cinema.

 = We go to the cinema quite often. ≠ We go often to the cinema. (x)

② Occasionally I drink wine.= I occasionally drink wine.

 = I drink wine occasionally. (informal) ≠ I drink occasionally wine. (x)

③ She never smokes.   ④ He frequently visits us.

⑤ Barking dogs seldom bite.   ⑥ I hardly(scarcely) ever go shopping.

> **해석** ① 종종 우리는 영화 보러 간다. ② 가끔 나는 와인을 마신다. ③ 그녀는 결코 담배를 피우지 않는다.
>   ④ 그는 자주 우리를 방문한다. ⑤ 짖는 개는 좀처럼 물지 않는다. ⑥ 나는 좀처럼 쇼핑하러 가지 않는다.

> **어휘** lunch 점심 decide 결정하다 finally 마침내 policy 정책 give up=abandon=desert=discard 포기하다 leave 떠나다
> cinema 영화관 occasionally 가끔 frequently=as often as not 자주 bark 짖다, 껍질 bite 물다 immediately 즉시
> recently=lately=of late=not long since 최근 seldom=rarely=hardly ever=scarcely ever 좀처럼 ~하지 않다
> defect=blemish=deformity=drawback=flaw=foible=imperfection=infirmity=peccadillo=shortcoming 결점, 약점

a) always, rarely, seldom은 문장의 끝으로 갈 수 없으나, rarely와 seldom이 very와 함께할 때는 문장의 끝으로 갈 수 있습니다. 그러나 무엇보다도 「부정 빈도부사가 문장의 첫머리에 오면 주어 +동사의 어순이 도치된다.」는 것이 훨씬 중요합니다.

① I rarely go swimming.

② Tom seldom gets angry.

③ John eats meat very seldom.

④ I go swimming only very rarely.

⑤ My mother very rarely wears jewellery.

⑥ She always complains about the weather.

⑦ Only rarely is surgery necessary to treat this condition.

> **해석** ① 나는 좀처럼 수영하러 가지 않는다. ② Tom은 좀처럼 화를 내지 않는다. ③ John은 좀처럼 고기를 먹지 않는다.
> ④ 나는 아주 드물게만 수영하러 간다.(좀처럼 가지 않는다). ⑤ 내 엄마는 좀처럼 보석을 착용하시지 않는다.
> ⑥ 그녀는 날씨에 대해 항상 불평한다. ⑦ 이런 상태를 치료하기 위해서는 수술이 좀처럼 필요하지 않다.

b) 여러 단어로 이뤄진 빈도부사구(adverb phrases of frequency)나 절은 문장의 첫머리나 끝에 위치합니다.

① She drinks wine every now and again.

② Once in a while, I like to try something new.

③ I visited my grandparents as often as I could.

④ From time to time, I go fishing on the weekend.

⑤ As often as possible, we went outside for a walk.

> **해석** ① 그녀는 가끔 와인을 마신다. ② 가끔 나는 뭔가 새로운 것을 시도하고 싶어 한다. ③ 나는 가능한 한 자주 조부모님을 방문했다. ④ 가끔 나는 주말에 낚시하러 간다. ⑤ 가능한 한 자주 우리는 산책하러 나갔다.

c) 한 단어로 된 정빈도부사(single-word adverbs of definite frequency: daily, weekly, monthly, yearly and annually)는 주로 문장의 끝에 위치합니다.

① Take the pills twice daily.

② The program is broadcast nightly.

③ Most of these people are paid monthly.

④ You need to water the plants twice weekly.

⑤ The magazine is issued twice yearly(= twice every year).

> **해석** ① 그 알약을 매일 두 번 복용하세요. ② 그 프로그램은 매일 밤 방송된다. ③ 이 사람들 대부분은 월급 받는다.
> ④ 너는 그 식물들에게 일주일에 두 번씩 물을 주어야 한다. ⑤ 그 잡지는 매년 두 번 발행된다.

> **어휘** get angry 화를 내다 meat 고기 jewelry 보석 wear 착용하다 complain about 불평하다 surgery 수술 necessary 필요한 treat 치료하다 condition 상태 go fishing 낚시하러 가다 on the weekend 주말에 every now and again=once in a while=from time to time 때때로 as often as possible 가능한 한 자주 take 복용하다 pill 알약 daily 매일 broadcast 방송하다 nightly 밤마다 weekly 매주 yearly 매년 water 물주다 plant 식물 magazine 잡지 issue 발행하다

d) 횟수를 말하기 위해서 숫자나, several times, many times를 사용하는데, one time 대신에 once, two times 대신에 twice를 사용해야 합니다.

① I meet him several times a year.　　　② He takes these tablets three times a day.

③ I change the sheets once a fortnight. (fortnight = two weeks).

④ I go to the cinema twice a week. (two times a week. (x))

⑤ I visit my parents once a month. (one time a month. (x))

> **해석** ① 나는 일 년에 몇 번 그를 만난다. ② 그는 하루에 세 차례 이 알약을 복용한다.
> ③ 나는 2주에 한 번씩 시트를 바꾼다. ④ 나는 일주일에 두 번 영화 보러 간다.
> ⑤ 나는 한 달에 한 번 내 부모님을 방문한다.

e) 조동사 혼자 사용될 때나 used to/have to와 함께 사용될 때는 빈도부사가 항상 이들의 앞에 위치합니다.

① I know I should take exercise, but I never do.

② Do you always carry a briefcase? – Yes, I usually do./No, I rarely do.

③ I always used to celebrate bonfire night.

④ I usually have to get up early to walk my dog.

⑤ The fire brigade always has to be ready to face any emergency.

> **해석** ① 나는 운동을 해야 한다는 것은 알고 있지만 절대 하지 않는다. ② 너는 서류 가방을 항상 가지고 다니니?
> – 응, 대개 그래./아니, 좀처럼 가지고 다니지 않아. ③ 나는 항상 모닥불 피우고 불꽃놀이 행사를 했었어.
> ④ 나는 대개 개를 산책시키기 위해서 일찍 일어나야 해. ⑤ 소방단은 항상 어떤 긴급 상황도 맞설 각오를 하고 있어야 한다.

f) 조동사를 강조할 때는 조동사의 앞에 위치할 수 있습니다.

① I never can remember.　　　　　② She hardly ever has met him.

③ We never should do such things.　　④ You always have been working hard.

⑤ I sometimes am worried about my health.

> **해석** ① 나는 전혀 기억이 나지 않는다. ② 그녀는 좀처럼 그를 만나지 않았다. ③ 우리는 절대 그런 일을 해서는 안 된다.
> ④ 너는 항상 열심히 일해 오고 있잖아. ⑤ 나는 가끔 내 건강에 대해 걱정한다.

g) 명령문에서 always와 never는 문장의 맨 앞에 위치하며 부정빈도부사(rarely, seldom, never 등)는 의문문에 사용되지 않습니다.

① Always wear your seatbelt.　　　② Never argue with the referee.

③ Have you ever been to New York?　④ Do you rarely drink alcohol? (x)

⑤ Haven't you ever been to New York? (o) ≠ Have you never been to New York? (x)

> **해석** ① 항상 좌석벨트를 착용해라. ② 절대 주심과 언쟁하지 마라.
> ③ 너는 뉴욕에 가본 적 있니? ⑤ 너는 뉴욕에 가본 적 없니?

> **어휘** take 복용하다 tablet 알약 change the sheets 시트를 교체하다 go to the cinema 영화 보러 가다
> take exercise 운동하다 briefcase 서류 가방 celebrate 축하(경축, 거행)하다 fire brigade 소방단
> bonfire night 모닥불 피우고 불꽃놀이 하기 be ready to ~할 각오가 되어 있다 face=confront 맞서다
> emergency 긴급 상황 be worried(concerned) about ~에 대해 걱정하다 argue with 언쟁하다 referee 주심

(5) 정도부사(Adverbs Of Degree)

A. 정의: how much(얼마나)나 to what degree(어느 정도)에 대한 대답

B. 위치: 대개 수식하는 단어(형용사나 부사)의 앞에 위치하지만 enough는 이들 뒤에 위치합니다.

C. 종류: almost, any, as, a lot, enough, entirely, extremely, fairly, fully, hardly, scarcely,
barely, little, much, nearly, quite, rather, really, so, that, too, utterly, very

① I can't walk that far.　　　　　　　　② He is entirely wrong.

③ This is good enough.　　　　　　　　④ My work is almost finished.

⑤ She slept very little that night.　　　⑥ He didn't run fast enough to win.

⑦ My garden was covered with so many butterflies that I could hardly see the flowers.

> **해석** ① 나는 그렇게 멀리까지 걸을 수 없어. ② 그는 완전히 틀렸어. ③ 이것은 아주 좋은데. ④ 내 일은 거의 끝났어.
> ⑤ 그녀는 그날 밤에 잠을 거의 자지 못했다. ⑥ 그는 이길 수 있을 만큼 빨리 달리지 않았다.
> ⑦ 나의 정원은 너무 많은 나비들로 뒤덮여 있어서 나는 꽃들을 거의 볼 수가 없었다.

(6) 의문부사(Interrogative Adverbs)(기초과정)

A. 정의: 질문하는데 사용되는 부사

B. 위치: 의문사+동사+주어?/How+형/부+동사+주어?

C. 종류: when(at what time: 언제), where(in what place: 어디서)
how(in what way: 어떻게), why(for what reasons: 왜)

① How was the movie?　　　　　　　② Why are you so late?

③ Where were you born?　　　　　　④ How much flour do you need?

⑤ When do you usually go to work?　⑥ How many students are there in the class?

> **해석** ① 그 영화 어땠어? ② 왜 이토록 늦었어? ③ 너는 어디서 태어났니? ④ 너는 밀가루가 얼마나 필요하니?
> ⑤ 너는 대개 언제 일하러 가니? ⑥ 네 반에는 학생들이 몇 명 있니?

(7) 가능성부사(Adverbials of probability)/확신부사(Adverbs of certainty)

A. 정의: 가능성, 확신, 의심을 나타내는 부사

B. 위치: 빈도부사의 위치 즉, be동사나 조동사의 뒤에, 일반 동사의 앞, 문장의 첫머리

C. 종류: definitely, certainly, clearly, obviously, probably, maybe, perhaps

① He is possibly a cheater.　　　　　② He clearly made a mistake.

③ Perhaps the weather will be fine.　④ Maybe we'll go out to eat tonight.

⑤ He was probably late for the interview.

> **해석** ① 그는 아마 사기꾼일 거야. ② 그는 분명 실수한 거야. ③ 아마 날씨는 좋을 거야.
> ④ 아마 우리는 오늘 밤 외식하러 나갈 거야. ⑤ 그는 아마 면접시험에 지각했을 거야.

> **어휘** that far=so far 그렇게 멀리 entirely=completely=totally 전적으로 win-won-won 이기다/얻다 barely 겨우
> almost=nearly=practically=virtually=all but=next to=well-nigh=little short of 거의 fast 빨리 butterfly 나비
> movie 영화 late 늦은 be born 태어나다 flour 밀가루 usually 대개 go to work 일하러 가다 cheater 사기꾼
> possibly=probably=perhaps=perchance=maybe=mayhap=supposedly=as likely as not=in all likelihood 아마
> make a mistake=make(commit) an error=make(commit) a blunder 실수하다 go out to eat 외식하러 나가다

(8) 문장부사(Sentence Adverbs)

    A. 정의: 문장의 첫머리에서 문장이나 절 전체를 꾸미는 부사

    B. 위치: 문장의 첫머리에 오며 반드시 부사 바로 뒤에 comma를 붙여서 분리해야 합니다.

    C. 종류: 평가부사(evaluative adverbs): amazingly/annoyingly/disappointingly

        관점부사(viewpoint adverbs): philosophically, objectively, historically

        논평부사(adverbs of comment): obviously, apparently, definitely

① Happily, he did not die. (evaluation)   ② Obviously, it is a wrong way. (comment)

③ Fortunately, no one was hurt. (evaluation)   ④ Personally, I'd rather not go out. (viewpoint)

> **해석** ① 다행히도, 그는 죽지 않았다. ② 분명히, 그것은 잘못된 방법이다.
> ③ 다행히도, 아무도 다치지 않았다. ④ 개인적으로, 나는 나가고 싶지 않다.

(9) 초점부사(Focusing adverbs)

    A. 정의: 문장의 일정한 부분에 초점을 맞추어 의미를 제한하는 부사

    B. 위치: be동사와 조동사의 뒤, 일반 동사 앞, 수식하는 명사 앞

    C. 종류: even, only, merely, also, mainly, just

① That's just what I mean.   ② He is only ten years old.

③ I don't even know his name.   ④ She eat mainly fruit and vegetables.

> **해석** ① 그것이 바로 내가 의미하는 거야. ② 그는 불과 열 살 밖에 아니야.
> ③ 나는 그의 이름조차도 몰라. ④ 그녀는 주로 과일과 채소류를 먹어.

(10) 숫자부사(ordinal numbers)

    A. 정의: 뭔가를 나열할 때 사용하는 부사

    B. 위치: 문장의 첫머리

    C. 종류: first/firstly, second/secondly, third/thirdly… finally/lastly

    D. 나열방식: ⓐ first, second, third, fourth….. finally/lastly (o)

           ⓑ firstly, secondly, thirdly, fourthly….. finally/lastly (o)

           ⓒ first, secondly, thirdly, fourthly….. finally/lastly (o)

    【참고☞】 위와 같이 ⓐⓑⓒ처럼 나열하지만, -ly가 없어도 그 자체가 부사이므로 -ly를 붙인

             것은 중복성이 있다고 하여 ⓐ번을 선호하고 있는 상황입니다.

① First, I love her. Second, I respect her. Finally, I need her.

② Firstly, we must have a dream. Secondly, we must make plans for it.

    Finally, we must try to fulfill it.

③ Lastly, I would like to remind you that smoking is not allowed. (Last (×))

> **해석** ① 첫째 나는 그녀를 사랑하고, 둘째 나는 그녀를 존경하고, 마지막으로 나는 그녀가 필요하다. ② 첫째 우리는 꿈을
> 가져야 하고, 둘째 우리는 그것을 위한 계획을 세워야 하고 끝으로 우리는 그것을 성취하려고 노력해야 한다.
> ③ 끝으로 저는 여러분에게 흡연이 허용되어있지 않음을 상기시켜드리고 싶습니다.

> **어휘** happily=fortunately 다행히도 obviously 분명히 personally 개인적으로 would rather ～하고 싶다
> just 바로 even 심지어 mainly 주로 vegetable 채소 respect 존경하다 make plans 계획을 세우다
> try to ～하려고 애쓰다 fulfill 성취하다 would like to ～하고 싶다 remind 상기시키다 allow 허용하다

(11) 접속부사(conjunctive adverbs)(시험 출제빈도 가장 높은 최고급과정)

　　A. 정의: 문맥의 흐름 속에서 두 문장의 관계를 나타내는 부사로서 접속사가 아니므로 문장을
　　　　　　연결할 수는 없고 반드시 다른 접속사와 함께 사용됩니다.

　　B. 위치: 문장의 첫머리, 문장의 중간, 문장의 끝

　　C. 종류:

　　① first of all = most of all = above all = above everything else=among others
　　 = among other things = among the rest=more than anything else = in particular
　　 = particularly = in the first place(instance) = especially = to begin(start) with
　　 = for one thing = for a start = first and foremost (우선/첫째로/무엇보다도 먼저)

　　② besides = in addition = additionally = furthermore = moreover = what is more
　　 = on top of that = by the same token = by this(that) token = into the bargain
　　 = for that matter = to top it (all) off = to top it all (off) (게다가/더욱이/더군다나/뿐만 아니라)

　　③ so = thus = hence = therefore = thereupon = as a result(consequence)
　　 = consequently = accordingly = in consequence(accordance) = as such
　　　(그 결과/그러므로/따라서/그래서)

　　④ for example(instance) = let us say = say = e.g(exempli−gratia) (예를 들자면)

　　⑤ in short(brief) = to be short(brief) = shortly(briefly) speaking = simply put
　　 = to make a long story short = to sum up = in sum = in summary = in a word
　　 = in a nutshell = to put it simply (간단히 말해서/요컨데)

　　⑥ that is (to say) = as it were = in other words = to put it (in) another way = namely
　　 = to wit = ,or = i.e(id−est) (즉/다시 말해서)

　　⑦ similarly = likewise = in a similar way = in a likewise manner = in the same way
　　 = in kind (마찬가지로/이와 같이)

　　⑧ nonetheless = not the less = nevertheless = regardless = notwithstanding = no less
　　 = still = even so = and yet = in spite of that = for all that = just the same
　　 = all the same = at the same time = that said (그럼에도 불구하고)

　　⑨ by the way = by the by = incidentally = in passing = on a side note (그건 그렇고/그런데)

　　⑩ on the contrary = on the other hand = in the other respect = from another point of view
　　 = while = whereas (반면에)

　　⑪ finally = ultimately = eventually = after all = at last(length)= in due course
　　 = in the end(ultimate, event, sequel) = in the long run = in the final(last) analysis
　　 = when all comes to all = when(after) all is said and done (결국/마침내)

　　⑫ in fact(effect, truth, reality, practice) = in point of fact = as a matter of fact= as it is
　　 = actually = (if the) truth be told=(if the) truth be known (사실은)

　　⑬ at the same time(instant, moment) = at once = en bloc = simultaneously
　　 = synchronously = concurrently (동시에)

　　⑭ meanwhile = meantime = interim = in the meantime(interim) (한편/그러는 동안에)

　　⑮ in contrast = by contrast (대조적으로)

　　⑯ generally = in general = in the main = on the whole = on the average = as a rule
　　 = by and large = at large = all in all = in most cases = for the most part (일반적으로/대체로)

　　⑰ anyway = anyhow = somehow = at any rate = at all events = in any case
　　 = in any way = in any event = in any circumstances (아무튼/어쨌든/하여튼)

　　⑱ so far = thus far = until now = up to now = until the present = up to the present
　　 = to date = as yet = hitherto = heretofore (지금까지)

A. then(그때/그 다음에/그러면)의 용법: 부사로만 사용되며 and를 comma로 대체할 수 있습니다.

① If you won't tell him, then I will.

② She travelled to Italy and then to Greece.

③ Mix the flour and butter, then add the eggs.

④ First I went to the bank. Then I went to the post office.

⑤ He glanced quickly at Shane and then looked away again.

⑥ First he will give a TV interview. Then comes the main news conference.

> **해석** ① 네가 그에게 말하지 않으면, 그때는 내가 말하겠다. ② 그녀는 이탈리아로 그다음에 그리스로 여행했다.
> ③ 밀가루와 버터를 섞은 다음 계란을 넣어라. ④ 처음에 나는 은행에 갔다. 그다음에 우체국에 갔다.
> ⑤ 그는 Shane을 재빨리 힐끗 쳐다보고 다시 고개를 돌렸다.
> ⑥ 먼저 그가 TV 회견을 할 예정이다. 그다음에 중요한 기자회견이 있다.

B. so와 as such: so는 접속사이며, as such에서 such는 대명사이므로 반드시 앞에 such가 가리키는 명사가 있을 때만 사용 가능합니다.

① He was biased, and so unreliable.

② I got hungry, so I made a sandwich.

③ I am an English teacher, and as such I hate to see grammatical errors.

④ Hawaii has an ideal climate, and so it is not surprising that it has become a tourist paradise.

> **해석** ① 그는 편견이 있었다. 그래서 신뢰할 수 없었다. ② 나는 배가 고팠다. 그래서 샌드위치를 만들었다.
> ③ 나는 영어교사다. 그러므로(영어교사이므로) 나는 문법적 오류를 보는 게 싫다.
> ④ 하와이는 이상적인 기후를 가지고 있다. 그래서 그것이 관광객들의 낙원이 된 것은 놀라운 일이 아니다.

C. thus의 용법: 부사로만 사용되므로 문장을 연결할 수 없습니다.

① He worked hard and thus succeeded.

② They planned to reduce staff and thus to cut costs.

③ The oil producers will raise prices, thus increasing their profits.

④ Exercise made us more hungry. Thus, our food supplies ran out.

= Exercise made us more hungry; thus, our food supplies ran out.

= Exercise made us more hungry, and thus our food supplies ran out.

> **해석** ① 그는 열심히 일을 했고 그래서 성공했다. ② 그들은 직원을 감축하고 따라서 비용을 절감할 계획을 하였다.
> ③ 산유국들은 기름값을 올려서 그들의 이익을 증진시키려 한다.
> ④ 운동은 우리를 더 배고프게 만들었다. 그래서 우리의 식량 공급량이 다 바닥이 났다.

> **어휘** mix 섞다 flour 밀가루 egg 달걀 bank 은행 glance at 힐끗 쳐다보다 quickly 빨리 look away 시선을 돌리다
> main 중요한 news conference 기자회견 biased=prejudiced 편견을 가진 unreliable=incredible 믿을 수 없는
> at once=promptly 즉시 ideal climate 이상적인 기후 tourist paradise 관광객들의 낙원 plan to ～할 계획이다
> reduce=decrease=lessen=cut down on 줄이다 cut costs 비용을 줄이다 oil producers 산유국 raise 인상하다
> prices 가격 increase=augment 늘리다 profit 이익 exercise 운동 food supplies 식량 공급 run out 바닥나다
> assemble=amass=accumulate=collect=compile=gather=garner=hoard=heap(pile, lay, muster, store, round) up 모으다

D. hence의 용법: 명사, 형용사, 절을 유도하며 and를 comma로 대체할 수 있습니다.

① Alcohol can cause liver failure and hence death.

② The purse is handmade and hence very expensive.

③ He has just got a pay rise, hence the new refrigerator.

④ Crime is on the increase; hence the need for more police.

⑤ I will go to Japan. Hence I will not be here in time for the party.

= I will go to Japan; hence, I will not be here in time for the party.

= I will go to Japan and hence will not be here in time for the party.

> **해석** ① 알코올은 간 부전을 일으키고 따라서 죽음을 일으킬 수 있다. ② 그 지갑은 손으로 만든 것이어서 매우 비싸다.
> ③ 그는 봉급 인상을 받았다. 그래서 그 새 냉장고를 샀다. ④ 범죄가 증가하고 있다. 그래서 경찰이 더 많이 필요하다.
> ⑤ 나는 일본에 갈 거야. 그래서 나는 파티 시간에 맞춰 이곳에 오지 못할 거야.

E. therefore와 moreover의 용법: 부사로만 사용되므로 문장을 연결할 수 없습니다.

① Her car was bigger and therefore more comfortable.

② He ran out of money. Therefore, he had to look for a job.

= He ran out of money; therefore, he had to look for a job.

= He ran out of money, and therefore he had to look for a job.

③ Two of the workers were sacked, and, as a result, everybody went on strike.

④ Joyce Carol Oates is a novelist, essayist, playwright, and poetess; moreover, she is a

distinguished scholar.

> **해석** ① 그녀의 차는 더 컸다. 그래서 더 편안했다. ② 그는 돈이 떨어졌다. 그래서 일자리를 찾아야 했다.
> ③ 근로자들 중 두 명이 해고당했다. 그래서 모두가 파업에 들어갔다.
> ④ Joyce Carol Oates는 소설가이자 수필가이자 극작가이자 시인이다. 게다가 그녀는 유명한 학자이다.

F. however 용법: 문장의 처음, 문장의 중간, 문장의 끝

① I went to Paris. However, I didn't visit the Louvre.

= I went to Paris; however, I didn't visit the Louvre.

= I went to Paris. I didn't visit the Louvre, however.

② We have, however, agreed to carry out a full review of pay and conditions.

③ The drop in sales was mainly due to the bad weather. There were, however, other factors.

> **해석** ① 나는 파리에 갔지만 루브르 박물관은 방문하지 않았다.
> ② 그러나 우리는 보수와 조건을 완전히 재검토하기로 합의했다.
> ③ 판매 하락은 주로 나쁜 날씨 때문이었다. 하지만 다른 요인들도 있었다.

> **어휘** cause 초래하다 liver failure 간 부전 purse 지갑 expensive 비싼 get a pay raise 봉급인상을 받다 refrigerator
> 냉장고 on the increase 증가하는 중 in time for ~시간에 맞춰 comfortable 편안한 run out of 바닥나다 look for 찾다
> sack=fire 해고하다 as a result 그 결과 go on strike 파업하다 novelist 소설가 essayist 수필가 playwright 극작가 poet
> 시인 distinguished 저명한 scholar 학자 however 그러나 agree to ~하기로 합의하다 carry out 실행하다 full review
> 완전 재검토 conditions 조건 drop in sales 판매고 하락 mainly=chiefly 주로 be due(owing) to ~때문이다 factor 요인

G. nonetheless/nevertheless 용법: 문장의 처음, but 다음, 문장의 중간, 문장의 끝

① He is short. Nonetheless/Nevertheless, he is good at playing basketball.

= He is short; nonetheless/nevertheless, he is good at playing basketball.

= He is short, but nonetheless/nevertheless he is good at playing basketball.

= He is short, but he is good at playing basketball nonetheless/nevertheless.

② The book is voluminous but, nonetheless, informative and entertaining.

③ She is not very pretty, but she is nonetheless very popular with the boys.

④ We have agreed, nevertheless, to carry out a full review of pay and conditions.

> **해석** ① 그는 키가 작다. 그럼에도 불구하고 그는 농구를 잘한다. ② 그 책은 방대하지만 그럼에도 불구하고 정보를 제공해주고 즐거움을 준다. ③ 그녀는 그다지 예쁘지 않지만, 그럼에도 불구하고 남자들 사이에서 매우 인기 있다. ④ 그럼에도 불구하고 우리는 보수와 조건을 완전히 재검토하기로 합의했다.

H. still, even so, yet과 but의 용법: but still/but, even so,/and yet도 가능합니다.

① She is a vegetarian. Still, she eats eggs occasionally.

= She is a vegetarian, but still she eats eggs occasionally.

② She is loud and unfriendly. Even so, I like her.

= She is loud and unfriendly; even so, I like her.

= She is loud and unfriendly, but, even so, I like her.

③ He plays the guitar very well. Yet he cannot read music at all.

= He plays the guitar very well, yet he cannot read music at all.

= He plays the guitar very well, and yet he cannot read music at all.

= He plays the guitar very well, but he cannot read music at all.

> **해석** ① 그녀는 채식가이다. 그럼에도 불구하고 가끔 계란을 먹는다. ② 그녀는 시끄럽고 불친절하다. 그럼에도 불구하고 나는 그녀를 좋아한다. ③ 그는 기타를 잘 연주한다. 하지만 악보를 전혀 읽을 줄 모른다.

I. at the same time, all the same, just the same, despite that, in spite of that (그럼에도 불구하고)과 구두점

① I was afraid of her. At the same time, I really liked her.

= I was afraid of her, but at the same time I really liked her.

② Everyone opposed it, but they got married(,) all the same.

③ It was a success, but it could easily have failed(,) just the same.

④ She was very rude to me. All the same, I did not give her up.

> **해석** ① 나는 그녀가 무서웠다. 그럼에도 불구하고 나는 그녀를 무척 좋아했다. ② 모두가 반대했다. 그럼에도 불구하고 그들은 결혼을 했다. ③ 그것은 성공이었다. 하지만 그럼에도 불구하고 쉽게 실패할 수도 있었을 것이다. ④ 그녀는 나에게 무척 무례했다. 그럼에도 불구하고 나는 그녀를 포기하지 않았다.

> **어휘** short 키가 작은 be good at ~을 잘하다 voluminous=massive 방대한 informative 정보를 제공해 주는 entertaining 즐거움을 주는 popular 인기 있는 carry out=implement 수행하다 full review 완전 재검토 vegetarian 채식가 occasionally=at times 가끔 loud 시끄러운 unfriendly 불친절한 read music 악보를 읽다 oppose 반대하다 could have failed 실패할 수도 있었을 것이다 rude=insolent 무례한 give up=quit 포기하다

⑿ enough의 용법(출제 고빈도 토익 과정)

A. 형용사로서 enough는 (충분한)의 뜻으로 뒤에 오는 명사를 수식하며, 셀 수 없는 단수 명사나 셀 수 있는 복수명사를 수식하며, 명사 앞에서 enough 대신 the를 사용할 수 있습니다.

① There was enough food to feed an army.

② There are not enough apples for all of us.

③ I didn't have enough time to finish the test.

④ I don't have the money to go on holiday.

⑤ His company doesn't have the resources to do the job.

> **해석** ① 군대를 먹일 만큼 충분한 식량이 있었다. ② 우리가 모두 먹을 만큼 충분한 사과가 없다.
> ③ 나는 시험을 끝낼 만큼 충분한 시간이 없었다. ④ 나는 휴가를 갈 만큼 충분한 돈이 없다.
> ⑤ 그의 회사는 그 일을 할 수 있을 만큼 충분한 재원이 없다.

B. Oxford Advanced Learner's Dictionary에 명사 뒤에 사용하는 표현들이 있으나 현대에는 구식 표현법으로 취급받고 있으며 문법에서는 사용하지 말 것을 권유하고 있습니다.

① He had reason enough to be angry.

= He had a good reason to be angry.

② There is food enough for everybody.

= There is enough food for everybody.

③ There was room enough for five people.

= There was enough room for five people.

④ I was fool(= foolish) enough to believe her.

⑤ He wasn't man(= manly) enough to admit his mistake.

> **해석** ① 그가 화가 날 만한 충분한 이유가 있었다. ② 모두가 먹을 충분한 음식이 있다.
> ③ 다섯 명을 위한 충분한 공간이 있었다. ④ 나는 그녀를 믿을 만큼 어리석었다.
> ⑤ 그는 자기 잘못을 인정할 만큼 남자답지 못했다.

C. 부사로서 enough(충분히/대단히)는 형용사, 부사, 동사의 뒤에 위치합니다.(출제 고빈도)

① These clothes are big enough to fit me.

② He is intelligent enough to pass the test.

③ I studied enough for the final examination.

④ You sing well enough to be a professional.

⑤ He didn't run fast enough to catch the thief.

> **해석** ① 이 옷들은 나에게 꼭 맞을 만큼 충분히 크다. ② 그는 시험에 통과할 수 있을 만큼 총명하다.
> ③ 나는 기말고사를 위해 충분히 공부했다. ④ 너는 프로가 될 수 있을 만큼 노래를 잘한다.
> ⑤ 그는 도둑을 잡을 수 있을 만큼 빨리 달리지 못했다.

> **어휘** feed 먹이다 army 군대 go on holiday 휴가를 가다 company 회사 resources 재원/자원/물자
> reason 이유 angry=mad 화가 난 food 식량/음식 room 공간 believe 믿다 admit 인정하다/허용하다
> mistake 실수/잘못 fit=suit 꼭 맞다 intelligent 총명한 final examination 기말고사 professional 전문가

D. quite/hardly/nearly/almost/just/+형용사/부사+enough 어순

① He is just old enough to work.

② The weather is quite warm enough.

③ The weather is hardly warm enough.

④ At present, there is just enough to feed them.

⑤ They are all nearly young enough to be mistaken for students.

> **해석** ① 그는 일할 수 있을 만큼 충분히 나이가 들었다. ② 날씨는 충분히 따뜻하다. ③ 날씨가 그다지 따뜻하지 않다. ④ 현재 그들을 먹일 수 있을 만큼은 있다. ⑤ 그들 모두는 학생들로 오해를 받을 만큼 어리다.

E. quite/hardly/형용사/+enough+명사 어순

① That is a good enough answer.

② That is a quite good enough answer.

③ There is hardly enough room for everyone in this meeting.

④ We have quite enough work to keep us busy until midnight.

⑤ You will get there on time if you take a fast enough train.

> **해석** ①/② 그것은 아주 훌륭한 답이다. ③ 이 모임에는 모두를 위한 충분한 공간이 거의 없다. ④ 우리는 우리 자신을 자정까지 바쁘게 할 정도의 충분한 일이 있다. ⑤ 네가 아주 빠른 기차를 타면 정각에 그곳에 도착할 거야.

F. a) That's enough.(그만해라/됐어!) b) Enough is enough. (할 만큼 했다/더 이상은 안 돼)
c) Enough said. = Say no more (충분히 이해했다./더 이상 말할 필요 없어)

① That's enough, Tom. Give those toys back, please.

② Someone has to explain the situation to her. − Enough said.

③ That's quite enough! I don't want any more rude remarks from you.

④ I don't mind loaning her some money now and then, but enough is enough!

> **해석** ① Tom 그만해라. 장난감 돌려줘라. ② 누군가가 그녀에게 상황을 설명해 줘야 해. – 알아들었으니 그만해. ③ 됐어! 나는 너에게서 더 이상의 무례한 말 원치 않아. ④ 나는 그녀에게 이따금 돈을 좀 빌려주는 것은 괜찮아. 하지만 이제 할 만큼 했어.

◀ 뉘앙스 맛보기 ▶

형용사와 명사가 동시에 enough와 함께 쓰일 때 enough의 위치에 따라 의미가 달라집니다.

① I don't have big enough nails. None of the nails are as big as I need.

② I don't have enough big nails. I have some big nails but I need more.

③ I have big enough boxes. The size of the boxes is big enough.

④ I have enough big boxes. I have big boxes. The number of boxes is enough.

> **해석** ① 충분히 큰 못이 없다/못은 있으되 내가 필요한 만큼 크지 않다.(enough는 big을 수식하는 부사) ② 큰 못은 있으되 내가 원하는 만큼 많지 않다.(enough는 big nails를 수식하는 수량 한정사) ③ 나는 충분히 큰 상자를 가지고 있다.(내가 갖고 있는 상자들이 충분히 크다) ④ 나는 큰 상자들을 충분히 갖고 있다.

> **어휘** weather 날씨 warm 따뜻한 at present 현재 feed 먹이다 mistake(take) A for B: A를 B로 착각하다 keep 유지하다 explain=account for 설명하다 situation 상황 rude remark 무례한 말 mind 꺼리다/유의하다 loan 빌려주다 now and then=on occasion 이따금/가끔 nail 못 as big as ~만큼 큰 size 크기 number 숫자

⒀ Still/Already/Yet(출제 고빈도 토익과정)

A. still의 용법

    a) 위치: 긍정문 – be동사, 조동사 뒤, 일반 동사 앞, 부정문 – 조동사의 앞

    b) 의미: 과거, 현재, 미래의 어느 순간까지 계속되는 경우에 (여전히/아직도)의 뜻

    c) 반대말: no longer = not any longer = not any more (더이상 ～이 아니다)

① I am still loving you.   ② I still have that picture.

③ Cathy might still miss you.   ④ I still can't find her phone number.

⑤ I still haven't finished writing my essay.

⑥ We still don't know who will be our new coach.

⑦ He still lives here. ↔ He no longer lives here. = He doesn't live here any longer.

 = He doesn't live here any more. = He lives here no more. (고어)

> **해석** ① 나는 아직도 너를 사랑하고 있어. ② 나는 아직도 그 사진을 갖고 있어. ③ Cathy는 여전히 너를 그리워하고 있을
> 지 몰라. ④ 나는 아직도 그녀의 전화번호를 찾을 수 없어. ⑤ 나는 아직도 논술형 과제물 쓰기를 마치지 못했어.
> ⑥ 우리는 아직도 누가 우리의 감독이 될 것인지 모른다. ⑦ 그는 아직도 이곳에 살아. ↔ 그는 이곳에 더 이상 살지 않아.
> **주의** ☞ no longer, not～any longer는 시간에, not～any more는 시간과, 수량 및 정도에, no more는 고전문학에서는
>   시간에도 사용되었으나, 현대 영어에서는 수량과 정도에 주로 사용됩니다. 또한 no longer는 동사의 앞에, no
>   more 는 문장의 끝에 사용됩니다.

B. already의 용법(중급과정)

    a) 위치: ① be동사/조동사 뒤, 일반 동사 앞 ② 미래완료시제에서는 will이나 have 다음

              ③ 강한 강조나 더 큰 놀람을 나타낼 때 구어체에서 문장의 끝에 위치

    b) 의미: 어떤 일이 예상했던 것보다 더 빨리 일어났음을 나타낼 때 (벌써/이미)

    c) 부정문: already를 부정문에 사용할 수 없고 yet를 사용함

① She already has three children. (변화된 상태)

② Have you booked a flight already? (구어체 놀람)

③ I have already been to London three times. (동작의 완료)

④ He already went to Chicago twice this year. (동작의 완료)

⑤ The box was already broken when I found it. (변화된 상태)

⑥ Gosh, he has finished painting the kitchen already! (강조)

⑦ The performance had already started when we arrived. (동작의 완료)

⑧ By the time I get up tomorrow morning, the sun will already have risen.

 = By the time I get up tomorrow morning, the sun will have already risen.

> **해석** ① 그녀는 벌써 아이가 세 명이나 있어. ② 너는 비행기를 벌써 예약했다고? ③ 나는 벌써 런던에 세 번이나 다녀왔어.
>   ④ 그는 금년에 시카고를 벌써 두 번이나 갔어. ⑤ 그 상자는 내가 발견했을 때 이미 깨져있었어.
>   ⑥ 어머니! 부엌 페인트칠을 벌써 마쳤네! ⑦ 우리가 도착했을 때는 공연이 이미 시작해 있었어.
>   ⑧ 내가 내일 아침 일어날 무렵에 태양은 이미 떠 있을 거야.

> **어휘** miss 그리워하다 essay 수필/논술형 과제물 flight 비행기 broken 깨진 get up 일어나다 rise–rose–risen 뜨다

C. yet의 용법(중급과정)

    a) 위치: 구어체에서는 문장의 끝, more formal English(보다 격식을 차린 영어)에서는 not의 뒤, why나 whether 앞

    b) 용법: ① 긍정의문문: 단순히 정보를 요청하는 경우로서 해석하지 않음

        ② 부정의문문: 아직 일어나지 않은 일에 대한 놀람을 나타냄 (아직)

        ③ 부정평서문: 단순한 정보 제공 (아직)

        ④ 긍정 평서문: still과 비슷한 의미로 상황의 연속이나 미래의 가능성을 나타냄

                (아직도/여전히)

    c) 차이: 영국영어에서는 완료시제에 많이 쓰이고 미국영어에서는 과거시제에도 자주 사용됨.

① Have you finished your work yet? (영) = Did you finish your work yet? (미) (정보 요청)

② Haven't you finished your work yet? (놀라움)

③ Women didn't yet have the vote at that time. (formal English)

④ I haven't finished my work yet. (spoken English)

⑤ We do not yet have a solution to this problem. (formal English)

⑥ I haven't decided yet whether to take part in the competition.

⑦ Our plan could yet succeed.

⑧ We have a lot of work to do yet. (even though you think we have finished)

> **해석** ① 너는 일 다 마쳤니? ② 너는 일을 아직 다 못 마쳤니? ③ 여자들은 그 당시에 아직 투표권을 갖고 있지 않았다.
> ④ 나는 내 일을 아직 마치지 못했다. ⑤ 우리는 이 문제를 풀 수 있는 해결책을 아직 갖고 있지 않다.
> ⑥ 나는 그 경기에 참가해야 할지 말아야 할지 아직 결정하지 못했다. ⑦ 우리의 계획은 아직도 성공할 수 있어.
> ⑧ 우리는 아직 할 일이 많다.(비록 너는 우리가 다 끝났다고 생각하지만)

◀ 뉘앙스 맛보기 ▶

문제 1. Translate the following sentences into Korean.

① Have you finished your homework yet?

② Haven't you finished your homework yet?

③ Have you finished your homework already?

④ Have you still not finished your homework?

⑤ I haven't finished my homework yet.

⑥ I still haven't finished my homework.

> **정답** ① 너는 숙제 다 마쳤니?(정보요청) ② 너는 숙제를 아직 못 마쳤니?(놀람) ③ 너 숙제를 벌써 마쳤어?(놀람)
> ④ 너는 숙제를 아직도 다 마치지 못했니?(계속) ⑤ 나는 내 숙제를 아직 끝마치지 않았다.(정보제공)
> ⑥ 나는 아직도 내 숙제를 끝마치지 못했다.(계속)

> **어휘** finish=go through=have done with 끝마치다 work 일 vote 투표권/참정권 solution 해결책 problem 문제
> decide=determine=resolve=make up one's mind=make a decision(determination, resolution)
> =set one's heart on=have one's heart set on 결심하다 whether to ~할 것인지 아닌지
> take part in=participate(partake, join, share, engage) in=partake of 참가하다 competition 경기 a lot of 많은

⒁ very와 much(기본과정)

A. a) very+원급/현재분사 b) much+비교급/최상급/과거분사

① The flower is very beautiful.

② He is indulged in a very exciting game.

③ This flower is much more beautiful.

④ This flower is much the most beautiful.

⑤ He was much misunderstood by them.

⑥ She is much respected by the villagers.

해석 ① 그 꽃은 매우 아름답다. ② 그는 매우 흥미로운 게임에 빠져있다. ③ 이 꽃이 훨씬 더 아름답다.
④ 이 꽃이 단연 가장 아름답다. ⑤ 그는 그들에게 무척 오해를 받았다. ⑥ 그녀는 마을사람들에게 무척 존경받는다.

B. 분명한 수동태에서는 much/very much/greatly/extremely 등으로 수식하지만 구어체에서는
very로 수식하는 경향이 많습니다.

① He was much excited at the game. (formal) ② He was very excited at the game. (informal)

③ She was much excited by the news.

④ She is very much interested in literature.

⑤ I am very much interested in this oil painting.

해석 ①/② 그는 그 경기에 무척 흥분해 있었다. ③ 그녀는 그 소식에 무척 흥분했다.
④ 그녀는 문학에 무척 관심이 있다. ⑤ 나는 이 유화에 무척 관심이 있다.

C. 형용사화된 과거분사나 감정동사의 과거분사를 구어체에서는 very로 수식하는 경향이 많습니다.
(amused, ashamed, contented, delighted, excited, frightened, interested, pleased,
surprised, worried)

① He is a very learned man.

② She is a very celebrated scholar.

③ I am very pleased to see you here.

④ I was very tired at the end journey.

해석 ① 그는 매우 학식 있는 사람이다. ② 그녀는 매우 저명한 학자이다.
③ 나는 너를 이곳에서 만나 무척 기쁘다. ④ 나는 여행의 끝 무렵에 무척 피곤했다.

D. afraid, alike, ashamed는 원급이라도 much로 수식하지만 구어체에서는 very로 수식하기도
합니다.

① She is much afraid of snakes. (formal)

② She is very afraid of snakes. (informal)

③ The brothers were very much alike.

④ I am very much ashamed of myself.

⑤ This book is well worth reading. = This book is much worth reading.

= This book is very worthy of reading. ≠ This book is very worth reading. (x)

해석 ① 그녀는 뱀을 무척 무서워한다. ② 그녀는 뱀을 무척 무서워한다. ③ 그 형제는 무척 닮았다.
④ 나는 나 자신이 무척 부끄럽다. ⑤ 이 책은 대단히 읽을 만한 가치가 있다.

어휘 be indulged(absorbed, allowed, buried, drowned, engaged, engrossed, immersed, immured,
involved, lost, soaked, steeped, submerged, bound up, caught up, wrapped up) in=be in allegiance to
=be into=be up to the eyes(ears, neck) in=be swept off one's feet =have a commitment to ~에 몰두하다
exciting 흥미진진한 misunderstand 오해하다 respect=revere=esteem=venerate 존경하다 villager 마을 사람
be interested in=have(take) an interest in ~에 관심/흥미가 있다 literature 문학, 문헌 oil painting 유화
learned 학식 있는 celebrated=distinguished=noted 저명한 pleased 기쁜 end 끝 be afraid of ~을 무서워하다
journey 여행, 여정 snake 뱀, 배신자 be ashamed of ~을 부끄러워하다 be worth~ing ~할 만한 가치가 있다

(15) Ago vs Before(토익 필수과정)

　　ⓐ ago: 사건이 일어난 정확한 시간부사와 함께 과거시제에 사용됨.

　　ⓑ before: 현재 이전에 언제 일어났는지 알 수 없을 때 과거나 현재완료시제에 사용됨.

　　ⓒ before: 과거 이전에 일어난 사건에 대해 과거완료시제와 함께 사용됨.

① I bought this car one year ago.

② I saw/have seen the movie before.

③ I have seen the movie twice before.

④ She said that she had seen the movie two years before.

> **해석** ① 나는 1년 전에 이 차를 샀다. ② 나는 그 영화를 전에 본 적 있다.
> ③ 나는 그 영화를 두 번 본 적 있다. ④ 그녀는 그 영화를 2년 전에 본 적이 있다고 말했다.

(16) One day/Someday/Some day(중급과정)

　　ⓐ one day: 미래의 언젠가/과거의 언젠가

　　ⓑ someday: 미래의 언젠가

　　ⓒ some day: 미래의 언젠가(British English) / 미래의 어느 하루(American English)

① You will succeed someday/some day/one day.

② I will have my own house someday/some day/one day.

③ One day he just walked out and never came back. (○) (Some day/Someday (×))

④ Pick some day when you want to go to see a movie. (someday/one day (×))

> **해석** ① 너는 언젠가 성공하게 될 거야. ② 나는 언젠가 내 자신의 집을 가질 거야.
> ③ 언젠가 그는 그저 나갔다가 결코 돌아오지 않았다. ④ 네가 영화를 보러 가고 싶은 어느 하루를 골라봐.

(17) hardly ever/hardly any(토익 출제 고빈도 고급과정)

　　ⓐ hardly(scarcely) ever+동사 = rarely = seldom = almost never (좀처럼~하지 않다)

　　ⓑ hardly any+단수 = very little/hardly anyone or hardly any+복수 = very few (거의 없는)

　　ⓒ hardly a+명사 = certainly not (분명히~이 없는)

① She hardly ever goes to concerts. = Hardly ever does she go to concerts.

② I hardly ate anything yesterday.

= I ate hardly anything yesterday. = I ate very little yesterday.

③ Hardly anyone came to the meeting.

= Very few came to the meeting. = Almost no one came to the meeting.

④ She hardly buys any new clothes. = She buys very few new clothes.

⑤ It was a clear day with hardly a cloud in sight.

⑥ At first, hardly a person in the audience was moved by his speech.

> **해석** ① 그녀는 좀처럼 음악회에 가지 않는다. ② 나는 어제 거의 아무것도 먹지 않았다.
> ③ 거의 아무도 그 모임에 오지 않았다. ④ 그녀는 새 옷을 거의 사지 않는다. ☞ 어휘는 403쪽 참조
> ⑤ 구름 한 점 보이지 않는 맑은 날이었다. ⑥ 처음에는 청중들 가운데 단 한 명도 그의 연설에 감동받지 않았다.

⒅ 유도부사 There(기초와 기본과정)

A. 문장의 맨 앞에서 「There+동사+주어」가 올 경우 There는 해석하지 않습니다.

B. 동사 뒤에 오는 명사가 주어이며 유도부사/비인칭 there/가주어 there라고도 말합니다.

C. 동사의 수는 동사 뒤에 오는 주어에 일치시켜야 합니다.

① There is an apple on the table. = An apple is on the table.

② There are two apples on the table. = Two apples are on the table.

③ There stands a church on the hill. = A church stands on the hill.

④ There seem to be some maple trees in this forest.

⑤ There seems to be some misunderstanding between them.

⑥ There still remain some other issues to be discussed.

⑦ There remains a question over the side effects of Aspirin.

> **해석** ① 탁자 위에 사과 하나 있군요. ② 탁자 위에 사과 두 개가 있군요. ③ 언덕 위에 교회 하나가 서 있다.
> ④ 이 숲 속에는 단풍나무가 좀 있는 것 같아. ⑤ 그들 사이에 어떤 오해가 있는 것 같다.
> ⑥ 아직도 논의해야 할 몇 가지 다른 문제들이 남아있다. ⑦ 아스피린의 부작용에 관해서 의문이 남아있어.

D. 정관사가 있는 명사, 분명한 주어, 고유명사는 there로 시작하여 문장을 사용하지 않습니다.

① The child was playing with his toys. (o) ≠ There was the child playing with his toys. (x)

② My puppy is sleeping under the sofa. (o) ≠ There is my puppy sleeping under the sofa. (x)

③ Tom was at the party. (o) ≠ There was Tom at the party. (x)

> **해석** ① 그 아이는 장난감을 가지고 놀고 있었다. ② 내 강아지는 소파 아래에서 자고 있다. ③ Tom은 파티에 있었어.

E. 부정문 만들기

  a) 셀 수 없는 명사: There is no 단수명사/There is not any 단수명사

  b) 셀 수 있는 명사: There is no+단수명사/There isn't a+단수명사

               There are no+복수명사/There aren't any 복수명사

① There is no money in my wallet. = There is not any money in my wallet.

② There is no freezer in the kitchen. = There isn't a freezer in the kitchen.

= There isn't any freezer in the kitchen. (x)

③ There are no students in the classroom. = There aren't any students in the classroom.

= There isn't any student in the classroom. (x)

> **해석** ① 내 지갑에는 돈이 전혀 없어. ② 부엌에 냉장고가 없군요. ③ 교실에 학생들 아무도 없어요.

> **주의** ☞ any는 부정문과 의문문에서 셀 수 없는 단수 명사나 셀 수 있는 복수명사와 함께 사용되며, 셀 수 있는 단수명사의 경우 There is not a+단수, 하나가 있어야 할 곳에 없는 경우 There is no+단수 명사가 되며, 셀 수 있는 복수 명사의 경우에는, There are no+복수/There aren't any+복수를 사용합니다.

> **어휘** apple 사과 table 식탁 church 교회 stand 서 있다 on the hill 언덕위에 maple tree 단풍나무 misunderstanding 오해 remain 남아있다 issue 문제 discuss 토론하다 question 의문 side effect 부작용 puppy 강아지 under 밑에서 freezer 냉장고 kitchen 부엌 wallet 지갑 movie 영화 succeed 성공하다 have one's own house 자신의 집을 갖다 walk out 걸어 나가다 pick 고르다 go to concerts 음악회에 가다 clear day 맑은 날 cloud 구름 in sight 보이는 at first 처음에는 audience 청중/관객 be moved(touched, struck) by ~에 감동받다 speech 연설, 언어, 발언, 담화, 이야기

F. 의문문 만들기

Is there+단수 주어/Are there 복수 주어?

① Is there a bank near here? — Yes, there is one over there.

② Are there any banks near here? — No, there aren't any near here.

③ Is there any ice-cream in the freezer? — No, there isn't any.

④ How many students are there in your class? — There are 35.

⑤ How much water is there in the teakettle? — There is only a little.

> **해석** ① 이 근처에 은행 있나요? – 네, 저기 하나 있습니다. ② 이 근처에 은행 있나요? – 아니오, 이 근처에는 없습니다.
> ③ 냉장고에 아이스크림 있어요? 아니, 전혀 없다. ④ 네 반에는 학생이 몇 명 있니? – 35명 있어.
> ⑤ 찻주전자 속에 물이 얼마나 있니? – 조금밖에 없어요.

문제 2. Choose the correct word.(기초+기본과정)

① There (was/were) a bridge here.   ② There (is/are) no eggs in the fridge.

③ There (is/are) a woman in the shop.   ④ There (is/are) some money in the safe.

⑤ There (is/are) some people in the office.   ⑥ There (is/are) no freezer in the kitchen.

⑦ (Is/Are) there any cinemas around here?

⑧ There (stand/stands) a church on the hill.

⑨ There (is/are) many monkeys in that tree.

⑩ (Is/Are) there a lot of animals in the zoo?

⑪ There (is/are) two ways to solve the problem.

⑫ There (is/are) no water in the swimming pool.

⑬ There (is/isn't) any reason to be afraid of her.

⑭ How many (there are/are there) in your family?

⑮ There aren't (some/any) students in the classroom.

⑯ There (seem/seems) to be a problem with my phone.

⑰ There (appear/appears) to be no problems with this proposal.

⑱ There once (lives/lived) a girl named Ch'un-hyang in Namwon.

> **해석과 정답** ① 이곳에 다리가 있었다. (was) ② 냉장고 안에는 달걀이 없다. (are) ③ 그 가게 안에는 한 여성이 있다. (is)
> ④ 금고 속에 돈이 좀 있어. (is) ⑤ 사무실에 몇 명의 사람들이 있다. (are) ⑥ 부엌에는 냉장고가 없다. (is)
> ⑦ 이 부근에 영화관이 좀 있니? (Are) ⑧ 언덕위에 교회가 하나 서 있다. (stands) ⑨ 그 나무에는 많은 원숭이들이 있다.
> (are) ⑩ 동물원에 동물들이 많이 있니? (Are) ⑪ 그 문제를 풀 수 있는 방법이 두 가지가 있다. (are) ⑫ 수영장에는 물이
> 전혀 없다. (is) ⑬ 그녀를 두려워할 이유가 전혀 없다. (isn't) ⑭ 네 가족은 몇 명이니? (are there) ⑮ 교실에는 학생들이 전
> 혀 없다. (any) ⑯ 내 전화에는 뭔가 문제가 있는 것 같아. (seems) ⑰ 이 계획에는 아무런 문제가 없는 것 같다. (appear)
> ⑱ 옛날에 남원에 춘향이라는 한 소녀가 살고 있었다. (lived)

> **어휘** bridge 다리 egg 계란 fridge 냉장고 shop 가게 safe 금고 freezer 냉장고 cinema 영화관
> around here 이 근처에 stand 서 있다 hill 언덕 monkey 원숭이 zoo 동물원 a lot of=lots of 많은
> animal 동물 solve 풀다 swimming pool 수영장 reason 이유 be afraid of 두려워하다 classroom 교실
> phone 전화 problem 문제 seem=appear ~인 것 같다 proposal 제안/계획 once 옛날에 named ~라는

5 부사의 순서(The Royal Order Of Adverbs)(기본과정)

(1) 장소(place) - 시간(time) ⓐ 좁은 장소+넓은 장소 ⓑ 짧은 시간+긴 시간

① I will be at home tonight.　　　　　　　② I went to New York, America last year.

③ She was born in Seoul, Korea, in June, 2002.

④ I met her in a coffee shop at three p.m. last Saturday.

> **해석** ① 나는 오늘 밤에 집에 있을 거야. ② 나는 작년에 미국 뉴욕에 갔어.
> ③ 그녀는 2002년 6월에 한국 서울에서 태어났다. ④ 나는 지난 토요일 오후 3시에 어느 커피숍에서 그녀를 만났다.

(2) 양태(manner) - 장소(place) - 시간(time)

① I always live happily anywhere any time.

② He finished the last chapter very quickly at home last week.

③ We played happily together in the garden the whole afternoon.

④ She played the violin beautifully in the concert hall last night.

> **해석** ① 나는 언제 어디서나 항상 즐겁게 산다. ② 그는 마지막 장을 지난주 집에서 아주 신속하게 마쳤다.
> ③ 우리는 오후 내내 정원에서 함께 즐겁게 놀았다. ④ 그녀는 어젯밤 연주회장에서 바이올린을 아름답게 연주했다.

(3) 양태(Manner) - 장소(Place) - 빈도(Frequency) - 시간(Time) - 목적(Purpose)의 어순이 일반적이지만, 목적부사나 빈도+시간부사를 문장의 첫머리에 배열하기도 합니다.

① He runs twenty laps dutifully around the track every morning before breakfast to prepare for the marathon.

② To prepare for the marathon, he runs twenty laps dutifully around the track every morning before breakfast.

③ Every morning before breakfast, he runs twenty laps dutifully around the track to prepare for the marathon.

> **해석** ①/②/③ 그는 마라톤을 준비하기 위해서 매일아침 식사하기 전에 트랙 20바퀴를 충실하게 달린다.

(4) 이동동사: 장소(place) - 양태(manner) - 빈도(Frequency) - 시간(time) - 목적(purpose)

① We all arrived here safely yesterday.

② I will go to the library by bus tomorrow to return the book.

③ He came here once a week during the war so as to meet me.

④ My son runs to school happily every morning to enjoy learning.

⑤ I will go there happily this coming Sunday in order to meet you.

> **해석** ① 우리 모두 어제 무사하게 이곳에 도착했다. ② 나는 그 책을 돌려주기 위해서 내일 버스를 타고 도서관에 갈 거야.
> ③ 그는 나를 만나기 위해서 전쟁 중에 일주일에 한 번씩 이곳에 왔다.
> ④ 내 아들은 학습을 즐기기 위해서 매일 아침 즐겁게 학교에 달려간다.
> ⑤ 나는 너를 만나기 위해서 다가오는 일요일에 기꺼이 그곳에 갈게.

> **어휘** last year 작년 be born 태어나다 p.m. 오후 happily 즐겁게 anywhere 어디서나
> any time 언제나 chapter 장 quickly 신속하게 the whole afternoon 오후 내내 concert 연주회
> dutifully 충실하게 run twenty laps 20바퀴를 돌다 to prepare for the marathon 마라톤을 준비하기 위해서
> library 도서관 return 돌려주다 so as to=in order to ~하기 위해서 this coming Sunday 다가오는 일요일에

◀ 뉘앙스 맛보기(중급과정) ▶

시간부사는 어느 위치에 오든 의미변화가 없지만 초점부사나 양태부사는 위치에 따라 그 의미
차이가 크다는 것을 명심하시면서 다음 문장들의 의미 변화를 살펴보세요.

① Only I eat red apples. = No one else eats red apples.

② I only eat red apples. = I do not peel them.

③ I eat only red apples. = I do not eat green apples.

④ I eat red-only apples. = I do not eat multicolored apples.

⑤ I eat red apples only. = I do not eat red strawberries.

⑥ She is still not sleeping. = She continues to be awake.

⑦ She is not still sleeping. = She does not continue to be asleep.

⑧ He quietly asked me to sing a song. (= the request was quiet.)

⑨ He asked me quietly to sing a song. (= the request was quiet.)

⑩ He asked me to sing a song quietly. (= the singing was quiet.)

해석 ① 나만 빨간 사과를 먹는다. (다른 사람은 아무도 빨간 사과를 먹지 않는다.) ② 나는 빨간 사과를 먹기만 한다. (먹는 것 이외에 아무것도 하지 않는다./사과를 씻거나 깎지도 않는다.) ③ 나는 빨간 사과만 먹는다. (다른 색깔의 사과는 먹지 않는다.) ④ 나는 빨간색으로만 되어 있는 사과를 먹는다.(다양한 색깔의 사과를 먹지 않는다.) ⑤ 나는 빨간색 사과만 먹는다. (빨간색 이외의 다른 과일을 먹지 않는다.) ⑥ 그녀는 아직도 잠을 안 자고 있다. ⑦ 그녀는 아직도 자고 있는 것은 아니다.(이제 깨어 있다) ⑧/⑨ 그는 나에게 노래를 불러 달라고 조용히 요청했다. ⑩ 그는 나에게 노래를 조용히 부르라고 요청했다.

6 부사와 comma

(1) 주절 앞에 오는 도입어, 도입구 다음에는 흔히 comma를 붙입니다.

① After the storm, we will play soccer.　　② In the north of China, it is colder and wetter.

③ To buy a basket of flowers, I had to spend my last dollar.

해석 ① 폭풍이 지나간 후에, 우리는 축구를 할 것이다. ② 중국의 북쪽은 날씨가 더 춥고 더 습하다. ③ 한 바구니의 꽃을 사기위해서, 나는 마지막 1 달러를 써야 했다.

(2) 문장 전체를 꾸며주는 문장부사가 3단어 이하의 짧은 경우에는 comma를 생략할 수 있으나, 혼돈을 일으키는 경우에는 생략할 수 없습니다.

① Suddenly(,) there came a bolt of thunder.

② Surprisingly(,) the team was defeated in the final.

③ Outside, Jane's new car shone in the sunlight. (o)

= Outside Jane's new car shone in the sunlight. (x)

해석 ① 갑자기 천둥이 쳤다. ② 놀랍게도 그 팀은 결승전에서 패배했다. ③ 밖에서 Jane의 새 차가 햇빛에 빛났다.

어휘 soon=presently=shortly=before long=in time=by and by=sooner or later 곧 continue 계속~하다 storm 폭풍 a basket of 한 바구니의 suddenly=on a sudden=all of a sudden=all at once=abruptly=unexpectedly 갑자기 a bolt of thunder 한 차례의 천둥 surprisingly 놀랍게도 defeat=beat 패배시키다 shine-shone-shone 빛나다

명사(Nouns) | PART 20

1 명사의 종류(중급과정)

가산명사(셀 수 있는 명사/countable nouns): 복수형이 있는 보통명사, 집합명사
불가산명사(셀 수 없는 명사/uncountable nouns): 단수형으로 밖에 사용할 수 없는 물질명사,
추상명사, 고유명사

(1) 보통명사(common nouns: 불특정 다수의 일반적인 셀 수 있는 명사)

A. 종족 대표를 나타내는 방법(A+단수, the+단수, 복수)이지만, 인간/남성/여성의 대표는 관사 없는 단수형이나 복수형으로 나타냅니다.

① A(The) dog is a faithful animal. = Dogs are faithful animals.

② Man is a solitary animal.

③ Woman usually survives man. = Women usually live longer than men.

④ A man is known by the company he keeps. (= A person: 사람)

해석 ① 개는 충성스런 동물이다. ② 인간은 고독한 동물이다.
③ 여자가 대개 남자보다 더 오래 산다. ④ 사람은 그가 사귀는 친구를 보면 알 수 있다.

B. the+보통명사가 추상적인 의미를 갖는 경우

① He forgot the judge in the father.　　② There is little of the woman in her.

③ He felt the patriot rise in his heart.　　④ The pen is mightier than the sword.

⑤ What is learned in the cradle/ is carried to the grave.

해석 ① 그는 부성애 때문에 판단력을 상실했다. ② 그녀에게는 여성미가 별로 없다. ③ 그는 가슴속에서 애국심이 일어나는 것을 느꼈다. ④ 문필의 힘은 무력보다 더 강하다. ⑤ 어린 시절에 배운 것이/ 노년 시절까지 옮겨진다.

C. a/an+명사+of+a/an+명사: 「앞 명사 같은 뒤 명사」로 해석합니다.

① She is an angel of a girl. (= an angelic girl)

② She lives in a palace of a house. (= a palatial house)

③ She lives with a saint of a husband. (= a saintly husband)

④ Look at that mountain of a wave. (= that mountainous wave)

⑤ That fool of a John has revealed our secret. (= That foolish John)

⑥ He was ill-treated by that brute of a man. (= her brutish/brutal man)

⑦ He was abused by his devil of a step-mother. (= his devilish step-mother)

해석 ① 그녀는 천사 같은 소녀이다. ② 그녀는 궁궐 같은 집에서 산다. ③ 그녀는 성자 같은 남편과 함께 살고 있다.
④ 저 산더미 같은 파도 좀 봐. ⑤ 저 바보 같은 John이 우리의 비밀을 폭로해 버렸다.
⑥ 그는 저 짐승 같은 남자에게 학대당했다. ⑦ 그는 자신의 악마 같은 계모에게 학대를 당했다.

어휘 faithful 충성스런 solitary 고독한 usually 대개 survive ~보다 더 오래 살다 company 친구, 동료
judge 판사 patriot 애국자 rise-rose-risen 일어나다 mighty 강한 sword 칼 cradle 요람 carry 옮기다
grave 무덤 angel 천사 palace 궁궐 saint 성자, 성인 wave 파도 reveal=disclose=divulge 폭로하다 secret 비밀
ill-treat=abuse=maltreat=bear hard on 학대하다 brute 짐승 devil 악마 step-mother 계모 devilish 악마 같은

(2) 집합명사(collective nouns/group nouns)(중급과정)

　사람, 동물, 사물이 모여서 이뤄진 집단을 나타내는 명사로서 미국영어에서는 단수취급 하지만 개체를 나타내는 확실한 복수형 대명사가 뒤따르면 복수 취급하고, 영국영어에서는 단수/복수 둘 다 사용하지만 일반적으로 집단에 관한 설명이 오면 단수, 집단에 속해있는 개체에 대한 설명이 나오면 복수 취급합니다.

　① The class is studying grammar. (미국식)
　② The class is/are studying grammar. (영국식)
　③ The whole family was at the table. (미국식)
　④ The whole family was/were at the table. (영국식)
　⑤ The government is doing a good job. (미국식)
　⑥ The government is/are doing a good job. (영국식)
　⑦ The audience was delighted with the performance. (미국식)
　⑧ The audience was/were delighted with the performance. (영국식)
　⑨ My family are always fighting among themselves. (미국식/영국식)
　⑩ Three families live in this house. (집합명사의 복수형)

> **해석** ①/② 학급학생들은 문법을 공부하고 있다. ③/④ 그 가족 전체는 식탁에 앉아 있었다.
> ⑤/⑥ 정부는 일을 잘하고 있다. ⑦/⑧ 청중들은 그 공연에 즐거워했다.
> ⑨ 우리 가족은 항상 서로 싸운다. ⑩ 세 가정이(가구가) 이 집에 살고 있다.

(3) 물질명사(material nouns: 일정한 형태도 없고 셀 수 없는 물질을 나타내는 명사)

　a+물질명사 = 보통명사: 어떤 물질이 제품, 개체, 종류, 사건 등을 나타낼 경우에는 보통명사화 하여 부정관사나 수사가 붙을 수 있고, 복수도 가능합니다.

　① It is made of glass. (물질명사)
　② I broke a glass this morning. (보통명사-제품)
　③ I don't have much hair. (물질명사)
　④ There are two hairs in my coffee! (보통명사-개체)
　⑤ Wine is made from grapes. (물질명사)
　⑥ This is a good wine for health. (보통명사-종류)
　⑦ My puppy is scared of fire. (물질명사)
　⑧ A big fire broke out last night. (보통명사-사건)

> **해석** ① 그것은 유리로 만들어져 있다. ② 나는 오늘 아침 유리잔을 하나 깨버렸다. ③ 나는 머리숱이 별로 없다.
> ④ 내 커피에 머리카락이 두 개 들어 있다. ⑤ 포도주는 포도로 만들어진다. ⑥ 이것은 건강에 좋은 포도주이다.
> ⑦ 내 강아지는 불을 무서워한다. ⑧ 어젯밤에 대형 화재가 발생했다.

> **어휘** grammar 문법 at the table 식탁에 앉아있는 at table 식사 중 government 정부, 행정, 정치
> do a good job 잘하다 audience 관객, 청중 be delighted with ～에 즐거워하다 performance 공연
> among themselves 자기네들끼리 be made of ～로 만들어져 있다 glass 유리 a glass 유리잔 grape 포도
> health 건강 puppy 강아지 be scared(afraid, terrified) of ～을 무서워하다 break out=come up 발생하다

(4) 추상명사(abstract nouns)(고급과정)

머릿속으로 상상만 할 수 있을 뿐, 감각을 통해서 인식할 수 없는 명사

↔ 구체(구상) 명사(concrete nouns): 감각을 통해서 인식할 수 있는 명사

① She is full of charm.

② Honesty is the best policy.

③ He was thrown into despair.

④ Art is long, but life is short.

⑤ Happiness consists in contentment.

> **해석** ① 그녀는 매력 덩어리이다. ② 정직이 최선의 방책이다. ③ 그는 절망에 빠졌다.
> ④ 예술은 길지만, 인생은 짧다. ⑤ 행복은 만족에 놓여있다.

A. a/an+추상명사 = 보통명사: 종류, 행위, 실례, 또는 그런 성질을 가진 사람이나 사물을 나타낼 때는 보통명사처럼 관사가 붙기도 하고 복수가 될 수도 있습니다.

① He is an ambitious youth. (보통명사)

② Youth does not last forever. (추상명사)

③ He was a failure as a poet. (보통명사)

④ Failure is the mother of success. (추상명사)

⑤ This is a work by Rodin. (보통명사)

⑥ I have a lot of work to do today. (추상명사)

⑦ He is an authority on that subject. (보통명사)

⑧ He spoke with authority on the topic. (추상명사)

⑨ Necessity is the mother of invention. (추상명사)

⑩ The computer is a wonderful invention. (보통명사)

> **해석** ① 그는 야망 넘치는 청년이다. ② 젊음은 영원히 지속되지 않는다. ③ 그는 시인으로서 실패자였다.
> ④ 실패는 성공의 어머니이다. ⑤ 이것은 로댕의 작품이다. ⑥ 나는 오늘 할 일이 많다. ⑦ 그는 그 문제에 관한 권위자이다.
> ⑧ 그는 그 주제에 대해 권위 있게 말했다. ⑨ 필요는 발명의 어머니이다. ⑩ 컴퓨터는 놀라운 발명품이다.

B. 추상명사 itself = all 추상명사 = full of 추상명사 = very(extremely) 형용사
= as ~ as can be = as ~ as anything (매우~한/대단히~한)

① She is beauty itself. = She is all beauty. = She is full of beauty.

= She is very(extremely) beautiful. = She is as beautiful as can be.

= She is as beautiful as anything. (영국식)

② The students are attention itself. = The students are all attention.

= The students are all eyes and ears. = They are very attentive.

③ The girl is all smiles. = She smiles the brightest.

④ My wife is diligence itself. = My wife is very diligent.

⑤ The host was hospitality itself. = The host was very hospitable.

⑥ The conqueror was cruelty itself. = The conqueror was very cruel.

> **해석** ① 그녀는 아름다움 그 자체다(매우 아름답다). ② 학생들은 대단히 주의를 기울이고 있다. ③ 그 소녀는 희색이 만
> 면하다(환하게 웃고 있다). ④ 내 아내는 무척 부지런하다. ⑤ 주인은 극진히 환대 하였다. ⑥ 정복자는 매우 잔인했다.

> **어휘** charm 매력 honesty 정직 policy 방책, 정책 be thrown into despair 절망에 빠지다 art 예술, 미술
> consist(lie) in ~에 놓여있다 contentment 만족 ambitious 야망에 넘치는 youth 청춘 last 지속되다
> forever=for good=for keeps 영원히 failure 실패 poet 시인 authority 권위 subject 문제 necessity 필요
> host 집주인 invention 발명 attention 주의 diligence 근면 hospitality 환대 conqueror 정복자 cruelty 잔인성

C. a) To one's 감정 추상명사 = 주어+be+p.p+to(that) (~하게도)

   b) to my mind = to my way of thinking = in my opinion (내 생각에)

   c) to my knowledge = So far as I know = As far as I know (내가 아는 바로는)

① To my knowledge, he never worked here.

② This story is, to my mind, a masterpiece.

③ To my mind, their behavior is unreasonable.

④ To my relief, the car was not damaged.

 = I was relieved that the car was not damaged.

⑤ To my surprise, I got a perfect score on the English test.

 = I was surprised to get a perfect score on the English test.

> **해석** ① 내가 아는 바로는, 그는 이곳에 결코 일하지 않았다. ② 내 생각에 이 이야기는 명작이다.
> ③ 내 생각에 그들의 행동은 합리적이지 못하다. ④ 내가 안심하게도 그 차는 망가지지 않았다.
> ⑤ 내가 놀랍게도 나는 영어시험에서 만점을 맞았다.

문제 1. Translate the following sentences into Korean.(고급과정)

① To their great grief, the patient died.   ② To her horror, the beast approached.

③ He broke my vase greatly to my annoyance.

④ Much to his shame, his wig fell off his head.

⑤ To my great distress, I did not recognize her.

⑥ Greatly to my regret, I could not attend the party.

⑦ To my disappointment, he failed in the examination.

⑧ He passed the exam, much to the delight of his parents.

⑨ Much to our relief, all the passengers survived the crash.

⑩ To her embarrassment, she couldn't remember his name.

⑪ I learned to my sorrow that he was killed in the accident.

⑫ To my deep indignation, he pretended not to know about it.

⑬ He fell into the water, much to the entertainment of the children.

⑭ To the surprise of everybody, Trump was elected President of the States.

> **정답** ① 그들이 무척 슬프게도, 그 환자는 죽었다. ② 그녀가 소름 끼치게도, 그 짐승이 다가왔다. ③ 내가 무척 짜증나게도, 그가 내 꽃병을 깨버렸다. ④ 그가 무척 창피하게도, 그의 가발이 머리에서 벗겨져 버렸다. ⑤ 내가 무척 곤란하게도, 나는 그녀를 알아보지 못했다. ⑥ 내가 무척 유감스럽게도, 나는 그 파티에 참석할 수 없었다. ⑦ 내가 실망하게도, 그는 시험에 실패하였다. ⑧ 그는 그의 부모님이 무척 기쁘게도, 시험에 통과하였다. ⑨ 우리가 무척 안심하게도, 모든 승객들이 충돌에서 살아남았다. ⑩ 그녀가 당황스럽게도, 그녀는 그의 이름을 기억할 수 없었다. ⑪ 내가 슬프게도, 나는 그가 사고에서 죽었다는 것을 알았다. ⑫ 내가 무척 분개하게도, 그는 그것에 대해 모르는 척 했다. ⑬ 아이들이 무척 재미있게도, 그가 물에 빠졌다. ⑭ 모두가 놀랍게도, Trump가 미국의 대통령으로 선출되었다.

> **어휘** masterpiece 명작/걸작 behavior 행동 unreasonable 불합리한 damage 손상을 입히다 perfect score 만점 grief 비탄/슬픔 patient 환자 horror 공포 beast 짐승 approach 다가오다 break 깨다 vase 꽃병 annoyance 짜증 shame 창피/수치 wig 가발 fall off 떨어지다/벗겨지다 distress 곤란 recognize 알아보다 regret 유감 disappointment 실망 delight 기쁨 relief 안도/안심 survive 살아남다 crash 충돌 embarrassment 당황함 sorrow 슬픔 accident 사고 indignation 분개 pretend ~한 척 하다 fall 떨어지다 entertainment 재미/즐거움 elect 선출하다 President 대통령

(5) 고유명사(proper noun)(중급과정)

세상에 하나밖에 없는 사물, 장소 및 사람 이름을 나타내는 명사로서 보통 명사와 구별하기 위하여 대문자로 표기합니다.

① Korea is a beautiful country.

② Have you ever visited New York?

③ Lincoln lived a poor life when young.

④ John F. Kennedy was assassinated in Dallas.

> **해석** ① 한국은 아름다운 나라이다. ② 너는 뉴욕에 가본 적이 있니?
> ③ 링컨은 어렸을 때 가난한 삶을 살았다. ④ 존 에프 케네디는 Dallas에서 암살당했다.

A. a/an+고유명사

> a) ～과 같은 사람/사물(one like = a man like)

① He will become an Edison in the future.　② A Newton cannot become a Shakespeare.

③ He brought up many Newtons of that age.　④ I hope you will grow up to be a Churchill.

> **해석** ① 그는 장차 에디슨 같은 사람이 될 것이다. ② 뉴턴 같은 사람이 셰익스피어 같은 사람이 될 수는 없다.
> ③ 그는 그 시대의 뉴턴 같은 사람을 많이 길러냈다. ④ 나는 네가 자라서 처칠 같은 사람이 되기를 바란다.

> b) ～라는 사람(a certain)

① Do you know a Tim Smith?　②② A Mr. Kim is looking for you.

③ A Cathy is waiting for you outside.　④ A Carl called on you in your absence.

> **해석** ① 너는 Tim Smith 라는 사람 아니? ② Mr. Kim이라는 사람이 너를 찾고 있다.
> ③ Cathy 라는 사람이 밖에서 너를 기다리고 있다. ④ Carl이라는 사람이 네 부재중에 너를 방문했다.

> c) ～의 작품, 제품, 발명품(a work by)

① He bought a new Ford.　② This is a genuine Rodin.

③ Have you ever seen a Gogh?　④ I read a Shakespeare last night.

⑤ I found two Picassos in the exhibition.

> **해석** ① 그는 새 포드 차를 샀다. ② 이것은 진짜 로댕의 작품이다. ③ 너는 고흐의 작품을 본 적이 있니?
> ④ 나는 어젯밤에 셰익스피어 작품을 읽었다. ⑤ 나는 전시회에서 피카소 작품 두 점을 발견했다.

> d) ～의 가문(a member of the family)

① She is a Stuart.　② Her mother is a Kim.

③ She married a Kennedy.　④ I was a Burton before my marriage.

> **해석** ① 그녀는 스튜어트 가문이다. ② 그녀의 엄마는 김 씨 가문이다.
> ③ 그녀는 케네디 가문과 결혼했다. ④ 나는 결혼 전에 Burton 가문이었다.

> **어휘** poor life 가난한 삶 assassinate 암살하다 future 미래 bring up=breed=rear=raise=foster=nurture 길러내다
> grow up 자라다 look(seek, search, ask, inquire) for 찾다 wait for 기다리다 outside 밖에서 call on 방문하다
> in one's absence 부재중에 genuine 진짜의 last night 어젯밤 exhibition 전시회 Stuart 영국의 왕가 marriage 결혼

e) the+복수 성(~씨 부부, ~씨 가족, ~씨 집안사람)

① The Kims are all teachers.   ② The Browns will come here.

③ The Bakers are all early risers.   ④ The Smiths love to entertain others.

해석 ① 김 씨네 가족은 모두 교사이다. ② 브라운 씨 부부가 이곳으로 올 거야.
　　③ 베이커 씨 가족은 모두 일찍 일어난다. ④ 스미스 씨 부부는 남들 대접하기를 좋아한다.

f) 같은 이름의 사람이 둘 이상일 때 복수도 가능하다.

① There are two Ch'oes in my class.

② There are five Johns in our village.

③ There are a number of Marys in this town.

④ There are three Toms and two Browns in this school.

해석 ① 우리 반에는 최씨가 두 명 있다. ② 우리 마을에는 John이 다섯 명 있다.
　　③ 이 읍내에는 Mary가 많다. ④ 이 학교에는 Tom이 세 명 Brown이 두 명 있다.

9) 복합명사/혼합명사(compound noun): 두 개 이상의 단어가 합성하여 하나의 명사를 이루는 경우

① Let's just wait at this bus stop.   ② He always gets up before sunrise.

③ Would you like some orange juice?   ④ Please erase the blackboard for me.

⑤ Add some bleach to the washing machine. ⑥ I love watching fireflies on summer nights.

해석 ① 그냥 이 버스 정류장에서 기다리자. ② 그는 항상 해가 뜨기 전에 일어난다. ③ 오렌지 주스 좀 드실래요?
　　④ 나 대신 칠판 좀 닦아 줘. ⑤ 세탁기에 표백제를 좀 넣어라. ⑥ 나는 여름밤에 개똥벌레를 지켜보는 것을 좋아한다.

h) 뒤에서 수식을 받아 특정한 것을 가리킬 때는 모든 명사에 the가 붙입니다.

① The dogs on TV are so well trained! (보통명사)

② I mean the John that we met yesterday. (고유명사)

③ The water of this well is good for health. (물질명사)

④ Admiral Yi Sunshin is called the Nelson of Korea. (고유명사)

⑤ I have the happiness of teaching you English grammar. (추상명사)

⑥ He left for America without the knowledge of his friends. (추상명사)

⑦ The class which I am in charge of/ consists of 20 students. (집합명사)

해석 ① TV에 출연하는 개들은 훈련이 잘되어 있다. ② 우리가 어제 만난 그 John 말이야. ③ 이 우물의 물은 건강에 좋다.
　　④ 이순신 장군은 한국의 넬슨이라 불린다. ⑤ 나는 여러분에게 영문법을 가르치는 행복을 누리고 있다.
　　⑥ 그는 친구들 몰래 미국으로 떠났다. ⑦ 내가 담임을 맡고 있는 반은/ 20명의 학생으로 이뤄져 있다.

어휘 early risers 일찍 일어나는 사람 entertain 대접하다, 즐겁게 하다 village 마을 a number of 많은 get up 일어나다
sunrise 일출 erase 지우다 blackboard 칠판 add 더하다 bleach 표백제 washing machine 세탁기 firefly 개똥벌레
train 훈련하다 well 우물 health 건강 grammar 문법 leave for ~로 떠나다 without the knowledge of ~몰래
consist of=be composed(comprised, constituted, formed, made up) of ~로 구성되어 있다
account(answer) for=be accountable(answerable, liable, responsible) for=be to blame for
=be at the bottom of=be in charge of=take charge of=charge oneself with=be charged with
=take it upon oneself to=have(take) in hand=hold oneself responsible for=be held responsible for 책임지다

B. 고유명사에 the를 붙이는 경우 (토플. 아이엘츠 과정)

① 해양: The Pacific Ocean(태평양) The Mediterranean Sea(지중해)

② 해협: The English Channel(영국해협) The Straights of Dover(도버해협)

③ 운하: The Suez Canal(수에즈 운하) The Panama Canal(파나마 운하)

④ 하천: The river Thames(템스 강) The Hudson River(허드슨 강)

⑤ 군도/제도: The Philippines(필리핀군도) The Hawaiian Islands(하와이 제도)

⑥ 반도/만: The Korean Peninsula(한반도) The Persian Gulf(걸프 만)

⑦ 산맥: The Rockies(로키 산맥) The Himalayas(히말라야 산맥)

⑧ 사막: The Sahara Desert(사하라 사막) The Gobi Desert(고비 사막)

⑨ 철도: The Honam Line(호남선) The Kyŏngbu Line(경부선)

⑩ 공공건물: The White House(백악관) The British Museum(대영 박물관) The City Hall(시청)

⑪ 공공거리: The Oxford Road(옥스퍼드 거리)

⑫ 공공단체/조직: The Red Cross(적십자사) The Ministry of Education(교육부)
The United Nations(UN)

⑬ 복수국가나 kingdom이나 republic이 붙은 나라:
The Netherlands(네덜란드) The Republic of Korea(대한민국)
The United Kingdom(대영제국) *cf* Korea. America

⑭ 국민전체: The Koreans(한국민) The Chinese(중국민) The Japanese(일본국민)

⑮ 신문: The New York Times. The Washington Post cf) Newsweek. Time

⑯ 잡지: The Look, The Listener

⑰ 선박: The Titanic, The Mayflower, The Santa Maria

⑱ 유명건물: the Empire State Building, the Taj Mahal(타지마할)

⑲ 유명 예술작품: the Mona Lisa, the Sunflowers

⑳ 호텔, 레스토랑: the Ritz, the Ritz Hotel, the King's Head, the Déjà Vu

㉑ 형용사를 동반한 인명: The late Mr. Jones(고인이 된 Jones씨) Alexander the Great(알렉산더 대왕)
The ambitious Caesar(저 야망에 찬 시저) The famous Napoleon(저 유명한 나폴레옹)

㉒ 소유주 이름으로 된 호텔이나 레스토랑의 경우에는 정관사를 붙이지 않습니다.
Brown's, Brown's Hotel, Morel's, Morel's Restaurant, etc.

㉓ 역, 항구, 호수, 다리, 공항, 공원 등에는 일반적으로 the를 붙이지 않습니다.
Lake Ontario, Seoul Station, Kennedy Airport, London Bridge, Central Park

ex ① He is leaving for the United States tomorrow.

② Spain and the United Kingdom are in Europe.

③ The United Nations is an international organization.

해석 ① 그는 내일 미국으로 떠난다. ② 스페인과 영국은 유럽에 있다. ③ 유엔은 국제기구이다.

② 명사의 소유격(Genitive Case)(기본과정)

(1) 무생물과 추상명사의 소유격은 of를 사용합니다.

① The leg of the table is broken.　　② The cost of the operation was enormous.

③ The front end of the car was smashed up.

④ The departure of the train was delayed for an hour.

> **해석** ① 그 책상의 다리가 부러져 있다. ② 수술비용은 엄청났다.
> ③ 자동차의 맨 앞이 박살이 났다. ④ 기차의 출발은 한 시간 동안 지연되었다.

(2) 사람과 동물을 나타내는 명사는 그 어미에 ('s)를 붙여서 소유격을 만듭니다.

① A fox's tail is generally short.　　② The dog's bowl is filled with hotdogs.

③ The child's toys were lined up neatly on the shelf.

④ Jennifer's new handbag matches her shoes perfectly.

> **해석** ① 여우의 꼬리는 일반적으로 짧다. ② 개의 밥그릇은 핫도그로 가득 차 있다.
> ③ 그 아이의 장난감들은 선반 위에 깔끔하게 정렬되어 있었다.
> ④ Jennifer의 새 핸드백은 그녀의 신발과 완벽하게 어울린다.

(3) 동격 명사, 복합명사, 어군 등은 마지막 낱말에 ('s)를 붙여서 소유격을 만듭니다.

① This is my sister Jane's bag.　　② That is my father-in-law's hat.

③ Who else's book could it have been?　　④ That must be someone else's umbrella.

⑤ The Queen of England's son attended the party.

⑥ You had better gather everybody else's opinions.

> **해석** ① 이것은 내 여동생 제인의 가방이야. ② 저것은 내 장인어른의 모자야. ③ 그것은 다른 사람 누구의 책이었을까?
> ④ 그것은 누군가 다른 사람의 우산임에 틀림없어. ⑤ 영국 여왕의 아들이 그 파티에 참석했다.
> ⑥ 너는 다른 모든 사람의 의견을 수렴하는 게 좋을 거야.

(4) −s로 끝난 복수형은 (')만 붙이고, 불규칙 변화 복수형의 소유격은 ('s)를 붙이고,
단, 복수 동일형의 복수형 소유격은 −s/−es를 붙인 다음 (')를 붙여서 소유격을 만듭니다.

① The babies' beds were all in a row.

② The witches' brooms were hidden in the corner.

③ She plans on opening a women's clothing boutique.

④ The seaweed was destroyed by the fishes' overfeeding.

> **해석** ① 아이들의 침대가 모두 일렬로 놓여있었다. ② 마녀들의 빗자루는 구석에 숨겨져 있었다.
> ③ 그녀는 여성 의류 매장을 열 계획을 하고 있다. ④ 해초가 물고기들의 사료 과잉 공급으로 인해 파괴되었다.

> **어휘** leg 다리 broken 부러진 cost 비용 operation 수술/운영 enormous=tremendous=gigantic 막대한/엄청난
> front end 맨 앞 smash up 박살내다 departure 출발 delay=defer=waive 지연시키다 fox 여우 tail 꼬리
> generally 일반적으로 bowl 밥그릇 line up 정렬하다 shelf 선반 match=suit=fit 어울리다 perfectly 완벽하게
> father-in-law 장인/시아버지 attend 참석(출석)하다 gather 수렴하다 in a row 일렬로 witch 마녀 broom 빗자루
> hide-hid-hidden 숨기다 clothing boutique 의류 매장 seaweed 해초 destroy 파괴하다 overfeed 과잉 공급하다

(5) ⓐ (z)발음으로 끝나는 성이나, 복수형으로 된 성은 (')만 붙여서 소유격을 만듭니다.

　　ⓑ −s로 끝나는 고유명사의 경우: 종교관계의 인명이나 고전에 나오는 인명은 (')만 붙이고,

　　그 이외의 것은 일관되게 (')만 붙이든지 일관되게 모두 ('s)를 붙여야 합니다.

① The Chambers' new baby looks so cute. ([z]발음)

② We might travel in the Smiths' car when we visit the Joneses' home. (복수형)

③ Moses' law(율법), Jesus' disciples(제자), Socrates' logic(논리), Hercules' power(힘) (종교, 고전)

④ James's(s) novels(소설), Dickens's(s) novels, Ross's(s) land, Jones's(s) reputation

> **해석** ① Chambers씨의 갓난아이는 참 귀엽게 생겼다.
> ② 우리는 Jones씨네 가정을 방문할 때 Smith씨네 차를 타고 갈 수도 있다.

(6) 의인화된 무생물과, 발음되지 않는 −s로 끝나는 단어는 ('s)를 붙여 소유격을 만듭니다.

① He narrowly escaped from death's door.

② Do you know anything about the Marine Corps's policy?

③ He is the head of the executive branch of Illinois's state government.

④ Nature's works(자연의 섭리), the Ocean's roar(대양의 포효)

⑤ Heaven's will(하늘의 뜻), Fortune's smile(행운의 미소)

> **해석** ① 그는 죽음의 문턱으로부터 간신히 피했다. ② 너는 해병대 정책에 대해서 뭐 좀 아니?
> ③ 그는 일리노이 주 정부의 행정수반이다.

(7) 관용구의 소유격: sake 앞에 오는 명사에는 일관되게 ('s)를 붙이지만,

　　−ce/−ss로 끝나는 단어 뒤에서는 학자에 따라(s)나 ('s)를 생략합니다.

ⓐ	for form's sake	형식상	for money's sake	돈 때문에
ⓑ	for safety's sake	안전상	for old times' sake	옛 정을 생각해서
ⓒ	for brevity's sake	축약해서	for argument's sake	논의를 위해
ⓓ	for conscience' sake	양심상	for one's name's sake	명예 때문에
ⓔ	for appearance's sake	체면상	for righteousness' sake	정의를 위해
ⓕ	for convenience' sake	편의상	for remembrance's sake	기념으로
ⓖ	for charity's sake	자선을 위해	at one's fingers' ends	정통한
ⓗ	at one's wit's end	당황한	to one's heart's content	실컷/마음껏
ⓘ	for God's(gosh/heaven's/Christ's/goodness/mercy's/Pete's/pity's) sake 제발/맙소사			

① Forgive me for mercy's sake, please.　　② Mr. Kim has English at his fingers' ends.

③ I enjoyed skiing to my heart's content last weekend.

④ I thought we would take the train, just for old times' sake.

⑤ She left a few special items to her students for remembrance's sake.

> **해석** ① 제발 저를 용서해 주세요. ② Mr. Kim은 영어에 정통하다. ③ 나는 지난 주말에 스키 타기를 마음껏 즐겼다.
> ④ 나는 우리가 기차를 탈 것이라고 생각했어, 그저 옛날을 생각하며.
> ⑤ 그녀는 기념으로 자기 학생들에게 몇 개의 특별한 물건을 남겨주었다.

> **어휘** land 땅 reputation=fame 명성/명예 Chambers 미국의 소설가 cute 귀여운 visit=call at 방문하다
> narrowly 겨우 escape=evade=avoid=eschew 피하다 marine corps 해병대 executive branch 행정부
> state government 주정부 forgive−forgave−forgiven 용서하다/빚을 탕감하다 special items 특별한 물건

(8) 「시간, 가격, 거리, 무게」를 나타낼 때는 무생물이지만 ('s)를 붙여서 소유격을 만듭니다.

① He escaped by a hair's breadth.　② Give me two pounds' weight of sugar.

③ He returned from his 40 miles' journey.　④ She bought ten dollars' worth of coffee.

⑤ He returned home after five years' absence.

⑥ It is located within a stone's throw of my house.

> **해석** ① 그는 간신히 도망쳤다. ② 나에게 2파운드 무게의 설탕을 주세요. ③ 그는 40마일의 여행에서 돌아왔다. ④ 그녀는 10달러어치의 커피를 샀다. ⑤ 그는 5년간의 부재 끝에 집으로 돌아왔다. ⑥ 그것은 내 집에서 아주 가까운 거리에 있다.

A. 공동소유(Joint Possession)와 개별소유(Separate Possession)(중급과정)

뒤에 오는 명사에만 (')가 붙으면 공동소유의 의미이고, 각 명사에 (')가 붙으면 개별적 소유의 의미를 나타냅니다. 단, 소유주 중 한 명이 인칭대명사일 경우에는 공동 소유라 하더라도 각각 소유격으로 만들고 명사를 단수로 합니다.

① The couple moved their car.

② The couple moved their cars.

③ Students must see their counselor.

④ Students must see their counselors.

⑤ On that hill is Jack and Jill's house.

⑥ On that hill are Jack's and Jill's houses.

⑦ Paul and Paula's mother is a doctor.

⑧ Paul's and Paula's mothers are doctors.

⑨ Tom and Judy's car is in the parking lot.

⑩ Tom and Judy's cars are in the parking lot.

⑪ Tom's and Judy's cars are in the parking lot.

⑫ Bill's and my car was towed away last night.

⑬ Bill's and my cars were towed away last night.

⑭ The police are keeping watch on the suspect's and his accomplice's houses.

> **해석** ① 그 부부는 그들의 차를 옮겼다.(부부가 공동으로 차를 한 대를 갖고 있는 경우) ② 그 부부는 그들의 차를 옮겼다.(부부가 각각 차를 갖고 있는 경우) ③ 학생들은 그들의 상담교사를 만나야 한다.(모든 학생들이 한명과 상담하는 경우) ④ 학생들은 그들의 상담교사를 만나야 한다.(학생들에게 각자 상담교사가 있는 경우) ⑤ 그 언덕 위에 Jack과 Jill의 집이 있다.(두 명이 하나의 집을 갖고 있는 경우) ⑥ 그 언덕 위에 Jack의 집과 Jill의 집이 있다.(두 명이 각각 따로 집을 갖고 있는 경우) ⑦ Paul과 Paula의 엄마는 의사이다.(공동의 엄마일 경우) ⑧ Paul의 엄마와 Paula의 엄마는 (각각) 의사이다. ⑨ Tom과 Judy의 차 한 대가 주차장에 있다.(두 명이 한 대를 공동으로 소유하고 있는 경우) ⑩ Tom과 Judy의 차들이 주차장에 있다.(두 명이 몇 대를 공동으로 소유하고 있는 경우) ⑪ Tom의 차와 Judy의 차가 각각 주차장에 있다.(개별소유) ⑫ Bill과 나의 공동소유의 차가 어젯밤에 견인되었다. ⑬ Bill의 차와 나의 차가 어젯밤에 견인되었다. ⑭ 경찰은 용의자의 주택과 (그의) 공범의 주택을 감시하고 있다.

> **어휘** escape 도망치다/탈출하다 by a hair's breadth=by a shave 간발의 차이로/간신히 journey 여행 worth 가치 return 돌아오다 absence 부재 be located 위치하다 within a stone's throw of 아주 가까운 거리에 move 옮기다 counselor 상담교사 parking lot 주차장 tow away 견인하다 last night 어젯밤 the police 경찰 keep watch on=keep an eye on 감시하다/주시하다 suspect 용의자, 의심하다 accomplice 공범, 협력자

B. 독립 소유격(independent genitive)(중급과정)

정의: 소유격 다음의 명사가 무엇인지 문맥을 통해서 분명히 알 수 있을 때, 그 명사를
생략하고 소유격 혼자 사용하는 경우를 독립소유격이라고 합니다.

용법: a) 명사의 반복을 피하기 위하여 소유격 뒤에서 반복되는 명사를 생략하는 경우

b) 장소나 건물을 나타내는 명사, 즉 house, shop, store, office, school, church,
hospital, building 등과 같은 말이 소유격 다음에 오면 생략하는 경우

① This car is my father's (car).
② We visited St. Paul's (Cathedral).
③ She went to the dentist's (office).
④ I wish to visit St. James's (Palace).
⑤ I have been to the barber's (shop).
⑥ He is staying at his uncle's (house).
⑦ She went to the shoe-maker's (shop).
⑧ I bought some beef at the butcher's (store).

> **해석** ① 이 차는 내 아빠의 차야. ② 우리는 성 바오로 성당을 방문했다. ③ 그녀는 치과에 갔다.
> ④ 나는 성 제임스 궁을 방문하고 싶다. ⑤ 저는 이발소에 다녀왔어요. ⑥ 그는 삼촌댁에 머물고 있다.
> ⑦ 그녀는 양화점에 갔다. ⑧ 나는 정육점에서 쇠고기를 좀 샀다.

C. 이중 소유격(double genitive/double possessive)(출제 고빈도 고급과정)

한정사 another, such, some, any, that, those, this, these, no, a, an, what, which, one,
each, every, other, neither, several 등이 소유격과 함께 쓰일 때는 「한정사+명사+of+소유
대명사」의 어순을 취하며 사람에게만 사용됩니다.

① It is no fault of the driver's.
② I know some friends of hers.
③ What book of yours is missing?
④ Look at that red nose of Henry's.
⑤ I don't like such conduct of yours.
⑥ Do you like this dress of my sister's?
⑦ I know every book of mine by its smell.
⑧ I met a friend of mine on my way home.

⑨ She is a former teacher of Sam's and mine.

⑩ Throw away those old shoes of yours at once.

⑪ I am ready to take any advice of my teacher's.

⑫ His every word is a treasure of knowledge and insight.

⑬ Lend me another umbrella of yours for my sister, please.

> **해석** ① 그것은 운전자의 과실이 아니다. ② 나는 그녀의 친구를 좀 안다. ③ 너의 무슨 책이 사라졌니? ④ 헨리의 저 빨간
> 코 좀 봐. ⑤ 나는 너의 그런 행동이 싫어. ⑥ 너는 내 언니의 이 옷 마음에 드니? ⑦ 나는 내 모든 책을 냄새로 알아본다.
> ⑧ 나는 집에 가는 길에 한 친구를 만났다. ⑨ 그녀는 샘과 나의 예전의 선생님이야. ⑩ 너의 그 낡은 신발 당장 버려라.
> ⑪ 내 선생님의 어떤 충고도 나는 받아드릴 각오가 되어 있어. ⑫ 그의 모든 말은 지식과 통찰력의 보물이다.
> ¶ 예외: 「소유격 + every + 명사」도 가능함. ⑬ 내 누나를 위해 너의 다른 우산도 빌려 줘.

> **어휘** dentist 치과 의사 barber 이발사 shoe-maker 제화공 butcher 정육점 주인 fault=flaw=foible 과실, 결함
> missing 사라진/실종된 conduct 행동/행하다/안내(지휘)하다 on one's way home 집에 가는 길에 former 이전의
> throw(fling) away 버리다 be ready(prepared) to ~할 각오가 되어있다 take advice 충고를 받아들이다
> every word 모든 말 treasure 보물 knowledge 지식 insight 통찰력 lend-lent-lent 빌려주다 umbrella 우산
> at once=outright=right off=right away=without delay=off hand =out of hand=in no time=in an instant
> =in a moment=in a flash=in a snap=like a shot=on the spot=then and there=without any notice 즉시

```
┌─────────────────────────────────────────────────────────┐
│                    ◀ 뉘앙스 맛보기 ▶                       │
│                                                           │
│  ① This is a painting of my mother.  ② This is a painting of my mother's.  │
│  ③ This is a painting by my mother.  ④ This is a painting of my mother by my father.  │
│  ┌─────────────────────────────────────────────────┐    │
│  │ 해석 ① 이것은 내 엄마를 그린 그림이다. ② 이것은 내 엄마 소유의 그림이다.  │    │
│  │      ③ 이것은 내 엄마가 그리신 그림이다. ④ 이것은 내 아빠가 엄마를 그리신 그림이다.  │    │
│  └─────────────────────────────────────────────────┘    │
└─────────────────────────────────────────────────────────┘
```

3 상호복수(plurals of reciprocity)(중급과정)

두 개의 목적어를 가지고 상대와 상호간에 동작을 하거나, 혼자서 두 개의 목적어가 있어야만 동작을 할 수 있는 경우 이를 상호복수라고 합니다.

ⓐ	change cars	차를 갈아타다	cross words with	말싸움 하다
ⓑ	change tires	타이어를 갈다	shake hands with	악수하다
ⓒ	change lanes	차선을 변경하다	make friends with	사귀다
ⓓ	change buses	버스를 갈아타다	exchange seats with	자리를 바꾸다
ⓔ	change trains	기차를 갈아타다	exchange salutes with	인사를 나누다
ⓕ	change hands	주인이 바뀌다	take turns at = alternate	교대로~하다
ⓖ	change clothes	옷을 갈아입다	exchange letters with	서신을 교환하다
ⓗ	change partners	짝꿍을 바꾸다	= correspond with	
ⓘ	be on good(bad, friendly, speaking, visiting) terms with ~와 좋은(나쁜/다정한/말을 주고받는/서로 방문하는) 사이이다			

① I shook hands with her.　　② I am on good terms with him.

③ Let's take turns at driving a car.　　④ Will you exchange seats with me?

⑤ He makes friends with his neighbors easily.

⑥ You must change trains at the next station.

⑦ When they called out "Change partners", you waltzed away from me.

```
┌─────────────────────────────────────────────────────────┐
│ 해석 ① 나는 그녀와 악수를 했다. ② 나는 그와 좋은 사이이다. ③ 우리 교대로 차를 운전하자. ④ 나와 자리 바꿀래?  │
│      ⑤ 그는 이웃들과 쉽게 친구가 된다. ⑥ 너는 다음 역에서 기차를 갈아타야 해.  │
│      ⑦ 사람들이 파트너를 바꾸라고 소리치자 당신은 왈츠를 추며 나에게서 빠져나갔어요.  │
└─────────────────────────────────────────────────────────┘
```

4 근사복수(Plurals of approximation)(중급과정)

나이나 연대에서 근사치를 나타낼 때 사용하는 복수형

① His mother is in her mid forties.　　② She got married in her early twenties.

③ He went to America in his late thirties.

④ Movies were very popular in the 1960s in our country.

⑤ She got a gold medal in the Olympics in her late teens.

```
┌─────────────────────────────────────────────────────────┐
│ 해석 ① 그의 엄마는 40대 중반이다. ② 그녀는 20대 초반에 결혼했다. ③ 그는 30대 후반에 미국에 갔다.  │
│      ④ 우리나라에서 영화는 1960년대에 매우 인기 있었다. ⑤ 그녀는 10대 후반에 올림픽에서 금메달을 땄다.  │
└─────────────────────────────────────────────────────────┘
```

```
┌─────────────────────────────────────────────────────────┐
│ 어휘 painting 그림 terms 사이, 관계 neighbor 이웃 call out 소리치다 waltz away 왈츠를 추며 떠나다  │
└─────────────────────────────────────────────────────────┘
```

⑤ 명사의 복수형 만들기(기초+중급+고급과정)

(1) ⓐ 대부분의 명사는 −s를 붙여서 복수형을 만듭니다.

  ⓑ −ch, −sh, x, s, z 로 끝나는 단어는 −es를 붙여서 복수형을 만듭니다

  ⓒ −ch로 끝나는 단어가 [k] 발음일 경우에는 −s만 붙여서 복수형을 만듭니다.

① girls, garages(차고/주차장), skis, students, snakes(뱀)

② churches(교회), wishes(소망), foxes(여우), bosses(상관), waltzes, 〖예외〗 quizzes

③ stomachs(위), monarchs(군주), matriarchs(여가장), patriarchs(족장/가부장)

(2) ⓐ 모음+y로 끝나는 단어는 −s만 붙이고,

  ⓑ 자음+y로 끝나는 단어는 y를 −i로 바꾸고 −es를 붙이고,

  ⓒ 자음+y로 끝나는 고유명사는 그냥 −s만 붙여서 복수형을 만듭니다.

① alloys(합금), bays(만), boys, galleys(대형보트), joys(기쁨), toys(장난감)

② babies(아이), countries(나라), cities(도시), daisies, galleries(화랑),

③ Kennedys, Timothys, Dorothys, Cathys

(3) ⓐ 모음+o는 −s 를 붙이고,

  ⓑ 자음+o는 −es를 붙이고,

  ⓒ 자음+o라 하더라도 약자의 복수는 s만 붙여서 복수형을 만듭니다.

① curios(골동품), bamboos(대나무), embryos(태아), cuckoos(뻐꾸기), tattoos(문신), zoos(동물원)

② echoes(메아리), embargoes(출항금지), heroes(영웅), tomatoes, potatoes, vetoes(거부권)

③ auto(mobile)s(자동차), memo(randum)s(비망록), kilo(gram)s, piano(forte)s,

  photo(graph)s(사진), pro(fessional)s(전문가)

(4) 자음+o가 s와 es 둘 다 복수형으로 가능한 명사

① cargo(e)s(화물), halo(e)s(해무리/달무리), mosquito(e)s(모기), motto(e)s(좌우명),

② tornado(e)s(회오리), torpedo(e)s(어뢰), tuxedo(e)s(정장), volcano(e)s(화산), zero(e)s

(5) 기타

① solo/solos/soli(독주곡) soloist/soloists(= a musician who performs a solo:독주자)

② altos, bass(es), sopranos/soprani, tenors, cellos/celli pimento(s)(작은 고추)

어휘 A good idea occurred to(dawned upon, flashed upon, flashed across, struck, hit) me.

= A good idea entered my head.=A good idea crossed my mind. (내게 좋은 생각이 떠올랐다)

= I hit upon(came upon, chanced upon, lighted upon, stumbled upon, struck upon) a good idea.

  capricious=arbitrary=changeable=chameleonic=emotional=erratic=fickle=fitful=flighty=freakish=frivolous

= giddy=histrionic=ill−humored=ill−tempered=impetuous=irresolute=irritable=moody=mercurial=random

= skittish=tempestuous=temperamental=treacherous=turbulent=unstable=unreliable=volatile=whimsical

  심술궂은/변덕스러운/방자한 〖ex〗 The doctor was so <u>temperamental</u> that people refused to work with him.

(6) 어미가 –f, fe로 끝나는 명사가 –ves로 바뀌어 복수가 되는 명사(기본과정)

① leaf–leaves(잎), wolf–wolves(늑대), shelf–shelves(선반), self–selves(자신)

② wife–wives(아내), life–lives(인생), knife–knives(칼), elf–elves(꼬마요정)

③ half–halves(절반), loaf–loaves(덩어리), calf–calves(송아지), thief–thieves(도둑)

(7) –f 나 fe의 어미를 가졌지만 –s를 붙이는 명사(기본과정)

① beliefs(믿음), cafes(카페), chefs(요리사), chiefs(추장)

② cliffs(벼랑), cuffs(수갑), griefs(슬픔), gulfs(만), mischiefs(해로움)

③ proofs(증거), roofs(지붕), safes(금고), sheriffs(보안관), strifes(경쟁)

(8) 어미가 –f의 어미를 가진 명사가 s를 붙이거나, ves로 바뀌어 복수형이 되는 명사

① dwarfs/dwarves(난쟁이), scarfs/scarves(스카프)

② hoofs/hooves(발굽), handkerchiefs/handkerchieves(손수건)

(9) 단수형과 같거나, –s를 붙여 복수형이 되는 두 가지의 복수형을 가진 명사들

	단수	복수	뜻	단수	복수	뜻
ⓐ	elk	elk/elks	엘크	grouse	grouse/grouses	뇌조
ⓑ	boar	boar/boars	멧돼지	reindeer	reindeer/reindeers	순록
ⓒ	prey	prey/preys	먹잇감	antelope	antelope/antelopes	영양
ⓓ	quail	quail/quails	메추라기	buffalo	buffalo(s)/buffalo(es)	물소

① Seals are easy prey for sharks.

② The leopard carried its prey into a tree.

③ He saw several boar(s) in the woods.

④ I hope there aren't too many buffalo(e)(s) outside.

⑤ The quail is a small bird that inhabits forest areas.

⑥ Reindeer, or caribou, are members of the deer family.

⑦ The elk is one of the largest species within the deer family.

해석 ① 물개는 상어에게 쉬운 먹잇감이다. ② 그 표범은 자기 먹이를 나무위로 가지고 올라갔다.
③ 그는 숲속에서 몇 마리의 멧돼지를 보았다. ④ 나는 밖에 물소가 별로 없기를 바란다.
⑤ 메추라기는 숲속에 사는 작은 새이다. ⑥ 순록은 사슴과의 동물이다.
⑦ 엘크는 사슴과내에서 가장 큰 종류 중 하나이다.

어휘 seal 물개, 바다표범 easy 쉬운 shark 상어 leopard 표범 carry 옮기다
several 몇 마리의 woods 숲 hope 희망하다 outside 밖에 quail 메추라기 inhabit=live in 살다
forest 숲, 삼림 area 지역, 분야, 면적 deer family 사슴과 largest 가장 큰 species 종류 within ～안에서
abhorrent=abominable=accursed=appalling=atrocious=aversive=damnable=despicable=detestable
=disagreeable=disgusting=displeasing=distasteful=execrable=hateful=heinous=hideous=invidious
=loathsome=nauseating=nauseous=objectionable=obnoxious=odious=offensive=pernicious=repellent
=repugnant=repulsive=revolting=spiteful=unpleasant=vile 혐오감을 주는/가증스러운/역겨운
ⓔⓧ The idea of killing animals for food is abhorrent to many people.

⑩ 단수와 복수가 동일한 명사(고급과정)

ⓐ	alms	구호금	crossroads	4거리	pike	창꼬치
ⓑ	aircraft	항공기	deer	사슴	salmon	연어
ⓒ	hovercraft	기구	dozen	1다스	series	시리즈
ⓓ	spacecraft	우주선	fish	물고기	shrimp	새우
ⓔ	barracks	막사	gallows	교수대	species	종류
ⓕ	bison	들소	headquarters	본사	sheep	양
ⓖ	carp	잉어	Japanese	일본인	swine	돼지
ⓗ	cod	대구	means	수단	Swiss	스위스인
ⓘ	Chinese	중국인	moose	큰사슴	trout	송어
ⓙ	corps	군단	offspring	새끼	works(= factory)	공장

① A deer is a graceful animal.

② Deer are easy prey for wolves.

③ There are ten fish in the pond.

④ Trout are fish related to salmon.

⑤ There is an aircraft in the hangar.

⑥ There are some aircraft in the hangar.

⑦ The fox gave birth to five offspring.

⑧ There are ten sheep in the meadow.

⑨ The UN headquarters is in New York.

⑩ Pike are big freshwater predatory fish.

⑪ Swine are reared extensively in Europe.

⑫ Many bison were grazing in the distance.

⑬ Moose actually belong to the deer family.

⑭ Cod are known to migrate in large numbers.

⑮ Shrimp are among the most commonly eaten animals.

⑯ Salmon are often seen jumping over dangerous waterfalls.

⑰ The lake is home to a wealth of species, from moose and bears to wolves and grouse.

해석 ① 사슴은 우아한 동물이다. ② 사슴은 늑대에게 쉬운 먹잇감이다. ③ 연못에 10마리의 물고기가 있다. ④ 송어는 연어와 관련 있는 물고기이다. ⑤ 격납고에 항공기 한 대가 있다. ⑥ 격납고에 몇 대의 항공기가 있다. ⑦ 그 여우는 다섯 마리의 새끼를 낳았다. ⑧ 초원에 열 마리의 양이 있다. ⑨ 유엔 본부는 뉴욕에 있다. ⑩ 창꼬치는 대형 민물 육식 물고기이다. ⑪ 돼지는 유럽에서 광범위하게 사육된다. ⑫ 많은 들소들이 멀리서 풀을 뜯고 있었다. ⑬ 무스는 사실 사슴과에 속한다. ⑭ 대구는 큰 무리로 이주하는 것으로 알려져 있다. ⑮ 새우는 가장 흔하게 먹히는 동물 가운데 속한다. ⑯ 연어는 종종 위험한 폭포를 뛰어넘어가는 모습이 목격되기도 한다. ⑰ 그 호수는 큰사슴과 곰으로부터 늑대와 뇌조에 이르기까지 풍부한 종들의 서식지이다.

어휘 graceful 우아한 easy 쉬운 prey 먹잇감 wolf 늑대 pond 연못/웅덩이 give birth to 낳다 hangar 격납고 fox 여우 freshwater 민물 predatory 육식의/포식하는 bring up=breed=rear=raise=foster 사육하다 extensively 광범위하게 graze 풀을 뜯다 in the distance 멀리서 actually 사실 deer family 사슴과 meadow 초원 belong to ~에 속하다 migrate 이주하다 in large numbers 큰 무리로 commonly 흔하게 jump over 뛰어넘다 waterfall 폭포 lake 호수 a wealth of 풍부한 species 종 bear 곰 grouse 뇌조

(11) 수를 나타낼 때는 단수와 일치하지만 종류를 나타낼 때는 복수 형태를 취하는 명사(고급과정)

	단수	복수	종류	뜻	단수	복수	종류	뜻
ⓐ	cod	cod	cods	대구	halibut	halibut	halibuts	넙치
ⓑ	fish	fish	fishes	물고기	shrimp	shrimp	shrimps	새우
ⓒ	pike	pike	pikes	창꼬치	salmon	salmon	salmons	연어
ⓓ	fruit	fruit	fruits	과일	herring	herring	herrings	청어
ⓔ	tuna	tuna	tunas	참치	flounder	flounder	flounders	가자미
ⓕ	carp	carp	carps	잉어	mackerel	mackerel	mackerels	고등어
ⓖ	trout	trout	trouts	송어	monkfish	monkfish	monkfishes	아귀

① There was only a fish in the tank.

② Ichthyology is the study of fishes.

③ There are various fishes in the sea.

④ I caught 20 fish in the river yesterday.

⑤ Every river was stuffed with fish/ and every moor was groaning with grouse.

⑥ Chewing aids chemical digestion/ and improves the fishes' ability to extract nutrients from their prey.

⑦ These fatty acids are found in oily fish/ such as herring, mackerel, sardines, salmon, white tuna, halibut and trout.

⑧ Eumalacostraca is the group that contains most of the animals/ the general public recognize as crustaceans, such as shrimp, crabs, and lobsters.

⑨ While blue whales may occasionally feed on pelagic crabs and small fishes,/ their diet is almost exclusively euphausiid shrimps commonly called krill.

해석 ① 수족관 안에는 물고기가 한 마리밖에 없었다. ② 어류학은 물고기를 연구하는 학문이다. ③ 바다에는 다양한 물고기들이 있다. ④ 나는 어제 강에서 물고기 20마리를 잡았다. ⑤ 모든 강은 물고기로 가득 차 있었고/ 모든 사냥터는 뇌조로 가득 차 있었다. ⑥ 씹는 것이 화학적 소화를 도와주고/ 먹이로부터 영양분을 추출하는 물고기들의 능력을 향상시킨다. ⑦ 이 지방산들은 기름진 생선에서 발견된다/ 청어, 고등어, 정어리, 연어, 흰 참치, 넙치 그리고 송어와 같은 (생선에서). ⑧ Eumalacostraca(진연갑아강)는 대부분의 동물들을 포함하는 집단이다/ 대중들이 새우, 게, 가재와 같은 갑각류로 인식하고 있는 (대부분의 동물들을). ⑨ 흰긴수염고래는 가끔 원양게와 작은 물고기들을 먹을 수도 있지만,/ 그들의 식단은 거의 전적으로 크릴이라고 불리는 크릴새우이다

어휘 a variety(diversity, range) of=various=diverse=heterogeneous=miscellaneous=manifold=sundry 다양한 tank 수족관 Ichthyology 어류학 study 연구 be stuffed with ~로 가득 차다 moor 사냥터 groan 신음하다 grouse 뇌조 chew 씹다 aid 돕다 chemical digestion 화학적 소화 improve 향상시키다 ability 능력 extract 추출하다 nutrient 영양소 prey 먹이 fatty acid 지방산 oily 기름진 such as ~같은 sardine 정어리 Eumalacostraca 진연갑아강 include=involve=incorporate=encompass=embody=embrace=contain=cover=comprise=comprehend=subsume =take in=count in 포함하다 the general public 일반대중 recognize 인식하다 crab 게 lobster 가재 blue whale 흰긴수염고래 occasionally 가끔 feed on 먹고살다 diet 식사 pelagic 원양에서 사는 almost=nearly=practically=virtually =all but=next to=well-nigh 거의 exclusively 전적으로 euphausiid shrimp 크릴새우 commonly 흔히 called 불리는 abound in(with)=teem in(with)=swarm with=be rich(abundant, plentiful, sufficient) in ~이 풍부하다
ex ① Saudi Arabia <u>abounds in</u> oil. ② The trout <u>abounds in</u> the brook.(그 시내에는 송어가 풍부하다)

(12) 불규칙적인 변이복수(기본+중급과정)

	단수	복수	뜻	단수	복수	뜻
ⓐ	foot	feet	발	man	men	사람
ⓑ	tooth	teeth	이빨	woman	women	여자
ⓒ	goose	geese	거위	ox	oxen	황소
ⓓ	louse	lice	이	child	children	아이
ⓔ	mouse	mice	쥐	Mr.	Messrs.	~씨

(13) 복합명사의 복수형(최고급과정)

주요 단어를 복수형으로 하며, 둘 다 주요 단어일 경우에는 두 명사 모두 복수형으로,
주요 단어가 없을 경우에는 마지막에 -s 나 -es를 붙여서 복수형을 만듭니다.

①	he-men	사내	attorneys general		검찰총장
②	she-wolves	암늑대	lieutenant colonels		중령
③	passers-by	행인	chiefs of staff		참모총장
④	paper-clips	클립/종이물리개	middle classes		중산층
⑤	full moons	보름달	courts-martial		군법회의
⑥	half-moons	반달	maids-of-honor		대표들러리
⑦	journeymen	직공/장인	notaries public		공증인
⑧	step-sisters	의붓 자매	masters-at-arms		선임하사관
⑨	sons-in-law	사위	gentlemen ushers		궁내관/의정관
⑩	post offices	우체국	secretaries of state		국무장관
⑪	ten-year-olds	10세 아동	secretaries general		사무총장
⑫	mayors-elect	시장 당선자	men-servants		하인
⑬	sergeants major	원사	women-servants =	maidservants	하녀
⑭	ladies-in-waiting	시녀/궁녀	men writers		남자 작가
⑮	droppers-in	방문객	women writers		여류작가
⑯	step-children	의붓 자녀	women students		여대생
⑰	man-eaters	식인	women professors		여자교수
⑱	man-haters	남성 혐오자	haves		가진 자
⑲	woman-haters	여성 혐오자	cure-alls		만병통치약
⑳	lookers-on	구경꾼	grown-ups		성인
㉑	bills of fare	차림표	go-betweens		중매인
㉒	step-fathers	계부	touch-me-nots		봉선화
㉓	step-mothers	계모	forget-me-nots		물망초
㉔	fathers-in-law	장인/시아버지	reach-me-downs		기성복
㉕	mothers-in-law	장모/시어머니	hand-me-downs		물려받은 옷
㉖	brothers-in-law	형부/자형	have-nots		없는 자

⑭ 라틴어나 그리스어 등 외래어의 복수형(최고급과정)(텝스 필수과정)

A. −is로 끝나는 명사의 복수형은 −es로 바뀌고, 발음도 [is]에서 [i:z] 로 바뀝니다.

	단수	복수	뜻	단수	복수	뜻
ⓐ	crisis	crises	위기	analysis	analyses	분석
ⓑ	basis	bases	기초	sclerosis	scleroses	경화증
ⓒ	thesis	theses	논문	synthesis	syntheses	합성물
ⓓ	oasis	oases	오아시스	diagnosis	diagnoses	진단
ⓔ	neurosis	neuroses	신경증	paralysis	paralyses	마비
ⓕ	emphasis	emphases	강조/역점	hypothesis	hypotheses	가설

B. −um으로 끝나는 명사에서, −um이 −a로 바뀌어 복수형이 되는 경우

	단수	복수	뜻	단수	복수	뜻
ⓐ	ovum	ova	난자	erratum	errata	오타/오자
ⓑ	cilium	cilia	속눈썹	bacterium	bacteria	세균
ⓒ	stratum	strata	단층	addendum	addenda	부록
ⓓ	datum	data(단/복수)	자료	한정사와 동사의 수의 일관성에 유의해야 함		

① There is much data of this type. (물질명사)

② Much of this data is useless because of its lack of specifics. (물질명사)

③ Many of these data are useless because of their lack of specifics. (보통명사)

해석 ① 이런 유형의 자료는 많다. ②/③ 이 자료 중 많은 것들이 세부사항이 부족해서 쓸모가 없다.

C. −um으로 끝나는 명사에서, −um이 −a로 바뀌거나, 끝에 s를 붙여서 복수형이 되는 경우

	단수	복수	뜻	단수	복수	뜻
ⓐ	curriculum	curricula curriculums	교과 과정	momentum	momenta momentums	운동량
ⓑ	stadium	stadia stadiums	경기장	symposium	symposia symposiums	좌담회
ⓒ	medium	media(단/복수) mediums	매체 영매	paramecium	paramecia parameciums	짚신벌레
ⓓ	cranium	crania craniums	두개골	memorandum	memoranda memorandums	비망록

① The media do play a role in fuelling panics.

② The media is/are to blame for this controversy.

③ Those who communicate with the dead/ are called mediums.

해석 ① (대중)매체가 공포를 확산시키는데 한 몫을 한다. ② (대중)매체가 이 논란에 대한 책임이 있다.
③ 죽은 자들과 의사소통하는 사람들을 영매라 부른다.

어휘 useless 쓸모없는 because of~ 때문에 lack 부족 specifics 세부사항 play(do) a role(part) in 역할을 하다
fuel 확산시키다 be to blame for ~에 대해 책임이 있다 controversy 논란 the dead=dead people 죽은 자들

D. –a로 끝나는 명사에 e나 s 가 붙어서 복수형이 되는 경우

	단수	복수	뜻	단수	복수	뜻
ⓐ	vita	vitae	약력	nebula	nebulae/nebulas	성운
ⓑ	alumna	alumnae	여동창생	formula	formulae/formulas	공식
ⓒ	alga	algae/algas	조류	amoeba	amoebae/amoebas	아메바
ⓓ	larva	larvae/larvas	애벌레	antenna	antennae/antennas	더듬이
ⓔ	pupa	pupae/pupas	번데기	vertebra	vertebrae/vertebras	척추골

E. –us로 끝나는 명사에서, us가 i로 변화거나 es가 붙어서 복수형이 되는 경우

	단수	복수	뜻	단수	복수	뜻
ⓐ	stimulus	stimuli	자극	nucleus	nuclei/nucleuses	핵
ⓑ	alumnus	alumni	동창생	radius	radii/radiuses	반경
ⓒ	bronchus	bronchi	기관지	terminus	termini/terminuses	종점
ⓓ	focus	foci/focuses	초점	calculus	calculi/calculuses	결석
ⓔ	cactus	cacti/catuses	선인장	octopus	octopi/octopuses	문어
ⓕ	fungus	fungi/funguses	버섯/균	genius	genii (수호신)/geniuses (천재)	

F. ex나 ix로 끝나는 명사에서 es를 붙이거나 ex를 ices로 바꾸어 복수형이 되는 경우

	단수	복수	뜻	단수	복수	뜻
ⓐ	apex	apexes/apices	정점/정상	cervix	cervixes/cervices	자궁경부
ⓑ	index	indexes/indices	색인/지표	matrix	matrixes/matrices	자궁/모체
ⓒ	vortex	vortexes/vortices	소용돌이	appendix	appendixes(–dices)	부록/맹장

G. 기타

	단수	복수	뜻	단수	복수	뜻
ⓐ	penny	pennies	동전 낱개	brother	brothers	형제
		pence	금액		brethren	동포
ⓑ	staff	staffs	직원	bureau	bureaus	화장대/부;部/국;局
		staves	막대기		bureaux	
ⓒ	graffito	graffiti	낙서	criterion	criteria	기준
ⓓ	virus	viruses /viri⁽ˣ⁾	병균		criterions	
ⓔ	phenomenon	phenomena	현상	phenomenons (놀라운 사람이나 사물)		

어휘 account(answer) for=be accountable(answerable, liable, responsible) for=be to blame for
= be at the bottom of=be in charge of=take charge of=charge oneself with=be charged with
= take it upon oneself to=take(accept, assume, bear, undertake, shoulder) the responsibility of
= have(take) in hand=hold oneself responsible for=be held responsible for 책임지다
    sometimes=at times(whiles, intervals)=between times(whiles)=from time to time=once in a while
= (every) now and then=every so often=now and again=by and again=ever and again=ever and anon
= by catches=by(in)snatches=at odd times(moments)=on and off=off and on=on occasion=occasionally
= irregularly=intermittently 때때로 over and again=over and over=once and again=time and again 반복해서

⒂ 단수 복수에 따라 의미가 달라지는 단어(필수과정)

①	ash	재	color	색깔	content	내용/함량
②	ashes	유골	colors	깃발	contents	내용물/목차/차례
③	arm	팔	glass	유리	quarter	4분의 1
④	arms	무기	glasses	안경	quarters	진영/숙소
⑤	part	부분	letter	편지	height	높이
⑥	parts	재능	letters	문학	heights	언덕, 높은 곳
⑦	force	힘	water	물	spectacle	광경
⑧	forces	군대	waters	강/바다	spectacles	안경
⑨	pain	고통	work	일	advice	충고
⑩	pains	수고	works	공장/작품	advices	통지/보고
⑪	time	시간	air	공기	physic	의술/약
⑫	times	시대	airs	뽐내는 태도	physics	물리학
⑬	sand	모래	depth	깊이	honor	명예
⑭	sands	사막	depths	깊은 곳	honors	우등/훈장
⑮	good	이익	custom	풍습/습관	writing	글씨
⑯	goods	상품	customs	관세/세관	writings	저작물/작품
⑰	spirit	정신	manner	방법	respect	존경
⑱	spirits	기분	manners	예절	respects	안부
⑲	paper	종이	people	사람들	mean	중용
⑳	a paper	신문	a people	국민/백성/민족	means	수단: 단수
㉑	papers	서류	peoples	민족들	means	재산: 복수

① He is a man of parts.　　　　　　② My uncle is a man of means.

③ My cousin is a man of letters.　　④ I hate the way he puts on airs.

⑤ Give my respects to your family.　⑥ I take an honors class in English.

⑦ His ashes repose in Westminster Abbey.　⑧ The tower stands at the top of the heights.

⑨ His poetry has a good deal of political content.

⑩ The police officers in the UK do not usually carry arms.

⑪ My spirits sank at the prospect of starting all over again.

⑫ The couple went to great pains to keep their plans secret.

⑬ We needed to find a mean between frankness and rudeness.

⑭ Most buildings have a flagpole with the national colors flying.

⑮ The Customs have seized large quantities of smuggled heroin.

해석 ① 그는 재능 있는 사람이다. ② 내 삼촌은 재력가이다. ③ 내 사촌은 문학인이다. ④ 나는 그의 잘난 체하는 태도를 싫어한다. ⑤ 너의 가족들에게 안부 전해 줘. ⑥ 나는 영어 우수반 수업을 받는다. ⑦ 그의 유골은 웨스트민스터 사원에 안치되어 있다. ⑧ 그 탑은 언덕 꼭대기에 서 있다. ⑨ 그의 시는 많은 정치적 내용이 들어 있다. ⑩ 영국의 경찰은 대개 무기를 지니고 다니지 않는다. ⑪ 온통 다시 시작해야 한다는 생각에 나의 기분이 가라앉았다. ⑫ 그 부부는 그들의 계획을 비밀로 유지하기 위해서 애를 썼다. ⑬ 우리는 솔직함과 무례함 사이에서 중도를 찾아야 했다. ⑭ 대부분의 건물은 국기가 나부끼는 깃대를 가지고 있다. ⑮ 세관은 밀수된 다량의 헤로인을 압수했다.

어휘 cousin 사촌 put on airs 잘난 체 하다 repose 안치되다, 영면하다, 휴식하다 poetry 시 a good deal of 많은 political 정치적인 usually 대개 carry 지니고 다니다 sink-sank-sunk 가라앉다 at the prospect of ~에 대한 예상에 all over 전체적으로 smuggle 밀수하다, 몰래 반입하다 go to great pains 애쓰다/고심하다 frankness 솔직함 rudeness=incivility=insolence 무례함 flagpole 깃대 national colors 국기 seize 압수하다 large quantities of 다량의

⒃ 성을 나타내는 고유명사를 복수형으로 만드는 방법

A. −s를 붙이고, ch, sh, x, z 로 끝나는 성은 −es를 붙여서 복수형을 만듭니다.

B. −s로 끝나는 성이 [z]로 발음이면 변화하지 않고, [s]발음이면 −es를 붙입니다.

C. 단, Joneses(dʒoʊnziz)는 예외입니다.

① the Marches, the Bushes, the Maddoxes, the Rodriguezes

② the Hodges, the Chambers,/ the Charleses, the Stevenses, the Millinses

③ the Joneses

④ The Flahertys live here.

⑤ The Joneses are coming over.

⑥ The Stevenses are coming, too.

⑦ The Hodges[z] have gone to America.

> **해석** ④ Flaherty 가족은 이곳에 산다. ⑤ Jones씨 가족들이 이쪽으로 오고 있다.
> ⑥ Stevens씨 가족들도 이쪽으로 오고 있다. ⑦ Hodges씨 가족은 미국에 갔다.

D. 알파벳이나, 가리키는 단어로서의 단어의 경우 복수는 ('s)를 붙이고,

('s)를 제외한 단어를 이탤릭체로 하거나 밑줄을 그어 복수형을 만듭니다.

① John got four *A*'s on his last report card. = John got four A̲'s on his last report card.

② You have used too many *but*'s in that paragraph.

= You have used too many bu̲t̲'s in that paragraph.

> **해석** ① John은 지난 성적표에서 4개의 A학점을 맞았다. ② 너는 그 단락에서 but을 너무 많이 사용했어.

⒄ 쌍으로 이뤄진 명사의 수(고급과정)

	하나의 물건이지만 언제나 복수로 간주되나 a pair가 붙으면 단수 취급합니다.				
ⓐ	tights	스타킹	knickers/panties	여성용 팬티	pants	바지
ⓑ	glasses	안경	dungarees	멜빵바지	jeans	청바지
ⓒ	scissors	가위	binoculars	쌍안경	shorts	반바지
ⓓ	tweezers	족집게	sunglasses	선글라스	trousers	바지
ⓔ	earrings	귀고리	headphones	헤드폰	pajamas	잠옷

① These scissors are rusty.　　② These pyjamas are very ugly.

③ The blue shorts are too short.　　④ How beautiful those earrings are!

⑤ The pair of scissors is on the table.　　⑥ That pair of trousers is very dirty.

⑦ Who does this pair of jeans belong to?　　⑧ A pair of spectacles was found on the train.

⑨ A good pair of binoculars is essential for watching birds.

> **해석** ① 이 가위는 녹이 슬었다. ② 이 잠옷은 매우 보기 흉하다. ③ 그 청색 반바지는 너무 짧다.
> ④ 그 귀고리 참으로 아름답구나! ⑤ 가위는 식탁 위에 있어. ⑥ 그 바지는 매우 더럽다. ⑦ 이 청바지 누구 것이지?
> ⑧ 안경 하나가 기차에서 발견되었다. ⑨ 좋은 쌍안경이 새들을 관찰하는데 필수야.

> **어휘** report card 성적표 paragraph 단락 rusty 녹슨 ugly 보기 흉한 dirty 더러운 essential=indispensable 필수적인

⒅ 약자로 이뤄진 단어는 s를 붙이고, -s로 끝나는 단어는 ('s)를 붙여서 복수형을 만듭니다.

① The bank has three ATMs in it.　　② Rosa and her brother have identical IQs.
③ The twins both have PhDs from Harvard.　　④ The coast guard did not receive any SOS's.

해석 ① 그 은행은 안에 3대의 현금자동지급기를 갖고 있다. ② Rosa와 그녀의 오빠는 똑같은 IQ를 갖고 있다.
　　③ 그 쌍둥이 둘 다 하버드에서 박사학위를 갖고 있다. ④ 그 해안 경비원은 어떤 구조요청도 받지 못했다.

⒆ 집합적 물질명사는 단수취급하며 부정관사를 붙일 수 없으며, 복수형도 없습니다.(토익과정)

ⓐ	clothing	의류	furniture	가구	stationery	문구류
ⓑ	game	사냥감	equipment	장비	merchandise	상품
ⓒ	mail	우편물	a bag	가방	baggage/luggage	화물
ⓓ	crockery	그릇류	weaponry	무기류	pottery	도자기류
ⓔ	a crock	단지 하나	a weapon	무기 하나	a pot	냄비 하나
ⓕ	produce	농산물	machinery	기계류	food	음식
ⓖ	a product	제품 하나	a machine	기계 하나	foods	여러 식품
ⓗ	poetry	시	scenery	풍경/경치	jewelry	보석류
ⓘ	a poem	시 한편	a scene	한 장면	a jewel	보석 하나

① I am allergic to certain foods.　　② This is a new piece of equipment.
③ There was a lot of food and drink at the party.
④ Several items of clothing were found near the river.

해석 ① 나는 어떤 식품에 알레르기 반응이 있다. ② 이것은 새로운 장비이다.
　　③ 파티에는 많은 음식과 음료가 있었다. ④ 몇 가지 의류품이 강가에서 발견되었다.

⒇ 항상 복수형으로 되어있는 명사(고급과정)

ⓐ	goods	상품	clothes	옷	premises(buildings)	구내
ⓑ	likes	좋아하는 것들	entrails	내장	outskirts	교외
ⓒ	dislikes	싫어하는 것들	contents	차례	belongings	소유물
ⓓ	stairs	계단	earnings	소득	surroundings	환경
ⓔ	thanks	감사	savings(money)	저축액	congratulations	축하

① Your clothes are dirty.　　② The goods were very expensive.
③ The outskirts of Brighton are very beautiful.
④ The company's earnings are increasing every year.
⑤ She spent all her savings on a trip to South America.
⑥ The table of contents should not contain any pictures.
⑦ Please ensure that you take all your belongings with you as you leave.

해석 ① 네 옷은 더럽다. ② 그 상품들은 매우 비쌌다. ③ Brighton의 교외는 매우 아름답다.
　　④ 그 회사의 소득은 매년 늘어나고 있다. ⑤ 그녀는 자신의 모든 저축액을 남미 여행하는 데 사용했다.
　　⑥ 목차는 아무런 그림을 포함해서는 안 된다. ⑦ 떠나실 때는 반드시 여러분의 모든 짐을 챙겨 가시기를 바랍니다.

어휘 bank 은행 ATM 현금자동지급기 identical 동일한 twin 쌍둥이 coast guard 해안 경비대 receive 받다
　　SOS 구조요청 allergic 알레르기 반응이 있는 certain 어떤/일정한/확실한 several items 몇 가지 품목
　　dirty 더러운 expensive 비싼 company 회사 increase=augment 증가하다 trip 여행 every year 매년
　　contain 포함하다 table of contents 목차/차례 ensure=make sure 반드시 ~하다 take 가져가다 leave 떠나다

6 집합명사, 물질명사, 추상명사의 수량의 단위(고급과정)

단수 집합명사 다음에 관계대명사가 올 경우 단수와 복수 둘 다 가능합니다.

① a head of ox	소 한두	a crowd(throng, party, group) of people	한 무리의 사람들
② a roll of film	필름한통	a bolt(clap, crash, crack) of thunder	한 번의 천둥
③ a fit of fever	한 차례의 열	a piece(slice, bit) of bread	빵 한 조각
④ a bar of gold	금괴 한 덩어리	a gaggle of geese(women)	한 떼의 거위/여자들
⑤ a set of tools	한 세트의 도구	a cut of turkey(fish/meat)	칠면조/생선/고기 한 점
⑥ a drop of rain	비 한 방울	a stroke of luck(fortune)	한 번의 행운
⑦ a hive of bees	한 떼의 벌	a colony of ants	한 떼의 개미
⑧ a grain of rice	쌀 한 톨	a heap of bricks	한 더미의 벽돌
⑨ an ear of corn	옥수수 한 개	a galaxy of stars	별 무리
⑩ a bowl of soup	국 한 사발	a shower of rain	한 번의 소나기
⑪ a block of tofu	두부 한 모	a head of lettuce	상추 한 개
⑫ a loaf of bread	빵 한 덩어리	a book of tickets	한 묶음의 표
⑬ a slice of pizza	피자 한 조각	a pack of wolves	한 떼의 늑대
⑭ a set of dishes	한 세트의 접시	a batch of letters	한 묶음의 편지
⑮ a drove of pigs	한 떼의 돼지	five head of oxen	황소 다섯 마리
⑯ a flake of snow	눈 한 송이	a team of players	한 팀의 선수들
⑰ a cloud of bats	한 떼의 박쥐	a word of reproof	질책 한 마디
⑱ a rain of kisses	퍼붓는 뽀뽀	a litter of puppies	한 배 출신 강아지 식구
⑲ a cube of sugar	각설탕 한 개	a handful of sand	한 줌의 모래
⑳ a piece of meat	고기 한 점	a panel of experts	일단의 전문가
㉑ a bevy of swans	한 떼의 백조	a dozen of pencils	연필 한 다스
㉒ a carton of milk	우유 한 곽	a swarm of worms	한 떼의 벌레
㉓ a lump of sugar	설탕 한 덩어리	a cluster of grapes	포도 한 송이
㉔ a mob of rioters	한 무리의 폭도	a long spell of rain	긴 장마철
㉕ a suit of clothes	한 벌의 옷	a bundle of clothes	옷 한 묶음
㉖ a ream of paper	종이 한 연(500매)	a flash of lightning	번개 한 차례
㉗ a stack of cards	카드 한 묶음	a spoonful of sugar	설탕 한 숟가락
㉘ a herd of cattle	가축 한 떼	a clump of buildings	빌딩 숲
㉙ an army of locusts	한 떼의 메뚜기	a bouquet of flowers	꽃 한 다발
㉚ a band of burglars	한 떼의 강도	a company of actors	일단의 배우들
㉛ a troop of monkeys	한 무리의 원숭이	a round of applause	한 차례의 박수갈채
㉜ a troupe of dancers	일단의 무용수	a low rate of interest	낮은 이자율
㉝ a gang of hooligans	한 무리의 난동꾼	a glass of water(milk)	물/우유 한 잔
㉞ a brood of chickens	병아리 한 가족	a school(shoal) of fish	물고기 한 떼
㉟ a tube of toothpaste	치약 한 개	an armful of firewood	장작 한 아름
㊱ a bucketful of water	물 한 양동이	a piece(stick) of chalk	분필 한 개
㊲ a bunch of bananas	바나나 한 송이	a flock of sheep(birds)	한 떼의 양(새)
㊳ a grove of bamboos	대나무 숲	a high rate of interest	높은 이자율
㊴ two heads of lettuce	상추 두 개	a term(word) of abuse	한 마디의 욕설

① There was a flock of about 30 sheep in the field.
② A team of experts was called in to investigate the problem.
③ This is a new piece of equipment which I bought yesterday.
④ The committee produced a set of rules that was/were intended to prevent people from abusing the system.

해석 ① 들판에는 약 30마리의 양의 무리가 있었다. ② 한 팀의 전문가들이 그 문제를 조사해 달라고 요청 받았다.
③ 이것이 내가 어제 산 새로운 장비이다.
④ 그 위원회는 사람들이 그 제도를 남용하는 것을 막기 위해 의도된 일련의 규칙을 만들었다.

어휘 about=around=approximately=some=roughly 대략 investigate 조사하다 committee 위원회 a set of 일련의
intend 의도하다 prevent A from B ing A가 B하는 것을 막다 abuse=misuse=be(bear) hard on 남용(학대)하다

문제 2. Select the correct answer(고급과정)

① My (foot/feet) hurt.

② The crowd (is/are) dispersing.

③ He is a friend of (John/John's).

④ A herd of cattle (is/are) passing.

⑤ My scissors (is/are) getting blunt.

⑥ Those cups of tea (is/are) very hot.

⑦ That pair of glasses (is/are) broken.

⑧ I am on good (term/terms) with Steve.

⑨ I don't have much (baggage/baggages).

⑩ There (is/are) lots of pork on the table.

⑪ Your pajamas (has/have) stains on them.

⑫ There are two (moose/mooses) in the zoo.

⑬ How (many/much) burgers would you like?

⑭ John and Mary are neighbours of (us/ours).

⑮ There (was/were) a pack of hyenas outside.

⑯ A bevy of swans (is/are) swimming in the pond.

⑰ I put two big (potatos/potatoes) in the lunch box.

⑱ The French army (was/were) defeated at Waterloo.

⑲ Muslims kill (sheep/sheeps) in a religious celebration.

⑳ Alan has got a long beard and very short (hair/hairs).

㉑ I found (information/the information) I was looking for.

㉒ Our team (is/are) enjoying an unbroken winning streak.

㉓ How far is it from here to (Waikiki Beach/waikiki beach)?

㉔ These (people/peoples) are protesting against the president.

㉕ Miami is one of the most interesting (place/places) to visit in Florida.

㉖ My two (sisters-in-law/sister-in-laws) are coming to visit me tomorrow.

해석과 정답 ① 나의 발이 아프다.(feet) ② 군중이 흩어지고 있다.(is) ③ 그는 John의 친구이다.(John's) ④ 한 무리의 가축이 지나가고 있다.(is) ⑤ 내 가위가 무뎌지고 있다.(are) ⑥ 그 찻잔들은 매우 뜨겁다.(are) ⑦ 저 안경은 깨져있다.(is) ⑧ 나는 Steve와 좋은 사이이다.(terms) ⑨ 나는 짐이 별로 많지 않다.(baggage) ⑩ 식탁 위에 돼지고기가 많이 있다.(is) ⑪ 당신의 파자마에는 얼룩이 있어요.(have) ⑫ 동물원에는 큰 사슴이 두 마리 있다.(moose) ⑬ 너는 몇 개의 햄버거를 먹고 싶니?(many) ⑭ John과 Mary는 우리의 이웃이다.(ours) ⑮ 밖에는 한 떼의 하이에나가 있었다.(was) ⑯ 한 무리의 백조가 연못에서 수영을 하고 있다.(is) ⑰ 나는 두 개의 큰 감자를 도시락에 넣었다.(potatoes) ⑱ 프랑스군은 Waterloo에서 패배하였다.(was) ⑲ 이슬람교도들은 종교적 의식에서 양을 죽인다.(sheep) ⑳ Alan은 긴 턱수염과 짧은 머리를 갖고 있다.(hair) ㉑ 나는 내가 찾고 있던 정보를 찾았다.(the information) ㉒ 우리 팀은 계속되는 연승을 누리고 있다.(is) ㉓ 여기서 Waikiki 해변까지 거리가 얼마나 되죠?(Waikiki Beach) ㉔ 이 사람들은 대통령에 대해 항의하고 있다.(people) ㉕ 마이애미는 플로리다에서 방문하기에 가장 재미있는 장소 중 하나이다.(places) ㉖ 나의 두 새언니들이 내일 나를 방문하러 올 예정이다.(sisters-in-law)

어휘 foot-feet 발 crowd 군중 disperse 흩어지다 get blunt 무뎌지다 break-broke-broken 깨다 good terms with ~와 좋은 사이 pork 돼지고기 pajamas 잠옷 stain 얼룩 zoo 동물원 would like=want 원하다 neighbor 이웃 pond 연못 a bevy of swans 한 떼의 백조 army 군대 defeat 패배시키다 muslim 이슬람교도 beard 턱수염 look for 찾다 unbroken winning streak 계속되는 연승 protest 항의(항변, 주장, 단언)하다 against ~에 반대하여 president 대통령, 회장, 사장

문제 3. 다음 명사들의 복수형을 알아맞혀 보세요.(기본과정)

① auto _____   ② deer _____

③ oasis _____   ④ goose _____

⑤ mouse _____   ⑥ tomato _____

⑦ salmon _____ ⑧ graffito _____

⑨ stimulus _____ ⑩ have-not _____

⑪ woman writer _____ ⑫ reach-me-down _____

> **해석과 정답** ① 자동차(autos) ② 사슴(deer) ③ 오아시스(oases) ④ 거위(geese) ⑤ 쥐(mice) ⑥ 토마토(tomatoes)
> ⑦ 연어(salmon) ⑧ 낙서(graffiti) ⑨ 자극(stimuli) ⑩ 없는 자(have-nots) ⑪ 여류작가(women writers)
> ⑫ 기성복/물려받은 옷(reach-me-downs)

문제 4. Fill in the blanks.(고급과정)

① She is kindness _____.   ② He keeps a _____ of sheep.

③ I was caught in a _____ of rain. ④ He married an angel _____ a girl.

⑤ There is little of _____ man in him. ⑥ He escaped death by a hair's _____.

⑦ Rain is to drop as snow is to _____.

⑧ The students were all eyes and _____.

⑨ I have been to _____ English Channel.

⑩ Do you take in _____ New York Times?

⑪ The boy will grow up to be _____ Edison.

⑫ He bought two _____ of trousers yesterday.

⑬ A _____ of fish was/were swimming in the river. (미/영)

⑭ I bought 50 dollars' _____ of books yesterday.

⑮ The lake is within a stone's _____ of this hotel.

⑯ _____ my joy, my son returned safe and sound.

⑰ The famous boxer is not an amateur, but a _____.

⑱ People in (각계각층) donated scholarship funds to our college.

⑲ My little brother is much pretty behind the _____. He believe in ghosts.

> **해석과 정답** ① 그녀는 대단히 친절하다. (itself) ② 그는 한 무리의 양을 기른다. (flock) ③ 나는 한 때의 소나기를 만났
> 다. (shower) ④ 그는 천사 같은 소녀와 결혼했다. (of) ⑤ 그에게는 남성미가 거의 없다. (the) ⑥ 그는 간발의 차이로 죽음
> 을 모면했다. (breadth) ⑦ 비와 방울의 관계는 눈과 송이의 관계와 같다. (flake) ⑧ 학생들은 모두 주의를 집중하고 있었
> 다. (ears) ⑨ 나는 영국해협에 가본 적이 있다. (the) ⑩ 너는 뉴욕타임스지를 구독하니? (the) ⑪ 그 소년은 자라서 에디
> 슨 같은 사람이 될 것이다. (an) ⑫ 그는 어제 두 벌의 바지를 샀다. (pairs) ⑬ 한 떼의 물고기들이 강에서 헤엄치고 있다.
> (shoal (school)) ⑭ 나는 어제 50달러어치의 책을 샀다. (worth) ⑮ 그 호수는 이 호텔로부터 엎어지면 코 닿을 곳에 있
> 다. (throw) ⑯ 내가 기쁘게도 내 아들이 무사히 돌아왔다. (To) ⑰ 그 유명한 복싱선수는 아마추어가 아니라 프로선수이다.
> (professional) ⑱ 각계각층의 사람들이 우리 대학에 장학기금을 기부했다. (every walk of life) ⑲ 내 동생은 꽤 시대에 뒤떨
> 어져 있다. 그는 귀신이 있다고 믿는다. (times)

> **어휘** keep 기르다 escape death 죽음을 모면하다 by a hair's breadth 간신히 drop 방울 flake 송이
> all eyes and ears 주의를 집중하는 trousers 바지 within a stone's throw of 엎어지면 코 닿을 곳에
> safe and sound 무사히 donate 기부하다 scholarship fund 장학기금 behind the times 시대에 뒤떨어진

PART 21 | 대명사(Pronouns)
(명사를 대신하여 사용하는 말)

1 인칭대명사(Personal Pronouns)(토익 필수 기초과정)

재귀대명사를 빼고 '뻐꾸기 왈츠'에 맞춰 노래 불러보세요. 그럼 자연스럽게 암기가 될 거예요!

	주격 은/는/이/가	소유격 ~의	목적격 을/를/에게	소유대명사 ~의 것	재귀대명사 ~자신/자체/직접
1인칭 단수 (나)	I	my	me	mine	myself
2인칭 단수 (너)	You	your	you	yours	yourself
3인칭 단수 남성 (그)	He	his	him	his	himself
3인칭 단수 여성 (그녀)	She	her	her	hers	herself
3인칭 사물/동식물 (그것)	It	its	it	…	itself
1인칭 복수 (우리)	We	our	us	ours	ourselves
2인칭 복수 (너희들)	You	your	you	yours	yourselves
3인칭 복수 (그들/그것들)	They	their	them	theirs	themselves
기타 3인칭 단수	Tom	Tom's	Tom	Tom's	himself
	Jane	Jane's	Jane	Jane's	herself
	A cat	A cat's	a cat	a cat's	itself

① I like chocolate.
② This is my book.
③ Can you help me?
④ Give the book to me.
⑤ This book is mine.
⑥ I did the work myself.
⑦ You are late.
⑧ This is your book.
⑨ I love you.
⑩ This umbrella is yours.
⑪ Love yourself.
⑫ They are my friends.
⑬ This is their school.
⑭ I like them.
⑮ This house is theirs.
⑯ They enjoyed themselves at the party.

해석 ① 나는 초콜릿을 좋아한다. ② 이것은 나의 책이다. ③ 너는 나를 도와줄 수 있겠니? ④ 나에게 그 책을 줘봐.
⑤ 이 책은 내 것이다. ⑥ 내가 직접 그 일을 했다. ⑦ 너는 지각했다. ⑧ 이것이 너의 책이야. ⑨ 나는 너를 사랑해.
⑩ 이 우산이 네 것이야. ⑪ 너 자신을 사랑하라. ⑫ 그들은 내 친구들이야. ⑬ 이것이 그들의 학교야.
⑭ 나는 그들(그것들)을 좋아해. ⑮ 이 집이 그들의 것이야. ⑯ 그들은 파티에서 자신들을 즐겁게 했다(즐겁게 보냈다).

어휘 help 돕다 give-gave-given 주다 work 일, 작품 late 지각한/늦게 umbrella 우산, 양산 love 사랑하다
friend 친구 school 학교 like=have a liking for 좋아하다 house 집 enjoy oneself=have fun 즐겁게 보내다

문제 1. Choose the pronouns proper for each sentence.(기초과정/토익 출제 고빈도 과정)

① The car is her/hers.

② This book is Tom/Tom's.

③ He/His brother is a doctor.

④ Each plant has it/its merits.

⑤ Ask them/they to help you.

⑥ Where is their/them school?

⑦ You have met him/his before.

⑧ I saw her/she downtown today.

⑨ America is their/them country.

⑩ Can you drive her/she to work?

⑪ Steve and I/me are going skiing.

⑫ Give it back to me. It is me/mine.

⑬ There is a problem with her/she TV.

⑭ We enjoyed us/ourselves at the picnic.

⑮ She doesn't want to go by her/herself.

⑯ I do my work and they do their/theirs.

⑰ He should be ashamed of hisself/himself.

⑱ Do you think she is older than I/me am?

⑲ Despite his/him old age, he is very active.

⑳ James went to the game with Susan and me/I.

㉑ I cut me/myself when I was peeling the potatoes.

㉒ She said that she wanted to do it himself/herself.

㉓ I can't find my pencil. Can I use your/yours, Mary?

㉔ My daughter can get dressed all by her/herself now.

㉕ They enjoyed theirselves/themselves a lot at the party.

해석과 정답 ① 그 차는 그녀의 것이야. (hers) ② 이 책은 Tom의 것이야. (Tom's) ③ 그의 형은 의사야. (His) ④ 각 식물은 나름대로 가치가 있어. (its) ⑤ 그들에게 너를 도와달라고 부탁해봐. (them) ⑥ 그들의 학교는 어디에 있니? (their) ⑦ 너는 전에 그를 만난 적 있잖아. (him) ⑧ 나는 오늘 시내에서 그녀를 만났어. (her) ⑨ 미국이 그들의 나라야. (their) ⑩ 그녀를 직장에 태워다줄 수 있겠니? (her) ⑪ 스티브와 나는 스키 타러 갈 거야. (I) ⑫ 그것을 나에게 돌려줘. 그것은 내 거야. (mine) ⑬ 그녀의 TV에 문제가 생겼어. (her) ⑭ 우리는 소풍에서 즐겁게 보냈다. (ourselves) ⑮ 그녀는 혼자 가는 것을 원치 않는다. (herself) ⑯ 나는 내 일을 하고 그들은 그들의 일을 한다. (theirs) ⑰ 그는 자신을 부끄러워해야 한다. (himself) ⑱ 너는 그녀가 나보다 더 늙었다고 생각하니? (I) ⑲ 그의 노령에도 불구하고, 그는 매우 활동적이다. (his) ⑳ James는 Susan과 나와 함께 경기를 보러 갔다. (me) ㉑ 나는 감자껍질을 벗기다가 내 자신을 베었다. (myself) ㉒ 그녀는 직접 그 일을 하고 싶다고 말했다. (herself) ㉓ 나는 내 연필을 찾을 수 없다. Mary야 네 것을 좀 사용할 수 있을까? (yours) ㉔ 내 딸은 완전히 혼자서도 옷을 입을 수 있다. (herself) ㉕ 그들은 파티에서 아주 즐겁게 보냈다. (themselves)

어휘 car 자동차 doctor 의사 merit 가치, 장점 ask 요청하다 help 돕다 downtown 시내에서 country 나라 drive–drove–driven 태워주다 go skiing 스키 타러 가다 problem 문제 enjoy oneself=have fun 즐겁게 보내다 by oneself=alone 혼자서 be ashamed of ~을 부끄러워하다 old age 노령 despite=with(for) all ~에도 불구하고 cut–cut–cut 베다 peel 껍질을 벗기다 potato 감자 find–found 찾다 pencil 연필 get dressed 옷을 입다 a lot 무척

② 재귀대명사(reflexive pronouns)(고빈도 기본+중급과정)

(1) 강조용법: 생략해도 의미의 변화가 없는 경우로서 「몸소, 직접, 다름 아닌」

① She mended the car herself.   ② I offered to carry the bag itself.

③ We spoke to the President himself.   ④ The Pope himself attended the meeting.

> **해석** ① 그녀가 직접 차를 고쳤다. ② 나는 다름 아닌 그 가방을 옮겨주겠다고 제안했다.
> ③ 우리는 다름 아닌 대통령에게 말을 했다. ④ 교황이 직접 그 회의에 참석했다.

(2) 재귀용법: ⓐ 주어 자신이 간접 목적어(자신에게/자신을 위하여)가 되는 경우

① I taught myself French.   ② She bought herself a new purse.

③ She cooked herself an apple pie.   ④ I have brought myself something to eat.

> **해석** ① 나는 프랑스어를 독학했다. ② 그녀는 자신을 위해 새로운 지갑을 샀다.
> ③ 그녀는 자신을 위해 애플파이를 요리했다. ④ 나는 내 자신을 위해 먹을 것을 가져왔다.

(3) 재귀용법: ⓑ 주어 자신이 직접 목적어(자신에게/자신을)가 되는 경우

① I told myself to calm down.

② He blamed himself for the fire.

③ I can't make myself understood in French.

④ He found himself lying by the side of the road.

> **해석** ① 나는 내 자신에게 진정하라고 말했다. ② 그는 그 화재에 대해 자신을 책망했다.
> ③ 나는 프랑스어로 내 자신을 이해시킬 수가 없다. ④ 그는 자신이 길가에 누워있음을 발견했다.

(4) 주어 자신이 전치사의 목적어로 사용되는 경우

① Good will is good in itself.   ② The door opened of itself.

③ I have the study to myself.   ④ He did the work for himself.

⑤ She walked home by herself.   ⑥ She kept the secret to herself.

⑦ The judge laughed in spite of himself.   ⑧ He was beside himself with joy at the news.

> **해석** ① 호의(친절) 그 자체는 좋은 것이다. ② 문이 저절로 열렸다. ③ 나는 그 서재를 혼자 사용한다.
> ④ 그는 그 일을 혼자(자력으로) 했다. ⑤ 그녀는 혼자 집에 걸어갔다. ⑥ 그녀는 비밀을 혼자 간직했다.
> ⑦ 판사는 자기도 모르게 웃었다. ⑧ 그는 그 소식을 듣고 기뻐서 제정신이 아니었다.

(5) 장소를 나타내는 전치사 뒤에서는 재귀대명사가 아니라 인칭대명사를 사용합니다.

① She had a suitcase beside her. (herself (×))

② He put the backpack next to him. (himself (×))

③ She is so selfish that she doesn't consider those around her. (herself (×))

> **해석** ① 그녀는 자신의 옆에 여행용 가방을 갖고 있었다. ② 그는 자신의 옆에 그의 책가방을 놓았다.
> ③ 그녀는 너무 이기적이어서 자기 주변 사람들을 고려하지 않는다.

> **어휘** mend 수리하다 offer 제안하다 carry 옮기다 pope 교황 attend 참석하다 calm down 진정하다 blame 책망하다 make oneself understood 의사표현하다 lie-lay-lain 눕다 good will 호의/친절 study 서재/연구실 keep a secret 비밀을 지키다 judge 판사 laugh 웃다 joy 기쁨 mood 기분 in oneself=by nature 그 자체는 of oneself 저절로 have~to oneself=monopolize 혼자 사용하다 for oneself 자력으로 by oneself 혼자 keep~to oneself 혼자 간직하다 in spite of oneself 자기도 모르게 beside oneself 제정신이 아닌 suitcase 여행용 가방 selfish 이기적인 consider 고려하다

③ 비인칭 대명사 It의 용법(고빈도 기본+중급+고급과정)

(1) 가주어(선행주어: dummy subject)

한국 영문법에서 가주어라고 가르치고 있으나, 영문법에서는 「가주어/허주어/도입주어/유도주어/선행주어/예비주어/임시주어」 등의 뜻을 가진 「dummy subject, empty It, introductory It, anticipatory It, preparatory subject, provisional subject, placeholder」 등 다양한 용어로 설명하고 있으며, 이들은 뒤에 오는 to 부정사, 동명사 접속사나 의문사 및 관계사절 등을 가리킵니다.

A. It가 to 부정사나 동명사 that절을 받는 경우

① It is easy to learn English.

② It makes me happy to eat chocolate.

③ It is not so difficult reading English newspapers.

④ It is natural that parents should love their children.

> **해석** ① 영어를 배우기는 쉽다. ② 초콜릿 먹는 것이 나를 행복하게 만든다.
> ③ 영자 신문을 읽는 것은 그렇게 어렵지 않다. ④ 부모가 자녀를 사랑하는 것은 당연하다.

B. It가 that 절을 가리키면서 that 절이 본 주어로 올 수 있는 경우

① It is a pity that they cancelled the concert. = That they cancelled the concert/ is a pity.

② It is unlikely that income tax will be reduced. = That income tax will be reduced/ is unlikely.

③ It seems probable that she will lose the match.

 = That she will lose the match/ seems probable.

④ It is recommended that you drive slowly on ice.

 = That you drive slowly on ice/ is recommended.

> **해석** ① 그들이 연주회를 취소한 것은 유감이다. ② 소득세가 줄어들 가능성이 없다.
> ③ 그녀가 경기에서 질 가능성이 있는 것 같다. ④ 빙판 위에서는 천천히 운전하라고 권장된다.

C. It가 관계사/의문사/whether 절을 가리킬 경우 이들을 문장의 처음으로 보낼 수 있습니다.

① It was funny what he said. = What he said/ was funny.

② It is a mystery what inspires him. = What inspires him/ is a mystery.

③ It is unclear why such results occurred. = Why such results occurred/ is unclear.

④ It does not matter whether it rains or not. = Whether it rains or not/ does not matter.

⑤ It doesn't make any difference to me who pays for my ticket.

> **해석** ① 그가 말한 것은 재미있었다. ② 무엇이 그에게 영감을 주는지 미스터리(불가사의한 일)이다.
> ③ 왜 그런 결과가 발생했는지 불분명하다. ④ 비가 오느냐 안 오느냐는 중요지 않다.
> ⑤ 누가 내 푯값을 지불하느냐는 전혀 중요치 않다.

> **어휘** difficult 어려운 natural 당연한 cancel=call off=go back on 취소하다 a pity 유감 unlikely 가능성이 없는
> income tax 소득세 reduce=decrease=diminish 줄이다 probable 가능성 있는 lose a match 경기에서 지다
> recommend 권장(추천)하다 slowly 천천히 funny 우스운 mystery 불가사의한 inspire 영감을 주다, 고취하다
> unclear 불분명한 result 결과 occur=take place 발생하다 matter=make a difference 중요하다 pay 지불하다

D. It가 that 절을 가리키지만 that 절이 본 주어로 올 수 없는 경우: It seems(appears/turns out/ happens/chances) that처럼 동사의 보어가 없을 때

① It seems that you are happy. ≠ That you are happy seems. (×)

② It appears that he is regretful. ≠ That he is regretful appears. (×)

③ It turned out that he was a liar. ≠ That he was a liar turned out. (×)

해석 ① 너는 행복해 보인다. ② 그는 후회하는 것 같아. ③ 그는 거짓말쟁이로 판명되었어.

E. It가 if/as if/as though를 받을 경우 접속사 절을 문장의 앞으로 보낼 수 없습니다.

① It is not as if he is actually busy.　　　② It will be a pity if we miss the concert.

③ It looks as though I am going to have to buy a new PC.

④ It would be more useful if the service were available even after 5 p.m.

해석 ① 그는 실제로 바쁜 것 같지는 않다. ② 우리가 그 연주회를 놓친다면 그것은 유감스러운 일이 될 거야.
③ 나는 새로운 PC를 사야할 것 같아. ④ 만일 그 서비스를 오후 5시 이후에도 이용할 수 있다면 더 유익할 텐데.

F. 분열문(It is ~ that 강조구문)에 사용되는 경우

① Mr. Kim sang a folk song in the cafe last night.

② It was Mr. Kim that sang a folk song in the cafe last night.

③ It was a folk song that Mr. Kim sang in the cafe last night.

④ It was in the cafe that Mr. Kim sang a folk song last night.

⑤ It was last night that Mr. Kim sang a folk song in the cafe.

해석 ① Mr. Kim은 어젯밤 카페에서 민요를 불렀다. ② 어젯밤 카페에서 민요를 부른 사람은 Mr. Kim 이었다.
③ Mr. Kim이 어젯밤 카페에서 부른 것은 민요였다. ④ Mr. Kim이 어젯밤 민요를 부른 곳은 그 카페였다.
⑤ Mr. Kim이 카페에서 민요를 부른 것은 어젯밤이었다.

G. a) It takes 사람 시간 to = It takes 시간 for 사람 to (~하는데 시간이 걸리다)
   b) It costs 사람 돈 to (~하는데 돈이 들다)

① It took me an hour to get dinner ready yesterday.

= It took an hour for me to get dinner ready yesterday.

= I took an hour to get dinner ready yesterday.

= Dinner took me an hour to get ready yesterday.

= Getting dinner ready took me an hour yesterday.

= I spent an hour getting dinner ready yesterday.

② It cost me ten dollars to buy the book. = I paid ten dollars for the book.

= I bought the book for ten dollars. = I spent ten dollars on buying the book.

해석 ① 내가 어제 저녁식사를 준비하는 데 1시간이 걸렸다. ② 내가 그 책을 사는데 10달러가 들었다.

어휘 seem=appear ~인 것 같다 regretful 후회하는 turn out 판명되다/생산하다/끄다/나오다/해고하다/치장하다
actually=in fact(effect, reality) 사실 useful 유익한 available 이용 가능한 folk song 민요 get~ready 준비하다

(2) 가목적어(선행 목적어)(기본+중급과정)

영문법에서는 dummy(anticipatory/preparatory) object(가목적어/선행목적어/예비목적어) 등 다양한 표현을 사용하고 있으나 한국영문법에서는 가목적어로 소개하고 있습니다.

주로 believe/consider/count/deem/feel/find/keep/leave/make/think 다음에 오는 it가 선행목적어로서 그 뒤에 오는 to 부정사나 절을 가리키는 경우를 말합니다.

① I like it when she smiles.

② I find it easy to master English.

③ He made it clear what he wanted.

④ I think it good to help old people in trouble.

⑤ You may depend on it that he will keep his promise.

⑥ We all take it for granted that we can walk and talk.

⑦ See to it that you are here at nine o'clock tomorrow.

⑧ She made it clear that she wouldn't come to the party.

⑨ I would appreciate it if you would return the book as soon as possible.

> **해석** ① 나는 그녀가 미소를 지을 때가 좋다. ② 나는 영어를 마스터 하는 것이 쉽다고 생각한다.
> ③ 그는 자신이 무엇을 원하는지 분명히 밝혔다. ④ 나는 어려움에 처한 노인들을 돕는 것이 좋다고 생각한다.
> ⑤ 너는 그가 약속을 지킬 것이라는 것을 믿어도 돼. ⑥ 우리는 모두 걷고 말할 수 있다는 것을 당연하게 여긴다.
> ⑦ 반드시 내일 9시에 이곳에 오도록 해라. ⑧ 그녀는 파티에 오지 않을 것이라는 것을 분명히 밝혔다.
> ⑨ 그 책을 가능한 한 빨리 반환해 주시면 감사하겠습니다.

(3) 비인칭 동사의 주어(a subject to an impersonal verb)(출제빈도 높은 기초과정)

한국 영문법에서 비인칭 주어라고 가르치고 있으나, 그것은 정확한 설명이 아니며 비인칭 대명사 가운데 「비인칭 동사의 주어」라고 해야 정확한 표현입니다. 영어에는 주어가 없는 동사를 「비인칭 동사」라고 하며 3인칭 단수에만 사용됩니다. 이 때 주어가 없다고 해서 빈칸으로 남겨두는 것이 아니라 반드시 It를 주어 자리에 써 주어야 하는데 이를 「비인칭 동사의 주어」라고 하며, 그 첫 자를 따서 「시거날날계명온상요」, 즉 「시간, 거리, 날씨, 날짜, 계절, 명암, 온도, 상황, 요일」을 나타낼 때 사용합니다.

A. 시간

① What time is it now? − It is five p.m. now. (지금 몇 시야? − 오후 5시야.)

🗬 Do you have the time now? (지금 몇 시야?)/Do you have time now? (너 지금 시간 있어?)

② It has been 5 years since he died. (그가 죽은 지 5년 되었어.)

B. 거리

① How far is it from here to your school? (이곳에서 네 학교까지 얼마나 머니?)

② It is within a stone's throw of my house. (엎어지면 코 닿을 곳에 있어.)

> **어휘** smile 미소 짓다 easy 쉬운 master 마스터하다 make clear 분명히 밝히다 in trouble 어려움에 처한
> depend(rely, count) on 믿다/의지하다 keep one's promise 약속을 지키다 take for granted 당연하게 여기다
> see to it that ~하도록 하다 appreciate 감사(감상/이해/식별)하다 return 반환하다 as~as possible 가능한 한

C. 날씨

① How's the weather today? = What's the weather like today? (오늘 날씨 어때?)

② It's hot and humid. = It's hot and damp. = It's hot and sticky. (후덥지근해)

③ It couldn't be better. = It is as fine as (fine) can be. (더할 나위 없이 좋다)

④ It's snowing hard and fast. = It's snowing thick and fast. (눈이 펑펑 내린다)

⑤ It's raining cats and dogs. = It's raining trams and omnibuses.

= It's raining pitchforks. = It's raining stair rods. (비가 억수같이 내린다)

D. 날짜

① What date is it today? = What's the date today? (오늘 며칠이지?)

② It is July, 22nd today. (7월 22일이야)

E. 계절

① What season is it in your country now? (네 나라는 지금 무슨 계절이야?)

② It is spring(summer/ fall, autumn/ winter). (봄/여름/가을/겨울이야)

F. 명암

① It is bright enough in this room. (이 방은 아주 밝은데)

② It is still quite dark in your room. (네 방은 아직도 꽤 어두워)

G. 온도

① What is the temperature now? (지금 온도가 몇 도야?)

② It is 30 degrees centigrade(celsius). (섭씨 30도야)

③ It is 86 degrees by Fahrenheit. (화씨 86도야)

H. 상황: 앞뒤의 내용을 보아야 무엇을 가리키는지 알 수 있는 사람이나 사물

① How is it going? = How's everything with you?

= How's everything going? = How are you (doing)?

= How are you getting along? = How are you feeling today?

= How have you been? = How are things going? (어떻게 지내니?)

② Who is it in the kitchen? (부엌에 누구니?) – It's me.(구어)/It's I.(문어) (저예요)

③ It doesn't make any difference to me. = It makes no difference to me.

= It doesn't matter to me. = I don't care. (난 상관없어)

I. 요일

① What day is it in your country now? – It is Monday today.

(오늘 네 나라는 무슨 요일이야?) – 오늘은 월요일이야.

4 의문대명사(interrogative Pronouns)(기초과정)

의문문을 만드는 데 사용되는 대명사로서 Who, Whose, Whom, What, Which 가 있습니다.

주의 ☞ 문법을 무시하는 사람들이 목적격으로 Whom(누구를/누구에게)대신 Who(누가)를 사용하는 빈도수가 들어나면서, 마치 Whom은 구식이고 Who가 문법적으로 맞는 것으로 가르치는 경향이 있는데, 이는 지극히 잘못된 것이며 생활 속의 대화에서는 목적격 대신 Who를 사용하더라도 공식적인 문법 시험에서는 Whom을 써야 합니다.

(1) Who/Whose/Whom

① Who broke the window?

② Whose car is that?

③ Whose is that car?

④ Whom did you call?

⑤ To whom were you speaking?

⑥ Whom did you give the ticket to? = To whom did you give the ticket? – I gave it to her.

해석 ① 누가 유리창을 깼니? (주격) ② 저것은 누구의 차니? (소유격) ③ 저 차는 누구의 것이지? (소유대명사)
④ 너는 누구에게 전화했니? (목적격) ⑤ 너는 누구와 얘기하고 있었니? (전치사의 목적격)
⑥ 너는 그 표를 누구에게 주었니? (전치사의 목적격)

(2) Which/What

① Which of you came first?

② Which do you prefer, coffee or tea?

③ What happened to you?

④ What do you want for your birthday?

해석 ① 너희들 중 누가 먼저 왔니? (주격) ② 커피와 차 중 어느 것을 더 좋아하니? (목적격)
③ 너에게 무슨 일이 있었니? (주격) ④ 너는 생일을 맞이하여 무엇을 원하니? (목적격)

문제 1. Choose the grammatically correct word. (문법적으로 옳은 것은?)(기초과정)

① (Who/Whom) do you love? ② (Who/Whom) do you respect most?

③ (Who/Whom) did you talk to today? ④ To (who/whom) did you talk today?

⑤ (Who/Whom) do you wish to speak to? ⑥ To (who/whom) do you wish to speak?

⑦ (Who/Whom) did you give the book to? ⑧ To (who/whom) did you give the book?

⑨ (Who/Whom) did he go to the sea with? ⑩ With (who/whom) did he go to the sea?

해석과 정답 ① 너는 누구를 사랑하니? – Whom ② 너는 누구를 가장 존경하니? – Whom
③ 너는 오늘 누구와 얘기했니? – Whom ④ 너는 오늘 누구와 얘기했니? – whom
⑤ 너는 누구와 얘기하고 싶어? – Whom ⑥ 너는 누구와 얘기하고 싶어? – whom
⑦ 너는 그 책을 누구에게 주었니? – Whom ⑧ 너는 그 책을 누구에게 주었니? – whom
⑨ 그는 누구와 바닷가에 갔니? – Whom ⑩ 그는 누구와 바닷가에 갔니? – whom

어휘 prefer 선호하다 wish to=would like to ~하고 싶어 하다 go to the sea 바닷가에 가다
respect=regard=revere=esteem=admire=honor=venerate=have a respect(regard) for
=have(hold)–in respect(esteem)=pay(give) respect to=look up to=have great estimation for 존경하다

5 지시대명사(demonstrative pronouns)(기초과정)

ⓐ 문장 속에서 어떤 특정한 사람, 사물, 동물, 사건 등을 가리킬 때 사용되는 대명사

ⓑ 시간이나 공간속의 어떤 것을 가리킬 수도 있고 단수 복수 모두 가능

ⓒ 가까운 곳에 있는 것을 가리킬 때는 this(these), 먼 곳에 있는 것을 가리킬 때는 that(those)

ⓓ this나 that이 다른 명사를 꾸미면 지시 형용사, 형용사나 부사를 꾸미면 지시부사라 일컬어짐

(1) 지시대명사로 사용된 경우: 문장 속에서 주어, 목적어, 보어로 사용되는 경우

① I will never forget this.

② This is heavier than that.

③ Hello, this is David speaking.

④ These are bigger than those.

⑤ These are my friends, John and Michael.

⑥ These are nice shoes, but they look uncomfortable.

⑦ What's that?

⑧ That's a good idea.

⑨ That looks like a human face.

⑩ Those are very expensive shoes.

⑪ Those look riper than the persimmons on my tree.

> **해석** ① 나는 이 일을 절대 잊지 않을 거야. ② 이것은 저것보다 더 무겁다. ③ 여보세요, 이쪽은 David입니다.
> ④ 이것들이 저것들보다 더 크다. ⑤ 이들은 내 친구, John와 Michael이야.
> ⑥ 이것은 멋진 신발이지만 불편해 보인다. ⑦ 저것이 뭐지? ⑧ 그것은 좋은 생각이야.
> ⑨ 저것은 사람의 얼굴처럼 생겼구나. ⑩ 저것들은 매우 비싼 신발이다.
> ⑪ 저것들은 내 나무에 열린 감보다 더 익은 것 같아.

(2) 지시 형용사로 사용된 경우: 명사를 수식하는 경우

① Who are those people?　　② Who lives in that house?

③ Have you read all of these books?　　④ We have lived in this house for ten years.

> **해석** ① 저 사람들은 누구야? ② 저 집에 누가 살고 있지?
> ③ 너는 이 모든 책들을 읽었니? ④ 우리는 이 집에서 10년 동안 살았어.

(3) 지시 부사로 사용된 경우: 형용사나 다른 부사를 수식하는 경우

① The fish was about this big.　　② I can't really eat that much.

③ I have never seen her this angry.　　④ Three years? I can't wait that long.

> **해석** ① 물고기는 대략 이 정도 컸어. ② 나는 사실 그렇게 많이 먹을 수 없어.
> ③ 나는 그녀가 이토록 화를 낸 것을 본 적이 없어. ④ 3년이라고? 난 그렇게 오래 기다릴 수 없어.

> **어휘** forget 잊다 heavier 더 무거운 bigger 더 큰 nice 멋진 look uncomfortable 불편하게 보이다
> human face 인간의 얼굴 expensive 비싼 ripe 익은 riper 더 익은 persimmon 감 fish 물고기
> about=around=approximately=some=roughly=or so 대략 really 사실 angry 화난 wait 기다리다

(4) 지시 대명사가 「전자와 후자」로 사용된 경우

$$\begin{Bmatrix} \text{that(those)} \\ \text{the one} \\ \text{the former} \end{Bmatrix} \quad 전자 \quad \leftrightarrow \quad 후자 \quad \begin{Bmatrix} \text{this(these)} \\ \text{the other} \\ \text{the latter} \end{Bmatrix}$$

① Health is above wealth; this cannot give us so much happiness as that.

② Virtue and vice are before you; the one leads to happiness, and the other to misery.

③ Dogs are more faithful than cats; these attach themselves to places, and those to persons.

④ Work and play are both necessary to health; this gives us rest, and that gives us energy.

> **해석** ① 건강이 재산보다 중요하다. 후자(재산)는 우리에게 전자(건강)만큼 행복을 줄 수 없다.
> ② 미덕과 악덕이 네 앞에 있는데, 전자는 행복으로 이끌고 후자는 불행으로 이끈다.
> ③ 개가 고양이보다 더 충성스럽다. 후자는 장소에 애착을 하고 전자는 사람에게 애착을 한다.
> ④ 일과 놀이 둘 다 건강에 필요하다. 후자는 우리에게 휴식을 주고 전자는 우리에게 에너지를 준다.

(5) ~at that의 의미

ⓐ besides = in addition = additionally = moreover = furthermore = on top of that

(게다가/그것도)

ⓑ nonetheless = nevertheless (그럼에 불구하고)

① His email was written in English, and bad English at that.

② The movie was boring, and it was over three hours long at that.

③ He has a bad reputation, but he is actually very kind at that.

④ Although perhaps too elaborate, it seemed like a good plan at that.

> **해석** ① 그의 이메일은 영어로 쓰여 있었다. 그것도 엉터리 영어로. ② 그 영화는 지루했다. 게다가 3시간 넘게 했다.
> ③ 그는 나쁜 평판을 갖고 있다. 하지만 그럼에도 불구하고 사실은 매우 친절하다.
> ④ 너무 정교할지도 모르지만, 그럼에도 불구하고 그것은 좋은 계획인 것 같았다.

(6) and all that = and others = and otherwise = and such = and suchlike

= and the like = and the rest = and so on = and so forth = and what not

= and all like things = etc. = et cetera (기타/등등)

① They served us cake, sandwiches and suchlike.

② I like apples, oranges, strawberries and so forth.

③ Very many happy returns of the day, and all that.

④ Pens, pencils, markers, and such are in this drawer.

⑤ John just loves hot dogs, hamburgers, french fries, and the like.

> **해석** ① 그들은 우리에게 케이크와 샌드위치 등을 제공했다. ② 나는 사과, 오렌지, 딸기 등을 좋아한다.
> ③ 복된 날이 되풀이되기를 바랍니다.(생일축하의 말) ④ 펜과 연필과 마커 등이 서랍 속에 들어 있다.
> ⑤ John은 그저 핫도그, 햄버거, 감자튀김 등을 무척 좋아한다.

> **어휘** above 더 중요한 wealth 재산 virtue 미덕 vice 악덕 lead to 이끌다/초래하다 misery 불행 faithful 충성스러운
> attach oneself to 애착하다 necessary 필요한 rest 휴식 reputation 평판 actually 실제로 perhaps=mayhap 아마
> boring=monotonous=even=tedious=tiresome=boresome=wearisome 지루한 elaborate 정교한 strawberry 딸기

(7) 명사의 반복을 피하기 위한 지시대명사 that과 those(출제 고빈도 과정)

① The population of Japan is larger than that of Korea.

② The ears of a rabbit are longer than those of a dog.

> **해석** ① 일본의 인구는 한국의 인구보다 많다. ② 토끼의 귀는 개의 귀보다 더 길다.

(8) He who(~한 사람) 와 Those who(~한 사람들)

① He who comes to me/ will never be in need of food.

② He who cannot regulate his emotions/ is not his own master.

③ Heaven helps those who help themselves.

④ None is so deaf as those who will not hear.

⑤ There was no objection on the part of those (who were) present.

⑥ The world belongs to the dreamers and those who challenge themselves.

> **해석** ① 내게 오는 자는/ 결코 음식이 궁핍하지 않을 것이다. ② 자신의 감정을 조절하지 못하는 사람은/ 자신의 주인이 아니다. ③ 하늘은 남에게 의지하지 않는 자들을 돕는다. ④ 들으려 하지 않는 사람들만큼 귀먹은 사람은 없다. ⑤ 참석한 사람들 편에서는 반대가 없었다. ⑥ 세상은 꿈을 꾸는 자와 도전하는 자들의 것이다.

문제 2. Fill in the blanks with proper pronouns.

① I heard a cry like _____ of a woman.

② None is so blind as _____ who won't see.

③ The climate of Korea is milder than _____ of China.

④ July's sales figures are a little lower than _____ of June.

⑤ _____ who has faith in me/ will never be in need of drink.

> **해석과 정답** ① 나는 여성의 울음소리 같은 소리를 들었다. (the cry→that) ② 보려하지 않는 사람만큼 눈먼 사람은 없다. (those) ③ 한국의 기후는 중국의 기후보다 더 온화하다. (the climate→that) ④ 7월의 판매고는 6월의 판매고보다 약간 더 낮다. (the sales figures→those) ⑤ 나를 믿는 자는/ 결코 마실 것이 부족하지 않을 것이다. (He)

(9) this day week/this day month/this day year
과거시제와 함께 「지난주(달/해) 오늘」, 미래시제와 함께 「다음 주(달/해) 오늘」

① I leave Korea this day month.　　② We will be married this day week.

③ I bought this phone this day week.　　④ The meeting was held this day month.

⑤ I met her for the first time this day year.

⑥ We are supposed to get together again this day year.

> **해석** ① 나는 다음 달 오늘 한국을 떠난다. ② 우리는 다음 주 오늘 결혼할 것이다. ③ 나는 지난주 오늘 이 전화기를 샀다. ④ 모임은 지난달 오늘 개최되었다. ⑤ 나는 지난해 오늘 그녀를 처음 만났다. ⑥ 우리는 내년 오늘 다시 모이기로 했다.

> **어휘** population 인구 rabbit 토끼 blind 눈이 먼 climate 기후 mild 온화한 sales figure 판매고/매출액 faith 믿음 be in need(want, lack) of ~이 부족하다/궁핍하다 regulate 조절하다 emotion 감정 own 자신의 master 주인 help oneself 남에게 의지 하지 않다 deaf 귀먹은 objection 반대 part 편, 쪽 present 참석한 belong to ~의 것이다 dreamer 꿈꾸는 자 challenge 도전하다 be held 개최되다 for the first time 처음 be supposed to ~할 예정이다 get together 모이다

(10) such의 용법(출제 고빈도 토익과정)

A. 앞에 나온 내용을 가리키는 지시대명사(demonstrative pronoun)로서 「그런 것/그것」

① Such is life.

② Such is the world.

③ Such is our present position.

④ He claims to be my friend but is not such.

⑤ I may have offended you, but such was not my intention.

> **해석** ① 그게 인생이야. ② 세상은 그런 것이란다. ③ 그것이 우리 현재의 입장이야.
> ④ 그는 내 친구라고 주장하지만 그렇지가 않아. ⑤ 내가 네 기분을 상하게 했을지 모르지만 그건 나의 의도가 아니었어.

B. such that = such~that = such as to: 대단한 정도를 강조할 때 사용되는 경우로서 「대단해서」

① His manner was such as to offend nearly everyone he met.

= His manner was such that it offended nearly everyone he met.

= His manner was so terrible that it offended nearly everyone he met.

= Such was his manner that it offended nearly everyone he met.

= So terrible was his manner that it offended nearly everyone he met.

② Her beauty was such that people came from far away to glance at her.

= Her beauty was so great that people came from far away to glance at her.

= Such was her beauty that people came from far away to glance at her.

= So great was her beauty that people came from far away to glance at her.

= She was so beautiful that people came from far away to glance at her.

> **해석** ① 그의 태도는 아주 형편이 없어서 그가 만난 거의 모든 사람들을 기분 나쁘게 했다.
> ② 그녀는 너무 아름다워서 사람들이 그녀를 힐끗 보려고 멀리서 왔다.

문제 3. Translate the following into Korean.(고급과정)

① His stupidity was such as to fill us with despair.

② Such was his joy that he could not speak for a moment.

③ John's test anxiety was such as to affect his performance.

④ This issue was of such importance that we could not ignore it.

⑤ Her excitement was such that she could hardly contain herself.

> **정답** ① 그의 어리석음이 대단해서 우리를 절망으로 가득 채웠다. ② 그는 너무 기뻐서 잠시 동안 말을 할 수 없었다.
> ③ John의 시험에 대한 불안감이 너무 심해서 그의 성적에 영향을 미칠 정도였다.
> ④ 이 문제는 대단히 중요해서 우리는 그것을 무시할 수 없었다. ⑤ 그녀는 너무 흥분해서 좀처럼 자제할 수가 없었다.

> **어휘** present position 현재의 입장 claim 주장하다 may have pp ~했을지도 모른다 offend 기분을 상하게 하다
> intention 의도 from far away 멀리서 glance at ~을 힐끗 쳐다보다 stupidity 어리석음 fill 채우다 despair 절망
> for a moment 잠시 동안 anxiety 불안감 affect=have an effect(impact, influence) on=work on 영향을 끼치다
> ignore=neglect=disregard=overlook 무시하다 excitement 흥분 hardly 좀처럼 ~하지 않다 contain oneself 자제하다

(11) as such(고급과정)

A. 「그 자체는/본래/본질적으로」 (= in kind = in itself = in its own nature = by nature = naturally = innately = intrinsically = inherently = substantially)

① History as such is too often modified.

② Wealth, as such, does not appeal to me.

③ Intelligence as such cannot guarantee success.

④ Money as such will seldom bring total happiness.

해석 ① 역사는 본래 너무 자주 수정된다. ② 부 그 자체는 나에게 매력이 없다.
③ 지능 그 자체는 성공을 보장할 수 없다. ④ 돈 그 자체는 좀처럼 완전한 행복을 가져다주지 못한다.

B. 「그런 존재로서」 (as being what has been mentioned)

① He was a foreigner and was treated as such.

② If you are a gentleman, you must behave as such.

③ As he is the guest of honor, he must be treated as such.

해석 ① 그는 외국인이어서 그런 존재로서(외국인으로서) 취급받았다. ② 네가 신사라면, 신사처럼 처신해야지.
③ 그는 귀빈이므로, 그런 존재로서 대접해야 한다.

C. 「그러므로/그런 존재이므로」의 뜻으로 반드시 앞에 명사가 올 때만 사용할 수 있습니다.

① She is an athlete, and as such she has to train very hard.

② I am a big fan of popular music. As such, I often go to concerts.

③ Lemons contain citric acid and, therefore, are very sour. (as such (x))

④ Cats are curious and, therefore, can get themselves in predicaments. (as such (x))

해석 ① 그녀는 운동선수이다. 그러므로(운동선수이므로) 아주 열심히 훈련해야 한다.
② 나는 대중음악의 광팬이다. 그러므로 나는 자주 음악회에 간다.
③ 레몬은 구연산을 포함하고 있다. 그래서 매우 시다.
④ 고양이는 호기심이 많다. 그래서 자신을 곤경에 빠뜨릴 수가 있다.

D. 「그 상태로/있는 그대로」 (=in the way something or someone is)

① He did not identify himself as such.

② I cannot accept your manuscript as such. It needs revisions.

③ If this is not genuine champagne, it should not be labelled as such.

해석 ① 그는 자신을 있는 그대로 밝히지 않았다. ② 나는 네 원고를 그대로 받아줄 수 없다. 그것을 수정해야 한다.
③ 이것이 진짜 샴페인이 아니라면, 그대로 명칭을 붙여서는 안 된다.

어휘 history 역사 modify 수정/변경하다 wealth 부 appeal to ~에게 매력을 주다 intelligence 지능
guarantee=assure 보장하다 foreigner 외국인 treat 대하다/간주하다/대접하다 guest of honor 귀빈
behave 처신하다 athlete 운동선수 popular music 대중음악 contain=include 포함하다 citric acid 구연산
sour 시큼한 curious 호기심이 많은 therefore 그러므로 predicament=dilemma 곤경/궁지 identify 밝히다
accept 받아들이다 manuscript 원고 revision 수정 genuine=real 진짜의↔fake 가짜의 label 명칭을 붙이다

(12) such as = such~as (~같은) (기본+중급과정)

A. 「~같은: of a similar kind as」의 뜻으로 한정하는 단어를 정의하거나 확인하는 필수적인 구절을 유도하여 생략하면 문장이 성립되지 않을 경우에는 comma를 붙이지 않습니다.

① Such poets as Milton are rare. = Poets such as Milton are rare.

② I like such fruits as apples, pears and peaches.

③ People such as your friend John make me angry.

④ Football players such as Leo Messi are superstars.

⑤ Wild flowers such as primroses are becoming rare.

> 해석 ① Milton같은 시인은 드물다. ② 나는 사과와 배와 복숭아 같은 과일을 좋아한다. ③ 네 친구 John과 같은 사람들이 나를 화나게 만들어. ④ Leo Messi 같은 축구선수들은 슈퍼스타이다. ⑤ 앵초 같은 야생화는 보기 드물어지고 있다.

B. 앞 명사에 포함되는 부가적인 사례를 제공하고, 생략해도 문장이 성립할 경우에는 such as를 사용하는데, 이 때 such as는 「for example」의 뜻이며 앞에 comma를 붙입니다.

① He will pay our expenses, such as food and lodging.

② He considers quiet pastimes, such as reading and chess, a bore.

③ Some vegetables, such as bell peppers, contain a lot of vitamin C.

④ Waterbirds, such as the duck or the gull, are common in the area.

⑤ We should protect endangered animals, such as elephants and tigers.

> 해석 ① 그가 숙식 같은 우리의 비용을 지불할 거야. ② 그는 독서와 체스와 같은 조용한 소일거리를 따분한 것이라고 생각한다. ③ 피망 같은 일부 채소들은 비타민 C를 많이 함유하고 있다. ④ 오리나 갈매기와 같은 물새들은 그 지역에서 흔하다. ⑤ 우리는 코끼리와 호랑이 같은 멸종위기의 동물들을 보호해야 한다.

C. 뒤 명사가 앞 명사 속에 직접적으로 포함되지 않고 비교나 비유를 나타낼 때는 like (~처럼/~와 같은)를 사용합니다.

① Doctor Kim dreads seeing patients like Mr. Ch'oe. (such as (×)) (비교)

② Mango juice like grape juice is also beneficial for health. (such as (×)) (비교)

③ Characters like Cinderella, Dracula, and Frankenstein continue to appear in movies and novels. (such as (×)) (비교)

④ I'd like to visit some European cities, such as London, Florence, and Athens. (like (×)) (for example 포함)

> 해석 ① 김 박사는 최 씨 같은 환자를 만날까 두려워한다. ② 포도 주스처럼 망고 주스도 건강에 이롭다.
> ③ 신데렐라, 드라큘라, 그리고 프랑켄슈타인 같은 등장인물들이 영화와 소설에 계속 등장한다.
> ④ 나는 런던, 플로렌스, 아테네와 같은 일부 유럽의 도시들을 방문하고 싶다.

> 어휘 poet 시인 rare 드문/진귀한 pear 배 peach 복숭아 wild flower 야생화 primrose 앵초 expense 비용 lodging 숙박/투숙 consider 간주/생각하다 quiet 고요한 pastime 소일거리 bore 따분한 일 vegetable 채소 bell pepper 피망 contain 포함하다 a lot of=much 많은 protect 보호하다 endangered 멸종위기의 dread ~ing ~할까 두려워하다 patient 환자 beneficial 유익한 character 등장인물 continue to 계속해서 ~하다 appear 등장하다 novel 소설

PART 21 대명사 **445**

D. such(poor, humble) as it is = though it is poor(humble) 「변변치 않지만」

① The food, such as it was, was plentiful.

② The meal, such as it was, was served quickly.

③ My abilities, such as they are, are at your service.

④ You are welcome to borrow my bicycle, such as it is.

> **해석** ① 음식물은 변변치 않지만 충분했다. ② 식사는 변변치 않았지만 신속히 제공되었다.
> ③ 변변치 않지만 제 능력을 마음껏 활용하십시오. ④ 변변치 않지만 너는 내 자전거를 기꺼이 빌려가도 돼.

E. such being the case = as(since) the case is such 「사정이 그러하므로」

① Such being the case, I cannot go with you.

② Such being the case, her arrival was not made public.

③ Such being the case, I had no choice but to refuse your request.

> **해석** ① 사정이 그러하므로 나는 너와 함께 갈 수 없어. ② 사정이 그러해서 그녀의 도착이 대중에게 알려지지 않았다.
> ③ 사정이 그러해서 나는 네 요청을 거부하지 않을 수가 없었어.

⑬ such and such

「여차여차한/그렇고 그런/모모」: 구체적으로 명시할 필요 없는 사람이나 사물을 가리킬 때

① That is a meeting for such and such people.

② What if such and such had happened instead?

③ They turned out to be such and such kind of people.

④ People from such and such areas hold the reigns of government.

> **해석** ① 그것은 그렇고 그런 사람들을 위한 모임이야. ② 대신 여차여차한 일이 일어났더라면 어떠했을까?
> ③ 그들은 그렇고 그런 부류의 사람들로 판명되었다. ④ 그렇고 그런 지역 출신의 사람들이 정권을 잡고 있다.

⑭ or some such = or some similar

「뭐 그런」의 뜻으로 언급한 대상에 대해 확신이 없어서 비슷할지도 모른다는 것을 첨가할 때
사용하는 표현

① She said she was too busy or some such nonsense.

② He said it was an Edwardian washstand or some such thing.

③ He will probably say his car broke down or give some such excuse.

④ Men fall in love through the effects of hormones on brain cells and vice versa, or some
such physiological effect.

> **해석** ① 그녀는 너무 바쁘다거나 뭐 그런 말도 안 되는 소리를 했어. ② 그는 그것이 에드워드시대(7세기)의 세면대인지,
> 뭐 그런 것이라고 말했다. ③ 그는 아마 자기 차가 고장 났다고 말하거나 아니면 뭐 그와 비슷한 핑계를 댈 거야.
> ④ 남자는 호르몬이 뇌세포에 미치는 영향, 그리고 그 반대(뇌세포가 호르몬에 미치는 영향)인지 뭐 그런 생리적인
> 영향을 통해서 사랑에 빠진다.

> **어휘** plentiful 충분한 meal 식사 serve 제공하다 quickly 신속하게 at one's service 마음대로 사용할 수 있는
> ability 능력 be welcome to 기꺼이 ~해도 좋다 make public 대중에게 알리다 turn(come) out 판명되다
> have no choice but to~할 수 밖에 없다 hold the reigns of government 정권을 잡다 nonsense 헛소리
> washstand 세면대 break down 고장 나다 vice versa 그 반대 physiological 생리적인 effect 영향/효과

(16) such와 so(출제 고빈도 토익과정)

A. 한정사(determiner) 또는 전치 한정사로(predeterminer)서 such

    a) 판단명사 앞에서는 「대단한」, 형용사 앞에서는 「대단히」

    b) 셀 수 없는 단수명사나 셀 수 있는 단수/복수명사를 한정하여 「그런/이런/그렇게」

    c) 형용사를 수반한 단수 명사를 수식할 때 어순: such+a/an+형+명

① She is such a genius!

② You have such beautiful eyes.

③ It is such a complicated story.

④ I have never seen such a large rat!

⑤ Where are you off to in such a rush?

⑥ He has never made such mistakes before.

⑦ I have never received such criticism before.

해석 ① 그녀는 대단한 천재야. ② 너는 참 아름다운 눈을 가지고 있구나. ③ 그것은 대단히 복잡한 이야기야.
④ 나는 그토록 큰 쥐를 본 적이 없다. ⑤ 어디를 그토록 서둘러 가니? ⑥ 그는 전에 그런 실수를 한 적이 없었다.
⑦ 나는 그런 비판을 전에 들어본 적이 없다.

B. so+형용사/부사, 형용사를 수반한 단수 명사를 수식할 때: so+형+a(an)+명 「대단히/그토록」

① He runs so fast.

② Don't be so stupid!

③ You are so intelligent.

④ He has never spoken to so large a crowd before.

⑤ She spoke so quickly that I could not understand her.

해석 ① 그는 참 빨리 달린다. ② 그런 멍청한 짓 하지 마라. ③ 너는 참 총명하구나. ④ 그는 전에 그렇게 많은 군중
앞에서 연설을 해 본 적이 없다. ⑤ 그녀는 너무 말을 빨리 해서 나는 그녀를 이해할 수가 없었다.

C. a) 수를 나타낼 때 (so+many/few+복수명사)

    b) 양을 나타낼 때 (so+much/little+단수 명사)

    c) 빈도를 나타낼 때 (so+much/little/often/rarely)

① Why did you buy so much food?

② I never knew you have so many siblings!

③ My sister visits us so rarely! I really miss her.

④ You have eaten so little and I have eaten so much!

⑤ She has so few friends that she rarely gets out of the house.

해석 ① 너는 왜 그토록 많은 음식을 샀니? ② 나는 네가 그토록 많은 형제자매가 있다는 것을 몰랐어.
③ 내 누나는 우리를 너무 드물게 방문해! 나는 정말 그녀가 그리워.
④ 너는 너무 적게 먹었고 나는 너무 많이 먹었다. ⑤ 그녀는 친구가 너무 적어서 좀처럼 집 밖으로 나가지 않는다.

어휘 genius 천재 complicated=complex=intricate=sophisticated=knotty 복잡한 rat 들쥐 be off to ~에 가다
in a rush 서둘러 mistake 실수 receive 받다 criticism 비판 stupid 멍청한 intelligent 총명한 crowd 군중
quickly 빠르게 sibling 형제자매 rarely 드물게/좀처럼~하지 않다 miss 그리워하다/놓치다 get out of 나가다

⑥ such+a/an+형+명 (that) = so+형+a/an+명+(that) (대단히/너무~해서)(출제 고빈도 과정)

such는 구어체에 많이 사용되며, 단수/복수 보통명사나 셀 수 없는 명사와 함께 사용되고, so는 주로 문어체에 사용되며, 형용사나 부사 앞, 또는 many/much/few/little를 수반한 명사구 앞, 셀 수 있는 단수명사 앞에 사용되며, 다른 복수형 앞에서는 사용할 수 없습니다.

① This is such a difficult problem that I cannot solve it.
= This is so difficult a problem that I cannot solve it.
= This problem is so difficult that I cannot solve it.
② She has such big feet that she has to buy special shoes. (복수명사)
③ They have so little food that they are starving to death. (little)
④ It was such lovely weather that we decided to go on a picnic. (불가산 명사)
⑤ There are so many stars in the sky that we cannot count them.
⑥ She has such beautiful eyes that she got a job as a make-up model. (복수명사)
⑦ There was so much to do on that day that nobody ever got bored. (much)
⑧ The tree had so few leaves on it that we could not take shelter from the rain beneath it. (few)

해석 ① 이것은 너무 어려운 문제여서 나는 그것을 풀 수 없다. ② 그녀는 대단히 큰 발을 갖고 있어서 특별한 신발을 사야 한다. ③ 그들은 식량이 너무 적어서 굶어 죽어가고 있다. ④ 날씨가 너무 좋아서 우리는 소풍을 가기로 결정했다. ⑤ 하늘에는 별이 너무 많아서 우리는 그것들을 셀 수가 없다. ⑥ 그녀는 아주 아름다운 눈을 갖고 있어서 화장품 모델로서의 직업을 구했다. ⑦ 그 날 할 일이 너무 많아서 아무도 지루함을 느끼지 않았다. ⑧ 그 나무는 잎을 너무 적게 갖고 있어서 우리는 그 밑에서 비를 피할 수 없었다.

문제 4. Choose the correct answer.(기본+중급과정)

① It was (so/such) a beautiful day we decided to go to the beach.
② He ran into (so/such) heavy rain that he could hardly see the road.
③ The baby had (so/such) few toys (that) he kept asking his mom to buy more.
④ They were (so/such) intelligent boys that they were put into the advanced level.
⑤ There was (so/such) much smoke that they couldn't see across the hallway.
⑥ The meteor particles move (so/such) fast that they become bullets in space.
⑦ That takes (so/such) little time and effort that you might as well do it yourself.
⑧ She has (so/such) many hats that she needs two closets to store them all.

해석과 정답 ① 날씨가 너무 좋아서 우리는 해변에 가기로 결정했다. (such) ② 그는 극심한 폭우를 만나 길을 좀처럼 볼 수 없었다. (such) ③ 그 아이는 장난감이 너무 적어서 계속 엄마에게 더 사달라고 졸랐다. (so) ④ 그들은 아주 총명한 소년들이어서 고급반에 배정되었다. (such) ⑤ 연기가 너무 많아서 그들은 복도 건너편을 볼 수 없었다. (so) ⑥ 운석 입자는 너무 빨리 움직여서 그들은 우주 속에서 총알이 된다. (so) ⑦ 그것은 시간과 노력이 너무 적게 들어서 네가 직접 하는 편이 낫다. (so) ⑧ 그녀는 모자가 너무 많아서 그것들을 다 보관하기 위해서는 두 개의 장롱이 필요하다. (so)

어휘 foot-feet 발 special 특별한 starve to death 굶어죽다 decide 결정하다 go on a picnic 소풍가다 count 세다 make-up model 화장품 모델 get bored 지루함을 느끼다 take shelter from 피하다 beneath 밑에서 run(bump) into(across)=come(stumble) upon(across) 마주치다 heavy rain 폭우 hardly 좀처럼~하지 못하다 keep ~ing 계속~하다 intelligent 총명한 advanced level 고급반 across 건너편 hallway 복도 meteor 운석 particle 입자 bullet 총알 space 우주 take 필요하다 might as well ~하는 편이 낫다 closet 장롱 store 보관하다

7 Another의 의미(기본과정)

(1) one more (하나 더/한잔 더)

① Will you have another piece of cake?

② Would you like another cup of coffee?

③ I will have been married in another ten years.

④ It will take another two years to complete the building.

> **해석** ① 케이크 한 조각 더 먹을래? ② 커피 한 잔 더 드실래요?
> ③ 나는 또 10년이 지나면 결혼해 있을 것이다. ④ 그 건물을 완성하는 데는 또 2년이 걸릴 것이다.

(2) a different (다른)

① Will you show me another kind of bag?

② One man's meat is another man's poison.

③ There is another meaning in this sentence.

④ Her husband works in another part of the country.

> **해석** ① 다른 가방 좀 보여주실래요? ② 한 사람의 고기는 다른 사람의 독이다.(갑의 약은 을의 독이다)
> ③ 이 문장 속에는 다른 의미가 들어 있다. ④ 그녀의 남편은 그 나라의 다른 지역에서 일한다.

(3) a different one (다른 사람이나 사물)

① I saw one girl whispering to another.

② Prices vary from one shop to another.

③ I don't like this pen. Please show me another.

④ This phone is not good enough. Show me another, please.

> **해석** ① 나는 한 소녀가 다른 소녀에게 속삭이는 것을 보았다. ② 물건가격이 가게마다 다르다.
> ③ 나는 이 펜이 마음에 안 들어요. 다른 것을 보여주세요. ④ 이 전화기는 별로 안 좋아요. 다른 것을 보여주세요.

(4) one thing~another (별개의 문제)

① Saying is one thing and doing another.

② To promise is one thing, and to perform it is another.

③ To know love is one thing, and to practice it is another.

④ To make money is one thing, and to spend it is another.

> **해석** ① 말과 행동은 별개의 문제이다. ② 약속하는 것과 그것을 이행하는 것은 별개의 문제이다.
> ③ 사랑을 아는 것과 그것을 실천하는 것은 별개의 문제이다.
> ④ 돈을 버는 것과 그것을 소비하는 것은 별개의 문제이다.

> **어휘** in another ten years 또 10년이 지나면 complete 완성하다 meat 고기 poison 독 meaning 의미
> sentence 문장 whisper 속삭이다 prices 물가 vary 다르다 from one shop to another 가게마다
> promise=make a promise 약속하다 make(earn) money 돈을 벌다 spend-spent-spent 소비하다
> achieve=accomplish=attain=complete=consummate=carry out(through)=carry~into effect(execution)
> =discharge=deploy=enforce=execute=fulfill=implement=make good=perform=practice=put through(over)
> =put(bring, carry)~into effect(practice, action, force, operation, execution)=give effect to 실행(성취)하다
> be owing(due) to=result(ensue, arise, originate, spring, stem, derive, grow) from ~에 기인하다/~때문이다

(5) also one = the same (마찬가지)

① If I am a fool, you are another.

② He is a liar and his son is another.

③ If he is a genius, you must be another.

④ His father is a scholar and he is another.

> **해석** ① 내가 바보라면 너도 마찬가지야. ② 그는 거짓말쟁이고 그의 아들도 마찬가지이다.
> ③ 그가 천재라면 너도 천재임에 틀림없어. ④ 그의 아버지는 학자이고 그도 마찬가지이다.

(6) a second (제2의)

① He will be another Newton someday.

② He thinks of himself as another Napoleon.

③ The city advertises itself as another Las Vegas.

④ Music fans are already calling him another Frank Sinatra.

> **해석** ① 그는 언젠가 제2의 뉴턴이 될 것이다. ② 그는 자신을 제2의 나폴레옹으로 생각한다.
> ③ 그 도시는 자신을 제2의 라스베이거스라고 선전한다. ④ 음악팬들은 이미 그를 제2의 Frank Sinatra라 부르고 있다.

(7) yet another (또 다른/또 하나의: used when there are already a lot)

① This is yet another example of government waste.

② The government is involved in yet another corruption scandal.

③ Cathy bought yet another pair of shoes to add to her collection.

④ It is yet another of the many enigmas which surround this house.

> **해석** ① 이것은 정부 예산 낭비의 또 다른 사례이다. ② 정부는 또 다른 부패 사건에 연루되어 있다. ③ Cathy는 자기의
> 수집품에 보탤 또 한 켤레의 구두를 샀다. ④ 그것은 이 집을 둘러싸고 있는 많은 수수께끼 중 또 다른 것이다.

(8) one after another = one after the other = one by one = in turn = in a row
= sequentially = consecutively = successively (하나씩 하나씩/차례차례/계속해서)

① They left the room one after another.

② The buses kept arriving one after another.

③ He answered all the questions one after the other.

④ The cornfields stretched for many miles, one after the other.

⑤ She ate one chocolate after the other until the box was empty.

> **해석** ① 그들은 방을 한 명씩 한 명씩 떠났다. ② 버스가 하나씩 하나씩 계속 도착했다.
> ③ 그는 모든 질문에 하나씩 하나씩 답변했다. ④ 옥수수밭이 수 마일을 계속해서 펼쳐져 있었다.
> ⑤ 그녀는 상자가 다 빌 때까지 초콜릿을 하나씩 하나씩(계속해서) 먹었다.

> **어휘** fool=idiot 바보 liar 거짓말쟁이 genius 천재 scholar 학자 think of A as B A를 B로 생각하다
> someday 언젠가 advertise 광고하다 call 부르다 waste 낭비 be involved in ~에 연루되어 있다
> corruption scandal 부패사건 add 더하다 collection 모음집/수집품/헌금 enigma=riddle 수수께끼
> surround=encircle 둘러싸다 leave-left-left 떠나다 arrive 도착하다 cornfield 옥수수 밭 empty 비어있는

(9) one way or another = one way or the other (이런저런 방식으로/어떻게 해서든)

① He wants to get rid of me one way or another.

② We have to get out of this mess one way or another.

③ One way or the other, I am going to finish this job by Friday.

④ One way or the other, this project must be finished by March first.

> **해석** ① 그는 어떻게 해서든 나를 제거하고 싶어 한다. ② 우리는 어떻게 해서든 이 혼란에서 빠져나가야 한다.
> ③ 어떻게 해서든 나는 금요일까지 이 일을 끝낼 것이다. ④ 어떻게 해서든 이 과제는 3월 1일까지 끝내야 한다.

(10) 기타 one or another

① We all do foolish things at one time or another. (=on occasion)

② He had to change his plans for one/some reason or another.

③ What with one thing and another, we still haven't finished.

④ Between one thing and another, it has taken the better part of two months to iron out the bugs.

> **해석** ① 우리 모두 가끔 어리석은 짓을 한다. ② 그는 이런저런 이유로 그의 계획을 변경해야 했다. ③ 이런저런 일 때문에 우리는 아직도 끝마치지 못했다. ④ 이런저런 일로 인해서 곤충들을 없애는 데 거의 두 달이 걸렸다.

8 상호대명사(Reciprocal Pronouns)(기본과정)

(1) each other (두 사람이나 대상이 서로)

① They stared into each other's eyes.

② The boats were bumping against each other in the storm.

③ Mike and Carol bought each other presents for Christmas.

> **해석** ① 그들은 서로의 눈을 빤히 쳐다보았다. ② 그 보트들은 폭풍 속에서 서로 부딪치고 있었다.
> ③ Mike와 Carol은 크리스마스를 맞이하여 서로에게 선물을 사주었다.

(2) one another (세 사람 이상이나 셋 이상의 대상이 서로)

① The gangsters were fighting one another.

② We often stayed in one another's houses.

③ The kids spent the afternoon kicking the ball to one another.

> **해석** ① 그 폭력배들은 서로 싸우고 있었다. ② 우리는 종종 서로의 집에서 머물렀다.
> ③ 그 애들은 서로에게 공을 차면서 오후를 보냈다.

(3) meet, marry 뒤에서는 each other를 사용하지 않습니다.

① They met in 2005. (○) *They met each other in 2005. (×)

② They married in 2010. (○) *They married each other in 2010. (×)

> **해석** ① 그들은 2005년에 만났다. ② 그들은 2010년에 결혼했다.

> **어휘** get rid of 제거하다 get out of 벗어나다 mess 혼란/분규 foolish 어리석은 change 바꾸다 plan 계획
> the better(best) part of 대부분/거의 iron out=do away with 제거하다 bug 벌레 stare into 빤히 쳐다보다
> bump(run) against=collide with 충돌하다 storm 폭풍 present 선물 gangster 폭력배/건달 kid 아이 kick 차다

9 one과 it의 차이(기초과정)

(1) 영국영어에서 일반적인 사람(We, They, You, People)을 가리킬 경우 one을 사용하지만 미국영어에서는 You를 더 흔히 사용합니다. 미국영어에서 one–his–him–himself로 변화시키는 경향이 있었으나 현대에 와서는 성 편견을 없애려는 경향 때문에 one–one's–one–oneself를 더 많이 사용하고 있습니다.

① One ought to obey one's parents.

② One should love one's own country.

③ One often fails to see one's own mistakes.

④ If one fails, then one must try harder next time.

해석	① 우리는 부모님께 순종해야 한다. ② 우리는 우리나라를 사랑해야 한다.
	③ 사람들은 종종 자신의 잘못을 보지 못한다. ④ 우리는 실패하면, 다음번에는 더 열심히 노력해야 한다.

(2) 명사의 반복을 피하기 위해 a(n)+명사는 one으로 받지만, the+명사는 it로 받습니다.

① If you want a drink, I'll get you one(=a drink).

② Do you have a car? – Yes, I have one(= a car).

③ Do you still have the car? – Yes, I have it(= the car).

④ He bought a camera and lent it(= the camera) to me.

해석	① 네가 마실 것을 원하면, 내가 하나 가져다줄게. ② 너 차 가지고 있니?– 그래, 나 한 대 가지고 있어.
	③ 너 아직도 그 차 가지고 있니? – 그래, 나 그것 가지고 있어. ④ 그는 카메라를 사서 그것을 나에게 빌려주었다.

(3) 수식어가 있을 때 one의 복수는 ones, 수식어가 없을 때 복수는 them이 됩니다.

① Red apples often taste better than green ones.

② He has three cats; a white cat and two black ones.

③ This story is more interesting than the preceding ones.

④ Have you ever seen lions? – Yes, I have seen them.(ones (x))

해석	① 빨간 사과가 종종 푸른색 사과보다 더 맛이 좋다.
	② 그는 세 마리의 고양이를 가지고 있다; 한 마리의 흰색과 두 마리의 검정색을.
	③ 이 이야기가 앞서서 한 이야기들보다 더 재미있다. ④ 너는 사자를 본 적 있니? – 그래, 난 그들을 본 적 있어.

(4) 소유격이나 own다음, 또는 셀 수 없는 명사 대신에 one를 사용할 수는 없습니다.

① This car is my own.

② I prefer white sugar to brown.

③ I like red wine better than white.

④ Your voice sounds sweeter than hers.

해석	① 이 차는 나 자신의 것이야. ② 나는 갈색 (설탕)보다 흰색 설탕을 더 좋아해.
	③ 나는 흰색 (포도주)보다 적색 포도주를 더 좋아해. ④ 너의 목소리는 그녀의 목소리보다 더 감미롭게 들린다.

어휘	ought to ~해야 한다 obey 순종하다 fail to ~하지 못하다 mistake 잘못 try 노력하다
	hard 열심히 still 아직도 precede 선행하다 lion 사자 prefer A to B B보다 A를 선호하다 sound 들리다

(5) some, any, both, 숫자 다음에서는 one이나 ones를 사용할 수 없으나 형용사를 동반할 경우에는 사용할 수 있습니다.

① I need some pens. Do you have any?

② They keep three cats, and we keep two.

③ Are there any grapes? − Yes, I bought some today.

④ They have two children, both of whom live abroad.

⑤ Are there any mangoes? − Yes, I bought some sweet ones today.

> **해석** ① 나는 펜이 좀 필요해. 너 좀 가진 것 있니? ② 그들은 세 마리의 고양이를 기르고 우리는 두 마리를 기른다.
> ③ 포도 좀 있나요? – 응. 오늘 좀 샀어. ④ 그들은 두 자녀가 있는데 그들 둘 다 해외에서 산다.
> ⑤ 망고 좀 있나요? – 그래. 오늘 달콤한 망고를 좀 샀어.

(6) 최상급 형용사나 the+비교급 뒤, 그리고 한정사(this, that, these, those, either, neither, another 등)의 뒤에서는 one를 생략할 수 있습니다.

① Either (one) will suit me.

② Let us have another (one).

③ I have never seen a game like that (one).

④ This building is the tallest (one) of all in Korea.

⑤ We need to buy a new car. This (one) is too small.

⑥ He has two sisters; the elder is more beautiful than the younger.

> **해석** ① 나에게는 아무거나 괜찮아. ② 우리 하나 더 먹자. ③ 나는 그와 같은 경기를 본 적이 없다.
> ④ 이 건물은 한국의 모든 건물 가운데 가장 높다. ⑤ 우리는 새 차를 사야 해. 이것은 너무 작아.
> ⑥ 그는 두 자매가 있는데 누나가 여동생보다 더 아름답다.

(7) 비교급 앞에 the가 없거나, a+비교급 다음에는 one를 사용합니다.

① This bag is too big. Please show me smaller ones.

② This office is too small. Please show me a larger one.

③ I don't like this umbrella. Please give me a bigger one.

④ These pants are too small. Please show me bigger ones.

> **해석** ① 이 가방은 너무 크다. 더 작은 것들을 보여주세요. ② 이 사무실은 너무 작다. 좀 더 큰 것을 보여주세요.
> ③ 나는 이 우산이 마음에 안 든다. 더 큰 것을 다오. ④ 이 바지는 너무 작아요. 더 큰 것을 보여주세요.

> **어휘** keep 동물을 기르다 grape 포도 abroad 해외에 suit=fit 적합하다/편리하다 umbrella 우산, 양산
> consider=contemplate=weigh=allow(bargain) for=make allowances for=take account of
> =take~into account(consideration)=think(brood, ponder, cogitate, mull, pore, spell, ruminate, turn) over
> =think~out=think~through=reflect(deliberate, meditate, speculate, dwell, muse, bargain, ruminate) on
> ~을 고려하다/참작하다/곰곰이 생각하다 Let me ruminate over this plan of yours.
> abhorrent=abominable=accursed=appalling=atrocious=aversive=damnable=despicable=detestable
> =disagreeable=disgusting=displeasing=distasteful=execrable=hateful=heinous=hideous=invidious
> =loathsome=nauseating=nauseous=objectionable=obnoxious=odious=offensive=pernicious=repellent
> =repugnant=repulsive=revolting=spiteful=unpleasant=vile 혐오감을 주는, 가증스러운, 역겨운

(8) 관계대명사나 전치사구 앞에서 셀 수 있는 명사 대신 one이나 ones를 사용할 수 있습니다.

① Who is the one with the beard?

② She is the one who broke all my equipment.

③ Of all the subjects, English was the one I loved best.

④ Could I see that map again – the one with lines across it?

> **해석** ① 턱수염 난 저 사람 누구니? ② 그녀가 나의 모든 장비를 고장 내버린 사람이다.
> ③ 모든 과목 중에서 영어가 내가 가장 좋아하는 과목이었다.
> ④ 저 지도 다시 볼 수 있을까요? – 선이 가로질러 있는 저 지도를?

10 No와 None(기본과정)

(1) ⓐ no+단수명사 = 단수 ⓑ no+복수 명사 = 복수

① I have got no time to waste.

② She has no friends to rely on. (no friend (×))

③ No one likes to eat vegetables.

④ No children in my group have caused any trouble.

⑤ None of the children in my group has/have caused any trouble.

> **해석** ① 나는 낭비할 시간이 없다. ② 그녀는 의지할 친구가 없다.
> ③ 아무도 채소를 먹고 싶어 하지 않는다. ④/⑤ 내 그룹의 어떤 아이들도 아무 말썽을 일으키지 않았다.

(2) ⓐ none이 주어일 때 무엇을 가리키느냐에 따라 단수/복수 둘 다 가능합니다.
　　ⓑ none of +단수 = 단수 ⓒ none of+복수 = 단수(formal)/복수(informal)

> **주의** ☞ none of 복수의 경우 formal English에서 단수만 가능하다는 주장과 단·복수형 둘 다 가능하다는 두 가지 주
> 장이 존재하고 있으나 대체적으로 단수는 formal, 복수는 informal하다고 주장하고 있으며, 현행 미국의 수능과
> 대학원 입학시험에서는 단수만 인정하고 있으므로, 만일 둘 중에서 하나를 고르라는 문제가 나온다면 무조건 단
> 수로 간주해야 가장 안전합니다.

① I am always looking for inspiration, but none ever comes.

② I am always looking for good ideas, but none ever come.

③ None of the garbage was picked up.

④ None of his old friends knows what has happened to him. (formal)

⑤ None of his old friends know what has happened to him. (informal)

> **해석** ① 나는 항상 영감을 찾고 있지만 아무것도 떠오르지 않는다.
> ② 나는 항상 좋은 아이디어를 찾고 있으나 아무것도 떠오르지 않는다.
> ③ 쓰레기가 하나도 수거되지 않았다. ④/⑤ 그의 오래된 친구들 중 아무도 그에게 무슨 일이 일어났는지 모른다.

> **어휘** beard 턱수염 equipment 장비 subject 과목 map 지도 across 가로질러 line 줄/선 waste 낭비하다
> depend(rely, fall back) on=be up to=be dependent(incumbent, contingent) on 의존하다/의지하다
> vegetable 채소 cause 일으키다 trouble 말썽/문제 look(seek, search) for=be in pursuit(quest) of 찾다
> inspiration 영감 garbage 쓰레기 pick up 수거하다 happen=occur=accrue=arise=originate=eventuate=transpire
> =take place=break out=go on=turn up=crop up=come up=come about=come to pass=betide=befall 발생하다

11 One/Another/other/the other(출제 고빈도 과정)

(1)	한정사로서 other: 셀 수 없는 단수 명사/복수명사 (다른/부가적인)
(2)	one~the other: 둘 중 (하나는, 다른 하나는)
(3)	one~the others: 셋 이상 중 (하나는, 나머지는)
(4)	some~others–still(yet) others: 다수 중 (일부는, 다른 일부는, 또 다른 일부는)
(5)	some~the others: 다수 중 (일부는, 나머지는)
(6)	one~another~the third(other): 셋 중 (하나는, 다른 하나는, 나머지는)
(7)	one~another~the others: 넷 이상 중 (하나는, 다른 하나는, 나머지는)
(8)	one~another~a third–a fourth–the fifth: 다섯 중 (하나는, 다른 하나는, 셋 번째는, 네 번째는, 다섯 번째는)
(9)	one~another~a third–a fourth–the others(rest): 여러 개 중에서 (하나는, 다른 하나는, 셋 번째는, 네 번째는, 나머지는)

① Some music calms people; other music has the opposite effect.

② Other interesting places to visit/ include the old harbor and the castle.

③ I have two brothers. One is in America, and the other in Australia.

④ She has three cats. One is white, and the others are black.

⑤ To some life is pleasure, but to others, it is suffering.

⑥ Some nurses were kind, others were unfriendly, and still others were lazy.

⑦ Some people like baseball, others like soccer, and yet others like basketball.

⑧ I have three sisters: one is in Pusan, another, in Kwangju and the third, in Seoul.

⑨ There are three rooms in my house. One is for me, another is for my sister and the other is for my parents.

⑩ The team consists of four persons: one is a driver, another, an assistant, a third, a guide, and the fourth, a scholar.

⑪ There are many flowers in the shop. One is pink, another is yellow, and the others are red.

⑫ There are 30 students in my class: some like music, others like arts, still others like English, and the others like science.

해석 ① 일부 음악은 사람을 진정시켜주지만, 다른 음악은 정반대의 효과를 갖는다. (정반대의 효과를 미치는 음악도 있다) ② 방문할만한 다른 재미있는 곳은/ 옛 항구와 성을 포함하고 있다. ③ 나는 두 오빠가 있다. 한 명은 미국에 있고 다른 한 명은 호주에 있다. ④ 그녀는 세 마리의 고양이가 있다. 한 마리는 흰색이고 나머지는 검정색이다. ⑤ 일부 사람들에게 삶은 기쁨이고, 다른 일부 사람들에게 삶은 고통이다. ⑥ 일부 간호사는 친절했고, 다른 일부는 불친절했고, 또 다른 일부는 게을렀다. ⑦ 일부 사람들은 야구를 좋아하고, 다른 일부는 축구를 좋아하고, 또 다른 일부는 농구를 좋아한다. ⑧ 내게는 3명의 누나가 있는데 한 명은 부산에, 다른 한 명은 광주에, 세 번째 누나는 서울에 있다. ⑨ 우리 집에는 3개의 방이 있다. 하나는 나를 위한 것이고, 다른 하나는 내 여동생을 위한 것이고, 나머지는 부모님을 위한 것이다. ⑩ 그 팀은 4명으로 이뤄져 있는데 한 명은 운전자이고, 다른 한 명은 조수이고, 셋째 번은 가이드이고, 넷째 번은 학자이다. ⑪ 그 가게에는 많은 꽃들이 있다. 하나는 분홍색, 다른 하나는 노란색, 나머지는 빨간색이다. ⑫ 우리 반에는 30명의 학생이 있는데, 일부는 음악을 좋아하고, 다른 일부는 미술을 좋아하고, 또 다른 일부는 영어를 좋아하고 나머지는 과학을 좋아한다.

어휘 calm 진정시키다 opposite effect 반대의 효과 harbor 항구 castle 성 pleasure 기쁨/즐거움 suffering 고통 unfriendly 불친절한 lazy 게으른 consist of=be composed(comprised, constituted, made up) of ~로 구성되다 assistant 조수 scholar 학자, 장학생 pink 분홍색 yellow 노란색 red 빨간색 arts 미술 science 과학, 과학적 지식

(10) every two houses = every other(second) house (두 집 중 한 집)

① Every two houses is painted white. = Every other(second) house is painted white.

② He goes to his office every other day.

③ The elevator stops at every two floors.

④ Write your opinion on every other line.

⑤ A leap year comes round every four years.

⑥ The Olympic Games are held every four years.

> **해석** ① 두 집 중 한 집이 흰색으로 페인트칠이 되어 있다. ② 그는 이틀에 한 번씩 사무실에 간다.
> ③ 승강기가 격층으로 운행된다. ④ 너의 의견을 두 줄에 한 줄씩 써라. ⑤ 윤년은 4년에 한 번씩 돌아온다.
> ⑥ 올림픽 경기는 4년에 한 번씩 개최된다.

(11) the other day = a few days ago (며칠 전/얼마 전)

① I saw her in the museum the other day.

② I was in San Francisco just the other day.

③ Please return the umbrella which I lent you the other day.

④ The other day they quarreled with one another over a trifling matter.

> **해석** ① 얼마 전에 나는 박물관에서 그녀를 보았다. ② 나는 얼마 전에 샌프란시스코에 있었다.
> ③ 지난번에 너에게 빌려준 우산을 돌려다오. ④ 얼마 전에 그들은 사소한 문제로 서로 다투었어.

(12) one of these days = one day = some day = some time in the near future (조만간/머지않아)

① I will drop by one of these days again.

② She hoped to buy a brand-new car some day.

③ One day you will see what it is like to live alone.

④ One of these days he is going to get a nasty shock.

⑤ You are going to get into serious trouble one of these days.

⑥ One of these days you will come back and ask me to forgive you.

> **해석** ① 나는 조만간 다시 들를게. ② 그녀는 조만간 새 차를 사고 싶어 했다.
> ③ 조만간 너는 혼자 사는 것이 어떤 것인지 알게 될 거야. ④ 조만간 그는 견딜 수 없는 충격을 받을 거야.
> ⑤ 너는 조만간 심각한 어려움에 처하게 될 거야. ⑥ 머지않아 너는 돌아와서 나에게 용서해 달라고 부탁할 거야.

> **어휘** at every two floors 격층으로 a leap year 윤년 come round 돌아오다 be held 개최되다 museum 박물관
> return 반환하다 lend-lent-lent 빌려주다 umbrella 우산/양산 quarrel 다투다 drop by=stop by=come by 들르다
> trifling=trivial=petty=inconsequential=insignificant=of no moment(account, consequence, significance) 사소한
> what it is like to live alone 혼자 사는 것은 어떤 것인지 brand-new 아주 새로운 nasty 견디기 힘든/불결한/더러운
> be going to=will ~할 것이다 get into trouble 어려움에 처하다 serious 심각한 come back 돌아오다 forgive 용서하다
> adhere(attach, cling, cleave, keep, stick, hold, hold on, hold fast) to=hold(stand, stick) by=stay(stick) with
> =stand pat on=be faithful(tenacious) to ~에 집착(고수)하다 **EX** He adhered to his plan to leave early.

12 some과 any(토익 필수과정)

some
ⓐ 긍정문, 평서문, 조건문, 음식물을 요청하거나 권유할 때
ⓑ some+셀 수 없는 단수 명사 (약간의)
ⓒ some+셀 수 있는 복수 명사 (몇몇의)
ⓓ some+셀 수 있는 단수 명사 (어떤)
ⓔ some+수사 = approximately (대략)

① I want something cold to drink.　② There is some water in the bottle.
③ There are some books on the desk.　④ Some boy has stolen my phone. (어떤)
⑤ Could I have some salt, please? (요청)　⑥ Would you like something hot to drink? (권유)
⑦ Some 1,000 people attended the rally. (대략)
⑧ If you need some help, just give me a call. (조건문)

해석 ① 나는 시원한 마실 것을 원한다. ② 병 속에는 물이 조금 있다. ③ 책상 위에 책이 좀 있다.
④ 어떤 소년이 내 전화기를 훔쳐갔어. ⑤ 소금 좀 주실래요? ⑥ 따끈따끈한 마실 것 좀 드실래요?
⑦ 약 천 명의 사람들이 그 집회에 참가했다. ⑧ 네가 도움이 필요하면 그냥 나에게 전화해.

any
ⓐ 부정문, 의문문, 조건문
ⓑ 긍정문에서 any+단수: 양보를 나타내어 (어떤~라도)
ⓒ not~any = no: no가 들어간 문장이 더 강한 감정적 의미를 내포합니다.
ⓓ 명사의 반복을 피하기 위해서 some이나 any다음에서 명사를 생략합니다.
ⓔ 셀 수 있는 명사의 경우, any+복수 명사만 가능하고 any+단수 명사로 표현할 수 없습니다.
ⓕ 실제 의미가 부정의 의미일 때는 긍정문에서도 any를 사용합니다.

① I don't need any help. (부정문)　② I don't have any questions. (셀 수 있는 명사)
③ I don't have anything to wear to the party.　④ Do you have any questions? (any question (x))
⑤ Do you have any money with you? (의문문)
⑥ Is there anyone here to help me?
⑦ Are you going anywhere this summer?
⑧ Any student can study in the library. (양보)
⑨ I didn't eat any salad, but Peter ate some. (반복)
⑩ I don't know anything about it. = I know nothing about it.
⑪ If you need any help, just give me a call. (조건문)
⑫ I forgot to buy any cheese.(= I did not buy any cheese) (부정의 의미)

해석 ① 나는 어떤 도움도 필요 없다. ② 나는 어떤 질문도 없다. ③ 나는 파티에 입고 갈 것(옷)이 하나도 없다.
④ 너는 질문 있니? ⑤ 너에게 돈 좀 있니? ⑥ 여기에 나를 도와줄 사람 있니? ⑦ 너는 이번 여름에 어디 갈 거니?
⑧ 어떤 학생도 그 도서관에서 공부할 수 있다. ⑨ 나는 샐러드를 전혀 먹지 않았지만, Peter는 조금 먹었다.
⑩ 나는 그것에 대해서 아무것도 모른다. ⑪ 네가 어떤 도움이 **필요하면**, 그저 나에게 전화해.
⑫ 나는 치즈 사는 것을 잊었어.

어휘 steal-stole-stolen 훔치다 attend 참석하다 rally 집회 give~a call 전화하다 wear 입다 library 도서관 forget 잊다

⑬ 부분부정(partial negation)과 완전(전체)부정(total negation)(고급과정)

not+every(all, both, quite, entirely, fully, wholly, necessarily, absolutely, altogether, completely, totally, utterly, always)는 부분만 부정하여 해석합니다.

주의 ☞ 부분 부정을 나타낼 때 every, all, both 뒤에 not를 붙이는 것은 잘못된 표현이며, 반드시 not을 이들 단어 앞에 사용해야 한다는 것을 명심하셔야 합니다.

(1) Every bird in the cage is not blue. (wrong)

① Not all of the birds in the cage are blue.

  = Some of the birds in the cage are blue, and others are not blue.

② None of the birds in the cage is/are blue.

해석 ① 새장 안에 있는 모든 새가 다 청색인 것은 아니다 – 일부는 청색이고 일부는 청색이 아니다.
   ② 새장 안에 있는 새들 중 단 한 마리도 청색이 아니다.

(2) All the students were not present. (wrong)

① Not all the students were present, but some were.

② No student was present. = All students were absent.

해석 ① 모든 학생들이 출석한 것은 아니고 일부만 출석했다. ② 어떤 학생도 출석하지 않았다 – 모두 결석했다.

(3) Both of them are not my friends. (wrong)

① Not both of them are my friends. = Only one of them is my friend.

② Neither of them is my friend.

해석 ① 그들 둘 다 내 친구인 것은 아니다. – 한 명만 내 친구이다. ② 그들 둘 다 내 친구가 아니다.

〔주의〕 다음 각 쌍의 문장들의 의미 차이를 주의 깊게 살펴보세요!!!

① I don't know both of them. = I know one of them.

② I don't know either of them. = I know neither of them.

③ I did not invite all of them. = I invited some of them.

④ I don't invite any of them. = I invited none of them.

⑤ I don't know everything about him. = I know something about him.

⑥ I don't know anything about him. = I know nothing about him.

⑦ I don't agree with him totally. = I don't totally agree with him.

 = My agreement with him is not total.

⑧ I totally don't agree with him. = My disagreement with him is total.

 = I don't agree with him at all.

해석 ① 나는 그들 둘 다 아는 것은 아니다/한 명만 안다. ② 나는 그들 둘 다 모른다.
   ③ 나는 그들 모두를 초대한 것은 아니다/일부만 초대했다. ④ 나는 그들 중 아무도 초대하지 않았다.
   ⑤ 나는 그에 대해서 모든 것을 알고 있는 것은 아니다/일부만 알고 있다. ⑥ 나는 그에 대해서 아무것도 모른다.
   ⑦ 나는 그에게 전적으로 동의하는 것은 아니다./어느 정도까지만 동의한다. ⑧ 나는 그에게 전혀 동의하지 않는다.

어휘 quite=entirely=fully=wholly=absolutely=altogether=completely=totally=utterly 전적으로/완전히
   bird 새 cage 새장/우리 present 출석한 absent 결석한 invite 초대하다 agree with ~와 동의(일치)하다
   agreement 동의/일치/승낙/합의 disagreement 부동의/불일치/불화 total 절대적인/전적인/총계의/총력적인

$\left\{\begin{array}{l}\text{⑨ They are not both singers.=Not both of them are singers.}\\ \text{= Only one of them is a singer.}\\ \text{⑩ They are both not singers. = Neither of them is a singer.}\end{array}\right.$

$\left\{\begin{array}{l}\text{⑪ I am not altogether satisfied with the result.}\\ \text{⑫ I am not at all satisfied with the result.}\end{array}\right.$

$\left\{\begin{array}{l}\text{⑬ It is difficult to cross the desert by car, but not absolutely impossible.}\\ \text{⑭ She had absolutely no idea what he was talking about.}\end{array}\right.$

> **해석** ⑨ 그들 둘 다 가수인 것은 아니다/한 명만 가수이다. ⑩ 그들은 둘 다 가수가 아니다. ⑪ 나는 전적으로 그 결과에 만족한 것은 아니다. ⑫ 나는 그 결과에 전혀 만족하지 않다. ⑬ 차로 사막을 횡단하는 것은 어렵지만 전적으로 불가능한 것은 아니다. ⑭ 그녀는 그가 무슨 말을 하고 있는지 전혀 알지 못했다.

문제 5. Translate the following into Korean.(고급과정)

① I don't respect both of them.

② Not every man can be a poet.

③ The rich are not always happy.

④ Neither of his parents is alive.

⑤ The rumor is not absolutely false.

⑥ Girls do not necessarily like dolls.

⑦ None of the villagers is/are happy.

⑧ I am not entirely sure you love me.

⑨ I don't quite understand the problem.

⑩ She has not completely recovered yet.

⑪ Not all the people took part in the event.

⑫ The hotel is nice enough, but not utterly special.

⑬ The government is not wholly to blame for the current crisis.

⑭ Even well-educated professionals did not fully understand what it is.

> **정답** ① 나는 그들 둘 다 존경하는 것은 아니다(한 명만 존경한다). ② 모든 사람이 다 시인이 될 수 있는 것은 아니다. ③ 부자가 항상 행복한 것은 아니다. ④ 그의 부모님 두 분 다 살아계시지 않다(두 분 다 돌아가셨다). ⑤ 그 풍문이 전적으로 거짓인 것만은 아니야. ⑥ 소녀들이 반드시 인형을 좋아하는 것은 아니다. ⑦ 마을사람 아무도 행복하지 않다.
> ⑧ 네가 나를 사랑한다고 전적으로 나는 확신하지는 않아. ⑨ 내가 그 문제를 완전히 이해하는 것은 아니야. ⑩ 그녀는 아직 완전히 회복된 것은 아니야. ⑪ 모든 사람들이 다 그 행사에 참여하지는 않았다. ⑫ 그 호텔은 아주 훌륭하지만 완전히 특별한 것은 아니야. ⑬ 현재의 위기 상황에 대해서 정부가 전적으로 책임 있는 것은 아니야. ⑭ 심지어 교육을 잘 받은 전문가들도 그것이 무엇인지 충분히 이해하지는 못했어.

> **어휘** be satisfied with ~에 만족하다 result 결과 cross 횡단하다 desert 사막 have no idea(clue) 모르다
> respect=honor 존경하다 poet 시인 the rich=rich people 부자들 parent 부모 alive 살아있는 rumor 소문/풍문
> false 거짓 necessarily 반드시 doll 인형 villager 마을사람 understand=apprehend 이해하다 recover 회복하다
> take part in=participate in 참가하다 special 특별한 government 정부 be to blame for ~에 대해 책임이 있다
> event 행사, 대사건 current 현재의/통용되고 있는 crisis 위기 well-educated 교육을 잘 받은 professional 전문가

14 So(Neither) do I(출제 고빈도 기본과정)

(1) A: I like apples. (나는 사과를 좋아해)
    B: I also like apples. = I like apples, too. = So do I. = I do, too. (formal)
      = Me, too. (나도 그래/나도 좋아해) (informal)

(2) A: I don't like apples. (나는 사과를 안 좋아해)
    B: I also don't like apples. = I don't like apples, either.
      = Neither(Nor, No more) do I. = I don't, either. (나도 안 좋아해) (formal)
      = Me, either (미국식)/Me, neither. (영국식) (informal)

(3) A: She is pretty. (그녀는 예쁘다) – B: So she is. (정말 그래/정말 예쁘다)

(4) A: She is not pretty. (그녀는 안 예쁘다) – B: No, she certainly isn't. (정말 안 예쁘다)

이상 두 예문에서와 같이 긍정문에서는 So, 부정문에서는 Neither, 「~도 그래」의 뜻일 경우에는 「So(Neither)+동사+주어」, 「정말 그래」의 뜻일 때는 긍정문에서는 「So+주어+동사」의 어순이 되고 부정문은 「No, 주어 (certainly)+부정동사」를 이용하여 반응합니다. 그리고 too나 either 앞에 comma를 붙일 수도, 안 붙일 수도 있습니다. 가족, 친구, 친척, 급우들과는 informal English(격식 없는 영어)를 사용해도 상관없으나, 학교시험이나, 자기소개서, 면접, 이력서, 상사나 교수에게 보내는 email 등의 글에서는 반드시 formal English(격식을 갖춘 영어)를 사용해야만 좋은 인상을 줄 수 있습니다.

문제 6. Fill in the blanks with proper words.

① I am happy. – _____ am I.

② I can't swim. – I can't _____.

③ She will go to the party. – _____ will I.

④ I can speak two languages. – _____ can I.

⑤ I haven't been to New York. – _____ have I.

⑥ He will not go to the meeting. – _____ will I.

⑦ She didn't go skating yesterday. – I didn't _____.

⑧ I would love a coffee right now. – _____ would I.

⑨ They are going to the concert tonight. – _____ are we.

⑩ You look tired. – _____ I am.

⑪ She looks beautiful. – _____ she does.

⑫ You should go to bed. – _____ I should.

⑬ He cannot dance. – _____, he certainly can't.

해석과 정답 ① 나는 행복해. – 나도 그래. (So) ② 나는 수영할 줄 몰라. – 나도 할 줄 몰라. (either) ③ 그녀는 파티에 갈 거야. – 나도 갈 거야. (So) ④ 나는 두 개 언어를 말할 수 있어. – 나도 그래. (So) ⑤ 나는 뉴욕에 가본 적 없어. – 나도 가본 적 없어. (Neither) ⑥ 그는 모임에 가지 않을 거야. – 나도 안 갈 거야. (Neither) ⑦ 그녀는 어제 스케이트 타러 가지 않았어. – 나도 가지 않았는데. (either) ⑧ 나는 지금 커피 한 잔 하고 싶어. – 나도 그래. (So) ⑨ 그들은 오늘 밤 음악회에 갈 거야. – 우리도 갈 거야. (So) ⑩ 너 피곤해 보인다. – 응 정말 피곤해. (So) – 이때 So I am. = I am really tired. So I do. = I look really tired (나 정말 피곤하게 보여)라고 반응해서는 안 됩니다. ⑪ 그녀는 아름다워 보이는데. – 정말 그래/정말 아름다워 보인다. (So) ⑫ 너 자야지. – 정말 그래. (So) ⑬ 그는 춤출 줄 모른다. – 정말 그래. (No)

어휘 language 언어 have been to ~에 가본 적 있다 go skating 스케이트 타러 가다 would love 원하다

문제 7. Choose a right word for the sentence.(기본+중급과정)

① I go there every (other/another) day.

② She is every bit as confused as (I/me).

③ I'd like (other/another) cup of tea, please.

④ They gazed into each (other/other's) eyes.

⑤ She phoned me just (another/the other) day.

⑥ Your cousin's wife looks older than (he/him).

⑦ We need (another/the other) three computers.

⑧ He is a liar and his wife is (another/the other).

⑨ Many (other/others) people have said the same.

⑩ We must find (another/the other) house to live in.

⑪ Can (he/him) and his friend join us for the picnic?

⑫ Let (him/he) who is without sin cast the first stone.

⑬ I won't let them do that to me (other/another) time.

⑭ (Who/Whom) do you suspect is hiding the truth?

⑮ (Who/Whom) do you suspect to be hiding the truth?

⑯ Some people like football; (the others/others) like baseball.

⑰ The new mobiles are much lighter than the old (one/ones).

⑱ No one has ever seen (another/the other) side of the moon.

⑲ This one is too big. Do you have it in (other/another) sizes?

⑳ Annalyn has two dogs. One is white, and (another/the other) is black.

㉑ I have three sisters. One is younger, and (others/the others) are older than I.

㉒ There are 30 students in the classroom. Some of them are boys and (others/the others) are girls.

㉓ I have four sisters. One is a doctor, (another/the other) is a nurse, and the others are teachers.

해석과 정답 ① 나는 그곳에 이틀에 한 번씩 간다. (other) ② 그녀는 여러모로 나만큼 혼란스러워하고 있다. (I) ③ 차 한 잔 더 주세요. (another) ④ 그들은 서로의 눈을 응시하였다. (other's) ⑤ 그녀는 며칠 전에 나에게 전화했어. (the other) ⑥ 네 사촌의 아내는 그보다 더 늙게 보인다. (he) ⑦ 우리는 컴퓨터가 세대 더 필요해. (another) ⑧ 그는 거짓말쟁이이고 그의 아내도 거짓말쟁이이다. (another) ⑨ 다른 많은 사람들도 똑같은 말을 했다. (other) ⑩ 우리는 살 수 있는 다른 집을 찾아야 한다. (another) ⑪ 그와 그의 친구가 소풍가는데 우리와 합류할 수 있을까? (he) ⑫ 죄 없는 사람이 먼저 돌을 던지게 하라. (him) ⑬ 나는 다시는 그들이 나에게 그런 일을 하도록 내버려두지 않을 거야. (another) ⑭ 너는 누가 진실을 숨기고 있다고 생각해? (Who) ⑮ 너는 누가 진실을 숨기고 있다고 생각해? (Whom) ⑯ 일부 사람들은 축구를 좋아하고, 또 어떤 사람들은 야구를 좋아한다. (others) ⑰ 새로운 휴대전화는 옛날의 휴대전화보다 훨씬 더 가볍다. (ones) ⑱ 아무도 달의 반대편을 본 적이 없다. (the other) ⑲ 이것은 너무 큽니다. 다른 크기 있으세요? (other) ⑳ Annalyn은 두 마리의 개를 가지고 있다. 한 마리는 흰색이고 다른 한 마리는 검정색이다. (the other) ㉑ 나는 세 명의 자매가 있다. 한 명은 나보다 어리고 나머지는 나보다 연상이다. (the others) ㉒ 교실에 30명의 학생이 있다. 그들 중 일부는 소년이고 나머지는 소녀이다. (the others) ㉓ 나는 3명의 자매가 있다. 한 명은 의사이고, 다른 한 명은 간호사이고, 나머지는 교사이다. (another)

어휘 every bit=every inch=thoroughly 여러모로/철저히 confused 혼란스러워하는 gaze 응시하다 liar 거짓말쟁이 join 합류하다 without sin 죄 없는 cast 던지다 suspect 의심하다/느끼다 the other side 반대편 nurse 간호사

PART 22 | 관사(Articles)

① 부정관사 a/an의 특징

> 셀 수 있는 보통명사의 하나의 개체 앞에 붙으며, 발음이 자음으로 시작되는 명사 앞에서는 a를, 발음이 모음(a, e, i, o, u, ə)으로 시작되는 명사 앞에서는 an을 붙입니다.

ex a boy, a year, a uniform, a European, a used car, a one-way street

ex an ear, an umbrella, an orange, an apple, an M.P = a military police

② 부정관사의 의미(기본과정)

(1) 약한 의미의 one: 우리말로 해석할 필요가 없는 경우

① Tom is a clever boy.
② Will you lend me a pen?
③ I am a highschool student.
④ She sent an email to her teacher.

해석 ① Tom은 영리한 소년이다. ② 펜 좀 빌려줄래? ③ 나는 고등학생이야. ④ 그녀는 자기 선생님에게 이메일을 보냈다.

(2) 강한의미의 one: 우리말로 「하나의」라고 옮겨야 하는 경우

① A stitch in time saves nine.
② Rome was not built in a day.
③ There are twelve months in a year.
④ You cannot do two things at a time.
⑤ A bird in the hand is worth two in the bush.

해석 ① 제때에 한 바늘은 나중에 아홉 바늘을 덜어준다. ② 로마는 하루아침에 지어지지 않았다. ③ 일 년에는 12개월이 있다. ④ 너는 한꺼번에 두 가지 일을 할 수 없다. ⑤ 수중의 새 한 마리는 숲 속의 두 마리 가치가 있다.

(3) 종족대표를 나타내는 경우(any or every): a/an+단수, the+단수, 복수

① A dog is a faithful animal.
② A cat can see in the dark.
③ A cow is a diligent animal.
④ A(The) tiger is a fierce animal. = Tigers are fierce animals.

해석 ① 개는 충실한 동물이다. ② 고양이는 어둠 속에서도 볼 수 있다.
③ 소는 근면한 동물이다. ④ 호랑이는 사나운 동물이다.

(4) the same(같은)의 뜻으로 쓰인 경우

① We are all of a mind.
② He and I are of an age.
③ Two of a trade seldom agree.
④ Birds of a feather flock together.
⑤ Black tea and green tea are of a kind.

해석 ① 우리는 모두 같은 마음이다. ② 그와 나는 동갑이다. ③ 같은 장사를 하는 두 사람은 좀처럼 뜻이 같지 않다.
④ 같은 깃털을 가진 새들이 함께 어울린다. (유유상종) ⑤ 홍차와 녹차는 같은 종류이다.

> **어휘** clever 영리한 lend 빌려주다 highschool 고등학교 stitch 한 바늘/한 땀 in time 제때에 at a time 한 번에 save 덜어주다, 구하다 worth 가치가 있는 bush 숲, 덤불 faithful 충실한 in the dark 어둠 속에서 cow 암소 diligent=industrious=laborious=assiduous=strenuous 부지런한 fierce 사나운 of a mind 같은 마음을 가진 of an age 동갑인 trade 장사, 무역 seldom 좀처럼 ~하지 않다 feather 깃털 flock 모이다 kind 종류/친절한

(5) per(~마다, ~당)의 뜻으로 쓰인 경우

① I work eight hours a day.　　　　② I visit my parents once a month.

③ My car can run up to 200km an hour.

④ The train was running at the rate of 300km an hour.

> **해석** ① 나는 하루에 8시간 일을 한다. ② 나는 한 달에 한 번씩 내 부모님을 방문한다.
> ③ 내 차는 시속 200km까지 달릴 수 있다. ④ 그 기차는 시속 300km의 속도로 달리고 있었다.

(6) a certain(어떤)의 뜻으로 쓰인 경우

① His statement is true in a sense.　　② A certain man is waiting for you.

③ There once lived a princess in Persia.

④ A Mr. Brown telephoned you during your absence.

> **해석** ① 그의 진술은 어떤 의미에서 사실이다. ② 어떤 사람이 너를 기다리고 있다.
> ③ 옛날에 페르시아에 한 공주가 살고 있었다. ④ Mr. Brown이라는 사람이 네가 없을 때 전화했다.

(7) some(약간의)의 뜻으로 쓰인 경우

① He stood there for a time.　　　② We saw a bull at a distance.

③ I agree with you to a degree.　　④ Seen from a distance, the two look alike.

> **해석** ① 그는 잠시 동안 그곳에 서 있었다. ② 우리는 좀 떨어진 곳에서 황소 한 마리를 보았다.
> ③ 나는 너에게 어느 정도 동의한다. ④ 좀 떨어진 곳에서 보면, 그 둘은 똑같아 보인다.

(8) 인간/남성/여성의 대표는 관사 없는 단수형이나 복수형으로 나타냅니다.

① Man is a social animal.　　　② Men usually prefer blondes.

③ Man is the lord of creation.　　④ Women usually survive men.

> **해석** ① 인간은 사회적 동물이다. ② 남자들은 대개 금발을 더 좋아한다.
> ③ 인간은 만물의 영장이다. ④ 여자가 대개 남자보다 더 오래 산다.

(9) 기타 관용구로 쓰이는 부정관사

① All of a sudden the car stopped.

② As a rule we have much rain in summer.

③ Atomic bombs put an end to World War Ⅱ. = Atomic bombs brought World War Ⅱ to an end.

④ The athletic meeting will come to an end before six.

⑤ I was so surprised that I was quite at a loss for words.

⑥ You are apt to make mistakes if you do things in a hurry.

> **해석** ① 갑자기 차가 멈추었다. ② 대체로 여름에 비가 많이 내린다. ③ 원자폭탄이 2차 세계대전을 종식시켰다.
> ④ 체육대회는 6시 이전에 끝날 것이다. ⑤ 나는 너무 놀라서 무슨 말을 해야 할지 몰랐다.
> ⑥ 네가 서둘러 일을 하면 실수를 저지르기가 쉽다.

> **어휘** up to ~까지 at the rate of ~의 속도로 statement 진술 in a sense 어떤 의미에서 a certain 어떤 once 옛날에 princess 공주 during your absence 부재중에 for a time 잠시 동안 bull 황소 at a distance 좀 떨어진 곳에서 agree 동의하다 to a degree 어느 정도 look alike 똑같아 보이다 social 사회적인 prefer 선호하다 lord of creation 만물의 영장 survive ~보다 더 오래 살다 all of a sudden 갑자기 as a rule 대체로 put an end to 종식시키다 come to an end 끝나다 at a loss 어쩔 줄 모르는 be apt to ~하기 쉽다 make mistakes 실수하다 in a hurry=in haste=hastily 서둘러

③ 정관사 the의 용법(출제 고빈도 기본과정)

정의: 신원이나 실체가 확인된 정해진 명사에 사용하는 관사

① A man came in with a letter.

② A man came in with the letter.

③ The man came in with a letter.

④ The man came in with the letter.

⑤ The man gave the letter to a man in the office.

> **해석** ① (내가 모르는) 어떤 남자가 (내가 모르는) 어떤 편지를 가지고 들어왔다.
> ② (내가 모르는) 어떤 남자가 (우리가 아는) 그 편지를 가지고 들어왔다.
> ③ (우리가 아는) 그 남자가 (내가 모르는) 어떤 편지를 가지고 들어왔다.
> ④ (우리가 아는) 그 남자가 (우리가 아는) 그 편지를 가지고 들어왔다.
> ⑤ (우리가 아는) 그 남자가 (우리가 아는) 그 편지를 (내가 모르는) 어떤 남자에게 (우리가 아는) 그 사무실에서 주었다.

(1) 앞에 부정관사로 언급한 명사를 뒤에서 다시 반복할 때

① I live in a small town. The town is near a large city.

② I saw a film at the cinema. The movie was very exciting.

③ I bought a book yesterday. The book was very interesting.

> **해석** ① 나는 소도시에 살고 있는데, 그 도시는 대도시 근처에 있다. ② 나는 영화관에서 영화를 한 편 보았는데, 그 영화는 아주 재미있었어. ③ 나는 어제 책을 한 권 샀는데, 그 책은 무척 재미있었다.

(2) 말하는 사람과 듣는 사람이 상호 간에 알고 있는 대상을 가리킬 때

① Please close the window.

② Pass me the salt, please.

③ Shall we have a walk by the river?

④ Look at the boy in the blue shirt over there.

> **해석** ① 창문 좀 닫아줘. ② 소금 좀 건네줘. ③ 우리 강가로 산책 갈까? ④ 저기 푸른 셔츠를 입고 있는 소년을 보아라.

(3) 세상에 하나밖에 없는 것과 동서남북을 가리킬 때

① The world is changing.　　② The moon is very bright tonight.

③ The earth moves round the sun.　　④ The Pope is visiting Russia soon.

⑤ There was an airplane in the sky.　　⑥ The sun rises in the east.

> **해석** ① 세상이 변하고 있다. ② 달은 오늘 밤 매우 밝다. ③ 지구는 태양의 주위를 돈다.
> ④ 교황이 곧 러시아를 방문할 예정이다. ⑤ 하늘에 비행기 하나가 떠 있었다. ⑥ 태양은 동쪽에서 뜬다.

> **어휘** letter 편지 town 소도시 near 근처에 film=movie 영화 cinema 영화관 exciting 흥미진진한
> interesting 흥미로운 close 닫다 window 유리창 pass 건네주다 salt 소금 have a walk 산책하다
> by the river 강가에서 blue shirt 푸른 셔츠 over there 저기에 world 세상 change 변하다/바꾸다/잔돈
> moon 달 bright 밝은 tonight 오늘밤 earth 지구 move round 돌다 pope 교황 visit=pay a visit to 방문하다

(4) 형용사가 붙어서 현상을 나타내거나, 종류나 개체를 나타낼 때는 a나 an을 붙입니다.

① The sky is blue today. = There is a blue sky today.

② The sea was calm then. = There was a calm sea then.

③ The witness swore on the Bible. − I bought a Bible yesterday.

④ The moon was full last night. = There was a full moon last night.

⑤ The wind was cold yesterday. = There was a cold wind yesterday.

> **해석** ① 오늘 하늘은 푸르다. ② 그 때 바다는 잔잔했다. ③ 그 목격자는 성경에 대고 맹세를 했다/나는 어제 성경 한 권을 샀다.
> ④ 어젯밤에 달은 보름달이었다. ⑤ 어제 바람은 차가웠다.

(5) 뒤에서 수식을 받는 명사의 앞

① The life of a writer is difficult.

② The capital of America is Washington.

③ The love of a good woman can change a man.

④ Have you ever visited the leaning tower of Pisa?

> **해석** ① 작가의 삶은 힘들다. ② 미국의 수도는 워싱턴이다.
> ③ 착한 여성의 사랑이 남자를 변화시킬 수 있다. ④ 너는 피사의 사탑을 방문해본 적이 있니?

(6) the very(same, only, main, chief, following, 최상급, 서수)+명사

① It is the oldest building in the city.

② She is the only daughter of the family.

③ All planets travel in the same direction.

④ I met her for the first time a week ago.

⑤ "Unique" is the very English grammar book that I have wanted.

> **해석** ① 그것이 그 도시에서 가장 오래된 건물이다. ② 그녀는 그 가족의 유일한 딸이다. ③ 모든 행성은 같은 방향으로
> 이동한다. ④ 나는 일주일 전에 그녀를 처음 만났다. ⑤ 유니크가 내가 원했던 바로 그 영문법 책이다.

(7) 악기 앞

① Can you play the trumpet?

② She plays the piano very well.

③ I am learning to play the flute.

④ The old man plays the guitar very well.

> **해석** ① 너는 트럼펫 연주할 줄 아니? ② 그녀는 피아노를 아주 잘 친다.
> ③ 나는 플루트 연주하는 법을 배우고 있다. ④ 그 노인을 기타를 매우 잘 친다.

> **어휘** blue 푸르른 calm 잔잔한 then 그 때/그러면/그 다음에 witness 목격자 swear−swore−sworn 맹세하다
> Bible 성경 wind 바람 moon 달 full 가득 찬 life 삶 writer 작가 difficult 어려운, 힘든 capital 수도/자본
> change 변화시키다 visit 방문하다 the leaning tower of Pisa 피사의 사탑 planet 행성 direction 방향/지시
> the only daughter 유일한 딸 for the first time 처음으로 grammar 문법/어법/원리 learn to ~하는 법을 배우다

(8) 복수형 질병에는 일반적으로 the를 붙입니다.

① The interview gave her the fidgets.

② That horror movie gave me the creeps.

③ Our family are all sick with (the) measles.

④ A lot of women get the blues(dumps) after the baby is born.

> **해석** ① 그 인터뷰는 그녀를 안절부절 못하게 했다. ② 그 공포 영화는 나를 소름끼치게 했다.
> ③ 우리 가족은 모두 홍역에 걸려 있다. ④ 많은 여성들이 아이가 태어난 후에 우울증에 빠진다.

(9) 발명품 앞

① I heard the news on the radio.

② Who invented the zip-fastener?

③ The telephone is a most useful invention.

④ You spend too much time on the computer.

⑤ The motor car has been with us for almost a century.

> **해석** ① 나는 라디오에서 그 소식을 들었다. ② 누가 지퍼를 발명했죠? ③ 전화기는 대단히 유익한 발명품이다.
> ④ 너는 컴퓨터에서 너무 많은 시간을 소비해. ⑤ 자동차는 거의 1세기 동안 우리와 함께 해왔다.

(10) 연대를 나타낼 때

① He wrote two novels during the 2000s.

② This research was carried out in the mid 1990s.

③ The '60s(1960s) were a time of great social unrest.

④ I lived in New York in the late 1990s and early 2000s.

> **해석** ① 그는 2000년대에 두 권의 소설을 썼다. ② 이 연구는 90년대 중반에 이뤄졌다.
> ③ 1960년대는 대단히 사회적으로 불안정한 때였다. ④ 1990년대 후반과 2000년대 초반에 나는 뉴욕에서 살았다.

(11) 단위를 나타내는 명사 앞

① My car does 20 kilometers to the liter.

② How many miles does your car do to the gallon?

④ These apples are small; there are seven or eight to the kilo.

> **해석** ① 내 차는 리터 당 20km를 달린다. ② 네 차는 갤런 당 몇 마일을 달리니?
> ③ 이 사과들은 조그마합니다. 그래서 킬로그램 당 7~8개입니다.

어휘 fidgets 불안감, 조바심 horror movie 공포영화 creeps 소름, 섬뜩함 sick 아픈 measles 홍역/풍진
be born 태어나다 blues=dumps 우울증 invent 발명하다 zip-fastener 지퍼 a most=a very 대단히
useful 유익한 invention 발명(품) spend 소비하다 almost=all but=next to 거의 century 세기 novel 소설
during 동안에 research 연구 carry out=conduct 수행하다 the early/mid/late 1990s 1990년대 초/중/후반
of great social unrest 사회적으로 무척 불안한 to the liter/gallon 리터 당/갤런 당 do-did-done=run 달리다
advocate=adherent=backer=benefactor=booster=curator=custodian=defender=exponent=financer=patron
=philanthropist=promoter=proponent=protagonist=subsidizer=supporter=warden=watchdog 후견인/옹호자

④ 정관사 the의 특별용법(출제 고빈도 고급과정)

(1) 계량의 단위 (by the 시간/수량): 「~의 단위로」로 해석하세요.

① Meat is sold by the gram.　　　　② Pencils are sold by the dozen.

③ We hired the man by the day.　　 ④ She rented the apartment by the month.

⑤ In this factory, wages are paid by the week.

> **해석** ① 고기는 그램 단위로 팔린다. ② 연필은 다스 단위로 팔린다. ③ 우리는 그 사람을 하루 단위로 고용했다.
> ④ 그녀는 아파트를 월세로 임차했다. ⑤ 이 공장에서는 임금이 주 단위로 지불된다.

(2) 사람이나 동물의 신체 일부에 동작을 가할 때 소유격 대신 「목적어+전치사+the+신체부위」의
어순으로 표현하는데, 어디를 어떻게 동작을 가하느냐에 따라서 다음과 같이 표현합니다.

A. 때리다 계통: on+the+명사: kiss, touch, hit, beat, pat, punch, slap, whip, strike. 단, eye,
belly, stomach 등은 in+the+명사의 어순, 정면으로 때리면 in the face, 휘갈기면 on the face
B. 붙잡다 계통: by+the+명사: catch, hold, seize, grasp, pull, take 등
C. 보다 계통: in+the+명사: look, stare 등
D. 찌르다 계통: in+the+명사: jab, stab, hit 등

① I kissed her on the cheek.

② The dog bit him on the leg.

③ He was shot through the heart.

④ She hit(struck) him on the chest.

⑤ I trod her on the foot by mistake.

⑥ She embraced him round the neck.

⑦ He took/grabbed me by the arm. (공격적)

⑧ He looked/stared me straight in the eyes.

⑨ His false friends stabbed him in the back.

⑩ Mother cut herself on the finger when cooking.

⑪ She chucked(touched) the baby under the chin.

⑫ She smacked(slapped) him on(across) the cheek.

⑬ She held/caught/seized/grasped me by the sleeve.

⑭ He punched(hit/jabbed) me in the belly(gut, stomach, tummy).

> **해석** ① 나는 그녀의 볼에 뽀뽀를 했다. ② 그 개는 그의 다리를 물었다. ③ 그는 심장에 총을 맞았다.
> ④ 그녀는 그의 가슴을 때렸다. ⑤ 나는 실수로 그녀의 발을 밟았다. ⑥ 그녀는 그의 목을 포옹했다.
> ⑦ 그는 나의 팔을 잡았다. ⑧ 그는 나의 눈을 똑바로 쳐다보았다. ⑨ 그의 거짓된 친구들이 그의 등에 비수를 꽂았다.
> ⑩ 엄마는 요리하시다가 손가락을 베셨다. ⑪ 그녀는 아이의 턱을 가볍게 쳤다(애정). ⑫ 그녀는 그의 뺨을 휘갈겼다.
> (on의 경우: 그녀는 그의 볼에 쪽 소리를 내며 뽀뽀를 했다.) ⑬ 그녀는 나의 소매를 잡았다. ⑭ 그는 나의 배를 쳤다.

> **어휘** meat 고기 sell-sold-sold 팔다 pencil 연필 dozen 다스 hire=employ 고용하다 rent 임차하다
> factory 공장 wage 임금/급료 pay-paid-paid 지불하다 cheek 볼/뺨 bite-bit-bitten 물다 leg 다리
> shoot-shot-shot 쏘다 heart 심장 tread-trod-trodden 밟다 foot 발 by mistake=mistakenly 실수로
> embrace 포옹하다 neck 목 take=grab 잡다 arm 팔 stare 응시하다 straight 똑바로 smack=slap 찰싹 때리다

(3) the+형용사: 복수 보통명사(~한 사람들)와 추상명사(~한 것) (출제 고빈도 과정)

A. 복수 보통명사의 뜻(~한 사람들)

① Never speak ill of the absent.　　② The rich are not always happy.

③ The nurse was very kind to the sick.　　④ The young should be kind to the old.

> **해석** ① 부재중인 사람들을 절대 험담하지 말라. ② 부자들이 항상 행복한 것은 아니다.
> ③ 그 간호사는 아픈 사람들에게 매우 친절했다. ④ 젊은이들은 노인들에게 친절해야 한다.

B. 추상명사의 뜻(~한 것)

① He has an eye for the beautiful.

② They tried to achieve the impossible.

③ He is old enough to tell the true from the false.

④ The good and the beautiful do not always go together.

> **해석** ① 그는 미에 대한 안목이 있다. ② 그들은 불가능한 일을 성취하려고 애를 썼다.
> ③ 그는 진실과 거짓을 구별할 나이가 되었다. ④ 선과 미가 항상 함께 하는 것은 아니다.

(4) the+분사 = 단수 보통명사, 복수 보통명사, 또는 추상명사의 뜻

A. 단수 보통명사의 뜻

① The deceased was ninety years of age.

② The accused said that he had no partners.

③ The accusing insisted that the accused be condemned to death.

> **해석** ① 고인은 90세였다. ② 피고는 공범이 없다고 말했다. ③ 고소인은 피고가 사형선고를 받아야 한다고 주장했다.

B. 복수 보통명사의 뜻

① The killed in World War Ⅱ were numberless.

② She works for a group to help the disabled.

③ The killed and the wounded lay on the battle-field.

④ The wounded as well as the dying were carried to the hospital.

> **해석** ① 2차 세계대전 중에 죽은 자들은 무수했다. ② 그녀는 장애인들을 돕기 위해 한 단체에서 일하고 있다.
> ③ 죽은 자들과 부상자들이 전쟁터에 누워있었다. ④ 죽어가는 사람들뿐만 아니라 부상자들이 병원으로 옮겨졌다.

C. 추상명사의 뜻

① The unexpected has happened.

② The unknown has a mysterious attraction.

> **해석** ① 예상치 못한 일이 발생했다. ② 미지의 세계는 신비스런 매력을 가지고 있다.

> **어휘** speak ill of 험담하다 absent 부재중인 nurse 간호사 sick 아픈 achieve 성취하다 false 거짓의 tell(distinguish) A from B A와 B를 구별하다 accuse 고소하다 sentence=condemn 선고하다 decease 사망하다 partner 공범 insist 주장하다 death 죽음 kill 죽이다 numberless 무수한 the disabled 장애인들 wound 부상을 입히다 A as well as B B뿐만 아니라 A도 lie-lay-lain 눕다 carry 옮기다 unexpected 예상치 못한 mysterious 신비스런 attraction 매력

5 관사의 생략(중급과정)

(1) 신분, 직업, 직책, 관직을 나타내는 말이 상태의 변화를 나타내는 동사(after verbs describing a change of state)의 보어가 될 경우

① Washington was twice elected President.

② The President appointed him Minister of Foreign Affairs.

③ Obama was elected President of the United States in 2009.

> **해석** ① 워싱턴은 대통령으로 두 번 선출되었다. ② 대통령은 그를 외무부 장관으로 임명했다.
> ③ 오바마는 2009년 미국의 대통령으로 선출되었다.

◀ 뉘앙스 맛보기 ▶

① He was appointed principal of our school. (상태의 변화)

② He is the principal of our school. (상태의 변화 없음)

③ He is a teacher of our school. (여러 교사들 중 한 명)

④ They are the teachers of our school. (교사 전부)

⑤ They are teachers of our school. (교사 일부)

> **해석** ① 그는 우리 학교의 교장선생님으로 임명되었다. ② 그는 우리 학교의 교장선생님이다. ③ 그는 우리 학교의
> 교사이다. ④ 그들은 우리 학교의 교사들이(전부)이다. ⑤ 그들은 우리 학교의 교사들(일부)이다.

---

(2) 신분, 직업, 직책, 관직을 나타내는 말이 인명 앞에 오거나 인명 뒤에 동격으로 올 때

① President Kennedy was assassinated.

② Doctor Kim operated on the patient.

③ Victoria, Queen of England, made England prosperous.

④ Mr. Kim, captain of our team, has been in hospital for two weeks.

> **해석** ① 케네디 대통령은 암살당했다. ② 닥터 김이 그 환자를 수술했다.
> ③ Victoria 영국 여왕이 영국을 번창하게 만들었다. ④ 우리 팀의 주장인 Mr. Kim은 2주 동안 입원중이다.

(3) 동격을 이루는 단어가 하나의 명사일 경우에는 a/an을 반드시 붙여야하지만, 구나 명사의 나열로 이뤄지면 생략할 수도 있습니다. 이때 동격을 이루는 명사는 「주격관계대명사+be동사」가 축약된 형태입니다.

① The girl, an actress, finds it easy to speak in public.

= The girl, who is an actress, finds it easy to speak in public.

② Rebel without a cause, John often picked pointless fights.

= A rebel without a cause, John often picked pointless fights.

= John, who was a rebel without a cause, often picked fights pointlessly.

> **해석** ① 여배우인 그 여성은 대중 앞에서 연설하는 것을 쉽다고 생각한다.
> ② 이유 없는 반항아였던 John은 종종 무의미한 싸움을 걸었다.

> **어휘** elect 선출하다 president 대통령 appoint 임명하다 minister of foreign affairs 외무부 장관 principal 교장
> assassinate 암살하다 operate on 수술하다 queen 여왕 prosperous 번창(번영)하는 philosopher 철학자
> captain 주장, 선장, 함장 be in hospital 입원 중 actress 여배우 speak in public 대중 앞에서 연설하다
> rebel 반항아/반역자/반역(배반)하다 cause 이유, 원인, 명분 pick a fight 싸움을 걸다 pointless 무의미한

◖ 뉘앙스 맛보기 ◗

① She was married to a golfer, John Doe. (무명의 골프선수일 때)

= She was married to John Doe, a golfer.

② She was married to the golfer, Tiger Woods. (누구나 아는 유명 골프선수일 때)

= She was married to Tiger Woods, the golfer.

해석 ① 그녀는 John Doe라는 어느 (무명) 골프선수와 결혼했다. ② 그녀는 골프선수 Tiger Woods와 결혼했다.

(4) 장소나 건물이 본래의 목적으로 쓰일 때(고빈도 기초과정)

① He is at table now.
② He is at the table now.

③ I go to school by bus.
④ I went to the school to meet her.

⑤ I want to go to sea (= become a sailor).
⑥ I want to go to the sea (= travel to a sea).

⑦ He is in hospital.(영국영어) = He is in a(the) hospital. (미국영어)
⑧ I am going to the hospital to visit my sister.

해석 ① 그는 지금 식사중이다. ② 그는 지금 식탁에 앉아있다. ③ 나는 버스를 타고 학교에 다닌다.(공부하러)
　　④ 나는 그녀를 만나기 위해서 학교에 갔다. ⑤ 나는 선원이 되고 싶다. ⑥ 나는 바다에 가고 싶다.
　　⑦ 그는 병원에 (환자로서) 입원해 있다. ⑧ 나는 내 누나를 방문하러 병원에 가고 있다.

(5) 대조를 이루는 명사나 형용사 앞

① Brother and sister must take care of each other.

② Rain or shine, I walk to school every day.

③ He works hard from morning till night for his family.

④ The movie is popular with rich and poor, young and old.

해석 ① 형제자매는 서로를 보살펴야 한다. ② 비가 오나 눈이 오나 나는 매일 걸어서 학교에 다닌다.
　　③ 그는 아침부터 저녁까지 가족을 위해서 열심히 일한다. ④ 그 영화는 빈부 노소를 막론하고 인기 있다.

(6) 관용적인 구

① I learned the poem by heart.　　② He lives from hand to mouth.

③ They were walking arm in arm.　　④ Write a letter with pen and ink.

⑤ They bound him hand and foot.　　⑥ Butterflies are flying from flower to flower.

해석 ① 나는 그 시를 암기했다. ② 그는 하루 벌어 하루 먹는 생활을 한다. ③ 그들은 팔짱을 끼고 걷고 있었다.
　　④ 펜과 잉크로 편지를 써라. ⑤ 그들은 그의 손발을 꽁꽁 묶었다. ⑥ 나비들이 이 꽃 저 꽃 날아다니고 있다.

어휘 sea 바다 hospital 병원 visit=call at 방문하다 take care of=care(fend) for=look(see) after=take to 돌보다
　　rain or shine=rain or fine 비가 오나 눈이 오나, 날씨에 상관없이 every day=daily 매일 popular 인기 있는
　　learn(know, get)~ by heart 암기하다 poem 시 live from hand to mouth 하루 벌어 하루 먹는 생활을 하다
　　arm in arm 팔짱을 낀 채 bind-bound-bound 묶다/제본하다 butterfly 나비 from flower to flower 이 꽃 저 꽃

☞ 학운식계절중한병(학과, 운동, 식사, 계절, 중한 병)에는 관사를 생략합니다.(고빈도 기초과정)

(7) 학과(academic subjects)나 운동 앞

① I am poor at math.

② Let's go to play soccer.

③ She studied marine biology in/at college. (미/영국식)

④ She has a degree in sociology and politics.

⑤ We have an examination in chemistry today.

> **해석** ① 나는 수학을 못한다. ② 축구하러 가자. ③ 그녀는 대학 때 해양생물학을 공부했다.
> ④ 그녀는 사회학과 정치학 학위를 갖고 있다. ⑤ 우리는 오늘 화학 시험이 있다.

(8) 아침, 점심, 저녁 식사에는 관사를 사용하지 않지만, 형용사가 있을 때는 a를 쓰고, 특정한 식사를 가리킬 때는 the를 붙입니다. meal은 셀 수 있는 보통명사입니다.

① It's time for lunch.　　　　　　　　② I eat eggs for breakfast.

③ I had a late dinner yesterday.　　　 ④ He usually has a light breakfast.

⑤ You should wash your hands before a meal.

⑥ The lunch that we had yesterday/ was very good.

> **해석** ① 점심시간이다. ② 나는 아침식사로 계란을 먹는다. ③ 나는 어제 저녁식사를 늦게 했다.
> ④ 그는 대개 아침식사를 가볍게 한다. ⑤ 너는 식사하기 전에 손을 씻어야지. ⑥ 우리가 어제 먹었던 점심은 아주 좋았다.

(9) 계절 앞에 관사를 사용하지 않지만 형용사를 동반할 때는 a를 붙이고, during이나 In 다음에 올 경우에는 정관사(the)를 붙일 수 있습니다.

① I like spring best.

② Last year, we had a very cold winter.

③ The mountains are beautiful in (the) fall.

④ The boy swims almost every day during (the) summer.

> **해석** ① 나는 봄을 좋아한다. ② 작년 겨울은 무척 추웠다.
> ③ 가을에는 산이 아름답다. ④ 그 소년은 여름에 거의 매일 수영한다.

(10) 중한 병에는 일반적으로 관사를 생략하고 흔한 질병에는 a나 an을 붙입니다.

① He died of cancer.　　　　　　　　② He is suffering from influenza.

③ He came down with consumption.　④ I was operated on for appendicitis.

⑤ I have a headache(toothache, stomachache).

> **해석** ① 그는 암으로 죽었다. ② 그는 독감으로 고생하고 있다. ③ 그는 폐병에 걸렸다.
> ④ 나는 맹장염 수술을 받았다. ⑤ 나는 두통/치통/복통이 있다.

> **어휘** be poor(bad) at=be a poor(bad) hand at ~에 서투르다 marine biology 해양생물학 degree 학위/정도/계급
> sociology 사회학 politics 정치학 chemistry 화학 soccer 축구 baseball 야구 famous=noted 유명한 chess 장기
> intelligent 영리한 lunch 점심 breakfast 아침식사 dinner 저녁식사 usually=generally 대개 wash 씻다 meal 식사
> spring 봄 almost 거의 cancer 암 suffer from=be inflicted with=come down with ~로 고생하다/질병에 걸리다
> influenza 유행성 독감 consumption 폐병, 소비, 소모 operate on 수술하다 appendicitis 맹장염 tuberculosis 결핵

(11) 사람을 부르는 호격이나 혈연관계를 나타내는 보통명사 앞

① Don't worry, Father!

② Father has gone out.

③ Mother has gone to church.

④ Where are you going, Mom?

> **해석** ① 걱정 마세요, 아빠! ② 아빠는 나가셨는데요. ③ 엄마는 교회에 가셨는데요. ④ 엄마, 어디가세요?

(12) a kind of = a sort of = a type of(일종의) 다음

① It is a sort of flower.

② He is a kind of entertainer.

③ This is a type of mushroom.

④ What kind of music do you like?

> **해석** ① 그것은 일종의 꽃이다. ② 그는 일종의 연예인이다.
> ③ 이것은 일종의 버섯이야. ④ 너는 어떤 종류의 음악을 좋아하니?

(13) 언어와 국적 앞

① He is Korean.

② He is a Korean.

③ I like to study the English(= English people).

④ Can you speak English(= the English language)?

> **해석** ① 그는 한국 국적자이다. ② 그는 한국인이다. ③ 나는 영국민을 연구하고 싶다. ④ 너는 영어를 말할 줄 아니?

(14) 방향을 나타내는 동사는 전치사를 필요로 하지만 home은 전치사를 사용하지 않습니다.
그러나 정지 상태에 있을 때는 at를 사용하는데 미국영어에서는 종종 생략하기도 합니다.

① Will you be at home tonight?

② Once you arrive home, please give me a call.

③ I arrived at the harbor just as the ship was leaving.

④ I am going to walk to work from now on. It's healthier.

> **해석** ① 오늘 저녁에 집에 있을 거니? ② 집에 도착하자마자 나에게 전화해.
> ③ 나는 항구에 도착했다/배가 막 떠나려 했을 때. ④ 나는 이제부터 직장에 걸어 다닐 거야. 그것이 건강에 더 좋으니까.

(15) 관사의 유무에 따라 의미가 달라지는 관용어구

① I arrived there behind time. (늦게/늦은: late)

② Sarah is a bit behind the times. (시대에 뒤떨어진: old-fashioned)

③ A bridge is in course of construction. (~하는 과정에: in the process of)

④ He fell asleep in the course of the discussion. (도중에: during)

⑤ He is a man of moment at our club. (중요한: important)

⑥ The issue of the moment is dealing with our budget deficit. (현재 중요한)

> **해석** ① 나는 늦게 그곳에 도착했다. ② Sarah는 약간 시대에 뒤떨어져 있다. ③ 다리 하나가 건설 중에 있다.
> ④ 그는 토론 도중에 잠이 들었다. ⑤ 그는 우리 동아리에서 중요한 인물이다.
> ⑥ 현재 중요한 문제는 우리 예산 부족을 다루는 것이다.

> **어휘** worry 걱정하다 entertainer 연예인 mushroom 버섯 once ~하자마자 give~a call=call(ring)~up 전화하다
> harbor 항구 leave 떠나다 be going(due) to ~할 예정이다 from now on 이제부터 a bit 약간 bridge 다리
> construction 건설 fall asleep 잠들다 discussion 토론 deal(do, cope) with 다루다 budget deficit 예산 부족

6 관사의 순서(출제 고빈도 과정)

(1) ⓐ 관사+명사 ⓑ 관사+형용사+명사 ⓒ 관사+부사+형용사+명사(기초과정)

① She is a very lovely girl.

② We heard a very surprising rumor.

③ She wears a really beautiful diamond ring.

④ I saw a really cute puppy on my way home.

> **해석** ① 그녀는 매우 사랑스런 소녀이다. ② 우리는 매우 놀라운 소문을 들었다.
> ③ 그녀는 정말 아름다운 다이아몬드 반지를 끼고 있다. ④ 나는 집에 오는 길에 정말 귀여운 강아지를 보았다.

(2) all(both, double, half, 분수, 배수사)+소유격/the+명사(중급과정)

① All students should consider their future.

② All (of) the students in my class like English.

③ Almost all students are learning English in Cyprus.

④ Almost all (of) the students in my class are Korean.

⑤ Most students know how important English is.

⑥ Most of the students in my class like English.

⑦ Both brothers passed the examination.

⑧ Both (of) the brothers passed the examination.

⑨ I gave the child half (of) the cake.

⑩ I spend half (of) my time on studying English.

⑪ My brother paid double the price by mistake.

⑫ The length of a rectangle is twice the width.

> **해석** ① 모든 학생들은 자신의 미래를 곰곰이 생각해봐야 한다. ② 우리 반의 모든 학생들은 영어를 좋아한다.
> ③ 거의 모든 학생들이 Cyprus에서 영어를 배우고 있다. ④ 우리 반의 거의 모든 학생들은 (국적이) 한국인이다.
> ⑤ 대부분의 학생들은 영어가 얼마나 중요한지 알고 있다. ⑥ 우리 반의 대부분의 학생들은 영어를 좋아한다.
> ⑦/⑧형제 둘 다 시험에 합격했다. ⑨ 나는 아이에게 케이크 반을 주었다.
> ⑩ 나는 내 시간의 반을 영어공부를 하는데 사용한다. ⑪ 내 동생은 실수로 가격의 두 배를 지불했다.
> ⑫ 직사각형의 길이는 넓이의 두 배이다.

> **어휘** lovely 사랑스러운, 아름다운, 귀여운 surprising 놀라운 rumor 소문 cute 귀여운 puppy 강아지
> on my way home 집에 오는/가는 길에 Cyprus 지중해 동부에 있는 공화국 이름 important 중요한 half 절반
> brother 형제 spend-spent-spent 소비하다, 사용하다 double=twice 두 배 length 길이 rectangle 직사각형
> width 넓이 consider=contemplate=weigh=allow(bargain) for=make allowances for=take account of
> =take~into account(consideration)=think(brood, ponder, cogitate, mull, pore, spell, ruminate, turn) over
> =think~out=think~through=reflect(deliberate, meditate, speculate, dwell, muse, bargain, ruminate) on
> ~을 고려하다/참작하다/곰곰이 생각하다 ⓔⓧ He pondered long and deeply over the question.
> almost=nearly=practically=virtually=all but=next to=well-nigh=close(near, nigh) upon=little short of
> =no better than=little better than=little more than=little less than=only not 거의/마찬가지
> have(bear, keep) in mind=lay(take)~to heart=impress~on one's mind=have~stamped on one's mind 명심하다

(3) ⓐ quite(rather, such, half, many, what)+a(n)+형+명

   ⓑ so(as, too, how, however)+형+a(n)+명 (출제빈도 높은 중급과정)

① She is quite a pretty girl.

② He is rather a wise man.

③ I never saw such a fat person.

④ How difficult a problem this is!

⑤ Mers is so terrible an epidemic.

⑥ He is as kind a boy as you are.

⑦ I have never seen so tall a man.

⑧ What a beautiful flower you have!

⑨ This is too good a chance to miss.

⑩ I have some rather bad news today. (o)

⑪ I have rather some bad news today. (x)

⑫ I have seen the movie many a time.

⑬ We had to wait half an hour for a bus.

⑭ However wise a man may be, he cannot know everything.

해석	① 그녀는 꽤 예쁜 소녀이다.	② 그는 꽤 현명한 사람이다.
	③ 나는 그렇게 뚱뚱한 사람을 본 적이 없다.	④ 이것은 참 어려운 문제이구나!
	⑤ 메르스는 정말 끔찍한 전염병이야.	⑥ 그는 너만큼 친절한 소년이다.
	⑦ 나는 그렇게 키 큰 사람을 본 적이 없다.	⑧ 너는 참 아름다운 꽃을 가지고 있구나!
	⑨ 이것은 놓치기에는 너무나 좋은 기회이다.	⑩ 나는 오늘 다소 안 좋은 소식을 좀 가지고 있다.
	⑫ 나는 그 영화를 여러 번 본 적이 있다.	⑬ 우리는 버스를 30분 동안 기다려야 했다.
	⑭ 사람이 아무리 현명하다 하더라도, 모든 것을 알 수는 없다.	

(4) such+a+형+명 that 주+동 = so+형+a+명 that+주+동 (대단히~해서)

   ⓐ such는 형용사로서 구어체에서 단수·복수 명사 앞에 사용됩니다.

   ⓑ so는 부사로서 문어체에 사용되며 뒤에 오는 형용사를 수식하고, 이 형용사는 a를 포함한 명사구를 수식하며 오직 셀 수 있는 단수명사 앞에서만 사용됩니다.

① It was such a difficult test that no one passed it. (informal)

② It was so difficult a test that no one passed it. (formal)

③ It was such a stormy night that we kept indoors. (informal)

④ It was so stormy a night that we kept indoors. (formal)

⑤ They are such great singers that they are popular all over the world.

⑥ They are so great singers that they are popular all over the world. (x)

해석	①/② 그것은 너무 어려운 시험이어서 아무도 그것을 통과하지 못했다.
	③/④ 폭풍이 너무 심한 밤이어서 우리는 실내에 있었다. ⑤ 그들은 대단히 훌륭한 가수여서 세계적으로 인기 있다.

어휘	quite 꽤 pretty 예쁜 rather 꽤, 다소 fat=obese=gross 뚱뚱한 terrible=horrible 끔찍한
	epidemic 전염병 mers=middle east respiratory syndrome 중동 호흡기 증후군 kind 친절한/종류
	chance 기회 miss 놓치다 movie 영화 wise 현명한 difficult 어려운 pass 통과하다 stormy 폭풍이 몰아치는

7 감탄문 만들기(출제 빈도 높은 기본과정)

(1)	(1)	What+a/an+형+명+주+동!	셀 수 있는 단수 명사
	(2)	How+형+a/an+명+주+동! (문어체)	
	(3)	What+형+명+주+동!	셀 수 없는 명사나 복수 명사
	(4)	How+형/부+주+동!	형용사나 부사로 끝나는 문장의 감탄문

① What a gorgeous girl (she is)!　　② How gorgeous a girl she is!

③ How gorgeous the girl is!　　　 ④ What gorgeous girls (they are)!

⑤ What beautiful weather we have today!　 ⑥ How beautifully the girl sings!

> **해석** ① 그녀는 참 매력적인 소녀야! ② 그녀는 참 매력적인 소녀야! ③ 그 소녀는 참 매력적이야!
> ④ 그들은 참 매력적인 소녀들이야! ⑤ 오늘 날씨 참 아름답구나! ⑥ 그 소녀는 노래를 참 아름답게 부르는구나!

8 관사의 반복(중급과정)

(1) 동일인을 가리킬 때는 하나의 관사만 붙입니다.

① She was an actress and singer.

② Walter Scott was a poet and novelist.

③ A black and white dog is running here.

④ The poet and painter was invited to the party.

> **해석** ① 그녀는 배우 겸 가수였다. ② Walter Scott은 시인이자 소설가였다.
> ③ 바둑이 한 마리가 이쪽으로 달려오고 있다. ④ 그 시인 겸 화가는 파티에 초대받았다.

(2) 서로 다른 인물을 가리킬 때는 관사를 각각 붙입니다.

① I have a black and a white cat. (two cats)

② The actor and the singer love each other.

③ The poet and the painter were invited to the party.

④ I met the editor and the publisher of the magazine.

> **해석** ① 나는 검은 고양이와 흰 고양이를 갖고 있다. ② 그 배우와 그 가수는 서로 사랑한다.
> ③ 그 시인과 그 화가는 파티에 초대 받았다. ④ 나는 그 잡지의 편집자와 출판자를 만났다.

(3) 불가분한 관계의 경우 두 사람일지라도 첫 명사에만 관사를 붙이고 복수취급 합니다.

① The husband and wife do not mix well.

② The King and Queen have attended the party.

③ The father and son were playing tennis together.

④ The mother and daughter were walking along the street.

> **해석** ① 그 부부는 사이가 안 좋다. ② 왕과 왕비가 파티에 참석하였다. ③ 그 부자는 함께 테니스를 치고 있었다.
> ④ 그 모녀는 길을 따라 걸어가고 있었다.

> **어휘** gorgeous=charming 매력적인, 멋진, 화려한 weather 날씨 actress 여배우 poet 시인 novelist 소설가
> run-ran-run 달리다 painter 화가 invite 초대(권유)하다 actor 남자 배우 editor 편집자 publisher 출판자
> magazine 잡지 mix well 금실이 좋다 queen 여왕 attend 참석(출석, 수행)하다 together 함께 along 따라서

문제 1. Put a correct article in each sentence if necessary.(기초+기본+중급과정 관사 넣기)

① I can play _____ guitar.

② John has _____ old car.

③ Let's go to _____ beach.

④ What _____ amazing view!

⑤ Let's play _____ volleyball.

⑥ He eats a lot of _____ meat.

⑦ We were paid by _____ hour.

⑧ I checked _____ mailbox again.

⑨ Did you bring _____ umbrella?

⑩ He is _____ real American hero.

⑪ Can I have _____ spoon, please?

⑫ Could you pass me _____ salt please?

⑬ I was born into _____ poor family.

⑭ He knows how to treat _____ lady.

⑮ She will come back in _____ hour.

⑯ Los Angeles has _____ ideal climate.

⑰ He caught her father by _____ sleeve.

⑱ Are you looking for _____ shampoo?

⑲ _____ cell phones do not cause cancer.

⑳ I want to play _____ baseball tomorrow.

㉑ I have been waiting for _____ long time.

㉒ This is _____ best restaurant in my city.

㉓ What would you like for _____ breakfast?

㉔ _____ only jazz musician I like is Miles Davis.

㉕ _____ food that you cooked was very delicious.

해석과 정답 ① 나는 기타를 칠 줄 안다. – the (악기 앞) ② John은 오래된 차를 가지고 있다. – an (모음 앞)
③ 해변에 가자. – the (상호간에 알고 있을 때) ④ 참으로 멋진 광경이구나! – an (모음 앞) ⑤ 우리 배구 하자. – (x) (운동 앞) ⑥ 그는 많은 고기를 먹는다. – (x) (a lot of 다음에는 (x)) ⑦ 우리는 한 시간 단위로 임금을 받았다. – the (계량의 단위) ⑧ 나는 다시 우편함을 살폈다. – the (상호간에 알고 있을 때) ⑨ 너 우산 가져왔니? – an (모음 앞) ⑩ 그는 진정한 미국의 영웅이다. – a (자음 앞) ⑪ 수저 하나 주실래요? – a (자음 앞) ⑫ 소금 좀 건네 주실래요? – the (상호간에 알고 있을 때) ⑬ 나는 가난한 가정에서 태어났다. – a (자음 앞) ⑭ 그는 숙녀 대하는 법을 알고 있다. – a (자음 앞)
⑮ 그녀는 한 시간 후에 돌아 올 것이다. – an (모음 앞) ⑯ L.A는 이상적인 기후를 가지고 있다. – an (모음 앞)
⑰ 그는 자기 아빠의 소매를 잡았다. – the (동작을 받는 부분) ⑱ 너는 샴푸를 찾고 있니? – the (상호간에 알고 있을 때) ⑲ 휴대전화는 암을 유발하지 않는다. – (x) (대표 복수) ⑳ 나는 내일 야구하고 싶다. – (x) (운동 앞) ㉑ 나는 오랫동안 기다리고 있었어. – a (자음 앞) ㉒ 이곳이 우리 도시에서 가장 훌륭한 식당이야. – the (최상급 앞) ㉓ 아침 식사로 뭘 먹고 싶니? – (x) (식사 앞) ㉔ 내가 좋아하는 유일한 재즈 음악가는 Miles Davis 이다. – The (only 앞)
㉕ 네가 요리한 그 음식은 정말 맛있었어. – The (뒤에서 수식받을 때)

어휘 beach 해변 amazing 놀라운 view 광경 volleyball 배구 a lot of=lots of 많은 meat 고기 pay 지불하다 by the hour 시간 단위로 mailbox 우편함 umbrella 우산 hero 영웅 spoon 수저 pass 건네다 salt 소금 be born into ~의 가정에서 태어나다 poor 가난한 treat 대하다 lady 숙녀 in an hour 한 시간 후에 ideal 이상적인 climate 기후 sleeve 소매 look for 찾다 cause 일으키다 cancer 암 baseball 야구 restaurant 식당 musician 음악가 cook 요리하다 delicious 맛있는

문제 2. Choose the correct answer and translate each sentence into Korean.

① (What, How) beautiful weather!

② (What, How) a wonderful sight!

③ (What, How) intelligent you are!

④ (What, How) nice a bicycle it is!

⑤ (What, How) beautiful the girl is!

⑥ (What, How) tall you have grown!

⑦ (What, How) a wonderful gift it is!

⑧ (What, How) a cute smile you have!

⑨ (What, How) pretty flowers you have!

⑩ (What, How) beautiful the rainbow is!

> **해석과 정답** ① 날씨 참 아름답네! (What) ② 참 놀라운 광경이야! (What) ③ 너 참 총명하구나! (How)
> ④ 그것 참 멋진 자전거이구나! (How) ⑤ 그 소녀 참 아름답구나! (How) ⑥ 너 참 많이 컸구나! (How)
> ⑦ 그것 참 놀라운 선물이구나! (What) ⑧ 넌 참 귀여운 미소를 갖고 있구나! (What)
> ⑨ 너 참 예쁜 꽃 갖고 있구나! (What) ⑩ 그 무지개 참 아름답네! (How)

문제 3. Change the following sentences into exclamatory sentences.(감탄문으로)

① You are such a fool. → ＿＿＿＿＿＿＿＿ fool you are!

② She looks very lovely. → ＿＿＿＿＿＿＿＿ she looks!

③ It is such fair weather. → ＿＿＿＿＿＿＿＿ fair weather!

④ You look so handsome. → ＿＿＿＿＿＿＿＿ handsome you look!

⑤ She is such a wise girl. → ＿＿＿＿＿＿＿＿ wise girl!

⑥ He speaks very quickly. → ＿＿＿＿＿＿＿＿ he speaks!

⑦ She has such lovely eyes. → ＿＿＿＿＿＿＿＿ eyes she has!

⑧ It is such a wonderful sight. → ＿＿＿＿＿＿＿＿ sight!

⑨ You have very cute animals. → ＿＿＿＿ cute animals ＿＿＿＿＿!

⑩ Annalyn sings very beautifully. → ＿＿＿＿＿＿＿＿ Annalyn sings!

> **해석과 정답** ① 넌 정말 바보야! – (What) (a) fool you are! ② 그녀는 참 사랑스럽게 생겼다! – (How) (lovely) she looks!
> ③ 날씨 참 쾌청하구나! – (What) fair weather! ④ 너는 참 잘 생겼어! – (How) (handsome) you look!
> ⑤ 그녀는 참 현명한 소녀야! – (What) (a) wise girl! ⑥ 그는 말을 참 빨리한다! – (How) (quickly) he speaks!
> ⑦ 그녀는 참 예쁜 눈을 갖고 있구나! – (What) (lovely) eyes she has!
> ⑧ 대단히 멋진 광경이군! – (What) (a) wonderful sight!
> ⑨ 너는 참 귀여운 동물들을 갖고 있구나! – (What) cute animals (you) (have)!
> ⑩ 에널린은 노래를 참 아름답게 부르는구나! – (How) (beautifully) Annalyn sings!

> **어휘** beautiful 아름다운 weather 날씨 wonderful 놀라운, 멋진 intelligent 총명한 bicycle 자전거 girl 소녀 grow 자라다
> tall 키 큰 gift 선물 cute 귀여운 smile 미소 pretty 예쁜 flower 꽃 rainbow 무지개 such 대단한, 대단히 fool 바보 look
> lovely 귀엽게 생기다 fair 쾌청한 handsome 잘생긴 wise 현명한 speak 말하다 quickly 빨리 sight 광경 animal 동물

PART 23 | 수동태(Passive Voice)

① 기본공식(필수 과정)

동작을 받는 형태라는 뜻으로 그 원형 공식은(be+p.p+by)이며 이 때 p.p는 past participle의 약자로 동사의 과거분사형을 의미합니다.

(1) 현재시제: be+p.p+by (2) 과거시제: was(were)+p.p+by

(3) 미래시제: will(shall)+be+p.p+by (4) 현재 완료시제: have+been+p.p+by

(5) 과거 완료시제: had+been+p.p+by (6) 미래 완료시제: will(shall)+have+been+p.p+by

(7) 현재 진행형 시제: be+being+p.p+by (8) 과거 진행형 시제: was(were)+being+p.p+by

(9) 미래 진행형 시제: will(shall)+be+being+p.p+by

(10) 현재 완료 진행형: have+been+being+p.p+by

(11) 과거 완료 진행형: had+been+being+p.p+by

(12) 미래 완료 진행형: will(shall)+have+been+being+p.p+by

① I sing a song. = A song is sung by me.

② I sang a song. = A song was sung by me.

③ I will sing a song. = A song will be sung by me. (미국식)

④ I will sing a song. = A song shall be sung by me. (영국식)

⑤ I shall sing a song. = A song will be sung by me. (영국식)

⑥ I have written an email. = An email has been written by me.

⑦ I had written an email. = An email had been written by me.

⑧ I will have written a book. = A book will have been written by me. (미국식)

⑨ I will have written a book. = A book shall have been written by me. (영국식)

⑩ I shall have written a book. = A book will have been written by me. (영국식)

⑪ I am singing a song. = A song is being sung by me.

⑫ I was singing a song. = A song was being sung by me.

⑬ I will be singing a song. = A song will be being sung by me.

⑭ I have been singing a song. = A song has been being sung by me.

⑮ I had been singing a song. = A song had been being sung by me.

⑯ I will have been singing a song. = A song will have been being sung by me. (미국식)

⑰ I will have been singing a song. = A song shall have been being sung by me.(영국식)

⑱ I shall have been singing a song. = A song will have been being sung by me.(영국식)

해석 ① 나는 노래를 부른다. ② 나는 노래를 불렀다. ③ 내가 노래를 부르게./나는 노래를 부르게 될 거야. ④ 내가 노래할게. ⑤ 내가 노래를 부르게 될 거야 ⑥ 나는 (방금) 이메일을 썼다. ⑦ 나는 (과거에) 이메일을 다 썼다. ⑧ 내가 책을 다 써 놓겠다./나는 책을 (미래에) 다 쓰게 될 거야. ⑨ 내가 책을 다 써 놓겠다. ⑩ 내가 책을 다 쓰게 될 것이다. ⑪ 나는 노래를 부르고 있다. ⑫ 나는 노래를 부르고 있었다. ⑬ 나는 노래를 부르고 있을 거야. ⑭ 나는 (지금까지) 노래를 부르고 있었어. ⑮ 나는 (과거 어느 순간까지) 노래하고 있었다. ⑯ 나는 (미래 어느 순간까지) 노래를 부르고 있을게./나는 (미래 어느 순간까지) 노래를 부르고 있을 거야. ⑰ 나는 (미래 어느 순간까지) 노래를 부르고 있을게. ⑱ 나는 (미래 어느 순간까지) 노래를 부르고 있을 거야.

② 명령문/부정 명령문 수동태(기본과정)

긍정 명령문 수동태: Let+O(목적어)+be+pp

부정 명령문 수동태: Don't let+O(목적어)+be+pp (구어체)

Let+O(목적어)+not+be+pp = Let+not+O+be+pp (문어체)

① Finish the work at once. = Let the work be finished at once.

② Don't touch the stone. = Don't let the stone be touched. (구어체)

= Let the stone not be touched. = Let not the stone be touched. (문어체)

③ Let him do the work. = Let the work be done by him.

④ Don't let him do the work. = Don't let the work be done by him. (구어체)

= Let the work not be done by him. = Let not the work be done by him. (문어체)

> **해석** ① 그 일을 즉시 끝마쳐라. ② 그 돌을 만지지 마라.
> ③ 그가 그 일을 하도록 내버려 둬라. ④ 그가 그 일을 하도록 내버려 두지 마라.

문제 1. Change the following sentences into the passive voice.(기본과정)

① Koreans eat rice.

② Bring the bag here.

③ Don't waste your time.

④ Let him carry the bag.

⑤ She will not buy a car.

⑥ Don't forget my advice.

⑦ He has finished his work.

⑧ Learn this poem by heart.

⑨ Don't let her sing a song.

⑩ Is she not singing a song?

⑪ Mother was making a cake.

⑫ The police caught the thief.

⑬ She was not moving the chair.

⑭ John will be washing the dishes.

⑮ She will have finished her work.

⑯ The masons were building the house.

> **해석과 정답** ① 한국인은 쌀을 먹는다. (Rice is eaten by Koreans.) ② 그 가방을 이리 가져와라. (Let the bag be brought here.) ③ 네 시간을 낭비하지 마라. (Let your time not be wasted. = Let not your time be wasted.)
> ④ 그에게 가방을 옮기게 해라. (Let the bag be carried by him.) ⑤ 그녀는 차를 사지 않을 것이다. (A car will not be bought by her.) ⑥ 내 충고를 잊지 마라. (Let my advice not be forgotten. = Let not my advice be forgotten.)
> ⑦ 그는 자신의 일을 끝마쳤다. (His work has been finished by him.) ⑧ 이 시를 암기해라. (Let this poem be learned by heart.) ⑨ 그녀가 노래하는 것을 허용하지 마라. (Let a song not be sung by her. = Let not a song be sung by her.) ⑩ 그녀가 노래를 부르고 있지 않니? (Is a song not being sung by her?) ⑪ 엄마는 케이크를 만들고 계셨다. (A cake was being made by Mother.) ⑫ 경찰이 도둑을 잡았다. (The thief was caught by the police.)
> ⑬ 그녀는 의자를 옮기고 있지 않았다. (The chair was not being moved by her.) ⑭ John은 설거지를 하고 있을 것이다. (The dishes will be being washed by John.) ⑮ 그녀는 그녀의 일을 다 마칠 것이다. (Her work will have been finished by her.) ⑯ 벽돌공들이 그 집을 짓고 있었다. (The house was being built by the masons.)

> **어휘** at once 즉시 touch 만지다 rice 쌀/밥 waste 낭비하다 carry 운반하다/옮기다 forget–forgot–forgotten 잊다 advice 충고 learn(know, get)~by heart 암기하다 poem 시 police 경찰 catch–caught–caught 붙잡다 thief 도둑 move 옮기다/이사하다 wash the dishes 접시를 닦다/설거지를 하다 mason 석공/벽돌공 build–built–built 짓다/세우다

③ 조동사와 수동태(기본과정)

> do 동사는 be동사로 바꾸고, 다른 조동사는 그대로 놓아둔 상태에서 수동태로 바꿉니다.
> 단 미래 동사의 경우 미국식과 영국식에서 차이가 있습니다.

① The cat did not catch the mouse. = The mouse was not caught by the cat.

② Did she write this novel? = Was this novel written by her?

③ You must follow his advice. = His advice must be followed (by you).

④ He used to visit his uncle every Sunday. = His uncle used to be visited by him every Sunday.

⑤ I will pay the money tomorrow.

= The money will be paid by me tomorrow. (미국식)

= The money shall be paid by me tomorrow. (영국식)

⑥ He will scold me. = I will be scolded by him. (미국식) = I shall be scolded by him. (영국식)

> **해석** ① 그 고양이는 그 쥐를 잡지 못했다. ② 그녀가 이 소설을 썼니? ③ 너는 그의 충고를 따라야 한다.
> ④ 그는 일요일마다 자기 삼촌을 방문하곤 했다. ⑤ 내가 내일 돈을 지불할게. ⑥ 그는 나를 꾸짖을 거야.

문제 2. 다음 문장들의 태를 바꿔보세요.(기본+중급편)

① May God bless you!

② Can anybody cure it?

③ He may not teach you.

④ She did not sing a song.

⑤ Will I be scolded by him?

⑥ I will make him go there. (미국식으로)

⑦ I will pay the money. (영국식으로)

⑧ He cannot have cut the tree.

⑨ The book can be taken by you.

⑩ You ought to respect your parents.

⑪ We don't open the gate on Sundays.

⑫ The house will have been built by him.

⑬ The rules must be obeyed by everybody.

⑭ She should have contacted me in advance.

> **해석과 정답** ① 너에게 신의 축복이 있기를 바란다! (May you be blessed by God!) ② 누가 그것을 고칠 수 있을까? (Can it be cured by anybody?) ③ 그가 너를 가르치지 않을 수도 있다. (You may not be taught by him.) ④ 그녀는 노래를 부르지 않았다. (A song was not sung by her.) ⑤ 내가 그에게 꾸중을 들을까? (Will he scold me?)
> ⑥ 내가 그를 그곳에 가게 만들 거야. (He will be made to go there by me.) ⑦ 내가 돈을 지불할게. (The money shall be paid by me.) ⑧ 그가 그 나무를 베었을 리 없다. (The tree cannot have been cut by him.) ⑨ 그 책은 네가 가져가도 돼. (You can take the book.) ⑩ 우리는 부모님을 존경해야한다. (Your parents ought to be respected by you.) ⑪ 일요일에 우리는 문을 열지 않습니다. (The gate is not opened on Sundays.) ⑫ 그 집은 그에 의해서 다 지어지게 될 거야. (He will have built the house.) ⑬ 그 규칙은 누구나 지켜야 한다. (Everybody must obey the rules.) ⑭ 그녀가 나에게 미리 연락했어야 했는데. (I should have been contacted by her in advance.)

> **어휘** catch 잡다 mouse 쥐 write-wrote-written 쓰다 novel 소설 follow 따르다 advice 충고 used to ~하곤 했다 scold=rebuke=reprimand 꾸짖다 bless 축복하다 cure 치료하다 cannot have pp ~했을 리가 없다 respect 공경하다 ought to=should ~해야 한다 solution 해결책 rule 규칙 obey=abide by 복종하다 contact 연락하다 in advance 미리

4 의문사와 수동태(기본과정)

(1) 의문사가 주어인 경우: By 의문사+be+주어+p.p?

(2) 의문사가 목적어인 경우: 의문사+be+p.p+by?

(3) 의문사가 보어인 경우: 의문사+be+주어+p.p+by?

① Who invented the radio? = By whom was the radio invented?

② What did Edison invent? = What was invented by Edison?

③ What do you call this flower in English? = What is this flower called in English?

해석 ① 누가 라디오를 발명했지? ② 에디슨이 무엇을 발명했니? ③ 너는 영어로 이 꽃을 뭐라 부르니?

문제 3. 다음 문장들의 태를 바꿔보세요. (기본+중급편)

① Who cut down the tree?

② What made her so nervous?

③ Who will look after the baby?

④ When did you break the vase?

⑤ Whom did you punish for that?

⑥ How was this book got by you?

⑦ Which toy is liked by the child?

⑧ By which doctor was he treated?

⑨ By whom were you lent this book?

⑩ Where was this pen found by you?

⑪ Where was this picture got by you?

⑫ By which team was the match won?

⑬ What mistake was committed by him?

⑭ What did he write on the blackboard?

⑮ Who was elected captain by the team?

⑯ By whom has this picture been painted?

⑰ What do you call this animal in Chinese?

해석과 정답 ① 누가 그 나무를 잘랐니? (By whom was the tree cut down?) ② 무엇이 그녀를 그토록 초조하게 만들었지? (By what was she made so nervous?) ③ 누가 그 아이를 돌볼까? (By whom will the baby be looked after?) ④ 너는 그 꽃병을 언제 깼니? (When was the vase broken by you?) ⑤ 너는 그것에 대하여 누구를 벌줬니? (Who was punished for that by you?) ⑥ 너는 이 책을 어떻게 구했니? (How did you get this book?)
⑦ 그 아이는 어느 장난감을 좋아하니? (Which toy does the child like?) ⑧ 그는 어느 의사에게 치료받았죠? (Which doctor treated him?) ⑨ 누가 너에게 이 책을 빌려줬니? (Who lent you this book?) ⑩ 너는 이 펜을 어디서 발견했니? (Where did you find this pen?) ⑪ 너는 이 그림을 어디서 구했니? (Where did you get this picture?)
⑫ 어느 팀이 경기에서 이겼니? (Which team won the match?) ⑬ 그는 어떤 실수를 저질렀니? (What mistake did he commit?) ⑭ 그가 칠판에 무엇을 썼지? (What was written on the blackboard by him?) ⑮ 그팀은 누구를 주장으로 선출했니? (Whom did the team elect captain?) ⑯ 누가 이 그림 그렸니? (Who has painted this picture?)
⑰ 너는 이 동물을 중국어로 뭐라 부르니? (What is this animal called in Chinese?)

어휘 invent 발명하다 cut down 자르다 nervous 초조한 look(see) after=care(fend) for=take care of 돌보다
break-broke-broken 깨다 vase 꽃병 punish 벌주다/처벌하다 treat 치료하다 win the match 경기에서 이기다
commit mistakes 실수하다 blackboard 칠판 elect 선출하다 captain 주장 paint 그리다 animal 동물 Chinese 중국어

⑤ that절을 유도하는 수동태(출제 고빈도 고급과정)

> They say that 주어+현재/과거 = It is said that 주어+현재/과거 = 주어 is said to 원형/have+p.p
> 「～라고들 말한다/～했다고들 말한다」

① They say that he is kind. = It is said that he is kind. = He is said to be kind.

② They say that he was kind. = It is said that he was kind. = He is said to have been kind.

③ They said that he was kind. = It was said that he was kind. = He was said to be kind.

④ They said that he had been kind. = It was said that he had been kind.

= He was said to have been kind.

> **해석** ① 사람들은 그가 현재 친절하다고들 말한다. ② 사람들은 그가 과거에 친절했다고 말한다.
> ③ 사람들은 그가 과거에 친절했다고 과거에 말했다. ④ 사람들은 그가 대과거에 친절했다고 과거에 말했다.

문제 4. 다음 문장들을 복문수동태와 단문수동태로 바꾸세요.(고급과정)

① They say that he is honest.

② They say that he will resign.

③ They believed that he was a spy.

④ We think that she is a clever girl.

⑤ We think that he is waiting for us.

⑥ They said that he had been an officer.

⑦ We believe that he was working very hard.

⑧ They used to believe that the earth was flat.

⑨ People think that he has deserted his family.

⑩ We thought that he had made a silly mistake.

⑪ We expect that the exchange rate will go up soon.

> **해석과 정답** ① 사람들은 그가 정직하다고 말한다. (It is said that he is honest. = He is said to be honest.)
> ② 사람들은 그가 사임할 것이라고 말한다. (It is said that he will resign. = He is said to be going to resign.)
> ③ 사람들은 그가 간첩이라고 믿었다. (It was believed that he was a spy. = He was believed to be a spy.)
> ④ 우리는 그녀가 영리한 소녀라고 생각한다. (It is thought that she is a clever girl. = She is thought to be a clever girl.) ⑤ 우리는 그가 우리를 기다리고 있다고 생각해. (It is thought that he is waiting for us. = He is thought to be waiting for us.) ⑥ 사람들은 그가 장교였었다고 말했다. (It was said that he had been an officer. = He was said to have been an officer.) ⑦ 우리는 그가 열심히 일하고 있었다고 믿어. (It is believed that he was working very hard. = He is believed to have been working very hard.) ⑧ 사람들은 지구가 평평하다고 믿었었다. (It used to be believed that the earth was flat. = The earth used to be believed to be flat.) ⑨ 사람들은 그가 가족을 버렸다고 생각한다. (It is thought that he has deserted his family. = He is thought to have deserted his family.) ⑩ 우리는 그가 멍청한 실수를 했다고 생각했다. (It was thought that he had made a silly mistake. = He was thought to have made a silly mistake.) ⑪ 우리는 환율이 곧 올라갈 거라고 예상한다. (It is expected that the exchange rate will go up soon. = The exchange rate is expected to go up soon.)

> **어휘** honest 정직한 resign 사임하다 spy 간첩 clever 영리한 officer 장교 believe 믿다 flat 평평한
> desert 버리다 make a mistake=commit a blunder 실수하다 silly 어리석은 expect 예상하다 exchange rate 환율
> havoc=impair=mar=ravage=raze=render=ruin=make havoc of=play havoc with=work havoc on=run down 황폐시키다

6 타동사구와 수동태(중급과정)

타동사구는 하나의 동사로 간주하여 수동태로 바꾸고, 수동태에서 부사는 과거분사의 앞으로 이동하며, 명사가 들어있는 타동사구의 경우 수식어구(형용사)가 있을 때만 주어로 올 수 있습니다.

① She looks after him. = He is looked after by her.

② He often speaks well of his wife. = His wife is often well spoken of by him.

③ A foreigner spoke to me in the park. = I was spoken to by a foreigner in the park.

④ He is always finding fault with me. = I am always being found fault with by him.

⑤ You must take good care of the book.

 = The book must be taken good care of by you.

 = Good care must be taken of the book by you.

> **해석** ① 그녀는 그를 돌본다. ② 그는 종종 자기 아내를 칭찬한다.
> ③ 외국인이 공원에서 나에게 말을 걸었다. ④ 그는 항상 내 흉을 본다. ⑤ 너는 그 책을 잘 보관해야 한다.

문제 5. Change the following sentences into the passive voice.(중급과정)

① A car ran over the cat.

② She turned off the light.

③ They put out the camp fire.

④ We cannot rely on his words.

⑤ Mary will look after the baby.

⑥ All his friends made fun of him.

⑦ They looked up to him as a leader.

⑧ She often speaks ill of her husband.

⑨ The Government will set up a factory.

⑩ He should do away with his bad habit.

⑪ You must not look down upon the poor.

⑫ You must put up with all the difficulties.

⑬ They took undue advantage of my weakness.

⑭ The students paid little attention to his lecture.

> **해석과 정답** ① 자동차가 그 고양이를 치었다. (The cat was run over by a car.) ② 그녀는 불을 껐다. (The light was turned off by her.) ③ 그들은 모닥불을 껐다. (The camp fire was put out by them.) ④ 우리는 그의 말을 믿을 수 없다. (His words cannot be relied on by us.) ⑤ Mary가 그 아이를 돌볼 것이다. (The baby will be looked after by Mary.) ⑥ 그의 모든 친구들이 그를 놀렸다. (He was made fun of by all his friends.) ⑦ 그들은 그를 지도자로서 존경했다. (He was looked up to as a leader by them.) ⑧ 그녀는 종종 자기 남편을 흉본다. (Her husband is often ill spoken of by her.) ⑨ 정부가 공장을 세울 것이다. (A factory will be set up by the Government.) ⑩ 그는 자신의 나쁜 습관을 없애야 한다. (His bad habit should be done away with by him.) ⑪ 너는 가난한 사람들을 무시해서는 안 된다. (The poor must not be looked down upon by you.) ⑫ 너는 모든 어려움을 참아야 한다. (All the difficulties must be put up with by you.) ⑬ 그들은 나의 약점을 부당하게 이용했다. (My weakness was taken undue advantage of by them. = Undue advantage was taken of my weakness by them.) ⑭ 학생들은 그의 강의에 별로 주의를 기울이지 않았다. (His lecture was paid little attention to by the students. = Little attention was paid to his lecture by the students.)

> **어휘** run over 치다 turn off 끄다 put out 끄다 rely on 믿다 look after 돌보다 make fun of=mock at=taunt 놀리다 look up to=revere=honor 존경하다 speak ill of=find fault with 흉보다 government 정부 set up 세우다 factory 공장 do(make) away with=get rid of=dispose of=wipe(root, blot, smooth, rub, scrub, strike, draw) out=remove=eliminate =break(shake, shuffle) off=abolish=uproot 없애다 bad habit 나쁜 습관 look down on 멸시하다 the poor 가난한 사람들 put up with=bear=forbear=endure 참다 take undue advantage of 부당하게 이용하다 pay attention to 주의를 기울이다

7 부정주어 문장의 수동태(고급과정)

주어에 들어있는 No를 not~ by any~로 바꾸어 「be not p.p by any」로 바꾸셔야 합니다.
그리고 Any는 부정문에서 주어로 올 수 없다는 것을 명심해야 합니다.

① No one can solve the problem.
 = The problem cannot be solved by anyone.
 = The problem can be solved by no one. (×)

② Nothing satisfied her.
 = She was not satisfied with anything.
 = She was satisfied with nothing. (×)

③ Nobody took any notice of the fact.
 = The fact was not taken any notice of by anybody.
 = The fact was taken no notice of by anybody.
 = No notice was taken of the fact by anybody.
 = The fact was taken any notice of by nobody (×)
 = Any notice was not taken of the fact by anybody. (×)

> **해석** ① 아무도 그 문제를 풀 수 없다. ② 아무것도 그녀를 만족시키지 못했다. ③ 아무도 그 사실을 주목하지 않았다.

문제 6. Change the following sentences into the passive voice.(고급과정)

① He did not speak a single word.
② Nobody believes that he is honest.
③ She did not know anything about it.
④ No one has ever solved the problem.
⑤ Nobody found any fault with his plan.
⑥ Nobody has ever spoken to me like that.
⑦ Did nobody ever teach you how to behave?
⑧ Nobody has slept in this bed for a long time.
⑨ Nobody could discourage him from pursuing his path.

> **해석과 정답** ① 그는 단 한마디 말도 하지 않았다. (Not a single word was spoken by him.) ② 아무도 그가 정직하다고 믿지 않는다. (It is not believed by anybody that he is honest. = He is not believed to be honest by anybody.) ③ 그녀는 그것에 대해 아무것도 몰랐다. (Nothing about it was known to her.) ④ 아무도 그 문제를 푼 적이 없다. (The problem has never been solved by anyone.) ⑤ 아무도 그 계획을 흠잡지 못했다. (His plan was not found any fault with by anybody. = His plan was found no fault with by anybody. = No fault was found with his plan by anybody.) ⑥ 아무도 나에게 그처럼 얘기한 적이 없다. (I have never been spoken to like that by anybody.) ⑦ 너는 아무에게도 처신하는 법을 배우지 않았니? (Weren't you ever taught how to behave by anybody?) ⑧ 아무도 이 침대에서 오랫동안 잠을 자지 않았다. (This bed has not been slept in for a long time by anybody.) ⑨ 아무도 그가 그의 길을 따르는 것을 막을 수 없었다. (He could not be discouraged from pursuing his path by anybody.)

> **어휘** solve 풀다 take notice(note, account) of=pay(give) heed to 주목하다 find fault with 흠잡다 honest 정직한 behave 처신하다 speak to~에게 말을 하다 discourage A from B~ing A가 B하는 것을 막다 pursue 추구하다 path 길

8 수여동사(4형식 동사: ditransitive verbs)의 수동태(기본과정)

대부분의 4형식 동사는 간접목적어나 직접목적어를 주어로 가져와서 두 개의 수동태를 만들 수 있습니다.

① He told me a lie. = I was told a lie by him.

= He told a lie to me. = A lie was told to me by him.

② He gave his wife a Christmas present.

= His wife was given a Christmas present by him.

= He gave a Christmas present to his wife.

= A Christmas present was given to his wife by him.

③ He asked me a question. = I was asked a question by him.

= He asked a question of me. = A question was asked of me by him.

해석 ① 그는 나에게 거짓말을 했다. ② 그는 자기 아내에게 크리스마스 선물을 주었다. ③ 그는 나에게 질문을 했다.

9 직접 목적어만 주어로 취하는 동사(출제빈도 높은 중급과정)

Ⓐ to+간접목적어 →	pass(건네주다) write(쓰다)	read(읽어주다)	return(돌려주다)	sell(팔다)
Ⓑ for+간접목적 →	buy(사주다)	make(만들다)	book(예약하다)	call(부르다)
	get(구하다)	choose(고르다)	cook(요리하다)	do(해주다)
	order(주문하다)	find(찾다)	throw(파티를 열다)	build(짓다)
	fix(고쳐주다)	peel(벗기다)	leave(남겨두다)	spare(할애하다)

① She read me a book. ≠ I was read a book by her. (x)

= She read a book to me. = A book was read to me by her. (o)

② He called me a taxi. ≠ I was called a taxi by him. (x)

= He called a taxi for me. = A taxi was called for me by him. (o)

③ He bought me a doll. ≠ I was bought a doll by him. (x)

= He bought a doll for me = A doll was bought for me by him. (o)

④ I wrote him a long email. ≠ He was written a long email by me. (x)

= I wrote a long email to him. = A long email was written to him by me. (o)

⑤ Mom made me a new dress. ≠ I was made a new dress by Mom. (x)

= Mom made a new dress for me. = A new dress was made for me by Mom. (o)

⑥ Can you spare me a few minutes? ≠ Can I be spared a few minutes? (x)

= Can you spare a few minutes for me? = Can a few minutes be spared for me? (o)

해석 ① 그녀는 나에게 책을 읽어주었다. ② 그는 나에게 택시를 불러주었다. ③ 그는 나에게 인형을 사주었다.
　　　④ 나는 그에게 장문의 이메일을 썼다. ⑤ 엄마는 나에게 새 드레스를 만들어 주셨다. ⑥ 나에게 시간 좀 내 줄래?

어휘 do(make, pay, show, render) deference(homage, honor, obeisance, respect, regard) to=pay (a) tribute to
　　　~에게 경의를 표하다 lie 거짓말 present 선물 question 질문 doll 인형 a few minutes 약간의 시간

⑩ 간접 목적어만 주어로 취하는 동사(중급과정)

> save(덜어주다), spare(덜어주다), envy(부러워하다), kiss, forgive(용서하다)

① We envied him his luck. = He was envied his luck by us.

② She kissed me goodnight. = I was kissed goodnight by her.

③ They spared me the trouble. = I was spared the trouble by them.

④ His master forgave him his fault. = He was forgiven his fault by his master.

⑤ This tool will save us a lot of trouble. = We will be saved a lot of trouble by this tool.

> **해석** ① 우리는 그의 행운을 부러워했다. ② 그녀는 나에게 잘 자라고 뽀뽀해 주었다. ③ 그들은 나의 수고를 덜어주었다.
> ④ 그의 주인은 그의 잘못을 용서해 주었다. ⑤ 이 도구는 우리에게 많은 수고를 덜어줄 것이다.

⑪ 5형식 문장의 수동태(시험 출제 빈도 높은 고급과정)

> 지각동사(perception verbs), 사역동사(causative verbs)의 목적격 보어가 원형일 경우 수동태로
> 전환할 때 to를 붙이지만, 지각동사의 목적격 보어가 현재분사일 경우에는 그대로 전환합니다.
> 또한 let는 be allowed(permitted) to로, have는 be asked to로 전환합니다.

① I heard her sing a song. = She was heard to sing a song by me.

② I heard her singing a song. = She was heard singing a song by me.

③ They made him go there. = He was made to go there (by them).

④ I had him build my house. = I had my house built by him.

= I asked him to build my house. = He was asked to build my house by me.

⑤ My father let me go to the cinema. ≠ I was let go to the cinema by my father. (×)

= My father allowed(permitted) me to go to the cinema.

= I was allowed(permitted) to go to the cinema by my father.

⑥ He got the mechanic to check the brakes.

= He got the brakes checked by the mechanic.

= He convinced the mechanic to check the brakes.

= The mechanic was convinced to check the brakes by him.

⑦ I believe her to be the finest pianist in the world.

= She is believed to be the finest pianist in the world by me.

> **해석** ① 나는 그녀가 노래하는 소리를 들었다.(처음부터 끝까지 듣는 경우) ② 나는 그녀가 노래하고 있는 소리를 들었다.
> (도중에 듣는 경우) ③ 그들은 그를 그곳에 가도록 시켰다. ④ 나는 그에게 내 집을 지어달라고 부탁했다.
> ⑤ 내 아빠는 내가 영화관에 가는 것을 허락하셨다. ⑥ 그는 정비사에게 브레이크를 점검해달라고 요청했다.
> ⑦ 나는 그녀가 세계에서 가장 훌륭한 피아니스트라고 믿는다.

> **어휘** luck 행운 trouble 수고 fault 잘못 master 주인 tool 도구 go to the cinema 영화 보러 가다
> have 부탁하다 let 허락하다 get 권하다/설득하여 하게하다 mechanic 정비사/직공 check 점검하다
> revenge(avenge) oneself on=be revenged(avenged) on=take(inflict, wreak) revenge(vengeance) on
> =have(get, take) one's revenge on=retaliate on=pay off=get even with=get square with
> =come up with=even up with=even up on=pay(wear, wipe) off old scores 복수(보복)하다

문제 7. Change the following into the passive voice.(중급+고급과정)

① I envied him his good looks.

② Cathy let me use her phone.

③ You should tell us the truth.

④ I felt my heart beat violently.

⑤ We all consider her innocent.

⑥ I got John to paint my house.

⑦ I had him mend my cell phone.

⑧ He kissed his children goodnight.

⑨ He got his friends to help her move.

⑩ Your help saved me a lot of trouble.

⑪ I made him write a letter of apology.

⑫ I watched the crowd pass my window.

⑬ The police officer showed us the way.

⑭ David sent me a lovely Christmas card.

⑮ I observed the temperature fall suddenly.

⑯ The teacher made us memorize the poem.

⑰ The President called him 'a genuine hero'.

⑱ I heard someone call my name behind me.

⑲ He cannot have told his parents that awful lie

⑳ I sold one customer two pairs of shoes yesterday.

해석과 정답 ① 나는 그의 잘생긴 외모를 부러워했다. (He was envied his good looks by me.) ② Cathy는 나에게 자기 전화를 사용하도록 허용했다. (I was allowed to use her phone by Cathy.) ③ 너는 우리에게 진실을 말해야 한다. (We should be told the truth by you. = The truth should be told to us by you.) ④ 나는 내 심장이 심하게 두근거리는 것을 느꼈다. (My heart was felt to beat violently by me.) ⑤ 우리는 모두 그녀가 순수하다고 생각한다. (She is considered innocent by us all.) ⑥ 나는 존에게 내 집을 페인트칠 해달라고 요청했다. (I got my house painted by John.) ⑦ 나는 그에게 내 휴대전화를 고쳐달라고 부탁했다. (I had my cell phone mended by him.) ⑧ 그는 자기 자녀들에게 잘 자라고 뽀뽀해주었다. (His children were kissed goodnight by him.) ⑨ 그는 친구들에게 그녀가 이사하는 것을 도와달라고 권유했다. (His friends were convinced to help her move by him.) ⑩ 너의 도움이 나에게 많은 수고를 덜어주었어. (I was saved a lot of trouble by your help.) ⑪ 나는 그에게 반성문을 쓰도록 시켰다. (He was made to write a letter of apology by me.) ⑫ 나는 군중이 내 유리창을 지나가는 것을 보았다. (The crowd was watched to pass my window by me.) ⑬ 그 경찰관이 우리에게 길을 가르쳐 주었다. (We were shown the way by the police officer. = The way was shown to us by the police officer.) ⑭ David는 나에게 예쁜 크리스마스카드를 보냈다. (I was sent a lovely Christmas card by David. = A lovely Christmas card was sent to me by David.) ⑮ 나는 온도가 갑자기 떨어지는 것을 목격했다. (The temperature was observed to fall suddenly by me.) ⑯ 선생님은 우리에게 그 시를 암기하도록 시키셨다. (We were made to memorize the poem by the teacher.) ⑰ 대통령은 그를 진정한 영웅이라고 불렀다. (He was called 'a genuine hero' by the President.) ⑱ 나는 누군가가 뒤에서 내 이름을 부르는 소리를 들었다. (I heard my name called behind me.) ⑲ 그가 그의 부모님께 그런 끔찍한 거짓말을 했을리가 없어. (His parents cannot have been told that awful lie by him. = That awful lie cannot have been told to his parents by him.) ⑳ 나는 어제 한 명의 고객에게 두 켤레의 신발을 팔았다. (Two pairs of shoes were sold to one customer by me yesterday.)

어휘 envy 부러워하다 good looks 잘생긴 외모 truth 사실 heart 심장 beat 박동하다 violently 심하게 consider 간주하다/생각하다 innocent 순수한 mend 고치다 move 이사하다 save 덜어주다 a lot of trouble 많은 수고 a letter of apology 반성문 crowd 군중 pass 지나가다 show the way 길을 가르쳐주다 observe 관찰하다 temperature 기온/온도 suddenly 갑자기 memorize 암기하다 poem 시 president 대통령 genuine 진정한 hero 영웅 behind ~의 뒤에서 call 부르다 cannot have pp ~했을 리가 없다 awful lie 끔찍한 거짓말 sell-sold-sold 팔다 customer 고객/손님/거래처

12 by 이외의 전치사를 쓰는 수동태(가장 출제 빈도가 높은 고급과정)

① Milk is made into butter. (재료가 먼저 오고 제품이 뒤로 갈 때)

② Desks are made of wood. (모양만 바뀌는 물리적 변화를 나타낼 때)

③ Paper is made from wood. (성질까지 바뀌는 화학적 변화를 나타낼 때)

④ I am tired of boiled eggs. (정신적으로 치쳐서 싫증 날 때)

⑤ I am tired from swimming. (육체적으로 지쳐서 피곤할 때)

⑥ The man is known as a novelist. (~로서 알려지다)

⑦ The rumor is known to everybody. (~에게 알려지다)

⑧ Korea is known for its beautiful scenery. (~때문에 알려지다)

⑨ A man is known by the company he keeps. (~을 보면 알 수 있다)

⑩ I am satisfied of Jason's innocence. (~을 확신하다)

⑪ I am satisfied(contented) with the result. (~에 만족하다)

⑫ My father is engaged in foreign trade. (~에 종사하다)

⑬ My daughter is engaged to a nice young actor. (~와 약혼중이다)

⑭ He was disappointed in love again. (실연당하다)

⑮ We were disappointed at the news. (~을 듣고 실망하다)

⑯ I was disappointed by the quality of the wine. (~에 실망하다)

⑰ I was deeply disappointed at(about/with) the result. (~에 실망하다)

⑱ His parents were bitterly disappointed in(with) him. (사람에게 실망하다)

⑲ The highway was covered with snow. (~로 뒤덮이다)

⑳ I was covered in sweat after running. (땀이나 흙이나 피로 뒤범벅이 되다)

㉑ Our grass was covered with(by) butterflies. (~로 뒤덮이다)

㉒ The damaged house was covered by insurance. (충당하다)

㉓ The city council meeting was covered by the news station. (취재하다)

해석 ① 우유(재료)는 버터(제품)로 만들어진다. (재료가 먼저 올 때) ② 책상은 나무로 만들어진다. (물리적 변화) ③ 종이는 나무로 만들어진다. (화학적 변화) ④ 나는 삶은 계란에 싫증났어. ⑤ 나는 수영해서 피곤해. ⑥ 그 사람은 소설가로서 알려져 있다. ⑦ 그 소문은 모든 사람들에게 알려져 있다. ⑧ 한국은 아름다운 경치 때문에 알려져 있다. ⑨ 사람은 사귀는 친구를 보면 알 수 있다. ⑩ 나는 Jason의 무죄를 확신한다. ⑪ 나는 그 결과에 만족한다. ⑫ 내 아빠는 외국무역에 종사하신다. ⑬ 내 딸은 멋진 젊은 배우와 약혼해 있다. ⑭ 그는 또 실연당했다. ⑮ 우리는 그 소식을 듣고 실망했다. ⑯ 나는 그 포도주의 품질에 실망했다. ⑰ 나는 그 결과에 무척 실망했다. ⑱ 그의 부모님은 그에게 몹시 실망하셨다. ⑲ 고속도로는 눈으로 덮여있었다. ⑳ 나는 달리기 후에 땀으로 덮여있었다. ㉑ 우리 잔디밭은 나비들로 가득 차 있었다. ㉒ 그 망가진 집은 보험처리가 되었다. ㉓ 시 의회 회의는 보도국에 의해 보도 되었다.

어휘 wood 나무 boiled eggs 삶은 계란 novelist 소설가 rumor 소문/소문을 내다 scenery 풍경/경치 company 친구/회사/중대/동석/일행 innocence 무죄 result 결과 foreign trade 외국 무역 actor 배우 quality 품질 bitterly 몹시/통렬히 highway 고속도로 sweat 땀 run-ran-run 달리다 grass 잔디밭 butterfly 나비 damage 망가뜨리다 cover 포함(주파/충당/부담/취재/보도/보호)하다/다루다/손실을 메꾸다 insurance 보험 council 의회 news station 보도국 aberrant=abnormal=anomalous=astray=deviant=digressive=eccentric=errant=freakish=weird=erratic=erring =straying=wayward 변태의, 비정상적인, 비뚤어진, 탈선한

문제 8. Fill in the blanks with proper prepositions.(고급과정)(토익 출제 고빈도 과정)

① She is dressed _____ silks.　② Wine is made _____ grapes.

③ Grapes are made _____ wine.　④ He is interested _____ botany.

⑤ Shoes are made _____ leather.　⑥ She is married _____ a lawyer.

⑦ A tree is known _____ its fruit.　⑧ She was offended _____ my joke.

⑨ They were caught _____ a shower.　⑩ I was convinced _____ his honesty.

⑪ The peak was covered _____ snow.　⑫ I am very pleased _____ your work.

⑬ My room is crammed _____ furniture.

⑭ The singer is known _____ everybody.

⑮ He was satisfied _____ my explanation.

⑯ I was alarmed _____ the sudden noise.

⑰ The city was afflicted _____ the storm.

⑱ The room was filled _____ much smoke.

⑲ She was annoyed _____ his rude manners.

⑳ He was killed _____ a knife _____ a robber.

㉑ They were greatly surprised _____ the news.

㉒ Her house is equipped _____ CCTV cameras.

㉓ She was occupied _____ doing her homework.

㉔ I became acquainted _____ Mr. Kim last year.

㉕ You should be satisfied _____ what you have.

㉖ The waiting room is crowded _____ many people.

㉗ She used to be absorbed _____ foreign pop music.

㉘ I am so tired _____ doing the same job every day.

㉙ Many people are too often preoccupied _____ fleeting things.

해석과 어휘·정답 ① 그녀는 비단 옷을 입고 있다. (be dressed in 옷을 입고 있다) ② 와인은 포도로 만들어진다. (be made from ~로부터 만들어지다) ③ 포도가 제조되어 와인이 된다. (be made into 재료가 먼저 오는 경우) ④ 그는 식물학에 관심 있다. (be interested in ~에 관심이 있다) ⑤ 구두는 가죽으로 만들어진다. (be made of ~로 만들어지다(물리적 변화)) ⑥ 그녀는 변호사와 결혼했다. (be married to ~와 결혼하다) ⑦ 나무는 열매를 보면 알 수 있다. (be known by ~을 보면 알 수 있다) ⑧ 그녀는 내 농담을 듣고 화를 냈다. (be offended at ~을 듣고 화를 내다) ⑨ 그들은 소나기를 만났다. (be caught in a shower 소나기를 만나다) ⑩ 나는 그의 정직성을 확신했다. (be convinced of ~을 확신하다) ⑪ 그 봉우리는 눈으로 덮여있었다. (be covered with ~로 덮여있다) ⑫ 나는 너의 일에 대단히 만족한다. (be pleased with ~에 만족하다) ⑬ 내 방은 가구로 가득 차 있다. (be crammed with ~로 가득 차다) ⑭ 그 가수는 모두에게 알려져 있다. (be known to ~에게 알려져 있다) ⑮ 그는 나의 설명에 만족했다. (be satisfied with ~에 만족하다) ⑯ 나는 갑작스런 소음에 놀랐다. (be alarmed at ~을 듣고 놀라다) ⑰ 그 도시는 폭풍에 시달렸다. (be afflicted with ~에 시달리다) ⑱ 그 방은 많은 연기로 가득 차 있었다. (be filled with ~으로 가득 차다) ⑲ 그녀는 그의 무례한 태도에 화가 났다. (be annoyed at ~을 듣고 화를 내다) ⑳ 그는 강도에게 칼로 죽임을 당했다. (with~로　by~에 의해) ㉑ 그들은 그 소식을 듣고 무척 놀랐다. (be surprised at ~을 듣고 놀라다) ㉒ 그녀의 집은 CCTV 카메라가 설치되어 있다. (be equipped with ~이 설치되어 있다) ㉓ 그녀는 숙제하느라 바빴다. (be occupied with ~하느라 바쁘다) ㉔ 나는 Mr. Kim을 작년에 알게 되었다. (become acquainted with ~을 알게 되다) ㉕ 너는 네가 갖고 있는 것에 만족해야 한다. (be satisfied with ~에 만족하다) ㉖ 대기실을 많은 사람들로 가득 차 있다. (be crowded with ~으로 붐비다) ㉗ 그녀는 외국 대중음악에 푹 빠져 있었다. (be absorbed in ~에 푹 빠져있다) ㉘ 나는 매일 똑같은 일을 하는 데 매주 싫증이 났다. (be tired of ~에 싫증나다) ㉙ 많은 사람들이 너무나도 자주 덧없는 것들에 열중한다. (be preoccupied with ~에 열중하다)

어휘 silks 비단옷 grape 포도 botany 식물학 leather 가죽 honesty 정직 furniture 가구 explanation 설명 sudden noise 갑작스러운 소음 rude manner 무례한 태도 robber 강도 fleeting=transient=transitory 덧없는/순간의

13 유사 수동태(pseudo-passive)(고급과정)

「능동의 의미를 가진 수동태」라는 뜻으로, 수동태 형식이지만 능동의 의미를 갖고 있거나 문법적으로 그에 해당하는 능동태가 없는 동사 구조를 유사 수동태라고 합니다.

① Spring is come. = Spring has come.

② Are you done with your homework?

③ I will soon be finished with this job.

④ He is gone to America. = He has gone to America.

⑤ By the time she got there, her friends were gone.

⑥ Why are all those cars stopped at the crossroads?

⑦ My parents are retired now. = My parents have retired.

⑧ I am finished with the work. = I have finished the work.

> **해석** ① 봄이 왔다. ② 너는 숙제 다 마쳤니? ③ 나는 이 일을 곧 끝낼 거야. ④ 그는 미국에 가버렸다.
> ⑤ 그녀가 그곳에 도착할 무렵에, 그녀의 친구들은 가버렸다. ⑥ 그 모든 차들이 왜 교차로에서 멈춰있지?
> ⑦ 내 부모님은 현재 은퇴하신 상태이다. ⑧ 나는 그 일을 다 마쳤다.

14 유사 자동사(pseudo-intransitive)(출제 고빈도 고급과정)

「수동의 의미를 가진 자동사」라는 뜻으로, 타동사와 자동사로 동시에 사용되면서 타동사일 때의 목적어와 자동사일 때의 주어가 같은 동사를 능격동사(能格動詞: ergative verbs)라고 하며, 이중 자동사 형태이지만 수동의 의미를 가진 동사를 유사 자동사라고 합니다.

bake, blame, break, burn, calm down, close, change, cook, drop, evaporate, grow, fade, freeze, jump, land, lock, march, measure, melt, open, peel, photograph, print, read, ring, run, sink, spill, spin, spread, stretch, tear, tighten, translate, turn, walk, wash, wave, weigh

① John opened the door. – The door opened. – The door was opened. (수동태)

② The dog broke the vase. – The vase broke. – The vase was broken. (수동태)

③ I am cooking the rice. – The rice is cooking. – The rice is being cooked. (수동태)

④ Peel the oranges well. – Ripe oranges peel easily.

⑤ Don't lock the door. – The door locks automatically.

⑥ Don't tear the paper. – The paper doesn't tear straight.

⑦ He sold his watch at a good price. – "Unique" is selling like hot cakes.

⑧ She is reading a story to her child. – The play reads better than it acts.

> **해석** ① John이 문을 열었다. – 문이 열렸다. ② 그 개가 꽃병을 깨버렸다. – 꽃병이 깨졌다.
> ③ 나는 밥을 짓고 있다.– 밥이 지어지고 있다. ④ 오렌지 껍질을 잘 벗겨라. – 잘 익은 오렌지는 껍질이 잘 벗겨진다.
> ⑤ 문을 잠그지 마라. – 문이 자동으로 잠긴다. ⑥ 종이를 찢지 마라. – 그 종이는 반듯하게 찢어지지 않는다.
> ⑦ 그는 자신의 시계를 좋은 가격에 팔았다. – "유니크"는 불티나게 팔리고 있다.
> ⑧ 그녀는 자기 아이에게 이야기를 읽어주고 있다. – 그 희곡은 상연보다는 읽기에 더 좋다.

> **어휘** homework 숙제 by the time ~할 무렵 crossroads 교차로 retire 은퇴하다 vase 꽃병 peel 벗기다
> ripe 잘 익은 easily 쉽게 automatically 자동으로 tear-tore-torn 찢다 straight 똑바로 melt 녹다/녹이다
> calm down 진정하다/진정시키다 evaporate 증발하다/증발시키다 spread-spread-spread 퍼지다/퍼뜨리다
> sell-sold-sold 팔다 at a good price 좋은 가격에 sell like hot cakes 불티나게 팔리다 play 희곡 act 상연하다

15 행위자를 생략하는 수동태(중급과정)

행위자를 모를 때나 행위 자체가 행위자보다 더 중요하거나 행위자를 지명하고 싶지 않을 때는 by이하를 생략합니다.

① My bike was stolen.　　　　　② The vase was sold for 500 dollars.

③ He was born into a wealthy family.　　④ The bank was broken into last night.

⑤ The victims were hospitalized immediately.

> **해석** ① 내 자전거는 도난당했다. ② 그 꽃병은 500 달러에 팔렸다. ③ 그는 부자 가문에서 태어났다.
> ④ 그 은행은 어젯밤에 털렸다. ⑤ 그 희생자들은 즉시 병원으로 이송되었다.

16 항상 수동태로 사용되는 동사(중급과정)

① He was born in Seoul 17 years ago.

② His wife has been hospitalized for depression.

③ The room was strewn with books and magazines.

④ The area is mainly populated by families with small children.

⑤ When your order is shipped, we will send you a confirmation e-mail.

> **해석** ① 그는 17년 전에 서울에서 태어났다. ② 그의 아내는 우울증 치료를 받아왔다.
> ③ 그 방은 책과 잡지들로 어수선해져 있었다. ④ 그 지역은 주로 어린애들을 가진 가족들이 거주하고 있다.
> ⑤ 당신이 주문한 물건이 적재되면, 우리는 당신에게 확인 이메일을 보내드리겠습니다.

17 상태 수동태와 동작 수동태(중급과정)

상태수동태	동작수동태
① He is married.	He got married last year.
② The window is broken.	The window got broken suddenly.
③ Our house is painted green.	Our house is painted every year.
④ The book is written in English.	The book was written by him.
⑤ Your composition is well written.	She got involved in an argument.

> **해석** ① 그는 결혼한 상태이다./ 그는 작년에 결혼했다. ② 그 창문은 깨져있다./ 그 창문이 갑자기 깨져버렸다.
> ③ 우리 집은 녹색으로 칠해져 있다./ 우리 집은 매년 칠해진다. ④ 그 책은 영어로 쓰여 있다./ 그 책은 그에 의해 써졌다.
> ⑤ 너의 작문은 잘 쓰여 있다./ 그녀는 논쟁(말다툼)에 관여했다.

18 수동태가 불가능한 타동사(출제 고빈도 중급과정)

① He has a green car.　　　　　② Does this bag belong to you?

③ He lacks confidence.　　　　　④ They reached the port at three.

⑤ John resembles his father.　　　⑥ The auditorium holds 1,000 people.

⑦ That dress becomes(suits, fits, matches) you very well.

> **해석** ① 그는 초록색 차를 가지고 있다. ② 이 가방은 네 것이냐? ③ 그는 자신감이 없다. ④ 그들은 3시에 항구에 도착했다.
> ⑤ John은 그의 아빠를 닮았다. ⑥ 그 강당은 천 명을 수용할 수 있다. ⑦ 그 드레스는 너에게 참 잘 어울린다.

> **어휘** wealthy 부유한 vase 꽃병 break into 침입하다 victim 희생자 hospitalize 입원시키다/병원치료 하다
> immediately 즉시 strew 흩뿌리다 magazine 잡지 mainly=chiefly 주로 populate 거주케 하다 order 주문
> ship 적재하다 confirmation 확인 suddenly=abruptly 갑자기 get involved in 관여하다 argument 논쟁/말다툼
> belong to ~에 속하다 lack=be in need(want/lack) of 부족하다 confidence 자신감 reach 도착하다 port 항구
> resemble=take after=be analogous to 닮다 auditorium 강당 become=suit=fit=match=look good on 어울리다

PART 24 │ 주어+동사의 일치
(Subject-Verb Agreement)(출제빈도 높은 고급과정)

(1) 두 개 이상의 명사가 합해져서 주어가 되어 복수가 되는 경우 (1+1=2)

① Fire and water do not agree.　　　② Coffee and tea are served hot.

③ The husband and wife do not mix well.

④ A good wife and health are a man's best wealth.

> **해석** ① 불과 물은 화합하지 않는다. ② 커피와 차는 따뜻하게 제공된다.
> ③ 그 부부는 금실이 좋지 않다. ④ 착한 아내와 건강은 남자의 최고의 재산이다.

(2) 두 개의 명사가 어우러져 하나가 되어 단수가 되는 경우 (1+1=1)

① Slow and steady wins the race.

② Bacon and eggs is my favorite breakfast.

③ All work and no play makes Jack a dull boy.

④ Early to bed and early to rise is good for health.

⑤ The famous actress and singer was present at the party.

> **해석** ① 천천히 꾸준히 하면 경주에서 이긴다. ② 계란 곁들인 베이컨이 내가 가장 좋아하는 아침식사이다.
> ③ 공부만 하고 놀지 않으면 사람이 바보가 된다. ④ 일찍 자고 일찍 일어나는 것이 건강에 좋다.
> ⑤ 그 유명한 배우 겸 가수가 파티에 참석했다.

ⓐ	pen and ink	필묵	gin and tonic	진토닉
ⓑ	rise and fall	흥망성쇠	a son and heir	아들이자 상속인
ⓒ	ham and eggs	햄엔 에그	bread and butter	버터 바른 빵
ⓓ	law and order	법과 질서	a bow and arrow	화살을 꽂은 활
ⓔ	trial and error	시행착오	Romeo and Juliet	로미오와 줄리엣
ⓕ	curry and rice	카레라이스	a cup and saucer	접시 딸린 잔
ⓖ	fish and chips	피시 앤 칩스	a watch and chain	줄 달린 시계
ⓗ	a horse and cart	마차	a needle and thread	실 꿴 바늘
ⓘ	thunder and lightning	천둥번개	happiness and misery	행. 불행
ⓙ	the sum and substance	요점	Crime and Punishment	죄와 벌

(3) 단수와 복수가 A or B, either A or B, neither A nor B, not only A, but also B 로
연결되어있을 경우, 동사의 수는 동사와 더 가까운 명사의 수에 일치. (proximity rule)

① Neither Mary nor the other girls know about it.

② Either you or I have to go to his birthday party.

③ Is either the dog or the cats responsible for the mess?

④ Not only Julie but also her sisters want to visit their hometown.

> **해석** ① Mary도 다른 소녀들도 그것에 관해서 모른다. ② 너 아니면 내가 그의 생일 파티에 가야 한다.
> ③ 그 난장판의 원인이 개야 고양이야? ④ Julie뿐만 아니라 그녀의 자매들도 그들의 고향을 방문하고 싶어 한다.

> **어휘** agree 화합하다 be served hot 따뜻하게 제공되다 mix well 금실이 좋다 wealth 재산 steady 꾸준한
> win—won—won 이기다 race 경주 favorite 가장 좋아하는 all work and no play 공부만 하고 놀지 않으면
> dull 멍청한/지루한 early to bed and early to rise 일찍 자고 일찍 일어나기 be present at=attend 참석하다
> be responsible(accountable) for ~에 대한 책임이 있다/~의 원인이다 mess 난장판/엉망진창 hometown 고향

(4) not A(,) but B=B but not A=B, and not A=B, not A(A가 아니라 B)에서 동사는 B에 일치

① Jane, and not I, has won the prize.

② Not the butler but the maids clean the house.

③ The CEO, not the board members, makes the final decision.

④ The people but not the President have tried to correct the political scandal.

> **해석** ① 내가 아니라 Jane이 그 상을 탔다. ② 집사가 아니라 가정부들이 집 청소를 한다.
> ③ 회사 임원들이 아니라 최고 경영자가 최종 결정을 내린다.
> ④ 대통령이 아니라 국민들이 정치적 부정사건을 바로 잡으려 애를 썼다.

(5) **언제나 첫 번째 명사가 주어이며 주어와 동사 사이에 온 구나 절은 수의 일치와 무관합니다.**

① One of the boxes is empty.

② The pot of eggs is boiling on the stove.

③ The chef, with all his cooks, was dismissed.

④ The people who don't listen to that music are few.

⑤ The captain, as well as his players, is not enthusiastic.

> **해석** ① 상자 중 하나는 비어있군요. ② 계란이 든 단지가 스토브 위에서 끓고 있다.
> ③ 그 주방장은 그의 모든 요리사들과 함께 해고당했다. ④ 그 음악을 듣지 않는 사람은 거의 없다.
> ⑤ 선수들뿐만 아니라 주장도 열의가 없다.

(6) A as well as B, A with B, A along(combined, coupled, together) with B, A but B, A except B, A in addition to B, A accompanied by B(B를 동반한 A)는 동사가 A에 일치합니다.

① The farmer along with the cows rises early.

② Everyone except Steve and Todd is working.

③ All but one boy are going to the athletic meeting.

④ The doctor in addition to his nurses has the night off.

> **해석** ① 그 농부는 소들과 더불어 일찍 일어난다. ② Steve와 Todd를 제외한 모두가 일하고 있다.
> ③ 한 소년을 제외하고 모두 체육대회에 갈 거야. ④ 간호사들뿐만 아니라 의사도 야근이 없다.

(7) Another, Each, Either, Neither, Every, No, Whatever, Whoever는 단수

① Every citizen has the right to vote.

② Each of his sons has a room of his own.

③ Neither of the musicians plays the violin well.

④ No one knows what he or she can do till he or she tries.

⑤ Whoever keeps late hours/ is very likely to be late for work.

> **해석** ① 모든 시민은 투표권을 갖고 있다. ② 그의 아들 각자는 자신의 방이 있다.
> ③ 그 음악가 둘 다 바이올린을 잘 연주하지 못한다. ④ 아무도 시도해볼 때까지는 자신이 무엇을 할 수 있는지 알 수 없다.
> ⑤ 늦게 자고 늦게 일어나는 사람은/ 직장에 지각할 가능성이 많다.

> **어휘** win the prize 상을 타다 butler 집사 maid 하녀/가정부 CEO 최고경영자 board member 회사 임원 final decision 최종 결정 correct 바로잡다 political scandal 정치적 부정사건 empty 비어있는 pot 단지 boil 끓다 dismiss 해고하다 captain 주장 as well as/in addition to ~뿐만 아니라 enthusiastic 열의 있는 farmer 농부 along with=together with ~와 더불어 except/but 제외하고 athletic meeting 체육대회 have~off 쉬다 right to vote 투표권 of one's own 자신의 keep late hours 늦게 자고 늦게 일어나다 be likely(apt, liable, prone) to ~할 가능성이 있다 be late for 지각하다

(8) Each/Every A and B, Each/Every A, B and C, No A and no B는 단수

① No minute and no second is to be wasted.

② Every boy and girl wants to see the show.

③ Each suitcase and briefcase has to be checked.

④ Every man, woman, and child participates in the lifeboat drill.

해석 ① 일분일초도 낭비해서는 안 된다. ② 모든 소년 소녀들은 그 쇼를 보고 싶어 한다.
③ 모든 여행용 가방과 서류 가방은 검사받아야 한다. ④ 모든 남자, 여자, 어린이들이 구명정 훈련에 참가한다.

(9) 관계대명사 what(= The thing(s) that)이 유도하는 절은 단수가 원칙이나, 보어가 복수일 때는
복수도 가능합니다. 이와 같은 문장을 유사분열문(pseudo-cleft)이라고 합니다.

① What we need/ is your help. = It is your help that we need. = We need your help.

② What my daughter wants/ is/are a few cute dolls.

③ What I need most/ is a good English grammar book.

④ What they desperately want/ is/are clothes and shelter.

해석 ① 우리가 필요한 것은/ 너의 도움이야. ② 내 딸이 원하는 것은/ 몇 개의 귀여운 인형이야.
③ 내가 가장 필요한 것은/ 훌륭한 영문법 책이야. ④ 그들이 절실히 원하는 것은/ 의복과 피난처야.

(10) All, Any, Half, Some, Most, The rest(remainder, bulk), 분수(fraction), (A) part, A portion,
A proportion 등은 of 뒤 명사의 수에 일치합니다.

① All of the beer was spilt.

② Most of the apples are rotten.

③ A part of the girls are singing.

④ The rest of the map was found.

⑤ Half of the building was destroyed.

⑥ Most of the information was useful.

⑦ The rest of the students were quiet.

⑧ Two-thirds of the garden was uprooted.

⑨ One-third of the students were intelligent.

⑩ A portion of the employees also favor the plan.

⑪ The great bulk of these people are extremely poor.

해석 ① 맥주가 모두 엎질러졌다. ② 사과들 대부분이 썩었다. ③ 소녀들 일부가 노래를 부르고 있다.
④ 그 지도의 나머지가 발견되었다. ⑤ 그 건물의 절반이 파괴되었다. ⑥ 그 정보의 대부분은 쓸모가 있었다.
⑦ 나머지 학생들은 침묵했다. ⑧ 정원의 3분의 2가 뿌리째 뽑혔다. ⑨ 학생들의 3분의 1은 총명했다.
⑩ 일부 직원들도 그 계획을 찬성한다. ⑪ 이 사람들 대부분은 지극히 가난하다.

어휘 minute 분 second 초 waste 낭비하다 suitcase 여행용 가방 briefcase 서류가방 check 점검하다
participate in=take part in 참가하다 lifeboat drill 구명정 훈련 a few 몇 개의 cute doll 귀여운 인형
grammar 문법 desperately 절실히 shelter 피난처/은신처/숙소 beer 맥주 spill 엎지르다 most 대부분
rotten 썩은 a part 부분 remainder 나머지 map 지도 information 정보 useful 유익한 uproot=root up 뿌리째 뽑다
two-thirds 3분의2 one-third 3분의 1 intelligent 총명한 great bulk 대부분 extremely=exceedingly 지극히/극도로

(11) A percentage of+단수 = 단수/A percentage of+복수 = 복수

　　There is a percentage of+복수/The percentage of+복수 = 단수

① A large percentage of the chocolate chips are missing.

② There is a large percentage of chocolate chips missing.

③ Only a small percentage of people are interested in politics.

④ Only a small percentage of the land on the earth has a temperate climate.

⑤ The percentage of boys who like reading sports stories is more than three times that of girls.

> **해석** ①/② 초콜릿 칩 대부분이 보이지 않는다. ③ 적은 비율의 사람들만 정치에 관심이 있다.
> 　　④ 적은 비율의 지표만 온대 기후를 가지고 있다.
> 　　⑤ 스포츠 기사를 읽기를 좋아하는 소년들의 비율은 소녀들의 비율 세 배 이상이다.

(12) A number of(= many) 복수명사 = 복수/a variety of(= various)+복수명사 = 복수

　　The number(variety) of 복수명사 = 단수

① A variety of plants are on display.

② There is/are a wide variety of patterns to choose from.

③ A number of factories were built in this district last year.

④ The number of the injured passengers was larger than that of the dead.

⑤ The variety of courses was designed to attract as many students as possible.

> **해석** ① 다양한 식물들이 전시되어 있다. ② 선택할 수 있는 아주 다양한 무늬들이 있다.
> 　　③ 많은 공장들이 작년에 이 지역에 지어졌다. ④ 부상당한 승객의 수는 죽은 자들의 수보다 더 컸다.
> 　　⑤ 강좌의 다양함은(다양한 강좌는) 가능한 한 많은 학생들을 끌어들이기 위해서 계획되었다.

(13) A total of+복수명사 = 복수/The total (of+복수명사) = 단수

　　A (wide) range of 복수명사 = 복수/The range of+복수명사 = 단수

① A total of 10 applicants have applied.

② The total has exceeded our expectations.

③ A wide range of phenomena are involved.

④ The range of products for sale at the fair is staggering.

⑤ A total of 10 million dollars was raised during the telethon. (액수는 단수)

> **해석** ① 총 10명의 지원자들이 지원했다. ② 총액은 우리 기대를 초과했다. ③ 광범위한 현상들이 포함되어 있다.
> 　　④ 장에서 판매되는 제품의 범위는 엄청나다. ⑤ 총 천만 달러가 TV방송 때 모금되었다.

> **어휘** percentage 비율 missing 사라진 be interested in 관심이 있다 politics 정치 land 땅
> 　　earth 지구 temperate climate 온대기후 variety 다양성 on display 전시 중 pattern 모형/문양
> 　　choose 선택하다 factory 공장 district 구역 injured passenger 부상당한 승객 the dead 죽은 자들
> 　　design 설계하다 attract 끌어들이다 as many~as possible 가능한 한 많은 total 총액 applicant 신청자
> 　　apply 지원하다 a wide range(swath) of=far-reaching 광범위한 phenomenon 현상 be involved 연루되다
> 　　product 제품 for sale 판매용 fair 시장 staggering 엄청난 raise-raised 모금하다/기르다 telethon TV모금방송
> 　　excel=exceed=eclipse=go(pass) beyond=outbalance=outclass=outdistance=outdo=outgo=outrank=outride
> 　　=outrival=outrun=outshine=outsmart=outstrip=outvie=outweigh=overhaul=overleap=overmatch=overpass
> 　　=overrun=overshadow=overstep=overtop=surpass=transcend=get ahead of=have the edge on 능가(추월)하다

(14) A catalogue/series/supply of+복수 = 단수

　　한 번에 여러 개의 시리즈를 가리킬 때는 복수

① A series of lectures is scheduled.

② What is/are your favorite TV series?

③ My favorite TV series has been cancelled.

④ All the series of Channel A are very interesting.

⑤ There has been quite a series of accidents lately.

> **해석** ① 일련의 강의가 예정되어 있다. ② 네가 가장 좋아하는 TV시리즈가 뭐니? ③ 내가 좋아하는 TV 시리즈가 취소
> 되었어. ④ 채널 A의 모든 시리즈는 매우 재미있다. ⑤ 최근에 일련의 사고들이 계속되었다.

(15) Anyone, Anybody, Everyone, Everybody, Someone, Somebody, No one, Nobody, each를
　　대명사로 나타낼 때, 남성이면 he, 여성이면 she, 양성이면, he or she입니다.
　　구어체에서는 they로 받기도 하지만 문법적으로는 틀린 것으로 간주됩니다.

① Everyone has his or her dream. (formal)

② Everyone has their dream. (informal)

③ Anyone can succeed if he or she has perseverance. (formal)

④ Anybody can succeed if they have perseverance. (informal)

⑤ He helped each of his sons with his homework.

⑥ He helped each of his daughters with her homework.

⑦ He helped each of his children with his or her homework. (formal)

⑧ He helped each of his children with their homework. (informal)

> **해석** ①/② 모든 사람은 자신의 꿈을 가지고 있다. ③/④ 인내를 갖고 있으면 누구나 성공할 수 있다.
> 　　⑤ 그는 자기 아들들 각자의 숙제를 도와주었다. ⑥ 그는 자기 딸들 각자의 숙제를 도와주었다.
> 　　⑦/⑧ 그는 자기 자녀들 각자의 숙제를 도와주었다.

(16) A(The) majority(minority): of가 없으면 단수/복수
　　A(The) majority(minority): of+단수 = 단수
　　A(The) majority(minority): of+복수 = 단수(집단을 나타낼 때)/복수(구성원을 나타낼 때)

① The majority was/were in favor of the motion.

② A minority was/were against the motion.

③ The majority of the population is Hispanic.

④ The majority of our employees are women.

⑤ The majority of Senators passes the resolution.

> **해석** ① 다수가 그 제안에 찬성했다. ② 소수가 그 제안에 반대했다. ③ 인구 대다수는 히스패닉이다.
> 　　④ 직원의 대다수는 여성이다. ⑤ 상원의 다수가 결의안을 통과시킨다.

> **어휘** lecture 강의/강연 schedule 예정/계획하다 cancel=call off 취소하다 quite a series of 계속되는 favorite 가장 좋
> 아하는 accident 사고 lately=of late 최근에 perseverance 인내 homework 숙제 majority 대부분 minority 소수 be in
> favor of 찬성하다 be against 반대하다 motion 제안 population 인구 hispanic 스페인의 employee 직원 senator 상원
> 의원 representative 하원의원 pass 통과하다 resolution 결의안 voter 투표자 support 지지하다 policy 정책

⑰ An average of+복수명사: 동사의 설명을 보고 average가 주어이면 단수, 명사가 주어이면 복수

① The average of her five test scores is 95.

② An average of 25 applications a month is usual.

③ An average of twenty−five persons apply each month.

④ An average of five students are absent each day.

⑤ An average of 15 mice were used in both experiments.

> **해석** ① 그녀의 다섯 가지 시험점수 평균은 95점이다. ② 한 달에 평균 25개의 신청서는 보통이다. ③ 평균 25명의 사람들이 매월 지원한다. ④ 평균 5명의 학생이 매일 결석한다. ⑤ 평균 15마리의 쥐가 두 실험에서 사용되었다.

⑱ a kind/sort/type of+무관사 단수/kinds of+단수 불가산 명사/kinds of+복수 가산 명사

① What kind/sort/type of person is he?

② These kinds of apples are delicious.

③ Two kinds of oil were found in the area.

④ The flowers attract several different kinds of insects.

> **해석** ① 그는 어떤 유형의 사람이니? ② 이런 종류의 사과가 맛있어.
> ③ 두 종류의 기름이 그 지역에서 발견되었다. ④ 꽃들은 여러 다양한 종류의 곤충을 끌어들인다.

⑲ a couple/a trio: 하나의 단위로 간주할 때는 단수, 개별적인 요소로 간주할 때는 복수

① Only one couple was left on the dance floor. (Grammatical agreement)

② A couple were staring at each other on the park bench. (Notional agreement)

③ The trio is currently touring Europe. (Grammatical agreement)

④ The trio are playing well tonight. (Notional agreement)

> **해석** ① 오직 한 커플만 무도장에 남겨졌다. ② 한 커플이 공원 벤치에서 서로를 쳐다보고 있었다.
> ③ 그 3인조는 현재 유럽을 순회공연하고 있다. ④ 그 3인조는 오늘 밤 연주를 잘 하는데.

⑳ 【주의】 a couple of는 구어체에서 다음과 같이 (2명, 2개, 약간의)의 뜻으로 사용하고 있으나 공식적인 문어체에서는 사용해서는 안 됩니다.

① I read a couple of books last Sunday. (informal spoken English)

② She lives only a couple of miles away. (informal spoken English)

③ I asked a couple of friends to help me. (informal spoken English)

④ A couple of dogs are peeing on my lawn. (informal spoken English)

⑤ A couple of guys were standing by the car. (informal spoken English)

> **해석** ① 나는 지난 일요일에 두 권의 책을 읽었다. ② 그녀는 불과 2마일 떨어져 있는 곳에 산다.
> ③ 나는 두 명의 친구에게 나를 도와달라고 부탁했다. ④ 두 마리의 개가 잔디밭에 오줌을 싸고 있다.
> ⑤ 두 명의 남자가 자동차 옆에 서 있었다.

> **어휘** average 평균 test score 시험점수 application 신청서 usual 보통인 absent 결석한 experiment 실험
> mouse−mice 쥐 delicious 맛있는 area 지역 attract 끌어들이다 several different 여러 다양한
> insect 곤충 leave−left−left 남겨두다 stare at ~을 쳐다보다 currently 현재 tour 순회공연하다
> trio 3인조 ask 부탁하다 a couple of 두 마리의 pee 오줌 싸다 guy 남자/녀석 by the car 자동차 옆에

⑵ none of+단수명사 = 단수, none of+복수명사 = 단수/복수–미국 SAT시험에서는 단수만 인정하고 있으므로 공식적인 시험에서는 단수를 우선으로 하는 게 안전합니다.

① None of the food is fresh.

② None of the corn was edible.

③ None of the children was/were hungry.

④ None of the students have done their homework.

> 해석 ① 그 음식은 하나도 신선하지 않다. ② 그 옥수수는 전혀 먹을 수가 없었다.
> ③ 그 아이들 중 아무도 배고프지 않았다. ④ 학생들 중 아무도 숙제를 하지 않았다.

⑵ 분열문(It is ~that 강조구문)에서 that 다음의 동사는 that 앞의 명사와 일치하고, 주어와 보어의 수가 다를 경우, 동사는 주어와 일치합니다.

① It is I who am in the wrong.　　② It is my cats that cause the trouble.

③ It is my sister that works in the hospital.　　④ My favorite type of movie is comedies.

⑤ Comedies are my favorite type of movie.

> 해석 ① 잘못한 사람은 바로 나야. ② 말썽을 피우는 것은 내 고양이들이야. ③ 그 병원에서 일하는 사람은 내 누나야.
> ④ 내가 좋아하는 유형의 영화는 코미디야. ⑤ 코미디가 내가 좋아하는 유형의 영화야.

⑵ One of 복수 = 단수/many+a+단수명사 = 단수

more than one+단수명사 = 단수

more than one of+복수명사 = 복수

① One of the members is against the rule.

② Many a soldier was killed in the war.

③ More than one person was involved in this robbery.

④ More than one of my friends were educated in America.

> 해석 ① 회원 중 한 명이 그 규칙을 반대한다. ② 많은 군인들이 전쟁에서 죽었다.
> ③ 두 명 이상이 이 강도 사건에 연루되어 있었다. ④ 내 친구들 중 두 명 이상이 미국에서 교육받았다.

⑵ 관계대명사 다음의 동사의 수는 선행사에 일치합니다.

one of+복수+관계대명사는 복수/the only one of+복수+관계대명사는 단수

① She picked the one flower that was growing in the back garden.

② She uprooted all of the weeds that were growing in the back garden.

③ Susan was one of the actresses who were famous in those days.

④ Susan was the only one of the actresses who was popular in those days.

> 해석 ① 그녀는 뒤뜰에서 자라고 있는 그 한 송이의 꽃을 꺾어버렸다. ② 그녀는 뒤뜰에서 자라고 있는 모든 잡초를 뽑았다.
> ③ 수잔은 그 당시 유명했던 여러 배우들 가운데 한 명이었다.
> ④ 수잔은 여러 배우들 가운데 그 당시 인기 있었던 유일한 배우였다.

> 어휘 fresh 신선한 corn 옥수수 edible 식용에 적합한 hungry 배고픈 in the wrong 잘못한
> homework 숙제 cause trouble 말썽을 피우다 hospital 병원 favorite 좋아하는 be against 반대하다
> rule 규칙 kill 죽이다 war 전쟁 be involved in ~에 연루(포함)되다 robbery 강도질 educate 교육시키다
> pick 따다 back garden 뒤뜰 uproot=root up 뿌리째 뽑다 actress 여배우 famous 유명한 popular 인기 있는

⑵⑸ 시간(기간), 돈의 액수, 거리, 무게, 신장이 하나의 단위를 나타낼 때는 단수

① Three miles is too far to walk.

② Two years is a long time to wait.

③ Six feet four inches is tall for a man.

④ Five hundred dollars is a lot of money.

⑤ Ten pounds is a heavy weight for the child to lift.

> **해석** ① 3마일은 걸어가기에 너무 멀어. ② 2년은 기다리기에 긴 세월이야. ③ 남자에게 6피트 4인치는 큰 거야.
> ④ 500달러는 많은 돈이지. ⑤ 10파운드는 그 아이가 들기에 무거운 무게이다.

⑵⑹ 돈이나 시간이 분리된(독립된/별개의) 단위를 나타낼 때는 복수

① Five 25-cent coins were found.

② Ten dollars were scattered on the floor.

③ Ten years have passed since he died. (시간의 경과)

④ One and a half years have passed since he came to Korea.

⑤ A year and a half has passed since he came to Korea.

> **해석** ① 25센트짜리 동전 5개가 발견되었다. ② 10달러가 바닥에 흩어져 있었다. ③ 그가 죽은 지 10년이 지났다.
> ④ 그가 한국에 온지 1.5년이 지났다.(복수) ⑤ 그가 한국에 온지 1년 반이 지났다.(단수)

⑵⑺ 복수형의 질병은 단수

① Diabetes is a terrible disease.

② Mumps makes your neck swell.

③ Rabies is carried by wild animals.

④ Measles is generally a children's disease.

⑤ Shingles is caused by the same virus as chicken pox.

> **해석** ① 당뇨는 끔찍한 질병이다. ② 이하선염은 우리의 목을 붓게 한다. ③ 광견병은 야생동물에 의해 옮겨진다.
> ④ 홍역은 일반적으로 아이들의 질병이다. ⑤ 대상포진은 수두와 같은 바이러스에 의해 생긴다.

⑵⑻ 복수형의 학문(학과)은 단수

① Statics is a branch of physics.

② Phonetics is a difficult subject.

③ Mathematics is my favorite subject.

④ Gymnastics is very popular among boys.

⑤ Physics is a science that deals with matter, energy, motion, and force.

> **해석** ① 정역학은 물리학의 한 분야이다. ② 음성학은 어려운 과목이다. ③ 수학은 내가 좋아하는 과목이다.
> ④ 체육은 소년들 사이에서 매우 인기 있다. ⑤ 물리학은 질량과 에너지와 운동과 힘을 다루는 학문이다.

> **어휘** weight 무게 lift 들어 올리다 scatter 흩뿌리다 pass 지나다, 통과하다 diabetes 당뇨병 terrible 끔찍한
> disease 질병 mumps 이하선염 neck 목 swell-swelled-swollen 부풀어 오르다 rabies 광견병 carry 옮기다
> wild animal 야생동물 measles 홍역 generally=in the main 일반적으로 shingles 대상포진 chicken pox 수두
> statistics 통계학 branch 분야, 가지, 지점, 지사 physics 물리학 phonetics 음성학 mathematics 수학 subject 과목
> gymnastics 체육, 체조 popular 인기 있는 science 과학 deal(do, cope) with=handle 다루다 matter 질량 force 힘

⒆ 학문이 아닌 다른 뜻으로 쓰일 때는 복수: 주로 the나 형용사나 소유격다음에서, 그룹 내의 개인들의 활동이나 다양한 활동을 나타내는 경우

① The statistics show that the candidate will win. (통계자료)

② His politics are far too extreme for me. (정치적 견해/정치 철학)

③ The acoustics of this concert hall are excellent. (음향시설)

④ The gymnastics shown in the field today were outstanding. (다양한 체조경기)

⑤ The teacher told him that his mathematics were well below the standard. (수학실력)

> 해석 ① 통계자료에 따르면 그 후보가 이길 것이다. ② 그의 정치철학은 나에게는 너무 극단적이다.
> ③ 이 연주회장의 음향시설은 훌륭하다. ④ 오늘 운동장에서 선보인 체조들은 훌륭했다.
> ⑤ 선생님은 그에게 그의 수학실력이 표준 보다 한참 아래라고 말씀하셨다.

⒇ 복수 형태이지만 단수동사를 취하는 명사

① No news is good news.　　　　② What a shambles! = What a mess!

③ Customs is very strict about drugs.　④ This crossroads is really dangerous.

⑤ The great outdoors is good for children.　⑥ Try every means possible to restore peace.

> 해석 ① 무소식이 희소식이다. ② 완전 난장판(엉망진창)이구나! ③ 약품에 대해서 세관/국세청은 아주 엄격하다.
> ④ 이 사거리는 정말 위험하다. ⑤ 훌륭한 야외는 아이들에게 좋다.
> ⑥ 평화를 회복하기 위해 가능한 모든 수단을 시도하라.

⒇ 복수형의 운동은 단수

① Fives is a kind of racket sport.

② Draughts is played by two people.

③ Darts is a popular game in England.

④ Billiards is a game played with cues.

⑤ In the United States, checkers is played on a chess board.

> 해석 ① 송구는 일종의 라켓 경기이다. ② 장기는 두 사람이 경기한다. ③ 화살 던지기는 영국에서 인기 있는 경기이다.
> ④ 당구는 큐를 가지고 하는 경기이다. ⑤ 미국에서 장기는 체스판 위에서 행해진다.

⒇ 복수형의 국명, 기관은 단수

① The Bahamas has beautiful beaches.

② The Philippines is a tropical country.

③ The United Nations is located in New York.

④ The United States is in the Western Hemisphere.

⑤ General Motors is mounting a big sales campaign.

> 해석 ① 바하마는 아름다운 해변을 가지고 있다. ② 필리핀은 열대 국가이다. ③ 유엔은 뉴욕에 위치하고 있다.
> ④ 미국은 서반구에 있다. ⑤ 제너럴 모터회사는 대형 세일 캠페인을 벌이고 있다.

> 어휘 statistics 통계자료 candidate 후보자, 지원자 politics 정치철학 extreme 극단적인, 과격한 acoustics 음향시설
> concert hall 연주회장 excellent 훌륭한/뛰어난 mathematics 수학실력 below standard 표준 이하 customs 세관
> shambles=mess 엉망진창 strict 엄격한 drug 약품, 마약 crossroads 4거리 dangerous=perilous=jeopardous
> =hazardous=risky 위험한 means 수단, 재산 outdoors 야외/옥외, 야외에서 fives 송구 draughts=checkers 장기
> darts 화살던지기 billiards 당구 cue 큐대 beach 해변/강변 tropical 열대의 be located(situated) in ~에 위치하다

(33) 각종 제목(기사, 소설, 희곡, 영화, 노래, 간판)은 단수

① Romeo and Juliet is my favorite play.

② The Times is well known to the world.

③ The Grapes of Wrath takes a long time to read.

④ Faces is the name of the new restaurant downtown.

⑤ The Old Man and the Sea was written by Hemingway.

> **해석** ① 로미오와 줄리엣은 내가 좋아하는 희곡이다. ② 더 타임즈는 세계에 잘 알려져 있다.
> ③ 분노의 포도는 읽는데 오랜 시간이 걸린다. ④ Faces는 시내에 있는 새로운 식당 이름이다.
> ⑤ 노인과 바다는 헤밍웨이에 의해 써졌다.

(34) 인칭대명사가 be동사의 주격보어일 때는 주격을 쓰는 것이 옳지만, 구어체에서는 목적격을 많이
사용하고 있으며 one이 everybody/anybody/you/they/we/people의 뜻일 때 주부와 술부에
동시에 사용해야 합니다.

① The winner was she. (her (x))

② It was I that broke the window. (me (x))

③ If I were she, I would leave California. (her (x))

④ One should be careful about what one says. (he (x))

⑤ Remember the amazing pianist I met? This is she. (her (x))

> **해석** ① 승자는 그녀였다. ② 그 유리창을 깬 사람은 바로 나였다. ③ 내가 그녀라면, 나는 캘리포니아를 떠나겠다.
> ④ 우리는 우리가 말하는 것에 신중해야 한다. ⑤ 내가 만났던 그 놀라운 피아니스트 기억나? 이 사람이 그녀야.

(35) 분리 불가능한 쌍으로 이뤄진 binoculars(쌍안경), breeches(승마용 바지), briefs(남성용 팬티),
forceps(의료용 소형 가위), glasses(안경), jeans(청바지), knickers(여성용 팬티), pajamas(잠옷),
panties(여성용 팬티), pants(바지), pincers(집게), pliers(펜치), scissors(가위), shears(전지가위),
shorts(반바지), slacks(바지), spectacles(안경), tights(쫄쫄이 바지), tongs(튀김집게), trousers(바지),
tweezers(족집게) 등은 복수이지만 pair가 붙으면 단수 취급합니다.

① These jeans are too long for me.

② Those scissors are made of steel.

③ This pair of trousers (pants) is dirty.

④ A pair of pliers is needed for the job.

> **해석** ① 이 청바지는 나에게 너무 길어. ② 그 가위들은 강철로 만들어진 것이다.
> ③ 이 바지는 더럽다. ④ 그 일을 하는 데는 펜치가 필요하다.

> **어휘** play 희곡, 연극 wrath 분노 take a long time 오랜 시간이 걸리다 downtown 시내에 winner 승자 long 긴
> break-broke-broken 깨다 leave-left-left 떠나다 amazing=surprising 놀라운 be made of steel 강철로 만들어지다
> dirty 더러운 job 일/직업 well known=famous=famed=noted=renowned=celebrated=distinguished=esteemed
> =publicized=striking=outstanding=conspicuous=prominent=eminent=illustrious=salient 유명한/탁월한/눈에 띄는
> careful=cautious=chary=circumspect=circumspective=discreet=fastidious=judicious=meticulous=mindful
> =punctilious=prudent=precise=scrupulous=shrewd=solicitous=vigilant=wary=alert 세심한/신중한/면밀한/꼼꼼한

㊱ 분리 가능한 쌍으로 이뤄진 bookends(소형 책꽂이), curtains(커튼), earrings(귀고리), shoes(신발), socks(양말), twins(쌍둥이) 등은 복수이지만 pair가 붙으면 단수, 복수 둘 다 가능하고 대명사는 they로 받으며 뒤따르는 관계대명사절에서도 복수로 받습니다.

① A pair of twins was/were born to Ms. Jones.

② A pair of birds is/are singing in the garden.

③ He wore a pair of shoes that were given to him by his mother.

④ I bought a pair of shoes yesterday and placed them neatly on the shoe shelf.

> **해석** ① 쌍둥이 한 쌍이 Jones 여성에게 태어났다. ② 한 쌍의 새가 정원에서 노래하고 있다.
> ③ 그는 엄마가 주신 신발을 신고 있었다. ④ 나는 어제 신발 한 켤레를 사서 신발장 위에 가지런히 올려놓았다.

㊲ 쌍으로 이뤄진 명사를 복수형으로 나타내고자 할 때는 pairs of를 이용한다.

① I need two pairs of trousers, please.

② She bought four pairs of pantyhose.

③ She bought two pairs of jeans and a pair of shorts.

④ They are advertising two pairs of glasses for the price of one.

> **해석** ① 나는 두 벌의 바지가 필요해요. ② 그녀는 4벌의 팬티스타킹을 샀다.
> ③ 그녀는 2벌의 청바지와 한 벌의 반바지를 샀다. ④ 그들은 안경 하나의 값으로 두 개를 광고하고 있다.

㊳ 두 개의 동명사나 to 부정사가 and로 연결되어있으면 복수이지만, 두 가지를 동시에 하면 단수

① Fishing and swimming are exciting sports.

② To preach and to practice are two different things.

③ Breaking and entering is against the law.

④ Swimming and catching fish is an excellent skill.

> **해석** ① 낚시와 수영은 흥미로운 운동이다. ② 설교하는 것과 실천하는 것은 두 개의 다른 문제다.
> ③ 부수고 들어가는 것은 불법이다. ④ 수영하여 물고기를 잡는 것은 뛰어난 기술이다.

㊴ 수학적 표현을 사용할 때는 일반적으로 단수, 복수 둘 다 사용합니다.

① Three plus three is six.

② Three and three are six.

③ Five times two are ten.

④ Five minus two is three.

⑤ Six divided by three is two.

> **해석** ①/② 3+3=6 ③ 5x2=10 ④ 5-2=3 ⑤ 6÷3=2

> **어휘** twin 쌍둥이 bear-bore-born 낳다 place 놓다 neatly 가지런히/깔끔하게 pantyhose 팬티스타킹
> advertise 광고하다 price 가격 fish 낚시하다 exciting 흥미로운 preach 설교하다 practice 실천하다
> break-broke-broken 부수다 against the law 불법인 catch fish 물고기를 잡다 excellent 뛰어난 divide 나누다
> identical/monozygotic(fraternal/dizygotic, siamese, triplet, quadruplet, quintuplet, sextuplet, septuplet,
> octuplet, nonuplet, decuplet) twins (일란성, 이란성, 샴, 셋, 넷, 다섯, 여섯, 일곱, 여덟, 아홉, 열) 쌍둥이

⑽ Here나 There로 시작되는 문장의 동사는 동사 다음에 오는 명사의 수에 일치시킨다.

① Here is my jacket.

② Here are my shoes.

③ There is a fly in my soup.

④ There are two flies in my soup.

⑤ Here come the editor and her assistant.

> **해석** ① 내 웃옷이 여기에 있다. ② 내 신발이 여기에 있다. ③ 내 국 속에 파리가 한 마리 들어있네.
> ④ 내 국 속에 파리가 두 마리 들어있네. ⑤ 편집자와 그녀의 조수가 이쪽으로 온다.

⑾ There is/There are 다음에 명사의 열거가 올 때 복수 동사가 표준규칙이지만, 열거목록의 첫
번째 명사에 일치시키는 것 또한 올바른 것으로 인정됩니다.

① A punch bowl, finger foods and a cake are on the table.

② There is a punch bowl, finger foods and a cake on the table. (미국식)

③ There are a punch bowl, finger foods and a cake on the table. (영국식)

④ There is still a minority of women in the profession.

> **해석** ①/②/③ 커다란 음료사발과 손으로 먹는 음식과 케이크가 식탁 위에 있다.
> ④ 여전히 전문직에는 여성들이 소수이다.

⑿ 스포츠 팀은 단수형, 복수형 상관없이 복수형 동사를 취합니다.

① Scotland are playing France next week.

② The San Francisco Giants are doing quite well.

③ The Yankees have signed a new third baseman.

④ Yorkshire are sure of winning the championship.

⑤ The Chicago Bulls sometimes practice in this gymnasium.

> **해석** ① 스코틀랜드는 다음 주에 프랑스와 경기를 한다. ② 샌프란시스코 자이언츠는 아주 잘하고 있다.
> ③ 양키스팀은 새로운 3루수와 계약을 맺었다. ④ 요크셔는 결승전에서 이길 것으로 확신하고 있다.
> ⑤ 시카고 불스는 이 체육관에서 종종 연습을 한다.

⒀ 밴드의 경우 미국에서는 단수, 영국에서는 복수 취급을 합니다.

① Starship is an American rock band established in 1984. (미국식)

② Jefferson Airplane was an American rock band formed in San Francisco.

③ The Who are an English rock band formed in 1964. (영국식)

④ Oasis were an English rock band formed in Manchester in 1991

> **해석** ① Starship은 1984년에 결성된 미국의 록밴드이다.
> ② Jefferson Airplane은 샌프란시스코에서 결성된 미국의 록밴드였다.
> ③ The Who는 1964년에 결성된 영국의 록밴드이다. ④ Oasis는 1991년 Manchester에서 결성된 영국의 록밴드였다.

> **어휘** jacket 웃옷/잠바 fly 파리 soup 국 editor 편집자 assistant 조수 punch bowl 음료사발
> finger foods 손으로 집어먹는 음식들 minority 소수 profession 전문직 quite well 꽤 잘
> sign 계약을 맺다 third baseman 3루수 practice 연습하다 gymnasium 체육관 establish 결성하다

(44) 관계대명사와 의문사를 사용할 때 주격과 목적격을 엄격히 구분해야 합니다.

① Whom do you wish to meet?

② I do not know with whom I will go to the concert.

③ He is the man who they believe is a great statesman.

④ He is the man whom they believe to be a great statesman.

> **해석** ① 너는 누구를 만나고 싶니? ② 나는 누구와 함께 음악회에 갈 것인지 모르겠어.
> ③/④ 그는 사람들이 훌륭한 정치가라고 믿는 사람이다.(believe 다음에 동사가 오면 주격/to be가 오면 목적격)

(45) 비교할 때 대명사의 일치에 주의하세요.

① I am as tall as she is. (o)   I am as tall as her. (x)

② They paid more than we did. (o)   They paid more than us. (x)

③ She is more optimistic than I am. (o)   She is more optimistic than me. (x)

> **해석** ① 나는 그녀만큼 키가 크다. ② 그들은 우리보다 더 많은 돈을 냈다. ③ 그녀는 나보다 더 낙천적이다.

(46) 주어와 보어의 수가 다를 경우, 동사는 주어와 일치합니다.

① Our only guide was stars.

② The Koreans are a diligent people.

③ My favorite type of movie is action movies.

④ Action movies are my favorite type of movie.

⑤ What are the requirements for college entrance?

> **해석** ① 우리의 유일한 안내자는 별이었다. ② 한국인은 근면한 민족이다. ③ 내가 좋아하는 유형의 영화는 액션영화이다.
> ④ 액션영화가 내가 좋아하는 유형의 영화이다. ⑤ 대학 입학 요건이 무엇이냐?

(47) 명령, 제안, 요구, 주장, 소망, 충고, 결정, 추천 동사, 명사, 형용사 다음 that 절에서 미래의 의미를
포함할 때는 미국영어에서는 원형동사를 사용합니다.(가정법 현재)

① It is important that a vehicle be regularly serviced.

② It is crucial that you find a lawyer as soon as possible.

③ It is essential that we consult with her about this matter.

④ She proposed that the item be postponed until the next meeting.

⑤ It is required that we be at the airport two hours before take-off.

⑥ The doctor recommended that Dad remain in hospital another week.

> **해석** ① 차량은 정기적으로 점검을 받는 것이 중요하다. ② 너는 가능한 한 빨리 변호사를 찾는 것이 중요하다.
> ③ 우리는 이 문제에 관하여 그녀와 상의할 필요가 있다. ④ 그녀는 그 조항을 다음 회의까지 연기하자고 제안했다.
> ⑤ 우리는 이륙 2시간 전에 공항에 도착할 필요가 있다. ⑥ 의사는 아빠에게 일주일 더 입원해 있을 것을 권유했다.

> **어휘** statesman 정치가 pay 지불하다 optimistic 낙천적인 diligent 근면한 favorite 선호하는 requirements 요건/자격
> important 중요한 vehicle 차량 regularly 정기적으로 service 점검하다 crucial 중요한 lawyer 변호사 as soon as possible
> 가능한 한 빨리 essential 필수적인 consult 상의/논의하다 matter 문제 propose 제안하다 item 조항 require 요구하다
> airport 공항 take-off 이륙 recommend 권고/권유하다 remain in hospital 입원해 있다 another week 일주일 더

⑭ 언어는 단수, 국민은 복수

① English is easy to master.

② The English had India once under their influence.

③ Chinese has about 30,000 characters. (The Chinese language)

④ The Chinese must learn 5,000 characters to read a newspaper. (Chinese people)

> **해석** ① 영어는 마스터하기 쉽다. ② 영국민이 인도를 한 때 지배하였다.
> ③ 중국어는 약 3만 개의 글자를 가지고 있다. ④ 중국민은 신문을 읽기 위해서는 5천 개의 한자를 배워야 한다.

⑭ 단수 형태로 되어 있으나 복수 동사를 취하는 명사: cattle(소), people(사람들), poultry(가금), vermin(해충), livestock(가축), fish(물고기)+복수동사

① Cattle feed on grass.

② These poultry are my neighbor's.

③ Vermin destroy property and spread disease.

④ Fish are cold-blooded vertebrate animals that live in the water.

⑤ She has had no contact with any livestock for over twenty years.

> **해석** ① 소들은 풀을 먹고 산다. ② 이 가금들은 내 이웃의 것들이야. ③ 해충은 재산을 파괴하고 질병을 퍼뜨린다.
> ④ 물고기는 물속에 나는 냉혈 척추동물이다. ⑤ 그녀는 20년이 넘도록 어떤 가축과도 접촉하지 않았다.

⑮ 복수형만 존재하는 단어들: amends(배상), antics(익살), atmospheres(분위기), basics(기초), congratulations(축하), clothes(의복), contents(내용물), demographics(인구통계), earnings(수입), fireworks(불꽃놀이), funds(자금), goods(상품), graphics(시각매체), histrionics(연기), hysterics(히스테리 발작), riches(부), savings(예금), specifics(명세서), tactics(전략), thanks(감사), troops(군대), valuables(귀중품)

① He lives on his wife's earnings. ② The goods have not arrived yet.

③ What time do the fireworks start? ④ Riches do not always bring happiness.

⑤ I really must learn the basics of first aid. ⑥ The antics of the clowns amuse the children.

⑦ I'd like to put some valuables in the hotel safe.

⑧ I think we'll have to change our marketing tactics.

⑨ Please transfer the money into my savings account.

⑩ His histrionics did not work on those who know him.

⑪ Look at the table of contents before you buy a book.

> **해석** ① 그는 자기 아내의 수입으로 살고 있다. ② 상품은 아직 도착하지 않았다. ③ 몇 시에 불꽃놀이가 시작되니?
> ④ 부가 항상 행복을 가져다주는 것은 아니다. ⑤ 나는 정말 응급조치의 기초를 배워야한다.
> ⑥ 그 광대의 익살은 애들을 즐겁게 한다. ⑦ 나는 호텔 금고에 약간의 귀중품을 넣고 싶어요.
> ⑧ 내 생각에 우리는 우리의 판매 전략을 바꿔야할 것 같아. ⑨ 그 돈을 제 예금계좌에 이체해주세요.
> ⑩ 그의 연기는 그를 아는 사람들에게 효과가 없었다. ⑪ 책을 사기 전에 차례를 보아라.

> **어휘** master 정통하다 have~under one's influence 지배하다 about=around=approximately=some=roughly 대략
> character 문자 feed on 먹고 살다 grass 풀 neighbor 이웃 destroy 파괴하다 property 재산 spread 퍼뜨리다
> disease 질병 cold-blooded 냉혈의 vertebrate animal 척추동물 contact 접촉(하다) live on ~에 의존하여 살다
> bring-brought 가져오다 basics 기초, 원리, 필수품 first aid 응급조치 clown 광대 amuse 즐겁게 하다 safe 금고
> marketing 판매/시장거래 transfer 이체하다 work on 영향을 끼치다/효과를 발휘하다 the table of contents 차례

(51) people의 여러 가지 의미: people(사람들)/ a people(민족/국민/백성)

① There are many people on the street.

② This people has become a great nation.

③ The Koreans are a very diligent people.

④ Various peoples live in the United States.

⑤ The Indians are supposed to be an emotional people.

해석 ① 거리에 많은 사람들이 있다. ② 이 민족은 위대한 국민이 되었다. ③ 한국인은 매우 부지런한 민족이다.
④ 다양한 민족들이 미국에 산다. ⑤ 인도인들은 정에 약한 민족으로 생각된다.

(52) 사회계층 단어들: the+police(경찰), aristocracy(귀족), nobility(귀족), gentry(상류층), clergy(성직자), peasantry(농부), bourgeoisie(중산층/유산계급), proletariat(최하층/무산계급), elite(엘리트 계층), bar(법조계), intelligentsia(지식계층), press(언론계), rank and file(평당원/평사원), leadership(지도층), jury(배심원), tenantry(소작인), cavalry(기사), illuminati(비밀결사대) 등은 일반적으로 복수 동사를 취합니다.

① The party leadership is/are divided.

② The police are standing in a crowd.

③ The gentry don't care about us. (British English)

④ The country's elite was/were opposed to the new ruler.

⑤ These ideas gradually became accepted among the nobility.

⑥ The clergy need(s) more enthusiastic leaders that can relate to today's youth.

⑦ The party's rank and file are beginning to question the prime minister's choice of advisers.

⑧ The Illuminati hide their symbols in plain sight in movies, music, televisions and other media.

⑨ The peasantry of Denmark have so wonderfully improved their position by means of co-operative buying.

⑩ Classes are obvious—there were the aristocracy, the middle class or bourgeois, and of course the peasantry or rustic class.

해석 ① 당의 지도부가 나누어져 있다. ② 경찰이 군중 속에 서 있다. ③ 상류층들은 우리에게 관심 없다.
④ 그 나라의 엘리트 계층은 새로운 통치자를 반대했다. ⑤ 이런 사상들은 귀족들 사이에서 점차 받아들여졌다.
⑥ 성직자들은 오늘날 젊은이들과 소통할 수 있는 더 많은 열정적인 지도자를 필요로 한다.
⑦ 그 당의 일반회원들이 수상의 고문 선택에 의문을 품기 시작했다.
⑧ 비밀결사대는 영화, 음악, 텔레비전, 그리고 다른 매체에서 그들의 상징물을 잘 보이는 곳에 숨긴다.
⑨ 덴마크 농부들은 협동구매를 통해서 그들의 지위를 아주 훌륭하게 개선하였다.
⑩ 계층은 분명하다—귀족, 중산층, 즉 유산계급, 그리고 물론 농민, 즉 시골계층이 있었다.

어휘 on the street 거리에 a nation 국민 diligent 근면한 various 다양한 the United States 미국 be supposed to be ~ 생각되다 Indian 인도인 emotional 정에 약한/감정적인 party 당 divide 나누다 crowd 군중 care about ~에 관심 있다 be opposed to ~을 반대하다 ruler 통치자 idea 사상 gradually 점차/차츰차츰 become accepted 받아들여지다 enthusiastic 열정적인 leader 지도자 relate to ~와 소통하다/부합하다/사회적 관계를 맺다 question 의문을 품다 prime minister 수상 choice 선택 adviser 고문 hide 숨기다 in plain sight 뻔히 보이는 곳에 media 매체 wonderfully 놀라울 정도로 improve 개선하다 by means of ~을 통해서 co-operative 협동적인 class 계층 rustic=rural 시골의↔urban 도시의 obvious=apparent=articulate=clear-cut=distinct=definite=evident=self-evident=explicit=manifest=ostensible 분명한

문제 1. Choose the correct answer.(출제 빈도 높은 중급+고급과정)

① Physics (is/are) a difficult subject.

② Two years (is/are) a long time to wait.

③ Half of the passengers (is/are) missing.

④ Fish and chips (is/are) his favorite dish.

⑤ The Koreans (is/are) an intelligent people.

⑥ Every three houses (is/are) painted white.

⑦ The rest of the boys (is/are) waiting outside.

⑧ Columbus proved that the earth (is/was) round.

⑨ It is you that (is/are) to blame for the accident.

⑩ The racket together with balls (was/were) stolen.

⑪ Many a man (has/have) made the same mistake.

⑫ He said that neither you nor I (was/were) wrong.

⑬ A poet and musician (has/have) come to see you.

⑭ Ten years (has/have) passed since she got married.

⑮ A needle and thread (was/were) found on the floor.

⑯ A number of people (was/were) drowned in this river.

⑰ Two-thirds of the building (has/have) been completed.

⑱ A pink and white carnation (is/are) put in a little vase.

⑲ A total of 300 students (was/were) present at the picnic.

⑳ His sisters as well as Tom (was/were) invited to the party.

㉑ All but one woman (was/were) injured in the traffic accident.

㉒ He said that a bird in the hand (is/was) worth two in the bush.

㉓ The number of the cars (has/have) been remarkably increasing.

㉔ He was one of the singers who (was/were) popular in those days.

㉕ He is the only one of my friends that (lives/live) here in Washington.

해석과 정답 ① 물리학은 어려운 과목이다. (is) ② 2년은 기다리기에 긴 시간이다. (is) ③ 승객중 반이 실종되었다. (are) ④ 피시엔칩스는 그가 가장 좋아하는 요리이다. (is) ⑤ 한국인은 총명한 민족이다. (are) ⑥ 세 집마다 한 집은 흰색으로 페인트칠 되어있다. (is) ⑦ 소년들 중 나머지는 밖에서 기다리고 있다. (are) ⑧ 콜럼버스는 지구가 둥글다는 것을 입증했다. (is) ⑨ 그 사고에 대해 책임져야 할 사람이 바로 너다. (are) ⑩ 공과 함께 라켓이 도난당했다. (was) ⑪ 많은 사람들이 똑같은 실수를 저질렀다. (has) ⑫ 그는 너도나도 틀리지 않았다고 말했다. (was) ⑬ 시인 겸 음악가가 너를 만나러 왔다. (has) ⑭ 그녀가 결혼한 지 10년이 지났다. (have) ⑮ 실 꿴 바늘이 방바닥에서 발견되었다. (was) ⑯ 많은 사람들이 이 강에서 익사했다. (were) ⑰ 건물의 3분의 2가 완성되었다. (has) ⑱ 분홍과 흰색이 곁들여진 카네이션이 작은 꽃병에 꽂혀있다. (is) ⑲ 총 300명의 학생들이 소풍에 참가했다. (were) ⑳ Tom뿐만 아니라 그의 누나들도 파티에 초대받았다. (were) ㉑ 한 여성을 제외한 모두가 교통사고에서 부상을 당했다. (were) ㉒ 그는 수중의 새 한 마리가 숲 속의 두 마리의 가치가 있다고 말했다. (is) ㉓ 자동차의 수가 놀라울 정도로 계속 늘어나고 있다. (has) ㉔ 그는 그 당시에 인기 있었던 가수들 중 한 명이었다. (were) ㉕ 그는 내 친구들 중 이곳 워싱턴에 살고 있는 유일한 친구이다. (lives)

어휘 physics 물리학 passenger 승객 missing 실종된 favorite dish 좋아하는 요리 intelligent=clever 총명한 rest 나머지 outside 밖에서 be to blame for=be answerable for ～에 대해 책임지다 accident 사고 poet 시인 a needle and thread 실 꿴 바늘 be drowned 익사하다 be present at=attend 참석하다 injure 부상(상처) 입히다 traffic accident 교통사고 remarkably 놀라울 정도로 increase=augment 증가하다/증가 시키다 popular 인기 있는

문제 2. Choose the correct answer.(출제 빈도 높은 중급+고급과정)

① Sue is as clever as (me/I).

② Those rats are (a vermin/vermin).

③ What type of (man/a man) do you like?

④ Half of the buildings (was/were) destroyed.

⑤ All of the students (know/knows) the answer.

⑥ The bulk of consumers (is/are) based in towns.

⑦ Every boy and girl (like/likes) going to concerts.

⑧ Three-fourths of the earth's surface (is/are) water.

⑨ Every student has done (their/his or her) homework.

⑩ One should not be careless about what (he/one) says.

⑪ Here (is/are) some of the basics you will need to know.

⑫ The United Nations (has/have) contributed to the world peace.

⑬ The majority of the voters (is/are) in favor of the referendum.

⑭ I suggested that he (think/thought) things over before deciding.

⑮ Certain kinds of medical care (is/are) more expensive than others.

⑯ His parents, or his sisters or his brother (is/are) going to help us.

⑰ The Chicago Cubs (is/are) an American professional baseball team.

⑱ Andrew (who/whom) I believe is an excellent actor is waiting tables.

⑲ Listening to music and watching movies (is/are) my favorite pastimes.

⑳ Reaching for my suitcase and finding it gone (was/were) heartbreaking.

㉑ Fives (is/are) an English sport with the same origins as racquet sports.

㉒ An average of 30 students per class (is/are) standard in the school district.

㉓ A couple (was/were) playing the rock-paper-scissors game on the bench.

해석과 정답 ① Sue는 나만큼 영리하다. (I) ② 저 쥐들은 해로운 동물이다. (vermin) ③ 어떤 유형의 사람들을 너는 좋아하니? (man) ④ 건물들 중 반이 파괴되었다. (were) ⑤ 모든 학생들이 그 답을 알고 있다. (know) ⑥ 소비자 대부분은 도시에 기반을 두고 있다. (are) ⑦ 모든 소년 소녀들은 음악회에 가는 것을 좋아한다. (likes) ⑧ 지구표면의 4분의 3은 물이다. (is) ⑨ 모든 학생들은 자신의 숙제를 했다. (his or her) ⑩ 사람은 자기가 말하는 것에 경솔해서는 안 된다. (one) ⑪ 여기에 네가 알아야 할 기초 몇 가지가 있다. (are) ⑫ 유엔은 세계평화에 기여했다. (has) ⑬ 유권자 대부분은 국민투표를 찬성한다. (are) ⑭ 나는 그가 결정을 내리기 전에 여러 가지 것들을 생각하라고 제안했다. (think) ⑮ 특정 종류의 의료는 다른 종류보다 더 비싸다. (are) ⑯ 그의 부모님이나 자매들이나 형제가 우리를 도와줄 거야. (is) ⑰ 시카고 컵스는 미국의 프로야구 팀이다. (are) ⑱ 내가 훌륭한 배우라고 믿고 있는 Andrew가 식당에서 서빙하고 있다. (who) ⑲ 음악감상과 영화감상이 내가 좋아하는 기분전환이다. (are) ⑳ 여행용 가방을 손을 뻗어 잡으려 했는데 그것이 없어진 것을 발견하는 것은 가슴 아픈 일이었다. (was) ㉑ 송구는 라켓스포츠와 같은 기원을 가진 영국의 운동이다. (is) ㉒ 학급당 평균 30명의 학생이 학군의 표준이다. (are) ㉓ 한 쌍의 남녀가 벤치에서 가위바위보를 하고 있었다. (were)

어휘 clever 영리한 rat 쥐 vermin 해충/해로운 동물 destroy 파괴하다 consumer 소비자 the bulk 대부분 surface 표면 careless 경솔한 contribute to 기여/공헌하다 referendum 국민투표 be in favor of ~을 찬성하다 think(brood, ponder, cogitate, mull, pore) over=consider 곰곰이 생각하다 medical care 진료 expensive 비싼 excellent 훌륭한 wait tables 서빙하다 pastime 기분전환 suitcase 여행용 가방 heartbreaking 가슴 아픈 fives 송구 include 포함하다 the first section 전문 boring 지루한 average 평균 standard 표준 school district 학군 scissors 가위

화법 | PART 25
(Direct and Indirect Speech)(중급과정)

1 정의

(1) 직접화법: A가 B로부터 들은 말을 인용하여 그대로 제 3자에게 전달하는 방법
(2) 간접화법: A가 B로부터 들은 말을 A 자신의 입장으로 바꿔서 3자에게 전달하는 방법

2 직접화법을 간접화법으로 전환하는 방법(중학 필수과정)

(1) 인용부호를 없앤 후, that을 붙인 다음 전달동사가 현재시제(say)나 미래시제(will say)일 경우 인용문 안의 시제는 바꾸지 말고 인칭만 바꾸세요.
(2) 인용부호를 없앤 후, 전달동사가 과거시제(said)일 경우에 인용문 안의 시제는, 현재는 과거로, 현재완료와/과거/과거완료는 모두 과거완료시제로 바꾸세요.
(3) 단, 불변의 진리나 습관적 동작, 현재의 사실은 현재시제를 쓰고, 역사적 사실은 과거시제를 써야 합니다.
(4) say → say that 주+동/said → said that+주+동
(5) say to → tell+목적어+that+주+동/said to → told+목적어+that+주+동

① She says, "I am happy." = She says that she is happy.
② She says to me, "I am happy." = She tells me that she is happy.
③ She will say, "I am happy." = She will say that she is happy.
④ She will say to you, "I am happy." = She will tell you that she is happy.
⑤ She said, "I am happy." = She said that she was happy.
⑥ She said to me, "I am happy." = She told me that she was happy.
⑦ She said, "I was happy." = She said that she had been happy.
⑧ She said, "I have been happy." = She said that she had been happy.
⑨ She said to me, "I was happy." = She told me that she had been happy.
⑩ Our teacher said, "The earth is round." (불변의 진리) = Our teacher said that the earth is round.
⑪ He said, "I take a walk at 7 every morning." (습관적 동작)
 = He said that he takes a walk at 7 every morning.
⑫ She said today, "I am chubby," = She said today that she is chubby. (현재의 사실)
⑬ She said, "Columbus discovered America in 1492." (역사적 사실)
 = She said that Columbus discovered America in 1492.

해석 ① 그녀는 "나 행복해."라고 말한다. = 그녀는 자신이 행복하다고 말한다. ② 그녀는 나에게 "나 행복해."라고 말한다. = 그녀는 나에게 자신은 행복하다고 말한다. ③ 그녀는 "나 행복해."라고 말할 것이다. = 그녀는 자신이 행복하다고 말할 것이다. ④ 그녀는 너에게 "나 행복해."라고 말할 것이다. = 그녀는 너에게 자신이 행복하다고 말할 것이다. ⑤ 그녀는 "나 행복해."라고 말했다. = 그녀는 자신이 행복하다고 말했다. ⑥ 그녀는 나에게 "나 행복해."라고 말했다. = 그녀는 나에게 자신이 행복하다고 말했다. ⑦ 그녀는 "나는 행복했어."라고 말했다. = 그녀는 자신이 행복했다고 말했다. ⑧ 그녀는 "나는 지금까지 행복했어."라고 말했다. = 그녀는 쭉 행복했다고 말했다. ⑨ 그녀는 나에게 "나는 행복했어."라고 말했다. = 그녀는 나에게 자신은 행복했다고 말했다. ⑩ 우리 선생님은 "지구는 둥글어요."라고 말씀하셨다. = 우리 선생님은 지구가 둥글다고 말씀하셨다. ⑪ 그는 "나는 매일 아침 7시에 산책해."라고 말했다. = 그는 자신이 매일 아침 7시에 산책한다고 말했다. ⑫ 그녀는 오늘 "나는 통통해."라고 말했다. = 그녀는 오늘 자신이 통통하다고 말하던데. ⑬ 그녀는 "Columbus가 1492년에 미국을 발견했어요."라고 말했다. = 그녀는 Columbus가 1492년에 미국을 발견했다고 말했다.

어휘 garden 정원을 가꾸다 the earth 지구 take a walk 산책하다 chubby 통통한 discover 발견하다

③ 직접화법을 간접화법으로 전환할 때 부사의 변화표(중학 필수과정)

now → then/at that moment		today → that day/the same day	
here → there	these → those	this → that	hence → thence
ago → before	come → go	hither → thither	tonight → that night
tomorrow → the next day/the following day			
yesterday → the day before/the previous day			
the day after tomorrow → two days later			
the day before yesterday → two days before			
last night → the night before/the previous night			
next week → the following(next) week/a week later			

① He said, "My mother is here."

= He said that his mother was there.

② "I want these flowers," she said.

= She said that she wanted those flowers.

③ He said to me, "I am hungry now."

= He told me that he was hungry then.

④ She said, "I arrived last week."

= She said that she had arrived the previous week.

⑤ He said to me, "I will leave here tomorrow."

= He told me that he would leave there the next day.

⑥ "I will go on holiday tomorrow," he said to me today.

= He told me today that he would go on holiday tomorrow.

⑦ He said to me, "I bought this book a few days ago."

= He told me that he had bought that book a few days before.

⑧ Last week she said, "I am going to America next week."

= Last week she said that she was going to America this week.

⑨ Yesterday he said to me, "I will take you to the park tomorrow."

= Yesterday he told me that he would take me to the park today.

해석 ① 그는 "내 엄마는 이곳에 계셔."라고 말했다. = 그는 자기 엄마가 그곳에 계신다고 말했다. ② 그녀는 "저는 이 꽃들을 원해요."라고 말했다. = 그녀는 자신이 그 꽃들을 원한다고 말했다. ③ 그는 나에게 "나는 지금 배고파."라고 말했다. = 그는 나에게 자신이 그 때 당시 배가 고프다고 말했다. ④ 그녀는 "나는 지난주에 도착했어."라고 말했다. = 그녀는 그 전주에 도착했다고 말했다. ⑤ 그는 나에게 "나는 내일 이곳을 떠날 거야."라고 말했다. = 그는 나에게 그 다음날 그곳을 떠날 것이라고 말했다. ⑥ 그는 나에게 "나는 내일 휴가를 떠날 거야."라고 오늘 말했다. = 그는 나에게 내일 휴가를 떠날 것이라고 오늘 말했다. ⑦ 그는 나에게 "나는 며칠 전에 이 책을 샀어."라고 말했다. = 그는 나에게 며칠 전에 그 책을 샀다고 말했다. ⑧ 지난주에 그녀는 나에게 "나는 다음 주에 미국에 갈 거야."라고 말했다. = 지난주에 그녀는 자신이 이번 주에 미국에 갈 거라고 말했다. ⑨ 어제 그는 나에게 "나는 내일 너를 공원에 데리고 갈게."라고 말했다. = 어제 그는 나에게 자신이 오늘 나를 공원에 데리고 가겠다고 말했다.

어휘 flower 꽃 arrive 도착하다 last week 지난주 leave 떠나다 go on holiday 휴가를 떠나다 take 데리고 가다

4 간접화법에서 조동사의 변화(auxiliary verbs in indirect speech)(중급+고급과정)

will(shall)/can/may는 각각 would/could/might로 바꾸고, 과거형이 없는 종속절의 서법 조동사 would, could, should, might, need, ought to, used to, had better, would rather는 그대로 쓰고, must와 needn't는 대개 바꾸지 않지만 의무를 나타낼 때는 must를 had to/would have to(미래 의무)로, needn't는 didn't have to나 wouldn't have to(미래 의무)로 바꿀 수도 있습니다. may가 허락을 나타낼 때는 could로 바꿉니다.

① She said, "I will/shall go there." (미국식/영국식) = She said that she would go there.

② He said, "I could fail." = He said that he could fail.

③ She said, "He might come." = She said that he might come.

④ He said, "I should help them." = He said that he should help them.

⑤ She said, "I ought to cook rice." = She said that she ought to cook rice.

⑥ He said to me," You may need help." = He told me that I might need help. (가능)

⑦ "You may use my car," said he. = He said that I could use his car. (허락)

⑧ He said, "I need some time now." = He said that he needed some time then. (본동사 need)

⑨ She said, "You need not come early."

= She said that I need not/didn't need(have) to go early.

⑩ He said, "We must relax for a while."

= He said that they must relax for a while. (제안 – had to 불가)

⑪ "You must be tired after such a trip."he said to me.

= He told me that I must be tired after such a trip. (확신 – had to불가)

⑫ "If the floods get any worse, we must(will have to) leave here," he said.

= He said that if the floods got any worse, they would have to leave there.

⑬ He said, "I must work hard" = He said that he must(had to) work hard. (의무)

해석 ① 그녀는 "나는 그곳에 갈 거야."라고 말했다. = 그녀는 그곳에 가겠다고 말했다. ② 그는 "나도 실패할 수도 있어."라고 말했다. = 그는 자신도 실패할 수도 있다고 말했다. ③ 그녀는 "그가 올지도 몰라."라고 말했다. = 그녀는 그가 올지도 모른다고 말했다. ④ 그는 "내가 그들을 도와야 해."라고 말했다. = 그는 자신이 그들을 도와야 한다고 말했다. ⑤ 그녀는 "나 밥해야 돼."라고 말했다. = 그녀는 자신이 밥을 지어야 한다고 말했다. ⑥ 그는 나에게 "너는 도움이 필요할지도 몰라."라고 말했다. = 그는 나에게 내가 도움이 필요할지도 모른다고 말했다. ⑦ "너는 내 차를 사용해도 돼."라고 그는 말했다. = 그는 내가 자신의 차를 사용해도 된다고 말했다. ⑧ 그는 "나는 지금 시간이 좀 필요해."라고 말했다. = 그는 자신이 그 당시 시간이 좀 필요하다고 말했다. ⑨ 그녀는 "너는 일찍 올 필요 없어."라고 말했다. = 그녀는 내가 일찍 갈 필요 없다고 말했다. ⑩ 그는 "우리는 잠시 휴식을 취해야 해."라고 말했다. = 그는 자신들이 휴식을 좀 취해야 한다고 말했다. ⑪ 그는 나에게 "너는 그런 여행을 한 후 분명 피곤할 거야."라고 말했다. = 그는 나에게 그런 여행 후 분명 피곤할 거라고 말했다. ⑫ "만일 홍수가 더 악화되면, 우리는 이곳을 떠나야 할 거야."라고 그는 말했다. = 그는 홍수가 더 악화되면 그들이 그곳을 떠나야 할 것이라고 말했다. ⑬ 그는 "나는 열심히 일해야 돼."라고 말했다. = 그는 자신이 열심히 일해야 한다고 말했다.

어휘 could ～할 수도 있다(가능성/추측) might ～할지도 모른다 should=ought to ～해야 한다 used to ～하곤 했다 had better ～하는 편이 낫다 would rather 차라리 ～하겠다 don't have(need) to=need not ～할 필요 없다 must～해야 한다 must be ～임에 틀림없다 relax 휴식을 취하다 leave–left–left 떠나다 for a while 잠시 동안 get worse=go from bad to worse=turn(change) for the worse=deteriorate=relapse=worsen 악화되다 flood 홍수

⑤ 조건문의 화법전환(conditionals in indirect speech)(중급+고급과정)

무조건문과 제 1 조건문을 전달할 때 인용문 안의 시제는 상황에 따라 바뀔 수도 있으며, 제 2 조건문, 제 3 조건문 등은 인칭만 바뀌고 시제는 바뀌지 않습니다. when이 이끄는 절의 시제가 과거나 과거진행시제일 때 역시 바뀔 수도 안 바뀔 수도 있습니다.

① She said, "If he is silent, it means that he is very angry."
 = She said that if he is silent, it means that he is very angry. (현재의 사실)
 = She said that if he was silent, it meant that he was very angry. (과거의 습관)
② She said, "If we leave now, we can catch the train."
 = She said that if we leave now, we can catch the train. (듣고 바로 전달할 때)
 = She said that if we left then, we could catch the train. (나중에 전달할 때)
③ She said to me, "If you come here tomorrow, I will treat you to dinner."
 = She told me that if I went there the next day, she would treat me to dinner.
④ She said, "If I were a bird, I could fly to you."
 = She said that if she were a bird, she could fly to me.
⑤ He said, "If I had been rich, I could have bought the car."
 = He said that if he had been rich, he could have bought the car.
⑥ He said, "I wish I lived in the mountains."
 = He said that he wished he lived in the mountains.
⑦ She said, "He looks as if he knew the answer."
 = She said that he looked as if he knew the answer.
⑧ He said, "It is time I got up." = He said that it was time he got up.
⑨ He said, "When I was staying in America, I met my best friend."
 = He said that when he was staying in America, he met his best friend.
⑩ "The car broke down while I was driving to work," he said.
 = He said that the car broke down while he was driving to work.
 = He said that the car had broken down while he had been driving to work.

해석 ① 그녀는 "그가 말이 없으면, 그것은 그가 무척 화났다는 뜻이야."라고 말했다. = 그녀는 그가 말이 없으면 무척 화났다는 뜻이라고 말했다. ② 그녀는 "우리가 지금 떠나면 기차를 잡을 수 있다."고 말했다. = 그녀는 우리가 지금 떠나면 기차를 잡을 수 있다고 말했다./그녀는 우리가 그때 당시 떠나면 기차를 잡을 수 있다고 말했다. ③ 그녀는 나에게 "네가 내일 이곳에 오면, 내가 너에게 저녁식사를 대접할게."라고 말했다. = 그녀는 나에게 내가 그 다음 날 그곳에 가면 자신이 나에게 저녁식사를 대접하겠다고 말했다. ④ 그녀는 "내가 새라면, 너에게 날아갈 수 있을 텐데."라고 말했다. = 그녀는 나에게 자신이 새라면 나에게 날아올 수 있을 것이라고 말했다. ⑤ 그는 "내가 부자였더라면, 그 차를 살 수 있었을 텐데."라고 말했다. = 그는 자신이 부자였더라면, 그 차를 살 수 있었을 것이라고 말했다. ⑥ 그는 "나는 산속에 살면 좋을 텐데."라고 말했다. = 그는 자신이 산속에 살면 좋을 것이라고 말했다. ⑦ 그녀는 "그는 마치 그 답을 알고 있는 것처럼 보인다."라고 말했다. = 그녀는 그가 마치 답을 알고 있는 것 같다고 말했다. ⑧ 그는 "내가 일어날 시간이야."라고 말했다.=그는 자신이 일어날 시간이라고 말했다. ⑨ 그는 "내가 미국에 머물고 있을 때, 나는 나의 가장 좋은 친구를 만났어."라고 말했다. = 그는 미국에 있을 때 자신의 가장 좋은 친구를 만났다고 말했다. ⑩ 그는 "내가 직장으로 차를 몰고 가고 있을 때 차가 고장 났어."라고 말했다. = 그는 자신이 직장에 차를 몰고 가고 있을 때 차가 고장 났다고 말했다.

어휘 mean 의미하다 angry 화가 난 leave 떠나다 catch the train 기차를 잡다 treat 대접하다 dinner 저녁식사
bird 새 fly 날아가다 rich 부유한 as if 마치~처럼 get up 일어나다 stay 머무르다 break down 고장 나다

⑥ 의문문의 화법전환(Indirect speech for Interrogative sentences)(기본+중급+고급과정)

전달동사를 asked/inquired of/demanded of/wondered/wanted to know로 바꾸고 일반의문문은 「if(whether)+주어+동사」의 어순으로, 의문사가 있는 의문문은 「의문사+주어+동사」의 어순으로 배열하고 인칭과 시제를 바꿉니다. 단, 「who/what/which+be+보어」로 이뤄진 의문문을 전달할 때 be동사는 보어의 앞이나 뒤에 올 수 있습니다.

① He said to me, "Are you tired?" = He asked me if(whether) I was tired.

② He said to me, "Do you know her?" = He inquired of me if(whether) I knew her.

③ She said, "May I use your mobile phone?"

 = She asked if she might use my mobile phone.

④ "Shall I open the window?" she asked. = She asked if she should open the window.

⑤ Tom said, "Does she always have dinner at home?"

 = Tom wanted to know if she always had dinner at home.

⑥ He said to her, "Where are you going now?"

 = He asked her where she was going then.

⑦ He said to her, "Why didn't you call on me yesterday?"

 = He asked her why she had not called on him the previous day.

⑧ She said to me, "Which do you like better, this or that?"

 = He inquired of me which of the two I liked better.

⑨ He said to me, "What is the problem?"

 = He asked me what was the problem.

 = He asked me what the problem was.

⑩ She asked, "Who is the fattest boy in the class?"

 = She asked who was the fattest boy in the class.

 = She asked who the fattest boy in the class was.

해석 ① 그는 나에게 "너 피곤하니?"라고 물었다. = 그는 나에게 피곤한지 물었다. ② 그는 나에게 "너 그녀 아니?"라고 물었다. = 그는 나에게 그녀를 아는지 물었다. ③ 그녀는 "내가 네 휴대전화를 사용해도 되니?"라고 물었다. = 그녀는 내 휴대전화를 사용해도 되는지 물었다. ④ 그녀는 "내가 창문을 열까?"라고 물었다. = 그녀는 자신이 창문을 열어야 하는지 물었다. ⑤ Tom은 "그녀는 항상 집에서 저녁식사 하니?"라고 물었다. = Tom은 그녀가 항상 집에서 저녁식사를 하는지 알고 싶어 했다. ⑥ 그는 그녀에게 "너 지금 어디 가고 있어?"라고 물었다. = 그는 그녀에게 그 당시 어디에 가고 있느냐고 물었다. ⑦ 그는 그녀에게 "왜 어제 나를 방문하지 않았어?"라고 물었다. = 그는 그녀에게 왜 그 전날 자신을 방문하지 않았는지 물었다. ⑧ 그녀는 나에게 "이것과 저것 중에서 어느 것이 더 마음에 드니?"라고 물었다. = 그는 나에게 그 둘 중 어느 것이 더 마음에 드는지 물었다. ⑨ 그는 나에게 "무슨 일이 있어?" 라고 물었다. = 그는 나에게 무슨 일이 있느냐고 물었다. ⑩ 그녀는 "누가 학급에서 가장 뚱뚱한 소년이야?"라고 물었다. = 그는 누가 학급에서 가장 뚱뚱한 소년인지 물었다.

어휘 mobile phone=cell phone=cellular phone 휴대전화기 dinner 저녁식사 call on=pay a visit to 방문하다 matter 문제 tired=exhausted=worn(weary, tired, tuckered, played) out=all beat up=done in=run down=bushed=debilitated =devitalized=dilapidated=enfeebled=enervated=fatigued=jaded=prostrated=sapped=wearied=weary 피곤한/녹초가 된 **EX** She was worn out after three sleepless nights.

7 명령문의 화법 전화(speech in imperative sentences)(기본+중급+고급과정)

(1) 일반 명령문: told+목적어+to

(2) please가 들어 있는 명령문이나 정중한 부탁: asked(requested)+목적어+to

(3) 상관에 부하에게 명령할 때: ordered(commanded)+목적어+to

(4) had better가 들어있는 문장이나 조언의 뜻을 담고 있을 때: advised+목적어+to

(5) 경고할 때: warned+목적어+to

(6) 금지를 나타낼 때: forbade+목적어+to

① I said to him, "Open the door."

= I told him to open the door.

② I said to him, "Don't open the window."

= I told him not to open the door.

③ He said to me, "Please help me"

= He asked(requested) me to help him.

④ "Could you please be quiet?" she said.

= She asked me to be quiet.

⑤ The captain said to his men, "Stand at ease!"

= The captain commanded his men to stand at ease.

⑥ The police officer said to him, "Get out of the car!"

= The police officer ordered him to get out of the car.

⑦ The doctor said to me, "Stop smoking."

= The doctor advised me to stop smoking.

⑧ He said to me, "You had better start now."

= He advised me to start then.

⑨ The man with the gun said to us, "Don't move!"

= The man with the gun warned us not to move.

⑩ He said to the students, "Do not make a noise."

= He forbade the students to make a noise.

= He ordered the students not to make a noise.

해석 ① 나는 그에게 "문을 열어라."라고 말했다. = 나는 그에게 문을 열라고 말했다. ② 나는 그에게 "유리창 열지 마라." 라고 말했다. = 나는 그에게 유리창을 열지 말라고 말했다. ③ 그는 나에게 "좀 도와줘."라고 말했다. = 그는 나에게 자신을 도와달라고 부탁했다. ④ "좀 조용히 해 줄래?"라고 그녀는 말했다. = 그녀는 나에게 조용히 하라고 부탁했다. ⑤ 대위는 부하들에게 "쉬엇!"라고 말했다. = 대위는 부하들에게 쉬어 자세를 하라고 명령했다. ⑥ 경찰관은 그에게 "차에서 나와!"라고 말했다. = 경찰관은 그에게 차에서 나오라고 명령했다. ⑦ 의사는 나에게 "담배를 끊으세요."라고 말했다. = 의사는 나에게 담배를 끊으라고 충고했다. ⑧ 그는 나에게 "지금 출발하는 것이 좋을 거야."라고 말했다. = 그는 나에게 그때 출발하는 게 낫다고 말했다. ⑨ 총을 가진 사람이 우리에게 "움직이지 마!"라고 말했다. = 총을 가진 사람이 우리에게 움직이지 말라고 경고했다. ⑩ 그는 학생들에게 "떠들지 마라."라고 말했다. = 그는 학생들에게 떠드는 것을 금지했다./그는 학생들에게 떠들지 말라고 명령했다.

어휘 quiet 조용한 captain 대위 men 부하들 stand at ease 쉬어자세로 서 있다 get out of 나오다
order 명령하다 advise 충고하다 had better ~하는 편이 낫다 gun 총 make a noise 떠들다

(7) 간청이나 애원할 때: pleaded with+목적어+to

(8) 음식물을 요청할 때: asked for

(9) Let's로 시작되는 문장: suggested ~ing/proposed to/suggested(proposed) that 주어+원형

(10) Let me로 시작되는 명령문이 허락을 구할 때: asked(begged/requested)+목적어+to+allow

(11) Let me로 시작되는 명령문이 도움을 주려 할 때: offered to+동사원형

① She said to her father, "Please stop smoking."

 = She pleaded with her father to stop smoking.

② "Can I have an apple?" she said. = She asked for an apple.

③ He said to me, "Let's play baseball."

 = He suggested playing baseball.

 = He proposed to play baseball.

 = He suggested(proposed) that we play baseball. (미국식)

 = He suggested(proposed) that we should play baseball. (영국식)

④ He said to his teacher, "Let me go home now."

 = He requested his teacher to let him go home then.

 = He requested his teacher to allow him to go home then.

 = He requested that his teacher (should) allow him to go home then. (영/미)

⑤ He said, "Let me have some food."

 = He wished that he might have some food.

 = He requested that he (should) be allowed to have some food.

⑥ He said to me, "Let me carry your baggage to your home."

 = He offered to carry my baggage to my home.

해석 ① 그녀는 자기 아빠에게 "제발 담배 좀 끊으세요."라고 말했다. = 그녀는 자기 아빠에게 담배를 끊으라고 간청했다. ② "사과 하나 먹어도 될까?"라고 그녀는 말했다. = 그녀는 사과 한 개를 요청했다. ③ 그는 나에게 "우리 야구 하자." 라고 말했다. = 그는 우리에게 야구하자고 제안했다. ④ 그는 그의 선생님께 "저 지금 집에 가도록 허락해 주세요."라고 말했다. = 그는 자기 선생님께 자기가 집에 가는 것을 허락해 달라고 요청했다. ⑤ 그는 "음식 좀 주세요."라고 말했다. = 그는 음식을 좀 먹었으면 하고 바랐다. ⑥ 그는 나에게 "네 짐을 네 집까지 옮겨줄게."라고 말했다. = 그는 내 짐을 내 집 까지 운반해 주겠다고 제안했다.

문제 1. Change the following sentences into indirect speech.

① She said to me, "Please wait here."

② "May I have a glass of water?" he said.

③ He said to me, "Don't come in till you are called."

④ The teacher said to his students, "Don't waste your time"

해석과 정답 ① 그녀는 나에게 "이곳에서 기다리세요."라고 말했다. (= She asked me to wait there.) ② "물 한 잔 마셔 도 될까요?"라고 그가 말했다. (= He asked for a glass of water.) ③ 그는 나에게 "부를 때까지는 들어오지 마라."라고 말했다. (= He told me not to come in till I was called.) ④ 선생님은 자기 학생들에게 "여러분의 시간을 낭비하지 마세 요."라고 말했다. (= The teacher advised his students not to waste their time.)

어휘 plead with 간청하다 ask(call) for=call upon=require=request=demand=claim=invite=solicit=summon 요청하다 carry 운반하다 baggage 짐 waste 낭비하다 bring up=breed=rear=raise=foster=nurse=nurture 기르다/양육하다

8 기원문의 화법전환(speech in optative sentences)(중급+고급과정)

ⓐ 일반기원문 said to → prayed(wished) that 주어+might

ⓑ God이 들어 있는 기원문 → prayed that God+might

① He said to me, "May you be happy!"

= He wished that I might be happy.

② He said to me, "May God bless you!"

= He prayed that God might bless me.

③ She said, "May my ex-boyfriend go to hell!"

= She cursed that her ex-boyfriend might go to hell.

④ He said to his grandmother, "May you live long."

= He prayed that his grandmother might live long.

⑤ The old man said, "God knows I am innocent."

= The old man said, "By God! I am innocent."

= The old man called upon God to witness that he was innocent.

⑥ He said to the judge, "By Heaven! I have not stolen it."

= He called upon Heaven to witness and told the judge that he had not stolen it.

> **해석** ① 그는 나에게 "부디 너 행복하기 바란다."라고 말했다. = 그는 내가 행복했으면 하고 바랐다. ② 그는 나에게 "너에게 신의 축복이 있기를 바란다."라고 말했다. = 그는 신이 나를 축복해 주기를 기원했다. ③ 그녀는 "내 전 남자친구 지옥에나 가버려라!"라고 말했다. = 그녀는 자기의 전 남자친구가 지옥에 가도록 저주했다. ④ 그는 자기 할머니에게 "부디 오래 사세요."라고 말했다. = 그는 자기 할머니가 장수하시도록 기원했다. ⑤ 그 노인은 "하나님은 제가 결백하다는 것을 아십니다."라고 말했다. = 그 노인은 "하나님께 맹세코 저는 결백합니다."라고 말했다. = 그는 하나님께 자신이 결백하다는 것을 증언해 달라고 요청했다. ⑥ 그는 판사에게 "하늘에 맹세코 저는 그것을 훔치지 않았습니다."라고 말했다. = 그는 하늘에 증언해달라고 요청하고 판사에게 자신은 그것을 훔치지 않았다고 말했다.

문제 2. Change the following sentences into indirect speech.

① She said, "May God reward him!"

② He said to me, "May you prosper!"

③ She said, "May my son pass the test!"

④ My friend said, "May God protect us from evil!"

⑤ He said to me, "May you succeed in your mission!"

> **해석과 정답** ① 그녀는 "부디 신의 보상이 그에게 있기를 바라!"라고 말했다. (= She prayed that God might reward him.) ② 그는 나에게 "부디 네가 번창하기를 바란다!"라고 말했다. (= He wished that I might prosper.) ③ 그녀는 "내 아들이 부디 시험에 통과하기를 바란다!"라고 말했다.(= She prayed that her son might pass the test.) ④ 나의 친구는 나에게 "하나님 우리를 악으로부터 보호해주세요!"라고 말했다.(= My friend prayed that God might protect us from evil.) ⑤ 그는 나에게 "너 부디 네 임무에서 성공하기를 바란다!"라고 말했다. (= He wished that I might succeed in my mission.)

> **어휘** ex-boyfriend 전 남자친구 curse 저주하다 hell 지옥 By God 하느님께 맹세코 innocent 결백한/무죄의 judge 판사 witness 증언하다 by heaven 하늘에 맹세코 call upon=request 요청하다 steal-stole-stolen 훔치다 reward 보상(보답)하다 prosper=thrive 번창(번영)하다 pass 통과(합격)하다 protect 보호하다 evil 악 mission 임무

⑨ 중문의 화법 전환(speech in compound sentences)(고급과정)

중문의 경우 and나 but 다음에 반드시 that을 첨가해야 하며 앞에 나온 that은 생략할 수 있으나, 뒤에 나온 that은 절대로 생략할 수 없습니다. 반면에 for나 명령문 다음의 and, or 다음에는 that을 쓰지 않습니다.

① She said, "I am a nurse and work in a hospital."
= She said that she was a nurse and worked in a hospital."

② He said, "I am tired and I wish to have a rest."
= He said (that) he was tired and that he wished to have a rest.

③ I said, "I am sorry, but I can't go out now."
= I said (that) I was sorry but that I couldn't go out then.

④ He said to her, "I can't go with you, for I am busy."
= He told her that he couldn't go with her, for he was busy.

⑤ He said to me, "Study hard, and you will pass the examination."
= He told me to study hard, and I would/should pass the examination. (미/영)
= He told me that if I studied hard, I would/should pass the examination. (미/영)

⑥ I said to him, "Start at once, or you will miss the train."
= I told him to start at once, or he would miss the train.
= I told him that if he did not start at once, he would miss the train.
= I told him that unless he started at once, he would miss the train.

> **해석** ① 그녀는 "나는 간호사이고 병원에 근무해요."라고 말했다. = 그녀는 자신이 간호사이며 병원에 근무한다고 말했다. ② 그는 "나는 피곤해서 쉬고 싶어."라고 말했다. = 그는 자신이 피곤해서 쉬고 싶다고 말했다. ③ 나는 "미안하지만 지금 나갈 수 없어." 라고 말했다. = 나는 미안하지만 그때 나갈 수 없다고 말했다. ④ 그는 그녀에게 "나는 너와 함께 갈 수 없어, 왜냐하면 바쁘거든." 이라고 말했다. = 그는 그녀와 함께 갈 수 없다고 말했다 왜냐하면 바빴기 때문에. ⑤ 그는 나에게 "열심히 공부해라, 그러면 너는 시험에 합격할 거야."라고 말했다. = 그는 나에게 열심히 공부하면 내가 시험에 합격할 것이라고 말했다. ⑥ 나는 그에게 "당장 출발해라, 그렇지 않으면 너는 기차를 놓칠 거야."라고 말했다. = 나는 그에게 당장 출발하지 않으면 기차를 놓칠 것이라고 말했다.

문제 3. Change the following sentences into indirect speech.

① She said, "The watch is very expensive, and I can't buy it."
② She said, "It is snowing, but I will go there."
③ He said to me, "Make haste, and you will be in time."
④ Mother said to me, "Get up early, or you will be late for school."

> **해석과 정답** ① 그녀는 "그 시계는 아주 비싸서 나는 그것을 살 수 없어."라고 말했다. (= She said that the watch was very expensive and that she couldn't buy it.) ② 그녀는 "눈이 오고 있지만, 나는 그곳에 갈 거야."라고 말했다. (= She said that it was snowing, but that she would go there.) ③ 그는 나에게 "서둘러라, 그러면 늦지 않을 거야."라고 말했다. (= He told me to make haste, and I would be in time.) ④ 엄마는 나에게 "일찍 일어나라 그렇지 않으면 너는 학교에 지각할 거야."라고 말씀하셨다. (= Mother told me to get up early, or I would be late for school.)

> **어휘** nurse 간호사 hospital 병원 busy 바쁜 at once 즉시 expensive 비싼 someday 언젠가 in time 늦지 않은

⑩ 혼합문 화법 전환(speech in mixed sentences)(고급과정)

두 문장을 and로 연결하고 각각의 문장에 알맞은 전달동사로 연결합니다.

① She said to me, "I am busy. Please help me."

= She told me that she was busy and asked me to help her.

② He said to me, "You look pale. Are you sick?"

= He told me that I looked pale and asked (me) if I was sick.

③ She said, "Be quiet, boys. The baby is asleep."

= She told the boys to be quiet and added that the baby was asleep.

④ She said, "What a fine day it is! Let's go on a picnic."

= She exclaimed that it was a very fine day and suggested going on a picnic.

⑤ He said to me, "Please take me home. I don't feel very well now."

= He asked me to take him home because he didn't feel very well then.

⑥ She said to him, "Oh, how beautiful this dress is! How much is it?"

= She exclaimed with surprise that that dress was very beautiful and asked how much it was.

> **해석** ① 그녀는 나에게 "나 바빠. 좀 도와줘."라고 말했다. = 그녀는 나에게 자신이 바쁘니까 자신을 좀 도와달라고 부탁했다. ② 그는 나에게 "너 창백해 보인다. 너 아프니?"라고 말했다. = 그는 나에게 내가 창백해 보인다고 말하고 아프냐고 물었다. ③ 그녀는 "애들아 조용히 해라. 아이가 자고 있잖아."라고 말했다. = 그녀는 애들에게 조용히 하라고 말하고 아이가 잠자고 있다고 덧붙였다. ④ 그녀는 "참 날씨 좋다! 우리 소풍 가자."라고 말했다. = 그녀는 날씨가 참 좋다고 감탄하고 소풍 가자고 제안했다. ⑤ 그는 나에게 "나를 집에 좀 데려다 줘. 지금 몸 상태가 안 좋아."라고 말했다. = 그는 당시 에 몸 상태가 안 좋아서 자신을 집에 데려다 달라고 부탁했다. ⑥ 그녀는 그에게 "이 드레스 참 아름답군요! 얼마 죠?" 라고 말했다. = 그녀는 놀라서 그 드레스가 참 아름답다고 감탄하고 그것이 얼마인지 물었다.

문제 4. Change the following sentences into indirect speech.

① She said, "Oh! It's a snake. Don't approach it, children."

② She said to me, "Don't worry. I will get well in a few days."

③ "Don't go swimming in the pool," she said. "The water is filthy."

④ "Shall I cook dinner for you?" he said to her. "You look very tired."

⑤ "Let's go shopping this afternoon," she said. "The sales have started."

⑥ He said, "I have left my wallet at home. Can you lend me 10,000 won?"

> **해석과 정답** ① 그녀는 "어! 뱀이다. 애들아 가까이 가지 마라."라고 말했다. (= She exclaimed with disgust that it was a snake and told the children not to approach it.) ② 그녀는 나에게 "걱정 마. 나는 며칠 후면 나을 거야."라고 말했 다. (= She told me not to worry and added that she would get well in a few days.) ③ 그녀는 "수영장에 수영하러 가지 마라. 물이 더럽다."라고 말했다. (= She warned them not to go swimming in the pool because the water was filthy.) ④ 그는 그녀에게 "내가 당신을 위해 저녁 지을까? 당신 무척 피곤해 보이는데."라고 말했다. (= He offered to cook dinner for her, adding that she looked very tired.) ⑤ 그녀는 "오늘 오후에 쇼핑가자. 세일이 시작되었거든." 이 라고 말했다. (= She suggested going shopping that afternoon because the sales had started.) ⑥ 그는 "내가 지 갑을 집에 놔뒀거든. 만원만 빌려줄래?"라고 말했다. (= He said that he had left his wallet at home and asked me to lend him 10,000 won.)

> **어휘** pale 창백한 sick 아픈 quiet 조용한 asleep 잠든 snake 뱀 approach=come(go) up to 접근하다 get well 좋아지다 filthy 더러운 dinner 저녁식사 tired 피곤한 go shopping 쇼핑가다 wallet 지갑 lend–lent 빌려주다

11 감탄문의 화법 전환(speech in exclamatory sentences)(중급과정)

전달동사를 exclaim으로 바꾸고, 감탄문을 평서문으로 바꾼 다음, 형용사 앞에 very, 명사 앞에는 a great 등을 붙입니다. 감탄사가 있을 경우에는 그 감탄사에 어울리는 부사구를 첨가합니다.

(1) Oh! → exclaimed with scorn (냉소적으로 감탄할 때)

(2) Sorry! → exclaimed with regret (후회하며 감탄할 때)

(3) Ugh! → exclaimed with disgust (역겨움으로 감탄할 때)

(4) Hush! → exclaimed with attention (주의를 기울이며 감탄할 때)

(5) Pooh! Pshaw! → exclaimed with contempt (경멸조로 감탄할 때)

(6) Bravo! → exclaimed with applause or approval (칭찬이나 찬성을 하며 감탄할 때)

(7) Hurrah! Aha! Ha! → exclaimed joyfully(with happiness or joy) (기뻐서 감탄할 때)

(8) Wow!, What!, How!, Oh! → exclaimed with surprise or wonder (놀라서 감탄할 때)

(9) Alas!, Ah! Oh no! → exclaimed with sorrow, regret, grief or loss (슬픔/후회/상실로 감탄할 때)

① She said, "Hurrah! I won a prize!" = She exclaimed with joy that she had won a prize.

② He said, "Alas! I am undone!" = He exclaimed with sorrow that he was undone.

③ She said to John, "Bravo! You have done well."

 = She applauded John, saying that he had done well.

④ John said, "Wow! What a nice shirt it is!" = John exclaimed with wonder that it was a nice shirt.

⑤ He said, "Oh no! I missed the train" = He exclaimed with sorrow that he had missed the train.

해석 ① 그녀는 "야!! 내가 상을 탔다!"라고 말했다. = 그녀는 자기가 상을 탔다고 기뻐서 감탄했다. ② 그는 "아야!! 난 망했다."라고 말했다. = 그는 자신은 망했다고 슬퍼하며 감탄했다. ③ 그녀는 John에게 "야! 너 참 잘했다."라고 말했다. = 그녀는 John에게 참 잘했다고 말하며 갈채를 보냈다. ④ John은 "야! 그것 참 멋진 셔츠이구나!"라고 말했다. = John은 그것은 참 멋진 셔츠라고 놀라면서 감탄했다. ⑤ 그는 "어머나! 나 기차를 놓쳤어!"라고 말했다. = 그는 기차를 놓쳤다고 아쉬워하며 소리쳤다.

문제 5. Change the following sentences into indirect speech.

① She said, "What a lovely rose!"

② He said, "Oh! what a disaster it is!"

③ They said, "Oh! we have won the match."

④ "Ooh! what a dirty child!" said the nurse.

⑤ The girl said, "How beautiful the rainbow is!"

해석과 정답 ① 그녀는 "참 예쁜 장미구나!"라고 말했다. (= She exclaimed that it was a very lovely rose.) ② 그는 "오! 대단한 재앙이구나!"라고 말했다. (= He exclaimed with grief that it was a great(terrible) disaster.) ③ 그들은 "와! 우리가 경기에서 이겼다!"라고 말했다. (= They exclaimed joyfully that they had won the match.) ④ "웩! 참 더러운 아이네!" 라고 간호사는 말했다. (= The nurse exclaimed disgustedly that the child was very dirty.) ⑤ 그 소녀는 "무지개 참 아름답다!"라고 말했다. (= The girl exclaimed that the rainbow was very beautiful.)

어휘 exclaim 감탄하다 win a prize 상을 타다 be undone 망하다 match 경기 dirty 더러운 nurse 간호사 rainbow 무지개 disaster=catastrophe=calamity=cataclysm=debacle=misadventure=misfortune=mishap=reverse=scourge 재앙/재난

12 묘출화법(represented speech)(고급과정)

등장인물의 생각이나 심리를 생생하게 나타내기 위해서 소설 등에서 종종 사용되는 표현으로서 어순은 직접화법과 같지만 인칭과 시제는 간접화법으로 전환하는 화법

① He said to me "Will you go to the movies?" (직접화법)

= He asked me if I would go to the movies. (간접화법)

= He asked me would I go to the movies. (묘출화법)

② He said to me, "Will you tell me the truth?" (직접화법)

= He asked me to tell him the truth. (간접화법)

= He asked me would I tell him the truth. (묘출화법)

③ He said to me, "Will you go to the concert with me?" (직접화법)

= He asked me if I would go to the concert with him. (간접화법)

= He asked me would I go to the concert with him. (묘출화법)

④ She shook her head and said, "Am I to blame for it?" (직접화법)

= She shook her head and asked if she was to blame for it. (간접화법)

= She shook her head and asked was she to blame for it. (묘출화법)

> **해석** ① 그는 나에게 "너 영화 보러 갈 거니?"라고 말했다. = 그는 나에게 내가 영화 보러 갈 것인지 물었다.
> ② 그는 나에게 "너 나에게 진실을 말해줄래?"라고 말했다. = 그는 나에게 진실을 말해달라고 요청했다.
> ③ 그는 나에게 "너 나와 음악회에 갈 거니?"라고 말했다. = 그는 나에게 자기와 함께 음악회에 갈 것인지 물었다.
> ④ 그녀는 고개를 저으며 "제가 그것에 대한 책임을 져야 하나요?"라고 물었다. = 그는 고개를 저으며 자신이 그것에 대해 책임을 져야 하는지 물었다.

문제 6. 다음의 묘출화법의 문장들을 직접화법으로 전환해 보세요.

① He wants to know is the newspaperman here.

② I was wondering could she be our new teacher.

③ He asked me would I go to Mary's birthday party.

④ She whispered something and asked was that enough.

⑤ Tom put his flat and final question would she marry him then and there.

> **해석과 정답** ① 그는 신문기자가 이곳에 있는지 알고 싶어 한다. (= He says, "Is the newspaperman here?")
> ② 나는 그녀가 우리의 새 선생님일까 하고 궁금해하고 있었다. (= I was wondering, "Can she be our new teacher?") ③ 그는 나에게 내가 Mary의 생일파티에 갈 것인지 물었다. (= He said to me, "Will you go to Mary's birthday party?") ④ 그녀는 뭔가 속삭이면서 그것이 충분하냐고 물었다. (= She whispered something and said, "Is that enough?") ⑤ Tom은 딱 잘라서 마지막 질문을 했다. 그녀에게 바로 그때 그 자리에서 자신과 결혼할 거냐고 물었다. (= Tom put his flat and final question, "Will you marry me now and here?")

> **어휘** go to the movies 영화 보러 가다 tell the truth 진실을 말하다 newspaperman 신문기자
> wonder 궁금해 하다/의아하게 여기다/놀라다/놀라움/불가사의 whisper 속삭이다/살랑 살랑 소리를 내다
> flat question 단호한 질문 account(answer) for=be accountable(answerable, liable, responsible) for
> =be to blame for=be at the bottom of=be in charge of=take charge of=charge oneself with
> =be charged with=take(accept, assume, bear, undertake, shoulder) the responsibility of
> =take it upon oneself to=have(take) in hand=hold oneself responsible for=be held responsible for 책임지다

13 기타 화법의 전환

① She said, "Good morning, Mr Kim." = She greeted Mr Kim.

② She said to me, "Good afternoon!" = She wished me good afternoon.

③ He said, "Good-bye, friends." = He bade his friends good-bye.

 = He bade good-bye to his friends.

④ He said to me, "Happy landings!" = He wished me happy landings.

⑤ She said to me, "Happy New Year!" = She wished me a happy new year.

⑥ The host said to his guests, "Welcome." = The host welcomed his guests.

⑦ She said to him, "Good evening, Sir." = She respectfully wished him good evening.

⑧ He said to me, "Congratulations on your success." = He congratulated me on my success.

⑨ He said, "Yes, I do." = He said that he did.

⑩ He said, "No, I don't." = He said that he did not.

⑪ He said, "Yes." = He agreed(assented). = He answered in the affirmative.

⑫ He said, "No." = He disagreed(denied/refused). = He answered in the negative.

⑬ She wished me good morning/goodbye/good luck/happy birthday

⑭ She wished me a Merry Christmas/a safe journey/a pleasant trip.

> **해석** ① 그녀는 "Mr Kim 좋은 아침 되세요."라고 말했다. = 그는 Mr Kim에게 인사했다. ② 그녀는 나에게 "좋은 오후 되세요!"라고 말했다. = 그녀는 나에게 좋은 오후를 빌어주었다. ③ 그는 "친구들아 잘 가."라고 말했다. = 그는 친구들에게 작별을 고했다. ④ 그는 나에게 "건배."라고 말했다. = 그는 나에게 무사한 착륙을 빌어주었다.(주로 비행사들끼리 건배할 때 사용하는 표현) ⑤ 그녀는 나에게 "행복한 새해 되세요."라고 말했다. = 그녀는 나에게 행복한 새해를 빌어주었다. ⑥ 주인은 손님들에게 "환영합니다."라고 말했다. = 주인은 손님들을 환영했다. ⑦ 그녀는 그에게 "좋은 저녁 되세요, 선생님."이라고 말했다. = 그녀는 그에게 정중하게 좋은 저녁을 빌어주었다. ⑧ 그는 나에게 "너의 성공을 축하해."라고 말했다. = 그는 나에게 나의 성공에 대해 축하해 주었다. ⑨ 그는 "응 그래."라고 말했다. = 그는 그렇다고 말했다. ⑩ 그는 "아니야, 안 그래."라고 말했다. = 그는 그렇지 않다고 말했다. ⑪ 그는 "네."라고 말했다. = 그는 동의했다. = 그는 긍정적으로 대답했다. ⑫ 그는 "아니요."라고 대답했다. = 그는 동의하지 않았다.(부인했다/거절했다) = 그는 부정적으로 대답했다. ⑬ 그녀는 나에게 좋은 아침/작별/행운/행복한 생일을 빌어주었다. ⑭ 그녀는 나에게 즐거운 크리스마스/안전한 여행/즐거운 여행을 빌어주었다.

문제 7. Change the following sentences into indirect speech.

① She said, "Thank God!"

② She said to us, "Welcome! Please come in."

④ She said to me, "Congratulations on your happy wedding!"

⑤ The student said to the teacher, "Yes, Sir! I have done my homework."

> **해석과 정답** ① 그녀는 "하나님 감사합니다!"라고 말했다. (= She thanked God.) ② 그녀는 우리에게 "환영합니다. 들어오세요."라고 말했다. (= She welcomed us and requested to come in.) ③ 그녀는 나에게 "너의 행복한 결혼 축하해!"라고 말했다. (= She congratulated me on my happy wedding.) ④ 그 학생은 선생님에게 "네, 선생님! 저는 숙제를 했습니다."라고 말했다. (= The student respectfully replied to the teacher in the affirmative and told him that he had done his homework.)

> **어휘** greet 인사하다 bid-bade-bidden 인사를 말하다 happy landings 비행사/승무원들 사이에서 건배할 때 congratulate 축하하다 agree=assent=consent 동의하다 in the affirmative(negative) 긍정적으로/부정적으로 disagree 동의하지 않다 deny=refuse=reject=rebuff=turn down 거부하다 journey 여행 pleasant 즐거운 trip 여행

문제 8. Change the following sentences into indirect speech.(기본+중급과정)

① He will say, "I like soccer."

② She said, "Which is my seat?"

③ He said to me, "Do you like music?"

④ My friend said, "I am leaving today"

⑤ He promised, "I will do it tomorrow."

⑥ She said, "I used to live in Washington."

⑦ Mom said to me, "You must study hard."

⑧ He said, "I go for a walk every morning."

⑨ She said, "I will/shall get well soon." (미/영)

⑩ "Do you want balloons ?" he said to the child.

⑪ Charles said, "If only I hadn't missed the train."

⑫ He said to her, "Who is the man in brown trousers?"

⑬ She said, "I had finished the work before you came."

⑭ He said, "I will die someday, for all men are mortal."

⑮ The boss said, "It's time we began planning our work."

⑯ John said, "I have been living in this city for ten years."

⑰ He said to me, "I would accept it if I were in your place."

⑱ I said to her, "I can no longer tolerate your coming late."

⑲ She said to me, "I will pardon all your faults if you confess them."

⑳ She said, "When I was having breakfast, the telephone suddenly rang."

해석과 정답 ① 그는 "나는 축구를 좋아해."라고 말할 것이다. (He will say that he likes soccer.) ② 그녀는 "어느 것이 내 의자야?"라고 말했다. (She enquired which was her seat. = She enquired which her seat was.) ③ 그는 나에게 "너 음악 좋아해?"라고 말했다. (He asked me if(whether) I liked music.) ④ 내 친구는 "나는 오늘 떠날 거야."라고 말했다. (My friend said that he was leaving that day.) ⑤ 그는 "나는 내일 그것을 할게."라고 약속했다. (He promised that he would do it the next day.) ⑥ 그녀는 "나는 워싱턴에 살았었어."라고 말했다. (She said that she used to live in Washington.) ⑦ 엄마는 나에게 "너는 공부를 열심히 해야 돼."라고 말씀하셨다. (Mom told me that I must(had to) study hard. (의무)) ⑧ 그는 "나는 매일 아침 산책하러 가."라고 말했다. (He said that he goes for a walk every morning.) ⑨ 그녀는 "나는 곧 좋아질 거야."라고 말했다. (She said that she would get well soon.) ⑩ 너 "풍선 원하니?"라고 그는 아이에게 말했다. (He asked the child if(whether) it wanted balloons.) ⑪ Charles는 "내가 기차를 놓치지 않았더라면 좋았을 텐데."라고 말했다. (Charles wished he hadn't missed the train. = Charles said that he wished he hadn't missed the train.) ⑫ 그는 그녀에게 "갈색 바지를 입은 사람 누구니?"라고 물었다. (He asked her who the man in brown trousers was.) ⑬ 그녀는 "나는 네가 오기 전에 그 일을 끝냈어."라고 말했다. (She said that she had finished the work before I had come.) ⑭ 그는 "나는 언젠가 죽을 거야, 왜냐하면 모든 사람이 죽으니까."라고 말했다. (He said that he would die someday, for all men are mortal. (불변의 진리)) ⑮ 사장은 "우리가 우리 일의 계획을 시작할 때입니다."라고 말했다. (The boss said that it was time we began planning our work.) ⑯ John은 "나는 10년 동안 이 도시에 살고 있어."라고 말했다. (John said that he had been living in that city for ten years.) ⑰ 그는 나에게 "내가 네 입장이라면, 나는 그것을 받아들일 거야."라고 말했다. (He told me that he would accept it if he were in my place.) ⑱ 나는 그녀에게 "나는 더 이상 네가 늦게 오는 것을 참을 수가 없어."라고 말했다. (I warned her that I could no longer tolerate her coming late.) ⑲ 그녀는 나에게 "네가 고백하면 네 모든 잘못을 용서해줄게."라고 말했다. (She told me that she would pardon all my faults if I confessed them.) ⑳ 그녀는 "내가 아침을 먹고 있을 때 전화벨이 갑자기 울렸다."라고 말했다. (She said that when she was having breakfast, the telephone suddenly rang. (과거진행형시제는 일반적으로 그대로))

어휘 soccer 축구 seat 좌석/자리 leave 떠나다 used to ~했었다 go for a walk 산책가다 get well 좋아지다 trousers 바지 mortal 반드시 죽는 plan 계획하다 accept 받아들이다 no longer=not~any longer 더 이상~하지 않다 tolerate 참다/견디다 pardon 용서하다 fault 잘못 confess=confide 고백하다 suddenly 갑자기 ring-rang-rung 울리다

도치

(inversion: (조)동사+주어)(출제 최고빈도 고급과정)

도치구문은 강조를 위해서 뭔가를 문장의 첫머리로 보낼 경우 주어+동사의 어순에서 「동사+주어의 어순으로 바뀌는 경우」로서 미국의 SAT(Scholastic Aptitude Test: 미국의 대학 진학 적성 시험), TOEFL(Test of English as a Foreign Language: 미국 대학 입학 자격영어 능력 평가), GMAT(Graduate Management Admissions Test: 경영대학원 시험), GRE(Graduate Record Examination: 대학원 입학 자격시험) 등에서 아주 자주 출제되며, 한국에서도 학교시험, 수능, 공무원시험 등 각종 시험에서 자주 출제되므로 반드시 철저히 알아두셔야 합니다.

(1) **부정어 문두 도치**: never, rarely, barely, hardly, scarcely, seldom, little, nor, neither, not only 등 부정어가 문장 맨 앞에 오면 do(조동사)+주어+본동사의 어순이 됩니다.

¶ 각종 시험에 아주 잘 등장하므로 반드시 암기해 두세요.

① Not a single word did she say.　② Not once did she offer us her help.

③ Never have I seen such a beautiful girl.　④ At no time did she tell me who she was.

⑤ Rarely will you hear such beautiful music.　⑥ Seldom have I seen such a beautiful view.

⑦ Nowhere have I ever had such bad service.　⑧ On no account must this switch be touched.

⑨ In no way do I agree with what you are saying.

⑩ Under no circumstances can I accept the offer.

⑪ Little(Never) did I expect that he would come back.

⑫ No longer will we take responsibility for your fault.

⑬ On no occasion was the girl allowed to stay out late.

⑭ Not for one minute did I imagine he would betray me.

⑮ Not till I got home did I realize my wallet was missing.

⑯ No sooner had she seen him than she turned her face.

⑰ In no case are they responsible for what occurred last night.

⑱ Neither do I believe a word he says, nor do I trust him an inch.

⑲ Not only is she a great singer, but she is also an amazing dancer.

⑳ She had no friends, nor did she know anyone who could help her.

해석 ① 그녀는 단 한 마디도 말하지 않았다. ② 단 한 번도 그녀는 우리에게 도움을 제공하지 않았다. ③ 결코 나는 그렇게 아름다운 소녀를 본 적이 없다. ④ 그녀는 나에게 자신이 누구인지 절대 말하지 않았다. ⑤ 좀처럼 너는 그렇게 아름다운 음악을 듣지 못할 것이다. ⑥ 좀처럼 나는 그렇게 아름다운 광경을 본 적이 없다. ⑦ 그 어떤 곳에서도 나는 그렇게 부실한 서비스를 받아본 적이 없다. ⑧ 절대로 이 스위치를 만져서는 안 된다. ⑨ 나는 네가 말하는 것에 절대 동의 못해. ⑩ 어떤 상황에서도 나는 그 제안을 받아들일 수 없다. ⑪ 그가 돌아오리라고는 나는 조금도 예상치 못했다. ⑫ 더 이상 우리는 너의 잘못에 대한 책임을 지지 않겠다. ⑬ 어떤 경우라도 그녀는 밤늦게 외출하는 것이 허용되지 않았다. ⑭ 단 일분도 나는 그가 나를 배신하리라 생각지 않았다. ⑮ 내가 집에 오고 나서야 나는 내 지갑이 사라진 것을 알았다. ⑯ 그녀는 그를 보자마자 얼굴을 돌렸다. ⑰ 결코 그들은 어젯밤 일어난 일에 대해서 책임이 없다. ⑱ 나는 그가 하는 단 한 마디도 믿지 않고 또한 그를 조금도 믿지 않는다. ⑲ 그녀는 훌륭한 가수일 뿐만 아니라 또한 놀라운 무용수이다. ⑳ 그녀는 친구도 없고 또한 자신을 도와줄 그 누구도 알지 못했다.

어휘 offer 제공하다 view 광경 agree 동의하다 circumstance 상황 accept 수락하다 occasion 경우 allow 허락하다 responsibility 책임 fault 잘못 late 늦게 imagine 상상/생각하다 betray 배신하다 realize 깨닫다 missing 사라진 be responsible for ~에 대해 책임이 있다 occur=take place 발생하다 amazing 놀라운 turn one's face 얼굴을 돌리다

(2) Well이 문장의 맨 앞에 오거나, Only로 시작되는 부사구나 절이 문장의 맨 앞에 올 경우 반드시 도치해야 하며, 주어가 대명사일 경우에도 「조동사+주어+본동사」 어순을 따라야 하며, 도치 이전의 문장으로 전환할 때 only의 위치는 「be동사/조동사 뒤, 일반 동사 앞」에 위치합니다.

① Only at night can I study. = I can only study at night.

② Only after lunch can you play. = You can only play after lunch.

③ Only then did they discover his secret. = They only discovered his secret then.

④ Only in this way does this machine work. = This machine only works in this way.

⑤ Only by guessing can you solve this puzzle.

 = You can only solve this puzzle by guessing.

⑥ Only when the plane landed safely did he calm down.

 = He only calmed down when the plane landed safely.

⑦ Well do I remember when I saw her for the first time.

 = I well remember when I saw her for the first time.

⑧ Only after you have finished your homework can you play.

 = You can only play after you have finished your homework.

> **해석** ① 밤이 되어야 나는 공부할 수 있다. ② 점심식사 후에야 너는 놀 수 있다. ③ 그때서야 그들은 그의 비밀을 알았다.
> ④ 오직 이 방식으로만 이 기계는 작동한다. ⑤ 오직 추측을 통해서만 너는 이 수수께끼를 풀 수 있다.
> ⑥ 비행기가 안전하게 착륙하고 나서야 그는 안정을 찾았다.
> ⑦ 내가 그녀를 언제 처음 만났는지 나는 잘 기억하고 있다. ⑧ 네가 숙제를 끝내고 나서야 너는 놀 수 있다.

(3) 목적어를 강조하기 위해서 목적어를 문장의 첫머리에 둘 때는 도치하지 않습니다.

① How he escaped nobody knows. = Nobody knows how he escaped.

② Where she has gone I have no idea. = I have no idea where she has gone.

③ An absolute fortune it must have cost. = It must have cost an absolute fortune.

④ Why she married him I really don't know. = I really don't know why she married him.

⑤ Why she didn't tell us the truth I cannot understand.

 = I cannot understand why she didn't tell us the truth.

> **해석** ① 그가 어떻게 탈출했는지 아무도 모른다. ② 그녀가 어디로 갔는지 나는 모른다.
> ③ 그것은 엄청난 돈이 들었음에 틀림없다. ④ 그녀가 왜 그와 결혼했는지 나는 정말 모른다.
> ⑤ 그녀가 왜 우리에게 진실을 말하지 않았는지 나는 이해할 수가 없다.

> **어휘** discover 알다/발견하다 secret 비밀 machine 기계 work 작동하다 puzzle 수수께끼
> guess 추측하다 land 착륙하다 calm down 진정하다/안정을 찾다 accept 수락하다
> for the first time 처음 escape 탈출하다 have no idea 모르다 cost an absolute fortune 엄청난 돈이 들다
> at all events=at any rate=in any case(way, event, circumstances)=whatever happens
> =somehow or other=depend(rely) upon it=my word upon it=upon my word(honor, soul, conscience)
> =through thick and thin=through good times and bad=blow high, blow low=for better or for worse
> =somehow=anyhow=anyway=somehow or other=on all accounts=on every account=by heavens
> =in all conscience=without fail=unfailingly=certainly 아무튼, 어떤 일이 있어도, 꼭, 틀림없이

(4) 보어를 강조하기 위해 과거분사, 현재분사, 형용사가 문장의 첫머리에 올 경우에는 반드시 도치 해야 하지만 대명사는 도치하지 않습니다.

① Blessed are the poor in heart. = The poor in heart are blessed.

② Beautiful beyond belief is my baby daughter.

③ Burning out of control was the forest located in the foothills.

④ Happy is he who forgets that which cannot be changed. (일반적인 사람: a person)

⑤ Huge it was. = It was huge. (대명사)

⑥ Very grateful they were for my offer. (대명사)

> **해석** ① 마음이 가난한 자는 복이 있다. ② 내 딸아이는 믿기지 않을 정도로 아름답다.
> ③ 산기슭에 위치한 그 숲은 통제 불능할 정도로 타고 있었다. ④ 바꿀 수 없는 것을 잊어버리는 사람은 행복하다.
> ⑤ 그것은 거대했다. ⑥ 그들은 나의 제안에 대해서 대단히 감사했다.

---

(5) 비교급이나 최상급이 문장의 첫머리에 올 때는 반드시 도치(동사+주어의 어순)해야 합니다.

① Smaller than an atom is a photon.

② Bigger than an apatosaurus is the blue whale.

③ More important than your personal statement is your GPA.

④ Even stronger have been the criticisms about the government.

⑤ All his films were pretty good, but by far the best was 'Rio Bravo'.

> **해석** ① 원자보다 작은 것은 광자이다. ② 대형 초식 공룡보다 더 큰 것은 흰긴수염고래이다.
> ③ 자기소개서보다 더 중요한 것은 평점이다. ④ 정부에 대한 비판이 훨씬 더 강력했다.
> ⑤ 그의 모든 영화는 아주 훌륭했다. 하지만 단연 가장 훌륭한 것은 'Rio Bravo'였다.

---

(6) the+비교급, the+비교급(~하면 할수록 더욱 ~하다)에서 두 번째 절의 주어+동사를 도치시킬 수도 있으며 조동사+be동사는 묶어서 도치합니다. 단, 대명사는 도치할 수 없습니다.

① The more we have, the more we want. (o) ≠ The more we have, the more do we want. (x)

② The faster you drive, the more petrol the car uses.

 = The faster you drive, the more petrol uses the car.

③ The sooner you return, the happier your parents will be.

 = The sooner you return, the happier will be your parents.

④ The more it rained, the more serious the situation became.

 = The more it rained, the more serious became the situation.

> **해석** ① 우리는 많이 가질수록 더 많이 원한다. ② 네가 빨리 운전할수록, 자동차는 더 많은 휘발유를 사용한다.
> ③ 네가 빨리 돌아올수록 네 부모님은 더 행복하실 거야. ④ 비가 많이 내릴수록 상황은 더 심각해졌다.

> **어휘** the poor in heart 마음이 가난한 자들 beyond belief 믿기지 않을 정도로 burn 불에 타다 out of control 통제할 수 없을 정도로 forest 숲 be located in foothills 산기슭에 위치하다 huge 거대한 grateful 감사하는 offer 제안 atom 원자 photon 광자 apatosaurus 거대 초식 공룡 blue whale 흰긴수염고래 personal statement 자기 소개서 criticism 비판 GPA=grade point average 평점 government 정부 society 사회 Rio Bravo Howard Hawks가 감독 제작한 서부영화 film 영화 by far 단연 petrol 휘발유 serious 심각한 situation 상황 become-became-become 되다

(7) 비교의 as가 문장의 뒤에 쓰일 때 formal written English(격식을 차린 문어체)에서 「be/조동사+주어」의 어순으로 도치하는 것이 우선이며, 주어가 같거나 대명사일 때는 도치하지 않습니다. 「~처럼/~와 마찬가지로」라고 해석합니다.

① He is not as stupid as he looks. (looks he (x))

② I believed, as did my colleagues, that the plan would work. (문어체)

= I believed, as my colleagues did, that the plan would work. (구어체)

③ The cake would be excellent, as would be the coffee.

= The cake would be excellent, as the coffee would be.

④ Italy produces many excellent wines, as does Spain.

⑤ France is a founder member of the EU, as is Belgium.

> **해석** ① 그는 보이는 것처럼 멍청하지 않다. ② 나는 내 동료들과 마찬가지로 그 계획이 효과 있을 것이라고 믿었다.
> ③ 케이크는 훌륭할 거야, 커피와 마찬가지로. ④ 이탈리아는 많은 우수한 와인을 생산한다, 스페인이 그러하듯이.
> ⑤ 프랑스는 유럽연합의 창설멤버이다, 벨기에와 마찬가지로.

(8) 비교를 나타내는 than 다음에서 「조동사(do/be)+주어」의 어순으로 도치할 수 있으나 일반 동사는 도치할 수 없으며, 대명사는 도치할 수 없으나 than 뒤에 「완전한 문장이 올 경우에는 대명사도 도치」할 수 있습니다. 「조동사+be 동사가 동시에 올 경우」에는 두 개를 묶어서 도치하든지, 둘 다 문장의 끝으로 보내든지, 아니면 둘 다 생략할 수 있습니다.

① Cheetahs run faster than impalas do.

= Cheetahs run faster than do impalas

② He earns more than does the chief executive.

≠ He earns more than earns the chief executive. (x) (일반 동사)

③ She knows more about cars than I do.

≠ She knows more about cars than do I. (x) (대명사)

④ I like sweet potatoes more than I do potatoes.

= I like sweet potatoes more than do I like potatoes. (o) (완전한 문장)

⑤ Mary is more interested in Computer Science than Tom is.

= Mary is more interested in Computer Science than is Tom.

⑥ It is no less expensive than would be the system you proposed.

= It is no less expensive than the system you proposed (would be).

≠ It is no less expensive than would the system you proposed be. (x)

> **해석** ① 치타는 영양보다 더 빨리 달린다. ② 그는 최고 책임자보다 더 많이 번다.
> ③ 그녀는 나보다 자동차에 대해 더 많이 안다. ④ 나는 감자보다 고구마를 더 좋아한다.
> ⑤ 메리는 톰보다 컴퓨터 과학에 더 관심이 있다. ⑥ 그것은 네가 제안했던 시스템만큼 비싸다.

> **어휘** excellent 훌륭한/뛰어난 hot chocolate 코코아 colleague 동료 produce 생산(제작, 연출, 제시)하다
> founder 창설자 impala 영양 earn 벌다 chief executive 최고 책임자 potato 감자 sweet potato 고구마
> be interested in ~에 흥미(관심)가 있다 no less ~than ~만큼 expensive 비싼 propose 제안(지명)하다

(9) than is the case는 언제나 도치해야만 합니다.

① A higher proportion of Americans go on to higher education than (is the case) in Britain.

(than the case is (×))

② These areas look set to weaken more than (is the case with) areas with fewer public

sector employees.

③ The dangers of global deflation are greater and more difficult to control than

(is the case with) global inflation.

> **해석** ① 더 높은 비율의 미국인들이 영국의 경우보다 더 높은 교육으로 진학한다.
> ② 이 지역은 공공분야 직원들이 더 적은 지역의 경우보다 더 약화될 것 같다.
> ③ 세계 통화 긴축의 위험은 세계 통화 팽창의 경우보다 더 크고 통제하기도 더 어렵다.

(10) Such나 'So+형용사/부사'가 문장의 첫머리에 오면 반드시 「조동사+주어+본동사」의 어순으로 도치해야 하는데, 대명사로 된 주어도 도치해야 하며, 「조동사+be동사」가 함께 오면 둘을 묶어서 도치해야 합니다.

① So happy was I that I arranged a big party.

② Such was my happiness that I arranged a big party.

③ Such a nice day was it that we went on an excursion.

④ So tired had he become that he immediately went to bed.

⑤ So good did his steak look that we ordered one each for ourselves.

⑥ So quickly did she leave that we did not even realize she was gone.

⑦ So well were the team playing that he began to wonder if they might not win.

⑧ So often had he played his opponent that they knew each other's every move.

⑨ So strong had been the wind that several trees had been blown down.

⑩ So powerful would be the attraction of the sea that before long he would join the navy.

> **해석** ①/② 나는 너무 행복해서 커다란 파티를 준비했다. ③ 너무 좋은 날이어서 우리는 소풍을 갔다.
> ④ 그는 너무나 피곤해져서 즉시 잠자리에 들었다.
> ⑤ 그의 스테이크가 너무 맛있게 보여서 우리는 각자 하나씩 주문했다.
> ⑥ 그녀가 너무 빨리 떠나서 우리는 그녀가 가버린 것을 알아차리지도 못했다.
> ⑦ 그 팀은 경기를 너무나 잘해서 그는 자신들이 이기지 못할 수도 있지 않을까 생각하기 시작했다.
> ⑧ 그는 상대 선수와 너무 자주 경기를 해서 그들은 서로의 모든 움직임을 알고 있었다.
> ⑨ 바람이 너무 심해서 몇 그루의 나무가 쓰러졌다.
> ⑩ 바다의 매력이 너무나도 강렬해서 그는 머지않아 해군에 입대할 예정이었다.

> **어휘** a higher proportion of 더 높은 비율의 go on to 진학하다 higher education 더 높은 교육 look set to=appear likely to(~할 것 같다) area 지역 weaken 약화되다 public sector 공공분야 employee 직원 danger 위험 global 세계의 deflation 통화긴축/물가하락 inflation 통화팽창/물가상승 arrange a party 파티를 준비하다 go on an excursion 소풍을 가다 quickly 빨리 realize 깨닫다 several 몇 개의 opponent 상대선수/적 move 움직임 powerful 강력한 navy 해군 blow down 불어 쓰러뜨리다 would~하곤 했다 attraction 매력 before long 머지않아 at once=immediately=directly =instantly=instantaneously=promptly=outright=right off=right away=right now=at the drop of a hat=forthwith =off hand=out of hand=in no time=in an instant=in a moment(flash/snap)=like a shot=on the spot =then and there=without delay=without any notice=at a moment's notice=in less than no time=at a word 즉시

(11) 강조를 위해 부사(구)를 문장의 첫머리에 둘 경우 도치할 수 있는데, 그 조건은

    ⓐ 동사가 완전자동사로 쓰이는 be(존재하다/있다)동사일 때

    ⓑ 본동사가 장소동사(verbs of place: sit, stand, live, lie etc.)나

        이동동사(verbs of movement: climb, come, go, walk, roll, run, rush, swim, fly etc.)일 때

    ⓒ 조동사가 두 개(can be p.p/could be p.p)일 경우, 두 개를 묶어서 도치해야 합니다.

① The bus comes here. = Here comes the bus.

② The wood pigeon flew up. = Up flew the wood pigeon.

③ A nice cafe is round the corner. = Round the corner is a nice cafe.

④ The robbers ran out of the bank. = Out of the bank ran the robbers.

⑤ An old mill house can be seen in the background of the painting.

= In the background of the painting can be seen an old mill house.

> **해석** ① 버스가 이쪽으로 온다. ② 산비둘기가 위로 날아갔다. ③ 멋진 카페가 모퉁이를 돌아서 있다.
> ④ 강도들이 은행에서 달려 나왔다. ⑤ 그 그림의 배경에서 오래된 방앗간 집을 볼 수 있다.

(12) 부사(구)가 문장의 첫머리에 오더라도 도치할 수 없는 경우

    ⓐ 주어가 대명사일 때   ⓑ 진행형 시제일 때

    ⓒ 목적어가 있는 타동사   ⓓ 장소동사나 이동동사 이외의 다른 자동사일 때

    ⓔ 자동사 뒤에 양태부사(slowly, happily, quickly 등)가 올 때

① She went down the road. = Down the road she went. (주어가 대명사)

② An old man sat quietly in the corner.

= In the corner, an old man sat quietly. (양태부사)

③ In the corridor, some boys were standing talking. (진행형)

④ Somewhere in the house, a door slammed. (일반 자동사)

⑤ Around the lawn, my mother has planted geraniums. (타동사)

> **해석** ① 그녀는 도로 아래로 내려갔다. ② 한 노인이 구석에 조용히 앉아 있었다. ③ 복도에서 몇몇 소년들이 서서
> 이야기 하고 있었다. ④ 집 어딘가에서 문 하나가 쾅 닫혔다. ⑤ 잔디밭 주변에 내 엄마는 제라늄을 심으셨다.

(13) 가정법에서 If를 생략하면 반드시 주어+동사를 도치해야 합니다.

① If I were you(Were I you), I would accept his offer.

② If I had known(Had I known), I would have protested strongly.

③ If you should change(Should you change) your mind, please let me know.

④ If he were to agree(Were he to agree), he would probably become our coach.

⑤ If the fire were to have destroyed(Were the fire to have destroyed) the building, it would
have been a tragic cultural loss.

> **해석** ① 내가 너라면 나는 그의 제안을 받아들이겠다. ② 내가 알았더라면 강력히 항의했을 텐데.
> ③ 네가 혹시 마음이 바뀌면 나에게 알려줘. ④ 그가 혹시 동의한다면 그는 아마 우리의 감독이 될 거야.
> ⑤ 만일 화재가 그 건물을 파괴했다면, 그것은 비극적인 문화적 손실이 되었을 거야. (생각하고 싶지도 않을 때)

> **어휘** wood pigeon 산비둘기 fly up 날아 올라가다 round the corner 모퉁이를 돌아 robber 강도
> run out of 달려 나오다 bank 은행 mill house 방앗간 집 background 배경 road 도로 quietly 조용히
> corridor 복도 somewhere 어딘가에 slam 쾅 닫히다 lawn 잔디밭 accept 받아들이다 offer 제안
> protest 항의하다 strongly 강력히 mind 마음 coach 감독/코치 tragic 비극적인 cultural loss 문화적 손실

⑭ Here나 There다음에서 일반명사는 반드시 도치되고 대명사는 도치할 수 없습니다.

① Here you go. = Here you are. = Here it is. ② There is a good restaurant nearby.

③ There goes Sally. ④ There she goes.

⑤ There goes the phone. ⑥ Here is my number.

> **해석** ① 여기 있습니다. ② 이 근처에 좋은 식당 있어. ③ 저기 Sally가 간다.
> ④ 저기 그녀가 간다/그녀는 또 시작이다(습관적으로 하는 행동을 보았을 때 사용하는 표현)
> ⑤ 전화벨이 울린다. ⑥ 여기 내 번호 있어.

⑮ first, next, now, then등이 문장의 첫머리에 오면, 「come/go+주어」의 어순을 따르지만,
이들 단어 뒤에 comma가 오면 「주어+come/go」의 어순을 따릅니다.

① First comes love, then comes marriage. = First, love comes; then, marriage comes.

② At first there was silence. Then came a voice that I knew.

= At first there was silence. Then, a voice came that I knew.

≠ At first there was silence. Then a voice came that I knew. (x)

> **해석** ① 먼저 사랑이 오고, 그 다음 결혼이 온다. ② 처음에 침묵이 있었다. 그 다음에 내가 아는 목소리가 들렸다.

⑯ 「So do I」와 「Neither(Nor/No more) do I」 (~도 그래)

① I like apples. − So do I.

② I can swim.− So can I.

③ He fell asleep, and so did I.

④ I don't like meat. − Neither do I.

⑤ I cannot swim. − Neither(Nor, No more) can I.

⑥ I am not into hip hop. − Neither(Nor, No more) am I.

> **해석** ① 나는 사과를 좋아해. – 나도 그래. ② 나는 수영할 줄 알아. – 나도 그래. ③ 그도 잠이 들고 나도 잠이 들었어.
> ④ 나는 고기를 안 좋아해. – 나도 그래. ⑤ 나는 수영할 줄 몰라. – 나도 그래. ⑥ 나는 힙합을 좋아하지 않아. – 나도 그래.

⑰ 직접화법에서 인용문 다음에서 도치할 수도 있으나 대명사는 도치할 수 없습니다.
주어가 길 경우에는 일반적으로 도치합니다.

① Tom said, "I have just finished." = "I have just finished," Tom said.

= "I have just finished," said Tom.

② He said, "I have just finished." = "I've just finished," he said.

≠ "I have just finished," said he. (x)

③ "Good morning," said the stranger in the black jacket.

> **해석** ① Tom은 "나 방금 끝마쳤어."라고 말했다. ② 그는 "나 방금 끝마쳤어."라고 말했다.
> ③ "Good morning(좋은 아침이에요)"라고 검정색 잠바를 입은 낯선 사람이 말했다.

> **어휘** restaurant 식당 nearby 근처에 marriage 결혼 silence 침묵 voice 목소리
> fall asleep 잠들다 be into 좋아하다/관심이 많다 just 방금/막 stranger 낯선 사람 jacket 잠바/웃옷

문제 1. Choose the correct answer of the two.(고급과정)

① Rarely (it snows/does it snow) in Brazil.

② "I'm going to the cinema." (he said/said he).

③ Two hundred dollars (I paid/did I pay) for it.

④ Seldom (I have/have I) heard such a beautiful voice.

⑤ So scared (I was/was I) that I could not even scream.

⑥ Nowhere (I have/have I) met such a rude person before.

⑦ On no account (you must/must you) upset your parents.

⑧ Never again (you will/will you) have such an opportunity.

⑨ Happy (he is/is he) who is content with his circumstances.

⑩ Little (he understood/did he understand) about the situation.

⑪ So much (danced she/did she dance) that she couldn't walk afterwards.

⑫ Only after all her guests had left (she washed/did she wash) the dishes.

⑬ No sooner had I switched on the dishwasher (than/when) it broke down.

⑭ The wind was (so strong/such strong) that we couldn't open the window.

⑮ Only then (he became/did he become) aware of the dangers of the jungle.

⑯ So badly (he spoke/did he speak) English that he couldn't pass the interview.

⑰ (I not only texted/Not only did I text) her many times, but telephoned her twice, too.

⑱ (They did not only loot/Not only did they loot) the shop, but they also set fire to it.

해석과 정답 ① 브라질에는 좀처럼 눈이 내리지 않는다. - 부정어 강조는 도치(does it snow). ② "나는 영화 보러 갈 거야."라고 그는 말했다.- 대명사는 도치 안 되므로(he said). ③ 그것의 값을 나는 200달러 지불했어. - 목적어를 문장의 첫머리에 둘 때는 도치 안 되므로(I paid). ④ 나는 그렇게 아름다운 목소리를 좀처럼 들어본 적이 없다. - 부정어 강조는 도치(have I). ⑤ 나는 너무 무서워서 비명조차도 지를 수가 없었다. - So 형용사를 문장의 첫 머리에 두면 도치(was I). ⑥ 나는 그렇게 무례한 사람을 전에 어디에서도 본 적이 없다. - 부정어 강조는 도치(have I). ⑦ 어떤 일이 있어도 부모님을 속상하게 해서는 안 된다. - 부정어 강조는 도치(must you). ⑧ 너는 다시는 그런 기회를 갖지 못할 것이다. - 부정어 강조는 도치(will you). ⑨ 자신의 형편에 만족하는 사람은 행복하다. - 이때의 he는 일반적인 사람을 가리키므로 도치(is he). ⑩ 그는 그 상황에 대해서 전혀 이해하지 못했다.- 부정어 강조는 도치(did he understand). ⑪ 그녀는 춤을 너무 많이 춰서 나중에 걸을 수가 없었다. - So+부사를 강조하면 도치(did she dance). ⑫ 손님들이 떠나고 나서야 비로소 그녀는 설거지를 했다. - only+부사절을 강조할 때는 도치(did she wash). ⑬ 내가 식기세척기를 켜자마자 그것은 고장이 나버렸다(than). - no sooner~than(~하자마자). ⑭ 바람이 너무 강해서 우리는 문을 열 수 없었다. - 너무 ~해서는 so+형/부+that(so strong). ⑮ 그때서야 비로소 그는 정글의 위험을 깨달았다. - only 부사구 강조는 조동사+주어+본동사 어순(did he become). ⑯ 그는 영어를 너무 서투르게 해서 면접시험을 통과하지 못했다. - so+부사를 문장의 첫머리에 둘 때는 도치(did he speak). ⑰ 나는 그녀에게 여러 번 문자를 보냈을 뿐만 아니라 또한 전화도 두 번 했다. - 등위접속사 but 다음에 동사가 왔으므로 not only 다음에도 동사가 와야 하므로(I not only texted). ⑱ 그들은 가게를 약탈했을 뿐만 아니라 또한 그 가게에 불도 질렀다. - 등위접속사 but 다음에 주어가 있으므로 not only 다음에도 주어가 있어야 하므로(Not only did they loot).

어휘 rarely=seldom 좀처럼 ~하지 않다 go to the cinema 영화 보러 가다 pay 지불하다 scared 무서운 scream 비명을 지르다 rude 무례한 on no account=never=anything but 결코 아니다 upset 속상하게 하다 opportunity 기회 be content(satisfied) with ~에 만족하다 circumstance 형편/처지/상황 afterwards 나중에 guest 손님 wash the dishes 설거지하다 switch(turn) on 켜다 break down=go wrong 고장 나다 danger 위험 be aware of 알다 jungle 정글/밀림 text 문자를 보내다 loot 약탈(하다) set fire to=set~on fire 불을 지르다

병렬구조
(Parallelism)(출제 최고빈도 고급과정) | PART 27

여러분은 혹시 비행기 승무원이 비행기의 균형을 잡기 위해서 좌석을 옮겨달라고 요청하는 것을 본 적이 있으십니까? 승무원이 이렇게 하지 않으면 비행기가 날더라도 승객들은 불안한 비행을 하게 될 것입니다. 마찬가지로 영어문장에서도 균형이 잡히지 않은 문장은 의미는 전달될지 모르나 균형을 잃은 비행기처럼 아무도 반가워하지 않는 문장이 될 것입니다. 그러면 어떻게 하면 균형 잡힌 비행기처럼 균형 잡힌 영어문장을 만들 수 있을지 함께 여행을 떠나봅시다.

병렬구조의 함정을 파악하기 위해서는, 먼저 문장 속에서 등위접속사(Coordinating Conjunctions) (boysfan: but, or, yet, so, for, and, nor)를 찾은 다음, 그 접속사의 좌우를 살핀 후 병렬을 이루고 있는지를 확인해야 합니다.

예를 들어 명사는 명사와, 동사는 동사와, 형용사는 형용사와, 전치사는 전치사와, 부사는 부사와, 동명사는 동명사와, to 부정사는 to 부정사와, 구는 구와, 절은 절과, 능동은 능동과, 수동은 수동과 짝을 이뤄야 합니다. 그럼 다음을 살펴보시고 무엇이 균형을 흐트러뜨리고 있는지 확인해보세요.

(1) 명사끼리/형용사끼리/동사끼리/부사끼리/전치사끼리 병렬을 이루는 경우

① He was miserly, inconsiderate, and egotistical.

② I go to the fitness center on Monday, Wednesday, and Friday.

= I go to the fitness center on Monday, on Wednesday, and on Friday.

③ The production manager wrote his report quickly, accurately, and thoroughly.

④ Tomorrow afternoon I will play bowling with my friends, shop for groceries, and run all sorts of errands.

⑤ The teacher said that he was a poor student because he waited until the last minute to study for the exam, completed his lab reports in a careless manner, and lacked motivation.

해석 ① 그는 인색하고 남을 배려할 줄 모르고 이기적이었다. ② 나는 월, 수, 금요일에 헬스클럽에 간다. ③ 생산 관리자는 자신의 보고서를 빠르고, 정확하고 철저하게 썼다. ④ 내일 오후에 나는 친구들과 볼링을 친 다음, 식료품을 구입하고 온갖 종류의 볼일을 볼 거야. ⑤ 선생님은 그가 형편없는 학생이라고 말했다. 왜냐하면 그가 마지막 순간까지 시험공부 하기를 기다리고, 실험실 보고서를 아무렇게나 쓰고 열의가 없었기 때문에.

(2) 부정사끼리/동명사끼리/분사끼리/전치사끼리 병렬을 이루는 경우

① Mary likes to hike, swim, and bike. = Mary likes to hike, to swim, and to bike.

② Mary likes hiking, swimming, and bicycling.

③ His speech was marked by disagreement with and scorn for his opponent's position.

④ He applied himself to his new job, arriving early every day, having lunch in a hurry, and leaving late every night.

해석 ① 메리는 하이킹하고 수영하고 자전거를 타고 싶어 한다. ② 메리는 도보여행과 수영과 자전거 타기를 좋아한다. ③ 그의 연설은 상대편 입장에 대한 반대와 경멸이 특징이었다. ④ 그는 자신의 새로운 직장에 온 힘을 기울였다. 매일 일찍 도착하고, 점심을 서둘러 먹고, 매일 밤늦게 퇴근하면서

어휘 miserly 인색한 inconsiderate 배려할 줄 모르는 egotistical 이기적인 fitness center 헬스클럽 production manager 생산관리자 accurately 정확히 thoroughly 철저히 play bowling 볼링을 치다 shop for 구입하다 grocery 식료품 run errands 볼일을 보다 all sorts of 온갖 종류의 the last minute 마지막 순간 complete 완성하다/작성하다 in a careless manner 경솔하게 lack 없다/부족하다 motivation 열의/동기부여 mark 특징짓다/표시하다 disagreement 반대 scorn 경멸 opponent 상대편 apply oneself to 전념(헌신)하다 in a hurry=in haste=hastily 서둘러 leave 퇴근하다 late 늦게/늦은

(3) 구끼리/절끼리/태끼리 병렬을 이루는 경우

① The manager praised her employees for their dedication and for their willingness to work on weekends for free.

② The manager praised her employees because they were dedicated and because they were willing to work on weekends for free.

③ The salesman expected that he would present his product at the meeting, that there would be time for him to show his slide presentation, and that prospective buyers would ask him questions.

해석 ① 그 경영자는 자신의 직원들을 칭찬했다. 그들의 헌신과 주말마다 무보수로 일하겠다는 자발성에 대하여.
② 그 경영자는 자신의 직원들을 칭찬했다. 왜냐하면 그들이 헌신적이고 주말마다 무보수로 자발적으로 일했기 때문에.
③ 그 판매사원은 그 모임에서 자신의 제품을 소개하고, 자신이 영상 발표를 할 수 있는 시간이 있고, 구매 예상자들이 자신에게 여러 가지 질문을 할 것으로 예상했다.

(4) 상관접속사(Correlative Conjunctions)

both A and B ; not A but B; not only A but (also) B; either A or B; neither A nor B; first, second, third 등에서, A와 B는 동일한 문법적 기능을 하고 동일한 문법적 형태를 취해야 한다.

① This is a time not for words but for action.

② The ceremony was both long and tedious.

③ He owns both a racing bike and a motorcycle.

④ The coach wanted neither to lose nor to tie.

⑤ My current job is neither exciting nor meaningful.

⑥ You must wear either your suit or your tuxedo.

⑦ Either you must wear your suit, or you must wear your tuxedo.

⑧ You must either grant his request or incur his ill will.

⑨ My objections are, first, that the measure is unjust; second, that it is unconstitutional.

해석 ① 지금은 말이 아니라 행동할 때이다. ② 그 의식은 길고도 지루했다.
③ 그는 경주용 자전거와 오토바이 둘 다를 가지고 있다. ④ 그 감독은 지는 것도 무승부 하는 것도 원치 않았다.
⑤ 내 현재의 직업은 재미도 없고 의미도 없다. ⑥/⑦ 너는 정장이나 턱시도를 입어야 한다.
⑧ 너는 그의 요청을 들어주든지 아니면 그의 악감정을 사야 한다.
⑨ 나의 반론은 첫째 그 조치가 부당하고, 둘째 그것은 헌법에 위배된다는 것입니다.

어휘 manager 경영자/관리자 praise 칭찬하다 employee 직원 dedication 헌신 willingness 자발성
on weekends 주말마다 for free=for nothing=without payment(charge, cost, fee)=free of charge(cost)
=at no cost=cost-free=free=gratis=gratuitously=on the house 무료로 salesman 판매사원 expect 기대/예상하다
present 소개하다 slide presentation 영상발표 prospective 장래의 ceremony 의식 tedious=boring=monotonous
=dull=drab=even=tiresome=boresome=wearisome=prosaic 지루한 own=possess=be possessed of 소유하다
racing bike 경주용 자전거 motorcycle 오토바이 lose-lost-lost 지다 tie 비기다 current 현재의/통용되고 있는
meaningful 의미 있는 wear 입다 grant 들어주다 request 요청 incur=induce=engender=effect=evoke=provoke
=initiate=instigate=kindle=occasion=spawn=trigger=contract=procure=conduce to=give rise(birth) to 초래하다
ill will 악의/악감정 objections 반론/반대/이의 measure 조치 unjust 부당한 unconstitutional 헌법에 위배되는/위헌의

(5) not only A but also B (A뿐만 아니라 B도)

① We were not only lost, but also broke.

② We not only were lost, but also were broke.

③ She wanted not only a hamburger but French fries.

④ The concert will be held not only in September but also in October.

⑤ The dog not only broke his chain but also barked at the neighbours.

⑥ Not only did she write the screenplay for the movie, but she acted a role in it.

⑦ She not only wrote the screenplay for the movie but she acted a role in it. (×)

> **해석** ①/② 우리는 길을 잃었을 뿐 만 아니라 또한 무일푼이었다. ③ 그녀는 햄버거뿐만 아니라 감자튀김도 원했다.
> ④ 그 음악회는 9월뿐만 아니라 10월에도 열릴 예정이다.
> ⑤ 그 개는 자기 사슬을 끊었을 뿐만 아니라 이웃들에게 짖어댔다.
> ⑥ 그녀는 그 영화의 대본을 썼을 뿐만 아니라 그 영화 속에서 한 배역을 맡았다.

(6) colon(:) 다음에 나열할 때 목록 속의 모든 요소는 같은 형태를 유지해야 합니다.

① The dictionary is useful for these purposes: to find word meanings, pronunciations, correct spellings, and irregular verbs.

② The dictionary is useful for these purposes: to find word meanings, to find pronunciations, to find correct spellings, and to find irregular verbs.

> **해석** ① 사전은 이와 같은 목적, 즉 단어의 의미와 발음과 정확한 철자와 불규칙 동사를 찾는 것에 유익하다.
> ② 사전은 이와 같은 목적, 즉 단어의 의미를 찾고, 발음을 찾고, 정확한 철자를 찾고 불규칙 동사를 찾는 것에 유익하다.

(7) 비교 대상은 동일한 문법적 요소를 이뤄야 합니다.

① I prefer dancing to drinking.

② John would rather listen to his father than take advice from me.

③ It is greater to achieve something difficult than to achieve something easy.

④ The company is concentrating more on improving its existing products than on developing new products.

> **해석** ① 나는 술을 마시는 것 보다 춤추는 것을 더 좋아한다.
> ② John은 나에게 충고를 받아들이기보다는 자기 아빠의 말씀 듣기를 더 선호한다.
> ③ 뭔가 쉬운 것을 성취하기보다는 뭔가 어려운 것을 성취하는 것이 더 위대하다.
> ④ 그 회사는 새로운 제품을 만들기보다는 기존의 제품을 개선하는 데 더 집중하고 있다.

> **어휘** be lost 길을 잃다 broke 무일푼인/빈털터리인 french fries 감자튀김 concert 음악회/연주회 be held 개최되다/열리다 september 9월 October 10월 chain 사슬 bark at ~에게 짖어대다 neighbor 이웃 movie 영화 screenplay 대본/시나리오 act 연기하다/행동하다 role 역할/배역 dictionary 사전 useful 유익한 purpose 목적 meaning 의미 pronunciation 발음 correct 정확한 spelling 철자 irregular 불규칙적인 verb 동사 prefer A to B B보다 A를 선호하다 would rather A than B B 하느니 A하는 것을 선호하다 listen to 듣다 take advice 충고를 받아들이다 great 위대한 achieve 성취하다 difficult 어려운 company 회사 concentrate on=be keen(intent, bent, nuts) on=have one's heart in 집중(전념)하다 improve 개선하다/향상되다 existing products 기존의 제품들 develop 개발하다/발전시키다 new products 신제품

(8) 두 개의 단어나 구가 병렬을 이루고 동일한 전치사를 요구할 때는 그 전치사를 두 번 쓸 필요가 없지만 다른 전치사를 필요로 할 때는 전치사를 각각 써 줘야 합니다.

① You can wear that outfit in summer and (in) winter.

② The guy was both attracted (by) and distracted by her dance.

③ The children were interested in and disgusted by the movie.

④ He was fascinated by and enamored of this beguiling woman.

> **해석** ① 여러분은 여름과 겨울에 그 옷을 입을 수 있습니다. ② 그 사내는 그녀의 춤에 매료되어 정신을 잃었다.
> ③ 그 애들은 그 영화에 흥미를 가졌다가 싫증을 냈다. ④ 그는 이 요염한 여자에게 매혹되어 반해버렸다.

(9) 인칭대명사의 수(단수/복수)와 격(주격/소유격/목적격)에 맞는 대명사를 사용해야 합니다.

① My brother and I(me) went to the theater.

② Mother gave my sister and me(I) some money to go to the theater.

③ Picture yourself in a room with nine other college students. Before you graduate, at least one of them will have changed his or her major at least once.

> **해석** ① 내 형과 나는 극장에 갔다. ② 엄마는 언니와 나에게 극장에 가도록 돈을 좀 주셨다.
> ③ 9명의 다른 대학생들과 함께 방 안에 있다고 상상해 보라. 당신이 졸업하기 전에, 적어도 그들 중 한 명은 전공을 최소한 한 번을 바꾸게 될 것이다.

(10) 게시판의 목록은 동사끼리, 명사구끼리, 전치사구끼리, 심지어 문장끼리 항상 병렬(평행)구조를 이뤄야 합니다. (Bulleted lists should always begin with parallel forms.)

I. Things to do in Bidwell Park (명사구)

A. Swim in Big Chico Creek (동사구)

① The water can be cold early in the summer. (완전한 문장)

② Some of the swimming holes can be dangerous. (완전한 문장)

③ Sycamore Pool has lifeguards in the summer. (완전한 문장)

> **해석** I. Bidwell 공원(California Chico에 있는 공원)에서 할 일 A. Big Chico Creek에서 수영하다.
> ① 물은 초여름에 차가울 수 있다. ② 일부 깊은 계곡은 위험할 수가 있다.
> ③ Sycamore Pool장은 여름에 인명 구조원이 있다.

B. Hike in Upper Park (동사구)

① Early morning is a cooler time. (완전한 문장)

② There is very little shade most of the way. (완전한 문장)

③ The views are spectacular. (완전한 문장)

II. Things to do in downtown Chico (명사구)

> **해석** B. Upper Park에서 하이킹 하다. ① 이른 아침이 더 시원한 시간이다. ② 줄곧 그늘이 거의 없다.
> ③ 경치는 장관을 이룬다. II. 시내 Chico에서 할 일: 이 뒤에 할 일들도 A. B처럼 동사구가 와야 합니다.

> **어휘** outfit 의상/옷 guy 사내/남자 attract 이끌다/매료시키다 distract 정신을 잃게 하다/정신을 혼란케 하다
> be interested in ~에 흥미를 갖다 be disgusted by ~에 싫증내다 be fascinated by ~에게 매혹하다
> be enamored of ~에 홀리다/~에 반하다 beguile=delude=hoodwink 호리다/구슬리다/속이다/현혹시키다
> go to the theater 극장에 가다 picture=imagine 상상하다 graduate 졸업하다 at least 적어도 major 전공
> swimming hole 수영할 수 있는 깊은 계곡 dangerous=risky 위험한 lifeguard 인명구조원 cooler 더 시원한
> very little 거의 없는 shade 그늘/명암/색조 most of the way 내내/줄곧 view 경치/전망 spectacular 장관의

문제 2. Identify and correct errors in parallel structure in the following sentences.

① He prefers jeans to wearing a suit.

② He welcomes us friendly and joyfully.

③ Venus likes to ski, to swim and diving.

④ She walks and texting at the same time.

⑤ My English is improving slow but surely.

⑥ He works neither efficiently nor effective.

⑦ Either you can join the army or the navy.

⑧ Jane is smart, diligent, and a hard worker.

⑨ It was both a long movie and poorly made.

⑩ I would rather eat potatoes than to eat rice.

⑪ My presentation was just as effective as Bob.

⑫ I spend time listen and laughing at the show.

⑬ Mary likes tennis, hockey, and to play soccer.

⑭ She was not only beautiful but she is also intelligent.

⑮ We must not be worried or terrified of the difficulties in life.

⑯ We will either telephone you or sending you a text message.

⑰ The problem is how to do that and the time I am doing that.

⑱ How you look in the workplace is just as important as your behavior.

해석과 정답 ① 그는 양복을 입는 것보다는 청바지 입는 것을 더 좋아한다. (He prefers wearing jeans to wearing a suit.) ② 그는 우리를 다정하고도 즐겁게 맞이했다. (He welcomes us in a friendly and joyful manner.) ③ 비너스는 스키 타고 수영하고 다이빙하는 것을 좋아한다. (Venus likes to ski, to swim and to dive.) ④ 그녀는 걸으면서 동시에 문자를 보낸다. (She walks and texts at the same time.) ⑤ 나의 영어는 천천히 그러나 확실히 향상되고 있다. (My English is improving slowly but surely.) ⑥ 그는 효율적으로 효과적으로도 일하지 않는다. (He works neither efficiently nor effectively.) ⑦ 너는 육군 아니면 해군에 입대할 수 있다. (You can join either the army or the navy.) ⑧ Jane은 영리하고, 근면하고 열심히 일한다. (Jane is smart, diligent, and hard-working.) ⑨ 그 영화는 길고도 형편없이 만들어졌다. (The movie was both long and poorly made.) ⑩ 나는 밥을 먹느니 차라리 감자를 먹겠다. (I would rather eat potatoes than eat rice.) ⑪ 나의 발표는 Bob의 발표만큼 효과가 있었다. (My presentation was just as effective as Bob's.) ⑫ 나는 그 쇼를 듣고 쇼를 보고 웃는데 시간을 보낸다. (I spend time listening to and laughing at the show.) ⑬ Mary는 테니스와 하키와 축구를 좋아한다. (Mary likes tennis, hockey, and soccer.) ⑭ 그녀는 아름다울 뿐만 아니라 총명하기도 했다. (She was not only beautiful but also intelligent. = Not only was she beautiful but she is also intelligent.) ⑮ 우리는 인생의 어려움을 걱정하거나 두려워해서는 안 된다. (We must not be worried about or terrified of the difficulties in life.) ⑯ 우리는 너에게 전화하거나 아니면 문자 메시지 보낼게. (We will either telephone you or send you a text message.) ⑰ 문제는 그것을 어떻게 하느냐와 언제 하느냐이다. (The problem is how to do that and when to do that.) ⑱ 일터에서 어떻게 보이느냐는 어떻게 처신하느냐 만큼 중요하다. (How you look in the workplace is just as important as how you behave.)

어휘 prefer A to B B보다 A를 선호하다 jeans 청바지 suit 정장 friendly 다정한 joyfully 즐겁게 text 문자를 보내다 at the same time 동시에 improve 향상되다 surely 확실하게 efficiently 효율적으로 effectively 효과적으로 army 육군 navy 해군 diligent 근면한 poorly 형편없이 would rather A than B B하느니 차라리 A하겠다 presentation 발표 intelligent 총명한 be worried(concerned, anxious) about 걱정하다 be terrified of ~을 무서워하다 workplace 일터 behavior 행동

PART 28 | 물주 구문
(Inanimate Subjects: 사물이 주어인 문장)(고급과정)

무생물이 사람이나 동물에게 동작을 가하는 문장으로, 국어에는 존재하지 않으므로 이를 사람을 주어로 문장을 전환하고 해석함으로써 자연스러운 국어로 표현하고자 하는 것이 목적입니다.

사물이 주어인 문장을 사람이 주어인 문장으로 바꿀 때 동사의 변화표	
① bring→ come~(after)	④ prevent → cannot~because(of)
② take → go(after)	⑤ give → have~(after)
③ enable → can~(thanks to)	⑥ oblige → have to~because(of)

(1) bring(가져오다/데려오다) → come~(after)

ex Five minutes' walk brought him to the station.

= He came to the station after five minutes' walk.

= He came to the station after he walked for five minutes.

> **해석** 5분간의 걸음이 그를 역에 데려왔다. → 그는 5분 동안 걸어서 역에 왔다.

(2) take(데려가다/가져가다) → go(after)

① Commercial business took him to Hongkong.

= He went to Hongkong on commercial business.

② An hour's walk will take you to the City Hall.

= You will get to the City Hall after an hour's walk.

= You will get to the City Hall after you walk an hour.

> **해석** ① 사업이 그를 홍콩으로 데려갔다. → 그는 사업차 홍콩에 갔다.
> ② 한 시간의 걸음이 너를 시청에 데려다 줄 것이다. → 너는 한 시간 걸어가면 시청에 도착하게 될 것이다.

문제 1. 다음 문장들을 사람 주어로 전환하고 우리말로 자연스럽게 옮겨보세요.

① What brought you here?　　　　② Business has brought him here.

③ The cry brought her to the spot.　　④ An hour's flight took me to Seoul.

⑤ A short walk brought me to the office.　⑥ An hour's bus ride took us to the park.

⑦ The news of cabbage being cheap took her to the market.

> **해석과 정답** ① 무엇이 너를 이곳으로 데려왔니? = 왜 이곳에 왔니? (Why did you come here?) ② 사업이 그를 이곳에 데려왔다. = 그는 사업차 이곳에 왔다. (He has come here on business.) ③ 울음소리가 그녀를 현장에 데려왔다. = 울음소리를 듣고 그녀는 현장에 왔다. (She came to the spot when she heard the cry.) ④ 한 시간의 비행이 나를 서울에 데려다 주었다. = 나는 한 시간 동안 비행기를 타고 서울에 도착했다. (I got to Seoul after an hour's flight.)
> ⑤ 잠깐 동안의 걸음이 나를 사무실에 데려왔다. = 나는 잠시 걸어서 사무실에 왔다. (I came to the office after a short walk.) ⑥ 한 시간의 버스 탑승이 우리를 공원에 데려다 주었다. = 우리는 한 시간 동안 버스를 탄 후 공원에 도착했다. (We got to the park after an hour's bus ride.) ⑦ 배춧값이 싸다는 소식은 그녀를 시장에 데리고 갔다.=그녀는 배춧값이 싸다는 소식을 듣고 시장에 갔다. (When she heard the news of cabbage being cheap, she went to the market.)

> **어휘** station 역 commercial business 사업 spot 현장 flight 비행 ride 탑승 cabbage 배추 cheap 싼

(3) A enable B to C (A는 B가 C하는 것을 가능케 하다)

→ B can C thanks to A (A 덕택에 B는 C를 할 수 있다)

① His health enabled him to work hard.

= His health made it possible for him to work hard.

= He could work hard thanks to his health.

= He could work hard because he was healthy.

② Traveling allows us to relax, to explore new places, and to have fun.

= By traveling, we can relax, explore new places, and have fun.

> **해석** ① 그의 건강은 그가 열심히 일하는 것을 가능케 했다. = 그는 건강 덕택에(건강해서) 열심히 일할 수 있었다.
> ② 여행은 우리가 휴식을 취하고 새로운 곳들을 탐험하고 즐거움을 누릴 수 있게 한다.
> = 여행을 통해서 우리는 휴식을 취하고 새로운 곳들을 탐험하고 즐거움을 누릴 수 있다.

(4) A keep(stop, prevent, hinder) B from C~ing (A는 B가 C하는 것을 막다)

→ B cannot C because(of) A (A 때문에 B는 C를 할 수 없다)

ex My sickness prevented me from going with them.

= My sickness made it impossible for me to go with them.

= I could not go with them because of my sickness.

= I could not go with them because I was sick.

> **해석** 나의 질병은 내가 그들과 함께 가는 것을 막았다. = 질병 때문에(아팠기 때문에) 나는 그들과 함께 갈 수 없었다.

문제 2. 다음 문장들을 사람 주어로 전환하고 우리말로 자연스럽게 옮겨보세요.

① The storm forbade us to go on a picnic.

② The telescope enables us to observe stars.

③ His poverty kept him from going to college.

④ His love—sickness prevented him from sleeping.

⑤ Machines enable us to do much work with ease.

⑥ The heavy snow prevented me from driving my car.

⑦ Her illness hindered her from attending the meeting.

⑧ Medical advance enables us to live longer than before.

> **해석과 정답** ① 폭풍우는 우리가 소풍 가는 것은 막았다. = 폭풍우 때문에 우리는 소풍을 가지 못했다. (We could not go on a picnic because of the storm.) ② 망원경은 우리가 별을 관찰할 수 있게 해준다. = 망원경 덕택에 우리는 별을 관찰할 수 있다. (We can observe stars thanks to the telescope.) ③ 가난은 그가 대학에 가는 것을 막았다. = 그는 가난해서 대학에 진학할 수 없었다. (He couldn't go to college because he was poor.) ④ 상사병은 그가 잠자는 것을 막았다. = 상사병 때문에 그는 잠을 잘 수 없었다. (He couldn't sleep because of his love—sickness.)
> ⑤ 기계는 우리가 많은 일을 쉽게 할 수 있게 해준다. = 우리는 기계 덕택에 많은 일을 쉽게 할 수 있다. (We can do much work with ease thanks to machines.) ⑥ 폭설은 내가 자동차 운전하는 것을 막았다. = 나는 폭설 때문에 차를 운전할 수 없었다. (I couldn't drive my car because of the heavy snow.) ⑦ 그녀의 질병는 그녀가 모임에 참석하는 것을 막았다. = 그녀는 질병 때문에 모임에 참석할 수 없었다. (She couldn't attend the meeting because of her illness.) ⑧ 의학발달은 우리를 전보다 더 오래 할 수 있게 한다. = 우리는 의학발달로 인해 전보다 더 오래 살 수 있다. (We can live longer than before thanks to medical advance.)

> **어휘** relax 쉬다 explore 탐험하다 have fun 즐겁게 보내다 sickness=illness 질병 forbid—forbade—forbidden 금지하다 telescope 망원경 observe 관찰하다 poverty 가난 love—sickness 상사병 with ease 쉽게 medical advance 의학발달

(5) A force(oblige, compel) B to C (A는 B로 하여금 C를 하도록 강요하다)

→ B have to C because(of) A (A 때문에 B는 C를 해야 한다)

ex The rain obliged him to put off his departure.

= He had to put off his departure because of the rain.

= He had to put off his departure because it rained.

해석 비는 그로 하여금 출발을 연기하도록 강요했다. = 그는 비 때문에 출발을 연기해야 했다.

(6) What makes A(명사) B(동사)? (무엇이 A로 하여금 B를 하게 만드는가?)

→ Why do A(명사) B(동사)? (왜 A는 B를 하는가?)

① What makes you think so? = Why do you think so?

② Their laughter made him get angry. = He got angry because they laughed.

해석 ① 무엇이 너를 그렇게 생각하게 만드니? = 왜 너는 그렇게 생각하니? ② 그들의 웃음이 그를 화나게 만들었다. = 그는 그들이 웃어서 화를 냈다.

(7) give → have～(after)

ex A short walk gives me a good appetite.

= I get a good appetite after a short walk.

해석 잠깐의 산책은 나에게 좋은 식욕을 준다. = 잠시 산책하고 나면 나는 좋은 식욕이 생긴다.

문제 3. 다음 문장들을 사람 주어로 전환하고 우리말로 자연스럽게 옮겨보세요.

① Books give us much pleasure.

② A short rest gives me much comfort.

③ What makes you so happy?

④ What made her change her mind so suddenly?

⑤ The school regulations compel us to wear uniforms.

⑥ The heavy snow forced us to postpone our departure.

⑦ The national law obliges parents to send their children to school.

해석과 정답 ① 책은 우리에게 많은 기쁨을 준다. = 우리는 책을 통해서 많은 기쁨을 얻는다. (We get much pleasure from books.) ② 짧은 휴식은 나에게 많은 위안을 준다. = 잠시 쉬고 나면 나는 무척 편안해진다. (I feel very comfortable after a short rest.) ③ 무엇이 너를 그토록 행복하게 만드니? = 너는 왜 그토록 행복해하니? (Why are you so happy?) ④ 무엇이 그녀로 하여금 그토록 갑자기 변심하게 만들었니? = 왜 그녀는 그토록 갑자기 변심했니? (Why did she change her mind so suddenly?) ⑤ 교칙은 우리로 하여금 교복을 입도록 강요한다. = 교칙 때문에 우리는 교복을 입어야 한다. (We have to wear uniforms because of the school regulations.) ⑥ 폭설은 우리가 출발을 연기하도록 강요했다. = 폭설 때문에 우리는 출발을 연기해야 했다. (We had to postpone our departure because of the heavy snow.) ⑦ 국법은 부모로 하여금 자녀들을 학교에 보내도록 강요한다. = 국법 때문에 부모는 자녀들을 학교에 보내야 한다. (Parents have to send their children to school because of the national law.)

어휘 put off=postpone 연기하다 departure 출발 laughter 웃음 get angry=get into a rage=hit the ceiling 화내다 appetite 식욕, 욕망, 갈망 walk 산책 pleasure 기쁨, 쾌락 rest 휴식 comfort 위안/편안 change one's mind 변심하다 suddenly=abruptly 갑자기 regulations 규칙 wear 입다 uniform 교복 national law 국법 oblige 강요하다 send 보내다

(8) 조건 조동사가 있을 때에는 If절을 만들어서 해석해야 합니다.

① This medicine will make you feel better.

= If you take this medicine, you will feel better.

② His attendance at the party would have encouraged them.

= If he had attended the party, it would have encouraged them.

③ A glance at the map will show you the way to the airport.

= If you glance at the map, you will find the way to the airport.

> **해석** ① 이 약은 너를 더 낫게 만들어 줄 거야. = 이 약을 먹으면 너는 더 좋아질 거야.
> ② 파티에 대한 그의 참석은 그들에게 용기를 주었을 텐데. = 그가 파티에 참석했더라면, 그들은 용기를 얻었을 텐데.
> ③ 지도를 한 번 보는 것은 너에게 공항 가는 길을 가르쳐 줄 것이다. = 네가 지도를 한 번 보면 공항에 가는 길을 알게 될 것이다.

(9) A cause(drive) B to C (A는 B로 하여금 C를 하게 하다)

→ B C because of A (A 때문에 B는 C를 하다)

① The heavy rain has caused the river to flood.

= The river has flooded because of the heavy rain.

② The incident caused me to reflect on my past life.

= I reflected on my past life because of the incident.

③ The failure of several of her films drove the actress to quit.

= The actress quit because of the failure of several of her films.

> **해석** ① 폭우는 강을 범람하게 했다. = 폭우 때문에 강이 범람했다.
> ② 그 사건은 나로 하여금 과거의 삶을 돌이켜 보게 했다. = 그 사건 때문에 나는 과거의 삶을 돌이켜 보았다.
> ③ 몇 차례의 영화 실패는 그 여배우로 하여금 포기하게 만들었다. = 몇 차례의 영화실패로 인해서 그 여배우는 포기했다.

문제 4. 다음 문장들을 사람 주어로 전환하고 우리말로 자연스럽게 옮겨보세요.

① Repeated failures drove him to despair.

② His son's death drove him almost insane.

③ Every night found him poring over books.

④ The picture reminds me of my school days.

⑤ The next morning found him dead on the shore.

⑥ A closer examination of it might have revealed a new fact.

> **해석과 정답** ① 반복되는 실패가 그를 절망에 빠뜨렸다. = 계속되는 실패로 인해 그는 절망에 빠졌다. (He fell into despair because of repeated failures.) ② 그의 아들의 죽음이 그를 거의 미치게 만들었다. = 그의 아들의 죽음으로 인해 그는 거의 미쳐버렸다. (He was almost insane because of his son's death.) ③ 매일 밤이 그가 책에 몰두하는 것을 발견했다. = 매일 밤 그는 책에 몰두했다. (He pored over books every night.) ④ 그 사진은 나에게 나의 학창시절을 생각나게 만든다. = 그 사진을 보면 나는 내 학창시절이 생각난다. (I think of my school days when I see the picture.) ⑤ 그 다음 날 아침은 그가 해변에 죽어있는 것을 발견했다. = 그 다음 날 아침 그는 해변에 죽은 채 발견되었다. (He was found dead on the shore the next morning.) ⑥ 그것에 대한 보다 면밀한 검토는 새로운 사실을 밝혀줬을지도 모른다. = 그것을 보다 면밀히 살펴보았더라면, 새로운 사실이 밝혀졌을지도 모른다. (If you had examined it more closely, it might have revealed a new fact.)

> **어휘** medicine 약 attendance 참석 encourage 용기를 주다 glance 힐끗 보기 map 지도 flood 범람하게 하다, 홍수 incident 사건 reflect(meditate) on 돌이켜보다/반성하다 failure 실패 film 영화 quit 포기하다 despair 절망 insane 미친 pore(ponder, cogitate) over 몰두하다 remind A of B A에게 B를 생각나게 하다 shore 해변 close 면밀한 reveal 밝히다

PART 29 | 동격
(An appositive)(고급과정)

> 명사나 명사구를 정의하거나 확인하는 단어나 단어집단으로, 동격어 앞에 있는 명사가 충분한 정보를 제공하여 생략해도 문장이 성립할 때는 comma를 붙이고, 충분한 정보를 제공하지 않아 생략하면 문장이 성립하지 않을 때는 comma를 붙이지 않습니다.

① Michael Jackson, the famous singer, died in 2008.

② The famous singer Michael Jackson died in 2008.

③ John F. Kennedy, the US President, is famous for his eloquent speeches.

④ The US President John F. Kennedy is famous for his eloquent speeches.

> **해석** ①/② 저 유명한 가수 마이클 잭슨은 2008년에 죽었다. ③/④ 미국대통령 존 에프 케네디는 그의 감동적인 연설로 유명하다.
> **주의** ☞ ①번에서는 the famous singer를 빼도 충분한 정보가 제공되므로 comma가 붙으며, ②번에서는 Michael Jackson이 빠지면 문장이 성립하지 않으므로 comma를 붙여서는 안 됩니다. ③번에서도 the US President가 빠져도 충분한 정보가 제공되므로 comma가 붙으며, ④번에서는 John F. Kennedy가 빠지면 문장이 성립하지 않으므로 comma를 붙여서는 안 됩니다.

(1) 동격어가 명사의 앞에 오고 comma가 붙는 경우

① A beautiful collie, Honey was my favorite dog.

② A kind and honest girl, Jolina is loved by everyone.

③ A man of social instincts, Mark had many acquaintances.

④ A girl good at heart, Anne is very popular among her friends.

⑤ A hero of legendary prowess, Hercules defeated hundreds of soldiers.

> **해석** ① 아름다운 양치기 개 Honey는 내가 가장 좋아하는 개였다. ② 친절하고 정직한 소녀인 Jolina는 모두에게 사랑받는다. ③ 사교성이 좋은 남자인 Mark는 지인들이 많았다. ④ 마음씨 착한 소녀인 Anne은 그녀의 친구들 사이에서 대단히 인기 있다. ⑤ 전설적인 용맹함의 영웅인 헤라클레스는 수백 명의 병사들을 물리쳤다.

(2) 동격어가 명사의 뒤에 오고 좌우에 comma가 붙는 경우

① Her horse, an Arabian, was her pride and joy.

② Dr. Einstein, my physics professor, is a great scholar.

③ I was watching Gone with the Wind, my favorite movie.

④ Mom made my favorite meal, spaghetti, for my birthday.

⑤ A cheetah, the fastest land animal, can run 70 miles an hour.

> **해석** ① 아라비아산 말인 그녀의 말은 그녀의 자부심이자 즐거움이었다. ② 나의 물리학 교수인 아인슈타인 박사는 위대한 학자이다. ③ 나는 내가 가장 좋아하는 영화 "바람과 함께 사라지다"를 보고 있었다. ④ 엄마는 내 생일을 맞이하여 내가 가장 좋아하는 음식인 스파게티를 만들어 주셨다. ⑤ 가장 빠른 육지동물인 치타는 시속 70마일을 달릴 수 있다.

> **어휘** famous=celebrated=noted 유명한 eloquent speeches 감동적인 연설 collie 양치기 개 favorite 가장 좋아하는 honest 정직한 a man of social instincts 사교성이 좋은 사람 acquaintance 지인/지식/아는 사이 popular 인기 있는 good at heart 마음씨 착한 hero 영웅 legendary 전설적인 prowess 용맹함 defeat=beat=outdo=outvie 물리치다 hundreds of 수백 명의 Arabian 아라비아 말 pride 자부심/자랑거리/오만 physics 물리학 professor 교수/신앙 고백자 scholar 학자/장학생 Gone with the Wind 바람과 함께 사라지다 fastest 가장 빠른 animal 동물 run-ran-run 달리다

생략 구문 | PART 30

(elliptical construction)(고급과정)

문장 속에서 불필요하게 중복되는 단어를 생략함으로써 문장을 간결하게 하는 구조.

(1) 중복된 명사, 동사, 동사구를 생략하는 경우

① I went swimming, and Anne went (swimming), too.

② He went for a walk, but I didn't (go for a walk).

③ She likes romantic comedies, and Jane (likes) musicals.

④ Jim walked to the park, and Monaliza (walked) to the school.

⑤ Tom can speak five languages, but John can speak only two (languages).

> **해석** ① 나도 수영을 갔고 Anne도 수영을 갔다. ② 그는 산책하러 갔지만, 나는 가지 않았다.
> ③ 그녀는 로맨틱 코미디를 좋아하고 Jane은 뮤지컬을 좋아한다.
> ④ Jim은 공원으로 걸어갔고 모나리자는 학교로 걸어갔다.
> ⑤ Tom은 5개 국어를 말할 수 있지만 John은 2개 국어만 말할 줄 안다.

(2) after, when, whenever, although, though, if, as 다음에서 주어+be동사를 생략하는 경우

① If (you are) in doubt, consult a dictionary.

② I will get back by five o'clock if (it is) possible.

③ When (she is) at home, she usually watches TV.

④ I relax with a good book whenever (it is) possible.

⑤ While (he was) having dinner with us, he was happy.

⑥ It is important to make contact when (it is) necessary.

> **해석** ① 네가 의심스러우면 사전을 참고해라. ② 나는 가능하면 5시까지 돌아올게.
> ③ 집에 있을 때 그녀는 대개 TV를 시청한다. ④ 나는 가능할 때는 언제나 좋은 책과 더불어 휴식을 취한다.
> ⑤ 우리와 함께 저녁식사를 할 때 그는 행복해했다. ⑥ 필요할 때 연락하는 것이 중요하다.

(3) 서로 다른 비교어는 생략해서는 안 됩니다.

① The bus doesn't go to the city or it doesn't come from the city.

= The bus doesn't go to or come from the city.

② Coyotes are smaller than wolves, but they are just as impressive as wolves.

= Coyotes are smaller than but just as impressive as wolves.

③ Golden eagles are as large as bald eagles, and they are just as majestic as bald eagles.

= Golden eagles are as large as and just as majestic as bald eagles.

> **해석** ① 그 버스는 그 도시에 가지도 않고, 그 도시에서 오지도 않는다. ② 코요테는 늑대보다 작지만 늑대만큼 감동을 준다.
> ③ 검독수리는 흰머리 독수리만큼 크고 흰머리 독수리만큼 위풍당당하다.

> **어휘** go for a walk=take(have) a walk 산책하러 가다 be in doubt 의심하다 consult a dictionary 사전을 참고하다
> by five 5시까지 usually=generally=in general 대개 relax 휴식을 취하다/긴장을 풀다 coyote 코요테 wolf 늑대
> impressive 감동을 주는 golden eagle 검독수리 bald eagle 흰머리 독수리 majestic=dignified 위풍당당한/장엄한

(4) 정확히 동일한 것만 생략할 수 있습니다.

① I run faster than Brian runs.

 = I run faster than Brian does.

≠ I run faster than Brian. (x)

② I like dogs more than I like my brother.

 = I like dogs more than my brother.

③ I like dogs more than my brother likes dogs.

 = I like dogs more than my brother does.

≠ I like dogs more than my brother. (x)

④ I swim as well now as I swam when I was young.

 = I swim as well now as I did when I was young.

≠ I swim as well now as when I was young. (x)

> **해석** ① 나는 Brian보다 더 빨리 달린다.(run과 runs가 서로 다르므로 생략하지 않거나 does로 대체해야 합니다.)
> ② 나는 내 형보다 개를 더 좋아한다. ③ 내 형이 개를 좋아하는 것보다 내가 개를 더 좋아한다.
> ④ 나는 어렸을 때만큼 지금도 수영을 잘한다.

(5) 중복된 요소가 두 개의 문장에서 반복되는 경우, 두 개의 절을 semicolon으로 분리한 다음 생략된 부분을 comma로 대체합니다.

ex Igneous rock is formed from the cooling and solidification of magma of lava; sedimentary, from the sedimentation of surface and underwater material; and metamorphic, from heat or pressure action on igneous, sedimentary, or another metamorphic type of rock.

> **해석 ex** 화성암(火成巖)은 용암의 마그마가 식어서 굳어 형성되고, 퇴적암(堆積巖)은 지표와 물속물질이 퇴적해서 형성되고, 변성암(變性巖)은 화성암이나 퇴적암 또는 다른 유형의 변성암에 열이나 압력작용이 가해져서 형성된다.

(6) semicolon을 사용하지 않고 접속사를 남겨둘 경우에는 comma를 붙이지 않고, 두 문장을 semicolon로 분리할 경우에는 comma도 유지합니다.

① Molten rock is called magma in its subterranean form and is called lava during and after eruption.

② Molten rock is called magma in its subterranean form and lava during and after eruption.

③ Molten rock is called magma in its subterranean form; lava, during and after eruption.

> **해석** 용용암은 지하에 숨어있는 형태에서는 마그마라 불리며 분출하는 동안과 분출 후에는 용암이라고 불린다.

> **어휘** run 달리다 igneous rock 화성암 form 형성하다 cooling 냉각 solidification 응결/굳어가는 과정 magma 마그마/지구 내부에서 용융된 고온의 암석 물질 lava 용암 sedimentary 퇴적의/침전으로 생긴 sedimentation 퇴적/침전 surface 지표 underwater material 수중물질 metamorphic 변성의 pressure action 압력작용 melt-melted-melted/molten 녹다 molten rock 용용암석 call 부르다 subterranean form 지하에 숨어있는 형태 during 동안에 eruption 분출/분화/폭발
> at random(large)=at(by) hazard(haphazard)=at will=at one's own sweet will=at a venture=on hand
> =at one's will(option, pleasure, discretion, command, service, disposal, disposition)=in a desultory way
> =in one's disposition(disposal)=of one's own accord(choice, free will)=on one's own account(initiative) 임의로

구두점 | PART 31
(Punctuation)(최고급과정)

1 Comma (,)

(1) 동격을 나타낼 때: 생략해도 의미 변화가 없을 때는 좌우에 comma를 붙입니다.

① Christine's daughter Sarah is a pianist. (딸이 여러 명일 때)

② Christine's daughter, Sarah, is a pianist. (딸이 한 명일 때)

③ My youngest sister, Jolina, will be starting school soon.

④ Annabel Lee, my favorite poem, is popular among young students.

> **해석** ①/② 크리스틴의 딸 사라는 피아니스트이다. ③ 나의 막내 여동생 Jolina는 곧 학교에 입학할 예정이다.
> ④ 내가 가장 좋아하는 시 Annabel Lee는 젊은 학생들 사이에서 인기 있다.

(2) 세 개 이상의 목록 속에서 각 항목 사이에 comma를 붙입니다. (Oxford Comma)

① He spent his summer studying Korean, English, and math.

② Dandy's dinner consisted of salad, soup, chicken, and toast.

③ I had a hearty breakfast of scrambled eggs, bacon, sausage, and salad.

④ We grow cabbages, onions, potatoes, and carrots in a vegetable garden.

> **해석** ① 그는 그의 여름을 국·영·수 공부하면서 보냈다.
> ② Dandy의 저녁식사는 샐러드, 수프, 치킨 그리고 구운 빵으로 이뤄져 있었다.
> ③ 나는 휘저은 계란 요리와 베이컨과 소시지와 샐러드로 이뤄진 풍성한 아침식사를 했다.
> ④ 우리는 채소밭에 배추, 양파, 감자, 그리고 당근을 재배한다.

(3) 두 개의 완전한 문장을 연결할 때 and와 but 앞에 comma를 붙이지만, 두 번째 문장에 주어가 없으면 comma를 붙이지 않습니다.

① She ate dinner, and she ate dessert.　② She ate dinner and also ate dessert.

③ She ate dinner, but she didn't eat dessert.　④ She ate dinner but didn't eat dessert.

> **해석** ①/② 그녀는 저녁식사를 하고 디저트를 먹었다. ③/④ 그녀는 저녁식사는 했지만 디저트를 먹지 않았다.

(4) 달/날/연의 순서로 날짜를 쓸 때 연도 앞뒤에 comma를 붙입니다.

① On September 14, 2000, my cousin was born.

② The article was in The Sun's June 5, 2013, edition.

③ July 4, 1776, was an important day in American history.

> **해석** ① 2000년 9월 14일에 내 사촌이 태어났다. ② 그 기사는 The Sun(영국의 일간지)의 2013년 6월 5일 판에 있었다.
> ③ 1776년 7월 4일은 미국역사에 있어서 중요한 날이었다.(미국의 독립기념일)

> **어휘** start school 학교에 입학하다 consist of=be composed(made up) of ~로 구성되어 있다 a hearty breakfast 풍성한 아침식사 grow 재배하다 cabbage 배추 onion 양파 potato 감자 carrot 당근 vegetable garden 채소밭 dinner 저녁식사 go for a walk 산책하러 나가다 September 9월 cousin 사촌 article 기사 edition 판/간행 important 중요한 history 역사

(5) 요/달/날/연의 순서일 때는 요일과 달 사이에 comma를 붙입니다.

① My mom was born on Sunday, May 15, 1975.

② Please join us on Sunday, May 28th, 2017, for the marriage of Jane and Tom.

③ We will have a meeting for all staff at three o'clock on Monday, April 24th.

> **해석** ① 내 엄마는 1975년 5월 15일 일요일에 태어나셨다.
> ② 2017년 5월 28일 일요일에 Jane와 Tom의 결혼식을 위해 우리와 함께하세요.
> ③ 우리는 4월 24일 월요일 3시에 전 직원을 위한 모임을 가질 예정입니다.

(6) 날/달/연의 순서와 달과 연도만 표시할 때는 comma를 사용하지 않습니다.

① It was in a July 2013 article.

② Applications are due by 31 December 2017.

③ The region experienced record rainfall in March 2015.

> **해석** ① 그것은 2013년 7월 기사에 있었다. ② 신청서는 2017년 12월 31일까지 마감입니다.
> ③ 그 지역은 2015년 3월 기록적인 강우량을 겪었다.

(7) 문장의 이해에 필수적이지는 않지만 부가적인 정보를 제공해주는 비제한적 수식어
(non-restrictive modifier) 앞뒤에 comma를 붙입니다.

① Mary, as far as I know, is a genius.

② William Carlos Williams, the poet, was also a farmer.

③ Jane's dress, with showy patterns, looks good on her.

④ The weather, I was happy to see, was beginning to clear.

> **해석** ① 내가 아는 한 Mary는 천재이다. ② 시인 William Carlos Williams는 또한 농부였다. ③ Jane의 드레스는 화려한
> 무늬를 가지고 있어서 그녀에게 잘 어울린다. ④ 날씨가 맑아지기 시작하는 것을 보고 나는 기뻤다.

2 Parentheses/round brackets( ) (동그란 괄호)

제시된 정보에 더 상세함을 더하기 위해서 정보를 추가할 때 사용되며, 괄호 속의 정보를 생략해도
원래의 정보가 흐트러지지 않으며, comma보다 살짝 더 강조하는 표현입니다.

① There are several books on the subject (see page 120).

② All the crew (The crew was four men and a dog) survived.

③ I went to the mall yesterday (even though I had no money).

④ Mount Everest (8,848m) is the highest mountain in the world.

⑤ George Washington (the first president of the United States) gave his farewell address in 1796.

> **해석** ① 그 주제에 관한 책이 몇 권 있다.(120쪽 참고) ② 모든 선원(선원은 4명의 남자와 개 한 마리였다)은 살아남았다.
> ③ 나는 어제 쇼핑몰에 갔다.(비록 돈이 없었지만) ④ 에베레스트 산(8,848m)은 세계에서 가장 높은 산이다.
> ⑤ (미국의 초대 대통령인)조지 워싱턴은 1796년 고별 연설을 했다.

> **어휘** join 합류하다 staff 직원 article 기사/논문/조항 application 신청서/지원서 be due by ~까지 마감이다
> region 지역 experience=undergo 겪다 record rainfall 기록적인 강우량 as far as I know 내가 아는 한
> genius 천재 poet 시인 farmer 농부 showy pattern 화려한 무늬 look good on=become ~에게 잘 어울리다
> weather 날씨 clear 개다/분명한 several 몇 개의 subject 주제/실험대상 crew 선원/승무원 survive 살아남다
> mall 쇼핑몰/산책로 highest 가장 높은 president 대통령 the United States 미국 farewell address 고별 연설

③ Colon (:)

(1) ⓐ that is to say (즉,)의 뜻   ⓑ 하나의 항목을 강조할 때

    ⓒ 일련의 항목을 열거할 때   ⓓ colon 다음 첫 단어는 반드시 소문자

① Ted has only one thing on his mind: work.

② His success is attributed to one thing: determination.

③ I enjoy eating a few foods: pizza, chicken and chocolate pie.

> **해석** ① Ted는 마음속에 오직 한 가지, 즉 일만 생각하고 있다. ② 그의 성공은 한 가지, 즉 결단력 덕택이다.
> ③ 나는 몇 가지 식품, 즉 피자, 닭고기, 초콜릿파이를 즐겨 먹는다.

(2) 두 번째 문장이 앞 문장 내용을 보충 설명할 때: 독립된 두 개의 절 사이에서 사용하며, 설명문이 1개 일 때는 대소문자 상관없으나 2개 이상으로 이뤄졌을 때는 반드시 대문자로 시작해야 합니다.

① Never forget this point: Think before you speak. (o)

② Never forget this point: think before you speak. (o)

③ Dad gave us these rules: Work hard. Be honest. Always be on time.

> **해석** ①/② 절대 이 점을 잊지 마라. 즉, 말하기 전에 생각을 해라.
> ③ 아빠는 우리에게 이런 규칙을 주셨다. 즉, 열심히 일해라, 정직해라, 항상 시간을 정확히 지켜라.

(3) 인용문 앞에 colon을 사용하며 첫 글자는 대문자로 시작합니다.

① She kept repeating: "I really want that car!"

② John whispered in my ear: "Have you seen Angel?"

③ He stood up and said loudly: "Ladies and Gentlemen, please be seated."

> **해석** ① 그녀는 계속 반복했다. "나는 저 차를 정말 원해요."라고. ② John은 내 귀에 속삭였다. "너 Angel 본 적 있니?"라고.
> ③ 그는 일어서서 큰 소리로 말했다. "신사 숙녀 여러분! 자리에 앉아주십시오."라고.

(4) colon(:)에 이어서 목록을 한 줄에 하나씩 나열할 때, 각 항목이 완전한 문장일 때는 첫 글자를 대문자로 시작하고 마침표를 찍습니다.

These are the pool rules:

1. Do not run.

2. If you see unsafe behavior, report it to the lifeguard.

3. Did you remember your towel?

4. Have fun!

> **해석** 다음은 수영장 규칙입니다. 1. 뛰지 마시오. 2. 위험한 행동을 보면 구조원에게 신고하시오.
> 3. 여러분의 수건 잊지 않으셨습니까? 4. 즐거운 시간을 가지세요.

> **어휘** on one's mind 마음속에 be attributed to ~때문/덕택이다 determination 결단력 rule 규칙
> honest 정직한 be on time 시간을 정확히 지키다 keep ~ing 계속~하다 repeat 반복하다
> whisper 속삭이다 loudly 큰소리로 be seated 착석하다 run 뛰다 unsafe 위험한 behavior 행동
> report 알리다/신고하다 lifeguard 구조원 remember 기억하다 towel 수건 have fun 즐겁게 보내다

(5) colon(:)에 이어서 목록을 한 줄에 하나씩 나열할 경우, 문자, 숫자, 굵은 점 다음에 단어나 구를 나열할 때는 대문자와 마침표는 임의로 선택 사양할 수 있습니다.

A. I want an assistant who can do the following:

a. input data

b. write reports

c. complete tax forms

> **해석** A. 저는 다음과 같은 일을 할 수 있는 조력자를 찾습니다: a. 자료 입력 b. 보고서 작성 c. 세금 신고서 작성

B. You have 3 choices:

1. Buy a car.

2. Buy a house.

3. Save the money.

> **해석** B. 너는 3가지 선택 사항이 있다: 1. 차를 산다. 2. 집을 산다. 3. 돈을 저축한다.

C. The following are requested:

- Wool sweaters for possible cold weather.

- Wet suits for snorkeling.

- Meeting the local dignitaries.

> **해석** C. 다음 사항이 요구됩니다:
> • 추울 수도 있는 날씨를 위한 털 스웨터. • 스노클링을 위한 젖은 옷. • 지역 유지들 만나기.

(6) ⓐ 성경 구절을 쓸 때 ⓑ 시간, 분, 초를 나눌 때 ⓒ 출판목록에서 도시와 출판자 사이
    ⓓ 공식적인 서신에서 ⓔ 비율(Ratio) ⓕ 책의 제목과 부제목 사이

① Luke 2:16.

② It is 16:30:15 now.

③ New York: Norton, 1999

④ To Whom It May Concern:

⑤ Dear Mr. Jones: Are you interested in our project?

⑥ My ratio of carbohydrate intake to protein is 3:1.

⑦ I enjoy studying the book Unique Grammar: Punctuation.

> **해석** ① 누가복음 2장 16절 ② 지금은 16시 30분 15초입니다. ③ 뉴욕: Norton, 1999년 ④ 관계자에게
> ⑤ Jones씨! 당신은 우리 프로젝트에 관심이 있으신지요? ⑥ 단백질에 대한 나의 탄수화물 섭취비율은 3대 1이다.
> ⑦ 나는 Unique Grammar라는 책 구두점편을 즐겨 공부한다.

> **어휘** assistant 조수/조력자 the following 다음 input 입력하다 data 자료 report 보고서 complete 작성하다 tax forms 세금 신고서 save 저축하다/절약하다 request 요구하다 wool sweater 털스웨터 possible 가능성 있는 suit 옷/정장 snorkeling 스노클로 잠수하다 dignitary 유지/고관 concern 관계되다 be interested in=have an interest in 관심 있다 project 과제/계획/설계/공사 ratio 비율 carbohydrate 탄수화물 intake 섭취/흡입 protein 단백질 punctuation 구두점 thoughtlessly=carelessly=recklessly=aimlessly=rashly=desultorily=indiscriminately=randomly=spontaneously =voluntarily=on one's own account(authority, initiative) 함부로/닥치는 대로 **ex** Don't talk at random.

④ semicolon (;)

colon대신 사용할 수 없으며, comma보다는 강하지만 마침표보다는 약한 구두점

(1) 밀접한 관계가 있는 두 개의 완전한 문장을 연결할 때 마침표 대신 사용합니다.

① Tom likes cake; Susan likes salad.

② He has no money; he has no house.

③ Mary ate dinner; the dinner tasted exquisite.

④ We had too many fumbles; we lost the game.

> **해석** ① Tom은 케이크를 좋아하고 Susan은 샐러드를 좋아한다. ② 그는 돈이 없다. 그래서 그는 집이 없다.
> ③ Mary는 저녁식사를 했는데 그 저녁식사는 별미였다. ④ 우리는 너무 많은 실수를 했다. 그래서 경기에서 졌다.

(2) 두 개의 문장 사이에 접속부사(namely, that is, i.e., however, therefore, for example, for instance, e.g., 등)가 올 때, 그 접속부사 앞에 마침표 대신 semicolon을 붙인다.

① I had a huge meal; however, I am already hungry again.

② I did not catch the bus home; instead, I decided to walk.

③ I have a big test tomorrow; therefore, I can't go out tonight.

④ I have a big test tomorrow; as a result, I can't go out tonight.

⑤ Mr. Kim is a busy man; nevertheless, he has promised to help us.

> **해석** ① 나는 엄청난 식사를 했다. 그러나 나는 벌써 또 배고프다.
> ② 나는 집에 가는 버스를 잡지 못했다. 대신 나는 걸어가기로 결심했다.
> ③/④ 나는 내일 중요한 시험이 있다. 그래서 나는 오늘 밤 외출할 수 없다.
> ⑤ Mr. Kim은 바쁜 사람이다. 그럼에도 불구하고 그는 우리를 도와주겠다고 약속했다.

(3) comma가 들어있는 여러 개의 시리즈를 나눌 때, 시리즈 사이에 semicolon(;)를 붙입니다.

① We had students from Lima, Peru; Santiago, Chile; and Caracas, Venezuela.

② I like beef, with mushroom sauce; pasta, with Alfredo sauce; and salad, with French dressing.

③ We have finally packed away the Christmas ornaments: small, shiny ones; big, bright ones; and the homemade ones.

> **해석** ① 우리는 페루 리마, 칠레 산티아고, 베네수엘라 카르카스 출신의 학생들이 있었다.
> ② 나는 쇠고기를 버섯 소스와, 파스타를 알프레도 소스와, 샐러드를 프랜치 드래싱과 함께 먹는 것을 좋아해.
> ③ 우리는 마침내 크리스마스 장식품들을 챙겨서 치워놓았다. 작고 반짝이는 장식품과, 크고 밝은 장식품과 집에서 만든 장식품들을.

> **어휘** dinner 저녁식사 taste exquisite 절묘한 맛이 나다 fumble 공을 잘못 잡는 실수 lose–lost–lost 지다
> huge 거대한/엄청난 meal 식사 already 벌써 hungry 배고픈 instead 대신에 decide=resolve 결심하다
> a big test 중요한 시험 as a result 그 결과 nevertheless=nonetheless=even so=still 그럼에도 불구하고
> promise 약속하다 mushroom 버섯 dressing 소스 pack away 챙겨서 치워놓다 ornament 장식품/장식하다
> finally=ultimately=eventually=at last(length) 마침내 shiny 반짝이는 bright 밝은 homemade 집에서 만든

(4) 등위접속사(and, but, yet, so)와 semicolon을 함께 사용해서는 안 되지만, 주절이 길고 그 곳에 comma와 같은 구두점이 있을 때는 구와 구, 절과 절 사이의 분리를 분명하게 하기 위해서 semicolon과 등위접속사를 함께 사용할 수도 있습니다.

① Anne went to the market; she bought fresh peaches. (o)

= Anne went to the market, and she bought fresh peaches. (o)

= Anne went to the market; and she bought fresh peaches. (x)

② I bought shiny, ripe apples, small, sweet, juicy grapes, and firm pears.

= I bought shiny, ripe apples; small, sweet, juicy grapes; and firm pears.

> **해석** ① Anne은 시장에 가서 신선한 복숭아를 샀다.
> ② 나는 반들반들한 잘 익은 사과와 작고 달콤한 즙이 많은 포도와 딱딱한 배를 샀다.

(5) semicolon다음에 고유명사를 제외한 일반단어들은 소문자를 사용해야합니다.

① I am here; Mary is over there.

② I am here; you are over there. (o) = I am here; You are over there. (x)

> **해석** ① 나는 여기에 있고 Mary는 저기에 있다. ② 나는 여기에 있고, 너는 거기에 있잖아.

5 square brackets [ ] (꺾쇠괄호)

parenthesis( )와 아주 흡사하며, 문맥을 더 분명하게하기 위해서 원작자 이외의 다른 출처를 인용하고 모종의 설명을 덧붙일 필요가 있을 때 사용합니다.

① Don't forget, however, that the joints will be filled with grout [see page 40].

② "Bill and John [Kim] are two of my best customers," the street vendor bragged.

③ She said: "Most people save all their lives and leave it[their money] to somebody else."

> **해석** ① 그러나 이음새를 회반죽으로 채우는 것을 잊지 마시오. (40쪽 참조)
> ② "Bill과 John Kim은 나의 최고의 고객들 중 두 명이다."라고 노점상은 허풍을 떨었다.
> ③ 그녀는 "대부분 사람들은 평생 동안 저축하여 그것(그들의 돈)을 다른 누군가에게 남긴다."라고 말했다.

6 Braces/Curly brackets { } (꼬부라진 괄호)

주로 음악이나 시에 사용되며 글에서는 작가가 일련의 숫자나 독자에게 동일한 선택목록을 제시할 때 사용합니다.

① {2, 4, 6, 8, 10}

② Select your favorite animal {dog, cat, rabbit} to feed a treat.

③ Choose your favorite color {red, blue, pink} to paint the wall.

④ After choosing your main dish {beef, chicken, pork}, choose a vegetable.

> **해석** ① {2, 4, 6, 8, 10} ② 특별음식을 주려면 개, 고양이, 토끼 중에서 네가 가장 좋아하는 동물을 골라라.
> ③ 벽에 페인트칠하기 위해서는 빨강, 파랑, 분홍색 중 네가 가장 좋아하는 색깔을 골라라.
> ④ 너의 주요 음식 쇠고기, 닭고기, 돼지고기 중 하나를 고른 후, 채소를 골라라.

> **어휘** market 시장 fresh 신선한 peach 복숭아 shiny 반들반들한 ripe 잘 익은 firm 딱딱한/견고한 pear 배
> joint 이음새 grout 회반죽 customer 고객/단골 street vendor 노점상 brag=boast 허풍떨다 save 저축하다
> leave-left-left 남기다 select=choose 선택하다 favorite 가장 좋아하는 rabbit 토끼 feed-fed-fed 먹이다
> a treat 특별음식 blue 파랑 pink 분홍 wall 벽/제방/장애 main dish 주요 음식 pork 돼지고기 vegetable 채소

7 Hyphens(−) (하이픈)(출제 고빈도 토익과정)

하이픈의 목적: 단어들을 합쳐서 문장 속에서 연결되어있음을 독자들에게 알려주는 것

(1) 일부 확고부동한 복합 명사나 형용사는 항상 하이픈을 합니다.

① The effects were far−reaching.

② The design is state−of−the−art.

③ The area was drought−stricken.

④ Double−check with a dictionary or online.

⑤ Despite severe autism, my brother is quite high−functioning.

> **해석** ① 그 효과는 광범위했다. ② 그 디자인은 최신식이다. ③ 그 지역은 가뭄에 찌들어 있었다.
> ④ 사전이나 인터넷에서 다시 한 번 살펴보세요. ⑤ 심한 자폐증에도 불구하고 내 동생은 인지능력이 꽤 뛰어나다.

(2) −ly로 끝나는 명사나 형용사가 복합 형용사를 이룰 때는 하이픈을 해야 하지만, −ly로 끝나는 부사가 복합형용사를 이룰 때는 하이픈을 사용하지 않습니다.

① That friendly−looking dog is my pet dog.

② A family−oriented girl can be counted on in any situation.

③ This is a poorly produced movie.

④ He handed in a poorly written report.

⑤ Is there such a thing as an environmentally friendly car?

> **해석** ① 저 다정해 보이는 개가 내 애완견이야. ② 가정 중심적인 여성은 어떤 상황에서도 믿을 수 있다.
> ③ 이것은 형편없이 제작된 영화이다. ④ 그는 형편없이 써진 보고서를 제출했다.
> ⑤ 친환경 자동차와 같은 것이 있나요?

(3) 사람이나 사물의 연령을 나타내는 말이 서술적으로 사용될 때(주어를 설명할 때)는 하이픈을 붙이지 않지만, 명사나 형용사로 쓰일 때는 하이픈을 해야 합니다. (출제 고빈도 과정)

① My brother is 14 years old. = I have a 14−year−old brother.

② My sister is 19 years old. = My sister is a 19−year−old girl.

③ Our child is two years old.

④ We have a two−year−old.

⑤ We have a two−year−old child.

> **해석** ① 내 동생은 14살이야. ② 내 언니(누나)는 19살 이야. ③ 우리 아이는 2살이야.
> ④ 우리는 두 살 된 아이가 있어. ⑤ 우리는 두 살 된 아이가 있어.

> **어휘** effect 효과/영향 far−reaching 광범위한 state−of−the−art 최신식의 drought−stricken 가뭄에 시달린 area 지역
> double−check 재확인하다 despite ~에도 불구하고 severe autism 심한 자폐증 high−functioning 인지능력이 뛰어난
> 난 friendly−looking 다정해 보이는 pet dog 애완견 family−oriented 가정지향적인 count on 믿다 situation 상황 poorly
> produced 형편없이 제작된 hand in 제출하다 report 보고서 environmentally friendly=echo−friendly 친환경적인
> at a loss=at one's wit's end=mixed up=addled=baffled=bewildered=bemused=bedeviled=confused=confounded
> =consternated=dazed=dismayed=disconcerted=discomfited=disoriented=disquieted=dumfounded=embarrassed
> =entangled=flurried=flustered=fluttered=muddled=mystified=nonplused=puzzled=perplexed=perturbed 어리둥절한

(4) 접두사의 마지막 음과 다음 동사의 두음이 같은 철자일 경우에는 하이픈을 붙입니다.

① Do you have any anti-icing spray for the door lock?

② Annie took some time to wind down and re-energize.

③ We need someone to co-ordinate everyone's schedules.

④ The teacher advised her students to re-examine all aspects of their life.

> **해석** ① 자물쇠를 위한 얼음막이 스프레이 좀 있나요? ② Annie은 긴장을 풀고 다시 기운을 차리기 위해서 약간의 시간을 냈다. ③ 우리는 모든 사람들의 스케줄을 조정할 수 있는 사람이 필요하다.
> ④ 선생님은 자기 학생들에게 그들의 삶의 모든 측면을 재검토해 보라고 충고했다.

(5) high, low, 비교급, 최상급이 복합형용사로 쓰일 때는 하이픈을 붙입니다.

① This car runs best on high-octane gasoline.

② Low-flying airplanes contribute to the noise pollution in the area.

③ A high-interest savings account is one of the best ways to save money.

④ Hoping to improve business, Tom moved his tea shop to a faster-growing area of town.

> **해석** ① 이 자동차는 옥탄가가 높은 휘발유로 가장 잘 달린다. ② 낮게 비행하는 비행기들은 그 지역의 소음공해의 원인이 된다. ③ 이자가 높은 저축계좌는 돈을 저축할 수 있는 가장 좋은 방법 중 하나이다.
> ④ 사업을 발전시키고 싶어서 Tom은 그의 찻집을 도시의 더 빨리 성장하는 지역으로 옮겼다.

(6) 두 개 이상의 복합수식어가 공동으로 하나의 단어를 수식할 때는 하이픈을 각각 붙입니다.

① All the part-time and full-time workers went on strike.

② All the part- and full-time workers went on strike.

③ The third- and fourth-grade teachers met with the parents.

④ We don't see many 3-, 4-, and 5-year-old children around here.

> **해석** ①/② 시간제와 전임제 노동자 모두가 파업에 들어갔다. ③ 3.4학년 선생님들이 학부형들과 만났다.
> ④ 우리는 이 주변에서 3, 4, 5살 아이들을 별로 보지 못한다.

(7) a/an으로 시작되는 분수를 제외한 모든 분수는 하이픈을 해야 합니다.

① I half-wanted to commit an error by intention.

② More than a third of registered voters oppose the measure.

③ More than one-third of registered voters oppose the measure.

④ Three-quarters of his working hours are spent teaching mathematics.

> **해석** ① 나는 고의로 실수를 저지르고 싶은 마음이 반쯤 있었다. ②/③ 등록된 유권자의 3분의 1 이상이 그 조치를 반대한다. ④ 그의 노동시간의 4분의 3은 수학을 가르치는 데 소비된다.

> **어휘** anti-icing spray 얼음막이 스프레이 door lock 자물쇠 wind down 긴장을 풀다 co-ordinate 조정하다
> re-energize 다시 기운을 내다 re-examine 재검토하다 aspect 측면/국면/양상 contribute to 기여하다
> noise 소음 pollution 공해/오염 area 지역 interest 이자/관심 savings account 저축계좌 save 저축하다
> improve 향상시키다 part-time 시간제 full-time 전임제 go on strike 파업에 들어가다 around 주변에
> commit an error 실수를 저지르다 by intention 고의로 register 등록하다 voter 유권자 oppose 반대하다
> measure 조치 a quarter 4분의 1 three-quarters 4분의 3 spend-spent-spent 보내다 mathematics 수학

(8) 대분수가 복합형용사로 쓰이면 모두 하이픈을 해야 하지만, 설명하는 서술적으로 쓰이면 분수만 하이픈을 합니다. 또한 21–99까지 모든 복합 숫자는 하이픈을 해야 합니다.

① A five-and-one-half-foot-long sign.

② The sign is five and one-half feet long.

③ My father is forty-eight years old.

> **해석** ① 5와 2분의 1피트 길이의 표지판. ② 그 표지판은 5와 2분의 1피트의 길이이다. ③ 내 아버지는 48세야.

(9) 대문자로 시작되는 단어 앞의 접두사는 하이픈으로 연결합니다.

① One does not need to be anti-American.

② I am reading a book on pre-Civil War America.

③ The post-World War II housing boom is still evident today in most cities.

④ Anti-Semitism is a major motif in Shakespeare's The Merchant of Venice.

> **해석** ① 우리는 반미주의자가 될 필요는 없다. ② 나는 남북전쟁 전 미국에 관한 책을 읽고 있다.
> ③ 2차 세계대전 후 주택 붐은 오늘날 대부분의 도시에서 여전히 뚜렷하다.
> ④ 반유대주의가 셰익스피어의 베니스의 상인에서 중요한 주제이다.

(10) 접두사 all–, ex–(former의 뜻), ill, mid, quasi–, self– 다음에는 언제나 하이픈을 붙입니다.

① The school uniform is quasi-military in style.

② I happened to meet my ex-girlfriend yesterday.

③ Do you want a self-serve or a full-serve gas station?

④ It is a bad leader who thinks of himself as all-powerful.

> **해석** ① 그 교복은 모양이 군복과 흡사하다. ② 나는 어제 내 전 여자 친구를 우연히 만났다.
> ③ 너는 셀프 주유소를 원하니, 아니면 직원이 직접 기름을 넣어주는 주유소를 원하니?
> ④ 자신을 전능하다고 생각하는 사람은 나쁜 지도자이다.

(11) –based, –elect, –free, –style, –wise로 끝나는 접미사는 하이픈으로 연결합니다.

① The term dictator-elect is an oxymoron.

② We need this signed by the new mayor-elect.

③ Location-wise, the house is nice, but price-wise we can't really afford it.

④ The University will go smoke-free on all campus property, effective July 1.

> **해석** ① 독재자 당선자라는 용어는 모순어법이다. ② 우리는 이것을 새로운 시장 당선자에게 서명을 받아야 한다.
> ③ 위치에 관한 한 그 집은 훌륭하지만, 가격에 관해서는 사실 그것을 구입할 여유가 없다.
> ④ 그 대학은 7월 1일부터 전 캠퍼스 부지에서 금연을 실시할 예정이다.

> **어휘** anti-American 반미의/미국을 반대하는 사람 pre-Civil War 남북전쟁 전의 post– ∼이후의 boom 붐/급속한 발전 evident 뚜렷한/분명한 anti-Semitism 반유대주의 major 중요한 motif 주제 merchant 상인 school uniform 교복 quasi– 유사한/흡사한/비슷한 military 군대의 ex– 이전의 happen to 우연히 ∼하다 self-serve gas station=self-service gas station 셀프 주유소 all-powerful 전능한 term 용어 dictator 독재자 –elect 당선자 oxymoron 모순어법 sign 서명하다 mayor-elect 시장 당선자 location-wise 위치에 관한 한 price-wise 가격에 관한 한 afford ∼할 시간적/경제적 여유가 있다 go smoke-free 금연을 시행하다 property 부지/재산/자산 effective=as of=as from ∼부터

⑿ 하이픈이 들어있는 단어 앞에 접두사가 붙으면 하이픈으로 연결하고, 복합명사에 접두사가 붙으면 하이픈으로 연결하고 기존의 공간도 하이픈으로 대체해야 합니다.

① There are a few non-achievement-oriented students in my class.

② He was a leader of the anti-cold-war movement.

해석 ① 우리 반에는 성취 지향적이지 않은 몇몇 학생이 있다. ② 그는 냉전반대운동의 지도자이다.

⒀ 가족관계에서 step, half, grand는 하이픈이 없지만, great는 하이픈을 해야 합니다.

① My grandmother loves me very much.

② He has a stepmother, a half brother and a half sister.

③ My great-grandfather fought in the Korean War.

해석 ① 내 할머니는 나를 무척 사랑하신다. ② 그는 의붓엄마, 의붓형제, 의붓자매가 있다.
③ 나의 증조할아버지는 한국전쟁 때 참전하셨다.

⒁ 혼돈을 피하기 위해서는 주저하지 않고 하이픈을 해야 하며, 접두사 re-가 하이픈이 없을 경우 다른 단어와 혼동을 일으킬 경우 하이픈을 붙입니다.

① He resigned as manager.　　　　② He re-signed as manager.

③ I could not repress my anger.　　④ I must re-press the shirt.

⑤ You will recover from your sickness.　⑥ I have re-covered the sofa twice.

⑦ I recollect meeting her before.　　⑧ I re-collected the toys scattered.

해석 ① 그는 감독으로서 사임했다. ② 그는 감독으로서 재계약했다. ③ 나는 내 분노를 억누를 수가 없었다.
④ 나는 그 셔츠를 다시 다리미질해야 한다. ⑤ 너는 너의 질병으로부터 회복할 것이다.
⑥ 나는 소파의 덮개를 두 번 갈았다. ⑦ 나는 전에 그녀를 만났던 기억이 난다. ⑧ 나는 흩어진 장난감을 다시 모았다.

《 뉘앙스 맛보기 》

① a light blue scarf　　　　　② a light-blue scarf

③ more important arguments　　④ more-important arguments

⑤ English language learners　　⑥ English-language learners

⑦ an old furniture salesman　　⑧ an old-furniture salesman

⑨ Springfield has little town charm.　⑩ Springfield has little-town charm.

해석 ① 가벼운 청색 목도리 ② 밝은 청색 목도리 ③ 더 많은 중요한 주장들 ④ 더 중요한 주장들
⑤ 영국의 언어 학습자들 ⑥ 영어 학습자들 ⑦ 늙은 가구 판매원 ⑧ 오래된 가구 판매자
⑨ 스프링필드는 도시의 매력이 거의 없다. ⑩ 스프링필드는 소도시의 매력을 가지고 있다.

어휘 achievement-oriented 성취(목표) 지향적인 anti-cold-war movement 냉전 반대 운동
stepmother 의붓엄마 half brother 의붓형제 great-grandfather 증조할아버지 resign 사임하다
re-sign 재계약하다 repress 억누르다 re-press 다시 다리미질 하다 recover 회복하다 re-cover 덮개를 다시 갈다
recollect=recall 회상하다 re-collect 다시 모으다 scarf 목도리 argument 주장 furniture 가구 charm 매력/부적
rattled=ruffled=stumped=stunned=stupefied=unnerved=upset=up a stump=in a flutter=in a tight(bad, hot) box
=like a cat on a hot tin roof=like a cat on hot bricks=embarrassed 어리둥절한, 당황한, 어찌할 바를 모르는

8 Dash의 종류(Types of Dashes)

ⓐ Figure dash(-) : 하이픈과 같은 길이
ⓑ En dash (–) : Alt+0150 : 알파벳 n과 같은 길이
ⓒ Em dash (—)(––) : Alt+0151 : 알파벳 m과 같은 길이

주의 ☞ 격식을 차리지 않은 informal English에 주로 사용되므로 formal English에서는 가능한 한 다른 구두점을 사용하는 것이 좋습니다.

(1) Figure dash (-)

hyphen과 같은 것으로 일반 word processor에서는 hyphen을 이용해서 만듭니다. 전화번호에 가장 많이 사용하며 좌우에 간격을 두어서는 안 됩니다.

*555-555-1234 *408-555-6792

(2) En Dash (–)

컴퓨터에서 Alt+0150(–)을 눌러 만들 수 있고, 숫자, 날짜, 시간, 기간, 거리의 간격이나 범위를 나타낼 때, 경기 점수를 나타낼 때 사용하며 문장에 쓰이는 경우를 제외하고 좌우에 간격을 두어서는 안 되며 문맥에 따라 to나 through로 읽습니다.

① World War II ran 1939–1945. (기간)

② There will be 15–25 kids at the game. (숫자의 범위)

③ The 2010–2011 season was our best yet. (기간)

④ Our team beat UCLA 28–14 in the final game. (경기점수)

⑤ The meetings will be held October 11–October 15, 2017. (날짜)

⑥ The January–February issue is due on newsstands tomorrow. (기간)

⑦ The New York–New Jersey run takes about 1 hour by car. (거리)

⑧ John doesn't find Sarah attractive – or so he says. (문장 속)

⑨ I really want that new gadget – and I will do what I can to get it.

해석 ① 세계 제2차 대전은 1939년부터 1945년까지 계속되었다. ② 그 놀이에 15~25명의 아이들이 참여할 예정이다.
③ 2010년~2011년 시즌이 역대 최고였다. ④ 우리 팀은 UCLA를 결승전에서 28대 14로 이겼다.
⑤ 그 회의는 2017년 10월 11일부터 10월 15일까지 개최될 것이다. ⑥ 1, 2월호가 내일 판매대에 도착할 예정이다.
⑦ 뉴욕에서 뉴저지까지 노선은 자동차로 약 1시간 걸린다.
⑧ John은 Sarah가 매력적이라고 생각하지 않는다. 또 그는 그렇게 말한다.
⑨ 나는 정말 그 새로운 기기를 원한다. 그래서 그것을 얻기 위해서 내가 할 수 있는 모든 일을 하겠다.

어휘 run 계속되다/주행거리/노선 kid 아이 beat=defeat=outdo=outmatch=outrival=outsmart=outvie 이기다
be held=take place 개최되다 newsstand 판매대 about=around=approximately=some=roughly=or so 대략
attractive=alluring=bewitching=charming=captivating=enchanting=engaging=enticing=fascinating 매력적인
gadget 기기 negotiate=make a compromise=meet~halfway=come to terms=come to an understanding
=give and take=split the difference=try to come to an agreement 타협하다/협상하다/절충하다

(3) Em Dash (—)(––)

흔히 말하는 dash로서 강조나 명확함을 나타내기 위해서 다양한 상황에 사용되며, 일반 컴퓨터에서 Alt+0151(—)을 눌러 만들 수 있고, double hyphen (––)으로 대신하기도 합니다. 주로 비공식적인 글에서 많이 사용되며, 좌우에 간격을 두어서는 안 됩니다.

A. 강조하고자 하는 말을 보완하고자할 때 문장의 중간에 사용하며, 괄호는 속삭임을 감싸고 있다면, em dash는 외침을 감싸고 있습니다.

① Dogs—particularly pure breeds––are prone to hip problems.

② The fairgrounds—cold and wet in the October rain—were deserted.

③ Cars built in Europe (particularly in Germany) are stylish and sporty.

④ Cars built in Europe—particularly in Germany––are stylish and sporty.

> **해석** ① 개는-특히 순종은-- 고관절 문제에 취약하다. ② 박람회장은 10월의 비로 인해 춥고 축축했으며 한산했다.
> ③/④ 유럽, 특히 독일에서 만들어진 자동차는 멋지고 화려하다. ③ 번은 유럽을 강조하고 ④ 독일을 강조함.

B. colon 뒤에 오는 내용을 더 강조하고 싶을 때 em dash로 대신하며 namely/that is/as it were(즉)의 뜻을 나타내는데 colon이 더 절제된 표현입니다.

① It depends on one thing—trust.

② There was only one thing missing from the pirate ship—pirates.

③ There was only one thing missing from the pirate ship: pirates.

④ Attendees must cover their own lodging costs—hotel room, food and beverages.

> **해석** ① 그것은 한 가지, 즉 신뢰에 좌우된다. ②/③ 해적선에는 딱 한 가지, 즉 해적이 빠져 있었다.
> ④ 참가자는 자신의 숙박비, 즉 호텔방, 음식 및 음료수 비용을 부담해야 한다.

C. em dash는 갑작스럽게 떠오른 생각, 갑작스런 전환이나 변화를 부가할 때

① Jane—and her trusty mutt—was always welcome.

② It depends—as my mother used to say—on trust.

③ I already gave you the rent—no, maybe it is in my car.

④ John and I danced the night away—where were you anyway?

> **해석** ① Jane 그리고 그녀의 충실한 개는 항상 환영받았다. ② 그것은 내 엄마가 말씀하셨듯이 신뢰에 좌우된다.
> ③ 저는 이미 당신에게 집세를 제공했는데요, 아니 아마도 차속에 있을지도 몰라요.
> ④ John과 나는 춤추며 밤을 보냈어. 어쨌든 너는 어디에 있었어?

> **어휘** particularly 특히 be prone(vulnerable) to ~에 취약하다/~을 당하기 쉽다 hip problems 고관절(엉덩이) 문제
> fairground 박람회장 deserted=abandoned 한산한/버려진 stylish 멋진/유행에 맞는 sporty 화려한/야한/경쾌한
> depend(rely, count, trust, rest, reckon, hinge, hang, figure, lean, lie, fall back) on ~에 좌우되다/의존하다
> missing 빠진/실종된 pirate 해적 attendee 참석자 cover 포함(주파, 충당, 취재, 보도, 보호)하다, 다루다, 덮다
> lodging costs 숙박비 beverage 음료 trusty 충실한 mutt 잡종 개 trust 신뢰 rent 집세 anyway=anyhow 아무튼

D. 방백(An aside: 연극에서, 청중에게는 들리나 무대 위에 있는 상대방에게는 들리지 않는 것으로
약속하고 말하는 대사)을 나타낼 때

① "Are you sure"––*you lying jerk*––"that you didn't take my car?"

② When I picked up Cathy—oh my gosh—I was stunned by her beauty.

③ I scrubbed the dog—and what a chore it was!—only to have the cat arrive covered in mud.

> **해석** ① 너 분명히 내 차 안 가져갔어? – 거짓말쟁이 같은 놈.
> ② 내가 Cathy를 태웠을 때, 맙소사, 나는 그녀의 아름다움에 말문이 막혔어.
> ③ 나는 개를 빡빡 문질러서 씻었어. 참 힘든 일이었지. 그런데 고양이가 흙투성이가 되어 돌아오잖아.

E. 인용문 출처를 밝힐 때나 놀라운 내용을 삽입할 때

① "Love is a serious mental disease."—Plato.

② "To be, or not to be, that is the question."—Shakespeare.

③ We went to visit the Tower of London—and met a ghost.

④ John—blood dripping from his nose—stepped into the room.

> **해석** ① "사랑은 심각한 정신병이다." – 플라톤. ② "사느냐 죽느냐, 그것이 문제로다." – 셰익스피어.
> ③ 우리는 런던탑을 방문하러 갔어. 그런데 귀신을 봤잖아. ④ John은 코피를 뚝뚝 떨어뜨리며 방으로 들어왔다.

F. 중단된 생각이나 마무리되지 않은 문장

① Anne said, "No, please stop, don't––"

② Mary began to explain herself, saying, "I was thinking—"

③ I wish you would—oh, never mind. = I wish you would … oh, never mind.

> **해석** ① Anne은 "그만, 제발 그만해, 그러지 마."라고 말했다.
> ② Mary는 "나는… 생각하고 있었어."라고 말하면서 해명하기 시작했다.
> ③ 내가 바라는 것은 네가… 아니 신경 쓰지 마.

G. 최종 요점을 나타내거나 comma나 colon을 대신할 때.

① A vegetarian should not holiday in France—every meal has meat in it.

② You are the friend, the only friend, who offered to help me.

③ You are the friend—the only friend—who offered to help me.

④ After months of deliberation, the jurors reached a unanimous verdict—innocent.

> **해석** ① 채식가는 프랑스로 휴가를 가서는 안 된다. 모든 음식에 고기가 들어 있으니까.
> ②/③ 너는 나를 도와주겠다고 제안한 친구, 유일한 친구야.
> ④ 몇 달간의 숙고 끝에 배심원들은 만장일치의 판결, 즉 무죄판결에 도달했다.

> **어휘** lying jerk 거짓말하는 얼간이(일종의 욕설) pick up 사람을 태우다 stun 기절시키다/어리둥절하게 하다 scrub 빡빡
> 문지르다/문질러 닦다 serious 심각한 mental disease 정신병 ghost 귀신/유령 to be or not to be 사느냐 죽느냐 blood
> 피 drip 뚝뚝 떨어지다 explain oneself 해명하다 step into 들어오다 I wish ~라면 좋겠다 never mind 신경 쓰지 마/잊
> 어버려 vegetarian 채식가 holiday 휴가를 보내다 meal 식사 meat 고기 offer to ~해 주겠다고 제안하다 deliberation
> 숙고 juror 배심원 reach=arrive at 도달하다 unanimous 만장일치의 verdict 판결/의견 innocent 무죄의/순결한/순진한

PART 32 | 각종 시험에서 고득점 취득할 수 있는 유니크의 비법

(1) 모든 문장에는 동사가 하나뿐이다. 동사가 둘 이상이면 반드시 and로 연결되어 있어야 한다. and가 없으면 반드시 두 번째 동사는 분사(ing)가 되어야 한다.

① A right food prevents your brain from aging.

② A right food reduces stress and (prevents/preventing) your brain from aging.

③ A right food reduces stress, (prevents/preventing) your brain from aging.

④ A right food sharpens your memory, (reduces/reducing) stress, and prevents your brain from aging.

⑤ A right food sharpens your memory, (reduces/reducing) stress and preventing your brain from aging.

> **해석** ① 적절한 음식은 여러분의 뇌가 노화하는 것을 막아준다.
> ②/③ 적절한 음식은 스트레스를 줄여주고, 여러분의 뇌가 노화하는 것을 막아준다.
> ④/⑤ 적절한 음식은 여러분의 기억력을 예리하게 해주고, 스트레스를 줄여주고, 여러분의 뇌가 노화하는 것을 막아준다.

(2) 주어+동사까지만 우선 해석하면 뒤의 내용을 예측할 수 있다.

① The Ha-Rang Writing Center/ offers/ a free tutoring program/ open to all international students/ at our university. (수능)

② We are sure/ that you will be satisfied/ with our well-experienced tutors.

> **해석** ① 하랑 글쓰기 센터는/ 제공합니다/ 무료 과외 교습 프로그램을/ 모든 국제(외국인) 학생들에게 개방되어 있는/ 우리 대학교에서.
> ② 우리는 확신합니다/ 여러분이 만족하실 것으로/ 우리의 경험 많은 교습자들에게.

(3) 문장 속에 오는 접속사 before는 앞에서부터 해석하여 (~후에/그다음에)라고 해석하라.

① I always feed the dogs/ before I have dinner.

② I had toured France 2 years/ before I was married.

③ He had studied English for 3 years/ before he moved to New York.

④ Several years went by/ before I realized/ that he had lied to me.

> **해석** ① 나는 항상 개들에게 먹이를 준/ 다음에 저녁식사를 한다. ② 나는 프랑스를 2년 동안 여행한/ 후에 결혼했다.
> ③ 그는 영어를 3년 동안 공부한/ 후에 뉴욕으로 이사했다.
> ④ 몇 년이 지난/ 후에 나는 깨달았다/ 그가 나에게 거짓말했다는 것을.

> **어휘** right food 적절한 음식 prevent(preclude, keep) A from B~ing A가 B하는 것을 막다 age 노화하다
> reduce=lessen 줄이다 sharpen 예리하게 하다 memory 기억력 offer 제공하다 free tutoring 무료 교습
> international 국제적인 university 종합대학교 be sure 확신하다 be satisfied(contented) with ~에 만족하다
> well-experienced 경험 많은 tutor 교습자/가정교사 feed-fed-fed 먹이다 have dinner 저녁식사를 하다
> tour 여행하다/순회공연하다 move 이사하다 go(pass) by 지나가다 realize 깨닫다 lie-lied-lied 거짓말하다

(4) 주어부터 동사까지가 길면 동사 앞에서 끊어서 뒤에서 앞으로 주어를 수식하라.

① The number of fires that (occur/occurs) in the city// (is/are) growing every year. (공무원)

② The most frequent requests that the English instructors receive// (is/are) to teach essential grammar easily. (토익)

③ The reason why people start talking about the weather or current events// (is/are) that they are harmless and common to everyone. (수능)

> **해석** ① 그 도시에서 발생하는 화재의 수가/ 매년 늘어나고 있다.
> ② 영어강사들이 받는 가장 흔한 요청은/ 필수문법을 쉽게 가르치는 것이다.
> ③ 사람들이 날씨나 시사에 대해서 대화를 시작하는 이유는/ 그것들이 해가 없고 모두에게 공통적이기 때문이다.

(5) 첫 단어가 명사가 아니면, comma 뒤에 오는 첫 명사가 주어이다.

① Situated at an elevation of 1,350m,/ the city enjoys a warm climate/ year-round/ that makes living here (pleasant/pleasantly). (수능)

② As a system for transmitting specific factual information without any distortion or ambiguity,/ the sign system of honey-bees/ would probably win easily over/ human language/ every time. (수능)

③ Contrary to popular belief,/ "falling stars" are not stars at all,/ but meteors, solid bodies that travel through space. (공무원)

> **해석** ① 1,350미터 고도에 위치하고 있는/ 그 도시는 온화한 기후를 즐긴다/ 일 년 내내/ 그 기후는 이곳의 삶을 상쾌하게 만들어 준다. ② 어떠한 왜곡이나 모호함 없이 특정한 사실적 정보를 전달하는 체계로서,/ 꿀벌의 신호 체계는/ 아마 쉽게 이길 것이다/인간의 언어를/ 언제나. ③ 흔히 알려진 믿음과는 반대로,/ 유성은 결코 별이 아니고,/ 운석이라는 우주를 떠돌아다니는 고체이다.

(6) 첫 단어가 명사가 아니고, comma도 없으면 도치된 문장으로서 동사 뒤에 오는 첫 명사가 주어이다. (u. 523~530쪽)

① Inside the shell/ (is/are) the oyster's mouth, heart, and stomach. (수능)

② At the end of the trunk/ (is/are) two muscles shaped like fingers. (수능)

③ On the front page/ (was/were) large black-and-white photographs of the death and destruction in Guernica. (공무원)

> **해석** ① 껍질 속에/ 굴의 입과 심장과 위가 들어있다. ② 코끼리 코끝에는/ 손가락처럼 생긴 두 개의 근육이 있다.
> ③ 제1면에/ 게르니카에서 일어난 사망과 파괴를 찍은 커다란 흑백사진이 있었다.

> **어휘** occur=accrue=arise=take place=break out 발생하다 reason 이유 current events 시사 harmless 해가 없는 common 흔한/공통된 distinctive features 뚜렷한 특징 among 가운데 season 계절 pride 자랑거리/자긍심 unclear 희미한/불분명한 be situated(located) at ~에 위치하다 elevation 해발고도 warm 온화한/따스한 climate 기후 year-round 일 년 내내 pleasant 상쾌한/상냥한 transmit 전달하다 specific 특정한/구체적인 factual 사실에 입각한 information 정보/지식 distortion 왜곡/곡해 ambiguity 애매함/모호함 honey-bee 꿀벌 probably=perchance=mayhap=most likely=as likely as not 아마도 win over 이기다 contrary to ~와는 반대로 meteor 운석 solid bodies 고체 space 우주/공간/장소/여지 inside 안에 shell 껍질/조개 oyster 굴 stomach 위 trunk 코끼리의 코 muscle 근육 ⓐ muscular 근육의 shaped like ~처럼 생긴 front page 제1면 destruction 파괴

(7) 문법 어법은 다음의 유형만 나오므로 그 유형을 기억하라.

A. 주어와 동사의 수의 일치:

언제나 첫 명사가 주어이므로 동사를 첫 명사에 맞춰야 한다. 동사 앞의 단어가 단수이면 주어는 복수로, 동사 앞의 단어가 복수이면 주어는 단수로 현혹한다. (u. 492쪽)

① The scenes in the glass// (tell/tells)/ the stories of the Christian faith. (공무원)

② One of her pastimes// (is/are) telling us/ a lot of stories from legends/ and ghost stories. (수능)

③ Good communication between lawyers and clients// (is/are) extremely important/ for the proper treatment of a case. (토익)

> 해석 ① 그 유리 속의 장면들은/ 말해준다/ 기독교 신앙 이야기들을.
> ② 그녀의 소일거리 중 하나는/ 우리에게 말하는 것이다/ 많은 전설 이야기와 귀신 이야기들을.
> ③ 변호사와 의뢰인 사이의 좋은 의사소통은/ 대단히 중요하다/ 사건의 적절한 처리를 위해.

B. 좌우 시제의 일치:

시간 부사를 비롯하여 반드시 좌우에 시제를 결정하는 힌트를 놓치지 말라. (u. 83쪽)

① A few years ago,/ I (have been/was) hospitalized/ with breast cancer. (공무원)

② In the summer of 2001,/ Jimmy Carter (visited/has visited) Korea/ to participate in a house-building project. (수능)

③ Last week/the Department of Commerce/ (announced/has announced/had announced) the plan/ to introduce a new bill outlawing such actions. (토익)

> 해석 ① 몇 년 전,/ 나는 병원에 입원했다/ 유방암으로.
> ② 2001년 여름,/ Jimmy Carter는 한국을 방문했다/ 주택 건설 프로젝트에 참여하기 위해서.
> ③ 지난주/ 상무부는 계획을 발표했다/ 그런 행위를 불법으로 규정하는 새로운 법안을 도입할 (계획을).

C. 능동태/수동태:

주어나 목적어가 동작을 하느냐 받느냐를 살펴라. (u. 478쪽)

① He has (trained/been trained)/ to help people like John. (공무원)

② Some vitamins are harmful/ if (taking/taken) above their levels. (수능)

③ Four more employees/ (will send/are sending/will be sent/have sent)/ to the satellite branch/ in one week. (토익)

> 해석 ① 그는 훈련받았다/ John과 같은 사람들을 돕도록.
> ② 일부 비타민은 해롭다/ 표준 이상을 섭취하면(표준 이상으로 섭취된다면).
> ③ 또 네 명의 직원들이/ 보내질 것이다/ 근교의 지사로/ 일주일 후에.

> 어휘 scene 장면 faith 신앙/믿음 pastime 소일거리 a lot of=lots of=plenty of=many/much 많은 legend 전설
> ghost 귀신 hospitalize 입원시키다 breast cancer 유방암 participate(partake) in=take part in 참여하다
> the Department of Commerce 상무부 announce 발표하다 bill 법안 outlaw 불법으로 규정하다 train 훈련하다
> harmful=baneful=calamitous=damaging=deleterious=detrimental=injurious=noxious=pernicious=prejudicial
> =pestilential=virulent 해로운 take-took-taken 섭취하다 level 표준 employee 직원 ↔ employer 고용주
> send-sent-sent 보내다 satellite 근교/종속된/위성 branch 지사/가지/분지/확장하다 in one week 일주일 후에

D. 병렬관계:

등위접속사, 즉 boysfan(but, or, yet, so, for, and, nor)을 중심으로 좌우의 동사를 문맥에 따라 균형 있게 맞춰라. (u. 531쪽)

① He was turning the faucet on and off/ and (watching/to watch) it. (공무원)

② Imagine/ standing under Big Ben/ or (walk/walking) through Piccadily Circus. (수능)

③ The analysts/ are charged with/ assessing the trends of the current market/ and
(establishing/established) plans for the future. (토익)

> **해석** ① 그는 수도꼭지를 켰다 껐다 하면서/ 그것을 지켜보고 있었다.
> ② 상상해 보라/ Big Ben 아래에 서 있거나/ 혹은 Piccadily Circus를 돌아다닌다고.
> ③ 분석가들은/ 책임을 진다/ 현재 시장의 동향을 평가하고/ 미래의 계획을 세우는 (책임을 진다).

E. 의미 구별하기:

① stop+to/ing (u. 167쪽) ② remember(forget)+to/ing (u. 167쪽)
③ try+to/ing (u. 167쪽)   ④ be used to+ing/동사의 원형 (u. 223쪽)의 용법이 나온다.

① He stopped (smoking/to smoke) for health reasons. (수능)

② I am used to (get/getting) up early in the morning. (공무원)

③ I remember (meeting/to meet) her at the party last year. (공무원)

④ Don't forget (locking/to lock) the door before you go to bed. (수능)

⑤ I tried (sending/to send) her flowers, but she still wouldn't speak to me. (응용)

⑥ You must remember (meet/to meet/meeting/to have met) the chairman tomorrow. (토익)

> **해석** ① 그는 건강상의 이유로 담배를 끊었다. ② 나는 아침에 일찍 일어나는데 익숙해 있다.
> ③ 나는 작년에 파티에서 그녀를 만났던 기억이 난다. ④ 잠자리 들기 전에 문을 잠그는 것을 잊지 마라.
> ⑤ 나는 그녀에게 시험 삼아 꽃을 보내봤지만,/ 그녀는 여전히 나에게 말을 하려 하지 않았다.
> ⑥ 당신은 내일 의장을 만나는 것을 명심하셔야 합니다.

F. 동사 찾기 – 한 참 뒤 동사가 있을 자리에 분사나 to 부정사를 넣어두니 그것을 찾으라.

① The democratically elected government of Spain// (fighting/was fighting)/ in a civil war/
against a military leader named Francisco Franco. (공무원)

② A general lack of knowledge and insufficient care being taken when fish pens were initially
constructed// (meant/meaning)/ that pollution from excess feed and fish waste/ created
huge barren underwater deserts. (수능)

> **해석** ① 민주적으로 선출된 스페인 정부는// 싸우고 있었다/ 내전에서/ Francisco Franco라는 군사 지도자에 대항하여.
> ② 물고기 가두리가 처음 지어졌을 때/ 일반적인 지식의 부족과 불충분하게 행해지던 관리는// 의미했다/ 초과 사료와 물고기 폐기물로 인한 오염이/ 거대한 불모의 해저 사막을 만들었다는 것을.

> **어휘** faucet 수도꼭지 turn(switch) on 켜다 ↔ turn(switch) off 끄다 imagine 상상하다 analyst 분석가
> assess=appraise=estimate=evaluate=rate 평가하다 be charged with=account(answer) for 책임지다
> trend 추세 current 현재의 democratically 민주적으로 elect 선출하다 government 정부 a civil war 내란
> against 대항하여 military 군대의 general 일반적인 lack 부족 knowledge 지식 insufficient=deficient 불충분한
> fish pen 물고기 가두리 initially 처음에 construct=build 짓다/건설(구성)하다 pollution=contamination 오염
> excess feed 초과 사료 waste 폐기물 huge=immense=enormous 거대한 barren=sterile 불모의 desert 사막

G. 관계사에 관한 지식으로 접근하라. (u. 321/335/342쪽)

① 관계대명사는 대명사이므로 반드시 앞에 명사를 비롯한 선행사가 오고, 명사의 역할(주어, 목적어, 보어)을 하므로 관계대명사가 이끄는 절에는 주어나 목적어나 보어 중 하나가 없다.

② 관계대명사 what은 선행사를 포함하므로 앞에 명사가 올 수 없다.

③ 관계부사는 부사이므로 뒤에 문장이 오며, 앞에 명사를 수식한다.

④ 접속사 that은 문장을 이끌며, 명사절이므로 명사의 역할을 한다.

① The accountant (whose/what/that/which) I believed to be honest// deceived me. (토익)

② He just produced (which/what) was in him,/ and brought us a rich treasure of music. (수능)

③ The police found an old coin/ (which/whose/of which) date had become worn and illegible. (공무원)

④ The house (which/where/that) they have lived for 10 years// was badly damaged by the storm. (공무원)

⑤ For a long time,/ people did not know/ (that/what) the heart pumps blood/ in a circuit through the body. (수능)

⑥ The professor (whose/who/which/his) course many students take// is going to be on a TV talk show tomorrow. (토익)

⑦ Don't be fooled/ by the heated rooms/ (where/which) make you sweat and feel like you're burning lots of calories. (수능)

⑧ The catering company/ employed more than 5,000 people,/ most of (which/whom/them/that) were Asian Americans. (토익)

⑨ There are people who <u>through</u> no fault of their own are deprived of some <u>of</u> the fundamental rights/ <u>that</u> all human beings are supposed to have <u>them</u>. (틀린 곳은?) (공무원)

해석 ① 내가 정직하다고 믿었던 그 회계사가/ 나를 속였다. (목적어가 없고 선행사는 있으므로 목적격)
② 그는 그저 자신의 내면에 있는 것을 생산하여/ 우리에게 풍요로운 음악의 보물을 가져다주었다. (선행사 무)
③ 경찰은 오래된 동전을 발견했다/ 그 동전의 날짜는 닳아져서 읽을 수 없었다. (동전의 날짜이므로 소유격)
④ 그들이 10년 동안 살았던 집이/ 폭풍으로 인해 심하게 파손되었다. (뒤에 완전한 절이 오고 앞 명사가 있다.)
⑤ 오랫동안 사람들은 몰랐다/ 심장이 피를 펌프질하여 몸 전체에 순환시킨다는 것을. (동사의 목적절이므로)
⑥ 많은 학생들이 강좌를 수강하는 그 교수는/ 내일 TV 쇼에 출현할 예정이다. (교수의 강좌이므로 소유격)
⑦ 속지 말라/ 뜨겁게 가열된 방(찜질방)에/ 여러분을 땀 흘리게 하여/ 많은 열량이 소모하고 있는 것처럼 느끼게 하는(가열된 방에). (바로 뒤에 동사가 왔으므로 주어가 필요하다.)
⑧ 그 음식물 조달 회사는/ 5천 명이 넘는 사람들을 채용했는데,/ 그들 대부분은 아시아계 미국인들이었다.
⑨ 자신의 잘못이 없는데도/ 일부 기본적인 권리를 박탈당하는 사람들이 있다./모든 인간들이 그 기본권을 가져야 하는데. (선행사가 있는 관계대명사이므로 목적어가 반복될 수 없다.)

어휘 accountant 회계사 believe 믿다 honest 정직한 fool=beguile=cheat=deceive=defraud=delude=gull=swindle =hoodwink=shortchange=take in 속이다 produce 생산하다 treasure 보물 coin 동전 date 날짜 worn 닳아진 illegible 읽기 어려운 badly 심하게 damage 파손시키다 for a long time 오랫동안 pump 펌프질하다 blood 피 circuit 순환 through 통하여/여기저기/~에도 불구하고(=in spite of) professor 교수 take a course 수강하다 be going(due, planning) to ~할 예정이다 cater 음식물을 조달하다 employ=hire 채용하다 fault 잘못/과실/흠 deprive(rob, rid, relieve, strip, break, empty) A of B A에게서 B를 강탈하다 fundamental=basic 기본적인 rights 권리/진상/올바른 상태 human beings 인간 be supposed(expected) to ~해야 한다/~하기로 되어있다

H. 가정법의 시제와 도치:
주절과 종속절의 시제가 일치하는지와 혼합 가정법, 그리고 If를 생략했을 때의 어순 도치가 출제된다. (u. 232~238 쪽)

① If she (took/had taken) the medicine last night, she would be better today. (공무원)

② (If/Had/Have/Though) he received the surprising news, he would have let you know immediately. (토익)

③ Had I known you were coming to New York, I (would have gone/would go/had gone/went) to the airport to meet you. (토익)

④ Had it not been for Washington's bravery and military strategy, the Colonies could not (beat/have beaten) the British. (수능)

> **해석** ① 그녀가 어젯밤에 그 약을 복용했더라면, 그녀는 오늘 더 나아졌을 텐데. (혼합가정법)
> ② 만일 그가 그 놀라운 소식을 들었더라면, 그는 너에게 즉각 알려주었을 거야. (가정법 과거완료)
> ③ 네가 뉴욕에 오리라는 것을 내가 알았더라면, 너를 마중하러 공항에 갔을 텐데. (If 생략)
> ④ 워싱턴의 용맹함과 군사적 전략이 없었더라면, 식민지(13주)들은 영국군을 물리칠 수 없었을 것이다. (If 생략)

I. 반드시 출제되는 3가지 도치 구문 (u. 523~530쪽)

> ① 부정 부사(구, 절)가 문장의 맨 앞에 올 때　　② So/Such가 문장의 맨 앞에 올 때
> ③ Only+부사(구, 절)가 문장의 맨 앞에 올 때

① So ridiculous (she looked/did she look) that everybody burst out laughing. (공무원)

② The taxi coupons are not transferable nor they can be used to tip the driver.(틀린 곳은?) (토익)

③ Such (our annoyance was/was our annoyance) that we refused to cooperate further. (토플)

④ Only after the meeting was over (he recognized/did he recognize) the seriousness of the financial crisis. (공무원)

⑤ (No sooner/As soon as/Hardly/Never) had the exhausted employee seated himself on the sofa than he collapsed. (토익)

> **해석** ① 그녀는 너무 우스꽝스러운 모습을 하고 있어서 모두가 웃음을 터뜨렸다.
> ② 그 택시 쿠폰은 양도할 수도 없고 운전자에게 팁을 주기 위해 사용할 수도 없다. (nor can they be가 되어야 함)
> ③ 우리는 너무 불쾌해서 더 이상 협력하기를 거부했다.
> ④ 회의가 끝나고 나서야 그는 금융위기의 심각성을 인지했다.
> ⑤ 그 기진맥진한 직원은 소파에 앉자마자 쓰러졌다.

> **어휘** medicine 약 last night 어젯밤 receive 받다 immediately=directly=instantly=promptly=at once 즉시
> airport 공항 Had it not been for=If it had not been for=But for=Save for=Without ~이 없었더라면
> bravery 용맹함 military strategy 군사 전략 colony 식민지 beat=defeat=outdo=outrival 이기다/물리치다
> ridiculous 우스꽝스러운 burst out laughing=break into laughter 웃음을 터뜨리다 transferable 양도할 수 있는
> annoyance 불쾌감/짜증 cooperate 협력하다 further 더욱더/한층 더 seriousness 심각성 financial crisis 금융위기
> recognize 인식하다/인지하다 no sooner~ than ~하자마자 exhausted=enervated=worn-out 지친/기진맥진한
> employee 직원 employer 고용주 seat-seated 앉히다 collapse=break(blow, come, fall) down=cave(fall) in
> =fall apart=give way=drop(fall) to pieces=break up into pieces=crumble=disintegrate 쓰러지다, 붕괴하다
> turn down=reject=rebuff=refuse=decline=disallow=veto=turn away=turn thumbs down on 거절(거부)하다
> blow one's own trumpet(horn)=ring one's own bell=sing one's own praises=admire oneself 자화자찬하다

(8) must, have to, should, ought to, need, necessary, important, essential, vital, had better, I am sure, I insist, I believe, In my opinion, In fact, remember, don't forget, but 다음, however 다음, yet 다음, 명령문이 들어있는 문장이 항상 제목, 주제, 요지, 필자의 주장을 묻는 질문에 대한 답이다. 내용일치 불일치 문제는 ④/③번 순서로 예문을 본문에 대입하여 풀라.

문제 1. 다음 글에서 필자가 주장하는 바로 가장 적절한 것은? (고3 모의고사)

As we all know,/ even the best-laid plans/ can go astray. It is therefore important/ that you keep in mind the possibility of plans going wrong,/ and maintain flexibility in your plans. If a given strategy or the allocation of resources/ does not succeed,/ then you must be ready to change to another plan/ or set other priorities for resource allocation. For example,/ one of the most damaging strategies in taking a test/ is that of spending too long on a given problem. Occasionally,/ you may find/ that a problem you had thought you could solve in a reasonable amount of time/ is taking much longer than you had anticipated. Just as you have to know when and how to start a problem,/ you also have to know/ when and how to stop. Sometimes the best decision/ is just to give up and to move on.

① 문제의 난이도에 따른 해결 방법을 익혀야 한다.
② 업무 수행 시 난관에 부딪히더라도 포기하지 말아야 한다.
③ 효율적인 업무 수행을 위해 일의 우선순위를 정해야 한다.
④ 다양한 문제 해결 연습을 통해 사고의 유연성을 키워야 한다.
⑤ 계획의 실패 가능성을 염두에 두고 유연한 태도를 지녀야 한다.

해석 우리가 모두 알고 있듯이,/아무리 가장 잘 짜인 계획이라도/ 잘못될 수 있다. 그러므로 중요한 것은/ 여러분이 계획이 실패할 수도 있다는 가능성을 염두에 두고/ 여러분의 계획에 유연성을 유지하는 것이다. 만일 주어진 전략이나 자원의 배분이/ 성공하지 못한다면,/ 여러분은 기꺼이 다른 계획으로 바꾸거나/ 자원 배분을 위해 다른 우선순위를 정해야 한다. 예를 들어,/ 시험을 치를 때 가장 해로운 전략 중 하나는/ 하나의 주어진 문제에 너무 오랜 시간을 소비하는 것이다. 가끔/ 여러분은 발견할 수 있다/ 여러분이 적당한 양의 시간에 풀 수 있을 거라고 생각했던 문제가/ 여러분이 예상했던 것보다 훨씬 더 오랜 시간이 걸리고 있다는 것을. 여러분이 언제, 어떻게 문제를 시작할지를 알아야 하는 것처럼,/ 여러분은 또한 알아야 한다/ 언제 어떻게 멈춰야 할지도. 때때로 최상의 결정은/ 그냥 포기하고 다음으로 넘어가는 것이다.

정답 ⑤ u.108/158/309/310/335/442/531

어휘 go astray 잘못되다/길을 잃다/타락하다 lay a plan 계획을 세우다 therefore=so=thus=hence 그러므로 keep(bear) in mind=lay(take)~ to heart 명심하다 go wrong 잘못되다 maintain=sustain=keep up 유지하다 flexibility 유연성/융통성 strategy 전략 allocation=allotment=apportionment=assignment=ration 배당/할당 be ready(glad, happy, willing, pleased) to 기꺼이 ~하다 resources 자원 set priority 우선순위를 정하다 damaging=baleful=baneful=harmful=detrimental=deleterious=injurious=maleficent=malefic=noxious 해로운 occasionally=on occasion=sometimes=at times(whiles/intervals)=from time to time=once in a while 때때로 reasonable=rational=moderate 적당한/합리적인 anticipate=expect=predict=prognosticate=prophesy 예상하다 give(throw, chuck, turn, pass) up=lay aside(down)=set aside=leave(cast) off=give(cast) away=give over =part with=despair of=abandon=desert=discard=disclaim=evacuate=yield=surrender=forsake=forfeit =forgo=quit=stop=cease=render=renounce=relinquish=resign=repudiate=waive=abdicate 버리다/포기하다

문제 2. 글의 제목으로 가장 적절한 것은? (공무원) u.78/369/393/455

After analyzing a mass of data on job interview results,/ a research team discovered a surprising reality. Did the likelihood of being hired/ depend on qualifications? Or was it work experience? In fact,/ it was neither. It was just one important factor:/ did the candidate appear to be a pleasant person. Those candidates who had managed to ingratiate themselves/ were very likely to be offered a position; they had charmed their way to success. Some had made a special effort/ to smile and maintain eye contact. Others had praised the organization. This positivity had convinced the interviewers/ that such pleasant and socially skilled applicants/ would fit well into the workplace,/ and so should be offered a job.

① To get a job, be a pleasant person.
② More qualifications bring better chances.
③ It is ability that counts, not personality.
④ Show yourself as you are at an interview.

해석 구직 면접시험 결과에 대한 많은 자료를 분석한 후,/ 한 연구팀은 놀라운 사실을 발견했다. 채용될 가능성이/ 자격에 좌우되었을까요? 아니면 직업 경험이었을까요? 사실, 둘 다 아니었다. 그것은 오직 하나의 중요한 요인, 즉 그 구직자가 유쾌한(상냥한) 사람으로 보였냐였다. 용케 환심을 산 구직자들은/ 일자리를 제공받을 가능성이 매우 높았다. 그들은 성공으로 가는 길을 터득했기 때문이다. 일부는 특별한 노력을 했다/ 미소를 지으면서/ 눈 접촉을 유지하려고. 다른 일부는 그 조직을 칭찬했다. 이러한 긍정성이 면접관에게 확신을 주었다/ 그런 상쾌하고 사교적 기술이 있는 지원자가 직장에 잘 맞게 될 것이라고 그래서 일자리를 제공받아야 한다고. **정답** ①

문제 3. chuckwalla에 관한 다음 글의 내용과 일치하지 않는 것은? (모의고사) u.108~109/120/184

Chuckwallas are fat lizards,/ usually 20~25cm long,/ though they may grow up to 45cm. They weigh about 1.5kg/ when mature. Most chuckwallas are mainly brown or black. Just after the annual molt,/ the skin is shiny. Lines of dark brown/ run along the back/ and continue down the tail. As the males grow older,/ these brown lines disappear/ and the body color becomes lighter;/ the tail becomes almost white. It is not easy to distinguish between male and female chuckwallas,/ because young males look like females/ and the largest females resemble males. *molt: 탈피

① 길이가 45cm까지 자랄 수 있다.
② 등을 따라 꼬리까지 짙은 갈색 선들이 나 있다.
③ 대부분 갈색이거나 검은색이다.
④ 수컷의 몸통 색깔은 나이가 들수록 짙어진다.
⑤ 어린 수컷의 생김새는 암컷과 비슷하다.

해석 chuckwalla는 통통한 도마뱀이며,/ 대개 길이가 20~25cm이다./비록 45cm까지 자랄 수도 있지만. 그들은 무게가 1.5kg가량 나간다/ 다 자랐을 때. 대부분의 chuckwalla는 주로 갈색이거나 검은색이다. 해마다 하는 탈피 직후에/ 피부는 윤기가 난다. 짙은 갈색 선들이/ 등을 따라 이어져/ 꼬리까지 계속된다. 수컷은 나이가 들면서/ 이 갈색 선들이 사라지고,/ 몸통 색깔은 더 밝아진다. 그리고 꼬리는 거의 하얀색이 된다. 수컷과 암컷을 구별하기는 쉽지 않다./ 왜냐하면 어린 수컷은 암컷과 닮았고,/ 가장 커다란 암컷은 수컷을 닮았기 때문에 **정답** ④

어휘 analyze 분석하다 a mass of 많은 likelihood 가능성 hire=employ 고용하다 qualification 자격 factor 요소 candidate 지원자 appear ~처럼 보이다 pleasant 유쾌한 manage(contrive) to 용케 ~하다 ingratiate oneself 환심을 사다 be likely to ~할 가능성이 있다 offer 제공/제안하다 charm=fascinate 터득하다/마법을 걸다/매혹하다 maintain 유지하다 praise 칭찬하다 organization 조직 positivity 긍정성 convince 확신시키다 fit into ~에 적합하다 fat=gross=obese 뚱뚱한 lizard 도마뱀 up to ~까지 weigh 무게가 나가다 mature 다 자란 mainly=chiefly 주로 tail 꼬리 disappear=die(fade) out=fade away 사라지다 male 수컷(의) female 암컷(의) resemble=take after 닮다 distinguish(discriminate, discern, differentiate, demarcate, sever) between A and B A와 B를 구별(식별)하다

[문제] 다음 글에서 전체 흐름과 관계없는 문장은? (수능) u.59/64/109/228/255/393

Food intake is essential/ for the survival of every living organism. The failure to detect spoiled or toxic food/ can have deadly consequences. Therefore,/ it is not surprising/ that humans use all their five senses/ to analyze food quality. (주제문) ① A first judgment about the value of a food source/ is made/ on its appearance and smell. ② Food that looks and smells attractive/ is taken into the mouth. ③ The value of a particular food/ is an estimation of how good it is,/ based on its level of vitamins, minerals, or calories. ④ Here,/ based on a complex sensory analysis that is not only restricted to the sense of taste/ but also includes smell, touch, and hearing,/ the final decision whether to swallow or reject food/ is made. ⑤ Frequently,/ this complex interaction between different senses/ is inappropriately referred to as 'taste' although it should be better called flavor perception, because it uses multiple senses.

해석 음식 섭취는 필수적이다/ 모든 생물의 생존을 위해. 상했거나 독성 있는 음식을 감지하지 못하는 것은/ 치명적인 결과를 가져올 수 있다. 따라서/ 인간이 자신의 모든 오감을 사용하는 것은/ 놀라운 일이 아니다/ 음식물의 질을 분석하기 위해. (주제문) 음식 재료의 가치에 대한 최초의 판단은/ 이뤄진다/ 그것의 외관과 냄새를 바탕으로. 매력적으로 보이고 매혹적인 냄새가 나는 음식은/ 입속으로 섭취된다. (특정한 음식의 가치는 그것이 얼마나 좋으냐에 대한 평가이다/비타민, 미네랄, 칼로리의 수준에 기초하여.) 여기에서/ 단지 미각에만 국한되지 않고/ 후각, 촉각, 그리고 청각도 포함하는 복합적인 감각 분석을 바탕으로/ 음식을 삼킬 것인가 아니면 거부할 것인가에 대한 최종 결정이/ 이뤄진다. 흔히/ 이러한 다양한 감각 간의 복합적 상호작용이/ '맛'이라고 부적절하게 언급된다/ 비록 향미 지각으로 불려야 더 낫겠지만/ 복합적인 감각을 사용하기 때문에.
정답 ③

어휘 essential=fundamental 필수적인 survival 생존 survive 생존하다 organism 유기체, 생물 detect 감지하다 detection 감지/간파 detective 탐정(의) detectable 탐지할 수 있는 spoiled 상한 spoil=ruin 상하게 하다/손상시키다 toxic 유독성의 analyze 분석하다 estimation 평가/판단/추정/견적 estimate=assess 평가(판단)하다 sensory 감각의 sensible 분별 있는/현명한 sensitive 민감한/예민한 sensual 관능적인 sensuous 감각적인 restrict 제한(국한)하다 restriction 제한/구속 reject 거부하다 rejection 거부 inappropriately 부적절하게 refer to A as B A를 B라 부르다 be referred to as ~: ~라고 언급(지칭)되다 flavor perception 향미지각(미각과 후각의 결합에서 발생하는 지각) perceive=recognize=notice 지각하다/인식하다/눈치 채다 ⓝ perception 지각/인식 multiple=complex 복합적인

565쪽 어휘 discover 발견하다 falls 폭포 sunrise 일출↔sunset 일몰 come(stumble) upon(across)=run(bump) into(across) 우연히 발견하다/우연히 마주치다 plain 평야 buffalo 들소 after a while 잠시 후 tremendous=immense 엄청난/어마어마한 about=around=approximately 무렵/대략 keep(go) on ~ing=continue 계속 ~하다 faraway 먼/멀리 떨어진 waterfall 폭포 distant 먼/멀리 떨어진 column 기둥 spray 물보라 disappear=die(fade) out 사라지다 get louder and louder 점점 더 커지다 dozen 12개 trout 송어 throw away 버리다 hesitation 주저함/망설임 concern 걱정/우려 musically 음악적으로 talented 재능 있는 instrument 악기 appeal to 호소하다/매력을 주다 powerfully 강력하게 preschooler 취학 전 아동 light up 밝아지다 eagerly 열심히 enthusiastically=passionately=ardently=vehemently 열정적으로 comfortably 편안하게 express 표현하다 creatively 창의적으로 let out=release 표출/방출하다 all sorts of=all kinds of 모든 종류의 emotion 감정 interact 상호작용하다 in a word=simply put 한 마디로 말해서/간단히 말해서 a lot of=much 많은 make the most of 최대한 활용하다 matter=count=be important 중요하다/문제가 되다

⑽ 순서배열 문제는 지시대명사와 접속부사에 주의를 기울여야 한다.
B-A-C/B-C-A/C-A-B/C-B-A의 순으로 빈도수가 가장 많으므로 B에서 출발하라.

[문제] 주어진 글 다음에 이어질 글의 순서로 가장 적절한 것은? (공무원) u.109/152/346/528

I remember/ the day/ Lewis discovered the falls. They left their camp at sunrise/ and a few hours later/ they came upon a beautiful plain/ and on the plain were more buffalo/ than they had ever seen before in one place.

(a) After a while/ the sound was tremendous/ and they were at the great falls of the Missouri River. It was about noon/ when they got there.

(b) They kept on going/ until they heard the faraway sound of a waterfall/ and saw a distant column of spray rising and disappearing. They followed the sound/ as it got louder and louder.

(c) A nice thing happened that afternoon. They went fishing below the falls/ and caught half a dozen trout, good ones,/ from sixteen to twenty-three inches long.

① (a)-(b)-(c)　　　② (b)-(c)-(a)　　　③ (b)-(a)-(c)　　　④ (c)-(a)-(b)

해석 나는 생각난다/ Lewis가 그 폭포를 발견했던 날을. 그들은 동틀 무렵에 캠프를 떠나/ 몇 시간 후에 아름다운 평야를 마주쳤는데/ 그 평야에는 더 많은 들소들이 있었다/ 그들이 한 장소에서 전에 보았던 것보다. 그들은 계속 걸었다/ 마침내 그들은 멀리서 폭포 소리를 들었고/ 멀리서 물보라 기둥이 피어올라 사라지는 것을 보았다. 그들은 그 소리를 따라갔다/ 그 소리가 점점 더 커지자. 잠시 후에, 그 소리는 어마어마했다/ 그리고 그들은 미주리강의 대 폭포를 접하게 되었다. 정오 무렵이었다/ 그들이 그곳에 도착했을 때는. 그날 오후 좋은 일이 생겼다. 그들은 폭포 아래로 낚시를 가서/ 여섯 마리의 송어를 잡았는데, 우량의 송어였으며,/ 길이가 16~23인치나 되었다.
정답 ③

⑾ 문장 삽입문제 역시 지시대명사와 접속부사에 주의를 기울여야 한다. 주로 답은 ③번/④이다.

[문제] 글의 흐름으로 보아, 주어진 문장이 들어가기에 가장 적절한 곳을 고르시오. (모의고사)

Throw away your own hesitation/ and forget all your concerns about whether you are musically talented or whether you can sing or play an instrument.

Music appeals powerfully to young children. (①) Watch preschoolers' faces and bodies/ when they hear rhythm and sound — they light up/ and move eagerly and enthusiastically. (②) They communicate comfortably,/ express themselves creatively,/ and let out all sorts of thoughts and emotions/ as they interact with music. (③) In a word,/ young children think/ music is a lot of fun,/ so do all you can/ to make the most of the situation. (④) They don't matter/ when you are enjoying music with your child. (⑤) Just follow his or her lead,/ have fun,/ sing songs together,/ listen to different kinds of music,/ move,/ dance,/ and enjoy.

해석 음악은 어린 아이들에게 강력하게 호소한다. 취학 전 아동들의 얼굴과 몸을 보라/ 그들이 리듬과 소리를 들을 때 —그들은 밝아지고,/ 열심히 열정적으로 움직인다. 그들은 편안하게 소통하고/ 창의적으로 스스로를 표현하며/ 모든 종류의 사고와 감정을 표출한다/ 음악과 상호 작용할 때. 한마디로 말해,/ 어린 아이들은 생각한다/음악이 매우 재미있다고/ 그러므로 당신이 할 수 있는 모든 것을 해라/이 상황을 최대한 활용하기 위해. 주저함을 버리고/ 당신이 음악적으로 재능이 있는지/ 노래를 하거나 악기를 연주할 수 있는지 없는지에 대한 모든 걱정들을 잊어라. 그것들은 문제되지 않는다/ 당신이 아이와 음악을 즐기고 있을 때. 그저 아이가 이끄는 대로 따르고,/ 즐기고,/ 함께 노래하고,/ 다양한 종류의 음악을 듣고,/ 몸을 움직이고,/ 춤추고,/ 즐겨라. **정답** ④ u.59/108/189/393/531

PART 33

토익 Part 5 · 6 적중문제

[문제1] 주어 자리에는 언제나 알맞은 명사를 찾으라. (u.20–22)

(1) _____ increased/ as their proposals were rejected/ by the multinational company/ over and over again.
- (a) Disappoint
- (b) Disappointing
- (c) Disappointedly
- (d) Disappointment

> **해석** 실망이 커졌다/ 그들의 제안이 거절당했을 때/ 다국적 기업에 의해/ 반복적으로.
> **어휘** disappoint 실망시키다 disappointment 실망 increase 증가하다 proposal 제안 reject=decline=turn down 거부하다 over and over again=over and again =time and time again 반복해서/반복적으로
> – 주어자리에 사물명사형이 와야 하므로 **정답** (d)

(2) Every _____ / should fill in the provided form/ before the interview.
- (a) apply
- (b) applicant
- (c) application
- (d) applying

> **해석** 모든 지원자는 제공된 서류를 작성해야 합니다/ 면접시험을 보기 전에.
> **어휘** apply 지원하다 applicant 지원자 application 지원/적용 fill in 작성하다 provide 제공하다 – 주어는 명사이므로 **정답** (b)

(3) His _____ with our firm/ will be finished/ unless he adheres to the contract.
- (a) employing
- (b) employer
- (c) employment
- (d) employee

> **해석** 우리 회사와의 그의 고용은 끝날 것이다/ 그가 계약을 지키지 않는다면.
> **어휘** employ 고용(채용)하다 employment 고용/채용 employer 고용주 employee 피고용인 unless ～하지 않으면 contract 계약/계약서 adhere(conform/stick) to 지키다 **정답** (c)

[문제2] 주어 다음에는 동사가 오며 수와 시제를 묻는다. (u.22/83)

(1) My sisters _____ musicians.
- (a) is
- (b) was
- (c) are
- (d) has been

> **해석** 내 누나(언니)들은 음악가이다.
> **어휘** sister 누나/언니 musician 음악가 **정답** (c)

(2) Effective resource management/ _____ the key to economic stability.
- (a) is
- (b) to be
- (c) are
- (d) has

> **해석** 효과적인 자원관리가 경제적 안정의 열쇠이다.
> **어휘** effective 효과적인 resource 자원/재원 management 관리 economic 경제적 stability 안정
> – 주어가 단수이므로 **정답** (a)

(3) Doctors _____ / that aerobic exercises should be part of any exercise routine.
- (a) agreeing
- (b) agree
- (c) agreement
- (d) agrees

> **해석** 의사들은 동의한다/ 유산소 운동이 모든 운동과정의 일부가 되어야 한다고.
> **어휘** aerobic 산소에 의한 exercise 운동 routine 일상/과정 agree 동의하다 **정답** (b)

(4) Last week,/ he _____ a strict warning/ from his father.
- (a) receives
- (b) received
- (c) was receiving
- (d) had to receive

> **해석** 지난 주, 그는 엄한 경고를 받았다/ 자기 아버지로부터.
> **어휘** receive 받다 strict 엄한 warning 경고
> – 지난주는 과거시제이므로 **정답** (b)

[문제3] 명령문은 동사의 원형으로 시작된다. (u.43/67/78/177/250)

(1) As soon as you confirm the schedule,/ please _____ us of the result.
- (a) notify
- (b) notifying
- (c) notified
- (d) notification

> **해석** 일정을 확인하자마자/ 우리에게 그 결과를 알려줘
> **어휘** as soon as ～하자마자 confirm 확인하다 notify A of B A에게 B를 알리다 notification 고지/통보
> **정답** (a)

(2) Please _____ your name and telephone number/ and one of our sales staff will contact you.
- (a) will leave
- (b) leave
- (c) are leaving
- (d) left

> **해석** 당신의 성함과 전화번호를 남겨주세요./ 그러면 우리 판매직원 중 한 명이 당신에게 연락할 것입니다.
> **어휘** leave–left–left 남기다 staff 직원 contact 연락하다
> **정답** (b)

[문제4] be 동사 다음에는 현재분사/과거분사/형용사가 온다. (u.83/162/478)

(1) It will be _____ the entire week.

    (a) rain   (b) rained

    (c) raining   (d) having rained

> **해석** 일주일 내내 비가 올 것이다.
> **어휘** the entire week 일주일 내내 rain 비가 내리다
>   – 미래진행형 시제
> **정답** (c)

(2) The lawyer was not _____ / that the accused person was telling the truth.

    (a) convince   (b) convinced

    (c) convincing   (d) conviction

> **해석** 변호사는 확신하지 않았다/ 피고소인이 진실을 말하고 있다고
> **어휘** lawyer 변호사 convince 확신시키다 conviction 확신 be convinced 확신하다 accuse 고소하다 truth 진실
>   – 수동태 형태가 뭐죠?
> **정답** (b)

(3) Officials refused to say /exactly who was _____ for the tragic accident/ before the investigation was complete.

    (a) responded   (b) responsibility

    (c) responsible   (d) responsive

> **해석** 공무원들은 말하기를 거부했다/ 정확히 누가 그 비극적인 사고에 대한 책임이 있는지를/ 수사가 마무리되기 전에.
> **어휘** official 공무원/임원 refuse 거부하다 exactly 정확히 be responsible for 책임을 지다 tragic 비극적인 accident 사고 respond 응하다 investigation 수사/조사 responsive 응하는 responsibility 책임
> **정답** (c)

[문제5] 완료시제에서 동사의 활용에 유의하라.
    (u.29~32/83/171)

(1) Tom had _____ all the food,/ so I could not but go to a restaurant.

    (a) eats   (b) eaten   (c) ate   (d) eat

> **해석** Tom이 모든 음식을 먹어버렸다./ 그래서 나는 식당으로 가지 않을 수가 없었다.
> **어휘** cannot but ~하지 않을 수 없다 eat–ate–eaten 먹다
>   – 과거완료시제는?
> **정답** (b)

(2) With the arrival of the new financial controller,/ hopes for the company's growth/ have _____ greatly.

    (a) raised   (b) rose   (c) risen   (d) rised

> **해석** 새 재정부장의 도착과 더불어,/ 그 회사의 성장에 대한 희망이 크게 늘어났다.
> **어휘** arrival 도착 financial controller 재정부장 company 회사 hope 희망/기대 greatly 크게 raise 올리다 rise–rose–risen 오르다
>   – 현재완료시제
> **정답** (c)

(3) I have been _____ on the computer for 2 hours.

    (a) work (b) working (c) to work (d) worked

> **해석** 나는 두 시간 동안 컴퓨터에서 일하는 중이야.
> **어휘** for 2 hours 두 시간 동안
>   – 현재완료진행형시제는?
> **정답** (b)

[문제6] 조동사 다음에는 원형동사가 오고 조동사와 본동사 사이에는 부사가 온다. 조동사들의 뉘앙스도 기억하라.(u.189/210~230/391)

(1) They didn't _____ anything for breakfast.

    (a) eat   (b) ate   (c) eats   (d) eaten

> **해석** 그들은 아침식사로 아무것도 안 먹었다.
> **어휘** eat–ate–eaten 먹다
> **정답** (a)

(2) The weather forecast stated/ that it would _____ snow/ in the evening.

    (a) may (b) probably (c) can (d) could

> **해석** 기상예보는 말했다/ 아마 저녁에 눈이 올 것이라고.
> **어휘** probably=perchance=mayhap=supposedly =as likely as not 아마도
> **정답** (b)

(3) The production manager did everything he _____ /to avoid a deterioration in quality.

    (a) can (b) would (c) should (d) could

> **해석** 생산부장은 자기가 할 수 있는 모든 일을 했다/ 품질 저하를 피하기 위하여.
> **어휘** production manager 생산부장 avoid 피하다 deterioration 저하/악화 quality 품질
> **정답** (d)

[문제7] 형용사는 명사를 꾸미고, 부사는 형용사 (구)나 동사를 꾸민다. (u.20~21/262/384)

(1) You should modernize your IT systems/ for greater _____.
  (a) efficient   (b) efficiency
  (c) efficacious   (d) efficiently

> **해석** 당신은 당신의 IT 체계를 현대화해야 합니다/ 더 훌륭한 효율성을 위해서는.
> **어휘** modernize 현대화하다 great 훌륭한 efficient 효율적인 efficiency 효율성 efficacious 효능있는 efficiently 효율적으로 **정답** (b)

(2) She was _____ ashamed of her mistake.
  (a) awful   (b) terribly
  (c) terrible   (d) terrifically

> **해석** 그녀는 자신의 실수에 대해 무척 부끄러워했다.
> **어휘** be ashamed of ~을 부끄러워하다 mistake 실수 awful=terrible 끔찍한 terribly 끔찍이 /무척 terrifically 소름끼칠 정도로/아주 멋지게 **정답** (b)

(3) The building is _____ under renovation.
  (a) current   (b) currents
  (c) currently   (d) currenting

> **해석** 그 건물은 현재 보수중입니다.
> **어휘** under renovation 보수중인 current 현재의 currents 조류 currently 현재 **정답** (c)

[문제8] A/the/소유격+(형)+명사의 어순이다. (u.46/464)

(1) A _____ is on the balcony.
  (a) girl (b) boys (c) students (d) stony

> **해석** 한 소녀가 발코니에 있다.
> **어휘** girl 소녀 boy 소년 student 학생 stony 돌투성이의 **정답** (a)

(2) The defendant was told/ to follow his lawyer's _____.
  (a) advice   (b) words
  (c) advise   (d) advising

> **해석** 피고는 들었다/ 자기 변호사의 충고(조언)를 따르라고.
> **어휘** defendant 피고↔plaintiff 원고 advice 충고/조언 words 말 advise 충고하다 **정답** (a)

(3) We should get the president's _____ first/ before implementing the plan.
  (a) approving   (b) approval
  (c) approved   (d) approve

> **해석** 우리는 먼저 회장님의 승인을 받아야 한다/ 그 계획을 이행하기 전에.
> **어휘** president 대통령/회장 implement=carry out(through) 이행하다 approve 승인하다 approval 승인 **정답** (b)

(4) The news reporter stated/ that the _____ has improved immensely/ in the past few years.
  (a) finance   (b) financial
  (c) economical   (d) economy

> **해석** 그 뉴스기자는 말했다/ 경제가 크게 향상되었다고/ 지난 몇 년 동안.
> **어휘** reporter 기자 state 말하다 improve 향상하다 finance 재정 immensely 크게 economy 경제 **정답** (d)

[문제9] 인칭대명사와 재귀대명사를 구별하는 문제가 나온다. (u.186/365/432~433)

(1) You need to send it to _____ by Friday.
  (a) they (b) theirs (c) them (d) he

> **해석** 너는 금요일까지 그것을 그들에게 보내야 한다.
> **어휘** send 보내다 by Friday 금요일까지 **정답** (c)

(2) Customers have the right to express _____ opinions/ about the quality of the product.
  (a) his (b) their (c) our (d) your

> **해석** 고객들은 자신의 의견을 표현할 권리가 있다/ 제품의 품질에 대하여.
> **어휘** customer 고객 right 권리 express 표현하다 opinion 의견 quality 품질 product 제품 **정답** (b)

(3) He requested _____ assistance/ in an effort to finish the project/ by the due date.
  (a) our   (b) ours   (c) us   (d) we

> **해석** 그는 우리의 도움을 요청했다/ 그 프로젝트를 끝내려는 노력에서/ 마감일까지.
> **어휘** finish 끝내다 request 요청하다 assistance 도움 effort 노력 by the due date 마감일까지 **정답** (a)

(4) People who suffer from hypertension/ should give _____ a good rest.
  (a) theirs   (b) themselves
  (c) himself   (d) oneself

> **해석** 고혈압으로 고생하는 사람들은/ 자신에게 충분한 휴식을 제공해야 한다.
> **어휘** suffer from ~으로 고생하다 hypertension 고혈압 rest 휴식 **정답** (b)

[문제10] 동명사의 관용적 용법이 출제된다.
(u.168~181)

(1) _____ having extensive experience in personnel management,/ he also worked in sales for nearly ten years.
(a) Besides
(b) Despite
(c) Due to
(d) Unless

해석 인사관리의 폭 넓은 경험을 갖고 있을 뿐만 아니라,/ 그는 거의 10년 동안 판매부서에서 일했다.
어휘 extensive 폭 넓은 personnel management 인사관리 nearly 거의 besides ~뿐 만 아니라 despite ~에도 불구하고 due to ~ 때문에 unless ~하지 않는 한 **정답** (a)

(2) Participants are required to show identification/ _____ entering the hall.
(a) in order to
(b) for
(c) they
(d) upon

해석 참가자들은 신분증을 보여줘야 합니다/ 홀에 들어가자마자.
어휘 participant 참가자 require 요구하다 identification 신분증 upon ~ing ~하자마자 enter 들어가다 in order to ~하기 위하여 **정답** (d)

[문제11] to 부정사는 부사적 용법이 가장 자주 나온다. (u.189)

(1) _____ power failure,/ change the batteries once in six months.
(a) Having avoided
(b) Avoiding
(c) To avoid
(d) Avoid

해석 정전을 피하기 위해서는/ 6개월에 한 번씩 전지를 바꾸세요.
어휘 power failure 정전/전기고장 once 한 번 in six months 6개월 만에 avoid 피하다
정답 (c)

(2) These lights offer a cheap and effective method/ _____ the quality of your residence.
(a) improving
(b) to improve
(c) improvement
(d) for improvement

해석 이 조명(전구들)은 값싸고 효과적인 방법을 제공합니다/ 당신 주거의 품질을 향상시킬 수 있는.
어휘 lights 전구/조명 offer 제공하다 cheap 값싼 effective method 효과적인 방법 quality 품질 residence 주거/주택 improve 향상시키다
정답 (b)

[문제12] 관계대명사는 whose가 가장 자주 나온다. (u.321~322)

(1) I know the mayor/ _____ son is my friend.
(a) whom
(b) which
(c) whose
(d) when

해석 나는 시장을 안다/그의 아들이 내 친구다.
어휘 mayor 시장 son 아들 **정답** (c)

(2) The man/ _____ shirt had been torn/ was very upset.
(a) whom
(b) who
(c) which
(d) whose

해석 그 사람은/ 자신의 셔츠가 찢어져서/ 매우 당황했다.
어휘 tear–tore–torn 찢다 upset 당황하는/짜증난/속이 상한
정답 (d)

(3) The manager of the group/ was a brilliant man/ _____ only weakness was that he hated to accept defeat.
(a) whose
(b) who
(c) whom
(d) who's

해석 그 그룹의 경영자는/ 훌륭한 사람이었다/ 그 사람의 유일한 약점은 패배를 받아들이기 싫어하는 것이었다.
어휘 brilliant 훌륭한/총명한 only 유일한 weakness 약점 hate 싫어하다 defeat 패배
정답 (a)

[문제13] 혼동하기 쉬운 형용사 구별하는 문제가 나온다. (u.293/374~375)

(1) The automotive parts industry/ has grown _____ /in South East Asia/ over the past decade.
(a) considerately
(b) considerable
(c) considering
(d) considerably

해석 자동차 부품 산업은/ 상당히 많이 성장했다/ 동남아시아에서/ 지난 10년 동안.
어휘 South East Asia 동남아시아 automotive 자동차의 considerate 사려 깊은 considerable 상당한 consider ~을 고려하다 over the past decade 지난 10년 동안 **정답** (d)

(2) Sales at the Tokyo and Taipei offices/ have increased 3 and 4 percent _____ .
(a) respectively
(b) receptively
(c) respectfully
(d) reasonably

해석 도쿄와 타이베이 영업소의 판매고는/ 각각 3.4 퍼센트 증가했다.
어휘 Sales 판매고 increase 증가하다↔decrease 감소하다 respectively 각각 receptively 수용성 있게 respectfully 정중하게 reasonably 합리적으로
정답 (a)

[문제14] Many/Few+복수명사, Much/Little+단수명사이다. (u.274~275)

(1) He is ill-tempered,/ so he has _____ friends.

  (a) a few   (b) many   (c) little   (d) few

> **해석** 그는 성질이 못됐다,/ 그래서 그는 친구가 거의 없다.
> **어휘** ill-tempered 성질이 고약한 few 거의 없는 a few 약간의
> **정답** (d)

(2) _____ new improvements/ have made these electric products/ more appealing to homemakers.

  (a) Few   (b) A little   (c) Many   (d) Much

> **해석** 많은 새로운 개선들은/ 이 전자제품을/ 주부들에게 더 매력 있게 만들었다.
> **어휘** improvement 개선 electric products 전자제품 appealing 매력적인 homemaker 주부
> **정답** (c)

[문제15] some/any 용법이 나온다. (u.273/407/409)

(1) The workers could not see _____ in the field.

  (a) nobody   (b) somebody
  (c) anybody   (d) who

> **해석** 그 일꾼들은 들판에서 아무도 볼 수 없었다.
> – 앞에 not이 있는 부정문이므로   **정답** (c)

(2) I'd appreciate it/ if you would give me some _____ / on this matter.

  (a) informations   (b) information
  (c) informing   (d) informative

> **해석** 저는 감사하겠습니다/ 당신이 저에게 약간의 정보를 주신다면/ 이 문제에 대해서.
> **어휘** appreciate 감사하다 matter 문제 information 정보 (정보는 셀 수 없는 추상명사이므로 복수가 될 수 없어요.)   **정답** (b)

[문제16] 동등비교는 「as 원급 as」이고, than앞에는 비교급이 오고, 최상급 앞에는 the가 붙는다. (u.296~298)

(1) He is _____ trustworthy as the sunrise.

  (a) like   (b) as   (c) so   (d) too

> **해석** 그는 일출 만큼이나 신뢰할만하다.
> **어휘** trustworthy 신뢰할만한 sunrise 일출   **정답** (b)

(2) She decided to work _____ than previously.

  (a) more hard   (b) harder
  (c) hardest   (d) more harder

> **해석** 그녀는 전보다 더 열심히 일하기로 결심했다.
> **어휘** decide 결심하다 previously 전에
> – than 앞에는 비교급이 오므로
> **정답** (b)

(3) That sofa is a lot _____ than this one.

  (a) more comfortable   (b) comfortabler
  (c) the most comfortable (d) more comfort

> **해석** 저 소파는 이 소파보다 훨씬 더 편안하다.
> – a lot 훨씬 comfortable(편안한)은 3음절 형용사이므로 비교급은 more comfortable
> **정답** (a)

(4) Seoul is _____ city in Korea.

  (a) larger   (b) the largest
  (c) largest   (d) the most large

> **해석** 서울은 한국에서 가장 큰 도시이다.
> – 최상급 앞에는 the가 붙어야 하므로
> **정답** (b)

[문제17] 좌우를 살펴야 하는 상관접속사가 출제된다. (u.126~129)

(1) The team captain, _____ his players,/ is anxious.

  (a) and   (b) as well as   (c) but   (d) yet

> **해석** 선수들뿐만 아니라 팀의 주장도 걱정하고 있다.
> **어휘** captain 주장 anxious 걱정하는
> A as well as B B뿐만 아니라 A도
> **정답** (b)

(2) The end of year sales seminar/ will be held/ on _____ Saturday or Sunday.

  (a) both   (b) either   (c) neither   (d) or

> **해석** 연말 판매 세미나가/ 열릴 예정이다/ 토요일 아니면 일요일에
> **어휘** be held 열리다 either A or B A또는 B
> **정답** (b)

[문제18] If와 Unless/Though와 Despite 구별 문제가 나온다. (u.120/251)

(1) Do not give me a call/_____ it is an emergency.
  (a) besides (b) unless (c) accept (d) if

> **해석** 나에게 전화 하지마/ 위급한 상황이 아니면.
> **어휘** give~a call 전화하다 emergency 위급상황
>   besides 게다가 unless ~하지 않으면 **정답** (b)

(2) _____ you are a normal person,/ you require eight hour's sleep a day.
  (a) As (b) If (c) Probably (d) As if

> **해석** 당신이 정상인이라면,/ 당신은 하루에 8시간의 수면이 필요하다.
> **어휘** require 필요로 하다
>   normal 정상적인 ↔abnormal 비정상적인
>   probably 아마 as if ~인 것처럼 **정답** (b)

(3) _____ he is poor,/ he is always neatly dressed.
  (a) Despite (b) As (c) Though (d) When

> **해석** 그는 가난하지만,/ 항상 단정하게 옷을 입는다.
> **어휘** neatly 단정하게/깔끔하게 despite ~에도 불구하고
>   Though ~이지만 **정답** (c)

(4) _____ the heavy snow,/ he went on a business trip.
  (a) Despite (b) Because of
  (c) Though (d) Since

> **해석** 폭설에도 불구하고,/ 그는 출장을 갔다.
> **어휘** because of ~ 때문에 since ~ 때문에/이후로
>   go on a business trip 출장가다 **정답** (a)

[문제19] for와 since/during과 while을 구별하는 문제가 나온다. (u.106~107)

(1) The company has shown a profit _____ the past 12 years.
  (a) during (b) from (c) since (d) for

> **해석** 그 회사는 지난 12년 동안 수익을 보여 왔다.
> **어휘** company 회사 profit 수익/이익 past=last 지난
>   – 완료시제이며 '동안에' 의미는 for **정답** (d)

(2) She has been working for the company _____ last year.
  (a) ago (b) since (c) for (d) during

> **해석** 그녀는 작년부터 그 회사에 근무하고 있다.
> **어휘** ago 전에 since ~부터 during+기간명사 ~동안에
> **정답** (b)

(3) _____ I was driving to work,/ he called me.
  (a) While (b) Since (c) For (d) During

> **해석** 내가 차를 몰고 출근하는 동안에,/ 그가 나에게 전화를 했다. – 접속사 '동안에' **정답** (a)

(4) I am going to visit New York _____ the summer vacation.
  (a) during (b) for (c) since (d) from

> **해석** 나는 여름휴가 중에 뉴욕을 방문할 예정이야.
> **어휘** be going to ~할 예정이다 vacation 휴가
>   – 뒤에 명사가 왔으므로 **정답** (a)

[문제20] 전치사를 고를 때는 좌우를 살펴라.
  (u.354~382)

(1) Customers expressed satisfaction _____ this product.
  (a) to (b) from (c) with (d) of

> **해석** 고객들은 이 제품에 대한 만족을 표현했다.
> **어휘** customer 고객 express 표현하다
>   satisfaction 만족 product 제품 **정답** (c)

(2) Our company gives a limited warranty/ _____ damage from cargo handling.
  (a) to (b) against (c) with (d) from

> **해석** 우리 회사는 한정된 보증을 제공합니다/ 화물취급에서 나온 손상에 대해서는.
> **어휘** limited 한정된 warranty 보증 cargo 화물
>   handling 취급 against 대비하여 **정답** (b)

[문제21] 부사 enough의 위치와 복합 형용사 문제도 나온다. (u.281/397)

(1) The device is _____ to fit in a small wallet.
  (a) big enough (b) not enough
  (c) compact enough (d) most compact

> **해석** 그 장치는 작은 지갑 속에 들어갈 정도로 작다.
> **어휘** device 장치 fit in 들어가다 wallet 지갑
>   big 큰 compact 작은 **정답** (c)

(2) The secretary reserved a _____ suite/ at the Hotel.
  (a) two–room (b) two rooms
  (c) second room (d) second rooms

> **해석** 비서는 방이 두 개 달린 스위트룸을 예약 했다./ 그 호텔에서.
> **어휘** secretary 비서 reserve 예약하다
>   suite 응접실이 딸린 호텔 방
>   명사를 꾸며주는 복합형용사는 – 단수 **정답** (a)

Questions 131-134 refer to the following memo. (다음의 회람을 참조하세요)

To:	수신 :	Verbotec Employees	버보텍 직원
From:	발신 :	Stacy Lim	스테이시 림
Date:	날짜 :	September 20	9 월 20 일
Subject:	제목 :	Position available	비어있는 직책

The __131__ job opening/ will be posted/ externally/ on October 1st.
다음 채용 공고는/ 게시될 예정입니다/ 외부에/ 10월 1일에.

Employees interested in applying/ should contact the Human Resources coordinator/ prior to that date. __132__
지원에 관심이 있는 직원들은/ 인사 담당자에게 문의하십시오/ 그 날짜 이전에. _____132_____

Position: Human Resources assistant
　직책 : 인사부 보조원

Location: Toronto
　위치 : 토론토

The Human Resources assistant/ helps/ with the __133__, selection, and orientation of new employees.
인사부 보조원은/ 돕습니다/ 신입 사원 __133__, 선발 및 오리엔테이션을.

In addition,// the assistant is responsible/ for ensuring that employee databases are __134__ maintained.
또한,// 보조원은 책임을 지게 됩니다/ 직원 데이터베이스가 __134__ 유지 관리되고 있음을 확인하는 일을.

Best regards, 감사합니다(끝 맺음말)

131. (A) indicating　　　　(B) following
　　　(C) extended　　　　(D) destined

132. (A) The decision have been made as follows.
　　　(B) We will announce the job description later.
　　　(C) We are happy to welcome our new director.
　　　(D) Please read the full text of the job announcement below.

133. (A) recruit　　　　(B) recruits
　　　(C) recruiter　　　(D) recruitment

134. (A) accurate　　　　(B) accuracy
　　　(C) accurately　　　(D) more accurate

131. (A) 시사하는　　　　(B) 다음의
　　　(C) 연장된　　　　(D) 운명에 처한

132. (A) 다음과 같이 결정되었습니다.
　　　(B) 우리는 업무 기재사항을 나중에 발표할 예정입니다.
　　　(C) 우리는 새 이사를 맞이하게 되어 기쁩니다.
　　　(D) 아래의 채용 공고 전문을 읽으십시오.

133. (A) 모집하다　　　　(B) 신입사원
　　　(C) 모집자　　　　(D) 모집

134. (A) 정확한　　　　(B) 정확성
　　　(C) 정확하게　　　(D) 더욱 정확한

정답과 해설 131. (B) 문맥상 다음에 채용공고가 나열되어 있으므로.
　　　　　132. (D) 다음에 채용공고문이 나오므로.
　　　　　133. (D) 문장에서 selection(선발)과 orientation과 병렬을 이루는 명사자리이므로
　　　　　134. (C) maintained라는 과거분사를 수식하는 부사가 필요하므로

어휘 employee 직원 September 9월 subject 제목, 주제 position 직책, 지위 available 비어있는, 공석의, 구할 수 있는 date 날짜 job opening 채용 공고, 빈자리 post 게시하다 externally 외부에 October 10월 be interested in ~에 관심이 있다 apply 지원(신청)하다 contact 연락(문의)하다 Human Resources 인사 관리 부분, 인적 자원 coordinator 조정자, 담당자 prior to ~이전에 assistant 보조원 location 위치 help 돕다 selection 선발 orientation 적응 훈련 be responsible(accountable, answerable, liable) for 책임지다 in addition=besides=moreover=furthermore=what is more=on top of that 게다가 ensure that 주어+동사 반드시 ~하다, 보장하다 maintain 유지관리하다 Best regards=Sincerely 편지나 이메일의 끝맺음 말 job description 업무 기재사항

(1) Part 7의 문제 유형

① 내용 일치 문제로 전체 단락을 읽지 않아도 본문 속에 답이 그대로 들어 있거나 어휘를 살짝 바꾼 형태로 본문을 예문에 대입해서 풀 수 있는 유형

② 내용을 그대로 묻는 문제로 상당 부분을 읽어야 답을 할 수 있는 유형

③ 문장 전체를 전부 읽고 내용을 파악해야 답할 수 있는 유형

④ 전체 지문을 다 읽고 추론까지 하는 문제로 TOEIC 시험 중 가장 어려운 유형

☞ TOEIC 시험은 물어보는 문제가 항상 동일합니다.

> Directions : Questions 147–200/ are based/ on a variety of reading materials/ such as announcement, news articles, letters, paragraphs, summaries, and advertisements. Choose the best answer to each question. Then, on your answer sheet,/ darken the oval corresponding to your choice. Answer all the questions/ following a passage/ based on what is stated or implied in the passage.

> **지시사항** 질문 160(147)–200까지는 기초하고 있다/ 다양한 읽을거리에/ 안내방송, 뉴스 기사, 편지, 단락, 요약문, 광고와 같은. 각 질문에 대한 최선의 답을 골라라. 그다음 여러분의 답안지에/ 여러분의 선택에 해당하는 타원형을 칠하라. 모든 질문에 답하라/ 글에 이어서/ 글에서 진술하거나 함축하고 있는 것에 기초하여.

(2) 빨리 풀기 위한 전략

① "유니크 쏙쏙 영문법"에서 22/83/52–54/321쪽, 접속사편과 전치사편을 철저히 공부하여 속독법을 터득하셔야 합니다.

② "유니크 쏙쏙 토익 1600제"를 완독하여 Part 5와 6을 최대한 빨리 풀어야 합니다.

(3) 독해 풀이 접근법

① 글의 제목을 먼저 읽고 그다음에 문제를 읽습니다.

② 모든 답은 본문 속에 있으므로 문제에서 무엇을 물어보는지 정확히 파악합니다.

③ 내용 일치 문제의 경우 본문을 읽어가면서 예문을 하나씩 대입하세요.

④ 똑같은 단어일 수도 있고 동의어를 이용할 수도 있으나 본문 순서대로 문제가 나옵니다.

⑤ 추론 문제의 속독을 위해서는 유니크 22쪽(5형식 직독·직해하는 방법)과 83쪽(12시제 해석방법)과 321쪽(관계대명사 해석방법)을 대입하여 눈에 보이는 순서대로 해석하세요.

> **어휘** be based on ~에 기초하다 a variety of=various=diverse 다양한 materials 자료
> such as ~같은 announcement 안내방송 article 기사 paragraph 단락 summary 요약문
> advertisement 광고 answer sheet 답안지 darken 칠하다 oval 타원형 corresponding to ~에 해당하는
> choice 선택 following a passage 글에 이어서 state 설명하다/진술하다 imply=suggest=connote 함축하다

Questions 176–180 refer to the following article and letter. (다음의 기사와 편지를 참조하세요)

City Cuts Spending for Rink Renovations
스케이트장 개조를 위한 시의 비용 절감

By Niko Lennox 니코 레녹스 작성

March 29 — Over the weekend,// city officials/ postponed the project to renovate Dennis Park's ice skating rink/ indefinitely.
3월 29일 – 주말에,/ 시 관계자들은 데니스 파크 빙상장을 개조하는 프로젝트를 연기했다/ 무기한으로.

Officials stated// that the "move" was prompted by the project's rising cost.
관계자들은 말했다// 그 움직임(연기하기로 한 결정)은 그 프로섹트의 비용 상승에 의해 유발되었다고.

The site of the ice skating rink, named after its founding donor Elouise Dennis,/ was being developed/ by Y&B Rinks, a facilities management service from Ottawa.
설립 기부자인 엘루이즈 데니스(Elouise Dennis)의 이름을 본떠서 명명된, 그 빙상장 부지는/ 개발되고 있었다./ 오타와의 시설 관리 서비스사인 Y&B Rinks에 의해.

Last year,// Y&B Rinks submitted to the city board/ an application for funding to renovate the rink// and received approval.
지난해,// Y&B Rinks는 시 의회에 제출했다/ 링크 개조를 위한 자금 지원 신청서를// 그리고 승인을 받았다.

Recently, however,// unforeseen problems with water drainage/ forced the company to reassess its funding needs,// and the city would not approve a second request for finances.
그러나 최근,// 예상치 못한 배수 문제로 인해/ 그 회사는 자금의 필요를 재평가하지 않을 수 없었고,// 시는 자금조달에 대한 두 번째 요청을 승인하기를 거부했다.

The unfinished renovations to the park/ included/ expanding the rink to accommodate more than 1,000 skaters,/ adding a retractable roof,/ and building indoor locker rooms.
이 공원의 미완성 개조는/ 포함하고 있었다/ 1,000명이 넘는 스케이터들을 수용하기 위한 링크 확장과,/ 접이식 지붕 추가와,/ 실내 라커룸 건축을.

어휘 cut 절감하다 spending 지출, 소비, 비용 rink 실내 스케이트장 renovation 개조 March 3월 over the weekend =during the weekend 주말에 official 공무원, 직원 postpone=procrastinate=prolong=put off 연기하다 renovate 개조하다 skating rink 스케이트장, 빙상장 indefinitely 무기한으로 state 말하다, 진술하다 move 조처, 행동, 움직임 prompt 유발하다, 재촉하다 rising cost 비용 상승 site 부지 name 명명하다, 이름 짓다 after ~을 본떠서 founding donor 설립 기부자 develop 개발하다 a facilities management service 시설 관리 서비스 회사 city board 시 의회 submit=give(turn, send, hand) in=bring forward 제출하다 an application 신청서 fund 자금지원을 하다 receive approval 승인을 받다 recently=lately=of late 최근에 however 그러나 unforeseen 뜻하지 않은, 예상치 못한 problem 문제 water drainage 배수 company 회사 force(oblige, compel, impel) A to B A로 하여금 B를 하도록 강요하다 reassess 재평가하다 needs 필요성 will not 거부하다 approve 승인하다 request 요청 finances 재원, 자금조달 unfinished 미완성의, 마무리되지 못한 accommodate 수용하다 include=involve=contain=comprise 포함하다 expand 확장하다 more than 이상의 add 추가하다 a retractable roof 접이식 지붕 build 건설 indoor locker room 실내 라커룸

Dear Mr. Stewart, 친애하는 스튜어트씨.

I read an article/ in last week's newspaper/ about the city government's rejection of your second request for funding to renovate Dennis Park Rink.
저는 한 기사를 읽었습니다/ 지난 주 신문에서./ 데니스 파크 스케이트장을 개조하기 위한 당신의 두 번째 자금 지원 요청을 시정부가 거절한 것에 대해.

As a child,// I often visited the rink/ with my family,// and through the years/ ice-skating has developed/ into one of my favorite leisure activities.
어렸을 때,// 저는 종종 그 스케이트장을 방문했습니다/ 가족과 함께,// 그리고 세월이 흐르면서/ 아이스 스케이트는 발전했습니다/ 내가 가장 좋아하는 여가 활동 중 하나로.

I'd like to see/ thousands of children in the Ottawa area/ experience the same joy I did at Dennis Park Rink.
저는 보고싶습니다/ 오타와 지역의 수많은 아이들이/ 제가 데니스 파크 스케이트장에서 경험했던 것과 같은 기쁨을 경험하는 것을.

For this reason,// I would like to fund the renovation efforts you have so graciously begun.
이런 이유로,// 저는 당신이 그렇게 훌륭하게 시작한 보수공사에 자금을 지원하고 싶습니다.

I'd like to meet with you/ at your earliest convenience/ to discuss how we can collaborate/ to improve this valuable community resource.
저는 당신을 만나고 싶습니다/ 가능한 한 빨리./ 우리가 어떻게 협력할 수 있는지를 논의하기 위해/ 이 귀중한 지역사회 자원을 개선하기 위해서.

Please call me as soon as possible/ at (970) 845-7628.
가능한 한 빨리 전화해주십시오/ (970) 845-7628번으로.

Sincerely, 감사합니다(끝 맺음말)

Steadman Murphy 스테드먼 머피

어휘 dear 친애하는 article 기사 last week 지난 주 newspaper 신문 about=as to=concerning=regarding =respecting 관하여 government 정부 rejection 거절 as a child 어렸을 때 often 종종 visit 방문하다 through the years 세월을 거쳐서, 세월이 흐르면서 develop 발전하다 joy 기쁨 favorite 가장 좋아하는 leisure activities 여가 활동 would like to ~하고 싶다 thousands of 수많은 experience=go(pass) through 경험하다, 겪다 area 지역 for this reason 이런 이유로 fund 자금을 지원(조달)하다 effort 노력 graciously 훌륭하게, 멋지게, 우아하게 meet with 공식적으로 만나다 at one's earliest convenience=as soon as possible 가능한 한 빨리 discuss=talk about=talk over 의논하다 collaborate=cooperate 협력하다 improve 개선하다 valuable 귀중한 community 지역사회 resource 자원 Sincerely 편지의 끝맺음 말

176. The word "move" in paragraph 1, line 5, of the article, is closest in meaning to:
(A) movement
(B) decision
(C) activation
(D) inspiration

176. 기사의 첫째 단락 5행의 "move"와 의미가 가장 가까운 것은?
(A) 운동
(B) 결정
(C) 활성화
(D) 영감

177. Why did Y&B Rinks request more money?
(A) There were problems during construction.
(B) They wanted to hire more construction employees.
(C) Construction materials were more expensive than expected.
(D) They did not receive all of the funding they were promised.

177. 왜 Y&B Rinks는 더 많은 돈을 요구했죠?
(A) 건설 기간 중에 문제가 있었다.
(B) 그들은 건설 직원을 더 채용하기를 원했다.
(C) 건설자재는 예상보다 더 비쌌다.
(D) 그들은 약속받은 자금 전부를 받지는 못했다.

178. What change was NOT part of the project?
(A) Building a roof
(B) Adding stadium seats
(C) Making the rink larger
(D) Constructing locker rooms

178. 프로젝트의 일부가 아닌 변경 사항은?
(A) 지붕 쌓기
(B) 경기장 좌석 추가
(C) 스케이트장 크기 확대
(D) 라커룸 건축

179. Why did Mr. Murphy write the letter?
(A) To offer funding to Y&B Rinks
(B) To suggest a fundraising idea
(C) To motivate citizens to support the project
(D) To encourage the city government to fund the project.

179. 머피씨는 왜 편지를 썼죠?
(A) Y&B Rinks에 자금을 지원하기 위해서
(B) 기금 모금 아이디어를 제안하기 위해서
(C) 시민들에게 프로젝트를 지원하도록 동기를 부여하기 위해서
(D) 시 정부가 그 프로젝트에 자금을 지원하도록 장려하기 위해서

180. What does Mr. Murphy imply in his letter?
(A) He used to be in the city government.
(B) He read the March 29 newspaper article.
(C) He lived near Dennis Park Rink as a child.
(D) He enrolled his children in ice-skating lessons.

180. 머피 씨는 편지에서 무엇을 암시하고 있죠?
(A) 시정부에 있었다.
(B) 그는 3월 29일자 신문 기사를 읽었다.
(C) 그는 어렸을 때 데니스 파크 스케이트장 근처에 살았다.
(D) 그는 자신의 아이들을 아이스 스케이트 레슨에 등록시켰다.

정답과 해설 176. (B) 연기하기로 한 '결정'이므로
177. (A) unforeseen problems with water drainage-라는 구절에 답이 들어 있죠.
178. (B) expanding the rink to accommodate more than 1,000 skaters,/ adding a retractable roof,/ and building indoor locker rooms. 이 문장 속에 (B)번만 포함되어 있지 않죠.
179. (A) I would like to fund the renovation efforts. 라는 문장 속에 답이 들어 있죠.
180. (B) I read an article/ in last week's newspaper. 이 문장에서 last week은 3월 29일 신문을 의미하죠.

어휘 paragraph 단락 article 기사 closest in meaning to 의미가 가장 가까운 request 요청하다 during construction 건설 도중에 hire=employ 고용(채용)하다 construction employee 건설 노동자 construction materials 건설자재, 건축재료 more expensive than expected 예상보다 더 비싼 promise 약속하다 change 변화 part 일부

유니크
쏙쏙
영문법

개정판 1쇄 발행 2017년 07월 19일

개정판 14쇄 발행 2024년 01월 05일

지은이 김수원

펴낸이 김양수

펴낸곳 도서출판 맑은샘

출판등록 제2012-000035

주소 경기도 고양시 일산서구 중앙로 1456(주엽동) 서현프라자 604호

전화 031) 906-5006

팩스 031) 906-5079

홈페이지 www.booksam.kr

블로그 http://blog.naver.com/okbook1234

포스트 http://naver.me/GOjsbqes

이메일 okbook1234@naver.com

ISBN 979-11-5778-228-4 (53740)